KB105157

콜디스트 윈터

THE
COLDEST
WINTER

한국전쟁의 감추어진 역사

콜디스트 윈터

데이비드 핼버스탬 지음 | **정윤미 · 이은진** 옮김

살림

부대 단위

부대의 규모와 구성 및 지휘관은 시간, 장소, 상황에 따라 달라진다. 한국전쟁 초반에는 어느 부대를 막론하고 다들 병력 부족 현상에 시달렸다. 따라서 병력의 수는 근사치로 표기했다.

- 군(Army)
  병력 10만 명
  2개 이상 군단으로 구성
  통상 대장급 지휘관이 지휘

- 군단(Corps)
  병력 3만 명
  2개 이상 사단으로 구성
  통상 중장급 지휘관이 지휘

- 사단(Division)
  최대 병력 1만 5천 명, 한국에서는 1만 2천 명 수준
  3개 연대로 구성
  소장급 지휘관이 지휘

- 연대(Regiment)
  최대 병력 4천 5백 명(포병, 기병, 의무병 포함)
  3개 대대로 구성
  대령급 지휘관이 지휘

- 대대(Battalion)

  병력 700~850명
  4개 이상 중대로 구성
  중령급 지휘관이 지휘

- 중대(Company)

  병력 175~240명
  4개 소대로 구성
  대위급 지휘관이 지휘

- 소대(Platoon)

  병력 45명 이상
  4개 분대로 구성
  중위나 소위가 지휘

- 분대(Squad)

  병력 10명 이상
  하사가 지휘

무기와 화기

- 30구경
  M-1 소총

  무게 4.3kg, 8발들이 탄창 소총.
  미군 보병 기본 무기.

- 30구경
  카빈소총

  15~30발들이 탄창에 짧은 총열을 가진 소총.
  유효 사거리와 정확도는 다소 떨어짐.

- 30구경
  브라우닝 자동 소총

  2인용 자동 및 반(半)자동 소총.
  탄약수 1명, 사수 1명.
  1분에 500발 발사 가능.

- 기관총

  30구경 기관총, 1분에 450~500발 발사 가능.
  트럭, 탱크 등 차량에 탑재하는 50구경 기관총.
  유효 사거리 1.8km, 1분에 575발 발사 가능.

- 로켓탄 발사기
  또는 바주카포
  2.36인치와 3.5인치

  인민군이 남침한 1950년에 구식 2.36인치
  발사기를 3.5인치로 교체함. 장갑 철판을 관통하는
  신형 바주카포의 유효 사거리는 최대 69m.

- 보병 박격포
  .60mm
  .81mm
  4.2인치

- 곡사포
  105mm
  155mm
  8인치

앞면에 장전하는 무기로 포탄을 높은 각도로 발사하여 계곡과 참호에 도달할 수 있음. 유효 사거리 1.6~3.6km.

유효 사거리 3.2~8km의 대포.

지도 목록 │

군사지도 기호 해설 |

    미군이 사용하는 MIL-STD-2525B 표준 부대 기호 개정판에 맞춰 이 책에 수록된 지도를 갱신했다. 표준 부대 기호는 부대의 피아 식별, 규모, 병과, 명칭에 대한 정보를 파악할 수 있는 종합적인 지표다.

    정확한 정보를 확인할 수 없는 경우 부정확한 정보를 표시하는 쪽보다 아예 배제하는 쪽을 택했다. 따라서 특정 부대에 대해서는 완벽한 정보를 확인할 수 없으며 표기 방법은 쉽게 판독할 수 있는 속기 형태를 택했다. 명확성을 고려하여 MIL-STD-2525B에 적용되지 않는 부분은 가독성을 높이는 방향으로 수정했다.

    MIL-STD-2525B는 수백 개에 달하는 군대 명칭을 설명하고 있지만, 한국전쟁에 참전한 부대를 이해하는 데 필요한 것은 그리 많지 않다.

부대 식별		부대 규모	
아군부대	▭	군	XXXX
적군부대	◇	군단	XXX
		사단	XX
부대 병과		여단	X
보병	⊠	연대	III
기병	▱	대대	II
포병	■	중대	I
공병	⊓	소대	• • •
기갑	▭		

부대 명칭은 부대 기호 왼쪽에, 상급 부대의 명칭은 부대 기호 오른쪽에 표시하고 부대 규모는 맨 위에 표시했다. 예를 들어 제8기병연대 3대대의 기호는 다음과 같다.

다른 설명이 명시되지 않는 한 검정 선은 유엔군의 위치나 방어 지역을 나타낸다.

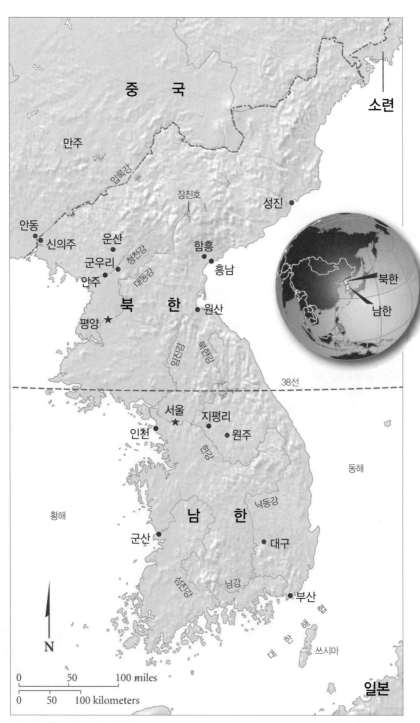

1. 1950년 5월 전쟁 전 한반도의 모습.

1950년 6월 25일 북한 인민군 7개 사단이 3주 안에 남한 땅 전체를 점령한다는 계획을 세우고 남북 간 경계선을 넘어 남침을 감행했다. 상당수는 중국 국공내전에 참전한 전력이 있는 정예군이었다. 당시 남한은 얼마 되지 않는 군사 고문단 외에는 주둔하고 있는 미군이 전혀 없었기 때문에 무방비 상태나 다름없었다. 6개월 전 미 국무장관 딘 애치슨(Dean Acheson)이 미국의 아시아 방어선에서 남한을 제외하는 엄청난 실수를 저지른 대가였다. 남침 초기에 북한의 공격은 대성공을 거뒀다. 당연히 미국에 들려오는 전황(戰況)은 하나같이 비관적인 소식뿐이었다. 워싱턴에서는 해리 트루먼(Harry Truman) 대통령과 고위 참모진이 모여 적의 의도를 파악하느라 진땀을 뺐다. 이들이 우려하던 바는 북한의 남침이 소련의 사주를 받은 것인가 하는 문제였다. 그렇다면 북한은 단지 소련의 앞잡이 노릇을 한 것에 불과했다. 그게 아니라면 공산주의자들이 전 세계적인 전쟁을 유도하는 전초전일 수도 있었다. 결국 백악관은 서둘러 미국과 유엔의 참전을 결정하고 공산주의자들의 침략 전쟁에 대한 미국 측 입장을 분명히 밝혔다.

그러나 한국전쟁은 3주가 아니라 3년 동안 이어졌으며 역사상 가장 참혹한 전쟁으로 남았다. 병력 면에서는 인민군이 앞섰지만 미군과 유엔군은 우수한 무기와 전술로 적을 제압할 수 있을 거라고 낙관했다. 그러나 정작 인민군이나 중공군보다 더 위협적인 건 한반도의 험한 산악 지형과 악천후였다. 특히 살을 에는 겨울 날씨가 미군에게는 최대의 적이었다. 전쟁사가 새뮤얼 마셜(S. L. A. Marshall)은 한국전쟁을 가리켜 "금세기에 일어난 소규모 전쟁 중 가장 혹독한 전쟁"이라고 말한 바 있다.[1] 한반도의 산악 지형은 미군과 유엔군이 장갑차량 같은 우수한 전투 장비를 사용할 수 없게 만든 반면 적에게는 진지와 은신처를 마련해주었다. 이 때문에 전쟁이 끝나고 몇 년 후 애치슨은 "세계 최고의 전략가들에게 저주받은 전쟁을 치르기에 정치적으로나 군사적으로 최악의 장소를 물색해보라고 했다면 만장일치로 한국을 선택했을 것"이라고 언급했다.[2] 애치슨의 동료 에버렐 해리먼(Averell Harriman)은 한국전쟁을 "불쾌한 전쟁"이라고 평했다.[3]

미국 일각에서는 '원치 않은 전쟁'이라 부르기도 했다. 이는 엄청나게 절제된 표현이다. 미군의 참전을 명령한 트루먼 대통령조차 한국전쟁을 두고 '전쟁'이라고 부르지 않았다. 소련과의 대립이 확대되는 것을 피하고자 애매한 용어를 사용하여 처음부터 교전의 의미를 최소화하려고 노력했던 것이다. 트루먼은 인민군이 경계선을 넘은 지 나흘이 지난 6월 29일 오후가 되어서야, 그것도 미군 파병을 앞두고 백악관 출입 기자단과 처음으로 기자회견을 열었다. 한 기자가 "미국이 이제 전쟁에 돌입한 겁니까?"라고 묻자 트루먼은 실제로 참전했음에도 불구하고 아니라고 대답했다. 다른 기자가 "그러면 유엔의 주도하에 경찰 업무를 하는 겁니까?"라고 묻자 "그렇습니다. 바로 그런 상

황입니다."라고 답변했다.[4] 한국에 있는 미군을 경찰력이라 표현하다니, 참전
용사들로서는 상당히 씁쓸한 기분이 들 수밖에 없었다. [4개월 후 마오쩌둥(毛
澤東)도 비슷한 말장난을 했는데, 수십만 명의 중공군을 전쟁터에 밀어 넣으면서 트루
먼과 비슷한 이유로 중공군을 '지원군'이라 불렀다.]

뜻밖의 질문에 무심코 한 답변이 곧 정책이 되고 전쟁의 의미를 밝혀준 셈
이었다. 당시 트루먼이 사용한 표현은 여러 방식으로 해석되었다. 한국전쟁은
제2차 세계대전처럼 일치된 목표를 세우고 참전한 애국 전쟁도 아니었고, 그
로부터 한 세대 뒤에 벌어진 베트남전처럼 미국을 괴롭히고 분열시키는 전쟁
도 아니었다. 그저 이국 만 리에서 벌어진 당혹스럽고 어정쩡한 '충돌'에 불과
했으나 결국엔 희망도 끝도 없이 이어진 전쟁이 되었다. 참전 군인과 그 가족
들을 제외한 대다수 미국인은 한국전쟁에 대해 그다지 알려고 하지 않았다.
한국전쟁이 끝나고 거의 삼십 년이 지난 후 존 프라인(John Prine)은 '헬로우
인 데어(Hello in There)'라는 노래로 이런 경향을 꼬집었다. 이 노래는 한국전
쟁에 참전한 데이비라는 청년이 뚜렷한 이유도 없이 자신을 희생하면서 어떻
게 비극적인 죽음을 맞이하는지를 이야기한다. 그로부터 반세기가 지난 지금
도 한국전쟁은 여전히 미국인의 정치의식 및 문화의식 밖에 머물러 있다. 한
국전쟁에 관한 명저 『잊혀진 전쟁(The Forgotten War)』은 제목을 통해 이런 경
향을 여실히 보여주었다. 한국전쟁은 마치 버려진 고아처럼 미국 역사에서 소
외된 전쟁이다.

한국전쟁에 참전한 미국인 가운데 상당수는 참전 자체에 분개했다. 일부는
제2차 세계대전 당시 군복무를 하고 예비군에 편입되어 일반 시민으로 생업
에 종사하다가 느닷없이 소집되었기 때문이다. 그러니까 십 년 동안 두 번이
나 해외 참전을 하게 된 셈이다. 이들은 북한이 침공했을 당시 미군이 처한 서
글픈 현실 때문에 더 비참해졌다. 보유한 전투 장비는 낡고 결함이 많았으며

고위급 지휘관의 리더십도 한참 뒤떨어져 전반적으로 열악한 상황이었다. 병력과 훈련이 부족했던 것은 말할 필요도 없었다. 따라서 제2차 세계대전 당시 최고조에 달했던 막강한 전투력과 군인 정신은 온데간데없었다. 한국전쟁 발발 초기에 보여준 미군의 초라한 모습은 이들에겐 충격 그 자체였다. 경험이 많은 군인일수록 더 많이 실망하고 더 심한 충격을 받았다.

제2보병사단 23연대 대대장이었던 조지 러셀(George Russell) 중령은 한국전쟁에서 최악의 상황은 "한국 그 자체"였다고 기록했다. 군수 산업과 군사 장비, 특히 전차에 대한 의존도가 높았던 미군에게 한국 지형은 그야말로 최악의 조건이었다. 스페인과 스위스도 산악 지형이 제법 험하지만 이내 평지로 이어진다. 때문에 강력한 군수 산업 기반을 갖춘 나라라면 언제든 전차를 투입할 수 있었다. 그러나 러셀 중령이 표현한 것처럼 미군의 눈에 비친 한국은 "모든 산이 다른 산들과 이어져 있었다."[5] 러셀은 한국의 색깔이 있다면 "모든 계통의 갈색일 것(한국전쟁 당시 포화 때문에 갈색 토양이 그대로 드러난 민둥산이 많았다-옮긴이)"이라고 단언했다. 아울러 한국전쟁 종군 휘장이 있다면 참전한 모든 미군은 갈색 휘장을 달게 될 거라고 덧붙였다.

베트남전과 달리 한국전쟁은 미국이 텔레비전 뉴스의 출현과 함께 매스미디어 사회로 발전하기 전에 발발했다. 한국전쟁 당시 텔레비전 뉴스는 저녁마다 15분 정도 방영되었는데 방송 시간이 짧고 재미도 없었기 때문에 영향력이 거의 없었다. 당시 기술로는 한국에서 촬영한 전쟁 현장이 며칠이 지나서야 뉴욕의 뉴스 편집실에 도착했기에 국민들에게 별다른 감흥을 주지도 못했다. 미국 국민들은 주로 신문에 난 흑백 기사를 통해 전쟁 소식을 접했고, 이 때문에 그들의 의식 속에 한국전쟁은 오래된 흑백사진으로 남아 있다. 나는 이 책을 저술하던 2004년에 우연찮게 플로리다 주 키 웨스트 도서관에 들른 적이 있다. 도서관 서가에 베트남전에 관한 책은 88권이나 있었지만 한국전쟁 관련 서적은 겨우 4권뿐이었다. 이 4권의 책이 미국인의 기억 속에 남아 있는 한국전쟁의 의미를 말해주고 있는 셈이다. 제2보병사단 공병대원으로 참전하여 중공군에 붙잡힌 후 2년 반 동안 포로생활을 했던 아든 롤리(Arden Rowley)는 한국전쟁 50주년을 되새기면서 2001년부터 2002년까지 주요 전투에 관한 자료를 살펴보았다. 이 기간에 미국에서 제작한 전쟁 영화로는 〈진주만(Pearl Harbor)〉〈윈드토커(Windtalkers)〉〈위 워 솔저스(We Were Soldiers)〉등 총 세 편이 있었다. 그 가운데 처음 두 편은 제2차 세계대전에 관한 영화였고 세 번째는 베트남전에 관한 것이었다. 그는 이런 말을 하며 다소 씁쓸해했다. 1998년에 제작된 〈라이언 일병 구하기(Saving Private Ryan)〉를 더하면 총 네 편이지만 그 역시 한국전쟁에 관한 영화는 아니었다. 한국전쟁과 관련하여 가장 잘 알려진 영화는 1962년에 제작된 〈맨츄리안 캔디데이트(The Manchurian Candidate)〉였다. 미군 포로가 중공군 포로수용소에서 미국 대통령 후보를 암살하도록 세뇌를 당해 공산주의자의 조종을 받는 암살 기계가 된다는 내용이었다.

　한국전쟁이 대중문화에서 어느 정도 자리매김하기 시작한 것은 시트콤으로도 방영된 로버트 올트먼(Robert Altman)의 반전 영화로, 한국전쟁 당시 육군 야전병원을 배경으로 한 〈이동야전병원(M★A★S★H)〉을 통해서였다. 〈이동야전병원〉은 한국전쟁을 소재로 삼기는 했으나 실제로는 베트남전에 관한 영화로 반전 열기가 절정에 달했던 1970년에 나왔다. 당시만 해도 할리우드 제작자들이 베트남 반전 영화를 만드는 건 상당히 민감한 문제였다. 따라서 한국전쟁을 배경으로 삼은 것은 어디까지나 베트남전을 다루려는 위장술에 불과했다. 아마도 올트먼 감독과 시나리오 작가 링 라드너 주니어(Ring Lardner, Jr.)가 머리를 썼던 것 같다. 영화에 나오는 사병과 장교들 역시 한국전쟁 때의 짧은 상고머리가 아니라 베트남전 당시 유행했던 샤기 스타일을 하고 있었다.

한국전쟁의 참상은 미국인들의 문화의식 속으로 파고들지 못했다. 한국전쟁에서 전사한 미군이 약 33,000명, 부상자가 105,000명이었고, 한국군은 415,000명이 사망했으며 429,000명이 부상을 당했는데도 그러했다. 중국과 북한은 사상자 수에 대해 이례적으로 기밀을 유지했지만 미국 행정부는 전사자만 약 150만 명에 이를 것으로 추정했다.[6] 한국전쟁은 미국과 공산 진영 간의 냉전을 부추기면서 이미 상당히 고조되고 있던 긴장을 증대시키고, 아시아에서 도약할 발판을 구축하던 공산 세력과 미국의 갈등을 심화시켰다. 양극 체제에서 두 진영 간에 불거진 갈등과 분열은 미국의 오판으로 중국이 한국전쟁에 참전한 후 더 심각해졌다. 한국전쟁이 끝나고 휴전이 성립되면서 양 진영 모두 승리를 자축했지만 한반도의 분단 상태는 전쟁 발발 이전과 전혀 달라지지 않았다. 그러나 미국에는 변화가 생겼다. 아시아 정책을 상당히 수정했을 뿐 아니라 국내 정치 상황도 크게 변했다.

미군들은 자신들의 희생이 정당한 평가를 받지 못할뿐더러 미국 국민들이 자신들이 참전했던 전쟁을 대수롭지 않게 여기는 것 같아 소외감을 느끼기도 했다. 한국전쟁에는 그전에 벌어진 제2차 세계대전에서 볼 수 있었던 영예와 명분이 전혀 없었다. 제2차 세계대전에서는 미국 전체가 위대한 목표를 향해 일치단결했다. 참전 군인들은 모두 민주주의 정신과 소중한 가치를 드높였다며 존경을 받았다. 그러나 한국전쟁은 제한적이고 가혹한 전쟁이었다. 한국전쟁을 통해 좋은 걸 기대할 수 없다고 판단한 미국 정부는 하루빨리 발을 빼려 했다. 참전 용사들은 귀국 후 자신들이 보고 느꼈던 전쟁에 대해 주변 사람들이 별로 관심을 기울이지 않는다는 사실을 알았다. 실제로 일상 대화에서 한국전쟁에 관해 얘기하는 경우는 거의 없었다. 한국전쟁보다는 국내 현안과 직장에서의 승진, 신형 자동차와 주택 마련이 훨씬 더 피부에 와 닿는 화제였다.

한국에서 날아오는 소식이 늘 암울했던 것도 사람들이 전쟁 이야기를 피한 이유 중 하나였다. 전쟁이 순조롭게 진행 중인 가운데에서도 전황이 그리 좋지는 않았다. 더 확실한 돌파구가 보이는 것도 아니었으며, 특히 1950년 11월 중공군 개입 이후 승전 가능성은 더 멀어져버렸다. 중공군의 참전으로 교착상태가 이어지자 군인들 사이에는 "비기기 위해 죽어야 하나(die for a tie)"라는 냉소적인 표현이 유행했다.

이처럼 당시 참전한 용사와 일반 미국인과의 사고의 괴리가 컸다. 그리고 참전 명분이 정당하고 참전 용사들이 아무리 열심히 싸웠을지라도 그들은 그전의 전쟁에서 싸운 사람들에 비해 높은 평가를 받지 못한다고 느꼈다. 이러한 생각들이 그들을 고통 속에서 말없이 침묵하게 했다.

제4부 두 대륙 간의 정치

제5부 북한이 던진 마지막 주사위

제6부 전세 역전

제7부 38선을 넘어 북으로

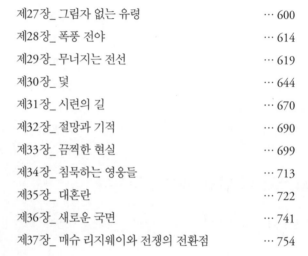

제8부 중공군의 공격

제9부 중공군과 싸우는 요령

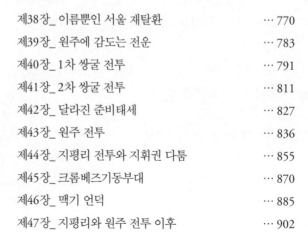

제1부

—

운산에서 얻은 교훈

The Coldest Winter

제 1 장

중공군과의 첫 교전

한국전쟁은 소규모 전쟁이 대규모 전면전으로 확대되는 것에 개의치 않았던 미 극동군 총사령관 더글러스 맥아더(Douglas MacArthur)에게 보내는 일종의 경고사격이었다.

1950년 10월 20일 미군 제1기병사단이 평양에 입성했다. 나중에는 기병사단 5연대와 한국군 제1사단 중 어느 부대가 평양에 먼저 들어갔느냐를 놓고 논란이 일기도 했다. 그러나 대동강을 건너는 교량이 모두 파괴되었기 때문에 기병사단의 진격이 지연되었고 결국 한국군이 미군보다 앞서 폐허가 된 평양에 들어간 게 사실이다. 그렇다고 승리의 감격이 줄어든 것은 아니었다. 평양 점령은 곧 전쟁이 끝날 날이 멀지 않았음을 의미했기 때문이다. 그들이 평양을 먼저 점령했다는 것을 모든 미군들에게 알려주려는듯이, 몇몇 병사는 페인트와 브러시를 들고 다니면서 평양시내를 온통 1기병사단 마크로 도배했다.

평양에서는 소박한 자축연이 벌어졌다. 기병사단 제8연대 3대대와 함께 작

■ 제1기병사단이 평양의 기차역 부근에서 전투를 벌이고 있다. ⓒ U.S. Department of Defense.

전을 수행한 제99야전포병대대 관측장교 필 피터슨(Phil Peterson) 중위와 절친한 전우 월트 메이오(Walt Mayo)중위는 둘이서만 오붓하게 승리를 자축했다. 원래부터 막역한 사이는 아니었지만 한국전쟁에서 둘도 없이 가까운 전우가 되었다. 피터슨은 두 사람의 전우애를 '군인이기에 가능한 독특한 우정'이라고 생각했다. 월트 메이오는 똑똑하고 유능한 군인으로, 부친이 음악 교수로 재직하던 보스턴 대학을 졸업했다. 반면에 피터슨은 장교후보학교 출신으로 정규 교육은 미네소타 주 모리스에서 9학년을 마친 게 전부였다. 그는 참전하면 일급 5달러를 준다는 말에 솔깃하여 자원입대했다. 평양에 입성한 메이오 중위는 소련 대사관에서 몰래 빼돌린 술을 파는 대형 술집에서 소련제 샴페인을 한 병 샀다. 제대로 숙성되지 않은 가짜 술이라 마시면 속 꽤나 쓰릴 것

같았지만 어쨌거나 반합(飯盒)에 부어 전우와 나눠 마셨다.[1]

제3대대 러브중대의 빌 리처드슨(Bill Richardson) 중사도 평양에서 승리의 물결을 느꼈다. 사실상 대대 분위기는 전쟁이 끝난 것이나 다름없었고 기병사단은 한국에서 철수할지도 모르는 상황이었다. 리처드슨은 이러한 조짐을 간파했다. 소문도 소문이었지만 중대 본부에서 선적 하역 경험이 있는 병사는 상관에게 보고하라는 지시가 내려왔기 때문이었다. 분명 다시 배를 타고 귀국하게 될 거라는 징조였다. 탄약을 반납하라는 지시도 있었다. 이 역시 치열했던 전쟁이 끝나가고 있다는 증거였다. 다른 본부에서 흘러나온 소문들도 이런 심증을 뒷받침했다.

리처드슨은 명색이 부대의 최고참이었다. 대다수 소대원들은 신참내기에 불과했다. 그에게는 지금까지 살아온 21년보다 한국에서 보낸 지난 3개월이 더 길게 느껴졌다. 몇몇 소대원은 전사하거나 교전 중 실종되기도 했으며 일부는 부상을 입었다. 처음부터 함께했던 소대원이라고는 짐 월시(Jim Walsh) 하사가 유일했다. 리처드슨은 월쉬를 불러 격려하고 자축했다. "이봐, 우리가 해냈어. 이날이 올 때까지 버텨냈다고."[2] 그저 운이 좋았기 때문이라고는 생각하지 않았다. 그들은 그렇게 10월이 끝나갈 무렵 조촐하게 자축연을 벌였다. 그러나 바로 다음 날 다시 실탄을 지급받았으며 북으로 이동하여 곤경에 처한 한국군을 구하라는 명령이 떨어졌다.

한편 도쿄에서는 승전 축하 기념행사가 벌어질 거라는 소식이 들렸다. 기병사단은 한국전쟁에서 혁혁한 전과(戰果)를 올렸고 맥아더의 각별한 신뢰를 받았기 때문에 시가행진을 선도할 예정이었다. 시가행진에서는 노란색 기병대 스카프를 휘날리고 칙칙한 전쟁터가 아니라 말끔한 연병장에서 행사 준비를 할 거라는 소문이 돌았다. 기병사단은 멋진 제복과 헬멧을 쓰고 군인의 위용을 뽐내며 맥아더의 본부가 있는 다이이치 빌딩 앞을 행진할 작정이었지만 끝내 긴자(銀座) 거리 시가행진은 실현되지 않았다.

평양에 입성한 미군은 낙관적인 기대감과 함께 정신적으로나 육체적으로 극도의 피로감을 느꼈다. 곧 배를 타고 귀국하게 될 거라는 기대감이 팽배했다. 보충병으로 참전한 신참병들은 부산방어선에서 평양까지 얼마나 치열한 전투가 벌어졌는지 알고 있었기 때문에 최악의 상황은 지나갔다며 안도했다. 평양에서 기병사단에 배치된 오클라호마 주 클레어모어 출신 벤 보이드(Ben Boyd) 중위는 제1대대 베이커중대의 소대장으로 부임했다. 4년 전에 웨스트포인트 육군사관학교를 졸업한 그는 자기 휘하의 부대를 갖기를 고대했다. 하지만 이 소대의 역사를 듣고는 신경이 예민해졌다. "중위, 현재 소대에서 귀관의 상황이 어떠한지 알고 있나?" 한 선임 장교가 이렇게 묻자 보이드는 모른다고 대답했다. "너무 으스대지 말게나. 한국전쟁 참전 이래 귀관이 이 소대의 열세 번째 소대장일세."³ 보이드 중위는 갑자기 건방을 떨 상황이 아니라는 것을 깨달았다.

평양 주둔이 막바지로 치달을 무렵 열린 밥 호프(Bob Hope)의 위문 공연 역시 긍정적인 징후로 해석되었다. 이제 정말로 상황이 좋아질 것 같았다. 제2차 세계대전 때도 위문공연을 다녔던 유명한 코미디언 밥 호프가 지금은 북한의 수도에 와서 농담을 건네며 너스레를 떨고 있었다. 그날 저녁 기병사단의 많은 장병들이 호프를 보려고 모여들었다. 그러나 다음 날 아침 실탄을 재장전하고 포화 세례를 받고 있는 한국군을 지원하기 위해 운산으로 향했다. 그러나 이번에도 자신들의 임무는 한국군이 늘 봉착하는 사소한 혼전 상황을 해결하는 정도일 거라고 생각했다.

출발 당시 장병들의 준비 상태는 그다지 좋지 않았다. 탄약 지급에는 문제가 없었지만 군복이 문제였다. 그들은 두툼한 동복을 입을지 아니면 도쿄 시가행진에 어울리는 폼 나는 군복을 입을지 고민했다. 백 년 만에 가장 춥다는 겨울이 성큼 다가오고 있었지만 그들은 맵시를 선택했다. 장병들의 분위기도 문제였다. 북한과 만주 사이를 흐르는 압록강 접경지대의 전장으로 향하고 있는데, 부대원들뿐 아니라 장교들까지도 위험할 것이 없다고 생각했다. 대다수 장병들은 불과 2주일 전 웨이크 섬에서 열린 해리 트루먼과 더글러스 맥아더의 중요한 회담 소식을 알지 못했다. 풍문에 의하면 맥아더가 한국전쟁 참전 미군을 귀국시킨 다음 다시 유럽으로 보내겠다고 약속했다고 했다.

제1기병사단이 평양에 입성하자마자 맥아더도 평양에 왔다. 그는 비행기에서 내리면서 물었다. "나를 맞이하러 나온 유명인사는 누가 있나? 김일성의 뻐드렁니를 볼 수 있으려나?"4 패전을 목전에 둔 김일성을 두고 농담을 했던 것이다. 그리고 처음부터 참전했던 기병사단 장병은 누구냐고 물었다. 집합한 200여 명 가운데 4명이 앞으로 나왔는데 모두 부상을 입은 상태였다. 맥아더는 전용기를 타고 바로 도쿄로 돌아갔다. 한국에는 하루도 머물지 않은 셈이다. 실제로 전쟁을 지휘하는 동안에도 맥아더는 한국에서 하룻밤도 보내지 않았다.

맥아더가 도쿄로 돌아가자 워싱턴 일각에서는 그가 미군을 계속 북진시킬 거라고 확신했다. 당시 맥아더는 중국이 개입하지 않을 거라고 장담했고 격전을 벌이던 인민군의 전력도 점차 약해져 저항이 미미한 상황이었다. 그래서 북진을 명령했던 것이다. 맥아더가 중국 국경인 압록강까지 진격할 태세였기에 워싱턴에서는 중국 개입을 우려하며 단계적인 제한 조치를 취해야 한다고 생각했지만 실제로는 별다른 조치 없이 머뭇거렸다. 합참에서 미군을 중국 접경 지역으로 보내지 말라고 뒤늦게 지시했지만 맥아더의 북진을 막진 못했다. 맥아더가 상부의 지시를 거스른 것이 그다지 놀라운 일은 아니었다. 그는 항상 자기 생각대로만 움직이는 사람이었기 때문이다. 맥아더는 압록강 너머에 있는 중공군의 규모가 트루먼 행정부 고위 관리들이 생각하는 것보다 작다고 확신했다. 웨이크 섬에서는 대통령에게 중국이 참전할 리 없으며, 혹 참전한다면 역사상 최대의 참사를 겪게 될 거라고 호언장담하기도 했다. 알래스카처럼 황량하기 그지없는 한반도의 지형과 기온에 동떨어진 곳에 있던 맥아더와 그의 참모들에게 북진은 인천상륙작전—워싱턴의 반대를 무릅쓰고 추진해서 얻어낸 승리였기 때문에 더욱 의미가 있었다—에서 시작된 위대한 승리의 진군의 마지막 정점이었다. 워싱턴의 숱한 반대를 무릅쓰고 이룩한 것이라 역사적으로도 더 뜻 깊은 승리였다. 워싱턴 행정부와 군 수뇌부는 중국과 소련의 의도가 무언지 확신할 수 없는 데다 유엔군의 취약점도 염려스러웠기 때문에 맥아더의 북진을 못마땅해했다. 하지만 자신들이 맥아더를 제대로 통제하지 못할 뿐 아니라 그를 존중하는 만큼 두려워하고 있다는 사실도 알고 있었다.

지금은 전세가 유엔군 쪽으로 기울었지만 6월 말 인민군이 38선을 넘었던 초기에는 분명 공산주의자들이 유리했다. 인민군은 취약하고 허술했던 주한 미군과 한국군을 파죽지세로 몰아붙이며 연승 행진을 벌였다. 그러나 전력이 우세한 미군의 참전이 이어지고 맥아더가 인민군 후방인 인천에 상륙하자 무너지기 시작했다. 격전을 치른 끝에 서울을 수복하면서 인민군의 저항도 서서히 잦아들었다. 워싱턴의 고위 관리들은 인천상륙작전이 성공한 것을 기뻐했지만 한편으로는 더 기세등등해진 맥아더가 부담스러웠다. 중공군이 참전할 거라고 아무리 경고해도 승승장구하는 맥아더를 통제할 수 없었다. 인천상륙작전의 성공으로 맥아더는 신적인 존재가 되었고 아시아에 관한 한 자신이 전문가라고 으스대며 중국이 참전하지 않을 거라고 장담했다. 하지만 맥아더는 이미 제2차 세계대전 직전에도 일본의 의도와 저력을 오판한 적이 있었다. 워싱턴의 고위 관리들은 유엔군이 평양에 입성한 후 운산으로 진격하려는 것을 보고 그때가 중국과의 전쟁으로 확대되는 것을 막을 수 있는 마지막 기회라고 생각했다.

　북진을 이끌던 일부 장교와 사병들에게는 걱정스러운 기색이 역력했다. 전
투 경험이 있는 장교들은 기온이 급격히 떨어지고 지형은 점점 험악해지는
상황에서 진군을 감행하는 것이 내키지 않았다. 수년 후에 (미군들이 가장 훌륭
한 한국군 지휘관이라 여겼던) 한국군 제1사단장 백선엽 장군은 너무나 고요한
적진으로 진군할 때 느꼈던 알 수 없는 불안감을 "혼자 외떨어져 있는 것 같은
고립된 느낌"이었다고 회고했다. 일본군으로서 전투한 경험이 있는 베테랑 장
군이었지만 당시에는 그 불안감의 원인을 알지 못했다. 전에는 남쪽으로 향하
는 피난 행렬로 늘 인파가 넘쳤는데 이번에는 인적이 전혀 없는 극도의 적막
감이 부대를 엄습했다. 도로는 무언가 심상치 않은 일이 벌어졌던 것처럼 텅
비어 있었으며 기온은 매일 조금씩 더 떨어졌다.

　주요 정보장교들도 신경이 곤두서 있었다. 다양한 통로를 통해 이미 10월
말에 북한 지역에 중공군이 대거 입성했다는 정보를 수집한 상태였다. 한국전
쟁 당시 가장 우수한 정보장교로 손꼽히며 기병사단을 지휘·통제하던 제1군
단 정보참모 퍼시 톰슨(Percy Thompson) 대령 역시 상황을 불길하게 인식했다.
그는 중공군의 개입을 확신했고 이 때문에 지휘관을 설득시키려고 애썼다. 하
지만 애석하게도 도쿄에서 흘러나온 안일한 상황 인식이 기병사단 지휘부를
지배하고 있었다. 톰슨은 제1기병사단 8연대장 헬 에드슨(Hal Edson) 대령에
게 위협적인 규모의 중공군이 북한 지역에 들어와 있는 게 틀림없다고 경고
했다. 그러나 에드슨과 여타 지휘관들은 그의 경고에 대해 '의구심과 무관심'
으로 일관했다. 그 당시 톰슨의 딸 바버라 톰슨 아이젠하워(Barbara Thompson
Eisenhower: 미국 34대 대통령 드와이트 아이젠하워의 아들 존과 결혼함)는 한국에서
날아온 아버지의 편지가 마치 작별 편지를 쓴 것 마냥 논조가 급작스럽게 변

했다고 회상했다. "아버지는 부대가 전멸해 당신도 죽게 될 거라고 확신하고 계셨다."[5]

당시 상황은 톰슨이 그렇게 우려할 만했고 그의 초기 정보 판독도 정확했다. 중공군은 이미 한반도에 주둔하고 있었다. 그들은 북한의 산악 지대에서 한국군과 유엔군 부대가 북쪽으로 더 깊숙이 진격하여 이미 무리하게 늘어진 보급선이 더 길어지기를 기다렸다. 개전 초에 미군을 공격할 생각은 없었다. 북진에 어려움을 겪을수록 공격하기가 수월하다고 생각했기에 미군이 북쪽으로 더 깊숙이 들어올 때까지 기다리고 있었던 것이다. "압록강이다."[6] 10월 말 압록강에 도달한 백선엽 장군의 부대원들이 소리쳤다. "드디어 압록강이다." 그런데 10월 25일 중공군이 공격을 개시했다. 백선엽 장군은 갑자기 콘크리트 벽에 쾅 부딪히는 느낌이었다고 회고했다. 처음에 한국군 지휘관들은 무슨 일이 벌어진 건지 제대로 판단하지도 못했다. 좌측에 있던 제20연대가 타격을 받은 후 백선엽이 이끄는 제15연대는 무섭게 퍼붓는 박격포화 때문에 꼼짝달싹할 수 없게 되었다. 이어서 사단 예비대인 제11연대가 측면과 후방에서 공격을 당했다. 적의 전투력은 뛰어났다. 백선엽은 중공군이 틀림없다고 생각하고 반사적으로 대응한 덕분에 그나마 병력 대부분을 구할 수 있었다. 그는 즉각 사단 전체를 운산까지 후퇴시켰다. 압도적인 숫자의 인디언이 백인이 탄 마차 주변을 빙빙 돌며 공격하는 미국 서부시대의 한 장면 같았다. 백선엽 사단은 거대한 중공군의 매복 지역에 제 발로 걸어 들어간 셈이었다. 다른 한국군 부대는 운도 없었지만 지휘력도 형편없었다.

교전 첫날 제15연대 예하 부대에서 포로를 사로잡았는데 중공군이 틀림없었다. 백선엽 장군이 직접 심문을 했는데 서른다섯 살 정도에 두꺼운 누비로 만든 군복을 입고 있었다. 한쪽은 카키색이고 다른 쪽은 흰색인 양면 군복이었다. 백선엽은 "단순하지만 눈이 내린 지형에서는 효과적인 위장법"이라고 기록했다. 포로는 두껍고 무거운 귀마개가 달린 모자를 쓰고 고무 운동화를 신고 있었다. 말 수가 많은 편은 아닌 것 같았는데 뜻밖에도 심문에는 적극적으로 임했다. 그는 광둥 지방 출신의 정규 중국 공산군으로, 인근 산악에 수만 명의 중공군이 있다고 지나가는 말처럼 말했다. 한국군 사단 하나가 통째로 걸려든 셈이었다.

백선엽은 즉시 군단장 프랭크 밀번(Frank Milburn)에게 보고하고 포로를 본부로 후송했다. 이번엔 백선엽이 통역하고 밀번 장군이 심문했다. 기록에 남은 심문 내용은 다음과 같다.

"어디 출신인가?"

"중국 남부에서 왔다."

"소속 부대는?"

"39군."

"전투 경험은?"

"국공내전 때 하이난 섬 전투에 참가했다."

"중국에 살고 있는 한국인인가?"

"아니다. 중국인이다."[7]

백선엽은 그의 진술이 사실이라고 확신했다. 거짓으로 꾸미거나 질문을 피하려는 낌새가 전혀 없었다. 포로가 밝힌 중요한 정보도 의심의 여지가 없었다. 최소 30만 명이 넘는 중공군이 압록강 너머에 진을 치고 적절한 시기에 전쟁에 개입할 준비를 하고 있다는 건 이미 공공연히 알려진 사실이었다. 하지만 중국 정부가 중공군을 참전시킬 거라고 전 세계에 경고했을 때에도 사람들은 엄포에 불과할 거라는 의구심을 떨치지 않았다. 밀번은 즉각 제8군 사령부에 새로운 정보를 보고했다. 제8군 사령부는 이를 더글러스 맥아더의 핵심 정보참모 찰스 윌러비(Charles Willoughby)에게 전달했다. 그러나 윌러비는 한반도에 중공군이 들어왔다는 사실 자체를 부정했다. 그는 중국이 한국전쟁에 개입하지 않을 것이고 개입하더라도 문제가 될 정도의 규모는 아닐 거라고 주장했다. 그의 지휘관 맥아더도 그렇게 확신하고 있었다. 맥아더는 정보참모의 가장 중요한 업무가 지휘관의 생각을 지지하는 거라고 믿는 사람이었다. 또한 맥아더 사령부에서 별안간 중공군과 접촉한 사실을 보고하면 그때까지 소극적으로 방관하고 있던 워싱턴 본부에서 전쟁의 주도권을 잡으려 할 터였다. 그렇게 되면 맥아더의 도쿄 사령부는 애초 계획과는 달리 압록강까지 진격할 수 없을지도 몰랐다. 이는 절대 맥아더가 원하는 바가 아니었다. 맥아더는 윌러비가 자신의 예측을 지지해주길 바랐다. 윌러비는 압록강 북쪽에서 중공군이 대규모로 이동하고 있다는 최초 보고를 받고도 이를 무시하며 '외교적 협박'에 불과하다고 보고했다.[8] 그리고 유별나게 말이 많았던 중공군 포로의 진술도 거짓으로 꾸몄다. 중국에 거주하는 한국인이며 자발적으로 전투에 참여했다는 식이었다. 이렇게 포로가 제공하는 정보를 애써 축소하다 보니 엉뚱한 결과가 나왔다. 결국 포로는 자신이 누구고 국적이 어디고 소속 부대가 어디이며 함께 온 부대의 규모가 어느 정도인지 전혀 모르는 존재가 되었다. 물론 이러한 분석은 중공군 고위 지휘관들에게만 이로운 거짓 정보였다. 그들이 원하는 그대로 정보를 해석했던 것이다. 미군이 오만해질수록 중공군의 승리는 더 확실해질 수밖에 없었다. 미군이 덫에 걸릴 때만을 기다리면 되는 것이었다.

그 후 몇 주에 걸쳐 미군과 한국군은 연이어 중공군 포로를 사로잡았다. 포로들은 소속 부대를 밝히고 대규모 중공군 부대가 압록강을 건넜다는 사실을 확인해주었다. 그러나 윌러비는 계속해서 이러한 정보를 무시했다. 그리고 이제 사단, 군단, 군, 극동사령부가 일제히 중공군 포로가 진짜 중공군인지, 소속 부대가 어디인지, 적의 공격에 취약한 유엔군은 어떠한 대책을 마련해야 하는

지에 대해 논의한다 하더라도 이러한 정보가 최전방 부대까지 전달되기는 어려운 상황이었다. 제8기병연대 장병들은 인민군 오합지졸 잔당을 추격하면서 평양에서 운산으로 진격했고, 곧 압록강에 도달하여 승리의 표징으로 그곳에다 오줌을 갈길 거라고 확신했다.

제8군 사령부 지휘부에는 위험천만한 안도감이 만연해 있었으며 누구보다 맥아더가 가장 낙관적이었다. 미군에서 가장 경험이 많다는 사령관이 전황을 너무나 낙관하고 확신했기 때문에 군단과 사단의 고급 장교들을 비롯해 사령부에도 그런 분위기가 팽배했다. 사령부, 특히 도쿄에서는 고위급으로 올라갈수록 전쟁은 끝났으며 남은 임무는 잔적(殘敵)을 소탕하는 것이 전부라는 인식이 지배적이었다. 이러한 과신을 뒷받침하는 징후는 많았다. 첫 중공군 포로를 사로잡기 사흘 전인 10월 22일에 제8군 지휘관 월튼 워커(Walton Walker)는 탄약을 대량 적재한 함선을 한국에서 일본으로 전환시켜 달라고 맥아더에게 요청했다. 맥아더는 요청을 승인하여 105mm와 155mm 포탄을 실은 함선 여섯 척을 하와이로 보내라고 명령했다. 지난 4개월 동안 엄청난 실탄 소비로 탄약에 굶주렸던 군대가 이제 탄약이 너무 많다고 반환을 요청한 꼴이었다.

10월 25일 제8군 전투지역에서 제2보병사단장 로런스 카이저(Laurence Keiser)는 특별 참모회의를 열고 장교들을 모두 소집했다. 전방 관측장교였던 제37야전포병대대 소속 랠프 호클리(Ralph Hockley) 중위는 회의 날짜와 내용을 정확하게 기억했다. 사단장이 치열했던 전투는 대부분 지나갔으며 이제 곧 한국을 떠나게 될 거라고 말하자 회의 분위기는 화기애애해졌다. 카이저는 "모두 귀국할 것이다. 아마 크리스마스 전에는 고향으로 돌아갈 것이다."라면서 "명령을 받았다."라고 장교들에게 전했다.⁹ 한 장교가 언제쯤 돌아갈 수 있는지를 묻자 밝힐 수는 없지만 원하는 시기에 돌아가게 될 거라고 대답했다. 도쿄에서, 하와이에서, 미국 본토에서, 그리고 유럽 주둔 미군기지에서 무성한 추측이 나돌았다.

제1기병사단 8연대는 별다른 어려움 없이 운산에 도착했다. 허버트 밀러 (Herbert Miller) 중사는 한국군을 지원하기 위해 부대가 평양을 떠나 운산으로 북진한다는 소식을 들었다. 제8연대 3대대 러브중대 부소대장이었던 밀러는 평양에서 즐겼던 시간을 아쉬워하며 명령을 따라 운산으로 향했다. 그들의 임무는 한국군의 구멍을 메우는 것이었다. 장교들이 왜 한국군을 최전방에 두어 북진을 선도하게 했는지 도무지 이해가 가지 않았다. 그러나 중공군의 개입에 대해서는 걱정하지 않았다. 부대원들이 아직도 얇은 하절기 군복을 입고 있었기 때문에 그저 추운 날씨만 걱정했다. 평양에서 들은 바로는 동절기 전투복이 오고 있는 중이며 이미 트럭에 실려 다음 날 내지 그 다음 날에는 도착한다고 했다. 하지만 말만 그랬을 뿐 며칠이 지나도 동복은 오지 않았다. 7~8월까지만 해도 풋내기 같았던 밀러의 연대는 그간 많은 전투를 치렀다. 그들은 10월이 되자 노련한 부대로 거듭나 있었다. 밀러는 가까운 전우이자 제2차 세계대전 참전 용사였던 미주리 주 조플린 출신의 리처드 헤팅거(Richard Hettinger)와 의형제를 맺었다. 크리스마스 전에 귀국할 거라는 소문이 무성했지만 밀러는 곧이곧대로 믿지 않았다. 실제로 가야 가는 거라고 생각했다.

밀러는 뉴욕 주의 작은 마을인 풀라스키 출신으로 제2차 세계대전에서는 제42사단에서 복무했으며 종전 후 귀향했다. 그러나 제대로 된 일자리를 찾지 못하고 1947년에 다시 입대했다. 원래 제3보병사단 7연대 소속이었는데 제1기병사단에 파견 배속되었다. 1950년 7월에 한국전쟁 참전 명령을 받았을 때는 3년 복무 기간 중 6개월을 남겨놓은 시점이었다. 제2차 세계대전에서는 모든 행동이 다 옳다고 생각했지만 한국전쟁에서는 도무지 제대로 된 것을 찾아볼 수 없었다. 밀러가 속한 중대는 7월 중순 어느 아침 한국에 도착하자마자 중대 국면을 맞고 있던 대전 인근 최전방으로 급파되었다. 밀러는 모든 국면을 잘 헤쳐 나갔고, 그래서 불과 스물네 살밖에 되지 않았지만 부대원들은 그를 패피(Pappy: 미국 중남부 지역에서 아빠라는 뜻으로 사용함-옮긴이)라고 불렀다.

첫날 대전 인근 전선으로 이동하는 중에는 전투라고는 전쟁 영화에서 본 것이 전부인 풋내기 신참병들이 인민군 엉덩이를 걷어차줄 거라며 허세를 부렸다. 이들이 의기양양하게 허풍을 떠는 동안 밀러는 잠자코 지켜만 보았다. 전투가 시작하기도 전에 들뜨는 것보다야 끝난 후에 승리감을 만끽하는 것이 낫다고 생각했지만 애송이들에게 말해봐야 입만 아프기 때문이었다. 모름지기 그런 감정 조절은 스스로 터득해야 하는 법이라 생각했다. 첫 번째 전투는 혹독했다. 준비가 제대로 되어 있지 않았을뿐더러 상대편 인민군은 경험이 많은 노련한 부대여서 아주 효과적인 방식으로 공격해왔다. 그 다음 날 중대 병력은 160명에서 39명으로 줄어들었다. "첫날 밤에 거의 전멸해버리다니." 밀러는 혼잣말로 탄식했다.[10] 그 뒤 인민군을 혼쭐내주겠다는 말은 쏙 들어갔다.

단지 애송이들이라서 형편없었던 것이 아니었다. 배에서 내리자마자 바로 전투에 나서느라 제대로 준비를 하지 못했고 인민군의 수가 너무 많은 탓이 컸다. 아무리 잘 싸워도 적은 언제나 더 많았다. 적은 아군의 후방으로 은밀히 침투하여 퇴로를 차단한 다음 측면을 공격했다. 첫 번째나 두 번째 전열은 소총을 가지고 진격했지만 그 뒤를 따르는 인민군들은 앞 대열에서 쓰러진 전우의 무기를 집을 요량으로 무기도 없이 계속해서 전진했다. 이렇게 많은 적을 상대로 싸우려면 모든 군인이 자동화기를 가지고 있어야 하지만 미군의 장비는 열악했다. 기본적인 보병 장비는 쓰레기 같은 것들뿐이었다. 마치 포트 디번즈(Fort Devens: 1917년 제1차 세계대전 당시 군인들을 훈련하기 위해 세운 임시 숙영지-옮긴이)로 돌아간 것처럼 관리도 제대로 안 되어 쓸모없는 훈련용 구식 소총을 지급받았다. 미국이 평상시 군대를 어떻게 생각하고 있는지 단적으로 보여주는 사례였다.

탄약도 충분하지 않았다. 전쟁 초기에 실탄이 클립에 삽입되지 않은 상태의 탄약상자를 지급받아 힘겹게 싸웠던 기억이 떠올랐다. 군인들이 직접 실탄 클립을 끼워야 했다. 적군에게 수적으로도 밀리는 상황에서 도대체 어떤 군대가 부대의 생사가 어떻게 될지도 모르는 보병들에게 클립이 풀린 탄약을 보낼 수 있는지 한심스러웠다. 아마추어들이라는 생각이 들었다. 인민군은 성능 좋은 소련제 T-34 탱크를 몰고 왔는데, 미군이 보유한 구형 바주카포는 제2차 세계대전에서 사용하던 것으로 탱크 철판도 뚫을 수 없을 만큼 한심했다. 제2차 세계대전에서는 적어도 목표가 무엇인지, 좌우 측면에서 누구와 교전하고 있는지 정도는 알고 있었다. 그런데 한국에서는 마치 눈을 감고 싸우는 것처럼 측면에 적이 있어도 도무지 식별할 수 없었다. 십중팔구는 인민군과 외양이 같은 한국군이었기 때문이다.

운산에 도착한 날 밀러는 주둔 기지에서 북쪽으로 8킬로미터 남짓까지 정찰을 나갔다가 늙은 농부를 만났다. 농부는 이 지역에 중공군 수천 명이 있으며 상당수가 말을 타고 왔다고 알려주었다. 꾸밈이 없고 확신에 차 있어서 거짓이 아니라 믿고 그를 대대 본부로 데려갔다. 그러나 누구도 관심을 기울이지 않았다. 중공군이라고? 수천 명의 중공군? 중공군을 본 사람이 아무도 없는데, 더구나 말을 타고? 말이 안 됐다. 그래서 흐지부지 넘어갔다. 그렇지만 밀러는 그들은 정보 전문가이니까 알고 있겠지라고 생각했다.

제8기병연대 3대대 아이템중대의 어린 상병 레스터 어번(Lester Urban)은 위험 상황을 가장 먼저 감지한 병사중 하나였다. 본부중대에 배속된 전령이라 주로 대대 본부에 머물며 장교들의 말을 주워들을 수 있었기 때문이다. 열일곱 살이었던 어번 상병은 키 162센티미터에 몸무게가 45킬로그램에 불과해서 웨스트버지니아 주의 작은 마을 델바톤에 있는 고등학교 풋볼 팀에도 들어가지 못했다. 기병사단에서는 땅콩이라는 별명으로 불렸지만 다부지고 빨라서 전령으로 뽑혔다. 미군의 통신 상태는 장비도 제대로 작동하지 않는 열악한 수준이어서 대대에서 중대까지 구두 및 서면 메시지를 직접 전달하는 일이 빈번했고 그것이 어번의 임무였다. 아주 위험한 일이었지만 어번은 자신의 임무와 생존법을 잘 알고 있다며 자랑스러워했다. 하루에 같은 지역을 네다섯 번 왕래해야 하는 경우에는 항상 경로를 달리했으며 이런 원칙을 한 번도 소홀히 한 적이 없었다. 그는 적에게 예측당하면 죽는다고 생각했다.

어번은 측면에 미군 부대가 없어서 적의 공격에 무방비로 노출된 것 같아 걱정이 되었다. 그러나 지난 몇 주 동안 별다른 낌새가 없어서 크게 염려하지는 않았다. 운산에 도착하기 전까지는 괜찮았다. 그러나 운산에 당도한 연대는 통통 부은 엄지처럼 튀어나와 있어서 조금만 생각해봐도 3개 대대의 부대 배치와 간격이 잘못되었다는 것을 알 수 있었다. 연대본부 벽에 걸려있는 지도상에는 대대 간격이 작게 표시되어 있지만 어번처럼 대대 사이를 실제로 달려보면 그 간격이 너무 넓다는 걸 알 수 있었다.

지난주까지만 해도 제8연대 3대대장이었지만 최근에 제5연대장으로 영전한 해럴드 존슨(Harold Johnson) 중령이 예전 대대를 점검하러 온 10월 31일에 어번은 대대 본부 근처에 있었다. 존슨 중령이 평양을 떠나기 전에 마지막으로 한 일은 한국전쟁에 참전하여 전사한 제3대대 장병 약 4백 명을 위한 추도식을 거행하는 일이었다. 그는 처음부터 함께했지만 애석하게도 몇 명밖에 남지 않은 부대원들과 추도식에 참석했다.

예전 대대에서 해럴드 존슨은 부하들에게 존경을 넘어 사랑을 받았다. 한국에 도착한 날부터 부하들과 항상 함께했으며 부대원들은 그가 내린 결정이 늘 옳다고 믿었다. 전시에는 병사들의 목숨이 장교들에게 달려 있기 때문에 병사들은 장교들을 평가하여 나름대로 등급을 매기곤 했다. 전쟁 초기에 존슨은 연대장으로 진급할 기회가 있었지만 부하들에게 일종의 의무감을 느꼈기 때문에 부대원들과 함께 싸우려고 이를 거절했다. 부대원들은 이런 사실을 알고 있었다.

존슨은 오랜 지옥을 경험한 사나이였다. 제2차 세계대전 당시 바탄에서 일본군에게 사로잡혀 '죽음의 행진(제2차 세계대전 초 일본군에 사로잡힌 7만 명의 미국인과 필리핀 전쟁 포로들이 강제적으로 행한 행진-옮긴이)'을 했고 거기서 가까스로 살아남아 3년 넘게 전쟁 포로로 지냈다. 일반적으로 전쟁 포로는 장교 경력에 별로 도움이 안 된다. 특히 한국전쟁에서는 인민군이 미군 포로를 유독 잔인하게 대하고 세뇌까지 하는 바람에 일부 군인들은 뇌 손상을 입기도 했다. 그런데도 존슨은 미 육군의 참모총장까지 지냈다. 레스터 어번은 나중에 존슨을 이렇게 기억했다. "지도력을 타고난 최고의 군인이었다. 늘 부하들을 최우선으로 생각하는 것 같았다. 그를 능가하는 사람은 보지 못했다."[11]

바탄에서의 경험 탓인지 존슨은 사람들의 일반적인 예측을 그다지 신뢰하지 않았으며 지나친 낙관론이 갖는 폐해를 누구보다 잘 알았다. 당시에는 이전에 제3대대장으로 근무한 대대에서 불과 몇 킬로미터 떨어지지 않은 곳에서 사단 예비대로 대기하고 있었다. 그런데 작전 지역 전역에서 대규모 적군 병력이 이동하고 있다는 소식을 듣고는 적이 도로를 차단하면 제8기병연대가 고립될 수도 있음을 염려했다. 존슨은 직접 차를 몰고 북쪽으로 가서 상황을 점검했다. 도로에는 백선엽 장군이 불안해했던 것과 같은 정적이 흘렀으며 아무런 움직임이 없었다. 후에 그는 그곳의 정적이 섬뜩했다고 말했다. 예전에 통솔하던 대대에 도착했을 무렵 존슨은 부대 배치가 별로 마음에 들지 않았다. 존슨의 눈에는 후임자인 초임 대대장 로버트 오몬드(Robert Ormond)가 대대를 어설프게 떨어뜨려놓은 것처럼 보였다. 병력 대다수는 평지인 논에 자리를 잡았으며 참호도 제대로 구축하지 않은 상태였다.

두 지휘관이 대면하는 것을 보면서 어번은 존슨의 고뇌를 느낄 수 있었다. 그동안 지켜본 바에 의하면 존슨은 다른 장교를 호되게 꾸짖는 스타일이 아니었지만 뜻밖에도 오몬드에 대해서만큼은 모질게 말했다. "골짜기에 있는 병력을 빼서 당장 높은 지대로 올려 보내게. 지금 있는 곳은 너무 취약해서 현상태로는 귀관의 부대가 적의 공격을 제대로 방어할 수가 없네." (어번은 나중에 "존슨이 바로 그 자리에서 오몬드의 엉덩이를 걷어찰 것 같았다."라고 전했다.) 존슨은 오몬드가 귀담아들었을 거라고 생각했지만 후에 자신의 충고를 무시했음을 알고는 어이가 없었다.[12] 부대 배치가 잘못된 것은 비단 3대대뿐만이 아니었다. 비극이 끝난 후에 선임 지휘관 상당수가 제8연대 전체 부대의 위치가 엉망이었다는 것을 인정했다. 마치 적군의 위협이 전혀 없는 것처럼 병력을 배치했던 것이다.

운산 전투가 끝나자마자 연대로 전입해 온 휼렛 라이너(Hewlett Rainer) 중위는 그동안 벌어졌던 일들을 하나씩 정리해보다가 연대의 부대 배치 방식에 충격을 받았다. 우선 대대가 제대로 연결되지 않아 서로 지원을 기대할 수 없는 상태였다. 대대 사이로 중공군 1~2개 사단이 지나가도 모를 정도였다. 특히 야간에는 완전히 취약한 구조였다. 적은 측면을 따라 이동한 다음 상대를 에워싸고 압박하는 전술을 구사했다. 라이너는 "연대가 상급부대로부터 중공군에 대한 정보를 받지 못했다는 것을 압니다. 하지만 연대의 위치는 너무 북쪽으로 나갔어요. 그곳은 마치 인디언 마을 같은 곳이라 무언가는 분명히 나타나게 되어 있습니다. 미국 본토에서 워게임 하던 것처럼 연습했던 대로 배치했다고 해도 납득할 수 없습니다. 아무리 좋게 봐도 부주의함에서 비롯한 일이었어요."라고 밝혔다.[13]

러브중대의 중화기소대 무반동총반 소속 빌 리처드슨은 1950년 10월 31일의 상황을 잘 알고 있다. 그가 속해 있던 분대는 3대대 남단에서 남면강을 가로지르는 작은 교량을 지키고 있었다. 하루 전날, 드디어 기다리던 동복이 지급되었다. 동복이라고 해봐야 야전상의와 양말뿐이었다. 그나마도 상의가 부족했기 때문에 리처드슨은 가능한 한 제일 좋은 상의를 골라서 병사들에게 먼저 나눠 주라고 지시했다. 수년 후 그는 중대원들이 침낭에서 잤다는 기록을 보고 격분했다. 적의 공격을 받은 것보다 더 기분이 착잡했다. 도대체 침낭이 어디 있었단 말인가. 부대원들은 침낭 대신 담요를 둘둘 말고 잤다.

존슨 중령이 대대 지휘소로 돌아가는 길에 교량에 들렀을 때 리처드슨은 근무 중이었다. 존슨은 뭔가 할 말이 있는데 조심스러워하는 것 같았다. 그러다 "귀관, 이 지역에 도로 장애물이 몇 개 있다는 보고가 있네. 그리고 인민군 잔당이 북쪽으로 이동하면서 강 만곡부로 올지도 몰라."라고 말했다. 리처드슨은 그 말에 개의치 않았다. 그는 존슨에게 "연대장님, 적이 강 만곡부로 올 거라면 진작 왔을 겁니다."라고 말했다. 그러자 존슨은 조심하라고 주의시키며 악수를 건넸다. 존슨은 리처드슨에게 행운이 따르길 바랐지만 리처드슨 또한 시골길을 혼자 운전해 가는 연대장이야말로 정말 운이 좋아야 한다고 생각했다.

두 사람은 매사추세츠 주 포트 디번즈에서 훈련을 받은 이후로 줄곧 함께했다. 리처드슨은 제2차 세계대전이 끝날 무렵에 유럽에서 복무했지만 너무 늦게 참전한 탓에 전투는 참가하지 못하고 전쟁의 폐허만 지켜보았다. 그러나 한국전쟁에서는 그냥 일반 전투가 아닌, 미군이 치렀던 어떤 전쟁보다도 힘들고 위험한 전투를 치렀다. 리처드슨은 필라델피아에서 자랐으며 부모는 둘 다 예능인이었다. 착실한 학생은 아니었던지라 학교 교육이 자기에게 맞지 않는다며 대학은 일찌감치 포기하고 직업훈련학교에 진학했다. 정규 교육 과정은

9학년으로 끝내고 육군에 입대했으며 이내 군을 좋아하게 되었다. 제2차 세계대전에서 최악의 상황을 견뎌낸 노련한 교관한테서 훈련을 받으면서 자신의 생명을 지킬 수 있는 몇 가지 특기를 전수받기도 했다. 1950년 이른 봄 제2차 세계대전이 끝나고 군을 축소하는 와중에 그는 복무기간을 세 번이나 연장한 상태라 군에서는 그를 내보내려고 애쓰는 중이었다. 그때 마침 인민군이 남침을 했고 하룻밤 새 입장이 달라진 군은 연장 복무를 허락했다.

그래서 6월 말 포트 디번즈에서 제대하는 대신에 제8연대 창립 멤버가 되었다. 리처드슨은 인민군이 침공한 직후인 6월 26일이나 27일 경에 해럴드 존슨이 영내 극장에 전 대대를 소집했는데 당시 부대 병력이 너무 적어 첫 번째 두서너 열만 채워졌다고 회상했다. 참전 용사들이 은성훈장과 동성훈장을 수여받는 것으로 끝나는 보병 선전 영화를 관람한 후 존슨은 대원들에게 이렇게 말했다. "제군들, 아직 이런 훈장을 받지 못한 장병들도 몇 주 안이면 모두 이것들을 목에 걸게 될 것이다." 리처드슨은 그때 그 말을 이상히 여겼다.[14] 며칠 후 전 병과에서 다양한 주특기를 가진 병력이 속속 도착했다. 보병을 비롯해 헌병, 취사병, 보급병 등 극장을 가득 채울 만큼 병력이 채워지자 이들은 배를 타고 떠났다.

리처드슨은 중공군의 공격을 받은 후에야 존슨이 자신에게 중공군이 지역 내에 있으며 제8기병연대로 들어오는 진입로가 열려 있다는 걸 경고하려 했다는 생각이 들었다. 아마도 하사관에게 '중공군'이라는 말을 입 밖으로 꺼내면 공포감을 유발할 수 있다는 생각에 우회적으로 경고를 했던 것 같았다. 만약 그때까지 존슨이 대대장이었다면 부대를 높은 지대로 이동시키고 재배치하여 상호 지원 화력을 결집시킴으로써 방어력을 높일 수 있었을 거라고 확신했다. 오몬드도 언젠가 훌륭한 장교가 될 수 있으리라 생각했지만 전투 데뷔전을 치르기엔 시간도 장소도 적절하지 않았다.

제3대대 작전장교 필모어 맥애비(Filmore McAbee) 소령 역시 해럴드 존슨처럼 연대가 흩어져 있는 것을 염려했지만 오랫동안 존슨과 이를 의논할 기회를 갖지 못했다. 그 후 2년 반을 포로수용소에서 보냈기 때문이다. 제2차 세계대전에도 참전한 유능한 전투 지휘관이었던 맥애비는 한국에 왔을 당시에는 제1기병사단의 중대장이었다. 맥애비는 뛰어난 전투 지휘관이었지만 중공군이 기습한 순간에는 절망에 빠진 장교에 불과했다. 오몬드 대대장과 부대대장 빌 모리아티(Veale Moriarty) 소령이 새로 부임하여 대대를 지휘했지만, 맥애비의 말에 따르면 이들은 주로 연대급 참모로 지낸 탓에 실전 경험이 부족했다. 두 사람은 서로 잘 아는 사이였고 자신들과 달리 실전 경험이 많은 맥애비를 제쳐 놓곤 했다. "제가 거북했겠죠. 저는 아웃사이더였어요"라고 맥애비는 회고했다. 오몬드에게 대대의 열악한 위치에 대해 조언하려 했지만 부질없는 짓이었다. 부대의 정신 자세도 마음에 들지 않았다. 대다수 장병이 점점 조심성이 없어지고 오만해졌는데 이는 상관들에게 문제가 있기 때문이라고 생각했다. 한국전쟁이 끝나면 어디로 갈 것인가에 대한 이야기만 무성했다. 이들이 말하는 다음 단계란 오직 두 가지뿐이었다. 압록강 그 다음은 집, 그것이 전부였다. 그는 나중에서야 중공군 포로가 포획되었지만 제3대대 같은 야전부대에는 이와 관련한 경고조차 하지 않았다는 사실을 알게 되었다. 이런 사실을 감추는 본부의 행태는 군인의 책무를 완전히 저버린 행위로밖에 볼 수 없었다. 중공군 군사 전술에 대해 더 자세하게 알게 된 맥애비는 그 당시 넓은 지역에 산개되어 있었던 그의 연대는 중공군이 가장 공격하기 좋아하는 형태로 배치되어 있다는 것을 알게 되었다.[15]

오몬드 대대장을 비롯하여 대대 참모들은 중공군이 공격하기 전 상급 본부에서 논의 중인 내용을 전혀 모르고 있었다. 제8기병연대장 햄 에드슨 대령은 부대를 후퇴시키고 싶어 했다. 그는 부대 위치가 적에게 노출되기 쉬우니 긴장과 경계를 늦추지 말라고 경고했다. 11월 1일에 눈을 떴을 때 산불 때문에 하늘에는 연기가 자욱했다. 에드슨과 참모들은 미군 항공 관측망에 이동 행렬이 노출되지 않도록 적군이 고의로 불을 지른 게 아닌가 의심했다. 제1기병사단장 호바트 게이(Hobart Gay) 소장은 전투지역에서 중공군에 관한 보고를 심각하게 받아들이고 초조함을 느꼈다. 그는 11월 1일에 사단 지휘소를 운산 남쪽 용산동에 설치했다. 한동안 군단에서 제멋대로 사단을 분리하고 다른 사단소속 대대를 배속시키는 통에 게이 소장은 사단 예하부대를 제대로 통제할 수 없었다. 특히 제8기병연대가 너무 튀어나와 사방이 적에게 노출되어 있는 상태라 마음이 놓이지 않았다.

부관 윌리엄 웨스트(William West) 중위는 게이 소장이 미군의 전쟁 대응 방식을 마지못해 따라가면서 모든 불만을 속으로 삭이고 있다고 생각했다. 제2차 세계대전 당시 조지 패튼(George Patton) 장군의 참모장이었던 게이 소장은 옳은 것을 실행하고 잘못된 일을 하지 않는 법을 배웠지만, 한국전쟁에서는 시작부터 잘못하고 있다는 생각이 들었다. 게이 소장은 한국전쟁 발발 당시에 미군의 열악한 상황에 충격을 받았다. 뿐만 아니라 개전 초기에 맥아더가 적의 능력을 얕잡아보고 "등 뒤에 한 손을 묶어도" 인민군을 무찌를 수 있다고 허세를 부린 것이 영 못마땅했고 걱정이 되었다. 도쿄 사령부에서는 적과 지형을 잘 알지 못할뿐더러 그 두 가지에 아예 관심도 없다고 생각했다.[16] 게이는 맥아더 사령부를 떠나면서 "도대체 이 사람들에게선 현실감이라곤 찾아볼 수가 없어. 꿈속을 헤매고 있는 것 같아."라고 웨스트에게 말한 바 있다. 그러나 그를 무엇보다 화나게 한 것은 자신의 예하 대대 지휘관으로 절실하게 필요했던 우수한 장교들을 맥아더 사령부에서 참모직으로 끌고 간 것이었다. 전쟁 전과 비교하여 엄청나게 비대해진 사령부 규모도 놀라웠다. 1945년

■ 호바트 게이 소장이 레이먼드 윌렌 소위에게 은성훈장을 수여한 후 축하인사를 건네고 있다. 1950년. ⓒ U.S. Department of Defense.

에는 불과 몇백 명에 불과했던 제3군 사령부가 어떻게 전장에서 수천 명의 병사를 지휘할 수 있었으며, 반대로 이번 전쟁에서는 수천 명의 도쿄 사령부가 어떻게 전장에 있는 수백 명을 지원하게 된 것인지 이해할 수가 없었다. 당시 도쿄에서 게이의 사단에 정기적으로 날아와 필요한 것만 보고 가는 업무를 담당했던 장교가 한 명 있었다. 어느 날 게이는 그 장교에게 제2차 세계대전 참전 장교 명단을 보여주며 자신의 대대장으로 필요한 장교들을 전출시켜 달라고 요청했다. 다음번에 그가 다시 돌아왔을 때 게이는 자신이 요청했던 장교들이 어디에 있냐고 물었고, 그는 "맥아더 장군께서 너무나 귀중한 자원들이라 내줄 수 없다."라고 했다고 답했다.

"세상에 실전 경험이 있는 장교들이 전장에서 미군을 지휘하는 일보다 더

중요한 일이 도대체 무엇이란 말인가?" 게이는 홀로 탄식했다.[17]

크리스마스 전에 귀국할 거라는 소문도 탐탁지 않았다. "어느 해 크리스마스에 돌아간단 말인가, 내년 아니면 내후년? 전부 얼빠진 소리야. 집으로 돌아간다고 들뜨기 시작하면 해이해지기 마련인데." 연대 하나가 곧 포위될지도 모른다는 생각에 그는 연대를 후퇴시켜 사단을 강화해야 한다고 주장했다. 그러나 상관인 제1군단장 프랭크 밀번은 이를 달가워하지 않았다. 미군은 꼭 필요한 경우가 아니면 '후퇴'라는 말을 쓰는 것을 꺼려했으며, '역행 이동' 정도의 표현이 권장될 뿐이었다. 밀번은 그 '역행 이동'을 원치 않았다. 거의 6주 동안이나 점진적으로 이동하고 있었고 더구나 맥아더 사령부는 가능한 한 빨리 압록강으로 진격하라고 압력을 가하고 있었기 때문이다. 웨스트 중위 생각에 게이 소장은 '도쿄 사령부에서는 여전히 존재하지 않는다고 주장하는 적'에게 연대를 잃을지도 모른다는 두려움을 느끼는 것 같았다. 한국전쟁에는 단층선(斷層線)이 있었다. 단층선의 한 면은 야전부대가 직면하는 전장의 위험과 현실의 세계고, 다른 면은 안일한 명령만 쏟아내는 도쿄 사령부에 있는 환영의 세계였다. 단층선은 군단과 사단 사이에도 있었다. 군단은 도쿄 사령부에서 스며 나오는 맥아더 장군의 열의를 느끼고, 사단은 적의 공격에 노출된 연대와 예하 부대의 취약성을 느꼈다. 제8연대를 뒤로 빼낼 수 있는 시간이 있었지만 밀번 장군은 명령을 내리지 않았다.

11월 1일 오후, 게이 소장은 포병 지휘관 찰스 파머(Charles Palmer) 준장과 함께 본부에 있었는데, 그때 들어온 L-5 탄착관측기의 무선 보고가 그의 관심을 끌었다. "지금까지와는 다른 이상한 광경입니다. 명당동과 용흥동 근처 오솔길 위 남동쪽으로 대규모의 적 보병부대 두 개 대열이 있습니다. 아군 포탄이 이들에게 명중하는데도 이들은 계속 진격하고 있습니다."[18] 바로 운산에서 9~10킬로미터 정도 떨어진 작은 마을 두 곳이었다. 파머는 즉각 포병부대의

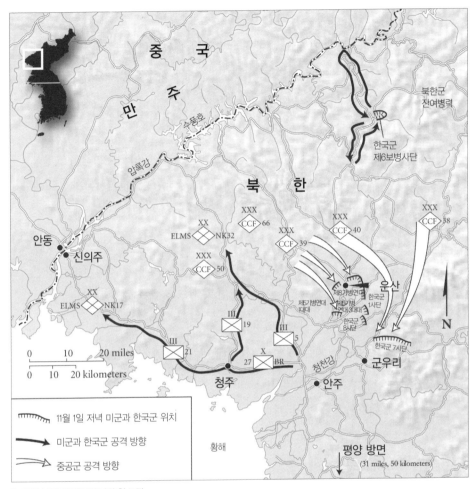

2. 1950년 11월 1일 중공군과의 첫 교전.

추가 포격을 명령했으며, 게이는 또다시 제1군단에 연락해 제8기병연대 전체를 운산 남쪽 수 킬로미터 후방으로 철수하게 해달라고 요청했다. 그러나 밀번은 재차 거절했다.

이로써 제8기병연대와 3대대를 구할 수 있는 마지막 기회를 잃어버렸다. 어쨌든 전투는 속개되겠지만 시작도 하기 전에 거의 끝난 상태였다. 가장 경험 많고 노련한 군인들로 이루어진 중공군 정예 2개 사단은 이제 준비도 안 되어 있는 데다 부대 배치도 형편없는 미국 정예 사단을 막 공격하려는 참이 었다. 더구나 미군은 너무나 멀리 떨어진 도쿄에서 한국전쟁이 사실상 끝났다고 믿는 사령부의 지휘를 받고 있었다.

지원 임무를 받고 운산을 향해 북쪽으로 이동하던 해럴드 존슨의 제5기병 연대는 이내 중공군이 도로에 세운 장애물에 마주쳤다. 제8기병연대를 지원하는 것은 고사하고 부대 전체가 괴멸되지 않고 살아남을 수 있을지도 알 수 없는 일촉즉발의 위기였다. 한국전쟁을 연구하는 매우 신중한 역사가 로이 애플먼(Roy Appleman)이 지적했듯이 11월 1일 해질 무렵에 제8기병연대는 삼면에서 중공군에 둘러싸였다.[19] 동쪽 측방에만 한국군 제15연대가 주둔하고 있어 지원을 받을 수 있는 상황이었다.

벤 보이드 중위는 제8기병연대 제1대대 베이커중대 신임 소대장이었다. 탱크와 야포가 배속된 기동부대인 제1대대는 운산 시내에서 북쪽으로 약 370미터 위치에 대기하고 있어 세 개 대대 가운데 적에게 가장 많이 노출된 상황이었다. 대대장 잭 밀리킨 주니어(Jack Millikin, Jr.)는 웨스트포인트에서 보이드의 전술 교관이었으며 보이드를 훌륭하고 침착한 군인이라 생각했다. 보이드 중위는 세 개 대대 가운데 평양에서 북쪽으로 가장 돌출된 대대가 홀로 고립되었다는 사실을 알 뿐, 연대의 나머지 부대가 뒤따르고 있는지 여부는 알지 못했다. 주둔지에 도착하자마자 대대는 일부 주변 목표물을 향해 박격포를 설치하고 적과 몇 차례 포격을 주고받았지만 교전은 경미했다. 다들 자신들이 상대한 적군이 인민군 낙오병일 거라고 추측했다. 하지만 그날 밤 보이드 중위는 중대장의 호출을 받았는데, 중대장도 막 대대로부터 연락을 받는 중이었다. "귀 부대 지역에 2만여 명의 '세탁업자(당시 미국에서 화교들이 주로 세탁소를 운영하던 것에 빗댄 표현-옮긴이)'가 있다."라는 내용이었다.[20] 보이드는 이것이 중공군 2만 명이 주둔지 근처에 있다는 뜻임을 즉각 알아챘다.

그리고 동양의 백파이프 같은 으스스한 악기 소리를 들었다. 일부 장교들은 영국 근위여단이 지원을 나온 것은 아닌지 착각하기도 했다. 하지만 백파이프 소리는 아니었다. 이국적인 군대 나팔 소리 혹은 플루트 소리가 아주 기분 나쁘게 들렸다. 마치 미군의 일생이 얼마 남지 않았다고 애도하는 것 같았다. 얼마 안 있어 그 소리가 중공군이 전투를 시작할 때 서로 행동을 지시하는 신호이자 적에게 두려움을 줄 목적으로 일부러 내는 소리라는 걸 알게 되었다. 보이드는 소대원들이 제 위치에 있으리라 믿었다. 물론 소대원의 절반가량을 차지하는 카투사(KATUSA)는 제외하고 말이다. 카투사는 훈련도 제대로 받지 못하고 미군에 배속된 파견 한국군으로, 대부분의 미군 장교들은 이들이 치열한 전투에서 제 몫을 해줄 거라고 믿지 않았다. 카투사 배치로 미군 부대를 증강했기 때문에 서류상으로는 유엔군이 실제보다 더 많은 것처럼 보였다. 그러나 중대장도 카투사와 함께 싸워야 하지만 그들과 말이 통하지 않는 미군 부대도 그리고 카투사 본인들도 원하지 않았는데 부족하다는 요청을 하지 않아도 계속 보내주었다. 아무도 원치 않는 일종의 실험이었다.

오후 10시 30분 무렵 중공군이 공격해왔다. 보이드 중위의 눈에는 어떻게 그렇게 빠른 속도로 산산이 부서질 수 있는지 그저 놀라울 따름이었다. 후에 참전 용사들이 전한 바에 따르면 미군은 너무나 가늘게 배치되어 있었고 중공군이 미군의 취약한 전열을 바로 치고 들어오는 모습은 마치 빠르게 내달리는 육상 경기 같았다고 한다. 완벽하게 방어된 것 같았던 대대 지휘소도 삽시간에 무너졌다. 다른 소대의 일부 생존자들이 임시방편으로 마지막 전열을 가다듬었지만 이내 제압되고 말았다. 사방에 부상자가 속출했다. 밀리킨은 커져만 가는 혼란을 최대한 수습해보려고 노력했다. 2.5톤 트럭을 모아 호송차량을 만들고 부상자를 최대한 많이 실으려고 애썼다. 그때 보이드는 군종장교 에밀 카폰(Emil Kapaun) 대위와 마주쳤다. 그는 부상자를 돌보고 있었다. 보이드는 호송 트럭을 배정해주겠다고 했지만 카폰 신부는 거절했다. 스스로 움직일 수 없는 부상병들과 함께 있을 작정이었던 것이다. 결국 항복해야겠지만, 할 수 있는 한 부상병들과 함께하면서 그들을 보호하고 싶었다.

마침내 호송차량이 출발했을 때 대대에 있는 탱크 두 대를 나누어 밀리킨이 선두 탱크에 타고 보이드가 나머지 탱크의 포탑에 올라가 후미에서 따라갔다. 운산 남쪽 1.6킬로미터 지점에 갈림길이 있었다. 한쪽은 남동쪽으로 향했다. 다른 하나는 서남쪽 방향이었는데 3대대 지역과 빌 리차드슨이 지키고 있는 다리가 있는 쪽이었다. 밀리킨은 남동쪽을 택했다. 이 선택 덕분에 일부는 살아서 이 지역을 탈출할 수 있었다.

중공군은 위협적인 병력을 도로 양편에 매복시켜 기습 공격을 하려고 기다리고 있었다. 적이 공격을 시작했을 때 거리나 시간을 가늠하기는 어려웠지만, 보이드는 호송차량 앞 도로 아래 약 450~550미터 지점에 중공군이 있다고 판단했다. 적의 화력은 압도적이었고 부상병이 많은 호송차량에는 대응할 수 있는 수단이 거의 없었다. 혼란의 와중에 모든 차량이 전조등을 끄자 보이드가 탄 탱크 운전병이 공포에 질렸는지 포탑이 제멋대로 회전하기 시작했다. 그 바람에 포탑에 있던 수십 명이 모두 튕겨 나갔고 보이드도 도로 옆 도랑에 처박혔다. 후에 그는 오직 신의 은총 덕분에 살아남았다고 고백했다.

보이드는 중공군이 다가오는 소리를 들었다. 유일한 방법은 죽은 척하는 것뿐이었다. 중공군들은 이내 개머리판으로 쳐보고 발로 툭툭 차기도 했다. 다행히 아무도 총검은 사용하지 않았다. 중공군은 보이드의 주머니를 샅샅이 뒤지고 시계와 반지를 빼 가지고 떠났다. 보이드는 최소 한 시간 이상을 기다렸다. 그런 다음 심한 충격으로 인해 통증과 방향 감각을 잃어버린 채 부상병

사이로 천천히 기어 나왔다. 멀리서 들려오는 포격 소리가 미군의 것이라 생각하고 그쪽으로 향했다. 다리를 절뚝이며 위치상 남쪽이라 생각되는 개울을 건넜다. 뒤늦게 극심한 다리의 통증을 느끼고 내려다보니 중공군이 쏜 백린탄에 맞았는지 심한 화상을 입은 상태였다.

그 후 며칠 동안 보이드는 주간에는 몸을 최대한 숨기며 조심스럽게 이동했다. 적어도 일주일에서 십 일에 걸쳐 쓰라린 통증과 걸신들린 굶주림을 견뎌내며 그곳을 빠져나와 미군 진지를 향해 계속 걸었다. 도중에 한국인 농부의 도움을 받았다. 농부는 먹을 것을 주고 어설픈 손짓으로 미군이 주둔하고 있는 곳을 가리켜주었다. 아마도 농부의 도움이 없었더라면 살아남지 못했을 것이다. 11월 15일경, 보이드는 거의 두 주간의 고행 끝에 드디어 미군 부대에 이르렀고 즉각 병원으로 후송되었다. 그가 입은 화상은 아주 심각한 수준이었다. 이로써 그의 한국전쟁 참전기는 끝이 났다. 보이드는 운이 좋은 편이었다. 중대장이 전사했다는 것 이외에는 얼마나 많은 소대원이 죽었는지도 알 수 없었다. 다시는 그들을 보지 못했다.

중공군이 제8기병연대 방어지역 남쪽을 공격하기 바로 전에 러브중대의 빌 리처드슨은 메마른 하천을 지나는 폭 27미터 정도의 콘크리트 교량을 지키고 있었다. 그를 비롯해 대부분의 병력은 교량 북쪽 평지에 있었지만 연대 전체로 봐서는 작전 지역 내 최남단에 위치해 있었다. 대대 본부는 북쪽으로 457미터 지점에 있었으며 러브중대의 나머지 병력은 서쪽으로 약 320미터 부근에 위치했다. 그들 남쪽 고지에서 처음 소음을 들었을 때 리처드슨은 자신을 빼고 분대에서 유일하게 전투경험이 많은 전우 짐 월시에게 "자네도 들었지?"라고 물었다. 무슨 일이 벌어지고 있다고 생각했지만 정찰에 필요한 네댓 명의 대원도 할당할 수 없는 실정이었다. 지원을 요청하려고 중대 본부에 연락했고 세 번 시도한 끝에 겨우 연결이 되었으나 무심하기 짝이 없는 중대의 태도에 화가 치밀었다. 중대에서 다시 대대로 지원을 요청했지만 기껏 정보과 대원 한 명을 보내준 것이 전부였다. 리처드슨은 위기의식이라곤 전혀 없이 도로를 따라 한가롭게 걸어 내려오는 그에게 정찰 임무를 설명하고 분대원 네 명을 정찰대로 함께 편성하여 소음이 난 고지로 올려 보냈다. 적어도 사단급 규모에서 나는 소음이라고 생각했다.

정찰대가 야단스럽게 돌아왔지만 책임자는 "아무것도 없었다."라고 보고했다. 그러나 정찰대원 한 명이 참호 굴착 도구와 솜으로 누빈 두툼한 장갑 한 벌을 가지고 왔는데 지금껏 본 장갑과는 분명히 달랐다. 더욱이 장갑에 습기가 없었다. 안개와 서리가 자욱한 정황으로 볼 때 이들이 떠난 지 얼마 되지 않았음을 알 수 있었다. 정보과 사병은 결국 "글쎄요, 참호가 몇 개 있기는 했지만 분명 오래된 것 같았습니다."라고 시인했다. 리처드슨은 은근히 화가 치밀었다. 정보장교나 대대 정보반이 아니더라도 마른 장갑이 뭘 의미하는지 정도는 즉시 파악해야 하는 중요한 사안이기 때문이었다. 그래서 리처드슨은 장갑과 도구를 찾았으면 상관에게 가져와 무언가 출몰한 흔적이 있다고 보고해야 한다고 다그쳤다. 질책에 짜증이 난 그는 "저희가 수행한 임무가 마음에 들지 않는다면 직접 한번 올라가 보십시오."라고 대꾸했다.

이런 일들 탓에 리처드슨은 점점 초조해졌다. 밤 10시가 조금 지나자 대대로부터 정찰 병력을 보내라는 연락을 받았다. 무리한 요구였다. 현재 리처드슨의 분대원은 15명에 불과했으며 그나마 5명은 영어를 전혀 못 하는 카투사였다. 카투사를 제외하고 가장 믿을 만한 월시를 대원 3명과 함께 대대로 보냈다. 나중에 들은 얘기로는 이들이 대대에 도착하자 참호를 파고 휴식을 취하라는 지시를 받았다고 한다. 리처드슨의 전투지역은 아직까지 조용했지만 제1대대와 2대대는 이미 공격을 받고 있었던 것이다.

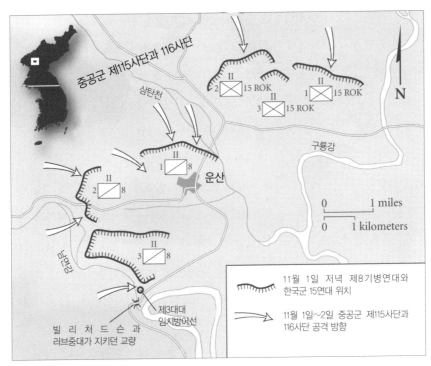

중공군 제115사단과 116사단

삼탄천

구룡강

운산

2 | II | 15 ROK

1 | II | 15 ROK

3 | II | 15 ROK

1 | II | 8

2 | II | 8

3 | II | 8

N

0   1 miles

0   1 kilometers

빌 리 처 드 슨 과
러브중대가 지키던 교량

제3대대
임시방어선

11월 1일 저녁 제8기병연대와
한국군 15연대 위치

11월 1일~2일 중공군 제115사단과
116사단 공격 방향

3. 1950년 11월 1일~2일 운산 전투.

11월 2일 새벽 1시 30분경 상황이 급변했다. 중공군이 제8기병연대 3대대
를 공격했다. 훗날 리처드슨은 그들이 노획한 한국군 복장을 입고 잠입했다는
기록을 읽은 적이 있는데 그는 믿지 않았다. 위장할 필요가 없었다. 동쪽이 무
방비 상태였기 때문에 그쪽으로 중공군이 쏟아져 들어왔다. 작전 수행에 핵심
인 대대 본부가 완전히 전멸해 중공군이 점령했다. 아울러 리처드슨의 좌측방
약 320미터 위치에서 중공군이 러브중대를 공격하여 전멸시켰다. 이제 리처
드신의 위치는 사방으로 중공군의 기관총 포화에 완전히 노출되어 박살날 위
기에 빠진 것이다.

새로 전입해 온 3대대 러브중대의 신임 소대장 로버트 키스(Robert Kies) 중
위와 운산에 도착했을 당시 중공군에 대한 경고를 들은 바 있는 리처드슨의

전우 허버트 밀러 부소대장은 리처드슨의 진지에서 남동쪽으로 두서너 고지 뒤에 있던 904 고지에서 후퇴하고 있었다. 소대장들이 하도 자주 바뀌어 리처드슨은 그를 알지 못했다. 키스는 도착하자마자 리처드슨의 유선통신망으로 전황을 파악하려고 노력했지만 연결이 되지 않았다. 통신 상태가 열악했기 때문에 키스 중위와 소대원들은 완전히 두절된 상태였다. 키스는 중공군이 이미 선로를 절단했을 거라고 판단하고 소대원들을 데리고 대대로 이동하기로 결정했다. 밀러는 리처드슨과 악수하고 행운을 빌었다. ("그 후로 다시 그를 만난 것은 55년이 지난 기병사단 재회모임 때였다."라고 밀러는 고백했다.) 그때까지 리처드슨은 중대와도 연락할 수 없었다. 대원 한 명을 320미터 너머에 있는 러브중대로 보냈지만 도중에 적의 공격을 받아서 임무를 완수하지 못했다. 기어서 다시 돌아온 그 병사는 중대 근처까지 갔었다며 "용서하십시오. 갈 수가 없었어요. 죄송합니다."라고 연신 용서를 구했다. 리처드슨이 다가가 상의를 풀어보니 온통 피로 물들어 있었다. 병사는 결국 그의 팔에 기대어 숨을 거뒀다. 리처드슨이 그 순간 가장 곤혹스러웠던 것은 그 병사의 이름조차 생각나지 않는다는 사실이었다.

자신들이 지키고 있던 교량은 이제 중공군에게 완전히 노출되었다. 리처드슨은 남은 병사 두서너 명을 이끌고 대대를 향해 북쪽으로 출발했다. 도로 옆 배수로를 따라 지나갈 때 반대편에서 병사 두 명이 달려왔다. 앞서 월시와 함께 대대로 떠났던 대원들이었다. 그중 한 명이 "나머지는 모두 전사했습니다. 월시도요."라고 전했다.[21] 공교롭게도 자신이 소변을 보러 갔을 때 중공군이 쳐들어와 기다리고 있던 나머지 대원들을 사살했다고 말했다. 그렇지 않았다면 그 역시 무사하지 못했을 것이다. 불과 며칠 전만 해도 월시와 함께 평양에 도착해 축배를 들었는데 이제 월시는 전사했고 연대도 전멸했다.

제3대대 작전장교 필모어 맥애비 소령에게 가장 힘들었던 것은 혼란과 무질서였다. 누가 어떤 규모로 그들을 공격했는지 전혀 알 수 없었다. 훗날 그는 "적이 만 명인지, 백 명인지, 천 명인지 중공군인지 북한 인민군인지 전혀 알 수 없었다."라고 몇 년 후 말했다. 하지만 곧 더 절박한 의문이 떠올랐다. 누가 부대를 지휘하고 있는가? 무슨 명령을 내리고 있는가? 대대장 오몬드는 상황을 파악하기 위해 운산 북쪽으로 갔다가 치명적인 부상을 입어 생사가 불분명했다. 맥애비는 그를 다시는 보지 못했다. 부대대장 빌 모리아티 소령 또한 정찰을 나갔는데 그 역시 그 후 보이지 않았다. 맥애비는 모리아티의 부재가 더 쓰라렸다. 부사령관은 어떻게든 살아남아있어야 했다. 유사시 상황을 수습하여 부대를 통솔하는 것이 부사령관의 임무라고 생각했기 때문이다.

맥애비는 무슨 일이 벌어졌는지 알아보려고 남쪽으로 향했다. 길을 가다 보니 적군 세 명이 따라오고 있었다. 두꺼운 누비 상의와 귀마개가 달린 모자를 쓴 것으로 보아 중공군이 틀림없었다. 서로 맞닥뜨리자 맥애비와 마찬가지로 이들 역시 당황하는 기색이 역력했다. 중공군은 소총으로 맥애비를 겨냥했다. 의사소통이 불가능하기 때문에 맥애비가 손짓으로 길을 가리키자 너무나 신기하게도 중공군은 그를 쏘지 않고 가리키는 방향으로 향했다. 그러나 행운은 거기까지였다. 도로에서 약간 떨어진 곳에서 전혀 보지 못했던 중공군으로부터 두 차례 공격을 받은 것이다. 첫 번째 총알이 머리 측면을 때렸고 두 번째 총알이 견갑골을 박살냈다. 총에 맞은 머리에서 피가 심하게 흘렀고 시시각각으로 의식이 희미해졌다. 혹독한 추위가 엄습해오자 서서히 죽어가고 있다는 생각이 들었다. 그러나 마침 그때 미군 하나가 그를 발견해서 힘겹게 대대 본부로 데리고 갔다.

키스 중위는 리처드슨이 지키던 교량을 떠나 대대 본부로 이동하던 중 중공군의 기관총과 박격포 공격을 받았다. 도로를 따라 이어지는 배수로 쪽으로 소대를 보내려고 했지만, 중공군과 미군 사이에서 발이 묶인 데다 소대원들도 많이 전사한 상태였다. "중위님, 주위에 온통 중공군뿐인 것 같습니다."[22] 분대장 루서 와이즈(Luther Wise) 중사가 말했다. 바로 그때 박격포가 날아와 와이즈 중사가 죽고 키스 중위는 한쪽 팔에 부상을 입었다. 그는 남은 소대원들을 대대 본부로 이동시켰다. 혼란스런 와중에 중공군 장교와 마주치긴 했지만, 먼저 알아차린 덕분에 재빨리 부하들을 뒤로 이동시켜 새로운 대대 지휘소에 무사히 도착했다. 지휘소라고 하지만 사실상 대대의 야전 응급실이나 다름없었다.

대대로 돌아가는 통로 곳곳에는 중공군 기관총이 포위망을 형성하고 있었지만, 키스는 마치 암호를 해독하듯 중공군 사수가 사격과 중지를 반복하는 주기를 정확하게 측정했다. 각 사격 시간과 간격을 잰 다음 부대원들을 소그룹으로 나누어 사격이 멈추는 동안 재빨리 이동시켰다. 중공군 시체가 쌓이면서 사수의 시야가 제한되자 중공군의 기관총 사격도 피할 수 있었다. 전방 응급 치료소에 도착하자 28명이던 소대 병력은 12명밖에 남지 않아 이제는 거의 분대 수준이었다. 그곳에서 키스는 대대 군의관 클래런스 앤더슨(Clarence Anderson)을 도우려다 수류탄에 맞아 또다시 부상을 입었다. 한쪽 발에는 네 군데에 파편이 박히고 다른 쪽에도 상처가 났다. 수류탄이 떨어지고 박격포탄이 날아오는 바람에 전투를 벌이던 소대원 5명이 전사했다. 나머지 소대원들도 더 이상은 빠져나갈 수 없다고 생각했다. 두 발 모두 움직일 수 없는 키스 역시 마찬가지였다.

대대 지휘소는 대참사를 맞았다. 갑작스런 공격에 부상을 당하고 정신을 잃은 소대원들은 뿔뿔이 흩어졌다. 마침내 빌 리처드슨이 도착했을 때 그는 아비규환 같은 혼돈 상태에 충격을 받았다. 미군과 중공군들이 뒤섞여 있었다. 중공군들은 자기들이 승리했다는 것을 못 느끼는듯했다. 그들은 이렇게 크게 성공하리라고 기대하지 않았던 것 같았다. 대대 지휘소를 점령하고 나니 그들은 그 다음은 무엇을 해야 할지 모르는 것 같았다. 미군이 대대 지휘소 앞에서 중공군 사이를 지나다녀도 그냥 놔뒀을 것이다. 위생병이 달려와 근처에 약 40명 정도의 부상병을 돌볼 수 있는 장소를 마련했다고 리처드슨에게 보고했다. 앤더슨 군의관은 카폰 신부와 함께 거기에 있었다. 그러나 책임자가 없다는 게 심각한 문제였다. 오몬드와 맥애비는 모두 중상을 입었고 모리아티는 어디에 있는지 아무도 몰랐다. 리처드슨은 새로운 지휘관이 있어야 한다고 생각했다.

리처드슨은 러브중대로 돌아가서 이곳으로 데리고 올 수 있는 다른 부대원들이 있는지 확인해야겠다고 마음먹었다. 그는 왔던 길을 되짚어 가면서 아군이 쏘지 않도록 자신의 이름을 크게 외쳤다. 그러다 심한 총상을 입은 러브중대의 폴 브렘저(Paul Bromser) 중위를 발견했다. 부중대장 프레드릭 지루(Frederick Giroux) 중위도 부상을 입었지만 큰 문제는 없어 보였다. 지루 중위는 중공군들이 중대를 휩쓸고 지나간 현장이 참혹했다고 말했다. 중대원 180명 가운데 25명 정도만 남은 듯했다. "남은 중대원들을 데리고 갈 수 있겠나?" 하고 지루가 묻자 리처드슨은 "예, 하지만 교량 위로는 어렵습니다."라고 답했다. 그는 지그재그로 이동하며 돌아가는 길을 확보하는 수밖에 없었다. 도중에 수류탄 자루를 들고 있는 중공군 두 명과 맞닥뜨리고는 그중 한 명을 쏘았다. 그러자 수류탄이 폭발하고 중공군 기관총이 난사되었다. 그러자 대원들 몇몇은 심리적 공황 상태에 빠졌다. 임시 대대 본부 어귀에 다다랐을 때 미군 탱크 두 대를 발견하자 병사들은 본능적으로 탱크 위에 올라탔다. 미군은 늘 차량으로 이동했던 탓이리라. 그러나 중공군이 먼저 탱크를 추격할 것이 확실했으므로 리처드슨과 지루는 탱크에 올라탄 대원들에게 내리라고 지시했다.

중대에서 구축한 직경 180미터 정도의 방어선은 이전 대대 지휘소와 맞닿아 있었다. 우선 연한 진흙 토양을 재빨리 파서 참호를 구축하였다. 탱크 세 대로 좀 더 나은 화력을 갖추었고 취약하긴 해도 일부 무선망을 통해 다른 부대와 연락할 수 있었다. (그때는 탱크 무선망만 작동했다.) 첫날 밤 내내 사격을 퍼부었지만 다행히 언제라도 마음만 먹으면 그들을 제압할 수 있었을 텐데도 중공군의 총공격은 일어나지 않았다. 아마 중공군도 첫날 밤 미군만큼이나 당황했을 테지만 다음 날까지 이어지지는 않았다. 날이 밝자 첫 공격에서 살아남은 미군은 다소 느슨해졌다. 적은 주간에는 거의 공격하지 않았다. 중공군과의 첫 교전이었지만 인민군과는 매우 다르다는 느낌이 들었다. 희망적인 조짐도 보였다. 마지막 무선 교신에서 지원군이 오고 있다는 소식을 들었다. 이타적인 용기가 돋보였던 (아울러 수훈십자훈장을 받을 만한 영웅적인 행동도 보여줬던) 군종장교 카폰 신부는 리처드슨에게 안부를 물으면서, "오늘이 무슨 날인지 아느냐?"라고 말을 건넸다.

리처드슨은 모른다고 답했다.

"위령의 날(모든 영혼의 날, All Soul's Day)일세."

"신부님, 정말로 누군가 저희 영혼을 돌보아주시면 좋겠어요. 이젠 정말로 그것이 필요한 것 같습니다."라고 리처드슨이 말했다.

"그래. 그러실 거야, 분명히." 신부는 대답했다.[23]

평양에서 월트 메이오와 함께 소련제 샴페인을 나눠 마셨던 제99야전포병대대 C포대의 전방 관측장교 필 피터슨 중위는 제8기병연대 3대대를 지원하기 위해 3대대 킹중대에 배속되어 대대 지휘소 부근에 있었다. 그는 적의 공격이 시작되기 몇 시간 전, 전투지역 내에 중공군이 있다는 보고를 대대에서 어떻게 설명했는지를 50년이 지난 후에도 생생하게 기억했다. "중공군은 그저 압록강에 있는 북한의 전력발전소를 보호하려고 왔기 때문에 중공군이 사격을 하지 않는 한 제군들이 먼저 사격해서는 안 된다. 전방 관측장교는 전력 설비에 어떠한 화력도 요청해서는 안 된다."

중공군이 공격한 후에야 피터슨은 상급 본부에서 사실을 은폐했을 뿐 아니라 얼마나 위험한 지시를 내린 건지 깨달았다. 훗날 그는 "우리에게 알려준 것은 모두 지어낸 얘기였다."라고 화를 내며 말했다. 맹렬한 포화가 쏟아지기 바로 직전인 밤 9시경에 킹중대 전초(前哨)에서 병사들이 완전히 누빈 전투복 상의를 입고 있는 포로 한 명을 데리고 왔다. 킹중대에 배속된 한국군은 그 포로와 의사소통을 할 수 없었다. 피터슨은 처음으로 중공군을 만난 것이라고 확신했다. 이후 고지에서 내려와 대대로 이동하라는 명령을 받았다. 야간에 진행하는 혼란스런 작전이었지만 우선 12명씩 그룹을 짓거나 각개 병사로 구분하여 중대를 분리했다.

그리고 포격이 시작되었다. 피터슨 그룹은 중공군이 양쪽에서 기관총을 난사하는 통에 논둑을 따라 난 배수로에 갇혔다. 그 바람에 피터슨은 아직 앳된 중사와 쪼그려 앉아 있었는데 그 중사는 오른쪽 엉덩이에 총상을 입고도 즐거워 보였다. 그는 피터슨에게 말했다. "보세요, 중위님. 저를 집으로 보내줄 백만 불짜리 상처입니다." 그 순간만큼은 고향집이 저 멀리 아득하게만 보이지 않는 것 같았다. (하지만 누구도 살아서 나가리라는 기대를 할 수 없는 형편이라 우울한 유머였다.)

피터슨이 논두렁에 갇혀 있는 동안 다른 중대원들은 105mm 곡사포 6문을 옮기고 있었다. 적의 공격에서 벗어날 수 있는 시간의 문이 곧 닫혀버릴 판이었다. 탈출 경로를 정하고 호송차량을 모으고 보니 너무 늦어버렸다. (차량은 총 16대였고 트럭으로 곡사포를 견인하고 지프에는 일부 병력과 보급 식량을 실었다.) 어느새 중공군은 남쪽으로 가는 도로를 차단하고 도로 양측에서 기다리고 있었다. 더 이상 미군이 선호하는 총기류는 아니었지만 상당수는 톰슨식 소형 기관총으로 무장하고 있었다. 대부분 얼마 전에 끝난 국공내전에서 국민당 군대로부터 수천 정을 구입하거나 노획한 것으로, 당시에는 꽤 귀한 무기였다.

차단된 도로 위 포격은 소강 국면에 접어들었다. 부대에서 가장 우수한 장교로 제2차 세계대전에서 은성무공훈장을 받은 행크 페디콘(Hank Pedicone) 중위는 그날 밤 호송 대열에 끼어 몇 안 되는 생존자 명단에 이름을 올렸다. 그는 나중에 제대로 싸워볼 기회마저 잃어버린 채 중대 전체가 박살나는 것을 지켜보는 게 참담했다고 피터슨에게 토로했다. 저녁이 되기 훨씬 전부터 페디콘은 상관에게 이동하자고 말했지만 명령을 기다려야 한다는 답변만 들었다. 그러자 페디콘은 "통신이 두절되어 명령을 전혀 받을 수 없기 때문에 우리 스스로 결정하고 조치를 강구해야 합니다."라고 조언했다.[24] 지프를 타고 호송대를 선도하던 중대장 잭 볼트(Jack Bolt)대위는 그 지역을 무사히 통과했다. 그러나 사실 중공군은 미군의 곡사포 수송을 무력화시키면 큰 전과를 올릴 수 있을 뿐 아니라 도로도 차단할 수 있기 때문에 포격을 멈추고 가만히 기다리고 있었다. 결국 중대원 180명 가운데 운산 지역을 벗어나려고 마지막 호송차량에 올라탔던 몇 사람만 살아남았다. 한편 피터슨 그룹은 아침을 기다리며 대대 본부를 향해 서서히 이동했다. 동이 트자 대대 지휘소에서 180여 미터 떨어진 평지에 도착했고 소그룹으로 나눠 방어선 안으로 달려갔다.

11월 1일 밤 허버트 밀러와 리처드 헤팅거의 소대는 대대 본부에서 약 1.6킬로미터 떨어진 지점에 주둔하고 있을 때 대대로 복귀하라는 지시를 받았다. 사실상 이제 연대가 되어버린 대대는 후퇴하라는 지시를 받았지만 그 전갈은 조금 늦게 도착했다. 소대가 교량 근처 전초를 막 지날 무렵 적의 기관총 공격이 시작되었다. 이때는 적이 완전히 포위한 상황이었다. 밀러는 소대 병력을 교량 아래와 메마른 하천 건너로 급히 이동하였다. 하지만 벌써 예광탄이 터지고 주변이 환해졌다. 소대원 대부분이 반대편 강둑으로 건너갔을 즈음 수류탄 파편이 날아와 밀러의 손에 박혔다. 미군은 완전히 와해되었다. 사방에서 중공군이 튀어나오는 것 같았다. 미군은 어디로 후퇴해야할지도 몰랐다. 밀러는 적군 부대가 바로 우측 위편에 있다는 것을 알아챘다. 그때 소대원들은 도로 옆 배수로 안에 숨어 있었는데, 대부분은 이제 갓 들어온 보충 병력으로 이런 전투를 경험해본 사람이 거의 없었다. 신참들은 배수로를 은폐물로 여기고 안전하다고 생각했지만 착각이었다. 높은 지대든 대대 지휘소든 실제로 안전한 곳은 어디에도 없었지만, 그 중에서도 이곳이 가장 취약한 곳이라는 것을 밀러는 알고 있었다. 이제 그곳에는 자신의 소대원과 다른 소대에서 온 병사들이 뒤섞여 약 35명이 모여 있었다. 그래서 밀러는 헤팅거에게 "모두 몰살되기 전에 여기서 나가자."라고 외쳤으며 둘은 모든 병사를 밖으로 내보내기 시작했다. 이때가 11월 2일 새벽 3시경이었다. 밀러가 배수로를 막 빠져나오려는 찰나, 중공군이 던진 수류탄이 폭발하여 발 근육이 찢어지고 뼈가 부러졌다. 그는 더 이상 움직일 수 없었다.

그래서 그대로 거기에 누워 날이 밝고 죽음이 오기를 기다렸다. 누구도 자신을 데리고 갈 수 없다는 걸 잘 알았다. 유일한 방법은 근처에 있을 대대 야전 응급 치료소까지 기어가는 것이었지만 그나마도 산산조각 났을지 모르는 상황이었다. 너무나 추워서 숨도 잦아들었지만 중공군이 시체를 뒤지다가 자신의 숨소리를 듣고 살아 있다는 것을 알 수 있을까봐 겁이 나서 적군의 시체 밑에 숨었다. 11월 2일 오후 2시경 중공군 대여섯 명이 돌아다니면서 미군과 중공군 시체를 샅샅이 뒤지다가 마침내 밀러를 발견했다. 한 명이 밀러의 머리에 소총을 겨누었다. 이제 한 방에 가는구나 생각했는데 바로 그때 군종장교 카폰 신부가 달려들어 중공군을 옆으로 밀치고 그의 목숨을 구했다. 밀러는 중공군 병사가 카폰과 자신을 쏠 거라고 생각했지만 카폰 신부가 워낙 대담하게 행동하자 오히려 움찟하는 것 같았다. 카폰은 적을 무시한 채 밀러의 등을 밀어 들어올렸다. 둘 다 전쟁 포로가 될 테지만 카폰 신부는 가능한 한 밀러를 데리고 다닐 작정이었다.

중공군의 공격은 제8기병연대 1대대에 엄청난 충격을 주었다. 실제로 제1대대는 상대가 중공군인지도 모른 채 이미 중공군과 작은 접전을 벌인 적이 있었다.²⁵ 제1대대 기관총중대인 도그중대의 열아홉 살 난 레이 데이비스(Ray Davis) 상병에게 그날의 전투는 이제 언제 어디서나 마구잡이로 벌어질 수 있는 교전의 전초전이었다. 도그중대는 10월 31일에 운산에 도착했으며 논을 따라 이동할 때 근처 고지로부터 사격이 시작되었다. 데이비스는 당시 부대원들은 긴장을 놓고 있는 상태였다고 전했다. 대부분은 철모도 쓰지 않은 상태였다. 교전은 이내 주춤했으며 하루 반나절 뒤에야 본격적인 공격이 시작되었다.

데이비스는 기관총부대 소속이라 동서로 감아 올라가는 도로 남쪽의 고지에 위치했다. 달구지 한 대만 겨우 통과할 수 있을 정도로 폭이 좁은 도로에는 제8기병연대 차량이 줄지어 있었다. 마치 미군은 늘 차량으로 이동하는 군대라는 것을 보여주는 듯했다. 그러나 차량으로 이동하는 미군의 전술은 새로 등장한 적에게 취약했다. 도보로 이동하는 중공군은 늘 높은 고지에 쉽게 올라가 있었지만 도로가 확보되어야만 하는 미군은 언제나 계곡에 머물기 마련이었다.

자정이 조금 지나자 중공군이 총공격을 감행했다. 데이비스는 거의 넉 달동안 압도적으로 많은 수의 적과 전투를 벌였다. 그러다 보니 기관총을 너무많이 사용한 나머지 너무 빨리 마모된다는 것이 큰 문제였다. 데이비스도 이

점을 잘 알고 있었다. 처음 한국에 도착했을 때 탄약수를 갓 벗어나 2인용 화기의 부사수가 되었고, 다시 사수가 되면서 벌써 서너 번 기관총을 교체하였다. 공격하는 적의 수는 항상 많았기 때문에 더 많은 화력이 필요했다. 처음에 사용했던 M-1 소총, 카빈총 같은 기본 보병 무기는 물론이고, 적의 규모에 비하면 기관총도 턱없이 부족했다. 대대장 밥 케인(Bob Kane) 중령은 일찍이 데이비스에게 이 전쟁에서는 최소한 아군 한 명이 적군 백 명은 처리해야 집에 돌아갈 수 있다고 말한 적이 있다. 실제로 그래야 했다. 그런데 인민군 백 명을 처치했다는 걸 어떻게 입증할 것인지를 케인이 설명한 적은 없었다.

데이비스는 이런 광경을 처음 봤다. 뉴욕 북부 지방의 농장에서 자란 데이비스는 조명탄을 쏘아올리자 적이 너무나 많아서 마치 적군이 고향 들판에서 하늘거리는 밀밭처럼 보였다고 한다. 하지만 수천 아니 수만 명으로 보이는 적이 바로 자신에게 다가오는 순간은 무시무시한 악몽과 같았다. 한 명을 처리하면 다시 한 명이 다가오고, 백 명을 처리하면 또 다른 백 명이 뒤를 이어 나타났다. 케인 중령의 농담이 뼈저린 현실로 다가왔다. 말을 타고 오는 사람이 있었는데 그가 다른 병사들을 지휘하는 것처럼 보였다. 나팔도 가지고 있었으며, 나팔을 불면 병사들의 공격 방향과 형태가 변하기도 했다.

데이비스는 이제 병력과 탄약이 얼마 남지 않아서 자신들에게 남은 시간도 얼마 없다는 것을 알았다. 그들은 쏘고 또 쏘았다. 어떤 때는 거의 코앞까지 다가온 적을 쏠 때도 있었다. 기껏해야 한두 시간만 지나면 탄약은 바닥날 테고 기관총도 과열된 상태였다. 새벽 2시경 소대 선임하사가 그를 데리러 왔다. 데이비스는 마지막 남은 소이수류탄으로 그의 기관총을 파괴하고, 둘은 가까스로 아군의 박격포격으로 보호를 받을 수 있는 곳으로 퇴각하였다. 우선 그 밤을 버텨야 했다. 날이 밝자 부대를 재편성했다. 살아남은 게 놀라울 따름이었다. 그들은 적에게 완전히 포위되어 있었다.

대대 지휘소 근처에 서둘러 구축한 방어선에서 지루 중위는 비록 중상을 입긴 했어도 사실상 포위된 병사들의 지휘관 역할을 했다. 그는 제2차 세계대전 참전 용사로 유능한 보병 장교였으며, 시간이 얼마 남지 않은 급박한 상황이지만 어느 정도 선택의 여지가 있는 동안 무엇을 어떻게 해야 할지를 아는 것 같았다. 피터슨 중위와 월트 메이오가 도와주었고, 비록 장교는 아니지만 경험이 많고 노련한 하사관 빌 리처드슨이 전쟁 시작부터 기나긴 북진 여정까지 함께하고 있었다. 공격을 받자마자 그들의 적이 중공군이며, 그들의 연대가 완전히 새로운 형태의 전쟁을 치르는 첫 번째 부대라는 것을 알게 되었다. 방어선 안으로 고립된 부대원들은 가까스로 첫날 밤을 견뎌냈지만 분위기는 몹시 스산했다. 상급 본부에서는 지원군이 오고 있다고 말했지만 아직까지 그런 조짐은 보이지 않았다. 헬리콥터 한 대가 부상병을 호송하려고 착륙을 시도했지만, 중공군 진지에서 날아오는 포격이 거센지라 의료 구호품만 떨어뜨려 놓고 돌아가야 했다. 의료품이라고 해봐야 소형 압박붕대가 전부였다.

방어선 안에 들어간 절망적인 미군들은 어떻게 이곳을 벗어나야 할지, 부상병들은 어떻게 해야 할지, 이 두 가지 딜레마에 직면했다. 게다가 탄약마저 바닥나기 시작했다. 무기도 부족했지만 그건 큰 문제가 아니었다. 전사자가 늘어나면서 모두 무기를 갖게 될 것이다. 대대 지휘소에서 약 64미터 정도 떨어진 좁은 방어선은 58평방미터 넓이로 완전히 트인 평지였는데 대다수 부상자들을 이곳으로 옮겼다. 11월 3일 정오에 피터슨, 메이오, 리처드슨, 지루는 지휘소로 건너가 마지막 운명을 결정할 회의를 했다. 리처드슨은 장교가 아니어서 회의에 참석하지 못했지만 상황과 내용이 어떤지는 전해 들었다. 장교들은—그 중 상당수는 마찬가지로 부상자였다—금기된 주제에 대해 이야기를 나눴다. 모두가 예상하는 참혹한 최후의 순간에 부상자들을 어떻게 할지 논의했던 것이다. 부상 장교들은 같은 처지인 부상병들을 적의 처분에 맡겨야 하는지를 두고 양단간에 결정을 내려야 했다. 브렘저와 메이오는 키스 중위에게 탈출을 계획하고 있다며 키스에게도 함께 갈 수 있냐고 물었다. 그러나 키스는 자신은 신경 쓰지 말라고 거절했다. 혼자 힘으로 걸을 수 없는 자신의 처지가 다른 부대원들에게 짐이 되는 걸 원치 않았기 때문이다.

리처드슨은 그때 젊은 군인들이 내린 비장한 결정을 반세기가 지난 지금도 다시 새겨보고는 한다. 그 역시 일부 병력 및 부상자들과 함께 남아 최대한 벙커를 방어하겠다고 자원했지만 부상 장교들은 그의 제안을 거절했다. 설사 명령이라 하더라도 부상자와 죽어가는 자를 지키기 위해 기동력과 지휘력을 갖춘 병력을 희생할 순 없었다. 시간이 없을뿐더러 차후 공격은 더 거세질 거라는 사실을 모두 알고 있었다. 중공군이 이들을 공격하려고 방어선으로 통하는 강바닥에 참호를 파는 소리가 들렸다. 곧 리처드슨은 수류탄을 모아서 중사한 명에게 건네며 중공군의 참호 구축을 저지하라고 지시했고 중사는 혼자서 용감무쌍하게 기어 나가 적의 참호 구축을 지연시켰다. 영화에서나 나올 법한 장면이었다.

그러나 상황은 악화되어 구출작전 이야기는 잠잠해졌다. 호주 폭격기 B-26S의 공습이 있었지만 시간은 그들 편이 아니었다. 재보급 시도도 한 차례 있었다. 소형 탄착관측기가 방어선에서 약 137미터가량 떨어진 후방에 더플 백 두 개를 떨어뜨리고 갔다. 리처드슨이 낮은 포복으로 가서 가져왔지만 안에 든 것도 별로 없을뿐더러 그다지 필요한 것도 아니었다. 이들이 절실히 필요로 했던 것은 탄약과 모르핀이었다.

지원군은 오지 않을 것 같았다. 며칠 전부터 8연대의 철수를 주장했던 호바트 게이 사단장은 부하들을 구출하려고 지원 병력을 북으로 보냈지만 중공군의 공격을 받고 말았다. 중공군은 지원 병력이 통과할 수밖에 없는 길목에 완벽하게 매복하고 있다가 중간에서 차단했다. 이처럼 숨어서 기다리다가 적을 격멸하는 것이 중공군의 기본 전술이었다. 지원군에게는 중공군을 공격할 때 필요한 포병도 항공 화력도 부족했다. 포위망을 돌파하기 위해 해럴드 존슨 중령의 제5기병연대를 보냈지만 1개 대대의 사상자 수만 250명에 이르렀다. 11월 3일에 밀번 군단장이 사단을 뒤로 빼라는 명령을 하달하자 게이 사단장은 체념한 채 자신의 군 생활 동안 가장 힘든 결정을 내렸다. 구출작전을 완전히 포기한 것이다. 결국 부하들만 적진에 외로이 남겨둔 셈이었다.

나중에 또 다른 탄착관측기가 적에게 포위당한 미군들에게 최선을 다해 포위망을 벗어나라는 메시지를 떨어뜨렸다. 분명 위로의 메시지는 아니었다. 리처드슨과 병력 대부분은 고립된 처지라 스스로 헤쳐 나가지 않으면 안 된다는 걸 이미 알고 있었다. 마침내 밤이 되자 중공군은 다시 총공세를 퍼부었다. 포위된 미군들은 남쪽과 남서쪽으로 향하는 도로에서 오도 가도 못한 채 길게 늘어선 차량들을 바주카포로 쏴서 불태웠다. 화염망이 길게 형성되어 방어하는 데 상당히 유용했다. 일단 차량에 불이 붙자 불길이 한동안 이어졌다. 그러나 밤이 깊어질수록 방어선을 지키던 전투 가능한 병사들의 수는 점점 줄어들었다. 탄약도 거의 다 떨어져갔다. 11월 4일까지 살아남은 병사 4명중 하나는 중공군 시체에서 빼낸 기관단총으로 전투를 벌였다. 둘째 날은 밤새 또 다른 공포가 밀려왔다. 고장이 났는지 마지막 탱크마저 꺼져버린 것이다. 누군가는 단지 멈춘 것뿐이라고 했지만 어쨌든 이로써 방어선 외부와의 통신은 완전히 두절되었다. 이는 곧 버려졌다는 것을 뜻하기에 그 자체가 이들에겐 공포였다. 그날 중공군은 집중 사격을 가했고 마지막 남은 기관총 주변에 미군의 시체가 작은 산을 이뤘다.

넷째 날 아침 일찍 리처드슨, 피터슨, 메이오는 남은 병사들과 함께 탈출구를 찾기 위해 정찰을 나갔다. 지루 중위는 포병 전방 관측장교인 메이오와 피터슨보다 보병 전술 경험이 많은 하사관 리처드슨의 판단이 더 신뢰할 만하다고 말했다. 계급은 그다지 문제가 되지 않았다. 피터슨은 떠나기 전의 참혹했던 순간을 떠올렸다. 중상을 입고 누워 있던 통신병 옆을 포복으로 지나갈 때 통신병이 "피터슨 중위님, 어디 가십니까?"라고 물었다. 피터슨은 탈출구를 찾고 있다며 곧 여기서 나갈 수 있을 거라고 대답했다. 그러자 병사는 피터슨을 붙들고 사정했다. "피터슨 중위님, 제발 저를 두고 가지 마십시오. 제발 저를 버리지 마세요. 이렇게 저를 버리고는 못 가십니다!" 언뜻 봐도 그 병사는 앞으로 몇 시간도 버티지 못할 것 같았다. 피터슨은 "미안하네. 하지만 지금 가야만 자넬 도울 수 있네."라고 다독이며 정찰대에 합류했다.

중공군의 공격이 서, 남, 북쪽에서 이뤄졌기 때문에 리처드슨은 동쪽에 탈출로가 있을 거라고 확신했다. 그들은 천천히 이동하다가 하천 바닥에 널브러져 있는 중공군 부상자들을 발견했다. 곧 있으면 많은 미군들, 특히 부상병들이 포로가 될 거라고 생각하니 참담했다. 리처드슨은 병사들에게 중공군 부상병을 쏘는 것은 말할 것도 없고 무기를 겨누는 것처럼 보이게 행동하거나 힐긋거리지도 말라고 지시했다. 이제껏 내린 명령 중 가장 진솔한 명령이었다. 그들은 이동을 하다 미군 보급품이 보관되었던 한 가옥에 멈춰 섰다. 그곳은 부상당한 중공군으로 붐볐다. 중공군들은 "쉬이, 쉬이!"라고 들리는 뭔가 기분 나쁜 말을 속삭였다. 리처드슨은 나중에 그 말이 중국어로 '물'을 뜻하는 '수이(水, shui)'라는 걸 알았다. 마침내 강바닥에 이르렀지만 보이는 것은 미군의 폭격으로 희생된 400~500명에 달하는 중공군 사상자뿐이었다. 대부분 죽은 시체였고 아직 살아 있는 사람은 컵을 내밀며 물을 구걸했다. 그러자 정찰대는 이렇게 동쪽으로 계속 가면 탈출할 수 있으리라 확신하고 방어선에 있는 다른 병사들과 합류하려고 길을 되돌아갔다.

빌 리처드슨에게는 방어선으로 돌아온 후에 내린 결정이 가장 고통스러웠다. 돌이켜 보더라도 그의 인생에서 이렇게 힘든 일은 없었다. 그때까지 부상자는 150명 정도였고 전투 가능한 병사들의 희생 없이는 적의 포탄이 쏟아지는 산악 지형에서 이들을 데리고 나갈 방법이 없었다. 방어선에 있던 부상자들은 다들 어떤 일이 닥칠지 잘 알았다. 누구도 남아서 중공군의 포로가 되는 걸 원치 않았다. 리처드슨이 돌아오자 부상자 가운데 조금이나마 걸을 수 있는 병사들은 그를 붙들고 자신들을 두고 가지 말라고 울부짖었다. "하나님, 제발 저희를 버리고 가게 하지 마소서. 중공군에게 내버리지 말고 제발 저희를 데리고 가소서. 저희를 그냥 죽게 내버려두지 마소서." 피맺힌 절규였다. 임무에 충실해야 하지만 이미 자신도 동의한 상관의 명령을 그저 따를 수밖에 없는지 회의가 들었다. 최대한 데리고 간다 하더라도 누구를 데리고 가야 할지, 그 선택 역시 인간으로서 너무 잔인한 일이었다. 과연 당신이라면 생전에 자신이 저지른 일을 용서할 수 있겠는가?[26] 리처드슨은 반세기가 지난 지금도 자신에게 되묻곤 한다. 하지만 이미 그는 지금까지 너무나 잘 싸워준 부대원들을 저버리고 있었다.

지루 중위는 부상자들과 함께 남아서 질서를 유지하고 자신보다 부상 정도가 심한 사람들을 보살피는 일을 했다. 하지만 결국 그도 포로수용소에서 죽게 될 운명이었다. 키스 중위 역시 다른 부상자들과 함께 중공군을 기다렸다. 분명 모든 것이 끝났다. 마침내 중공군이 다가와 그에게 일어서라고 명령했을 때 그는 엉거주춤 일어서다 그만 넘어지고 말았다. 이미 그의 다리는 쓸모가 없었고 발이 너무 심하게 부어올라 전투화마저도 잘라낸 상태였다. 중공군은 앤더슨 군의관과 카폰 신부처럼 걸을 수 있는 포로와 키스 중위처럼 들것에 실어야 하는 포로를 구분했는데 걸을 수 없는 부상자는 30명 정도였다. 키스 중위가 속한 그룹에서 첫째 날 밤에만 5명이 사망했다. 그다음 몇 주 동안 중공군은 포로들을 데리고 이리저리로 옮겨 다녔다. 먹을 것은 거의 없었으며 역겨운 냄새가 나는 썩은 물을 철모에 받아서 하루하루 연명해야 했다. 상처 치료는 고사하고 반창고나 요오드도 없었다. 포로들은 16일 동안 너무나 야만적인 대우를 받았다. 이들은 밤을 이용해 천천히 이동했다. 키스는 중공군이 2주 동안 자신들을 북쪽으로 데리고 갔으며 2주 후에는 강물 소리를 들을 수 있었는데 분명 압록강이었다고 확신했다. 그리고 어느 날 밤 갑자기 남쪽으로 방향을 바꾸어 미군 전선으로 향했다. 아마도 포로를 데리고 다니느라 많이 지쳤던 것 같다. 11월 말에 중공군은 포로들을 미군 진지에서 북쪽으로 수 킬로미터 떨어진 가옥에 버려두었다. 키스와 함께 있던 포로 가운데 그나마 걸을 수 있는 신출내기 한 명이 가까스로 남쪽으로 내려가 미군을 찾아냈고 마침내 차량이 도착해 이들을 데리고 갔다. 키스는 총 한 달 동안 포로로 지낸 셈이었다. 운이 좋았다고 생각했다. 걸을 수 있었던 부상자들은 비참한 포로 신세로 2년 이상을 보냈으며 상당수는 목숨을 잃었다. 구출되기 전까지 30여 명이던 키스 그룹도 8명으로 줄어들었다. 키스의 왼쪽 다리는 네 조각으로 골절되었고 허리 아래로는 박격포 피격으로 입은 상처만 52군데였다. "정말 엉망진창이군요." 그를 구한 대원이 말했다. 키스는 육군병원으로 후송되어 건강을 거의 회복했으며 나중에는 베트남에서 군사 고문으로 2년을 보냈다.[27]

한편 미군의 소규모 방어선에서는 오후 5시 이전에 병력을 이동하려던 참이었다. 총 60여 명이 남쪽이 차단되기 전에 강바닥으로 이동했지만 매우 힘든 상황이었다. 이제 그들은 중공군 후방에 자리하고 있었고 중공군의 규모는 알고 있던 그대로였다. 주요 보급로로 알려진 간선 도로에 도달했을 때 리처드슨이 대열을 한 줄로 세워 재빨리 건너갈 수 있게 조치를 취했다. 잠시 휴식을 취하는 사이 정찰팀 하사 한 명이 리처드슨에게 다가와 둘이서만 빠르게 이동하면 다른 사람들 때문에 지체되는 일 없이 신속하게 미군 진지로 들어갈 수 있을 거라고 속삭였다. 그의 말은 옳았고 아마 장교들도 그렇게 해야 한다고 말했겠지만, 리처드슨은 그러기엔 너무 늦었을뿐더러 설령 지금 상황에서 목숨을 잃는다 하더라도 나머지 사람들을 저버릴 순 없다고 생각했다.

11월 5일 아침 중공군 전초와 마주쳐 교전이 벌어졌다. 중공군은 이들의 위치를 파악하고 박살을 냈다. 유일하게 무기를 가지고 있던 리처드슨은 다른 병사들에게 먼저 떠나라고 말했다. 그리고 자신도 성공리에 빠져나왔다고 생각했을 때 중공군에게 발각되어 포로가 되었다. 도쿄 사령부가 약속했던 것처럼 크리스마스를 고향에서 보내는 일은 일어나지 않았다. 그 대신 필 피터슨과 마찬가지로 2년 반을 야만적인 포로수용소에서 보내야 했다.

상황이 종료되었을 때 제8기병연대는 어림잡아 병력 2,400명 가운데 800여 명의 사상자가 발생했다. 그중 제3대대는 불행하게도 개전 초기 800명이던 병력 중 200명 정도만 남았다. 한국전쟁에서 이제껏 있었던 패배 중 최대 규모였으며 더구나 개전 넉 달 만에 전세를 역전시켜 승리를 눈앞에 둔 시점에서 당한 패배의 고통은 더 쓰라렸다. 갑자기 나타난 중공군이 미군 최정예 사단의 최정예 연대를 박살낸 것이다. 제8기병연대는 운산에서 편제 병력의 절반을 비롯해 105mm 곡사포 12문, 탱크 9대, 트럭 125대, 무반동총 12정 등 많은 장비를 잃었다. 중공군 공격 이틀 뒤에 기자회견을 연 기병사단 대변인은 상기된 어조로 "이들이 정규 중국 공산군인지 여부는 알 수 없다."라고 말했다. 그러나 이는 리틀 빅 혼 전투에서 조지 커스터(George A. Custer) 장군을 타격한 것과 같은 인디언식 대학살이었다.[28] 그저 장소만 다를 뿐이었다.

부상당한 채로 사로잡혔을 당시 군종 신부 카폰과 함께 있던 허버트 밀러는 포로 대열에 끼어 매일 밤 북쪽으로 이동했다. 포로수용소로 가는 도중에 중공군의 임시기지에 도착했는데 그곳에는 대략 2~3만 명의 중공군이 있었다. 마치 중공군으로만 가득 찬 북한의 비밀 도시를 보는 것 같았다. 어마어마한 적의 규모를 보니 어떻게 해서 전세가 급변하게 됐는지 알 수 있었지만 이를 알려줄 방법이 없었다. 포로수용소에서는 기본적인 의료 지원도 없이 주기적으로 얻어맞았고 극소량의 배급 양식으로 겨우 목숨을 부지했다.

후퇴하는 걸 좋아했을 리 없지만 유엔군은 신속하게 청천강 반대편에 있는 진지로 물러나 중공군의 2차 공격을 대비했다. 그러나 중공군은 출몰했을 때와 똑같이 불가사의하게 사라져버렸다. 아무도 어디로 갔는지 몰랐다. 전장에서 조용히 사라져 보이지 않았다. 그러나 도쿄에 있는 누군가가 원했던 것처럼 북한 지역을 떠난 것은 아니었다. 진지로 이동하여 북쪽 멀리 숨어버린 것뿐이다. 그리고 그곳에서 중심 기지로부터 멀리 벗어난 미군들이 더 큰 덫에 걸려들기만을 느긋하게 기다리고 있었다. 운산에서 일어난 일은 시작에 불과했다. 3주 후 기온이 더 떨어지면 북쪽 멀리서 본격적인 공격이 일어날 참이었다.

운산은 분명 경고였지만 맥아더는 개의치 않았다. 그러나 지난 몇 주간 중공군의 개입을 염려했던 워싱턴의 대통령과 참모들은 더 초조해했다. 해리 트루먼 대통령의 우려를 의식한 합참의장은 11월 3일 맥아더에게 전보를 보내 '중국 공산군의 명백한 한국전쟁 개입'에 대한 대응책을 물었다. 그 후 며칠 동안, 압록강으로 진격하여 한반도를 통일하려는 맥아더와 중국과의 전면전을 피하려는 워싱턴 간에 점차 분열이 커졌다.

중공군의 개입이 워싱턴의 최대 이슈가 되자, 맥아더는 또다시 정보를 통제함으로써 의사결정에 관여하려 했다. 여기에는 정보참모 찰스 윌러비 준장이 다시 중요한 역할을 했다. 중공군의 개입 의도와 그 규모를 고의적으로 축소한 것이다. 11월 3일에 그는 북한 지역에 있는 중공군의 수가 최소 16,500명에서 최대 34,500명에 이른다고 추정했다(하지만 운산을 공격한 병력만도 대충 2개 사단, 2만여 명에 달했다. 동시에 비슷한 숫자의 중공군이 한반도 동쪽의 해병 대대를 공격하여 상당한 사상자가 발생했다). 그러나 실제로는 약 30개 사단 규모인 30만 병력이 이미 한반도에 들어와 있었다. 맥아더는 중공군의 공격을 받고 잠시 당황했으나, 그 의미를 축소하고 합참에는 윌러비의 추정을 근거로 보고하였다. 중공군이 개입한 목적은 북한 인민군을 지원하여 "북한에서 명목상의 발판을 유지"하고 "난파 위기에 처한 인민군을 구하려" 한 것뿐이라는 내용이었다.[29]

때마침 중공군이 자취를 감춤으로써 맥아더의 이런 판단에 힘을 실어주었다. 그러나 운산에서 중공군의 공격을 받았던 미8군 지휘관 월튼 워커 장군은 공격을 받은 직후 도쿄에 다음과 같이 타전했다. "탁월하게 조직되고 훈련된 부대가 매복 및 기습 공격 감행. 일부는 중국 공산군임."[30] 더 이상 통명스러울 수 없는 어조였다. 맥아더 사령부는 솔직하고 명료한 워커 장군의 보고가 맘에 들지 않았다. 맥아더는 중공군과의 교전 위험을 최소화하고 북진을 계속하길 원했다. 때문에 워커가 더 못마땅했다. 맥아더는 더 강하게 압박했지만 워커는 더 북진하는 것에 큰 부담을 느꼈으며, 워싱턴의 합참과 마찬가지로 한반도의 동서 길이가 가장 짧은 부분에서 전선이 안정되기를 바랐다. 맥아더는 고작 몇 명의—그의 표현에 따르면—중공군 '지원병'에 밀려서 교전을 중지하고 청천강 이남으로 철수한 이유가 무엇이냐고, 이미 해임을 걱정하는 워커를 다그쳤다. 중공군이 숨어들자 더 빨리 진격하라는 맥아더의 압박이 강해졌고, 워커는 북진을 계속하려고 했다.

11월 6일에 맥아더는 도쿄에서 공식 성명을 발표하고 그가 평양 북쪽의 퇴로를 차단함으로써 한국전은 사실상 끝나가고 있다고 말했다. 하지만 모두가 그렇게 확신한 것은 아니었다. 미8군의 고급 장교들은 운산에서 일어난 상황에 대해 잘 알았고 운산 사건은 중국의 잠재력이 잠시 분출된 것에 불과하다는 사실도 알고 있었다.

상황이 이쯤 되니 워싱턴의 염려가 커진 것은 당연했다. 나중에 매슈 리지웨이(Matthew B. Ridgway) 중장에 따르면 중공군이 처음 공격했을 때 맥아더가 이를 재앙으로 여기고 압록강 너머 교량을 폭격하려 했으며 이를 제한하는 워싱턴의 조치에 강하게 항의했었다고 한다. 맥아더는 중공군이 압록강을 건너오면 "자신의 지휘 아래 있는 군대의 궁극적인 파멸을 위협할 것"이라고 말했다. 합참은 맥아더의 항의를 받고서 리지웨이의 말처럼 중공군의 개입이 '기정 사실'처럼 보인다고 지적했는데, 이는 분명 유엔군의 북진을 전면 재검토해야 한다는 의미였다. 그러나 얼마 후 맥아더는 공군력으로 미군을 보호할 수 있고 자신의 군대는 자신의 방식대로 모든 적을 섬멸할 수 있으니 워싱턴에서는 걱정할 필요 없다는, 이전과는 사뭇 다른 전문을 다시 보냈고 북진은 계속되었다.[31] 한반도의 모든 곳을 점령한다는 원대한 꿈과 자신의 군대를 위협적인 새로운 적과 맞닥뜨리게 하는 위험의 갈림길에서 맥아더는 결국 자신의 꿈을 좇아 미군을 위험에 몰아넣기로 선택했던 것이다. 한국전쟁에서는 아주 중대한 결정의 순간이었다.

워싱턴의 고위층들은 전혀 움직이지 않았다. 국무장관 딘 애치슨은 훗날 "전쟁의 주도권이 처음에는 중국에 그리고 다음에는 맥아더에게 넘어갔다. 하지만 워싱턴은 전자에 대해서 전혀 영향력이 없었고 후자에 대해서도 미미한 영향력 밖에 없었다. 적군의 엄청난 군사 작전이 눈앞에서 펼쳐지고 있는데 도대체 맥아더 장군의 대책은 무엇인지 알 수 없었다"라고 말했다. 애치슨은 "맥아더 장군이 결정한 어마어마한 군사 이동이 눈앞에서 펼쳐지고 있지 않은가?"라고 기록했다. 새로운 적은 아주 우수한 정예 부대로, 전장에 출몰하여 엄청난 전과를 올렸고 이제는 마치 '지구에서 사라진 것'처럼 보였다. 중대한 순간이었다. 애치슨은 "가장 기본적으로 경계해야 할 점은 중공군이 이전처럼

갑자기 다시 나타나 치명타를 가할 수 있다는 것이다."라고 덧붙였다.[32]

11월 2일~4일 함경남도 수동에서 제10군단 예하 해병대가 거센 공격을 받아 44명이 전사하고 162명이 부상을 입었다. 중공군은 마치 미끼를 매달아 유인하는 것처럼 미군을 압박해 북쪽으로 더 깊이 들어오게 만드는 치밀하게 계산된 공격을 펼쳤다. 수동 전투는 운산에서 전개되는 상황이 매우 심각하며 일회성 공격이 아니라 거대한 작전의 일환임을 보여주었다. 이때가 북진을 중단하고 뒤로 물러나 중국과의 확전을 피할 수 있는 마지막 기회였다. 그러나 워싱턴은 아무런 조치를 취하지 않았다. 애치슨은 훗날 "우리는 맥아더가 악몽을 실행하는 동안 마치 마비된 토끼처럼 그냥 앉아 있었다."라고 회고록에 기록했다.

제2부

—

쓰라린 날들

The Coldest Winter

제 2 장
인민군 남하

5개월 전인 1950년 6월 15일 무렵 북한 인민군 약 6개 사단이 남한 접경 지역으로 신속하게 이동하여 주둔하고 있던 부대와 합류했다. 인민군은 훈련을 강화하는 한편 무선 교신을 모두 통제하고 암암리에 공병들을 투입하여 남으로 향하는 주요 간선도로의 교량을 보강했다. 무거운 소련제 T-34 탱크를 버텨낼 수 있게 막바지 준비를 한 것이다. 아울러 노동자들을 동원하여 제2차 세계대전이 끝날 무렵 남북으로 분단할 때 해체했던 남북 간 철로를 보수했다. 24일 저녁에 내리기 시작한 비가 다음 날 아침까지 이어지는 가운데 1개 기갑사단과 7개 보병사단 규모의 9만 명이 넘는 인민군이 38선을 넘어 남침을 감행했다. 매우 치밀한 계획 아래 행한 다면적인 공격이었다. 인민군은 국도와 보수한 철로를 이용해 아주 빠른 속도로 성공리에 진격했으며, 이에 놀란 한국군은 무슨 일이 벌어진 건지 미처 깨닫기도 전에 포위당하고 말았다. 남침 첫날이 지난 뒤 소련 군사 고문은 인민군의 이동이 소련군보다 훨썬 빨랐다며 극찬했다.

1945년에 소련이 처음 평양에 앉혔던 북한 지도자 김일성은 남한을 공격하여 한반도를 통일해야 한다는 일념에 사로잡혀 있었다. 그는 이 문제에 매달려 소련의 독재자 이오시프 스탈린(Iosif V. Stalin)에게 끊임없이 남침을 허락해달라고 종용했다. 1949년 말에 열린 스탈린과의 회담에서 김일성은 "총검으로 남한을 찔러"보고 싶다고 말했다.[1]

마오쩌둥이 혁명의 기치 아래 완수하려 했던 중국의 통일이 현실로 다가오자 김일성은 마오쩌둥의 성공에 상당히 위축된 것 같았다. 이제 마오쩌둥은 강력한 새 지도자로 세계무대에 나서려는 참인데 자신은 아직도 평양에 얼어붙은 채 소련의 허락 없이는 군대도 마음대로 못 움직이고 남침도 할 수 없는 처지라 여겼기 때문이다. 마오쩌둥에 비하면 자신은 조국의 반만 통치하는 불완전한 독재자였다. 그래서 김일성은 스탈린을 계속 압박했다. 그의 계획은 간단했다. 북조선의 공산주의자가 남조선을 공격해서 승리를 거머쥐는 거였다. 김일성은 전격적인 무장 공격을 감행하면 남조선 인민들이 봉기하여 인민군을 환대할 것이며, 전쟁은 수일 내에 쉽게 끝날 거라고 믿었다.

그러나 스탈린은 김일성의 간청에 늘 신중하게 임했다. 비록 소규모 군사고문단 수준이지만 엄연히 미군이 남한에 주둔하고 있었기에 미국과 직접 부딪히는 것을 경계했던 것이다. 하지만 자신의 신념만을 절대적으로 맹신하는 가장 위험한 부류에 속하는 김일성은 미국의 지원을 받는 남한 정부의 우두머리 이승만을 경멸했고 남침의 필요성을 막무가내로 밀어붙였다. 소련이 비켜서서 남침을 방해하지만 않으면 단박에 남한을 무너뜨릴 수 있다고 공언하기도 했다. 그러나 미국만 물러서준다면 북한을 쉽게 점령할 수 있다고 큰소리치는 건 이승만도 마찬가지였다.

스탈린은 두 개의 한국 사이에 들끓고 있는 군사적 긴장이 늘 불편했는데,

그 수위가 우려해야 할 만큼 높지는 않았지만 균형을 깨뜨리기엔 충분하다고 생각했다. 그러나 이따금씩 김일성에게 이승만 정권을 공격하라고 부추긴 것도 사실이다. 1949년 봄에 열린 회담에서는 "김 동지, 잘되고 있소?"라며 확인하기도 했다. 김일성은 남한 때문에 상황이 어려워지고 있다고 불평했다. 접경 지역에서 분쟁이 잦아지고 있을 때였다. 스탈린은 "무슨 소리를 하는 건가?"라고 물으며 "무기가 부족한가? 김 동지, 반드시 남조선을 혼내주시오."라고 응수했다.[2] 그는 잠시 골똘히 생각하다가 "공격하시오. 남조선을 공격해요."라고 덧붙였다.

하지만 남침 허가는 완전히 별개의 문제였다. 소련 지도자는 한반도에서 분쟁을 일으키는 걸 서두르지 않았다. 그러나 당시 여러 가지 외부 상황이 스탈린의 태도를 변화시켰다. 그중 하나가 1월 12일 워싱턴에서 국무장관 딘 애치슨이 내셔널 프레스 클럽에서 행한 연설이었다. 이 연설에서 애치슨은 미국의 아시아 방어선에서 한반도를 제외한다는 발언을 했고, 모스크바에서는 이를 한반도에서 어떠한 무력 도발이 있더라도 미국은 가만히 있을 거라는 뜻으로 받아들였다. 미국의 중요한 외교정책 결정자로서 자신의 연설 내용이 공산 진영의 판단에 지대한 영향을 줄 수 있다는 걸 감안하지 않은 크나큰 실수였다. 애치슨은 중국이 공산주의자 손에 넘어가는 상황에서 미국의 대(對)아시아 외교정책을 설명하려 했던 것인데 결과적으로 공산 진영에 너무나 위험한 신호를 준 꼴이었다. 훗날 그의 오랜 친구 에버렐 해리먼은 "애치슨이 어처구니없는 선언을 한 것은 유감"이라고 밝혔다.[3]

1949년 말과 1950년 초에 김일성은 군대를 증강하면서 비밀리에 모스크바를 수차례 방문하여 전쟁을 허가해달라고 스탈린을 압박했다. 그러자 소련은 몇 달 동안 김일성의 남침이 불러올 주요 문제들을 냉철하게 분석했고, 미군이 개입하지 않을 거라고 판단했다. 스탈린의 요청으로 김일성과 만난 마오쩌둥은 미국의 대응에 대한 의문이 완전히 해소되지 않았다. 그러나 미국이 남한처럼 '너무나 작은 영토'를 구하려고 참전하지는 않을 거라는 데 동의했다. 따라서 중국의 지원은 거의 필요 없을 거라고 내다봤지만, 여전히 위협적인 존재인 일본이 개입할 경우 병력과 물자를 지원하겠다고 약속했다.[4]

중국의 상황도 스탈린이 한국전쟁을 결정하는 데 영향을 끼쳤다. 미국은 지대한 관심을 기울이던 중국 본토 전체가 공산 진영에 넘어갈 위기에 처했을 때에도 중국 국민당 지도자 장제스(蔣介石)를 구하려고 군사 개입을 시도하지 않았기 때문이다. 마오쩌둥이 농민들의 전폭적인 지지를 받아 승리한 것처럼 남한 사람들도 김일성을 지지해주지 않을까? 전례가 있지 않은가? 이런 사고 과정을 통해 김일성의 계획은 점차 모스크바의 지원을 얻기 시작했다. 1949년 말에 모스크바에서 마오쩌둥과 스탈린이 처음 만났을 때 그들은 김일성의 전쟁 계획을 논의했다. 스탈린은 북한 국적의 군인 14,000명을 중국 공산군으로 이적하여 복무시킨 다음 다시 북한으로 돌려보낼 것을 제안했고 마오쩌둥도 이에 동의했다. 역사가 세르게이 곤차로프(Sergei Goncharov), 존 루이스(John Lewis), 쉐리타이(薛理泰)는 저서 『불안한 동맹자: 스탈린과 마오쩌둥 그리고 한국전쟁(Uncertain Partners: Stalin, Mao, and the Korean War)』에서 "김일성의 요청으로 스탈린이 남침 계획을 지원했지만 직접적인 개입에는 거리를 두었다."라고 밝혔다.[5] 스탈린은 공격에 다소 어정쩡한 태도를 보이면서 미묘한 게임을 벌이고 있었다. 모든 계획이 김일성이 기대한 대로 전개된다는 보장이 없었기 때문에 위험을 감수해야 할 상황을 결정하거나 직접 개입하는 것은 꺼렸다.

1949년 10월, 마침내 마오쩌둥이 국공내전에서 승리하자 김일성의 열망은 더 강렬해졌다. 이제는 자신의 차례라고 생각했던 것이다. 1950년 1월, 베이징 주재 신임 북한 대사를 위해 마련한 오찬에서 김일성은 소련 대사관에서 온 고위급 정치인들에게 다시금 남침 관련 발언을 했다. "지금 중국은 해방 전쟁을 마무리하고 있습니다. 이제 남조선 인민을 해방시킬 차렙니다." 그는 밤잠을 설치면서 조국 통일 방법을 고심하고 있다고 덧붙였다. 김일성은 북한 관련 실무를 담당하는 테렌티 스티코프(Terenti Shtykov) 장군에게 다가가 스탈린과의 회담을 다시 주선해달라고 요청했으며 그 후엔 마오쩌둥을 만났다. 1950년 1월 30일, 애치슨의 연설이 있은 지 18일 후 스탈린은 스티코프에게 타전하여 "남침을 지원할 준비가 되었다."라는 말을 김일성에게 전하라고 했다.[6] 스티코프의 말을 들은 김일성은 너무나 기뻐했다.

1950년 4월에 김일성은 스탈린의 마지막 의구심을 불식시키고자 모스크바를 방문했다. 이때 남조선노동당 지도자 박헌영을 대동했는데 박헌영은 스탈린에게 '북조선에서 첫 신호'를 보내면 남조선 인민들이 집단적으로 봉기할 거라고 장담했다. (그러나 박헌영의 공언과 달리 남한 내 봉기는 일어나지 않았다. 결국 그는 전쟁이 끝나고 3년 뒤 조용히 처형됨으로써 자신의 낙관론에 대한 값비싼 대가를 치렀다.)[7] 4월 10일~25일까지 보름에 걸쳐 김일성과 박헌영은 스탈린을 세 번 만났다.[8] 김일성은 전적으로 승리를 확신했다. 결국 그는 자신의 인기가 얼마나 높은지, 그에 반해 이승만은 얼마나 형편없는지, 그리고 남조선 인민들이 얼마나 그의 침공을 손꼽아 기다리는지를 터무니없이 부풀리며 남침을 부채질한 측근들에게 둘러싸여 있던 셈이다. 마치 이승만이 똑같은 논리로 그를 부추기던 주변 인사들에 둘러싸여 있던 것처럼 말이다. 그러나 두 체제 모두 5년간 권력을 누려왔다. 남한 주민들이 이승만에게 불만을 쌓아온 것은 사실이지만 평양 정권 역시 매우 폭압적이라는 것을 알고 있었다. 김일성은 이 점을 미처 생각하지 못했다. 맹신적인 공산주의자로서 자신의 통치가 가혹하다는 생각을 전혀 하지 못한 탓이었다. 그는 북한에서 출범한 새로운 조선이 진정으로 바람직한 정부라고 확신했다.

미국이 그동안 소련이나 중국과의 전쟁으로 확대되는 위험을 감수하려 하지 않았기 때문에 김일성은 스탈린에게 미국이 개입하지는 않을 거라고 단언했다. 마오쩌둥은 늘 한반도의 해방을 지지해왔고 필요하다면 중공군까지 지원하겠다고 나섰지만 김일성은 그럴 필요까지는 없을 거라고 여겼다. 한편 이 무렵 스탈린은 김일성을 지지하지만 유럽이 우선이기 때문에 많은 지원을 하기는 힘들 거라고 말했다. 만약 미국이 개입하더라도 소련의 전폭적인 지원을 기대할 수는 없는 형편이었다. "김 동지가 곤경에 처하더라도 난 손가락 하나 까딱하지 않을 것이오. 모든 지원은 마오쩌둥에게 요청해야 하오."[9] 지원 요청은 김일성의 몫이라고 말하면서 중요한 지원은 "동양 문제를 잘 이해하고 있는" 마오쩌둥에게 전가시켰던 셈이다.

이는 전형적인 스탈린식 해법이었다. 남침 반대를 철회하는 것으로 지원을 최소화하고, 권한은 거의 없고 자신의 지시를 받고 있는 새로운 공산주의 정부에 책임을 떠넘겼다. 스탈린은 마오쩌둥에 대한 영향력도 상당했다. 마오쩌둥은 중국 전체를 공산화시키고 싶어 했지만 미국의 지원을 받는 대만의 저항을 받았다. 국민당의 마지막 보루를 공격하려면 소련의 도움이 절실했다. 실제로 마오쩌둥은 유사시에 소련의 공군과 해군력을 지원받기 위해 이미 스탈린과 협상 중이었다.

1950년 5월 13일에 김일성은 베이징에서 마오쩌둥을 만나 비밀 회담을 가졌다. 그러나 중국에 대한 김일성의 후안무치한 행동에 중국 지도자들은 당혹스러움을 감출 수 없었다. 다음 날 마오쩌둥은 남침에 대한 소련의 제한적인 지원을 확약하는 스탈린의 전언을 받았다. 그러자 마오쩌둥도 지원을 약속하면서 미군이 개입하는 경우에만 중공군을 북한 접경 지역으로 보내기를 원하는지 물었다. 그러나 김일성은 지원 따위는 필요 없다고 말했고 훗날 마오쩌둥은 김일성이 "거만하게" 굴었다고 통역관 스저(師哲)에게 밝혔다.[10] 중국은 무엇보다 김일성의 태도가 상당히 거슬렸다. 국공내전에서 승리를 거둔 위대한 중국의 지도자 앞에서 그보다 훨씬 작은 북한의 지도자는 좀 더 겸손해야 한다고 생각했다. 김일성을 자신의 아랫사람이라고 여겼던 것이다. 하지만 김일성은 스탈린에게 약속을 했기 때문에 마지못해 중국 지도부를 만난다는 식으로 이들을 성의 없이 대했다. 승리를 자신하는 위대한 전쟁에서 될 수 있는 한 중국이 아무 역할도 하지 않기를 바랐던 것이다. 전쟁은 한 달 내로 빨리 끝날 것이고 미국이 개입하려 해도 군대를 배치할 수 없을 거라고 확신했다. 그러나 마오쩌둥은 미국이 이미 이승만 정권을 지지하고 있고 동북아시아 정책에서 일본이 중요하기 때문에 미국의 개입을 완전히 배제해서는 안 된다고 조언했다. 하지만 김일성은 전혀 동요하지 않았다. 지원이라면 소련에서도 충분히 받을 예정이었다. 실제로 소련제 중무기(重武器)가 이미 보급로를 통해 평양으로 이동하고 있었다. (남침 직전 김일성의 군대는 이승만의 군대는 물론이고 일본과 중국 국민당 정부에서 노획한 재래식 무기를 사용하는 중국 공산군보다 더 좋은 장비를 갖추고 있었다.)

마오쩌둥은 김일성에게 중국의 냉전 연구가 선즈화(沈志華)의 표현대로 '신속한 결전전쟁', 즉 시가전을 벌이지 않고 도시 측면에서 이승만의 군대를 포위하여 적의 강점(强點)을 공격하는 전법을 알려주었다. 속도전이 필수였다. 아울러 미군이 참전한다면 중공군을 파병하겠다고 약속했다.[11] 그러나 김일성은 여전히 중공군의 지원은 필요 없다고 생각했다. 마오쩌둥과의 회담이 끝나자 김일성은 그의 면전에서 중국 주재 소련 대사 로쉬친(N. V. Roshchin)에게 두 사람이 전쟁 계획에 전적으로 합의했다고 말했다. 그러나 이는 사실과 달랐으며 마오쩌둥은 자신보다 경험도 부족하고 나이도 어린 김일성이 일방적으로 허세를 부리는 태도가 말할 수 없이 불쾌했다.

당시 소련은 일찍이 중국이 소련의 위성 국가로 전락한 북한에 영향력을 행사하는 것을 최소화하려고 의도적으로 노력해왔다. 공격 예정일이 다가오자 소련 장성들로 이루어진 수석 고문단은 전쟁 계획을 면밀하게 검토하기 시작했다. 그리고 김일성의 초기 공격 계획이 미흡하다고 여겨 자신들의 전략과 전술에 따라 계획을 수정했다. 계획을 구체적으로 발전시키는 과정에서는 북한 정치국과 군부의 친(親)중국 인사들을 슬그머니 제외시켰다. 그때 일부 중무기는 철로가 아닌 해상으로 유입되고 있었기 때문에 중국 영토를 거칠 필요가 없었다. 이는 분명 북한과 소련이 중국의 역할을 최소화하려 했다는 걸 보여주는 증거였다.

김일성은 본격적인 장마가 다가오기 전인 6월 중순과 말 사이에 공격을 개시하자고 제안했다. 6월 초에 소련제 군 장비를 대량으로 탑재한 마지막 수송선이 도착했다. 공격 날짜가 가까워질수록 소련의 간섭은 더 많아졌다. 김일성은 인민군이 38선을 넘고 이틀이 지난 6월 27일까지 중국 당국에 공격을 개시했다는 통보조차 하지 않았다. 그때까지 중국은 라디오 방송으로만 소식을 전해 들었다. 마침내 중국 대사에게 전쟁 상황을 알릴 때는 남한이 먼저 공격했노라고 주장했지만, 중국도 그게 거짓이라는 건 알고 있었다. 공격 개시 몇 주 전 상황에서 주목할 만한 사실은 손쉬운 승리가 예상되었지만 세 나라 간의 상호 신뢰는 놀랄 만큼 희박했다는 사실이다. 반면 긴장과 경쟁의식은 이들의 유구한 역사만큼이나 심각했다.

미국과 서구 세계에서 한국전쟁은 단순한 내전이 아니라 한 나라가 다른 나라의 국경을 넘어 일방적으로 공격한 '침공'이었다. 때문에 예전에 히틀러의 침공을 막지 못해 제2차 세계대전으로 이어졌던 쓰라린 역사를 돌아볼 수밖에 없었다. 이러한 관점은 중국과 소련 그리고 북한에게는 놀라운 것이었다. 전쟁을 시작한 시점에서는 1945년에 한반도를 남북으로 분할하기 위해 미국과 소련이 국경처럼 그은 38선은 안중에도 없었다. (몇 달 후 미군과 유엔군이 38선을 넘어 북진하면서 그러한 관점은 바뀌게 되었다.) 이들의 관점에서 6월 25일에 자행한 북한의 남침은 중국에서는 막 끝났지만 인도차이나에서는 진행 중인 것과 동일한 '끝나지 않은 내전'에 불과했다.

남침이 있기 전부터 접경 지역에서 매일 수차례 공방전이 반복되는 가운데 몇 주 전부터는 미국의 일일 정보 보고에서 전면적인 공격에 대한 징후가 나타났다. 물론 좀 더 주의 깊게 살펴봐야 했겠지만 미국 당국은 그즈음 뭔가 심상치 않은 일이 벌어지기 시작했다는 걸 분명히 알아챘을 것이다. 미국 CIA의 전신인 전략정보국(OSS) 요원으로 중국에서 복무했던 정보장교 존 싱글러브(John Singlaub)는 인민군이 평소 구사했던 치고 빠지는 게릴라식 공격과는 다른 무언가를 준비하고 있다는 증거를 찾고자 많은 한국인 요원들을 훈련시켰다. 아울러 일찌감치 요원들을 38선 너머로 북파하기도 했다. 하지만 최고 수준의 훈련을 받은 요원들이 아니어서 비교적 단순한 임무만 부여했다. 이들이 파악해서 보고해야 할 상황 가운데 가장 중요한 것은 국경 지역에서 북한 주민의 철수나 이주 움직임이 있는지 살피는 것이었다. 북한 당국이 암암리에 뭔가를 준비하려면 목격자가 없어야 하기 때문에 분명 민간인들을 먼저 철수시킬 거라는 판단에서였다. 두 번째로 살필 것은 작은 교량 폭을 넓히고 보강하는 작업이었고, 세 번째는 남북 철로를 재개하는 작업이었다.[12]

싱글러브는 요원들의 나이가 어리긴 해도 그중 상당수는 아주 우수하다고 생각했다. 그해 늦봄에는 매우 중요한 보고를 받았는데 북한이 정예 부대를 국경 지역으로 추가로 이동시키고 민간인들을 철수시키고 있다는 정보였다. 교량에서도 상당한 작업이 이루어지고 있으며 주로 밤 시간을 이용해 국경 근처 철로를 보수하고 있다는 첩보를 받았다. 따라서 그는 끊임없는 국경 분쟁으로 중요한 정보가 묻히고 있지만 무언가가 벌어지고 있다고 확신했다.

싱글러브는 정보 업무의 특성상 제한적인 여건 속에서 일해야 했다. OSS 출신으로 이제는 CIA 요원이었기 때문에 한국에서 공개적으로 임무를 수행할 수도 없었고, 더글러스 맥아더와 정보참모 찰스 윌러비 준장이 OSS를 싫어했기 때문이다. 제2차 세계대전 동안 자신들의 전투지역에 OSS가 가담하지 못하게 했던 것처럼 이제는 CIA가 끼어들지 못하게 막았다. 이는 잘 알려진 대로 맥아더의 영국 혐오증에서 비롯된 것이다. 그는 OSS에 막강한 영향력을 행사하며 좌지우지했던 동부 주류파(하버드, 예일, 컬럼비아 등 동부 명문대학 출신으로 정·재계의 핵심을 이루는 인맥─옮긴이)를 싫어했다. 하지만 이들은 상당히 노련하고 실용적이었다. 자신의 정보참모가 전투지역에 관한 정보를 통제한다면 맥아더는 작전과 관련한 모든 의사결정을 더 쉽게 조정할 수 있을 게 분명했다. 따라서 맥아더와 윌러비는 국방부와 트루먼 행정부가 다른 정보로 자신들을 간섭하지 못하게끔 아시아 상황에 대한 모든 정보를 철저하게 통제하고 싶어 했다.

조지 케넌(George Kennan)은 도쿄 사령부가 상황에 제대로 대처하지 못하는 것을 보고도 그다지 놀라지 않았다. 일찍이 도쿄를 방문했을 때 맥아더의 참모들을 익히 경험했기 때문이었다. 특히 정보 분야 장교들은 관념적이고 오만한 데다 위험할 정도로 과신에 차서 그 자질과 능력마저 심히 의심스러웠다. 케넌이 고위급 공군 장교에게 한국의 지정학적 취약성을 언급하자 그 장교는 미국이 정규 지상군을 철수시키면 오키나와에서 전략 폭격으로 모든 잠재적인 적을 처리할 수 있기 때문에 지상군을 주둔시킬 필요가 없다고 말했다. 국공내전에서 중국의 전황을 파악해온 케넌은 그런 주장을 신뢰할 수 없었다. 국공내전에서 적의 공군력에 별 영향을 받지 않는 공산당의 모습을 지켜봤기 때문이다. 그러다 1950년 5~6월에 그가 몸담고 있던 국무부 정책기획실에서 공산 진영에 무언가 큰 변화가 일어났으며 대규모 병력이 곧 행동을 개시할 거라는 소문이 들려오기 시작했다. 그 무렵 공산 진영 전체를 밀착 감시하고 있던 미국의 여러 정보기관들은 그 진원지가 소련이나 동유럽 위성 국가는 아니라는 확신을 가졌다. 케넌은 그곳이 한국일지 모른다고 생각했다. 그러나 군부에서는 북한의 공격 가능성에 의문을 제기했다.[13] 한국군은 무장과 훈련이 잘되어 있으며 전력도 북한보다 확실히 우위에 있다는 것이었다.

마침내 싱글러브는 요원들이 수집한 정보를 종합한 보고서를 작성하여 제출했다. 그러나 윌러비는 사실이 아닐 가능성이 높아 신뢰할 수 없다며 'F-6' 등급(정보제공원의 신뢰도를 A~F등급으로 분류하고 정보의 신뢰도를 1~6등급으로 분류하여 제공받은 정보의 신뢰성을 나타내는 기호로 F-6등급은 정보원과 정보 자체의 신뢰성을 판단할 수 없다는 의미-옮긴이)으로 판정한 뒤 되돌려 보냈다. 이 때문에 인민군이 6월 25일 새벽에 진격했을 때에도 한국군과 미군 고문단은 전혀 알아채지 못했다. 인민군은 남한보다 전력이 우수할뿐더러 장비도 잘 갖추어져 있어 대등한 전투가 이뤄지지 않았다. 많은 사례에서 나타나듯이 무기는 소련에서 제작한 신규 장비였으며 특별히 남침을 위해 준비한 것이었다. 군인들은 잘 훈련되어 있었으며 수적으로도 남한보다 두 배나 많았다. 약 45,000명에 달하는 북한 출신 군인들은 이미 중국 내전에 참전한 바 있고 마오쩌둥의 승인으로 인민군에 편입되었다. 인민군 절반 정도가 전투 경험이 있었으며 상당수는 10여 년 이상 무기가 월등했던 적과의 전투에서 살아남은 정예군이었다. 인민군은 엄격한 규율, 그리고 극도로 위계적인 권위주의 정부와 북한 사회의 모습을 그대로 반영했다. 대개 농민 출신이었는데 이들의 불만은 매우 현실적이고 구체적이었다. 자신들의 가난, 너무나 잔인했던 일제 치하, 일제에 협력했던 남조선의 상류층, 그리고 이제 일본을 대신해 남조선 지배층을 지원하고 있는 미국에 대한 적개심을 품고 있었다. 이들은 혹독한 현실과 가족들의 생계 때문에 자신들이 믿는 신념을 계속해서 정당화하면서 굳건하게 다졌다.

서울에 주둔하고 있던 미국의 소규모 정치 및 군사 고문단은 10만 명에 이르는 인민군이 공격 작전을 수행 중이며 그것이 실제 상황이라는 사실을 뒤늦게 알았다. 한국 시각으로 일요일 새벽 4시, 워싱턴 시각으로는 토요일 오후 3시에 인민군이 남침을 감행했다. 매우 유능한 국무부 관리로 알려졌던 주한 미국 대사 존 무초(John Muccio)는 네 시간이 지나서야 수석 보좌관에게서 걸려온 전화로 공격 소식을 보고받았다. 서울 주재 미국 대리공사 에버렛 드럼라이트(Everett Drumwright)는 무초에게 "놀라지 마십시오."라고 말문을 연 뒤 "공산주의자들이 전면 공격을 감행했습니다."라고 전했다.[14] 이승만은 오전 6시 30분에 소식을 접했는데 이는 북한의 남침 소식을 최소 1시간 30분 뒤에야 미국에 통보했음을 의미했다. 무초 대사는 드럼라이트 공사와 통화한 후에 대사관에서 만나기로 했다. 그리고 대사관에 가던 중 업무를 마무리하고 피크닉을 가려던 UP(합동통신) 기자 잭 제임스(Jack James)와 마주쳤다. 무초 대사는 제임스에게 인민군이 전면적인 남침을 감행했다는 보고를 확인하는 중이라고 말했다. 제임스는 대사관으로 따라 들어가다 군 정보국에서 근무하는 친구를 만났다. 그 친구가 "국경에서 무슨 소식 들었어?"라고 묻자 제임스는 "아직 확실한 건 아니고……."라고 답했다. 그러자 "자넨 뭘 들었는데? 세상에, 인민군이 제8사단 지역을 제외한 국경선 전역에 걸쳐 내려오고 있다는군." 하고 장교인 친구가 대꾸했다.

제임스는 곧바로 전화 다이얼을 열심히 돌리며 정보를 수집했다. 잠시 후 서울 시각으로 아침 8시 45분에 해병대 경비병 폴 두프라스(Paul Dupras) 중사가 무슨 일이냐고 물었다. 제임스는 "인민군이 국경을 넘었어요."라고 답했다. 두프라스는 "별일 아니군요. 늘 있는 일이죠."라고 말했다. "그렇지만 이번엔 탱크까지 몰고 내려왔어요."라고 제임스가 응수했다. 그는 자세한 상황을 알아본 후 오전 9시 45분경에 첫 기사를 송고했다. 시가지를 둘러본 뒤 대사관으로 다시 돌아왔을 무렵 군 정보국에 있던 친구가 워싱턴에 알려야 할 내용을 말해주었다. 워싱턴이 알아야 할 정도로 중요한 정보라면 분명 자신에게도 좋은 것이었다. 그는 훗날 기사를 과장하지 않으려고 신중을 기했다고 밝혔다. 전쟁에 관한 문제는 사실보다 부풀릴 필요가 없었다. 몇 시간 혹은 며칠이 지나면 더 많은 세부적인 전황이 이어질 것이기 때문이었다. 당시 UP는 삼류라는 악평이 자자했지만 어쨌든 긴급으로 기사를 송고했고 그 시각에 미국에 도착한 것으로는 그 기사가 유일했다. 일요일 조간을 장식한 기사의 형식은 전형적인 전문 양식이었다. "긴급 타전. 뉴욕 25095 제임스 단편 보도. 일요일 새벽, 38선 지역에서 인민군 전면 공격 감행. 현지 시각 9시 30분, 서울 북서쪽 40마일 개성 지역, 한국군 제1사단 사령부 전멸. 옹진반도 접경 남쪽 3~4킬로미터 지점, 적 전차부대 서울 북서쪽 50마일 춘천 지역으로 남하 중······."[15]

워싱턴에서는 대사관으로부터 더 많은 단편 보고들이 도착했지만 도시를 깨운 건 제임스의 UP 보도였다. UP 보도국 직원들과 마찬가지로 이내 다른 신문사 보도국도 고위급 관리들에게 전화해서 사실을 확인하기 시작했다. 정부의 고위 관리들도 한반도에서 원치 않는 전쟁이 일어났다는 소식을 접했다.

북한이 공격했을 당시 더글러스 맥아더의 반응은 놀라울 정도로 느긋했다. 그는 공격 초기 상황에 무관심한 듯했으며 너무나 초연한 모습을 보여 주변 참모들이 걱정할 정도였다. 그리고 이러한 광경을 목도한 사람은 국내 문제로 맥아더의 정치적 기반을 공격하던 민주당 인사가 아니라 공화당의 존 포스터 덜레스(John Foster Dulles)와 존 앨리슨(John Allison)이었다. 덜레스는 예비 국무장관으로 당시 국무부 고문으로 일하며 국가 안보 기구와 끈이 닿아 있던 보수파였고, 앨리슨은 국무부 내 강경파로서 덜레스의 보좌관으로 일하며 서울과 도쿄에 출장 중이었다.

덜레스과 앨리슨이 미국의 일본 점령을 공식적으로 종료하는 평화조약을 논의하러 도쿄에 왔을 때 마침 북한이 침공했던 것이다. 두 사람 다 바로 며칠 전에 38선 부근 한국군 벙커를 방문하여 한국군 부대와 함께 사진을 찍기도 했다. 자신의 서명이 새겨진 홈부르크 중절모를 쓴 덜레스는 마치 월스트리트의 고위 은행가를 만나러 가는 것처럼 보였다. "중절모를 쓴 채 벙커를 방문한다는 것 자체가 상당히 우스꽝스럽죠."라고 딘 애치슨 국무장관이 비꼬았다.[16] 애치슨은 국무장관직을 노리는 덜레스를 달가워하지 않았다. 덜레스는 불과 18개월 전 토머스 듀이(Thomas Dewey)가 대통령에 출마했을 때부터 국무장관이 될 거라고 일찌감치 확신했었다. 다음 날 덜레스는 남한 국회에서 개인적인 정의감과 종교적 사명감을 담아 진솔하게 연설했다. "여러분은 혼자가 아닙니다. 인류의 위대한 자유를 수호하기 위해 노력하는 한 결코 혼자가 아닐 겁니다."[17] 덜레스를 위해 특별히 작성한 연설문이었다.[18] 작성자는 그 후 몇 달 동안 워싱턴에서 각기 다른 방식으로 강경 노선 지도자로 부상할 신임 극동 담당 차관보 딘 러스크(Dean Rusk)와 정책기획실장 폴 니츠(Paul Nitze)였다. 덜레스의 연설에 나오는 수사적인 표현에서 남한이 어떤 큰 위험에 처했다고 느낄 만한 단서는 없었다. 불과 며칠 전 덜레스와 앨리슨은 윌러비로부터 인민군이 공격할 가능성은 전혀 없다는 브리핑을 받기도 했다.

인민군이 공격을 했을 당시 두 사람은 맥아더 사령부의 대처 모습을 자세히 볼 수 있었다. 그들은 모두 이데올로기적으로는 맥아더에게 동조하는 편이었지만 맥아더의 측근 그룹은 아니었다. 들려오는 소식은 처음부터 아주 나빴는데 이상하게도 맥아더와 참모들은 개의치 않는 것 같았다. 6월 25일 밤 브리핑에서도 맥아더는 아주 여유로워 보였다. 초기 보고 당시 그는 덜레스와 앨리슨에게 북한의 남침이 확정적인 사실은 아니라고 말했다. "아마도 단순한 정찰 병력일 겁니다. 워싱턴에서 간섭만 하지 않는다면 등 뒤에 한 손을 묶은 채로도 처리할 수 있습니다."[19] 그리고 이승만 대통령이 전투기를 요청했다면서 한국군이 이를 적절하게 사용할 수 있다고 생각하지 않지만 사기 진작 차원에서 몇 대 보낼 예정이라고 덧붙였다.

확신에 찬 맥아더의 태도에 덜레스와 앨리슨은 잠시나마 안도했지만 맥아더 측근 이외의 다른 사람들과 이야기를 나눌수록 불안감은 커졌다. 한편 맥아더는 애치슨과 러스크에게 전언을 보내 남한에 즉각적인 지원을 촉구했다. 남침 첫날 밤에 앨리슨은 오랜 친구인 요코하마 항 지휘관 크럼프 가빈(Crump Garvin) 준장과 저녁식사를 함께했다. 가빈은 지난 2~3주 동안 38선 북쪽에서 민간인들이 이동하고 대규모 인민군 병력이 국경선 바로 위에 집결하고 있다는 내용이 담긴 심각한 보고서가 미8군을 통해 나왔다고 털어놓았다. 가빈은 이렇게 말했다. "보고서를 읽은 사람은 누구나 곧 무슨 일이 벌어질 거라고 알 수 있었을 걸세. 도쿄의 정보참모는 도대체 뭘 하는지 모르겠어."[20]

월요일에는 실제 상황과 맥아더 사령부의 상황 인식 사이의 간극이 더더욱 커져만 가는 것 같았다. 남한에 머무는 미 국무부 고위급 인사였던 무초 대사는 미국인 여성과 어린이들의 즉각적인 철수를 지시했다. 하지만 맥아더는 성급한 결정이라고 주장하면서 "서둘러야 할 이유가 없다."라고 밝혔다. 그러나 전해오는 소식은 하나같이 암울했다. 그날 밤 앨리슨은 도쿄에서 고위 관리들과 저녁 모임에 참석했으며 덜레스는 맥아더와 사적인 저녁 시간을 가졌

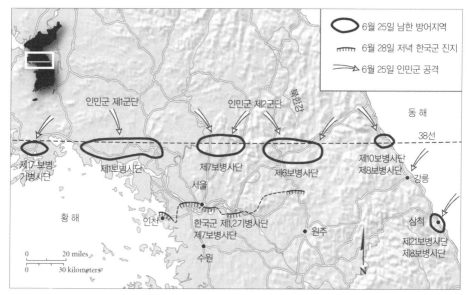

6월 25일 남한 방어지역

6월 28일 저녁 한국군 진지

6월 25일 인민군 공격

인민군 제1군단

인민군 제2군단

북한강

동 해

38선

제17 보병
기병사단

제1보병사단

제7보병사단

제6보병사단

제10보병사단
제8보병사단

강릉

황 해

인천

한국군 제1.2기병사단
제7보병사단

서울

원주

삼척

제21보병사단
제8보병사단

수원

N

0   20 miles
0   30 kilometers

4. 1950년 6월 25일~28일 인민군 남침.

다. 참석한 고위급 외교관과 언론인들이 저마다 소식을 확인하느라 분주히 오
가는 바람에 저녁 모임은 어수선했다. 다들 한국군이 퇴각하기에 급급하다는
우울한 소식만 늘어놓았다. 저녁식사가 끝날 무렵 앨리슨은 맥아더와 함께 있
는 덜레스가 더 많은 소식을 알고 있으리라 생각하고 확인해보았다. 먼저 "내
생각엔 자네도 좋지 않은 소식을 들었을 텐데."라며 말문을 열었다. 덜레스는
아무것도 들은 바가 없다고 답했다. "하지만 자넨 지금 맥아더 장군과 저녁식
사를 함께하고 있지 않은가?" 덜레스는 아내와 함께 맥아더 내외와 저녁을 먹
고 영화를 감상했지만 저녁식사를 방해한 사람은 아무도 없었다고 전했다. 그
리고 앨리슨에게 들은 내용을 그 자리에서 바로 맥아더에게 전하자 맥아더는
검토하겠다고 답했다. 훗날 앨리슨은 "국무부 대표가 미군 최고 사령관에게
전장에서 무슨 일이 벌어지는지 알려줘야 하는, 미국 역사에서 극히 보기 드
문 장면이었을 것이다."라고 기록했다.[21]

다음 날 남침이 재난으로 이어지고 있다는 징후가 더 많이 나타났다. 무초 대사는 서울을 탈출하고 있다면서 이승만과 함께 한강 이남인 대전으로 향할 작정이라고 보고했다. 그날 덜레스와 앨리슨은 비행기를 타고 미국으로 돌아 갈 예정이었다. 하네다 공항에서 탑승을 기다리는 동안 맥아더가 찾아왔는데 확연히 달라진 모습이었다. 앨리슨에겐 맥아더의 변화가 충격적이었다. 불과 이틀 전만 해도 북한의 정찰부대일 뿐이라고 호탕하게 말하던 모습은 온데간 데없고 어둠이 짙게 깔린 듯 완전히 풀이 죽어 있었다. 언젠가 맥아더 장군이 분위기에 동요하는 편이라는 말을 들은 기억이 났지만 설령 그렇더라도 맥아 더의 변한 모습은 두 사람을 아연하게 했다. "한국 전체를 잃었습니다."라고 맥아더가 단정 지었다. "할 수 있는 일이라곤 미국인들을 안전하게 철수시키 는 게 답니다." 훗날 앨리슨은 "1950년 6월 27일 화요일 아침에 만난 맥아더 는 내가 본 사람들 중에서 가장 기가 죽고 절망적인 표정이었다."라고 기록했 다.[22]

더 염려스러웠던 것은 비행기가 기계적인 결함으로 지연되었을 때 보여준 맥아더의 행동이었다. 환송식을 질질 끌더니 오후 1시에 원격 회의를 원한다 는 육군장관의 메시지를 받았을 때도 여전했다. 그 당시의 원시적인 통신 환 경에서 원격 회의란 전화 대화 같은 것으로, 각자가 타자수에게 이야기하면 이를 타전하여 서로 대화를 나누는 방식이었다. 덜레스와 앨리슨은 원격 회의 요청이 매우 중요한 사안이라는 것을 직감했다. 중대한 위기 국면에서 워싱턴 이 전쟁을 지휘해야 할 사령관의 생각을 묻는 것은 당연한 일이었다. 회의에 참석하려면 그때 바로 하네다 공항을 출발해야만 했다. 그러나 놀랍게도 맥아 더는 대수롭지 않다는 듯 보좌관에게 덜레스 일행을 배웅하느라 바쁘다며 참 모장이 대신 워싱턴과 대화하라고 지시했다. 이를 의아하게 여긴 덜레스는 맥 아더를 돌려보내기 위해 꾀를 내어 일행에게 비행기에 탑승하라고 말했다. 그제야 맥아더는 사령부를 향해 떠났다. 그 후 덜레스와 일행은 다시 VIP실로 돌아와 몇 시간을 더 기다렸다. 후에 앨리슨이 들은 바로는 원격 회의에서 트루먼 정부는 공군과 해군력을 남한에 파견하기로 결정했다. 분명 순조로운 출발은 아니었다.

일부 사람들은 이를 태평양 전쟁 발발 당시 맥아더 사령부의 유사하게 부족했던 준비태세와 연관 지어 생각했다. 그때 맥아더는 일본군이 가할 수 있는 태평양 미국 점령지에 대한 공격 능력을 체계적으로 과소평가했다. 맥아더 지휘 체계의 준비 태세가 너무나 부실했던 탓에 일본의 진주항 공격으로부터 9시간이나 지나고도, 클라크 필드에 정차됐던 폭격기들이 일본 폭격기들에게 잿더미가 되도록 방치했다. 영국 역사가 맥스 헤이스팅스(Max Hastings)는 "그 어느 나라 사령관도 1941~1942년 필리핀에서 맥아더와 같은 참패를 당하고도 아무런 책임도 지지 않을 수는 없었을 것"이라고 썼다. "더욱이 그는 바탄 전선을 버릴 때, 하인들까지 모두 데리고 도망치며 미국에 대한 자신의 가치는 병사들의 희생의 상징적인 가치를 능가한다고 주장했다. 이런 주장을 펼칠 수 있는 사령관은 더욱 극소수일 것이다."[23]라고 덧붙였다. 다른 사람들에게 적용되는 규칙이 더글러스 맥아더에게는 결코 적용되지 않았다.

제 3 장
관심 밖의 나라

인민군이 38선을 넘어 전면적인 남침을 감행했을 무렵 맥아더 원수는 일본의 정치 발전에만 관심을 두고 패전국을 더 평등하고 민주적인 사회로 만들기 위해 몰두하고 있었다. 제2차 세계대전이 일어나기 직전의 일본은 사회적·정치적 봉건주의와 경제 및 군사적 근대화가 혼재된 특수한 상황이었다. 맥아더는 힘의 균형을 유지하면서 토지 개혁과 인권, 여성, 그리고 노조 문제 등을 개선하려고 노력했으며 상당한 성과도 거두었다. 태평양 전쟁에서 패한 일본은 실패한 신의 나라와 같았으며 이제 새로운 세속의 신을 찾고 있는 것 같았다. 맥아더는 언제나 무엇보다 우상화되기를 바랐는데 일본 전체가 이제 맥아더 자신을 일종의 신으로 받아들일 준비가 됐다는 것을 느꼈다. 독단적이며 자기도취에 쉽게 빠지는 성격인지라 패전국을 다루는 그의 직감은 놀라울 정도로 민첩했다. 명석한 두뇌로 황제처럼 군림하며 자신의 모든 권한을 강화해나갔다. 자유주의자라기보다는 보수주의적인 성향이 강한 탓에 미국에서는 보수 세력과 깊은 유대 관계를 맺고 있었지만 놀랍게도 일본에서는 자유로운 현대 미국인의 표상으로 인식되었다. 미국에서는 뉴딜 정책을 비판해왔지만 일본에서는 오히려 열성적으로 뉴딜 정책을 지지하는 젊은이들을 지원하여 이들이 전후 일본을 재건할 수 있도록 놀라운 자유를 안겨주었다. 이들이 자유를 누리며 구시대 일본을 새로운 국가로 변화시킬수록 맥아더의 역할도 더 커졌다.[1]

맥아더는 일본의 변화와 평화조약에 몰두했다. 그때까지만 해도 태평양 전쟁에서 일본을 무찌른 강력한 군대로 남아 있었던 휘하의 미군에는 거의 관심을 두지 않았다. 이제 부대 병력도 부족하고 장비도 허술하고 훈련 상태마저 열악해지고 있는데도 전혀 신경을 쓰지 않는 듯했다. 1945년에 미국과 소련이 해방과 동시에 한반도를 분할하면서 미군의 영향력 아래 놓인 남한에도 무관심했다. 아주 짧게 한 번 방문한 게 전부였다. 남한 주둔 미군 사령관 존 하지(John Hodge) 장군은 공식 직함이 연합군 최고 사령관(SCAP)인 맥아더에게 한반도 문제에 더 많은 관심을 가져달라고 거듭 간청했지만 이를 무시하고 본인이 판단한 최선의 결정에 따르라고 지시했다. 맥아더는 "내가 현지 상황을 충분히 알지 못하기 때문에 장군에게 마땅한 조언을 해줄 수는 없지만 그 대신 장군이 어떠한 결정을 내리든 지지할 것이오."라는 답변으로 갈음했다.

1945~1950년 확실히 맥아더는 한반도 문제에 관여하고 싶어 하지 않았다. 맥아더의 책상에는 도움이나 조언을 요청하는 하지 장군의 전언이 수북이 쌓여갔다. "이 어려운 상황에 사령관님의 적극적인 참여를 간곡하게 요청합니다." 일본어에 능통하여 맥아더의 핵심 보좌관으로 활동하던 포비안 바워즈(Faubion Bowers)는 그 당시 하지 장군이 몇 시간을 기다린 끝에 맥아더를 겨우 만났지만 남한 문제에 관해서는 알아서 잘 처리하라는 말만 들었다고 회고했다. "난 한반도 문제에 개입하지 않을 걸세. 국무부 소관이거든." 나중에 차를

타고 관저로 가면서 맥아더는 바워즈에게 말했다. "그들이 그걸 원했고 또 그 걸 가졌어. 관할권은 그들이 가졌어. 난 없어. 국무부라면 보고 싶지도 않아. 빌어먹을 외교관들은 전쟁을 일으키고 우리는 전쟁을 이기지. 내가 왜 그들을 구해줘야 하지? 하지를 도와주지 않을 거야. 스스로 해결하게 내버려둬야지."[2] 맥아더는 이승만이 남한의 대통령으로 취임하던 날 딱 한 번 한국을 방문했 으며, 그때 이승만이 미군의 지원에 대해 묻자 남한이 공격을 받는다면 미국 은 "캘리포니아 주를 방어하는 것처럼" 남한을 적극적으로 지원할 거라고 다 소 거창하게 약속했다.[3] 물론 워싱턴의 누구와도 협의한 것이 아니었기 때문 에 그냥 무심코 던진 인사치레에 불과했다.

맥아더의 측근과 참모들은 맥아더가 70대 노인으로는 보기 드문 기력과 활력이 넘친다는 데 이견이 없었다. 그러나 외부 인사들 가운데서는 그의 나 이와 건강을 우려하는 목소리가 높았다. 1945년에 일본의 패전이 확실해졌 을 때에도 일부 고급 장교들은 그를 걱정하기 시작했다. 조지프 스틸웰(Joseph Stilwell) 장군은 그해 9월 도쿄만의 미주리 함(BB-63 USS)에서 일본의 항복을 받아낼 때 맥아더가 손을 심하게 떠는 것을 보고 충격을 받기도 했다. 스틸웰 은 신경과민증상이라고 생각했지만 맥아더 휘하 장성 가운데 한 명인 월터 크루거(Walter Krueger) 장군은 파킨슨병 때문이라고 단언했다. 그래도 스틸웰 은 "증세가 너무 심한 것 같아."라고 걱정했다.[4] 맥아더의 건강 상태가 나빠지 고 있다는 다른 징후도 있었다. 집중력이 떨어지고 기운도 현저하게 쇠락한 듯 새로운 문제의 심각성을 재빨리 이해하지 못했다. 청력도 아주 나빠진 것 으로 알려졌다. 참모진들은 최고 사령관이 참모회의를 주관하는 걸 꺼려하는 이유도 이 때문이라고 생각했다. 대화를 나눌 때면 마치 독백을 하는 것 같다 고 느끼는 사람들도 있었다. 상대방이 말하는 것을 제대로 알아들을 수 없어 대화를 매끄럽게 이어갈 수 없기 때문인 것 같았다. 그러나 나이가 많든 적든,

그리고 전투 사령관의 직무를 수행할 수 있을 정도로 건강 상태가 좋았든 나빴든 상관없이, 그의 막대한 정치적 자산은 하나의 상징과도 같았다. 오랜 군 생활을 하는 동안 그에게는 뛰어난 경력이 뒤따랐지만 그에 못지않게 과오도 많았다. 너무 쉽게 자만심을 드러내 훌륭한 지휘관과는 거리가 멀었고 자신의 실패를 다른 사람이 감수하게도 했다. 그런데도 1950년에 그는 여전히 막강한 인물이었다. 제1차 세계대전으로 거슬러 올라가면 대담하고 유능한 지휘관이었으며, 제2차 세계대전의 태평양 전쟁에서는 제한된 군사력으로 명석하고 치밀한 작전을 세워 일본군과의 일전을 지휘했다. 또 한국전쟁이 일어났을 무렵에는 일본의 현대화를 훌륭하게 추진하고 있었다.

남한 상황에 무관심한 맥아더의 태도는 사실 이 불행한 나라를 대하는 미국인들의 태도를 그대로 보여주는 것이었다. 한국은 미국의 정치 과정이나 정신적인 측면에서 전혀 관련이 없었다. 그에 반해 중국은 오랫동안 미국의 관심을 끌었다. 이는 상당수 미국인들이 어려운 상황에서도 변화를 위해 몸부림치는 가난한 중국을 향해 깊은 온정을 느꼈기 때문이었다. 일본에 대한 감정에는 존경과 두려움이 교차했다. 그러나 한국은 미국인의 관심을 끌 만한 어떠한 이해관계도 없었다. 호머 헐버트(Homer Hulbert)라는 선교사는 1906년에 한국인을 가리켜 "외침을 자주 받았으며 인정도 받지 못했다. 수적으로는 중국의 그늘에, 기지의 면에서는 일본에 가려 있었다. 한국인들은 중국처럼 수완 좋은 장사꾼도 일본처럼 뛰어난 무사도 아니었다. 아직까지 이들은 극동지역에 사는 그저 평화로운 민족이었다. 한국의 실패는 자신의 여건을 개선할 수 있는 기회를 무시한 결과다."라고 기술했다.[5] 그 후 40여 년 동안 한국에 대한 미국의 관심은 크게 달라지지 않았다. 소련은 뒤늦게 태평양 전쟁에 참전했으며, 원자폭탄 사용으로 전황이 급변하여 종전되었을 때 한반도는 38선을 기점으로 분단되었다. 분할도 미 국방부가 마지막 순간에 결정한 의외의 방법으로 이루어졌다. 한국에 도착한 최초의 미군 지휘관은 한국인들이 일본 식민지 지배자들을 얼마나 싫어했는지, 그리고 일제 치하가 얼마나 잔혹했는지 등을 전혀 파악하지 못한 채 일본 경찰력으로 질서를 유지했다. 종전 후 첫 번째 한국 주둔 미군 지휘관이었던 하지 장군은 무뚝뚝하고 퉁명스러운 데다 직설적인 성격이었다. 그는 한국과 한국인 모두 좋아하지 않았으며 한국인을 "일본인과 같은 품종의 고양이"라고 설명했다.[6] 미군의 남한 주둔은 다소 우발적이고 남한을 홀대하는 방식으로 시작됐다. 천연 자원은 없으나 지정학적 위치로 인해 수십 년 동안 인접 강대국이 군침을 흘리던 지역에 새로운 강대국이 등장한 셈이었다. 역사학자 브루스 커밍스(Bruce Cumings)가 지적했듯이 오랜 힘의 균형 상태에서 미국이라는 새로운 세력이 끼어든 것이다. 1945년 이후 미국은 한반도에 계속 있었는데 이는 소련 역시 이곳에 있었고 곧 한반도의 안보가 일본의 안보와 직결됐기 때문이다.

1945년에 시작된 한국과 미국, 정확하게 말하면 남한과 미국의 동맹은 냉전의 산물이었다. 둘은 다분히 군사적인 관계에서 출발했기 때문에 그리 편안한 관계는 아니었다. 남한으로서는 달갑지 않은 상황이었다. 비참했던 식민지 시대가 종결되자 자신이 제국을 운영해야 한다는데 확인이 없는 미국이라는 새로운 강대국의 패권에 의해 분단된 현실이 불만스러웠다. 한국인들이 간절히 바랐던 제2차 세계대전의 종전과 일본 식민지 시대의 마감이 현실로 이루어졌지만, 새로운 자유의 숨결과 자신들의 역량으로 조국을 재건할 기회는 찾아오지 않았다. 하나였던 한반도가 둘로 나뉜 것만으로도 통탄할 일인데 조국의 운명을 또다시 다른 나라의 결정에 맡겨야 할 판이었다. 남한 주민들이 우선 깨달은 것은 자신들의 조국, 엄밀히 말해 한반도의 반쪽을 광활한 태평양 너머 수천 킬로미터 떨어진 곳에서 온 사람들이 통제한다는 점이었다. 더구나 이들은 한국의 현실에 대해 관심도 지식도 거의 없었다. 결국 긴장과 오해로 가득 찬 관계가 시작된 셈이었다. 양국 관계의 상호 가치와 이해를 강화시키는 것은 냉전 체제뿐이었다. 희생을 감수하면서도 기꺼이 막아야 할 세계 공산화의 위협이 없었다면 미국이 한국에 신경 쓰는 일은 없었을 것이다.

한국은 작고 자부심이 강한 나라였지만 불행하게도 중국, 일본, 러시아 등 야심에 찬 주변 강대국 사이에 끼인 통로와 같았다. 이들 강대국은 한 나라를 공격하는 데 필요한 전초 기지나 다른 두 나라의 공격을 막는 방어막으로서 한반도를 이용하려 했다. 1950년 6월 이전 오래전부터 한반도 주변의 막강한 이웃 나라들은 모두 경쟁국에 대한 방어 수단과 경고 차원에서 한국을 침략했다. 독일과 러시아 사이에 끼여 불행했던 폴란드의 지리적 위치와 다를 바가 없었다. 남한의 대통령이 된 이승만은 "고래 싸움에 새우 등 터진다."라는 한국 속담을 즐겨 인용했다.[7]

역사적으로 한국에 대한 중국의 영향력은 다른 강대국보다 월등했지만 1894~1895년에 벌어진 청일전쟁으로 그 영향력이 일시적으로 중단되었다. 이 틈에 급속한 산업화를 통해 초강대국으로 부상한 일본이 전통적인 군국주의 국가답게 한반도를 지배하고자 막대한 노력을 기울여 사실상 새로운 일본 제국을 세우는 데 성공했다. 심각한 사회적·정치적·경제적 부패로 속병을 앓던 러시아는 공세적인 일본과 1896년에 (아이러니하게도) 38선에서 대한제국에 대한 영향력을 분할하는 협약을 맺었다. 러시아가 실제보다 강력해 보이는 국가였다면 일본은 그 반대였다. 결국 양국 간의 계약은 얼마 안 되어 미봉책에 불과했음이 밝혀졌다.

1904년 2월에 일본은 러시아가 점령한 만주 지역에서 러시아 군대를 무찌르고 태평양에서 러시아 함대를 공격하여 마침내 쓰시마 해전에서 승리했다. 그러고 나서 러시아 군대를 공격한 것은 어디까지나 러시아의 손아귀에 들어간 조선을 구하기 위함이었다고 주장했다. 걸출한 일본 정치인 후지사와 리키타로(藤澤利喜太郎)는 친구의 말을 인용하면서 "조선은 일본의 심장을 겨누는 단도처럼 누워 있는 형세"이기 때문에 일본이 러시아를 공격해야 한다고 밝혔다. 이 말은 반세기가 지난 뒤에 미국의 국가안보회의(NSC) 최고위급 관리들에게 한 말이다. 후지사와는 "러시아 수중에서 언제든지 제물이 될 수 있는 허약하고 부패한 조선으로 인해 일본의 운명이 파렴치한 '북방 거인'의 손에 넘어갈 판국이었다. 일본은 이러한 운명을 받아들일 수 없었다. 일본에게 러일전쟁은 방어 전쟁이자 주권 국가로서 위태로운 자국의 독립을 지키려면 반드시 치러야 할 전쟁이었다. 너무나 명백한 사실이라 다른 설명이나 해명은 필요 없었다."라고 덧붙였다.[8] 그러나 이는 침략 전쟁을 교묘하게 정당화하는 기만일 뿐이다.

자신의 운명에 대해서도 발언권이 없다는 것이 한국의 민족적 운명 같아 보였다. 러일전쟁의 중재자는 조선이 아니라 미국의 시어도어 루스벨트(Theodore Roosevelt) 대통령이었다. 루스벨트는 평화를 위한 노력을 인정받아 노벨평화상까지 수상했지만 그 평화는 한국과 무관해 보였다. 잠재적으로 제국주의의 면모를 과시한 루스벨트는 새롭고 강력한 미국의 상징이었다. 그는 1898년에 미국-스페인 전쟁을 옹호했으며 이로써 필리핀을 미국의 식민지로 삼았다. 당대의 위인으로 추앙받던 루스벨트는 실제로 백인에 대한 자부심이 지대하여 강하고 믿을 만한 훌륭한 코카서스 백인종이 그보다 열등하고 믿을 수 없는 유색 인종을 지배해야 한다고 생각했다. 마찬가지로 유색인은 백인의 지배를 받아야 할 의무가 있다고 믿었으며 실제로 이러한 신념을 대중화시켰다. 그러나 아시아 국가와 국민들이 본질적으로 열등하다는 그의 관점에도 예외가 있었다. 그것은 바로 일본이었다. 루스벨트는 당시 "일본인들이 내 관심을 끌었으며 나는 그들이 좋다."라고 말하기도 했다.[9] 비록 피부색, 생김새, 눈 모양은 다르지만 그가 본 일본인들은 앵글로 색슨족처럼 모험심 있고 근면하며 규율이 있고 잘 조직되어 있었다. 그는 무엇보다 일본이 강력하고 제국주의 성향을 띤 능동적인 국가라고 여겼다.

루스벨트는 모든 것을 성취할 수 있는 의욕적인 역량으로 "문명 세계의 국가들과 대등한 자격을 갖춘" 일본에 깊은 감명을 받았다.[10] 작가이자 전직 정보장교로 한반도 문제에 조예가 깊었던 로버트 마이어스(Robert Myers)는 이러한 사실에 비추어 한국을 "일본이라는 제국주의 늑대 앞에 무방비로 방치된 갓 태어난 송아지와 다름없는 신세"라고 표현했다.[11] 한국의 불행한 지리적 여건을 변화시킬 유일한 나라는 아주 멀리 떨어져 있는 미국이었다. 실제로 1882년에 조선왕조는 외침을 받을 경우 미국에 지원을 요청한다는 조약을 맺었다. 하지만 이 조미수호통상조약은 이론으로만 그치고 말았다. 러일전쟁 당시 미 해군의 규모가 너무 보잘것없었던 데다 한반도는 미국 본토에서 너무 멀리 떨어져 있었기 때문이었다. 더욱이 루스벨트 대통령이 생각하는 아시아 지역 우선순위에 조선은 포함되지 않았다. 미국은 조선을 지원하는 것보다 필리핀에서 식민지 영토를 확충하는 데 애착을 보였다. 그리고 일본이 미국과 비밀협약을 맺음으로써 러일전쟁 후 '보호관계'로서 일본의 조선 지배는 한층 공고해졌다. 마침내 1910년, 일본은 뻔뻔하게도 대한제국을 합병하여 공식적인 일본의 식민지로 인정받았다.

1905년 여름 당시 젊은 이승만은 영어를 잘 구사한다는 이유로 선발되어 러일평화조약을 협상하려던 루스벨트 대통령을 방문했다. 이승만은 루스벨트 대통령이 일본의 조선 식민지 정책을 중단할 수 있게 도와주기를 바랐다. 그러나 역사학자이자 언론인 조지프 굴든(Joseph Goulden)의 말에 따르면 루스벨트는 이승만에게 "공손하면서 완전히 오해를 불러일으키는 모호한 말"만 늘어놓았다. 루스벨트는 친일 성향의 워싱턴 주재 대한제국 대사관이 이승만을 도와주지 않을 거라는 사실을 알았다. 그는 이승만에게 미국이 만주와 조선에 대한 일본의 지배를 인정하는 대신 일본도 필리핀에서 미국의 자유 재량권을 인정하는 비밀조약을 체결하기 위해 윌리엄 하워드 태프트(William Howard Taft) 국무장관이 도쿄로 가고 있다는 사실조차 알려주지 않았다.

미국 동료들 눈에도 결국엔 이승만이 화가 나서 미국을 불신하게 될 거라는 사실이 확연하게 드러났다. 미국은 여러 차례 그를 배신했으며 계획적으로 거짓말을 했다. 그리고 대한제국을 조선이라고 다시 고쳐 부르며 시작한 일본의 야만적인 식민 통치는 거의 40년 가까이 이어졌다. 루스벨트는 훗날 자신의 회고록에서 미국은 "한국인 스스로 결코 할 수 없는 일"을 대신 해줄 수는 없었다고 적었다.[12] 일본의 한반도 식민지화는 유난히 잔인했지만 한반도를 벗어난 외부 세계는 여기에 전혀 관심을 기울이지 않았다.

이승만은 미국에 체류하면서 동세대 한국인에 비해 특별한 교육을 받았으며 일인 민간 외교관이 되어 일부 미국 고위 관료와 긴밀한 관계를 맺었다. 이들 상당수는 교회 인맥이라 유력한 정치 인사와도 선이 닿아 있었다. 이승만은 이런 인맥을 통해 조국의 자유와 해방을 역설할 기회를 제법 얻었지만 기대했던 만큼 영향력을 끼치지는 못했다. 그는 프린스턴 대학원에서 정치학 박사 과정을 밟으면서 훗날 미국 대통령이 된 우드로 윌슨(Woodrow Wilson)과 친분을 쌓았다. 이승만은 윌슨의 집에서 열린 사교 모임에 단골로 참석했으며 여기서 사람들은 윌슨 가족과 피아노 주위에 모여 함께 노래를 불렀다. 노래를 따라 부르지는 않았지만 이승만 역시 사교 모임의 온화한 분위기를 좋아했으며, 윌슨도 그를 좋아했다. 윌슨은 이따금씩 이승만을 "미래 한국의 독립을 위한 구세주"라고 소개하며 존경의 마음을 표하기도 했다.[13]

윌슨은 프린스턴 대학 총장을 역임하고 후에는 미국 대통령이 되었지만 미국을 제1차 세계대전으로 끌어들여 매우 다른 양면성을 지닌 인물로 평가받았다. 종전 후 파리평화회의에서 윌슨 대통령은 새로운 세계 질서를 편성하고

자 식민지 국가에도 자결권을 주어야 한다는 민족자결주의를 주장했다. 이러한 주장에 가장 고무적인 반응을 보인 것은 바로 윌슨의 오랜 친구이자 제자였던 이승만이었다. 거룩한 조국의 자유에 대한 의지를 일찍이 자신을 새로운 독립 한국의 지도자로 치켜세웠던 오랜 스승이 밝혀준 셈이었다. 이승만이 고대하던 순간이었고 곧장 미국을 떠나 파리로 가고 싶었다. 고국의 동포들을 대신하여 자신의 위대한 친구를 설득해 일본의 폭압을 떨쳐버리고 싶었다. 그러나 윌슨은 그가 파리에 오는 것을 원치 않았다. 윌슨 대통령과 측근들에게는 아시아에서 일본의 역할이 어느 정도 필요했으며, 일본은 제1차 세계대전 동안 용케도 연합군으로 참전하여 전승국으로서 중국에서 독일의 권리를 물려받으려 했다. 승리한 쪽의 국가들은 식민지를 계속 유지하고 패배한 쪽의 국가들은 포기해야 한다는 세계대전의 첫 번째 규칙을 이승만은 그제야 실감했다. 국무부는 이승만에게 여권을 발급해주지 말라는 지시를 받았다.

1950년 6월 미국이 한국을 위해 죽을 각오로 싸울 태세를 갖춘다는 게 아주 뜻밖의 일은 아니었다. 미국이 정말 염려했던 것은 한반도가 아니라 일본이었다. 만약 공산주의자들의 침략에 개입하거나 대응하지 않는다면 오랫동안 한국을 억압해온 이웃 나라 일본에 무슨 일이 일어날지 우려했기 때문에 한반도가 중요했던 것이다. 시류에 따라 역사의 방향이 뜬금없이 전혀 다른 쪽으로 흘러가기도 하듯이 전쟁을 치른 일본은 미국의 새로운 동맹이 되었고, 겉보기에 굳건한 동맹국으로 보이던 중국은 이제 적이 되어가고 있었다.

그러나 오랜 식민 지배를 받으면서 한국은 이미 엄청난 대가를 치렀다. 일본의 잔혹한 식민 통치와 억압으로 유능한 정치인 대다수가 체포되거나 살해되어 정상적인 정치 발전과 현대화를 기대할 수 없었다. 이승만과 훗날 그의 정적이 된 김일성 같은 정치인들은 국외로 망명해 살아남은 경우였다. 결국 남한은 친일 행각을 벌였던 매국노들로 오염되었다. 로버트 마이어스가 지적했듯이 제2차 세계대전 당시 유럽의 피점령국 국민들은 한결같이 막강한 동맹국들이 힘을 모아 독일의 점령을 끝장내주리라는 희망을 품었다. 그러나 한국인들에게는 그러한 희망도 없었다.[14] 10년, 20년, 25년, 시간은 흘러갔지만 한반도에서 일본을 축출하여 가난한 한국인을 구출해주려는 국제적인 움직임은 보이지 않았다.

1941년 12월 일본이 도를 넘어 동남아시아 지역의 미국, 영국, 네덜란드 식민지를 공격했을 때 처음으로 희망이 보이는 듯했으나 그 희망은 너무 미미했다. 게다가 태평양 전쟁 초기에 승리는 대부분 일본 차지였다. 전세가 변하기 시작했을 무렵에도 한국인들에게까지 전해줄 만한 소식은 거의 없었다. 한국인을 위해서는 아니더라도 서방 동맹국들이 자신들의 이익을 위해 오고 있었다. 이윽고 이들의 성공으로 일본은 결국 패망했다. 그러나 1945년까지 이어진 식민지 점령으로 인해 한반도에는 냉소와 불신이 만연했다. 정도의 차이가 있을 뿐 상류층과 중류층 상당수는 일본의 통치를 받아들이고 일본 권력 구조에 타협하는 무기력한 존재가 되어 식민지주의자들과 함께 체제에 순응해갔다.[15] 일부 한국인들은 일본을 존경하기도 했는데, 이유야 어찌 되었든 냉소적으로 보면 일본은 아시아 지역에서 백인 통치를 좌절시킨 최초의 동양인들이었다.

1945년의 한국은 정치 단체와 리더십이 없는 나라였다. 북한에는 소련의 적군(赤軍)이 몰려와 즉각적으로 상의하달식 조직을 만들어 김일성이라는 새로운 지도자를 세웠고, 남한에서는 일생을 대부분 망명 생활로 보낸 이승만이 호불호를 떠나 미국을 대변했다. 당시 70대였던 이승만은 자기중심적이고 완강하면서 변덕스러운 인물로, 열렬한 민족주의자에 애국심이 강한 반공주의자였으며 독재자 기질이 다분했다. 그는 자신이 민주적인 국가 기관 전체를 완전히 통제하고, 누구도 자신의 뜻을 거스르지 않는 경우에만 독실한 민주주의자였다. 이승만은 일본과 미국이 만들어낸 인물이자 평생 경험한 배신과 위선, 투옥과 정치적 망명으로 변화되고 단련된 인물이었다. 이는 조국의 무참한 근대사가 야망에 찬 젊은 정치인에게 남긴 유산이었다. 김일성 역시 전혀 다른 방식으로 빚어지긴 했으나 똑같이 이러한 비극의 산물이었다.

젊은 시절 이승만은 형 집행을 가까스로 면한 정치범으로 하버드 대학에서 수학하고 프린스턴 대학에서 박사학위를 받았다. 그러나 그의 일생은 조국의 현실을 보여주듯 고난과 실망으로 가득했다. 망명자로서 느끼는 무력감은 강대국의 눈에 비친 주권을 상실한 무기력한 국가의 모습과 같았다. 그는 박사학위를 받고 잠시 고국에 들른 후 35년을 미국에서 보냈다. 최선의 상황은 아니었지만 전문적인 탄원자가 되어 한반도가 식민지 상태에서 벗어날 수 있도록 지속적으로 독립운동을 펼쳤다. 이승만은 열정적인 민족주의자였던 만큼 처세술에도 능한 야심가였다. 그가 마침내 권력을 쟁취할 수 있었던 것은 편집광적인 집념 덕분이기도 했다.

1945년에 태평양 전쟁이 끝났을 때 이승만은 30년 넘게 기다려온 야심을 펼칠 수 있는 발판을 마련했다. 바로 미국의 든든한 후원을 받은 것이다. 전후 한반도 문제를 다뤄야 했던 미국인에게는 아무런 대책이 없었다. 결국 이승만은 오랜 미국 생활과 로비 활동 덕분에 미국 일각에서 유일한 한국 지도자로 각인되었다. 더구나 중국 국민당과도 오랫동안 교류해온 덕분에 워싱턴에서 각별한 관계를 유지할 수 있었다. 미국은 중국에서와 마찬가지로 한국에서도 민족주의자인 동시에 기독교인으로서 서양의 종교와 정치적 기조를 따를 지도자를 물색하는 듯했다.

장제스의 지지는 워싱턴에 영향력을 미칠 수 있는 보증과도 같았다. 실제로 이승만은 좋든 나쁘든 장제스 숭배자뿐 아니라 그를 경멸하는 인사 모두에게 리틀 장제스로 알려졌다. 장제스와는 달리 이승만은 아주 독실한 기독교인이었다. 기독교가 국교가 아닌 국가에서 기독교인이 되었고 신앙 때문에 박해를 받기도 했다. 비록 아시아인이지만 이승만의 종교적 신념은 그를 지지하는 미국인들에게 큰 안도감을 주었다. 한국전쟁이 일어나기 몇 년 전, 한 미국 외교관이 훗날 아이젠하워 정부의 국무장관을 역임한 존 포스터 덜레스 앞에서 이승만과 장제스를 비판했다. 그러자 덜레스는 그에게 이렇게 답했다. "글쎄, 이걸 말해주고 싶네. 자네가 그들에 대해 어떤 말을 하더라도 그 두 사람은 근대 교회의 창립자 같은 인물이네. 자신의 신념 때문에 박해를 받은 기독교인이라네."[16]

이승만을 맥아더에게 추천한 사람이 바로 장제스였다. 마침내 이승만이 대통령직을 수행하려고 한국에 돌아갈 때는 맥아더의 비행기를 타고 갔는데 이 자체가 정치적인 의미를 담고 있었다. 미국은 자기가 원하는 인물을 선택한 듯했다. 아니 더 정확하게 말하자면 '미국의 남자'가 미국을 얻은 셈이었다. 미국에 우호적인 영국 고위급 외교관 로저 마킨스(Roger Makins)는 당시 세계 강대국으로서 마지못해 새로운 역할을 떠맡은 미국이 항상 자신을 편안하게 해줄 인물을 선호한다고 생각했다. 그리고 이를 단적으로 보여주는 예로 미국이 이승만을 선택한 사실을 지적했다. "미국은 늘 '자기 사람'이라고 여기며 이를 확인할 수 있는 외국 지도자와 상대하기를 좋아했다. 그리고 사회 운동세력을 달가워하지 않았다."[17] 그러나 실제로 한국에서 이승만을 대해야 했던 미국인 상당수는 미국이 가장 편안해한다는 이승만을 몹시 싫어했다. 특히 까다롭고 외교 수완이 부족한 남한 주둔 미군 지휘관 존 하지 장군은 이승만을 경멸했다. 전쟁사가 클레이 블레어(Clay Blair)가 기술한 바에 따르면 하지는 이승만을 "솔직하지 않고 정서적으로 불안하며 야비하고 부패하고 예측할 수 없는" 인물이라 여겼다.[18]

제 4 장
김일성과 스탈린의 후원

한편 한국을 오랫동안 주시해온 소련은 장래를 내다보고 김일성을 북한 지도자로 선택했다. 제2차 세계대전이 끝날 무렵 김일성은 스탈린의 지시를 받고 막강한 적군(赤軍)과 함께 점령군으로 평양에 입성했다. 따라서 김일성은 처음부터 냉혹한 소련 체제를 북한에 도입했으며 소련 고문관과 후원자들에게 둘러싸여 휘둘렸다. 김일성은 1950년 봄까지 약 5년 동안 권력을 유지했으며 그 가운데 적어도 2년은 남한을 공격하기 위해 소련을 압박하는 데 사용했다. 남침은 소련의 확실한 지지를 받았으며 김일성은 남조선 인민들이 남한 전역에서 동시다발적으로 봉기할 거라고 장담했다. 남한 내 20여 만 명의 공산주의자와 애국주의자들이 속칭 '미제의 주구'라고 불리던 이승만에게 대항할 거라고 자신했다. 그리고 남침을 허락해줄 수 있는 사람은 오직 한 사람, 스탈린뿐이었다.

공산 진영에서 한국전쟁을 주도한 세 사람 가운데 김일성은 정통성이 가장 약한 인물이었다. 스탈린은 러시아 혁명을 기획하지는 않았지만 적어도 혁명 초기부터 관여하여 무자비하게 혁명을 완수하고 더 막강한 권력을 장악했다. 그는 전후 거의 사반세기 동안 소련을 전체주의 사회로 이끌었다. 물론 히틀러의 의도를 오판하고 독일이 공격하기 몇 개월 전에는 적군(赤軍) 지휘부를 숙청하고 장교들을 말살하는 등 무모한 파괴 행각을 벌이긴 했다. 그러나 결국 히틀러의 독일군을 제압하여 승리했다. 어떠한 과오를 저질렀든 간에 스탈린은 러시아인들이 말하는 이른바 '위대한 애국전쟁'의 지도자가 되었다. 독일군에 패할 뻔했던 실수가 아이러니하게도 스탈린을 영웅으로 만들었고 그의 리더십과 신념에 대한 사회 통념이 뒤섞이면서 개인적인 영향력이 강화되었다. 전쟁 초기 소련의 연이은 패배에 대해 책임을 묻는 사람은 없었고 스탈린그라드에서 소련을 구하고 베를린에서 적군(赤軍)의 승리를 이끌어낸 것만 널리 알려졌다. 이로써 스탈린은 소련인들에게 위대한 지도자로 각인되어 제정 러시아 황제 차르의 현대적 화신으로 거듭났다. 좋든 싫든 간에 스탈린은 20세기 소련의 중요한 인물이었다.

오랜 억압과 투쟁 그리고 내전을 치른 끝에 1950년에 권력을 장악한 중국 혁명 정부의 지도자 마오쩌둥은 역사적인 관점에서 보면 더 위대한 인물이었는지 모른다. 그는 중국 혁명을 주도했으며 오랜 세월 동안 막강한 적과 힘겹게 싸웠고 마침내 장제스와 독군(督軍) 연합군을 물리쳤다. 마오쩌둥은 중국 내전에서 정치 및 군사 전략가로 정치와 전쟁이 혼재한 새로운 형태의 전쟁을 주도했다. 이러한 전쟁에서 군사 작전은 언제나 정치의 도구였다. 농경 사회에 마르크스주의를 적용한 그의 혁명 이론은 스탈린 이전에 일어난 러시아 혁명보다 20세기 후반에 국제적으로 더 큰 반향을 일으켰다. 1960년대에 스탈린이 소련과 동유럽 민중에게 저질렀던 범죄 행위가 밝혀지자 후진국과 서구 유럽의 젊고 똑똑한 이상주의 좌파들은 당황했다. 대표성도 거의 없으면서

야만적인 권력을 휘둘렀던 공산지도자에 대한 반감이 커졌던 것이다. 하지만 마오쩌둥은 중국 인민에게 분출한 그의 어두운 성격과 폭력성이 밝혀지기 전까지 오랫동안 훨씬 더 낭만적인 인물로 여겨져 혁명의 상징으로 인식되었다. 당시에 그는 부자 나라에 대항하는 가난한 나라의 지도자로 스탈린보다 더 많이 알려지고 더 많은 존경을 받았다.

모순적이지만 김일성은 제국주의 강대국 소련이 만들어낸 열렬한 민족주의자였다. 그는 일본의 식민 지배로 끓어오르던 민족주의의 열정으로 일제에 맞서기 위해 열성 공산주의자이자 게릴라 전사가 되었다. 그러나 한편으로는 소련의 정책을 충실히 따르는 앞잡이 노릇을 하기도 했다. 밖에서 볼 때 김일성은 소련의 지원을 받는 것 외에는 특별히 두각을 나타내지 못했다. 그러나 김일성은 자신이 진정한 민족주의의 화신이라고 생각했다. 확실히 시대가 그를 만든 셈이었다. 김일성 자신에게는 민족적 애국자이며 열성 공산주의자이자 소련의 앞잡이라는 상반된 모습이 전혀 모순되거나 문제되지 않았다.

일제의 식민 지배로 한반도에는 반역 행위가 빈번했다. 일제 치하에서도 직업이 보장되는 교육을 받은 상당수 중산층에는 일종의 숙명론이 형성되었다. 많은 특권층도 마지못해 일본과 화해했으며 이는 더 나아가 친일 행위로 발전하기도 했다. 그런데도 이 가운데 상당수는 해방 후 남한의 경제 및 군사 분야에서 영향력 있는 인물로 부상했다. 이와 달리 근본이 소작농인 대다수 한국인들은 일본을 증오했으며 일본을 받아들여야 할 경제적 이유도 없었기에 깊이 소외된 좌익에 끌렸다. 결국 일본의 식민지 정책에 한국인의 반감이 드셌기 때문에 일본의 통치는 유난히 가혹했다. 일본인은 한국인이 너무나 쉽게 정복됐기에 더욱 열등한 족속으로 취급했다.

식민지 정책과 민족적 우월성을 확신하는 일본은 한국의 독립 기반을 모두 파괴하기 시작했다. 일본이 원한 것은 한국어를 비롯해 한국 문화를 말살하는 것이었다. 곧 일본어가 한국의 공식 언어로 선포되었고 학교에서도 모든 교과목을 일본어로 가르쳐야 했다. 일본어 교과서를 '국어 독본'이라고 불렀으며 이름을 일본식으로 바꾸라고 강요했다. 이들에게 한국어는 한낱 방언에 지나지 않았다. 일본은 식민지를 개척하던 서구 제국주의 열강에게서 식민지 국민들이 무언가 가치 있는 일을 하게 하려면 억압하기만 하면 된다는 걸 배웠다. 그래서 역사, 언어, 종교와 같은 일상생활과 활동을 억압하면 쉽사리 목적을 달성할 수 있다고 생각했다. 일본의 식민 지배가 초래한 분열은 대다수 외국인들이 밖에서 느끼는 것보다 훨씬 더 심각했다. 한반도는 그저 땅덩이가 38선을 기준으로 나뉜 것이 아니었다. 분단 상황이 사회와 문화마저 분열시켰으며 남과 북 어느 쪽이든 모두 비통한 시대의 아픔을 겪어야만 했다. 이는 엄청난 내부 분열을 불러와 한국전쟁 동안에도 지속적으로 충돌했다. 한국전쟁은 단순히 국경을 넘어 북한이 남한을 침공한 도발 이상의 의미였다. 식민지배를 거치면서 십수 년 동안 쌓였던 내부 분열과 모순 그리고 오랜 정치 갈등이 터져 나온 위험한 상황이었다. 남북한은 거의 반세기 동안 쌓아왔던 대립과 갈등을 이제 전혀 다른 방식으로 해결하려 했다. 일본의 식민 통치는 너무나 가혹하여 민족주의자들은 식민지 조국에서 버틸 재간이 없었다. 당시 시대 상황에서 식민지 한국은 점차 일제에 협조할 수밖에 없었다. 그러지 않으면 탄압을 받았기 때문이다. 해외로 망명을 간 애국자들도 불미스러운 모습을 보이기는 마찬가지였다. 망명을 받아준 소련, 중국, 미국에서 활동하면서 이들 강대국의 영향을 상당히 많이 받은 탓이었다.

비참하리만큼 가난한 식민지 조국을 떠나 미국으로 건너간 이승만은 비렁뱅이 같은 망명 생활을 했다. 그러나 김일성은 전혀 다르게 성장했다. 어릴 때에는 가계가 궁핍하여 가족 모두가 어려운 시절을 보냈다. 어려서 망명한 탓에 유년 시절부터 정치색을 띠었으며 일제에 항거하여 투쟁하는 데 대부분의 세월을 보냈다. 조국 근대사에 대한 분노와 절망을 자신의 방식으로 표출한 셈이다.

김일성은 한반도가 일본 식민지로 전락하고 2년이 지난 1912년 4월 15일에 김성주라는 이름으로 평남 대동군 고평면 남리에서 태어났다. 근대 유럽에서 태어난 아이가 인생의 첫 32년을 나치 치하의 네덜란드나 프랑스에서 보냈다고 생각하면 김일성의 경직성과 분노를 잘 이해할 수 있을 것이다. 고조부모가 만경대라는 곳에 살았기 때문에 나중에는 이곳이 김일성 가족의 고향으로 알려졌다. 훗날 그는 고조부가 미국의 무장 상선 제너럴셔먼 호를 공격한 주동자 중 하나라고 주장했다. 1866년에 셔먼호는 실수로 대동강까지 거슬러 올라와 상륙했는데 당시 조선인들이 해안에 정박한 상선을 공격하여 낯선 이방인들을 무자비하게 학살했다. 이 일에 김일성 일가가 실제로 관여했는지 여부는 확실하지 않다. 그가 자신을 미화하는 데 각별한 관심과 정성을 쏟았으며 자서전도 창의력을 발휘해 날조했기 때문이다.

김일성의 아버지 김형직은 농민 계급 출신으로 중학교까지 다녔지만 졸업은 하지 못했다. 열다섯 살이 되자 학교장의 딸과 결혼하고 소학교 교사, 한의사, 묘지기 일을 하기도 했다. 당시 아내 강반석은 열일곱 살로 남편보다 두 살 위였다. 강반석의 가문은 비교적 교육을 많이 받아서 학교 선생과 목사도 있었다. 이에 비해 김형직은 신분이 낮고 자신의 명의로 된 토지도 겨우 2에이커밖에 없었기 때문에 강반석 집안에서는 두 사람의 결혼을 다소 떨떠름하게 여겼다. 김일성이 태어났을 때 부친은 겨우 열일곱 살이었으며 여전히 부모에게 얹혀살고 있었다. 김일성의 양가 모두 기독교 선교에 관여했지만 경력을 세탁하는 과정에서 모두 무신론자가 되었고, 부친은 장로교에서 미션 스쿨을 주선해주었기 때문에 어쩔 수 없이 교회에 간 것뿐이라고 주장했다. 김일성은 훗날 부친이 "신을 믿을 거라면 조선의 신을 믿어라."라고 일러주었다고 밝혔다. 이 말의 사실 여부는 알 수 없다. 그러나 여러 후진국에서 사람들이 선교사들에게 끌리는 이유는 그들이 더 나은 교육의 기회와 얼마간의 경제적 혜택을 제공했기 때문이었던 것으로 추정된다. 김일성 일가가 정치적이었다는 사실에는 의심의 여지가 없다. 그의 아버지와 삼촌은 독립운동을 하다가 각기 다른 시기에 투옥되었다. 1919년에 김일성이 일곱 살이 되자 가족들은 수천 명의 열성 민족주의자들처럼 일제 치하를 벗어나 북한의 접경 지역인 만주로 가는 행렬에 동참했다. 이들은 대규모 한인촌이 자리한 간도 지방에 정착했으며 어린 김일성은 중국 학교에 다니며 글과 말을 깨쳤다.

열한 살이 되자 부친은 김일성을 조선으로 돌려보냈다. 공개적으로 밝힌 적은 없지만 이것이 그가 조국과 모국어를 더 잘 이해할 수 있는 계기가 된 것만은 틀림없다. 조선에서는 잠시 외조모부와 함께 살았으며 그 후 다시 만주로 돌아가 민족주의자들이 설립한 군사학교에 다녔다. 하지만 그는 나중에 자신이 너무 급진적이어서 군사학교를 여섯 달 만에 그만두었다고 밝혔다. 그리고 이내 조선인이 많이 모여 있는 이주자의 고장인 길림으로 이사했는데 거기에는 일본 감시 요원들도 많았다. 어쨌든 혁명에 대한 열의가 무르익은 시기였다. 훗날 김일성은 당시 동지들과 혁명을 통해 경제적 모순과 냉혹한 현실을 먼저 끝장내야 하는지, 아니면 일본의 식민 지배를 먼저 종식시켜야 하는지 토론했다고 말했다. 또한 한반도에 먼저 혁명이 도래할 수 있는지, 아니면 공산주의 세력이 한반도 자체를 접수할 때까지 기다려야 하는지도 논의했다고 한다. 같은 세대의 젊은이들과 마찬가지로 시간이 흐르고 일본의 억압과 폭정이 절대 끝나지 않을 것처럼 보이자 그는 점점 더 과격해졌다. 그 무렵 부친이 세상을 떠나자 모친이 재봉틀을 돌리며 생계를 이어갔다. 김일성은 중국 중학교에 다녔으며 거기서 공산주의를 신봉하던 공산당원 상여우(尚友, 천보다) 선생을 만났다. 그는 김일성에게 관심을 보이며 언제든지 도서관을 이용할 수 있게 배려해주었다. (상여우는 급진적인 사상 때문에 이내 해임되었으나 중국의 주요 공산주의 역사가 중 한 명이 되었다.)

김일성은 서서히 좌익 사상에 물들어 이윽고 공산청년단의 창단 회원이 되었다. 1929년 가을 열일곱 살 때는 현지 만주 당국에 체포되어 투옥되기도 했다. 하지만 운이 좋아서 일본군으로 넘겨지지 않았다고 전기 작가 브래들리 마틴(Bradley Martin)이 기록했다. 그는 6개월 후에 석방되었으며 다음 해에 중국 공산당에 가입했다. 그때 그가 김일성이라는 가명을 사용했다는 얘기가 있다. 혹자는 그가 명망가이자 게릴라 전투로 이름난 인물의 이름을 따와서 마치 조선의 로빈 후드처럼 이미 만들어진 명성을 이용했다고 주장하기도 했다. 김일성을 미심쩍어하며 신원 조작을 비난하던 사람들은 그가 만주에서 했다는 게릴라 활동이 전부 거짓이라고 확신했다. 그러나 꼭 그렇지는 않았다. 그가 권력을 장악했을 당시 게릴라 지도자로서의 활약상은 과장한 부분이 있지만 1931년 무렵에 상당한 정도의 항일 투쟁을 벌인 것은 사실이다. 당시 그를 잡으려고 혈안이 되어 있던 일본군과 마주하고 게릴라 지도자로서 험난하고 위험한 삶을 산 것도 사실이다.

스무 살이 되자 김일성은 무장을 하고 일본군과 싸웠으며 1932년 봄에는 자신의 게릴라 부대를 만들었다. 김일성과 그를 따르는 무리들은 갑산부대를 창설하여 활동했다. 갑산은 만주의 갑산이라는 지명에서 따온 것으로 조국을 탈출한 공산주의자들이 정착한 곳이었다. 당시 일본은 승승장구하면서 동아시아 점령 의지를 불태웠고 만주까지 식민지를 확장한 후 일본식 명칭으로 이를 만주국이라고 불렀다. 김일성의 갑산부대는 일본과 싸웠던 많은 항일부대 가운데 하나였으며 조선인과 중국인으로 구성되었다. 일본과의 게릴라전은 10여 년 동안 계속되었지만 게릴라 부대가 이기는 경우는 드물었다. 일본군은 병력에서 앞섰고 무기도 훨씬 우수했기에 탄약 공급마저 제한된 게릴라 부대를 쉽게 제압했다. 게다가 일본군은 민사심리전까지 구사했다. 현지 주민은 게릴라에 관한 정보를 제공하면 상응하는 보상을 받았지만 협력하지 않으면 죽음을 감수해야 했다. 괴로운 선택이었다. 살기 위해 어쩔 수 없이 고발한 게릴라가 바로 자신의 동포이자 친구였기 때문이다.

1934~1940년까지 일본군은 증강된 부대를 더 많이 투입하여 야만적인 방식으로 현지 주민들을 협박했다. 그리고 마침내 게릴라를 압박하여 소련의 동부 지역까지 몰아갔다. 이 무렵 김일성의 부대는 중국의 양징위(楊靖宇) 장군이 지휘하는 동북항일연군에 합류했다. 게릴라 작전이 노력에 비해 그다지 성공적이지 못했기에 중국으로 이동하는 것은 더 힘들었다. 김일성의 부대원들은 대부분 한국인이었지만 초기에는 중국의 비호 아래 작전을 수행했다.

당연히 김일성의 지휘 능력이 중요했다. 그의 계급은 계속 올라갔다. 대대장을 거쳐 사단장까지 지냈지만, 3백 명이 넘는 병력을 이끌고 전투를 지휘해본 경험이 없었던 것으로 알려졌다. 그러나 이 과정에서 김일성은 명성을 얻었다. 공산 진영에서 그는 강인하고 신뢰가 가는 우수한 게릴라 지휘관으로 신망이 높았으며 당시 일본이 가장 붙잡고 싶어했던 조선인 게릴라 지도자였다. 1935년까지 일본군은 김일성의 목에 상금을 내걸었지만 그는 교묘하게 잘 피해 다녔다. 처음엔 중공군, 그리고 나중에는 소련군 상급 지휘관들이 그를 강인하고 실용적이며 이념적으로도 믿을 만하다고 인정했다. 특히 이념적인 신뢰는 간과할 수 없는 부분이었다. 중국 및 소련 상관들과 이념적으로 강력한 유대 관계를 맺고 있었지만 엄연히 민족이 다르니 의심의 눈길은 불가피했기 때문이다.

1940년에 양 장군이 일본군에게 잡혀서 처형되자 김일성은 잠시나마 일본군이 가장 경계하는 게릴라 지도자로 악명을 높였다. 목에 걸린 상금만 최고 20만 엔에 이르렀다. 드세진 일본군 탓에 김일성은 몸을 사려야만 했다.

1940년 무렵인 이 시기에 그는 드디어 소련군 예하로 들어가 군사교육을 받았다. 1942년에는 소련군에 입대하여 소련 동부 지역 보로실로프 근처 훈련소에 들어갔다. 그리고 이내 소련의 비밀 부대인 제88특별독립저격여단의 일원이 되었다. 당시 김일성의 임무는 소련 영토로 진격한(소련과 일본이 공식적으로 전쟁 상태는 아니었지만) 일본군을 정찰하는 것이었다. 그는 대위로 시작하여 나중에는 여단의 대대장이 되었다. 권위적인 소련군 안에서 수단과 방법을 가리지 않고 지휘관이 되었으며 사실상 소련 시민권자였다. 그의 부대 병력은 약 2백 명 정도였으며 조선인 계열도 있었지만 일부는 소련에서 자라 소련 사람이나 다름없었다. 정치 학습이 다른 군사전술학 못지않게 중요했던 만큼 부대원 모두는 매우 정치화되었으며 늘 정치적 교리가 군사 능력보다 우선이었다. 제2차 세계대전 기간에 김일성은 소련을 방문했음에 틀림없다. 소련은 김일성의 대대를 일본군과 전면적으로 싸우게 하지 않고 전쟁이 끝나갈 무렵 소련군이 동진할 때 여러 다른 역할로 활용할 속셈이었다.

그 당시 다른 한국인들처럼 김일성 역시 외세의 도움 없이는 일본으로부터 해방될 수 없다고 생각했다. 이제 소련군 장교 옷을 입게 된 김일성은 중국보다 소련을 더 든든한 후원자로 여겼다. 역사적으로도 소련보다 중국이 더 껄끄러운 관계였고 지리적으로도 모스크바가 베이징보다는 더 멀리 떨어져 있기 때문이었다. 게다가 1944년에 소련은 분명 승전국이 될 것 같았지만 마오 쩌둥의 혁명 세력은 여전히 중국 서북의 낙후 지역에만 머물러 있었다. 특히 저개발 국가에서 공산주의 지도자가 되려는 야심가에겐 소비에트 모델이 더 매력적이었다. 소련은 실제로 적을 축출하고 혁명을 완수했으며, 더구나 겉보기에는 낡은 국가를 성공적으로 현대화한 것 같았기 때문이다. 그래서 김일성은 근대 한국의 새로운 우국지사가 된 동시에 열성적이고 교조적인 소련 추종자가 되었다. 다른 사람이라면 조선의 민족주의와 소련의 권위주의 사이에서 커다란 모순을 느꼈을지 모르지만 그는 그렇지 않았다. 김일성은 위대한 공산주의의 교조적인 원리를 의심하지 않았으며 더 정확하게 말하자면 자신과 공산당의 대의명분을 맹신했다. 처음에는 소련에 좋은 것은 곧 자신과 조국 한반도에도 좋다는 생각이 지배적이었다.

제2차 세계대전이 급속히 종결되자 모두가 놀랐고 미국만큼이나 소련의 놀라움도 컸다. 그러나 한반도는 바로 38선에서 임시적으로 분할되었다. 북한 지역에 적군(赤軍)이 들어왔을 때 해방의 영예를 누린 것은 조선인도, 김일성이 이끈 제88저격사단도 아닌 소련군이었다. 적군(赤軍)의 조선인 계열은 몇 주 후에야 북한에 들어올 수 있었다. 처음에 김일성은 소련에 대한 의존도가 아주 높았다. 스탈린은 김일성의 리더십이 소련군보다 뛰어나지 않았기 때문에 그를 좋아했다. 그가 실제로 정치적인 역량과 지도력이 뛰어났다면 마음대로 다루기 어려웠을 테니 이것은 당연했다. 자신들의 요구를 충족시켜줄 수 있다면 다소 경력이 부족하더라도 영웅이라고 선전하고 신화 같은 역사로 미화시킨 다음 권좌에 앉히면 그만이었다.

소련이 김일성을 선택한 이유가 바로 이거였다. 그는 교조적인 지도력을 가질 필요가 없었으며, 상당 부분 그렇지도 않았다. 소련 공산당은 자신들의 위성 국가에 카리스마적인 인물을 앉힐 필요가 없었다. 스탈린이 유고슬로비아의 공산지도자 요시프 브로즈 티토(Josip Broz Tito)와 마오쩌둥을 우려했던 것은 이들 스스로 이룩한 성과물 때문이었다. 민족적인 색채가 강하고 지도력이 뛰어난 인물을 지원하는 것이 얼마나 위험한 일인지도 결국 입증되었다. 소련이 여러 해 동안 지켜본 결과 김일성에게 이념적인 문제는 없었다. 또한 소련이 실시한 모든 종류의 비밀시험을 통과하고 소련의 열성적인 신봉자가 되어 있었다. 소련이 서방과 자본주의 그리고 한반도에 대해 언급했던 내용은 그대로 김일성의 체험과 연결되면서 그의 신념과 생각을 형성했다. 그래서 스탈린 사망 후 오랫동안 분열에 분열을 거듭하여 공산 진영이 찢어지는 와중에도 김일성만 홀로 권력을 유지한 채 마지막까지 위대한 스탈린주의자로 남았다. 그는 완강하고 교조적이며 경직된 공산주의자로서 대부분 오류로 판명된 케케묵은 진리를 완전히 신봉했다. 그러나 그러한 진리는 적어도 북한에서만큼은 (오류가 있을지언정) 거짓이 아니었다. 김일성이 독재자의 권력과 통치로 이를 실현했기 때문이다. 결국 그는 세계에서 가장 엄격하게 통제된 전형적인 스탈린식 사회를 건설했다. 스탈린이 한반도에서 태어났고 동시대에 권력을 쟁취했다면 그 역시 김일성과 똑같은 방식으로 지배했을 것이다. 그리고 김일성처럼 죽음이 그를 갈라놓을 때까지 권력을 유지했을 것이다.

북한은 필연적으로 성인 전기 작가의 낙원이 되었으며 김일성은 현대의 전설이 되었다. 너무나 뻔뻔스럽게 미화시킨 그의 영웅담에 따르면 혼자서 극복하지 못한 장애물은 없었고, 물리치지 못한 일본군도 없었으며, 그와 필적할 만한 업적을 이룬 어떠한 게릴라 전사도 없었다. 한마디로 그의 도움이 없이는 태양마저도 뜨지 못할 정도였다. 북한에서도 혁명이 일어났지만 이는 인민들을 이용한 것에 불과했다. 북한에서 공산주의자들이 쟁취하여 누렸던 권력은 민중의 지지를 바탕으로 엄격하게 행사한 혁명적인 이념의 권력이 아니었다. 즉 중국이나 인도차이나처럼 식민지와 신식민지 질서에 대항했던 오랜 투쟁의 역사를 통해 얻은 게 아니었다. 이들의 권력은 태생적으로 적군(赤軍)의 권력이었고 모든 결정은 모스크바의 지원 아래 이루어졌다. 당연히 김일성은 후원자인 소련의 입맛에 맞게 움직였다. 그는 젊고 용감했으며 사상적으로 교육이 잘된 인물이었다. 다른 후원자는 없었으므로 노골적으로 말하자면 소련에만 가장 큰 빚을 진 셈이었다. 정치 경력이 없었기 때문에 망칠 것도 없었고 권력 기반도 전혀 없었다. 어떤 의미에서 그는 무(無)에서 창조되었기 때문에 소련이 원하는 대로 만들 수 있었을 것이다. 결국 그는 세계에서 유례없는 인물이 되었다. 어린 시절에 겪었던 잔혹한 일제의 식민 지배로 편집증과 고립감이 팽배했고 애국주의가 지나쳐 외세를 혐오하는 국수주의자가 되었다. 그래서 그가 사망했을 때에도 공산 진영을 비롯해 세계 모든 지도자들이 외면했다.

북한의 지도자로 더 적합해 보였던 인물들은 소련의 방식을 잘 몰랐으며 대부분 독립심이 지나쳐 끝내 제거되고 말았다. 소련은 오랫동안 마오쩌둥의 군대와 함께 싸웠던 인물들은 꺼리는 경향이 있었다. 그 활약상이 아무리 뛰어나더라도 중국과 너무 가깝다는 이유로 제거되었다. 또 다른 인물들은 크렘린과는 생각과 이상이 너무 달라 보였다. 소련이 판단하기에 독립심이 너무 강한 인물이었던 조선공산당의 거물 현준혁은 1945년 9월 말에 의문의 암살을 당했다. 암살자가 총을 쏠 당시 그는 트럭에 타고 있었고 옆자리에는 북한에서 대중적인 인기가 높았던 조만식이 앉아 있었다. 명망이 높던 북한의 정치인 한 명을 제거하고 다른 한 명에게도 경고를 한 셈이었다. 그런데 현준혁이 암살된 시기는 김일성이 적군(赤軍) 군복에 소령 계급장을 달고 사실상 처음으로 평양에 나타난 때였다.

김일성은 소련의 신임을 얻었다. 그러나 세련되지 못한 미숙한 정치인이었던 탓에 자신들을 이끌어줄 신망 두터운 지도자를 갈구하던 한국인들에게는 실망스러운 인물로 각인되었다. 한국인들은 해방 초기에 일본을 대신할 세력은 환영했는지 몰라도 또다시 외세에 의해 민족의 지도자가 좌지우지되는 것을 원하지는 않았다. 소련은 1945년 10월 초에 평양의 한 식당에서 열린 작은 만찬회에서 김일성을 처음으로 공개했다. 소련군 장성들은 김일성을 일본군과 용감하게 맞서 싸운 위대한 애국자라고 소개했다. 그러나 참석한 인사 가운데 한국의 간디라고 알려진 비폭력 민족주의자 조만식이 사람들에게 더 잘 알려져 있었다. 조만식은 자신의 취약점을 간파하고 또다시 외세가 득세하려는 정치 상황에 능숙하게 대처했다. 그는 소련에 화합하는 모습을 보여주기 위해 만찬장에 나타났다. 그의 임무는 김일성을 환영하는 것이었다. 대중적으로는 조만식이 더 많은 지지를 받고 있었지만 소련의 눈에는 그의 경력이 부담스러웠다. 조만식은 이념적으로도 북한의 새로운 점령자에게 신뢰를 주지 못했다. 소련은 그를 부르주아적 민족주의자로 분류했지만 올바른 구분은 아니었다. 결국 부르주아적 민족주의자란 모스크바에서 결정한 대로 따르지 않는다는 의미였다. 만약 조만식이 고분고분하게 따라주었다면 정치 거물로서 소련에도 쓸모 있는 존재가 되어 권력 기반을 마련할 수 있었을 것이다. 그러나 독립심 강한 정치인이었던 조만식에게는 기회가 찾아오지 않았다. 평양에서 북한 점령군 사령관이라고 알려진 스탈린의 심복 테렌티 스티코프 장군은 조만식이 반(反)소련, 반(反)스탈린 성향의 인물이라고 모스크바에 보고했다.[1]

10월 초에 열렸던 만찬회는 성공적이지 못했다. 북한 정치인들은 미숙하고 세련되지 못한 김일성의 자질에 실망했다. 10월 중순에는 더 중요한 대규모 집회가 평양 북부 지역에서 공개적으로 개최되었는데 거기에서도 김일성은 새로운 민족주의적 지도자를 열망하는 군중을 확실히 실망시켰다. 대중은 자신의 신념을 지키며 외세의 식민 지배에서 공식적으로 해방된 조국을 위해 열정을 쏟을 수 있는 훌륭한 지도자를 보고 싶어 했다. 그러나 그날 집회는 소련이 기획한 쇼에 불과했다. 김일성은 단조로운 어조로 소련이 적어준 원고를 그대로 읽어내려갔으며 군중이 들은 것이라고는 미숙하고 모호한 정치인이 내뱉는 '평범하고 맥없는 목소리'였다. 그날 연설을 지켜본 사람들은 그가 입고 나온 양복이 너무 작아 몸에 맞지 않은 데다 머리 모양은 마치 '중국인 웨이터' 같았다고 말하기도 했다. 그러나 군중을 정말 짜증나게 한 것은 스탈린과 소련에 대한 아첨이었다. 찬사와 칭송은 모두 위대한 적군(赤軍)의 몫이었다. 조국의 진정한 자유를 원했던 수많은 군중은 소련의 요구에 굴복하는 새로운 정치적 복종을 뜻하는 그의 연설에 실망했다. 더구나 "지나치게 단조로운 반복이 이어지자 싫증이 났다."[2] 나름대로 그날 있었던 행사의 진실을 보여주는 사진이 두 장 있는데 같은 장소에서 찍었는데도 전혀 다른 모습이었다. 첫 번째 사진은 불안해 보이는 젊은 김일성이 세 명의 소련군 장성들과 함께 있는 모습이다. 이에 반해 훗날 자신을 신격화하면서 정치적 독립성을 부각시키려고 각도를 약간 달리한 두 번째 사진에서는 세 명의 소련군 장성이 마술처럼 사라지고 보이지 않았다. 이미 조만식의 목숨이 얼마 남지 않은 상황이었다. 1946년에 그는 민족주의자에게 중요한 의미가 있는 소련의 여러 결정에 반대했기 때문에 아주 반동적인 인물로 찍혀 있었다. 그러자 스티코프 장군은 그를 숙청할 방안을 강구했고 스탈린의 허락을 받아냈다. 이내 그는 보호 감호라는 미명 아래 평양의 한 호텔에 감금되었으며 그 후로는 누구도 그를 볼 수 없었다.

마침내 김일성은 한반도 북쪽에서 권력을 잡았지만 세계무대는 물론 공산진영에서도 그리 대단하거나 위엄이 있는 인물은 아니었다. 소련의 도움 없이 거의 자력으로 권력을 장악한 마오쩌둥보다 정통성이 부족했으며, 프랑스의 식민 지배자들에게 무력으로 항거하여 베트남 민족주의의 화신이 된 인도차이나반도의 공산지도자 호치민(胡志明)에게도 못 미쳤다. 해방 후 10여 년이 지난 뒤에 브래들리 마틴은 김일성을 "마치 회사에 충성하는 직원처럼 후원자 소련을 위해 맡은 바 역할을 성실히 수행하며 아첨하고 지시를 잘 따랐다. 그럴수록 더 많은 권력과 자율권을 보장받을 수 있었기 때문이다."라고 기술했다.[3] 김일성은 현대 전체주의 국가를 통치하는 경찰력과 공포 정치 수단을 재빠르게 이해하고 사용했다. 스탈린처럼 분열을 일으켜 적을 공격하고 정복하는 방법을 알았으며, 겉으로 아무리 충성스럽게 보여도 진실로 신뢰할 만한 자는 아무도 없다는 스탈린의 위대한 진리를 일찌감치 깨우쳤다.

김일성은 일찍이 스탈린과 마오쩌둥처럼 개인 우상화의 필요성을 인식했으며 이 부분에서만큼은 그들에게 견줄 만한 라이벌이 되었다. 벌써 1948년에 출간된 자서전에서는 일본군에 대항한 조선의 게릴라 지도자 가운데 최고였다고 추앙했다. 그는 "민족의 위대한 영웅이며 인민의 태양"이었다. 일본 제국주의자들은 "3천만 명의 조선인 가운데 김일성 장군을 가장 혐오했다."라고도 덧붙였다.[4] 북한에 입성한 지 일 년도 채 안 돼서 다음과 같은 '김일성 장군 찬가'를 발표하기도 했다. "만주의 눈보라가/ 몰아치는 숲 속의 기나긴 밤/ 영원한 빨치산, 용감무쌍한 애국자 그는 누구인가/ 훌륭한 인민의 자애로운 민족 해방자/ 새로운 조선의 위대한 태양!"[5]

1950년 초에 그는 계획적으로 모든 권력 수단을 통제했다. 그렇지만 한반도의 반쪽만 통치해야 한다는 것이 늘 마음에 걸렸다. 그래서 소련군에서 훈련받고 소련제 장비를 갖춘 군대를 이끌고 수십만 명의 인민이 열렬히 기다리고 있는 남한을 공격하여 오랜 숙원을 풀 날이 오기만을 기다렸다. 분단된 두 개의 조선을 하나로 만들 작정이었다. 마침내 6월 25일에 남침에 성공했을 때는 자신의 계획이 순조롭게 이루어질 거라 생각했다. 초기에 너무 잘나갔기 때문에 김일성과 북한 고위 관리들은 중국 공산당 대표를 멸시에 가까운 무례로 대했다. 그러나 7월 5일에 스탈린은 유사시에 대비하여 중공군 9개 사단을 압록강 북쪽 인근으로 보낼 것을 중국에 제안했다. 중국은 이미 같은 계획을 구상 중이었으며 미군의 개입 여부에 관해서도 김일성만큼 확신하지는 않았다. 실제로 남침 며칠 전에 저우언라이(周恩來)는 가장 신뢰하는 심복 자이준위(Zhai Junwu)에게 북한과의 유대를 강화하라는 임무를 주고 평양에 급파했다. 자이준위는 7월 10일에 평양에 도착하자마자 김일성을 만나 "필요한 게 있다면 언제든지 나를 찾으라."라고 말했다. 김일성은 즉각 고위급 인사 한 명을 지정하여 자이준워에게 매일 브리핑을 했는데 알고 보면 자이준워를 헛바퀴 돌린 셈이었다. 브리핑은 현지 외신을 통해 얻을 수 있는 내용으로 쓸모없는 것뿐이었다. 고급 장교단을 보내 전황을 살펴보겠다는 중국 지휘부 일각의 요청도 거절했다. 이때까지도 김일성은 중국의 도움 따위는 필요 없다고 확신했다. 만사가 순조로웠다.

제 5 장
한국군의 전비태세

훈련을 제대로 받지 못한 한국군은 전비태세가 허술했다. 남한이 더 굳건하고 역동적인 사회였던 때도 있었다. 그러나 지난 몇 년간 정부 조직이 잘 갖춰지지 않아 사회는 어지러웠으며 군 조직도 예외는 아니었다. 군 수뇌부의 고급 장교들은 부패로 얼룩져 있었다. 한국군은 사기와 의지가 부족했으며 보유한 무기도 대부분 제2차 세계대전에서 쓰고 남은 낡은 것들이었다. 포병 화력은 전무했고 기갑 차량과 폭격기도 없다시피 했다. 이유인즉 워싱턴이 보기에 이승만이 원하는 목록대로 무기를 채워주면 다음 날 바로 군에 북진 명령을 내릴 게 뻔했기 때문이었다. 이런 분위기는 모든 것을 미국에 의존하는 데다 성미가 급하고 논쟁을 좋아하며 자존심 강한 이승만, 그리고 그가 후원자로 여기는 미국 간의 껄끄러운 관계를 보여주기에 충분했다. 맹신적인 반공주의자였던 이승만은 북한과 일전을 치르는 것 이상을 원했다. (아마 그가 생각한 최선의 방법은 미국을 끌어들여 전쟁을 벌이는 시나리오였을 것이다.) 그의 목표는 김일성과 똑같았다. 즉 어떻게든 통일을 이루어 자신이 통치하는 독립 반공 국가를 수립하는 것이었다. 일찍이 장제스를 지원하다 실패했던 미국으로서는 아시아에서 실책을 되풀이하는 셈이었다. 식민지 치하를 벗어난 새로운 시대에 미국의 지원 덕분에 권력을 장악한 아시아의 지도자는 다분히 미국에 의존적이었다. 동시에 미국에 대한 의존도가 커질수록 자신이 독립적이라는 사실을 보여주고 싶어 했기에 미국이 간섭한다는 생각이 들면 불쾌해했다.

위계적이고 권위적인 인민군이 1950년대 북한의 실상을 반영하듯 한국군역시 남한의 현실을 그대로 보여주었다. 당시 남한은 이승만의 통치 아래 식민 지배 및 봉건적 역사의 잔재와 씨름하는 종속적이고 무능한 반봉건 사회였다. 그리고 그런 이승만은 투철한 민주주의자를 자처하지만 실제로는 과격한 권위주의 지도자였다. 물론 한반도에도 근대화가 시작되었다. 초기에는 남한보다 북한에서 더 빠르게 진행되었지만 속이 비어 공허하고 혼이 깃들어 있지 않았다. 북한은 위에서 아래로 내려오는 상의하달식 구조로 대중에게 부담을 주었으며 정치, 경제, 안보가 소련의 영향력 아래 공산화되는 과정이었다. 남한의 근대화 과정은 더 복잡하고 험난했다. 사실상 어떤 면에서는 전쟁이 남한의 사회 구조와 정체성을 확립하는 데 일조하기도 했다. 50년 후 남한은 눈부신 경제 성장으로 산업은 활기를 찾고 사회는 더 민주화된다. 반면 놀랍게도 북한은 전쟁을 일으키기 전 모습 그대로 무미건조하고 권위주의적인 공산사회를 유지했다.

1950년 6월 당시 한국군은 자신을 지키기에도 역부족이었다. 말이 군대지 글도 제대로 못 읽고 거리에서 배회하는 젊은이들을 끌어다 모아놓은 오합지졸에 불과했다. 대다수는 훈련도 전혀 받지 않은 채 전장으로 내몰렸다. 전쟁 첫해에는 탈영 사건이 수도 없이 발생했는데 전쟁이 일어나자 엄청난 수의 한국군이 순식간에 사라져버렸다. 아마 일부는 사고사를 당하거나 실종된 것일 테지만 때로는 몇 주나 몇 달 뒤에 무기도 없이 다시 나타나기도 했다. 장교단은 그나마 용맹스러운 젊은이들로 구성되었다. 그러나 클레이 블레어는 이 또한 "사리사욕을 채우기 위해 권력을 남용하는 부패한 기회주의자들의 안식처가 되었다. 절도, 협박, 뇌물수수 같은 범죄 행위가 다반사였다."라고 기록하고 있다.[1] 한국군은 남한 사회와 더불어 아무런 대책도 없이 6월의 그날을 향하고 있었다.

그러나 1950년 6월에 한국군 책임자 가운데 그 누구도 비참한 현실을 언급하지 않았다. 너무나 조용했다. 특히 군사 고문단에 속한 미국 군사 고문과 고급 장교들이 한국군의 실상에 대해 더더욱 스스로를 기만했다. (군사 고문단의 공식 약어인 KMAG는 우스개로 Kiss My Ass Goodbye의 약어라고 통하기도 했다.) 놀랍게도 10여 년 뒤 베트남에서도 이러한 자기기만이 되풀이되었다. 현지 상황을 잘 알고 있는 수많은 미군 고급 장교들은 공공연하게 베트남군이 아시아의 최고라고 설명했다. 한국과 베트남에서 미군은 진실을 밝히기를 꺼려했는데 실상을 밝히면 훈련 상태가 열악하고 전투력 수준이 한심한 군대의 군사 고문이었다는 경력이 드러나 진급에 불리했기 때문이다.

하지만 전쟁이 일어나기 바로 몇 주 전에 KMAG 단장 임기를 마친 윌리엄 린 로버츠(William Lynn Roberts) 장군만은 드문 예외였다. 그는 1949년 5월에 합참의장 찰스 볼테(Charles Bolte) 중장에게 한국군의 처참한 실상을 그대로 담은 2,300 단어 분량의 보고서를 올렸다. 그러나 당시 미국은 예산 문제로 남한에서 전투부대를 철수시키고 있었기 때문에 전혀 다른 반응을 보였다. 볼테 장군은 1949년 6월 상원 군사위원회에서 한국군은 위기를 넘겼으며 병력과 전투력은 인민군보다 우세하다고 증언했다. 나아가 그는 미군이 안전하게 철수할 수 있는 단계라고 덧붙였다. 하지만 정작 한국군과 함께 훈련하고 있는 미군 중에는 그렇게 생각하는 사람이 아무도 없었다. 1950년 6월에 로버츠 장군은 미국으로 돌아가 국방부의 새로운 직책을 맡았으며 한국군의 우수성을 계획적으로 홍보하는 업무를 담당했다. 그러나 KMAG에 있던 그의 부하들은 그게 사실이 아니라는 걸 너무 잘 알았다. 남침 10일 전인 1950년 6월 15일 국방부에 보고된 KMAG 보고서에 따르면 한국군은 가까스로 군의 모습을 유지하고 있는 열악한 상황이었다. 장비와 무기 대부분은 쓸모가 없었고 방어 능력도 기껏해야 보름 정도 버틸 수 있는 수준이었다. 로버츠 장군의 애초 보고서는 "한국은 중국 내전과 동일한 재난 위협을 받고 있다."라고 결론을 내렸다.[2] 한편 군 내부의 비공식 정보망 때문에 심각한 상황을 기밀로만 유지하기가 어려웠고, 프랭크 키팅(Frank Keating) 소장은 기밀 누설로 국방부로부터 문책을 받아 보직 해임되어 결국에는 전역했다.

로버츠 장군은 특히 백 대가 넘는 소련제 전투기를 보유한 북한의 공군력을 염려했다. 그러나 뜻밖에 전차부대 지휘관을 역임했지만 북한의 전차와 장갑차부대는 그다지 걱정하지 않았다. 한반도 지형이 전차전에 적합하지 않기 때문이었다. 맞는 말이었다. 한반도는 분명 전차전을 펼치기 쉽지 않은 지형이었다. 전차 생산력과 전차전 수행 면에서 미국이 우위였기 때문에 전쟁이 발발하더라도 결정적인 문제가 되지는 않을 것 같았다. 그러나 뒤이어 발발한 한국전쟁에서는 그런 예상이 완전히 빗나갔다. 전쟁이 시작되고 몇 주 만에 인민군 전차는 공군력보다 훨씬 더 결정적인 무기로 판명 났다. 특히 전차도 없이 구식 바주카포를 쓰다 무기력하게 무너진 한국군에게는 막강한 무기였다. 보병이 아무리 노련하다 해도 대적할 전차나 적합한 대전차 무기도 없이 적군의 전차와 맞서 싸운다는 것은 적에 대한 공포만 유발할 뿐이었다. 전쟁 초기에 한국군 사이에 공황 상태가 확산된 이유도 이런 분위기 탓이었다. 전차 자체의 문제가 아니었던 것이다. 클레이 블레어는 이를 두고 "벌지 전투에서 독일 전차가 대전차 능력이 없는 보병 부대에 일으켰던 공포심을 직접 체험한 로버츠 같은 노련한 기갑 출신 장군이 북한 인민군 전차부대의 전력을 간과했다는 것이 이해하기 어렵다."라고 썼다.[3]

　T-34 전차는 이오시프 스탈린 III로 교체되고 있는 중이라서 소련 군수산업에서 더 이상 최신 기종이 아니었지만 성능이 뛰어난 무기였다. 인민군은 이를 150대나 보유하고 있었다. 전쟁 초기에 모습을 드러낸 T-34는 전투에서 그 위력을 제대로 과시했다. 약 10년 전에도 T-34는 모스크바에서 나치를 막아내는 데 중요한 역할을 한 바 있다. 1939년에 독일 전차군단을 지휘하며 네덜란드를 휩쓸었던 하인즈 구데리안(Heinz Guderian) 장군은 T-34를 "세계 최고의 전차"라고 칭하며 찬사를 아끼지 않았다. 1942년에 T-34가 처음 모습을 드러냄으로써 소련군은 마침내 독일과 대등한 전력을 갖추기 시작했다. 실루엣이 낮게 드리워져 적 포탄을 편향시키는 효과가 있었으며 내구성이 강하고 최대 속력도 시속 50킬로미터 정도로 빨랐다. 접지면도 유난히 넓은 편이어서 진흙과 빙판길에서도 제 기능을 발휘했으며, 연료 탱크 용량은 100갤런이나 되어서 재급유를 하지 않고도 240킬로미터까지 갈 수 있었다. 중량은 32톤이었으며 85mm 대포와 7.63mm 기관총 2정이 장착되었고 외관은 장갑으로 둘러싸였다. 이에 비해 한국군과 미군 군사 고문단에는 제2차 세계대전에서도 별로 효력을 발휘하지 못했던 구식 2.36인치 바주카포만 있었다. 미군의 무기 체계의 성능과 효율성에 의문을 제기하며 종전 후 이를 연구했던 짐 가빈(Jim Gavin) 준장은 독일제 로켓탄 발사기가 훨씬 더 우수했다고 밝혔다. 5년이 지난 한국전쟁에서 2.36인치 바주카포로 쏜 포탄이 인민군 전차 철갑에 튕겨 나왔을 뿐 아니라 불발되기도 했으므로 가빈의 연구가 명백히 입증된 셈이다. 따라서 초기 전투에서 T-34 전차가 한국군의 저항을 모두 제압한 것은 너무 당연한 일이었다. 뜻밖에도 그 무렵 미군은 2.36인치를 개량한 3.5인치 바주카포를 새로 개발했다. 그리고 1950년 6월 10일에 포탄을 생산

하기 시작했다. 7월 12일에는 한국전쟁에도 신형 바주카포를 도입하고 사용법 교육을 위해 교관들을 파견하기도 했다. 이때부터 비로소 인민군 전차의 막강한 위력에 맞설 수 있었다.

실제 국가 안보를 위해 무엇을 해야 할지도 모른 채 우물쭈물하던 한국군의 광활한 방어선 중 가장 취약한 곳마저 인민군의 공격 대상이 되었다. 그리 놀랄 일은 아니지만 열렬한 공산주의자의 맹습에 한국군은 겨우 버티기만 하다가 결국 순식간에 무너져 내렸다. 인민군은 남침 이틀 만인 6월 27일에 38선에서 90킬로미터 정도 떨어진 서울을 함락했으며, 한국군은 퇴각하면서 한강 교량을 가까스로 폭파하여 잠시나마 숨 쉴 공간을 확보했다.

제3부

―

미국의 참전

The Coldest Winter

제 6 장

워싱턴의 참전 결정

북한의 남침 소식은 현지 시각으로 토요일 저녁 늦게 워싱턴에 전해졌다. 당시 미국 정부는 하루 18시간씩 일주일 내내 가동되고 있지 않았기 때문에 모두 주말을 보내느라 자리에 없었다. 기차 여행을 너무 좋아한 트루먼 대통령은 토요일에 볼티모어 프렌드십 공항 개소식(開所式)에 참석한 후 고향인 미주리 주의 인디펜던스로 날아갔다. 딘 애치슨 국무장관은 메릴랜드 주에 있는 농장에 머물고 있었으며 다른 주요 인사들도 대부분 평범한 주말을 보내고 있었다. 애치슨은 부하 직원에게서 북한의 침공 소식을 듣고 면밀하게 살펴본 후 트루먼에게 보고했다. ("대통령 각하, 중대한 소식입니다. 북한이 남한을 공격했습니다.") 트루먼은 즉시 워싱턴으로 돌아가려 했지만 그때까지 밝혀진 정보가 충분치 않아서 애치슨이 이를 만류했다. 야간에 워싱턴까지 비행기로 이동하면 위기의식을 조장하여 다른 나라에 불안감을 줄 수 있다고 생각했던 것이다. 하지만 실제 상황이라는 것만큼은 강조했다.

그 후 36시간 동안 간헐적으로 한국 소식이 워싱턴에 전해졌다. 상황이 심 상치 않다는 신호는 존 포스트 덜레스와 존 앨리슨이 맨 먼저 보내왔다. 일요 일 아침 도쿄에서 타전한 것으로, 남한이 북한의 공격을 막아낼 수 없다면 미 국이 개입해야 한다는 내용이었다. "남한이 까닭 모를 무장 공격으로 격멸되 는 동안 가만히 보고만 있으면 세계대전으로 확산되는 재난의 시작이 될 겁 니다."[1] 덜레스의 이름으로 온 전언은 정치적인 요소도 항상 염두에 둬야 한 다는 사실을 일깨웠다. 그러나 트루먼은 이런 문제만큼은 어떠한 정치적 부담 도 신경 쓰지 않고 거의 본능적으로 대응하는 것 같았다.

트루먼은 공격 소식을 듣고 워싱턴으로 돌아갈 준비를 했지만 계획했던 일 정이 바뀌지 않도록 신중을 기했다. 애초 예정대로 일요일 아침에는 동생 비 비안의 농장을 방문했다. 그런 다음 오후에 비행기를 타고 워싱턴에 돌아와서 고위급 군부 및 민간 참모진들과 마라톤 회의를 시작했다. 우선 남한에 있는 미국인들을 보호하기 위해 공군과 해군을 지원하기로 결정했다. 그리고 북한 이 빠르게 진격하면서 한국군이 허물어지자 주말 무렵에는 결국 지상군을 투 입하는 중대한 결정을 내렸다.

1950년 6월 25일 오후에 워싱턴으로 돌아온 트루먼은 자신감이 넘쳤다. 그는 더 이상 프랭클린 루스벨트 대통령의 그늘에 있지 않았다. 대통령 선거 라는 최대 격전을 치르면서 국민의 검증을 받았고 뜻밖에 대승을 거두었다. 점차 자신의 결정력에 자신감을 찾았으며 조지 마셜(George C. Marshall), 딘 애 치슨, 오마 브래들리(Omar Bradley), 에버렐 해리먼 등의 측근 관료들을 신뢰 했다. 이들은 유럽에서 대통령을 위해 잔일을 도맡아 했지만 이내 권한을 대 폭 위임받아 중재자로서 역량을 발휘했다. 이들 가운데 애치슨 국무장관과 트 루먼의 관계는 현대 정치사에서 보기 드물게 각별했다. 트루먼은 자신감 있게 대통령직을 수행했다. 과거에 대한 부담을 떨쳐버렸으며 권력 내부에서도 더 이상 전임 루스벨트 대통령과 비교하며 염려하는 목소리가 없었다. 그는 무엇을 하든 과거에 연연하지 않았다.

어떤 의미에서 보면 트루먼의 비행기가 착륙하기도 전에 이미 한국에 관한 중요한 결정이 내려진 셈이었다. 고위 관료들은 트루먼이 무엇을 결정해야 하는지를 잘 알았다. 국가안보회의 고위급 참모들은 북한의 남침은 한 나라가 다른 나라를 침공한 것으로 유엔 헌장을 명백하게 위반한 것이라 해석했다. 만약 지구 반대편에 있는 공산주의 지도자가 워싱턴이 이를 중국 내전과 동일하게 여길 거라고 판단했다면 크게 실수한 것이었다. 제2차 세계대전을 거치면서 형성된 국가 안보관을 지닌 이들에게 북한의 공격은 민주주의를 위협하는 도발로, 세계대전의 악몽을 일깨웠다. 한국전쟁 동안 양 진영이 범한 많은 착오 가운데 공산 진영에서 범한 가장 어처구니없는 판단이 있다. 바로 미국을 위시한 서구 민주주의 진영이 북한의 남침을 어떻게 대응하는지에 대한 판단이었다. 트루먼은 훗날 워싱턴으로 돌아가는 비행기 안에서 에티오피아에서 무솔리니를 저지하고 만주에서 일본을 저지하는 데 어떻게 실패했는지, 프랑스와 영국은 오스트리아와 체코슬로바키아에 대한 히틀러의 진격을 어떻게 차단할 수 있었는지를 생각했다고 회상했다. 아울러 소련이 유일하게 이해하는 단어는 '무력'이라고 여긴 탓에 소련이 북한의 남침을 사주했거나 명령했을 수도 있다고 생각했다. 트루먼은 "이러한 인식을 토대로 그들을 대해야 한다."라고 기록했다.[2] 문제는 미국이 한국을 얼마나 중요하게 여기는지가 아니라 공산주의의 도발에 어떻게 대처할 것인지에 관한 거였다. 북한의 공격으로 미국의 위상은 위기에 처했다. 남침 소식을 접했을 때 애치슨은 위상이란 "힘에 의해 드리워진 그림자로 전쟁을 억제하는 데 매우 중요하다."라고 말했다.[3]

트루먼은 이미 강경 노선으로 마음을 굳혔다. 제2차 세계대전이 끝난 후에도 상대방에게 위협적이고 염려스러운 존재였던 소련과 미국이 5년 동안 줄곧 대결하는 형편이라 세계정세는 순탄치 않았다. 두 강대국은 상대방을 불구대천지 원수처럼 여기는 경제체제를 유지하며 상호 배제하는 고립주의 정책을 고수했다. 상대방을 종말론적인 파괴를 일삼는 무자비한 침략자로 간주했기에 원자력 시대에 주어진 새로운 역할을 염려했다. 둘 다 불안감을 안고 있었는데 사실상 편집증적인 망상이었다. 거만하고 열정적인 트루먼은 유럽에서 연합군이 승리를 거둔 뒤 1945년 7월 말에 독일 포츠담에서 열린 첫 번째 회담에서 스탈린의 부정적인 면만 보고 그를 과소평가했다. 물론 스탈린의 정치력과 감각을 다소 이해하기는 했다. [트루먼은 회담 직후 자신을 정계에 입문시켰던 캔자스 주 출신 유력 정치인을 언급하며 "스탈린은 톰 펜더개스트(Tom Pendergast)와 같은 부류의 인물"이라고 말했다.]⁴ 그러나 스탈린을 다룰 수 있다는 트루먼의 생각은 착각이었다. 그는 훗날 "나는 그 작은 개새끼를 좋아했다."라고 말한 바 있다.⁵ 포츠담회담에서 트루먼은 미국 중서부 스타일처럼 카드 패를 테이블 위에 다 올려놓는 것 같은 솔직한 분위기를 바랐다. 전쟁이 끝난 상황이라면 균형 있는 화해를 이끌어낼 수 있는 바람직한 태도이겠지만 전시 상황의 민감한 분위기에서는 기대하기 어려운 것이었다. 자신의 카드를 절대로 테이블 위에 내보이지 않는 스탈린이 세계에서 가장 강력한 자본주의 국가의 대통령과 처음 대면하는 자리였으니 트루먼이 바라던 분위기가 형성되기는 어려웠다. (물론 트루먼도 자신이 생각했던 것만큼 솔직하지는 않았다. 특히 포츠담에 머무는 동안 첫 번째 핵실험이 성공적이었다는 보고를 받았지만 이를 언급하지 않았다. 물론 스탈린은 소련 첩보원을 통해 이 사실을 자세하게 알고 있었지만 말이다.)

스탈린은 소련의 새로운 차르처럼 인민의 독재자로서 구시대적인 망상에 사로잡혀 서방세계를 다루었다. 그에게 전후 동맹은 안중에도 없었으며 이에 대한 신념도 전혀 없었다. 1950년에 스탈린에게 다소 호의적이었던 트루먼의 태도는 이미 사라진 지 오래였다. 스탈린 역시 일찍이 과감하게 포츠담회담에 응했던 트루먼을 '순진한 이상주의자'라고 여겼지만 이제는 퉁명스럽고 의심 많은 대통령이라고 생각을 바꿨다.[6] 둘 다 상대에 대한 인식이 나쁜 쪽으로 바 뀐 셈이었다. 포츠담회담 후 스탈린 역시 미국의 여느 보수 정치인처럼 새 미 국 대통령을 걱정스러울 정도로 과소평가했다. 그는 당시 소련 관료정치의 떠 오르는 별이었던 니키타 흐루쇼프(Nikita S. Khrushchev)에게 트루먼을 쓸모없 는 존재라고 말했다.[7] 종전 후에 강대국 간에는 마치 체스 게임과 같은 신경전 이 이어졌다. 이는 영국, 프랑스, 독일, 일본의 충돌과 이들 제국의 붕괴로 세 계 권력에 공백이 생긴 결과였다. 북한이 도발할 당시 최고조에 달했던 냉전 체제는 10여 년 후 쿠바 미사일 위기 때 직면했던 두 강대국의 핵전쟁 위기로 이어졌다. 북한의 6월 25일 남침은 처칠이 철의 장막 연설을 한 지 4년 후, 그 리고 소련의 베를린 봉쇄와 이에 대한 미국의 대응이 있은 지 2년 후에 일어 났다. 1950년까지 서구 동맹국들은 마셜 플랜에 따라 경제성장을 이루었고 이윽고 북대서양조약기구(NATO)를 창설했다. 미국은 NATO를 아직 전쟁의 폐허에서 벗어나지 못한 불안정한 유럽 국가들을 강화하는 방법이라 여겼다. 그러나 공산 진영에서는 적대국들이 핵무기로 무장하여 거대한 장벽을 만들 려는 시도라고 해석했다.

6월 25일에 트루먼 정부의 고위급 인사들은 한반도의 절반이 다른 절반을 공격한 의도가 무엇인지를 알아내려고 모였다. 그들은 근본적으로는 어둠 속 을 엿보고 있었다고 할 수 있다. 그 당시에는 모스크바의 전화번호부까지 비 밀문서로 취급할 정도로 소련에 관한 모든 것이 극비 사항이라 구름 속에 덮 여 있는 것 같았다. 이때 워싱턴에서 대통령 주변에 모였던 참모들은 모스크 바가 직접 개입하여 북한의 공격을 명령하고 소련의 대리자인 북한이 이에 따른 것이라고 판단했다. 하지만 이는 사실이 아닌 것으로 판명되었다. 수년 뒤에 모스크바가 공개한 문서에 의하면 군대를 이끌고 공격을 감행했던 것은 과신에 찬 젊은 김일성이었으며 너무 신중했던 스탈린은 마지못해 동조한 것이라고 밝혀졌다. 그러나 당시 트루먼 행정부의 소련 전문가들은 소련의 위성국에 불과한 북한이 크렘린에서 시키는 대로 한다고 생각했다. 사실 북한의 남침에서 스탈린은 부추겼다기보다는 조정자 역할을 했다고 보는 것이 정확할 것이다. 워싱턴이 염려했던 첫 번째 의문은 북한의 공격이 단순히 상대를 떠보려는 양동작전(陽動作戰)으로 소련의 본격적인 공격 계획의 전초전이 아닐까 하는 것이었다. 그렇다면 문제는 스탈린의 다음 계획은 무엇인가 하는 거였다. 스탈린이 유럽이나 중동의 목표물을 몰래 지켜보고 있는 것은 아닐까? 애치슨은 소련의 지원을 받은 중국이 대만의 장제스를 공격하려는 기만술이거나, 장제스의 도발에 대한 중국 공산군의 반격이 아닐까 생각했다.

그런가 하면 트루먼은 다음 공격은 이란에서 일어날지 모른다고 생각했다. 다른 참모들의 생각에는 동의하지 않던 더글러스 맥아더도 그렇게 추측했다. 6월 26일에 트루먼은 최측근 참모들과 함께 모인 자리에서 지구본을 중동 쪽으로 돌려 이란을 가리켰다. "우리가 주의를 기울이지 않으면 그들은 여기서 분쟁을 일으키겠죠. 한국은 극동의 그리스라고 할 수 있습니다. 삼 년 전에 그리스에서 했던 것처럼 지금 강력하게 대처해서 과감하게 맞서 싸우면 이들이 다음 단계로 나아가지 못할 겁니다. 하지만 단지 준비나 하면서 방관한다면 이란으로 진격하여 중동 전체를 장악할 거예요. 지금 우리가 전장에 뛰어들지 않는다면 그들이 앞으로 무엇을 할지 말해봐야 소용없을 겁니다."[8]

6월 25일 이른 저녁 무렵 트루먼이 워싱턴에 돌아왔을 때 공항에는 애치슨 국무장관, 루이스 존슨(Louis Johnson) 국방장관, 제임스 웨브(James Webb) 국무차관이 나와 있었다. 네 사람은 리무진에 함께 타고 대책을 논의했다. "맹세코, 이들을 그냥 놔두지 않을 겁니다."라고 트루먼이 말했다.[9] 존슨 국방장관은 재빨리 트루먼과 같은 생각이라고 맞장구쳤다. 웨브 차관은 대통령이 국민들의 지지를 끌어낼 수 있도록 살펴야 한다고 말했다. 그는 아직 완전하지는 않았지만 한국에서 전해온 좋지 않은 상황 보고에 일찌감치 다각적인 대응 방안을 마련해둔 상태였다. 맥아더에게 남한에 필요한 무기를 지원하도록 지시하고, 미 공군과 해군을 투입해 남한 내 미국인들의 철수 과정을 보호하고, 남한의 항구를 봉쇄하여 철수 중간에 북한의 공격을 받지 않도록 해야 한다고 제안했다. 아울러 대통령의 향후 결정에 따라 합참의장이 인민군을 저지하는 데 군사적으로 필요한 방안을 수립하여 제출해야 한다고 밝혔다. 그리고 중국 공산당의 대만 공격을 차단하기 위해 미 제7함대를 대만해협으로 이동시키려 했다. (또한 중국 본토의 새 정부를 도발하려는 대만의 모든 행동도 중지시켜야 한다고 했다.) 한편 미국이 군사원조 프로그램을 실시하여 인도차이나의 프랑스를 지원하고 미얀마와 태국에도 군사 지원을 해야 한다고 생각했다. 리무진이 당시 대통령이 머물렀던 블레어 하우스(백악관 근처 대통령의 영빈관-옮긴이)에 도착했을 때 트루먼과 단둘이 남은 웨브 차관은 또 다른 방안을 제안했다. 워싱턴이 북한의 침략 행위를 유엔에 상정할 것이므로 대만과 한국 문제를 분리해서 결정해야 한다는 내용이었다.

그날 대응책의 윤곽이 드러나지 않으면 흐지부지해지기 십상이었다. 이는 비단 한국 문제에만 국한되는 것이 아니었다. 제2차 세계대전 직후 몇 년 동안 워싱턴의 정책수립자는 직면한 중요 문제 두 가지를 염두에 두고 전쟁으로 인한 구질서의 해체와 대혼란을 다루어야 했기 때문이다. 우선 가장 명확하고 시급했던 것은 유럽에서 소련의 확장을 제한하는 문제였다. 원대한 전략과 비전으로 대처했지만 불행히도 부분적으로는 동시대의 다른 중요한 문제들을 소홀히 하는 대가를 치른 셈이었다. 권력의 관점에서 식민지 시대의 종말을 맞이하여 동맹국들을 어떻게 지원하고 대처해야 하는가는 시급하지 않은 주변 문제로 치부되었다. 동맹국들은 식민지 국가들로부터 군사 및 정치적으로 도전을 받고 있었다. 워싱턴은 때로 공산주의라는 보호막으로 위장한 저개발 국가들의 민족주의를 제대로 이해하지 못하고 소홀히 했다. 실제로 전혀 다른 성격의 위협을 가하는 두 가지 형태의 공산주의가 있었다. 하나는 적군(赤軍)으로 동유럽을 휩쓸었던 강경 소련 공산주의였고, 또 하나는 제3세계에서 반식민지 세력들이 선언한 공산주의였다. 이들은 워싱턴에서 지원을 거절하자 (인도차이나처럼) 모스크바로 돌아서기도 했다. 인도차이나의 경우는 순전히 식민지 분쟁이었지만 북한의 공격은 어떻게 설명하든 구시대적인 국경 도발이 분명했다.

그날 밤에 고위급 군사 및 민간 관료들은 블레어 하우스에서 만찬을 나눴다. 저녁식사 후에는 북한의 남침 문제를 거론했다. 이미 일부분은 명확해졌다. 북한이 얼마나 남하했는지는 아무도 몰랐지만 명백하고 중대한 침략 행위라는 건 분명했다. 한국군은 제대로 대응도 하지 못하고 있어서 자신을 지켜낼 수 없는 처지였다. 식사 후에 합참의장 오마 브래들리가 처음으로 입을 열었다. 이미 일 년 전에 그는 한국은 전투를 치르기에 너무나 열악하고 전략적인 가치도 없는 지역이므로 전투부대를 철수하자고 주장했다. 그러나 이제는 공산주의에 대항하는 의지를 분명하게 보여줘야 한다며 그 장소로 지금 한국이 가장 적합하다고 말했다. 하룻밤 사이에 평가가 달라진 셈이었다. 트루먼은 중간에 끼어들어 전적으로 찬성한다고 말했다. 그 순간 주사위는 던져졌다. 브래들리 장군은 적어도 소련이 개입하지 못할 정도의 공격 규모는 되어야 한다고 덧붙였다. 그다음엔 해군 참모총장 포레스트 셔먼(Forrest Sherman) 제독과 공군 참모총장 호이트 반덴버그(Hoyt Vandenberg) 장군이 입을 열었다. 둘 다 막강한 미국의 해군과 공군력에 대한 자부심과 자신감을 내비치며 낙관적인 전망을 피력했다. 인민군의 전력은 안중에도 없이 공군과 해군만으로 북한을 물리칠 수 있다고 장담했다. 그러나 육군 참모총장 조 콜린스(Joe Collins)는 자신이 수집한 정보에 의거해 지상군도 필요할 거라고 밝혔다. 지상군 투입은 전혀 다른 상황으로, 중대한 문제였다. 결국 브래들리와 콜린스 그리고 육군장관 프랭크 페이스(Frank Pace)는 미국이 당장 달려가기로 결정한 것은 아니라고 주장했다. 그러나 이내 브래들리는 인민군과 북한의 능력을 과소평가했다는 사실을 알았다. 훗날 그는 "아무도 북한이 그렇게 막강하다고 생각하지 않았다."라고 증언했다.[10]

서서히 합의가 도출되었다. 인민군의 진군을 늦추려면 즉각적으로 공군을 지원해야 했다. 이 문제는 유엔의 지지를 받아야 하지만 필요하다면 침략 행위 저지를 위해 일방적인 조치라도 취할 태세였다. 회의가 끝날 무렵 웨브는 트루먼에게 정치적인 측면을 논의하자고 요청했다. 그러자 트루먼은 "정치에 대해서는 말할 필요가 없습니다."라고 예민하게 반응했다. "정치적인 문제는 내가 처리할 겁니다!"[11] 이윽고 트루먼은 탈출하는 미국인들을 보호하고 남한 상공에서 인민군을 제압할 수 있도록 공군력을 투입하라고 명령했다. 그는 페이스에게 맥아더 장군의 정찰팀을 한국에 보내 군사적으로 무엇이 필요한지 파악하라고 지시했다. 아울러 셔먼에게 필리핀 주둔 제7함대를 공산주의자 수중에 들어간 중국 본토와 대만 사이에 있는 해협으로 보내라고 명령했다. 그러나 함대가 실제로 이동을 완료할 때까지는 발표하지 않기로 했다.

지상군 투입 결정은 여전히 짙은 폭풍우처럼 머리 위에 드리워 있었다. 참모진 가운데 남한이 현 상황을 유지할 수 있다고 확신하는 사람은 아무도 없었다. 다음 날 트루먼은 (인디펜던스에 머물고 있던) 영부인 베스에게 중대한 사안으로 급히 돌아왔으며 여행은 좋았다고 편지를 썼다. 블레어 하우스에서 열렸던 회의는 대체로 성공적이었지만 한반도 문제는 다루기 힘든 사안이었다. "그리스와 터키 문제 이래로 이렇게 당황스러운 적은 없었지. 최선의 결과를 바라며……."[12] 스탈린이 북한의 공격을 묵인한 것과 남침이 단독으로 이뤄지지 않았다는 생각은 다를 게 없었다. 둘 다 동일한 사안으로 인식되었다. 유력 일간지 「뉴욕 해럴드 트리뷴(New York Herald Tribune)」에는 "소련 침공 발표, 적군(赤軍) 전차 군단 서울 진격"이라는 헤드라인이 실렸다.

애치슨처럼 국가 안보를 담당하는 고위 인사에게 이런 기사는 뜻하지 않은 행운이라 할 수도 없지만 그렇다고 낙담할 만한 일도 아니었다. 국방 예산이 대폭 증액되기를 기대하지만 실현 가능성이 낮은 상황에서 뭔가 위험한 상황이 다가온다는 보도가 터졌다. 어쩌면 사실상 고대하던 일이라 할 수도 있었다. 분명 두려운 일이었지만 이왕 벌어진 일이라면 새로운 도전에 직면한 국가를 일깨우는 데 도움이 될 수도 있었다.

놀랍게도 권위 있는 소련 전문가 조지 케넌은 당시 블레어 하우스 회의에 초대받지 못해 크게 좌절했다. (나중에 케넌은 "그날 저녁식사는 일종의 사교 모임으로 앞으로 국무부의 정책결정에 관여할 실세를 드러내는 효과가 있었다."라고 밝혔다.) 그는 그러한 결정을 옆에서 구경하는 처지였다고 고백했다. 사실상 정책기획실의 책임자였던 자신의 자리를 이미 이직하고 휴가 중이었으며 현재와 미래 대신 과거를 연구하러 프린스턴 대학으로 향했다. 하지만 며칠 후 애치슨은 북한의 남침이 기만술에 불과할지 모른다는 생각에 케넌에게 소련의 속셈이 뭔지 자세하게 물었다. 케넌은 이번 공격이 확전될 거라고는 생각하지 않았다. 소련은 미국과 확전되기를 바라지는 않지만 미국이 "실익도 없고 위신만 깎일 전쟁"에 빠져드는 것이나 북한이 한반도를 점령하는 동안 아무것도 하지 않고 방관하는 (따라서 이 지역에서 영향력이 추락하는) 상황을 즐길 것이라고 말했다.[13] 그는 미국의 대응을 지적하면서 더 큰 위험은 유럽이 아니라 아시아에 있고, 소련은 아시아 지역에서 중국을 대신 개입시킬 거라고 언급했다. 케넌의 말은 확전이 되리라 예상하지는 않지만 신중하고 명확하게 전쟁의 범위를 설정해야 한다는 의미였다. 미국 최고의 소련 전문가가 전한 예언적인 조언은 대체로 사실로 드러났다.

이튿날 블레어 하우스에 주역들이 다시 모였다. 대통령을 제외하면 한반도 문제에 가장 중요한 역할을 한 애치슨은 제7함대가 목표 위치에 도달했으니 대만을 보호하기 위해 명령을 내릴 때라고 선언했다. 아울러 장제스에게는 중국 본토에 대한 모든 작전을 중단하라고 통보했다. 제7함대 지휘부에겐 장제스가 이를 준수하는지 확인하라고 지시했다. 애치슨은 한국뿐 아니라 아시아 전 지역에 대한 계획을 개략적으로 밝혔다. 미국은 공산주의자들이 이끄는 후크 게릴라 단체와 게릴라전을 벌이고 있는 필리핀 정부를 지원할 계획이었다. 인도차이나의 식민지 전쟁에서 민족공산주의 집단인 베트민과 싸웠던 프랑스와 마찬가지였다. 인도차이나의 상황은 악화되고 있었다. 미국은 애초에 프랑스가 식민 통치를 재개하는 데 반대했으나 파리의 압력에 마지못해 따라가고 있었다. 전쟁이 4년이 넘어가자 프랑스도 피로한 기색이 역력했다. 그러자 미국은 자금 지원을 준비하여 곧 프랑스의 후원자 겸 재정지원자가 되었다. 인도차이나에 군사적 임무를 띤 부대를 파견한다는 것은 혹독한 식민지 전쟁이라는 새로운 물에 미국이 발을 담근다는 의미였다. 그 결과는 누구도 예측할 수 없었다. 하지만 미국은 지체하지 않고 바로 지원했다. 북한이 남침한 지나흘 후인 6월 29일에 C-47 수송기 8대가 프랑스를 지원하기 위해 태평양을 건너 물자를 수송했다. 이는 대량 군사 지원과 훗날 깊어만 갈 미국의 우울한 모험을 알리는 서곡이었다.

월요일 밤 회의에서 워싱턴의 정책결정자들은 한국에 장제스가 이끄는 군대를 투입하는 방안도 논의했다. 장제스는 이미 최상의 부대를 일부 지원하겠다고 자원하기도 했다. 트루먼은 그 제안에 관심을 보였고 처음에는 이를 수용하는 쪽으로 기울었다. 그러나 애치슨이 강하게 반대했다. 그는 한국에서 위기 상황이 촉발된 순간부터 대만 문제를 고려했다. 때문에 장제스가 병력 지원을 제안했을 때도 그다지 놀라지 않았다. 애치슨은 장제스가 원하는 것(중국 공산주의자를 끌어들이는 확전)과 미국이 원하는 것(중국을 개입시키지 않는 제한된 전쟁)이 전혀 다르다는 것을 알았다. 두 나라는 동맹을 유지했지만 원하는 바가 달랐다. 애치슨은 자신의 판단이 옳다고 확신했다. 장제스의 군대가 중국 본토에서 어떻게 싸웠는지 낱낱이 알고 있었기에 한국전쟁에서 장제스의 도움을 받고 싶지 않았다. 특히 그들을 막 물리쳤던 유능한 군대에 대항해서는 더더욱 아니었다. 맥아더를 비롯하여 장제스의 부대를 활용하는 방안에 관심을 보이는 참모들이 많았지만 애치슨은 결사 반대였다. 합참도 군사 문제에 관해서는 신중했기 때문에 장제스 군대의 개입에는 부정적이었다.

그러나 한국전쟁을 대통령과 국무장관을 공격하는 정치공세로 삼았던 정적들은 장제스 군대의 투입을 원했다. 그들은 중국을 공산권에 내준 것으로 트루먼을 공격했던 것처럼 한반도 문제도 이와 연계시키려 했다. 정치인들의 대응은 즉흥적이고 감정적이었다. 6월 26일에는 차이나로비[China Lobby: 미국의 대(對)중국 정책을 반공적인 방향으로 끌고 나갔던 압력단체-옮긴이]라는 단체와 밀접한 관련이 있었던 스타일즈 브리지스(Styles Bridges) 상원의원이 의회에서 이런 발언을 했다. "유화정책을 계속 유지할 것인가? '먼지가 가라앉을 때'까지 기다릴 것인가? 이제 분명이 밝혀야 할 시점이다." 이는 일찍이 애치슨이 결국에는 중국에서 소련과 중국을 분리할 수 있는 기회가 있을 거라는 희망을 가지고 먼지가 가라앉기를 기다려야 한다고 했던 말을 비꼰 표현이었다. 차이나로비와 너무 가까운 나머지 대만 출신 상원의원이라고 불렸던 캘리포니아 주 상원의원 윌리엄 놀런드(William Knowland)는 "이 나라가 이러한 도발 행위에 굴복한다면 아시아 대륙 어디에서도 공산주의를 막을 수 없을 것"이라고 덧붙였다. 마지막으로 네바다 주 조지 말론(George M. Malone) 상원의원은 소련 간첩 활동 관련 위증죄를 선고받은 바 있는 국무부 관리 앨저 히스 (Alger Hiss) 사건과 이를 결부시켰다. 말론은 중국에서 일어났던 일과 한국에서 벌어지고 있는 상황 모두 국무부 내 좌파 세력이 원인이라고 주장했다.

북한이 공격했을 때 트루먼이 무조건적이고 비정치적으로 반응하긴 했지만 한편으로는 처음부터 정치적인 요소를 고려했던 것도 사실이다. 실제로 행정부 내에서 장제스 문제를 전담하는 부서에서는 대만과 장제스를 보호할 것인지를 검토했다. 장제스 지지 문제는 행정부에 적대적인 정적들이 활용했던 주요 이슈였다. 때문에 행정부 내 가장 사적인 모임에서조차 이 문제를 놓고 고민했다. 애치슨은 미국의 이익에 반하는 애매모호한 정책으로 장제스를 지지하는 것은 한마디로 실패한 정책이며, 지금은 아시아의 여건과 정치 상황이 변화기에 접어들었다고 생각했다. 하지만 차기 민주당 후보로 대통령에 출마할 작정인 국방장관 루이스 존슨은 공개적으로 장제스 지지 의사를 밝혔다. 트루먼의 측근들은 존슨을 적대적인 차이나로비의 일원으로 여겼다. 존슨은 워싱턴 주재 중국 국민당 대사관에서 애치슨을 무력화시켜 정부에서 축출할 것이라고 약속했다. [차이나로비의 주요 인물이자 중국 국민당 대사인 구웨이쥔(顧維鈞)은 약 9개월 전에 늘 연락하고 지내던 존슨의 수석 보좌관 폴 그리피스(Paul Griffith) 및 알려지지 않은 행정부의 다른 요원들과 함께 뉴욕의 리버데일에서 장제스 부인과 존슨의 저녁식사 회동을 주선했다.][14] 존슨과 중국 국민당의 커넥션은 행정부 내에서 공공연한 사실이었으며 이는 행정부의 대(對)중국 정책에 대한 공화당의 줄기찬 비판에 동조하는 목소리였다. 또한 최고위급 회의에서 논의한 모든 것들이 즉각적으로 국민당 인사들에게 전해졌다는 사실을 의미하기도 했다.

이런 구도는 불미스러운 권력 투쟁을 야기했다. 중국 문제를 두고 대립했던 것처럼 한국전쟁의 초기 국면에서도 행정부 내에서 동일한 권력 투쟁이 벌어졌다. 그러나 존슨이 이길 수 있는 싸움이 아니었다. 정치적 관점에서 트루먼은 애치슨과 더 가까웠고 그의 정치적 판단을 존중하고 신뢰했다. 때문에 확전으로 갈 수 있는 모든 요소를 경계했다. 그러나 존슨이 재정 지원을 맡고 있어서 그에게도 신세를 질 수밖에 없었다. 아무도 트루먼이 자력으로 대통령 선거에서 승리할 수 있다고 생각하지 않았던 1948년 전당대회 후 최악의 상황에서, 존슨은 트루먼과 함께했다. 그는 민주당 기금이 바닥났을 때 기금 모금에 앞장섰으며 그 대가로 국방장관이 된 인물이었다.

트루먼이 블레어 하우스에 참모들을 불러 모았을 때부터 애치슨과 존슨은 대만 문제를 놓고 첨예하고 불필요한 의견 대립을 계속했다. 회의에 참석한 사람들은 모두 한반도 문제에 집중하려고 했다. 그러나 대통령과 애치슨의 의견을 거스르고 아시아 방어구역에 대만을 포함시키려 했던 존슨은 그 자리에서 다시 이 문제를 끄집어냈다.[15] 그는 미국의 안보가 한국보다는 대만의 영향을 더 많이 받는다고 말했다. 애치슨은 의제를 다시 한국으로 돌리려 했고 마침내 트루먼은 회의를 중단하고 저녁을 먹자고 말했다. 저녁식사를 마친 후 존슨은 다시 대만 문제를 화두로 삼았고 트루먼은 재차 이를 중단시켰다.

결국 블레어 하우스 회의에서 장제스 부대의 투입 문제는 지상전 상황이 더 악화되는 경우에 고려하기로 하고 보류했다. 그러자 조 콜린스가 이미 한국군이 무너지고 있다고 지적했다. 한국군 지휘관은 "싸울 의지가 없다."라는 것이었다. 모두 그 말의 의미를 이해했고 미군 전투부대가 절실히 필요하다는 걸 인정했다. 그러나 제2차 세계대전 당시에도 아시아 본토에 전투부대를 투입하는 것만큼은 피한다는 것이 미국의 정책이었다. 오마 브래들리는 대통령이 며칠 더 기다렸다가 결정을 내려야 한다고 제안했다. 트루먼은 합동참모본부에서 방안을 더 검토해보라고 지시했다. 중대한 순간에 트루먼은 아주 엄숙한 태도로 참모들을 돌아보며 "전쟁은 원치 않습니다."라고 말했다. 그렇지만 궁극적인 결단을 내려야 할 시기가 점점 다가오고 있다는 사실은 알고 있었다.

6월 27일 아침에 트루먼과 애치슨은 의회 지도자를 만나서 지금까지 내린 결정에 대해 상의했다. 의회의 반응은 전반적으로 호의적이었다. 공화당 소속 뉴저지 주 상원의원 알렉산더 스미스(Alexander Smith)는 대통령이 한국에서의 군사 행동에 대한 양원 합동 결의를 요청할 것인지 물었다. 이틀 동안 이어진 빡빡했던 회의에서 행정부 관료 누구도 고려하지 않았던 중요한 사안을 지적했던 것이다. 트루먼은 스미스에게 숙고하겠다고 답했다. 트루먼은 이를 애치슨과 해리먼에게 전달했다. 그 두 사람은 북한의 공격이 일어난 후 바로 최고위 특별 보좌관이 되었다. 애치슨과 달리 해리먼은 전대미문의 재력가 출신이었지만 미국의 정치 현안에 예민했다. 그는 트루먼에게 의회 결의를 요청하라고 강력하게 권했다. 그러나 애치슨은 속도가 요구되는 사안이라며 결의에 반대했다. 트루먼은 애치슨에게 동의했다. 의회 출신 정치인이긴 했지만 평화와 전쟁에 관한 대통령의 결정을 의회가 간섭하는 것을 원치 않았기 때문이다. 한편으론 이 문제를 의회를 거치지 않고 신속하게 결정하고 싶었고 중국과 장제스 문제로 의회와 지속적인 대립을 이어가며 정적들과 다투는 것도 꺼려했다. 이때 행정부에 우호적이지 않았던 네브래스카 주 상원의원 케네스 훼리(Kenneth Wherry)가 의회 승인에 대해 퉁명스럽게 물었다. (일찍이 애치슨은 청문회에서 훼리의 코를 납작하게 하려 했지만 보좌관이 만류한 바 있다. 트루먼은 훼리 의원을 "네브래스카 출신의 멍청한 청부업자"라고 부르곤 했다.)[16] 트루먼의 대답은 이랬다. "의회 결의가 필요하다면 의원을 찾겠소. 하지만 그런 조치 없이 한국의 도발자들을 제압할 수 있길 바랍니다."[17]

결의를 얻기에 최적의 시간이 이내 지나가버렸으며 공격이 시작할 당시에 있었던 정치적 만장일치도 이미 사라져버렸다. 애초에 생각했던 것보다 전황이 어려워지면서 정치 상황도 힘들어져 지지율이 하락한 것이다. 트루먼이 의회의 지지를 받으려 하지 않은 탓에 야당은 미국의 대응에 관한 모든 책임에서 벗어날 수 있었다. 육군장관 프랭크 페이스가 결의를 요청하자고 제안하자 트루먼은 "장관, 그럴 필요 없습니다. 의회는 모두 나와 같은 의견이에요."라고 말했다. 페이스가 "각하, 알겠습니다."라고 답하자 "하지만 시간이 지나면 의회가 장관과도 의견을 같이할지는 확신할 수 없군요."라고 말했다.[18] 그 순간만큼은 모두 한 배를 타고 있었다. 대통령이 한국에 군대를 보내기로 결정했다는 소식이 하원에 전해지자 하원 전체가 갈채를 보냈다. 워싱턴에서 가장 경험이 많은 최고참 기자인 「크리스천 사이언스 모니터(The Christian Science Monitor)」지의 조지프 하쉬(Joseph Harsch)는 "여태껏 도시 전역에서 이런 안도감과 화합을 느껴본 적이 없었다."라고 기록했다.[19]

대통령의 참모들은 아시아 본토에 지상군을 투입할 시기가 다가오고 있다는 것을 알고 있었다. 그러나 군부와 민간 참모진 모두 마지막까지 이 문제를 더 신중하게 처리하려 했다. 미 공군과 해군력만으로는 감당하지 못할 상황이었다. 그래서 맥아더에게 한국에 가서 북한의 공격을 저지하는 데 필요한 것이 무엇인지 확인하고 보고하라는 지시를 내렸다. 그리고 6월 30일 새벽에 도쿄에서 전언이 날아오자 상황이 좋지 않음을 직감했다. 워싱턴 시각으로 새벽 1시 30분경에 존 무초 대사는 애치슨에게 맥아더가 더 많은 부대를 요청할 거라고 알려주며 남한의 상황이 절망적이라고 말했다. 맥아더의 전언이 전투부대를 요청하는 단계에 이르렀다는 것을 의미했다.

1시간 30분 후에 한국에서 막 돌아온 맥아더가 합참에게 더 많은 병력을 투입해야 한다고 보고했다. "현재 전선을 유지하면서 빼앗긴 지역을 회복하는 유일한 방법은 전투지역에 지상군을 투입하는 것입니다. 지상군 지원 없이 공군과 해군만으로는 결정적인 효과를 거둘 수 없습니다." 그는 일부 접전 지역에는 연대급 전투부대를 즉각 투입해야 하며, 그런 다음 가능한 한 빨리 일본에 주둔한 미군에서 2개 사단을 차출하여 공세 전환을 노려야 한다고 말했다.

이렇게 하지 않으면 "임무를 완수하지도 못하고 예산과 목숨만 낭비한 채 위신이 땅에 떨어질 겁니다. 최악의 경우에는 패배할 수도 있습니다."라고 덧붙였다.

워싱턴 시각으로 새벽 3~4시에 국무부 극동 담당 차관보 딘 러스크와 육군 참모총장 조 콜린스는 원격 회의를 마무리하고 있었다. 그러나 이들은 지위가 비교적 낮았고 너무 이른 시간이었기 때문에 회의 과정이 원만하지 못했다. 언제나 결정을 내릴 수 있는 상급 권한이 필요하기 마련이었다. 도쿄에서 전해온 내용은 자신들이 결정할 수 있는 문제가 아니었다. 전쟁과 평화를 가름해야 하는 순간이었다. 당연히 재빠른 답변이 나올 수 없었는데 논의가 지연되자 맥아더가 불쾌해했다. "내가 참모총장일 때는 허버트 후버(Herbert Hoover) 대통령도 불러서 의논할 수 있었소. 이 중요한 시기에 육군 참모총장뿐 아니라 육군장관과 국방장관까지 중대 사안을 지연시키고 있다니. 적의 진격이 너무 빨라 꾸물거릴 시간이 없습니다."[20]

워싱턴 시각으로 새벽 4시 30분경에 맥아더는 콜린스에게 지상군을 다시 요청했다. 콜린스는 페이스를 불렀고 페이스는 다시 트루먼을 찾았다. 트루먼은 언제나 일찍 일어났다. 어릴 때부터 농장에서 자란 탓인지 마치 생체시계가 내장되어 있는 것처럼 한 번도 기상 시간을 어긴 적이 없었다. 면도를 하다 페이스의 전화를 받은 그는 1950년 6월 30일 새벽 5시에 미 지상군의 투입을 승인했다. 본격적인 참전이 시작된 것이다. 애초에 맥아더는 워싱턴이 자신을 내버려만 둔다면 적을 쉽사리 제압할 수 있다고 장담했다. 이제 그는 그렇게 하려면 2개 사단이 더 필요하다고 말했다. 이미 밝혀진 대로 그는 여전히 적을 과소평가했으며 미군을 비롯해 자기 휘하의 병력은 지나치게 과대평가했다.

트루먼은 여전히 장제스 부대의 투입 여부를 고민하고 있었다. 그래서 애치슨, 해리먼, 존슨, 합참의장을 불러서 이 문제를 마지막으로 의논했다. 한국군이 무너지자 트루먼에게는 장제스의 제안이 임시방편이나마 솔깃하게 들렸다. 애치슨은 장제스 부대를 투입하면 중국 공산당이 개입할 것이라고 확신했다. 합참의장 역시 장제스의 부대를 사용할 필요가 없다고 밝혔다.

암울한 상황 가운데 희망적인 소식이 하나 있었다. 미군이 유엔군의 깃발 아래 싸울 수 있게 된 것이다. 트루먼은 미 지상군의 투입을 승인하기에 앞서 이미 유엔의 결의를 받았다. 당시에는 수십 년이 지난 지금보다 유엔의 승인을 받기가 훨씬 쉬웠다. 1950년 당시 유엔은 대체로 미국과 서유럽 국가의 이익을 대변했다. 반대세력이라고는 소련과 위성 국가들뿐이었다. 여러모로 백인 세계의 마지막 자취라고 할 수 있었다. 안전보장이사회에서는 한국에서의 무력 사용을 의결하여 승인했다. 유일하게 기권한 두 나라는 비백인 국가인 인도와 이집트였다. 1950년대 말에 시작한 식민지 시대의 종말이 1960년대에 가속화되고 아프리카와 아시아 그리고 중동의 신생 독립국들이 참여하면서 유엔의 구성은 극적으로 변화했다. 서구 세계의 영향력은 크게 줄어들었다. 유엔 조직 내에서도 미국과 서유럽의 보수적인 정치 분위기에 냉소적이었다. 소련은 어처구니없게도 한국전쟁에 관한 안전보장이사회 의결에 불참하여—중국 국민당 정부가 여전히 안보리에 있다는 사실에 항의하는 차원에서—거부권 행사를 하지 못했다. 6월 27일에 유엔은 한국전쟁 참전 결의를 승인함으로써 미군에게 유엔의 깃발을 안겨주었다.

제 7 장

아서 맥아더

미국이 한국전쟁에 참전해야 한다는 사실은 분명했다. 그러나 트루먼은 자신도 원치 않고 국가안보회의 참모들도 그다지 중요하게 여기지 않는 지역에서 군 통수권자로서 전쟁을 지휘하는 것이 영 내키지 않았다. 더구나 마음에 들지 않을뿐더러 자신을 존경하지도 않는 지휘관에게 처음부터 의존해야 하는 상황이 못마땅했다. 군부의 협조도 원활하지 않았다. 한국전쟁이 일어난 지 사흘 후 당시 컬럼비아 대학 총장이었던 드와이트 아이젠하워(Dwight Eisenhower)는 국방부에 들러서 육군참모차장 매슈 리지웨이 중장과 한국전쟁 지휘부에 대해 이야기를 나눴다. 리지웨이는 부참모장이었지만 신세대 고위급 장교들이 가장 존경하는 군인으로서 맥아더 휘하 한국전쟁 전투 지휘관으로 적임자라고들 생각했다. 아이젠하워는 맥아더의 지휘 방식을 누구보다 잘 알았다. 워싱턴과 마닐라에서 맥아더의 보좌관을 지낸 바 있어서 맥아더가 어떻게 재빨리 정보를 차단하고 자기가 원하는 대로만 워싱턴의 군 관료들과 정계에 보고하는지 익히 알고 있었다. 아이젠하워는 리지웨이에게 "예기치 못한 행동을 서슴지 않고 워싱턴에 알려야 할 정보를 마음대로 재단하는 '불가항력'적인 인물보다는 참신한 지휘관이 필요하다."라고 말했다.[1] 그리고 훗날 군사적 사안과 정치적 사안을 구분하는 명확한 기준이 있기 때문에 모든 고급 장교는 이를 면밀하게 검토하지만 "맥아더 장군이 이러한 기준을 인지하고도 대체로 무시했다."라고 기록했다.[2] 맥스 헤이스팅스는 맥아더가 일생 동안 "일반적인 규정은 자신과는 상관없는 것처럼" 행동했다고 적었다.[3]

북한이 공격했을 당시 덜레스와 앨리슨이 목격했던 맥아더의 불안한 모습을 일반 미국인들은 전혀 알 수 없었다. 특히 맥아더가 오랫동안 비위를 맞춰 온 편집자와 출판사 쪽에는 여전히 맥아더에 대한 신비감이 남아 있었다. 남침 나흘째 「뉴욕 타임스(New York Times)」는 곧바로 맥아더가 있다는 건 미국의 행운이라는 사설을 게재했다. "미국인들의 자신감을 일깨워주는 데 이보다 적합한 적임자는 없을 것이다. 최고의 전략가 겸 지도자로서 반대자들의 압력에도 꿋꿋한 인내심을 발휘하며 용기와 결단력을 갖춘 안정감 있는 인물이다."라고 격찬했다.

맥아더는 일흔 살로 미군에서 가장 연장자였으며, 오직 신만이 그의 상급자라고 할 수 있는 웨스트포인트의 노회한 신동이었다. 웨스트포인트 4년 동안 역대 최고 점수인 평점 98.14를 기록했고 촉망받는 젊은 장교로서 화려한 경력을 이어나갔다. 어떤 직책을 맡든지 언제나 최연소였다. 제1차 세계대전에서는 프랑스에서 최연소 사단장이 되었으며, 최연소 웨스트포인트 교장, 최연소 육군 참모총장, 최연소 소장, 최연소 대장을 역임했다. 화려한 경력은 부단한 노력의 결과였고 언론의 찬사는 거저 얻은 것이 아니었다. 그는 자신의 이미지를 가꾸는 데도 열성적인 노력을 쏟아 부었다. 그러나 모든 영광을 자신에게 돌렸기에 부하들에게 돌아가는 영예는 초라했다. 대원수 맥아더는 역사라는 무대에서 세계라는 관객을 대상으로 연기하는 배우였다. 그래서 늘 극적인 행동을 하느라 분주해 보이는 다분히 과장된 인물이었다.

사설이 중도리버럴 성향을 띠고 있는 「뉴욕 타임스(The New York Times)」는 맥아더에 대한 찬사가 열정적이긴 했지만, 잡지 「타임(Time)」만큼의 과도한 찬양은 하지 않았다. 「타임」지 설립자이자 편집자인 헨리 루스(Henry Luce)는 중국과 장제스에게 지극히 우호적이었다. 때문에 「타임」은 차이나로비와 이미 긴밀한 관계를 맺고 있었다. 차이나로비는 중국과 장제스를 동일시했기 때문에 미 행정부가 장제스에게 지원한 병력이 충분하지 않다고 생각했다. 1940~1950년대에 정치적·사회적 영향력이 최고조에 달했던 「타임」은 그 당시 미국에서 발행된 다른 잡지들과는 달리 아시아 지역에 많은 관심을 보였다. 이는 중국에서 선교활동을 했던 선교사의 아들로 자랐던 편집자 루스의 영향이 컸다. 루스는 세계 지도자들 중에서 윈스턴 처칠(Winston Churchill)보다 장제스를 더 좋아했으며 장군으로는 더글러스 맥아더를 최고로 꼽았다. 다른 국제주의자들이 별 관심을 두지 않는 아시아를 우선시하는 이들의 신념에 공감했기 때문이다. 북한이 공격한 직후인 1950년 7월 10일에 「타임」은 맥아더를 표지 인물로 실었다. 표지에 등장하는 걸 매우 중요하게 여기던 그 시절에 맥아더는 벌써 일곱 번째 표지 인물이었으며 장제스와는 막상막하를 이뤘다. 「타임」지가 저널리즘 스타일의 성인 전기물에 새로운 기준을 마련해준 셈이었다. "일본 보험 산업의 본부였던 다이이치 빌딩에서 참모들이 잡지를 보며 '정말 위대한 장군'이라고 뿌듯해하며 속닥거렸다. 맥아더의 참모장 에드워드 알몬드(Edward Almond) 소장은 노골적으로 '맥아더는 살아 있는 가장 위대한 인물'이라고 치켜세웠다. 조지 스트래트마이어(George Stratemeyer) 장군은 할 수 있는 최고의 찬사를 늘어놓으며 '역사상 가장 위대한 인물'이라고 칭송했다."[4]

물론 모든 사람이 그렇게 생각한 것은 아니었다. 맥아더가 출판사와 편집자들의 비위를 훌륭하게 맞추긴 했지만 현직 기자들은 맥아더의 과장과 허영에 호락호락하게 넘어가지 않았다. 상당수는 아첨을 일삼는 그의 참모들을 경멸하기도 했다. 맥아더가 참석하는 회의는 단순한 브리핑이 아니라 방문자의 중요도에 따라 심혈을 기울여 펼치는 공연과도 같았다. 조지프 스틸웰 장군은 맥아더의 수석 보좌관 프랭크 돈(Frank Dorn)에게 맥아더의 문제는 "너무 오랫동안 장군으로 지내고 있는 것"이라고 말했다.[5] 맥아더가 미국의 승인 아래 점령국 일본의 황제처럼 군림하기 전인 1944년에 스틸웰은 이렇게 언급했다. "맥아더 장군은 1918년에 처음 별을 달았기 때문에 삼십 년을 장군으로 지낸 셈입니다. 삼십 년 동안 많은 사람들이 비위를 맞추며 굽실거리고 그가 원하는 것을 해왔죠. 이는 모두에게 좋지 않은 일입니다."

1950년의 맥아더는 너무 거물이라 모든 사람이 그의 규칙에 따라야만 했다. 실제로 그는 군대 내에 자신만 지휘할 수 있는 소부대와 자신만 통치할 수 있는 작은 세상을 만들었다. 그리고 워싱턴에서 온 지침과 명령 및 제안을 자주 무시하곤 했다. 설령 그것이 상관에게서 온 것이라 해도 마찬가지였다. 명목상 상관일 뿐 자신이 정한 위계질서에서는 상관이 아니었기 때문에 그들에게는 질문을 하거나 명령을 내릴 권한이 없었다. 사회적·정치적·군사적으로 외부와는 철저히 고립된 채 누구도 감히 이의를 제기할 수 없는 자기만의 세상을 다스렸다. 주변 인물들은 모두 그를 두려워했으며 그렇지 않은 사람들은 버텨내지 못했다. 다이이치 빌딩에 있던 맥아더 사령부에 오는 방문자와 그와 함께 회의에 참석할 자격이 있다고 분류된 사람들은 어김없이 공연 같은 회의를 관람했다. 그는 공연을 위해 아침에 가운을 걸치고 거울 앞에서 연습했으며 자신감과 확신에 찬 어조로 미래에 일어날 일에 대해 연설했다. 공연은 압도적이었고 사전 준비도 철저했지만 마치 즉흥적으로 이뤄진 것처럼 보였다. 하지만 학식에 상관없이 역사가 어떤 속임수를 쓰는지 아는 대부분의 사람들은 맥아더와 달리 미래에 대해 조심스럽게 접근했을 것이다. 맥아더는 타고난 연기자였지만 어딘지 모르게 답답해 보였다. 전혀 통제하거나 조정할 수 없는 현실 세계에서, 더구나 이전 시대와는 전혀 다른 새로운 적과 직면한 상황에서 모든 것을 너무나 주도면밀하게 계산하며 조정하고 통제하려 했다.

다이이치 본부에서는 맥아더가 일방적으로 말하고 상대방은 듣기만 하는 것이 비공식적인 규칙이었다. 그 속에서 마치 예언자처럼 소련과 중국은 무엇을 할 것이며 미국에는 무슨 일이 벌어지고 있는지 선언하는 장엄한 연설에 누구도 감히 의문을 제기하지 못했다. 연락마저 원활하지 않았던 미국에서는 이를 전혀 알지 못했다. 애석하게도 맥아더에게는 성공한 장군들에게 꼭 필요한 자질 하나가 없었는데, 바로 듣는 법을 몰랐다. 아니 알려고 하지도 않았다. 이런 문제점은 1948년 워싱턴에서 일본의 정치 개혁과 경제 부흥 문제를 처리하기 위해 조지 케넌을 보냈을 때 명확하게 드러났다. 그 당시 고급 지휘관이나 고위급 외교관은 (비록 늘 수긍하지는 않았지만) 소련 문제에 관해 잠시나마 케넌의 의견을 들을 수 있다는 것만으로도 흥분을 감추지 못했다. 케넌은 소련 문제에 관한 한 미국 정부 내 최고의 전문가로 평가받았다. 그의 해박한 지식과 명쾌한 판단은 의심의 여지가 없을 정도로 명성이 대단했다. 러시아와 소련 그리고 중국의 역사와 정치에 대해서도 아주 해박했다. 이제 갓 인생의 중반을 넘긴지라 아직 젊은 편인데도 가장 실용적인 지성을 갖춘 출중한 인물이었다. 그러나 그런 케넌도 맥아더에게는 접근할 수 없었다. 케넌이 맥아더가 꺼리는 인물들과 너무 가까웠기 때문이다. 서로 간에 타협의 여지는 없어 보였다. 도쿄에서 목격한 모습에 충격을 받은 케넌은 이렇게 기록했다.

"맥아더는 현 행정부와 너무나 소원한 나머지 불신으로 가득 차 있으며, 내 직무는 낯선 환경에서 적대적이고 의심이 가득한 외교 관계를 수립하고 연락을 개설하는 외교 사절에 불과했다."[6]

해리 트루먼은 우연히 대통령이 되었지만 더글러스 맥아더는 결코 우연히 장군이 된 것이 아니었다. 철저하게 만들어진 인물이었다. 그의 내력은 부친인 아서 맥아더(Arthur MacArthur) 장군으로부터 시작된다. 아서 맥아더는 자기 자신에게 충실했던 인물이었다. 남북전쟁에서는 북군의 영웅적인 장교였으며 후에 필리핀 봉기(1899~1902년에 미군과 필리핀 혁명세력 간에 벌어진 전쟁-옮긴이)에서도 중요한 역할을 했다. 더글러스 맥아더의 눈에 비친 아버지 맥아더는 신화적인 인물이었다. 그 신화는 아서 맥아더의 아내이자 더글러스의 모친인 핑키 맥아더(Pinky MacArthur)가 치밀하게 계획하여 아들에게 끊임없이 주입했던 것이었다. 핑키 맥아더는 남편이 세상을 떠나면서 자신의 야망과 기대에 미치지 못한 씁쓸했던 경력과 유별났던 자아도취가 함께 끝이 나자 아들의 경력 관리에 몰두했다.

결국 더글러스 맥아더라는 인물은 어머니가 만든 셈이지만 아버지 아서 맥아더 역시 조심성이 있거나 겸손한 인물은 아니었다. 불행히도 그는 항상 자신이 옳아야만 하는 인물이었다. 군사적인 전술뿐 아니라 중요한 정치적 판단도 오로지 자기 생각대로 결정했으며 주변 사람은 안중에도 없었다. 보좌관이었던 이넉 크라우더(Enoch Crowder) 대령은 아서 맥아더를 두고 "그의 아들을 만나기 전까지는 내가 본 가장 이기적인 인물이었다."라고 말한 바 있다. 아서 맥아더의 경력은 화려했고 역경을 거친 탓에 눈부신 순간도 있었지만 침울한 시기도 있었다. 은퇴할 때까지 주요 보직은 모조리 다 거쳤으며 오르지 못한 계급도 받지 못한 훈장도 없었다. 당시 최고 계급인 3성 장군으로 군 생활을 마감했으며 의회의 명예훈장도 받았다. 그러나 군인으로 지내면서 오랫동안 고군분투해야 했던 정치 구조에 너무나 실망했다. 업적으로 보면 당연히 알링턴 국립묘지에 묻혀야 했다. 하지만 생전에 너무 많은 정치적인 악감정을 품은 탓에 세상을 떠났을 당시 미국을 이끌던 지도층의 반감으로 결국 국립묘지에는 안장되지 못했다.

결과적으로 아서 맥아더는 미국의 위대한 애국자로 기록되었지만 실제로는 냉소적이고 회의적인 태도로 일관하여 마치 반미주의자 같았다. 개인의 안위보다는 이상과 신조를 위해 위험과 희생을 감수해야 하는 직무에서도 자기 자신만 돌보는 경향이 있었다. 그는 늘 뭔가 어두운 면이 있는 것처럼 보였다. 성공에 대한 보상이 많이 따랐지만 결코 만족하지 못했다. 원했던 것을 전부 얻지 못했기 때문이었다. 이런 면에서는 그의 아들도 마찬가지라고 할 수 있다. 더글러스 맥아더 역시 자신이 관리할 수 없거나 자기 방식대로 성취할 수 없는 것이라면 뭐든 파괴하려 들었다.

어려운 상황에서도 민간 부분과 정치적인 여건을 고려해야 하는 고위급 장교들은 정치인을 싫어하거나 적어도 신뢰하지 않았다. 정치인과 달리 군 수뇌부는 현안에 타협하고 굴복하는 데 익숙하지 않았다. 때문에 두 문화는 전혀 딴판이었다. 그렇다 하더라도 아서 맥아더의 정치에 대한 경계와 불신은 정상적인 상태를 넘어서 거의 병적인 수준이었다. 행정부와 정계의 누가 무엇을 원하든 아서 맥아더는 늘 거기에 맞서는 것 같았다. 그래서 워싱턴도 그를 어떻게 다룰 것인지를 두고 늘 고심했다. 그는 여생 동안 끊임없이 정치인의 폐해를 말했으며 이러한 태도는 고스란히 아들에게로 이어졌다.

더글러스 맥아더가 군 생활을 시작했을 때에는 부친의 뛰어난 업적에 걸맞은 성과를 이루어야 했을 뿐 아니라 부친의 못다 한 한도 풀어야 했다. 아울러 부친의 명예를 해치거나 그를 무시했던 사람들을 극복해야 했으므로 내적 부담감이 훨씬 컸다. 더구나 누구에게 의견을 묻기도 어려울 만큼 할 일이 너무 많았다. 미국이 국가의 규모는 물론 군사, 경제, 정치 분야에서 급격하게 성장하던 중요한 시기에 두 부자(父子)의 삶과 경력이 일 세기 이상 이어진 셈이다. 1845년에 태어난 아서 맥아더는 열여덟 살에 남북전쟁에 참전하여 전쟁 영웅이 되었고, 더글러스는 1880년에 태어나서 제1차 세계대전, 제2차 세계대전, 한국전쟁 등 세 차례의 대규모 전쟁에서 야전 지휘관을 역임했다. 그리고 부친이 처음으로 영웅적인 활약을 펼친 지 일 세기 후인 1964년에 세상을 떠났다. 두 사람은 군 경력을 끝마치게 된 정치적 배경도 비슷했다. 당시 2성 장군이었던 아서 맥아더는 필리핀에서 부대를 성공적으로 이끌었지만 미국 정계와 불필요하게 얽히는 바람에 결국 자리에서 물러났다. 더글러스 맥아더는 그로부터 반세기가 지나고 부친이 출생한 지 105년이 지난 후, 너무 정치적인 역할에만 몰두한 탓에 한국전쟁 지휘권을 박탈당했다.

아서 맥아더는 밀워키 출신 판사의 아들로 야심에 찬 걸출한 인물이었다. 남북전쟁이 일어났을 때 판사는 아들을 웨스트포인트에 넣으려 했다. 위스콘신 주 상원의원에게 아들을 백악관에 데리고 가서 에이브러햄 링컨(Abraham Lincoln) 대통령을 만나게 해달라고 부탁하기도 했다. 하지만 웨스트포인트는 이미 자리가 꽉 차서 아서의 아버지는 정치권의 개인적인 인맥을 동원하여 아들을 위스콘신 제24연대의 부관 자리에 앉혔다. 아서는 불과 열여덟 살에 장교가 되었고 연대의 부대원들은 소년티가 나는 나이 어린 부관을 달가워하지 않았다. 그가 처음 사람들의 눈에 띄게 된 계기는 1863년 11월에 채터누가 근처에서 벌어진 미셔너리 리지 전투였다. 고지에 위치한 남부 연합군은 큰 피해 없이 고지 아래에 주둔하고 있던 북군을 공격했다. 공격당하기 쉬운 곳에 노출되어 있던 북군은 지휘관들이 명령한 양동작전 때문에 가장 많은 사상자를 냈다. 그러나 마침내 엄청난 손실과 고통에 대한 분노를 폭발하듯 고지로 올라가서는 참호 속에 있던 남군을 몰아냈다.

공격을 주도한 위스콘신 제24연대가 마침내 고지에 도달했을 때 앳된 소년 같은 군인이 연대 깃발을 들고 있었다. 아마도 다른 병사가 공격을 받고 쓰러진 후에 깃발을 다시 잡은 서너 번째 사람쯤 되었을 텐데 그가 바로 아서 맥아더였다. 북군 지휘관 필 셰리든(Phil Sheridan) 장군은 놀라운 전과에 흥분을 감추지 못했으며 전투가 끝난 후에는 명예훈장감이라며 깃발을 든 소년을 특별히 잘 돌보라고 지시했다. 하지만 아서 맥아더는 그 후 27년 동안 그 훈장을 받지 못했다.[7] 아서는 조지아 주를 건너간 셔먼스 마치(Sherman's March)에서 열세 차례 전투에 참가했으며 네 번이나 부상을 입었다. 비교적 잘 싸웠으며 열아홉 살에 북군의 최연소 대령이 되어 남북전쟁에서 '소년 대령'으로 이름을 떨쳤다. 용감하고 영리했으며 전투에 타고난 재능이 있었다. 전쟁이 끝나자 군을 떠났지만 이내 민간인 생활이 지겨워서 다시 입대했다. 하지만 전시 계급은 포기해야 했다.

그는 빠르게 대위로 진급했지만 그 후 23년 동안은 진급하지 못했다. 다른 보상이 있었던 것도 아니어서 고생하며 경험만 쌓아야 했던 힘든 세월이었다. 당시 개척 시대였던 미국은 서부로 확장 중이었고 그는 주로 변경(개척지와 미개척지의 경계 지방-옮긴이)에서 부대를 지휘했다. 상황은 늘 열악해서 자신의 말이 유일한 법인 무법지대 같은 곳에서 작전을 수행했다. 민간 정치 세력이 미흡했기 때문에 군 지휘관에 대한 제약도 미미했다. 일선 야전군에 대한 워싱턴 정계의 영향력도 지극히 제한적이었다. 야전부대가 멀리 떨어져 있었을 뿐 아니라 국가의 궂은일을 처리하고 있는 군의 현장 상황에 대해 정부가 아무것도 모른다고 여겼기 때문이었다. 전장의 군인들에게 정치인이란 주어진 역할도 제대로 하지 못하면서 군의 명예나 실추시키려는 존재였다.

아서 맥아더는 변경에서 주어진 임무를 성공적으로 수행했으며 전투와 부대 운용에도 자신감이 넘쳤다. 정규 교육은 제대로 받지 못했지만 놀랄 정도로 읽기에 능했으며 자신의 지적 능력에 각별한 자부심을 갖고 있었다. 더글러스 맥아더의 전기 작가 윌리엄 맨체스터(William Manchester)가 밝혔듯이 당시 아서 맥아더는 민간과 정계의 간섭을 받지 않고 작전을 수행할 수 있다는 사실에 더 거만해져서 민간 당국을 경멸했다. 이러한 태도는 대다수 정치인의 반감을 불러 일으켜 적대적인 관계를 만들었다. 한편으로는 이런 태도가 더 정치적으로 비쳤기 때문에 결국 필리핀에서 곤경에 처했다. 이런 성향은 아들에게도 그대로 이어져 가족까지도 변화시켰다.

1889년에 아서는 드디어 소령으로 진급했으며 워싱턴으로 자리를 옮겨 장군의 부관이 되었다. 그리고 미국-스페인 전쟁이 일어나기 일 년 전인 1897년에 중령이 되었다. 1898년에 전쟁이 일어났을 때에는 대령으로 진급하여 쿠바에서 스페인과의 전투를 지휘하고 싶어 했다. 그는 이것이 새로운 경제대국으로 부상하는 미국과 쇠락하는 제국 스페인이 맞붙는 중요한 결전이라 생각했다. 하지만 아서는 대령으로 진급하지 않고 두 계단을 건너뛰어 준장이 되었으며 쿠바 대신 필리핀으로 발령받아 부대를 지휘했다.

당시 오하이오 주 공화당 출신 윌리엄 매킨리(William McKinley)가 대통령이었다. 매킨리는 태평양 지역에서 제국으로서 새로운 역할을 찾아가는 조국에 대해 복합적인 감정을 품고 있었다. 쿠바 반란을 진압하고 손쉽게 태평양 지역에 추가 조치를 취하여 성공을 거둔 데 대해서는 여느 사람처럼 놀라워했다. 하지만 아시아에서 민족주의가 부상함에 따라 미국의 의지를 관철시키기가 갈수록 어려워지는 상황도 인식하고 있었다. 아시아의 민족주의 지도자들이 바라는 것은 스페인 제국주의자들을 물리치는 일이었다. 그래서 처음에는 미국의 지원을 환영했지만 이내 미국이 자국에 유리한 일, 즉 미국의 주권과 통치 아래 미국을 위한 새로운 정치 질서를 만들려 한다는 걸 간파했다.

필리핀은 미국이 처음으로 경험하는 식민지였지만 만족스럽지 않았다. 새

천년을 11개월 앞둔 1899년 2월에 미군과 필리핀 반군 간에 첫 번째 총격전이 벌어졌다. 미국이 힘과 야심을 드러내며 필리핀에서 시작한 잔인한 대(對)게릴라전은 다가오는 세기에 일어날 여러 비극을 예고했다. 미국은 우연찮게 필리핀 군도로 이동했으며 무엇보다 이는 쿠바 사건의 부속물로 일어난 사건이었다. 쿠바에서 전투가 시작되었을 때 태평양함대 사령관 조지 듀이(George Dewey) 제독은 한물간 스페인 함대를 격퇴하기 위해 마닐라 만으로 향했다. 그가 대면한 것은 스페인 제국의 허약한 유물이었다. 다들 아는 것처럼 스페인의 식민지 필리핀은 거의 무방비 상태여서 미국은 힘들이지 않고 필리핀을 점령할 수 있었다.

매킨리 대통령이 특별히 필리핀을 원했던 것은 아니었다. 그는 친구에게 "그 형편없는 섬은 3,200킬로미터 이상 떨어져 있다."라고 말한 바 있다.[8] 그러나 19세기에는 영토 확장이 미국의 '명백한 운명(1845년 텍사스 병합 당시 J. L. 오설리번이 「데모크라틱 리뷰」 논설에서 쓴 표현-옮긴이)'이라는 인식이 이어져 새로운 경제 강국으로의 팽창 욕구와 과시 욕구가 커지고 있었다. 이것이 현실로 구체화된 것이 바로 식민지 소유였다. 군사 및 정치적 억제력과 피에 굶주린 듯한 파괴적인 소유욕이 서로 대립하고 있긴 했지만, 미국은 기본적으로 대외 강경 노선이 대세였다. 「워싱턴 포스트(Washington Post)」는 당시 상황을 이렇게 표현했다. "힘을 자각하는 새로운 의식이 새로운 취향으로 우리에게 다가오는 것 같다. 야심, 이해관계, 영토 확장 욕구, 자존심, 단순한 전투 쾌락 등을 일깨우는 것 같은 새로운 느낌이 우리를 자극하고 있다. 제국의 맛은 입안에서 감도는 약육강식의 피 비린내 같은 것이다. 이는 제국주의 정책을 의미한다."[9]

미국은 스페인 식민 통치에 맞서 독립을 쟁취하기 위해 싸우던 반란군의 (거의 파트너 수준의) 동맹자로 필리핀에서 모험을 시작했다. 그러나 자신들은 태생적으로 반(反)식민지주의자라고 확신했다. 미국은 이내 잔인하고 추악한 식민지 억압 전쟁을 끝냈다. 그러자 미국의 강력한 두 가지 성향이 다시 나타났다. 백인 기독교도들의 의무감에서 현지인들을 문명화시키기 위해서라도 필리핀을 식민지화해야 한다는 선교적인 요구와 가장 저열한 형태의 인종차별주의가 동시에 대두한 것이다. 그래서 게릴라들을 검둥이라는 뜻의 '니거스(niggers)'나 황인종을 비하하는 '구구스(gugus)'라 불렀다. 구구스라는 명칭은 현지 여자들이 머리 감을 때 사용하는 나무껍질에서 나온 말이다. 이는 훗날 미군이 한국전쟁과 베트남 전쟁에서 아시아인을 구별하기 위해 부르던 '국스(gooks)'라는 말의 유래가 되었다.[10]

매킨리 대통령은 군대를 투입할지 여부를 고심했지만 군부는 언제나 그보다 더 완강했다. 그래서 정작 대통령은 확고한 의지 없이 결론에 도달한 것처럼 보였다. 군대를 파견하는 것이 향후 분쟁에서 상당한 반향을 불러일으킬 거라고 선교 단체에 말했지만 결국에는 선택의 여지가 없어서 미군을 투입했다. 이를 두고 매킨리는 매우 힘든 결정이었다며 결정을 내린 후에는 백악관에서 무릎을 꿇고 "빛을 밝혀주시는 전지전능한 신"에게 물어보았다고 고백했다. 어찌 되었든 필리핀을 다시 스페인에 돌려줄 수는 없었다는 말은 비겁하고 명예롭지 못한 변명이었다. 하지만 프랑스와 독일처럼 식민지 개척에 혈안이 된 제국주의 국가들이 관심을 보이는 터라 내버려둘 수도 없었다. 또 필리핀이 아직 어린애 같은 처지라 스스로 통치하도록 방치할 수도 없는 상황이었다. 그래서 결국 매킨리는 미국을 위해 필리핀을 점령하기로 결정했고, 미국인들은 "필리핀 국민을 교육하고 향상시켜 기독교인으로 교화시켰으며 신의 은총으로 최선을 다해 그리스도의 사랑을 받을 만한 형제가 되게 인도할 수 있었다."[11]

그러나 전쟁 자체는 이들의 이타적인 말과는 전혀 다른 모습이었다. 필리핀 국민들은 미국이 베풀려고 했던 호의를 전혀 모르는 것 같았다. 처음에 미국은 필리핀 반란군을 얕잡아봤다. 그러나 이들은 미군보다 현지 지형을 훨씬 더 잘 알고 있었다. 정규군이 아닌 게릴라였지만 필리핀 국민들의 지지를 받았으며 막강한 외세에 대항하여 의외로 잘 싸웠다. 미군이 보유한 크라그-요르겐센이라는 노르웨이제 신형 소총은 5발들이 탄창에다 무연화약을 사용했다. 무연화약을 사용하면 발사 시 연기를 불어낼 필요가 없어서 적 소총수가 대응하기가 그만큼 힘들었다. 그래서 미군이 불렀던 군가 중에는 "성조기 깃발 아래 크라그로 교화시키자"라는 곡도 있었다. 당시에 일어났던 모든 일이 결국 아시아에서 다가올 수많은 전투의 전조였던 셈이다. 처음에는 백인이 아니라는 사실 때문에 적을 경멸했던 미군은 적의 저항이 너무 거세서 놀라고 또 격분했다. 최초 사격 명령이 떨어지자 소령 한 명이 상관 프레더릭 펀스턴 (Frederick Funston) 대령에게 "여기 보십시오, 대령님. 포격이 시작되었습니다." 라고 소리쳤다.[12] 전쟁은 예상보다 더 험난하고 잔인했다. 상당수 미군은 아서 맥아더처럼 서부 변경 지역에서 적에 대한 증오와 인종적 경멸을 품고 인디언과 전투를 치른 후 바로 투입된 상태였다. 한 군인은 "이 나라는 흑인이 인디언처럼 다 죽을 때까지 진정되지 않을 것"이라고 기자에게 털어놓기도 했다. 다른 군인은 "유일하게 괜찮은 필리핀 사람은 죽은 사람"이라고 말했다.[13] 마치 60년 뒤에 베트남에서 당했던 것처럼 적은 식별될 수 있는 트인 공간이나 주간에는 전투를 벌이지 않았기 때문에 미군 지휘관들은 아주 짜증이 났다. 적은 교활하게도 주로 밤에 싸웠고 매복 공격을 좋아했다. 반란군이 원주민 부락에 은신처를 마련했기 때문에 양민들에 대한 미군의 폭압도 더 거세졌다. 이런 전쟁에서 민간인의 중립성을 기대할 수는 없었다. 쉽게 끝낼 수 있으리라 예상했던 전쟁은 계속 이어졌다. 전쟁이 끝날 때까지 미군은 정규군 62,000명과 지원군 50,000명 등 총병력 112,000명을 필리핀에 투입했다.

갈수록 폭력 사태가 늘어났고 그 양상도 갈수록 잔인해졌다. 제이콥 스미스(Jacob Smith) 준장은 부하들에게 "난 포로를 원치 않는다. 제군들이 죽여서 태워주길 바랄 뿐이지. 적을 더 많이 죽여 불태울수록 날 더 기쁘게 하는 것이다. 미국에 대한 적개심으로 무기를 들고 대항할 수 있는 모든 포로를 말살시켜야 한다."라고 말했다. 부하 하나가 스미스 장군에게 처치할 포로의 나이 제한을 묻자 스미스는 "열 살"이라고 답했다. 그러자 그가 다시 "열 살 말입니까? 열 살짜리도 미국을 향해 무기를 휘두를 수 있습니까?"라며 되물었다. 스미스는 "그렇다."라고 말했다. 전쟁은 3년 반 동안 이어졌지만 미국인들의 관심을 끌지 못했다. 1901년에 펀스턴 장군이 기습 공격을 감행하고 반군 지도자 에밀리오 아기날도(Emilio Aguinaldo)를 사로잡으면서 비로소 전쟁이 끝날 기미가 보였다. 결과적으로 필리핀에서 미군 4,200명이 사망했으며 2,800명이 부상을 입었다. 교전 중에 필리핀 군인은 약 20,000명, 민간인은 약 250,000명이 사망했다. 매킨리 대통령은 훗날 친구에게 "연로하신 듀이 제독이 스페인 함대를 격파하고 곧장 필리핀을 떠났다면 우리가 많은 골칫거리를 겪지 않았을 것이네."라고 말했다.[14]

아서 맥아더 소장은 1900년 5월에 필리핀 주둔 미군 사령관이 되었는데 너무나 경멸했던 엘웰 오티스(Elwell Otis) 장군의 후임이었다. 그는 오티스 장군을 트랙 위에 뒤집힌 채로 전속력으로 달리려고하는 기관차 같은 인물로 묘사한 바 있다. 그러나 정치 개혁을 추진하는 한편 오티스보다 더 공격적이고 극단적인 물리력을 행사하며 게릴라를 격멸했다. 아서 맥아더와 워싱턴은 계속 긴장 관계였다. 꼭 자기가 해결해야 한다고 생각하는 그의 절대적인 확신, 그리고 이에 대한 워싱턴의 불안과 이중적인 성향은 서로 상충했다. 매킨리 대통령은 소모적이고 끝없이 이어지는 인기 없는 전쟁으로 콧대를 꺾이긴 싫었다. 따라서 모든 것을 군인들에게만 맡겨 두고 싶지 않아서 정치적 해법을 강구한 끝에 1901년에 치안판사 다섯 명을 필리핀으로 보냈다. 그리고 친구이자 오하이오 주의 유능한 판사 겸 변호사 윌리엄 하워드 태프트를 대표로 선임했다. 그러나 정작 태프트는 대법원 자리를 원했고 필리핀에는 가고 싶어 하지 않았다. 그렇다고 이를 거절할 수도 없었다. 다음에 자신이 원하는 것을 이루지 못할까봐 걱정이 됐기 때문이다. 결국 태프트는 145킬로그램의 거구를 이끌고 마닐라로 향했지만 일에 대한 열의는 찾아볼 수 없었다. 대통령을 만났을 때도 "대통령 각하, 제가 필리핀으로 가야 한다는 것이 유감입니다. 저는 필리핀을 원치 않으며 각하께서도 상황에 동조하는 적극적인 인물을 찾으셔야 한다고 생각합니다."라고 말한 바 있다. 태프트에 따르면 매킨리는 "필리핀을 원치 않는 것은 나도 자네 못지않을 걸세."라고 대답했으며, 자기에게 필요한 것은 자신이 신뢰하고 자신을 대표할 수 있는 사람이라고 강조했다.[15]

당시 필리핀의 군정 장관이었던 아서 맥아더는 자신의 절대적인 지휘력에 대한 이런 잠재적인 도전에 격분했으며 태프트에게 전혀 기회를 주지 않았다. 태프트와 치안판사 일행이 처음 도착했을 때도 직접 맞이하지 않고 부관을 부두로 보냈다. 외교관이자 역사가였던 워런 짐머만(Warren Zimmermann)의 말에 따르면 "기를 꺾으려고 치안판사 일행을 작열하는 태양 아래 하루 종일 기다리게 한 다음 아시아의 권세가처럼 그들을 맞았다."[16] 심지어 그들과 만나는 게 자기 체면이 깎이는 짓이라고 밝히기도 했다. 민간과 군사 부분의 권한을 명확하게 나누기란 쉽지 않았다. 더구나 태프트를 대하는 맥아더의 무례로 둘의 관계는 더 악화되었다. 태프트는 대체로 능력 있고 공정한 사람으로 알려졌다. 맥아더는 대통령을 경멸하는 것만큼 태프트도 무시했다. 결국 그의 권력 투쟁은 상식을 넘어선 이기심의 승리로 끝났다.

태프트의 임무는 무엇보다 미국의 미래 이익을 보호하고 한참 후에 있을 필리핀 독립의 산파 역할을 하는 정치적인 것이었다. 그는 "필리핀인을 위한 필리핀"과 같은 문구를 사용하기도 했으며 시대의 흐름에 따라 이따금씩 필리핀 사람을 "작은 갈색 형제"라고 일컫기도 했다. 하지만 맥아더의 지휘를 받는 전투부대들은 절대로 자신들의 상대를 형제로 생각하지 않았다. 그래서 이런 노래도 있었다. "그가 윌리엄 하워드 태프트의 형제인지는 몰라도 내 형제는 아니라네." 맥아더와 선임 치안판사 사이에 의사소통을 할 수 있는 비공식적인 연락책이 거의 없었기 때문에 태프트는 맥아더에게 편지를 써야 했다. 수년 동안 미국 정계의 유능한 인물들을 상대했던 태프트는 아서 맥아더의 거만한 자만심에 실망하여 엘리후 루트(Elihu Root) 육군장관 같은 유력 인사에게 맥아더의 성품에 관해 편지를 썼다. 이는 반세기 후에 의외의 반향을 불러일으켰다. "아서 맥아더는 유머 감각이 부족해서 인간의 심리 상태를 다소 심각하게 받아들였으며 비교적 단기간 머물렀던 민간인을 전혀 배려하지 않고 무례하게 대했다."[17] 태프트는 맥아더가 말은 빠른데 듣는 것은 느리다고 생각했다.

태프트는 미국 대통령으로부터 인정을 받고 있었을 뿐만 아니라 사적으로 가까운 친구 사이였다. 따라서 맥아더의 행동은 근시안적이고 자기 파괴적이랄 수 있었다. 맥아더는 민간과 군부의 권력을 놓고 태프트와 다투는 과정에서 쓸데없이 공화당 정치 거물 매킨리와 루트, 시어도어 루스벨트를 공격했다. 시어도어 루스벨트는 1900년에 매킨리의 러닝메이트가 되었고(매킨리가 암살되자 이듬해에 대통령직을 승계했다), 태프트는 1902년에 필리핀 총독이 되었으며 그 후 육군장관을 거쳐 1908년에는 대통령 선거에 출마하여 승리했다. 태프트에 대한 맥아더의 부단한 저항은 본국으로 소환되기 전까지 13개월이나 지속되었다. 마닐라에서 보낸 시기가 아서 맥아더에게는 절정기였다. 그로부터 8년이 지나 태프트가 대통령직을 인수했을 때 맥아더는 본국으로 소환

되어 곧바로 사임했다. 사실상 그는 이미 오래전에 끝난 상태였다. 맥아더는 당시 육군의 최고 계급인 중장이 되었지만 그토록 원했던 육군 참모총장직은 한 번도 제의받은 적이 없었다. 주목할 만한 업적에도 불구하고 아서 맥아더는 스스로 자초한 바이러스 같은 끊임없는 분노에 사로잡혀 결국 군 경력과 인생을 씁쓸하게 마감했다. 윌리엄 맨체스터가 적었듯이 아서 맥아더는 그간의 세월을 보내면서 아들에게 민간과 군부 간에 벌어질 냉혹한 분쟁의 씨앗을 심은 셈이었다. "씨가 꽃으로 피기까지는 반세기라는 오랜 시간이 걸렸지만 결국 그 열매는 엄청난 것이었다." 아서 맥아더의 역사와 그가 태프트 대통령을 얼마나 경멸했는지를 알고 보면 익히 알려진 더글러스 맥아더와 해리 트루먼 대통령의 대립은 예고된 역사의 반복이라 할 수 있다.

아서 맥아더는 1909년에 퇴직한 후 3년을 더 살았다. 그의 살아 있는 신화를 간직하고 그 신화를 환하게 불태웠던 진정한 지지자는 미망인 핑키 맥아더였다. 그녀는 아들 더글러스가 아버지의 신화를 마음에 간직하고 가문의 영예를 되찾기를 바랐다. 맥아더에게 "커서 아버지처럼 훌륭한 사람이 되어야 한다."라고 끊임없이 주입시키면서 "아니면 로버트 리(Robert E. Lee)처럼 되어라."라고 덧붙였다.[18] 더글러스 맥아더는 아버지처럼 훌륭한 사람이 되어야 할 뿐 아니라 그를 능가하여 핑키 맥아더를 최고로 성공한 어머니로 만들어야 했다. 맥아더가 결국 아버지가 오르지 못했던 육군 참모총장직에 오르자 핑키 맥아더는 "아버지가 지금 너를 볼 수만 있다면! 더글러스, 넌 아버지가 그토록 원했던 전부야."라고 말했다.[19]

제 8 장
핑키 맥아더

뜻밖에도 한국전쟁이 일어나기 98년 전인 19세기에 태어나 18년 전에 세상을 떠난 여성이 20세기 중반에 일어난 전쟁에 막대한 영향력을 행사한 셈이다. 자기 자신에게만 몰두했던 맥아더의 아버지뿐 아니라 그의 어머니를 이해하지 않고는 그를 제대로 알 수 없다. 더글러스 맥아더는 폭군 같은 어머니를 두었던 프랭클린 루스벨트를 비롯한 역사상 그 어떤 인물보다도 마마보이였다. 의회 명예훈장을 받았고 적의 공격에 무모하리만큼 용감하게 맞섰지만 마마보이였던 것도 부인할 수 없는 사실이다. 영웅적인 미군 장교들 가운데 웨스트포인트에 입학하는 아들을 따라 허드슨의 작은 마을로 이사하는 어머니를 둔 경우는 드물 것이다. 핑키 맥아더는 육군사관학교 4년 동안 더글러스 맥아더가 기대 이하로 도태되거나 평범한 생도로 전락하지 않도록 현지 최고급 호텔에 거처를 마련하고 아들을 지켜봤다. 웨스트포인트는 미국에서 가장 엄격한 4년제 교육 기관이었다. 그러나 그녀는 학교 감독관이 자기

아들에게 소홀하거나 그가 얼마나 뛰어난지 몰라줄 때 몸소 나서서 이를 일깨워주었다.

핑키 맥아더는 더글러스 맥아더의 경력을 이뤄낸 주요 설계자이다. 뿐만 아니라 정신의 틀을 만들고 때로는 맥아더의 위대한 재능을 덮어버리거나 반감시키기도 했던 아주 독특한 자아도취를 창조해낸 인물이다. 어머니가 일군 뛰어난 재능에 이기적인 맥아더와 공인으로서 헌신적인 맥아더가 40여 년간 동고동락한 셈이다. 시쳇말로 치맛바람이 드셌던 맥아더의 어머니는 원대한 야심을 품고 아들의 성공만을 위해 헌신적인 삶을 살았던 여성이다. 아들이 곧 자신의 인생 자체였으므로 어찌 보면 그녀는 세계적인 수준의 출세주의자라 할 수 있다. 맥아더가 출세하면 그녀 역시 출세한 것이고 맥아더가 앞에 놓인 여러 가지 도전을 극복하면 그녀도 그러했던 것이다. 그리고 맥아더가 명성을 얻으면 그녀도 명성을 얻은 셈이었다. 이리하여 맥아더는 성공을 위해서라면 인간의 다른 자질 따위는 기꺼이 저버릴 수 있는 인물로 자랐다. 성공하려면 다른 사람을 생각할 겨를이 없었다. 그러는 순간 상대방에게 밀릴 수도 있기 때문이다.

맥아더의 어머니는 이렇게 아들을 자기도취적이고 스스로 고립되기 쉬운 외골수로 길렀다. 그래서 애초부터 동료 관계가 원만하지 않았다. 웨스트포인트 출신들의 결혼식은 대개 신랑과 교우들 간의 끈끈한 유대 관계를 보여주는 중요한 사교 행사였다. 그런데도 그의 첫 번째 결혼식은 친구와 동료 하객이 너무 적어서 주목을 끌 정도였다. 결혼식에 참석한 친구는 한 명뿐이었다. 군 생활 중에도 아첨을 일삼는 부관들만 감싸고 다른 장교들은 모두 외면하는 바람에 사이가 멀어지고 말았다. 마음속에 동료 의식이라고는 눈곱만큼도 없었기 때문에 관계에 서툴 수밖에 없었다.

핑키 맥아더는 아들이 부당한 대우를 받았던 아버지의 한을 풀고 자기 자신과 경쟁하도록 치밀하게 계획하여 양육했다. 유능하고 지적인 그를 다른 사람들과 철저히 분리시키고 절대 과오를 범하지 않는 일종의 군사 기계나 괴물로 만들었다. 그는 한 번도 실수를 하지 않았고 실패하는 법이 없었다. 하지만 뛰어난 재능에도 불구하고 지독히도 인정받지 못한다고 생각했기에 늘 불만이 가득했다. 한국전쟁이 시작되었을 때 맥아더에게 가장 힘겨운 싸움은 바로 자신과의 경쟁이었다. 트루먼이나 중국과 겨루는 문제가 아니었다. 지적이고 창의적이며 호기로운 인간으로서의 강점과 허영심 많고 이기적이며 무례한 그의 약점이 빚어내는 갈등이었다. 웨스트포인트의 전쟁사 교수 콜 킹시드(Cole Kingseed)는 맥아더가 선한 인간인지 악한 인간인지를 따질 때, 17세기 청교도 올리버 크롬웰(Oliver Cromwell) 장군을 묘사하는 '위대한 악인'이라는 표현을 맥아더에 적용할 수 있다고 지적했다.[1]

대부분은 핑키 맥아더에게서 비롯한 것들이었다. 늘 완벽하거나 적어도 완벽해 보여야 한다고 배운 맥아더는 자신의 약점을 감추고 오류를 인정할 줄 모르는 사람이 되었다. 완벽해야 한다는 강박 관념은 필연적으로 편집증을 불러왔다. 사람들이 항상 자기 마음을 얻으려고 기를 쓴다고 생각했고, 이런 인식은 사령부에서 청년 장교로 활동할 때나 워싱턴에서 고급 장교로 재직하던 시절에나 마찬가지였다. 그 주위엔 온통 자신을 원하는 사람들뿐이었다. 완벽한 자신과 그런 자신을 떠받드는 참모만 있는 세상에서 살았던 셈이다. 혹시라도 일이 잘못되면 그건 어디까지나 다른 사람들 탓이지 자기 잘못이 아니었다. 미군을 한국전쟁에 처음 투입할 당시 준비가 부족했던 것에 대해 그는 훗날 이렇게 기록했다. "어떻게 미군이 이런 비참한 상황에 이르게 된 걸까? 얼마 전까지만 해도 군사적으로 세계에서 가장 강력했던 조국의 모습을 돌이켜보았다. 그러나 5년이라는 짧은 시간에 장기적인 목표를 세우고 돌진하는 긍정적이고 용감한 지도력이 실추되면서 강력한 힘도 빠져나갔다." 물론 자신이 애초에 필요한 병력은 일본 주둔군의 절반보다 적은 수준이면 된다고 선언함으로써 동원 해제를 가속화했다는 사실은 전혀 언급하지 않았다. 한국전쟁에 투입된 허술했던 병력들이 자신의 지휘를 받았고 이들이 육군 내 미식축구 대회에서 경기를 하지 않는 한 거의 관심을 기울이지 않았던 사실도 마찬가지였다. 그의 상황 인식은 평시에나 전시에나 여전히 안일했다.

메리 핑크니 하디(Mary Pinckney Hardy)는 남부 출신의 아리따운 숙녀였다. 버지니아 주 노픽에서 면화 중개업자의 딸로 태어나 뉴올리언스 마디그라 축제에서 아서 맥아더를 만났다. 그리고 미국 역사상 가장 처참했던 전쟁이 끝나고 8년이 지난 1873년에 결혼했다. 전쟁 후유증으로 인한 흥분과 편견이 가라앉지 않은 때여서 남부군 소속으로 싸웠던 오빠 둘은 결혼식을 거부했다. 결혼 생활은 순탄치 않았다. 당시 사교계에서 알아줄 정도로 부유하고 품위 있는 집안의 재원이었지만 남편의 임지를 따라 여기저기 옮겨 다녀야 하는 황량한 생활을 감내하면서 어느덧 개척 여성으로 변해갔다. 때로는 간신히 목숨을 이어가는 가축들 외에는 반겨주는 이 하나 없는 남서부의 외딴곳에서 생활하기도 했다. 그녀의 집안 배경을 고려하면 어떻게 그런 생활을 견뎌냈는지 놀라울 따름이다. 윌리엄 맨체스터는 이를 "당시의 거센 사회적 시련에 맞선 용기의 결과"라고 치켜세웠다.[2]

첫째 아들 아서 맥아더 3세는 해군에 입대했지만 1923년에 젊은 나이로 세상을 떠났으며, 둘째 아들 맬컴은 다섯 살 때 홍역으로 죽었다. 더글러스는 1880년에 아칸소 주 포트 닷지에서 태어났다. 둘째 아들의 죽음으로 정신적인 충격이 컸지만 핑키 맥아더는 셋째인 막내아들에게 관심을 쏟으며 상처를 극복해냈다. 상실감에 휩싸여 괴로워하는 대신 자신의 마지막 희망인 더글러스에게 혼신의 노력을 기울였다. 더글러스가 태어나기 전인 열일곱 살에 이미 국가의 영웅이 된 아버지 아서 맥아더는 더글러스에게 신화적인 존재이자 모범이었다. 어머니는 훈육 하사관처럼 그런 아버지의 업적과 기대에 걸맞은 인물이 되어야 한다고 더글러스에게 끊임없이 일렀다. 일본의 비공식적인 통치자로 지내던 시절 일본 의회가 토지개혁법을 통과시킨 날, 맥아더는 의자에 깊숙이 기대어 마치 하늘을 바라보는 듯 했지만, 실제로는 필리핀 주둔 당시 토지 개혁에 실패했던 아버지 사진을 바라보고 있었다. 그리고는 이렇게 말했다. "아버지, 저 어때요?"³

펑키 맥아더는 아들을 웨스트포인트에 보내고 싶어 했지만 집안의 인맥에도 불구하고 입교가 쉽지 않았다. 그래서 더글러스 조부의 친구인 하원의원이 있는 지역으로 이사를 갔다. 첫 번째 신체검사에서 척추만곡 때문에 문제가 생기자 이를 고칠 수 있는 의사를 찾았다. 막강한 연줄을 동원한 지원자가 너무 많아서 하원의원이 특별 선발 시험을 마련하자 펑키 맥아더는 바로 아들의 개인 지도를 위해 고등학교 교장을 고용하여 시험을 준비했다. 시험 전날 밤 더글러스는 초조하고 불안한 탓에 한숨도 자지 못했다. 그러자 어머니는 이렇게 기운을 북돋워주었다. "더글러스, 넌 침착하기만 하면 잘해낼 거야. 아들아, 너 자신을 믿으렴. 그러지 않으면 아무도 널 믿지 않는단다. 자신감을 갖고 스스로 일어서면 설령 결과가 나쁘더라도 최선을 다했다는 사실에 만족할 수 있을 거야. 용감하게 부딪쳐보거라." 열세 명이 시험에 응시했는데 맥아더는 최고 점수인 99.3을 받았으며 2등의 점수는 77.9였다.

예상대로 웨스트포인트에서 그는 우수한 학생이었다. 물론 맥아더의 성적은 반에서 최고였고 역사를 통틀어도 세 번째였다. 그를 앞선 두 사람 중 하나는 어머니 펑키 맥아더의 또 다른 영웅 로버트 리 장군이다. 더글러스는 제1차 세계대전 동안 뛰어난 활약을 펼쳐서 상관에게 인정을 받았다(일곱 번의 은성훈장과 의회 명예훈장 수여). 제1차 세계대전 중에는 제42레인보우사단에서 능숙한 지도력을 발휘하여 마침내 최연소 사단장이 되었다. 유례없이 빠른 진급이었다. 그런데도 핑키 맥아더는 앞으로 정복해야 할 일이 더 많다고 아들을 북돋웠으며 다른 사람들이 아들의 뛰어난 능력을 몰라줄 때는 어김없이 이를 일깨워주었다. 아들의 상관에게는 노회한 남부 출신 여성답게 부끄러워하는 듯하면서도 교묘하게 아첨을 가득 담은 편지를 보냈다. 그렇게 해서 프랑스에서 펼친 맥아더의 업적뿐 아니라 웨스트포인트 성적까지 상기시켰다. 제1차 세계대전 때에는 더글러스가 너무 오랫동안 대령 계급장을 달고 있다는 생각에 육군장관 뉴턴 베이커(Newton Baker)에게 편지를 써서 장군 진급을 제안하기도 했다. "장관께서 적합하다고 여기신다면 이 장교는 큰일을 할 준비가 된 도구이며 …… 충성스럽고 헌신적인 장교로서 그의 발전은 곧 단순한 개인의 성장뿐 아니라 시련을 겪고 있는 중대한 시기에 사랑하는 조국의 국익을 증진시키는 데 이바지할 것입니다. 맥아더의 진급을 고려해주시기 바랍니다." 베이커는 아무 반응을 보이지 않았지만 핑키 역시 단념하지 않고 여덟 달 후에 다시 편지를 썼다. "캘리포니아에서 감히 실례를 무릅쓰고 펜을 들어 장관께 솔직한 심정으로 제 아들, 더글러스를 추천했습니다. 저의 진심 어린 바람이라면 장관께서 명확하게 판단하시어 그에게 장군 직함을 수여하시기를 바랍니다. …… 높은 자긍심과 열정으로 전장에서 이룩한 탁월한 성과를 고려하시어 장관께서 그를 장군으로 진급시키시면 예외 없이 전군이 찬사를 보낼 것이라 믿습니다."[4]

베이커는 재빨리 그녀를 존 퍼싱(John J. Pershing) 장군에게 떠넘겼다. 퍼싱 장군은 필리핀에서 아서 맥아더가 소장으로 근무할 때 젊은 대위로 맥아더의 보살핌을 받은 바 있다. 퍼싱은 곧 "이제는 고인이 된 제 남편의 장군에 대한 존경과 장군과의 오랜 우정의 추억을 담아 진심 어린 짧은 편지를 띄웁니다. …… 저는 장관과 그의 가족을 아주 잘 알며, 장관도 맥아더 대령을 잘 알고 늘 염두에 두고 있다는 걸 압니다."라는 핑키의 편지를 받았다.[5] 1917년에 드디어 맥아더가 장군이 된 후에도 편지는 계속되었다. 맥아더의 어머니는 이런 압력이 효과가 있다는 걸 알고 이후 맥아더가 준장으로 4년을 머물며 진급이 안 되자 소장 진급을 위해 다시 활동을 시작했다. 이번엔 더글러스의 첫 번째 부인 루이즈 맥아더(Louise MacArthur)도 동참했다. 루이즈 맥아더는 레인보우사단의 장교로 군복무를 하고 워싱턴 정가에서 활동하던 변호사를 선임하여 남편을 위한 로비를 지시했다. ("비용은 개의치 마세요. 경비 청구서는 제 앞으로 보내고 남편에게는 절대 알리지 마세요.") 로비스트 변호사는 제1차 세계대전 당시 프랑스 주둔 맥아더 사단의 대령이었던 사람들과 함께 육군장관 존 위크스(John Weeks)를 만났다. 그러나 소장으로 진급하기엔 맥아더의 나이가 너무 어리다는 답변을 받았다. 나중에 맥아더는 위크스의 말을 전해 듣고 칭기즈칸은 열세 살에 유목민 부족을 이끌었고 나폴레옹은 스물여섯에 군대를 지휘했다며 투덜거렸다.[6]

맥아더가 웨스트포인트 교장이었을 때는 모친이 그 안주인이었다. 아들이 매력적인 이혼녀와 결혼하려 할 때는 몸져눕는 시늉까지 하며 반대 시위를 벌이기도 했다. 아들이 자신의 통제에서 벗어나려는 조짐이 보일 때마다 같은 행동을 취했다. 그런데도 아들이 결혼을 강행하자 결혼식에도 참석하지 않았다. 예상했던 대로 맥아더의 첫 번째 결혼 생활은 오래가지 못했다. 맥아더가 육군 참모총장이 되자 핑키 맥아더는 다시 예전의 위치로 돌아와 공식적인 안주인 역할을 했으며 맥아더는 매일 집에 와서 점심을 먹었다. 핑키가 나서서 직접 며느릿감을 고른 덕분에 두 번째 결혼은 비교적 순조로웠다. 두 번째 부인 진 페어클로스(Jean Faircloth) 또한 남부 출신 미인으로 남편을 공경하고 우상시했으며 장군의 부인으로서 자신의 역할에 충실했다. 사람들 앞에서는 남편을 '장군님'이라 부르고 둘이 있을 때는 '보스'라고 불렀다.

핑키 맥아더는 무엇보다 아들에게 성공의 중요성을 가르쳤다. 개인의 성공은 나라를 위해서도 좋은 것이며 이를 위해서는 어떠한 희생도 감수해야 한다고 끊임없이 일렀다. 이는 그녀가 맥아더의 상관에게 썼던 아부성 편지에 잘 담겨 있다. 요약하면 더글러스 맥아더의 이익과 미합중국의 이익이 하나라는 것이었다. 그녀의 창조품인 맥아더는 그 시대 다른 장군들과는 전혀 달랐으며 자기중심적인 조지 패튼 장군과도 달랐다. 당시에는 젊은 시절부터 동고동락하며 어렵고 무미건조한 군 생활을 함께한 까닭에 군인들 사이에 유난히 동료애가 돈독했다. 그런데 맥아더에게는 그런 유대감이 없었으며 평생을 함께하는 멋진 우정도 없었다. 자신만의 독특하고 신령한 기운을 가지고 군 생활을 헤쳐 나갔지만 친구는 거의 없었다. 군에서는 항상 책임과 충성, 조직에 대한 존중, 명령 준수와 자신의 욕구 사이에 균형을 맞추어야 한다. 그리고 여기에서 충성은 조직과 상관의 명령을 존중하고 준수하는 것을 의미한다. 그러나 아서 맥아더와 더글러스 맥아더는 군인으로서 이런 중요한 기준들을 지키지 못했다.

제 9 장
맥아더의 정치적 행보

한국전쟁 발발 당시 맥아더는 워싱턴의 호불호와는 상관없이 양대
세계대전을 경험한 마지막 현역 군인이자 당대 많은 정치인들 못지않게 출중
한 인물이었다. 제2차 세계대전 동안에는 태평양 지역 미군 총사령관으로 크
게 활약했다는 평가를 받았다. 그러나 맥아더는 전쟁 초기에 항공모함을 이용
한 새로운 전술을 모색하는 한편 일본군의 공군력이 어느 정도인지 가늠하느
라 다소 미적거렸다. 또한 일본 전투기가 미 공군을 성공적으로 제압했을 때
는 일본군 조종사들이 백인임에 틀림없다고 확신했다. 이는 그의 인종차별적
인 성향을 여실히 보여주는 발언이었다.[1] 12월 7일 전에는 「타임」의 젊고 유
능한 저술가 존 허시(John Hersey)에게 만약 일본이 참전한대도 영국, 네덜란
드, 미국은 태평양 지역에 이미 배치한 병력의 절반만으로 일본 함대를 쉽사
리 봉쇄할 수 있다고 장담하기도 했다.[2]

그러나 전쟁이 시작되고 얼마 안 있어 일본의 군사 문화와 군사력의 진면

목을 알게 되었다. 의제(議題)를 통제하고 지휘하여 모든 일을 계획에 따라 이룰 때면 위협적이고 강력한 일본군의 지휘 체계가 천하무적처럼 느껴졌다. 모든 병력이 엄중한 명령을 충실하게 따르고 모든 것이 계획대로 이루어졌으며 실수는 전혀 용납되지 않았다. 그러나 만일 전투의 흐름이 바뀌어 일본군이 주도권을 잃는다면 일본군의 바로 그 장점들이 약점으로 작용할 것이었다. 놀라울 정도로 경직되어 있는 탓에 숙련된 전투 기술은 일본군이 전세를 주도해나갈 때만 제대로 작용했다. 사회 구조 또한 지나치게 위계적이고 권위적이었으며 개인의 능력은 별로 중요시하지 않았다. 때문에 개별적으로 떼어놓고 보면 그다지 뛰어나지도 않았고 전장에서 필요한 결정력과 예상치 못한 상황에 대한 대응력도 부족했다. 이처럼 군사적으로 유연성이 없어 조직은 빠르게 경직되었다. 그래서 맥아더는 장교들에게 "일본군이 우리를 공격하게 두지 마라. 일본군은 통제된 계획에 따라 공격하는 데는 뛰어나도 뜻밖의 공격을 받으면 오합지졸이다."라고 말했다.[3]

맥아더는 새로운 전쟁 수행 방식에도 빠르게 적응했다. 현대전에서 공군의 위력을 제대로 이해하지 못했다면 12월 8일에 클락 필드 공군 기지에 묶여 있었을 테지만 재빨리 새로운 전술을 습득하여 작전 계획을 수정했다. 능숙하고 진솔한 젊은 공군 장교 조지 케니(George Kenny)는 맥아더와 그의 참모장 리처드 서덜랜드(Richard Sutherland) 장군 앞에서 섬들이 산재해 있는 일본의 강점 지역에서 공군력을 어떻게 활용할 것인지 설명했다. 전쟁 초기 맥아더의 딜레마는 확연했다. 일본군은 미 지상군 병력에 한계가 있음을 알고 미군이 기술력을 제대로 펼치기 어려운 환초(環礁)에 방어망을 구축하고 맹렬하게 대응했다. 딜레마에 대한 해법으로 맥아더와 케니는 일본군이 강한 지역에서는 교전을 피하고 일본군이 취약한 섬을 공격하는 데 집중했다. 각기 다른 환초에 비행장을 만들어 일본군이 점령한 지역을 차례로 더 깊숙이 공격했다.

그렇게 서서히 그러나 확실하게 통신과 보급로를 차단하여 적을 고립시키는 작전이었다. 맥아더는 솔로몬 제도의 라바울에서 수십만 명이 넘는 병력으로 교전을 기다리는 일본군을 피했다. "라바울을 굶어죽게 해! 정글과 기아! 이 게 내 동맹군인 셈이지!"[4] 걸작이라 할 만한 놀라운 작전이었다. 맥아더의 부정적인 측면을 주로 문제 삼던 저널리스트 존 건서(John Gunther)도 군사 작전에 관해서만큼은 "다리우스 대왕 이래 어떤 지휘관보다 적은 손실로 가장 많은 영토를 차지했다."라고 기술했다.[5]

그러나 매력적이지 못한 부분도 있었다. 제1차 세계대전 기간에도 이기심과 끝없는 자아도취의 위험한 징후가 나타났다. 하지만 그때는 젊고 민첩해서 다른 장점을 활용해 임무를 완수했다. 때문에 지도력을 갖춘 훌륭한 지휘관으로서 용감무쌍한 활약을 펼쳐 항상 두각을 나타냈다. 하지만 제2차 세계대전 때는 사뭇 달랐다. 그때는 이미 유명해져 정치색을 띠었기 때문에 이기적인 자아와 순수한 군사적 책무가 자주 충돌했다. 이제 전장의 적뿐 아니라 워싱턴의 민간 및 군부 관료들까지 더 많은 적이 생겼다. 명성을 얻은 덕분에 책임은 훨씬 커졌고 제약은 줄어들었다. 그 결과 제2차 세계대전이 끝날 무렵에는 특출한 재능보다는 파괴적인 성향이 점차 부각되기 시작했다.

맥아더는 휘하 부하들에게 과도한 충성을 요구했지만 영예를 나누는 데는 너무 인색했다. 그래서 부하 장교들이 명성을 얻는 데 개의치 않는 아이젠하워 같은 인물을 경멸했다. 맥아더 사령부에서 나오는 모든 공문서에는 그의 이름이 실렸고, 태평양 지역의 문서 표지는 늘 '맥아더 사령부'로 따로 표시하여 구분했다. 야전사령부의 공문서대로라면 오직 한 사람이 모든 결정을 내리고 전투를 지휘한 셈이었다. 전쟁 동안 태평양 지역의 모든 공식적인 발표 역시 맥아더의 이름으로 이루어졌다. 윌리엄 맨체스터는 일찍이 전투지역의 초기 공문서를 조사했다. 그 결과 언론 성명서 142건 가운데 109건이 전쟁 초기 3개월 동안 방송되었으며 다른 장교의 이름은 언급되지 않았다는 것을 확인했다. 맥아더의 제8군을 지휘했던 적극적이고 유능한 로버트 아이첼버거 (Robert Eichelberger) 장군은 공보장교에게 공문서에 자기 이름을 써넣느니 차라리 호주머니에 살아 있는 방울뱀을 넣는 게 나을 거라고 말한 바 있다. 아이첼버거 장군에 관한 기사는 당시 유력 언론이었던 「새터데이 이브닝 포스트 (The Saturday Evening Post)」와 「타임」에 실렸다. 이것을 보고 불쾌감을 느낀 맥아더는 그를 불러 "내가 장군을 내일이라도 당장 대령으로 강등시켜 본국으로 돌려보낼 수 있다는 사실을 아는가?"라고 경고했다.[6] 맥아더에게 충성은 자기 자신만을 위한 일방적인 것일 뿐 정작 자신은 상관인 워싱턴의 대통령과 군 수뇌부에게 전혀 충성하지 않았다. 해가 갈수록 그는 정치적인 인물로 거듭났으며 끊임없이 공화당과의 연줄을 이어갔다. 제2차 세계대전이 한창이던 1944년에도 엄청난 야심과 프랭클린 루스벨트 대통령에 대한 깊은 적개심을 품고 자신이 대통령의 가장 강력한 정적이라고 생각했다. 1948년에는 공화당 대통령 후보 경선에 나섰으나 쓰라린 패배를 맛보았다. 1950년에 한국에서 부대를 지휘할 때도 백악관 및 공화당 대통령 후보들 일부는 그가 한국전쟁 와중에도 1952년 대통령 후보 경선에 나설 거라고 생각했다. 맥아더 역시 그러길 간절히 원했다.

맥아더의 정치 성향은 보수적이었기 때문에 공화당 보수파에서는 그를 유망주로 생각했다. 뜻밖에 일본에서는 자유주의 총독으로 알려졌지만 이는 허상에 가까웠다. 20세기 중반까지의 미국 정치를 리히터 스케일로 분석한다면 자유주의보다는 보수주의에 훨씬 가까웠는데, 맥아더의 정치 성향은 전혀 다른 시대에 형성된 것이었다. 그러나 맥아더를 잘 아는 사람들은 그에게 정치적 이데올로기는 그리 중요한 게 아니라고 생각했다.

그가 얼마나 정치적이었으며 국가적 차원에서 어떤 역할을 했는지는

1930년대 초반에 '보너스 군대'를 저지한 그의 행적을 보면 잘 알 수 있다. 대 공황은 미국 사회의 깊은 간극을 드러내 정치적·경제적·사회적으로 극심한 소외감을 불러일으켰다. 육군 참모총장이었던 맥아더는 후버 행정부뿐 아니라 당시 사회 전반적으로 거센 도전을 받던 기존의 정치경제 질서에 너무나 적극적으로 보조를 맞췄다. 따라서 위기 국면에서 그가 선뜻 행정부를 지원한 것은 놀랄 일이 아니었고 불가피한 면도 없지 않았다. 그는 자신의 직무를 벗어나 진원지로 뛰어들었다. 이는 명성과 영예를 추구하는 그의 욕구를 단적으로 보여준다. 보너스 군대는 가난한 제1차 세계대전 참전 용사들이 만든 집단으로, 워싱턴에 도착하여 참전 복무에 대한 보상을 보너스 형태로 받으려 했다. 이때는 1932년으로 대공황이 절정에 다다른 시기였고 맥아더에게도 이 사건은 정치적으로 결정적인 순간이었다. 제2차 세계대전 동안 뛰어난 장군으로 유명세를 떨치며 찬사를 받긴 했지만 이 사건을 처리하며 저지른 불명예스러운 일은 미국 노년층의 가슴에서 지워지지 않았다.

대공황 때는 수백만 명의 미국인이 일자리를 잃었다. 기동성이 뛰어나긴 했지만 오합지졸이었던 이들 보너스 군대는 텍사스 주 하원의원 라이트 패트먼(Wright Patman)이 발의한 법안이 통과되기를 기다렸다. 법안의 골자는 이들에게 평균 천 달러 정도의 위로금을 각각 지급하는 것으로 당시로서는 매우 큰 액수였다. 제1차 세계대전 참전에 따른 희생의 대가를 전쟁이 끝난 지 27년이 지난 1945년에 위로금 지급 형태로 보상하려 했던 것이다.

이들 대다수는 참전 용사였지만 가족을 비롯해 약 3만 명 정도가 워싱턴 남쪽 아나코스티아 강 건너편에 인접한 아나코스티아 플랫이라는 지역에 거주하면서 정착촌을 형성했다. 천막과 판잣집으로 이뤄진 초라한 촌락이었다. 극소수지만 과격분자도 더러 있었다. 그러나 상당수 일반 시민들도 규제가 없는 자본주의의 본질적인 폐해를 목격하고 자본주의에 대한 신념을 잃어가던 때라 그리 놀랄 일은 아니었다. 맥아더와 얘기를 자주 나눴던 측근 코트니 휘트니(Courtney Whitney)는 시위에 가담한 보너스 군대 "상당수는 살인, 강간, 강도, 절도, 협박, 폭행 등과 같은 범죄 기록이 있는 전과자들"이었다고 기록했다.[7] 맥아더에게 이들은 그저 위험한 반미 폭도일 뿐이었다. 그러나 자세한 기록을 보관하고 있는 미국 재향군인 관리국은 후에 이들 가운데 94퍼센트가 실제로 재향군인이었으며 67퍼센트는 해외에 파견되어 복무한 바 있다고 밝혔다. 당시 소령이던 드와이트 아이젠하워는 맥아더의 유능한 보좌관이었다. 그 역시 시위 가담자들의 행동에 오해의 소지가 있긴 했지만 그들의 요구에도 호소력이 있다고 생각했다. "이들은 누더기를 걸치고 잘 먹지도 못한 채 스스로 심한 모욕을 받고 있다고 느낀다."

의회에서 패트먼 법안에 대한 논란이 가열될 무렵 보너스 군대의 인원은 점점 늘어났다. 여름이 되자 현지 경찰력으로 이들을 통제할 수나 있을지 의문스러울 정도였다. 더구나 대공황으로 무기력해진 후버 대통령은 인기가 하락하고 있던 터라 시위 참가자들의 위협적인 주장에 점점 과민해졌다. 그해 여름에 패트먼 법안은 하원을 통과했지만 상원에서 부결되었다. 보너스 군대와 현지 경찰 간에 물리적인 충돌도 여러 차례 발생했다. 후버는 참전 용사들을 도시에서 몰아내야 할 때라고 생각하고 미군이 그 일을 맡아주기를 바랐다. 맥아더가 참석한 고위급 민관군 합동 회의에서 보너스 군대 지도부는 군이 자신들의 정착촌에 들어온다면 적합한 대형으로 위엄을 갖춰달라고 요청했다. 그러자 맥아더는 "친애하는 여러분, 당연히 그렇게 할 것입니다."라고 답했다.[8] 7월 28일 시위대와 몇 차례 실랑이가 벌어진 후 상황은 더 악화되었고 후버는 시위대를 해산시키라는 명령을 내렸다. 아무리 능수능란하게 처리해도 치졸한 정치적 행동이 될 게 뻔한 일에 군이 깊이 개입하는 걸 원치 않았던 아이젠하워는 맥아더를 말리려고 애를 썼다. 남다른 능력을 자랑하던 페리 마일스(Perry Miles) 준장이 부대를 이끌었다. 기갑부대 장교 조지 패튼 소령은 저항하는 보너스 군대에게 앞으로 일어날 수 있는 불상사에 대해 경고했다. 한편 아이젠하워는 맥아더가 현장을 방문하여 진압을 독려하려는 걸 눈치채고 잔뜩 긴장했다. 아침에 아이젠하워와 맥아더는 사복 차림으로 함께 사무실에 도착했다. 그런데 맥아더는 아이젠하워에게 즉시 집에 가서 군복으로 갈아입고 오라고 지시하고, 본부에 가서 훈장을 단 자신의 군복을 가져오라고 당번병을 급히 보냈다. 아이젠하워는 이 일이 보기 흉한 실수가 될 게 분명하고 이를 빌미로 민주당과 의회에서 군에 타격을 가할 거라며 필사적으로 만류했다. 그래도 꼭 현장에 가야겠다면 군복만은 벗자고 말했지만 맥아더는 듣지 않았다. 훗날 아이젠하워는 이렇게 밝혔다. "나는 그 멍청한 개자식에게 거기에 가야 할 이유가 없지 않느냐고, 참모총장이 직접 갈 곳은 아니라고 말했다."[9] 자기 자신을 3인칭으로 일컫곤 하던 그 참모총장은 "맥아더는 현장에서 직접 지휘하기로 결정했네. 어딘지 모르게 혁명의 조짐이 보이고 있어."라고 덧붙였다.[10]

두 사람은 정복을 차려입고 보너스 군대를 만나러 갔다. 그러나 후버 대통령은 시위대 진압을 원했지만 폭력 사태는 원치 않았다. 진압은 될 수 있는 한 제한된 범위 안에서 이뤄져야 했다. 따라서 군대는 강을 건너지 말고 혹여 건너더라도 강 건너편에 있는 참전 용사 정착촌에는 접근하지 말라고 지시했다. 그러나 이런 내용을 담은 대통령의 서신이 있다고 아이젠하워가 보고하자 맥아더는 "별로 듣고 싶지도 않고 보고 싶지도 않네. 치워버리게나."라고 답했다. 맥아더는 마치 명령을 받지 않은 것처럼 행동했다. 명령에 따라야 할 필요가 없었기 때문에 군의 이동에도 제한이 없었다. 그는 강을 건너 참전 용사 정착촌을 부숴버릴 작정이었다.

주변 분위기는 빠르게 험악해졌고 참전 용사들의 초라한 판잣집들은 이내 불길에 휩싸였다. 비애감이 가득한 사건이라 언론의 관심을 끌 거라고 판단한 아이젠하워는 맥아더를 거기에서 나오게 하려고 애를 썼다. 군사 문제가 아니기 때문에 명령을 내린 행정부가 알아서 처리하고 책임지게 두어야 한다고 생각했던 것이다. 아이젠하워는 언론 노출을 피하려고 일단의 조치를 취했다. 그러나 맥아더는 논란의 중심에 서길 원하는 것 같았다. 그는 일부러 늦은 저녁에 기자회견을 열었는데 후버의 명령을 넘어섰던 그는(아울러 다가오는 선거에서 민주당의 프랭클린 루스벨트 후보를 도와주는 정치적 위기를 조성하며) 대통령이 너무나 확고부동하다고 치켜세웠다. 그러면서 "대통령이 한 주를 더 기다렸다면 정부 기관이 위협을 받을 수도 있었다."라고 말했다.[11] 맥아더는 이런 방식으로 후버가 정말 그런 명령을 내린 것처럼 만들어버렸다. 대통령은 자신의 명령에 따라 이뤄진 것처럼 보이는 결과를 받아들이지 않을 수 없었다. 정치적으로 치명적인 순간이었다. 그리고 한쪽에서 프랭클린 루스벨트는 이 사건이 자신의 당선을 확정하리라는 사실을 직감했다.

힘든 시기에 시위대를 동정하던 수백만 명의 일반 미국 시민들에게도 아주 결정적인 순간이었다. 국민들의 마음속에 맥아더는 인권을 모독한 군인이며 정치적으로 전혀 신뢰할 수 없는 군국주의적인 인물로 각인되었다. 그러나 여러 가지 면에서 그는 원하는 바를 얻을 수 있었다. 그날의 행동으로 맥아더는 보너스 군대를 자본주의를 위협하는 불순 세력으로 보았던 우파와 더 긴밀한 관계를 맺었기 때문이다. 뉴딜 정책을 반대하는 정치 세력과 유권자에게는 과단성 있는 장군이라는 깊은 인상을 심어주었다. 여태껏 어떤 군인보다 더 정치적인 인물로 거듭났으며 정치적으로 부상하는 부류와 관계를 끊고 잠시 쇠퇴하는 정치 세력에 스스로를 연결한 셈이었다.

미국의 앞날에 중요한 역할을 하게 될 두 장교가 그날 보여준 모습은 흥미로웠다. 타고난 정치력으로 정치적 사안에 유연했던 아이젠하워는 일반 국민의 곤경에 연민을 보였다. 반면 시위대의 요구가 전체 경제 질서를 위협하는 급진적인 운동이라고 단정했던 맥아더는 무대 중심에 서서 언론의 관심을 끌고 싶은 욕망을 이기지 못했다. 그는 훈장으로 장식한 정복을 차려입고 자신을 과시하느라 여념이 없었다.

조국의 현실과 나아갈 방향에 대한 맥아더의 인식은 상당히 왜곡된 것처럼 보였다. 자신은 점점 늙어가고 미국은 눈부신 기술 발전에 힘입어 급속도로 변화하고 있는데도 이를 전혀 깨닫지 못했다. 그는 급격한 경제 변화와 통신의 발전으로 말미암은 변화의 새 시대를 이끌어갈 인물이 아니었다. 그보다 이미 지나온 시대를 사는 사람들과 있을 때 더 편안하고 안정감을 느끼는 19세기적 인물이었다. 따라서 맥아더가 워싱턴에서 일어나는 많은 정치적 변화를 따라가지 못한 것은 너무나 당연했다.

연이어 모셨던 두 민주당 대통령에 대한 맥아더의 평가는 냉혹했다. 특히 민첩하고 영리해서 뛰어난 기술로 자신을 잘 다루었던 루스벨트 대통령을 싫어했다. 루스벨트 역시 맥아더를 이용하긴 했지만 신뢰하지는 않았다. 그는 일찍이 보좌관 렉스포드 터그웰(Rexford Tugwell)에게 휴이 롱(Huey Long)이 미국에서 가장 위험한 인물 두 사람 중 하나라고 말한 바 있다. 터그웰이 다른 한 명은 누구냐며 혹시 "저주에 찬 독설을 퍼붓는 찰스 코글린(Charles E. Coughlin) 신부인가요?" 하고 물었다. 그러자 루스벨트는 "다른 한 명은 바로 더글러스 맥아더야."라고 답했다.[12]

제2차 세계대전 기간에 루스벨트와 맥아더는 복잡한 게임을 벌였다. 가장 뛰어난 정치인이 최고의 재능을 타고났지만 자신과는 상극인 장군을 대하는 게임이었다. 루스벨트는 맥아더에게 "더글러스 장군, 내 생각에 당신은 장군으로서는 최고지만 정치인으로서는 최악이 될 것 같습니다."라고 말한 적이 있다. 맥아더는 자기에게 정치적인 야심이 없다는 걸 보여주기 위해 이 일화를 즐겨 인용했다.[13] 귀족적이고 에둘러 말하는 데 능해 답답하기까지 했던 루스벨트 대통령은 맥아더를 매파 강경론자로 보았다. 루스벨트는 맥아더보다도 맥아더를 (대통령직에 대한 그의 이글거리는 야망을) 더 잘 이해했던 인물이다. 그러나 맥아더와 일반 유권자의 관계에 거리감이 컸기 때문에 그를 심각한 정치적 위협으로 여기지는 않았다. 하지만 만일의 경우에 대비하여 맥아더가 제2차 세계대전이 일어나기 직전에 제출한 문서 사본을 보관하고 있었다. 그 문서에서 맥아더는 "섬 지역에 대한 아군의 공습을 적이 저지하기에는 역부족"이기 때문에 필리핀과 태평양 지역의 주요 거점을 지킬 수 있다고 주장했다. 그러나 맥아더 사령부가 진주만 공습을 알고 아홉 시간이 지나자 클라크 필드 기지에 계류 중이던 비행기들이 너무 쉽게 일본군의 손아귀에 떨어졌다. 이 때문에 이 문서는 맥아더의 황당한 지휘 방식을 입증하는 증거가 되었다.

두 사람의 관계에서 상호 신뢰는 전혀 찾아볼 수 없었다. 사람에 대해 항상 점수를 매겼던 맥아더는 좋은 맞수를 만났다는 것을 알았고 그 자체를 매우 불쾌하게 여겼다. 1945년 4월 유럽에서 승리를 거두기 바로 전날 루스벨트는 집무실에서 사망했다. 전 국민이 애도를 표했다. 그러나 이때에도 맥아더는 참모 보니 펠러스(Bonnie Fellers)에게 "루스벨트가 사망했군. 거짓말로 자신을 떠받들 수 있다면 절대로 진실을 말하지 않던 작자가 말이지."라고 말했다.[14] 누가 듣더라도 충격적인 말이었다. 방금 유명을 달리한 군 통수권자를 지휘관이 이렇게 함부로 말할 수 있는 사령부는 도무지 상상할 수가 없었다.

맥아더가 기억하는 루스벨트는 언제나 부정적이었다. 1942년 초에 일본군이 필리핀 주둔 사령부에서 너무 많은 병력을 포로로 잡아가는 바람에 곤경에 처했을 때 루스벨트는 자신을 구제하는 명령을 내렸다. 맥아더에게는 이것이 불만이었다. 태평양 전쟁 수행 방법과 일본 본토 진입 방법에 대해 해군과 중대한 논쟁을 벌일 때 측면에서 자신을 지지해주었던 것도 불만이었다. 그에게 중요한 것은 루스벨트가 자신을 위해 한 일이 아니라 하지 않았던 일이었다. 필리핀에서 탈출한 것만큼 맥아더의 신화에 보탬이 된 것은 없었다. 자신과 국가를 위한 홍보의 승리였다. 호주에 도착하자 그는 "나는 돌아올 것이다."라는 유명한 말을 남겼다. 이는 지극히 개인적인 임무와 맹세를 표현한 말이었다.[15] 워싱턴은 그 말을 "우리는 돌아올 것이다."로 바꾸기를 원했지만 맥아더는 응하지 않았다. 영웅이 필요했던 암흑기에 영웅 만들기에 적극적으로 개입했던 행정부의 묵인 아래 필리핀 탈출마저도 영웅적으로 미화되었다. 전쟁 초기에 저지른 중대한 실수로 군 경력이 끝장날 수도 있었지만 실수는 은폐되고 영웅담만 남았다. 그 당시 월스트리트 변호사로 막강한 영향력을 행사하며 원대한 야심을 품었던 윌리엄 도노번(William Donovan)은 이러한 영웅 만들기의 실체를 가장 명확하게 보여주었다. CIA의 전신인 OSS의 수장이 된 그는 이렇게 말한 바 있다. "우리 조국의 상징인 위대한 맥아더 장군은 자신을 둘러싼 바다와 하늘에서 자유를 위해 적과 싸우고 있다."[16] 그러나 그런 아부도 아무 도움이 되지 않았다. 맥아더는 제2차 세계대전과 한국전쟁에서 OSS와 CIA가 자신의 작전 지역에는 발도 디디지 못하게 했다.

제2차 세계대전 기간에 아이젠하워 휘하의 유능한 젊은 장교들은 유럽에서 야전이든 참모든 보직의 구분 없이 자신의 역량을 발휘하여 명성을 얻었다. 하지만 태평양에 있던 맥아더 사령부에서는 그렇지 못했다. 그는 어떤 장교도 유명해지는 걸 원치 않았으며 전쟁 시작부터 자신이 도쿄를 떠날 때까지 참모들의 보직 변경도 거의 없었다. 1950년 11월에 존 건서는 이렇게 밝혔다. "맥아더 주위에 참신한 인물이 있어야 한다. 하지만 맥아더는 주변 사람이 잘나가는 것을 용납하지 않을 것이다. '맥아더 부하 중 누구도 감히 최고가 되는 위험을 감수하지는 않을 것'이라는 말을 들었다."[17]

이들은 '바탄 갱'이라고 불렸다. 이름 자체가 일종의 충성도를 나타냈다. 당신은 맥아더가 필리핀에서 일본군에 밀려 호주로 떠나야만 했던 오점의 순간에 함께했던 사람인가? 훨씬 더 초반의 결정적인 순간으로 돌아가지 않는 한 맥아더의 측근에 들 수 있는 사람은 많지 않았다. 그런 의미에서 도쿄 시절에 함께했던 참모장 에드워드 알몬드는 보기 드문 예외였다. 한국전쟁이 시작될 즈음 맥아더의 고위 참모진 상당수는 1930년대 후반부터 맥아더 및 알몬드와 늘 함께했던 인물들이었다. 너무 배타적인 집단이어서 내부자가 아니라면 누구든지 의심했다. 뛰어난 작가로 전쟁 동안 비공식적으로 루스벨트에 대해 글을 쓴 로버트 셔우드(Robert Sherwood)는 맥아더 사령부에서 접한 적대감과 모든 전쟁 지역과 전쟁 기관에 대한 분노에 놀랐다. 셔우드는 1944년에 사령부에 도착하여 연합군이 레마겐 철교를 건너 독일로 진격했다는 감격적인 소식을 전했다. 그러자 찰스 윌러비가 성난 목소리로 "여기서는 그 잘난 유럽에서 일어난 모든 일을 발표하지는 않습니다."라고 대꾸했다. 이런저런 일을 목격한 후 셔우드는 대통령에게 이렇게 보고했다. "맥아더 사령부에는 명백한 급성 피해망상증이 있습니다. 일부 참모진의 말을 들어보면 육군부와 국무부 그리고 백악관마저도 '공산주의자와 영국 제국주의자'의 지배 아래 있다고 여기는 것 같습니다."[18]

루스벨트는 맥아더가 변화하는 미국의 정치적·경제적 실체보다는 늘 자신의 꿈에 사로잡혀 있어서 국내 정치와는 별로 상관이 없다고 생각했다. 1936년에 맥아더는 캔자스 출신 앨프 랜던(Alf Landon)이 루스벨트를 이길 거라고 생각했다. 그래서 캔자스 출신의 참모장 아이젠하워가 랜던에게 기회가 오지는 않을 거라고 확신하자 화를 냈다. 그러자 아이젠하워는 맥아더에게 랜던이 캔자스 주에서도 이기지 못할 거라고 밝힌 친구의 편지를 보여주었다. 그러나 맥아더는 아이젠하워와 더불어 랜던의 승리를 의심했던 다른 참모장교들을 "가까이에 있는 증거를 보고도 명백한 판단을 내리기를 두려워하는 줌스러운 인물"로 분류했다.[19] 아이젠하워의 말대로 랜던은 캔자스마저도 잃었고 겨우 두 개 주에서 승리했다.

태평양 전쟁이 한창이던 1944년에는 맥아더가 루스벨트를 상대로 선거에 출마한다는 말이 나돌았다. 루스벨트를 너무 싫어하던 공화당 보수 진영 일각에서 맥아더에게 출마를 권유했던 것이다. 그중에는 맥아더가 조국을 구할 유일한 희망이라 여겨 그에게 편지를 썼던 네브래스카 주 공화당 의원 아서 밀러(Arthur L. Miller)도 있었다. "지금 뉴딜 정책을 중지하지 않으면 미국은 영원히 헤어나지 못할 가혹한 운명에 처할 것이 분명합니다." 밀러가 수차례 편지에 쓴 내용은 비주류 분파주의 몽상가다운 발상으로 당시 정계와 군부에게는 충격적인 내용이어서 지지를 받지 못했다. 그러나 맥아더는 밀러와 계속해서 서신을 교환했다. "혼란과 무질서의 불길한 드라마"가 펼쳐지고 있다고 내비치면서 "저는 의원님처럼 뛰어난 정치가의 고견에 전적으로 동의합니다."라고 썼다. 우연찮게도 전쟁 중인 나라치고는 예외적으로 잘하고 있고 모든 계층이 결연하게 희생을 감내하는 때에 이러한 일들이 벌어졌다.

밀러와 맥아더의 편지는 그 후에도 계속되었다. "현재 미국에서 자행되고 있는 독재가 보통 사람들의 권리를 파괴할 것입니다."라는 밀러의 편지에 맥아더는 "미국의 상황을 있는 그대로 냉정하게 바라보는 의원님의 현실 인식이 진정한 애국자들을 일깨우는 귀감이 될 것입니다."라고 답했다.[20] 아첨에 끌린 것이 그에게 손상을 입혔지만 존경을 받아야 한다는 욕망이 너무 크다 보니 자제할 수 없었다. 아첨은 이처럼 무장한 갑옷의 갈라진 틈과 같아서 맥아더 역시 아첨꾼들에게 둘러싸여 기만당하며 살았다. 위대한 애국자가 자신과 생각을 같이한다는 사실에 흥분한 밀러는 결국 그 편지들을 공개하여 한창 전쟁 중이던 맥아더를 곤혹스럽게 했다. 맥아더는 지극히 사적인 편지일 뿐이라며 특정 정치 지도자나 정치 철학을 비판하려는 의도는 없었다고 둘러댔다. 사적인 편지라는 말은 맞지만 비판할 의도가 없었다는 건 변명에 불과했다. 그 일로 밀러와 맥아더는 타격을 입었다. 고립주의의 화신이었던 아서 반덴버그(Arthur Vandenberg) 상원의원은 동료들과 지지자들의 압력을 받아 공화당 전당대회 입후보자 명단에 맥아더의 이름이 들어가는 걸 원치 않는다고 선언했다. 설사 맥아더 장군에게 투표를 하더라도 결과는 굴욕스러울 것이라고 내다보았다. 그래도 맥아더를 지지한 사람이 아주 없진 않았다. 경선에서 토머스 듀이는 1,056표를 받았고 맥아더는 달랑 1표를 얻었다. 1944년은 이렇듯 맥아더에게 정치적으로 만족스럽지 않은 시기였지만 대통령에 출마하려는 그의 열망은 사그라지지 않았다.

1946년 5월 당시 육군 참모총장이었던 아이젠하워는 도쿄에 있는 맥아더를 방문하여 대통령 선거와 정치에 관해 환담을 나눴다. 맥아더는 아이젠하워에게 출마를 권했으며 아이젠하워는 맥아더의 출마를 제의하며 화답했다. 당시 맥아더는 대통령에 출마하기에는 나이가 너무 많다고 고사하는 척했다. 하지만 그의 야심과 허영을 익히 잘 아는 아이젠하워는 워싱턴으로 돌아가 트루먼에게 1948년 선거에서 맥아더와 맞붙을지도 모른다고 전했다.[21] 전쟁이 끝나고 일본의 민주화 과정을 순조롭게 진행시킨 맥아더는 1947년에 자신을 숭배하는 사람들에게 공화당 대통령 후보가 되는 걸 원하지는 않지만 제안이 오면 수용할 수 있다고 밝혔다. 그것이 곧 자신의 의무라고 덧붙이면서 말이다. 놀랍게도 1948년 선거에서는 실제로 그의 출마를 둘러싸고 분위기가 한층 고조되었다. 그러나 당시 맥아더는 미국 본토와 너무 멀리 떨어져 있었으며 더구나 10여 년 이상 본국을 떠나 있는 상태였다. 설령 조국의 해안을 벗어나지는 않았다 해도 친애하는 시민들과는 거리감을 없애지 못하는 유형의 사람이었다.

수많은 미국인이 중산층이 되어가고 있었고 이는 양당에 정치적으로 중요한 결과를 초래했다. 무엇보다 예전보다 풍요로워진 민주당 유권자들의 투표 성향이 더 보수화되었다. 하지만 기본적인 경제적 격차에 따른 뉴딜에 대한 태도의 차이는 전국 선거에서 여전히 영향을 미쳤다. 맥아더의 출마를 재촉했던 지지자들은 뉴딜 정책이 공산주의로 가는 길고 위험한 과정의 첫 단계라고 생각했다. 맥아더에 대한 지지는 미국 중서부 지역, 특히 「시카고 트리뷴(Chicago Tribune)」의 소유주이자 당시 선도적인 고립주의자였던 로버트 매코믹(Robert McCormick) 대령이 영향을 미치는 지역에서 가장 높았다. 맥아더를 열렬히 지지했던 광신자들은 주로 고립주의자(맥아더 자신은 고립주의자가 아니었지만 기꺼이 동조하고 호응했다), 반(反)이민주의자, 인종주의자, 민족주의자, 반(反)유대주의자, 노동운동 혐오주의자들이었다. 이러한 부류들은 자신들이야말로 아메리카니즘이라고 불리는 진정한 미국 정신의 전형이라고 확신했다. 맥아더의 절친한 친구였던 조지 반 혼 모즐리(George Van Horn Moseley)가 이런 성향을 잘 보여주었다. 그는 1948년 선거 전날 "우리 내부에 엄청나게 많은 적이 있는데 맥아더를 두려워하는 이들은 …… 산업별노동조합 CIO 소속 회원, 공산주의자, 유대인, 그리고 가십거리를 늘어놓는 정치 칼럼니스트 월터 윈첼(Walter Winchell)과 드루 피어슨(Drew Pearson) 같은 역겨운 자들이다."라고 썼다.[22] 당시 걸출한 평론가였던 존 맥카튼(John McCarten)은 「아메리칸 머큐리(American Mercury)」에 "그의 잘못은 아닐지라도, 제정신이 아닌 뻔뻔스러운 비주류 분파주의자들을 비롯해 최악의 우파가 맥아더를 열광적으로 지지한다는 것 자체가 분명히 그에겐 불행이다."라는 글을 기고했다.[23] 1948년에 출마 압력을 받자 맥아더는 전형적인 어조로 이렇게 답했다. "저는 국민의 요청에 부응하여 공공의 의무를 받아들이는 데 따르는 위험과 책임 때문에 비겁하게도 선량한 시민의 본분을 회피하려고 했음을 겸허하게 인정합니다."²⁴ 누구도 이보다 더 고상하게 말할 수는 없을 것이다.

1948년 당시 그에게 출마를 재촉하던 사람들은 열정과 정직성 그리고 분노로 가득했지만 정치적으로는 완전히 아마추어였다. 그들이 아는 사람들은 모두 정치적 동조자들뿐이었고 그들의 세계에서는 반대의 목소리가 거의 없었다. 하지만 이들은 현실 정치의 메커니즘을 제대로 이해하지 못했다. 맥아더가 출마할 지역은 그가 어린 시절을 보냈으며 여느 군인 가족들처럼 맥아더 가족의 근거지이기도 했던 위스콘신 주가 될 요량이었다. 이곳은 미국 중서부 지역의 중심지인 데다 「시카고 트리뷴」의 영향권 안에 있어 지지 기반이 안정적이었다. 오랜 친구이며 미국 제일주의 위원회(America First Committee)라는 고립주의 단체 수장인 로버트 우드(Robert Wood)는 맥아더의 핵심 지지자이자 옹호자였다. 우드는 맥아더가 위스콘신 주 선거인단 27명 가운데 최소 20명을 확보할 수 있다고 확신했다. 당시 맥아더는 부재중이었다. 때문에 이들은 애국 영웅이 조국을 위해 헌신하느라 너무 바빠서 합법적인 선거 운동마저 할 수 없다는 홍보 전략을 구사할 수 있으리라 기대했다. 맥아더가 선거 운동을 할 수 없기 때문에 위스콘신에서 더 선전하리라 생각한 것이다. 그러나 실제 결과는 전혀 딴판이었다. 심지어 재향 군인에게조차 지지를 얻지 못했다. 여론 조사 결과에도 나타났듯이 맥아더는 군인들과 참전 용사들에게도 장군으로서는 전혀 알려진 바가 없었다. 실제로 그의 휘하에서 복무했던 군인들마저 맥아더가 개인적으로 싫어하던 잘생기고 여유가 넘치는 드와이트 아이젠하워를 더 좋아했다.

위스콘신에서 본격적인 선거전을 시작하려고 했는데 사실상 거기서 끝나버린 꼴이었다. 인접 미네소타 주의 전직 주지사였던 해럴드 스타센(Harold Stassen)이 선거인단 19명과 득표율 40퍼센트로 가볍게 승리했다. 후보 경선에서 분투했던 토머스 듀이는 선거인단은 한 명도 확보하지 못하고 24퍼센트의 득표율에 그쳤다. 탄탄한 지지 기반으로 낙승을 예상했던 맥아더는 36퍼센트의 득표율에 선거인단은 겨우 8명밖에 확보하지 못했다. 다음 날 도쿄 주재 고위급 외교관 윌리엄 시볼드(William Sebald) 대사가 회의 참석차 다이이치 빌딩에 도착했다. 그러자 참모장 폴 뮬러(Paul Mueller) 소장이 "현재 장군님 기분이 저기압이며 선거 결과에 매우 실망하고 있습니다."라고 주의를 주었다.[25] 1948년의 경선에서는 참담하게 패했지만 적어도 맥아더가 여전히 대통령직에 희망을 품고 있다는 사실은 입증되었다.

트루먼 대통령과 맥아더 장군의 관계는 처음부터 불운했다. 맥아더는 대통령을 존경하지 않았고 대통령 역시 본능적으로 맥아더를 꺼려하고 불신했다. 1945년에 신임 대통령은 "프리마돈나처럼 구는 5성 장군과 도대체 뭘 하란 말인지."라고 일지에 기록했다. "그는 캐벗과 로지보다 더 나쁜 인물이야. 그들은 적어도 뭘 해야 할지를 신에게 토로하기 전에 서로 이야기를 나누지만 맥아더는 바로 신에게만 얘기하지. 혼자 잘난 체나 하는 고루한 작자가 주요 보직을 차지하고 있으니 애석하고 안타까울 따름이야. 도대체 빌어먹을 루스벨트 대통령은 왜 웨인라이트(Jonathan Wainwright)를 본국으로 발령하지 않고 맥아더를 순교자로 삼았을까……. 배우처럼 행동하는 야바위꾼이 아니라 웨인라이트가 지금 곁에 있다면 진짜 장군과 전사를 데리고 있는 셈인데. 어떻게 같은 나라에서 로버트 리, 존 퍼싱, 아이젠하워, 브래들리 같은 인물들과 커스터, 패튼(George S. Patton), 맥아더 같은 부류가 함께 태어났을까."[26]

맥아더의 눈에 비친 트루먼도 형편없기는 마찬가지였다. 달갑지 않은 현역 정치인인 데다 자유주의 성향의 민주당 소속이었고 더구나 자신이 혐오하는 프랭클린 루스벨트의 뒤를 이은 상속자였다. '제1차 세계대전 당시 주 방위군에 속해 있던 대위 출신에 일생 동안 이룬 업적도 정치적 능력도 시원찮은 보잘것없는 인물이 어떻게 내 위에 있을 수 있단 말인가?' 그의 생각으로는 도무지 답을 찾을 수 없는 질문이었다. 늘 반목했던 두 사람은 상대방에게 거의 외계인처럼 이질적인 존재였으며 출신 배경도 아주 딴판이었다. 1945년 4월에 트루먼이 대통령이 된 순간부터 두 사람 사이에는 문제가 있었다. 상원 외교위원회 의장인 텍사스 주의 톰 코널리(Tom Connally) 상원의원은 트루먼에게 맥아더를 일본 항복 선언 인수책임자로 임명하지 말라고 경고하기도 했다. 트루먼은 일지에 이렇게 기록했다. "코널리 의원은 내가 맥아더의 입지를 세워주면 1948년에 나를 상대로 대권에 출마할 거라고 말했다. 나는 1948년에 출마할 계획이 없기 때문에 맥아더도 나를 성가시게 하지 못할 거라고 대답했다."27

대통령과 군 수뇌부는 태평양 전쟁이 끝나자마자 맥아더가 악의를 품고 못되게 굴기 시작했다고 판단했다. 그들을 갈라놓았던 첫 번째 문제는 군대의 규모였다. 전쟁이 끝나고 몇 달이 지나자 대통령과 고위 참모들은 아들을 제대시켜 집으로 돌려보내라는 부모들의 당연한 요구에 맞서며 당면한 전후 감군 요구를 누그러뜨려야 했다. 그런데 맥아더가 1945년 9월 17일에 도쿄에서 이에 관한 견해를 발표하며 화려한 언론 플레이를 펼쳤다. 그는 이때 일본 점령 과정이 순조로웠기 때문에 필요한 병력은 애초에 예정한 50만 명이 아니라 20만 명만 있으면 충분하다고 밝혔다. 행정부는 이를 국내 비판론자들의 뜻대로 동원 해제와 병력 감축에 대한 요구가 전례 없이 커지는 분위기에 의도적으로 편승한 것이라고 생각했다.

브래들리와 아이젠하워의 눈에는 맥아더가 중대한 안보 현안은 전혀 검토하지 않은 채 자신의 정치적 입지와 이해만을 고려하여 취한 행동으로 보였다. 다른 고위급 장교가 그런 일을 추진했다면 바로 지휘권을 박탈당하거나 엄중한 경고를 받았을 것이다. 하지만 누구도 맥아더에게는 그러한 조치를 취할 수 없었다. 그는 늘 다른 대우를 받았다. 전 사령부에 자동적으로 '명령'으로 하달되는 최종 승인이 난 국방부 전시 계획도 맥아더에게만큼은 '의견'으로 전달되었다.[28] 당시에는 그 누구도 맥아더의 분노를 사려 하지 않았다. 그러나 트루먼은 맥아더가 동원 해제 문제를 더 어렵게 만들자 격노했으며 해임을 심각하게 고려했다. 당시 대통령 보좌관이었던 에벤 에이어스(Eben Ayers)는 일지에 이렇게 기록했다. "대통령은 맥아더에 대해 불만을 늘어놓았고 그 작자가 일을 망치고 있다며 '뭔가 조치를 취할 것'이라고 말했다. 맥아더가 노닥거리는 짓거리에 진저리가 났다고 했다."[29] 이는 둘 사이의 충돌이 조만간 더 커질 거라는 징후였다. 결국 트루먼의 요청에 따라 조지 마셜은 맥아더에게 제재 효과가 없는 가벼운 질책을 했다. 앞으로는 이런 언급을 하기 전에 먼저 육군성과 조율하라는 전언을 보낸 것이다. 맥아더의 선언으로 평시에 병사를 모집하기가 힘들어졌으며 해외 주둔에 필요한 적정 수준의 군사력을 유지하기도 어려워졌다는 이유에서였다.[30]

어쨌든 그 사건으로 인해 맥아더를 본국으로 소환하려는 움직임이 생겨났다. 트루먼은 1945년 9월과 10월에 연이어 대통령과의 면담, 조국이 감사의 뜻으로 전하는 수훈십자훈장 수여, 양원합동회의에서의 연설을 위해 귀국하라고 요청했다. 전시의 비극적인 상황에서 새로 대통령 자리에 오른 군 통수권자의 요청은 '요청'이라는 형식을 취했지만 실제로는 '명령'에 가까웠다. 그런데도 맥아더는 응하지 않고 두 번이나 거절했다. 5성 장군으로 미군의 최고 연장자이며 선임자라 할지라도 대통령이 부르는데 오지 않는 것은 고위 공직자가 취할 수 있는 일반적인 태도가 아니었다. 그는 애초에 트루먼을 존중하지 않았으며 마치 대통령과 자신이 동등하며 지휘 계통이 없는 것처럼 행동했다. 맥아더는 도쿄 일이 너무 바쁘고 "엄청나게 위험하고 본질적으로 격앙되기 쉬운 상황이 존재"하기 때문에 도쿄를 떠날 수 없다고 말했다. 트루먼은 격노했다. 최근 상황이 너무 순조로워서 할당된 부대 병력의 절반만 있으면 된다던 자의 입에서 그런 말이 나왔기 때문이었다. 맥아더 역시 자기가 한 일이 뭔지 너무 잘 알고 있었다. 그래서 보좌관에게 "아마 역사상 본국으로 소환하는 대통령의 요청을 거절한 첫 번째 인물이 될 거야. 할 일이 많아 시간을 낼 수 없다고 말할 작정이네."라고 말했다.[31] 맥아더가 부하들에게 사적으로 했던 말은 훨씬 더 거만했다. 그가 당장 일본을 떠나면 일본 전역뿐 아니라 다른 아시아 지역까지 불안감이 확산될 거라고 했던 것이다. 참모들에게도 임기를 마친 후에야 고향으로 돌아갈 거라며 자신이 필요하다고 생각하는 가장 적합한 때에 돌아갈 거라고 말했다. 맥아더의 이러한 발언은 공화당과의 정서적인 유대 관계를 강화시키는 효과가 있었다. 한 친구가 지금이 나가야 할 적시인지도 모른다고 말하자 맥아더는 병적으로 화를 냈다. "잠시라도 내가 갈 거란 생각은 하지 말게나. 내가 그렇게 생각한 순간에 대통령과 국무부, 마셜 모두가 나를 공격했다네. 그들이 이겼을지도 모르지. 좌파들이 들고 일어나 공산주의자들과 함께 나를 비난했지만 나를 넘어서지도 못하고 결국 정상에 올려놓은 것 봐. 결국 소련 덕분에 내가 정상에 올라선 셈이지. 그들의 그곳에다 훈장을 걸어주고 싶은 심정이네."[32]

대통령과 장군, 두 사람의 경력은 아주 대조적이었다. 트루먼이 제2차 세계 대전 전에 힘든 시기를 보내며 여전히 실패를 거듭할 때 맥아더는 이미 국가적인 영웅이었다. 맥아더가 후버 대통령의 명령을 과장하여 보너스 군대와 충돌하던 1930년대 초에 트루먼은 보너스 군대 회원이었고 경력도 변변치 않았으며 별다른 주목을 받지도 못했다. 제1차 세계대전 당시 미주리 주 방위군 대위로 복무할 때가 트루먼의 경력에서 최고 정점이었다. 물론 그때 똑같은 전쟁에서 맹활약한 맥아더의 영웅적인 업적과 비교하면 초라할 뿐이었다. 그러나 1945년에 트루먼은 대통령이었고 맥아더는 여전히 장군이었다.

처음부터 트루먼은 자신의 영역 밖에 있는 지휘관이 못마땅했다. 맥아더의 해임을 자주 고려했다는 것은 의심의 여지가 없다. 그러나 맥아더가 병력을 줄여야 한다고 주장한 후에 누군가가 대통령에게 그를 해임할 시기라고 제안했을 때 트루먼은 "기다리세. 조금만 더 기다려보게나."라고 만류했다.[33] 맥아더에게는 아주 열성적이고 막강한 후원자들이 있었기 때문에 그를 해임하는 데 따르는 정치적 여파가 너무나 컸다. 맥아더는 이를 비장의 카드로 활용했다.

한국전쟁 초기에 맥아더와 회의를 마치고 워싱턴으로 돌아온 존 포스터 덜레스도 트루먼에게 지휘관 교체를 건의한 바 있다. 그는 맥아더가 너무 나이가 든 탓인지 당황하며 머뭇거렸고 집중력에도 문제가 있는 것처럼 보였다고 보고했다. 그러나 트루먼은 맥아더가 미국에서 너무 오랫동안 정치적인 행보를 이어왔기 때문에 손을 쓸 여지가 없다면서 그가 공화당 대통령 후보로 언급되고 있다고 말했다. 트루먼은 "맥아더를 영웅으로 만든 미국에 엄청난 반향을 불러오지 않고는 그를 해임시킬 수가 없네."라고 덧붙였다.[34] 이는 군 통수권자가 싫어할 뿐 아니라 신뢰하지도 않고 무엇보다 정치적인 이유로 해임시키지도 못하는 장군이 멀리 떨어진 이국땅에서 전쟁을 앞두고 군대를 지휘하고 있다는 놀라운 고백이었다.

맥아더는 자기 자신을 위대한 미국의 과거를 잇는 워싱턴과 링컨에 필적하는 위인이라 여겼다. ("나의 위대한 고문 가운데 한 분은 미국을 세웠으며 다른 한 분은 미국을 구했다. 제군들이 이분들의 삶을 돌이켜보면 모든 해답을 얻을 수 있다."라고 말한 적이 있다.)[35] 태평양 지역 최고 사령관이 되자 맥아더는 맨 먼저 자신의 책상 뒤에 워싱턴 대통령의 초상화를 걸었다. 그리고 전쟁이 끝나자 워싱턴의 초상화를 보고 "각하, 그들이 붉은 군복을 입은 영국 군인은 아니지만 우리는 똑같이 그들을 타도할 것입니다."라고 말하며 경례를 올렸다.[36] 당시 의회와 의회를 주도한 정치인에 대한 맥아더의 증오는 확연했다. 도쿄 사령부에서 맥아더의 비서로 일하며 감정의 배설구 역할을 했던 포비안 바워즈는 맥아더가 관용차에서 혼자 주절거리는 말을 듣고 그가 모든 대통령을 싫어한다고 생각했다. 맥아더에게 있어서 루스벨트는 인디언 부족의 어수룩한 족장 로젠펠트였고 트루먼은 '백악관의 유대인'이었다. 한번은 바워즈가 "백악관의 어떤 유대인 말입니까?" 하고 의아하게 묻자 "트루먼"이라고 대꾸했다. 어느 날 맥아더는 자신이 모든 대통령을 싫어한다고 여기는 바워즈의 오해를 풀어주기 위해 "후버는 그렇게 나쁘지 않았지."라고 말했다.[37]

편집증적인 성향을 보이던 맥아더는 대다수 편집광처럼 웬만한 사람들보다 많은 적을 만들었다. 1949년 봄에 국무부와 국방부는 머리를 맞대고 일본에서 맥아더의 막강한 영향력을 효과적으로 줄일 방안을 검토했다. 아마도 딘 애치슨이 배후에서 그 같은 계획을 조종했을 것이다. 핵심은 도쿄에서 정치적인 역할과 군사적인 역할을 분리하는 것이었다. 성대한 환영식을 열어 맥아더를 본국으로 소환한다. 그리고 비(非)이념적이며 제2차 세계대전에서 육군의 떠오르는 별로 주목받았던 맥스웰 테일러(Maxwell Taylor)에게 군사적인 업무를 인수한다는 계획이 세워졌다. 그러나 맥아더는 이들을 앞질러 워싱턴의 정치적 동맹자들과 연락을 취했고 결국 합참의장 오마 브래들리의 관심을 끌어낼 계획을 짜냈다. 브래들리는 나중에 "읽기조차 힘든 신랄한 비난으로 가득 찬 문장"이었다고 고백했다. 맥아더의 어조에 놀란 브래들리는 "국무부, 특히 딘 애치슨에 대한 그의 깊은 불신"을 전혀 몰랐었다고 언급했다. 또한 맥아더가 브래들리를 이 문제에서 국무부 편을 든 배신자로 간주했을 것이라고 지적했다.[38]

상황은 전혀 개선되지 않았다. 트루먼과 맥아더는 동일한 선상에서 같은 목표를 바라본 적이 단 한 번도 없었다. 자신들이 치러야 하는 전쟁에 대해서도 승리하려면 어떻게 해야 하는지, 얼마나 많은 국가 자산을 투입해야 하는지 생각이 전혀 달랐다. 1950년 6월 25일부로 대통령과 장군으로서 이들의 삶이 함께 엮였다. 미국 역사에서는 보기 드물었다. 트루먼은 맥아더를 통제하지 못해 대통령의 위엄에 심각한 손상을 입었고, 맥아더는 대통령직을 제대로 존중하지 않음으로써 역사적으로 자신의 위상에 심각한 손상을 입었다.

제10장

미군과 인민군의 전비태세

미국은 전혀 준비가 안 된 상태에서 참전했다. 제일 먼저 전쟁에 투입된 부대는 무장 상태가 허술할 뿐 아니라 부대원들 모두 신체적으로 허약했고 지휘력도 형편없었다. 불과 5년 전에 유럽과 아시아에서 역사상 가장 위대한 승리를 이끌어냈던 모습은 전혀 찾아볼 수 없었다. 군사적인 면에서 볼 때 미국은 얼렁뚱땅 넘어가려는 태도로 일관했다. 미군의 허술함은 사실 모든 사람에게 책임이 있었다. 대통령은 세금 인상 없이 지난 전쟁에서 발생한 부채를 모두 청산하기 위해 말도 안 되는 수준으로 국방 예산을 줄였다. 의회는 한술 더 떠서 국방 예산을 더 줄일 구실을 찾기에 바빴다. 총사령관 맥아더 역시 군대 훈련에 소홀했을 뿐 아니라 불과 5년 전에는 정부에서 자기에게 할당한 병력이 너무 많다고 말하기까지 했다. 하지만 주요 책임은 역시 대통령에게 있었다. 가난과 전쟁의 여파로 고생하는 다른 나라에 비해 훨씬 부유한 강대국의 대통령으로서 국가를 대표하는 군대를 너무도 빈약하고 허술한 상태로 방치한 책임을 면할 수 없었다. 지독하게 부족한 예산 때문에 보급품이 확 줄었고 포병은 포탄이 부족하여 충분한 훈련을 실시하지 못했다. 기갑부대 역시 실제 기동훈련에 필요한 연료가 부족해 모의 훈련에 만족해야 했다. 포트 루이스 같은 주요 기지에 주둔한 군대들도 화장지는 두 장씩만 써야 한다는 규칙까지 있었다.[1] 차량 정비용 부품도 턱없이 부족했다. 그래서 일부 대원들은 사비를 털어 부대 밖에서 전쟁 잉여 장비를 구입한 다음 이를 분해하여 필요한 부품을 충당해야 했다.[2] 최신 무기 개량이 있었다면 보병이 사용하는 무기가 아니라 공군에서 사용하는 비행기나 무기에만 해당되었다.

제2차 세계대전이 끝나자 고립주의를 표방하던 미국이 어느덧 세계 최강국의 위치에 우뚝 서 있었다. 미국은 2차 대전 기간 중 전쟁의 포화에서 떨어져 있었기 때문에 민주 진영의 무기고 역할을 하였다. 최신 설비를 갖춘 무기 생산 공장과 현대식 설비 덕분에 주변 선진국들의 시샘을 한 몸에 받으며 모두가 깜짝 놀랄 만한 속도로 가공한 위력을 가진 무기를 생산해냈다. 제2차 세계대전이 시작될 무렵 많은 비평가들은 미군이 전쟁에 투입되기에는 부족한 점이 많으며, 특히 물질적인 번영 때문에 이들의 정신 상태가 해이해져 있다는 의견을 내놓았다. 또한 민주주의를 강조하는 국가 정신을 고려할 때 과연 미군이 독일이나 일본처럼 전체주의로 똘똘 뭉친 군인들에게 대항할 힘이 있을까 하는 의문도 제기되었다. 하지만 미국 군대는 세계 최고 수준의 군사력을 여지없이 증명하면서 민주주의 국가가 배출한 최고의 군대라는 찬사를 받았다. 하사관들의 강인함과 민첩함, 전투를 이끌어가는 노련함은 어디에 내놓아도 손색이 없었다. 군을 운영하는 방식은 철저히 민주적이었고, 스스로 생각하고 판단하여 주어진 책임을 충실히 받아들이는 태도가 최고의 장점이었다. 제2차 세계대전 당시 독일 부대와 맞섰던 미군들은 기술 발전의 혜택을 누리며 전형적인 미국인 가정에서 교육받은 사람들이었다. 이들과 더불어 동부전선에서는 무자비한 소련 적군(赤軍)이 제3제국을 멸망시켰다. 일본군도 태평양에서 끈질기게 싸웠다. 그러나 군사력과 신기술 그리고 적의 주요 기지를 직접 공격하지 않고 각 기지를 고립화시키는 맥아더의 작전이 적절한 조화를 이루어 전세를 바꿔놓았다. 여기에 자원 공급 부족이라는 현실이 더해지면서 일본은 마침내 무릎을 꿇고 말았다.

하지만 미군 부대는 지금 밀물처럼 밀려오는 인민군의 진격에 하루가 멀다 하고 후퇴를 거듭해야 했다. 그렇다면 세계대전이 끝나자 미국인들이 긴장이 풀려서 자국의 군사력을 너무 과대평가했던 것일까? 1944년 초반에 주목받았던 미국의 놀라운 전투력이 영원할 거라 믿었던 것일까? 이제 미국은 타의 추종을 불허하는 강대국으로 우뚝 섰으니 언제나 최고의 무기를 생산하고 미군은 무적불패가 될 거라 착각했던 것일까? 이제 그 어떤 나라도 감히 미국에 맞설 생각을 하지 못하고 알아서 머리를 조아릴 거라는 공상에 빠져 있던 것일까? 한국전쟁 초반에 이런 사고방식을 가지고 있었던 것은 사실이다. 당시 미국 부대가 너무 왜소해져서 그리 좋지 못한 상태라는 점을 알고 있던 일부 고위 장교들도 마찬가지였다. 미 육군의 전투력에 대한 과대망상은 사실에 비해 지나치게 부풀려져 있었다. 그래서 인민군이 38선을 넘어왔을 때 미국인들은 현 육군 상태가 아무리 형편없어도 그들을 막아내는 데 그리 오랜 시간이 걸리지는 않을 거라고 확신했다. 인민군은 자신들이 미군과 싸우고 있다는 것을 아는 순간, 전세는 역전될 것이고 비보가 승전보로 바뀔 것이라고 생각했다. 당시 적군에 비해 아군의 규모가 턱없이 작았지만 그 수준으로 인민군을 이길 수 있다고 생각했던 사람은 비단 더글러스 맥아더만이 아니었다. 주요 군 사령부 요원들과 정부 고위 관료들 그리고 미군들 대부분이 그런 착각에 빠져 있었다.

그토록 미군의 힘을 과신했던 이유는 대부분 인종차별적인 발상에서 비롯했다. 적어도 전장에서는 백인들이 아시아인들보다 모든 면에서 한 수 위라고 생각했던 것이다. 제2차 세계대전 초반에 일본군이 압도적인 승리를 거둔 일은 특별한 예외로 치부했다. 당시 일본군이 아시아인의 저력을 보여준 것이 아니라 광신도 같은 기질 때문에 승리한 거라고 믿었던 것이다. 이번에는 볼품없는 한국인들이었다. 감히 한국인이 어떻게 미국인을 이긴단 말인가? 그런 생각에 푹 빠져 있던 미군이 인민군에 자꾸 밀리는 상황을 인정하는 일은 결코 쉽지 않았을 것이다. 7월 말 윌리엄 딘(William Dean) 소장이 실종되었다는 보고가 들어왔다. 혼자서 대전을 방어하는 부대를 이끌다가 인민군에게 생포되었다는 것이다. 생포되기 며칠 전에 「시카고 데일리 뉴스(Chicago Daily News)」의 키즈 비치(Keyes Beech)와 소형 비행장에서 우연히 마주친 딘 소장은 이렇게 말했다. "부딪혀봐야지. 저들은 죽고 싶어서 안달이 난 사람들일 뿐이야." 비치도 그의 말에 전적으로 공감했다. 하지만 제2차 세계대전 당시 해병대 참전 용사였던 비치는 나중에 한국전쟁에 파견된 초기 미군 부대가 사실은 "모든 면에서 참전할 준비가 제대로 갖춰지지 않은 상태였다."라고 인정했다.[3] 도쿄에서 아주 편안한 생활을 하다가 한국전쟁에 투입된 이들은 부유한 집안 출신으로 최소한의 훈련을 겨우 마친 상태에 불과했다. 그들은 정신없이 한국으로 이동할 때도 이번 전쟁이 금방 끝나고 다시 도쿄 사령부로 복귀할 거라는 근거 없는 자신감으로 가득 차 있었다. 그러나 단 하룻밤 사이에 어마어마한 공격을 받고 방어도 제대로 하지 못하고 그대로 무너져버렸다. 반면에 인민군을 이끌고 내려온 전방 부대는 전투력과 사기 면에서 미군과 비교가 되지 않을 정도로 뛰어났다. 결국 미군은 끝도 없이 후퇴를 거듭했다. 7월 말이 되자 도쿄 사령부는 미군의 재기를 위해 지원을 강화하고 추가 부대를 파견했다. T-34 탱크를 저지할 만한 전투기와 탱크 및 바주카포도 신속히 투입했다. 그러나 전세를 뒤집지는 못했다.

전쟁 초기 한국에서 가장 놀라운 점은 인민군이 보여준 탁월한 전투력이었다. 그다음으로 놀라운 것은 한국군의 형편없는 전투력이었다. 전방에서 일어난 대부분의 전투에서 한국군은 저항 한 번 제대로 못하고 금방 무릎을 꿇고 말았다. 세 번째로 놀라운 것은 한국에 투입된 미군 부대가 모래성처럼 무너져 내렸다는 사실이다. 단순히 놀란 정도가 아니라 감당하기 힘든 충격이었다. 맥아더의 참모장이자 가장 절친한 동료였던 에드워드 알몬드 소장이 미군의 최초 투입 계획인 '블루하트 작전'을 수립했다. 그는 미군의 전투 수행 능력을 근거로 상황을 낙관적으로 봤다. 맥아더 장군의 주요 계획은 인천에서 육해군 합동작전을 펼쳐 단숨에 인민군을 뒤에서 덮치는 것이었다. 인민군의 공격쯤이야 모기 몇 마리를 찰싹 때려잡듯 금방 해결할 수 있다는 태도였다. 미군이 한국 땅에 어설프게 첫발을 디딘 지 불과 2주 후인 7월 16일에 상륙작전을 전개할 계획이었다. 일본에서 너무도 해이한 시간을 보냈던 점을 고려하면 생사 여부도 자신할 수 없을 정도로 절박한 시기에 그런 계획을 감행한다는 것은 사실상 불가능에 가까웠다. 한마디로 인민군에 비해 미군이 모든 면에서 우월하다는 도쿄 사령부의 맹목적인 믿음과 과도한 자신감에서 비롯된 억지스런 작전이었다.

블루하트 계획은 바로 폐기되었다. 이쯤 되자 인민군의 기세에 미군이 완전히 한반도 밖으로 밀려나지 않게 하는 일이 훨씬 더 시급했다. 이런 상황까지 왔다는 것은 그동안 군 사령부가 남한과 북한에 포진해 있던 각 부대들의 상황에 조금도 관심을 기울이지 않았다는 증거였다. 그 후 도쿄에서 내놓은 추가 계획도 별반 나은 게 없었다. 여전히 인종차별주의적인 사고방식이 의사 결정 과정을 주도했다. 군의 사기를 고려할 때 처음 파견된 아군 부대가 적군과 처음 맞닥뜨렸을 때 유리한 고지를 선점하여 전투를 장악하는 일이 중요했다. 그리고 여러 가지 면에서 적군보다 단연 우월하다는 것을 입증해야 했

■ 미 해군 전투기 스카이레이더가 인민군 적진을 향해 5인치 로켓포를 발사하고 있다. 1950년. © PhoM3c. Burke/ U.S. Department of Defense.

다. 이건 경험이 있는 장교라면 누구나 아는 바였다. 하지만 당시처럼 신중한 계획이 필요한 순간에 그런 기대는 아무 의미가 없을 뿐 아니라 상황을 헤쳐 나가는 데 전혀 도움이 되지 않았다. 본부에서는 한반도와 지리적으로 가장 가까운 큐슈에 있다는 이유로 제24사단을 한국에 파견하기로 결정했다. 하 지만 제24사단은 일본에 주둔하던 네 개 사단 중에서 가장 전투력이 낮은 데 다 전비태세도 제일 미흡했다. 사실 이 부대는 도쿄에서 제일 거리가 먼 일본 의 최남단 섬에 있었다. 때문에 장교나 일반 사병 및 각종 설비 등을 원활하게 공급받지 못했다. 특히 연대 및 대대급 장교들은 대부분 2등급이나 3등급 수 준 밖에 안 됐다(이 부분은 전쟁 초기 몇 달 동안 모든 부대에서 가장 큰 문제가 되었 다). 게다가 어느 소대장의 말처럼 "말 그대로 보급 라인의 맨 끝에 놓인 부대였다."[4] 제34연대 작전장교는 제24사단의 전투 장비는 "국가의 명예를 훼손할 정도"라고 꼬집기도 했다. 박격포탄은 불량이 많았고 0.30구경 기관총은 다 낡아서 명중률이 떨어졌다. 바주카포도 낡아빠진 2.36인치였다. 나중에 또 다른 장교는 "그렇게 전투력도 미흡하고 장비도 부실한 데다 전혀 훈련되지 않은 사단을 파견한 것은 믿기지 않는 일 정도가 아니라 범죄와 다름없다."라고 말하기도 했다.[5]

제2차 세계대전 참전 용사들을 찾아보기도 어려웠다. 한반도에서 중대장으로 근무했던 T. R. 페렌바크(T. R. Fehrenbach)에 따르면 한국전쟁에 투입된 군인들은 대부분 한국전쟁이 어떤 전쟁인지도 잘 몰랐다. 이들은 아군과 적군 모두에 대해 무지했고 그저 자기들이 발을 딛고 있던 한반도를 떠날 날만 기다리고 있었다. 페렌바크는 제2차 세계대전이 끝난 후에 군에 자원입대한 사람들의 지원 동기는 "굉장히 다양했지만 전쟁에서 용맹하게 싸워 나라를 빛내겠다는 의지를 가진 사람은 찾아볼 수 없었다."라고 회상했다.[6] 에드워드 알몬드는 당시 한국에 보낸 미 육군의 전투력이 고작 40퍼센트 정도라고 생각했다. 하지만 클레이 블레어는 40%도 너무 후하게 평가한 것이라고 생각했다.[7] 대부분의 미군 사단이 1개 연대를 3개 대대의 규모로 편성한 데 반해 제24사단은 겨우 2개 대대로 편성되어 있었다. 설상가상으로 사단장은 인민군을 아주 우습게보고 아예 처음부터 부실하기 짝이 없는 2개 연대만 투입하고 마지막 연대 하나는 일본에 그대로 남겨두었다. 한국에 와서도 사단 내 모든 부대를 한 곳으로 집결해 공격력을 집중시키지 않고 세 개의 그룹으로 나누어 배치했다. 결국 세 그룹 모두 인민군의 대대적인 공격이 시작되자 수적인 열세를 극복하지 못했다. 그들은 금방 포위당하여 적의 손에 전멸하고 말았다. 몇 차례 용맹함을 드러낸 순간도 있었지만 그들은 패배할 수밖에, 그것도 아주 빠르게 패배할 수밖에 없었다. 그들이 궤멸할수록 인민군의 사기는 올라갔고 새로 도착하는 미군의 사기는 땅에 떨어졌다.

그러나 이 모든 상황을 전혀 예측할 수 없었다고 변명하기는 어렵다. 이러한 상황은 2차 대전에서 위대한 승리를 거둔 후 전시 군사력을 너무 급하게 평화 시 군사력으로 줄이려는 욕심 때문이었다. 로버트 아이첼버거는 제8군을 월튼 워커에게 넘겨줄 때 이미 부대의 약점을 꿰뚫고 있었다. "8군은 이미 전투병은 전혀 없고 간부만 몇 명 있는 보급 부대일 뿐입니다."[8] 미군은 제2차 세계대전에서 일본군과 대적하면서 아시아 국가들의 군대를 결코 만만하게 봐서는 안 된다는 사실을 힘들게 깨달은 바 있다. 하지만 그런 교훈은 이미 잊어버린 듯했다.

모두들 도쿄에서 근무하는 것이 꽤 유리하다고 생각했다. 전쟁의 승자가 되는 영광을 누릴 수 있는 데다 가난하기 짝이 없는 동양권 국가에서 호화롭게 지낼 수 있다고 생각했기 때문이다. 그리고 실제로 군부대 관련 책임은 거의 없다고 생각했다. 고향에서 일본으로 갓 파견된 사람들은 대단한 환영을 받았으며 일본이 굉장히 좋은 근무지라는 말을 귀가 따갑게 들었다. 또한 조금만 요령을 알면 아주 편히 지낼 수 있으며 암시장 덕에 꽤 재미를 볼 수 있다는 소문도 나돌았다. 하사관급 이상 장교들은 모두 고향에서 맛보지 못한 호사스런 생활을 누렸다. 다들 시쳇말로 '현지처(現地妻)'를 하나씩 데리고 있었다. 당시 일본은 전쟁에서 패하여 처참한 상황이었으며 경제수준 또한 열악했다. 때문에 미군 사병이라 할지라도 군복을 세탁하고 군화를 닦는 일을 맡길 잔심부름꾼 정도는 쉽게 구할 수 있었다. 일본인 인건비가 계속 추락하는 가운데 미군들은 일시적이나마 일본인보다 훨씬 더 풍요로운 생활(적어도 오하이오나 테네시 등 고향에서 꿈꿔봤을 만한)을 즐겼다. 그러자 이미 강하게 뿌리내린 미국인 우월주의와 모든 면에서 백인이 아시아인보다 낫다는 편견이 더 확고해졌다. 전쟁에서 백인이 승리하는 것은 당연한 일이며 아시아권 남자들은 백인들의 군화나 닦고 여자들은 백인들의 노리개나 될 법한 존재라는 인식이 만연했다. 부대 기강이 해이해져서 월요일 인원 점검에 꼭 참석할 필요도 없었다. 또한 어떻게든 전투태세가 갖춰진 듯 보이게 만드는 것은 부대 행정병의 임무가 되었다.

이들이 전혀 전투 준비가 되어 있지 않다는 것은 거의 모든 사람이 아는 사실이었다. 1945년 바스토뉴에서 벌어진 벌지 전투에서 총사령관을 맡았던 토니 매콜리프(Tony Mcauliffe) 소장은 1948년 일본 남부 지역에 있던 부대의 지휘관으로 임명되었다. 그는 새로운 임지를 전혀 달가워하지 않았다. 키즈 비치가 찾아와서 새 임지에 대한 생각을 묻자 딱히 나쁜 건 없지만 부하들이 자기를 좋아하지 않는 것 같다고 대답했다. "사실 나는 이 부대에서 가장 욕을 많이 먹는 사람이오. 육군이라면 전시든 아니든 항상 전비태세를 갖춰야 하는데 이 부대는 전혀 그렇지 못하군. …… 나는 부대를 완전히 뒤집어엎을 생각이오. 모두 바깥으로 훈련에 내보내서 야영하고 물에 빠지는 험지로 만들 것이오." 이처럼 토니 소장은 남다른 열심을 보였지만 아쉽게도 부대원들은 전혀 호응하지 않았다고 키즈 비치는 덧붙였다.[9]

이들이 바로 인민군을 단숨에 물리칠 수 있다는 자신감으로 가득 차서 한반도에 첫발을 내디딘 부대였다. 한국에서 처음으로 성공적으로 부대를 이끌었던 연대장 존 마이클리스(John Michaelis) 대령도 처음 몇 달 동안 부대원들의 전투력이 형편없다는 걸 알고 경악했다. 10월 초 「새터데이 이브닝 포스트」의 로버트 마틴(Robert Martin)과의 인터뷰에서 마이클리스 대령은 이렇게 말했다. "막상 전장에 나갔는데 총 한 발도 못 쏘는 겁니다. 자기가 들고 있는 무기가 뭔지도 모르는 거죠. 최신식도 아닌 평범한 소총 사용법조차 훈련받지 않았더군요. 부대원들은 그동안 공산주의와 친미주의의 차이점에 대한 지루한 강의만 잔뜩 들었을 뿐입니다. 총알이 비 오듯 쏟아지는 곳에서 포복하는 훈련은 받지 않았습니다. 어린아이처럼 주변 사람들에게 보호받고 운전 조심하라는 주의사항을 듣는 수준이었습니다. 전시 채권을 사두면 좋고 적십자에 기부해야 하며, 전장에 와서는 성병을 주의하고 고향에 계신 부모님에게 꼬박꼬박 문안 편지를 드려야 한다는 것밖에 모르더군요. 누가 와서 기관총을 좀 닦아놓으라고 하면 아마 어안이 벙벙한 표정을 짓기만 할 겁니다." 게다가 워낙 잘 포장된 도로에서 차로만 이동했기 때문에 도보 행군을 할 엄두도 내지 못했다. "주변을 정찰하고 오라는 명령을 내리면 커다란 트럭 한 대를 끌어내서 고속도로를 질주하듯 신나게 달려 나갈 오합지졸들입니다."[10]

이들이 당시 미국 본토의 분위기를 그대로 드러내주었다면 당시 인민군 역시 북한의 분위기가 어떠했는지 잘 보여주었다. 당시 북한은 압제와 식민지 정책으로 억눌린 사회 제도에서 벗어나 하룻밤 사이에 소련을 어설프게 모방한 현대 사회의 모습을 갖추려고 욕심을 부렸다. 인민군은 행동에 거침이 없고 분노로 가득했으며 전쟁에 이골이 난 엘리트 집단이었다. 이들은 최소한의 장비만 가지고 다녔다. 체력적인 면에서도 단연 미군을 앞섰고 열악한 전쟁터에서도 훨씬 더 잘 버텨낼 준비가 되어 있었다. 학구적인 기질이 강한 전쟁사 교수 로이 애플먼은 당시 인민군의 3분의 1과 대부분의 장교 및 하사관들이 중국 공산당과 함께 전쟁에 참전한 경험이 있는 사람들이라고 전한다. 그래서 이들은 한국전쟁이 그 전에 참전했던 전투, 즉 일본과 벌인 전쟁의 연장이라고 생각했을 것이다. 이들은 투철한 정신 교육을 마친 상태였다. 생포된 인민군들은 대부분 정치적 신념을 논할 때 로봇처럼 한 치의 흔들림도 없이 강한 확신을 보였다. 실제로 공산주의라는 국가적 배경을 가진 중국인들보다 인민군의 태도가 더 투철하고 강경했다.[11]

이들은 대부분 소작농 집안 출신으로 일제 통치에 대한 강한 반발심을 품고 있었다. 그래서 미군과 이들을 지원하기 위해 서울에 주둔하는 유엔군이 새로운 미래를 열어줄 조력자가 아니라 아픈 과거를 반복하게 하려는 악의 무리라고 생각했다. 이들의 눈에 비친 미국인은 압제적인 조국의 옛 통치자들뿐 아니라 일본 정권과 손을 잡은 사람들이었다. 따라서 이들은 수년 전 고향 땅을 억지로 등지게 만든 장본인들과의 싸움이 지금까지도 계속되는 거라고 생각했다. 한국군을 지휘하는 사람들은 과거 일본에 협조하던 인물이라고 생각했는데, 일부는 사실이었다. 인민군은 잘 훈련되었고 규율이 잡혀있었고 사기 또한 높았다. 그들은 위장술이 아주 뛰어났으며 도로 이동을 피하고 험준한 지역을 도보로 이동하였다. 미군으로서는 도저히 상상조차 할 수 없는 일이었다. 인민군을 훈련시키고 함께 전장에서 싸웠던 중공군처럼 인민군은 절대로 대대적인 정면충돌은 시도하지 않았다. 그보다는 적을 몰래 탐색한 다음 옆을 따라가다가 수적으로 훨씬 열세인 한국군이나 미군을 후방이나 측면에서 공격했다. 이들은 미군의 위치를 파악하여 정확한 포격을 가하기 위해 인민군 일부를 피난민으로 위장하여 투입하는 치밀함을 보이기도 했다.

이처럼 인민군은 처음부터 적이 누군지, 왜 자신들이 전쟁을 하고 있는지 명확히 이해하고 있었다. 인민군이 맞붙어 싸우는 대상은 백인, 제국주의자, 자본주의자, 월스트리트 지지자, 그리고 남한에 있는 이들의 꼭두각시였다. 하지만 정작 미군들은 공산주의의 사악함에 대해 귀가 따갑게 들었지만 적을 제대로 이해하지 못했다. 왜 이런 전쟁이 벌어지고 있는지도 몰랐다. 일본에 주둔하긴 했지만 한국이라는 곳에서 실제로 벌어지고 있는 전쟁에 투입되는 건 생각지도 못한 일이었다. 제34보병연대 소속 상병이었던 래리 바넷 (Larry Barnett)은 이렇게 회상했다. "그날 한국전쟁 참전 소식이 전해지자 우리 중대 사람들은 모두 '한국이라는 나라가 어디에 있는 거야? 어리바리한 황인종들이 서로 죽고 죽이게 놔두면 되겠지?'라고 말했다."[12] 안타깝게도 제34연대는 자매연대인 제21연대와 함께 한국전쟁 최초 참전 부대가 되었다. 이들은 모두 불운했던 제24사단 소속이었다. 제24사단은 가능한 한 빨리 한국에 가서 한반도의 서쪽으로 밀고 내려오는 인민군을 저지하라는 명령을 받았다. 예상 충돌 지점은 서울 남쪽의 수원 근처였다. 하지만 바로 그 시점에서 당시 제24사단 총책임자였던 윌리엄 딘 소장은 전 부대를 유리한 고지에 집결시켜서 전투력을 최대로 높이기는커녕 부대를 여러 곳에 분산시키는 치명적인 실수를 저질렀다. 여기에서 또 한 번 당시 미군 지휘관들이 적을 얼마나 얕잡아봤는지 여실히 드러났다. 일본을 떠나 한국에 첫발을 내디딘 전방 부대는 브래드 스미스(Brad Smith) 중령이 이끄는 스미스기동부대였다. 이들은 비행기를 타고 한반도 남쪽 끝 항구인 부산으로 들어왔다. 열악한 날씨와 제한된 수송기 숫자 때문에 부대 전체가 이동하는 데 꼬박 이틀이 걸렸다. 스미스기동부대의 마지막 대원들이 부산에 착륙한 것은 7월 2일 아침이었다. 그날 저녁 기동부대원들은 모두 부산에서 기차를 타고 7월 3일 오전에 대전에 도착했다. 대전은 당시 전방이라 생각하던 곳과 부산의 중간 지점이었다. 그곳에서 스미스 중령은 존 처치(John Church) 준장을 만났다. 연배가 꽤 높은 장교로 맥아더가 한반도 어디에 어떤 도움이 필요한지 알아보라고 파견한 정찰팀 책임자였다.

처치가 이끌던 정찰팀은 굉장히 정교하고 단결된 움직임을 보이는 인민군의 공격과 우왕좌왕하며 도망치기 급급한 한국군의 퇴각 행렬에 휘말려 아무런 성과를 얻지 못했다. 인민군에 떠밀려 부대 본부가 수원에서 대전까지 약 144킬로미터를 내려왔지만 처치는 특유의 거드름을 버리지 못했다. 그는 스미스에게 탱크를 보고도 겁내지 않는 용감한 미군이 몇 명만 더 있으면 허술한 한국군의 중심부를 강화할 수 있으니 걱정할 것 없다고 큰소리쳤다. 그리고 지도를 꺼내 보이면서 스미스기동부대는 수원에서 가까운 남쪽 도시인 오산에 방어선을 구축하라고 명령했다. 그 즉시 스미스는 부대원들과 기차를 타고 북으로 올라가 안성에 도착했고, 안성 기차역에서 그들을 열광적으로 맞이하는 한국인을 보자 순간적으로 기분이 우쭐해졌다. 마치 자신들이 불쌍한 민간인들을 구하는 정의의 사도가 된 듯한 착각에 빠졌다. 하지만 후에 윌리엄 위릭(William Wyrick) 중위에 따르면 당시 남쪽으로 피난 중이던 수천 명의 한국인이 환호성을 지른 것은 미군이 반가워서가 아니었다. 바로 기다리던 부산행 기차가 도착했기 때문이었다.[13]

거의 동시에 딘 소장은 대전에 도착해서 처치가 이끌던 미군 부대의 지휘권을 넘겨받았다. 그는 즉시 제34연대를 경부선을 기준으로 볼 때 오산에서 남서쪽에 위치한 평택으로 보냈다. 이렇게 해서 제34연대는 21연대에서 16킬로미터 정도 떨어진 채 어떤 지원도 기대할 수 없는 처지가 되었다. 당시 주변 사람들은 두 연대가 함께 남쪽으로 약 64킬로미터 내려가서 금강이라는 자연 지형을 활용, 방어선을 구축하여 전투력을 최대한 높이는 게 더 합리적이라고 생각했다. 하지만 딘 소장의 생각은 달랐다. 그의 말을 빌리자면 인민군은 미군과 싸울 의지가 별로 없기 때문에 자기가 해야 할 일은 아주 "간단하고 쉬웠다." 그런 이유로 딘 소장은 전체 부대를 세 개로 나누어 배치했으나 앞서 말했듯 이는 결국 패배를 부른 치명적인 실수가 되었다.

일본에서 출발할 때 제34연대 부대원들은 한국으로 떠날 채비를 할 때 여름용 군복을 준비하라는 명령을 받았다. 전쟁이 금방 끝나면 서울에서 개선 행진을 할 때 여름용 군복을 입는 게 좋을 거라고 생각했던 것이다. 제34연대 소속 대대장이었던 해럴드 에이어스(Harold Ayres) 중령은 그의 부대원들에게 이렇게 말했다. "우리가 있는 곳의 북쪽에는 현재 인민군이 대기하고 있다. 이들은 군사 훈련을 제대로 받지 못한 형편없는 녀석들이다. 무기를 가진 자는 전체의 절반밖에 되지 않는다. 따라서 우리가 이들을 저지하는 데는 아무 어려움이 없을 것이다."[14] 사병들도 마찬가지로 오만했다. 이들이 한반도에 온 이유는 그저 인민군에게 한 수 가르쳐주려는 것뿐이며 모두들 곧 도쿄로 돌

■ 월튼 워커 중장과 윌리엄 딘 소장이 의견을 나누고 있다. © U.S. Department of Defense.

아갈 거라고 확신했다. 프레드 래드(Fred Ladd) 대위는—나중에 네드 알몬드 중장의 참모가 된다—당시 미군 안에 뿌리 깊은 인종차별주의가 만연했다고 말했다. "황인종들이 감히 미군에게 대항하지 못할 것이라는 믿음이 퍼져있었 다. 이것은 상관들이 부하들에게 퍼뜨린 것인지 그 반대인지, 아니면 양쪽 모 두인지 모르겠다."**15** (13년 후 그는 베트남에서 군사고문으로 활동하면서 같은 현상 을 또 다시 보게 된다.) 제34연대는 평택으로 가는 길에 주요 다리를 폭파하려던 한국군 공병 몇 명과 마주쳤다. 이때 제34연대 소속 일부 군인들은 한국군이 겁쟁이라고 비난하며 폭발물을 빼앗아 멀리 던져버렸다.

미군과 인민군의 첫 번째 격전이 벌어지자 미군은 가히 상상할 수 없을 정 도로 처참한 패배를 당했다. 자신의 힘을 과신한 나머지 현실을 직시하지 못

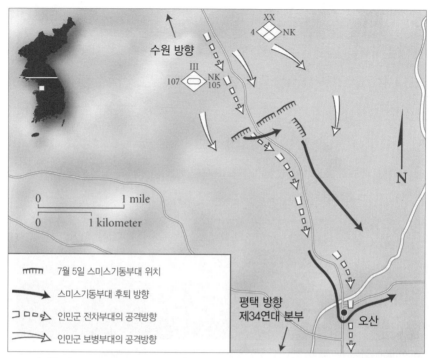

5. 1950년 7월 5일 스미스기동부대.

한 결과였다. 7월 4일, 스미스는 540여 명의 부대원을 이끌고 오산으로 올라
갔으나 대대라고 말하기도 부끄러울 정도로 병력이 부족했다. 중대 2개를 조
금 보완한 수준에 불과했다. 지원 포병부대는 아직도 부산에 머물러 있었다.
이들은 7월 5일 새벽 3시에 목적지에 도착했다. 비가 추적추적 내리는 날씨
때문에 행군에 지친 부대원들은 추위에 떨어야 했다. 날이 밝을 무렵 부소대
장 로렌 체임버스(Loren Chambers) 하사가 수원에서 내려오는 T-34 탱크 여덟
대를 발견했다. 소대장 필립 데이(Philip Day)가 전방에 나타난 게 뭐냐고 묻자
그는 이렇게 대답했다. "T-34 탱크입니다, 소대장님. 그런데 우리 편은 아닌
것 같습니다."

탱크는 계속 이들을 향해 다가왔고 그 뒤로 이어진 인민군 보병 행렬은 끝

이 보이지 않았다. 그 순간 더 무시무시한 장면이 눈앞에 펼쳐졌다. 인민군 탱크 25대가 나타난 것이다. 인민군 행렬은 그 길이가 약 9킬로미터에 달했다. 선두부대가 1.6킬로미터 안으로 가까워지자 미군은 박격포 공격을 시작했다. 몇 발의 명중탄이 있었지만 적의 탱크는 멈출 줄을 몰랐다. 그래서 이들은 인민군의 탱크가 640미터 정도까지 가까워질 때를 기다렸다가 무반동총을 발사했다. 그러나 탱크는 아무런 영향을 받지 않았다. 바주카포를 발포했지만 역시 소용이 없었다. 급기야 체임버스가 무전으로 60mm 박격포를 쏘라고 지시했으나 거리상 인민군의 탱크까지 닿지 않는다는 답변이 돌아왔다. "81mm 박격포는 어떤가?"라고 물었지만 발포 요원은 "그런 박격포는 가져오지 않았습니다."라고 답했다. 4.2인치 박격포도 마찬가지였다. 마침내 체임버스는 "포병부대는?"이라고 소리쳤다. 하지만 포병대와는 통신이 되지 않았다. "공군은 어디에 있는 건가?" 체임버스가 다시 소리쳤지만 공군은 아직 스미스기동부대의 위치도 파악하지 못한 상태였다. 결국 체임버스는 적군의 사진이라도 한 장 찍어두라고 지시했다.[16] 엄청나게 위험한 순간이 코앞에 닥쳤으니 정신 바짝 차리라고 부대원들에게 당부하는 것도 잊지 않았다. 본격적으로 인민군의 공격이 시작되자 미군은 즉시 후퇴하기 시작했다. 대부분의 군인들이 무기를 던져버리고 제각기 흩어졌다. 맨발로 도망가는 것이 훨씬 수월하다고 여겨 군화를 벗어던지는 이들도 있었다.

제34연대 본부는 스미스의 전방 부대에서 그리 멀지 않은 곳에 자리 잡고 있었지만 인민군에 밀려 남쪽으로 내려올 수밖에 없었다. 런던의 「텔레그래프(Telegraph)」와 멜번의 「해럴드(Herald)」의 해외통신원으로 활약하던 오스트레일리아 출신 데니스 워너(Denis Warner) 기자는 평택 근처에 있던 제34연대 소속 제1대대와 함께 있었다. 당시 제34연대 지휘관은 해럴드 에이어스였다. 7월 5일 아침 사단 포병 장교로 추정되는 조지 바트(George Barth)준장이 도착

■ 수원 남쪽 부근에서 파괴된 교량과 북한군 탱크의 잔해가 방치되어 있다. 1950년. ⓒ Marks/ U.S. Department of Defense.

했을 때 데니스 워너는 해럴드 에이어스와 함께 있었다. 전방에 포병부대가 없었기 때문에 딘은 그에게 전방 지역을 맡으라고 지시했다. 워너는 바트가 지프에서 내려 기자들을 향해 "자, 여러분. 이제부터 시작입니다. 맥아더 장군을 위해 제가 첫 승을 거두겠습니다."라고 말하는 걸 지켜보았다. 바트는 인민군이 1.3킬로미터 안으로 접근하면 여지없이 발포하라고 명령했다며 으스댔다. 워너가 보기에 미군 장교들은 앞으로 벌어질 일에 대해 하나같이 지나치게 낙관적이었다. 에이어스가 마침내 입을 열었다. "인민군들도 자기들이 감히 미군 부대에 맞섰다는 걸 알면 꽁지에 불이 붙은 것처럼 달아나기 바쁠 겁니다. 그러니 우리도 주말쯤이면 서울로 돌아갈 수 있습니다."[17] 워너뿐 아니라 기자들 대부분이 그 말을 듣고 그곳 상황을 좀 더 지켜봐야 할지, 돌아가서 곧 미군과 인민군 사이에 대대적인 전투가 벌어질 거라는 기사를 써야 할지 판단을 내리지 못했다.

워너는 일단 상황을 더 지켜보기로 결정했다. 뭔가 좋지 않은 일이 벌어지기 전에 감도는 전형적인 어두운 기운을 감지했기 때문이었다. 인민군을 피해 피난길에 오르는 농민의 행렬이 끝도 없이 이어지면서 길은 완전히 막혔다. 전쟁에 대해서 뭔가를 아는 사람이라면 이 피난 행렬이 무슨 의미인지 명백히 알 것이다. 흔들리는 갈대를 보고 바람이 부는 것을 알 수 있는 것과 같은 이치였다. 워너를 더욱 불안하게 한 것은 피난민 보다 패주하는 한국군 숫자가 더 많다는 점이었다. 그는 몇몇 통신원들과 함께 북쪽으로 걸어갔다. 그러다가 한국군으로 보이는 기병 한 명이 작은 조랑말을 타고 지나가면서 "탱크다! 탱크!"라고 외치는 것을 보았다. 바로 그 순간 워너는 적군의 탱크가 "위협적인 태도로 서서히 다가오는 모습"을 목격했다. 그는 즉시 뒤돌아서서 에이어스가 있던 본부로 돌아왔다. 하지만 에이어스는 워너가 두 눈으로 목격했다는 말에도 고개를 갸우뚱하면서 "우리 부대에는 탱크가 없는데……."라고 말했다.

워너는 "우리 편 탱크가 아니라 적군의 탱크 말입니다."라고 쏘아붙였다.

하지만 에이어스는 "이 근처에는 그 정도 크기의 탱크를 감당할 만한 다리가 없단 말일세."라며 그의 말을 믿으려 하지 않았다. 그래서 워너는 에이어스가 파견한 바주카 포병들과 다시 있던 자리로 돌아갔다. ("그저 비위나 맞춰주자는 생각이었다.") 금세 인민군 탱크 두 대가 모습을 드러냈다. 바주카 포병들이 최대한 가까이 다가서서 발사했지만 포탄은 탱크를 맞고 튕겨나갈 뿐이었다.

그때까지도 에이어스의 본부는 스미스기동부대가 참패를 당했다는 소식을 듣지 못한 상태였다. 몇몇 생존자들이 겨우 본부까지 기어와서 부대원 대부분이 목숨을 잃었다는 비보를 전했다. 워너는 이렇게 보도했다. "그 말을 듣자마자 에이어스와 몇몇 부대원들이 달려 나갔다. 바트의 본부 역시 탱크가 도착하기도 전에 하룻밤 새 함락되었다. 7월 6일 새벽, 인민군 탱크는 평택까지 밀고 내려왔으며 아침에는 성환에 도착했고 날이 저물 때쯤에는 천안에 이르렀다. 36시간 만에 약 60킬로미터를 내려온 것이다."[18] 다음 날 저녁 딘은 전방을 담당하던 바트와 다른 연대장 한 명을 해임했다.

이렇게 해서 미군은 힘들게 전쟁을 시작했다. 훈련 상태가 미흡한 데다 배치 상태도 엉망이어서 맹렬한 기세로 밀고 내려오는 인민군을 겨우 며칠 저지하며 버티다 완전히 패하고 말았다. 전투가 시작된 지 2주 만에 인민군은 미 연대 두 개를 철저히 궤멸시켰다. 그 결과 약 3천여 명의 부대원들이 사망, 부상 혹은 실종되었다. 그리고 인민군 연대 두 개가 너끈히 쓰고도 남을 만큼의 무기를 남겨둔 채 남쪽으로 밀려 내려왔다.

그야말로 두 번 다시 생각하고 싶지 않을 정도로 처참한 순간이 이어졌다. 도쿄 사령부와 워싱턴 정부의 분위기는 갈수록 험악해졌다. 이번 전쟁처럼 제약이 많은 경우라면 미군이 끝까지 버텨내기 힘들 테니 결국에는 원자폭탄을 사용해야 할지도 모른다는 우려가 확산되었다. 7월 16일자 「뉴욕 타임스」에서는 이런 표현을 사용했다. "한국전쟁에서 수적으로나 무기 면에서 열세를 겪고 있는 미군을 지켜보면서 우리 모두는 안타까움과 슬픔, 그리고 이들에 대한 깊은 존중심이 교차하는 미묘한 감정을 느낍니다. 우리는 이들에게 커다란 희생을 요구하고 있는지 모릅니다. 지금 이들의 희생으로 한국전쟁이 더 이상 확전되지 않기를 바랍니다. 또한 지금 소수의 목숨이 희생되는 것이 장차 수백만 명의 인명 피해를 방지하는 길이 되기를 바랍니다. 아무튼 이번 전쟁에서 미군은 여러모로 미흡한 점이 많았습니다. 우리는 그들을 마음 놓고 응원할 수도 없고 그렇다고 잠잠히 있을 수도 없습니다. 하지만 너무 감정적이 되어서는 안 됩니다. 전쟁이 더 확전되어 또 다른 세계 재앙으로 이어지게 내버려둬서는 절대 안 됩니다."

한국전쟁에 참전한 지 몇 주 만에 미국인들이 품고 있던 수많은 환상은 산산이 부서졌다. 그중에서 가장 중요한 것은 바로 원자폭탄이 최상의 무기, 즉 그들이 필요로 하는 유일한 무기라는 신념이었다. 제2차 세계대전이 끝남과 동시에 국방부에서 근무하던 핵심 인물들의 머릿속에는 원자폭탄에 대한 강한 신념이 깊이 뿌리내렸다. 워낙 강력한 무기인 데다 국방비 감축의 효과가 있다는 점이 크게 작용했다. 불과 일 년 전 만 해도 지극히 상식적이던 오마 브래들리는 의회 의원들 앞에서 공동 상륙 작전을 실시하던 시절은 이제 끝났다고 강조했다. 그는 "솔직히 말해서 원자폭탄은 관리만 잘하면 (적군의 육해군 합동 침략의) 가능성을 거의 완벽하게 배제할 수 있습니다."라고 말했다. 하지만 전쟁 초반부터 처절한 패배를 맛본 이들은 이제 기존의 국방 체제 전체에 대한 굳은 신념이 환상에 불과하며, 그 어떤 전쟁에서도 원자폭탄 사용은 최후의 수단으로 아껴두어야 한다는 사실을 깨달았다. 이미 남북한의 갈등이 해결하기 쉽지 않은 단계까지 치달았으며, 세계 양대 강국이 정면으로 맞붙고 있는 한반도에서 또다시 소련과 만만치 않은 신경전을 벌이는 상황이 연출될지도 모른다는 위기의식도 느꼈다. 특히 원자폭탄에 대해서는 전혀 새로운 시각을 갖게 되었다. 원자폭탄은 비교 대상을 찾을 수 없을 정도로 강력하고 대단한 위력을 자랑하지만 대부분의 경우에 도덕적인 비난을 면치 못하는 무기였다. 그래서 가공할 만한 파괴력에도 불구하고 사실상 가장 사용하기 힘든 무기였다. 누구나 원자폭탄을 한 번 사용하려면 아주 오랜 시간 고민하지 않을 수 없었다. 하지만 당시 미국 정부는 세계 전쟁을 주도하려는 야심에 눈이 멀었다. 결국 태평양 전쟁을 하루라도 빨리 끝내버리겠다는 핑계로 미 국방 예산에 원자폭탄을 서슴없이 포함시켜놓았다. 아주 저렴한 비용으로 군 예산을 편성할 수 있다는 점만 부각시킨 결과였다. 히로시마와 나가사키에 떨어진 원자폭탄은 기존의 전쟁 무기를 모두 쓸모없는 것으로 만들었다. 미국은 오로지 가장 부유하고 기술의 발전을 이룬 자신들만이 전쟁의 승자가 될 수 있다는 논리를 펼쳐 전쟁의 역사에 완전히 새로운 장을 열었다고 생각했다. 하지만 1950년 7월 초반 한국전쟁에서 쓰디쓴 패배를 맛보면서 그러한 환상은 단숨에 깨졌다. 세계 각국의 군대는 1945년 8월을 기준으로 이미 많은 변화를 겪고 있는 것처럼 보였다. 하지만 이번 사건을 통해 군대를 휩쓸고 간 변화의 바람이 생각보다 그리 크지 않았다는 게 입증되었다. 미국은 원자폭탄의 한계를 깨닫기 시작했고 그와 함께 한국전쟁과 트루먼 정권의 인기도 줄기 시작했다. 많은 사람들이 과거의 고립주의를 새로이 형성된 국제주의라는 개념으로 바꾸는 데 즉각적인 반응을 보인 것은 아니었다. 하지만 그렇다고 해서 한국전쟁의 양상이나 정부 내 책임자들의 일처리 방식을 옹호하는 사람들이 많은 것도 아니었다. 이렇게 해서 미국은 국제적으로 새로운 입장에 처했으나 이는 결코 원하던 바가 아니었다.

미 국방부의 역사에 1950년 7월은 최악의 순간 중 하나로 기록되었다. 미군은 끝이 보이지 않는 후퇴를 거듭하던 중 소규모 전투에서 끊임없이 패했다. 아주 가끔씩 수적으로나 무력 면에서 우세할 때면 감탄할 만한 용맹스러움을 보이기도 했지만, 그 또한 규모나 전투력 및 기술 면에서 감히 비교할 수 없을 정도인 인민군의 공격에 금방 사그라지곤 했다. 미군은 주요 지점마다 포진했지만 인민군을 저지하기에는 턱없이 부족했다. 그들이 의지할 것이라고는 당시 본국에서 급하게 꾸려 한국에 파견한 지원 부대를 기다리는 일뿐이었다. 그토록 절박한 순간임에도 불구하고 젊은이들의 목숨을 담보로 조금이라도 시간을 벌어보겠다는 심산이었을 것이다. 미국에서는 그제야 전쟁에

■ 전우를 잃고 슬픔에 잠긴 미군 보병이 또 다른 전우에게 위로를 받고 있다. 뒤편에서 위생병이 전사 기록을 작성하는 모습이 보인다. 1950년. ⓒ Sfc. Al Chang/ U.S. Department of Defense.

내보낼 새로운 병력을 모집하기 시작했다. 전쟁 직전의 일본에서는 이미 병력이 절대적으로 부족한 상태였다. 한국전쟁이 발발하자 결국 심각한 범죄를 저질러 수갑을 찬 채 본토로 이송되던 군인들까지도 한국전쟁에 참전하면 범죄 기록을 모두 지워주겠다는 제안을 받았다.[19] 제1기병사단장 호바트 게이 소장의 측근이었던 윌리엄 웨스트 중령에 따르면 한국전쟁이 발발하기 전 도쿄 미군 부대에서 근무하던 장교들은 다른 업무를 거의 보지 못할 지경이었다. 군법회의에 회부될 사병들이 너무 많았기 때문이었다.[20]

7월 초, 맥아더 장군은 육군 참모 회의에서 굉장히 다급한 어조로 적군을 저지하는 데에만 11개 대대 병력이 필요하다고 말했다. 한국전쟁에는 미국 정부의 도움이 바로 지금(사실은 이미 전쟁 초반부터) 필요하다는 것이었다. 제

2차 세계대전이 끝나고 민간인의 생활로 돌아가서 행복을 누리던 해병대원들은 강한 불만을 토로했다. 이들은 해병대에 자원한 적도 없고 이미 민간인이라고 생각하는데도 예전에 맺은 계약 관계 때문에 또다시 전쟁터로 불려 나갔다. 10년도 쉬지 못한 채 억지로 전쟁터로 끌려 나간 것이다. 진주만 기습 공격이 있었던 1941년 12월만 해도 자원입대자들이 굉장히 많았다. 그런데 이번에는 자원하는 젊은이들의 수가 많지 않아서 정부에서는 육군 신병 모집에 혈안이 되었다. 이미 복무 중이던 군인들은 무조건 전투부대에 편입되어 충분한 훈련을 받지 못한 상태에서 한국에 파견되었다. 전쟁 초반에 참전 용사로 활약했던 프랭크 무노즈(Frank Munoz) 대위는 그 상황을 이렇게 회상했다. "마치 사방에서 진공청소기를 들고 우리를 먼지처럼 다 빨아들이는 것 같았습니다. 사무직 요원, 병원 직원, 병참부에서 일하는 사람 할 것 없이 순식간에 모두 전쟁터로 끌고 가더군요."[21] 처음에는 한국으로 가는 배에 이들을 태우기 전 6주간 훈련을 실시했지만 얼마 지나지 않아 그런 단기 훈련을 실시할 시간도 없었다. 어떤 사람들은 겨우 10일간 훈련받고 한국전쟁에 투입되었고 나중에는 3일간의 특별 훈련으로 대체되었다. 인민군이 거침없이 밀고 내려오자 결국 3일간의 훈련을 실시할 시간도 부족할 지경이 되었다. 미국을 떠나 부산항에 도착한 신병들은 무기를 지급받자마자 곧바로 전투지역으로 이동했다. 소총을 손질하거나 구경 크기를 확인하는 시간, 대포를 시험 발사해볼 겨를도 없었다. 지급받은 0.50 칼리버 기관총에 묻은 코스몰린(총기류를 보호하기 위해 쓰는 짙은 그리스-옮긴이)을 털어낼 여유도 없었다.[22]

국방부에서는 총지휘관의 능력, 특히 제8군, 즉 한국에 있던 미군 전체(유엔군도 포함될 예정이었음) 책임자였던 월튼 워커 중장에 대한 논란이 거세게 일었다. 그래서 혼란이 가장 심했던 8월 초 미 육군은 당시 떠오르는 신성이라 불리던 매슈 리지웨이 중장을 한반도에 파견했다. 그는 맥아더 장군을 만나 상황을 보고받고 필요한 사항을 파악할 뿐 아니라 맥아더 장군과 장제스의 관계에 대한 워싱턴의 우려를 전달하라는 명령을 받았다.

리지웨이가 속한 팀의 책임자였던 에버렐 해리먼은 맥아더 장군을 평가하는 한편 맥아더와 장제스 정부의 관계에 어떤 문제점이 있는지 파악하느라 바쁜 시간을 보냈다. 또한 리지웨이는 월튼 워커가 한국군을 지휘하는 방식을 철저히 조사하라는 지시를 받았다. 그는 제2차 세계대전이 거의 끝나갈 무렵 엘리트 중의 엘리트라 불리던 공수부대를 이끌면서 당시 자신감 넘치는 미군 본부의 모습을 마지막으로 목격한 사람 중 하나였다. 그러니 한국에 와서 목격한 상황을 더더욱 믿을 수 없었다. 그가 보기에는 자기 임무조차 제대로 이행하지 못하면서 이번 기회에 조금 더 높은 지위와 연금을 받으려는 장교들이 너무 많았다. 워싱턴 정부나 도쿄 사령부에서는 제대로 된 장교들을 보내지도 요구하지도 않았으며, 그저 옛정 때문에 실력 없는 장교들의 배만 불려주는 것 같았다. 워커는 더 이상 그런 상황을 참지 못하고 화가 머리끝까지 난 상태였다. 특히 부대원들의 형편없는 상태를 보고 치를 떨었다. 실력 있는 장교라도 전장에서 전투부대를 이끌지 않고 도쿄 사령부에 근무하면 그 순간부터 본 실력을 감추거나 잃어버리는 것 같았다. 누구나 탱크 부대와 함께 구체적인 명령만 주어진다면 전쟁터에 나가서 보란 듯이 승전고를 울릴 인재들이었다. 하지만 리지웨이보다 직위가 높은 워커는 이 문제를 해결하는 데 적잖은 걸림돌이 되었고 제8군 대원들 전체는 눈에 띄게 허술하고 허약한 상태였다. 특히 리지웨이는 워커가 이끄는 부대의 참모들이 너무나 수동적인 태도로 일관하는 것을 보고 경악했다. 일부 연대장들은 나이는 많은데 전투 경험은 일천했다. 부대원들 역시 제2차 세계대전에서 투혼을 발휘했던 용사들과 비교할 수 없을 정도로 정신 상태나 훈련 상태가 엉망이었다.

그의 보고서에는 온통 부정적인 내용만 가득했다. 부대마다 보병 인원이 턱없이 부족했고 군수품도 제대로 공급되지 않았다. 이들은 자기 부대의 무기를 나르고 차량을 돌보는 일로도 충분히 지쳐 있었다. 한국의 도로 상태가 아주 열악했기 때문이다. 그래서 적군에게 반격을 가하거나 참호를 파는 것은 시도조차 못했고 적군의 눈에 띄지 않게 위장하는 것도 제대로 하지 못했다. 사격 한계 거리도 정확하게 계산하지 못했고 부대 간 연락망도 제대로 작동하지 않았다. 리지웨이는 조국이 귀한 젊은이들을 이런 곳에 보내려고 열심히 독려하고 있다는 사실이 믿기지 않았다. 이는 보병 지휘관으로서 지켜야 할 가장 기본적인 원칙에 어긋나는 행동이었다. 그는 워커가 전반적인 지휘 능력이 현저히 부족하며 상황 변화를 예측하는 능력 또한 부족하므로 즉시 해임해야 한다고 생각했다. 하지만 워커의 해임을 적극적으로 주장할 수는 없었다. 그토록 열악한 상황에서 전투에 임하면서 승산 없이 코너에 몰린 워커의 입장이 딱했기 때문이다. 그를 해임한다고 해서 이미 사기가 떨어질 대로 떨어진 부대원들에게 무슨 도움이 될까 하는 생각도 들었다. 또한 자신이 군 사령관의 자리를 탐내서 워커의 해임을 주장하는 기회주의자로 비칠까봐 걱정되기도 했다. 그는 맥아더 장군과 워커 사이에 오해의 골이 깊다는 것을 몰랐다. 때문에 워커를 해임해야 한다는 제안을 맥아더 장군이 어떻게 받아들일지 알 수 없었다. 맥아더 장군은 워싱턴 정부의 말이라면 언제나 민감하게 반응하는 사람인데, 그가 자신을 트루먼 정권의 단역 배우로 봐줄지 아니면 그저 그런 기회주의자로 취급할지 알 수 없었던 것이다. 그래서 리지웨이는 1930년대부터 줄곧 힘들고 민감하며 중요한 일을 도맡아 처리해온 해리먼과 의논했다. 해리먼은 공군 장교이자 파견팀의 3인자였던 로리스 노스태드(Lauris Norstad) 장군과 의견이 같았다. 워커를 해임하는 것이 옳지만, 최종 회의에서 맥아더 장군이 그 문제를 거론하지 않는 한 자신들이 먼저 문제를 제기하는 것은 꽤 위험부담이 크다고 말했다. 노스태드는 어떤 문제든지 총책임자가 먼저 이야기를 꺼내지 않으면 해결하기 힘들다고 생각했다. 본인들이 총책임자의 권한을 위협하기 위해 정부에서 파견한 요원들이라는 인상을 주어서는 안 된다고 생각했던 것이다.[23]

해리먼은 리지웨이에게 워커의 해임안은 대통령을 포함하여 워싱턴 고위 관료들과 먼저 의논한 다음 적절한 경로를 통해 건의하는 것이 좋겠다고 제안했다. 그러나 나중에 나온 클레이 블레어의 증언에 따르면 맥아더 장군은 당시에 워커를 더 이상 신임하지 않았다. 그래서 이미 해임할 마음을 먹고 있었고 후임자로 리지웨이가 적절하다고 생각하고 있었다. 만약 리지웨이가 워커의 후임자가 되었더라면 "한국전쟁의 상황은 꽤 다른 방향으로 흘러갔을 것이며 미군에게도 훨씬 더 유리한 상황이 되었을 것"이라고 블레어는 말했다.[24] 워커와 달리 리지웨이는 맥아더 장군 앞에서도 소신을 굽히지 않을 사람이었다. 그러면 도쿄 사령부의 눈치를 보지 않고 워싱턴 정부와 더 긴밀하게 연락하며 38선을 넘어 북으로 계속 밀고 올라가는 계획을 더 신중하게 검토했을 것이다.

워싱턴으로 돌아오는 길에 로리스 노스태드는 제8군 총지휘관 자리를 놓고 "내가 보기에는 자네가 그 자리를 맡아야 하네."라고 말하며 리지웨이에게 적잖은 압력을 가했다. 하지만 리지웨이는 유리한 현재 지위와 워싱턴 정부의 힘을 업고 다른 사람의 지휘권을 빼앗는 기분이 든다며 강하게 거부했다. "제발 그런 말씀 마십시오. 제가 마치 사사로운 이익을 찾아 한국에 갔던 것처럼 보이지 않습니까? 그럴 의도는 전혀 없었습니다."[25] 그러나 리지웨이의 마음에 걸리는 일은 그것만이 아니었다. 맥아더로부터 인천상륙작전 계획을 듣고 리지웨이도 흥분을 감출 수 없었다. 공수부대 출신이라 적군의 허를 찌르는 기습작전에 큰 기대를 품었던 것이다. 하지만 그는 맥아더 장군이라는 막강한 인물과 함께 일할 자신이 없었다. 그가 보기에 맥아더는 낯선 나라의 군대를 상대로 벌이는 잔인하고 무시무시한 전쟁터의 현실을 너무도 몰랐다.

　사실 그 순간 모든 지휘 권한은 이미 리지웨이에게 넘어온 것이나 다름없었다. 해리먼이 워낙 강력하게 그를 추천했기 때문이다. 해리먼은 대통령뿐아니라 국방장관 루이스 존슨과 합참의장 오마 브래들리, 그리고 육군 참모총장 조 콜린스에게도 리지웨이를 추천했다. 그들 역시 해리먼의 추천을 적극적으로 받아들였다. 젊고 실력 있는 지휘관을 새로 투입하는 것이 아주 바람직한 변화이며 이를 통해 제멋대로 행동하는 맥아더의 기를 꺾을 수 있다고 생각한 것이다. 물론 맥아더를 제압하는 데 그가 도움이 될 거라는 말은 아무도입 밖에 내지 않았다. 리지웨이는 워낙 기가 센 사람이어서 더글러스 맥아더라 할지라도 그를 함부로 좌지우지할 수 없을 게 분명했다. 사실 조 콜린스는1951년에 리지웨이를 육군참모차장으로 승진시키려고 준비하던 중이었다. 하지만 그는 리지웨이에게 한국전쟁에 "자네가 워낙 필요한 존재다 보니 내가 자네를 끌어낼 방도가 없군."이라고 말했다.[26] 당시 미국이 참전한 유일한무력전쟁을 이끌 지휘관에게 하는 말치고는 좀 이상했다. 미국 정부는 여전히한국전쟁은 예비전투에 불과하며 본격적인 적과의 대결은 곧 유럽에서 벌어질 거라고 굳게 믿는 게 분명했다. 물론 리지웨이도 그렇게 믿는 사람들 중 하나였다.

제11장

월튼 워커와 에드워드 알몬드

미국 정부나 도쿄 사령부에는 월튼 워커를 변호해줄 사람이 아무도 없었지만 당장 지휘권을 빼앗기지는 않았다. 그러나 주요 결정을 내릴 때마다 워커의 의견은 전혀 반영되지 않았다. 맥아더 장군 휘하의 사람들은 마음껏 그를 비웃고 헐뜯었다. 워커는 자신의 비행 조종사였던 마이크 린치(Mike Lynch)에게 속내를 털어놓곤 했는데, 자신이 인민군뿐 아니라 도쿄 사령부와도 한바탕 전쟁을 벌이고 있다고 표현했다.[1] 그 또한 자신의 입지가 매우 위태로우며 곧 해임될지 모른다는 위기감을 느끼고 있었다. 월튼 워커는 여러 가지로 부족한 사람이었지만 리지웨이도 높이 평가하는 장점이 있었다. 바로 포기할 줄 모르는 집요함이었다. 워커가 이끄는 부대가 낙동강까지 밀려날 거라는 우려가 나오면서 중요한 문제가 대두되었다. 즉 부산방어권을 사수할 수 있을 것인가, 한반도 전체를 완전히 내줄 것인가라는 문제였다. 간부회의에서 리지웨이는 워커에게 만약 미군이 지금보다 더 남쪽으로 밀려난다면 어떻게

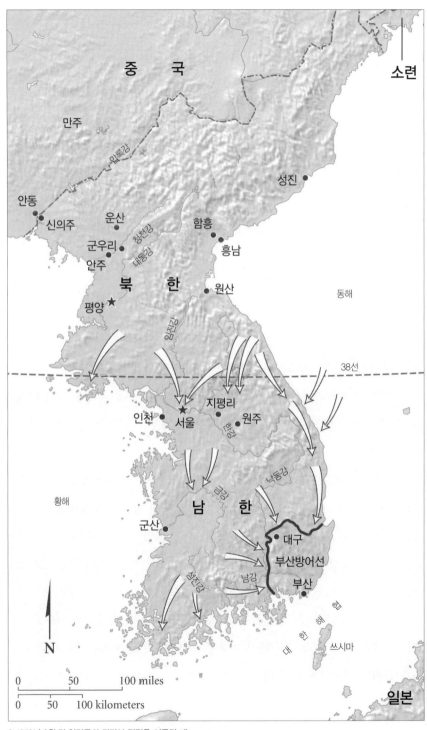

중국

소련

만주

압록강

성진

안동
신의주   운산
군우리   청천강   함흥
안주   대동강   흥남
북   한
평양 ★   원산   동해

임진강

38선

지평리
인천 ● 서울 ★   원주
황해   낙동강

남   한

군산 ●

대구
부산방어선
남강   부산

남강

섬진강

N

일본

대   한   해   협

쓰시마

0   50   100 miles
0   50   100 kilometers

6. 1950년 8월 말 인민군의 진격이 정점을 이루던 때.

할 것인지 물었다. 그러자 워커는 더 이상 후퇴는 없다고 잘라 말했다. 리지웨이가 재차 물었다. "물론 부대원들에게는 그렇게 얘기해야겠죠. 하지만 부산 방어권마저 잃으면 정말 그때는 어떻게 하실 겁니까?" "낙동강방어선에서는 꼼짝도 안 할 겁니다."라고 대답하는 워커의 목소리에는 다소 불쾌한 감정이 묻어나왔다.[2]

적어도 워커는 한 가지 면에서는 운이 좋은 사람이었다. 워싱턴 정부나 도쿄 사령부가 자기를 어떻게 생각할지 걱정할 시간조차 없었던 것이다. 그는 매일 부대를 둘러보고 인민군의 최근 움직임을 살피느라 하루가 어떻게 지나가는지도 모르고 살았다. 그래서 자신의 신세를 한탄할 겨를이 없었다. 위기 상황은 꼬리에 꼬리를 물고 끝없이 이어졌다. 사단이나 연대, 중대 할 것 없이 모두 전투 병력이 부족해서 어려움을 겪었다. 7월 중에는 인민군이 거의 매일 밤에 적어도 미군기지 네다섯 군데를 뚫고 들어왔다. 워커는 인민군이 침입한 기지 중에서 더 중요한 곳이 어디인지 판별하여 그곳을 사수하는 데 총력을 기울이느라 잠시도 쉴 틈이 없었다. 미군 장교들 중에서 그처럼 열악한 상황에 처해본 사람도 아마 드물 것이다. 사실 6월 25일 이전에 도쿄에서 전쟁을 준비할 때부터 워커 역시 장교로 일했으므로 전투 준비가 제대로 안 된 책임을 완전히 면할 수는 없었다. 하지만 그보다는 이미 지형을 다 파악하고 수적으로도 아주 우세한 인민군이 초반부터 전세를 장악한 것이 더 큰 문제였다. 워커 부대를 위한 보급 라인은 그야말로 캘리포니아까지 바라봐야 할 정도로 희망이 없는 상태였다. 사병과 장교뿐 아니라 탄환까지 어느 것 하나 부족하지 않은 것이 없었다. 지형 또한 매우 열악해서 사방을 둘러보면 험준한 산밖에 보이지 않았다. 탱크 또한 적군보다 적었고 전투력도 약했다. 설상가상으로 워커는 동료 지휘관들 사이에서도 외면당했다. 맥아더 장군뿐 아니라 에드워드 알몬드도 마찬가지였다. 대놓고 무시하지는 않았어도 그를 보는 눈빛에 경멸이 서려 있었다. 가끔 워커는 극동지방에 와 있는 미군 중에서 자기가 주요 결정 사항을 맨 마지막에 알게 되는 것 같은 느낌을 받았다. 맥아더와 알몬드 휘하에 있는 도쿄 사령부 사람들 역시 두 사령관처럼 그를 무시하는 태도를 보였다.

워커는 이제 자기가 원하는 전투장교도 마음대로 고를 수 없는 처지였다. 정부 관료들과 파견 요원인 리지웨이는 워커가 데리고 있는 장교들 중에는 쓸 만한 인재가 없다고 말하곤 했다. 그러나 정작 일본 요코하마에 지원군이 탄 배가 정착할 때면 이들이 육지에 발을 딛기 전에 극동지방 최고 사령관이 먼저 이들의 기록을 검토하게 했다. 그중에서 가장 쓸 만한 대원들은 모두 맥아더 장군의 본부로 보내고 남은 사람들이 제8군에 합류했다.[3] 이처럼 병력을 추가로 지원받긴 했지만 정작 필요한 인재들은 엉뚱한 곳으로 보내져서 별 도움이 되지 않았다. 워커는 원래 불평을 늘어놓는 유형이 아니었고 변덕이 심한 육군의 의사결정 방식을 늘 말없이 받아들이는 편이었다. 그러나 이번만은 달랐다. 나중에 그는 동료들에게 이 부대에 좋은 인재가 없다고 지적했던 본부가 정작 이제 와서는 필요한 인재를 보내달라는 요청을 묵살한다며 불만을 토로했다. 워커는 짐 가빈을 보내달라고 요청했다. 그는 제2차 세계대전에서 공수부대 지휘관으로 활약하여 명성을 얻었으며 젊은 나이에도 불구하고 가장 능력 있고 카리스마 넘치는 장교로 알려져 있었다.[4] 그러나 결국 짐 가빈은 워커의 부대에 배정되지 않았다. 워커는 이 사실을 알고 화가 치밀었다. 제2차 세계대전 중에 조지 마셜은 연대 지휘관들 대부분이 상당한 고령이라는 사실에 기겁했다. 그래서 지휘관의 나이를 최대 45세로 규정해서 젊고 패기 있는 장교들을 임명하도록 했다. 더욱이 한국전쟁의 경우에는 열악한 날씨와 불리한 전세 때문에 신체적으로 강건한 지휘관이 더 절실한 상황이었다. 그런데도 여전히 대부분의 연대 지휘관들은 나이가 너무 많았다. 전쟁이 시작되기 전날 밤 9개 연대 지휘관들 중 존 마이클리스만 유일하게 서른일곱 살로 마셜이 정해놓은 기준에 맞았다. 쉰네 살과 쉰 살이 각각 한 명씩 있었고, 네 명은 마흔아홉, 두 명은 마흔일곱 살이었다. 마이클리스는 한국전쟁이 시작될 무렵에 패기 면에서 단연 최고의 연대 지휘관으로 평가되었다. 그가 이끄는 제27연대 울프하운드는 위기의 순간마다 소방대 못지않게 출동 명령을 자주 받았다. 전쟁 초반에 가끔 미군 부대가 인민군에 포위당할 때도 마이클리스는 공수부대 장교 출신이라 그런지(공수부대에서는 적들에게 포위됐다 해도 걱정할 필요가 없다고 가르친다) 그런 위기를 잘 극복한다고 동료들이 말하곤 했다. 포위되는 상황은 공수부대의 특성상 당연히 있을 수 있는 일이었고, 보급품은 언제든지 받으면 된다고 생각했다. 다른 부대의 경우에는 적군에게 포위당하여 보급 라인이 끊어지면 장교들이 금세 공포에 질려 꽁무니를 뺐다. 그 때문에 부대 전체가 정신없이 후퇴했고, 그러다 보면 만반의 준비를 갖추고 매복해 있는 적군의 손에 처참하게 무너지기 일쑤였다. 마이클리스는 무엇보다 부대 전체의 충성심을 강조했다. 부대원들이 앞장서서 서로 엄호해주고 무기를 잘 사용하여 보호망이 되는 사계(射界)를 확보할 수만 있다면 일시적으로 적에게 포위당하는 것쯤은 그리 중요하지 않다고 생각했다.

워커가 보기에 이 전쟁은 지금까지 열심히 갈고닦은 경력에 심각한 타격을 남길 것이 분명했다. 대부분의 능력 있는 장교들처럼 그 역시 학벌이나 등수 따위는 중요하게 생각하지 않았다. 워커는 텍사스 주 중앙에 있는 벨턴에서 성장했다. 그 시절에는 진로 선택의 폭이 그리 넓지 않았다. 워커는 작은 시골 마을에서 벗어나 더 의미 있는 삶을 설계할 수 있는 유일한 길이 군 입대라고 생각했다. 그래서 지방에 있던 사관학교에 진학한 다음 졸업하자마자 웨스트포인트에 입학하려 했다. 하지만 열다섯 살이라는 어린 나이 때문에 입학하지 못하고 대신 버지니아 군사학교(VMI)에서 공부했다. 학업 성적은 그리 뛰어어난 편이 아니었다. 동기 92명 중에서 52등 정도였다. 그런데도 1907년 6월에 의회의 지명을 받아 웨스트포인트에 입학해서 11기와 함께 공부했다. 당시 텍사스의 상황은 상당히 열악했다. 아버지는 그에게 집으로 돌아와서 가족들이 운영하는 마른 식료품 가게를 도와달라는 편지를 썼다. 결국 그는 10월에 웨스트포인트를 휴학했다가 12기와 함께 재입학했다. 이번에도 선두권에 속하는 학생은 아니었지만 꾸준히 노력하는 태도를 보였고 96명의 동기들 중 71등으로 졸업한 뒤 육군에 입대했다. 당시 육군은 매우 열악했지만 입대하고 얼마 안 되어 제1차 세계대전이 터져서 급속한 성장을 거듭했다. 전쟁이 발발하기 일 년 전에 워커는 제19연대에 소속되었다. 그러고는 멕시코 국경 지대에서 판초 비야(Pancho Villa)가 이끄는 반군을 진압하느라 하루하루를 정신없이 보내고 있었다.[5]

제1차 세계대전 당시 젊은 대위였던 워커는 독일군에 맞서 기관총중대를 이끌었으며 뫼즈-아르곤 공세에서 승리한 공로로 은성훈장을 두 개나 받았다. 그 일로 평범한 군인이었던 워커의 진로가 완전히 달라졌다. 상관들이 그를 주목했고, 똑똑하지는 않지만 인간성 좋고 언제든 믿을 수 있는 듬직한 장교라고 생각했다. 워커 같은 사람이 있으면 부대 전체가 한층 발전할 것 같았다. 웨스트포인트에서는 성적이 중요했지만 전장에서 학교 성적 따위는 아무 의미가 없었다. 전쟁터에서는 오로지 번뜩이는 육감과 용기 그리고 책임감이 중요했다. 워커는 동료 관계도 원만한 편이었다. 그중에는 레너드 게로(Leonard Gerow)도 있었는데, 그 시대의 떠오르는 신성으로 주목을 받던 드와이트 아이젠하워의 절친한 친구이기도 했다. 워커는 1925년에 포트 레번워스에 있는 지휘참모학교(CGSC)에 입학하라는 허가를 받았다. 전쟁 후에 어느 장교를 승진시킬 것인지 결정하거나, 필요에 따라 각 개인의 경력을 개발하는 데 도움을 주기 위해 설립된 학교였다. 당시만 해도 '승진 가도'라는 말을 쓸 일이 없었다. 전쟁이 없을 때 장교가 승진하는 속도는 보통 달팽이만큼이나 느렸다. 그러나 이 학교에 가면 그나마 많은 도움이 되었다. 그는 게로 및 아이젠하워와 함께 입학했다. 그해 입학생은 총 245명이었다. 워커의 성적은 117등에 머물렀지만 꽤 좋은 임지에 부임했다. 1935년에는 육군 장교의 수가 현격히 줄어들고 있는 와중에도 육군 대학에 입학할 수 있었다. 1936년 졸업과 동시에 워커는 워싱턴 주 밴쿠버 막사에 있는 제5보병여단 부여단장이라는 아주 평범한 보직을 받았다. 사실 워커는 운이 좋았다. 당시 여단장이 젊은 조지 마셜이었기 때문이다. 그러나 엄격한 성격에 전형적인 참모장교였던 마셜은 불같은 성격 때문에 두려움이라고는 없어 보이는 워커에게 서서히 친근감을 느꼈다. 당시까지는 실력을 발휘할 기회가 없었던지라 마셜이 굉장히 노련한 전투장교라는 것을 아무도 알지 못했다. 두 사람은 진실한 우정을 쌓았으며 1939년에 마셜이 육군 전체에서 가장 중요한 장교로 자리매김을 할 무렵에는 전쟁 계획의 총책임자라는 직함을 달고 워싱턴에 갔다가 워커의 가족들과 함께 시간을 보내기도 했다. 그러나 마셜과의 관계가 워커에게 늘 좋은 쪽으로만 작용하지는 않았다. 워커가 마셜에게 특별한 사람이라는 점은 확실했지만 이는 그가 일본과 한국으로 발령 받았을 때 마이너스가 됐다. 제2차 세계대전 때 맥아더가 마셜에 대해 품게된 악감정 때문이다.

이 밖에도 월튼 워커에 대해 할 이야기는 많지만 어쨌든 그는 결코 카리스마가 넘치는 사람은 아니었다. 그저 키가 작고 땅딸막한 체구에 쉰다섯 살의 장교일 뿐이었다. 한번은 누군가가 제2차 세계대전에서 워커의 상관이었던 조지 패튼에게 "워커가 좀 뚱뚱한 편이지요?"라고 물은 적이 있다. 그러자 패튼은 "좀 뚱뚱하긴 하지. 그렇지만 전쟁터에선 꽤 요긴한 인물이야."라고 응수했다.[6] 워커는 턱 선까지 두루뭉술했다. 얼굴이나 몸 어디에서도 날렵한 구석을 찾아볼 수 없었다. 작은 키에도 불구하고 몸무게가 75킬로그램이나 나갔다. 어느 영국 작가는 그가 미쉐린 타이어 광고에 나오는 캐릭터와 흡사해 보인다고 말했다.[7] 만약 할리우드에서 그를 캐스팅했더라면 키를 좀 늘리거나 그게 안 되면 살을 좀 빼고 어깨를 넓히려 했을지도 모른다. 대개 육군 장성들은 키가 큰 사람이 높은 계급에 어울리므로 키는 무조건 커야 한다고 생각하는 편이었다. 키가 안 되면 적어도 근성 있는 싸움닭 기질이라도 강해야 자기보다 큰 사람에게 밀리지 않고 그들을 호령할 수 있다는 생각이 보편적이었다. 그러나 워커는 군복을 제대로 차려입어도 육군 고위 장교처럼 보이지 않았다. 그저 운 없이 끌려온 민간인이 군복을 얻어 입은 것처럼 보였다.

설상가상으로 워커는 기자들을 잘 다루지 못했다. 심지어 자신을 좋게 평가하며 굉장히 힘든 상황에 처해 있음을 알아주는 기자들마저 의심의 눈초리로 바라보며 퉁명스럽게 대했다. 「타임」의 프랭크 기브니(Frank Gibney)처럼 그나마 자기가 신임하는 기자들과 있을 때면 상황이 열악하다는 푸념을 늘어놓곤 했다. 특히 "본부에서 보내는 요원들의 수준이 정말 말도 아니게 엉망"이라면서 부대원들에 대해 한탄하곤 했다.[8] 그러나 평소에는 절대로 마음에 품은 원망이나 분노를 드러내지 않았다. 그는 자기 제어가 무척 철저한 사람이었다. 한국전쟁에서 은성훈장을 받은 바 있는 아들 샘 윌슨 워커(Sam Wilson Walker)는 이런 말을 남겼다. "조지 패튼과 더글러스 맥아더처럼 미 육군 역사상 가장 자기중심적인 인물을 상관으로 모셨으니 아버지가 속내를 잘 드러내지 않는 분이라는 게 그나마 다행이었죠."[9] 워커는 상관이나 전쟁터의 상황이 어떠하든 불평 한마디 없이 모든 것을 있는 그대로 묵묵히 수용했다. 제2차 세계대전에서 그는 패튼의 지휘를 받는 제3군에 속하여 사단장과 군단장을 역임했다. 그때 처음으로 워커는 고향에 있는 아내에게 편지를 보내 한창 명성을 누리던 상관에 대한 불만을 조심스레 내비쳤다. 원래 패튼 밑에서 고위 장교로 지내는 것은 아이젠하워가 꿈꾸던 일이었다. 하지만 재능과 실력, 인

성까지 고루 갖춘 아이젠하워가 마셜 밑에서 전쟁 계획을 세우는 일에 차출되는 바람에 워커가 행운의 자리를 거머쥔 것이다.

워커는 적극적인 태도 덕분에 패튼에게 높은 점수를 얻었다. 원래 칭찬에 인색한 사람이었지만 워커에게는 "군단 내 모든 부대 중에서 자네가 이끄는 부대가 전비태세가 가장 잘 갖춰진 것 같네."라고 말하기도 했다.[10] 워커는 주저하거나 움츠리는 법이 없었고 언제나 적극적으로 부대를 이끌었으며 전술면에서도 상급자들에게도 결코 뒤지지 않았다. 그렇다고 해서 잘난 척을 하거나 자기를 높이려고 애쓰지도 않았다. 조지 패튼이 총사령관으로 있는 한 패튼 외에는 아무도 주목받아서는 안 된다는 사실을 잘 알고 있었기 때문이다. 그래서 기자들이 와서 자신을 제2의 패튼이라고 추켜세울 때도 그런 찬사를 모두 거절했다. 그런데도 아이젠하워는 워커가 전장에 나서면 매슈 리지웨이나 '번개 같은' 조 콜린스와 거의 같은 수준이라고 생각했다.[11] 전쟁이 끝난 후에 워커는 태평양 전역을 맡을 만한 수준까지 올라섰다. 하지만 그는 늘 겸손했다. 실력이 뛰어난 상관이 시키는 대로 했기 때문에 결과가 좋았던 것뿐이며 자신은 그저 할 일을 해낸 것뿐이라는 태도로 일관했다.

한국전쟁에 파견된 부대의 총사령관 자리는 원래 존 하지에게 주어질 예정이었다. 하지만 그는 이승만 대통령과 한국 정부 및 일본 측의 입장을 조금도 배려하지 않는 태도로 이미 적잖은 미움을 사고 있었다. 그래서 1948년 9월 워커가 제8군 사령관으로 도쿄 사령부에 갔다. 한국전쟁이 시작되기 전이라 한동안은 도쿄에서 지낼 수 있었다. 맥아더를 비롯한 고위 장교들은 유럽에서 부대를 이끈 경력을 가진 장교들을 적대시했다(이들이 가로챈 전투 인력이나 전투 물자는 원래 태평양 쪽으로 투입되었어야 한다고 생각했기 때문이다). 그래서 워커가 도쿄에 도착했을 때도 눈에 띄지 않게 그를 적대시하는 시선이 많았다. 무엇보다 워커는 맥아더 장군의 측근이 아니었고 그의 이전 경력도 그들의 심기를 건드렸다. 또한 마셜의 지지를 받고 있으며 게로와 아이젠하워의 친구라는 사실도 불리하게 작용했다. 아이젠하워의 아들 존이 1947년에 결혼식을 올릴 때 군 장교들은 거의 초대받지 못했지만 워커는 예외였다.

워커는 도쿄 사령부에 전혀 끼지 못했다. 아무도 그를 받아들이지 않았다. 내부 사람들은 워커의 존재를 심각하게 받아들일 필요가 없다고 생각했다. 특히 맥아더 장군이 새로 채용한 참모장교 에드워드 알몬드 소장이 가장 심했다. 그는 제2차 세계대전에 적잖이 실망했고 지금 자기 직책이 마지막 주요 임무가 될 거라고 확신하고 있었다. 알몬드는 한국전쟁에서 중요한 인물이었으므로 그가 유독 워커와 신경전을 벌인 것은 전쟁의 양상에 적잖은 영향을 끼쳤다. 물론 에드워드 알몬드도 맥아더의 사람은 아니었다. 그가 마셜 쪽에 좀 더 가까웠더라도 아마 그는 태평양 지역 총사령관 및 그의 수하들에게 충성스러운 사람임을 입증하려고 애썼을 것이다. 마치 교황보다 더 가톨릭적임을 증명하려고 애쓰는 가톨릭교 개종자처럼 말이다. 알몬드는 워커에 비해 훨씬 감정적이고 능구렁이 같은 인물이었다. 게다가 그는 유럽에서 힘든 전쟁을 하면서 낭비한 시간을 빨리 만회해야 한다는 생각에 마음이 급했다. 제2차 세계대전 당시 그는 제92사단장이었고 수하 장교들은 모두 남부 출신이었으며 부대원들은 모두 흑인이었다. (남부지방 출신이어야 흑인들을 제대로 다룰 줄 안다고 생각했기 때문에 이런 식으로 부대를 편성했을 것이다.) 과거의 편견을 벗어버리고 평등한 민주주의 원리에 입각하여 군 조직을 구성해야 했지만 그가 이끌던 부대는 여전히 낡아빠진 생각을 버리지 못하고 봉건적인 모습을 그대로 유지하고 있었다. 나중에 영부인이 될 엘리너 루스벨트(Eleanor Roosevelt)가 이들의 복지와 임무 수행에 특별한 관심을 보인 이후로 부대원들은 엘리너에게 충성을 다하는 소총부대라는 놀림을 받았다. 이들은 다른 장교들에게 사회적 약자 취급을 받았고 고향에 돌아가서도 열등한 군인이라는 오명을 벗지 못했다.

알몬드는 1892년 12월에 미국 남부에서 태어났다. 그는 출생 당시 팽배했던 대중의 편견과 고향사람들이 유독 강하게 드러낸 여러 가지 케케묵은 사고방식을 모두 가지고 있었다. 나중에 한국에서 지휘관으로 일할 때도 자신이 육군 장교들 중에서 정치적으로 특출한 인물인 양 행동하면서 인종차별적인 사고를 적나라하게 드러냈다. 제2차 세계대전이 시작하기도 전에 공교롭게도 그는 맥아더 장군이 가지고 있던 선발 후보자 명단에 이름이 올라 있었다. 제92사단을 맡은 것은 그가 마셜의 특별한 신임을 받고 있다는 증거였다. 에드워드 알몬드가 아니고서야 그렇게 어려운 임무를 수행할 사람이 없다고 생각했던 것이다. 그래서 알몬드는 브래들리, 콜린스, 패튼, 리지웨이 등과 어깨를 나란히 하면서 전쟁을 시작했다. 다른 사람들은 속으로 어떤 생각을 했을지 모르지만 적어도 알몬드 자신은 본인이 이들에게 뒤지지 않는 지위에 있다고 생각했던 것 같다. 그는 한국전쟁이 끝난 후에야 비로소 자기에게 미소 짓는 것만 같던 운명의 여신이 자신을 배반했음을 알고 비탄에 빠졌다.

알몬드의 친구들은 그의 자존심이 패튼 못지않게 강하다고 생각했다. 실제로 그는 자기보다 더 실력이 뛰어난 사령관은 없다고 굳게 믿었다. 자신이 그렇게 잘난 사람이라고 확신하다가 정말 중대한 순간에 실수를 저지르면 대개 실망감이 너무 커서 감당하기 힘든 지경에 이르는 법이다. 결국 그는 자신이 속았다고 결론을 내렸다. 언젠가 그는 맥아더 장군에게 도쿄나 한국에서 무슨 일이 벌어지든 자신은 이미 다른 장교들이 꿈도 꾸지 못할 최악의 상황에 처해보았으므로 절대 문제될 것이 없다고 말했다. 즉 제92사단을 통솔한 경험을 언급한 것이다. 아주 야망이 강한 사람이나 웨스트포인트 졸업생 혹은 알몬드처럼 버지니아 군사학교 졸업생들은 항상 그런 식으로 주변 사람들과 견주어 자신을 높이 평가했다. 그래서 자기가 제일 먼저 대령 혹은 대대장이 되거나 별을 달아야 한다고 생각했다. 남들보다 먼저 사단장이 되어야 한다는 고정관념은 말할 필요도 없었다. 알몬드의 동기들은 오랜 전쟁 중에 충분히 경력을 쌓아 훌륭한 사령관이 되었다. 그들은 사람들의 기대를 저버리지 않고 전쟁을 승리로 이끌며 자랑스러운 군인으로 기억되었다. 그러나 알몬드는 일종의 실험 대상에 불과한 부대를 이끌면서 고생하다 결국은 처참한 패배를 당하고 비탄에 빠져야 했다. 그러나 알몬드는 실패의 책임이 전적으로 부대원들에게 있을 뿐 자신에게는 조금도 없다고 생각했다.

알몬드는 굉장한 금욕주의자였다. 지나칠 정도로 자신감이 강했고 두려움이 전혀 없었으며 생각한 바를 이루기 위해서는 죽음도 불사할 준비가 되어 있었다. 한국전쟁에서 그의 지휘를 받던 일부 사람들은 그가 죽고 싶어서 안달이 난 것 같았다고 회고했다. 그의 친구들은 알몬드가 도쿄 사령부에 돌아왔을 때 이미 마음에 깊은 상처를 입고 비탄에 빠져 있었다고 말한다. 제2차 세계대전에서 영웅이 되고 싶었던 원대한 꿈이 깨졌기 때문만은 아니었다. 뭔가 내면 깊이 감춰진 상처가 있는 것 같았다. 실제로 알몬드는 제2차 세계대전이 벌어지는 와중에 굉장히 뼈아픈 경험을 했다. 1944년 어느 날 전장에서 아들과 사위가 모두 전사했다는 아내의 편지를 받았던 것이다.

알몬드의 아들은 웨스트포인트 43기로 제45사단 소속이었으며 이탈리아 포 밸리에서 벌어진 전투에서 전사했다. 외동딸과 결혼한 토머스 갤러웨이(Thomas Galloway)는 웨스트포인트 42기로 공군 조종사로 복무하다 노르망디 작전 중 실종되었다. 그 당시 실종 보고는 사실상 부고와 다를 바 없었다. 아들을 닦달해서 웨스트포인트에 진학시키고 보병장교로 임관하게 한 사람이 자신이었으므로 알몬드는 큰 충격을 받았다. 아들이 전투지역에 투입되자 지휘관에게 편지를 보내 그냥 참모장교로 두지 말고 소총중대를 맡기라고 부탁하기까지 했었다.

부고를 알리는 편지가 도착한 날 밤 알몬드와 함께 있던 빌 맥카프리(Bill McCaffrey)는 그에게 진정제를 권했다. 맥카프리는 이전에도 비슷한 상황을 본 적이 있었다. 예전 군단장이었던 윌리스 크리튼버거(Willis Crittenberger)는 아들 타운센드가 라인 강을 건너던 중 전사했다는 소식을 듣고 이틀간 방 안에서 꼼짝도 하지 않았다. 그래서 맥카프리는 알몬드 역시 그에 상응하는 휴식이나 약의 도움이 필요할 거라고 생각했다. 하지만 알몬드는 "진정제 따위는 필요 없어. 내일 부대 지휘도 내가 직접 할 거야."라고 말했다. 그리고 어떤 경우에도 부대원들에게 아들이 전사했다는 소식을 발설하지 말라고 명령했다. 그 일을 빌미로 부대원들이 꾀를 피우거나 자신을 동정하는 것을 바라지 않았던 것이다.[12]

에드워드 알몬드는 전쟁이 끝나자 2성 장군이 되었다. 사람들은 적어도 그가 3성 혹은 4성 계급장을 받을 거라고 생각했다. 하지만 알몬드를 겪어본 사람들은 알몬드가 군 경력에서 가장 낮은 지위로 내려간 그 순간에도 그를 얕보지 않았다. 그는 그렇게 무시할 수 없는 영향력을 가진 사람으로 자기가 하는 일은 그게 뭐든 단시간에 완벽하게 처리해야 했다. 알몬드 밑에서 일하는 부대원들은 늘 한 번에 여러 가지 명령을 받았다. 분대를 이동하든 문서를 타이핑하든 완벽하지 않으면 처음부터 다시 해야 했다. 제아무리 먼 곳에 있는 분대라 할지라도 모든 대원이 정확하게 자기 자리를 지켜야 했다. 각 부대장들은 신병을 포함해서 모든 부대원의 이름을 다 알고 있어야 했다. 하지만 1945년에는 알몬드의 그런 열정과 꼼꼼함이 아무 의미가 없었다. 전쟁은 끝났고 육군은 하향세에 접어들었으며 장교들은 푸대접을 받았다. 적국이 미국을 위협이라도 할라치면 원자폭탄으로 해결할 수 있었다. 따라서 이미 전성기를 지난 2성 장군들은 쓸모없는 존재가 되어버렸다. 그때까지 주로 유럽에서 활동했지만 1946년에 알몬드는 맥아더 사령부로 발령해달라고 요청했다. 모스크바 대사관 소속 육군 무관으로 근무할 기회도 있었지만 별로 관심을 보이지 않았다. 하지만 도쿄 사령부에는 G1, 즉 인사참모 자리밖에 없었다. 핵심 권력층과 이어질 가능성이 희박한 직위였지만 믿기 어려울 정도로 허술했던 본부에 입성하자마자 그는 비범한 능력을 뽐냈다. 곧 맥아더는 알몬드가 다른 부관들보다 훨씬 쓸모 있는 존재라고 인정했고 경력을 새로 개척하려는 의지가 누구보다 강하다는 것도 알았다. 유럽에서 왔다거나 마셜의 측근이라는 소문도 맥아더의 생각에 영향을 끼치지 못했다. 맥아더는 자신의 추종자들을 동원하지 않고도 얼마든지 그를 자기편으로 끌어들일 수 있다고 판단했다. 결국 1949년 초반, 참모장이었던 폴 뮬러가 본국으로 돌아가자 맥아더는 알몬드를 그 자리에 앉혔다. 그때 알몬드는 당장은 아니라도 언젠가는 분명 전투부대를 이끄는 지휘권을 손에 넣게 될 거라고 생각했다. 군대에서 참모가 하는 일은 주로 총사령관의 비위를 맞추는 것이었다. 즉, 모든 부대원이 총사령관에게 가면 중대한 일이든 사소한 일이든 공명정대하게 처리될 거라고 느끼게 만들어야 했다. 능력 있는 참모라면 맥아더가 처리하기 싫어하는 문제를 알아서 막아주기도 해야 했다. 결국 사람들은 사악한 알몬드만 무사히 넘어가면 더없이 친절하고 관대한 맥아더 장군이 무엇이든 도와줄 거라고 착각하게 되었다.

몇 달간 알몬드는 아주 중요한 역할을 맡았다. 전쟁이 진행되고 본부의 전략이 실행에 옮겨지면서 도쿄 사령부와 워싱턴 본부 사이의 줄다리기가 팽팽해졌다. 도쿄 사령부 내에서도 의견 충돌이 자주 있었다. 알몬드는 워커보다 이런 문제를 훨씬 잘 다뤘다. 워커와 알몬드는 시시각각 의견 충돌을 일으켰고 두 사람의 충돌은 워싱턴 본부와 맥아더 사령부 사이에서 일어나는 대형 충돌을 축소해놓은 것 같았다. 알몬드는 '빅 에이', '독불장군 네드' 등 수많은 별명을 갖고 있었다. 그러나 도쿄 사령부에서는 맥아더의 오른팔로 불렸다.[13] 그 말은 맥아더가 항상 그의 어깨에 손을 얹고 있으며 그가 절대로 맥아더에게 반기를 들거나 이의를 제기하지 않듯 아무도 감히 알몬드에게 대들 수 없다는 뜻이었다. 그는 '항상' 맥아더의 대변인처럼 행동했다. 그가 다른 입장에서서 행동하는 것은 상상할 수 없을 정도였다. 곧 그는 리틀 맥아더가 되어 맥아더와 똑같이 한국의 현실은 조금도 고려하지 않고 목표한 바를 무조건 이루겠다는 고집을 꺾지 않았다.

워커에 비하면 알몬드는 훨씬 더 명석하고 눈치가 빠른 사람이었다. 워커는 워싱턴 정부에 있는 오마 브래들리의 명령을 받는 일개 미 육군부대의 대표일 뿐이었다. 하지만 알몬드는 이미 더글러스 맥아더라는 독재자가 지휘하는 부대의 2인자였다. 알몬드는 애초부터 주요 고관들 사이에 인재가 없다는 사실(장교들 중에 쓸 만한 인재가 없다는 사실은 이미 모든 부대원이 알고 있었다)을 간파했다. 그리고 본부가 제대로 운영되려면 자기 같은 특별한 사람이 한 명 정도는 있어야 한다고 생각했다. 당시 도쿄 사령부는 맥아더를 중심으로 편파주의자들과 아첨하는 무리들이 섞여 아수라장이었다. 일부 고위 장교들은 자신의 입지를 굳히고자 아예 대놓고 "왕좌에 가까이 가야 한다."라는 말을 하곤 했다.[14] 도쿄에 온 지 채 일 년도 안 되어 알몬드는 왕좌에 제일 가까이 다가섰다.

그렇다고 약삭빠른 행동으로 기존 당파에 휘말리거나 편을 드는 짓은 '절대' 하지 않았다. 맥아더와 튼튼한 연결 고리를 유지하려면 전적으로 충성하고 복종해야 한다는 점을 너무 잘 알고 있었다. 그래서 맥아더의 적을 곧 자신의 적으로 삼았으며 맥아더를 지키기 위해서라면 그 어떤 것도 다 버릴 준비가 되어 있었다. 그뿐 아니라 자신의 본성대로 행동 하나하나에 완벽을 기했다. 실제로 맥아더가 그렇게 대단한 존재인가 하는 의구심은 조금도 내비치지 않았다. 그는 사실 맥아더 자신보다 맥아더를 더 잘 알고 감싸는 사람이 되어야 했다. 그리고 그런 면에서는 어떤 유혹이나 시험이 오더라도 실수하지 않을 준비가 되어 있었다. 알몬드 밑에서 일했던 전직 장교이자 역사가인 J. D. 콜먼(J. D. Coleman)은 "알몬드는 남의 비위를 맞추는 데 타고난 소질이 있는 것이 분명했다."라고 기록한 바 있다.[15] 알몬드는 맥아더가 듣고 싶은 말만 골라서 할 줄 아는 데다 맥아더보다 한발 앞서서 그가 들으면 좋아할 만한 말을 찾아낼 정도였다.

처음에 빌 맥카프리가 알몬드를 좋게 생각했던 건 그가 예의를 차리지 않고 다소 불경스런 태도를 보였기 때문이었다. 맥카프리는 제2차 세계대전 당시 알몬드가 군단장 윌리스 크리튼버거와 통화를 하던 중 너무 불손한 태도로 대답하는 것을 보았다. 맥카프리는 그가 해임될 거라고 생각했다. 도저히 상관에게 하는 말투라고 생각할 수 없을 정도로 대화가 격해졌기 때문에 알몬드의 손에서 수화기를 억지로 뺏어야 할 지경이었다.[16] 하지만 맥아더를 만난 후 예전 모습은 조금도 찾아볼 수 없었다. 알몬드는 마치 맥아더를 사모하는 여인이 된 것 같았다. 도쿄에서도 그랬고 한국에 온 후에도 마찬가지였다. 알몬드의 부하들은 알몬드에게 적잖은 불만을 품었다. 맥아더에 대한 전적인 복종, 비신사적인 행동도 서슴지 않는 모습, 동료들을 대놓고 무시하는 태도, 맥아더처럼 자기가 총애하는 일부 부대원을 제외한 나머지는 모두 가혹하게 대하는 것 때문이었다. 알몬드의 총애를 받던 존 칠리스(John Chiles)는 알몬드와의 돈독한 친분을 발판 삼아 작전참모에서 연대장 자리까지 올랐다. 하지만 측근들 역시 알몬드가 굉장히 까다롭고 화를 잘 내는 사람이라는 걸 알고 있었다. 칠리스는 알몬드를 가리켜 "위급한 상황에서 그가 화를 내면 주변 사람들이 흘리는 땀으로 사막 한가운데 오아시스를 만들 수도 있을 겁니다."라고 말했다.[17] 그런 상황을 겪지 않은 중립적인 입장의 장교들도 알몬드를 좋게 보지 않았다. 한국전쟁에 대한 기사로 퓰리처상을 수상했으며 참전 용사들을 대체적으로 높이 평가했던 키즈 비치마저 이렇게 평했다. "비열하고 복수심에 가득 차 있으며 실력은 기대 이하였다. 군대 안팎을 통틀어 그만큼 인간성이 나쁜 사람은 찾아보기 힘들 것이다."

맥아더에게 아부하는 건 그리 쉬운 일이 아니었다. 전적으로 그 일에만 매달리지 않으면 거의 승산이 없었다. 게다가 맥아더 한 사람이 아니라 그의 팀 전체에게 잘 보여야 했다.[18] 얼마 지나지 않아 알몬드는 바탄 갱의 환심을 사려고 예전에 했던 말을 하나둘 부정하기 시작했다. 제2차 세계대전이 벌어지기 전만 해도 그는 남미에서 근무하던 찰스 윌러비를 아주 싫어해서 맥카프리에게 험담을 늘어놓곤 했다. 잘난 척하며 자기가 굉장히 중요한 인물인 양 행동하지만 보고하는 것마다 빗나간다는 것이었다. 물론 그건 알몬드뿐 아니라 다른 장교들도 다 공감하는 내용이었다. 하지만 하룻밤 사이에 태도를 바꿔 사람들 앞에서 윌러비가 아주 명석한 사람이라고 말하기 시작했다. 맥카프리는 그런 알몬드의 행동에 혀를 내두를 수밖에 없었다.

알몬드는 워커의 약점을 잘 알고 있었다. 그래서 멀리 도쿄 사령부에 있을 때부터 그의 영향력을 약화시키기 시작했다. 알몬드는 2성 장군에 불과했다. 그러나 3성 장군인 워커에게는 자신이 맥아더를 대변하는 사람이므로 실제로는 5성, 즉 맥아더의 지위와 같다는 식으로 행동했다. 알몬드는 워커의 본부에 전화를 걸어 자주 거만한 태도를 보이곤 했다. 하지만 워커도 세력권을 잃지 않으려고 최선을 다했다. 워커는 종종 이렇게 되받아쳤다. "지금 전화한 건 알몬드인가 아니면 맥아더 장군의 대변인이신가?"[19] 하지만 이미 상황은 워커에게 너무나 불리했다. 워커는 맥아더를 직접 대면할 기회가 거의 없었고 용건이 있을 때마다 알몬드를 거쳐야 했다. 맥아더가 직접 허락하지 않고서야

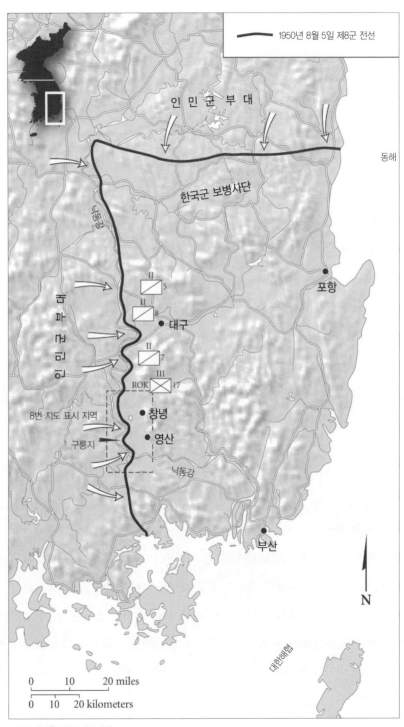

7. 1950년 8월 5일 부산방어선.

알몬드가 그렇게 나설 수 없다는 사실을 알기에 워커도 그런 상황을 꾹 참을 수밖에 없었다. 그래서 워커는 알몬드의 행동에 아무런 이의를 제기하지 않았다. 자기 의견을 좀 더 긍정적으로 받아들여달라고 요구하거나 워싱턴 정부에 있는 친구들에게 애로 사항을 털어놓지도 않았다.

워커의 부관 조 타이너(Joe Tyner)는 에드워드 알몬드가 매일 수단과 방법을 가리지 않고 워커를 못살게 굴었다고 증언했다. 대부분 워커가 참고 넘어갔지만 아주 가끔은 알몬드의 비열한 행동에 워커의 분노가 끓어오르는 것이 눈에 보였다. 타이너는 전쟁이 시작되기 일 년 전쯤에 워커가 참지 못하고 드디어 화를 터뜨렸다고 말했다. 알몬드의 집에서 저녁 모임이 있었는데 식사 전에 식탁을 둘러보던 워커는 좌석 배치에 석연찮은 점이 있음을 알았다. 군대 식으로 하자면 워커가 상석에 앉아야 하는데 알몬드가 그 자리를 일본 주재 영국 대사이자 맥아더의 측근으로 보이는 알베리 가스코인(Alvary Gascoigne) 경에게 내주었던 것이다. 워커는 즉시 타이너를 불러서 "당장 차를 가져와! 더 이상 여기 못 있겠어." 하고 소리쳤다. 타이너는 워커가 화가 난 이유를 금방 눈치 채고 이대로 자리를 떠나면 더 이상 손쓸 수 없을 정도로 상황이 심각해질 거라 생각했다. 그래서 시간을 벌 심산으로 이렇게 말했다. "장군님, 이미 기사를 돌려보냈는데요." 그리고 즉시 알몬드의 측근을 찾아 좌석 배치의 문제점을 설명하고 이 때문에 워커가 굉장히 화가 나서 식사도 안 하고 돌아가려 한다고 말했다. 결국 자리는 다시 조정되었고 워커는 식사가 끝날 때까지 남아 있었다. 워커 입장에서는 늘 당하기만 하다가 거둔 작은 승리였다.[20]

당시 미국에서는 군사력을 다시 본토로 집결시키려 하고 있었고, 워커는 허술하기 짝이 없는 군을 이끌고 상대하기 힘들 정도로 막강한 적에 맞서려는 참이었다. 8월로 접어들어 전세가 달라지면서 상황은 워커에게 조금 더 유리하게 변했다. 인민군은 미군과 한국군을 한반도의 어느 작은 골짜기로 내몰았는데 그곳은 지형도 그리 험난하지 않았고 본부와의 연락망이나 군수품 보급이 훨씬 더 안정적이었다. 인민군들이 승승장구하여 오히려 워커에게 유리한 고지를 내준 꼴이었다. 워커는 비로소 자신의 저력을 발휘하여 전략가로서의 면모를 유감없이 발휘함과 동시에 미군의 본 실력을 드러낼 기회를 얻었다. 게다가 인민군은 통신망이나 군수품 보급 라인이 자꾸 연장되면서 미군의 공중 폭격에 매우 취약한 상태에 처했고 미군은 더 많은 항공 화력을 투입하고 있었다. 미군의 무자비한 폭격이 벌써 효과를 나타내기 시작했다. 사로잡은 포로를 심문한 결과 인민군은 군수품이나 탄환, 의약품이 거의 바닥났고 노련한 부대원들도 거의 없는 상태였다. 얼마 전까지만 해도 전투 경험이 풍부한 군인들을 앞세웠던 인민군 부대가 이제 실전 경험이 전혀 없는 요원들로 대체되고 있었다. 인민군은 하루하루 남쪽으로 밀고 내려오긴 했지만 승리의 매 순간은 그 강도가 서서히 약해지고 있었다.

한편 주요 미군 부대와 일부 유엔군은 이미 부산방어선을 향해 전진하고 있었다. 이들이 자리를 잡고 본격적으로 싸운다면 그제야 비로소 자기 측면에 있는 부대가 누구인지 알아볼 것 같았다. 워커는 희망이 없어 보이던 순간에도 주변 장교들과 부대원들에게 진짜 전쟁은 결국 시간싸움이라고 말했다. 즉 미군이나 유엔군 지원 부대가 도착할 때까지 인민군이 밀고 내려오는 것을 최대한 저지하는 게 중요했다. 결국 모든 상황은 이미 힘이 다 빠져버린 워커의 부대가 얼마나 버틸 수 있느냐에 달려 있었다. 최고의 전투력을 갖춘 지원 부대가 도착할 때까지, 혹은 워커가 입 밖으로 낸 적은 없지만 맥아더가 계획대로 9월 15일에 인천에서 보란 듯이 도박을 성공으로 이끌 때까지만이라도 버틸 수 있느냐가 관건이었다. 7월 말에 부대가 낙동강을 건너 거의 다 자리를 잡자 그는 이렇게 당부했다. "이제 더 이상 후퇴는 없다. 누가 뭐래도 방어선을 뒤로 늦추거나 조정하는 일은 없을 것이다. 이제 우리는 더 이상 물러날 곳이 없다. 됭케르크나 바탄 전투를 두 번 다시 반복하지 않을 것이다. 우리가 부산까지 달아난다면 역사상 최대의 살생이 벌어질 것이다. 끝까지 싸우자. 하나로 뭉쳐서 굳게 맞서야 한다. 우리 중 누군가가 죽어 넘어지더라도 우리는 함께 싸우다 죽을 것이다."[21]

워커는 인천상륙작전에 반대하는 입장이었다. 그가 보기에는 지나친 도박이었고 이미 허술해진 부대 병력을 너무 많이 끌어가는 것도 불만이었다. 무엇보다 워커는 거의 바닥난 군사력으로 더 이상 밀려나지 않으려고 안간힘을 쓰는 두 개의 사단에서 무려 6주씩이나 지원군을 끌어다 쓰는 것을 도무지 이해할 수 없었다. 공군이나 해군의 지원을 충분히 받을 수 있다는 점을 감안하면 인천상륙작전은 더더욱 말이 안 되는 것 같았다. 그러나 안타깝게도 워커에게 인천상륙작전은 위기 탈출을 위한 특수 작전이 아니라 그의 신념과 충성심에 대한 테스트였다. 이건 맥아더 휘하에 있던 다른 장교들에게도 마찬가지였다. 인천상륙작전을 반대하는 것은 곧 맥아더에 대한 불충이었고 이 때문에 워커는 상관에게 또 점수가 깎였다. 워커는 남한 해안선에서 멀지 않은 곳에 상륙하는 게 더 유리하다고 생각했지만 그 또한 효과적인 방법은 아니었다. 결국 워커가 반대 의견을 제시하는 바람에 알몬드의 입지만 더 유리해졌다. 알몬드는 부대 내에서 실권을 장악하고 인천상륙작전을 본격적으로 지휘했다. 또한 일부 해군 장교들이 그렇게 어려운 지점에서 그토록 위험한 작전을 시도하는 걸 도저히 납득할 수 없다며 이의를 제기할 때 이를 불식시키는 역할도 도맡았다.

맥아더에 대한 충성심 테스트에서 알몬드 외에는 아무도 좋은 결과를 얻지 못했다. 워커처럼 거의 모든 장교들이 실패했다. 이번 일을 통해 알몬드는 맥아더와 더 돈독한 사이가 되었고 육군 역사상 유례를 찾아볼 수 없는 대단한 직책을 맡았다. 바로 인천상륙작전을 담당하는 제10군단 군단장과 극동지역 참모장이라는 두 가지 직책이었다. 이 일은 육군 참모 전체를 깜짝 놀라게 했을 뿐 아니라 큰 반감을 불러일으켰다. 어쨌든 워커가 이끄는 부대는 산산조각이 난 상태였고 이미 적군의 손에 넘어가 있는 것이나 다름없었다. 워커는 상관의 신임을 얻는 데 실패했음을 뼈저리게 느끼며 이렇게 말했다. "나는 그저 패배한 남부 장교일 뿐이야."[22]

도쿄에서 한참 인천상륙작전에 열을 올리는 동안 부산방어선에서는 미군이 참전한 것 중에서 가장 많은 피를 흘린 전투가 진행되고 있었다. 남북전쟁 중에 벌어진 가장 치열한 전투와 태평양 섬 지역에서 벌어진 끔찍한 전투를 방불케 했다. 8월로 접어들자 양측 모두 승리에 대한 집념이 더 강해졌다. 미군은 계속해서 지원군을 투입했다. 스탈린에게 약속했던 것처럼 3주 안에 부산까지 밀고 내려가겠다는 약속을 이룰 수 없다는 걸 깨달은 인민군은 미군이 병력을 더 강화하기 전에 얼른 적을 제압해야 한다고 생각했다. 미국이 개입하자 북한은 적잖이 놀랐지만 그래도 꿋꿋이 자국 군대에 대한 확신을 버리지 않았다. 미군 역시 북한의 우수한 최신 무기에 아랑곳하지 않고 곧 이들이 무릎을 꿇을 거라고 굳게 믿었다. 전방에 나와 있는 인민군 부대에 내린 전투 지령에서 김일성은 "8월이 오기 전에 문제를 해결하라." 또는 "8월은 승리의 달이다."라고 말했다. 이는 전쟁이 길어져서 패배할까봐 걱정하고 있다는 반증이었다.[23] 그래도 김일성은 여전히 승리할 거라는 생각을 버리지 않았다. 하지만 중공군은 승리를 확신하지 못했다. 그들은 남쪽으로 밀고 내려가는 인민군의 움직임도 언젠가는 중단될 것이고 결국에는 전세가 역전될 확률이 높다고 생각했다. 줄곧 승리를 확신하는 김일성에 반해 이미 중공군은 그가 패배한 것이나 다름없는 상황이라고 판단했다. 이런 면에서 중공군은 눈치가 빨랐고 처음부터 김일성이 실력을 갖춘 지도자라고 생각하지도 않았던 것 같다.

중공군의 눈에 비친 인민군의 기세는 한풀 꺾인 데 비해 미군은 갈수록 전투력이 살아나고 있었고 지원군과 군수품도 계속 보급받고 있었다. 이제는 미군이 공격할 차례가 되었다. 미군이 본격적인 공격을 시작한다면 중공군도 어느 정도 피해를 입을 수밖에 없었다.

제4부

—

두 대륙 간의 정치

The Coldest Winter

제12장
미국 정세와 국방 예산

한국전쟁이 발발하기 전에 트루먼 정부는 이미 두 가지 주요 문제에 대해 일종의 긴급 모드에 돌입한 상태였다. 첫 번째 문제는 대다수 정부 관료가 보기에 국방비 예산이 턱없이 적게 배정된 것으로, 비교적 정치적인 영향력은 낮은 문제였다. 최근 미국에 부여된 국제적인 책임에 비해 정부는 그 책임을 솔선하여 이행하려는 태도가 부족해 보였다. 최소한 현재 예산을 두 배나 세 배 정도 늘리지 않고서는 도저히 국방부를 운영할 수 없을 정도였다. 하지만 그때까지 예산 문제에서 굉장히 보수적인 입장을 고수했던 트루먼은 국방 예산 증강에 대해 완강한 태도를 꺾으려 하지 않았다. 두 번째는 전쟁 당시 결성된 민주·공화 양당의 초당적 연대가 장제스의 중국이 쇠퇴함과 더불어 와해되는 문제였다. 이는 누가 중국의 공산화를 막지 못해 미국이 중국을 잃게 만들었는가하는 문제로 귀결됐다. 양당 중에서 민주당의 책임이 크다는 주장은 트루먼 행정부를 넘어 두 정치 세대에 걸쳐 떠돌며 민주당을 괴롭혔다.

1950년대와 1960년대 정치에서 한 가지 신화는 미국 외교정책은 정치의 논리를 적용할 수 없는 신성 불가침 영역이라는 것이었다. 표심을 얻기 위한 이해의 갈등이나 일상적인 천박함 그리고 이것들이 생성하는 열정과는 동떨어진, 그 보다 상위에 있는 무엇인 것처럼 보였기 때문이다. 그러나 진실은 그보다 더 복잡했다. 전쟁이 벌어지는 동안에는 독일과 일본의 가공할 만한 위협 때문에 자발적인 것은 아니었지만 양당의 초당적 협력 관계가 상당히 진전되어 있었다. 하지만 전쟁이 끝나자마자 그런 관계는 눈 녹듯 사라져버렸다. 전쟁의 압박 때문에 공화당은 그간 아무런 영향력이나 발언권을 행사하지 못한 채 억눌려 있었지만 이제는 자력으로 다시 일어서서 그동안 정권을 장악해온 민주당에 적잖은 타격을 가했다. 미 정계에 새로운 시대가 열리면서 한국전쟁에도 아주 중요한 정치적인 배경이 깔리기 시작했다. 그러나 이 상황을 정확히 이해하는 사람은 아무도 없었다. 야당인 공화당의 한 계파는 미국을 승자로 만들어준 주요 전쟁 공신들과 적국이었던 나라들과 협력하는 전후 외교정책을 강력히 비난했다. 하지만 이들은 프랭클린 루스벨트가 대통령을 4회 연임하는 동안 정계 전체를 완전히 바꿔놓았다는 사실을 알지 못했다. 그가 주도한 경제적·사회적 혁명 때문에 최소한 그 당시만은 공화당을 하찮은 정당으로 만들었다.

공화당이 다수당으로 발돋움하지 못하는 요인 중 하나는 루스벨트 대통령의 독특한 카리스마와 새로운 매체로 떠오른 라디오를 그 누구보다 잘 활용해낸 놀라운 안목 때문이었다. 루스벨트는 라디오를 이용해 유권자에게 아주 친숙하게 다가설 수 있었다. 그에게 라디오는 보물과도 같은 정치적 자산이었다. 루스벨트는 라디오를 통해 예전에는 상상도 할 수 없었던 대중과의 교감을 얻어내면서 대통령직의 특성 자체를 완전히 바꿔놓았다. 사람들은 더 이상 대통령을 딱딱하고 어색한 포즈로 일간지에 박혀 있는 다가가기 어려운 사람이라고 생각하지 않았다. 일방통행이긴 했지만 대통령은 라디오를 통해 대중에게 편안한 친구처럼 다정하고 친근한 정치적 인물로 새로 태어났다. 집에 직접 찾아오는 주치의처럼 대통령도 개인의 필요에 맞춰 공중파로 각 가정에 직접 연락을 취하고, 옆집 친구처럼 편하게 이야기를 나눌 수 있는 사람이라는 인식이 생겼다. 루스벨트는 라디오 연설을 '친구 여러분'이라는 말로 시작했으며 그 덕분에 수백만 명의 유권자들이 그를 지지하기 시작했다. 그야말로 루스벨트는 미국 최초의 미디어 중심 대통령으로, 미디어 정치의 창시자가 되었다. 미디어 정치는 30년 후 텔레비전으로 연결되었다.

그는 여러 가지 면에서 공화당이 따라올 수 없을 만큼 앞서 나갔다. 힘 있는 목소리와 뛰어난 정치적 수완, 겉보기에 매우 혁신적이었던 뉴딜 정책, 그리고 제2차 세계대전이라는 충격적인 사건이 여기에 일조했다. 대공황으로 절망에 빠지자 사람들은 오로지 루스벨트 정부에만 희망을 걸었다. 경제적으로 어려운 시기에 최상급 부유층과만 긴밀한 관계를 구축했던 공화당은 이런 루스벨트의 힘을 당해낼 수 없었다. 두 번 이상 대통령직을 연임하는 데 성공한 대통령은 역사상 루스벨트 한 사람뿐이었다. 그는 각기 다른 정치 세력을 적절히 활용하여 무려 네 번이나 대통령에 당선되었다. 그는 뉴딜 입법을 통해 사회적 약자들에게 힘을 실어주었고 직장 내 노조 형성이 원활하게 진행되도록 기틀을 제공해주었다. 경제 면에서는 여전히 블루칼라 종사자들이 대세였기 때문에 루스벨트는 노동자들의 필요와 권익을 크게 중시하는 정당의 대표자로 우뚝 섰다. 1940년 대선에서는 다가오는 세계대전이 그에게 정치적인 힘을 실어주어 3선에 성공했다. 1944년 대선에서는 건강 악화 및 체력 저하 문제를 대중에게 들키지 않고 전시 대통령인 덕분에 승리했다. 평상적인 시대라면 그의 운명은 진작에 기울었겠지만, 그는 정치 무대에 남아서 막강한 영향력을 행사했다. 모두 대공황과 전쟁이라는 두 가지 엄청난 사건이 겹친 덕분이었다. 1944년이 되자 공화당원들의 눈에 루스벨트는 영원히 대통령이라는 자리를 차지하고 있을 것으로 보였다. 그래서 루스벨트가 세 번째로 대권에 도전할 무렵, 공화당은 세계대전이 임박했다는 사실 때문에 큰 충격에 빠져서 거의 정신분열을 일으킬 지경이었다. 국제주의자였던 루스벨트는 가장 가까운 동맹국이었던 영국의 편에 굳게 섰다. 그리고 갈수록 참혹해지던 새로운 국제적 갈등 상황에 첫발을 내딛을 준비를 차곡차곡 진행하고 있었다.

하지만 공화당은 내부적으로 세계대전 참전을 놓고 의견이 너무 분분해서 도저히 합의점을 찾을 수 없는 지경이었다. 한쪽에서는 전형적인 국제주의 엘리트 계급을 표방하며 월스트리트나 일반 경제 전문가들의 의견을 지지했다. 이들은 이런 세계대전에서는 미국이 누군가의 편을 확실히 들어줘야 하며, 이번에는 그 대상이 서구 민주주의라고 주장했다. 이렇게 해서 공화당의 선두 세력 중 상당수가 루스벨트 대통령의 국제주의를 지지했다. 그들은 여러 가지 문제에서 루스벨트보다 조금 더 보수적인 태도를 취하긴 했지만 결국에는 그와 유사한 행보를 보였다. 하지만 다른 한쪽에서는 일반 대중의 입장만을 강조했다. 예전의 편협한 사고방식에 젖어 있던 그들은 미국이 철저히 국제 갈등에서 분리되어야 한다고 생각했다. 또한 해결책이 보이지 않는 문제에 뛰어들었다가 자칫하면 영국의 잇속만 채워주는 꼴이 될 거라는 불안감도 감추지 못했다. 이런 시각은 주로 중서부 지방에서 지배적이었는데 그곳은 루스벨트가 추진한 국내 정책을 모조리 싫어하는 분위기였다. 이들은 뉴딜 정책마저도 사회주의적인 색채가 짙다는 이유로 거부감을 보였다. 공화당에는 이런 무리들이 국제주의 지지자들보다 수적으로 더 많았고 지역별 영향력도 훨씬 강한 편이었다. 그러나 1940년에 열린 공화당 회합에서는 히틀러 정권의 등장 때문에 국제주의 지지자들에게 실권을 내주고 말았다. 월스트리트에서 온 맨발의 변호사를 자청하던 웬델 윌키(Wendell Willkie)가 후보에 오른 것만 봐도 국제주의자들이 분위기를 주도했음을 알 수 있다. 그것만으로도 상황은 충분히 나빴다. 그런데 공화당 내 중서부 소도시 출신의 계파 역시 자신들이야말로 진정한 공화주의자들로서 공화당의 주인이자 '진정한 미국인'이라며 목소리를 높였다. 그리하여 공화당은 1944년에 또 한 번 고배를 마셨다. 이번 후보는 뉴욕 주지사였던 토머스 듀이였다. 그는 1948년에도 재차 고배를 마셨다. 공화당 핵심 지도층이 보기에 여러 차례 대통령 후보로 나선 인물들은 하나같이 민주당과 확실하게 분리되지 않은 것처럼 보였다. 처음에는 루스벨트, 다음에는 트루먼의 색채를 어느 정도 물려받은 것 같았다. 토머스 듀이는 고립주의 정책을 고집하는 사람들이 주로 애용하던 매체에 대해 이렇게 말한 바 있다. "「시카고 트리뷴」을 읽으신다면 내가 루스벨트 대통령 가문의 직계 후손이라는 것을 아실겁니다."[1]

그렇게 루스벨트가 승승장구하는 동안 공화당 보수파들은 손 한 번 제대로 써보지 못하고 분을 삭여야 했다. 선거에서 거듭 고배를 마실수록 이들의 분노는 커져만 갔다. 매번 자신들이 더 고상한 가치를 추구하는 사람들이라는 확신을 가지고 도전장을 내밀었지만, 그럴 때마다 큰 산업 주 출신 엘리트에게 영예를 빼앗기고 말았다. 그들의 상대는 국제주의 성향을 띤 「타임」이나 「라이프(Life)」의 발행자로 당시 언론계를 주름잡고 있던 헨리 루스 같은 거물들을 등에 업고 나타났던 것이다. 이렇게 해서 공화당은 1940년과 1944년에 말로 다할 수 없는 아픔과 분노를 경험해야 했다. 사실 이들은 자기들이 미워해야 할 대상이 루스벨트와 민주당인지 공화당 내에 있는 국제주의자들인지도 명확히 구분하지 못했다. 이들은 후자를 가리켜 선거에서 이길 능력은 없으면서 다른 사람이 공천을 못 받게 훼방 놓는 것만 잘하는 가짜 공화당원이라고 불렀다.

제2차 세계대전이 끝나고 루스벨트가 세상을 떠나자 공화당 보수파들은 비로소 공화당 내에서나 정계에서 자신의 영향력을 되찾을 때가 되었다고 생각했다. 1946년에 실시한 중간선거는 이들이 정치 기반을 만회할 첫 번째 기회였다. 이들의 대의명분은 단순한 아메리카니즘, 즉 지금까지 미국을 지탱해 온 기존 가치관을 꿋꿋이 지켜내는 것이었다. 그 정신은 미국의 적들에 대항하여 미국 고유의 모습을 지키려는 공화당원을 양산하는 근본 힘이었다. 사회주의나 공산주의를 옹호하는 사람들이나 정부 보조금에 지나치게 의존하는 사람들은 모두 국가의 적으로 간주되었다. 테네시 주 하원의원이자 공화당 총재였던 캐럴 리스(B. Carroll Reece)는 선거를 눈앞에 두고 이런 말을 남겼다. "미국 국민들은 공산주의와 공화당원 중에서 하나를 선택해야 할 겁니다." 네브래스카 주 상원의원 케네스 훼리는 "곧 시작될 캠페인은 단순한 선거가 아니라 십자군 전쟁이 될 겁니다."라고 덧붙였다.[2] 일부 지역에서 전개된 선거 양상을 보노라면 그의 말이 결코 으름장이 아님을 알 수 있다.

해리 트루먼은 막강했던 루스벨트 정권을 이어받기에는 여러모로 부족한 점이 많았다. 그는 순전히 우연히 대통령직에 올랐다. 1946년은 대통령 선거가 있는 해가 아니었고 나라 전체에 암울한 기운과 불안감이 팽배해 있던 시기였다. 따라서 그가 당선된 것은 정말이지 대단한 행운이었다. 다른 동맹국들과 적국은 모두 전쟁으로 쑥대밭이 되었지만 미국은 전 세계 최대 규모의 경제 강국으로 우뚝 섰다. 25년 사이에 두 번의 전면전을 치르는 동안 동맹국이나 적국은 하나같이 모든 면에서 피폐해졌다. 그러나 미국은 양쪽에 거대한 바다를 끼고 있어서 안전하게 보호받은 데다 적국의 포탄 공세를 받지 않았기 때문에 이전 어느 때보다 강한 힘을 자랑할 수 있었다. 그동안 외부 압력에 의해 이리저리 끌려 다니고 부딪히면서 미국은 어느새 역대 최고의 강대국으로 성장했다. 하지만 외적인 강인함 뒤에는 보이지 않게 쌓인 걱정거리와 갈등이 만만치 않았다. 가장 큰 문제는 국내 평화를 유지하는 것이 갈수록 복잡하고 어려워졌다는 것과 국제적인 입지가 갑자기 지나치게 높아졌다는 부담 감이었다. 소련으로부터 예전에 없던 위협적인 압력을 받자 미 정계는 당황하는 기색이 역력했다. 지금까지 동맹 국가였던 소련이 어느새 적국이 되어버렸기에 그럴 만도 했다. 하지만 한때 정계의 중심에 있다가 물러난 사람들은 소련과의 관계 변화를 이미 예측하고 있었다. 그들이 보기에 소련은 처음부터 믿을 만한 동맹국이 아니었다. 결국 영국을 살리려고 또 한 번 팔을 걷어붙인 꼴이 되었다며 애초에 전쟁 자체가 문제였다고 생각했다. 전쟁이 끝날 무렵 미국은 세계 강국으로 떠올랐고, 서방 유럽 국가들을 이끄는 주체로서 영국을 대체하는 등 몇 가지 새로운 국제적인 책임을 떠안았다. 그러나 이를 반기는 사람은 거의 없었다. 정부가 맡아야 할 외교 문제가 너무 복잡해지고 일거리가 늘어났던 것도 하나의 문제였다. 유럽에서 끝도 없이 이어지는 정치적·군사적 분쟁은 장기적인 관점에서 다루어야 할 문제였지만, 사실 대다수 미국인들은 유럽의 민주주의자들과는 손잡을 생각이 거의 없었다.

그래서 1946년 의회선거에서는 공화당이 아주 잘 싸웠다. 민주당은 일이 한창 진행되는 중에 말을 갈아타서는 안 된다는 속담을 들어 전쟁의 압력이 있으니 현직 대통령을 지지해야 한다는 슬로건을 내걸어왔다. 이것은 그동안 꽤 효과를 보았다. 그러나 더 이상은 통하지 않았다. 공화당은 모든 세금을 20퍼센트 감면하겠다는 슬로건을 내걸고 상원에서 11석, 하원에서 45석을 추가했다. 그동안 루스벨트 정권이 추구했던 북부 노동조합 및 보수적인 남부 지역 지지자들의 연합 전선은 조금씩 와해되었고 공화당원들의 희망에 따라 예전 양상으로 돌아오고 있었다. 나중에 차이나로비의 핵심 인물이 된 뉴햄프셔 상원의원 스타일즈 브리지스는 이를 두고 "미국은 이제 어엿한 공화당 국가"라고 말했다.[3] 하지만 새로 당선된 공화당원들 중 일부는 민주당이 아니라 공산주의와 미국을 전복하려는 세력과 싸운 것이었다. 이번 선거를 통해 위스콘신 주 조지프 매카시(Joseph McCarthy), 인디애나 주 윌리엄 제너(William Jenner), 오하이오 주 존 브릭커(John Bricker), 워싱턴 주 해리 케인(Harry Cain), 미주리 주 제임스 켐(James Kem) 등이 상원의원에 당선되었다. 이들은 기존 상원의원들 중에서 케네스 훼리 등의 보수파와 긴밀한 유대 관계를 형성했다. 그리고 곧 미국 정부에서 공산주의 성향을 보이는 사람들을 타도하는 문제에 집착하기 시작했다. 이런 정치 이념 문제는 경제 문제에 대한 자신들의 무능력을 덮는 데 안성맞춤이었다. 선거가 끝나자 오랜 전통을 지닌 자유주의 성향의 잡지 「뉴 리퍼블릭(The New Republic)」의 간판 칼럼인 T.R.B. 칼럼에는 이런 논설이 실렸다. "여러분, 모두 고개를 숙이세요. 현재 미국은 보수주의에 꽉 잡혀 있습니다. 전 세계는 좌파를 따르고 있는데 유독 미국만 우파가 좌지우지하고 있습니다."[4]

문제의 핵심은 전쟁 후 세계무대에서 미국의 역할이었다. 미국이 서구 민주주의 국가들의 리더 역할을 기꺼이 받아들일 것인지는 불투명했고 만약 그렇게 한다면 어느 정도의 비용이 들지 계산해봐야 했다. 이 문제에 대해서는 공화당과 민주당 모두 확실한 의견을 내놓지 못했다. 공화당은 다른 정치세력보다 더 강력하게 반공을 주창하는 정당이었다. 공산주의와 맞서려면 군사력 강화가 필요했지만, 공화당의 일부는 오히려 신속한 군비축소를 주장했다. 이는 당시 미국이 독점하고 있던 핵무기에 의존하면 된다는 생각 때문이었다. 또한 공화당은 전쟁으로 심각한 피해를 입었으며 내부 공산주의 전복세력에 취약한 유럽을 다시 건설하는 데 필요한 미국의 역할을 떠안기를 꺼렸다. 한국전쟁이 발발하기 전날 밤 미국의 국방 상태는 그야말로 난장판이었다. 국방예산은 이해할 수 없을 정도로 감축된 데다 전쟁에 투입할 수 있는 부대는 극소수에 불과했다. 불과 5년 전만 해도 세계 최고의 수준을 자랑했던 각종 무기와 전쟁 설비는 기가 막힐 정도로 관리가 엉망이었다. 국가 안보에 직접적인 책임을 져야 했던 정부 핵심 인사들은 국방 예산을 어느 정도로 책정할 것인지를 두고 팽팽한 대립을 이어갔다. 인민군이 38선을 넘어온 순간 딘 애치슨 장관은 공화당으로부터 공산주의에 대해 지나치게 방관적인 태도를 보인다는 비난을 받고 있었다. 때문에 최대한 기지를 발휘하여 국방 예산을 넉넉히 얻어내려고 갖은 애를 쓰고 있었다. 그러나 국가안보회의의 최고 권력자인 그도 별다른 결실을 얻지는 못했다.

이는 트루먼 때문이기도 했다. 트루먼은 냉전에 대해 강경파의 입장에 서 있었다. 그리고 예산 문제에 관해서도 고집을 꺾지 않았고 적자 예산 편성에 난색을 표했다. 보수적이기로 유명한 월스트리트 출신의 경제 전문가이자 강경파로 잘 알려진 제임스 포레스탈(James Forrestal)은 트루먼에 대해 이렇게 평한 바 있다. "내가 아는 사람 중에서 예산 지출에 대해 가장 까다로운 사람이다. 그도 나처럼 '냉전'을 이겨내겠다는 일념으로 우리나라의 경제를 파멸시켜서는 안 된다고 생각하고 있다." 트루먼은 원래 중서부 출신의 회의적인 포퓰리스트(populist, 대중주의자)로 요직에 있거나 영향력 있는 지위를 내세우기 좋아하는 사람들을 늘 경계했다. 주로 고위 군 관료들이 그런 태도를 보인다고 생각한 트루먼은 군대가 쓸데없이 국가의 세금을 낭비하는 경향이 있다는 고정관념을 가지고 있었다. 제1차 세계대전에서 포병장교로 근무하면서 그의 생각은 더 확실하게 굳어졌다. 특히 그는 웨스트포인트 출신 장교들을 못마땅하게 여겼다. 소도시 출신으로 경제적으로도 힘들게 자란 탓에 자연스럽게 재정 문제에 보수적이기도 했다. 그의 기본 철학은 돈이 없으면 일단 지출을 중단한다는 것이었다. 상원의원으로 활동하면서 이런 경제관념은 더 투철해졌다. 트루먼이 행정부의 수장이 되자 새 정부는 제2차 세계대전이 시작할 무렵 군 운영을 제대로 하지 못해서 많은 국가 예산을 낭비했다는 사실에 주목했다. 언젠가 트루먼은 "군 간부들 중에는 제대로 된 경제관념을 가진 사람이 한 명도 없습니다. 그저 쓸 줄만 알지 그 돈이 어디서 나오는지는 조금도 생각하지 않는 것 같습니다."라고 말한 적도 있다. 트루먼은 곧 오마 브래들리를 비롯하여 군 고위 관료들과 친분을 쌓았지만 그런 생각은 전혀 바꾸지 않았다. 작가 멀 밀러(Merle Miller)에 따르면 트루먼은 이런 말도 남겼다. "그들은 대부분 맹인 기수를 태우고 달리는 말 같아요. 코앞에 보이는 것 외에는 아무것도 보지 못하죠."[5]

해리 트루먼은 특히나 빚을 지는 것을 아주 싫어했다. 미주리 주 인디펜던스에 살 때 그의 가족은 빚에 허덕이다가 결국 집안 대대로 운영하던 농장을 처분해야 했다. 그 때문인지 전쟁이 끝나자마자 제일 먼저 4년간 발생한 2,500억 달러라는 엄청난 빚을 처리해야 한다고 생각했다. 그 당시로서는 절대 적지 않은 부채였다. 그래서 전쟁이 끝나기 무섭게 트루먼은 910억 달러에 육박하던 국방 예산을 연간 100억 내지 110억 달러로 삭감했다. 그러나 이것도 너무 많다고 여겨 연간 60억 내지 70억 달러로 책정하길 바랐다.[6] 당시 국방부 관료들 대부분이 원했던 세계무대에서의 미국의 새로운 역할에 맞추어 국방 예산을 책정하려면 트루먼에게 더 확고한 확신을 심어줘야 했다. 물론 마셜과 애치슨은 더 많은 예산을 원했다. 일반적으로 국방장관이 예산 문제를 다룰 때는 애치슨 같은 사람들과 긴밀하게 논의하기 마련인데 루이스 존슨은 예외적인 행보를 보였다. 존슨은 제임스 포레스탈이 건강상의 문제로 장관직에서 물러나자 뒤를 이어 국방장관이 되었는데 마치 애치슨이 하는 일마다 반대하기로 작정한 사람처럼 굴었다. 개인적으로나 직위 면에서나 애치슨의 권력과 트루먼에게 끼치는 영향력을 몹시 시기했다. 그래서 국방부 예산을 삭감하는 아픔을 감수하더라도 정치적으로 애치슨을 완전히 넘어뜨리고 말겠다는 생각에 사로잡혀 있었다. 당시 루이스 존슨에게는 정치적 야심을 펼치는 것 외에는 아무것도 중요하지 않았다. 그는 1952년 대통령 선거에서 민주당 후보로 출마하여 트루먼을 잇는 차기 대통령이 되겠다는 꿈에 부풀어 있었다. 그래서 국방장관이 자진하여 국방 예산을 절감하는 모습을 보임으로써 점수를 따려 했다. 1950년 겨울이 끝나갈 무렵 애치슨은 국방 예산을 늘리는 문제의 주요 교섭 대상자가 되었다. 하지만 애치슨을 반대하던 공화당 사람들은 당시 행정부가 외교정책, 특히 대(對)중국 정책에 실패하여 비난을 받는 것을 즐기느라 국방 예산 확충에 대한 지지 의사를 표명하지 않았다. 세계 전역에 퍼져 있는 적국을 상대하는 일이 더 힘들어졌지만 그 비용을 어떻게 지출할 것인지에 대해서는 전혀 논의를 하지 않았던 것이다.

결국 유럽을 위시한 다른 지역에서 공산주의자의 위협을 저지하는 데 필요하다고 생각했던 비용마저 지출을 중단했고, 이로써 딘 애치슨은 공산주의에 온건한 태도를 취한다는 비난을 받았다. 국방 예산을 늘리는 문제는 곧바로 세금 인상과 직결되며 이는 정치적으로 위험 부담이 컸다. 때문에 애치슨은 이 문제를 조심스레 추진했다. 애치슨의 오른팔은 폴 니츠라는 젊은이로 정부의 수뇌부인 정책기획실 총책임자였던 조지 케넌의 뒤를 이을 인물로 주목받았다. 폴 니츠는 케넌보다 더 강경한 입장을 고수했다. 때문에 애치슨의 정책 방향에 잘 어울리는 인물이었다. (니츠는 1950년 1월에 조지 케넌의 뒤를 잇기로 되어 있었는데 사실상 이미 몇 달 전부터 정책기획실의 실질적인 책임자로 행세했다.) 애치슨과 니츠는 국방 정책을 완전히 바꿔놓을 목적으로 안보회의 전략문서 'NSC 68'이라 불리는 보고서를 작성했다. 두 사람은 존슨과 그 측근들이 가능한 한 오랫동안 자기들이 얼마나 큰 변화를 시도하는지, 특히 관련 비용이 어느 정도인지 알아채지 못하게 하려고 애썼다. 사람들이 관련 비용에 대해 논하기 전에 고위 관료들에게서 최대한 폭넓은 지지를 끌어내려 했으며 만반의 준비를 갖출 때까지는 루이스 존슨과 부딪히지 않을 생각이었다. 그리고 결국 합동참모 전원의 동의를 얻는 데 성공했다. 사실 국방부는 지난 5년간 빈약한 예산 지원 때문에 수많은 문제에 시달리고 있었다. 그간의 저렴한 국방 예산안의 핵심은 미국이 핵무기를 독점하면 다른 방면의 국방 지출을 줄일 수 있다는 것이었다. 하지만 미국의 핵무기 독점은 1949년 가을에 막을 내렸고 오랫동안 미뤄뒀던 문제들이 서서히 수면으로 떠오르기 시작했다.

이미 1945년 이후부터 군부와 민간은 예산 문제로 줄곧 갈등을 빚고 있었다. 제2차 세계대전의 종식과 함께 양당을 중심으로 나라 전체가 군 예산을 삭감하려고 달려들었다. 좌파와 우파 모두 한마음이 되어 하루라도 빨리 부대 규모를 줄여야 한다고 주장했다. 인류 역사상 가장 강력한 군무기를 선보였던 전쟁 영웅 국가로서의 이미지는 온데간데없었다. 그 두 가지 모습이 미국이라는 동일한 국가의 모습이라고 믿기 어려울 정도였다. 조지 케넌에 따르면 미국처럼 거대한 민주주의 국가는 주변 상황에는 아랑곳하지 않고 곤히 잠들어 있는 거인과 같은데, 일단 잠에서 깨어나면 버럭 화를 내면서 과격하게 반응하는 경향이 있었다.

1946년 당시 육군 참모총장이자 군사위원회 의장이었던 드와이트 아이젠하워는 최고의 영향력을 행사하던 국회의원 파넬 토머스(J. Parnell Thomas)를 만나려고 국회의사당을 방문했다. 토머스는 뉴저지 출신의 공화당원으로 당대 최고의 반(反)공산주의자이기도 했다. 그는 종종 루스벨트 대통령이 뉴딜 정책으로 자본주의 체계를 와해시켰다고 말하곤 했다. 반미활동조사위원회(HUAC) 대표로 할리우드 지역에서도 공산주의자들을 타도하여 적잖은 명성을 얻기도 했다. 그러나 결국에는 유령 인사를 앞세워 직원들의 급료를 횡령한 혐의로 수감되고 말았다. (당시 할리우드 작가 두 사람이 반미활동조사위원회 앞에서 증언하기를 거부하여 그와 같은 형무소에 수감되었다.) 아이젠하워는 막강한 영향력을 가진 토머스를 만나 국가 전체에 미칠 악영향을 최소화하면서 병력을 최소한으로 유지할 방법에 대해 진지하게 토론할 생각이었다. 하지만 그는 세계 최고 수준의 매복 작전에 말려든 것을 미처 알아차리지 못했다. 그곳에는 토머스뿐 아니라 출산을 앞두고 남편이 귀국하기만을 간절히 바라는 많은 여자들이 기다리고 있었다. 사진작가도 모습을 드러냈다. 결국 빙그레 웃는 토머스와 곧 태어날 아기들의 신발을 가지고 나온 여자들 앞에서 화난 표정을 숨기지 못하는 아이젠하워의 모습이 그대로 찍힌 사진이 공개되었다.[7]

전쟁이 끝날 무렵 미국에는 여군을 포함하여 1,200만 명의 군인이 있었다. 하지만 제대 속도는 생각보다 훨씬 빨라서 매일 15,000명이 부대를 떠났다. 외국에 파견했던 군대를 불러들이는 일이 순조롭지 않자 대중은 "파견된 부대를 실어오지 않으면 투표도 하지 않겠다."라는 식으로 맞섰다.[8] 1947년 초에 재직 군인의 숫자는 150만 명으로 줄어들었고 전시에 최고 909억 달러까지 올라갔던 국방 예산은 103억 달러까지 떨어졌다. 게다가 제2차 세계대전을 주름잡던 뛰어난 무기와 각종 설비는 더 이상 현대화되지 못하고 예전 수준 그대로 머물러 있었다. 몇 년이 흐르자 무기와 군 설비 대부분은 더 이상 쓸 수 없는 지경에 이르렀다. 육군 내부 조사 결과에 따르면 인민군이 처음 남쪽으로 밀고 내려왔을 때 극동지역에 파견된 부대원들의 43퍼센트는 전투력이나 정보력이 4등급 내지 5등급으로 가장 낮은 수준이었다. 고위 장교들의 눈에 한국은 미국이 책임질 이유가 없는 작은 국가에 불과했다. 앨버트 웨더마이어(Albert Wedemeyer) 사령관은 급하게 동원 해제를 추진하는 과정을 지켜보면서 "마치 축구 경기에서 이기고 들뜬 기분으로 경기장을 떠나는 선수 같았다."라고 말했다.[9] 조지 마셜은 "동원 해제라기보다는 패배한 군대의 도주였다."라고 말했다.[10] 오마 브래들리의 말에 따르면 미군은 "일개 사단에 불과한 제82공수사단에만 의존했으며 그조차도 전비태세를 제대로 갖추고 있다고 말할 수 없는 상태였다."[11] 이렇게 국방부가 군의 규모를 성급하게 축소하자마자 한국전쟁이 발발했다. 브래들리의 표현을 빌리자면 한국전쟁이 발발한 순간 미군은 "너무 약해서 게임이 되지 않았다."[11]

국방 예산 문제는 갈수록 더 거친 반대와 난관에 부딪혔다. 「뉴욕 타임스」 안보 담당 기자 캐벌 필립스(Cabell Phillips)는 핵심 예산마저 가차 없이 삭감되었다고 지적했다. 1948년 후반에 1950년 회계연도의 예산을 준비할 때는 세 개 부서에서 각각 임시 예산안을 제출했다. 전체 예산 총액은 300억 달러였다. 국방장관 제임스 포레스탈은 오랜 시간 고심한 끝에 170억 달러의 예산안을 제출했다. 하지만 국방비보다 국내 경제에 더 관심이 많았던(또한 더 이상 세금을 인상했다가는 정치 인생에 치명적인 타격을 입을 것이라 예상했던) 해리 트루먼은 국방 예산이 150억 달러를 넘지 않아야 한다고 못을 박았다. 결국 국방부 예산은 142억 달러로 최종 결정되었다. 제한된 예산을 두고 각 부서 간에 벌어진 경쟁은 상상을 초월하는 수준이었다. 브래들리를 비롯한 주요 고관들은 육해 공동 작전 같은 문제에 더 이상 관심을 가질 필요가 없다고 판단하여 해군의 예산 역시 상당히 감축했다. 그나마 피해를 덜 본 부서가 있다면 공군이었다. 다행히도 공군은 원자폭탄을 계속 보유할 수 있었다. 국토의 양쪽에 거대한 바다를 끼고 있는 특수한 상황에서 국가의 보호막 역할을 하는 도구로 인식되었던 것 같다. 제2차 세계대전이 시작될 무렵 국가 전체의 분위기를 참전으로 이끄는 데 크게 공헌했던 조지 마셜은 한국에 있는 동안 미국이 아직 상황을 제대로 파악하지 못하고 있다고 생각했다. 1950년 10월 중순에 트루먼은 웨이크 섬에서 맥아더 장군과 만났다. 마셜은 그곳에 가지 않았지만 그곳에 다녀온 사람들이 지나치게 만족스러워하는 것을 보고 적잖은 충격을 받았다. 육군장관이었던 프랭크 페이스는 맥아더가 사실상 전쟁은 이미 끝난 것과 다름없으며 곧 군대가 본국으로 돌아갈 거라고 말했다며 들뜬 마음을 감추지 않았다. "맥아더 장군이 추수감사절 전까지는 한국전쟁이 마무리될 거라고 했습니다. 늦어도 크리스마스 전까지는 집으로 돌아갈 수 있답니다."

페이스는 자기 말을 듣고도 전혀 기뻐하지 않는 마셜을 이해할 수 없었다. "이봐 페이스, 그건 좀 문제가 있는 말이네."

페이스는 마셜이 자기 말을 제대로 이해하지 못했다고 생각하고 전쟁이 곧 끝날 거라는 말을 다시 강조했다. 그러자 마셜은 이렇게 응수했다. "자네 말은 충분히 이해했네. 하지만 무턱대고 전쟁을 끝으로 몰아가는 것은 지금 우리 앞에 놓인 문제를 제대로 파악하지 못하게 만드는 걸림돌이 될 걸세." 페이스는 마셜의 말을 선뜻 이해할 수 없었다. 그래서 마셜에게 미군이 냉전의 온전한 의미를 더 깊이 이해할 필요가 있다고 생각하는지 되물었다. "장군님, 미국인의 관점에서 볼 때 이 전쟁은 정말 어렵고 굉장히 광범위한 전쟁이 아닙니까?" 마셜은 그의 말에 아무런 반응도 하지 않았다. 그는 제2차 세계대전이 끝나기도 전에 이미 그 사실을 꿰뚫어보고 있었다. 전쟁이 끝남과 동시에 태평양 지역을 종횡무진하던 탱크는 쓸모없는 고철이 되어버렸고, 고국으로 돌아간 병사들은 민간인의 신분으로 새로운 삶을 시작했다. 그의 표현에 의하면 세계대전이 진행되는 동안 하늘 높은 줄 모르고 치솟던 군대의 힘은 "한순간에 연기처럼 사라져버렸다."

하지만 페이스는 그때는 그때고 지금은 지금이라며 이렇게 반박했다. "제2차 세계대전이면 벌써 수년 전 일이지 않습니까? 우리 국민이 그 사건으로부터 중요한 교훈을 충분히 배웠다고 생각합니다. 이런, 제가 좀 순진한 건가요?"

"아닐세, 페이스. 자네는 좀 순진한 게 아니라 지나칠 정도로 순진한 거야."라고 마셜은 대꾸했다.

냉전 초반에 급변하는 정세에 맞추기 위해 고위 관료들을 강하게 몰아붙인 장본인은 포레스탈이었다. 그는 예산 삭감이라는 압력과 소련에 대한 경계심, 그리고 개인적인 정서 불안을 이기지 못하고 서서히 정신적으로 피폐해져갔다. 그는 늘 과도한 업무에 시달렸다. 아이젠하워의 말을 빌리자면 "제아무리 힘센 말이라도 풀썩 주저앉을 정도였다."[12] 그는 소련과의 대치 상태에서 초반부터 강경론을 주장했고 1945년 7월에는 일본을 다시는 일어설 수 없는 상태로 만드는 게 합당한지 논할 정도였다. 그러나 이러한 주장은 주변의 호응을 얻지 못했다. 그는 일본을 너무 억압하면 동북아시아 지역에 정치적인 공백이 생길 것이고 그러면 새로이 나타난 중국 공산주의자들이 그 공백을 이을 가능성이 있다고 생각했다. 중국 공산당이 국공내전에서 승리할 것은 불 보듯 뻔한 일이었다. 따라서 그는 당시 미국 내 최고 전략가들이 주장하는 것처럼 일본의 산업 기반을 완전히 쓸어버리는 것이 과연 현명한 행동인지 의문을 제기했다.[13] 포레스탈은 미국의 국방 예산이 소련과의 대치 국면에 전혀 맞지 않는다는 생각에 더 우울해졌다. 국내 정세에 대한 불만은 정신이 쇠약해지면서 커져만 갔다. 1948년 후반에는 측근들이 그의 정신 건강을 적잖이 걱정할 정도가 되었다. 갈수록 편집증이 심해졌고 한층 수척해진 얼굴은 이미 정신을 놓아버린 사람처럼 보였다. 여윈 얼굴에 비해 셔츠의 깃은 몇 배나 더 커 보였고 잠을 자지 못해 얼굴이 잿빛으로 변했다. 그는 소련이 자기 전화를 도청하고 있다고 생각했다. 퇴직하기 몇 주 전에는 하루에도 몇 번씩 같은 문제로 트루먼에게 전화를 걸어 그를 당황하게 만들었다. 누가 보더라도 포레스탈은 심각한 정신 쇠약을 앓고 있었으며 본인도 그 사실을 인정했다. 그래서 1949년 2월에는 트루먼에게 6월 1일자로 사직하겠다는 의사를 전했다. 하지만 트루먼은 6월까지 그가 버티지 못할 거라 생각하고 3월 1일에 전화를 걸어 사직을 권고했다. 한 달 후 루이스 존슨이 포레스탈의 자리를 이어받았고 포레스탈은 입원 수속을 밟았다. 존슨은 1948년에 선거 자금 모금에서 두각을 나타내어 트루먼의 신임을 얻은 인물이었다. 5월 말, 포레스탈은 베데스다 해군 병원 16층에서 뛰어내려 생을 마감했다. 냉전의 압력을 이겨내지 못한 초기 희생자였다. 그의 후임으로 루이스 존슨을 지목한 것은 트루먼이 범한 최대의 정치적 실수로 기록되었다. 존슨은 포레스탈보다 훨씬 더 고집이 세고 제멋대로 행동하는 유형이라 아무도 말릴 수 없었다. 제멋대로 예산을 삭감할 뿐 아니라 고위 군 장교들을 무시하고 아무렇게나 대해서 원망과 타도의 대상이 되었다.

당시 상황을 돌아볼 때 가장 분명한 사실 한 가지는 트루먼 정권이 미국 역사상 가장 중요한 시기를 지났다는 점이다. 미국은 원하든 원치 않든 간에 예전과는 전혀 다른 모습으로 변해가고 있었다. 세계 강국으로 우뚝 섰지만 정작 그 사실을 깨닫지 못했고, 자국의 앞선 산업화의 산물을 국제사회를 위해 사용하여 확실한 초강대국으로 자리매김하는 것을 주저하고 있었다. 국가의 장래를 놓고도 여러 가지 의견이 분분했다. 'NSC 68'을 두고 정부 내 갈등이 심화되었고, 매카시가 권력을 잡자 여기저기서 잡음이 생겼다. 어쨌든 이 모든 것은 미국이 급격한 변화를 겪고 있다는 확실한 증거였다. 그 변화는 성장통과 함께 찾아왔다. 미국이 권력을 확장하는 시기에 프랭클린 루스벨트가 대통령이었지만 그는 독일과의 전쟁에서 승리할 찰나에 유명을 달리하고 말았다. 트루먼의 재직 시절에는 국방부 예산을 두고 온갖 갈등이 발생했고 소수 엘리트 계급들은 유럽의 민주주의 국가들과 새로이 군사적·정치적 동맹을 맺어야 한다는 주장을 폈다. 국제주의에 대한 국내 반대 세력 또한 만만치 않게 압력을 가해왔다. 트루먼은 제2차 세계대전의 승리가 가져온 긍정적인 결과와 부정적인 영향, 그리고 처음으로 세계 강국으로 일어서면서 갖게 된 권력과 책임을 모두 감당해야 할 첫 대통령이었다. 그는 새로운 국제주의를 맞이하여 정부를 이끌어야 했다. 뿐만 아니라 세계무대에서 미국의 새로운 책임을 받아들이는 것에 대한 끊임없는 이견과 적대적인 태도를 보이는 국내 정치 세력들의 반응도 살펴야 했다. 예전처럼 계속 고립주의를 표방할 것인지, 아니면 더 넓은 범위의 국제주의를 지향할 것인지 양자택일하지 않을 수 없었다. 어느 쪽을 선택하든 간에 그에 따라 미국이 감당해야 할 책임과 비용이 어느 정도인지 결정하는 것도 그의 몫이었다. 또한 중국 국민당 정권의 몰락과 마오쩌둥의 등장, 한국전쟁의 발발과 미군 파견 문제 등도 총체적으로 고려해야만 하는 입장이었다.

딘 애치슨은 'NSC 68'에 관한 논의에서 가장 중요한 인물이었다. 사실 그는 이 문제의 가장 핵심적인 부분을 장악했다. 'NSC 68'은 전후 상황에서 미국의 향후 행보에 대한 심각한 의견 충돌로 번졌다. 미국은 세계무대에서 자신의 입지를 어느 정도까지 확장할 것인지, 서방세계의 리더 역할을 해오던 영국의 자리를 이어받을 것인지 결정해야 했다. 애치슨은 국무장관이 되기 전에도 국가 안보 문제에서 가장 중요한 인물로 발돋움하고 있었다. 그러한 입지는 향후 50년 동안 변함이 없을 것 같았다. 그는 또한 미국이 서방 국가들을 이끌고 소련을 견제하는 한편 세력 균형을 이루는 데도 중요한 역할을 했다. 약 40여 년 후에 소련이 해체되고 그 여파가 핵심 문제로 대두되었다. 그러자 언론에서는 누가 먼저랄 것도 없이 로널드 레이건(Ronald Reagan)이 반쯤 파산한 상태였던 소련을 확실히 경제 붕괴의 수렁으로 몰아넣었다고 보도했다. 하지만 서방세계의 정책이 성공한 공은 다른 사람들에게 돌아가야 했다. 소련이 유럽 국가들에 큰 영향력을 행사하지 못하게끔 방패 역할을 해준 주요 정치 인사들과 그 중심에 서 있던 딘 애치슨 말이다.

애치슨은 냉전이 극에 달했던 중요한 시기에 활동했다. 전쟁이 끝나자 미국은 집단 안보 차원에서 주요 국가들과 긴밀한 동맹 관계를 형성하고 있었다. 그 시절은 애치슨의 전성기라고 해도 과언이 아니었다. 그 시절 미국 외교 정책 수립 과정에서 대통령을 제외하고 애치슨만큼 입김이 센 사람은 아무도 없었다. 조지 마셜의 전성기는 제2차 세계대전이 끝나면서 함께 끝이 났고 그 후 그는 건강이 악화되어 더 이상 힘을 쓰지 못했다. 포레스탈이 죽은 후 국방부에는 그에 견줄 만한 거물급 인사가 나타나지 않았다. 애치슨은 제1차 세계대전이 끝난 후 세웠던 국가 정책이 완전히 실패했던 역사를 생생하게 기억하고 있었다. 그래서 미국과 유럽 국가들의 관계를 예전보다 더 돈독히 하여 서방세계를 굳건하게 해줄 군사적·경제적 동맹을 형성하는 데 그 누구보다 열심이었다. 그가 자서전 제목을 『창조의 현장에서(Present at the Creation)』라고 정한 것은 겸손하지 못한 행동이긴 하지만 그럴 만한 이유가 있었다.

영국의 영향력이 쇠퇴하던 그 시기에 애치슨은 미국의 어떤 방침이 확실한 비전을 가지고 있다고 생각했던 것일까? 애치슨은 누구보다 유럽 우선주의를 내세웠던 사람이다. 이 때문에 애치슨은 뉴딜 정책을 혐오하거나 영국을 싫어하는 사람들, 혹은 미국이 고립주의를 표방해야 한다고 강하게 주장하는 사람들에게 미움의 대상이 되었다. 아시아(특히 중국)를 중시하는 사람들에게도 마찬가지였다. 하지만 애치슨은 지도층 엘리트의 한 사람으로서 정책을 결정하고 결정된 정책이 가장 좋다는 확신을 가지고 자신의 권한을 과감하게 사용했다. 물론 그가 그토록 확신했던 비전이나 그와 같은 생각을 가진 사람들은 아직 미국 내에서 인정을 못 받고 있는 형편이었다. 대다수 미국인들은 예전 방식의 평범한 정책을 고집했다. 이 때문에 전 세계 동향에 대한 미국의 전망 속에는 대립되는 여러 의견들이 난무했다. 애치슨에 의하면 전쟁 직후 수년 동안 추진할 미국의 외교정책은 다음 "세 문장으로 요약할 수 있었다. 첫째, 외국에 파견한 군대를 모두 불러들인다. 둘째, 산타클로스가 되겠다는 생각을 버린다. 셋째, 다른 나라의 의견에 좌지우지되지 않는다."[14]

그는 처음부터 정치 투쟁이 심한 시기에 일을 시작했다. 트루먼 대통령의 취임식 바로 다음 날인 1949년 1월 21일에 국무장관에 임명되었지만 그 전에도 이미 공화당의 경계 대상이었다. 애치슨을 국무차관으로 임명하기 위해 인사 청문회를 열었을 때 수많은 의견 대립과 충돌이 벌어졌다. 결국 트루먼 정부와 공화당 우파 사이의 갈등은 예전 어느 때보다 심화되었다. 중국을 우선시하는 사람들은 항상 애치슨을 타도해야 할 대상이라고 생각했으며 맥아더 역시 그를 몹시 혐오했다. 그들은 애치슨이 맥아더의 지지자들을 몰아내려 한다고 생각했다. (맥아더가 자신에게 필요 이상으로 많은 군대를 주었다고 말했을 때 애치슨이 나서서 맥아더 사령부는 정책을 만드는 사람들이 아니라 "정책을 실행하는 도구"에 불과하다고 지적한 바 있다. 그 발언 때문에 맥아더는 무척 화가 났다.)[15] 이 때문에 임명을 받기까지 첨예한 감정 대립이 끊이지 않았다. 수많은 보수파 공화당원들은 애치슨이 케네스 훼리 상원의원의 말처럼 "맥아더 장군의 명예를 더럽혔다."라는 이유로 국무차관 임명을 필사적으로 반대했다. 훼리 의원은 국무차관 임명을 재검토할 것을 제의했고 12명의 동의를 얻어냈다. 하지만 그 제의는 즉시 기각되었고 애치슨은 국무차관에 임명되었다. 나중에 애치슨은 트루먼과 맥아더의 관계가 당시 뜨겁게 달아오른 논쟁의 핵심이었다고 말했다. 24년이 지난 후에 그는 이렇게 회고했다. "우리가 미래를 내다볼 수만 있었다면 이런 사소한 충돌이 결국 1951년 4월 11일 맥아더 장군의 직위 해제로 이어진 큰 싸움의 발단이었다는 걸 깨달았을 겁니다."[16]

예전 어느 때보다 당파 싸움이 치열한 시대가 열리면서 애치슨은 가장 보수적인 성향이 강한 각료들에게 가장 완벽한 비판의 대상이 되었다. 사람들이 그를 좌파로 보고 공격한 것은 굉장히 의외였지만 당시 세태를 어느 정도 반영한 것이라 할 수 있다. 좌파의 입장에서 당시 상황을 조망했던 I. F. 스톤 (I. F. Stone)은 이렇게 말했다. "냉전을 겪고 있던 미국인의 비뚤어진 시각 때문에 사람들은 애치슨을 본모습 그대로 보지 못했습니다. 그를 가리켜 '계몽된 보수주의자'라고 평한 것은 굉장히 야만적이면서도 거슬리기 짝이 없는 표현이었죠. 이제 매카시가 주도권을 장악하고 있습니다. 애치슨이 재무차관으로 워싱턴에 입성할 때 뉴딜 정책 지지자들이 애치슨을 거부했다는 사실을 지금 기억하는 사람이 누가 있습니까? 월스트리트에 트로이 목마를 갖다놓는 것처럼 주요 은행들이 그로 인해 치명적인 손해를 볼 거라며 말이죠."[17]

애치슨은 감히 누구도 넘볼 수 없는 놀라운 지적 능력을 지니고 있었으며 본인도 그 사실을 잘 알고 있었다. 지성 못지않게 강직한 청렴함도 겸비했으나 그 때문에 오히려 엄청난 고생을 하기도 했다. 그의 아버지 에드워드 캠피온 애치슨(Edward Campion Acheson)은 미국 성공회 목사였으며 군에 복무한 경험도 있었다. 캐나다로 이민 와서 마니토바에 있는 원주민들과 맞서 싸웠으며 그 전투를 겪은 후 다시 성직으로 복귀하여 미국으로 왔다. 그런 까닭에 올바른 대의명분과 가족의 명예를 지기키 위해서라면 기꺼이 무기를 들 수 있다는 신념이 애치슨의 집안 내력이 되었다. 캐나다에서 사는 동안 에드워드 애치슨은 엘리너 구더햄(Eleanor Gooderham)과 결혼했다. 그녀의 아버지는 위스키 증류업으로 성공해서 은행장을 지내기도 했다. 결혼 후에 에드워드는 코네티컷 주 미들 타운에서 성직자로 일했으며 나중에 코네티컷 감독(監督)이 되었다. 딘 애치슨은 1893년에 태어났다. 그의 가족들은 전통을 매우 중시했고 보수적인 데다 누구보다 영국에 우호적인 기질이 강한 사람들이었다. 경제 사정은 그리 나쁘지 않았지만 그렇다고 부유한 편도 아니었다. 애치슨은 보스턴에 있는 미국 사립 명문 그로톤 스쿨을 거쳐 예일 대학에 진학했으나 아주 평범한 학창 시절을 보냈다. 그 후 하버드 로스쿨에 들어와서야 두각을 나타내기 시작했다. 유명한 법학교수이자 나중에 대법원 판사를 지낸 펠릭스 프랭크퍼터(Felix Frankfurter)의 수제자였으며, 잠시였지만 대법관 루이스 브랜다이스(Louis Brandeis)의 개인 비서로 일하기도 했다. 프랭크퍼터는 남다른 정보력과 넓은 인맥을 앞세워 당시 워싱턴에 있는 한 법무회사에서 변호사로 성공가도를 달리던 애치슨을 루스벨트 대통령에게 소개했다. 그리고 애치슨은 1933년에 재무차관에 임명되었다. 프랭크퍼터의 인맥도 큰 도움이 되었지만 애치슨이 루스벨트 대통령과 같은 그로톤 스쿨 출신이라는 점도 도움이 되었을 것이다.

애치슨은 부유한 집안 출신은 아니었지만 학력, 외모, 태도 어느 것 하나 빠지지 않는 탁월한 인재였다. 그리고 항상 그런 장점을 당당하게 드러내곤 했다. 그러나 지성으로나 사회적 지위로나 남들보다 우월하다는 생각에 사로잡혀 자기보다 못한 사람들을 가차 없이 밟고 일어서곤 했다. 그는 결코 불안해하거나 의기소침해지는 법이 없었다. 오히려 올바른 목표를 세우고 합당한 사람들과 합당한 거래를 하는 것은 아주 자랑스럽고 고상한 일이라고 생각했다. 정치 외적인 문제에서도 동일한 원칙을 세웠다. 하지만 자신과 반대편에 선 사람들이 그렇게 행동하면 고상하지 못하다면서, 뭔가 수상한 의도를 품고 있을 거라고 여겼다. 그는 정치 과정 자체가 국회에 입성한 거의 모든 사람을 오염시키기라도 한 것처럼 의원들에 대해 부정적인 시각을 가지고 있었다. 그래서 말썽꾸러기 6학년 아이들에게 한 번에 너무 길게 잔소리를 늘어놓는 선생님처럼 항상 무시하는 태도로 그들을 대했다. 미네소타 출신의 공화당 의원 월터 저드(Walter Judd)에 따르면 그는 정치인들을 대할 때 중국에서 활동하던 선교사로 차이나로비의 가장 핵심 인물 중 하나인 것처럼 행동했다. 저드는 이렇게 덧붙였다. "우리를 바라보는 그의 눈빛은 딱한 촌뜨기들을 보는 것 같았다. 아마 제 딴엔 돼지 앞에 진주를 던지는 기분이었을 것이다."[18] 거들먹거리는 태도, 영국을 찬양하는 말투와 콧수염까지, 애치슨의 모든 면이 그 반대자들로 하여금 워싱턴 정부와 뉴딜 정책을 생각나게 만들었다. 네브래스카 주 상원의원 휴 버틀러(Hugh Butler)는 "자기가 제일 똑똑한 척 행동하고 영국 신사처럼 옷을 입고 다니며 항상 뉴딜 정책을 신봉합니다. …… 그 꼴을 보면 그저 '꺼져버려. 당신은 지난 몇 년 동안 우리나라를 잘못된 길로 이끈 모든 것을 한꺼번에 보여주는 인물이야.'라고 소리치고 싶답니다." 하고 말했다.[19] 특히 그의 콧수염이 결정적이었다. 애치슨의 오랜 친구 에버렐 해리먼은 "트루먼을 따라 하느라 콧수염을 기르는 모양이군." 하고 말했다. 그리고 그 때문에 사람들의 반감이 더 심해진다며 제발 콧수염을 밀어버리라고 충고했다.[20]

무엇보다 애치슨은 태평양보다는 대서양에 치중하는 인물이었다. 제2차 세계대전 중에는 열정적인 개입주의자가 되었다. 1940년에 루스벨트가 세 번째 연임을 노릴 때 다른 사람들은 모두 세 번이나 대통령을 연임하는 것은 민주주의 방식이 아니라고 말했다. 그러나 애치슨은 그때도 루스벨트의 결정을 전폭적으로 지지했다. 아마 정부 고위 관료 중에서 루스벨트 정권에서 트루먼 정권으로 넘어가는 급격한 교체를 애치슨만큼 쉽게 받아들인 사람도 없을 것이다. 그는 1945년에 벌써 국무차관이 되었으며 신임 대통령의 오른팔 같은 존재로 등극했다. 애치슨은 처음부터 트루먼의 장점과 성격, 결단력 그리고 필요하면 두려움 없이 행동하는 근성을 모두 파악했다. 트루먼을 이렇게 꿰뚫어본 사람은 애치슨 외에 아무도 없었다. 트루먼의 대(對)유럽 정책은 제1차 세계대전 이후 전승국들이 이루지 못한 안정감을 되찾는 것으로, 애치슨의 생각과 정확히 일치했다. 물론 트루먼이 외교정책에 대한 경험이 부족했기 때문에 루스벨트와는 달리 애치슨 같은 인물의 도움이 필요했다는 점도 큰 영향을 끼쳤다. 사람을 항상 조정하려는 루스벨트와 달리 단도직입적인 트루먼은 긴장을 풀 수 있는 대상이라 애치슨의 입장에서는 훨씬 더 마음이 편했다. 언젠가 중국 지지 세력이었던 정부 고위 관료 존 카터 빈센트(John Carter Vincent)는 애치슨이 트루먼에 대해 이렇게 말하는 것을 들었다. "존 카터, 길 건너편에 있는 저 자그마한 체구에는 당신이 생각하는 것보다 더 큰 저력이 숨어 있다오."[21] 그 말은 저렇게 체구가 작은 사람도 같이 일할 가치가 있다는 뜻이었으므로 무시하는 뜻이 담겼지만 존 카터는 크게 놀라지 않았다. 트루먼과 애치슨이 사적으로 허물없이 지내는 모습은 모범적인 대통령과 국무장관의 관계로, 여러 가지 면에서 사람들의 감탄을 자아냈다. 애치슨은 "나는 한 사람과 친해지면 그 사람의 전폭적인 지지를 끌어내는 힘이 있다."라고 말한 바 있다.[22]

그러나 한 사람의 전성기에는 장점뿐 아니라 단점도 드러나는 것이 인지상정이다. 미국은 사실 애치슨이 꿰뚫어보는 분야, 예를 들면 유럽에서 민주주의를 안정시키고 소련의 세력 확대를 저지하기 위해 유럽 경제를 안정시키는 일을 성공적으로 해냈다. 하지만 애치슨이 관심을 기울이지 못하거나 잘 알지 못하는 측면들, 특히 반(反)식민지 시대가 서방세계에 어떤 의미를 지니는가 하는 문제에서는 확실한 효과를 얻지 못했다. 애치슨은 정말이지 보수적인 면이 아주 강한 사람이었다. 그래서 저개발 국가에서 기존 질서에 대한 도전이 일어나기 시작했어도 전혀 관심을 기울이지 않았다. 그러한 변화는 지금까지 일어난 개혁과는 전혀 다른 형태의 변화였다. 그리고 갈수록 그 세력이 확장되었고, 향후 30여 년간 그의 뒤를 잇는 사람들에게 적잖은 근심을 안겨주었다.

애치슨이 저개발 국가들을 다루면서 드러낸 한 가지 문제점이 있다. 그곳에는 애치슨이 편하게 대할 수 있는 인재들이 아직 배출되지 않았던 것이다. 영국, 영국보다는 덜한 정도이지만 프랑스, 과거에는 아니었지만 지금의 독일처럼 애치슨과 말이 통하는 인재를 배출하는 저개발 국가는 없었다. 앤서니 이든(Anthony Eden)나 장 모네(Jean Monnet), 콘래드 아데나워(Konrad Adenauer)와 같은 인물을 저개발 국가에서 찾아봐도 모두 허사였다. 애치슨은 호치민을 이든, 모네, 아테나워와 동급으로 보지 않았을 것이다. 한 예로 1952년에 인도차이나에 쏟은 프랑스의 노력은 베트민의 군사적·정치적 노련함 때문에 모두 물거품이 되어버렸다. 그러나 애치슨은 기이할 정도로 둔감했다. 당시 프랑스인들은 아주 절박한 심정으로 바오다이(保大)를 원수직에 앉혀서 버텨보려 했다. 사실 바오다이는 행동이 경솔하고 독재적인 성향이 강한 바람둥이에 불과했다. 프랑스 입장에서는 안타까운 일이었다. 바오다이는 국민들과 함께 삶의 현장에서 땀을 흘리는 것보다 프랑스 남부에서 호화로운 생활을 즐기는 것을 더 좋아했다. 당시 혁명전쟁을 치르던 베트남 국민들 역시 그를 탐탁해하지 않았다. 애치슨의 전기를 쓴 데이비드 맥렐런(David McLellan)은 당시 국무장관 애치슨은 사태의 책임이 베트남 국민에게 있다고 결론지었다면서 이렇게 썼다. "베트남 사람들은 전형적인 동양인에게서 나타나는 숙명론적인 태도로 일관하며 대중의 지지가 얼마나 중요한지에는 아무 관심도 보이지 않았다. 지금까지 지켜본 바에 의하면 프랑스는 이미 감당할 수 있는 수준 이상의 자율성을 그들에게 내준 꼴이다."[23] 하지만 베트민은 자국에서 식민 지배의 흔적을 완전히 일소하겠다는 일념으로 거대한 파란을 일으켰다. 그리고 실제로 베트남에 가 있던 프랑스 지휘관들 중에 베트남 사람들이 소심하게 숙명론을 믿는다는 말을 하는 사람은 아무도 없었다. 오히려 그들은 베트남 국민들이 광신자를 방불케 하는 거센 반발을 보였다고 전했다.

이는 순전히 시대의 산물이었다. 애치슨은 모든 걸 자기 세대를 기준으로 생각했다. 그 시절에 남부럽지 않은 가정교육을 받은 젊은이들은 국내 유수 대학에 진학하여 식민지 시대를 이끌었던 지식인들의 가르침을 받았다. 특히 서양인의 우월성과 황인종이나 흑인의 무력함과 열등함을 강조하는 교수들이 대부분이었다. 당시 교육 과정의 핵심은 마땅히 지배할 만한 자격과 힘을 갖춘 사람에게 지배권이 돌아가야 한다는 것이었다. 우수한 교수진을 갖추었던 하버드나 예일 대학 역시 식민 통치를 받는 사람들이 얼마나 자유를 갈망하는지 가르치지 않았다. 오히려 식민지주의를 통해 식민지 사람들이 받는 풍부한 혜택을 강조할 뿐이었다. 과학 강의를 빙자하여 백인들의 뇌가 다른 인종에 비해 훨씬 크다고 가르쳤고 그 역시 식민지주의의 정당성을 뒷받침하는 데 활용되었다. 애치슨의 동시대 사람들 중에서 제국주의 국가의 침략이 부당하다는 생각을 가진 사람은 지나치게 좌파 성향이 강하고 마음이 여린 사람으로 치부되었다.

애치슨은 자신이 현실주의 정책을 추진한다고 생각했다. 현실적으로 장제스가 중국을 지배하던 시기가 끝이 나고 마오쩌둥이 이끄는 공산당이 중국 본토를 장악할 무렵, 애치슨은 마오쩌둥이 소련의 앞잡이가 아니며 언젠가는 미국과 좋은 관계를 맺을 수 있을 거라고 생각하는 것 같았다. 1949년 2월이 되자 그는 중국 대륙의 혼란스러운 내전이 끝났다고 판단했다. 그리고 장제스를 도와봤자 "중국 공산주의자들이 확실히 뿌리내리는 것을 도와주는 꼴이 될 것이며 중국의 이익은 소련에 달렸다는 착각을 영속화할지 모른다."라고 말했다. 미국 내 올드 차이나 핸즈(Old China Hands)라 불리는 옛 중국통들과 조지 케넌을 비롯한 몇몇 사람들이 그의 생각을 전폭적으로 지지했다. 하지만 그 시대 국제정세는 계속 변하고 있었다. 사실 거의 같은 시기에 아서 반덴버그 상원의원은 백악관을 찾아와 중국에 대한 지원을 중단하는 것은 아주 위험한 일이라고 경고했다. 며칠 후 하원 의원 51명이 미국의 대(對)중국 정책을 재검토해달라고 요청했다. 2월 말 애치슨은 대(對)중국 정책에 이의를 제기한 국회의원 대표단을 만나 시간을 벌면서 융통성을 가지고 설득하려고 노력했다. 그는 장제스를 계속 지원하는 것은 여러 가지 위험이 따르며 시간이 지나면 먼지가 가라앉을 테니 중국을 그냥 내버려두는 편이 낫다고 말했다. 하지만 바로 다음 날 네바다 주 팻 매캐런(Pat McCarran) 상원의원이 나섰다. 매캐런은 민주당 소속이지만 차이나로비 핵심 인물이었다. 그는 차이나로비 사람들이 애치슨을 궁지로 몰아넣었다는 것을 알기에 중국 지원 자금으로 15억 달러를 청구했다.

애치슨은 역대 국무장관들과 비교할 수 없는 최대 위기를 맞았다. 아마 미국 외교정책사에서 4년이나 계속된 가장 힘든 문젯거리였을 것이다. 애치슨이 국무장관으로 취임할 무렵 장제스 정부가 중국 본토에서 세력을 잃고 사라졌으며 장제스는 대만으로 피신해야 했다. (애치슨이 취임한 바로 그날 장제스는 중국을 떠났다. 후에 애치슨은 이를 비꼬듯이 우스갯소리로 "중국에서 만나긴 했지. 우리는 들어가는 길이었고 장제스는 도망가는 길이었어."라고 말했다.)[24] 그해 가을에 상황은 더 심각해졌다. 단 몇 주 사이를 두고 소련은 첫 원자폭탄 실험을 성공리에 마쳤고 중국 공산당은 베이징을 장악한 다음 새로운 정부 수립을 당당하게 선언하여 미국인들을 경악시켰다. 두 사건 모두 세계 안보에 적신호를 켰을 뿐 아니라 미국 정계에 심리적인 충격을 안겨주었다. 이제 더 이상 미국은 유일한 원자폭탄 보유국이 아니었다. 더불어 수많은 선교사들이 선교 활동을 펼쳤고 오랫동안 아시아권의 동맹국으로 인식했던 중국이 하루아침에 공산 국가로 탈바꿈한 사건은 수많은 미국인의 가슴을 아프게 했다.

그중에서도 소련의 원자폭탄 실험이 미국의 안보 체계에 가장 큰 변화를 가져왔다. 1949년 9월 3일 소련의 원자폭탄 실험 증거를 찾기 위해 성층권을 시험하는 장거리 정찰기가 비보를 가지고 돌아왔다. 그날 성층권의 방사선 수치가 평상시 수치인 50을 훨씬 웃도는 분당 85를 기록했던 것이다. 두 번째 필터를 열어보니 분당 153까지 올라가 있었다. 이틀 후 괌에서 일본으로 간 정찰대에서는 방사선 수치가 1,000을 넘었다. 핵 전문가들은 소련이 아마 8월 26일에서 29일 사이에 원자폭탄을 비밀리에 터뜨린 것 같다고 결론지었다. 그 원자폭탄은 (조지프) 스탈린을 가리키는 의미에서 조-1(Joe One)이라는 이름이 붙여졌다. 영국의 파운드 가치가 급락하자 트루먼은 앞의 두 사건이 전 세계 금융 시장에 또 다른 파장을 가져올까봐 불안해했다. 그래서 소련의 원자폭탄 실험에 대한 보도는 9월 23일까지 연기되었다. 그는 원자폭탄이라는 말 대신 단순 폭발이라는 표현을 사용했다. 그러나 그 소식은 대단한 파장을 불러왔으며 미국 정계는 큰 타격을 입었다. 미국 최초로 원자폭탄을 개발했던 로버트 오펜하이머(J. Robert Oppenheimer)가 국회에 출석해서 간단한 증언을 했다. 아서 반덴버그 상원의원은 상기된 표정을 감추지 못하고 "박사님, 이제 우리가 어떻게 대처해야 합니까?" 하고 물었다. 그러자 오펜하이머는 "마음을 굳게 먹고 나라를 지키고 있는 친구들을 끝까지 믿어봅시다."라고 답했다.[25] 그러나 오펜하이머는 이미 '주의할 인물'로 주목받고 있었다. 어쩌면 맨해튼 프로젝트 책임자였던 그가 외국으로 여행할 때 까다로운 보안검색을 거쳤을 것이다. 실제로 자기가 고안한 무기가 히로시마와 나가사키에 떨어지면서 엄청난 인명 피해를 몰고 온 것에 대해 모호한 입장으로 일관했던 것은 결국 후일 그를 의심하게 만들었다. 수소폭탄 프로젝트 추진에 대한 그의 거리낌도 마찬가지로 그가 보안권한을 상실하는 계기로 작용했다.

'조-1'이라는 원자폭탄 실험과 장제스가 중국 본토를 떠난 일이 그렇게 심각한 문제로 작용하지 않았더라도 애치슨은 1950년 1월 말에 결국 더 큰 어려움을 겪었다. 당시 그는 전 국무부 관리 앨저 히스와의 개인적인 친분과 충성심을 강조하는 듯이 보였다. 앨저 히스는 위증죄로 두 번째 재판을 받고 있었는데, 사실 더 심각한 문제는 제2차 세계대전 동안 소련의 간첩으로 활동했다는 혐의를 받고 있는 점이었다. 애치슨의 입장에서 그렇게 심각한 죄로 기소된 사람을 위해 쓸데없이 지지 발언을 한 것은 지나친 오만함의 발로였다. 이 사건은 개인적으로 그의 정치 행보에 치명타를 입혔다. 뿐만 아니라 그가 몸담고 있던 정부에도 돌이킬 수 없는 오명을 남겼다. 히스 사건은 거의 2년 가까이 전 국민의 관심을 받았으며 후에 세대 간의 분열을 반영한 사건으로 평가되었다. 진보적인 일부 좌파 세력이 대공황으로 자본주의 체제에 대한 확신을 잃고 파시즘의 등장으로 공산주의자가 되었다는 말이 돌았지만 지나친 과장이었다. 민주주의가 실패를 경험했다 해도 진보 좌파에 속한 대부분의 사람들은 국가에 충성스런 시민이었으며 공산당에 가입하거나 공산주의자의 앞잡이 노릇을 한 일이 없었다. 초반에는 앨저 히스의 반대자로 예전에 공산주의자였다가 「타임」의 주요 저술가로 활동하는 휘태커 체임버스(Whittaker Chambers)와 앨저 히스의 대결 구도가 형성되기도 했다. 이 대결에서는 앨저 히스를 지지하는 사람들이 훨씬 더 많아 보였다. 두 사람 중 히스가 더 눈에 띄었고 일부 지역에서 공산주의자를 색출하는 일이 시작되면서 서서히 이런 활동에 염증을 느끼는 경향이 나타난 탓이었다. 남다른 통찰력으로 미국에 대한 기사를 썼던 영국 출신 저널리스트 앨리스터 쿡(Alistair Cooke)은 이렇게 평했다. 히스는 "작가 헨리 제임스(Henry James)가 주인공으로 쓸 만한 인물이다. 신세계에서나 볼 수 있는 예의범절에 부드럽고도 확고한 태도, 언제나 상대방을 따스하게 감싸는 마음가짐, 명석한 두뇌와 꾸밈없는 우아함을 가지고 있다. 날카롭고 피곤에 찌들어 있는 데다 자만심이 강하고 세속적인, 전형적인 영국인의 모습을 뛰어넘었다."[26]

초반 서류상으로는 앨저 히스가 훨씬 유력했다. 그는 동부 주류파에 입문할 모든 자격을 갖추고 있었으며 태도나 몸가짐 역시 절도 있고 명확해 보였다. 주류파에 들어오자마자 남다른 행보를 보일 것 같았다. 하버드 로스쿨 출신으로 펠릭스 프랭크퍼터의 추천을 받아 올리버 웬델 홈즈(Oliver Wendell Holmes)로펌의 연구원으로 일했으며, 뉴딜 시대에 핵심 요직은 아니지만 어느 정도 영향력 있는 정부 요직을 맡기도 했다. 그리고 여러 가지 정황으로 볼 때 1930년대부터 제2차 세계대전까지 소련 간첩으로 활동한 것이 거의 확실해 보였다. 체임버스는 히스와 정반대였다. 그는 한마디로 음침하고 어두운 분위기를 풍겼다. 외모는 단정치 못했고 편집증이 있는 사람 같았다. 그도 그럴 것이 알코올 중독자였던 아버지가 동성애에 빠져 어린 아들을 버리고 가출하는 바람에 아주 힘든 유년 시절을 보내야 했다. 그는 어떤 대상이 생기면 절대적으로 신봉하는 스타일이었다. 공산당원이었을 때는 누구보다 철저한 공산주의 신봉자였지만 공산주의에 대해 뼈저린 환멸을 느끼자 더 큰 확신을 갖고 탈당했다. 그는 젊은 시절에 당은 세상의 모든 위대한 진실을 설파한다고 믿었다. 하지만 나이가 들어 환상에서 깨어난 후에는 당은 세상에서 가장 황당한 거짓말을 떠드는 존재라고 생각하게 되었다.

「타임」지 주요 필진으로서 동료들에게 인정을 받기도 했지만 까다로운 사람이라는 평가도 함께 받았다. 그는 당원으로서 항상 전쟁터에 있는 것 같은 긴장된 시각으로 세상을 바라보았다. 탈당한 후에도 여전히 전세계적인 투쟁에 대한 심각한 불안감과 파멸에 대한 예감을 갖고 있었다. 그래서 현장의 타임 기자들 중에 이와 같은 심각성을 공유하지 않는 사람들은 간접적으로 공산주의자들의 동조자라고 생각했다. 그는 서구 세계의 몰락에 대해 끊임없이 경고하던 다소 음울한 내용의 잡지에 딱 맞는 저술가였다. 당대 잘 알려진 저자로 특히 히스 사건에 대한 기사로 유명해진 머리 켐턴(Murray Kempton)은 이렇게 말했다. "체임버스처럼 서구 문명의 위기에 대해 경고의 북소리를 제대로 들려줄 수 있는 사람은 없었습니다."[27]

체임버스는 히스와 같이 공산당에 속해 있을 때부터 그를 알고 있었다고 주장했다. 히스는 이를 부인했지만 그의 진술 가운데 일치하지 않는 점이 몇 가지 드러났다. 이를 밝혀낸 사람은 FBI 총책임자였던 에드거 후버(J. Edgar Hoover)의 도움을 받은 젊은 의원 리처드 닉슨(Richard Nixon)이었다. 「뉴욕 해럴드 트리뷴」지의 호머 비가트(Homer Bigart)는 히스의 이야기에는 틀린 곳이 한두 군데가 아니며 서로 일치하지 않는 증언으로 가득했다고 말했다.[28] 히스의 위증 여부를 두고 1950년 1월 22일에 배심원들은 8대 4로 유죄를 선고했다. 그때는 애치슨이 국무장관이 된 지 일 년 정도 지난 때였다. 그 전에는 히스와 애치슨 간의 관계가 주로 히스의 동생이었던 도널드를 통해 이어졌다. 하지만 당시 국무부 보안 담당관 에이돌프 벌(Adolf Berle)은 10년 전부터 히스 가족을 예의주시하고 있었다. 1939년에 체임버스는 벌에게 앨저와 도널드 둘 다 공산주의자라고 귀띔해주었다. 전쟁 중에 앨저 히스는 국무부에서 국제연합 관련 문제를 주로 다뤘고, 도널드는 애치슨의 조수로 일하다가 전쟁이 끝난 후에는 법률 고문으로 활동했다. 후에 벌의 증언에 따르면 히스의 가족 문제가 제기되자 애치슨은 "두 사람과 그 가족을 어린 시절부터 알고 지냈으며 전적으로 신뢰한다."라고 말했다.[29] 전쟁이 끝나고 히스와 체임버스가 첫 대결을 펼치자 애치슨은 히스가 반미활동조사위원회 앞에서 할 연설 준비를 비밀리에 도와주었다. 당시에는 이 사실이 알려지지 않았지만 애치슨이 국무장관으로 지명되어 상원 외교위원회 앞에 섰을 때 위원회 소속 의원들은 히스와의 관계를 염려했다. 일부 의원들은 애치슨에게 반공산주의 연설을 하라고 제안했고 연설문 초안을 잡아주기까지 했다. 외교위원회 소속 공화당 의원들이 만일 애치슨이 예전에 히스를 도왔다는 사실을 알았더라면 그에게 그렇게 우호적이지 않았을 것이다.

히스가 배심원단으로부터 두 번째 유죄 판결을 받고 사흘이 지난 1월 25일 화요일에 애치슨은 기자회견을 할 예정이었다. 이미 예상하고 있던 터라 그날 기자들이 몰려들었을 때도 당황하지 않았다. 그날 아침 애치슨은 아내 엘리스에게 히스에 대한 질문을 받게 될 텐데 히스를 버리지 않겠다고 대답할 작정이라고 말했다. 엘리스가 "그것 말고 할 말이 뭐가 있겠어요?"라고 대꾸하자 애치슨은 "그렇게 간단한 문제가 아니오. 자칫하면 엄청난 폭풍이 몰려와서 곤경에 빠질 수도 있는 상황이니까."라고 말했다. 그러자 엘리스는 지금 옳은 길을 가고 있다는 확신이 있냐고 물었다. 애치슨은 "이건 내가 당연히 해야 할 일이오."라고 응수했다.[30] 그의 수하에 있던 사람들은 이미 신경이 곤두선 상태였다. 개인 비서였던 루셔스 배틀(Lucius Battle)과 부서 내에서 애치슨과 가장 가까웠던 폴 니츠는 히스에 대한 질문이 나오면 무조건 답변을 피하라고 조언했다. 배틀은 특히 애치슨의 고집과 어지간해서는 굽힐 줄 모르는 정의에 대한 소신 때문에 위험한 발언을 할까봐 안절부절못했다. (당시 애치슨은 정계에서 자신에 관해 이런저런 소문이 들려올 때마다 마음이 상했고, 그런 일이 반복되면서 스트레스가 쌓여 있었다.) 애치슨은 기자들에게 산상수훈을 쭉 읽어주고 돌아오겠다고 말했다. 그래도 두 사람은 마음이 놓이지 않았다. 여러 해가 지나서 배틀은 그때를 회상했는데, 애치슨이 싸움에 나가기도 전에 스스로 무너질 준비를 하는 사람 같았다고 말했다.[31] 그날 아침 부서 회의에서 국무차관 제임스 웨브도 기자회견에서 무슨 말을 할 건지 물으며 부디 말을 조심해서 하라고 당부했다. 애치슨은 다시 「마태복음」 25장 36절을 읽어주고 오겠다고 말했다. 그러자 칼리즈 허멜신스(Carlise Hummelsince) 역시 같은 말이라도 듣는 사람에 따라 다르게 해석할 수 있으니 조심하라고 말했다.

「뉴욕 해럴드 트리뷴」의 호머 비가트 기자가 "장관님, 앨저 히스에 대해 하실 말씀이 있습니까?" 하고 물었다. 애치슨은 그 사건이 아직 법원에 계류 중이니 지금으로서는 어떤 언급도 하지 않는 게 좋을 것 같다고 말했다. 애치슨의 측근들은 그제야 안도의 한숨을 내쉬었다. 하지만 애치슨은 거기서 멈추지 않고 실수를 저지르고 말았다. "여러분은 그 질문을 통해 내게서 뭔가 다른 답을 기대하시는 것 같군요. 한 가지 분명한 점이 있는데, 히스와 그의 변호사들의 항소가 이 법정에서 어떤 결론을 얻든 상관없이 나는 앨저 히스에게 결코 등을 돌리지 않을 겁니다." 이는 당시 단순한 위증죄를 범한 사람이 아니라 간첩 혐의를 받는 사람에게서 등을 돌리지 않겠다고 말한 것이었다. 이미 비난의 대상이 되어버린 정치인이 자기에게 그다지 중요한 사람도 아니고 방금 위증죄로 유죄 판결을 받은 사람을 감싸고돈 것은 더 이상 변명의 여지가 없는 거만함의 극치를 보여준 사건이었다. 그는 곧이어 기자들에게 「마태복음」 25장 36절을 읽어보라고 권했다. 그 성경 구절은 위기에 처한 사람에게 등을 돌리는 것은 곧 그리스도에게 등을 돌리는 것과 같다는 내용이었다. "헐벗었을 때에 옷을 입혔고 병들었을 때에 돌보았고 옥에 갇혔을 때에 와서 보았느니라."

애치슨이 그런 발언을 하는 와중에도 상원의회는 계속 진행되었다. 사우스다코타 주 공화당 보수파 칼 먼트(Karl Mundt) 상원의원은 히스가 하버드 출신이라는 배경을 등에 업고 중국을 몰락시킨 일을 꺼내들었다(사실 히스는 그 일과 아무 상관이 없었다). 바로 그때 조지프 매카시가 끼어들며 "의원님은 불과 몇 분 전에 국무장관이 얼마나 대단한 발언을 했는지 아직 모르시는 것 같습니다."라고 말했다. 애치슨의 절친한 친구이자 「뉴욕 타임스」의 워싱턴 담당 칼럼니스트 제임스 레스턴(James Reston)은 그 상황이 너무 어이없다고 생각했다. 누군가 내리막길을 걸을 때에는 굳이 넘어뜨리려 하지 않아도 된다는 정도만 언급하는 게 적절하다고 생각했기 때문이다. 상식이 있는 사람이라면 누구나 알 만한 사실이었다.[32] 역사가 에릭 골드먼(Eric Goldman)은 이들의 언변을 "공산주의에 관대한 태도를 취하는 사람들이 트루먼 정권의 외교정책을 결정한다고 주장하는 그 사람들에게는 엄청난, 그리고 전혀 쓸데없는 선물"이라고 평했다.[33]

애치슨의 대답은 분명 용감하긴 했지만 동시에 아주 거만한 발언으로서, 트루먼 정권에 상당한 악영향을 끼쳤다. 트루먼 역시 히스가 억울한 입장은 아니라고 생각했다. 두 번째 재판이 시작될 무렵 트루먼은 측근이었던 해리 니콜슨(Harry Nicholson)에게 "딘 애치슨이 나를 찾아와 앨저 히스가 무고하다고 말하더군. 하지만 정황상 나는 그가 유죄라고 생각하네. 이번 판결에서는 그가 사형 선고를 받았으면 좋겠어."라고 말했다.[34] 당시 보안 문제는 정치적으로 큰 이슈로 떠올라서 당파 간의 논쟁으로 번졌다. 공화당 우파들은 민주당원들이야말로 국가 반역의 주범이라고 소리를 높였다. 바로 그런 순간에 애치슨이 나서서 국내에서 가장 큰 논란을 불러일으킨 간첩 사건에 뛰어들어 자신뿐 아니라 정부 핵심 부서까지 도마 위에 올려놓았던 것이다. 정치적으로 볼 때 공화당원들에게 그보다 더 좋은 선물은 없었다.

그로부터 얼마 지나지 않아 리처드 닉슨은 연설 중에 "정부 고위직에 있는 반역자들이 외교 테이블을 소련 쪽으로 기울였다."라고 말했다.[35] 그런가 하면 트루먼은 정치적 논쟁이 한창이던 어느 날 기자로부터 히스 사건이 사람들의 주의를 분산시킨다고 생각하느냐는 질문을 받았다. 트루먼은 긍정적인 답변을 주었다. 시간이 흘러 로버트 도너반(Robert Donovan)은 "비록 애치슨에 대해 직접적인 발언을 하지는 않았지만" 애치슨이 생각 없이 내뱉은 말 때문에 "대통령은 아마 죽은 고양이를 목에 두르고 있는 느낌이었을 것이다."라고 기록했다.[36]

이렇게 해서 후세에 매카시즘으로 알려진 새로운 정치적 바이러스가 퍼졌다. 애치슨이 기자회견을 하고 보름이 지난 1950년 2월 9일, 인민군의 남침이 있기 약 5개월 전, 위스콘신 주 상원의원 조지프 매카시가 웨스트버지니아 휠링에서 열린 회의에서 발언권을 얻었다. 이미 오랫동안 정부 내 공산주의자들이 결정적인 역할을 할 가능성이 있다는 말을 수없이 들어온 그였다. 회의에서 매카시는 아직도 국무부 안에 있는 205명의 공산주의자 명단을 가지고 있다고 주장했다. 그리고 이미 많은 사람이 이 점을 염려해왔지만 아무 조치도 취하지 않았다고 지적했다. 또 중국의 몰락으로 지난 6년간 얼마나 더 많은 사람이 공산주의 아래 살게 됐는지 열거했다. 그 후 매카시는 히스와 애치슨을 차례로 언급했다. "다들 아시는 것처럼 근래에 국무장관이 가장 극악한 범죄인 반역죄를 범한 사람을 공식적으로 지지하는 발언을 했습니다. 그 반역자는 국민들의 신임을 한 몸에 받는 자리에 있으면서 우리 모두를 배신했는데도 말입니다." 매카시즘의 문제는 극우파가 여러 해 동안 거론했지만 본질적으로 맥락이 다른 문제들을 하나로 결집시켰다는 데 있다. 그 주장은 이러했다. "중국에서 국민당 정부가 무너진 이유는 미국의 힘으로는 돌이킬 수 없을 정도로 강력했던 역사의 흐름에 따라 이뤄진 결과가 아니다. 오히려 워싱턴의 일부 고위 관료들이 힘을 합쳐 공작한 결과이다. 그 배후에는 국무부에 들어온 불충한(혹은 지나치게 순진하기만 했던) 차이나 핸즈가 있고 이들은 결국 앨저 히스와 연계된 사람들이다."

제13장

딘 애치슨과 조지 케넌

미국은 고립주의를 표방하던 강대국에서 국제주의를 지향하는 초 강대국으로 서서히 탈바꿈하기 시작했고 애치슨은 갈수록 강경한 태도를 보였다. 그는 사나운 기세로 자신을 몰아세우는 우파의 공격에도 불구하고 국방 예산을 늘리기 위해 갖은 애를 썼다. 그러나 아직까지는 미국 정부 내의 갈등과 모순이 겉으로 드러나지 않은 상태였다. 1950년대 초반에 애치슨은 폴 니츠를 시켜 비밀문서를 작성하기 시작했고 이는 'NSC 68'이라는 제목으로 정부에 제출되었다. 애치슨이 니츠를 택한 것은 별로 놀라운 일이 아니었다. 니츠는 그즈음 상승세를 타고 있었고 애치슨과 비슷한 생각을 품고 있었기 때문이다.

니츠는 원래 포레스탈의 사람이었다. 초기에 그를 후원한 인물 중에는 국무부 싱크탱크였던 정책기획실 책임자 조지 케넌도 있었다. 조지 케넌은 니츠의 지적인 면에 반한 나머지 정책기획실로 데려와 부관으로 삼을 생각까지

했다. 당시 정책기획실은 아주 영향력이 강한 부서로 수뇌부가 모두 모여서 주요 사건들의 결과를 예측하거나 긴박한 문제를 장기적으로 분석하는 곳이었다. 애치슨이 케넌의 제안을 받아들인 것은 (포레스탈처럼) 니츠가 원래 월스트리트에서 가장 주목받던 투자회사 딜런 리드에서 일했기 때문에 월스트리트를 누구보다 잘 알 거라는 판단에서였다. 하지만 나중에 마음을 바꾸었다가 1949년 여름에 케넌이 니츠를 기용하자고 다시 제안하자 이에 동의했다. 케넌이 니츠를 서서히 탐탁지 않게 생각할 무렵에도 애치슨과 니츠는 업무적으로나 사적으로 돈독한 관계를 이어갔다.

불과 4년 전만 해도 케넌은 소련의 움직임을 분석하는 데 남다른 통찰력을 발휘해 가장 주목받던 인물이었다. 그러나 냉전이 깊어지고 국제정치적으로나 국내정치적으로 노선이 강경하게 되자 차츰 영향력을 잃었다. 행정부에서도 주변 인물로 밀려나고 말았다. 케넌이 신중하게 생각한 끝에 중요한 의미가 있는 발언을 하고 특정 사안에 이의를 제기해도 애치슨은 더 이상 관심을 보이지 않았다. 알고도 그랬는지는 확실치 않지만 행정부는 상황에 끌려 다니다가 부지불식간에 안전지대를 벗어나고 말았다. 우파 정치권의 힘이 강해지고 갈수록 정부에 대한 비판의 목소리가 높아지면서 케넌의 가치는 빠른 속도로 떨어졌다. 1949년 가을, 그는 애치슨에게 직접 보고하지 말고 국무부 지역 보좌관에게 보고하라는 지령을 받았다. 국무장관과 직접 대면할 권리가 박탈되었다는 뜻이었다. 이는 그의 영향력과 실권이 상당히 실추되었다는 사실이 모든 사람에게 알려지는 계기가 되었다. 몇 주 후 그는 가능한 한 빠른 시일 안에 정책기획실에서 물러나겠다는 의사를 표명했다.

케넌이 공식적으로 사임하면서 니츠가 케넌의 자리를 대체한 것은 1950년 1월이었다. 하지만 실권은 이미 1949년 11월부터 니츠의 손에 넘어간 상태였다. 니츠는 거의 모든 문제에 대해 케넌보다 훨씬 더 강경했고 시간이 갈수록 케넌의 영향력은 줄어들었다. 하지만 한국전쟁 문제만큼은 예외였다. 두 사람 다 1950년 10월에 38선을 넘어 북쪽으로 밀고 올라가겠다는 맥아더 장군의 생각에 강하게 반대했다. 얻을 것은 너무 적은데 리스크는 너무 크다고 믿었기 때문이다. 그 일만 제외하면 니츠는 모든 면에서 애치슨이 좋아할 인물이었다. 그리고 그 후 수십 년간 니츠는 애치슨의 신념을 따르는 진정한 제자처럼 보였다. 애치슨은 'NSC 68'을 통해 사실상 군 예산을 세 배로 늘린다는 목표를 세우고 있었다. 니츠는 그의 계획을 전폭적으로 지지했다. 하지만 케넌은 그 계획은 소련의 숨은 의도를 완전히 거꾸로 해석한 것이라고 주장했다. 그러면서 미국이 군사력을 강화하는 쪽으로 정책을 세운다면 결국 두 강대국 사이의 긴장감만 높일 거라며 군 예산 확대 계획을 강하게 반대했다.

이 모든 상황이 케넌을 더 심란하게 했다. 그는 현저하게 비관적으로 변했고 하루빨리 워싱턴을 떠나 프린스턴 대학으로 돌아가고 싶어 했다. 대학에서는 지적인 성취 자체가 목적이 될 수 있고 집필 활동에도 전념할 수 있었기 때문이다. 케넌은 당시 주변 사람들이 자신의 의견을 소중히 여기지 않는다는 사실에 몹시 괴로워했다. 상관들이 선택한 잘못된 정치적인 행보가 결국 민족주의에서 출발한 것으로, 언젠가는 그 실태가 만천하에 드러나고 말 거라는 믿음도 버리지 않았다. 그는 공산주의 국가들을 모스크바에 본부를 둔 단일체로 보는 관점은 적을 지나치게 단순하게 평가하는 거라고 생각했다. 케넌의 생각에 공산권 국가들은 크고 작은 세력 다툼을 벌이는 별개의 개체들이 서로 얽혀서 복잡한 구조를 이루는 작은 소우주와 같았다. 하지만 당시에는 공산주의 체제에 대한 일원화된 관점을 강하게 비판하기 어려웠다. 그들의 실체는 훨씬 더 복잡하고 막강하다는 주장에 귀를 기울이는 사람도 아무도 없었다. 1949년 여름 무렵 케넌은 자기가 "두뇌 회전이 느린 동료들을 뒤따라 다니며 토론에 활기를 불어넣을 정도의 발언만 할 수 있을 뿐 중요한 정책을 결

정할 때에는 사람들의 관심을 얻지 못하는 성가신 존재에 불과하다."라고 냉소적으로 말했다.[1]

그와 함께 일해본 사람들은 하나같이 케넌이 같이 일하기 편한 사람은 아니라고 입을 모았다. 굉장히 까다롭고 상대방을 불편하게 만들었으며 다른 사람에게 영향력을 행사하는 데 관심이 많았다. 그러나 정작 자기 손에 통제권이 넘어와도 그에 수반되는 여러 가지 책임을 제대로 감당하지 못하고 허덕이기 일쑤였다. 게다가 숫기가 없고 내성적이라 외교정책을 다루는 일보다는 역사가로 일하는 게 더 어울릴 사람이었다. 이 때문에 매사에 일정 수준 이상의 긴급성을 가지고 문제를 처리해야 하는 국무부에는 너무 미묘한 존재였다. 국무부는 대개 시간 압박을 심하게 받으며 문제를 처리하는 통에 의사 결정에 완벽을 기할 수 없었다. 그런데 케넌은 항상 완성도를 높이려고 애썼다. 미국에서 몇 안 되는 최고 지식인답게 동료들뿐 아니라 자기보다 지위가 높은 사람, 자기보다 호전적인 사람, 자신과 반대되는 의견을 가진 사람들과 자주 언쟁을 벌였고 내적 갈등 역시 심했다. 어떤 경우에는 국무부 정책의 뉘앙스가 굉장히 미묘하거나 모호해서 케넌조차 문제점을 정확히 꼬집어 말할 수 없었다. 그가 제기한 모든 반대 의견은 반론으로 상쇄돼야 했다. 그가 어떤 때에 남들이 그의 말을 들어서 조금 불편함을 느꼈다면, 남들이 그의 말을 듣지 않으면 정말 불행했다. 당시 그는 애치슨보다 세간의 주목을 더 많이 받는 공인이었다. 따라서 미국이라는 민주국가에서 정책 토론이 세련되지 못하게 진행되는 것을 답답하게 여겼다. 또 민주주의의 규모가 지나치게 크고 무질서하게 운영되어서 훌륭한 외교정책을 내놓아도 아무 소용이 없다고 생각했다. 그가 보기에 당시 미국 민주주의는 아직도 다듬어야 할 부분이 너무 많았으며 정치인들도 마찬가지였다.

약 15년 전에 한국에서 38선을 넘어 북으로 진격하는 것에 대해 부정적인 의견을 표명한 데 이어 케넌은 마침내 베트남 전쟁을 강하게 반대하는 사람들의 선두에 섰다. 이렇게 되자 평소에 케넌을 지지하던 사람들까지도 그가 지나치게 온건할 뿐 아니라 외교정책에 대해 굉장히 미온적인 태도를 보인다고 생각했다. 하지만 실제 그는 현실주의를 표방하는 대표적인 인물로 베트남전 파병을 반대하는 이유 역시 패배할 것이 뻔한 전쟁에서 미군의 귀한 목숨과 자산을 희생할 만큼 베트남이 가치 있다고 생각하지 않았기 때문이었다. 반식민지 투쟁 과정에서 미국 정책에 반대하는 토착세력에 연민을 느꼈기 때문이 아니었다.

케넌은 어울리지 않는 곳에 국력을 낭비하면 반드시 좋지 않은 결과를 거두게 된다고 믿었다. 미국과 훨씬 가까운 곳에 위치한 주요 동맹국들이 소련의 손아귀에서 벗어나 있는 것처럼 베트남이나 중국 같은 국가들은 미국의 영향권 밖에 있었다. 케넌은 두 강대국이 대립하고 있긴 하지만 세계 전역에는 미국과 소련도 어찌할 수 없는 세력 간 대립이 서서히 형성되고 있으며 장기적으로는 이것이 미국에 이득이 될 거라고 생각했다. 그에게 국력은 (공교롭게도 이오시프 스탈린의 생각과 마찬가지로) 산업 발전에서 비롯되는 경제력이었고 이는 언제든 필요하면 즉시 무력으로 전환할 수 있었다. 따라서 국가가 모든 총력을 기울여야 할 부분은 산업 발전이었다. 물론 당시 세계에서 이런 산업 발전이 일어나고 있는 곳은 대개 북반구에 있는 백인 국가들이었다. 아시아에서는 유일하게 일본을 꼽을 수 있었다. 케넌이 인민군의 남침에 미국이 참전으로 대응한 것을 찬성한 이유도 더 큰 그림에서 볼 때 일본이 가진 중요성 때문이었다. 그는 미국이 남한을 방어하지 않아 한반도 전체가 공산화되면 일본이 불안감을 느끼게 될 것이라고 믿었다. 그래서 인민군이 38선을 넘은 지 이틀이 지나자 워싱턴에 있는 영국 대사에게 한국이 전략적으로 중요한 곳은 아니지만 "특별히 일본의 입장에서 남한을 보존하는 것은 상징적인 의미가 아주 크다."라고 말했다.[2] 이처럼 조지 케넌은 지극히 냉철한 사람으로 그가 세상을 바라보는 시선에는 감상적이라 할 만한 것이 전혀 없었다.

그는 정치 상황에 대해 비관적인 태도로 일관했으며 항상 음울한 분위기를 풍겼다. 똑똑하고 지혜로운 사람이었지만 주변 사람들의 감정이나 기분에는 놀라울 정도로 무심했다. 노르웨이 출신의 아가씨와 결혼하기로 마음을 먹고 아버지에게 쓴 편지도 사랑에 빠진 청년이 쓴 글이라고 하기에는 너무 건조했다. "스칸디나비아 반도 출신답게 심플한 성격의 소유자이며 말이 많지 않습니다. 말을 아끼는 조신한 모습이 다른 여자들과 다른 매력이라고 생각합니다. 지금까지 단 한 번도 일시적인 기분에 흔들리는 모습을 본 적이 없습니다. 제 앞에서도 긴장하는 법이 없을 정도니까요."[3] 케넌은 특권층 엘리트 출신이었던 그 시대 다른 정책 결정자들과는 달랐다. 아주 수수한 중산 계급 출신으로 밀워키 시 조세 담당 변호사의 둘째 아들이었다. 그러나 케넌 역시 상당히 잘난 체하는 속물이었고 민주사회에서 미국의 하층민이 엘리트 계층의 정책 결정을 방해하는 것을 아주 언짢아했다.

유명한 소련 전문가 칩 볼런(Chip Bohlen)은 케넌과 오랜 친구로 누구보다 그의 기분을 잘 알았다. 그런 볼런도 케넌과 함께하는 시간을 힘들어했다. 결국 케넌은 국무부에서 27년을 일하다 퇴직하면서 그 순간 자기 주변에 작별 인사를 나눌 만한 친구가 없다는 사실에 충격을 받았다. 속내를 잘 드러내지 않았고 주변 사람들에게 개인적인 관심을 보이는 법이 없었기에 친구도 없었다. 하지만 외교정책 분석가로서 그의 실력에는 아무도 이의를 제기하지 않았다. 그는 역사를 정말 좋아했기 때문에 항상 심오한 역사의 힘을 통해 세상을 바라보려 했다. 그의 머릿속에는 각 나라의 특징이 실제로 정권을 잡은 사람들의 인식을 훨씬 뛰어넘는 수준으로 정리되어 있었다. 역사적인 여러 사건들은 그저 우발적으로 일어나는 것이 아니라 그 나라의 진짜 DNA가 반영된 결과였다. 그는 소련이 진정한 러시아인의 기질을 가지고 있으며 새로운 권력자들은 러시아 황제 차르의 현신(現身)이라고 보았다. 그래서 소련이 러시아 역사를 주름잡았던 공포, 과대망상증, 철저한 고립주의를 버리지 않을 거라고 내다봤다. 또한 제2차 세계대전 이후 국제정세가 러시아인 특유의 충동적인 행동과 두려움을 더 많이 반영하고 있다고 보았다. 다시 말해 지나치게 공격적인 태도로 전 세계를 장악하려는 마르크스주의의 표상이 아니라고 판단한 것이다.

1930년대 후반 아직 젊은 청년에 불과했던 그는 러시아라는 나라가 "외국의 침입에 노심초사하며 다른 나라에 대한 의심이 비정상적으로 높은 것"이 특징이라고 지적했다. 그러면서 비잔틴 교회의 영향력이나 "아량 없는 태도, 독특하면서도 전체주의적인 성향을 강하게 드러내는 정치 체제"를 주목해야 한다고 덧붙였다. 1943년에 정부 관료들은 대부분 미국이 전쟁 후에 소련과 우호 관계를 유지할 수 있을 거라는 긍정적인 생각에 들떠 있었다. 하지만 케넌은 상관들의 의견을 정면으로 반박했다. 앞으로 어려운 시기가 닥칠 것이고 역사적인 정황을 고려할 때 소련은 전쟁이 끝나면 훨씬 다루기 힘든 상대가 될 거라고 경고한 것이다. 하지만 제2차 세계대전 중에 케넌의 말에 귀를 기울인 사람은 에버렐 해리먼뿐이었다. 유명한 철도왕 가문에서 태어난 해리먼은 1940년대 국제정세에서 아주 영향력 있는 거물이었다. 한때는 루스벨트 대통령의 특사로 처칠과 스탈린을 만나기도 했다. 머리가 아주 뛰어난 사람은 아니었지만 상대방의 말을 잘 들어주었고, 여러 가지 아이디어를 조합하여 좋은 계획을 세우는 데 천부적인 소질이 있었다. 그래서 40여 년간 정계에서 가장 영향력 있는 인물 3인방의 자리를 지켰다. 당시 모스크바 대사관에서 케넌은 비교적 나이가 어린 사람이었지만 해리먼은 그를 좋게 생각했다. 1946년에 케넌은 워싱턴 정부에 '기나긴 전문(Long Telegram)'이라 불린 전보를 하나

보냈다. 8천 단어로 이뤄진 전보는 러시아의 잔혹했던 역사와 함께 현재 대(對)소련 외교활동에 극심한 어려움을 겪는 이유를 세밀하게 분석한 보고서였다. 모스크바 정부와 우호 관계를 유지하는 게 어려운 이유를 밝힌 이 전보는 아주 시기적절했다. 그리고 우연히 비슷한 시기에 윈스턴 처칠이 미주리 주 풀턴에서 연설을 하면서 케넌이 보낸 전보는 사람들의 관심을 끌었다. 처칠은 연설을 통해 유럽에서 철의 장막이 내려진 곳이 절반이 넘는다고 말했고, 케넌은 전보 말미에 소련에 봉쇄정책을 실시해야 한다고 강력히 주장했다. 그의 글은 「포린 어페어스(Foreign Affairs)」라는 유명한 잡지에 'Mr. X'라는 필명으로 실려 워싱턴을 시작으로 전국을 떠들썩하게 만들었다. 이리하여 케넌은 한순간에 외교정책 분야의 스타로 발돋움했다. 후에 그는 "그 일을 계기로 명성을 얻었고 내 소신을 펼칠 수 있었다."라고 말한 바 있다.[4] 그가 제시한 봉쇄정책은 한동안 모스크바에 대한 정부 정책의 기초가 되었다. 그리고 그의 전보를 기점으로 전시 동맹국이었던 소련과의 향후 관계에 대한 긍정적인 기대는 모두 사라지고 말았다.

하지만 사람들의 주목을 받는 시기는 그리 길지 못했다. 당시 급변하는 정치 판도에서 너무 멀리 떨어져 있었으며 자기주장을 굽히는 법이 없었던 탓이었다. 1948년까지 그는 외교정책상의 어려움이 역사에 뿌리를 두고 있다고 생각하고 그 점을 집중적으로 분석했다. 그리고 소련에 대한 미국 정부의 반응이 이미 도를 넘었으며, 소련 군대의 규모가 상당히 크긴 해도 주변 국가를 침공할 가능성은 거의 없다고 결론지었다. 스탈린이 1939년에 핀란드 침공을 시도했다가 적잖은 피해를 입은 전력이 있기 때문이었다. 케넌은 또한 중국과 러시아가 역사적으로 차이점이 아주 많기 때문에 두 나라 간에도 긴장 관계를 피할 수 없을 거라고 예상했다. 새로 들어선 중국 정부는 공산주의체제든 아니든 혁명을 성공적으로 완성했다. 따라서 더 이상 소련의 위성 국가로 남지 않으려 할 게 분명했다. 국방 전문가 존 패튼 데이비스(John Paton Davies) 역시 중국에 대한 케넌의 전망에 적극적으로 동조했다. 스탈린이 차르 특유의 두려움과 야망을 품은 독재자라면 마오쩌둥은 황제의 두려움과 야망을 품은 전형적인 중국 통치자의 모습을 간직한 신흥 세력이었다. 케넌은 러시아 차르의 전통적인 색채를 지닌 스탈린과 중국 황제의 기를 이어받은 마오쩌둥이 결코 사이좋게 지낼 수 없다고 확신했다. 1947년에 그는 이렇게 썼다. "크렘린 궁전에 있는 사람들은 아시아를 장악할 수 있는 실권이 자기들의 손에 확실히 들어왔다고 생각한다. 그러나 그것이 어느 순간 모래가 빠져나가듯 손가락 사이로 흘러내리는 것을 보게 될 것이다. 중국은 전통적인 예의범절에 따라 인사를 건네고 엷은 미소를 보일지 몰라도 러시아에 실권을 내줄 리 없다."[5]

그러나 아무리 바른 말이라도 정계에서는 남들보다 너무 앞서가면 좋을 게 없는 법이다. 온건파라는 평가를 받는 사람이라면 더더욱 그렇다. 케넌은 앞을 내다보는 안목이 있었다. 얼마 지나지 않아 1960년 초에 중국과 러시아 사이의 긴장이 극으로 치달았고 국경에서는 크고 작은 충돌이 끊이지 않았다. 한마디로 그의 예언이 적중했던 것이다. 하지만 1949년과 1950년에 미국 정부는 '조-1'과 장제스가 중국 본토를 떠난 사건으로 점점 더 큰 압박에 시달렸다. 때문에 향후 러시아와 중국 사이에 갈등이 고조될 거라는 전망은 애치슨에게 그리 달가운 소식이 아니었다. 1949년에 국무부 내에서 또 다른 유력 인사로 주목받기 시작했던 데이비드 브루스(David Bruce)는 애치슨이 다음과 같이 비판했다고 밝혔다. "더 이상 케넌이 보내는 전보를 참아줄 수가 없네. 장황하고 비논리적인 데다 문학적인 수사만 가득해."

케넌이 지난번에 보낸 기나긴 전보는 타이밍이 적절해서 사람들의 관심을 끌었지만 더 이상은 그런 효과를 기대할 수 없었다. 그렇게 해서 불과 3년 만에 케넌은 국무부 슈퍼스타에서 아웃사이더로 밀려났다. 그 점만 보더라도 냉전이 얼마나 빠른 속도로 심화되었으며 정부 방침에 대한 비판 여론이 어느 정도로 거셌는지 충분히 짐작할 수 있다. 그러나 케넌이 애치슨에게 보고한 내용은 그저 장황하고 논쟁적인 말장난으로 치부해서는 안 될 것이었다. 케넌의 말은 거의 대부분 적중했다. 애치슨으로서는 당시 급변하는 정치 상황 때문에 받아들이고 싶어도 그러지 못했던 부분도 많았다. 애치슨은 당시에도 그랬고 시간이 많이 지난 후에도 자존심 때문에 끝내 그 사실을 인정하지 않았다. 하지만 케넌의 반대 의견과 정세 변화에 적절하게 대응하려 하지 않았던 그의 태도 속에는 국무장관에 대한 무언의 비난이 담겨 있었던 것도 사실이다. 케넌이 보기에 애치슨은 비난받는 걸 싫어하고 자신이 세운 정책을 수정하려 하지 않는 국무장관이었다.

애치슨은 소련과 중국 문제에 대해서만 거부한 것이 아니었다. 케넌과 애치슨은 당시 '슈퍼폭탄'으로 알려졌던 수소폭탄 개발을 계속할 것인지를 두고도 대립각을 세웠다. 수소폭탄 개발 책임자는 맨해튼 프로젝트에 참여했던 과학자 에드워드 텔러(Edward Teller)로 로버트 오펜하이머에 대한 반발심이 아주 강한 인물이었다. 트루먼 대통령이 슈퍼폭탄 문제를 다각도로 검토할 특별위원회를 구성하라고 지시하자 애치슨은 텔러를 지지하던 니츠를 위원장에 임명했다. 그리고 수소폭탄 연구·개발을 지속하는 쪽으로 가닥을 잡았다. 니츠는 수소폭탄의 실용성에 지대한 관심과 의구심을 품고 있다가 텔러로부터 그 파괴력에 대한 설명을 듣고 강한 확신을 얻었다. 그러나 텔러보다는 오펜하이머와 더 가까웠던 케넌은 히로시마와 나가사키에 원자폭탄을 투하한 후 내적 갈등을 느꼈다. 때문에 수소폭탄의 실용성이나 과학적인 측면보다는 도덕적인 문제에 초점을 맞췄다. 수소폭탄이 또다시 가슴 아픈 재앙을 불러올 거라 믿은 것이다. 오펜하이머와 케넌은 수소폭탄의 엄청난 위력이 세계 평화나 안전에 기여하기보다는 전 세계를 공포의 도가니로 몰아넣을 거라고 생각했다.

예상했던 대로 니츠가 이끄는 특별위원회는 슈퍼폭탄 개발을 계속할 거라고 공표했다. 그리고 전반적인 국방 정책을 심층적으로 재검토할 예정이라고 밝혔다. 애치슨은 바로 이 문제에 적극적으로 개입했다. 이를 통해 국방 정책에 대한 정밀 조사를 본격적으로 시작할 수 있을 것 같았다. 이 연구 역시 니츠가 맡아 진행했다. 애치슨이 히스에 대한 파격적인 발언을 한 날로부터 엿새가 지난 1950년 1월 31일에 트루먼 대통령은 애치슨에게 미국 안보에 관한 총제적인 연구를 시작하도록 허락해주었다.

케넌은 스탈린 정부가 뿌리 깊은 편집증을 버리지 못하고 미국 방침에 대해 상당히 수세적으로 대처한다고 생각했지만 니츠의 생각은 전혀 달랐다. 니츠는 "최근 소련의 움직임을 보면 전반적으로 호전적인 태도가 강해졌을 뿐 아니라 예전에는 찾아볼 수 없었던 대담함도 엿보입니다. 무모하게도 주변 국가의 국경을 함부로 넘보고 있습니다."라고 말했다.[6] 사실 니츠의 말은 케넌이 제아무리 유명한 소련 전문가라 해도 이제 더 이상 그의 판단에 따라 외교정책을 세우지는 않을 거라는 뜻이었다. 케넌의 예상이 항상 옳다고 기대할 수도 없었다. 그는 정보국 요원이 아니라 역사가이자 외교 전문가일 뿐이었다. 케넌의 말대로 역사적 사실에 근거하여 안보 정책을 짰다가 만일 그의 분석이 틀리면 미국은 돌이킬 수 없는 치명상을 입을 수도 있었다.

애치슨과 측근들이 보기에 니츠가 제출한 보고서는 전후 세계무대에서 미국이 맡은 새로운 역할에 걸맞게 미국의 군사력을 끌어올리는 출발점이 될 듯했다. 활용 가능성이 희박한 원자폭탄에만 의존하는 속빈 강정에 머무르지 않고 더 융통성 있는 대응책을 마련할 시점이었다. 그러나 케넌의 눈에 비친 니츠와 애치슨의 제안은 엄청난 국가 재정 낭비였다. 즉 소련에 대한 방어태세를 구축하기 위해 미국의 국가 안보를 처음부터 새로 짜자는 것이었다. 케넌은 소련이 원자폭탄을 보유한 사건이 실제로 세력 균형에는 아무 영향도 주지 못했다고 지적하면서 이렇게 썼다. "현재 상당히 곤란한 상황에 처해 있는 우리 자신을 되돌아볼 때 대부분의 문제는 결국 우리 스스로 만들어낸 것임을 인정하지 않을 수 없다."

정부 내에서는 모든 정책에 영향을 끼치는 이 심각한 문제를 놓고 열띤 토론이 이어졌다. 그 과정에서 애치슨과 니츠는 최대한 사람들의 이목을 끌지 않으려고 노력했다. 물론 이것은 국방장관 루이스 존슨의 눈에서 벗어나려는 의도였다. 합참은 다른 사람들이 눈치 채지 못하게 니츠에게 자신들이 원하는 게 뭔지 알려주었다. 그러나 사실상 니츠는 존슨을 둘러싸고 일종의 회유책을 구사한 것에 불과했다. 오마 브래들리는 몇 해 후 애치슨과 존슨 사이에 갈등이 깊어지자 이렇게 기록했다. "어색하고도 특이한 상황이 연출되었다. 아이러니하게도 육해공군 참모(당시 해병대 사령관은 아직 참모직에 오르지 못한 상태였다)들과 합참의장의 마음이 국방장관보다는 국무장관 쪽으로 기울었다."[7] 참모들은 애치슨과 니츠가 존슨보다 안보 문제에 더 많은 관심을 기울이고 있다고 생각했던 것이다. 니츠 생각에 참모들이 원하는 수준까지 안보 체계를 끌어올리려면 최소한 연간 약 400억 달러에서 500억 달러의 예산이 필요했다. 그 정도 예산이 확보되지 않으면 미국은 국방정책을 제대로 세우거나 군사력을 마음껏 활용할 수 없고 결국에는 소련에 유일 강대국의 자리를 내줄 가능성이 높았다.

애치슨은 예상 비용이 약 500억 달러라는 말을 듣고 "이보게, 그 수치는 보고서에 넣지 말게. 자네가 내게 보고하면 내가 직접 대통령께 말씀드리지. 그러니 보고서에는 구체적인 수치를 일체 언급하지 말게나."라고 주의를 주었다.[8] 마침내 1950년 3월 22일에 이들은 존슨 국방장관 및 다른 합참과 함께 니츠의 사무실에 모여 보고서 초안을 검토하기 시작했다. 초반 회의 분위기는 평화로웠다. 존슨은 애치슨에게 초안을 살펴보았는지 물었고 애치슨은 훑어보았다고 대답했다. 하지만 정작 국방장관인 존슨은 그 자리에서 보고서를 처음 보았고 그러한 문건이 있다는 사실도 그날 아침에야 들었다. 그제야 존슨은 그곳에 모인 사람들의 손에 자신이 놀아나고 있음을 알아차렸다. 그는 매복 중이던 적에게 공격을 당한 것 같은 충격을 받았다. 그때까지 애치슨과 니츠는 상황을 완전히 장악하고 참모들과 긴밀하게 연락을 주고받았다. 이들은 존슨이 일찍이 국방부 예산에서 빼버린 수많은 내역을 다시 포함시켰고 이는 존슨이 상상했던 수준을 훨씬 뛰어넘었다. 존슨은 완전히 속았다는 기분이 들었다. 나중에 애치슨은 당시 "존슨은 의자를 밀어제치고 주먹으로 테이블을 세게 내리치면서 벌떡 일어서더니 나를 잡아먹을 듯이 노려보았다."라고 회고했다.[9]

존슨은 애치슨과 니츠가 자기를 벼랑 끝에서 밀어버리려 한다며 그런 모욕에 절대 무릎을 꿇지 않겠다고 소리쳤다. "이것은 나를 넘어뜨리려고 꾸민 모략입니다. 다른 참모들과 함께 즉시 이 자리를 뜨겠습니다." 곧이어 존슨은 애치슨의 사무실로 찾아가서 또 한 번 목소리를 높였으며 이런 모욕은 더 이상 참을 수 없다며 분노를 터뜨렸다. 애치슨은 그를 돌려보낸 다음 사람들을 시켜 트루먼 대통령에게 상황을 보고하게 했다. 한 시간 후에 트루먼 대통령은 전화를 걸어 애치슨에게 상황 보고서를 작성해오라고 지시했다. 아직 대통령은 'NSC 68'을 최종 승인하지 않았다. NSC 68에 필요한 비용이 꽤 부담스러웠다. 그러던 차에 한국전쟁이 발발했고 냉전은 열전으로 격화됐다. 그런데 애치슨과 니츠가 이미 배후에서 물밑 작업을 시작했던 것이다. 6개월 후에 트루먼은 존슨을 해임하고 후임자로 조지 마셜을 임명했다. 애치슨은 당시 존슨이 아주 불안정한 상태인 게 분명하다고 생각했다.

'NSC 68'은 결정적인 문서였다. 이를 통해 미국은 강력하게 냉전에 맞서겠다는 태도를 분명히 밝혔으며 미국에 대한 소련의 불신에 필적할 정도로 소련에 대한 강한 불신을 드러냈다. 이로 인해 두 강대국 사이의 골은 더 깊어졌고 계속해서 국방비를 증강시키는 사태가 벌어졌다. 이데올로기적인 관점에서 보더라도 이런 군비 경쟁은 전 세계적인 갈등으로 이어질 게 분명했다. 일급 비밀문서로 최고위급 관리들에게만 공개되었던 문서가 낳은 파장이었기에 더 의미심장했다. "지금까지 세계 주도권을 장악하려 했던 유수 국가들과 달리 소련은 광신적인 태도로 일관했고 세계 전역에 자국의 절대 권력을 행사하려 했다." 처음에 트루먼은 'NSC 68'에 대해 침묵으로 일관하면서도 만만치 않은 비용 때문에 마음이 심히 불편했다. 그러던 와중에 한국전쟁이 발발하여 냉전은 더 이상 손을 쓸 수 없을 정도로 최악의 국면으로 치달았다. 'NSC 68' 보고서를 작성하며 예상했던 비용은 한국전쟁 때문에 세 배로 불어났다. 사실 트루먼 대통령이 'NSC 68' 문제를 직접 결정할 필요도 없었다. 1951년 늦가을에 다음 회계연도 국방부 예산을 책정한 결과, 한국전쟁 발발 전에 130억 달러로 추정했던 금액이 무려 550억 달러로 늘어났다. 그로부터 여러 해가 지난 뒤 애치슨은 프린스턴 대학에서 열린 한 세미나에서 그 순간을 회고했다. "사실 한국이 우리를 살린 겁니다."[10]

제14장

해리 트루먼

누가 뭐라 해도 해리 트루먼은 결단력이 뛰어난 사람이었다. 루스벨트 정권에서 일했던 사람들은 트루먼처럼 보잘것없는 인물이 루스벨트의 뒤를 잇는다는 사실에 분개했다. 그러나 이들도 트루먼의 결단력만큼은 높이 평가했다. 물론 루스벨트와 긴밀한 관계를 맺었던 일부 인사들은 그에 대한 충성심에서 사임하기도 했다. 남은 사람들은 자기들이 충성해야 할 대상이 사람이 아니라 대통령직이라는 사실을 받아들였고 차츰 트루먼이 실력 있는 사람임을 알게 되었다. 트루먼은 역대 대통령 중에서 유일하게 대학을 나오지 않은 사람이었지만 책을 좋아해서 방대한 독서량을 자랑했다. 아마추어 수준이긴 했지만 독학으로 상당한 수준의 역사 지식도 갖추고 있었다. 무엇보다 일단 대통령직에 오른 후에는 자신의 자격에 대해 추호의 의심도 하지 않았다. 애초에 대통령이 되겠다는 일념으로 살아온 것도 아니었고 대통령직에 오르는 과정 역시 힘들었다. 그러나 최선을 다해 맡은 직무를 수행하고 확고한 결단력을 행사하기로 결심한 상태였다. 그는 1948년에 정식으로 대통령에 당선되기 전만 해도 부통령 집무실이 자기에게 더 잘 어울린다고 생각했다. 또 미국의 대통령이 되려면 자기보다 훨씬 더 유능해야 한다고 믿었다. 나아가 훌륭한 인재들을 제쳐두고 자기 같은 사람이 대통령직에 오르면 정적들이 자기를 가만두지 않을 거라는 생각도 했다. 반대 세력 가운데는 대통령제라는 제도의 적도 있었고 이념적인 적도 있었고 두 가지 요건을 모두 갖춘 적도 있었을 것이다. 역사적으로 반대파에게 박해를 받은 사람들은 너무 처참한 결말을 맞았다. 트루먼은 결코 자기 운명을 그렇게 만들고 싶지 않았다. 주로 힘든 시절이 많았지만 그는 좋을 때나 힘들 때나 평범한 사람들과 어울리며 살아왔다. 그래서 누구보다 사람들의 마음을 읽고 그들의 의중을 파악하는 데 능숙했다. 또 누구를 믿고 누구를 경계해야 하는지를 제대로 알았다. 무엇보다도 그간의 경험을 통해 훌륭한 인재를 얻는 방법, 알짜배기 정보를 얻어내는 방법, 핵심을 찌르는 질문을 하는 요령, 가능성 있는 결과를 미리 점쳐보는 안목, 그리고 그에 따라 적절한 결정을 내리는 판단력을 갖추고 있었다. 인민군의 공격이 시작된 그날 아침 워싱턴으로 돌아가는 길에 트루먼은 앞으로 자기가 내리는 결정이 전쟁과 평화를 좌우할 것이며 자신의 임기 중 한국전쟁이 가장 결정하기 어려운 문제가 될 거라고 직감했다.

1950년 6월까지 약 5년간 대통령직에 있으면서 트루먼은 개인적으로 두 가지 큰 업적을 이루었으며 이로 인해 자신감이 충만한 상태였다. 두 가지 업적은 서로 긴밀한 관련이 있었다. 그래도 첫 번째 업적—1948년 선거에서 토머스 듀이를 엄청난 표 차이로 누르고 당선된 것—이 훨씬 더 자랑스럽기는 했다. 사망한 전 대통령의 직위를 승계해 대통령이 되었다가 정식 선거를 치르고 당당하게 대통령에 당선되자 다른 정치인들과 언론, 그리고 역대 대통령을 평가하는 걸 생업으로 삼는 역사가들의 존경심도 커졌다. 루스벨트의 후임자라는 부담감에서 벗어나고, 실수로 대통령직에 오른 사람이라는 오명에서 도 벗어났다. 이것은 과소평가하기 쉽지만 그가 이룬 두 번째 업적이라 할 만 했다. 그는 상원의원 시절에 그다지 주목을 받지 못했고 부통령으로서도 별 로 존재감이 없었다. 하지만 대통령직을 승계한 뒤에는 절대로 훌륭했던 전 임자의 그림자에 눌려 의기소침해하지 않았다. 이 점은 존 F. 케네디(John F. Kennedy)의 사망으로 대통령직을 승계한 린든 존슨(Lyndon Johnson)과 뚜렷한 대조를 이룬다. 존슨은 상원의원 시절부터 두각을 나타내던 인물이었다. 그러 나 전임자의 업적과 선거가 아니라 승계를 통해 대통령이 되었다는 사실 때 문에 끊임없이 전임자와 비교당했다. 존슨은 종내 심리적 부담감을 떨쳐내지 못하고 엄청난 스트레스에 시달렸다.

트루먼은 사람들이 과소평가하기 쉬운 인물이었다. 국민들은 따스하고 당 당하며 독재적이긴 했지만 사람들의 마음을 완전히 매료시킨 루스벨트의 매 력에서 아직 벗어나지 못한 상태였다. 그런 국민들에게 무미건조하고 딱딱하 여 애정이 묻어나지 않는 트루먼의 목소리는 실망스러웠다. 투박한 말투와 감 정적인 호소력이 부족한 연설은 사람들의 마음을 열지 못했다. 어떤 사람들 은 루스벨트처럼 연설을 대화체로 수정해보라고 권했다. 하지만 아무리 노력 해도 위대한 연설가였던 루스벨트를 능가할 수는 없으며, 괜히 어설프게 따 라 했다가 더 부정적인 반응을 불러올 수도 있다고 생각했다. 그래서 최대한 자신을 있는 그대로 표현하면서 사람들이 자신의 본모습과 다른 뭔가를 기대 하지 않기를 바랐다. 트루먼은 사람들이 자꾸 자신을 루스벨트와 비교하는 것 이 부정적인 영향을 몰고 온다는 걸 알았고 실제로도 그랬다. 사람들은 정치 에 관한 농담을 할 때 흔히 트루먼을 희생양으로 삼았고 심한 말도 주저하지 않았다. 공화당 상원의원이었던 로버트 태프트(Robert Taft)의 부인 마사는 "트 루먼이 하는 짓은 모두 실수일 뿐"이라는 말도 서슴지 않았다. 그녀는 여기에

다 "다른 사람들에 비하면 부드럽게 표현한 것"이라고 덧붙였다.[1] 칼럼니스트 도리스 프리슨(Doris Freeson)은 "트루먼이 살아 있다면 어떤 일을 할지 궁금하다."라는 말을 하기도 했다. 사람들은 우스갯소리로 이 말을 자주 입에 올렸다. 「뉴 리퍼블릭」의 리처드 스트라우트(Richard Strout)는 "딱한 트루먼 대통령, 더 딱한 미국 국민들"이라는 말까지 했다.[2]

트루먼은 예순 살에 대통령이 되었다. 좀 늦은 감이 있지만 그의 야망은 결코 헛된 꿈이 아니었다. 가족들은 모두 농부였고 트루먼 또한 어린 시절에 농사일을 한 경험이 있어서 1948년 선거에서는 중서부 지방에서 많은 지지를 얻었다. 그 결과 사람들의 예상을 뒤엎고 당당히 승리할 수 있었다. 당시 트루먼은 "잠시도 쉬지 않고 한 번에" 64헥타르가 넘는 밀밭 파종을 끝낼 수 있다는 말로 중서부 지방 사람들의 마음을 열었다. 자기가 농사일을 할 때는 최신식 기계도 없이 당나귀 네 마리를 끌고 모든 일을 해냈다고 덧붙이기도 했다.[3] 고등학생이 되었을 무렵 집안의 경제적 어려움이 심해 자연스레 대학 진학의 꿈을 포기했다. 학비를 전액 지원해준다는 이점 때문에 웨스트포인트에 지원했으나 시력이 나쁘다는 이유로 합격하지 못했다. (나중에 그는 거의 두더지처럼 시력이 좋지 않다고 털어놓았다.) 딱 한 번 기업가의 꿈을 안고 신사용 잡화 상점을 개업했지만 3년 만에 문을 닫아야 했다. 처가는 독립전쟁 1세대였는데 장모 매지 게이츠 월리스(Madge Gates Wallace)가 그를 탐탁지 않게 여긴 탓에 결혼 허락을 받기까지 많은 시간이 걸렸다. 하지만 장모를 설득하는 것보다 수백만 명의 미국인에게 자신의 내적 가치를 보여주고 그들의 마음을 얻는 데 더 큰 성공을 거두었다. 1934년, 조금 늦은 나이인 쉰 살에는 상원의원이 되었다. 그는 유난히 정치 부패가 심했던 톰 펜더개스트를 통해 정치에 입문했지만 누구도 흠을 잡을 수 없을 정도로 청렴결백했다. 트루먼은 마치 가문의 명예와 법적 지위를 확보하라는 특명을 받은 사람 같았다. 소도시 출신답게 소박하고 꾸밈없는 가치관의 소유자이기도 했다. 한편 평생 프리메이슨을 상징하는 반지를 끼고 제1차 세계대전 참전 용사임을 보여주는 버튼을 옷깃에 달고 다녔다. 이 밖에도 미국재향군인회, 해외참전향군회, 무스 우애 조합, 엘크스 자선 보호회 회원으로 활동했다.

그는 대통령직에 오른 다른 사람들과 비교할 때 이상하게도 성공담은 거의 없고 실망스런 일만 가득한 인생을 살았다. 하지만 오히려 그런 인생길을 걸어오면서 자신만의 힘과 장점을 만들어냈다. 오마 브래들리는 트루먼을 처음 만난 뒤 이렇게 말했다. "나는 그가 마음에 들었다. 그는 직선적이고 꾸밈이 없으며 주관이 뚜렷하고 추진력이 있었다."[4] 트루먼에게서 자기기만적인 태도를 찾아보기는 어려웠다. 가식이나 꾸밈이 없이 열심히 일에 매진했고 매사를 철저하게 준비했다. 다른 사람의 시간을 낭비하는 일이 없었으며 다른 사람들 역시 자기 시간을 낭비하는 일이 없어야 한다고 생각했다. 루스벨트 (그는 꼭 그럴 필요가 없는 때에도 사람들과 심리전을 벌이는 걸 좋아했다)와 가장 뚜렷하게 대조되는 면은 단순한 방식을 좋아하고 다른 사람들을 통제하려 하지 않았던 것이다. 쉽게 말해서 트루먼은 자신의 참모습을 그대로 드러내 보였다. 조지 마셜은 루스벨트 대통령이 벌이는 심리전 때문에 항상 마음이 불안했다. 한번은 루스벨트 대통령이 공식석상에서 쓰는 말투를 버리고 굉장히 친근한 어조로 말을 건넸다. 하지만 마셜은 정치계 거물들에게는 친할수록 예의를 차려야 한다고 생각했다. 그래서 루스벨트가 농담을 건넬 심산으로 다정하게 이름을 부른 것이었는데도 이를 이해하지 못하고 당황하여 분위기를 싸늘하게 만들었다. 마셜은 항상 장군, 혹은 마셜 장군으로 불리기를 원했다. 그런 면에서 마셜은 트루먼이 훨씬 더 편했다. 트루먼은 절대로 정치적인 함정을 파거나 말을 빙빙 돌려 상대방을 당황시키는 법이 없었다.

상원에서 활동할 때도 트루먼은 자신의 한계를 누구보다 잘 알고 있었다.

주변 의원들은 대부분 그보다 학력이 높았고 부유했으며 훨씬 폭넓은 지지를 얻었다. 이들 특권 계층이 누리는 호화롭고 고상한 삶은 트루먼이 감히 상상조차 할 수 없는 것이었다. 「세인트루이스 포스트 디스패치(St. Louis Post Dispatch)」의 기자로 활약하다가 나중에 공보 비서관에 임명된 트루먼의 고교 동창 찰리 로스(Charlie Ross)는 이렇게 말했다. "트루먼은 상원의원으로 활동할 당시 열등감에 사로잡혀 있었다. 그는 자신의 가치를 지나치게 평가절하했다." 트루먼이 대통령에 당선되었을 때 미국은 전반적으로 큰 변화 과정을 밟고 있었다. 제2차 세계대전 후로 평등주의자들의 목소리가 높아지고 제대군인원호법처럼 새로운 정치적 혜택이 생겨나자 군에 있던 사람은 누구나 대학에 갈 수 있었다. 하지만 이와 대조적으로 트루먼은 20세기가 태동할 무렵 훨씬 덜 평등했던 미국이 낳은 인물이었다. 그 시절에는 실력이 뛰어나다고 해서 누구나 자신의 능력이나 야망에 걸맞은 직업을 구할 수 있는 게 아니었다.

트루먼은 자신이 살아온 세월과 출신 지역의 색채를 여과 없이 그대로 드러냈다. 트루먼의 전기를 집필한 데이비드 맥컬러프(David McCullough)는 이렇게 기록했다. "트루먼은 생각나는 대로 꾸밈없이 이야기했으며 자기가 평범한 집안 출신이라는 것도 거리낌 없이 밝혔다. 그는 그저 출신 지역을 대표하는 사람이 아니었다. 미국 역사의 특정 부분, 미국인의 심상에 자리하는 진정한 개척자의 터전을 대표하는 사람이었다. 그가 나고 자란 미주리 주는 미국을 대표하는 소설가 마크 트웨인(Mark Twain)의 고향인 동시에 전설적인 갱단 두목 제시 제임스(Jesse James)의 고향이기도 하다." 맥컬러프는 루스벨트가 이디스 워튼(Edith Wharton)이 쓴 소설에서 막 걸어 나온 듯한 인물이라면, 해리 트루먼은 싱클레어 루이스(Sinclair Lewis)의 소설에서 만날 수 있는 인물이라고 덧붙였다.[5]

트루먼의 개인적인 면모는 사람들에게 거의 알려지지 않았다. 1944년 선거에서 부통령으로 출마했을 때 트루먼을 지지했던 사람들도 그를 모르기는 마찬가지였다. 사실 그때 사람들이 트루먼을 지지했던 건 당시 부통령이었던 헨리 월리스(Henry Wallace)를 비롯해 다른 후보들을 싫어했던 탓이 컸다. 남부 출신의 편집자 조너선 대니얼(Jonathan Daniel)은 당시 지지자들이 "자기들이 원하는 것이 뭔지는 알면서 정작 자기들이 지지하는 대상이 어떤 사람인지는 몰랐다."라고 지적했다.[6] 트루먼은 미국이 배출한 대통령 중에서 일반 서민들의 진정한 표상이라 할 수 있을 것이다. 「캔자스 시티 스타(Kansan City Star)」 편집장이자 공화당 실세 그룹 중 하나였던 로이 로버츠(Roy Roberts)는 트루먼의 집권 초기에 이렇게 말했다. "그를 대통령으로 뽑은 것이 민주주의가 실제로 운영 가능한지 실험해본 것이라면 참으로 무모하기 짝이 없는 짓이다."[7] 그의 말처럼 민주주의 제도는 트루먼 집권 당시에 시험 과정을 거쳤다. 사실 트루먼은 평범한 집안 출신으로 일생을 서민으로 살았기 때문에 그들이 무슨 생각을 하는지, 무엇을 필요로 하며 어떤 걱정거리를 안고 사는지 누구보다 잘 알았다. 이는 정치인에게 더할 나위 없이 귀중한 자산이었다.

어느 날 갑자기 대통령직에 올라앉은 트루먼은 초기에 백악관을 '크고 하얀 감옥'이라 부르며 직책이 주는 편치 않은 마음을 친구들에게 자주 호소했다. 1948년 선거에서 트루먼은 드와이트 아이젠하워가 민주당에 합류하기만 하면 전적으로 밀어줄 의사가 있는 것처럼 보였다. 그러나 차츰 마음을 바꿨다. 대통령직에 오른 후 그의 개인 생활은 완전히 달라졌다. 가족과의 관계도 소원해졌다. 아내 베스와 딸 마거릿이 항상 옆에 있어주기를 바랐지만 그들은 언제고 다시 인디펜던스로 돌아갈 것만 같았다. 그래도 트루먼은 한 번도 힘든 업무에서 뒷걸음치거나 달아나려 하지 않았다. 그가 대통령직에 앉아 있는 것을 탐탁지 않게 여기는 사람이 많아질수록 오히려 자기가 백악관을 지킬 때 미국이 더 강대해질 거라는 믿음을 키워나갔다. 자신의 정책을 보증하는 유일한 방법이 1948년 선거 출마라면 기꺼이 그렇게 할 의향도 있었다. 선거에 출마하는 게 그리 큰 희생은 아니었다. 확실히 트루먼은 일종의 싸움닭 기질을 갖고 있었다. 그는 절대 결투에서 물러나는 법이 없었다. 국민들도 서서히 그의 끈질긴 근성을 파악하고 그 점을 높이 평가했다.

이제는 가장 냉혹한 정적이 된 공화당원 대다수도 트루먼과 같은 소도시 출신이었다. 그러나 트루먼은 그들보다 훨씬 더 굴곡진 인생을 살았고 그들이 절대적으로 신봉하는 소도시의 진리도 쉽사리 받아들이지 않고 경계했다. 이 당시 사람들은 경제적 이해관계를 기준으로 투표했다. 그 결과 뉴딜 정책에 힘입은 민주당이 경제적 이권을 손에 쥐고 있었다. 8천여 명이 사는 소도시의 경우 공장 노동자 수가 약 천여 명에 달했고 이들은 대부분 민주당원이었다. 공화당을 지지하는 사람들은 공장 소유주나 관리자 계급, 은행가, 변호사, 의사 등 소수에 불과했다. 전반적으로 미국인들의 생활수준은 예전에 비해 많이 향상되었다. 그들은 공화당이 암시하는 것처럼 자기들의 경제 수준이 높아진 것이 사회주의 정책 덕분이라고 생각하지 않았다. 공화당이 집권하면 경제가 더 나아질 거라고 생각하는 노동자는 거의 없었다. 당시 민주당 당가 가사에는 "노동자들은 매일 일터로 간다/ 새로 산 자동차를 몰고 출근길에 오른다/ 이들에게서 그것마저 앗아가지 않기를"이라는 표현이 있었다. 민주당 연합은 블루칼라 노동자와 유럽에서 밀어닥친 엄청난 숫자의 이민 가정 자녀들과 흑인들, 그리고 남부 연합 백인 정치인들로 구성되었다. 1960년대 중반부터 그들을 서서히 분열시키기 시작한 문화적 쟁점들은 아직까지는 별 주목을 받지 못했다. 새로 구성된 노동조합들은 여전히 막강한 영향력을 과시했고 최근 높아진 경제적 지위에 대단히 흡족해했다.

1948년 대선을 준비하면서 트루먼은 경제를 기본 토대로 하던 정치의 양상이 많이 달라졌다는 사실을 인정하지 않았다. 재정적인 문제에서는 엄격하게 보수적인 성향을 고집했고 임기 초반 3년간은 세금을 늘리지 않으려고 최대한 노력했다. 뿐만 아니라 공화당이 전 국민에게 공개적으로 설명하는 정책과 실제로 의회에서 보수파 지도층이 지지하는 정책 간의 차이를 이용하는 법도 본능적으로 파악했다. 공화당 상원의원들은 기본적으로 일반 도시 거주민들과는 다소 괴리감이 있었지만 주요 도시 근교에서 꾸준히 세력을 확대했다. 이들은 트루먼이 제시하는 주택, 교육, 의료 정책 등을 묵살하고 자기들의 의견을 관철시키려고 목소리를 높였다. 트루먼은 바로 이런 공화당 내의 모순과 불화를 정확히 공략했다. 그래서 1948년에 대통령 후보로 지명되자 의회를 소집하여 공화당 의원들이 선거 당시 지지했던 법안들을 모두 통과시켰다. 지혜와 결단력이 필요한 사건이었다. 당연히 공화당 의원들은 의회 소집을 달가워하지 않았고, 스타일즈 브리지스 상원의원은 트루먼을 "성미 급한 오자크 출신의 아이아스(그리스 신화에 나오는 트로이 전쟁 때의 영웅-옮긴이)"라고 불렀다.[8]

1948년 선거 운동이 시작되었을 때만 해도 트루먼에게는 희망이 없어 보였다. 대도시에 기반을 둔 정치 거물들은 모두 그를 반대했다. 드와이트 아이젠하워가 민주당 경선에 전혀 관심이 없다는 소식을 듣자 뉴저지 주 저지시티 시장 프랭크 헤이그(Frank Hague)는 "트루먼, 해리 트루먼. 이런, 맙소사!" 하고 탄식했다.[9] 모든 것이 그에게 불리했다. 정치인으로든 한 사람의 인간으로든 사람들에게 트루먼은 그저 전임자가 남겨둔 거대한 공간에 움츠리고 있는 것처럼 보였다. 민주당이 너무 오래 집권했다는 인상도 지울 수 없었다. 거기다 피치 못할 몇 가지 스캔들이 터져 나왔다. 믿었던 절친한 친구 몇 사람이 공직에서 자기 배를 채운 게 문제였다. 트루먼을 개인적으로 공격하는 스캔들은 아니었지만 어쩔 수 없이 펜더개스트 세력을 연상시켰다. 아이젠하워는 출마 의사가 없음을 분명하게 밝혔다. 지지자들 역시 아이젠하워에게 뚜렷한 정책이 없다는 걸 알고 있었다. 그런데도 작고한 프랭클린 루스벨트의 아들 중 가장 급진적인 지미 루스벨트(Jimmy Roosevelt)가 이끄는 민주당 자유주의 진영은 아이젠하워를 출마시키려고 갖은 애를 썼다. 아무도 트루먼이 민주당 후보가 되는 걸 원치 않는 것 같았다. 아칸소 주 벤 레이니(Ben Laney) 주지사는 "우리는 미주리 출신의 힘없는 노새를 앞세워 대선을 치를 마음이 없다."라고 단호하게 못 박았다.[10]

1948년 선거는 아무도 예상치 못했던 결과를 낳았다. 뿐만 아니라 다섯 번 연속으로 고배를 마신 공화당에 씻을 수 없는 치욕을 안겨준 운명의 순간이었다. 미국에서 가장 영향력 있는 출판업자의 부인 클레어 부스 루스(Clare Boothe Luce)는 여름이 끝나기도 전에 가을에 맞을 승리를 자축하는 공화당 전당 대회에서 트루먼을 두고 "가망 없는 얼간이"라고 말한 바 있다. 식견이 있고 노련한 정치인들은 하나같이 내키지 않았지만 사람들의 존경을 한 몸에 받는 토머스 듀이에게 패했음을 일찌감치 인정했다. 선거 운동 초반에 공화당 지도층은 이미 승리가 판가름 난 것이나 다름없는데 여론 조사에 돈을 쓸 필요가 뭐가 있느냐는 태도를 보였다. 9월 초에는 여론 조사원 엘모 로퍼(Elmo Roper) 역시 결과가 이미 정해져 있기 때문에 여론 조사를 중단한다고 발표했다. "토머스 듀이는 이미 당선된 것이나 다름없었다. 그런 상황에서 박빙의 승부가 벌어지는 운동 경기를 중계하는 아나운서처럼 행동하는 건 바보스럽고 무의미한 짓이라는 생각이 들었다."[11] 이런 상황은 듀이에게도 상당한 영향을 끼쳤다. 한 공화당원이 뉴욕 펄링에 있는 농장을 방문했을 때 듀이는 로퍼가 한 말을 들려주며 이렇게 말했다. "이제 내가 할 일은 현 판세를 뒤엎을 사람이 나타나지 않기를 바라는 것뿐이죠."[12] 따라서 당시 공화당 선거 유세는 세기 중반 공화당의 승리가 무엇을 의미하는지 확실히 보여주기보다는 실수하는 일이 없도록 주의를 기울이는 쪽에 방점이 찍혔다. 민주당이 유례없는 분열을 겪고 있긴 했지만 공화당의 그런 태도 역시 끔찍한 실수였다. 민주당은 크게 세 세력으로 분열되었다. 헨리 월리스가 이끄는 민주당 자유주의자들이 탈당했고, 딕시크랫(Dixiecrat: 미국 남부의 민주당 탈당파)으로 알려진 남부 민주당은 사우스캐롤라이나 주 스트럼 서먼드(Strom Thurmond) 주지사를 대통령 후보로 내세웠다. 누구 하나 트루먼에게 눈길을 주지 않았다. 한 정당이 실타래 풀리듯 흐트러지는 과정은 참으로 드라마틱했고 상황을 더 어렵게 만들었다. 1948년 2월 워싱턴에서 열린 제퍼슨-잭슨 데이(Jefferson-Jackson Day) 만찬에서 사우스캐롤라이나 주 올린 존스톤(Olin Johnstone) 상원의원은 준비위원회에 속해 있던 부인을 통해 연단 바로 앞에 놓인 커다란 테이블을 따로 잡아두었다. 기금 모금 만찬에서는 아무런 차별 없이 자유롭게 자리를 잡을 수 있었다. 때문에 존스톤 일당은 아무도 오지 않을 게 확실한 그 자리를 계속 비워둠으로써 현직 대통령에게 고의적인 모욕을 안겨줬다. 한 관계자는 "그 테이블을 비워두는 데 1,100달러가 들었다."라고 말했다.[13]

가을 대선을 앞두고 트루먼을 가장 힘들게 했던 것은 무려 16년 동안 여당 자리를 지켜온 민주당이 완전히 빈털터리가 되었지만 아무도 재정위원장을 맡으려 하지 않는 현실이었다. 이는 민주당이 승리할 확률이 거의 없다는 걸 다시 한 번 상기시켜주었다. 1948년 9월 1일 선거 운동이 시작되기 2주 전에 트루먼은 선거 자금 문제를 의논하기 위해 정치력과 자금력을 두루 갖춘 80명의 주요 인사를 백악관으로 불렀다. 그런데 그들 중 50명만 얼굴을 내밀었다. 트루먼은 재정위원회를 맡을 지원자가 있는지 물었지만 아무도 나서지 않았다. 다음 날 트루먼은 루이스 존슨을 불러서 재정위원장을 맡으라고 강력히 권했고, 그는 트루먼의 제안을 받아들였다. 존슨은 전형적인 정치인으로, 타고난 수완가이자 자신의 정치적 능력과 잠재력에 대한 자신감으로 똘똘 뭉친 인물이었다. 자신의 잠재력이 무한하다고 믿었기 때문에 조금이라도 비집고 들어갈 틈이 생기면 권력을 향해 돌진했다. 트루먼의 임기가 끝나면 다음 대권에 도전할 생각도 하고 있었다. 존슨의 정치 경력은 미국재향군인회에서 시작되었다. 그는 이 모임에서 고위 간부를 역임하며 외교정책에도 적잖은 영향력을 발휘했다. 그해 여름에 민주당 전국위원회에서 일했던 진 커니(Jean Kearney)는 이렇게 말했다. "존슨은 도박꾼이었다. 아주 냉혹하고 계산적인 방식으로 선거 자금 모금에 착수했다. 트루먼에게도 승산이 있다고 생각했으며, 만약 그렇게만 되면 워싱턴 변호사이자 전국적으로 유명한 인물로 자신의 입지가 강화될 거라고 생각했다."[14]

당시 트루먼은 명망이 낮아 사람들의 이목을 끌지 못했고 민주당은 돈이 없어 심각한 자금난에 허덕였다. 이때 존슨이 나타나 10만 달러짜리 수표에 서명함으로서 민주당은 가까스로 위기를 모면했고 9월 17일로 예정되어 있던 전국 유세를 계획대로 진행할 수 있었다. 트루먼은 원래 펜실베이니아 주를 마지막 유세 지역으로 생각했지만 훨씬 더 많은 지역을 돌며 선거 운동을 펼칠 수 있었다. 존슨이 두 달 만에 200만 달러 이상을 모으는 기염을 토했던 것이다. 이리하여 존슨은 민주당의 든든한 버팀목으로 자리매김했다. 선거가 끝난 후 트루먼은 존슨에게 진심으로 고마움을 느꼈고 제임스 포레스탈이 사직하자 존슨을 국방장관에 앉혔다.[15]

1948년 선거 운동을 시작할 무렵 자금 부족 문제는 민주당의 이념적인 분열보다 더 큰 문제였다. 민주당을 탈당한 좌파들은 월리스를 후보로 세워 선거 운동에 뛰어들었다. 덕분에 트루먼은 극좌파 성향이 강하다는 비판을 피할 수 있었다. 스트럼 서먼드를 지지하는 딕시크랫은 남부 네 개 주에서만 승리를 거뒀고 선거인단도 39명밖에 확보하지 못했다. 그해에 트루먼이 가장 잘한 일은 자기 자신과 국민들에 대한 믿음을 저버리지 않은 것이었다. 그는 솔직하고 단순한 선거 표어를 내걸고 열심히 유세를 펼쳤다. 경제 문제가 여전히 핵심 사안이었다. 선거 유세에 나서기 전 앨번 바클리(Alben Barkley) 부통령은 "나가서 일망타진하고 오십시오."라고 말했다. 그러자 트루먼은 "그렇게 하겠네. 아주 뜨거운 맛을 보여주지." 하고 응수했다. 어떤 경로를 통해서였는지 몰라도 뜨거운 맛을 보여주겠다는 트루먼의 말이 대중 사이에 퍼져 금세 인기를 얻었다. 트루먼은 가는 곳마다 "해리, 뜨거운 맛을 보여줘요."라고 소리치는 사람들을 만났다.[16] 트루먼이 그 말에 호응하는 몸짓을 보이면 사람들은 열광적으로 트루먼의 이름을 외쳤다. 루스벨트가 될 수는 없었지만 트루먼은 자기에게 딱 어울리는 배역을 찾아냈다. 작고 왜소한 패배자였지만 물러서지 않고 덩치 큰 거물들과 맞붙어 싸웠다. 일부러 그런 이미지를 내세운 건 아니었지만 트루먼에게 비교적 잘 어울릴 뿐 아니라 시대의 정서에도 맞아떨어졌다.

트루먼 자신 외에 모든 사람이 트루먼은 이제 끝났다고 생각했다. 1948년 선거 운동 중에는 지난 3년 반 동안 할 수 없었던 새로운 방식으로 국민들에게 다가갔다. 그는 기차가 기적 소리를 내며 정거장에 머물 때마다 즉흥 연설을 펼쳤다. 역사상 유례없는 이 광경을 직접 보기 위해 수십만의 군중이 역사(驛舍)로 몰렸다. 이를 통해 트루먼은 사람들의 뇌리에 너무나 편안하고 믿을만한 사람으로 박혔다. 민주당 상원의원이자 백악관 대변인이었던 샘 레이번(Sam Rayburn)은 이렇게 말했다. "트루먼은 기차 마지막 칸에 자리를 잡고 사람들에게 아주 효과적으로 유세를 펼쳤다. 그도 평범한 서민이었으니 가능한 일이었다. 그는 사람들을 보고 웃는 게 아니라 그들과 함께 웃으며 공감대를 형성했다."[17]

불굴의 의지로 고전적인 유세 방식을 밀고 나간 덕분에 유권자들에게 아주 가까이 다가갈 수 있었고 이는 여론을 조성하는 언론뿐 아니라 공화당 고위 인사들, 그리고 그를 반대했던 많은 민주당원들의 시선을 사로잡았다. 공화당원들은 1946년에 실시한 중간선거에서처럼 트루먼이 경쟁 상대가 못 된다고 생각했다. 그러나 형편없는 듀이의 선거 유세가 트루먼을 도와주었다. 애리조나 출신 공화당 위원으로 활동하던 클래런스 버딩턴 켈런드(Clarence Buddington Kelland)는 "듀이는 시종일관 독선적이고 교만하고 거드름 피우는 태도로 선거 유세를 망쳤다."라고 증언했다.[18] 그는 마치 자기가 현직 대통령이고 트루먼이 대권에 도전한 신출내기이며 민주당이 야당인 것처럼 행동했다. 연설은 굉장히 지루하고 판에 박힌 이야기로 가득했다. 허버트 브라우넬(Herbert Brownell) 같은 측근들은 듀이의 부인을 비판했다. 그녀는 듀이가 최대한 대통령감으로 보이게끔 정치의 기본 특성을 무시하고 당파심을 드러내는 공격을 하지 않기를 바랐다. 그게 사실이라면 듀이의 이미지 형성에 부인이 결정적인 역할을 한 것은 이번이 처음이 아니었을 것이다. 한편에서는 듀이가 트레이드마크인 콧수염을 깎아야 한다고 계속 주장했다. 강인한 이미지의 지역 변호사라면 콧수염이 큰 도움이 되겠지만 차갑고 까다로운 인상을 줄 우려가 있어 대통령 후보의 이미지에는 어울리지 않는다고 생각했다. 여러 해가 지난 후에 브라우넬은 "작은 얼굴에 비해 콧수염이 너무 크고 많았다."라고 말하면서 한숨을 내쉬었다.[19] 하지만 부인은 그의 콧수염을 좋아했고 듀이는 끝내 콧수염을 깎지 않았다.

사실 듀이는 굉장히 뛰어난 실력가로 6년간 뉴욕 주지사로 일하며 대통령직에 오를 준비를 착실히 했다. 세 번 연속 뉴욕 주지사에 당선된 것은 루스벨트의 행보와 비슷한 면이 많았다. 대통령 후보로 지명되었을 때 마흔여섯 살이었던 그는 20세기에 태어난 젊은 세대에 속했다. 뉴욕의 조직적인 범죄 활동을 끝까지 추적해 청렴한 검사라는 별명도 얻었다. 아마 얼음처럼 쌀쌀맞은 모습은 배심원들 앞에서 큰 점수를 얻었을 것이다. 그러나 직관적이고 따스한 인간미가 요구되는 대통령 후보에게는 오히려 마이너스로 작용했다. 평소 독설가로 알려진 앨리스 루스벨트 롱워스(Alice Roosevelt Longworth)는 듀이가 "웨딩 케이크에 장식된 신랑 인형" 같았다고 비꼬았다. 그를 오래 지켜본 다른 측근 역시 "정말 차가운 이미지 그 자체였다. 2월의 고드름처럼 차가웠다."라고 회상했다. 그는 많은 공화당원들과 함께 선거 유세를 다닐 때도 종종 혼자 점심을 먹겠다고 고집을 피웠다. 한번은 사진작가가 "주지사님, 웃으세요."라고 말하자 무뚝뚝한 얼굴로 "웃고 있잖소." 하고 응수했다.[20]

듀이의 문제는 단지 개인적인 스타일의 문제만이 아니었다. 공화당 안에 더 심각한 문제가 도사리고 있었다. 고립주의자들에게 듀이는 공화당의 나쁜 면을 적나라하게 보여주는 살아 있는 증거였다. 로버트 매코믹 대령이 발행하던 「시카고 트리뷴」은 국제주의를 표방하는 데다 1944년 선거에서 실패한 경험이 있다는 이유로 듀이를 탐탁지 않게 여겼다. 그래서 계속 부정적인 기사를 실었다. 듀이가 '민주주의의 전복'이라는 문제를 선거의 화두로 이용했더라면 많은 사람의 이목을 끌었을 수도 있었을 텐데 그렇게 하지도 않았다. 한번은 오리건 주에서 해럴드 스타센과 토론하다 아주 결정적인 순간에 공산당을 불법화하는 데 반대한다는 의사를 표명했다. 그 말은 곧 법과 질서를 존중하는 그가 보기에 공산당 불법화는 공산당을 지하로 내몰아 음성화하는데 도움이 될 뿐이라는 뜻이었다. 공화당 지도층은 위험이 다가오고 있음을 직감했다. 그리고 경제 문제에 관해서는 자기들이 불리하다는 걸 알고 워싱턴에서 활동하는 공산주의자들 문제를 이용하라고 압력을 가했다. 뉴햄프셔의 우익 출판업자 윌리엄 러브(William Loeb)와 그의 오른팔이자 공화당 선거 운동 책임자였던 스타일즈 브리지스 상원의원 역시 트루먼과 민주당을 상대로 공산주의자의 정부 전복 문제를 끄집어내라고 설득했다. 그러나 듀이의 선거 운동을 돕던 휴 스콧(Hugh Scott)은 듀이가 그들의 말을 주의 깊게 들은 다음 "단숨에 무시해버렸다."라고 전했다. 공산주의에 온건한 입장을 취한다고 비난하는 것은 미국 대통령을 모욕하는 거라고 생각했던 것이다. 그는 스타일즈 브리지스 상원의원에게 "침대 밑이나 몰래 살피는 짓"은 하지 않겠다고 잘라 말했다.[21]

듀이의 선거 유세는 유난히 무미건조했다. 트루먼이 엄청난 숫자의 지지자를 확보하는 동안 그는 비관적인 내용에 인간미라고는 조금도 찾아볼 수 없는 연설만 반복했다. 켄터키 주 루이빌에 기반을 둔 「쿠리어 저널(Courier Journal)」은 듀이의 선거 운동을 "딱 네 문장으로 설명할 수 있다."라고 보도했다. "농업이 중요하다. 미국은 어업 자원이 풍부하다. 해방이 없으면 자유도 없다. 미래가 바로 눈앞에 있다." 그런데도 사람들은 여전히 듀이가 당선될 거라고 확신했다. 당시에는 텔레비전이 보급되지 않아서 신문사가 여론을 장악했다. 그런데 이들은 서로 같은 의견을 베껴서 보도하는 데 급급해 바로 코앞에서 벌어지는 상황을 제대로 직시하지 못했다. 실은 이들 신문사 때문에 트루먼의 당선이 온 나라를 깜짝 놀라게 하는 대사건이 된 것이다. 일례로 9월 중순에 유력 일간지 「뉴욕 해럴드 트리뷴」 칼럼니스트로 활동하던 조지프 올솝(Joseph Alsop)이 두 가지 사건을 목격했다. 하나는 트루먼이 아이오와 주에 모인 75,000여 명의 관중 앞에서 날카롭고 정곡을 찌르는 연설을 하는 모습이었다. 다른 하나는 비슷한 시기에 듀이가 드레이크 대학에서 겨우 8,000명의 관중 앞에 서서 연설하고 아이오와 주에서도 많은 지지를 얻지 못하는 모습이었다. 유세 현장의 분위기에 예민한 기자라면 이런 대조적인 모습에서 판세 변화를 읽어냈을 것이다. 그러나 아쉽게도 올솝은 아무것도 눈치 채지 못하고 이런 기사를 썼다. "아이오와 주에서 두 후보가 각기 다른 날 대조적인 선거 유세를 펼쳤는데 한 가지 아쉬운 점이 있었다. 트루먼은 누가 봐도 진부한 이야기만 늘어놓았고 사람들은 그의 연설에 전혀 반응을 보이지 않았다. 하지만 듀이의 연설은 그야말로 장관을 이루었다. 마지막에 큰 박수갈채를 이끌어낼 정도로 설득력 있는 언변을 선보였다. 그의 연설에는 자신감이 넘쳤다. 두 후보의 유세는 도저히 비교할 수 없을 정도였다. 사람들은 분명히 고집 센 노동자 출신의 대통령이 딱하다는 생각을 했을 것이다."[22]

10월 중순이 되자 「뉴스위크(Newsweek)」는 전국에 흩어져 있는 50여 명의 정치 평론가들을 대상으로 여론 조사를 실시했다. 다들 하나같이 존 듀이가 당선될 거라고 입을 모았다. 트루먼과 함께하던 사람들도 어느 정도 예상은 했다. 하지만 막상 "50여 명의 정치 평론가, 듀이의 당선을 확신하다!"라는 기사를 보자 실망하는 기색을 감추지 못했다. 그러나 트루먼은 전혀 개의치 않았다. "재수 없는 사람들이군. 괜찮아. 저 사람들이 하는 말은 항상 틀리기만 하니까. 이봐, 그런 것에 신경 쓰지 말고 우리 할 일이나 열심히 하자고."[23] 선거 바로 전날까지도 언론은 듀이의 당선을 확실시하는 분위기였다. 「맨체스터 가디언(Manchester Guardian)」의 앨리스터 쿡은 선거전을 다룬 마지막 기사 헤드라인을 "해리 트루먼이 선거에서 실패한 이유 분석"으로 정했다. 당시 영향력 있는 단체였던 키플링거(Kiplinger)에서 발행한 뉴스레터에서는 "듀이 대통령이 앞으로 할 일"이라는 주제를 다루었다.

트루먼은 비교적 쉽게 선거를 승리로 이끌었다. 듀이가 2,190만 표를 얻은 데 반해 트루먼은 무려 2,410만 표를 얻었다. 선거인단 수에서는 28개 주에서 303표를 얻음으로써 16개 주에서 189표를 얻은 듀이를 가볍게 눌렀다. 월리스 쪽으로 표가 나뉘지 않았더라면 듀이의 고향인 뉴욕에서도 트루먼이 승리했을지 모른다. 1948년 선거 결과는 미국 정치 역사상 가장 큰 이변으로 기록되었다. 당선에 성공한 트루먼은 "듀이가 트루먼을 이기다!"라는 기사가 실린 「시카고 트리뷴」을 사진기자들 앞에 보란 듯이 치켜들고 승리를 자축했다. 그 덕분에 코미디언들은 다양한 풍자 소재를 얻었다. 재기발랄한 풍자 코미디의 대가 그루초 막스(Groucho Marx)는 "이제 공화당원이 백악관에 진출할 수 있는 유일한 길은 마거릿 트루먼 여사와 결혼하는 것뿐"이라고 말했다.

공화당으로서는 그야말로 최악의 상황이었다. 루스벨트는 이미 죽고 없지만 민주당은 그토록 경멸하던 구멍가게 출신의 보잘것없는 후보자를 앞세워 승승장구하고 있었다. 거기다 민주당은 상원에서 9석을 추가했다. 그러나 이같은 기적적인 승리를 거둔 민주당도 적잖은 대가를 치러야 했다. 그동안 외교정책 분야에서 탄탄한 기반을 닦아온 공화당에 비해 외교정책에 영향을 끼치는 충성심과 보안 문제까지 어느 하나 믿을 만한 게 없었다. 때가 되면 민주당은 한계에 부딪힐 게 분명했다.

트루먼의 반대 세력들은 그가 정말로 실력 있는 정치가라는 사실을 오랫동안 깨닫지 못했다. 트루먼은 특유의 수완을 발휘해 전통적으로 민주당이 우세하던 핵심 지역뿐 아니라 공화당이 기득권을 누리던 주요 농장 지역까지 침투했다. 사실 트루먼이 백악관을 떠날 때까지도 그의 진정한 능력을 알아보지 못한 사람이 꽤 많았다. 로버트 태프트는 트루먼이 선거에서 이긴 이유를 이렇게 설명했다. "사람들이 그에 대해 뭐라고 말하는지는 중요하지 않다. 거칠어 보이고 제멋대로 행동하는 정치인을 백악관에 들어앉히는 것은 도저히 상식적으로 이해할 수 없는 일이니까."[24] 월터 리프먼(Walter Lippmann)이라는 유명한 정치 평론가는 트루먼이 진정한 뉴딜 정책 집행자로서의 신념은 부족하지만 빠른 상황 판단으로 루스벨트를 지지하는 세력들의 정치적 연파를 유지하는 데 성공했다고 생각했다. 공화당 보수파들은 승리를 너무 확신한 나머지 트루먼에게 승산이 있으리라는 생각은 꿈에도 하지 않았다. [당시 1948년 선거를 다룬 책 중에서 가장 잘 알려진 책은 『승리의 좁은 문을 벗어나며(Out of the Jaws of Victory)』였다.] 선거가 끝나자 이들은 듀이와 공화당 자유주의자들에게 패배의 책임을 물었다. 하지만 당시 분위기상 공화당 보수파가 지지하던 로버트 태프트가 출마했더라면 트루먼과의 표 차이는 더 많이 벌어졌을 것이다.

돌아보면 트루먼의 승리가 공화당에 미친 막대한 영향을 부인할 수 없다. 공화당은 새로운 이슈를 절박하게 찾아야 했다. 중국 국민당의 몰락 그리고 더 큰 차원에서는 민주당이 지배하는 정부의 반국가적 행위가 큰 이슈로 떠올랐다. 만약 듀이가 당선되었다면 거의 10년 가까이 이어진 초당적 협력이 변함없이 지속되었을지, 국무부 고위 관료들에게 반역 혐의를 두고 비난하던 목소리가 더 거세졌을지는 여전히 흥미로운 문제로 남아 있다. 만약 듀이가 대통령이 되고 존 포스터 덜레스가 국무장관이 되었다면 어땠을까? 공화당이 트루먼과 애치슨을 죽기 살기로 몰아붙인 것처럼 듀이나 덜레스에게도 그렇게 잔인하게 대했을까? 매카시즘으로 알려진 추한 동족상잔의 고발은 피할 수 있었을까? 아니면 위스콘신 주 상원의원이 제시한 의혹이 더 큰 파장을 몰고 왔을까? 듀이가 대통령이었다면, 맥아더는 자신의 정치적 영향력이 트루먼을 상대할 때보다 듀이를 상대할 때 더 적다는 것을 알아차리고 상급자들을 더 많이 존중하는 태도로 행동했을까?

민주당이 트루먼의 당선을 기뻐하고 있을 때 공화당이 다섯 차례 연속 대통령 선거에 패하면서 어떤 타격을 받았는지 깊이 생각해본 사람은 거의 없었을 것이다. 공화당 주요 인사들은 그저 이제 영원히 야당에서 벗어나지 못할 운명에 처한 것은 아닌지 걱정할 뿐이었다. 이번 패배를 기점으로 공화당은 더 이상 호탕한 이미지를 내세울 수 없었다. 블루칼라 노동자들이 이끄는 미국 경제와 정치적 영향력이 강력한 노동조합의 등장으로 공화당은 장애물에 부딪혔다. 이런 상황에서 더 이상 민주당에 의한 국가 전복 문제를 가볍게만 다룰 수 없었다. 충성심과 반공산주의는 공화당의 새로운 행동강령이 되었다. 공화당은 중국 장제스 정부의 몰락에 힘입어 이 문제를 결정적인 이슈로 삼았다. 국내 정치는 훨씬 더 통렬해져서 공화당은 민주당이 20여 년간 국가 반역 행위를 했다는 비난을 할 참이었다.

제15장
중국 문제와 미국 정치

주요 국내 정치 이슈로 중국 문제가 떠오르고 외교정책에 대한 견해가 첨예하게 대립했다. 좌파들의 눈에는 민주당이 지나치게 강경한 입장을 고수하는 것으로 보였지만 민주당은 공화당으로부터 온건한 태도를 빌미로 비난을 받았다. 사정이 이렇다 보니 한국전쟁 또한 약소국에서 벌어지는 작은 분쟁 정도로 따로 떼어 생각할 수 없었다. 한국전쟁은 이제 한국만의 문제가 아니라 어느 때보다도 내분이 심해진 미국 정치에서 중국이라는 거대한 나라와 밀접하게 연결된 문제였다. 따라서 트루먼 정부는 한국전쟁에 지원군을 파견하면서 중국 공산군의 개입 여부를 예의주시해야만 했다. 그러나 대통령과 정부 핵심 인사들의 걱정과 달리 막상 전장에 투입된 고위 장교들과 맥아더는 오히려 그런 상황이 벌어지기를 내심 기대했다. 결국 트루먼은 양손이 묶여 이러지도 저러지도 못하는 상황에서 울며 겨자 먹기로 한국전쟁이라는 까다로운 전쟁에 발을 들여놓았다. 아무도 인정하고 싶지 않았지만 당시 트루먼이 정치적으로 수세에 몰려 있었기 때문에 누가 전장에서 총지휘권을 행사할지에 대해서는 선택의 여지가 없었다.

루이스 존슨이 애치슨과 맞서면서 정부 내에서도 중국 문제에 대한 의견 충돌이 끊이지 않았다. 사실 두 사람의 충돌은 존슨이 내각에 들어온 직후 대만 지원 문제에서부터 불거지기 시작했다. 인민군이 38선을 넘은 지 나흘이 지나서 공화당 상원 원내 대표 로버트 태프트 상원의원은 의회의 허락을 구하지 않고 참전 문제를 결정한 것을 두고 트루먼을 강하게 비판했다. 그는 또한 인민군의 침공은 애치슨의 대(對)아시아 외교정책에 심각한 문제가 있음을 드러내는 것으로, 미국 정부가 지나치게 온건한 태도로 공산 진영을 방관하고 있다고 말했다. 그는 이어서 애치슨의 사임을 촉구했다. 태프트가 연설을 마친 지 몇 시간 안 되어 에버렐 해리먼이 존슨의 사무실을 방문했다. 해리먼은 유럽에 파견되었다가 애치슨을 도우라는 트루먼의 명령을 받고 귀국했다. 그리고 때마침 존슨에게 한 통의 전화가 걸려왔다. 로버트 태프트 의원이었다. 존슨은 조금 전에 있었던 연설(특히 애치슨이 사임해야 한다는 주장)을 극찬하며 "그 말을 들으니 속이 다 시원하더군요."라고 말했다. 해리먼은 마치 적군 총사령관의 대화를 엿들은 사람처럼 깜짝 놀랐다. 게다가 자기와 손을 잡으면 국무장관이 되게 해주겠다는 존슨의 제안에 더 큰 충격을 받았다. 해리먼은 그 사실을 즉시 트루먼에게 보고했고 존슨은 국방장관으로서 파멸의 길을 걷게 되었다.

장제스 정권을 지지하는 데다 트루먼 정부의 핵심 정책에 적대적이었기 때문에 존슨을 처리하는 일은 그리 어렵지 않았다. 고위 장교들은 자신의 정치적 역량을 과신하는 존슨을 몹시 경멸했다. 하지만 한국전쟁의 총책임자인 맥아더는 별개의 문제였다. 맥아더의 행동은 트루먼 정부와 당장이라도 한판 벌일 태세였다. 맥아더와 트루먼은 한국전쟁이 발발하기 전부터 팽팽한 신경전을 벌였다. 1948년 12월 말, 중국 우선주의자로 정부의 대(對)중국 정책을 맹렬히 비난하던 헨리 루스가 편집장으로 있던 「라이프」지를 통해 한차례 공방이 벌어졌다. 「라이프」는 "맥아더 장군, 중국의 몰락으로 미국이 위기에 처했다고 발언"이라는 제목을 대문짝만 하게 실었다. 그리고 맥아더가 16쪽짜리 전보를 합참에게 보내 "역사적으로 기록할 만한 엄청난 충격을 안겨주었다."라고 보도했다. 기사는 당시 소련이 일본을 제압할 만한 위치에 올라섰다고 주장했다. "주변 상황이 이렇게 급박하게 돌아가고 중국 본토는 벌써 공산주의자들의 손에 넘어갔는데 미국 정부는 어쩌면 이렇게 태평할 수 있는가?" 이 기사는 미국 전역에 큰 반향을 불러일으켰다. 아시아에 있는 정부의 고위 군관료들이 가장 민감한 정치적 이슈에 대해 정부의 불구대천의 원수들과 협력하는 모양새였다. 이런 여론이 앞날에 좋은 작용을 할 리 없었다.[1]

다음 싸움은 1950년 7월 말에 벌어졌다. 대만 문제를 놓고 행정부 내에서 심각한 내부 갈등이 빚어진 것이다. 한국전쟁 발발을 평계로 합참은 중국 해안 지대에서 약 136킬로미터 떨어진 대만의 가치를 새롭게 평가했다. 대규모 중국 공산군이 대만을 공격하려고 중국 본토에 4천여 대의 함선을 준비 중이라는 정보가 입수되었다. 나중에 허위 정보로 드러났지만 당시에는 이 때문에 큰 술렁임이 있었다. 애치슨은 한국전쟁 파병이 장제스 정권과 연결되어 전쟁을 크게 만들지 않을까 노심초사했다. 그는 여전히 장제스를 지원하는 것을 한사코 반대했다. 어떤 식으로든 대만을 돕는 것은 곧 장제스를 밀어주는 것이며, 이는 미국 외교정책을 스스로 망치는 행위라고 생각했다. 하지만 트루먼은 이미 자기 생각대로 주요 결정을 내리기 시작했다. 대만을 지켜내려면 어느 정도 병력이 필요한지 알아보도록 정찰팀을 파견하자고 제안했고 합참은 대통령의 제안을 곧바로 맥아더에게 전달했다. 맥아더는 자기가 직접 정찰팀을 이끌고 출동하기로 마음을 먹었다. 그러자 참모들은 긴장하는 기색을 감추지 못했다. 참모들은 정부에서 예비 정찰 활동에 대한 기본 규칙을 아직 검토 중이니 직접 나서는 것보다는 다른 사람을 보내는 게 좋겠다고 말했다. 맥아더가 직접 나서면 군사 지원이 어느 정도 필요한지 알아보는 수준이 아니라 국가 원수의 방문 같은 인상을 줄 우려가 있었기 때문이었다.

하지만 맥아더는 다른 사람들의 의견을 고려할 마음이나 정부의 결정에 따를 의사가 전혀 없었다. 그는 즉시 행동을 취했다. 정부에서 파견한 윌리엄 시볼드는 도쿄 사령부에 남겨두고 고위급 장교들을 대동하고 대만으로 떠났다. 맥아더 일행의 숫자가 너무 많아서 커다란 C-54기 두 대에 나눠 타야 했다. 대만으로 가는 길에 맥아더는 국방부에 무선 연락을 취했다. 그는 중공군이 침입하려 한다면 F-80을 앞세운 비행대대 3개를 파견하여 저지하겠다고 말했다. 무전을 받은 정부 관료들은 소스라치게 놀랐다. 특히 애치슨은 성미 급한 맥아더가 이미 비행대대를 대만으로 파견했으리라 짐작하고 큰 충격을 받았다. 비행대대 3개는 맥아더의 지휘권을 훨씬 넘어서는 규모였다. 애치슨은 머리끝까지 화가 치밀었다. 장제스 정권은 아니지만 대만을 감싸려고 나름 모략을 꾸미던 군 참모들도 이 사건을 계기로 여느 사령관처럼 맥아더를 통제하는 게 불가능하다는 사실을 새삼 깨달았다. 나중에 오마 브래들리는 그때를 회상하며, 차라리 트루먼이 맥아더에게 대만행을 미루라고 명령을 내렸더라면 좋았을 거라고 기록했다.

맥아더가 대만에 도착한 7월 29일에 이미 한국전쟁은 한 달 하고도 일주일째 이어지고 있는 상태였다. 맥아더가 방문하자 장제스 정권은 크게 들뜨기 시작했다. 그는 국가 원수 못지않은 융숭한 대접을 받았으며 장제스와 강력한 유대 관계를 형성했다. 맥아더는 장제스 부인의 손에 입을 맞추고 이전에 한 번도 만난 적 없는 장제스를 가리켜 '내 오랜 전우'라고 불렀다. 무엇보다 중요한 것은 맥아더의 방문이 마치 미국이 긴급하게 별도의 정책이라도 마련한 것 같은 인상을 남겼다는 점이다. 물론 미국 외교정책에는 아무런 변화가 없었다. 그러나 장제스 정권은 이 일을 계기로 대외적으로 아주 유리한 입장에 섰다. 그는 심지어 미국과 중국이 공동의 적에 맞설 '동일한 명분'을 갖게 되었다고 말하기까지 했다. 오마 브래들리에 따르면 "국민당의 선전으로 미국이 극동지역에서 벌어지고 있던 공산주의와의 대립 상황에서 장제스 정권과 군사적으로 아주 밀접한 동맹 관계를 맺거나 곧 맺을 거라는 기대를 불러일으켰다. 사람들은 장제스가 '중국 본토로 돌아갈 수 있도록' 미국이 그를 무장시킬 거라고 생각했다."[2]

당연히 트루먼과 애치슨은 맥아더의 행동에 화가 났다. 더글러스 맥아더가 주어진 지시를 따르는 데 만족하지 않고 항상 자기주장을 강하게 피력할 것이라는 사실이 분명해졌다. 그것이 대통령의 의사와 일치하든 그렇지 않든 먼저 행동으로 옮기고 볼 사람이었다. 사실 그 후로도 맥아더가 제멋대로 행동하는 일은 여러 번 반복되었다. 트루먼은 맥아더의 이번 대만 방문이 차이나 로비 활동을 장려하고 우파들의 지지를 높일 속셈이라고 보았다. 맥아더는 대통령이 아주 화가 많이 났고 대만 방문이 언론에 보도되면서 상황이 악화되었다는 소식을 들었다. 그러나 "예전에 태평양 지역에 대한 유화정책과 패배주의 정책을 널리 유포시킨 사람들이 또다시 악의적인 의도로 이번 대만 방문을 대중에게 왜곡시켜 보도했다."라고 말하여 트루먼의 화를 돋웠다.

정부는 이번 사태를 아주 심각하게 받아들였다. 즉시 도쿄 사령부에 대표 세 명을 파견했고 이런 문제가 더 이상 재발하지 않도록 조치를 취했다. 전쟁이 어떻게 전개되고 있으며 지휘 전선에는 문제가 없는지 파악하라는 임무를 띠고 도쿄에 세 사람이 파견되었다. 그중에는 매슈 리지웨이가 끼어 있었고, 이때 그는 월튼 워커에 대한 중간 평가를 내렸다. 하지만 문제가 생길 때마다 트루먼이 내세운 핵심 인물은 에버렐 해리먼이었다. 해리먼은 워싱턴 정부와 맥아더의 관계를 개선하고, 군수 물자나 병력이 더 필요한지 파악하고, 트루먼이 맥아더에게 보낸 두 가지 메시지를 전달하라는 임무를 받았다. 나중에 해리먼이 설명한 바에 따르면 그 두 가지 메시지란 이러했다. "대통령은 군대 지원과 관련하여 맥아더의 요구를 최대한 지원할 것이며, 맥아더의 섣부른 행동으로 미국이 중국 공산군과 전쟁을 치르는 상황에 처하는 걸 원치 않는다." 해리먼은 또한 맥아더가 장제스에게 어떤 약속을 했는지 알아낸 다음 더 이상 장제스와 연락을 주고받지 말라는 엄중한 경고를 전달해야 했다.[3] 하지만 해리먼은 도쿄 사령부로 향하는 길에 믿을 만한 정보통을 통해 맥아더로부터 듣게 될 말이 무엇인지 먼저 확인했다. 그것은 "공산주의자들이 중국에 뿌리를 내리고 아시아 전역으로 뻗어나가려 하고 있으며, 미국이 이에 맞서 싸우려 하지 않는다면 한국전쟁에 참전하는 것은 아무 소용이 없을 것"이라는 내용이었다.

결국 두 사람은 아무리 이야기해도 쌍방이 만족할 만한 결론에 도달할 수 없었다. 나중에 해리먼이 트루먼에게 보고한 바에 따르면 맥아더는 말로는 대통령이 지시한 대로 따르겠다고 했지만 태도는 전혀 진지하지 않았다. 해리먼은 맥아더가 '확신에 차서' 적극적으로 그 명령을 받아들이려 하지는 않았다고 말했다. 그저 군인으로서 상관의 지시에 복종하겠다는 식이었다. 사람들의 숨은 의도를 잘 파악하는 편이었던 해리먼에게 맥아더의 태도는 아주 불길한 느낌을 던져주었다. 해리먼이 도쿄에 도착하자마자 맥아더는 거침없는 반말로 인사를 건넸다. 그러자 해리먼도 맥아더에게 존칭을 쓰지 않고 더글러스라고 부르며 인사를 받았다. 맥아더 못지않은 권력을 누렸고 오랜 정치 경력을 가진 그가 맥아더의 거만한 태도에 주눅이 들 이유는 없었다.

맥아더는 어떤 식으로든 마오쩌둥이 이끄는 중국 정부와 타협하는 것은 모조리 유화정책이라고 생각하는 게 분명했다. 자기 생각에는 미국 정부가 장제스에게 너무 야박한 것 같다며 "그를 구박하는 일을 이제 그만둘 때가 되었다."라고 말했다.[4] 맥아더가 장제스의 군대를 높이 평가한 것은 아니었다(그 점에서 두 사람은 의견 불일치가 없었다). 그러나 전체적으로 워싱턴 정부의 대(對)중국 정책과는 정반대편에 서 있는 것만은 확실했다. 워싱턴 정부의 정치적 입장을 공격하는 발언도 서슴지 않았다. 해리먼은 워싱턴으로 돌아와서 트루먼에게 이렇게 보고했다. "이유가 뭔지 자세하게 설명하기는 어렵지만 대만이나 장제스에 대한 우리 정부의 정책을 맥아더가 순순히 따를 것 같지 않습니다. 대통령 각하의 입장을 이해하고 따르긴 하겠지만 전적으로 지지하지는 않는 것 같습니다. 맥아더는 우리 정부가 공산주의에 대항하는 사람은 누구든 적극적으로 도와줘야 한다는 이상한 생각을 하고 있습니다. 그러면서도 공산주의에 맞서는 장제스가 중국 본토에 있는 공산주의자들을 효과적으로 다루는 데 이바지할 거라고는 말하지 않더군요."[5]

8월 8일에 트루먼이 보낸 세 사람과 맥아더는 마지막 회의를 열었다. 그즈음 인민군이 낙동강방어선까지 밀고 내려오면서 전쟁은 최악의 상황으로 치닫고 있었다. 그런데도 맥아더는 마지막 회의에서 놀랄 만큼 낙관적인 태도로 일관했다. 그리고 한반도 서쪽 중앙부에 위치한 인천항에 비밀리에 상륙하는 작전을 내놓았다. 이는 맥아더가 전쟁 초기부터 생각해오던 블루하트 작전을 수정하고 확대한 것이었다. 맥아더는 인천상륙작전 날짜를 9월 15일로 고집했으나 성공 가능성이 거의 없어 보였다. 인민군이 국경을 넘어 남쪽으로 밀고 내려올 때부터 맥아더는 이 계획을 어떻게 실행할지 구상하고 있었다. 7월 초 참모회의에서도 공동 상륙 작전에 대해 좋은 의견이 있으면 내놓으라고 사람들을 독려했고 다양한 장소가 후보로 올랐다. 어떤 장교는 인민군 진지 바로 뒤에 있는 도시를 지목했고, 또 다른 사람은 미군 포병대가 장악하고 있는 지역에서 북쪽으로 10킬로미터 떨어진 곳이 좋겠다고 말했다. 에드워드 라우니(Edward Rowny)가 제안한 세 번째 제안이 가장 파격적이었다. 그는 동쪽 해안선을 따라 25킬로미터 올라간 곳을 지목했다. 하지만 맥아더는 "다들 소심하기 짝이 없군." 하고 일축하며 흑판에 'De Qui Objet?'라고 썼다. (로우니는 갑자기 불어가 나오자 혹시 '위대한 맥아더 장군의 대업적'이라는 말인가 하고 생각했다.) '목적이 무엇인가?'라는 뜻이었다. 그다음 맥아더는 서울에서 가장 가까운 항구인 인천에 동그라미를 쳤다. 이제껏 나온 장소 중에서 가장 북쪽에 치우쳐 있는 도시였다. 맥아더는 "합동 상륙 작전을 펼칠 곳은 바로 여기다. 그래야만 적군의 숨통을 제대로 끊어놓을 수 있지."라고 말했다. 젊은 장교들은 인천의 높은 조수가 적잖은 어려움을 안겨줄 것이며 적군이 몰래 숨어 있다가 공격해올지 모른다고 반박했다. 하지만 맥아더는 전혀 흔들리지 않고 "자네들의 두려움 따위로 나를 설득하려 하지 말게. 이건 오로지 의지와 용기의 문제일세."라고 응수했다. 그리고 구체적인 계획을 짜라고 지시했다.[6]

맥아더는 해리먼과 리지웨이에게 상륙 작전에 대한 강한 의지를 피력했다. 그 정도 작전을 수행하려면 평균 4개 사단 정도가 필요했다. 그러나 세계대전이 끝난 후 대부분의 군인이 제대하고 병력이 많이 부족하다는 점을 감안하여 2개 사단, 즉 제7보병사단과 해병 제1사단만 투입하겠다는 것이었다. 리지웨이는 인천상륙작전이 기본에 충실하며 실행 과정 또한 아주 기발하다고 적극적으로 지지했다. 이렇게 해서 리지웨이는 워싱턴 정부에서 인천상륙작전을 지지하는 첫 번째 인물이 되었다. 그는 한국의 겨울이 독일에 비할 수 없을 정도로 아주 춥기 때문에 여러 가지 어려움이 대두될 거라는 맥아더의 생각에도 적극적으로 동의했다. 계절 변화를 감안하더라도 인천상륙작전은 하루라도 빨리 실행하는 것이 더 유리하다는 게 맥아더의 주장이었다. 일단 겨울이 되면 너무 춥고 힘들기 때문에 전투로 인한 부상자보다 추위로 쓰러지는 사람들이 더 많을 거라고 주장했다.[7] 하지만 곧 맥아더는 11월 말에 여름 군복을 입은 제8군과 제10군단을 살인적인 혹한 속에서 압록강을 향해 북쪽으로 보내는데 주저하지 않았다. 해리먼과 리지웨이는 훗날에도 맥아더의 이러한 모순을 잊을 수 없었다. 두 사람은 맥아더는 당장 자신의 이익을 위해 반대되는 양면을 필요에 따라 열정적으로 주장할 수 있는 사람이라고 생각했다.

해리먼이 보기에 인천상륙작전의 기발함 때문에 맥아더의 민간인 상관들은 딜레마에 빠졌다. 맥아더는 두 개의 성격을 가진 사람이다. 그는 천재적이며 상상력이 풍부한 장군이다. 하지만 항상 상관의 의견에 반하는 주장을 하며 아슬아슬하게 항명의 경계선을 오가는 다루기 힘든 장교이기도 하다. 그는 가장 중요한 정보는 감춰두었다. 솔직하지 않은 사람, 다른 군인처럼 규범을 따르지 않는 사람, 항상 정치적 저의를 품고 있는 사람, 어떻게 해야 이런 사람에게서 장점만을 뽑아내어 활용할 수 있을까? 어떻게 이런 사람을 통제할 수 있을까? 그는 계속 한 팀이 되어 일하려 할까? 해리먼과 리지웨이는 이번 방문을 통해 맥아더의 문제점이 무엇인지 확실히 파악했다. 장제스와는 큰 소동을 빚고 있었으며 인천상륙작전이라는 기발한 계획을 내놓았다. 해리먼은 맥아더 때문에 민간 상급 관료들이 겪어야 할 딜레마를 논하면서 "정치적인 요소나 개인적인 약점은 잠시 제쳐두고 맥아더가 국가의 훌륭한 자산이라는 점을 높이 평가해야 할 것 같다."라고 말했다.[8] 하지만 아무리 긍정적인 방향으로 검토하려 해도 앞으로 여러 가지 문제가 속출할 거라는 조짐이 너무 많았다. 공산주의 세계에서 둘도 없는 친형제 같은 소련과 중국이 이례적으로 불편한 관계에 놓이게 된 것이 역사다. 도쿄 사령부와 워싱턴의 군 고위 관료 및 정계 인사들의 불편한 관계 역시 중소 관계 못지않게 가시돋힌 관계의 사례였다.

민간에서는 머지않아 맥아더가 또 다른 사건을 일으킬 거라고 예상했다. 이번에는 시간이 그리 오래 걸리지 않았다. 불과 3주도 지나지 않아 해외참전향군회 연설에서 사건이 터졌다. 해외참전향군회는 여타 재향 군인 조직처럼 온건파와는 거리가 먼 단체였다. 맥아더는 해외참전향군회 연례 모임에서 연설을 해달라는 요청을 받았다. 참석할 수 없으면 그가 대독할 연결문을 보내길 바랐다. 여기서도 그는 대만 이야기를 꺼내며 대만의 군사적 가치를 과소평가해서는 안 된다고 강조했다. 미국은 대만을 기점으로 "블라디보스토크에서 싱가포르에 이르는 아시아의 주요 항구를 장악하여 태평양 지역에서 발생하는 군사적 위협을 사전에 예방할 수 있다."라는 것이었다. 그렇게 민감한 문제를 공공연하게 다루는 것은 마치 적에게 군수 물자를 대주는 것이나 다름없는 짓이었다. 사실 대만이 미국에 군사적으로 아주 유리한 지역이라는 입장은 소련이 자국과 중국의 입장을 변호할 의도로 유엔에서 펼친 주장과 같았다. 미국 정부는 한국전쟁을 더 이상 확대하지 않으려고 이 주장을 강하게 부인하는 입장이었다. 그런데 맥아더 같은 영향력을 지닌 인물이 다음과 같은 주장을 펼쳐 워싱턴 정부를 아연실색하게 만들었다. "태평양 지역에 패배주의와 유화정책을 조장하는 세력들은 미국이 대만을 보호해주면 아시아 국가들과의 관계가 소원해질 거라는 어설픈 주장을 펼치고 있다. 이는 엉터리 같은 소리에 불과하다. …… 그런 주장을 하는 것은 기본적으로 아시아 지역을 전혀 이해하지 못하기 때문이다. 동양권 국가들은 예로부터 공격적이고 결단력이 강하며 역동적인 지도층을 존중하고 지지했다는 사실을 무시하고 있는 것이다." 맥아더가 트루먼을 지목하여 한 말은 아니었을지 몰라도, 애치슨으로서는 사람들 앞에서 뺨을 얻어맞은 것 같은 굴욕감을 느꼈다.

트루먼은 다시 한 번 격분했다. 맥아더의 연설 내용은 이미 라디오를 통해 일반 대중에게 전달되었지만 해외참전향군회 연례 모임은 아직 개최 전이었다. 트루먼은 주요 내각을 소집한 뒤 루이스 존슨을 불러 맥아더에게 연설을 취소하라는 명을 전달하라고 말했다. 하지만 루이스 존슨은 그 문제에 대해 맥아더와 같은 입장이었다. 대통령이 "내 말을 이해했는가?"라고 묻자 존슨은 "네, 알겠습니다."라고 대답했다. "그러면 가서 내 말을 전달하게. 이상." (사실 트루먼은 루이스 존슨이 그 사태에 어느 정도 연루되어 있다는 낌새를 채고 그에게도 적잖이 화가 난 상태였다.) 하지만 루이스 존슨은 맥아더에게 연설을 취소하라는 말을 전달할 마음이 전혀 없었다. 그는 그냥 자기 사무실로 돌아가버렸다. 그는 애치슨에게 전화를 걸어 트루먼의 생각을 조금이나마 유연하게 할 만한 방법을 몇 가지 제안했다. 맥아더가 자기 의견을 스스럼없이 드러낸 것처럼 다들 자기 생각을 자유롭게 이야기할 권리와 자유가 있다는 식이었다. 애치슨은 대통령이 직접 연설 취소 명령을 내렸다는 사실을 주지시켰다. 이 문제로 하루 종일 여러 사람 사이에 수십 통의 전화가 오갔지만 트루먼은 전혀 알지 못했다. 그날 오후 트루먼은 존슨에게 전화를 걸어 맥아더 장군의 연설 취소 명령을 다시 한 번 강조했다. "미국 대통령으로서 해외참전향군회에서 하기로 한 연설을 취소할 것을 명한다. 연설문 중에 대만과 관련된 여러 내용이 현 정부의 방침 및 유엔의 입장과 상충되기 때문이다."[9] 결국 대통령의 명령에 따라 연설 계획은 취소되었고, 맥아더는 아주 불만스러워했다. 일단 그 사건은 연설문이 대중에게 알려진 직후 황급히 취소되면서 일단락되는 것처럼 보였다. 그러나 사실은 그렇지 않았다. 나중에 두 사람은 다시 한 번 크게 부딪혔고 결국 트루먼이 맥아더를 해임했다. 그 후에도 트루먼은 연설문 사건이 발생했을 때 그를 바로 해임했어야 했다며 깊이 후회했다.

　루이스 존슨 역시 위기에 직면했다. 트루먼은 2주 정도의 시간을 주며 스스로 사임하라고 권했다. 대통령이 여러 차례 사직서에 서명할 것을 권하자 루이스 존슨은 눈물을 흘렸다. 트루먼의 자서전을 집필한 데이비드 맥컬러프에 따르면 그는 "트루먼이 임명한 사람들 중에서 최악의 인물"이었다.[10] 애치슨이 보기에도 존슨은 "제멋대로 구는 골칫덩어리"였다. 아주 짧은 기간 국방장관 자리에 있었는데도 대통령과 국무장관을 비롯한 대부분의 각료들과 군 장교들 등 거의 모든 사람들의 화를 돋웠다. 전쟁이 끝난 후에 정부 내 직위를 두고 팽팽한 신경전을 벌이던 군 장교들도 루이스 존슨에 대한 반감으로 똘똘 뭉쳐 있었다. 장교들에게 그는 민간 정치인을 생각할 때 떠올릴 수 있는 최악의 요소를 두루 갖춘 전형적인 인물이었다. 존슨은 장교들의 실력을 얕보거나 그들의 필요성에 대해 무시하는 태도를 취했다. 1949년 12월에는 한 고위 장교에게 편지를 썼다[로버트 하이닐(Robert Heinl)의 표현을 빌리자면 '특유의 술책'을 발휘했다]. "제독님, 해군은 현재 사양길을 걷고 있습니다. …… 미국은 더 이상 해군이나 해병대를 유지할 이유가 없습니다. 브래들리 장군은 공동 상륙 작전도 이제 옛말이 되었다고 하더군요. 앞으로는 그런 작전이 실행될 리 없습니다. 그러니 해병대가 없어도 무방할 것 같습니다. 그리고 공군은 이제 해군이 맡아온 역할을 모두 대신할 준비가 되어 있습니다. 그러니 해군도 이제 필요 없는 존재입니다."[11] 존슨은 이미 줄어들 대로 줄어든 육군의 규모도 더 줄이라고 강한 압박을 가했기 때문에 육군 장성들 사이에서도 증오의 대상이었다. 1950년 9월 한국전쟁이 발발한 지 석 달쯤 지났을 무렵 존슨이 해임되자 국방부 내에는 한동안 그를 두고 신랄한 농담이 유행했다. 합참이 마침내 존슨에게 무차별적인 군대 감축 요구를 취소해도 된다는 말을 전했다는 것이다. 사실인즉 한국전쟁에서 매일 셀 수 없이 많은 군인이 희생되느라 육군의 수가 이미 존슨이 요구했던 대로 줄어들었기 때문이었다. 존슨을 직접 대면해야 했던 사람들은 너 나 할 것 없이 모두 강한 적개심을 품었다. 오마 브래들리는 나중에 자신의 회고록에서 포레스탈에 대한 이야기를 하던 중에 "고의는 아니었겠지만 트루먼 대통령은 골칫거리 하나를 다른 골칫거리로 바꿔놓았다."라고 말했다.[12]

하지만 존슨이 해가 바뀌기 전에 해임될 거라는 사실도 맥아더의 연설이 취소된 사건에서 그다지 중요한 부분은 아니었다. 대통령과 맥아더의 관계는 급속도로 나빠졌다. 맥아더는 대통령 명령이라는 압박 때문에 어쩔 수 없이 한발 뒤로 물러섰다. 그러나 전혀 생각지 못했던 일인 데다 명령 하달 방식도 강압적이라서 아주 불쾌했다. 위계질서에 순응하지 않는 맥아더의 태도는 지난번 대만 방문 못지않게 백악관을 경악시켰다. 이로 인해 맥아더가 정부의 대(對)아시아 정책에 전반적으로 반대한다는 사실이 분명해졌다. 뿐만 아니라 현재 진행 중인 전쟁의 목적에 대해서도 정부와 다른 생각을 품고 있는 게 확실했다. 앞으로 큰 문제로 대두될 가능성이 짙었던 중국 문제에 관해서도 정부와 팽팽한 대결 구도를 만들 것 같았다. 이는 상당히 심각한 문제였다. 대통령과 국무장관은 가능한 한 모든 방법을 동원해 한국을 중국이라는 더 큰 골칫거리와 맥아더로부터 떼어내고 싶었다. 그러나 이 또한 어디까지나 맥아더가 두 나라를 연관 지을 생각이 없을 때나 가능한 일이었다. 그의 말을 돌이켜보면 한국과 중국 문제를 이어놓을 공산이 컸다. 어쩌면 맥아더는 매일 밤 무릎을 꿇고 중국이 이번 전쟁에 개입하게 해달라고 간절히 기도하고 있는지도 몰랐다. 사실 중국의 개입을 부정할 만한 증거는 하나도 없었다.

트루먼은 존슨의 후임자로 조지 마셜을 호출했다. 마셜은 업무차 긴 여행을 다녀오느라 매우 지친 상태였고 고희를 불과 몇 달 남겨두고 있었다. 사실 그는 적십자 대표로 퇴직했으면 하는 바람을 가지고 있었다. 그의 마음을 안 트루먼은 여전히 충성스럽게 국가를 섬길 마음이 있는지 알아보고자 그를 정찰팀에 합류시켰다. 마셜은 국방장관의 임무를 고맙게 받아들였다. 하지만 반년 정도 장관직을 지키다가 국가 안보 문제에서는 그보다 훨씬 더 실력을 인정받던 로버트 러벳(Robert Lovett)에게 자리를 내주었다. 마셜은 트루먼에게 정말 자기가 존슨의 후임이 되기를 원하는지 재차 확인했다. 그리고 한 번 더 재고할 필요가 있다고 말했다. "저를 임명하시면 각하와 각하의 정권에 적잖은 영향이 있을지 모릅니다. 사람들은 아직도 장제스 정권의 몰락을 두고 저를 비난하고 있습니다. 저는 대통령에게 도움을 드리고 싶지 해를 끼치는 사람이 되고 싶지 않습니다." 후에 트루먼은 아내에게 이런 편지를 보냈다. "그런 말을 할 만한 사람이 또 있을까? 내 생각에는 없는 것 같소. 마셜이야말로 쓸 만한 인재가 아니겠소?"[13]

한국전쟁이 시작되기 얼마 전 중국도 장제스 정권이 몰락하고 마오쩌둥 정권이 탄생하는 진통을 겪었다. 사실 이 문제 때문에 트루먼 정부는 상당한 타격을 입었다. 1948년에 공화당이 문젯거리가 생겨나게 해달라고 기도했다면 그들의 기도는 1949년에 응답되었다고 볼 수 있다. 장제스 정권의 몰락으로 미국과 중국은 불과 세 달 만에 무시무시한 충돌을 겪었다. 1948년 11월 3일 대통령 선거를 하루 앞둔 순간에 중국 국민당 군대가 만주 최대 도시인 선양에서 퇴각하기 시작했다. 처음으로 주요 도시를 마오쩌둥이 이끄는 공산주의자들의 손에 내어준 것이었다. (주요 도시를 넘겨준다는 것은 주변 지역 전체에 대한 통제권을 빼앗기는 것이나 다름없었다.) 이로써 장제스 정권은 급속도로 몰락하기 시작했다. 국민당 군대는 상상할 수 없을 만큼 비참한 패배를 맛보았으며 매번 다음에 이어질 패배는 더 짧은 시간 안에 더 큰 규모로 일어날 거라는 암시를 남겼다. 때로는 사단 전체가 항복하고 공산군에 편입되는 일도 있었다. 어떤 사단들은 수백만 달러에 상당하는 미제 군 장비를 공산주의자들의 손에 고스란히 넘겨주고 홀연히 사라졌다.

그때부터 혁명을 성공으로 이끈 새 중국 정권과 미국은 서로 원치 않는 군사적 대립을 향해 나아갔다. 이들은 상대방의 정치적·군사적 충동에는 전혀 눈길을 주지도 귀를 기울이지도 않았다. 마치 느리고 어색한 몸짓으로 춤을 추다 서로 발을 밟는 실수를 연발하는 댄스 파트너 같았다. 장제스 정권이 몰락할 거라는 징후는 지난 4년 동안 수도 없이 많았다. 하지만 장제스를 옹호하던 수많은 저널리스트들이 퍼뜨린 선전에 가려지는 바람에 결국 그의 몰락은 수많은 미국인에게 청천벽력 같은 소식이 되었다. 미국인들은 제2차 세계대전이 벌어지는 와중에 중국에 강한 애착을 가졌다. 근면성실하고 순종적이며 신뢰할 만한 선량한 아시아인들이 사는 곳이라고 생각했는데 어느 날 갑자기 공산주의 국가로 변해버린 셈이었다. (이에 반해 일본은 교활하고 비열하여 도저히 믿을 수 없는 사악한 아시아인들의 나라라고 생각했다.) 제2차 세계대전 중에 미국과 동맹 관계를 유지했던 러시아가 하루아침에 대립된 이념을 표방하는 적으로 돌아선 충격도 채 가시지 않았다. 그런데 이제 또다시 중국이 소련의 동맹국을 표방하면서 미국인들에게 깊은 배신감을 안겨준 것이다.

수많은 미국인들은 중국의 변화에 배신감을 느꼈을 뿐 아니라 불길한 예감을 함께 받았다. 중국이라는 광활한 영토와 어마어마한 인구가 그에 못지않은 국토와 인구를 자랑하는 소련과 손을 잡는다고 생각하면 두려움이 엄습했다. 세상은 얼마나 위험하게 변해갈 것인가. 세계 지도에 소련과 중국이 같은 붉은색으로 표시된다면 굉장히 암울해 보일 게 분명했다. 민주당이 다섯 번 연속으로 선거에서 승리하자 공화당은 새로운 이슈를 찾아야 할 필요성이 절실했다. 또한 중국의 변화가 수많은 미국인에게 끼치는 여파가 상당했기 때문에 중국 정권의 몰락으로 인한 정치적 파장은 그야말로 충격 그 자체였다. 이로 인해 미국은 오직 하나의 질문에 집중했다. "누가 중국을 잃어버렸나?" 이 질문의 저변에는 중국이 미국 것이었다는 역사적 오해에 기인하는 더 근본적인 가정이 자리하고 있었다. 하지만 중국은 원래 미국 것이 아니었으니, 잃을 수도 없었다. 장제스 정권의 몰락은 6년간의 전쟁 동안 세계의 권력 구조가 급격하게 바뀌면서 치러야 했던 비용의 일부였다. 물론 이 사실을 이해하는 사람도 알고 싶어 했던 사람도 거의 없었다. 제2차 세계대전은 연합국과 추축국(樞軸國) 간에 벌어진 파멸적인 전투 이상을 의미했다. 제1차 세계대전과 마찬가지로 전 세계 곳곳에 치명적인 흔적을 남겼다.

수많은 미국인이 생각했던 중국은 사실 허상에 불과했다. 그들은 중국이라는 나라에 근면성실하고 고분고분한 농부들만 살고 있다고 생각했다. 물론 그 농부들은 미국과 미국인을 좋아하고 미국처럼 되는 걸 인생 최대의 목표로 삼아야 했다. 평범하지만 기독교에 대한 열망이 강하고, 미국인의 눈에 이교도의 삶으로 비친 예전 생활 방식을 청산하려는 마음이 가득한 사람들이라는 생각도 지배적이었다. 과거의 방식을 청산하는 데 여러 가지 어려움이 있지만 말이다. 그래서 미국인들은 중국인에게 미국의 문명을 전수하는 것이 자신들의 중요한 임무라고 결론지었다. 자기들이 중국과 중국인을 잘 알고 있으며 중국에 깊은 애정이 있다고 착각한 것이다. 네브래스카 주 상원의원으로 트루먼 정부의 대(對)중국 정책을 신랄하게 비난했던 케네스 훼리 의원은 "신이 도움의 손길을 베푼다면 우리는 상하이를 조금씩 발전시켜 마침내 캔자스시티처럼 변모시킬 수 있을 것"이라고 말하기까지 했다. (그는 인도차이나라는 말조차 몰라서 프랑스령 3개 국가를 가리켜 '인디고차이나'라고 말한 바 있다.)[14]

장제스는 대만으로 건너가 자기 색깔을 살려 새로운 중국 정부를 수립했다. 하지만 이미 오래전부터 중국의 모습은 두 가지로 나뉘어 있었다. 하나는 미국인들이 제멋대로 상상한 중국이었고 또 다른 하나는 현실 속의 중국, 즉 오랜 정치 분열을 겪으며 위기에 처한 중국이었다. 상상 속의 중국은 용감하고 성실하며 미국인을 좋아하는 기독교인 장제스가 이끄는 멋진 동맹국이었다. 장제스의 어여쁜 아내 쑹메이링(宋美齡) 역시 중국 최고 부자에다 영향력이 막강한 집안 출신으로 기독교인이었다. 그녀는 미국식 교육을 받고 국민당 정부 공공 홍보 활동을 직접 주도했다. 두 사람은 항상 미국과 같은 목표를 품고 같은 가치관을 좇는 것처럼 보였다. 하지만 현실 속의 중국은 전혀 다른 모습을 하고 있었다. 어찌 보면 제2차 세계대전 이후 중국의 모습은 서글프기 짝이 없을 정도였다. 백여 년이 넘는 기간에 미국인 선교사 수천 명이 중국으로 건너가서 선교 활동을 펼쳤다. 그러나 그 피땀의 결과는 미국 정치에 더 많은 영향을 줄 뿐 정작 그토록 변화시키려 했던 중국의 정치와 문화에는 아무런 영향을 끼치지 못했다. 중국 주재 미국 대사관은 전쟁 당시 중국의 수도 역할을 했던 충칭에 있었다. 거기서 근무했던 존 멜비(John Melby)의 말에 의하면 미국 어린이 수백만 명은 주일학교에 갈 때마다 꼬박꼬박 헌금을 했다. 가난해서 제대로 씻지도 못하고 지내는 중국 아이들을 돕기 위해서였다. 그들의 부모는 본국으로 휴가를 간 선교사들이 자신들의 교회에서 중국과 중국인의 경이로움 뿐만 아니라 주님의 일을 하고자 원하는 사람들 앞에 놓인 거대한 도전에 대해 이야기하는 것을 들었다.[15]

그러나 중국의 실상은 여전히 봉건제를 탈피하지 못한 채 정치적으로나 지리적으로 심하게 분열되어 있었다. 잔혹하기로 유명한 군벌에게도 학대를 받았으며 국민 대부분이 가난에 찌들어 살았다. 당시 중국은 불안정하고 부패한 정부와 약탈을 일삼는 외국의 침략 그리고 셀 수 없이 많은 군벌들, 자기 잇속만 차리는 독재자들의 숫자가 두 배로 늘어나서 약 5억 명에 달하는 인구를 괴롭히고 있었다. 정부 및 기타 권력층의 움직임은 정치라기보다는 약탈에 가까웠다. 상업적 이득을 노리는 서방 국가들에게 그처럼 힘없고 쉽게 휘둘리는 중국은 손쉬운 먹잇감이었다. 내전이 계속되면서 중국에서는 과거에 그랬듯이 또 한 번 새롭게 나라를 정비하려는 움직임이 일었다. 이번에는 정말로 하나로 단결하여 훨씬 더 강력한 국가의 모습을 갖추어 약탈자 같은 서방 국가들이나 국내 군벌들의 배만 채우는 상황을 벗어나려 했다. 중국은 20여 년이 넘도록 거의 하루도 조용할 날 없이 내전을 겪어야 했고, 일제 치하에서는 많은 사람이 탄압을 받았다. 제2차 세계대전이 끝났을 때 결함 많은 장제스의 리더십이 중국을 짓누르고 있었다. 그는 심각한 외부와 내부 문제가 낳은 엄청난 도전들을 감당할 만한 능력이 부족했다. 역사적 관점에서 볼 때 중국은 정복당하기 딱 좋은 상황이었다.

물론 장제스 정권이 곧 몰락할 거라는 경고는 수도 없이 많았다. 제2차 세계대전이 끝나기 전 중국이 일본과의 세력 다툼으로 큰 위기를 겪을 때에도 장제스의 국민당과 마오쩌둥의 공산당 사이에 이미 팽팽한 대립 구도가 형성되어 있었다. 전쟁터에서 들려오는 소식이나 일반 시민들과 군 관료들, 그리고 장제스를 추앙하는 사람들이나 그를 몹시 싫어하는 사람들의 말을 들어보면 한결같았다. 즉 정치적으로나 군사적으로 공산당이 훨씬 더 안정적인 지휘 체계를 확보하고 있으며 정치적 정통성 또한 훨씬 강하다는 견해가 지배적이었다. 제2차 세계대전이 끝날 무렵 장제스가 정권을 끝까지 사수할 거라고 생각한 사람은 거의 없었다. 제임스 포레스탈을 위시하여 국방부의 일부 인사들은 장제스에게는 더 이상 승산이 없으므로 일본을 지원하는 데 힘을 기울여야 한다고 생각했다. 자칫하면 공산주의에 맞서는 북아시아의 요새로 일본을 활용하지 못할 위험이 있었기 때문이다. 마침내 제2차 세계대전이 종결되고 국공내전에 불이 붙자 전장에서 들려오는 소식은 더 암울해졌다. 예상대로 장제스 정부는 갈수록 힘을 잃었고 정치적 입지가 좁아질수록 억압적인 정책을 강화해나갔다. 클레어 셔놀트(Claire Chennault) 소장은 세계대전 중에 미국의 플라잉타이거 공군부대 지휘관으로 중국에서 전투를 했는데, 언제까지고 장제스를 절대적으로 지지하고 옹호하겠다는 의지가 강한 사람이었다. 그러나 그런 셔놀트까지도 전쟁이 끝날 무렵 루스벨트 대통령에게 편지를 써서 이렇게 보고했다. 예상대로 내전이 벌어진다면 "러시아의 도움을 받든 안 받든 옌안 정권(공산주의자)이 최후 승자가 될 확률이 매우 높습니다."[16]

1937년 7월은 제2차 세계대전을 시작하기에 최적기였을지 모른다. 이때 중국군은 중국과 만주의 국경에 인접한 베이징 근처에서 일본 침략군과 충돌했다. 그 전투는 수많은 미국인의 기대와는 달리 장제스가 이끄는 국민당 중심의 현대 준(準)민주주의 정부가 등장할 가능성을 완전히 꺾어놓았다. 그러나 미국은 장제스의 국민당이 자신들의 꿈을 실현해줄 가능성이 아주 희박해진 후에도 오랫동안 그 기대를 버리지 않았다. 일본의 침략과 그칠 줄 모르는 내전이 겹치면서 중국은 사회, 경제, 정치 체제에서 강력하고 획기적인 변화를 겪었다. 이는 외부의 도전이 아니라 오직 무력에 의해 발생한 대격변이었다. 동시에 이것은 하나의 중국이 또 하나의 중국을 상대로 던진 도전장과 같았다. 규범과 증오의 앙금 속에서 아직 모습을 드러내지는 않았지만 잠재적으로 치명적인 영향력을 가진 중국과 나약하고 잔인하고 야만적인 또 하나의 중국 말이다. 권위보다는 압제를 내세우며 가혹한 정책과 탐욕으로 무장한 최악의 정권 덕에 이득을 본 사람들은 부와 권력을 앞세워 법의 제약을 받지 않는 극소수층이었다. 이들은 종종 무장 군대를 앞세워 보호막을 형성했다. 그밖의 사람들은 극심한 빈곤층으로 희망이라고는 전혀 찾아볼 수 없는 하루하루를 그저 견뎌야만 했다. 그들의 인생은 인간에 대한 멸시와 불공평 등 여러 가지 혹독한 시련으로 가득했다. 어쩌면 중국은 일본 군대가 만주에 첫발을 내딛기 전에도 이미 신음 속에 죽어가고 있었는지도 모른다.

　장제스 정부의 등장은 기존 질서 체계의 분열을 반영할 뿐이었다. 그는 미국의 유명한 출판사들이 묘사한 것과는 달리 지도자가 될 만한 재목이 아니었다. 그저 상충하는 여러 이권들이 부딪히면서 서로 깎이고 치이는 가운데 우연히 살아남은 행운아일 뿐이었다. 중국의 몰락에 대한 책을 저술한 바버라 터크먼(Barbara Tuchman)은 서구인들 사이에서 장제스의 별명이 '빌리켄'이었다고 얘기한 바 있다. 절대 넘어뜨릴 수 없는 행운의 인형을 가리키는 말이었다. 그는 1927년에 서방 국가들과 맺고 있는 정치적 연줄이나 재력 면에서 중국 최고의 영향력을 자랑하던 쏭가왕조의 딸과 결혼함으로써 정치적 입지를 다졌다. 막내딸이었던 쏭메이링은 기독교인으로 웨슬리 대학에서 공부했으며 정치적인 야망이 대단한 여자였다. 사실 장제스는 중화민국 초대 임시총통을 지낸 쑨원(孫文)의 미망인이자 쏭메이링의 언니 쏭칭링(宋慶齡)에게 청혼했지만 거절당하기도 했다. 그는 쏭메이링을 얻기 위해 전처를 버리고 기꺼이 기독교로 개종했다. 얼마 지나지 않아 그는 미국인들 사이에서 총통으로 알려졌다. 쏭메이링 역시 총통의 아내로 그 지위를 인정받았다. 결혼을 통해 장제스는 미국과의 정치적 유대 관계를 공고히 했다. 또한 기독교인이면서 자본주의자인 현대적인 민족주의자가 중국의 총통이 되길 바랐던 일부 사람들의 가장 비현실적인 바람을 흡족케 했다.

그 당시 장제스에게 가장 큰 투쟁 대상은 공산주의자들이었다. 그들은 권위에 도전만하면 되고 다스릴 필요는 없다는 행운을 누렸다. 이들은 중국 내에 만연해 있던 불만 세력과 삶의 무게에 짓눌려 삐뚤어진 사람들을 공략하여 제 편으로 만들었다. 장제스나 그와 연결된 군벌들과는 비교가 되지 않을 정도로 능숙하게 소작농들의 마음을 앗아간 것이다. 장제스가 총통이 되고 나서 중국은 서서히 내적인 몰락을 경험했다. 사회 개혁을 주도하도록 미국이 엄청난 규모의 군사 지원과 함께 언론, 정치, 외교 등 각 분야에 걸쳐 지원을 아끼지 않았으나 모두 허사였다. 수많은 정치 및 군사 고문이 주어진 자원을 더 지혜롭게 활용하라고 여러 차례 다그쳤지만 소용이 없었다. 장제스의 관심사는 이들과 완전히 달랐다. 그들은 장제스가 담대한 미국인 스타일의 정치가가 되기를 바랐다. 하지만 장제스는 하루라도 더 버티는 게 급선무였다. 미국은 부패한 군사 및 정치 구조를 하루빨리 없애려 했지만 사실 그것이 장제스가 정계에 남을 수 있는 유일한 기반이었다. 장제스의 유일한 재주가 있다면 그것은 바로 미국 고문들의 말에 전적으로 공감하는 인상을 주는 거였다. 이를 통해 장제스는 미국의 의심을 사거나 비위를 거스르는 일이 없었다. 하지만 일단 돌아서면 전혀 개의치 않고 원래 하던 방식 그대로 밀고 나갔다.

1949년에 마침내 장제스 정부가 몰락했다. 그리 놀랄 일도 아니었다. 제2차 세계대전 동안 장제스 정부를 지원하라는 임무를 받은 군사 자문 조지프 스틸웰은 이미 1942년부터 장제스가 정말 쓸모없는 정치인이며 일본군을 저지하기 위해 국민당 군대를 제대로 활용할 의지조차 없는 사람이라는 걸 꿰뚫고 있었다. 중국에 와 있던 미군 사이에 유행했던 장제스의 별명이 성병환자였던 것만 봐도 그가 얼마나 많은 무시와 비난을 받았는지 짐작할 수 있다. 스틸웰은 중국에서 세 번이나 근무한 경험이 있었다. 그래서 중국어는 유창했지만 장제스처럼 형편없는 정치인이나 그가 이끄는 무력한 정권을 다루기에 적합한 인물은 아니었다. 외교적 자질이 뛰어나지 못하고 신경질적이며 직선적인 데다 심술궂었고 다른 사람을 비방하기를 좋아했다. 스틸웰의 자서전을 집필한 바버라 터크먼은 여러 가지 면에서 그를 좋아했지만 "종종 무례하게 굴거나 신랄한 말을 서슴지 않았고 아주 야비하게 굴거나 일부러 매너 없이 행동할 때도 많았다."라고 진술했다. 그는 곰곰이 생각해보지 않고 무뚝뚝하고 거침없이 자기 생각을 표현하는 사람이었다. 그래서 장제스에 대한 개인적인 생각을 아무에게나 서슴없이 이야기하곤 했다. 이미 오래전부터 장제스가 미국 외교정책에 전혀 도움이 안 되는 인물이라고 생각했다. 한번은 「타임」에서 나온 젊은 기자 시어도어 화이트(Theodore White)가 전쟁에서 중국이 패한 이유를 물었다. 그는 "우리가 장제스라는 무식하고 교양 없는 소작농 출신의 멍청이와 손을 잡고 있어서 그렇습니다."라고 대답했다.[17] 그러나 실상은 미국의 기대에 맞춰 하룻밤 사이에 중국을 개조하려 하지만 사실상 그런 변화가 불가능하기 때문에 고배를 마셨다고 봐야 옳았다. 미국이 누구를 앞세웠든지 그런 상황에서는 실패할 수밖에 없었고 그 결과에 미국이 실망할 것도 뻔했다. 결국 미국이 애초부터 불가능한 꿈을 이루려 했기 때문에 모든 일이 수포로 돌아가버린 셈이다.

스틸웰은 장제스 정부가 군사 동맹을 맺을 상대가 못 된다는 점을 누차 보고했다. 일본군을 견제하는 데 필요한 그 어떤 일도 진행할 의지가 없으며 그럴 만한 능력도 없다는 것이었다. 하지만 미국 정부는 전혀 귀를 기울이지 않았다. 육군 참모총장이자 스틸웰의 개인적인 후원자였던 조지 마셜이 관심을 보이긴 했지만 여전히 주도권은 장제스의 손에 남아 있었다. 무엇보다 핵심 인물인 루스벨트 대통령이 장제스를 두둔했기 때문이다. 루스벨트는 장제스 정부를 너무 구석으로 몰았다가 그가 일본과 손을 잡는 사태가 벌어질까 두려워했다. 그렇게 되면 오랫동안 중국에 발목이 묶여 있던 일본군이 다른 아시아 지역으로 뻗어나갈 우려가 있었다. 전쟁이 생각보다 오래 이어지자 서구 동맹국에 대한 장제스 정부의 태도는 달라졌다. 특히 미국인에 대한 냉소적인 태도를 적나라하게 드러내기 시작했다. 바버라 터크먼은 장제스의 정책을 이렇게 설명했다. "이이제이(以夷制夷)는 중국의 전통적인 치세 방략 중 하나였으며, 지금은 그 어느 때보다도 이 방법이 현명할 뿐만 아니라 정당한 것처럼 보였다. 한 외국인 거주민에 따르면, 중국 여론은 중국이 5년 간의 저항 후 수세적인 자세를 취하는 것이 정당하다고 여겼을 뿐만 아니라 '중국은 싸우는 동안 동맹국들로부터 최대한 이익을 얻어낼 권리가 있다'고 생각했다. 이 거주민은 이러한 권리를 행사하는 것이 중국 국민당 정부의 주요 전쟁 노력이 되었다고 언급했다."[18]

서류상으로 장제스의 군대는 더할 나위 없이 막강했다. 하지만 실제 모습은 초라하고 부끄럽기 짝이 없었다. 300여 개의 사단을 보유하고 있다고 큰소리쳤지만 스틸웰이 보기에 그중 40퍼센트는 서류상으로만 존재하는 군인이었다. 그들은 지휘관들의 주머니만 두둑하게 만들 뿐 전투력은 전혀 없는 존재였다. 제2차 세계대전 초반에 중국은 자국의 방어 차원에서 싸우는 거라고 주장했다. 그러나 미국에서 온 군사 고문단은 중국의 징병 과정을 보고 경악하지 않을 수 없었다. 스틸웰의 참모였던 데이브 배럿(Dave Barrett) 대령은 이렇게 말했다. "중국군의 무기는 엉성하기 짝이 없었다. 의료체계도, 후송 수단도 없고 병든 군사들 천지다. 신병 대부분은 포박 상태로 끌려왔다. 돈이나 사회적 지위가 낮은 불쌍한 사람들만 징집을 피하지 못하고 끌려왔기 때문에 강제 징병은 사회적으로 큰 파장을 불러왔다."[19] 이처럼 장제스의 군대는 수가 많고 규모만 컸지 무능하기 짝이 없었다. 하지만 그런 사람들이 군에 온 것은 결코 우연이 아니었다. 장제스는 이미 부패하고 낡은 봉건 제도에서 그런 식으로 영향력을 행사했고 중국 사회는 이미 반쯤 무너져 내린 상태였다. 만약 그가 미국인들이 원하는 대로 행동했다면 그는 권력을 더 빨리 빼앗겼을 것이다. 이 사실을 그는 미국인들보다 더 잘 알고 있었다.

이렇게 스틸웰과 장제스의 갈등은 오랜 시간 지속되면서 골이 깊어졌지만 한 가지 결과를 산출해냈다. 1944년 가을, 스틸웰은 사람들이 듣기 싫어하는 현실적인 이야기를 서슴없이 내뱉다 기피 인물로 지목되었다. 그는 결국 미국 본토로 불려갔다. 루스벨트는 장제스가 미국 외교정책에 전혀 도움이 안 되는 부서진 도구에 불과하지만 두 가지 이유에서 끝까지 그와 손을 잡고 가기로 결심했다. 첫 번째 이유는 장제스 때문에 중국이 세계대전에 참전했다는 것이고, 두 번째 이유는 루스벨트 나름대로 중국에 장밋빛 기대를 품고 있었던 탓이다. 조금 허황되긴 하지만 말이다. 다시 말해 루스벨트는 장제스가 언젠가는 기대에 부응하는 모습을 볼 수 있을 거라고 믿었다. 계속해서 그를 대국의 지도자로 대접해주고 세계 정상급 지도자들의 모임에 데리고 다니면서 유능한 총통으로 소개하면 가능한 일이라고 생각한 것이다.

스틸웰과의 정치적 대결이 결국 장제스의 승리로 끝났다고 치더라도 그에 대한 스틸웰의 예상은 전혀 빗나가지 않았다. 오히려 그가 말했던 것이 하나도 빠짐없이 현실로 나타났다. 날이 갈수록 속도를 더하는 장제스 정부의 몰락은 어떤 외부 세력의 개입 여부와 상관없이, 아무리 부유하고 강력한 나라라도 겪게되는 심오한 역사적 과정이었다." 사실 전쟁 중에 활동한 사령관들 중에서 조지 마셜만큼 다양하고 힘든 업무를 성공적으로 처리한 사람도 없다. 하지만 1945년 후반에 국민당과 공산당 사이에 벌어진 갈등 관계를 누그러뜨리라는 임명을 받고 중국에 파견되었을 때에는 완벽하게 실패하고 말았다. 본인도 그 사실을 잘 알고 있었다. 워낙 명민한 사람이라 어차피 양측 모두 자기 말을 듣지 않을 것이고 이들의 관계가 절대 화해할 수 없는 것임을 알고 있었다. 당시 마셜은 예순다섯 살로 군에서 제대한 지 얼마 되지 않았다. 체력이 많이 약해진 상태라 버지니아 주 리즈버그로 돌아가서 조용히 지내고 싶은 마음이 굴뚝같았다. 하지만 중국 사태를 보고 큰 충격을 받아 혹시라도 상황이 나아지지 않으면 미국 정치에 적잖은 파장이 미칠 것을 우려한 트루먼이 황급히 그를 불러들였다. "장군, 지금 중국으로 가주길 바라오." 이렇게 해서 1945년 크리스마스 직전에 극동지역 담당자였던 존 카터 빈센트가 중국으로 떠나는 마셜을 배웅했다. 비행기가 이륙하는 모습을 보며 빈센트는 열 살 난 아들에게 이렇게 말했다. "아들아, 이 세상에서 가장 용감하신 분이 저 비행기 안에 계신단다. 그분은 중국에 가서 그 나라의 통합을 위해 일하실 거야."[20]

임무가 제대로 풀리지 않으면서 마셜은 갑자기 확 늙어버렸다. 통역관이었던 존 멜비는 마셜이 굉장히 피곤하고 우울해 보이며 아무래도 어디가 아픈게 분명하다고 일기에 기록했다.[21] 마셜은 중국의 몰락과 미국 정치에 미칠 치명적인 영향을 미리 내다본 사람처럼 행동했다. 1946년 5월의 어느 날, 마셜은 우연히 드와이트 아이젠하워를 만났다. 역시 중국에 머물고 있던 아이젠하워는 마셜에게 국무장관 제임스 번스(James Byrnes)의 자리를 이어받을 의향이 있냐고 물었다. 하지만 이미 오랜 공직 생활로 지칠 대로 지친 마셜은 이렇게 대답했다. "이런, 말도 안 되네. 난 지금 이 자리에서 벗어날 수만 있다면 이 세상에 있는 어떤 직업도 기꺼이 받아들이고픈 심정이라네."[22] 마셜에게 맡겼던 임무가 실패했다는 소식을 듣고 스틸웰은 "도대체 뭘 기대한 거야? 그 양반이 기적이라도 행할 줄 알았나?" 하고 말했다. 마셜이 보기에 중국은 이미 회생 가능성이 희박했다. 무엇보다도 마셜은 일부 국민당원의 바람처럼 미국이 전투부대를 보내 장제스 정권을 무력으로 지켜주는 것만은 막아야겠다고 생각했다. 그는 1947년에 극동지역 책임자가 된 월턴 버터워스(Walton Butterworth)에게 이렇게 말했다. "버터워스, 자칫하면 미국 정부가 중국에 발목을 잡힐 위험이 있네. 지금 이 사태에 대응하려면 기본적으로 50만 명의 군대가 필요해. 하지만 그건 시작에 불과하지." 그는 잠시 말을 멈추더니 한마디 덧붙였다. "그들을 어떻게 중국에서 빼내오지?"[23]

제2차 세계대전이 끝날 무렵 중국의 상황이 어떤지 아는 사람은 누구나 권력 부패의 심각성을 피부로 느낄 정도였다. 하지만 속사정을 모르는 사람들은 그저 장제스를 부러워했다. 미국 정부의 고위 관료들은 장제스가 앞으로 얼마나 더 버틸 수 있을지 의심스러워했지만, 어쨌든 그는 새로 들어선 미국 정부로부터 지속적인 지원을 받았다. 그는 세계적으로 인정받는 지도자였다. 뛰어난 홍보 활동 덕분에 대부분의 미국인은 그를 위대하고 호감가는 아시아 지도자로 인식했다. 1945년 가을 무렵 장제스와 국민당 군대는 중국 내 주요 도시들과 비록 전쟁으로 폐허가 되긴 했지만 주요 기점이 되는 산업 기지들 그리고 중국 전체 인구의 4분의 3 이상을 장악하고 있었다. 당시 중국 인구는 4억 5천만 내지 5억 정도로 추산되었다. 공식적으로 그가 거느리고 있던 무장 군대는 250만 명이었으며 이들은 미국에서 지원받은 최신 무기를 갖추었다.

이에 비해 공산당은 절반에도 못 미치는 수준이었으며, 거의 대부분 가난에 찌들어 있던 중국 서북부 지역에 머물러 있었다. 하지만 일반인, 군 관계자 할 것 없이 국내외 여러 인사들은 하나같이 밖으로 보이는 중국 정부의 권력은 허상에 불과하다고 생각했다. 빠른 시일 안에 무너져 내릴 게 분명했다. 당시 중국 정부의 재정 상황은 어처구니가 없을 정도였다. 엄청난 돈이 중국으로 흘러들었지만 대부분 극소수의 사람들이 독차지했다. 누가 봐도 그런 호시절이 장기간 지속될 리 없었고, 따라서 그들은 가능한 한 많은 돈을 끌어 모으려고 분주하게 움직였다. 정부에 비판적인 사람들은 주요 관직에 있는 사람들이 앞날을 위해 엄청난 양의 금괴를 따로 챙기고 있다고 공공연히 비난했다. 마셜은 중국에 오자마자 장제스에게 국가 예산의 80~90퍼센트를 국방비로 지출하는 것은 무모한 짓이며, 그렇게 밀고 나가다가는 전쟁에서 이기기 전에 재정 파탄을 겪고 말 거라고 경고했다. 그는 장제스 정부의 각 부서 책임자들을 모아놓고 으름장을 놓았다. 만약 중국 정부가 기대하는 것이 미국인이 납부한 세금을 끌어다가 "중국 정부가 만들어놓은 재정 공백을 메우는 거라면 모두 지옥 불에 떨어질 것"이라고 한 것이다. 상황이 이렇자 중국 정부는 통화를 더 발행하는 것밖에 다른 방도가 없었다.

그런데도 여전히 장제스는 자신이 얼마나 무력한 존재인지 깨닫지 못했다. 일본이 패전하고 새로운 적인 공산주의자들과의 대립을 목전에 둔 상황에서도 여전히 미국의 힘을 마음대로 끌어다 쓸 수 있다고 믿었다. 당시 중국 정부에서 가장 큰 권력과 부를 누리던 쑹쯔원(宋子文)은 난징 거리를 돌아다니며 사람들 앞에서 거리낌 없이 미국인을 업신여겼다. "저런 얼간이들은 얼마든지 내가 손봐줄 테니 걱정하지 마시오."[24] 미국인들은 장제스가 예측한 대로 자기 역할을 수행할 준비를 모두 갖춘 게 분명했다. 일본군이 포위하고 있었지만 미국은 자국 군대를 경찰 보안대와 유사한 형태로 임시 전환했다. 그런 다음 무장을 하고 지키고 섰다가 공산당이 아니라 국민당 군대가 와서 일본의 항복을 받을 때까지 기다렸다. 그리고 자그마치 50만 명이나 되는 국민당 군대가 중국 서북부 지역에서 전국의 주요 거점으로 이동하는 것을 지원했다. (감독을 맡은 앨버트 웨더마이어는 "전 세계 역사상 항공기를 이용한 가장 큰 규모의 군대 이동으로 기록될 것"이라고 자랑스럽게 말했다. 웨더마이어는 스틸웰이 물러난 후 그 지역에서 장교로 근무했다.)[25] 미군은 중국의 동북부 지역에 5만여 명에 달하는 해병대를 파견하여 국민당 군대가 도착할 때까지 주둔 기지를 사수했다. 이런 식으로 미국의 지원을 받은 장제스의 군대는 약 120만 명에 달하는 일본군으로부터 항복을 받아냈다. 게다가 공산주의자들이 그토록 탐내던 일본군의 무기도 차지했다.[26]

겉보기에 중국의 내전은 무리 없이 잘 마무리되는 듯했으나 실상은 전혀 그렇지 못했다. 전 육군 참모총장보다 그 사실을 잘 아는 사람도 없었다. 트루먼의 특명을 받고 중국에 온 조지 마셜은 임기가 끝나갈 무렵인 1946년 10월에도 북쪽이나 서북쪽에 있는 공산당 기지에 발을 들여놓지 말라고 장제스에게 강력하게 경고했다. 마셜이 보기에 장제스는 국민당 군대를 지나치게 넓은 지역에 분산시켰고, 결국 마오쩌둥의 손에 주도권을 뺏길 것 같았다. 게다가 이들이 전개하려는 전쟁의 성격으로 미루어보아 한 가지 분명히 짚고 넘어갈 점이 있었다. 공산주의자들은 그저 후퇴할 뿐 절대 항복하지 않는다는 것이었다. 후퇴함으로써 국민당 군대가 주둔 기지와 군수 물자 보급로에서 조금씩 멀어지게 한 다음 적당한 시기가 되면 반격을 가할 계획인 게 분명했다. 하지만 이번에도 장제스는 마셜의 경고에 귀를 기울이지 않았다. 사실 그때까지 장제스가 충고를 제대로 받아들인 적은 한 번도 없었다. 오히려 본격적으로 맞붙으려 했던 전장에서 공산당이 주춤거리며 물러나자 아군이 승리한 거라 착각하고 굉장히 우쭐해 있었다. 공산당의 계략을 조금도 눈치 채지 못하고 도리어 마셜에게 8개월 내지 10개월 안에 공산당이 완전히 무릎 꿇게 만들겠다고 호언장담했다. 그리고 당대 최고의 실력과 명성을 갖춘 군사 전문가였던 마셜의 말을 한 번도 따른 적이 없으면서도 자신을 위해 앞으로도 계속 군사 고문으로 남아달라고 요청했다. 하지만 마셜은 단호하게 거절했다. 미국 대통령의 부탁을 받고 왔는데도 전혀 말을 듣지 않는 판에 장제스가 주는 돈을 받는 고문으로 일한다고 해서 자기 말에 귀를 기울일 리 만무했다. (여러 해가 지난 후에 마셜은 아주 신랄한 어조로 "장제스가 나에 대해 무한한 확신을 가지고 있었을지도 모르지만 내 조언을 진지하게 받아들인 적은 단 한 번도 없었다."라고 말했다.)[27]

미국의 힘을 등에 업은 장제스가 그 어느 때보다 막강한 힘을 발휘하는 것처럼 보였지만 당시 공산당도 자신감이 충만한 상태였다. 가난한 옌안 지방으로 다시 밀려날 가능성도 있었다. 하지만 게릴라 작전으로 일본군에 맞서 여러 번 승전고를 울렸으며 수많은 중국 농민들과 긴밀한 관계를 형성했다. 이들은 국민당이 많은 문제를 떠안고 있음을 알아차리고 조만간 승리의 여신이 미소를 지어줄 거라고 확신했다. 정계에 막강한 영향력을 행사하는 독실한 종교계 인사들이 미국에서도 공산당의 승산 가능성을 두고 격분했지만 중국 공산당 역시 나름대로 흔들리지 않는 신념을 가지고 있었다. 이들은 서로 뗄 수 없을 정도로 깊이 얽혀버린 정치와 전쟁을 하나의 종교처럼, 또 운명처럼 받아들이고 깊이 추앙했다. 사실 마오쩌둥은 부하들과 함께 전혀 새로운 개념의 전쟁을 준비하고 있었다. 그것은 처음부터 무력에 의존하는 전쟁이 아니라 일반 대중의 지지를 확보하는 전쟁이었다.

제16장
중국 국공내전

장제스는 제2차 세계대전이 끝나기를 기다리지 않고 공산주의자들에 대한 공격을 감행했다. 사실 공산당 역시 장제스가 그런 식으로 대응할 거라고 짐작하고 있었다. 장제스는 공산당 군대를 바짝 추격하면서 국민당의 포진 범위를 넓혀갔다. 미군의 대규모 지원은 끊이지 않고 이어졌다. 그러나 이는 마치 공산당이 써놓은 시나리오를 펼쳐놓고 그대로 따라 하는 것과 같았다. 한 공산당 고위 간부는 "미국이 계속 국민당을 지원하는 것은 문제될 게 없다. 그들이 빠른 속도로 지원을 받는 만큼 뺏어오면 그만이다."라고 말했다.[1] 제2차 세계대전이 끝난 순간부터 장제스가 대만으로 달아난 1949년까지 미국은 총 25억 달러에 상당하는 지원을 했다. 그야말로 엄청난 군사 자원을 낭비하고, 그것도 모자라 적에게 빼앗긴 꼴이었다. 그 와중에 일부 미국인들은 인도에서 히말라야 산맥을 넘는 수고를 하면서까지 군 장비를 운반해야 했다. 당시 공군의 사정에 비춰보면 굉장히 위험한 임무였다. 그래서 군인들 사이에

서는 "위기를 넘나드는 바보들"이라는 냉소적인 말이 유행했다.[2]

　서류상으로 볼 때 공산당 군대는 처음부터 상대적으로 규모가 작고 무장상태도 허술했다. 하지만 군 체계가 제대로 운영되었고 군인들이 잘 훈련된 상태였으며 적에 대한 적개심으로 불타고 있었다. 이들은 실제 전장에서 몸으로 부딪히면서 전투 기술을 익히고 전략에 대한 안목을 키웠다. 우선 1934년 10월에 중국 남부 지역에서 옌안까지 이어지는 대장정을 시작했다. 15,000킬로미터에 달하는 거리를 370일간 행군하는 여정이었다. 바로 그즈음 마오쩌둥은 공산당에서 서서히 주목을 받기 시작했다. 그러고 나서 수년 동안 일본군과 전쟁을 치르면서 생존을 위한 기나긴 고통의 시간을 보냈다. 그 경험을 통해 공산당은 자신의 장점을 최대한 살리고 약점을 보완할 수 있는 전투 방식을 터득했다. 일본군을 제압하는 그들의 전투 기술은 상당히 뛰어났다. 기동성이 뛰어난 소규모 게릴라 부대를 활용하여 자신들이 수적으로 확실히 우세할 때만 공격하고 적의 규모가 커지거나 전투력이 강해지면 연기처럼 사라졌다. 이제 다시 일본군보다 훨씬 규모가 크고 우수한 장비를 갖춘 국민당 군대와 맞선 이들은 적의 목적이 아니라 자신들의 목적에 맞게 전쟁을 이끌었다. 그들은 변화무쌍한 전장의 상황에 필요한 모든 조치를 실행에 옮겼다. 꼭 도시에 진지를 마련해야 한다는 고정관념을 버렸고, 한 지역에만 머물며 싸우지도 않았다. 오히려 너무 멀어서 일반 군대가 도저히 접근할 수 없을 것 같은 곳에 진지를 마련하고 활동했다. 처음에는 국민당 군대가 보유한 최신 무기를 빼앗는 것이 주된 목적인 것처럼 보였다. 그로부터 60년이 흘러 미국이 이라크에서 도시형 게릴라들과 맞서자 비로소 그러한 전투 형태에 '비대칭형 전투'라는 명칭이 붙었다.

　1945년 당시 공산당 군대는 굉장히 불리한 입장이었지만 사기만큼은 하늘을 찌를 듯 높았다. 그리 오래 지나지 않아 외부 사람들의 눈에도 이들의 역동적인 움직임이 보이는 듯했다. 1945년 12월에 국무부에서 비교적 젊은 편에 속했던 존 멜비는 일기에 이렇게 썼다. "내가 보기에 정말 미스터리한 일은 같은 나라 출신인데도 한쪽은 자신감을 잃어버린 데 반해 다른 편은 꿋꿋이 버티고 있다는 점이다. 여러 해에 걸쳐 공산당은 말로 다할 수 없는 어려움을 겪었고 또 그에 못지않은 악행을 저질렀다. 하지만 여전히 처음과 같은 굳은 의지와 목표에 대한 뚜렷한 믿음, 이기고 말겠다는 투지를 간직하고 있다. 그에 반해 국민당은 여러 차례 어려운 고비를 넘겼고 주요 전쟁에서 보란 듯이 큰 승리를 거두었는데도 잔뜩 겁을 먹고 지레 포기하는 모습을 보이고 있다. 혁명에 대한 강한 의지는 온데간데없고 부패와 타락의 그림자만 짙게 드리워져 있다."[3]

사실 거의 처음부터 공산당의 전략은 성공을 거둔 반면 국민당의 작전은 실패를 거듭했다. 1946년 가을, 내란이 더 치열해지자 장제스를 둘러싸고 있던 미국 고문단의 얼굴에는 수심이 가득했다. 하지만 그들은 그렇게 치열한 전쟁을 치르면서도 미군의 힘을 과대평가했다. 그리고 허술한 공산당 군대가 승리할 확률은 거의 없다고 자신했다. 물론 장제스의 군대가 또 다른 장기 전투로 곤경에 빠지면 결국에는 나라가 둘로 나뉘면서 절대 해결하기 쉽지 않은 상황이 닥칠 것이라고 예상하긴 했다. 그러면 공산당은 북쪽, 국민당은 남쪽 지역을 차지할 터였다. 하지만 그들은 국공내전처럼 정치적인 색채가 짙은 전쟁에서는 권력과 힘의 평형이 늘 정적인 상태로 남아 있지 않는다는 사실을 간과했다. 일단 국민당이 주도권을 잃으면 사태가 역전되어 그야말로 눈 깜짝할 사이에 공산당이 유리한 입장에 설 수도 있었다. 존 페어뱅크(John Fairbank)와 앨버트 포이어워커(Albert Feuerwerker)는 저서 『캠브리지 중국사 (The Cambridge History of China)』에 이렇게 기록했다. "중국 공산당은 순식간에 능수능란하게 움직이더니 일본군에 대항하는 게릴라 부대에서 기동성을 앞세운 날렵한 전투부대로 변신했다. 아무도 그들이 이렇게 달라질 거라고 상상하지 못했다."[4]

하지만 이 모든 사실을 예견한 사람이 딱 한 명 있었다. 장제스의 군대가 초반에 최절정의 전투력을 과시하며 내전을 장악할 때에도 마오쩌둥은 결코 흔들리지 않았다. 그는 장제스의 대원들에 비하면 자기 대원들은 평범한 소작농과 다를 바 없다고 생각했다. 1946년 여름에 잠깐 휴전하는 동안 영국의 유명한 역사가 로버트 페인(Robert Payne)은 옌안 기지에 머물고 있던 마오쩌둥을 찾아갔다. 장시간 이어진 인터뷰에 지친 기색이 역력한 마오쩌둥은 아직도 질문이 남았냐고 물었다. "하나만 더요. 휴전이 끝나면 중국이 공산당의 수중에 들어가기까지 얼마나 걸릴까요?" "일 년 반이면 됩니다."라고 마오쩌둥이 대답했다. 그는 서두르는 기색이 전혀 없이 확신에 차 있었다. 놀랍게도 그의 예상은 정확히 맞아떨어졌다. 1948년 중반이 되자 전쟁은 사실상 마무리되었고 장제스의 군대는 대부분 후퇴했다. 그러나 당시만 해도 마오쩌둥의 말은 얼토당토않은 자만심으로 보였다.[5]

처음에는 국민당이 몇 차례 승리를 거둔 것처럼 보였다. 하지만 곧 주요 도시와 마을이 공산당 수중에 넘어가버렸다. 상황이 이렇게 되자 국민당이 처음에 전쟁을 압도하는 것처럼 보였던 것이 진정한 승리였던가 하는 의문이 생겨났다. 어쩌면 공산당이 미끼를 놓고 국민당이 제 발로 걸어 들어오기를 기다리는 전략을 구사한 것인지도 몰랐다. 국민당은 도시를 점령한 다음 그 지역에 머물렀지만 공산당은 계속 여러 지역을 돌아다녔다. 잠시도 한곳에 머무는 법이 없었다. 이들은 행동이 민첩하고 굉장히 빠르게 움직였으며 매복은 거의 완벽에 가까웠다. 한 미국 역사가의 증언에 따르면 이들은 "워낙 속임수에 능해서 어떨 때는 사방에 깔려 있는 것 같다가 금방 사라져버려서 사방을 둘러봐도 찾을 수 없었다."[6] 어떨 때는 적군의 후방에 유리한 고지를 마련하고 부대를 대기시켰다. 그런 다음 앞에서 공격하는 척하다가 후퇴하는 적이 뒤에도 전투부대가 있는 걸 보고 당황할 때 전면 공격을 감행했다. (중공군들은 한국전쟁 초반에 미군과 맞붙을 때도 이 방법을 써서 여러 차례 승전고를 울렸다.) 또한 적의 경계 태세가 느슨해지는 야간을 틈타 갑작스런 공격을 퍼부었다. 공산군은 농민들과 긴밀한 관계를 유지했고 실제 부대 안에도 농민 출신 군인들이 활동하고 있었기 때문에 정보 면에서 단연 앞서 있었다. 국민당의 아주 작은 움직임까지도 손바닥을 들여다보듯 훤했다. 게다가 전투 중에 인명 피해가 생겨도 인근 마을 사람들을 설득하여 손실된 인원보다 더 많은 사람들을 즉시 모집할 수 있었다.

1947년 5월쯤 되자 장제스의 군대는 더 이상 공격을 감행할 수 없었다. 엉성한 지휘 때문에 군대가 와해되기 일보 직전이었고 너무 광범위하게 분산되어 후방에서 각종 군수품이나 전투 물자를 공급받는 데도 어려움이 많았다. 주둔하는 도시에서는 빠져나올 길을 찾지 못해 포위당한 상태가 되어 사기마저 급격히 떨어졌다. 수렁에 빠진 사람처럼 방어 능력조차 상실한 상태였지만 지휘관들은 그조차도 미처 파악하지 못했다. 1947년 여름이 끝날 무렵, 마오쩌둥과 그의 측근들은 장제스가 248개 여단 중 218개 여단을 공세에 투입했으며 이미 그 중 97개 이상의 여단, 즉 거의 80만 명의 병력을 잃었다고 추산했다. 이쯤 되자 미국 시민이나 중국에 나와 있는 미군이나 할 것 없이 장제스에 대한 원성을 높이기 시작했다. 상원 외교위원회 의장이었던 민주당 톰 코널리 상원의원은 "장제스가 정말 총통이라면 왜 총통답게 행동하지 않는 거지?"라며 분노를 드러냈다.[7]

소련은 중국 공산당에 아무런 지원을 하지 않았다. 이 때문에 마오쩌둥과 스탈린의 관계는 급격히 나빠졌다. 반대로 국민당은 갈수록 미국의 지원에 더 많이 의지했다. 미국에서 지원받은 무기가 빠른 속도로 공산당의 손에 넘어가는 걸 보고 미국인들은 깜짝 놀랐지만 정작 국민당 사람들은 별로 개의치 않았다. 미국에 계속 손을 벌리면 된다고 생각했던 것이다. 1947년 중반, 성격이 유순하고 인맥이 넓기로 유명한 중국 국민당 대사 구웨이쥔이 국무장관 조지 마셜을 찾아왔다. 당시 마셜은 전투마다 형편없이 패하는 장제스 군대는 물론 워싱턴 행정부에서 구웨이쥔 같은 사람들이 일으키는 문제 때문에 진저리가 나 있었다. 마셜은 구웨이쥔에게 장제스는 "인류 역사에서 가장 형편없는 사령관"이라고 말했다. 그래도 구웨이쥔은 굽히지 않고 무기 공급을 더 해달라고 요청했다. "그 사람은 우리가 공급해준 무기의 40퍼센트를 고스란히 적의 손에 내주고 있네." 마셜은 빈정거리는 말투로 이렇게 덧붙였다. "만약 그 수치가 50퍼센트까지 올라가면 앞으로 계속 장제스 군대를 뒷바라지하는 게 현명한 일인지 심각하게 재고할 것이오."[8] 나중에 마오쩌둥 역시 장제스가 자기 부대 '군수품 보급병'이었다고 비웃은 바 있다.[9] 1948년에 중국 산둥성에 위치한 웨이팡(濰坊)과 지난(濟南)이 무너지자 장제스 군대에서 마지막 군사 고문 역할을 했던 데이비드 바(David Barr)는 이렇게 말했다. "국민당보다 공산당이 우리가 준 무기를 더 많이 가지고 있었죠."[10]

1948년 10월 말에는 만주에 있던 선양이라는 도시가 함락되기 일보 직전이었다. 그러자 데이브 배럿 대령과 존 멜비는 정찰기를 타고 전쟁이 벌어지는 북쪽 지역을 돌아볼 요량으로 난징에 있는 공항으로 향했다. 하지만 북으로 가는 비행기는 한 대도 찾아볼 수 없었다. 쓸 수 있는 비행기는 이미 국민당 장군들이 애인과 개인 재산을 실어 나르느라 다 가져간 뒤였다. "이 정도면 더 알아볼 것도 없겠네. 장군들이 첩과 금괴를 옮기기 시작했다면 이미 끝났다는 얘기잖아." 하고 배럿이 말했다.[11] 그러나 중국 국민당 정부가 그렇게 비참하고 적나라한 최후를 맞이한 것과 당시 미국의 정치 상황이 더 위험한 국면으로 몰린 것은 전혀 별개의 문제였다. 국민당 고문으로 활동하다 미국으로 돌아간 사람들은 여러 가지 상황과 정치적인 이유로 중국 현지 상황을 사실대로 보고하지 않고 진실을 왜곡했다. 장제스가 스스로 무너져 중국인들과 동맹국을 실망시킨 게 아니라 미국 정부가 장제스를 버린 거라고 말이다. 존 멜비를 비롯해 장제스가 몰락한 진짜 이유를 궁금해하던 수많은 사람들을 화나게 만든 것은 바로 그런 거짓 정보를 유포한 사람들이었다. 중국에 있을 때 장제스의 무능력을 비판하던 사람들은 미국에 와서 장제스를 지지하는 세력의 압력을 받자 더 이상 장제스 정부의 흠을 잡으려 하지 않았다. 그들은 오히려 차이나로비를 적극적으로 지지하는 무리들과 손을 잡았다. 그리고 장제스 정부가 무너진 것은 예전부터 장제스의 허점을 지적하며 공산당이 승리하고 말 거라는 예측을 내놓았던 행정부와 국무부 차이나핸즈의 책임이라고 주장했다. 형편없는 장제스 군대를 직접 목격한 사람들이 주변에 있을 때와 공화당 보수파들에 둘러싸여 있을 때 하는 말은 전혀 달랐다.

멜비가 보기에 그런 상황이 벌어진 것은 앨버트 웨더마이어 장군의 영향인 것 같았다. 1947년 여름 중국에서 돌아와 한결 마음이 편해진 조지 마셜은 장제스와 오랜 친구 사이였던 웨더마이어에게 정황을 파악하여 보고하라는 명령을 내렸다. 웨더마이어는 평소 남다른 능력으로 인정받는 장교였으며 열렬한 반공주의자였다. 그래서 마셜도 웨더마이어가 현실을 있는 그대로 파악할 수 있을까 걱정이 되는 게 사실이었다. 하지만 한편으로는 웨더마이어처럼 보수적이고 장제스 정권을 적극적으로 지지하는 사람이 중국의 끔찍한 현실을 직시한다면 우파의 압력을 줄이는 데 도움이 될 거라는 기대도 있었다. 그러나 웨더마이어가 중국을 둘러본 경험은 단기적으로는 유익한 듯했으나 시간이 흐르자 결국 역효과를 낳고 말았다. 그는 도착하고 얼마 되지 않아 마셜에게 전보를 보내어 국민당 사람들이 "모두 정신적인 파산자들" 같다고 보고했다. 사람들은 이미 장제스의 지휘 능력에 어떠한 기대도 믿음도 갖고 있지 않았다. 그에 반해 공산당은 "거의 광신도에 가까울 정도로 의욕과 열정이 넘쳐 흘렀다."[12] 그는 국민당 정부가 "썩을 대로 썩었고 보수적이며 전혀 효율적으로 행동하지 못하고 있다."라고 전했다. 후에 웨더마이어는 장제스가 내세운 명분 중 뭐가 잘못되었다고 생각하느냐는 질문을 받고 이렇게 대답했다. "무엇보다도 의지 부족이 가장 큰 문제였습니다. 무기나 장비가 부족했던 게 절대 아닙니다. 싸우려는 의지만 있었다면 빗자루를 들고라도 정권을 사수할 수 있었을 겁니다."[13]

1947년 8월 22일 미국으로 돌아오기 직전에 웨더마이어는 국민당 대표들과 회합을 가질 예정이었다. 오랜 친구였던 장제스는 웨더마이어에게 조금 거친 태도를 보여달라고 말했다. 하지만 언제나 이중적이었던 장제스는 미국 대사 존 레이턴 스튜어트(John Leighton Stuart)에게는 웨더마이어가 말을 가려서 하고, 특히 국민당 군대를 지나치게 깎아내리는 말은 삼갔으면 좋겠다고 이야기했다. 하지만 스튜어트는 웨더마이어에게 시간이 없으므로 격식을 차리거나 말을 빙빙 돌릴 필요가 없다고 전했다. 결국 웨더마이어는 국민당 정부가 현재 국민들의 지지를 전혀 못 받고 있으며 그 결과 공산당만 더 유리한 입지에 서게 되었다고 적나라하게 평가했다. 현 정권이 무능하기 짝이 없다는 말이 나오자 회의에 참석한 사람들은 경악을 금치 못했고 한 고위 장교는 대놓고 울음을 터뜨렸다. 다음 날 저녁에는 스튜어트의 집에서 환송회가 열릴 예정이었지만 장제스는 몸이 아파 참석하지 못하고 아내가 대신 참석할 거라는 소식이 전해졌다. 웨더마이어는 장제스의 의중을 눈치 채고 환송회를 아예 취소시켰다.[14]

하지만 미국으로 돌아온 웨더마이어는 다시 반공 기질을 강하게 드러냈다. 차이나로비 세력을 적극적으로 밀어주면서 장제스 정부가 무너진 것은 외부 지원이 부족한 데다 미국 정부 내에 배신자가 있었기 때문이라고 주장했다. 1947년 12월에 그는 상원 세출위원회에서 장제스에 대한 질문을 받았다. 차이나로비에서 가장 핵심 인물이라 할 수 있는 스타일즈 브리지스가 위원장이었다. 우선 웨더마이어는 장제스가 "훌륭한 인품을 지니고 있으므로 세출위원회 역시 그를 좋아하고 존경하게 될 것"이라고 말했다. 브리지스는 장제스를 지원하기 위해 더 많은 군수품을 보내는 게 시급하지 않느냐고 다그쳤다. 중국에 있을 때는 더 이상의 지원은 없을 거라고 큰소리쳤던 웨더마이어는 브리지스의 질문을 받자 조금도 주저하지 않고 지원이 절실히 필요하다고 대답했다. 또한 미국이 지금까지 중국에 한 약속을 제대로 지켜왔다고 생각하느냐라는 질문에도 "아니오, 그렇지 않다고 생각합니다."라고 답했다.[15] 그렇게 해서 중국의 현실과 정치 상황은 끝내 워싱턴 정부에 감춰지고 말았다.

국민당 정부의 종말은 놀랍게도 빨리 왔다. 1948년 11월 5일 해리 트루먼이 대통령에 당선되기 사흘 전에 난징에 있는 미국 대사관은 중국에 있는 모든 미국인은 즉시 미국으로 돌아가라는 소식을 전했다. 그리고 거의 같은 시각에 마오쩌둥은 평소 조심성 많기로 유명한 스탈린의 특사 아나스타스 미코얀(Anastas Mikoyan)으로부터 경고를 받았다. 섣불리 양쯔 강을 건너 남부 지역으로 내려가다가 미국을 자극하여 중국 내란에 뛰어들게 만들지 말라는 내용이었다. 1949년 1월 21일, 장제스는 국민당 정부에 대한 명목상의 통제권을 대리인들에게 넘겨주고 그동안 모아놓은 금괴를 챙겨 대만으로 달아났다. 이를 두고 국무부는 장제스가 "중국 역사상 그 어떤 왕이나 황제에 비할 수 없을 정도로 엄청난 군사력을 버리고 중국 본토를 떠나 작은 섬으로 달아나 피난민이 되었다."라고 보도했다.[16] 1949년 4월 21일, 마오쩌둥은 군대를 이끌고 양쯔 강을 넘었다. 3일 후에는 국민당의 수도였던 난징을 점령했다. 이제 내전의 끝이 눈앞에 보였다.

트루먼과 애치슨 그리고 마셜은 중국을 어떻게 이끌어 가야 할지를 놓고 1947년부터 이미 같은 생각을 품고 있었다. 세 사람 다 한창 진행 중인 국공 내전이나 중국 내부의 정치적 소용돌이에 휘말리지 않고 최대한 서서히 발을 빼길 바랐다. 제1차 세계대전에서 러시아 정권이 무너진 것처럼 장제스 정권 이 무너진 것은 미국 정책의 영향 때문이라기보다는 훨씬 더 큰 역사적 권력 다툼이 빚어낸 결과였다. 러시아의 경우 이미 정권 부패가 심해서 내부적으로 와해되기 직전이었는데 마침 세계대전이 겹치면서 회복할 수 없는 충격을 받 았다. 하지만 러시아 차르 정권의 몰락과 중국 국민당 정권의 몰락에는 한 가 지 확실한 차이점이 있었다. 로마노프 왕조가 무너졌다고 해서 러시아가 여론 형성을 위해 미국 정계에 적극적인 로비를 한 적은 없었다. 러시아 정교회가 미국에 들어와 있었지만 중국에 나가 있는 미국 개신교회나 가톨릭교회 선교 사들처럼 대중에게 가까이 다가가지 못했다. 다시 말해, 러시아는 미국의 세 력권에 속해 있는 나라가 아니었기 때문에 러시아가 무너져도 미국이 손실을 입는다는 생각을 하지 않았다. 반면 중국은 이미 미국의 일부라는 개념이 지 배적이었기 때문에 중국 국민당 정부가 무너지는 건 곧 미국의 손실을 의미 했다.

따라서 장제스 정부의 몰락은 미국 정치에 큰 오점을 남겼다. 하지만 미 국에서는 아무도 그 사건이 어쩔 수 없는 일이었다고 말하지 않았다. 다들 시간이 조금 더 필요하다고 생각했다. 때가 되면 트루먼이 중국 공산당 정 부의 대표자들과 만나서 적어도 소련과의 관계를 청산할 것인지 여부 정도 는 알아보리라 생각했다. 그 질문에 답을 들은 후 마오쩌둥이 이끄는 공산 당 정부와의 향후 관계를 결정하는 것이 순서라고 생각했다. 미국은 마오쩌 둥 정부가 미국과 긴밀한 관계를 유지하기를 간절히 원하리라 생각했지만 그거야말로 큰 오산이었다. 마오쩌둥 정부는 눈곱만큼도 그런 기대를 하지 않았다.

제17장
차이나로비

중국 장제스 정부의 몰락은 즉시 미 정계에서 심각한 문제로 주목을 받았다. 그 정도 사건은 늘 있게 마련이라 별다른 반응 없이 넘어가기 일쑤였지만 이번만은 달랐다. 1949년 장제스의 몰락이 전해지자 언론은 하루가 멀다 하고 미국이 그를 배신했다는 기사로 세상을 떠들썩하게 만들었다. 하지만 보도 내용은 하나같이 일관성이 부족해서 정치적인 의도가 숨어 있다는 낌새가 느껴질 정도였다. 장제스는 해리 루스나 거대 신문 그룹 스크립스 하워드 계열의 로이 하워드(Roy Howard)처럼 영향력 있는 언론계 인사들과도 줄이 닿아 있었다. 특히 하워드는 자사 통신원들이 보내온 보도 내용을 치밀하게 검열하여 내보내게끔 손을 써주었다.

중국 국민당의 몰락은 공화당에 아주 시기적절한 이슈가 되어주었다. 듀이가 선거에서 패한 후 공화당에서 주요 정치 문제로 부각시키려 했던 민주주의의 전복이라는 이슈와도 명확하게 맞아떨어졌다. 장제스가 대만으로 건너갔다는 사실도 그 이슈를 부각시키는 데 큰 도움이 되었다. 아이러니하게도 장제스가 실패할 거라고 정확히 예견했던 사람들은 모두 좌파였기 때문에 고의적으로 장제스를 몰아세웠다는 비난을 받았다. 국무부 차이나 핸즈는 즉시 해산하여 가능한 한 멀리 몸을 숨겼다. 그렇게 하지 않았다면 사태를 정확하게 보고한 것 때문에 더 맹렬한 비난을 받았을 것이다. 장제스의 실패로 큰 피해를 볼 뻔했던 스틸웰은 1946년 10월에 이미 죽고 없었다. 트루먼 행정부는 상당히 난처한 입장에 처했다. 공화당에서는 장제스 문제를 트루먼과 애치슨이 아주 중요하게 생각했던 유럽 전체의 안보 문제와 연결시키는 치밀함을 보였다. 두 사람은 결국 중국 사태에서 한발 양보하지 않으면 산산조각이 난 유럽을 재건하려는 마셜 플랜을 진행하기 어렵게 되었다. 유럽에 대한 이들의 정책은 전적으로 공화당이 중국 사태를 어떻게 결정짓느냐에 달려 있었다.

행정부는 언론을 통해 벌어진 대결에서 금방 패하고 말았다. 그리고 그 여파는 곧바로 정계로 이어졌다. 1949년, 애치슨의 주도하에 국무부가 힘을 합쳐「중국백서」라는 문서를 공개했다. 이는 장제스가 미국으로부터 어마어마한 지원을 받고도 실패한 경위를 보여주는 한 편의 다큐멘터리였다. 하지만 그 결과는 미국과 중국 어디에도 도움이 되지 않았다. 미국에서는 이미 비틀거리기 시작한 중국 국민당 정권에 마지막 타격을 가한 사건으로 간주되어 차이나로비의 화를 돋웠다. 중국에서는 미국이 계속해서 마오쩌둥이 이끄는 중국을 와해시키려고 노력한다는 결정적인 증거로 받아들여졌다. 이를 근거로 마오쩌둥은 미국이 중국의 확실한 적국이라고 단정 지었다.

이처럼 미국 정부는 장제스를 도우려고 여러 가지 시도를 거듭하다가 결국 모두 실패하고 말았다. 그러나 사실 행정부도 그러한 노력이 획기적인 결과를 얻지 못할 거라고 예상했다. 그저 중국 국민당의 결정적인 몰락에 미국이 직접적인 책임이 있다는 질책은 피하고 보자는 심산이었다. 민주당뿐 아니라 일부 공화당원들도 마찬가지였다. 1948년 보수적인 성향이 강했던 아이오와 주 상원의원 버크 히컨루퍼(Bourke Hickenlooper)는 자신의 정치 스승 아서 반덴버그를 찾아가서 5억 7천만 달러 규모의 중국 지원 계획이 실제로 어떤 효과가 있는지 물었다. 토머스 크리스텐슨(Thomas Christensen)의 기록에 따르면 반덴버그는 "그렇게 해야 최소한 미국 정부가 중국의 몰락을 책임지는 사태를 막을 수 있지."라고 대답하면서 더 중요한 것은 대중의 여론이라고 지적했다. 중국 국민당은 이미 몰락의 길에 들어섰지만 여론은 아직도 중국을 도와줘야 한다는 쪽으로 기울어 있었다. "우리는 지금 공산주의자들의 공격을 막으려고 필사적으로 노력하고 있는 거야. 그 지역 사정은 신경 쓰지 않고 그저 우리가 돕는 시늉도 하기 전에 완전히 무너지게 두는 거지."[1]

상황은 일단락되는 듯했으나 정치적 여파는 좀처럼 가라앉지 않았다. 미국에서 장제스의 인지도가 워낙 높았기 때문에 정부는 원래 의도했던 것처럼 중국과의 연계성을 완전히 끊을 수 없었다. 트루먼과 마오쩌둥 정부가 미처 알아차리기도 전에 이미 양국은 아무도 말릴 수 없는 군사적 충돌을 향해 나아가고 있었다.

트루먼 행정부가 국민당 몰락을 보고도 전혀 손을 쓰지 않았다는 이유로 국내에서 강한 지탄을 받는 동안, 마오쩌둥의 손에 들어간 베이징에서도 미국 정부가 그동안 장제스에게 지나치게 많은 도움을 주었다며 맹렬한 비난을 퍼부었다. 마오쩌둥 정부는 미국이 그만한 지원을 베푼 데는 분명 정치적인 의도가 깔려 있다고 보았다. 미국은 1941년부터 1949년까지 장제스를 재정적으로 지원해주었다. 1945년에 중국 북부 지역에서 일본군과 대치할 때 장제스의 군대를 그곳에 실어다준 것도 미국의 비행기와 함대들이었다. 중립적인 입장에서 전쟁을 지켜보는 입장이라면 그러한 지원을 베풀 이유가 없었다. 미국인들이 보기에 그런 도움 정도는 보잘것없는 것으로, 미국 정부가 할 수 있는 최소한의 배려였다. 그러나 마오쩌둥을 위시한 공산주의자들이 보기에는 미국이 중국 내부 문제에 함부로 끼어든 꼴이었다. 공산당의 시각에서 볼 때 그것은 부유한 자본주의 나라들에서 흔히 볼 수 있는 건방진 행동이었다.

이러한 사태를 등에 업고 미국 정계에는 차이나로비가 한층 더 강력한 모습으로 영향력을 행사하기 시작했다. 그 전까지만 해도 차이나로비는 여러 가지 서로 다른 목적을 가진 사람들이 모여 있어서 유대 관계나 영향력이 그리 강하지 못했다. 차이나 로비는 장제스 가족의 핵심 인물들과 영향력 있는 미국 보수 정치인, 언론인, 그리고 친구들을 연결해 주는 역할을 했다. 이 가족 구성원들은 힘있고, 기민하고, 엄청난 부를 축적한 이들로, 종종 워싱턴에서 근무하거나 특별 임무를 수행하기도 했다. 한때는 별다른 주목을 받지 못하던 이 단체는 시류를 업고 훨씬 더 강한 결속력과 분명한 목표 의식을 가지고 영향력을 행사했다. 차이나로비의 영향력이 강해진 이유는 굉장히 다양해서 이루 다 셀 수 없을 정도였다. 어쨌든 차이나로비는 그 당시 워싱턴에서 활동하던 외국 단체들 중에서 가장 활발한 로비를 펼치는 세력으로 우뚝 섰다. 이들은 처음에는 공산주의자들이 승리할 가능성이 갈수록 높아지는 불안한 상황에서도 미국이 계속해서 장제스 정권을 중국 공식 정부로 인정하고 마오쩌둥 정권에는 눈길을 주지 않기를 기대했다. 그러다가 나중에는 새로 들어선 중국 공산당 정부가 가급적 국제연합과 멀리 떨어져 있기를 원했고, 결국에는 대만으로 밀려난 장제스를 미국 정부가 계속 지원해주기를 기대했다. 장제스가 마오쩌둥에게 무릎을 꿇자 차이나로비는 장제스가 전쟁에서 진 것이 아니라 이긴 거라고 미국에 널리 알리려 했다. 어쩌면 이들은 장제스의 군대가 성조기를 휘날리며 중국 본토로 당당하게 입성하는 말도 안 되는 이변이 일어나기를 은근히 기대했는지도 모른다.

차이나로비가 중국에 대한 진심 어린 애정을 토대로 한자리에 모인 적도 있었다. 적어도 한 번 정도는 그런 마음으로 모임을 가졌다고 생각했다. 이들은 장제스가 비록 수많은 실수와 과오를 범하긴 했지만 공산주의자들의 위협을 받는 시점에서 그만한 지도자도 찾기 어렵다고 굳게 믿었다. 그런가 하면 중국 국민당 편에 서는 것이 돈을 더 많이 벌 수 있다는 등 유치하고 이기적인 이유로 장제스를 지지할 때도 많았다. 지루할 만큼 긴 시간 정권을 잡고 있는 민주당을 몰아세우는 쾌감 때문에 이 문제를 물고 늘어지는 사람들도 상당했다. 젊은 시절에 의료 선교사로 일했던 월터 저드나 선교사의 아들이었던 헨리 루스 같은 사람들은 단순한 중국 우선주의자가 아니었다. 이들은 장제스 우선주의자로서, 장제스가 중국 전체를 대변하는 사람이며 장제스를 지원하는 것은 곧 중국 전체를 아끼고 보호하는 것이라고 굳게 믿었다. 이들 대다수는 오랫동안 미국 외교정책의 핵심 방향이었던 서유럽 우선주의 정책을 싫어했다. 따라서 반공산주의에 맞춰져 있던 미국의 초점을 태평양 지역으로 돌려야만 자신들이 나아갈 돌파구를 찾을 수 있다고 믿었다.

선교사 자녀로 중국에서 유년 시절을 보낸 중국 우선주의자들에게는 중국에 대한 깊은 애정이 자리하고 있었다. 그들에게 중국이라는 나라는 미국 못지않게 소중한 곳이었다. 이들에게 장제스가 무너졌다는 말은 중국에 기독교를 전파하느라 평생을 바친 자기 부모들의 인생이 수포로 돌아갔다는 말과 같았다. (실제로 국민당 정권이 무너지면 그동안 선교 활동에 기울인 노력이 아무런 결실을 맺을 수 없었다.) 1946년 가을에 중국을 잠깐 방문한 루스는 존 멜비를 만났다. 멜비는 중국이 아니라 장제스 한 사람에게 충성을 바친 것이 큰 실수였다는 의미심장한 말을 했다. 루스는 즉시 멜비의 말을 반박하며 꿍장히 중요한 사실을 지적했다. "적어도 우리가 여기에서 태어났다는 사실만은 잊지 마십시오. 이게 우리가 아는 전부입니다. 우리는 이 나라에 기독교를 전파하기 위해 평생을 바쳤습니다. 그런데 이제 당신은 이 일로 우리를 공격하는군요. 우리가 여기서 일생을 허비했다고 말하고 싶으신 겁니까? 그 모든 수고가 허사였고 사람들은 여전히 아무 목적 없이 살아가고 있다고요?" 멜비도 그의 심정을 충분히 이해하고 공감했지만 아니라고 부정할 수만은 없는 노릇이었다. 세상은 달라졌고 중국도 더 이상 예전 같지 않았다. 어차피 중국 사람들도 자기 나라가 패망의 길에 들어섰다는 사실을 부정하지 않았다.[2]

차이나로비의 성공에는 이렇듯 이들의 열정과 향수가 밑거름으로 깔려 있었다. 초반에 이들의 정치 활동은 대부분 워싱턴 주재 국민당 대사관의 지시를 따랐다. 그러나 1948년 후반에 장제스의 아내가 뉴욕 리버데일에 살던 친척을 방문하여 장기간 머무르자 주도권이 그곳으로 넘어갔다. 워싱턴에 있던 구웨이쥔 대사를 포함하여 장제스의 처남이었던 쑹쯔원과 쿵샹시(孔祥熙)는 이런 면에서 능수능란했다. 한번은 쑹쯔원이 유능한 국무부 직원이자 차이나핸즈 핵심 인물이었던 존 패튼 데이비스에게 경고의 메시지를 전했다. 중국에서 국무부로 들어오는 소식은 이삼일이면 자기가 다 알아낼 수 있다는 것이었다. 국민당 고위 간부들은 워싱턴 행정부가 공화당에 비해 어떤 면에서 앞서 가는지 잘 알고 있었다. 그들은 정부 여러 핵심 인사들과 긴밀한 관계를 형성하고 있었는데, 그중 공화당 상원의원들이 대다수였고 네바다 주 상원의원 팻 매캐런처럼 변절한 민주당원도 몇 명 있었다. 하지만 가장 든든한 협력자이며 핵심 인물은 정계 인물이 아니라 당대 최고의 출판업자였던 헨리 루스였다. 그는 정계에서 변두리 인물로 남을 수많은 사람들을 데려다가 막강한 권력과 대의명분을 만들어주면서 차이나로비를 뒷바라지했다.

장제스를 지지하는 사람들 중에 루스보다 더 맹렬한 비난을 받은 인물도 없다. 그의 의견은 극우파의 견해라기보다는 정계 주류에서 흘러나오는 보편적인 견해로 간주되었다. 루스는 자기 의견과 반대되는 것이라면 무엇이든지 밀어내고 억압하려고 갖은 애를 썼다. 아주 열성적인 공화당원이었기에(루스는 공화당을 '나의 제2의 종교'라고 불렀다) 그의 세계에서 자유주의 민주당은 언제나 공격 대상이 되었다. 중국 우선주의자들 중에는 정치적 영향력이 거의 없는 사람들도 많았다. 그러나 루스는 당시 중국 상황에 대해 훨씬 더 현실적인 시각을 보이던 온건파들에게 의혹을 제기하고 권력 균형에 일대 파란을 일으키는 등 엄청난 영향력을 행사했다. 차이나로비에 속한 사람들 중에 그와 정상적인 정치적 동맹 관계에 있는 사람은 거의 없었다. 대부분이 고립주의자들인 데 반해 루스는 당대에 가장 앞서 나가는 공화당 출신 국제주의자였기 때문에 1940년, 1944년, 1948년에 있었던 공화당 전당대회에서 공공연한 적으로 간주되었다. 1952년 전당대회에서도 마찬가지였다. 그런데도 루스는 중국 문제에 자신과 반대 입장에 서 있는 사람들을 맹렬히 공격했고 자기가 밀고 나가려는 방향에 조금이라도 방해가 되면 가차 없이 짓밟았다. 그는 정치, 외교, 언론 등 분야에 관계없이, 그리고 정상적인 도덕적 책임이나 출판업계의 윤리 따위에는 아랑곳하지 않고 자신을 반대하는 사람들에게 가혹한 형벌을 내렸다. 자기가 출판한 잡지 내용 때문에 피해를 입은 사람들은 다 그럴 만한 이유가 있다고 생각했다. 즉 자기가 추구하는 진리를 버리고, 자기와 협력하지 않거나 방해한 것에 대한 인과응보라고 믿었다.

루스의 부모는 중국에서 선교사로 활동했다. 그는 굉장히 똑똑하고 호기심이 많은 아이였지만 사회성이 부족해서 사람들과 잘 어울리지 못했다. 호치키스 예비 학교나 예일대에 다닐 때는 의욕은 넘치지만 다른 아이들보다 한 걸음 뒤처지는 학생이었다. 그의 부모도 아들이 함께 공부하던 엘리트 학생들의 부모와 가깝게 지내지 않았다. 루스는 옷도 항상 이상하게 입고 다녔다. 한참 유행이 지난 옷이나 중국에서 만든 두꺼운 천으로 된 옷만 고집했다. '되놈 루스'라는 별명은 그가 제일 듣기 싫어하는 말이었다. 한번은 유명한 소설가 펄벅(Pearl Buck)과 이야기를 나누던 중 자신이 너무 초라하고 가난했기 때문에 예비 학교나 대학에 다닐 때 굉장히 힘들었다고 고백했다.[3] 그러다 미국 최고의 출판업자로 성공하자 자신의 신념에 대해 더 깊은 확신을 가졌다. 또 20세기를 맞은 미국이 앞으로 어떤 일을 해야 하며, 또 어떤 일을 할 수 있는지 깊이 생각하면서 앞으로 미국이 나아갈 방향과 목표를 직접 설계하려 했다. 그는 칼뱅주의 사상의 저널리스트였는데 이는 쉽게 어울릴 수 없는 특성들이었다. 그러면서도 자기 생각에 반대하는 사람들이 나타나면 단 한 명의 죄수도 살려놓는 법이 없는 잔인한 중국 군벌처럼 행동했다. 출판업계에 처음 발을 들여놓았을 때만 해도 자신과 중국의 연계성을 부각시키는 데는 별로 관심이 없었다. 오히려 어린 시절의 아픈 기억을 털어내고 학교 친구들처럼 미국에서 나고 자란 사람들과 비슷해지려고 애썼다. 하지만 1932년 서른네 살의 나이로 이미 편집자 겸 출판업자로 큰 명성을 얻은 루스는 중국을 다시 방문했다. 떼려야 뗄 수 없는 중국과의 인연이 다시 시작되었다. 중국에서 가장 부유했던 송가(이 가문은 미국의 도움을 얻어 세계 최고의 부를 이룩했다) 사람들이 노련하게 접근해왔다. 이들은 항상 바른 말을 하고 상대방이 원하는 것을 미리 챙겨주면서 노련하게 조종하여 서양 권력층의 마음을 앗아갔다. 당시는 중국이 매우 어렵던 시절이었다. 루스는 중국이라는 나라 전체가 송가 사람들처럼 훌륭한 사람들을 닮아갈 수 있다고 생각했다. 그의 눈에 비친 송가 사람들은 세련되고 독실한 기독교 신자인 데다 자본주의 성향을 띠면서도 항상 감사하는 마음을 잊지 않았다. 루스는 잔인하고 이교도적인 사고로 얼룩진 중국의 옛 모습을 벗겨버리고 아름답고 새로운 나라로 재탄생시키는 것이야말로 새 시대에 미국이 꼭 완수해야 할 사명이라고 결론지었다. 그리고 그는 미국으로 돌아왔다.

루스에게 그보다 더 크고 중요한 사명은 없는 것처럼 보였다. 그는 1941년에 작가 겸 정치가로 활동하던 아내 클레어 부스 루스와 함께 장제스 부부를 만나고 와서 당시의 감회를 이렇게 기록했다. "나는 살아 있는 수백만의 사람들 중에서 정말 특별한 부부를 만났다. 그들은 앞으로 수백 년 후에도 기억될 사람들이다."⁴ 장제스가 대표한다고 믿었던 모더니즘을 미화하고 선전하기 위해 루스만큼 노력한 미국인도 드물 것이다. 그는 또한 미국을 닮으려 했던 장제스가 이끄는 중국에 대한 환상을 만들어내는 데 크게 이바지했다. 만일 장제스 정부가 루스가 책에서 묘사한 내용의 일부라도 닮으려고 노력했다면, 그리고 루스의 칭찬에 조금이라도 어울리는 사람이었다면, 중국 국민당이 공산주의자들에게 무릎을 꿇는 사태는 벌어지지 않았을 것이다.

루스는 중국이 미국인들이 만들어주는 운명을 기꺼이 따를 것이고, 장제스와 그의 가족들이야말로 중국을 이끌어갈 중심축이라는 생각을 추호도 의심하지 않았다. 미국 정치인들 중에서 그러한 생각에 이의를 제기하는 사람은 가차 없이 루스에게 짓밟혔다. 「타임」이나 「라이프」의 유능한 기자들이 장제스 정권이 뿌리까지 흔들리고 있으며 공산당이 꾸준히 세력을 확장하고 있다는 정보를 수집해 왔지만 모두 루스의 방해로 보도되지 못했다. 장제스의 실패 원인에 대한 자료가 아무리 많이 쌓여도 루스의 생각은 변하지 않았다. 오히려 그는 그런 정보를 가져오는 사람들을 더욱 가혹하게 대했다. 루스는 오랫동안 한국전쟁이 장제스를 중국 본토로 다시 복귀시키는 길을 열어주기를 기도했다. 그의 여동생 엘리자베스 무어(Elisabeth Moore)는 루스의 전기를 집필한 앨런 브링클리(Alan Brinkley)에게 이렇게 말했다. "루스는 중국에 있는 공산주의 체제를 뒤엎을 기회만 호시탐탐 노리고 있었어요. 미국 정부가 무턱대고 중국 공산주의자들에게 선전포고를 할 수 없다는 것쯤은 알고 있었죠. 하지만 공산주의자들이 전쟁을 시작하면 미국이 개입할 기회가 생길 거라고 믿었을 겁니다. 그래서 한국전쟁이 결국에는 미국과 중국의 대결로 이어지길 기대했을 거예요. 1950년대 초반에 베트남전에 대해서도 그런 희망을 품었으니까요."[5]

루스가 차이나로비의 정식 회원이었는가 하는 문제는 굉장히 흥미로운 질문이다. 중국 문제가 당시 가장 시급한 이슈였기에 차이나로비 회원들은 모두 즉각적인 결속을 다졌으며 이 중국 전선에서 루스는 단연 핵심 인물이 되었다. 하지만 사실 그는 차이나로비 사람들과 거의 친분이 없었다. 브링클리는 이렇게 썼다. "루스는 정식 회원이라기보다는 남을 도와주고 있다고 생각했다. 물론 실제로는 남을 망치고 있었다. 그는 뼛속까지 국제주의를 지향했지만 다른 사람들은 모두 고립주의를 표방했기 때문이었다."[6] 차이나로비 사람들은 대부분 로버트 매코믹 대령을 절대적으로 지지했다. 매코믹은 대표적인 고립주의자로 루스에게 최대의 적수로 꼽혀 자주 조롱의 대상이 되었다. 매코믹 역시 루스가 웬델 윌키, 토머스 듀이, 드와이트 아이젠하워가 공화당 대통령 후보로 나서는 데 도움을 주었다는 이유로 루스를 아주 적대시했다. 그런 두 사람을 일시적으로나마 하나로 묶어준 것이 바로 중국 문제였다.

중국 문제로 루스가 애치슨에게 품은 적개심은 거의 병적인 수준이었다. 사적인 자리에서 애치슨을 가리켜 '망할 놈'이라고 부르기까지 했다. 인민군이 38선을 넘어 내려오자 그는 비로소 자신의 주장이 옳다는 게 증명되었다며 편집장들에게 '트루먼의 대(對)중국 정책의 반전'에 대한 논설을 쓰라고 지시했다. 그러자 「라이프」지 첫 편집자이자 20년 이상 루스의 제국에서 핵심 역할을 했던 존 쇼 빌링스(John Shaw Billings)는 '내가 말한 대로 되었다'라는 식의 기사를 썼다. 「타임」은 한국전쟁이 발발한 시점부터 애치슨의 행보를 주시했고 1951년 1월에는 애치슨에 대한 여러 평가를 잡지에 실었다. "애치슨에 대한 사람들의 생각은 각양각색이다. 어떤 사람들은 그가 공산주의 동조 세력이라며 손가락질했고, 아예 '바보, 멍청이'라고 욕하기도 했다. 또 어떤 사람들은 애치슨이 지독하리만큼 사태 파악을 하지 못한다고 말한다. 그가 미국을 세계전쟁에 끌어들여 자기가 위대한 국무장관이란 걸 은근히 증명하려 한다고 믿는 사람들도 있다."

「타임」과 「라이프」는 그 당시 다른 잡지들에 비해 훨씬 수준이 높은 편이었지만 정말 심각한 문제가 등장할 때는 발행자의 의도나 목적을 지지하는 수단으로 전락하곤 했다. 그러나 중국 문제를 다룰 때를 제외하면 루스의 정치적인 편견을 직접적으로 드러내는 일은 거의 없었다. 루스는 중국 우선주의자들을 위해 당대 최고의 저널리스트로 손꼽히던 시어도어 화이트가 중국에 대한 기사를 보도하지 못하게 저지하거나 검열하는 일을 주로 맡았다. 그는 패배에 패배를 거듭하는 전장을 낱낱이 보도한 화이트의 기사를 가져다가 화려한 성공담으로 바꾸는 데 성공했다. 당시 화이트는 자기 기사를 편집자들이 완전히 수정하거나 아예 다시 쓰는 것에 익숙해진 상태였다. 언젠가 화이트는 사무실 문 앞에 이런 문구를 걸어놓기도 했다. "이 사무실에서 내가 집필한 내용과 「타임」에 실린 기사가 조금이라도 비슷한 점이 있다면 그것은 순전히 우연의 일치다." 화이트와 루스는 모두 장제스를 아꼈지만 기사 내용을 두고 끊임없이 밀고 당기기를 반복했다. 화이트는 장제스가 완전히 실패한 정치가임을 인정해야 하며 중국이라는 나라는 이제 처음부터 다시 시작해야 한다고 생각했다. 1944년 가을에 장제스와 스틸웰의 갈등이 최고조에 이르자 루스벨트는 스틸웰을 해임하기로 마음먹었다. 그때 스틸웰은 자기가 신뢰할 뿐 아니라 당시 가장 영향력 있는 기자이기도 했던 화이트와 「뉴욕타임스」의 브룩스 앳킨슨(Brooks Atkinson)을 불렀다. 그리고 자신이 미국으로 불려 들어가는 이유와 중국이 가진 대의명분이 더 이상 희망이 없다고 여기는 이유에 대해 오랜 시간 이야기를 나눴다. 화이트와 앳킨슨에게는 좋은 기사거리를 얻을 수 있는 절호의 기회였다. "그는 정말 형편없고 무식한 사람이다. 단 한순간도 일본군과 맞서 싸우려는 생각을 하지 않았다. …… 전투에서 크게 패할 때마다 이유를 분석해보면 항상 장제스가 원인이었다."[7] 앳킨슨은 이번 기사가 대단한 특종이라 판단하고 며칠 후 스틸웰과 함께 미국으로 돌아왔다. 그는 자기가 쓴 글을 다른 편집자가 손보지 못하게 했고 그 결과 퓰리처상을 받았다. 그러나 화이트가 쓴 13쪽 분량의 기사는 정반대 내용을 담고 있었다. 화이트는 이에 대해 이렇게 말했다. "내 기사는 완전히 장제스를 찬양하는 분위기로 수정되었고 이미 미국인들 사이에 널리 퍼져 있던 장제스에 대한 헛된 기대를 강화시켰다. 루스와 내가 할 일은 바로 그런 헛된 기대나 오보로 인한 대중의 편견을 바로잡는 것이었지만 상황은 정반대로 흘러갔다."[8]

미국 정부는 제2차 세계대전이 끝날 무렵부터 이미 중국과 민주주의 전복 문제에 대해 수세적인 입장을 고수하고 있었다. 대통령은 우파들의 압력을 받고 정부의 기존 정책 및 안보 정책을 한층 더 강화했다. 그러나 외교 문제에서 차이나 핸즈가 경고했던 사태가 벌어졌을 때는 오히려 그 문제로 비난을 받는 처지가 되었다. 돌이켜보면 이들은 국무부가 외국에 파견한 사람들 중에서 가장 유능하고 실력 있는 해외 근무 직원들이라는 칭찬을 받아야 마땅하다. 하지만 이들은 1940년대 중반부터 리버풀, 더블린, 스위스, 페루, 브리티시 콜럼비아, 노르웨이, 뉴질랜드 등지로 흩어졌다. 그중에서도 가장 뛰어난 실력을 인정받았던 레이 러던(Ray Ludden)은 더블린, 브뤼셀, 파리, 스톡홀름 등 비(非)아시아 지역으로 발령을 받았다. "1949년부터 나는 그저 시간만 죽이고 다녔습니다. 들개를 잡으러 다니는 사람처럼 여기저기 돌아다녀야 했습니다."⁹ 당시 그 문제에 입김을 행사하던 세력들이 변화무쌍하고 혁신적이었기 때문에 미국 정부는 우선 정부에 위협이 되는 요소를 시급히 떼어내는 방식을 택했다. 하지만 정부가 이렇게 이들을 고의적으로 방관하면서 이들의 개인적인 비극은 곧 미국 전체의 비극으로 이어졌다. 미군이 한국전쟁에서 38선을 넘어 북으로 밀고 올라가던 1950년 10월에 이들 차이나 핸즈는 미국에서 아무런 실권을 가지지 못했다. 그로부터 약 15년이 흘러 베트남전이 발생했을 때도 차이나 핸즈는 미국 정부의 주요 결정에 대해 침묵해야만 했다.

처음에는 중·하급 장교들을 대상으로 숙청 작업이 시작되었으나 1948년이 되자 절박해진 차이나로비 일원들이 더 큰 게임을 벌일 준비를 했다. 이들 지도층이 조지 마셜에게 맞서는 데 총력을 기울이기로 결정했다는 사실은 당시 정계 상황이 얼마나 험악하게 돌아갔는지 잘 보여준다. 마셜은 젊은 시절에 중국에서 근무한 적도 있었으며 언제나 중국을 옹호하는 입장이었다. 1948년 후반에 장제스의 아내가 자신의 입장을 워싱턴 정부와 미국 국민에게 알리기 위해 입국했을 때도 버지니아에 있던 마셜의 가족과 함께 머물 정도였다. 마셜은 마지못해 장제스를 외면했다. 개인적인 불만 때문이 아니라, 장제스의 죽어가는 중국이 부활할 수 없다는 점이 너무나 명백했기 때문이었다. 또한 마셜은 미국의 이익을 장제스의 이익보다 우선시했다. 동맹국 중국을 포기하고 중국 내전의 승리자로 이질적이고 미국에 적대적인 중공 지도부를 받아들이는 것은 가장 운명적이고 어려운 결정이었다. 또한 중공 지도부가 세계를 더욱 어렵고 위험하게 만들 가능성이 높다는 것을 인식하고 있었다. 장제스의 몰락으로 인해 마셜의 애국심이 공격 받았다는 것은 마셜 자신보다는 그 시대를 더 잘 말해준다.

1945년에 제2차 세계대전이 끝날 무렵 특정한 국가나 사람의 편에 서지 않고 모든 참전국으로부터 감사 인사를 받은 사람이 있다면 바로 조지 마셜이었을 것이다. 그는 사심이 없었고 이념에 휘둘리지도 않았다. 트루먼은 그를 가리켜 "우리 시대가 낳은 가장 위대한 인물"이라는 극찬을 아끼지 않았다. 당시 그는 제2차 세계대전에서 놀랄 만큼 빠른 미국의 부대 동원 작전을 직접 지휘했다. 1941년에 그가 육군의 통솔권을 넘겨받았을 때 육군은 작고 보잘것없으며 전투력이나 각종 군 장비가 턱없이 모자란 상태였다. 하지만 그의 손을 거치자 2년 반 만에 미 육군은 세계 최고의 전투력을 자랑하는 부대로 거듭나서 영국 해협을 건넜다. 트루먼 대통령과 마찬가지로 수많은 미국인은 전쟁이 끝날 무렵이면 조지 마셜이야말로 현존하는 미국인 가운데 가장 위대한 사람으로 평가받을 거라고 생각했다. 매슈 리지웨이를 비롯하여 수많은 장교들 역시 조지 워싱턴 이후 가장 뛰어난 군인이라고 입을 모았다. 그런데 불과 5년 후 마셜은 장제스 정부와 미국의 마지막 중재자였다는 이유로 미국 정계로부터 판단력뿐 아니라 애국심까지도 의심받았다.

제2차 세계대전 내내 「타임」은 마셜에 대해 극찬을 늘어놓았다. 따라서 마셜에 대해 부정적인 기사를 보도하려면 왜 그가 장제스에게 등을 돌렸는지 자세하게 설명할 필요가 있었다. 그러자 평소 재치 있는 언변가로 잘 알려진 구웨이쥔이 나서서 마셜이 장제스를 버린 이유에 대해 처음으로 입을 열었다. 그는 마셜이 임무를 수행하는 데 실패하여 굉장히 비통해했고 모든 일에 환멸을 느꼈다고 말했다. 하지만 이는 말이 안 되는 설명이었다. 당시 미국 정부 관료들 중에서 사심 없이 주어진 임무에 충실했던 사람은 마셜밖에 없었기 때문이다. 하지만 상황은 거기에서 끝나지 않았다. 루스가 발행하는 「타임」지 1947년 3월호 커버스토리에는 마셜이 곧 정밀 조사를 받게 될 거라는 기사가 실렸다. 만일 마셜이 계속해서 중국 지원 입장을 옹호했더라면 루스는 끝도 없는 미사여구를 동원해 그를 추켜세웠을 것이다. 아마도 전시에 능숙하게 군을 지휘했던 것처럼 평시에도 냉철함과 결단력과 해박한 지식을 가지고 의욕적으로 대처했다는 극찬을 받았을지 모른다. 하지만 「타임」은 그런 칭찬 대신 불길한 질문을 하나 던졌다. "마셜은 앞에 놓인 어마어마한 임무를 감당할 능력이 있는가?"[10] 그 말에는 날카로운 경고, 즉 제 발로 외국으로 나가지 않으면 끌어내 버리겠다는 뜻이 담겨 있었다. 이러한 상황 전개는 또 하나의 중요한 사실을 증명해준다. 루스와 차이나로비가 당대 최고의 인기를 누리며 사람들의 존경을 한 몸에 받던 마셜의 평판을 마음대로 짓밟고 깔아뭉갤 수 있다면 다른 사람들에게도 얼마든지 그런 공격을 퍼부을 수 있다는 사실 말이다.

1947년 5월 중순에 루스는 구웨이쥔을 만나서 오랜 시간 마셜에 대해 이야기를 나눴다. 며칠 전에 마셜을 만난 적이 있는 구웨이쥔은 국민당이 이미 대의명분을 잃어버린 상태라는 점에 대해 국무장관이 크게 염려하고 있음을 알고 있었다. 구웨이쥔은 마셜 때문에 문제가 생길 수 있다고 생각했다. 당시만 해도 루스는 마셜이 전쟁에서 여러 차례 장제스를 도와 활약했기 때문에 그에 대해 긍정적으로 생각하고 있었다. 그래서 루스는 트루먼 정부에 있는 다른 사람은 몰라도 마셜만큼은 공산주의의 위협이 어느 정도로 심각한지 잘 알고 있을 거라고 구웨이쥔에게 자신 있게 말했다. 그 점에 대해서는 추호의 의심도 품지 않았다. 루스는 중국에 대한 자기 생각과 현재 미국 정부가 추구하는 외교정책 사이에 큰 차이가 있다는 사실을 마셜도 잘 알고 있다고 생각했다. 그래서 구웨이쥔에게 "마셜은 자신의 대(對)중국 정책이 미국의 외교정책과 조화를 이루도록 바꾸거나 자기가 의심을 받는 쪽을 택할 것"이라고 말했다. "만약 그가 대(對)중국 정책을 바꾸지 않으면 「타임」지를 통해 두 정책 사이의 모순점을 만천하에 공개하겠다고 하더군요. 하지만 조지 마셜이 정책 변화를 시도할 거라고 굳게 믿는 눈치였습니다. 마셜이 그 정도도 파악하지

못할 정도로 어리석은 사람은 아니었으니까요."라고 구웨이쥔은 덧붙여 설명했다.[11]

마셜이 차이나로비와 루스의 뜻에 맞춰주지 않자 그제야 비로소 마셜이 좌파도 공산주의자도 아니며 국무장관이라는 직책에 걸맞게 다른 사람들을 변호하고 지켜주려 했을 뿐이라는 사실이 드러났다. 안타깝게도 마셜은 정보(특히 중국에 대한 정보)를 엉뚱한 사람들에게서 얻고 있었다. 인디애나 주 상원위원이자 매카시의 아류였던 윌리엄 제너는 이렇게 설명했다. "마셜은 아주 열성적인 태도로 기꺼이 반역자들의 앞잡이 노릇을 했다. 이제 그는 살아 있는 거짓말의 보고(寶庫)가 되었고 더 이상 어떤 역할도 주어지지 않았다." 제너가 이런 말로 그를 공격했다는 사실을 누군가 전해주려 할 때면 마셜은 이렇게 대꾸했다. "제너? 글쎄요, 나는 그런 사람을 모릅니다."[12]

정계에서 자신의 영향력을 유지하기 위해 장제스를 밀어내려는 사람들을 숙청하는 일은 루스의 중요한 임무가 되었다. 루스는 아주 약삭빠르게 행동했지만 모든 계획은 구웨이쥔의 머리에서 나왔다. 중국 대사관 사람들은 자신들이 갈수록 트루먼 정부의 관심에서 밀려나고 있으며, 트루먼 행정부가 유럽 전체의 안정이라는 더 중대한 사안도 전폭적으로 추진하지 못하고 있다는 걸 잘 알고 있었다. 정부 측 사람들은 모두들 마셜 플랜을 통해 전쟁으로 무너진 유럽 경제를 안정시키는 게 중요하다고 생각했다. 특히 세력 확장을 꾀하는 소련을 저지하려면 주요 요충지였던 그리스와 터키를 지켜야 했다. 이 점은 트루먼 독트린에서도 명확하게 언급되었다. 구웨이쥔은 이러한 외교정책에 중국 원조라는 사항을 끼워 넣어야 한다고 생각했다. 그때부터 중국 원조 없이는 그리스나 터키에 대한 경제 원조나 유럽 지원은 생각할 수 없는 일이 되었다. 그러자 거침없는 발언으로 주목을 받던 뉴햄프셔 주 상원의원 스타일즈 브리지스는 국회 공청회에서 "우리가 유럽의 주둔군인가 아니면 아시아의 겁쟁이인가?"라고 말하기까지 했다. 그의 말은 당시 아시아 우선주의자들의 새로운 입지를 아주 적절하게 묘사한 것이었다. 시간이 갈수록 트루먼 정부의 외교정책에 대한 국내 지지도가 떨어지고 비난의 목소리도 높아졌다. 그래서 브리지스의 발언은 일종의 정치적 공갈과 같았다.

트루먼을 공격했던 핵심 사안은 역시 중국 문제였다. 하지만 그는 중국 문제를 뛰어넘어 훨씬 더 광범위한 부분에서 비난을 받았다. 주로 중서부 지역에서 맹렬한 비난의 목소리가 흘러나왔다. 그들은 원래 미국 우월주의가 강했고 매사에 목소리가 큰 편이었다. 세계대전 중에도 미국이 다른 나라의 문제를 해결하느라 쓸데없는 고생을 했고 전후 사태로 고생하는 유럽 재건에 투자하는 것 역시 영국의 배를 불려주는 일이라고 생각하는 사람들이었다. 이들은 유럽을 재건하는 것이 새로운 이익을 창출한다고 보지 않았다. 현대식 무기가 등장하면서 대서양 세력이 줄어들고 있다고 보았기 때문이다. 프린스턴 대학의 토머스 크리스텐슨 교수는 이들을 가리켜 '아시아 고립주의자들'이라고 불렀다. 마치 두 정당이 주요 대양을 하나씩 차지하고 있는 것 같았다. 리처드 로베어(Richard Rovere)와 아서 슐레진저(Arthur Schlesinger)는 1951년에 출간한 책에서 태평양은 오랫동안 공화당 차지였고 대서양은 민주당에 속해 있다고 표현했다.[13] 평상시 외교 문제에는 발을 들여놓지 않으려고 몸을 사렸던 로버트 태프트마저 "유럽보다 극동지역이 미국의 앞날에 더 중요할 거라고 굳게 확신한다."라고 말하며 태평양, 즉 공화당을 지지하는 입장을 보였다. 중국 문제로 정부와 맞섰던 공화당원들은 최근 미국의 외교정책과 관련해서는 이해관계가 거의 없었다. 유명한 정치학자 존 스패니어(John Spanier)는 민주당 의원들이 대(對)중국 정책을 세울 때 공화당 의원들을 전혀 참여시키지 않았다고 예리하게 지적했다. 장제스의 군대가 패배를 거듭하자 코네티컷 주 상원의원으로 외교위원회에 속해 있던 브라이언 맥마흔(Brien McMahon)은 1947년부터 1949년까지 실시된 주요 정책 중에서 공화당 상원의원들이 반대한 사항이 있는지 알아보았다. 그리고 아무도 변화된 대(對)중국 정책에 의견을 내놓지 않았다는 것을 알게 되었다.[14] 장제스 정권을 지지하기 위해 미 전투부대를 파견하는 일 역시 공화당이 전혀 찬성한 바 없던 일이었다. 트루먼의 옹호자였던 텍사스 주 상원의원 톰 코널리가 공화당 소속 아서 반덴버그에게 "당신 아들이라면 중국 내전을 도우라고 보내시겠습니까?"라고 질문했을 때도 공화당은 묵묵부답으로 일관했다.[15]

당시 공화당은 서서히 내분이 일어나기 시작했다. 초당파적 입장을 고수했던 반덴버그는 이미 그 문제로 심각한 고민에 빠져 있었다. 온건파였던 그는 장제스 정부가 몰락하는 와중에 중국 문제를 이용하려는 극우파 때문에 불안해했다. 그는 몇몇 동료들에게 공화당으로 주도권이 넘어가는 건 양날의 검을 쥐여주는 것처럼 위험하다고 말했다. 반덴버그는 1948년 9월 대선에서 공화당이 승리하면 국무장관이 될 수도 있었다.

그는 당시 중국 우선주의자들의 주도 세력이었던 윌리엄 놀런드 의원에게 중국 문제를 너무 몰아붙이지 말라고 경고하면서, 자칫하면 그 문제가 공화당에 떠넘겨질 수도 있음을 염려하는 서한을 보냈다. 그 서한에서 반덴버그는 이렇게 설명했다. "장제스에게 동정심을 느끼는 건 당연한 일인지 모릅니다. 나도 예전이나 지금이나 그런 마음을 갖고 있으니까요. 하지만 우리 도움으로 군사 훈련을 실시하고 군수품을 얻는데도 총 한 번 제대로 쏴보지 못하고 적에게 항복하고 있습니다. 이 와중에 안 그래도 부족한 전투부대를 계속 지원하려는 계획은 너무하지 않습니까?"[16]

하지만 중국을 잃는 건 빙산의 일각에 불과했다. 그 문제는 오히려 나라의 지배권을 회복하게 도와서 다시금 공화당이 이끄는 미국을 만들 수 있게 해 줄 것 같았다. 이들은 새로운 세기의 개막과 함께 자신들이 본을 보인 건전한 사업 관행과 옛 가치관을 중시하는 미국이 되기를 기대했다. 그들은 돈이 궁하지도 않았고 정부에서 자리를 얻으려고 애쓰지도 않았다. 지도자의 지위가 기독교인 백인 남성에게만 허용되던 시대에 권세를 누리던 지역 유지들이자 중산층이 여전히 적던 시대에 전문직에 종사하는 사람들이었다. 이들이 가담한 시민 조직에서는 다들 미국이 자신들이 생각하는 아메리카니즘에서 벗어나 표류하고 있는 만큼 무언가를 해야 한다고 생각했다. 이들의 적은 바로 뉴딜 정책과 그 정책에 힘입어 등장한 신진 세력들이었다. 네브래스카 주 상원의원 휴 버틀러는 1946년 선거가 시작되기 전에 이렇게 말했다. "선거 후에도 뉴딜 정책이 장악하고 있다면 그건 아마 공산당 때문일 것이다." 이들은 본능적인 토착주의자로서 이것이 자기들의 약점이 아니라 강점이라고 굳게 믿었다. 그들은 프랭클린 루스벨트와 해리 트루먼을 선출한 미국, 즉 가톨릭 신자, 유대인, 흑인과 노동조합이 있는 대도시 미국을 좋아하지도 신뢰하지도 않았다. 이들은 본래 미국의 모습에서 조금이라도 달라지는 것을 용납하지 않았고, 그러한 변화를 원래대로 돌려놓겠다는 강한 의지로 불탔다. 루스벨트가 거의 20여 년 동안 만들어놓은 미국은 바꾸어야 할 대상이었고 잘못된 것이었다.

트루먼과 애치슨은 당시 정계에 어떤 음모가 진행되고 있는지 잘 알고 있었으며 거기 관련된 사람들을 아주 경멸했다. 애치슨은 그들을 가리켜 '원시인들'이라 불렀고 트루먼은 '짐승 같은 놈들'이라 표현했다.[17] 트루먼은 애초부터 중국이 국내적으로나 대외적으로 실패한 카드라는 걸 간파했다. 1947년 3월에 열린 각료 회의에서 트루먼은 중국과의 긴밀한 동맹 관계를 고수하려는 세력을 맹렬하게 비난했다. 자신의 일지에도 "장제스는 절대로 이번 전투에서 다시 일어서지 못할 것이다. 승리는 이미 광신도를 방불케 하는 공산주의자들의 손에 넘어갔다. 지금 상황에서 중국을 계속 지원하는 것은 밑 빠진 독에 물을 붓는 것과 같다."라고 기록했다.[18] 사실 트루먼은 대통령직에 오를 때부터 장제스 정권을 싫어했고 이제는 깊이 증오하는 수준이었다. 그의 마음속에서 중국에 대한 지원은 처음부터 잘못된 판단이었으며 중국은 부정직하고 사악한 동맹국이었다. 트루먼 정부는 비밀리에 지원금의 사용 내역을 조사했으며 그 결과 상당 부분이 장제스의 가족에게 흘러들어갔음을 확인했다. 트루먼은 국민당을 두고 "사기꾼에 도둑놈들"이라고 말하기도 했다. 테네시 강 유역 개발 공사를 세우는 데 크게 기여한 뉴딜 정책 지지자 데이비드 릴리엔솔(David Lilienthal)에게는 "우리 정부가 준 지원금 중 약 10억 달러는 바로 여기 뉴욕 은행에 쌓여 있다고 장담하네."라고 말했다.[19]

트루먼을 가장 화나게 한 것은 군을 잘 지휘하여 전쟁에서 이기려는 노력은 조금도 하지 않고 정치적인 압력을 행사하여 계속 지원금을 얻어내려는 국민당의 어처구니없는 태도였다. 중국 국민당 정부의 모든 면이 마음에 들지 않았다. 제대로 싸워보려는 의지는 전혀 없으면서 계속 미국 정부를 졸라 무기를 얻어가서는 정작 제대로 한번 사용해볼 엄두조차 내지 못했다. 1948년 11월 24일, 트루먼은 중국 대사 구웨이쥔을 만난 자리에서 또 한 번 국민당에 대한 불신을 확인했다. 그는 맞은편에 앉아 있는 대사가 곤경에 빠진 중국을 대표하는 인물이 아니라 가장 큰 정적(政敵)을 대표하는 사람임을 잘 알았다. 구웨이쥔은 사실상 트루먼 정부를 반대하는 공화당의 지도급 인사나 다름없었다. 중국 대사관은 얼마 전에 트루먼에게 패한 토머스 듀이와 오랫동안 아주 긴밀한 관계를 유지하고 있었다.

그런 시점에서 구웨이쥔이 트루먼을 대면한 것은 아주 위험한 행동이었다. 대통령 앞에서 진심 어린 태도가 아니라 겉치레뿐인 겸손을 차리는 모습이 확연히 드러났다. 구웨이쥔은 "그냥 대통령의 말에 무조건 맞춰드렸죠. 그래서 대화를 나누는 동안 별 무리는 없었습니다."라고 회상했다.[20] 무너져가는 정권을 위해 군사 지원을 베풀어달라는 말을 꺼내기에 좋은 시기는 아니었다. 트루먼의 태도는 전혀 우호적이지 않았다. 그는 구웨이쥔에게 방금 쉬저우(徐州) 인근에서 32개 사단이 공산군에게 항복했으며, 소지하고 있던 무기 전체를 고스란히 넘겨주었다는 소식을 들었냐고 물었다. 처음 듣는 소식이라 구웨이쥔은 미처 몰랐다고 솔직하게 인정했다. 트루먼은 이미 국민당 정권이 수많은 패배를 겪었다는 것을 알기에 마셜 장군에게 최대한 노력해보라고 명령할 것이지만 더 이상의 지원은 없다고 못 박았다. 그 자리에서 자세히 설명되지 않았지만 32개 사단이 넘어갔다는 말은 약 25만 명 내지 30만 명이 포로가 되었으며 그만큼 많은 무기를 빼앗겼다는 뜻이었다. 하지만 그 사건은 중국 각지에서 벌어지는 전투의 일부에 불과했다. 구웨이쥔은 백악관을 빠져나오자마자 외교부장 예궁차오(葉公超)를 찾아가 쉬저우 지역의 상황이 어떤지 물어보았다. 예궁차오는 상황이 그리 절망적인 것은 아니라고 대꾸했다. 방금 트루먼 대통령에게 사단 32개가 항복했다는 말을 들었는데 사실이냐고 되묻자 예궁차오는 사실이라고 인정했다. 국민당 군대는 그런 식으로 서서히 본모습을 드러내고 말았다.[21]

공산당이 중국 본토를 완전히 장악하기 몇 달 전 미군 지원 부대 책임자였던 데이비드 바 소장은 마치 자기가 중국군 책임자인 양 장제스 정권의 고위 간부들과 한자리에 모여 작전 계획을 짜고 있었다. (무엇보다 그는 후퇴할 때는 각종 군 설비와 무기를 못 쓰게 만들어서 공산군의 손에 넘어가는 일이 없게 해야 한다고 강조했지만 누구도 귀 기울여 듣지 않았다.) 중국으로 파견된 마지막 미국 대사였던 존 레이턴 스튜어트는 미국 외교정책에 반대하는 세력을 동요시킬 우려가 있다는 이유로 중국 공산당 지도층과는 만나지 못하게 되어 있었다.

중국을 공산당에게 내어준다 해도 장제스는 대만에서 권력을 유지할 정도의 정치적 지원은 이미 확보한 상태였다. 1952년에 드와이트 아이젠하워가 대통령에 당선되자 여전히 중국 대사관에 남아 있던 구웨이쥔은 성대한 만찬을 열었다. 이 모임에는 헨리 루스, 윌리엄 놀런드 상원의원, 팻 매캐런, 조지프 매카시, 월터 저드 등 중국 우선주의 주요 인사들이 참석했다. 파티가 한창 무르익을 무렵 이들은 모두 자리에서 일어나 장제스를 위해 건배하며 이렇게 외쳤다. "다시 본토로 돌아오기를!"[22]

제5부

북한이 던진 마지막 주사위

The Coldest Winter

제18장

낙동강방어선전투

한국에서는 서서히 최후의 대결이 다가오고 있었다. 1950년 8월 초에 인민군은 낙동강 뒤편에 늘어서 있던 유엔군에게 마지막 일격을 가할 준비를 모두 마친 상태였다. 유엔군은 지원군이 도착하지 않아 적에 비해 병력이 턱없이 모자란 상태였다. 하지만 인민군의 공격도 눈에 띄게 느려지고 있었다. 유엔군 사령부는 낙동강이야말로 아군이 잠시 숨을 돌릴 수 있는 최상의 방어막이라고 생각했다.[1] 미국에서 전투부대가 하나둘 들어오고 있다는 소식도 희망을 심어주었다. 전쟁사가 로이 애플먼에 따르면 낙동강이 큰 해자(垓子)를 형성하여 부산방어선의 4분의 3 이상을 보호해주었다. 부산방어선은 절대 무시할 수 없을 정도의 규모였다. 몇 주에 걸쳐 수백여 차례 소규모 접전과 몇 차례 큰 전투가 벌어졌다. 애플먼은 부산방어선이 사각형 모양이라고 묘사했다. 남북 길이는 약 320킬로미터, 동서 길이는 약 160킬로미터였다. 동쪽으로는 동해, 남쪽으로는 대한해협을 끼고 있었으며 낙동강이 서쪽 경계선을 형성했다. 가장 깊은 곳의 수심이 2미터를 넘지 않았으며 폭은 400미터 내지 800미터 정도였고 물살이 느린 편이었다. [제2기병사단 소속 찰스 해멀(Charles Hammel) 일병은 "미주리 강과 폭이 비슷한 정도"였다고 설명했다. 그는 미주리 강에서 160킬로미터 떨어진 곳에서 살았으며 한국에 와서는 낙동강에 다리를 건설하는 작업을 지원했다. 그러나 인민군이 마지막 총공격을 감행하여 남쪽으로 내려온 시기와 맞물려 정작 미군들보다 인민군이 먼저 그 다리를 건넜다.]² 낙동강이라는 자연의 보호막이 없었더라면 미군 부대는 결코 부산방어선을 사수하지 못했을 것이다. 그들에게 낙동강은 단순한 방어선 이상의 의미를 지녔다. 워커는 그곳에서 흩어진 부대를 재정비하여 처음으로 측면 방어를 제대로 해냈다.

방어선 아래 상황은 아주 빨리 나아졌다. 길이나 철도 상태를 고려할 때 예비대를 데려다 효과적으로 운영할 수 있는 기회는 그때뿐이었다. 워커는 미군 부대에서 발생한 여러 가지 문제를 한층 쉽게 해결하고 또 복구할 수 있었다. 7월 중순이 되자 제2보병사단의 선발대가 한국에 도착했고 거의 같은 시기에 제1해병임시여단 중 일부 대원들이 도착했다. 특히 해병대원들은 후에 제1해병사단으로 편성되어 인천상륙작전을 성공으로 이끌었다. 이러한 지원에 힘입어 미군 부대는 여러 가지 긍정적인 변화를 보이기 시작했다. 전투력이 눈에 띄게 상승했고 인민군에게 승산이 있다고 할 수 있는 시간은 갈수록 줄어들었다. 8월 말이 되자 미군 사령부는 인민군이 마지막 전면 공격을 감행할 거라고 예측했다. 예상 공격 경로는 낙동강의 서쪽과 북쪽이었다. 평균 7,500여 명으로 구성된 13개 보병 사단과 약 1,000명으로 이루어진 1개 전차 사단, 각 500명으로 이뤄진 2개 전차 여단은 절대 만만한 규모가 아니었으며 훈련 상태도 아주 우수했다. 하지만 불과 몇 주 전만 해도 인민군에게 절대적으로 유리해 보이던 상황이 하나둘씩 바뀌고 있었다. 일례로 8월에 유엔군 공군은 지난달에 비해 두 배나 늘어난 임무를 수행하며 인민군의 식

■ 제9보병연대 병사들과 M-26 탱크가 북한군의 낙동강 도강에 대비하고 있다. 1950년. © Cpl. Thomas Marotta/ U.S. Department of Defense.

량과 탄환, 병참 지원을 차단했고 잠시도 쉴 틈을 주지 않고 몰아붙였다. 8월 말 낙동강 근처에서 중대한 전투가 시작될 무렵에 인민군은 이미 돌이킬 수 없는 곤경에 처해 있었지만 아군이나 적군 모두 미처 그것을 깨닫지 못했다. 그곳에서 보병대 사단을 지휘했던 T. R. 페렌바크는 이미 인민군이 "피를 철 철 흘리며 죽어가고 있었다."라고 증언했다.[3] 여러 해가 지나고 인민군 퇴역 장교 유성철은 이렇게 말했다. "원래 전쟁이 며칠 안에 끝날 거라고 생각했기 때문에 예상과 달리 상황이 악화될 때 어떻게 대처해야 할지 대책이 없었다. 실패할 경우에 대비하지 않고 전투에 임한 것이 불행을 자초했다."[4]

8월 31일 김일성의 명령으로 낙동강 최종 전투에 인민군 사단 13개가 추가로 투입되었다. 놀랍게도 당시 양측의 부대 규모는 거의 비슷한 수준이었고 미국에서 파견된 정예 부대가 속속 도착하고 있었다. 제2보병사단 소속 3개 연대 중 마지막 연대였던 제38연대가 8월 19일에 부산에 도착했다. 10만 명에 달하는 인민군이 이번 전투가 마지막이 되기를 바라면서 부산항 공격을 준비하고 있었지만, 제8군 예하 8만여 명의 미군들이 이미 부산 방어에 온 힘을 기울이고 있었다.

2개월 동안 인민군 남하를 막아낸 제8군의 능력은 개인적으로 월튼 워커의 훌륭한 업적으로 기록되었다. 그는 7월 말부터 9월 중순까지 약 6~7주 동안 모든 상황에 빈틈없이 대처하는 용맹스럽고 탁월한 모습을 보여주었다. 도쿄 사령부와 워싱턴 정부로부터 무시를 당하고 탱크 전투가 불리한 지역에서 프랑스나 독일에서 이끌었던 군대에 비해 전투력이 형편없는 부대를 이끌면서도 말이다. 지난 세기 미국의 전쟁사에서 가장 부당한 취급을 받은 전쟁은 한국전쟁이었다. 그중에서도 1950년 7월부터 9월까지 낙동강 근교에서 수차례 벌어진 소규모 전투에는 거의 관심을 두지도 않았다. 따라서 낙동강방어선전투를 지휘했던 월튼 워커는 미군 역사를 통틀어 공로를 제대로 인정받지 못한 가장 불운한 사람이 되었다. 공군으로 복무했던 마이크 린치는 "월튼 워커는 잊혀진 전쟁의 잊혀진 지휘관"이라고 말한 바 있다.[5]

미국인들이 한국전쟁 자체에 관심을 갖지 않기도 했지만 특히 낙동강방어선전투와 부산방어전은 그 뒤에 일어난 더 큰 전투들에 가려 사람들에게 거의 알려지지 않았다. 하지만 그 힘든 기간에 월튼 워커는 훌륭한 장교로서 자신의 몫을 톡톡히 해냈다. 무기 상태도 엉망이고 병력도 턱없이 부족한 군대를 이끌고 우수한 전투력을 갖춘 사나운 적의 진격을 막고자 힘겹게 사투를 벌였다. 그러는 동안 미국은 서서히 자신의 새로운 책임을 받아들이기 시작했다. 워커는 부하들에게 절대 비굴하게 달아나지 말고 군인답게 싸우다 죽으라고 명령했고 자신도 기꺼이 그렇게 하겠다는 태도를 보였다. 필요하다면 부산을 점령하려는 인민군을 마지막 순간까지 저지한 군인이 되겠다고 말했다. 그러던 중 9월 초에 그는 언제나 함께였던 린치와 함께 대구로 갔다. 한국전쟁이 시작하기 전까지 대구는 세상에 알려지지 않은 소도시에 불과했지만 이때쯤엔 전투적으로 굉장히 중요한 요충지가 되었다. 대구에서 부산까지의 거리는 72킬로미터에 불과했으므로 인민군이 이곳을 차지하면 부산까지 내려오기 훨씬 수월해지기 때문이었다. 워커는 린치에게 이렇게 말했다. "자네는 나랑 대구의 길목에 서서 적이 더 이상 밀고 내려오지 못하게 막아야 하네. 내 계획은 인민군이 이곳을 뚫고 들어와도 자네와 나는 끝까지 여기 남는 것일세. 우리 둘만이라도 최후의 순간까지 싸워야 하네."[6]

워커는 조그만 정찰기를 타고 다니면서도 겁을 먹거나 피곤해하는 기색이 없었다. 상공 몇백 미터의 높이로 비행할 때면 적군의 기관총에 맞아 추락할 위험도 있었다. 어떤 때는 창가에 몸을 기대고 확성기를 통해 지상에 있는 부하들에게 고함을 치며 명령했다. 대원들이 겁을 먹거나 후퇴하려는 움직임을 보이면 어김없이 다시 전선으로 돌아가서 끝까지 싸우라고 소리쳤다. 정찰기가 저공비행을 하는 경우가 많았기 때문에 린치는 중장이 타고 있음을 알리는 3성 표시를 아예 지워버렸다. 한국전쟁의 역사가 서서히 세계인들의 주목을 받고 매슈 리지웨이를 비롯한 거물급 인사들이 등장하면서 월튼 워커는 자연스레 뒤로 밀려났다. 그에 대해 사람들이 기억하는 거라고는 11월 말에서 12월 초 사이에 청천강 유역에서 매복하고 있던 대규모 중공군의 손에 희생된 사람 중 하나라는 사실뿐이었다. 그 사건은 워커의 동의 없이 벌어진 일이지만 결국 그의 평판에 돌이킬 수 없는 오점을 남기고 말았다.

낙동강방어선전투에서 워커가 훌륭한 작전을 펼친 것을 생각하면 분명 불공평한 처사였다. 그는 대대 하나를 빌려다가 다른 연대를 지원해주고 해병대와 제27울프하운드대대를 기동대로 활용하여 인민군에게 뚫릴 가능성이 높은 취약점을 보완하는 등 훌륭한 지휘력을 보였다. 또 철도와 도로 설비를 선점하고 있어서 적에 비해 기동성이 뛰어난 아군의 상대적인 장점도 최대한 활용했다. 이 때문에 미군이 일시적으로 허점을 드러내도 인민군은 그 허점을 즉시 공략할 정도로 부대를 빨리 이동시키지 못했다. 당시 인민군이 실패한 이유는 허술한 전투 계획과 적재적소에 부대를 투입하지 못한 점, 또 효과적인 연락망을 통해 전투 상황에 맞게 부대 배치를 바꾸지 못한 점 때문이었다. 기술적으로 월등했던 미군 부대를 앞세우자 전투 속도는 갈수록 빨라졌다. 게다가 미국에서 새로운 전투 장비가 도착함에 따라 전투에 더욱 박차를 가할 수 있었다. 미군이 보기에 인민군은 열악한 통신 설비보다 지나치게 관료주의적인 부대 조직이 가장 큰 문제였다. 워커는 주변 상황을 늘 예의주시하여 인민군의 다음 공격 장소를 정확히 예측했다. 그래서 제8군 소속 장교들의 눈에는 워커가 마술사처럼 보였다. 인민군이 사용하는 무선 코드는 아주 원시적이라 암호를 자주 바꿀 수 없었고 이 때문에 워커는 이들의 연락망을 쉽게 도청했다. 워커에게는 이것 외에도 비법이 하나 더 있었다. 그는 린치와 함께 정찰기를 타고 인민군 진지에 아주 가깝게 접근해서 육안으로 그들을 자세히 관찰하기를 수도 없이 반복했다. 그래서 적의 배치 상태와 내부 변화를 꼼꼼하게 읽어냈다.

그래도 당시 상황을 한마디로 표현해보라고 했다면 워커는 분명 '절박함'이라는 말을 떠올렸을 것이다. 그는 항상 병력 부족과 인민군의 방어선 돌파에 대한 불안감에 시달렸다. 하루가 멀다 하고 참모장 유진 랜드럼(Eugene Landrum) 대령에게 "오늘은 예비대를 얼마나 확보했나?" 하고 묻곤 했다.[7] 그들에게 가장 절실한 것은 전투에 투입할 병력이었다. 인민군이 바다를 통해 침투할 확률도 배제할 수 없는 상황이었기 때문이다. 워커가 인민군의 저력을 지나치게 과소평가했던 곳은 바로 낙동강방어선전투가 벌어진 장소였다. 낙동강에는 동쪽으로 향하기 전에 서쪽으로 살짝 굽어 흐르는 지점이 있었는데, 남북으로 8킬로미터, 동서로 약 6.4킬로미터 정도 크기로 불룩 솟아 있었다. 바로 그곳에서 한국전쟁에서 가장 격렬했던 전투가 벌어졌다. 인민군 제4사단이 미군의 손에 산산이 무너지고 생포된 군인들을 통해 인민군 내부 사정이 매우 열악하다는 것을 알게 되자 미군은 인민군의 공격력이 극도로 약해졌다고 생각했다. 하지만 낙동강방어선전투에서 만난 적군은 제4사단의 일부에 불과하며 앞으로 제2사단 및 제9사단과 다시 격돌하리라는 사실은 미처 알지 못했다.

그 지점에 워커는 제2보병사단 23연대 소속 3개 대대 중 2개를 배치하고 마지막 1개 대대는 제1기병사단을 지원하게 했다. 그렇다고 이를 두고 방어선을 너무 얇게 형성했다고 말하는 건 지나친 평가다. 당시 제2보병사단 23연대 1대대 찰리중대 소대장이었던 해럴드 그레이엄(Harold Graham) 상사는 이미 전투 임무를 받고 본격적인 명령을 기다리던 중이었다. 그런데 낙동강방어선전투에서 인민군의 집중 공격을 벌인 첫날 밤에 심한 부상을 입고 군인으로서의 길을 사실상 접어야 했다. 그는 자기 부대가 이미 여러 차례의 접전으로 전투력이 약해진 데다 연대 하나를 다른 지역으로 보낸 터라 평소와 달리 18,000명이 아니라 고작 9,000명 정도만 남아 있었다고 회상했다. 이들은 약 64킬로미터에 이르는 전방 지대를 맡았고 23연대 1대대는 400명 내지 500명의 부대원들로 약 5~6킬로미터에 달하는 지역을 사수했다. 찰리중대 소속 분대장이었던 조 스트라이커(Joe Stryker)는 큰 공습이 있기 전 '우리가 여태까지 이렇게 적은 인원으로 전투를 치른 적이 있었던가?' 하는 생각이 뇌리를 스쳤다. 그는 낙동강방어선전투가 벌어지기 불과 며칠 전에 통신장교로 연대에 재임명되었고, 살아남은 소수 생존자 중 하나였다. (그래서 낙동강방어선전투 상황을 생생하게 증언해줄 수 있었다.) "내가 보기에는 지뢰선 같았다. 상상할 수 있는 가장 작고 가느다란 지뢰선 말이다." 그 상태에서 제대로 된 방어를 하는 것은 애초부터 불가능했다. 차라리 인간으로 만든 조밀한 거름망을 세워놓았다고 하는 게 더 적절한 표현일 것이다. 대원 각자에게 헬리콥터가 한 대씩 주어진다면 모를까 현실적으로는 아무 가망이 없는 싸움이었다. 스트라이커는 사실 한국에 도착한 순간부터 매사가 그렇게 주먹구구식이었다고 생각했다. 그는 도착하자마자 최전방에 투입되어 양쪽에 있는 아군의 상태를 계속 확인하고 연락을 취하는 등 실제 전투에서 가장 중요하고 급박한 일을 도맡았다. 매번 지프를 타고 약 8킬로미터의 거리를 종횡무진했고 결국 미군 병사 두 명을 찾아냈다. 인근에 있던 제24사단에서 낙오된 이들이었는데 스트라이커를 보고 굉장히 반가워했다. 그들은 스트라이커를 보고 제2사단 전체가 한국에 들어왔다고 생각했는지 기쁨을 감추지 못했다. 그런 그들에게 자신이 있는 곳이 무려 13킬로미터나 떨어져 있다는 말을 차마 할 수 없었다.

제23연대 부대원들은 공격에 대비하는 동안 고립되었다는 느낌을 지울 수 없었다. 연대장 폴 프리먼(Paul Freeman) 대령은 인민군의 움직임에 대한 워커의 정보는 믿기 어려울 정도로 정확했지만 바로 그 순간 부대원들에게 뭔가 중요한 것이 하나 빠져 있었다고 회상했다. 8월이 끝나갈 무렵 제23연대 1대대 사람들은 뭔가 큰 사건이 곧 벌어질 거라는 예감을 받았다. 낙동강 동쪽에 머문 지 불과 이틀이 지나자 인민군이 집중 공격을 퍼붓기 시작했다. 곧 제2대대가 뒤쪽에서 진군해왔다. 이들은 낙동강 방어에서 중요한 기점이었던 밀양에 갔다가 낙동강과 더 가까운 창녕으로 움직였다. 31일 저녁이 되자 강 건너편에 인민군 숫자가 급격히 늘어났으며 그날 밤이나 다음 날 밤이면 적의 공습이 시작될 거라는 소문이 삽시간에 퍼졌다.[8]

때로는 운명에 이끌린 나머지 너무 큰 사건에 휘말려 역사의 길에 성큼 들어서는 것 같은 느낌을 받을 때가 있다. 그날 밤 찰리중대가 바로 그런 느낌을 받았다. 수적으로 밀리는 상황에서 마지막 공격을 감행하는 엄청난 규모의 인민군과 맞붙은 것이다. 길고 구불구불한 낙동강을 따라 미군 부대가 여기저기 퍼져 있었지만 찰리중대만큼 위험을 무릅쓰고 넓게 포진한 부대도 없었다. 찰리중대는 '장렬히 전사'하고 겨우 몇 명만 살아남았다. 여러 해가 지난 후에도 조 스트라이커는 낙동강방어선전투 초반에 아군과 적군의 규모가 믿을 수 없을 정도로 큰 차이를 보였다고 말했다. 인민군 2개 사단이 몰려와서 약 15,000명에서 20,000명쯤 돼 보이는 군인들이 찰리중대가 방어하던 지역을 뒤덮었고, 그중에서 8,000명 내지 10,000명 정도의 인민군이 중대 본부를 정확히 겨냥했다. 그의 증언에 따르면 정상적인 규모의 중대 하나는 약 200명으로 구성되며 1킬로미터 정도의 지역을 방어하게 되어 있었다. 그런데 찰리중대가 속한 제1대대 앞에는 14킬로미터가 넘는 전선이 펼쳐져 있었으므로 3개 중대 모두 심각한 인력난을 겪는 가운데 각각 4킬로미터 내지 5킬로미터를 엄호해야 했다. 이는 최대 70명으로 구성된 소대가 무려 1.6킬로미터를 맡고, 20명에서 25명으로 구성된 분대가 축구장 7개에 해당하는 700미터를 엄호하는 것을 의미한다.[9]

스트라이커의 증언은 그레이엄 상사의 증언과 일치했다. 그레이엄은 찰리중대 제2소대장으로 박격포와 무반동총 부대를 지휘했다. 중화기 소대인 제4소대 소대장 어윈 엘러(Erwin Ehler) 상사도 같은 이야기를 들려주었다. 그레이엄의 소대는 찰리중대가 주둔하던 중심부에 있었다. 왼쪽으로는 엘러의 제4소대가 있었고 오른쪽에는 제1대대 B중대가 자리하고 있었다. 엘러가 이끌던 소대 왼쪽에는 창녕으로 넘어가는 길이 있었으며, 그 길 너머에는 역시 제2사단 9보병연대가 자리 잡고 있었다. 하지만 이러한 부대 배치에는 심각할 정도로 허술한 점이 많았다. 그날 밤 심한 부상을 입은 엘러는 "우리는 서로

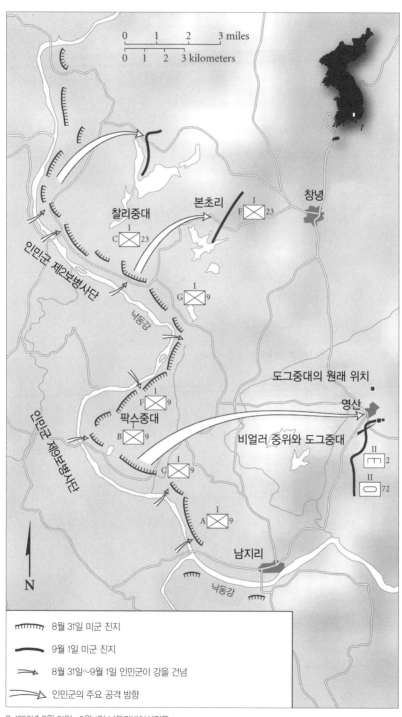

┌──────────┐
│ ┌┬┬┬┬┬┐ 8월 31일 미군 진지
│
│ ▬▬▬▬▬ 9월 1일 미군 진지
│
│ ⟶ 8월 31일∼9월 1일 인민군이 강을 건넘
│
│ ⟹ 인민군의 주요 공격 방향
└──────────┘

8. 1950년 8월 31일∼9월 1일 낙동강방어선전투.

너무 멀리 떨어져 있었습니다. 누가 어디에 있는지 아는 사람이 아무도 없었어요."라고 회고했다.[10] 그레이엄의 제2소대는 약 1.8킬로미터의 전선을 마주했다. 오른쪽으로도 동일한 간격을 두고 B중대가 자리 잡고 있었다. 나중에 그레이엄은 이렇게 설명했다. "낮 시간이었다면 총격전이 벌어지더라도 그 정도 거리 차를 극복할 수 있었을 겁니다. 하지만 밤에 전투가 벌어져서 아무도 감당할 수 없었어요."[11]

찰리중대 중대장 시릴 바털디(Cyril Bartholdi) 대위는 아군의 병력이 딱할 정도로 부족하다는 걸 누구보다 잘 알고 있었다. 제2차 세계대전을 비롯하여 참전 경험이 풍부한 장교로서, 자유의 여신상을 만든 사람과 먼 친척이기도 했다. 바털디는 당시 아군의 병력이 기적을 기대하기도 힘들만큼 열악하며 모든 사람의 간절한 기대와는 달리 사실상 인민군의 맹공격을 저지할 방법이 없다는 걸 깨달았다. 아군은 풍전등화 같은 처지였으며 남아 있는 제8군에 심각한 경고의 메시지를 전하는 것 외에는 아무것도 기대할 수 없었다. 인민군의 공격이 시작되었음을 후방 부대에 알리고 가능한 한 적의 진군 속도를 늦춰 공격 규모를 알아내는 것이 할 수 있는 전부였다. 물론 멀리 후방에 있는 본부에서 충분한 전투력과 무기를 확보하여 인민군에 맞설 준비를 하루빨리 마무리하기를 간절히 기도했다. 전방 부대에 주어진 임무는 가혹하기 짝이 없었다. 임무를 다 수행한다 하더라도 살아서 돌아가길 바랄 수는 없었다.

8월 31일 오후, 찰리중대를 포함하여 제23연대의 모든 부대는 강 건너편에서 적군이 한곳에 집결하는 모습을 지켜보았다. 뗏목을 만드는 부대도 있었다. 그야말로 본격적인 공격이 바로 코앞까지 다가왔다는 생각이 들었다. 낙동강은 아주 유용한 방어선이긴 했지만 불안한 구석도 많았다. 인민군은 밤에 몰래 모여서 강바닥에 모래 포대를 깔고 보이지 않는 다리를 만드는 것으로 유명했다. 모래 포대는 진흙이 섞인 탁한 강물 때문에 육안으로는 알아채기가 어려웠다. 전쟁이 시작되면 이런 다리를 통해 쉽게 강을 건너올 게 뻔했다. 몇 몇 미군 장교들은 혹시 이런 다리가 이미 만들어져 있는 건 아닌가 하는 두려움에 떨었다.

인민군은 오후 8시 30분에 베이커중대를 향해 첫 공격을 시작했다. 베이커중대 윌리엄 글래스고(William Glasgow) 중위는 횃불을 들고 강을 건너오는 인민군의 모습이 으스스하기 짝이 없었다고 회상했다. 그는 횃불이 모여서 V와 O를 그렸다고 말했다. (정말로 그게 글자 모양이었는지 확실하지 않지만) 미군은 횃불 모양이 뭘 뜻하는지 도무지 짐작할 수 없었다. 각 부대를 미리 정해둔 방향으로 인도하는 일종의 암호 같았다. 나중에 미군에게 붙잡힌 인민군 포로들도 횃불 모양에 관해서는 아무런 설명을 해주지 않았고, 여전히 인민군이 사흘 안에 부산까지 밀고 내려갈 수 있다고 확신했다.

뒤이어 인민군의 포격이 시작되었고 미군의 눈앞에 끔찍한 상황이 벌어졌다. 인민군이 강을 건너오기 시작한 것이다. 찰리중대는 처음 15분 동안 최소 1,300여 명이 강을 건너는 걸 목격했다. 베이커중대 쪽에도 대대 규모의 4개 부대가, 통틀어 1개 사단 규모의 인민군이 강을 건너왔다.

찰리중대 지역에서도 비슷한 상황이 벌어졌다. 그날 밤 현장에 있었던 보급 하사관 테리 맥대니얼(Terry McDaniel)은 "수백만 마리의 개미떼가 강을 건너 몰려오는 것 같았다."라고 설명했다.[12] 완전히 고립된 상태에서 수적인 열세를 딛고 묵묵히 자리를 지키던 미군들은 구름처럼 밀려드는 적군의 모습에 아연실색하지 않을 수 없었다. 그저 적군의 규모를 보는 것만으로도 두려움이 엄습했다. 인민군의 공격은 초반에 엄청난 사상자를 냈다. 상황이 그렇다 보니 너 나 할 것 없이 모두 전방에 투입되었다. 행정병이었지만 전선에 투입된 러스티 데이비드슨(Rusty Davidson)은 이렇게 말했다. "소대원중 하나가 칠면조 사냥 같다고 했어요. 적의 숫자가 많아 쏘기만 하면 맞출 수 있을 것 같았거든요. 하지만 적군의 어마어마한 규모에 비하면 우리는 수적으로 너무 열악했어요. 정신을 차려보니 인민군이 아니라 우리가 칠면조였어요."[13]

대대 본부에서도 적군의 포격을 예상하고 있긴 했지만 피해가 이 정도로 크리라고는 전혀 생각하지 못했다. 게다가 포격을 받은 장소 역시 본부에서 전혀 예상하지 못했던 곳이었다. 안타까운 일이었지만 그 상황은 미군이 마음대로 조정하거나 선택할 수 있는 일이 아니었다. 만약 선택의 여지가 있었더라면 몇 개 사단을 더 지원받아 전투력을 강화하고 공군을 대동하여 인민군을 제압했을 것이다. 또 적군이 지나갈 만한 길목마다 대규모 포병대도 포진시켰을 것이다. 하지만 포병대나 공군의 지원은커녕 최소 규모의 기본 병력 외에는 아무것도 없었다. 전략이라고 할 만한 것도 없었다. 그저 순간순간 본능적인 판단에 따라야 했다. 부산으로 이어지는 낙동강 동쪽으로 연결되는 길목에 버티고 서서 후방 미군 부대와 유엔군이 집결할 시간을 버는 것 말고는 할 수 있는 일이 없었다. 하지만 실제로는 지원 부대나 유엔군이 올 거라는 기대조차 할 수 없었다. 당시 대대 본부에 있었던 조지 러셀은 "그때 우리 병력은 정말 초라하기 짝이 없었다."라고 회상했다. 그보다 더 나은 표현이 있을지 모르겠다며 피식 웃던 그는 이렇게 덧붙였다. "눈을 씻고 찾아봐야 할 정도로 병력이 턱없이 부족했다."[14] 자정쯤 되자 글래스고가 이끌던 베이커중대는 후퇴하고 찰리중대는 적에게 완전히 포위당한 채 집중 포격을 받다 그대로 무너져 내렸다. 일부 인민군은 재빨리 방어선을 넘어 대대 본부가 있는 지점으로 발걸음을 재촉하여 9월 1일 이른 아침에 본부에 도착했다. 이들이 후방 지원과 이어지는 연결 고리를 차단하자 대대 본부는 사흘간 고립 상태에 처했다.

횃불 공격에 대한 보고가 들어올 무렵 제23연대장 폴 프리먼 대령은 포병

부대에 사격 명령을 내렸다. 횃불 덕에 조준하는 것이 아주 쉬웠고 일시적으로나마 인민군의 진격을 저지할 수 있었다. 하지만 결국 정확도 높은 포격도 전혀 도움이 되지 않는 지경에 이르렀다. 대대 본부는 두 가지 문제를 끌어안고 고심했다. 우선 가능한 한 오랫동안 여러 중대의 전초부대를 지켜내야 했다. 동시에 며칠이라도 더 버티려면 사상자 수를 최소로 줄일 필요가 있었다. 폴 프리먼은 대대 및 연대 전체에 위기가 닥쳤음을 직감하고 부산으로 연결되는 도로가 아주 중요한 지점이라고 판단한 전방 부대에 연락하여 최대한 시간을 끌라고 지시한 다음 방어부대를 따로 편성했다. 연대 예비대를 둘러본 후 하우중대의 지원을 받던 폭스중대를 데려다 당시 제2대대 부대대장이었던 로이드 젠슨(Lloyd Jenson)에게 지휘를 맡겼다. 젠슨은 전력을 다해 제1대대 클레어 허친(Claire Hutchin) 중령이 있는 곳까지 길을 뚫어야 했다. 혹 실패할 경우에는 낙동강에서 창녕으로 이어지는 길을 차단하라는 명령을 받았으며 첫 임무가 금방 수포로 돌아갔기에 두 번째 임무에 총력을 기울여야 했다.

프리먼은 누가 봐도 곤란한 입장에 처해 있었다. 엄청난 규모의 적에 맞서야 했지만 그에게는 3개 대대가 아니라 2개 대대만 배치되었다. 그중 하나는 고립되어 궤멸 직전이고 다른 하나는 돌파구를 찾지 못하고 있었다. 열악한 날씨 때문에 공군의 지원을 기대할 수도 없었고 포병 부대는 포탄을 거의 다 써버린 상태였다. 따라서 창녕으로 가는 주요 도로를 차단하는 젠슨의 임무가 연대의 방어 임무 중 가장 중요한 것이 되었다. 전투는 2주 이상 이어지면서 최악의 상황으로 치달았다. 제2차 세계대전 당시 태평양에서 일본군에 맞섰던 조지 러셀에게도 낙동강방어선전투가 가장 잔인하고 열악하며 치열한 전투처럼 느껴졌다. 그야말로 상상을 초월할 정도로 원시적인 수준의 전투였다. 미군은 한반도에서 완전히 밀려날지도 모른다는 생각에 마지막 투혼을 다했고, 인민군도 마지막 공격지인 낙동강에서 이기지 못하면 다시 북쪽으로 밀려 올라갈 거라는 생각에 이를 악물고 덤볐다.

폴 프리먼은 조지중대에게 9월 3일 1대대가 철수할 수 있도록 방어진지를 구축하라고 명령했다. 이들은 스위치(예전에 스위치보드로 불리던 대대 통신 센터와 가까운 곳이라서 붙은 이름이었다)라고 불리던 곳으로 가서 부대를 재정비했다. 덕분에 인민군의 첫 공격이 시작된 지 48시간 후에 아군 진영은 안정을 되찾았다. 9월 3일이 되자 인민군 제2사단이 부산으로 이어지는 주요 도로에서 산산조각이 났으며, 프리먼의 지휘 아래 필사적으로 노력한 결과 부산으로 이어지는 주요 도로를 사수할 수 있을 것 같았다. 프리먼은 나중에 전투 초반에 순간순간 중요한 결정을 내려야 했던 것이 지휘관으로서 가장 힘들었다고 털어놓았다. 9월 1일에 연대 본부까지 무너지면서 상황이 급박해지자 그는 일부 부대를 희생시키면서 시간을 벌었고 간신히 본부를 500미터 후방으로 이동시킬 수 있었다.

낙동강 근처에서는 마지막 순간이 더 빨리 찾아왔다. 인민군은 순식간에 찰리중대를 에워싸고 목을 죄어들었다. 공격을 받은 첫날 밤 작은 규모의 중대 하나가 수많은 적에게 에워싸이자 아무 희망이 없어 보였다. 마치 목에 걸린 올가미가 한숨에 죄어드는 느낌이었을 것이다. 자정쯤 되자 찰리중대는 거의 전멸했다. 베리 로든(Berry Rhoden) 상병은 그날 밤 일곱 명으로 이루어진 무반동총 분대를 지휘해야 했다. 로든은 플로리다 주 출신으로, 고향에 있을 때는 술을 밀조하는 일로 생계를 꾸렸다. 그는 열여덟 살의 나이에 급조된 분대를 지휘하며 보병중대 하나가 완전히 무너지는 모습을 가까이서 지켜보았다. 허친 중령이 이끌던 제1대대 본부와 바털디 대위가 이끄는 중대 본부 사이에 통신망이 충분치 못했기 때문에 이들은 임시로 로든의 전초기지에서 몇

백 미터 떨어진 곳에 있던 바털디 대위의 중대 본부를 연결하여 연락을 주고받았다. 그래서 로든은 불가피하게 임시로 연락망을 이어주는 중요 인물이 되었고 전방 부대가 적군의 손에 무너지면서 내뱉은 분노로 가득 찬 포효를 들어야 했다. 하지만 본부에서는 전혀 손을 쓰지 못하고 도와줄 방법이 없다는 말만 반복했다. 양측의 메시지를 듣는 그의 심정은 미어질 듯했고 자신도 곧 비슷한 운명에 처할 거라는 불길한 예감이 밀려왔다.

로든은 바털디 대위가 대대에 연락하여 부대원들을 후퇴시켜 달라고 애원하는 것을 들었다. "더 이상 버틸 수 없습니다. 반복합니다. 더 이상 버틸 수 없습니다. 지금으로서는 부대를 해산하여 각자 목숨을 부지할 방도를 찾는 것 외에는 방법이 없습니다." 바털디의 메시지를 전달하는 로든은 대대 하나를 더 파견하여 이들을 구하거나 공군이라도 투입되길 바랐다. 영화를 보면 항상 그런 식으로 반전이 일어나곤 하니까 말이다. 하지만 그날 밤 낙동강 동쪽에서는 그런 극적인 반전이 일어나지 않았다. 모두들 용맹스럽게 싸웠지만 포격을 시작한 지 45분 만에 탄환이 바닥났다. 바털디 대위는 부대 해산을 요구하며 로든이 지휘하던 분대도 즉시 후퇴해야 한다고 주장했다. 하지만 대대에서 보낸 응답은 절망적이었다. "그 어떤 일이 벌어져도 현재 위치를 사수하라. 부대 후퇴는 절대 안 된다. 다시 반복한다. 명령이니 어떤 일이 벌어져도 끝까지 현재 위치를 사수하라. 부대 후퇴는 절대 안 된다." 대대의 명령을 전하자 바털디는 마지막으로 포격 지원이라도 더 해달라고 요청했고 그것조차 불가능하다면 조명탄이라도 지원해달라고 했다. 하지만 그 순간 양쪽의 통신이 두절되면서 아무것도 공급받을 수 없었다. 인민군이 연락망을 차단한 것이 분명했다. 금세 두절된 통신선 끝에서 바스락거리는 소리가 들려왔다. 인민군이 위치를 파악하려고 통신선을 잡아당기고 있는 것이라 짐작한 로든은 즉시 통신선을 완전히 잘라버렸다. '몹쓸 녀석들, 아무리 당겨봐도 우리 위치

를 찾을 수 없을거야.' 그 순간 로든은 분대를 이끌고 그곳을 빠져나가야겠다고 결심했다.[15]

찰리중대 제2소대장 그레이엄 상사는 최대한 소대원들을 한곳에 집결시켜 사계(射界)를 넓히는 게 최선이라고 판단했다. 이제 전장을 빠져나갈 수 있는 확률이 낙타가 바늘귀를 통과하는 것만큼이나 희박해졌다고 느꼈다. 부대원들은 그를 천하무적이라고 굳게 믿었다. 당시 하사관들 대부분이 그랬듯이 그레이엄 역시 결혼도 안 한 직업 군인이었다. 육군으로 복무하면서 아내를 얻으려면 부대에서 신붓감을 정해주기만을 목 빠지게 기다려야 한다는 말도 그리 허풍은 아니었다. 그레이엄처럼 고집이 센 하사관들은 흔히 황소라는 별명을 얻곤 했다. 그는 예전에 부대원들과 개인적인 친분을 쌓는 것을 늘 경계했다. 처음부터 강인하면서도 정이 많은 사람이 되려는 생각은 하지 않았다. 강인함 하나로도 좋은 하사관이 되기에 충분하다고 믿었기 때문이다. 수년이 흘러서야 그는 전장에서 동료가 쓰러지는 걸 보면 마음이 아플까봐 아예 처음부터 부대원들에게 정을 붙이지 않으려고 필요 이상으로 무뚝뚝하게 굴었다고 털어놓았다. 하지만 그런 행동은 본인과 주변 사람들 누구에게도 도움이 되지 않았고, 부대를 위해 최상의 결정을 내려야 할 때 오히려 적잖은 제약이 되었다. 그는 부대원 몇 사람이 죽는다는 사실만으로도 충분히 힘들었다. 부대원이 아니라 자기 친구가 죽는다고 생각하면 차마 감당할 수 없을 것 같았다. 부대원들이 보기에 그는 육군의 힘을 상징하는 핵심 인물이었다. 그런 절망적인 상황에서도 마음이 약해지지 않고 부대원들을 끝까지 지휘할 사람은 그레이엄밖에 없었다. 황소 같은 지휘관 그레이엄은 부대원들의 기대를 저버리지 않았다. 그는 이례적인 사계(射界)를 만들어 냈으며 절대로 공포에 질리는 일이 없었다. 무엇보다 자기 목숨보다 부대원들을 먼저 생각했다.

그레이엄은 낙동강방어선전투가 참전 용사들의 용맹보다는 탄환 보유 현황에 따라 승패가 갈릴 거라는 걸 즉시 알아챘다. 탄환은 곧 시간이었다. 오랜 경험 덕분에 그는 전장에서 들려오는 소음만 듣고도 상황을 판단할 수 있었다. 톰 윌슨(Tom Wilson)이 지휘하던 옆 소대의 전초기지에 갑자기 적막이 흐르는 걸 보고 그레이엄은 인민군이 소대를 전멸시켰음을 단박에 알았다. 이는 곧 그의 부대에 대한 적의 공격이 더 치열해진다는 뜻이므로 부대원들을 재빨리 후퇴시켜야 한다고 생각했다. 대대 본부에서는 전혀 다른 명령을 내렸지만 탄환 부족으로 더 이상 적의 공격을 늦출 방도가 없었다. 이미 기관총에는 마지막 남은 탄띠를 장전했으며 자동 소총은 완전히 바닥났다. M-1 소총 역시 탄환이 없어서 아무 쓸모가 없었다. 그야말로 총검 외에는 아무것도 남아 있지 않았다. (그레이엄의 총검은 이미 부서졌는지 총에 맞았는지 없어진 상태였다. 그는 자기 총검이 어떻게 됐는지조차 전혀 알 수 없었다.) 자동 소총을 들고 있는 잘 훈련된 적 앞에서 총검은 있으나 마나 한 물건이었다.

그는 대원들을 모두 불러 모았다. 이미 12명 정도가 희생되고 15명 정도 남아 있는 것 같았지만 칠흑 같은 어둠 속에서 이들의 숫자를 정확히 확인할 방법은 없었다. 일부 대원들은 도중에 실종되었다가 며칠 후에 나타나기도 했다. 상황이 모두 끝난 후에 그레이엄은 자기 부대가 지키던 지역이 적의 손아귀에 넘어가지 않았다는 사실 하나로도 큰 자부심을 느꼈다. 이들은 찰리 중대의 본부로 이동했다. 그곳에는 바털디 대위와 윌슨 중위, 부대원 일곱 명이 모여 있었다. 남은 사람들끼리 부대를 재편성하려는 것 같았다. 만약 그 상태에서 다시 전장에 나가 싸워야 한다면 무엇보다 탄환을 확보하는 게 시급하다고 다들 입을 모았다. 결국 돌아다니면서 죽은 동료들의 몸에 박힌 탄환까지 모조리 긁어모았지만 그리 많지 않았다. 누군가 그것마저 먼저 쓸어간 것 같았다. 본부에 있는 동안에도 시간은 여전히 흘러갔다. 이들은 반무한궤

도식(半無限軌道式) 장갑차량에 고정 탑재된 50구경 기관총 4정인 쿼드 50과 40mm 기관총 2정이 장착된 듀얼 40을 모았다. 이것으로 당분간은 적에게 효과적으로 맞설 수 있을지 몰라도 시간이 지나면 상황은 다시 나빠질 게 분명했다. 아무래도 이대로 적에게 처참한 죽임을 당할 것만 같았다.

적군의 포격이 갈수록 사나워지는 와중에 이들은 부상병 몇 명을 보급품을 실어 나르던 지프에 태웠다. 날이 밝기 직전 인민군이 쿼드 50과 듀얼 40을 빼앗아 방향을 틀어 코앞에서 미군 쪽을 겨누었다. 막 출발하려던 찰나까지 총알과 포탄 파편이 날아들어 흙먼지를 일으켰다. 그레이엄은 다른 부대원 몇 명과 함께 가까스로 근처에 있던 언덕 꼭대기로 몸을 피했다. 하지만 이미 바로 옆에 있는 더 높은 언덕 꼭대기에 올라간 인민군이 포격을 퍼붓기 시작했다. 그레이엄은 난생처음으로 엉덩이 오른쪽에 총상을 입고 다른 사람들과 함께 계속 도망쳤다.[16] 돌아보니 함께 움직이는 사람들의 숫자도 겨우 25명 정도에 불과했다. 바틸디 대위와 윌슨 중위, 로버트 애그누(Robert Agnew) 하사, 제시 윌러스(Jessie Wallace) 상병, 데이비드 오만드(David Ormand) 일병 그리고 의무병이었던 아놀드 로보(Arnold Lobo) 일병도 있었다. 그중에서 오만드는 거의 구사일생으로 위기를 모면했다. 무전병이었던 그는 무전기를 등에 메고 다녔지만 총격에 그마저 박살이 나버렸다. 바틸디는 겁에 질려 얼어붙은 오만드의 다리를 잡고 그를 포화 속에서 끌어냈다.

이들은 언덕을 내려와 웅덩이에 몸을 숨겼다. 마지막 남은 탄환이 있는지 바틸디가 주머니를 샅샅이 뒤지는 찰나 그레이엄이 또다시 총상을 입었다. 이번에는 전혀 다른 방향에서 겨냥한 것 같았다. 다리에는 전혀 감각이 없었고 엄청난 출혈이 있었다. 그는 바지를 벗어 오만드에게 건네면서 지혈대로 사용해달라고 부탁했다. 전쟁터와 같은 급박한 상황에서는 그런 식으로 붕대를 직접 만들어 쓸 수밖에 없었다. 그 순간 적의 포격이 비 오듯 쏟아지면서 그레이엄 주변에 있던 사람들 모두 총상을 입었다. 혼자 움직일 수 있는 사람은 몇 명 되지 않았다. 바로 옆에 있는 구덩이에 죽어 넘어간 미군만도 스무 명이 넘는 것 같았다. 산 사람과 죽은 사람을 분간하기 어려울 정도였다. 제대로 몸을 가눌 수 있는 사람들은 이제 어떻게 해야 하냐고 물었다. 계속 도망갈까요? 아니면 적에 맞서 싸울까요? 항복해야 할까요? 다른 전쟁이라면 항복하는 것도 한 번쯤 생각해볼 만하겠지만 이미 인민군이 미군 포로를 어떻게 다루는지 잘 알고 있었다. 인민군의 포로가 되면 손을 뒤로 묶인 채 머리에 총을 맞고 수많은 시체들과 함께 구덩이에 던져지는 신세가 되고 말았다. 그렇다고 탄환 하나 없는 사람들에게 적에 맞서 싸우라고 할 수도 없는 노릇이었다.

그레이엄은 자신이 죽어가고 있기 때문에 살아남은 사람들에게 그 어떤 명령도 내릴 처지가 못 된다고 말했다. 각자가 알아서 판단해야 했다. 그레이엄이 그곳에서 본 마지막 사람은 항복할 마음을 먹고 자리를 떠났다. 귀 기울여 봤지만 더 이상 총성이 들리지 않았다. 적어도 항복하러 나간 아군이 즉시 총살되지는 않았다는 생각에 안도감이 들었다. 나중에 그는 윌슨과 로보는 죽임을 당했고 윌러스, 오만드, 애그누는 결국 미군에게 구조되었다는 걸 알게 되었다. 그레이엄은 구덩이 속에 누워 피를 흘리며 홀로 죽음의 순간을 기다렸다. 동양인의 손에 죽어야 한다고 생각하니 치욕스러운 느낌마저 들었다. 인민군이 두 번 지나갔지만 모두 그레이엄이 죽었다고 생각했는지 그냥 지나쳤다. 세 번째로 지나가던 인민군 부대는 그가 살아 있다는 걸 눈치 채고 군화, 양말, 라이터, 시계 등을 빼앗아 갔다. 빼앗길까봐 노심초사하던 중대의 블랙리스트도 빼앗기고 말았다. 거기에는 그레이엄의 신경을 건드린 사람들과 그들의 사소한 실수가 낱낱이 기록되어 있었다. 하지만 이제는 더 이상 노심초사할 필요가 없었다. 거기 이름이 적힌 사람은 대부분 전사했고 이제 자기도 곧 죽을 운명이었기 때문이었다. 인민군 하나가 "장교인가?" 하고 물었다. 그는

"아니다. 사병이다."라고 대답했다. 그 순간 잠시나마 그레이엄을 찾아왔던 작은 행운마저 사라지는 것 같았다. 그를 발견한 인민군 중 그나마 제일 똑똑하고 비열해 보이는 사람(그레이엄은 속으로 그를 스마트 존이라고 이름 붙였다)이 소총 끝으로 미간을 툭툭 치면서 일어서라는 시늉을 했다. 다리 때문에 일어설 수 없다는 몸짓을 하자 스마트 존은 그레이엄의 성기를 찌르는 시늉을 하며 겁을 주었다. 그래도 고개를 흔들며 일어설 수 없다고 했다. 이미 그의 군복은 허리 아래부터 피에 흥건히 젖어 있었다. 스마트 존이 다른 미군의 사체를 둘러보러 잠시 돌아서자 다른 병사들이 서툰 영어로 나이를 묻고 갈증이 나지 않느냐며 놀리기 시작했다. 스마트 존보다는 조금 더 온화해 보였지만 물을 좀 달라고 해도 주지 않았다. 바로 그때 스마트 존이 돌아왔다. 이제는 죽는구나 하고 생각했지만 그레이엄이 어차피 죽은 목숨이라고 생각했는지 인식표만 빼앗아 갔다.

신기하게도 12시간쯤 지나자 기어갈 힘이 생기는 것 같았다. 그레이엄은 12일간 밤마다 기거나 절뚝거리면서 미군 부대를 찾아 나섰다. 낮에는 숨어 있다가 밤에 고통을 참으며 천천히 조심스럽게 움직였다. 맨 처음 24시간동안 그가 이동한 거리는 고작 90미터밖에 되지 않았다. 얼마 지나지 않아 막대기 하나를 주워서 지팡이로 사용하고 풀잎에 내려앉은 이슬을 혀로 핥아먹으며 이동했다. 그가 간신히 대대 본부로 돌아왔을 때는 구레나룻이 길게 자라 있었고 콧수염도 너무 길어져서 끝 부분이 동그랗게 말려 올라가 있었다. 몸무게는 22킬로그램이나 빠져서 보기 민망할 정도로 수척했다. 클레어 허친 중령을 포함해 그가 기어들어오는 모습을 본 장교들은 귀신을 본 게 아닌가 착각할 정도였다. 맥주 캔을 따던 세시디오 바버리스(Cesidio Barberis) 소령은 그레이엄을 쳐다보고는 맥주를 손에 쥐여주었다. 그레이엄은 "지금까지 마셔본 맥주 중에서 최고"라고 말했다.[17] 이렇게 해서 그레이엄의 한국전쟁 참전은 막을 내렸다. 찰리중대는 물어볼 것도 없이 완전히 산산조각이 났다. 다음 날 15명 내지 20명이 겨우 본부로 돌아왔다. 정상적인 상황이라면 중대 하나에 장교가 여섯 명 정도 있어야 하지만 찰리중대는 처음부터 세 명밖에 없었고 전투가 시작된 지 채 하루가 안 되어 두 사람이 전사하고 말았다.

바털디 대위의 상황도 좋지 않았다. 함께 다니던 대원들은 결국 인민군의 포로가 되어 밧줄에 길게 묶인 채 약 2주 동안 밤마다 몇 킬로미터씩 행군해야 했다. 인민군은 포로를 지위나 계급별로 구분한 다음 자본주의 계급을 대표하는 장교들을 더 잔인하게 대했다. 행군이 없는 낮 시간에는 심문이 진행되었다. 부유한 가정 출신인지 가난한 집안 출신인지 대답해야 했는데 부유한 편이라고 답하면 폭행을 당했다. 때문에 다들 가난한 집에서 자랐다고 대답했다. 맥아더 장군을 존경하느냐, 트루먼 대통령을 지지하느냐라는 질문에도 모두 그렇지 않다고 대답했다. 부대원들은 바털디 대위를 꼬박꼬박 '바르 대위'라고 불렀지만 그를 보호하기 위해 직함을 떼고 '바르'라고만 불렀다. 그러나 2주 정도 지나자 포로들을 일렬로 세워두고 장교인 사람이 스스로 한 발 앞으로 나오지 않으면 모두 쏴 죽이겠다고 위협했다. 바털디가 앞으로 나서자 인민군은 며칠 동안 그를 무자비하게 폭행해서 죽인 다음 현지 주민들의 시체가 잔뜩 쌓여 있는 매장지에 던졌다. 다행히 다른 미군 포로들은 바로 다음 날 미군 탱크 부대에 의해 구조되었다. 바털디는 사후에 은성훈장을 받았다.

찰리중대는 그렇게 초반에 인민군의 집중 공격을 받고 큰 타격을 입었다. 후에 재편성된 후에도 찰리중대는 언제나 다른 중대에 비해 운이 나쁜 편이라 부상병의 숫자가 항상 많았다. 그래서 연대 장교들은 군기를 잡을 때 제대로 하지 않으면 찰리중대로 보내버리겠다고 엄포를 놓곤 했다.[18]

어쨌든 참혹한 전투 속에서 이들은 인민군의 남하를 조금이나마 늦출 수 있었다. 인민군은 미군의 진지를 뚫고 들어오는 데는 성공했지만 더 이상의 진전을 보지 못했다. 인민군 사단 하나가 낙동강방어선전투가 벌어진 인근에 대기하고 있었지만 전투에 곧바로 뛰어들지 않았고 그 이유는 전혀 알 수 없었다. 아무것도 하지 않고 그저 출격 준비만 하면서 워커의 군대가 다음 기회를 포착할 시간을 내준 것이다. 그날 밤 찰리중대는 낙동강 전선을 계속 지키면서 머물렀다. 미흡한 후방 지원 상태, 그리고 본토에서 보내준 부대가 제아무리 뛰어나도 현지 상황에 적응하려면 상당한 시간이 필요하다는 사실을 알고 있는 사람은 워커밖에 없었다. 엘리트 부대라는 소문을 몰고 온 제2사단은 그동안 화려한 전적을 쌓아오긴 했지만 한국전쟁에서 일정 기간 훈련을 쌓기 전까지는 전투력이 검증되지 않은 부대에 불과했다. 한국으로 파견된 소대장과 중대장급 장교들도 많았지만 그들 중에서 실전 능력과 전투 감각이 살아 있는 사람이 누구인지 알아보려면 직접 전투에 투입해봐야만 했다. 그러한 요건들은 웨스트포인트나 버지니아 군사학교, ROTC에서 배울 수 있는 것이 아니었다. 오직 경험을 통해서만 터득할 수 있었다. 아무튼 시간이 조금만 흐르면 새로 온 부대들도 잘 싸워줄 거라는 기대가 있었지만 문제는 시간이었다. 다들 제자리를 잡을 때까지 시간이 필요한데 그때까지 인민군을 제압할 수 있을지 워커는 불안하기만 했다. 마이크 린치의 말을 빌리자면 그는 눈앞에 닥친 문제를 해결하느라 잠시도 정신을 차릴 수 없었다.

나중에 군사 전문가들은 인민군 지휘관들의 병력 활용 능력이 떨어졌기 때문에 부산 방어선에 대한 마지막 총공세가 실패했다고 판단했다. 인민군이 부대를 결집시켜 몇몇 주요 지점을 집중적으로 공략했더라면 훨씬 더 나은 결과를 얻었을 것이 분명했다. (물론 그렇게 했더라면 미군의 포격과 공중 폭격의 더 좋은 타깃이 되었을 것이다.) 하지만 워커는 이러한 사후 판단이 조금도 만족스럽지 않았다. 당시 그는 무자비하기 짝이 없는 인민군의 공격에 압도되어 있는 상태였다. 마이크 린치는 9월 1일이 가장 심각했다고 회고했다. 두 사람은 제2사단 9연대 주둔지 상공을 저공비행하다가 미군 중대 하나가 공격하는 적이 없는데도 강바닥을 따라 후퇴하는 것을 보았다. 더 어이가 없었던 것은 이들이 인민군의 남하를 저지하기에 안성맞춤이었던 주요 방어 지점을 그냥 지나쳐가고 있었다는 것이다. 워커는 린치에게 정찰기를 최대한 지면 가까이 낮추라고 말했다. 린치는 정찰기 높이를 90미터까지 낮춘 다음 보조 날개를 접고 지상 15미터 높이까지 내려갔다. 제8군 사령관 3성장군 워커는 정찰기 출입구 밖으로 거의 몸을 다 드러낸 상태였기에 엄밀히 말해서 비행기 안에 타고 있다고 말할 수도 없었다. 그는 확성기를 입에 대고 호통을 쳤다. "동작 그만! 다들 원 위치로! 이 멍청한 녀석들. 지금 너희들은 적의 공격을 받고 있지 않다. 원 위치로 돌아가라." 하지만 부대원들은 전혀 개의치 않았고 워커는 화가 치밀었다. 그렇게 중대한 시기에 본토에서 막 도착한 엘리트 사단에 속하는 부대가 도망을 시도했다는 것이 좀처럼 믿기지 않았다. 결국 워커는 공중에서 관찰한 내용과 여기저기에서 획득한 정보를 조합해 보니, 인민군이 제2사단의 책임 지역(방어 지역)을 공격하여 주둔지 정중앙에 너비 9,000미터, 깊이 약 12,000미터의 돌출부를 형성했다고 결론지었다. 당시 제2사단은 두 동강이 날 수 있는 위험천만한 상황이었던 것이다.

다른 사령관들과 마찬가지로 워커는 로런스 카이저가 쉰다섯 살이라는 고령에 사단장의 임무를 제대로 감당할 수 있을지 심각한 의구심을 품었다.[19] 하지만 카이저는 몇몇 측근들에게 둘러싸여 본부를 떠날 생각을 하지 않았다. 그러나 클레이 블레어에 따르면 "안전하게 보호받을 수 있는 본부에 앉아" 있긴 했지만 카이저 역시 힘겨운 시간을 보냈다. 젊은 패기로 용감하게 싸우던 군인들도 나이가 들면 달라지는데 그 점에서 카이저도 예외는 아니었다. 그는 1917년에 웨스트포인트를 졸업했으며 제1차 세계대전에서는 대대를 지휘하여 은성훈장을 받았다. 당시만 해도 젊고 용감한 군인으로, 모든 일이 뜻대로 되는 것 같았다. 하지만 그 후 33년간 카이저의 군 생활은 처음과 전혀 딴판이었다. 30년 이상 전투와는 상관없는 세월을 보내야 했고 제2차 세계대전에서는 부대를 직접 통솔하지도 않았다. 1948년 가을에 그는 부사단장으로 제2사단에 합류했다. 1950년 2월에 별 두 개를 달고 사단장이 된 것은 누가 보더라도 웨스트포인트 동기이자 오랜 친구인 조 콜린스 육군 참모총장의 도움을 받은 게 분명했다. 마이크 린치는 종종 워커가 사석에서 말한 내용을 그대로 옮기곤 했다. 그의 증언에 따르면 카이저는 나이가 들면서 완전히 겁쟁이가 되었기 때문에 이런 전쟁을 지휘하는 건 그가 감당할 수 있는 일이 아니었다. 그날 아침에도 카이저는 상황이 돌아가는 것을 보고 완전히 겁에 질려 있었다. 워커가 본부에 도착하자 긴장감은 더욱 고조되었다. 이미 다들 절망의 구렁텅이에 빠져 있어서 더 이상 갈 곳이 없어 보였다. 본부에 들어서기 전에도 워커는 이미 화가 나 있었다. 그런데 카이저의 지도를 보고 그가 전장의 참혹한 현실을 조금도 모르는 몽상가에 불과하다는 사실을 확인하자 분노가 한꺼번에 치밀어 올랐다. 사단의 반 이상이 적군의 공격에 무참히 무너진 것도 모르는 사람이 사단장이라고 생각하니 머릿속이 아득해졌다.

워커는 "로런스, 지금 당신 사단이 어디 있습니까?"라는 말로 입을 열었다. "예비 부대는 다 어디 갔습니까? 도대체 지금 부대 배치를 어떻게 하시는 겁니까? 영산은 사수했어야죠. 영산마저 밀리면 밀양도 넘어가잖아요. 밀양을 넘겨주면 부산을 지켜낼 방도가 없습니다. 이처럼 중대한 사항을 누구보다 잘 알아야 할 사단장이라는 사람이 지금 상황을 전혀 파악하지 못하고 있군요." 그러자 카이저는 연락병이 돌아와서 부대 위치를 보고하길 기다리는 중이라면서 가는 길마다 병사들로 꽉 차 있어서 연락병의 움직임이 느려지는 것 같다고 불평했다. 옆에서 그 말을 듣던 린치는 속으로 말했다. '길이 막히는 게 당연하지. 당신 병사들이 도망가느라 길이 막히는 것이거든……'

카이저는 부대 배치를 워커에게 설명하려 했지만 그가 말한 내용은 워커가 직접 눈으로 확인한 것과 하나도 일치하지 않았다. 워커는 카이저의 말을 끊으면서 이렇게 대꾸했다. "그게 아닙니다. 저는 방금 귀 사단의 전방 지역에 갔다가 이곳에 온 겁니다." 바로 그때 연락 장교 하나가 들어오며 돌아오는 길목에서 어떤 대령이 길을 막고 서서 사람들에게 남쪽으로 내려가지 말라고 하는 통에 늦어졌다며 사과했다. 그리고 길에서 만난 그 대령이 "싸울 여력이 남은 사람이라면 더 이상 도망갈 생각 마시오."라고 소리쳤다고 전했다. 그 말을 들은 워커는 "그 대령은 나도 아는 사람이오. 내가 데리고 있는 작전참모요."라고 말했다.

워커는 담판을 짓자는 어투로 이렇게 제안했다. "카이저, 당신이 이 사단을 제대로 지휘하든지 아니면 나에게 넘기든지 하시오. 제대로 하지 않으면 더 이상 육군에 발을 붙이고 있지 못하게 하겠소. 당신 때문에 이번 전쟁에서 패할 순 없소." 그리고 카이저의 부대를 정확히 어느 지점에 배치해야 할지를 알려주었다. 워커가 돌아가려고 자리에서 일어서자 카이저는 정찰기가 있는 데까지 배웅하겠다며 따라나섰다. 하지만 워커는 그에게 따라오지 말라고 쏘아붙였다. "지금 본인이 얼마나 바쁘게 움직여야 하는지 모르는 거요? 쓸데없는 데 시간 낭비하지 마시오." 정찰기로 돌아온 워커는 마음을 가다듬느라 자리에 앉아 있었고 린치는 아무 말 없이 앉아 있는 워커를 힐끔 쳐다보다가 그가 울고 있는 걸 알아차렸다. "이렇게 아군이 비참하게 무너지는 것을 보고만 있을 수는 없어. 이대로 가다가는 우리 모두 무너지고 말 거야. 하지만 그런 재앙을 막기 위해 지금 뭘 해야 할지도 모르겠군."[20] 린치가 보기에 워커에게는 남아 있는 힘이 하나도 없었다. 적의 손에 무참히 당한 것도 아니고 전쟁에 완전히 패한 것도 아니지만 이미 워커는 고통에 짓눌려 완전히 지쳐 있었다. 린치는 워커가 자포자기하기 전에 아군이 얼마나 더 이 상황을 견뎌줄지 걱정스러웠다.

무너진 사단을 재편성할 새로운 부대가 필요했다. 하지만 미국에서 보낸 지원군은 모두 인천으로 향했다. 다들 맥아더의 인천상륙작전을 지원하기 위해 제7사단으로 배치될 예정이었다. 게다가 해병대마저 인천상륙작전에 내주어야 할 판이었다. 워커는 며칠 동안 도쿄 사령부와 이 문제를 놓고 실랑이를 벌이면서 제1해병사단 5해병연대를 남겨달라고 애원했다. 간절한 노력 덕분인지 본부에서는 그의 청을 들어주는 듯했지만 9월 4일까지만이라는 단서를 달았다. 그것도 부산방어전에서 해병대가 아무런 손실을 입지 않게 하라는 조건까지 붙어 있었다. 어쨌든 9월 15일로 예정된 인천상륙작전이 가장 시급하고 중대한 계획이었으며 그때까지 남아 있는 시간은 2주밖에 되지 않았다. 맥아더는 인천상륙작전의 성공률을 높이기 위해 해병대 전력을 최대한 아끼려 했고, 이 때문에 워커는 해병대를 데리고 있어도 실전에 투입할 수 없었다. 정작 생사를 오가는 전투가 벌어지는 곳은 워커의 부대가 있는 곳이었지만 상부의 명령은 어찌할 도리가 없었다. 제2사단의 공격부대가 감당해야 할 상황을 지켜본 후에 워커는 해병대 지휘관 에드 크레이그(Ed Craig) 준장에게 전화를 걸었다. 그는 밀양으로 가는 길목을 사수하려면 지금 당장 해병대의 지원이 필요하다고 말했다. 또한 맥아더 사령부에 연락하여 인천상륙작전의 핵심 요원인 알몬드와 함께 작전참모로 활약하고 있는 도일 히키(Doyle Hickey) 소장을 연결해달라고 했다. 워커는 맥아더가 잘 쓰는 최후통첩 방식으로 해병대 투입을 허가해달라며 "해병대가 없이는 전방의 안전을 책임질 수 없다."라고 말했다. 고위 장교라면 누구나 그런 말을 듣고 등골이 오싹해질 수밖에 없었다. 히키는 곧 맥아더 장군이 부산 방어에 해병대를 동원해도 좋다고 허가했다는 소식을 전했다. 또한 필요하다면 해병대 동원 기간 역시 9월 4일을 넘길 수 있다고 확인시켰다.[21]

규모에 관계없이 승패의 기로에 선 육군부대의 운명은 무엇보다 초급 장교들의 지휘에 크게 의존하는 법이다. 전투 초기 위급한 시기에 워커를 도와 제8군을 사수하는 데 큰 공을 세운 사람들 중에는 제2사단 제2공병대대 리 비얼러(Lee Beahler) 중위가 있었다. 그는 공병들과 힘을 모아 능숙한 솜씨로 작지만 아주 효과적인 방어부대를 형성했고 인민군이 영산으로 진입하기 직전에 저지하는 데 성공했다. 더 이상 영산을 지켜낼 가능성이 없는 것 같은 상황에서 9월 1일이 저물어 갈 무렵 비얼러가 해낸 것이다. 곧 다른 육군부대와 해병대가 도착하여 이들을 지원했고 영산 전투는 2주간 계속되었다. 잠시도 쉬지 않고 치열한 전투가 이어지자 사람들은 모두 자기가 겪어본 전투 중에서 최악의 순간이라며 평생 잊지 못할 것 같다고 했다. 영산 전투는 좀처럼 끝이 보이지 않았다. 이 지역이 중요하다는 말을 귀에 딱지가 앉도록 들었던 해병대와 육군은 막상 그곳이 아주 작고 볼품없는 시골 마을이라는 사실에 적잖이 실망했다. 동서와 남북으로 뻗은 두 길이 만나는 교차로 외에는 아무것도 없었다. 공병대원 중 한 사람은 이곳이 미국에 있는 마을이라면 당장 도망가버릴 거라고 말하기도 했다. 처음 영산에 도착해서는 이처럼 보잘것없는 장소를 사수하려고 수많은 한국군과 미군이 목숨을 바쳤다는 사실이 도무지 믿기지 않았다. 파리나 로마를 사수하려고 싸우다가 장렬히 전사한 사람들(베를린에서 벌어진 마지막 전투에서 30만 명이 넘는 러시아인들이 죽었다)은 이해할 수 있었다. 그러나 아무것도 없는 이 작은 마을 때문에 그토록 오랜 시간 자기들이 고생했다고 생각하니 기가 막혔다. 이곳 때문에 한국전쟁이 그토록 치열한 양상을 띠었다는 사실도 이해할 수 없었다. 하지만 영산이 약 19킬로미터 떨어진 밀양으로 이어지는 길목으로서 아주 중요한 지역이라는 사실에는 변함이 없었다. 밀양까지만 내려갈 수 있다면 부산은 시간 문제였고, 부산을 빼앗기면 이번 전쟁은 패배로 끝날 게 분명했다.

카이저는 워커의 압력을 이기지 못하고 제2전투공병대를 이미 처참하게 무너진 제9연대로 보냈다. 공병대원들은 대부분 보병으로 전환하여 직접 전투에 참가한 탓에 상당히 지쳐 있었다. 리 비얼러가 공병대원들로 구성된 도그중대의 지휘를 맡았다. 그가 1950년 7월에 한국으로 다시 돌아온 과정은 그리 행복하다 할 수 없었다. 제2차 세계대전 당시 육군에 복무하다가 텍사스 광업 대학으로 돌아갔지만 육군에 있을 때 느꼈던 끈끈한 동료애나 목적의식을 잃었다는 생각에 1946년에 재입대를 결심했다. 당시 육군 운영 방식에는 미심쩍은 부분이 많았는데 이 때문에 비얼러는 해외로 나갈 기회를 얻었다. 그는 다양한 임지 중 하나를 고를 수 있을 거라고 생각하고 유럽 지역을 희망했다. 그런데 한국으로 가라는 임명이 떨어지자 적잖이 실망했다. 그는 한국이 금방 싫어졌다. 큰 이유 중 하나는 냄새였다. 한국에서는 인분을 비료로 사용하여 여기저기서 고약한 냄새가 났다. 다른 많은 미국인처럼 그도 그 냄새가 싫었다. 상당수의 미국인들이 당시 한국을 그런 눈으로 바라보고 있었다. 당시 한국인들은 오랫동안 식민 지배를 받아서 감정이 상당히 격앙되어 있었고 미국인들이 자국의 앞날을 어떻게 할지 회의적인 태도를 보였다. 주변 동료들로부터 일본에서 근무하는 것이 훨씬 더 좋다는 말을 듣자 더 속이 상했다. 일본인들은 완전히 패배를 인정하고 승전국을 적극적으로 받아들이고 배우려 한다고 했다. 어쨌든 그런 현실에는 분명 모순이 있었다. 한때 이웃 국가를 그토록 모질게 억압했던 나라가 일단 전쟁이 끝나고 나니 미국인들의 눈에 그들에게 희생되었던 한국인들보다 훨씬 더 긍정적인 인상으로 비치고 있었던 것이다.

2년간 한국에 머물면서 그는 단 한순간도 마음 편할 날이 없었다. 그래서 고국으로 돌아갈 시간이 다가올수록 들뜬 마음을 감추지 못했다. 그런데 1950년 6월, 갓 결혼하여 아내의 출산일만 손꼽아 기다리던 중에 전투공병으로 다시 한국으로 돌아가라는 명령을 받고 불길한 예감에 사로잡혔다. 집에 돌아가고 싶은 마음이 굴뚝같았고 전투 중이던 아군은 예전보다 더 열악하고 암울해 보였다. 그가 출항 준비를 하고 있을 때였다. 그의 상관들이 포트 루이스 기지의 영창문을 열어놓고 죄수들을 상대로 한국에서 잠깐 싸우고 오든지 아니면 여기서 재판을 받든지 선택하라고 했다. 결국 비얼러는 중죄를 지고 영창에 가 있던 몇 사람을 부대원으로 받아들였다. 그래도 여전히 정원의 3분의 1이 부족하여 총인원이 150명밖에 되지 않았다. (영산에서 치열한 전투를 벌이던 중 인민군의 공격에 훌륭히 맞선 일병 하나가 지치고 꾀죄죄한 모습으로 비얼러에게 다가와 자신을 영창에서 꺼내주어 고맙다고 말했다. 비얼러는 현대판 용사들의 운명이 누구도 상상할 수 없을 정도로 복잡하게 얽혀 있다는 생각을 했다.)

영산을 사수해야 할 제9연대의 상황은 아주 처참했다. 몇몇 부대원들은 본부의 명령대로 인민군에게 정찰 차원의 공격을 감행했으나 현명하지 못한 선택이었다. 그때는 전투력에서 단연 우위에 있던 인민군이 낙동강을 도강하려고 하고 있었다. 그들에게 만주작전(9연대는 만주연대로 불리기도 했다) 임무가 부여됐다. 강을 건너 적을 교란시키라는 이 작전은 카이저의 본부에서 하달된 것이 분명했다. 장교들은 상부에 압력에 수립된 '공격을 위한 공격'일 뿐이라고 생각했다. 전장에 나와 있는 장교들은 이미 정찰대의 보고를 통해 인민군의 규모가 어마어마한 수준임을 알고 있었다. 적의 공격에 취약하기 때문에 도하작전만큼 어려운 것도 없었다. 미군은 완전히 무방비 상태에 놓였다. 이때 인민군이 먼저 강을 건넜다. 공격받기 전에 충분한 방어진지를 구축하지 못하고 있던 9연대의 전방부대는 개활지에 노출되어 있었고 23연대처럼 낙동강을 따라 작은 단위로 산개되어 있었다.

리 비얼러는 처음부터 만주작전이 너무 위험하다고 생각했다. 제2차 세계대전에 참전했던 경험 덕분에 강을 건너는 것이 얼마나 힘든 일인지 잘 알고 있었다. 전장이 돌아가는 상황을 종합해보면 그가 한국에 첫발을 내딛던 순간부터 걱정하던 일들이 모두 현실로 나타나고 있었다. 예상대로 주요 장교들과 본부 요원들은 충분한 전투 지식과 경험이 없는 사람들이었다. 처음으로 인민군의 공격에 대해 이야기할 때 그는 연대장 존 힐(John G. Hill) 대령에게 부대원들이 도하 훈련을 받았는지 물었다. 힐 대령이 그런 특수 훈련은 불필요하다고 하자 비얼러는 도하 훈련은 결코 간과해서는 안 된다고 강조했다. 비얼러는 제36사단이 이탈리아에서 라피도 강을 건너려다 당시 전쟁에서 가장 참혹한 사태로 손꼽힌 전투에 휘말린 일을 생생하게 기억하고 있었다. 강의 물살이 빠르고 수심이 깊은 것도 문제였지만 이미 강 건너편에는 독일군이 만반의 준비를 갖추고 매복하고 있었다. 하지만 힐 대령은 비얼러의 주장을 단번에 일축했다. 그는 부대를 이끌고 강을 건너는 것이 얼마나 무모한 짓인지, 특히 사전 훈련을 받지 않은 부대가 배를 타고 건너는 동안 얼마나 큰 위험에 처할 수 있는지 전혀 깨닫지 못했다. 비얼러가 보기에 그는 강을 건너는 것이 택시를 부르는 것 정도로 간단하다고 생각하는 것 같았다. 하지만 힐은 비얼러가 말하는 것이 대부분 대원들의 안전에 관한 것이라며 쓸데없는 걱정은 접어두라고 쏘아붙였다. 그 순간 힐 대령에 대한 존경심은 바닥에 떨어졌다. 전쟁 중 발생할 수 있는 여러 상황에 대해 누구보다 잘 알아야 할 사람이 이렇게 무식하고 남의 말을 함부로 무시해도 되는 건지 머릿속이 혼란스러웠다. 비얼러가 그런 고민에 빠진 것은 이번이 처음이 아니었다. 결국 그의 예상대로 무방비 상태에 놓여 있던 제9연대는 강을 건너던 중에 그리고 강둑에서 차례로 인민군의 포화에 노출 되었고 연대 작전 참모를 포함한 많은 병력이 그 자리에서 전사했다. 수많은 연대 장교들이 그 자리에서 전사했다. 카이저의 부관이자 웨스트포인트 재학 시절 훌륭한 축구선수로 이름을 날렸던 톰 롬바르도(Tom Lombardo) 역시 그 자리에서 전사하고 말았다. 54년이 지난 후에 비얼러는 인민군이 강둑으로 내려와 횃불을 밝혀들고 강을 건널 준비를 하는 모습을 본 순간을 이렇게 회상했다. "저들이 강을 넘어오는 순간 우리 모두 죽은 목숨이나 다름없다는 것을 직감하고 온몸이 부들부들 떨리기 시작했다. 지금도 그 순간을 떠올리면 그때의 두려움과 절망감이 되살아난다."[22] 비얼러는 즉시 부대원들을 대대 본부로 돌려보내 강둑에서 모멸적인 패배를 당하지 않게 했다. 그러나 그날 밤부터 다음 날 아침까지 미군 부대는 공포의 도가니에서 헤어나지 못했다.

둘째 날 비얼러는 미군 상급 장교가 신경쇠약에 걸릴 만한 모욕을 받는 모습을 어쩔 수 없이 지켜보았다. 이전에 월튼 워커와 로런스 카이저가 심한 언쟁을 벌인 사실을 전혀 몰랐던 그는 9월 2일 아침에 연대장 힐이 해임되는 것을 지켜보았다. 카이저보다 전장을 훨씬 더 많이 돌아본 부사단장 슬래든 브래들리(Sladen Bradley) 준장이 상황을 파악하기 위해 연대 본부에 나타났다. 본부의 지휘 상태가 엉망이라 이미 화가 많이 난 상태였다. 그가 힐 대령에게 "자네가 이끄는 1대대는 지금 어디에 있나?"라고 묻자 힐은 지난 밤 자정 이후 보고를 받지 못해서 1대대의 행방을 모른다고 솔직히 대답했다.

"그렇다면 힐 대령, 2대대는 어디에 있는 건가?"

2대대 역시 아무런 보고가 없다는 답변을 들은 브래들리는 싸늘하고 굳은 표정을 지으며 이렇게 쏘아붙였다. "누가 봐도 이 상황은 전혀 말이 안 돼. 자네는 맡은 부대를 제대로 지휘하지 못하고 있어. 지금부터는 내가 직접 연대 지휘를 맡겠네." 그의 말은 비얼러의 머릿속에 그대로 새겨져서 지울 수 없을 정도였다. 몇 분 후에 브래들리는 비얼러 쪽으로 돌아서더니 지금부터 비얼러의 공병부대는 보병으로써 전투에 참가해야 하며, 즉시 영산으로 이동하라고 명령하였다. 또한 비얼러의 제2공병대(제2공병대라고 써주셨는데 제2공병부대 일까요?)의 임무는 해병대가 도착해서 인계받을 때까지 24시간 동안 영산을 사수하라는 것이었다. 그때 비얼러는 조 매키천(Joe McEachern) 중령이 힐 대령처럼 당시 상황이 얼마나 위험한지 제대로 인식하지 못한 탓에 해임되고 찰리 프라이(Charley Fry) 소령이 대대장 역할을 맡았음을 알았다. 매키천은 제2차 세계대전 중에 팬 아메리칸 고속도로 건축 기사로 일했던 사람으로 전투지휘 경력이 전혀 없었다. 그는 아직도 자기 임무가 인민군을 총으로 쏘아 넘어뜨리는 것이 아니라 한국에 새로운 길을 닦는 거라고 생각하는 것 같았다. 상관의 명령을 두고 브래들리와 언쟁을 벌인 것은 치명적인 실수였다. 브래들리는 인민군의 진격을 저지하지 못하면 매키천은 물론이고 모든 대원이 인민군의 손에 처참하게 사살될 거라고 경고했다. 그러자 매키천은 "부대원들은 모두 특수 기술을 가지고 있지 않습니까? 이 사람들은 그냥 보병이 아니라고요. 이들이 전문 기술자라는 점을 좀 고려해주십시오."라고 대꾸했다.

브래들리는 더욱 화를 내며 소리쳤다. "이봐, 자네 지금 내 말을 못 들은 건가? 내 말이 무슨 뜻인지 모르겠나? 가만히 서서 죽을 순간만 기다리지 말란 말이야. 그냥 서 있으면 죽는다고. 무슨 말인지 알겠나? 모두들 보병처럼 싸우란 말이야." 그 상황에서 사태의 심각성을 이해하지 못하고 자기 의견을 고집하는 사람이 있다면 브래들리는 주저 없이 그를 해임하고 다른 장교를 대대 지휘관으로 앉혔을 것이다. 브래들리가 "프라이 소령, 내 말을 알아들었나?"라고 확인하자 그는 즉시 "네, 알겠습니다."라고 대답했다.[23] 그 대답을 듣고 브래들리는 방금 해임된 힐 대령에게 영산에서 방어 기지를 구축하는 비얼러를 지원하라고 명령했다. 그 순간 비얼러는 힐이 더 이상 중요한 존재가 아니라고 판단했다. 방금 연대장 자리에서 밀려나긴 했지만 여전히 대령이며 보병인 그가 중위이자 공병 출신인 비얼러를 지원하는 상황은 두 사람의 관계를 굉장히 미묘하게 만들었다. 하지만 비얼러는 누가 뭐라 해도 전투 경험이 풍부한 장교였다. 그의 부대는 제2차 세계대전 중 가장 참혹했던 전투 중 하나인 살레르노 상륙 작전에 참가했었다. 이탈리아에서 벌어진 전투는 워낙 끔찍하고 치열해서 미군도 몇 차례 패배의 쓴맛을 봐야 했다. 패배한 순간은 힘들었지만 비얼러는 그런 경험 또한 배울 점이 있다고 생각했다. 그는 성공적인 지휘관이 되는 비결 중 하나가 적의 장점뿐 아니라 단점까지도 완전히 파악하는 것임을 깨달았다. 그 덕분에 한국전쟁에 참전하고 몇 주 만에 부대원들의 존경과 신임을 얻었다. 한번은 비얼러의 지휘를 받던 분대장 지노 피아자(Gino Piazza) 하사가 "왜 어떤 장교들은 다른 장교들보다 훨씬 더 뛰어난 걸까?"라는 질문을 던지자 누군가가 이렇게 답했다. "그거야 뭐, 뛰어난 장교들은 전쟁에 대한 타고난 감각이 있으니까 남들보다 상황을 앞서 내다보고 대처를 잘할 수 있지. 유능한 장교는 위험한 순간이 닥치기 전에 미리 예상을 하고 부대원들을 능숙하게 다루는 법을 알아. 그저 자기 잇속만 챙기거나 승진에 도움이 되는 것만 관심을 갖는 게 아니라 부대원들 모두가 승진하거나 훈장을 받게끔 만들어주지. 그런 면에서 비얼러는 단연 최고라고 할 수 있어. 그는 정말 보기 드물게 훌륭한 지휘관이야. 우리가 그의 지휘를 받는다는 건 엄청난 행운이라고."

힐 대령은 영산을 마주하는 평평한 논바닥 위에 방어선을 구축하라고 했다. 비얼러는 자신이 유능한 공병 장교일지 몰라도 보병들을 다루는 면에서는 전문가가 아니라는 사실을 잘 알고 있었다. 그런데도 힐의 계획이 중대 전체를 넘어뜨릴 정도로 큰 재앙을 불러올 거라는 결론을 내렸다. 힐 대령을 보면 대체 누구에게서 그런 보병 전술을 배웠는지 알 수가 없었다. 장애물도 몸을 숨길 만한 곳도 전혀 없는 논 위에서 싸운다는 건 자살행위나 다름없었다. 더 심각한 문제는 인민군의 주된 전술은 양측면을 공격한 후 방어 거점을 포위하는 것인데 반해 그의 좌우에는 측면을 지켜줄 미군이 전혀 없었다는 것이었다. 피아자 하사 역시 "아무리 봐도 이 계획은 인민군에게 우리 부대를 고스란히 제물로 바치는 것밖에 안 됩니다."라고 단호하게 말했다.

　비얼러는 힐의 계획을 결사코 반대했다. 부산으로 가는 길의 반대편, 즉 남쪽 작은 마을 뒤에 있는 조그마한 언덕 위로 부대를 옮겼다. 언덕을 등지고 있는 것이 바라보고 있는 것보다 훨씬 유리하기 때문이다. 비교할 수 없을 정도로 적군의 수가 많았기 때문에 효과적으로 방어하는 길은 그것밖에 없었다. 허름한 시골집 몇 채가 전부인 영산이라는 마을 자체를 사수하는 것은 큰 의미가 없었다. 중요하고 위험에 처한 곳은 영산에서 부산으로 이어지는 길이었다. 비얼러가 지목한 언덕은 바로 그 길을 가로막는 지점에 있었다. 힐 대령과 맞서는 동안 비얼러의 머릿속에는 리틀 빅 혼 전투 당시 커스터 장군이 떠올랐다. 당시에 커스터는 완전히 정신 나간 사람처럼 굴었지만 아무도 감히 그에게 이의를 제기하지 않았다. 사실 일반 사병들은 총지휘관이 제정신을 차리지 못하고 모든 대원을 위기에 밀어 넣는 것조차 몰랐을 것이다. 다른 장교들도 과연 총지휘관의 헛된 야욕 때문에 자신들의 생사가 오락가락했다는 걸 알고 있었을까? 물론 비얼러도 그 당시에는 어떤 일이 벌어지고 있는지, 그리고 뒤에 숨겨진 총체적인 전략이 뭔지 모르고 있었다. 하지만 적어도 무시무시한 대포와 박격포, 탱크 그리고 엄청난 수의 인민군에게 부대원들을 무방비로 노출시키는 무모한 짓은 절대로 하지 않겠다고 결심한 상태였다. 그런 비얼러에게 힐 대령은 평지에서 적군에게 정면으로 맞서라는 명령을 내린 것이다. 인민군의 공격이 도저히 감당할 수 없을 정도로 격렬해지면 그때 비로소 언덕 위로 후퇴해도 좋다는 말에 비얼러는 힐 대령이 제정신이 아닌 게 확실하다고 느꼈다. 인민군은 언제나 어두워진 후에 공격을 시작했다. 백주대낮이라 할지라도 전투를 한창 벌이던 중에 수에서나 전투력에서나 훨씬 우세한 적 앞에서 후퇴하는 것은 불가능에 가까운 일이었다. 더군다나 불빛이 없는 밤에 후퇴하는 것은 그보다 훨씬 더 어려운 일이다.

모든 부대원의 생사가 위태로운 상황에 놓였다. 비얼러가 살아남아 군 법정에서 중대 전체를 희생시킨 결정에 이의를 제기한 이유를 설명해본들 무슨 소용이 있겠는가. 그는 더 이상 말씨름을 하느라 시간을 허비해서는 안 된다고 생각했다. 자기 부대와 자신의 목숨은 결국 자기 힘으로 지켜내야 하며 그것이 중대장으로서의 책임이라는 생각이 절실히 들었다. 그 상황에도 힐 대령은 계속해서 자기주장만 내세우며 고집을 부렸다. "네이션스 상사!" 비얼러는 케네스 네이션스(Kenneth Nations) 상사를 불러 이렇게 말했다. "방금 적의 공격이 시작되었으니 즉시 중대를 이끌고 언덕 위로 올라가게." 힐 대령은 아무 말도 하지 않았다.

얼마 후 브래들리 장군이 나타나서 "이게 어느 부대 제복인가?"라고 물었다.

"2공병대 도그중대입니다."라고 네이션스가 대답했다.

그러자 브래들리는 "난 지금쯤 자네가 전장에 나가서 마을 전방쯤에 있을 거라고 생각했는데."라고 말했다.

"아닙니다. 중대장님이 중대를 이끌고 언덕 위로 올라가라고 하셨습니다. 보시다시피 그곳으로 가는 게 방어에 훨씬 더 유리한 입지를 확보하는 것입니다."

"자네 말이 맞네. 즉시 출발하게."라고 브래들리가 답했다.[24]

언덕은 자연스럽게 보호막이 되어주었고 아군은 길을 따라 말발굽 모양의 방어선을 구축했다. 부대원들은 각자 몸을 숨길 참호를 파는 작업을 완료했다. 네이션스 상사가 가까이 와서 참호를 둘러보더니 좀 더 깊이 파야 한다고 충고했다. 찰스 해멀 일병은 "그때는 모두들 불평이 많았지만 나중에는 모두들 고마워했다."라고 회상했다. 길 건너편에는 제2공병대대 에이블중대가 자리 잡고 있었다. 해가 저물기 전에 다른 중대에서 떨어져 나와 갈 곳을 찾지 못하고 헤매던 군인 몇 명이 에이블중대에 가세했지만 여전히 도그중대처럼 병력이 한참 모자란 상태였다.

안개가 짙게 깔린 밤 인민군이 모습을 드러내기 전에 그들의 목소리와 호각 소리가 들려왔다. 어둠 속에서 모든 명령은 더 크게 들렸고 거칠고 딱딱 끊어지는 목소리 뒤에는 어김없이 무시무시한 탱크 소리가 이어졌다. 전투가 시작되기 직전에 비얼러는 부대원들에게 적의 모습이 시야에 들어오기 전까지는 절대로 사격하지 말라고 주의를 주었다. 자칫하면 실수로 아군을 노출시킬 위험이 있었다.

영산에서 가장 가까운 곳에 포진하고 있던 제1소대가 인민군의 첫 공격 대상이 되었다. 해멀의 대원들은 적들이 나타나기도 전에 총성을 듣고 전투가 벌어지고 있음을 알 수 있었다. 어느 순간 안개가 걷히고 제1소대가 전투를 벌이고 있는 언덕이 반쯤 눈에 들어오자 인민군에게 기습적인 공격을 가했다. 전세는 해멀의 소대 쪽으로 기울었지만 끊임없이 두려움이 몰려오는 건 부인할 수 없었다. 해멀은 지금 이 순간 무섭지 않다고 말하는 사람이 있다면 분명 거짓말을 하는 거라고 생각했다. 다들 하루라도 더 연명하기 위해 도망치고 싶은 마음이 간절했지만 동료들 앞에서 겁쟁이 같은 모습을 보이고 싶지는 않았다. 뒷걸음치려다가도 동료들을 실망시키고 불명예를 떠안을 거라는 생각 때문에 도저히 발걸음이 떨어지지 않았다. 이들이 전장을 떠나지 않고 계속 싸운 이유는 오직 그것뿐이었다. 그동안 배운 것처럼 조국을 위해 싸워야 하며 공산주의는 반드시 타도해야 할 대상이라는 생각은 전투가 시작되는 순간 이미 머릿속에서 사라지고 없었다.

그날 밤 해멀 부대의 병장 하나가 목에 총알을 맞고 쓰러졌다. 그리 심각한 부상은 아니었지만 잔뜩 겁을 집어먹고 달아나려 했다. 그러자 바로 옆에 있던 참호 안에서 누군가가 그에게 총을 쏘기 시작했고 소대원들은 일제히 "그만. 그만 해!" 하고 소리쳤다. 부상병은 목숨을 잃지 않았고 가까스로 인민군

■ 기관총 팀이 참호 속에 몸을 숨긴 채 캄캄한 전방을 응시하고 있다. 1950년. ⓒ U.S. Department of Defense.

의 공격을 제압했으니 소대원 모두 억세게 운이 좋은 날이었다. 하지만 모두
가 운이 좋은 것은 아니었다. 12명의 병사가 전사하고 18명은 부상을 당했다.
그는 세 시간의 격전의 대가가 너무 가혹하다고 생각했다. 하지만 비얼러 중
위는 부대원들을 완벽하게 배치시키고 전투가 진행되는 내내 몸을 사리지 않
고 이들을 지원했다. 침착한 태도로 각 대원들의 위치로 계속 돌아다니며 부
상을 입거나 도움이 필요한 사람이 없는지, 탄환이 더 필요하지 않은지 확인
했다. 50년 넘게 세월이 흐른 뒤 해멀은 이렇게 회고했다. "내 평생에 그 사람
처럼 용감한 사람을 본 적이 없다. 한창 치열한 전투가 벌어지는 와중에도 평
정심을 잃지 않았다."[25]

그날 밤 처음 언덕 위에 자리를 잡을 때 한국인 몇 사람이 짐을 정리하는
걸 도와주었는데 그 때문에 지노 피아자는 굉장히 화가 났다. 당시 스물세 살
이었던 피아자는 몇 가지 사항에 대해 굉장히 예민한 편이었다. 특히 전투지

역에서는 그 무엇도 공짜로 얻으려 해서는 안 된다고 생각했다. 그 누구도 믿을 수 없는 상황이므로 한국인의 도움을 받는 건 도저히 용납할 수 없는 일이었다. 그래서 아무리 무거워도 직접 무기를 운반해야 한다고 주장했다. 인민군이 일부 대원들을 민간인으로 둔갑시켜 미군 기지에 투입한 사례를 익히 알고 있었기 때문이었다. 짐꾼으로 위장하여 미군 진지에 대한 정확한 좌표를 확인하고 방어선을 넘는 일은 식은 죽 먹기였다. 결국 피아자는 하급 장교 하나와 거친 말다툼을 벌였다. 피아자는 당장 민간인들을 돌려보내라고 소리쳤고 장교는 모두 착한 사람들인데 도움 좀 받는 게 뭐가 나쁘냐고 응수했다. 장교의 말에 피아자는 기가 막혔다. 누군지도 모르는데 도대체 뭘 보고 착하다는 거야? 웃는 얼굴로 한두 마디 인사를 건네고 짐을 번쩍 들어주면 다 착한 사람인가? 피아자는 군인들이 순진하다 못해 바보 같다고 생각했다. '평생 무거운 짐은 다른 사람이 들어주기만을 바라면서 살아왔나보군.' 피아자는 혼자 이리 뛰고 저리 뛰면서 짐꾼들을 다 쫓아버렸다. 다음 날 피아자가 한국에 와서 본 것 중 가장 짙은 안개가 깔렸지만 신기하게도 인민군은 아주 정확한 위치에 박격포탄을 떨어뜨렸다. 화가 머리끝까지 치밀어 오른 피아자는 친절한 체하며 도움을 베풀었던 민간인들이 아주 머리 좋은 인민군의 앞잡이였다고 확신했다. 이로 인해 분대원 12명 중에서 5명이 목숨을 잃었다.

소대가 감당하기에는 이번 전투가 힘에 벅찼으나 피아자는 인민군의 박격포에 목숨을 잃은 대원들을 위해 복수하겠다는 일념에 사로잡혀 있었다. 소대원 중에는 로니 테일러(Ronnie Taylor)라는 미시시피 주 오클랜드 출신의 열여덟 살 소년도 있었다. 피아자는 그가 너무 어리기 때문에 항상 그를 보호해야 한다는 사명감을 느꼈다. 그런 테일러가 흉부에 큰 부상을 입고 쓰러져서 "죽고 싶지 않아요. 제발 저를 여기에서 데려가주세요."라고 애원했다. 그날 전투에서 살아남을 가능성이 있는 사람은 아무도 없었지만 피아자는 테일러를 진정시키고 가슴에 부둥켜안은 채 적진을 향해 계속 총격을 퍼부었다. 피아자는 테일러가 숨을 거둔 순간 벌떡 일어서서 M-1을 장전한 다음 전투 초반에 전사한 소대원의 이름을 외치며 맞은편에서 다가오는 인민군들을 쏘아 넘어 뜨렸다. 자신을 포함해 인간이 이런 전투 상황에서 어떻게 변하는지 생각하니 등골이 오싹했다. 그저 상황에 압도당하는 사람도 있을 것이고 어떻게든 극복해보려고 발버둥치는 사람도 있겠지 하는 생각이 스쳤다. 그러던 중 부대원 하나가 경미한 부상을 입고 쓰러져서는 죽을 것 같다고 소리쳤다. 피아자가 보기에는 대수롭지 않은 정도였는데 그대로 숨을 거두고 말았다. 피아자는 전투 중에 견뎌야 하는 과도한 심리적 부담감이 그를 죽음으로 몰고 간 거라고 생각했다. 결국 자기가 죽을 거라는 최면에 빠져 목숨을 잃고 만 것이다.

비얼러가 지시한 대로 고지대에 자리 잡은 것이 큰 도움이 되었다. 최소한 2개 대대 정도의 규모를 갖춘 인민군은 새벽 일찍부터 오전 늦게까지 세 번에 걸쳐 공격을 시도했다. 제시 해스킨스(Jesse Haskins) 상병은 이렇게 회고했다. "인민군은 쉬지 않고 몰려들었다. 그들에게 퍼부은 총탄의 수를 다 헤아릴 수 없을 정도였다. 비 오듯 쏟아 부은 총탄에 수많은 적이 쓰러졌지만 이 정도 속도라면 과연 우리에게 승산이 있을까 하는 의구심이 들었다. 고지대에서 퍼붓는 포탄 정도는 아무것도 아니라는 듯 끊임없이 밀려드는 통에 도대체 언제까지 버틸 수 있을지 두려움을 떨칠 수 없었다." 해스킨스는 공병대가 적절한 위치에 자리 잡지 못했더라면 아마 모두 전멸했을 거라고 덧붙였다.[26]

한번은 총탄이 다 떨어져서 이제는 모두 죽었구나 하는 생각이 들 때도 있었다. 하지만 바로 그 순간 다른 소대에서 누군가가 수류탄 한 상자를 들고 잽싸게 뛰어왔다. 언덕 아래에 있는 적을 한 번에 전멸시키기에 충분한 양이었다. 바주카포 그리고 쿼드 50 뿐만 아니라 다른 중화기를 활용했다. 쿼드 50은 대공 화기로 개발되었으나 한국전에서는 엄청난 살상력으로 수적으로 우세한 적을 무력화하는데 효과적으로 사용되었다. 단순히 적군을 죽이는 데서 끝나지 않고 상대방에게 두려움을 안겨주는 효과도 있었다. 미군들은 쿼드 50을 가리켜 고기를 써는 칼이라고 불렀다. 전투가 끝나자 언덕은 인민군의 시체로 뒤덮였다. 비얼러는 쿼드 50이 아니었다면 이번 전투에서 승리하지 못했을 거라고 생각했다. 본부로부터 아무런 포격 지원도 받지 못하는 상황에서 쿼드 50을 손에 넣은 것은 그야말로 하늘이 내려준 행운이었다. 언젠가 포격 지원을 요청했더니 딱 한 발이 떨어졌고 그것도 표적에서 한참 떨어진 곳이었다. 그는 전화로 좌표를 수정해주려 했지만 본부에서는 포병들이 모두 신병이라 사격 지휘 체계를 제대로 사용할 줄 모르는 것이니 어쩔 수 없다는 말만 들었다.

전투가 벌어진 순간에 거의 강제로 전투 보병으로 투입된 도그중대 본 웨스트(Vaughn West) 행정병도 비얼러에게 은혜를 입었다. 난생처음 바위투성이 산 속에 참호를 파는 건 쉬운 일이 아니었다. 자기가 보기에는 충분하다고 생각하는데 상사가 와서 더 깊이 파라고 명령했다. (그날 밤 이후 아무도 그에게 참호를 더 깊이 파란 말을 해주지 않았다.) 행정병이긴 했지만 웨스트는 도그중대에서 사격 솜씨가 가장 뛰어났다. 사격 대결에서 최고 실력을 인정받아 주말 휴가를 얻어낸 적도 있었다. 비얼러는 종종 장교들끼리 어울리는 자리에서 부대원들의 사격 솜씨를 자랑하면서 다른 중대에서 최고로 뽑힌 사격수도 자기 중대 행정병보다 못할 거라고 허세를 부렸다. 그럴 때마다 웨스트가 지목되었고 거의 항상 비얼러가 시작한 내기를 승리로 마무리 지었다. 웨스트의 기억 속에는 아직도 그날 밤 공포에 질린 비명과 울음소리가 선명하게 남아 있다. 약간 높은 곳에 자리를 잡고 있던 나이 어린 병사 하나가 얼굴에 총을 맞고 쓰러졌던 것이다. 전투가 한창이었지만 웨스트는 그가 지르는 비명을 선명하게 들을 수 있었다. 웨스트가 그를 구할 방법은 전혀 없었다.[27]

사상자가 속출했지만 그래도 상황이 그만하길 다행이었다. 누군가 본 웨스트에게 이런 말을 전했다. 비얼러가 사망자 명단을 보며 눈물을 흘리자 그걸 본 멍청한 마초 기질을 가진 어떤 자가 중대장씩이나 돼서 눈물을 보이냐고 거들먹거리면서 말했다는 것이다. 하지만 웨스트는 전투에서 그렇게 많은 부하를 잃은 장교라면 통곡하는 것이 당연하다고 생각했다.[28] 도그중대와 공병부대는 그날 오전 늦게 언덕에서 내려와 휴식이라고 하기 민망할 정도로 잠깐 숨을 돌린 후 둘째 날 밤 전투에 대비하여 다시 정렬하라는 명령을 받았다. 비얼러는 그렇게 몰아붙이는 것이 마음에 들지 않았지만 군인으로서 명령을 거부할 수는 없는 노릇이었다. 여러 날 동안 밤을 새운 탓에 이미 부대원들은 녹초가 되어 있었다. 하지만 첫날 밤 전투에서 언덕의 고지를 사수하는 것이 중요했다면 둘째 날 전투에서도 마찬가지라고 생각했다. 해병대가 오고 있다는 소식이 삽시간에 퍼졌지만 전장으로 돌아서는 발걸음은 너무나 무거웠다. 바로 그 찰나에 해병 네 명을 앞세운 탱크 한 대가 늠름한 모습을 드러냈다. 그에 비하면 피아자의 눈에 비친 공병부대는 전투 의지가 모두 사라진 늙은 이들처럼 보였다. 이러니 해병대가 육군을 얕보는 거라는 생각도 들었다. 어려 보이는 해병대 장교 하나가 꾸물대는 공병부대를 보고 한심하다는 표정을 짓더니 소리쳤다. "좀 더 힘차게 행군해 봐요. 제대로 하라고요. 군인다운 모습은 다 어디로 간 겁니까?" 이들을 더 무안하게 만들고 싶었는지 그 장교는 "오늘 아침에 인민군을 저지하고 이곳을 사수해낸 사람들이 누군지 알기나 해요? 바로 '공병부대'라고요!"라고 덧붙였다. 피아자는 그를 쏘아보며 이렇게 응수했다. "우리가 누군지 알기나 하고 그런 소리를 지껄이는 거요? 우리가 바로 그 공병부대요." 그러자 그들은 자세를 바로 잡고, 빠른 걸음으로 언덕을 올라갔다.

천만다행으로 둘째 날 밤에는 인민군이 아무런 움직임을 보이지 않았다.

해병대와 다른 지원 부대의 도움으로 미군의 반격이 시작되자 인민군은 다시 북쪽으로 밀려났다. 그러나 힐 대령은 자신의 명령을 무시한 비얼러를 용서할 수 없어서 군 재판에 회부하려 했다. 하지만 비얼러는 육군에서 두 번째로 높은 훈장인 수훈십자훈장을 받았다. 브래들리는 힐이 아직도 비얼러의 행동을 문제 삼으려 한다는 소식을 듣고 당장 그런 생각일랑 접으라고 타일렀다. 자기 중대를 극적으로 구출하여 수훈십자훈장까지 받은 사람을 걸고넘어지다가는 되레 본인이 다칠 수도 있었다. 비얼러는 훈장을 그렇게 자랑스러워하지 않았다. 왜냐하면 스래든 브래들리도 훈장을 받았는데, 그의 무공 표창 내용에는 그가 엉망진창인 공병부대를 재정비하여 전투에 투입했다는 내용이 들어있기 때문이었다. 비얼러는 훈장을 주는 인간들이 한 입으로 두 말을 한다고 생각했다.[29]

닷새 후 비얼러는 모기에 물려 유행성 뇌염에 걸리고 말았다. 배를 타고 일본에 있는 병원으로 후송될 무렵에는 몸무게가 40킬로그램까지 줄어 있었다. 석 달 뒤 제2공병부대는 북쪽으로 꽤 멀리 떨어진 군우리라는 곳에서 다시 인민군의 공격을 받고 상당수가 전사하거나 실종되었다. 비얼러는 뇌염으로 고생하던 중 그 소식을 접하고 비통에 잠겼다. 결국 모기에 물려 목숨을 건진 셈이었다.

낙동강 근처에서 인민군의 두 번째 공격이 시작되자 폴 프리먼은 고위 장교들을 제2대대 본부로 모두 불러 모았다. 제1대대 작전장교였던 조지 러셀은 그날 엄청난 폭우가 내렸고 모임 장소가 속도랑이라 물이 무릎까지 차올랐다고 회상했다. 프리먼 대령은 기운이 없고 낙담한 표정이었는데 사실 그 자리에 모인 사람 모두 같은 심정이었다. 다들 며칠 동안 제대로 잠을 자지 못한 상태였다. 프리먼은 공군의 지원도 기대할 수 없는 상황이며 인민군이 인해전술을 앞세워 밀려들고 있으므로 상황이 매우 어렵다고 설명했다. 러셀은 동양인이 떼를 지어 밀려든다는 말에 그저 웃음이 나왔다. 다들 그 이야기 외에는 아무 말도 하지 않았다. 프리먼은 짜증 섞인 어투로 "도대체 그게 뭐가 우습다는 건가?" 하고 쏘아붙였다. 러셀은 "그게 뭐 대수라고 다들 이렇게 난리법석을 떠는 건지 모르겠습니다."라고 말했다. 하지만 직접 겪어본 후에는 그도 인해전술을 앞세운 인민군을 그리 만만하게 봐서는 안 된다는 걸 인정할 수밖에 없었다.[30]

밀려드는 피로감은 정말 참기 힘들었다. 9월 3일, 프리먼은 이미 녹초가 된 대원들을 이끌고 사흘 연속 여러 가지 전술을 구사하는 인민군 사단에 맞서 싸우고 있었다. 사실 인민군이 공격을 시작하기도 전에 다들 이미 지쳐 있었다. 8월 초에 한국에 들어온 뒤로 단 하루도 쉬지 못하고 경계상태를 유지한 탓이었다. 그러나 제2차 세계대전에서 전투를 지휘할 기회를 놓치고 줄곧 또 다른 기회가 오기만을 기다렸던 프리먼에게 이번 전쟁은 재기를 도모할 수 있는 최고의 순간이었다. 1949년에 프리먼은 진로를 고민하던 중 자칫하면 상관들의 눈에 전투장교가 아니라 참모장교로 낙인찍힐 우려가 있다는 결론을 내렸다. 그러던 와중에 전쟁이 발발한 것이다. 그간 프리먼은 작전계획 전문가로 정부 관료들 사이에서 실력을 인정받았으나 세계대전이 발발한 뒤로 위상이 크게 추락했다. 육군 규모를 대대적으로 감축하면서 연대장 자리도 급격히 줄어들었고 그나마 남아 있는 자리는 이미 연대를 이끌던 사람들의 몫이었다.

한국전쟁이 시작될 무렵 마흔세 살이었던 폴 프리먼은 제2차 세계대전에서 큰 공적을 세운 동료 장교들에게 밀려날 위기에 처했다. 사려 깊고 명민하며 실수가 없는 편이었으나 카리스마가 부족했다. 지휘관의 자질로 간주되던 키나 풍채도 주목을 받을 만한 수준이 아니었으며 사람들을 대하는 태도 역시 부드러운 편이었다. 오히려 나이가 들수록 잘생긴 얼굴이 더 빛을 발했고 거기에 허연 백발이 더해져 인상을 더 온화하게 만들었다. 이런 그가 부대원들의 존경과 사랑을 받으려면 남들보다 두 배 이상 노력하지 않으면 안 되었다. 그보다 나이가 어린 헬 무어(Hal Moore)는 이렇게 말했다. "폴 프리먼은 단연 돋보이는 장교였으며 강인한 사람이었다. 무엇보다 뛰어난 판단력과 다른 사람, 특히 부대원을 존중하는 마음가짐, 조심성 있는 태도가 장점이었다. 부대원이라면 누구나 폴 프리먼이 부대원의 안전을 고려하여 주의 깊게 행동한다고 굳게 믿었을 것이다. 그 점을 절대 간과해서는 안 된다. 그는 주변 사람들의 말을 잘 들어주었으며 아주 시시콜콜한 것에까지 신경을 썼다. 남의 시간이나 에너지를 낭비하는 일은 전혀 없었다. 베트남전에서 부대를 지휘하게 된 젊은 장교라면 먼저 프리먼이 한국전쟁에서 부대를 어떻게 이끌었는지 살펴보는 게 좋을 것이다. 그가 지휘한 방식이나 그가 내린 결정은 모두 시기적절했다." (무어는 나중에 베트남전에서 가장 유명했던 전투인 이아 드랑 계곡 전투에서 지휘관으로 활약하여 3성 장군이 되었다.)[31]

프리먼은 육군의 피를 타고났다. 그의 아버지는 1904년에 육군 의대를 졸업하고 연대 군의관으로 복무했다. 1907년 프리먼이 태어났을 때는 필리핀에서 근무 중이었다. 그곳에서는 군의관들도 기본 의료 기구를 가방에 아무렇게나 쑤셔 넣고 기병대를 따라다녀야 했다. 덕분에 프리먼은 어린 시절을 아시아와 미국 전역의 육군부대에서 보내면서 육군 생활을 동경하게 되었고 한 번도 다른 직업에 관심을 보이지 않았다. 웨스트포인트에 진학하고 싶었지만 고등학교 성적이 신통치 않아서 꿈을 이룰 수는 없었다. 해외에서 복무한다 해도 정치적인 연줄이 전혀 없는 그가 의회 추천을 받을 가능성은 없어 보였다. 주입식으로 가르치는 학교에서 열심히 공부했지만 200명 중에서 12명을 뽑는 시험에서 13등으로 아쉽게 탈락하기도 했다. 당시 그의 아버지는 뉴욕 항구에 있는 거버너스 아일랜드에 주둔하고 있었다. 프리먼은 아버지와 함께 휴가 중인 의원들을 찾아다니다가 이민자 많은 지역을 담당하는 의원을 만났다. 주로 동유럽의 유대인 촌락에서 미국으로 건너온 유대인들이 사는 지역이라 대부분 군에 대한 뿌리 깊은 두려움을 안고 있었다. 따라서 이들 자녀들 중에는 웨스트포인트에 진학하여 신세계를 수호하는 기병대원이 되고 싶어 하는 사람이 많지 않았다. 그렇게 해서 프리먼은 의외로 쉽게 의회 추천을 따내어 웨스트포인트에 입학했다.

프리먼은 웨스트포인트에서 전혀 두각을 드러내지 않는 평범한 학생이었다. 성적도 하위권이었고 운동 신경도 뛰어난 편이 아니었다. 그가 졸업한 1929년에는 육군에 비집고 들어가는 것이 상당히 어려웠다. 당시 미국은 1차 세계대전과 2차 세계대전 사이의 전간기(戰間期)였으며 월스트리트는 붕괴 직전이었다. 원래부터 육군은 진급이 느리기로 악명이 높았는데 그 속도가 더 느려질 수밖에 없었다. 프리먼이 소위에서 중위로 진급하는 데는 무려 5년 4개월이 걸렸다. 물려받은 재산이 없는 육군 가족들은 항상 재정적으로 어려운 살림을 꾸려야 했다(외모가 뛰어난 젊은 사관생도들이 부잣집 딸에게 관심을 보인 것도 이해할 만했다). 물론 프리먼도 적은 돈을 아껴 쓰는 데는 이골이 나 있었다. 1933년에 대통령에 당선된 프랭클린 루스벨트는 제일 먼저 군비를 줄이기 시작했다. 그가 제안한 대로 군인들의 월급을 10퍼센트 삭감한다면 신혼부부인 폴과 메리 프리먼(Mary Freeman)은 매달 125달러가 아니라 112달러 50센트로 살아야 했다. 군 장교들이 즐기던 두 달 반짜리 유급 휴가도 무급 휴가 한 달로 바뀌어버렸다. 하지만 이러한 변화는 폴 프리먼만의 문제가 아니라 그와 나이가 비슷한 군인이라면 누구나 견뎌야 할 문제였다. 군대 내에서 일어나는 다른 문제와 마찬가지로 재정적인 어려움은 오히려 이들이 서로 결속하는 데 도움이 되었다.

프리먼은 웨스트포인트 성적이 뛰어나지는 않았지만 똑똑한 이미지를 풍기며 상관들에게 처음부터 좋은 인상을 남겼다. 웨스트포인트에서 그의 작전장교였던 로런스 카이저 역시 그를 높이 평가했다. 카이저는 프리먼이 졸업 직후 텍사스 주 포트 샘 휴스턴에 주둔 중이던 제2보병사단 9연대에 합류했을 때 그의 첫 중대장이었으며 한국에서는 그의 사단장이 되었다. 원래 프리먼은 새로 만들어진 육군 항공대에 들어가고 싶었다(제2차 세계대전 이후 이 부대는 공군으로 독립하여 별도의 군으로 운영되었다). 갓 졸업한 장교들에게 그곳은 장래를 걸기에 충분히 멋진 곳이었지만 오른쪽 시력이 20/20에 미치지 못해서 아쉽게 떨어지고 말았다. 평화로운 시기에 자신의 저력을 증명하고 싶어 했던 젊고 유능한 사관생도에게는 대단히 실망스러운 일이 아닐 수 없었다. 이제 뭘 해야 할지 고민에 빠져 있던 프리먼은 결국 제15보병연대에 들어가 중국에서 근무하기로 결정했다. 주요 서구 세력들이 중국을 여러 부분으로 나누어 주둔하고 있던 준(準)식민지 시대에 제15보병연대는 상당한 명성을 얻었다. 조지 마셜과 조지프 스틸웰 등 유명한 미군 장교들이 거쳐 간 곳이기도 했다. 젊음이 주는 모험심과 어린 시절 필리핀에 있을 때 중국이라는 이국적인 곳에 다녀온 부모의 이야기를 들은 기억 때문에 프리먼은 조금도 망설이지 않았다. 1933년 9월 중국에 도착했을 무렵에는 세계대전의 도화선이 될 만한 비극적인 사건들이 벌어지고 있었다. 야욕을 앞세운 일본은 중국 북부 지역 5개 지방, 즉 만주를 점령하여 만주국이라 명명함으로써 일본의 보호령으로 선포했다. 프리먼은 한때 위엄을 떨치던 대국이 안팎의 압력을 받아 식민지로 전락하여 봉건제의 희생양이 되는 것을 지켜보면서 당대 수많은 미국인이 전혀 깨닫지 못한 새로운 사실을 많이 배웠다. 중국어를 계속 배우긴 했지만(한국전쟁 중에 중공군 포로를 심문할 수 있을 정도로 유창했다) 자신이 중국의 참모습에 대해서는 무지하다는 사실도 기꺼이 인정했다. 프리먼이 중국에 있던 시기는 중국이라는 대제국의 말기였으며, 그는 서구인과 마찬가지로 같은 클럽에 다니면서 폴로나 승마 등의 스포츠를 즐기던 아주 부유한 집안 출신의 몇몇 사람들과만 친분을 쌓았다. 그런 클럽 중에는 아예 중국인을 가입시키지 않는 곳도 있었다. 그래서 프리먼은 대다수 중국 국민들이 얼마나 힘겨운 삶을 살고 있는지 전혀 알지 못했다.[32]

프리먼은 아시아통이 되어 제2차 세계대전을 보냈다. 전쟁 분위기가 고조되고 일본군이 아시아 대륙을 더 깊이 파고들려는 움직임을 보이자 1940년 가을에 임신 중이던 아내를 고국으로 돌려보냈다. (그래서 프리먼은 딸 스웰이 세 살이 되도록 보지 못했다.) 진주만을 거친 후에는 중국-버마-인도로 이어지는 히드라 머리 모양의 지방을 돌며 조정 활동을 전개했다. 그곳 군 본부에는 여러 가지 문제가 많았다. 특히 미군과 영국군의 신경전이 대단했다. 실권을 장악한 조지프 스틸웰과 클레어 셔놀트까지도 자기가 맡은 지역의 중요성만 강조할 뿐 상대방을 조금도 배려하지 않았다. 프리먼은 또한 국민당이 내세운 중국식 선전 방식에 대경실색했다. 나중에 그는 "당시 국민당은 모든 중국인이 목숨을 내놓고 죽기 살기로 일본에 맞서 싸웠다고 했지만 이는 사실과 달랐다. …… 미군이 개입하는 순간 이들은 더 이상 싸우려는 의지를 보이지 않았다."라고 말했다. 또한 장제스가 별로 힘도 들이지 않고 손쉽게 스틸웰을 제압하는 모습을 가까이서 지켜보고 이렇게 말했다. "스틸웰은 중국에 대해 너무 많이 알고 있었지만 오히려 그게 해가 된 것 같다."[33]

이윽고 프리먼은 워싱턴으로 돌아와서 태평양 지역 작전 계획을 짜는 마셜을 도와 핵심 인력이 되었다. 그리고 전쟁 중에 지휘권을 둘로 나누는 게 위험하다며 해군 고위 참모들과 더글러스 맥아더가 팽팽하게 맞서는 모습을 지켜보았다. 맥아더는 군사력을 나누는 걸 맹렬하게 반대하며 조리 있게 자신의 주장을 펴는 듯했지만 프리먼은 그의 말에 모순이 있다는 걸 곧 간파했다. 정작 그런 주장을 펼친 맥아더 자신이 한국전쟁에서 군사력을 분산시키는 바람에 수많은 군인이 희생되었던 것이다. 프리먼은 워싱턴을 벗어나서 전투지역에서 근무하고 싶은 마음이 굴뚝같았고 마침내 전쟁이 한창 무르익은 1944년 11월에 제77사단의 참모장으로 필리핀에 파견되었다. 하지만 1944년 말 일본 침략에 대한 전략 계획에 참여하기 위해 다시 워싱턴으로 돌아와야 했다.

폴 프리먼은 이처럼 노련하고 작전 계획에 탁월한 장교이긴 했지만 실전 경험은 거의 쌓지 못했다. 전쟁이 끝난 직후 여러 해 동안 그의 진로는 갈팡질팡하기만 했다. 당시 미 육군은 케이스 보드(Case Board)라는 평가 시스템을 도입하여 제2차 세계대전 중에 각 장교들의 활동을 평가하고 이를 토대로 향후 임지나 승진 여부를 결정했다. 그 시스템에서 가장 높은 점수를 받을 수 있는 것이 전투부대 지휘였고 가장 점수가 낮은 것이 미국 내 육군부대에서 PX를 운영하는 것이었다. 프리먼의 점수는 그리 높지 않았다. 자기가 케이스 보드 위원이 되어 냉정하게 평가한대도 "별 볼일 없는 장교"라고 할 수밖에 없다는 생각이 들었다.[34] 1949년에는 진로에 대한 근심에 싸여 당시 군 경력 관리자였던 친구를 찾아가 조언을 구했다. 그는 프리먼의 딜레마가 진퇴양난의 상황이라고 적나라하게 설명했다. 대령이긴 했지만 겨우 몇 년에 불과한 참전 경험 외에는 내세울 게 없었기에 연대 지휘 경험이 필요하며, 국방참모대학에서 공부하는 것도 좋겠다는 얘기였다. 그러나 세계대전이 끝나고 군 규모가 대폭 축소되면서 연대장 자리는 몇 자리 남지 않았다. 사단장들은 전쟁 중 지휘 경험이 풍부한 사람을 연대장으로 쓰려 할 것이 분명했다. 국방참모대학에 진학하는 것도 쉽지 않기는 마찬가지였다. 연대장으로 혁혁한 공적을 세운 사람들에게 우선적으로 입학 기회가 주어졌기 때문이다. 결국 프리먼은 칠레 대사관 육군 무관으로 근무하다 경력을 마무리할 확률이 높아 보였다.

하지만 프리먼에게도 도움이 될 만한 친구들이 아주 없는 건 아니었다. 전시에 마샬 장군 휘하의 비교적 높은 직위에서 근무한 적이 있었다. 일 년 후 경력 관리자를 다시 만났을 때 프리먼의 상황은 놀랍게 변해 있었다. 두 번째 만남에서 픽 딜러드(Pic Dillard)는 다소 비꼬는 말투로 "오, 운이 엄청 좋았군요."라고 말했다. 프리먼은 연대장에 올랐고 동시에 국방참모대학 입학 허가도 받아냈다. 일단 워싱턴에 있는 집이 국방참모대학과 그리 멀지 않아서 우선 대학 교육을 받으려 했다. 그러나 육군 특유의 질서 체계 때문에 짐을 싸서 연대를 지휘하기 위해 떠나야 했다. 게다가 육군 장교의 월급이 너무 적어서 제2사단 23연대의 지휘를 맡기 전인 1950년 6월 25일에는 집을 팔아야 했다. 프리먼은 23연대가 한국으로 떠나기 직전에야 가까스로 부대에 합류했다. 그의 지휘 아래 23연대는 (사단 전체와 마찬가지로) 한국전쟁 중 가장 치열한 전투에서 탁월한 전과를 거두게 된다.

중국에 대해 잘 알고 1945년 이후의 상황 전개를 늘 주목하고 있던 프리먼은 처음부터 한국전쟁에 대해 굉장히 부정적인 시각을 갖고 있었다. 그는 아내에게 쓴 편지에다 한국전쟁 때문에 우울하다는 말을 자주 했는데 그런 사실이 다른 사람에게 알려지지 않게 하라는 당부도 잊지 않았다. ("제발 부탁이니, 다른 사람들에게는 이런 얘기를 하지 말아요. 당신만 알고 있었으면 좋겠어.") 지극히 사적인 감정이래도 연대장이라는 사람이 그런 의혹과 걱정을 안고 있다는 사실이 알려지면 연대장 자격에 이의를 제기하는 사람이 생길까봐 두려웠던 것이다. 그러나 미군이 처한 상황에 대한 그의 염려는 사실 다른 장교들이 느끼는 심정과 거의 비슷했다. 전쟁의 실체는 미군의 의욕과 사기를 꺾어놓았다. 프리먼의 편지를 살펴보면 '네버 어게인(Never Again)'이라는 이름으로 알려진 일단의 무리가 형성되었음을 알 수 있다. 이들은 한국전쟁에 참전한 뒤다시는 미군이 아시아 국가에서 발생하는 전쟁에 참전하지 말아야 한다는 생각을 가슴 깊이 새기고 돌아온 사람들을 말한다. 이들이 그렇게 결심한 이유는 지형적인 어려움이 너무 컸던 탓도 있지만 턱없이 부족한 병력 때문에 고생한 탓이 더 컸다. 게다가 프리먼은 중공군이 한국전쟁에 본격적으로 개입하기 전에도 이미 그들을 의식하고 가족에게 보낸 편지에 중공군의 개입 가능성을 걱정하는 말을 쓰기도 했다. 사실 인민군이 이번 전쟁에 투자한 정도는 미국이 어렵지 않게 감당할 수 있는 수준인데 물자 및 인력 수급에 뭔가 문제가 있지 않고서는 양측의 군대 규모가 이렇게 크게 차이가 날 리가 없다고 생각했다. 또한 이번 전쟁은 미국의 국가 안보에는 크게 상관이 없는 일이었다.

프리먼은 한국에 도착한 지 얼마 되지 않은 8월 9일에 이런 편지를 보냈다. "한국은 지금까지 미군이 파견된 전쟁 지역 중에서 가장 험난한 곳이 될 것 같소. 우리는 이곳에 너무 늦게 도착했으며 파견된 지원군의 규모는 실제로 필요한 규모에 비해 턱없이 모자란다오. 도대체 뭘 믿고 이번 전쟁에 이토록 안일하게 대처하는지 이해할 수 없소. 적은 조금도 뒤로 물러서거나 위축되는 기미를 보이지 않소." 설상가상으로 한국의 지형과 날씨는 미군을 더 괴롭혔다. "나는 연대장으로서 매사에 긍정적인 태도를 유지하며 열정적으로 행동할 의무가 있소. 어떤 상황에서든 프로다운 모습을 버리지 않고 최선을 다할 것이오."[35] 그리고 두 주 반이 흘러 부산방어선에 대한 인민군의 최종 공격이 시작되기 직전에는 이런 편지를 썼다. "우리는 두더지처럼 산등성이마다 엄청난 숫자의 구덩이를 팠다오. 사방에 파리와 모기가 들끓고 미처 묻지 못한 전우들의 시체 썩는 냄새가 코를 찌르오. 사방을 둘러봐도 신발을 벗고 잠시 쉴 만한 공간을 찾을 수가 없구려. 식수를 구하는 건 하늘의 별따기고 식량도 16킬로미터 이상 떨어진 곳에서나 겨우 구할 수 있다오."

그의 편지를 읽다 보면 장교나 사병 할 것 없이 모두 녹초가 되었다는 말이 나온다. 잠시도 쉴 틈이 없었다. 잠깐 휴식을 취하거나 눈을 붙일 만한 장소, 밥을 먹을 만한 적당한 장소도 찾기 어려웠다. 미군 입장에서는 주로 낮에 전투를 하는 것이 좋았지만 공군력을 확보하지 못한 인민군에게는 밤이 훨씬 유리했다. 아주 가끔씩 적이 공격을 멈추는 순간도 있었다. 그러나 그럴 때도 다음 공격이 언제 이어질지 모른다는 불안감에 시달렸고 잠시도 경계를 늦출 수 없었다. 조금이라도 깊은 잠에 들면 곧 적의 희생양이 되어 다시는 해를 볼 수 없을 거라는 두려움이 팽배했다. 낙동강방어선전투에서 미군은 전투 시작 48시간 만에 적의 공격을 제압하고 서서히 방어태세를 강화했다. 하지만 9월 16일까지는 아무도 전세가 어떻게 될지 함부로 장담할 수 없었다. 맥아더의 인천상륙작전이 성공하고 그에 힘입어 낙동강 지역에 있던 부대들도 대규모 반격에 성공한 후에야 다들 한시름 놓을 수 있었다.

인민군이 제23연대를 거의 다 무너뜨리다시피 하면서 위세를 떨친 순간은 9월 8일이었다. 인민군은 연대 본부를 후방에서 공격하면서 연대 방어를 맡고 있던 팍스중대의 가장 허술한 방어 지점을 거의 돌파했다. 그날은 마침 비가 내려서 인민군에게는 매우 유리한 조건이 형성된 반면 미군으로서는 두 번 다시 기억하고 싶지 않은 끔찍한 밤이었다.

그날 랠프 로빈슨(Ralph Robinson) 중위가 기지를 발휘하여 방어에 큰 도움을 주었다. 그는 원래 대대 부관이었으나 일주일 전에 팍스중대 장교들이 모두 전사한 탓에 중대장으로 진급한 지 얼마 되지 않은 상태였다. 인민군이 팍스중대가 주둔하던 곳 깊숙이 파고든 와중에도 그는 폭우와 정신없이 쏟아지는 적군의 폭격을 뚫고 가까스로 에이블중대에 가서 예비 소대를 지원받아 돌아왔다. 그리고 에이블중대의 도움을 받아 무너지던 방어선을 복구하고 인민군을 다시 밀어내는 데 성공했다. 후에 상관들은 로빈슨의 활약으로 전세가 극적으로 달라졌음을 기꺼이 인정했다.

낙동강방어선전투가 끝난 후에 연대 부관들은 9월 2일부터 9월 15일까지 열일곱 번이 넘는 인민군의 공격이 모두 23연대의 본부를 겨냥한 것이었다고 보고했다. 낙동강방어선전투가 끝난 지 10일 후에 아내에게 보내는 편지에다 프리먼은 이렇게 설명했다. "지난 3일 동안 이곳에는 비가 억수같이 내려 공군의 지원을 받을 수가 없었소(하긴 날씨가 좋은 때도 마찬가지긴 하지만). 포병 정찰기가 더 이상 운행을 하지 못하고 있어서 아무 정보도 얻지 못하는 상태라오. 그냥 지금은 아무것도 하지 못하고 정체된 상태요. 지금까지 적의 공격을 열세 차례나 막아냈고 그중 열 번은 한밤중에 전투가 벌어졌소. 밤에 싸운다는 건 정말 힘든 일이오. 앞도 제대로 보이지 않는데 적은 인해전술로 마구 밀려들고 우리는 그들을 죽이느라 정신을 차릴 겨를이 없소. 적과 맞붙지 않을 때도 경계를 늦출 수 없는 건 마찬가지요. 적은 제멋대로 강을 건너다니는데 우리는 공군조차 신뢰할 수 없는 상태라오. 이미 미군은 어마어마한 손실을 입었소. 이번 전투가 시작된 8월 31일에 비하면 40퍼센트 이상 손실된 상태요. …… 모든 상황이 너무나 고통스럽소. 죽을힘을 다해 싸우고 있지만 대의명분을 위해서가 아니라 그저 살아남기 위해서라오. 모든 게 다 부질없고 허망하게 느껴지는구려. 한국이라는 나라를 '해방'시킨다는 명목으로 이 전쟁을 하고 있지만 사실 우리는 이 나라를 파괴하고 있소. 전쟁 중에 희생되는 사람들은 인민군보다 이곳 현지 주민들이 더 많은 게 현실이오. 한국인 중에 미군의 지원을 고맙게 생각하는 사람은 한 명도 없소. 모두들 우리를 너무 증오하고 있어서 아무도 믿을 수 없는 처지라오."

그의 편지는 이렇게 끝났다. "시간이 갈수록 광기 어린 아시아인들을 상대해야 하는 덫에 빠진 것 같다는 확신이 드오. 미 육군 전체가 혼신을 다해 노력했지만 완전히 무너져 내린 것 같소. 이 상황에서 벗어날 길이나 이 상황을 끝낼 방법을 도무지 찾을 수가 없구려. 적은 상상 이상으로 광적인 인간들이라 도저히 무릎을 꿇게 만들 수 없을 것 같소. 그들은 계속 밀려 내려오고 있고 끝이 보이지 않소. 여기에선 사람 목숨이 아무 가치가 없다오. 적은 우리처럼 연락망이나 군수품 지원에 좌우되는 존재가 아니라오. 이렇게 깊이를 알수 없는 수렁에 미군을 밀어 넣은 것 자체가 큰 실수였던 것 같소." 몇 주째 잠을 제대로 자지 못한 육군 연대장의 솔직한 심정이었다. 이 편지를 쓸 때 그의 편지지는 이미 빗물에 얼룩진 상태였다.

결국 그는 온갖 고난과 역경이 있긴 해도 낙동강방어선전투가 그럴 만한 가치가 있었다는 점을 깨달았다. 그 전쟁에서 승리를 거두고 살아남았다는 것 자체가 엄청난 행운이었다. 인민군도 미군이 얼마나 부실한 상태인지 미처 모르고 있었다. 공군 정찰기가 없었기 때문에 인민군의 현 위치에서 부산으로 가는 길목에 버티고 있는 미군의 숫자가 극소수에 불과하다는 걸 몰랐던 것이다. 이런 와중에 인민군에 맞서 버티느라 아군은 엄청난 손실을 입었다. 기록에 따르면 제23연대의 1대대와 2대대만 해도 반 이상의 부대원이 전사하거나 심각한 부상을 입었다. 두 대대에 속한 중대장들은 2주간 이어진 전쟁 중에 모두 전사했고, 일부 중대에서는 중대장을 세 번, 많게는 다섯 번까지 교체해야 했다. 프리먼은 낙동강방어선전투 중에 이어진 끔찍한 순간들을 결코 잊을 수 없었다. 다른 부대원을 살리기 위해 몇몇 부대원을 희생시키는 등 여러 차례 끔찍한 선택을 해야 했기 때문이다. 17년 후 4성 장군으로서 퇴임을 앞두고 미 육군 보병 학교 포트 베닝을 마지막으로 방문하던 중에 그는 예전에 찰리중대 소속이었던 베리 로든을 만났다. 백발이 성성한 로든은 상사가 되어 여전히 찰리중대에서 근무하고 있었다. 프리먼은 한국전쟁에서 제23연대에 소속되어 있던 모든 사람과 가깝게 지내려 노력했고 로든을 만나려고 여러 차례 수소문하기도 했다. 드디어 로든을 만났다는 기쁨에 프리먼은 퇴임 기념 행사를 하는 그날 하루 자신과 동행해달라고 부탁했다. 이 자리에는 다른 2성 장군도 함께 있었는데 별 넷과 별 둘 사이의 사소한 대화를 옆에서 보는 것은 하사관이었던 로든에게는 독특한 경험이자 재미난 볼거리였다. 프리먼은 로든의 동료를 돌아보며 이렇게 말했다. "자네와 같이 여기에서 근무 중인 하사관을 소개하지. 베리 로든은 아주 오래전에 나와 같이 참전했던 군인이네. 내가 육군 장교로 가장 어려운 결정을 내려야 했던 끔찍한 시절을 함께한 생존자지. 그때 나는 우리 연대와 부산방어선에 있던 다른 모든 부대를 구하기 위해 그의 중대 전체를 희생시킬 수밖에 없었네. 다른 부대들이 방어선을 구축할 시간을 벌어줄 방법이 그것밖에 없었거든. 로든의 중대가 목숨을 바쳐 우리 모두를 살려준 거지. 너무도 끔찍해서 두 번 다시 생각하고 싶지도 않은 순간이었고 나 역시 그런 결정이 쉽지 않았네. 내 평생 가장 고민스러운 순간이었어. 로든의 중대는 생존자가 거의 없다시피 했다네. 그러니 이 사람을 앞으로 잘 부탁하네." 그의 말은 로든에게 낙동강방어선전투의 아픔을 결코 잊어서는 안 된다는 강력한 권고처럼 들렸다.[36]

비얼러의 2공병대대의 선방과 해병대의 도착으로 밀양으로 가는 길목을 방어한 것만으로 낙동강 전투가 끝난 것은 아니었다. 인천상륙작전이 전개되기 시작하자 그제야 이곳의 전투 열기가 사그라졌다. 하지만 완전히 고립될 위기에 처해서도 몇몇 인민군은 끝까지 싸웠다. 전쟁 경험이 많은 일부 장교들은 그들의 집요한 태도를 보고 제2차 세계대전이 끝날 무렵 일본군과 섬 지역에서 벌였던 지긋지긋한 전투를 떠올렸다. 인민군은 몸을 숨기기 쉬운 산악 지형에 참호를 만들고 여러 날 동안 꿋꿋하게 저항을 계속했다. 비얼러는 당시 상황을 회상하면서 이렇게 설명했다. "우리가 너무 심하게 공격한 나머지 전투가 끝나고 보니 (610 고지가 너무 낮아져서) 이름을 609 고지로 바꿔야겠다는 생각이 들더군요."

월튼 워커는 남들보다 훨씬 먼저 낙동강방어선전투의 양상에 변화가 일어나고 있음을 감지했다. 전쟁이 한창 어렵게 진행되던 9월 초에 그는 낙동강방어선을 완전히 포기하고 제8군이 버텨내지 못할 경우에 대비하여 맥아더가 3주 전에 정해놓은 지역으로 후퇴해야 할지를 두고 고민했다. 본부에서는 그곳을 가리켜 '데이비드슨 방어선'이라고 불렀다. 낙동강방어선보다 훨씬 좁고 빈틈이 없어서 방어하기 수월하며 부산과도 가까운 편이었다. 9월 4일 밤이 되자 워커는 참모장이었던 유진 랜드럼을 불러 모든 부대는 데이비드슨 방어선으로 물러서라는 명령을 내릴 준비를 하라고 말했다. 하지만 바로 다음 날 그는 마이크 린치에게 자신을 전방으로 데려가라고 지시했다. 가는 곳마다 새로 페인트칠을 한 3성 장군의 정찰기를 알아본 부대원들이 열심히 손을 흔들어 보였고 워커는 큰 감명을 받았다. 그는 미군의 사기가 차츰 높아지고 있다고 생각했으며 그걸 믿고 낙동강 사수에 최선을 다하기로 마음을 돌렸다.

인민군은 완전히 무너진 것이 아니었다. 그러나 대대적인 공격에 실패하고 예상보다 길어진 전투에 지쳐가고 있었다. 위치도 전략적으로 불리했고 후방에서 물자를 보급받기에도 거리가 너무 멀었다. 정예 부대는 지난 두 달 동안 군 장비와 무기, 포병, 공군력 등에서 갈수록 우세를 보이는 적에 맞서 싸우느라 모든 힘을 소진한 상태였다. 그 틈을 타서 상대편은 더 많은 병력과 무기를 전방에 배치하면서 하루가 다르게 강해졌다. 남침만 하면 남한에 있던 20만 명의 공산주의들이 봉기하여 그들에게 동참하리라는 기대와 함께 3주 만에 부산까지 밀고 내려가겠다는 그들의 꿈은 겨울이 오기 전에 승부를 내겠다는 생각으로 8월 31일에 야심차게 주사위를 던졌지만 상황은 뜻대로 돌아가지 않았다. 처음에는 아무도 눈치 채지 못했지만 어느덧 인민군은 방어태세로 모습을 바꾸기 시작했다. 별안간 그들은 현 위치를 지키기 위해 싸우는 처지가 된 것이다.

잭 머피(Jack Murphy) 소위는 인민군의 변화를 유용하게 활용했다. 그는

1950년에 웨스트포인트를 우수한 성적으로 졸업한 장교로, 졸업하고 몇 주 지나지 않아 한국 발령을 받는 바람에 신혼여행마저 취소해야 했다. 머피는 제2사단 9연대 소속 소대장이 되었다. 그리고 인민군이 낙동강을 따라 대대적인 공격을 감행한 순간에 전장에 도착해서 곧바로 가장 치열한 전투에 뛰어들었다. 그는 전방에 투입된 지 만 하루가 지나기도 전에 아주 치열한 전투를 승리로 이끌었으며 그 공로를 인정받아 은성훈장을 받았다. 그가 만나본 군인 중에서 가장 훌륭한 사람이라고 평가했던 소대 하사관 로렌 코프먼(Loren Kaufman) 역시 의회 명예훈장을 받았다.[37]

머피는 낙동강방어선전투처럼 치열한 전투는 세상 어디에도 없었을 거라고 생각했다. 부대원들은 생사의 기로에 서 있었기에 잠시도 긴장을 늦출 수 없었다. 승리 아니면 죽음이라는 두 가지 운명밖에는 아무것도 생각할 수 없었다. 거의 녹초가 되어버린 양쪽 군인들은 종종 소규모 총격전을 벌이다 결국에는 뒤엉켜 붙어 총검으로 승패를 갈랐다. 그러나 어느 쪽이 승리했는지 분명하게 가릴 수 없는 경우가 많았고, 이긴 것이 확실한 경우에도 그리 대단한 승리라고 말할 수는 없는 정도였다. 다들 하루라도 더 살아남는 게 중요하다고 생각했다. 작은 언덕 하나를 두고 서로 차지하려고 팽팽한 접전을 벌였는데 얼마 지나지 않아 양측 부대의 지휘관들은 또 다른 언덕을 찾아내어 비슷한 전투를 벌였다. 그런 곳에는 인적이 없는 좁고 지저분한 길이 나 있어서 제대로 방어하거나 통제하지 않으면 인민군이 부산을 향해 진격할 통로가 될 수 있었다. 그래서 원래는 아무도 신경 쓰지 않을 장소였지만 매 전투마다 공격과 방어의 대상이 되었던 것이다. 이번 전투가 아니었더라면, 또한 인민군이 최종 목표지로 지목하지 않았더라면, 부산이라는 도시도 1950년 6월 25일까지 미국의 주목을 받을 일이 전혀 없었을 것이다.

낙동강방어선전투는 천여 차례의 소규모 전투를 통틀어 일컫는 말이다. 조지 러셀의 말을 빌리자면 그중 대부분의 전투는 투입된 부대의 규모나 전투지역의 범위 등에서는 소규모일지 몰라도 주요 전투에서 벌어지는 대부분의 요소를 갖추고 있었다. 그래서 벌지 전투를 무색하게 만들 정도로 잔인하고 참혹했다. 유명한 역사가들의 관심을 끌 정도로 규모가 큰 전쟁은 아니었을지 몰라도 그 전투에 참전한 사람들이 평생 무시무시한 기억에 시달릴 정도로 충분히 역사적인 사건이었다.

머피는 약 2주 정도 전방에서 싸운 다음 소대를 떠나 모든 장교가 전사해버린 팍스중대의 지휘를 맡았다. 하지만 지난 2주간 목숨을 건 사투를 벌이면서 소대원들에게 깊은 애착을 느낀 탓에 새로운 임무가 그리 달갑지 않았다. 아무것도 없이 시작했지만 거의 매일같이 새로운 전투를 벌이며 생사를 함께한 전우들과 떼려야 뗄 수 없는 친밀한 관계를 형성했던 것이다. 모두들 한동네에 있는 같은 병원에서 한날한시에 태어난 쌍둥이 같았고 이미 평생을 같이한 친구 같았다. 이들 외에는 다른 친구를 전혀 사귀어보지 않은 것 같은 착각이 들 정도였다. 하지만 상관의 명령에 따라 팍스중대로 옮기는 것 외에 다른 방도가 없었다. 콕 집어서 말할 수는 없지만 머피는 유엔군 측에서 뭔가 큰일을 계획하고 있다는 느낌을 받았다. 당시 정신없이 전투에 매달리던 같은 계급 장교들은 인천상륙작전이 곧 개시될 거라는 사실을 꿈에도 알지 못했다. 그들은 그저 뭔가 대단한 일이 곧 벌어질 거라는 소문만 들었다. 9월 13일인지 14일인지 정확하지 않지만 아무튼 그 무렵 머피는 다시 낙동강으로 돌아가서 인민군이 완전히 둘러싸고 있는 커다란 언덕을 탈환하라는 명령을 받았다. 낙동강에서 약 3킬로미터 떨어진 곳이었다. 인민군은 미군이 언덕 근처에만 다가가도 박격포를 비 오듯 퍼부었다. 그러다 팍스중대 중대장이 전투 초반에 전사하는 바람에 스물네 살밖에 되지 않은 머피가 중대장 자리에 오른 것이다. 그곳은 머피가 꿈꾸던 전투지역과는 거리가 멀었다. 언덕 여기저기에 인민군이 자리를 잡고 총격을 퍼붓기 좋을 만한 험준한 바위가 굉장히 많았다.

공격이 시작되자마자 머피는 잔뜩 긴장하지 않을 수 없었다. 적군이 박격포 공격을 시작하면 중대가 산산이 부서지는 것은 시간문제였다. 하지만 치열한 전투가 벌어질 것으로 예상했던 지역에는 적막감만 감돌았다. 팍스중대가 충분히 가까이 접근하기를 기다리고 있는지도 모른다는 생각이 들었다. 그러나 본격적으로 언덕을 오르기 시작해도 아무런 저항이 없었다. 언덕 꼭대기까지 사상자 한 명 없이 모두 도착한 후 머피는 자기들이 올라온 길을 내려다보고 적이 공격했더라면 꼼짝없이 당할 수밖에 없겠다는 생각이 들었다. 반대편을 내려다보니 아무 반응이 없었던 이유를 이해할 수 있었다. 인민군은 무기를 챙겨 황급히 언덕 반대편으로 후퇴하는 중이었다. 젊은 나이에 중대장이되어 비 오듯 쏟아지는 적의 총격 속에 언덕을 오르며 최악의 전투를 겪을 거라 예상했는데 부대원들의 목숨을 고스란히 건졌다는 사실이 기적처럼 느껴졌다.[38] 바로 그때 그는 상관으로부터 새로운 상황이 발생했으니 즉시 본부로돌아오라는 연락을 받았다. 새로운 상황은 바로 인천이었다.

인민군은 무너지기 시작하자 여느 군대와 마찬가지로 형편없이 무너져 내렸다. 이런 상황에서 그들은 인도차이나에서 프랑스군에 맞서 싸우던 베트민처럼 노련하게 대처하지 못했다. 베트민은 서방 국가들의 훌륭한 공군력이나일반적인 화력에 대처하는 데 익숙했다. 머피는 만일 베트민이었다면 아주 소규모의 부대로 나누어 낙동강 근처에 있는 산악 지대에 몰래 숨어들었다가밤에 이동했을 거라고 생각했다. 하지만 인민군은 도로를 통해 이동하려고 했기 때문에 이틀여동안 미 공군의 완벽한 먹잇감이 되었다. 팍스중대가 진군할무렵 머피는 온통 새까맣게 탄 시체와 차량으로 뒤덮인 길을 보았다. 생전 처음 보는 광경이었다.

제6부

—

전세 역전

The Coldest Winter

제19장

맥아더와 인천상륙작전

인천상륙작전은 더글러스 맥아더의 마지막 성공작이었다. 성공의 영광은 모두 그의 몫이었다. 기지가 돋보이는 전략인 동시에 위험한 도박이었지만 다행히 성공을 거둬 수천 명이 넘는 미군의 목숨을 구했다. 해군 작전참모들과 합참의 반대가 심했는데도 끝까지 고집을 꺾지 않고 밀어붙인 결과였다. 대범하고 독창적인 데다 예상 밖의 행동을 서슴지 않고 일반적인 사고의 틀을 과감히 거부하는 맥아더의 장점에 행운이 따른 결과이기도 했다. 사실 맥아더의 이런 장점 때문에 사적으로나 공적으로 그를 좋아하지 않았던 루스벨트와 트루먼마저 그에게 매달렸던 것이다. 맥아더의 일대기를 집필한 제프리 페렛(Geoffrey Perret)은 이렇게 썼다. "맥아더의 인생에서 군인으로서 천재성을 인정받은 날은 1950년 9월 15일 하루였다. 위대한 사령관이라면 누구나 한 번쯤은 큰 업적을 이루는 때가 있기 마련이다. 대개는 그때 총지휘관으로서 실력을 인정받아 당대 다른 지휘관들보다 훨씬 높은 위치에 오른다. 맥아더에게는 인천상륙작전이 바로 그런 기회였다."[1]

맥아더는 처음부터 인천상륙작전의 가치를 꿰뚫고 있었다. 수적인 열세를 극복하지 못하고 한반도에서 완전히 밀려날 위기였기 때문에 자신의 우수한 기술을 선보일 방법은 인천상륙작전밖에 없었다. 애초부터 맥아더는 보병으로는 험악한 지형에서 수적으로 우세한 적을 상대로 전세를 뒤집을 가망이 없다고 판단했다. 그래서 결국 그날의 계획을 실행에 옮겼고 결과는 예상한 대로였다. 그러나 서울을 탈환하는 데 너무 심취한 나머지 퇴각하는 인민군을 제대로 분쇄하지 못한 것도 사실이다. 이 때문에 야심 찬 작전의 가치가 약간 떨어지긴 했지만 어찌 됐거나 서울 탈환은 홍보 효과가 높은 위대한 업적이었다. 한 가지 심각한 결함이 있다면 그건 바로 그 승리가 워싱턴 본부나 주요 참모들을 소외시키고 오직 맥아더 혼자만 돋보이게 했다는 점이다. 그의 계획을 지지한 사람이 한 명도 없었기 때문에 인천상륙작전이 성공한 후에는 더 이상 맥아더의 말에 이의를 제기할 수 없었다. 미군이 압록강까지 겁 없이 밀고 올라가면서 또다시 불안의 목소리가 높아졌지만 그때마다 맥아더 신봉자들은 인천상륙작전 얘기를 꺼내며 모든 우려를 일축했다. 그렇게 맥아더는 또다시 승산이 적은 게임에 주사위를 던졌다. 훨씬 더 무모해 보이는 이번 계획을 말리는 건 이전보다 훨씬 더 어려웠다.

그러나 맥아더는 이미 전쟁 초반에 인민군의 전투력을 과소평가하는 실수를 저지른 바 있다. (달랑 제1기병사단 하나만 한국에 보내면서 이렇게 말했다. "두고 보라지. 그 녀석들이 만주 국경에 새까맣게 몰려들 거야. 하지만 그 후로는 더 이상 볼 일이 없을걸.")[2] 하지만 얼마 지나지 않아 맥아더는 인민군이 굉장히 맹렬하고 좀처럼 물러설 줄 모르며 지휘 계통도 훌륭하다는 걸 인정할 수밖에 없었다. 도쿄 사령부에서 열린 회의에 에버렐 해리먼이 참석했을 때 인민군이 지금까지 자기가 상대해본 군대 중에서 가장 "전투력이 뛰어나며 다루기 쉽지 않은 상대"라고 말하기도 했다.[3] 이러한 판단은 즉시 그의 전략에 영향을 끼쳤다. 그래서 미군이 부산방어선으로 밀려나기 한참 전에(후에 맥아더는 부산방어선으로 밀려난 일을 두고 "푸줏간에 끌려간 소처럼" 꼼짝할 수 없는 위기에 처한 것이라고 말했다) 이미 우수한 미군의 기술력을 앞세워 결정적인 일격을 가해 전세를 역전시킨다는 포부를 가지고 공동 상륙 작전을 준비했다.

제1차 세계대전을 겪는 동안 맥아더는 영국, 프랑스, 독일 장교들이 기관총과 대포로 무장한 적진으로 부대원들을 계속 밀어낸 것은 그들을 배신한 것과 같다고 생각했다. 병사들은 사자처럼 용감하게 싸웠지만 사령관들이 당나귀보다 못한 머리로 지휘하여 결국 부대를 수렁으로 밀어 넣는 것 같았다. 당시에는 전투가 끝난 후 사상자 수를 파악하면 사실상 누가 진정한 승자이고 패자인지 구분할 수 없을 정도였다. 맥아더는 제1차 세계대전에서 보고 들은 것을 바탕으로 미국의 앞날에 유럽보다는 아시아가 훨씬 더 중요하다는 결론을 내렸다. 승전국의 장군들이 자기 부대원들에게 너무 무심한 걸 보면서 이들이 이미 지나간 세대를 대표하는 인물이라 생각했다. 또한 제1차 세계대전을 통해 정면 공격의 위험을 실감하기도 했다. 그래서 태평양 전투에서는 한층 더 기지를 발휘했다. 사상자 수를 최소한으로 줄이면서 광범위한 지역 여기저기에 떨어져 있는 섬들을 오가며 작전을 수행한 것이다. 첫 전투에서 배운 교훈을 기초로 전략을 세운 다음 일본군의 방어 거점이 아닌 섬들을 주로 공략했다. 그러나 영국 소설가 러디어드 키플링(Rudyard Kipling)의 농익은 표현을 빌리자면 이는 맥아더의 복잡한 성격의 일면일 뿐이다. 맥아더는 전쟁의 승리 여부만큼이나 전쟁이 주는 스릴을 즐기는 피에 굶주린 전사였다. 하지만 실제로 전쟁이 발발하기 전까지는 놀랄 정도로 부대원들의 목숨을 아꼈다.

맥아더는 공군과 해군을 동원하여 일본군이 전혀 생각지 못한 곳을 공략하여 전방에 나와 있는 일본군을 고립시키고 주요 거점을 장악했다. 한국전쟁에서도 같은 전략을 구사하려고 7월 4일에 이미 인민군의 진지 후방을 공격한 다는 계획을 세우기 시작했다. 그러나 사실 초반에 한국에 파견된 부대는 훈련 상태나 무기 및 지휘 상태가 엉망이라서 복잡하기 짝이 없는 공동 상륙 작전을 소화할 준비가 안 되어 있었다. 처음에 그 작전은 블루하트라는 이름으로 7월 22일에 실시될 예정이었지만 전혀 성공할 가망이 없었다. 할 수 없이 블루하트 작전을 포기하긴 했지만 공동 상륙 작전이라는 아이디어 자체는 버리지 않았다.

7월 10일에 태평양 지역 해병대 사령관 렘 셰퍼드(Lem Shepherd) 중장이 도쿄를 방문했다. 맥아더는 그에게 부러워하는 눈빛을 보내며 자기 수중에 해병대 사단 하나만 있으면 좋겠다고 얘기를 꺼냈다. 그렇게만 되면 인민군 진지 후방에 상륙시킬 자신이 있다는 말도 덧붙였다. 한국 지도를 가리키며 "여기 인천이라는 곳에 상륙시키면 좋을 것 같다."라고 설명했다. 그때 셰퍼드는 두 사람 모두에게 나쁠 게 없다고 생각하고 한번 요청해보라고 제안했다. 아마 당시 해병대 역시 구체적인 임무가 주어지길 학수고대하고 있었던 것으로 보인다. 국방 예산을 대폭 줄이라는 압력이 증가하면서 해병대의 존폐 여부는 기로에 서 있었다. 정치적인 명분이 부족해 위기감은 더 증폭되었고 육군과 공군마저 기존에 해병대가 맡던 역할을 빼앗아가려고 호시탐탐 노리고 있었다. 맥아더 역시 해병대의 이런 약점을 잘 알고 있었다. 예상대로 셰퍼드는 기다렸다는 듯 맥아더의 제의를 받아들였고 9월 1일까지 맥아더에게 사단 하나를 지원하겠다고 약속했다.

이번 작전에 대해 곰곰이 생각하면 할수록 인천만큼 좋은 곳이 없는 것 같았다. 부산에서 북서쪽으로 약 440킬로미터 떨어진 서해안에 위치한 곳으로, 인민군 전선 후방이었고 서울에서 32킬로미터 떨어진 항구였다. 한국의 주요 공군 기지인 김포와도 가까웠다. 하지만 동시에 작전을 수행하기 어려운 여건도 갖추고 있었다. 제임스 도일(James Doyle) 제독의 수하에 있던 해군의 핵심 전략 담당자 알리 캡스(Arlie Capps) 소령은 "지리적인 장애 및 기타 모든 요소를 고려해봤는데 인천은 열악한 요소를 골고루 다 갖추고 있었다."라고 설명했다.[4] 거의 모두가 인천은 해군을 싫어하는 사악한 천재들이 만들어낸 도시라고 생각했다. 항구 도시였지만 안벽(岸壁)과 부두만 있을 뿐 해변이 없었다. 항구 한가운데 있는 월미도라는 섬은 수비대를 주둔시키기에 적합할 뿐 아니라 항구를 효과적으로 방어하면서도 상륙 지역을 둘로 구분해주었다. 게다가 항구 안쪽의 물살은 빠르고 거세기로 악명이 높았다. 하지만 이보다 더 큰 어려움이 인천에 도사리고 있었는데 바로 조수의 문제였다. 최대 9미터까지 치솟아서, 펀디 만(캐나다 남동쪽 대서양 연안에 있는 만으로 조류가 급하며 만조 때에는 해면고도가 약 20미터나 올라감-옮긴이)을 제외하면 세계에서 제일 높은 수준이었다. 당시 상황에 대해 심도 깊은 기록을 남긴 『만조 시의 승리(Victory at High Tide)』의 저자 로버트 하이널에 따르면 썰물에는 1킬로미터 내지 4킬로미터 거리의 개펄을 걸어야 했다. 마치 "초콜릿 반죽을 딱딱하게 만들기 위해" 끈적임을 참으며 다리를 움직이는 느낌이었다.[5] 인천 바닷가는 해변이라기보다는 수많은 사람이 죽어 넘어질 전쟁터로 적합했다. 이미 소련의 도움으로 한국에 있던 몇몇 항구가 폭파된 것처럼 누군가 이곳마저 폭파시키려 한다면 대참사로 이어질 게 뻔했다. 태평양에서 해군 고위 장교로 근무했던 아서 스트러블(Arthur Struble) 제독은 "기뢰를 부설하기에 인천보다 더 적합한 곳은 없을 것"이라고 설명했다.[6] 설상가상으로 이번 작전이 시행되는 동안 기회의 문은 믿기지 않을 정도로 좁은 편이었다. 급격히 조수가 높아져서 방파제와 부두에 부대를 착륙시킬 수 있는 날짜는 이틀밖에 없었다. 9월 15일에 조수 예상 높이는 9.5미터였고 그다음으로 조수가 9미터를 넘는 날은 10월 11일이었다. 하지만 문제는 거기서 끝나지 않았다. 9월 15일에 조수가 가장 높이 올라

■ USS 매킨리 호에 승선한 코트니 휘트니 소장, 더글러스 맥아더 총사령관, 에드워드 알몬드 소장이 인천상륙작전을 지켜보고 있다. 1950년. ⓒ Nutter/ U.S. Department of Defense.

가는 시간은 일출 45분 전인 오전 6시 59분이었다. 10월 11일 조수 역시 해가 저물고 37분이 지난 저녁 7시 19분에 최고조에 달할 것으로 예상하였다. 둘 다 공동 상륙 작전이라는 복잡한 작전에 적절하지 못한 시간대였다. 그러나 10월까지 기다릴 수는 없는 노릇이었다. 미군이 모두 부산방어선으로 밀린 상황에서 인민군에게 인천을 폭파할 시간을 더 내주면서 조수가 높아지길 기다리는 건 무의미했다. 결국 맥아더는 9월 15일에 사활을 거는 수밖에 없었다.

거의 모든 사람이 맥아더의 결정에 놀랐다. 특히 인천상륙작전을 직접 지휘하라고 임명을 받은 해군 장교들은 도저히 납득할 수가 없었다. 게다가 따지고 보면 자기보다 직급이 높은데도 맥아더는 해군 장교들을 함부로 무시하기 일쑤였다. 자기가 그토록 경멸하는 정치가들의 환심을 사서 권력을 손에 넣은 한심한 사람들이라 생각했던 것이다. 맥아더는 이번 작전이 성공하려면 두 차례 고비를 넘겨야 한다고 생각했다. 첫 번째 고비가 바로 해군 장교들이었다. 또한 합참이 쌍수를 들고 반대할 거라고 일찌감치 짐작하고 있었다. 물론 맥아더가 과대망상적인 태도를 보인 것도 사실이지만 전혀 틀린 예상은 아니었다. 맥아더는 오마 브래들리를 특히 싫어했다. 아이젠하워의 친구인 데다 마셜의 부하라서 싫었다. 유럽에서 벌어진 전쟁에서 이렇다 할 대단한 기술이나 용맹함을 보이지 못했기 때문이기도 했다. 또 다른 이유는 자신이 태평양 지역에서 거느린 군대보다 훨씬 더 큰 규모의 군대를 거느리고 유럽에서 활약했다는 점이었다. 그러나 무엇보다 트루먼의 측근이라는 점이 가장 싫었다.

이렇게 맥아더와 브래들리의 관계는 평탄치 못했는데 사실 들여다보면 두 사람 사이의 적대감은 대부분 맥아더 혼자만의 것이었다. 둘 다 주변에서 들리는 이야기 때문에 상대방에 대해 부정적인 인상을 가지고 있었다. 맥아더는 일본 침공 계획을 마련할 때 브래들리가 지휘권을 맡는 걸 자신이 결사반대했기 때문에 브래들리 또한 자신을 미워할 거라고 생각했다. 물론 그걸 증명할 만한 물리적 증거는 없었다. 하지만 전후 국가 안보 문제에서 영향력을 발휘한 주요 인물들처럼 브래들리 또한 나이가 많고 자기가 이래라저래라 할 수 없는 맥아더 같은 사람을 편하게 생각하지 않았다는 증거는 많았다. 또한 맥아더는 1949년에 브래들리가 딘 애치슨의 후원을 등에 업고 일본에서 맥아더의 영향력을 약화시키기 위해 그의 자리를 둘로 나누려는 음모에 동참했다고 믿었다. (정황상 그가 의혹을 품을 만한 이유는 충분했다.) 음모를 눈치 챈 맥아더는 분노를 삭이지 못했다. 인천상륙작전의 작전 계획을 맡아 진행했던 제임스 도일은 도쿄에서 맥아더를 만났을 때 브래들리에게 인간미가 부족하다고

얘기한 적이 있다. 그러자 맥아더는 "시골 사람이지."라고 대꾸했다.[7]

　참모들은 모두 걱정스런 눈빛을 감추지 못했다. 막대한 미군 병력을 동원하는 만큼 위험도 컸기 때문에 너무 무모해 보였다. (맥아더 역시 인천상륙작전의 성공 확률이 오천 분의 일이라고 말한 바 있다.) 지휘관들 사이의 내적 갈등 역시 참모들에게 적잖은 근심거리였다. 사람마다 이유는 달랐지만 거의 모든 사람이 반대 입장을 굽히지 않았다. 유독 에버렐 해리먼과 매슈 리지웨이만 찬성하는 쪽에 섰다. 결국에는 트루먼도 전장에 나가 있는 사람의 판단이 가장 옳을 거라는 말로 맥아더의 손을 들어주었다. 하지만 인천상륙작전을 직접 설계한 제임스 도일마저도 과연 이 작전이 성공할 수 있을지 의구심을 떨치지 못했다. 그 또한 다른 사람들처럼 맥아더가 인천상륙작전을 지휘하라고 임명한 에드워드 알몬드라는 만만치 않은 인물을 피해갈 수 없었다. 제임스 도일은 알몬드가 도통 마음에 들지 않았다. 알몬드는 독단적으로 주변 사람을 휘두르려 하고 맥아더가 꼭 들어야 할 사항조차 제대로 보고하지 않았다. 이대로 진군할 거라면 어떤 심각한 위험이 기다리고 있는지 맥아더에게 제대로 알려야 한다고 생각해서 얘기하자 알몬드는 이렇게 일축했다. "맥아더 장군은 그런 시시콜콜한 세부 사항에 별로 관심이 없습니다." 기분이 나빠진 도일도 그대로 물러나지는 않았다. "그래도 이런 것들은 맥아더 장군이 아셔야 할 내용입니다."[8] 결국 도일은 자기주장을 관철시켰고 위험 사항을 포함하여 제반 세부 사항을 모두 맥아더에게 전달하게 했다.

　언뜻 보기에는 알몬드가 도일이 마땅히 해야 할 일조차 못하게 가로막는 것처럼 보였다. 맥아더는 항상 고고하게 행동하려 했기 때문에 사사로운 일에는 눈길을 주지 않았다. 이번 작전의 성공 여부에 관계없이 중요성이 떨어지는 세부 사항들은 맥아더 휘하의 하급 장교들이 알아서 처리할 문제였다. 맥아더는 지금 자기 생애 가장 위대한 업적을 이룰 순간을 목전에 두고 있었다.

해군을 비롯하여 의혹을 제기했던 모든 사람이 마음을 바꿔 작전에 협조하게 만들어놓은 상태였다. 따라서 그의 머릿속에는 보란 듯이 성공시켜야 한다는 것 외에는 아무런 생각이 없었다.

맥아더는 예전부터 극적인 연출을 좋아했다. 제1차 세계대전 당시에는 승마용 바지와 목까지 올라오는 스웨터를 입고 스카프를 두르고 다녀서 부하들이 '호전적인 멋쟁이'라고 부르기도 했다. 그저 주목받으려는 욕구가 강했던 게 아니라 그런 순간에 중독된 상태였다. 언제나 카메라 위치를 의식하며 움직였고 사진이 가장 잘 나오는 각도로 턱을 내밀곤 했다. 나이가 들면서는 부하들이 모든 사진을 일일이 검열하여 영웅답지 못한 사진이 유출되지 않게 했다. 카메라의 각도에 대한 구체적인 규칙을 지켜달라고 요구하기도 했다. 따라서 기자들은 항상 정해진 각도에 따라 사진을 찍어야 했다. 한번은 「스타스 앤드 스트라이프스(Stars and Stripes)」지 사진 기자에게 맥아더가 더 위엄 있어 보이게끔 무릎을 꿇고 사진을 찍으라고 지시한 적도 있었다. 항상 낡고 오래된 캠페인햇(campaign hat)을 착용했으며 모자를 벗었을 때 드러나는 빈약한 머리숱을 카메라에 담는 건 금기였다. 따라서 맥아더가 모자를 벗고 빗질을 하는 순간에는 사진 찍는 일을 멈추고 기다려야 했다. 사무실에서 일할 때는 안경을 썼지만 안경 쓴 모습을 남들에게 보이는 걸 싫어했기 때문에 그 또한 사진 기자들이 피해야 할 순간이었다. 이렇듯 매순간 맥아더의 모습은 연출되었다. 캔자스 주 엠포리아 출신의 유명한 편집자 윌리엄 앨런 화이트(William Allen White)는 제1차 세계대전 중에 맥아더를 만난 후 "맥아더처럼 활기차고 자석처럼 주변 사람들을 끌어당기는 매력이 있는 사람은 처음 본다."라고 말했다. 또 영화배우 "베리모어와 존 드류가 꿈꾸던 모습을 모두 갖춘 사람"이라고 덧붙였다.[9] 제2차 세계대전 중에 맥아더의 부하였던 로버트 아이첼버거는 아내에게 암호로 쓴 편지를 보냈는데 그 편지에서 '사라'라는 인물은 맥아더를 가리키는 암호였다. [사라 베르나르(Sarah Bernhardt)는 당대 최고의 여배우였다.] 드와이트 아이젠하워는 어떤 여자에게 "혹시 맥아더 장군을 아시나요?"라는 질문을 받고 이렇게 답했다. "직접 만나봤을 뿐 아니라 워싱턴에서 5년, 필리핀에서 4년 동안 그가 보여준 여러 가지 연출된 상황을 모두 분석해봤죠."[10]

맥아더는 신비로움(일반인이 함부로 다루거나 감히 이해할 수 없는 것)이 곧 힘이라 믿었기에 조심해서 다루지 않으면 안 된다고 생각했다. 그래서 자신을 외부에 쉽게 노출시키지 않았고 적어도 자신이 완벽하고 멋진 모습을 갖출 때까지는 철저히 몸을 숨겼다. 그가 대중에게 보여주는 모습은 사전에 철저히 계산된 것이었고 자신을 묘사하는 어휘 하나하나마저 신중하게 선택하도록 지시했다. 제2차 세계대전 중에 작성된 프로필에 초연하고 냉담한 태도를 보인다는 단어가 나오자 즉시 검열관들에게 연락해 금욕적이고 엄격한 사람이라는 표현으로 고치라고 지시하기도 했다. 부하 직원들과도 절대 편안한 관계를 맺지 않았고 계급이 같은 장성들보다 자신이 한 수 위라는 걸 증명해 보이려고 열심히 노력했다. 드와이트 아이젠하워는 1930년대에 필리핀에서 맥아더의 수석 부관이었다. 아이젠하워는 그가 "맥아더가 상원의원을 찾아간 거지."라는 식으로 자기 자신을 3인칭으로 언급하는 걸 보고 깜짝 놀랐다.[11] 그 시절에 맥아더는 자신이 국가의 살아 있는 역사, 즉 '역사적인 인물'이라고 생각했으며 주변 사람들 앞에서도 그렇게 포장하려 했다. 맥아더와 대면하는 것을 큰 영예로 여기고 그를 만나는 자리에서는 살아 있는 기념비나 우상을 대하듯 깍듯이 행동해야 했다. 사실 매일 맥아더의 비위를 맞추는 의식을 따로 행하고 있었다. 예를 들면 VIP 방문객을 환영하는 점심식사 자리에서는 맥아더의 아내가 먼저 와서 기다리고 있던 간부들에게 인사를 건넸다. 그녀가 "아, 저기 장군님이 오시네요."라고 말하면 그제야 맥아더가 식사 장소에 모습을 드러내는 식이었다. 그는 아내에게도 인사를 건넸는데 그 자리에 있던 어떤 사람의 말을 빌리자면 "마치 수년 동안 아내를 보지 못한 것처럼 아주 반가운 척을 했다."[12]

이것이 치밀하고 아주 독특한 개성을 가진 총사령관의 본모습이었다. 인민군의 침략이 있고 두 달이 지난 8월 23일 인천상륙작전 브리핑을 완전히 제압한 장본인이기도 했다. 그 회의는 맥아더의 도쿄 사령부에서 열렸고 육군 참모총장 조 콜린스와 해군 참모총장 포레스트 셔먼, 공군 작전부장 아이드월 에드워드(Idwal Edward) 중장이 워싱턴에서 날아왔다. 공군 참모총장 호이트 반덴버그는 참석하지 않았다. 임무를 할당하는 데 예민했던 사람들은 이를 두고 맥아더가 본래 해군과 해병대에 속한 작전을 인정하고 싶어 하지 않는 것이라 믿었다. 인천상륙작전에 대한 정식 허가가 떨어지면 본격적으로 상륙을 이끄는 임무는 해병대의 몫이었다. 하지만 해병대 책임자는 애초에 회의에 부르지도 않았기 때문에 해병대의 질문과 의혹은 아예 거론되지도 않았다. 당연히 해병대는 불만을 품을 수밖에 없었다. 회의가 시작되자 도일 제독의 휘하에 있는 장교 아홉 명이 나서서 장장 한 시간 반에 걸쳐 이번 작전의 기술적인 어려움과 군사적 타당성을 상세히 설명했다. 그리고 마지막으로 도일이 "맥아더 장군님, 저는 이번 작전과 관련해서 어떤 요청을 받은 적도 없고 의견을 내보라는 권유도 들은 바 없습니다. 하지만 누가 내게 물었다면 인천이 아예 불가능한 곳은 아니라고 말하는 게 전부였을 겁니다."라고 말하고 자리에 앉아 버렸다.[13]

조 콜린스는 상륙 위험이 훨씬 덜한 군산이나 인천에서 남쪽으로 내려간 포승면은 어떠냐고 제안했다. 이미 예상하고 있던 터라 맥아더는 조심성 없는 콜린스의 태도에도 놀라지 않았다. 사실 맥아더는 이런 과정을 거치게 될 거라고 오래전부터 예상했으며 방 안에 모인 모든 사람의 마음을 꿰뚫어보고 있었다. 다만 해군 참모총장 셔먼이 아직 속내를 드러내지 않아서 그를 주시하고 있을 뿐이었다. 셔먼의 승낙을 받아 해군의 힘을 빌리지 않고서는 인천상륙작전은 꿈도 꿀 수 없었다. 조 콜린스가 강하게 거부 의사를 표할 수도 있었지만 워싱턴에 있는 육군장관이 전장에 나와 있는 지휘관을 쉽게 무시할 가능성은 낮았다. 그야말로 그날은 맥아더의 날이었다. 그는 회의실을 가득 메운 반대자들을 단번에 자신의 신봉자로 바꾸어놓았다. 나중에 그는 회의실에 들어서는 순간 아버지의 목소리가 들렸다고 회상했다. "얘야, 전쟁을 두고 탁상공론을 벌이는 사람들은 모두 소심하고 패배주의에 젖어 있단다."14 그는 누가 뭐라 해도 착륙 장소를 더 안전한 남쪽으로 바꿀 생각이 없었고 그러는 게 도움이 될 거라고 생각하지도 않았다. "육해군 합동 상륙 작전은 우리가 내세울 수 있는 최상의 작전입니다. 제대로 성공시키려면 어느 정도의 위험은 마땅히 감수해야 합니다." 인천의 지리적 여건에서 만만치 않은 어려움이 야기되기는 했지만 그렇다고 해서 아예 넘지 못할 산은 아니었다. "적은 우리가 인천으로 밀고 들어올 정도로 간이 크지는 않다고 생각할 겁니다." 맥아더는 1759년 퀘벡 전투의 제임스 울프(James Wolfe)처럼 행동하기로 마음먹었다. 당시 퀘벡 남쪽 지역으로 이어지는 세인트 로런스 강둑이 너무 가파른 편이라서 도시 방어를 맡고 있던 몽칼름 후작(Marquis de Montcalm)은 부대를 대부분 북쪽에 배치했다. 하지만 울프는 소규모 부대를 이끌고 남쪽으로 가서 고지를 넘어 몽칼름 후작의 방어부대를 깜짝 놀라게 만들었다. 이 전쟁은 영국군의 대승리로 끝났으며 결국 북미 지역에서 영국과 프랑스가 식민지를 두고 벌인 모든 전쟁에 종지부를 찍었다. "몽칼름처럼 인민군은 인천 상륙이 불가능하다고 생각하겠지만 나는 울프 장군처럼 그들의 허를 찌를 겁니다."

맥아더는 해군만 가담한다면 마라톤을 방불케 하는 태평양 지역의 오랜 이념 충돌을 한 번에 깨끗이 마무리할 수 있을 거라고 굳게 믿었다. "나는 해군보다 해군을 더 믿습니다." 그는 회의실 안에 셔먼만 있는 것처럼 해군이 "과거에도 나를 한 번도 실망시키지 않았으며 이번에도 그럴 거라고 확신합니다."라고 말하기도 했다. 조 콜린스와 월튼 워커 둘 다 이번 상륙 작전을 지지한다는 점을 의식하여 군산은 "공격을 해도 실제로 포위되지는 않을 양동작전이 될 것"이라고 설명했다. 그곳이라면 제8군과 비교적 쉽게 연결할 수 있겠지만 결국에는 이미 부산방어선에 집결해 있는 미군의 규모를 더 늘려줄 뿐인데, 모두 알다시피 이 지역은 적의 공격에 매우 취약하다는 것이었다. "이 작전이 실패하면 그 비극에 대한 책임은 도대체 누가 질 겁니까? 나는 절대로 못합니다." 하지만 만약 인천에서의 상륙작전이 실패한다면 맥아더는 자신이 모든 책임을 지겠다고 맹세했다. (나중에 알몬드의 부관 빌 맥카프리는 이렇게 덧붙였다. "나는 그의 맹세를 그다지 진지하게 받아들이지 않았습니다. 중공군이 개입할 리 없다고 그렇게 큰소리치더니. 보세요, 결국 중공군이 보란 듯이 밀고 내려왔잖아요. 자기 예상이 완전히 틀렸다는 게 만천하에 공개되고 미군은 치명타를 입었지만 맥아더는 주변 사람들을 탓하기 바빴어요. 절대로 자기 책임을 인정하지 않았습니다.")[15] 맥아더는 만약 상륙 작전에 대한 자기 생각이 틀렸다면 본인이 직접 작전을 지휘하겠다고 호언장담했다. "작전을 성공시킬 수 없다고 판단되면 후퇴하도록 하겠습니다." 그때 도일이 나서서 반박했다. "아닙니다. 우리는 후퇴할 방법을 찾을 수 없을 겁니다. 일단 뭍에 내리면 무조건 앞으로 밀고 나가는 수밖에 없습니다."[16]

그러자 맥아더는 아예 셔먼에게 시선을 고정시킨 채 자기가 해군을 얼마나 아끼고 좋아하는지 설명하기 시작했다. 오래전 다른 전쟁에서 큰 위기에 봉착했을 때도 해군이 코레히도르(Corregidor, 필리핀에 있는 올챙이 모양의 섬-옮긴이)에 와서 안전한 곳으로 피신시켜준 덕분에 일본군에 맞설 수 있었고 결국 태평양 전쟁에서 승리할 수 있었다는 이야기였다. "군 사령관으로서 이게 제게는 마지막 기회일지 모릅니다. 설마 이제 와서 해군이 제 청을 거절하여 저를 단단히 실망시킬 리는 없겠지요?" 고위 장교들이 빽빽이 들어앉은 회의실 뒷자리에는 에드워드 알몬드의 부관 프레드 래드가 끼어 있었다. 래드는 맥아더의 마지막 말을 듣는 순간 이제 다들 맥아더에게 마음이 넘어갔을 거라는 생각에 피식 웃음이 나왔다. 제아무리 고위 장교라 해도 저런 식으로 도전장을 내밀면 등을 돌리기 힘들 것 같았다.[17] 그제야 셔먼 제독이 입을 열었다. "알겠습니다. 해군이 나서도록 하죠."[18] 상대의 마음이 움직인 것을 간파한 맥아더는 "그 말씀을 들으니 패러컷[남북전쟁 때 북군 해군을 이끌고 여러 차례 승리를 거두어 명성을 얻은 해군 제독 데이비드 패러컷(David Farragut)-옮긴이]이 다시 살아돌아온 것 같군요." 하고 응수했다. 드디어 소기의 목적을 달성한 것이다. (그순간 도일은 그토록 강력하게 반대한 자신의 의견이 순식간에 무시당한 것에 몹시 화가나서 전쟁 영화에 주로 출연했던 영화배우에 빗대어 "존 웨인이 따로 없군."이라고 중얼거렸다.)[19] 극적인 효과를 노린 듯 맥아더는 갑자기 목소리를 낮추어 사람들의 주의를 집중시켰다. "벌써 운명의 초침이 재깍거리는 소리가 들리는 것 같군요. 지금 행동하지 않으면 모두 죽을지도 모릅니다. …… 인천상륙작전은 반드시 성공할 것이며 우리는 10만여 명의 목숨을 구해내고 말 겁니다." 그러자셔먼은 "고맙소. 대의명분도 좋고 설득력도 뛰어나구려."라며 인사를 건넸다. 맥아더는 아주 만족스러워 보였다.

후에 도일은 이렇게 말했다. "일단 맥아더가 무대에 오르면 존 베리모어의목소리는 들을 수 없습니다." 셔먼은 다시 배에 올랐다. 그러나 바로 다음 날맥아더의 연설과 그가 내민 도전장에 놀란 마음이 조금 가라앉자 머릿속에서다시 의혹이 꿈틀거리기 시작했다. 그래서인지 셔먼은 친구에게 "나도 저 사람처럼 두둑한 배짱이 좀 있었으면 좋겠군."이라고 말했다. 콜린스는 여전히불안한 마음을 떨칠 수 없었지만 이에 아랑곳하지 않고 모든 참모가 출항 준비를 했다. 닷새 후에 참모들은 맥아더에게 작전 허가를 내렸다. (마이크 린치는 나중에 워커를 찾아가서 어떻게 맥아더가 합참의 반대를 꺾을 수 있었는지 물었다. "맥아더는 그들 모두가 한국은 하나의 섬이고 서울이 최종 목적지라고 생각하게 만들었어. 일단 서울만 정복하면 전쟁은 바로 끝나는 거지." 워커의 대답은 마치 예언처럼 그대로 실현되었다.) 하지만 8월 28일에 워싱턴에 있던 합참에게는 긴장된 기색이 역력했다. 유례없이 한정된 군 자원을 여러 가지로 위험 부담이 큰 계획에 투자하는 것이 영 마음에 들지 않았다. 그래서 맥아더에게 마지막으로 군산으로 방향을 돌리라고 제안했다. 하지만 맥아더는 자기 방식대로 묵살하고는 그런 제안이 있었다는 것조차 인정하려 들지 않았다. 또한 인천상륙작전이 이미 시행 단계에 들어간 후에도 철저하게 보안을 유지하며 워싱턴 본부에서 이의를 제기해도 돌이킬 수 없는 순간에 돌입할 때까지 상황을 제대로 보고하지도 않았다. 이 모든 일은 철저히 고의적이었으며 신중하게 진행되었다. 클레이 블레어의 말을 빌리자면 맥아더가 한 짓은 "그야말로 놀라운 속임수"였다.[20] 학수고대하던 9월 8일이 되자 맥아더는 린 스미스(Lynn Smith) 중령을 시켜 최종 계획이 설명된 두꺼운 자료를 워싱턴에 전달했다. 스미스에게는 빨리 전달하려고 애쓸 필요 없다는 말까지 덧붙였고 그는 맥아더가 시킨 대로 했다. 합참은 당연히 고급 장교가 보고를 하러 오길 기다렸으나 하급 장교가 그것도 마지막 순간이 되어서야 자료를 들고 찾아왔다. 스미스는 참모들이 모인 회의실에 들어가자마자 브리핑을 시작했다. "오늘이 바로 작전 개시일 아닌가?"라는 콜린스의 질문에 스미스는 그렇다고 대답했다. 그러자 콜린스는 공격이 언제 시작되는지 다시 물었다. "월미도 착륙은 6시 20분, 이곳 시각으로는 오후 7시 30분에 시작될 겁니다."라는 대답을 들은 콜린스는 "알겠네. 브리핑이나 잘해보게."라고 말했다.[21] 결국 그날 맥아더의 행동은 참모들과의 관계에 치명타를 날렸다. 그가 민간 당국과 밀고 당기는 게임을 벌인 것이라면 (어느 정도는) 용납되었을지 모르지만, 이들은 4성장교들로 맥아더 못지않게 작전의 성공 여부와 부대원들의 목숨에 강한 책임감을 느끼는 사람들이었다. 군대 문화에서는 맥아더의 행동이 결코 용납될 수 없었다. 8개월 후 조지프 굴든이 지적한 것처럼 트루먼이 맥아더를 해임시켰을 때 참모들은 만장일치로 그 결정을 지지했다. 인천상륙작전에서 자신들을 외면한 맥아더에게 그런 식으로 앙갚음을 한 것이다.

보통 공동 상륙 작전을 펼칠 때는 기습의 요소가 아주 중요한데 이상하게도 이번 작전에서는 그게 빠져 있는 것 같았다. 도쿄 사령부 사람들은 언제 어디에서 작전이 개시되는지 다 알고 있었다. 전쟁에 대한 각종 소문의 온상지였던 도쿄 기자 모임에서는 인천상륙작전에 '누구나 아는 작전'이라는 별명을 붙이기도 했다. 최종 지휘관은 워싱턴에서 작전 개시 명령이 떨어짐과 동시에 결정되었다. 워싱턴 본부 고위 장교들과 도쿄 사령부 일부 고위 장교들은 노련한 해병대 장교 렘 셰퍼드 중장에게 이번 작전에 투입될 군단의 지휘를 맡기려 했다. 맥아더 역시 셰퍼드가 아니었다면 애초에 해병사단을 끌어들이지 못했을 테니 그에게 큰 신세를 지고 있는 셈이었다. 다른 걸 제쳐두더라도 공동 상륙 작전 경험이 누구보다 많아 인천상륙작전의 적임자라 할 만했다. 하지만 최종 결과를 보고 모두가 깜짝 놀랐다. 사령관 자리가 에드워드 알몬드에게 돌아가면서 그는 두 가지 역할을 동시에 수행하게 되었다. 육군 참모총장 조 콜린스는 그 소식을 듣고 어안이 벙벙해졌다. 알몬드를 보좌하던 존 칠리스의 증언에 따르면 그는 의자에서 반쯤 몸을 일으키며 "뭐라고?"라고 소리쳤다.[22] 콜린스는 알몬드가 마음에 들지 않고 맥아더가 제8군에서 인천상륙작전 부대를 분리시킨 것은 물론 참모들과 한마디 상의도 없이 총지휘권을 알몬드에게 쥐여준 것이 몹시 불쾌했다(한국과 워싱턴의 장교들에게는 이것은 알몬드를 3성장군으로 만들어 주려는 노골적인 시도로 보였다. 그래서 이들은 이 사건을

'3성 작전'이라고 불렀다).

이렇게 해서 맥아더는 월튼 워커의 세력을 효과적으로 약화시켰을 뿐 아니라 참모들까지도 허수아비로 만들었다. 하지만 참모들이 그 사실을 깨달았을 때는 이미 너무 늦은 뒤였다. 일반적인 경우라면 참모들과 상의하지 않고 그런 일을 저지르는 것은 상상조차 할 수 없었다. 그야말로 맥아더다운 짓이었다. 그는 상관들의 허락도 없이 상상하지도 못할 일을 저지르면서 보란 듯이 그들을 조롱했다. 이번 사건으로 맥아더는 모든 사람의 신경을 지나치게 자극했다. 한국전쟁에서 가장 중대한 전투 지휘권을 오로지 자기에게만 충성하는 사람에게 넘기면서 참모들에게는 한마디도 상의하지 않았기 때문이다.[23] 셰퍼드도 전형적인 군 장교로 흠 잡을 곳이 없는 사람이었지만 바로 그것이 맥아더에게는 감점 요인으로 작용했다. 그는 맥아더에게도 충성을 바치겠지만 합참과 해병대에도 충성심을 나눠줄 게 분명했다. 맥아더의 기준에 비추어보면 셰퍼드는 하나의 대상에 충성하는 스타일이 아니었기 때문에 이번 작전의 적임자라고 볼 수 없었다.

국방부에서도 맥아더의 결정을 호의적으로 받아들이는 사람은 아무도 없었다. 해병대에서는 이번 사건이 큰 재앙으로 이어질 거라고 생각했다. 다들 해병대 전역사령관 셰퍼드와 제1해병사단장 올리버 스미스(Oliver P. Smith) 소장의 앞길을 막아선 알몬드를 경계하는 눈초리로 바라보았다. 사실 스미스 소장은 8월 말에 열린 회의에서 이번 작전의 지휘를 맡기로 내정된 바 있었다. 게다가 일부 해병대원들은 첫 회의에서 알몬드가 당시 모든 이의 존경을 한 몸에 받던 스미스를 대하는 태도에 불만이 많았다. 스미스는 맥아더가 직접 브리핑할 거라고 기대했으나 막상 다이이치에 도착하여 한 시간 반을 기다린 끝에 알몬드를 만났다. 이로써 스미스는 권력 구조의 실체를 실감할 수 있었다. 설상가상으로 알몬드가 자신을 가리켜 '이보게'라고 부르는 통에 화가 머리끝까지 치밀었다. 나이 차라고 해봐야 10개월밖에 나지 않고 전투 경험은 훨씬 많은 쉰여섯 살의 해병 장교를 대놓고 무시하는 말투였다.[24] 스미스는 공동 상륙 작전이 얼마나 어려운지 열심히 설명했지만 알몬드는 그런 일은 "원래 좀 복잡해 보이기 마련"이라며 코웃음을 치고는 그 지역에 제대로 된 적군 부대는 하나도 없다고 말했다. 스미스는 그가 거만하기 짝이 없는 사람이라는 생각이 들었다. 하지만 그런 마음을 드러내봤자 해병대와 육군의 전투력을 와해시키는 결과만 낳을 거라 여기고 적개심을 애써 감췄다.[25] 스미스 휘하에 있던 일부 장교들은 강한 거부감을 드러냈다. 스미스의 작전참모였던 알파 바우저(Alpha Bowser) 대령이 "변덕스럽고 경솔하기 짝이 없다."라고 말한 것이 그나마 제일 부드러운 표현이었다.[26]

인천은 그야말로 거대한 규모의 도박장이 되었다. 항구 입구가 너무 좁아서 이번 작전이 성공하려면 적군이 한 사람도 빠짐없이 모두 잠들어 있어야 했다. 하지만 맥아더는 훌륭한 장군일수록 큰 모험을 두려워해서는 안 되는 법이라고 생각했다. 그는 작전 개시일 바로 전날 도쿄 기자 몇 명을 불러서 마운트 매킨리를 타고 함께 작전 현장에 가자고 제안했다. (그렇게 하면 기사 첫 줄에 '맥아더 사령부로부터'라는 문구가 들어갈 거라고 계산한 것 같다.) 배가 사세보 항구를 떠나 인천으로 향하기 직전 도일 제독과 공동 브리핑이 있었다. 당시 맥아더는 무슨 부탁이든 다 들어줄 것 같은 기분이었다. 그는 전쟁 역사를 들먹이면서 육군의 공급선을 차단하면 열에 아홉은 무너지기 마련이라며, 인천상륙작전을 통해 인민군의 보급 라인을 차단할 거라고 설명했다. 한 기자가 혹시 중공군의 개입이 두렵지는 않느냐고 물었으나 그런 발상 자체에 크게 불쾌해하는 것 같지는 않았다. 그 역시 인구통계의 차이를 잘 알고 있었다. 어쨌든 그때 맥아더의 대답은 한 달 후 웨이크 섬에서 트루먼에게 답변한 내용과 아주 유사했다. "우리가 미군 병력 1억 5천만 명을 투입한다 해도 적은 미군

일 인당 네 명의 아시아인을 투입할 겁니다."라고 말하며 중공군의 장점인 인해전술에 정면으로 도전하지 않겠다고 설명했다. 하지만 공군력을 사용해서 인해전술을 무너뜨린 다음 미군의 장점을 최대한 활용해 인해전술도 무용지물이 되게 만들 계획이 있다고 말했다. "정말 중공군이 개입한다면 공군이 나서서 압록강을 역사상 길이 남을 피바다로 만들어놓을 겁니다." 중공군의 공격 방식과 그들의 전략이 공군의 효율성을 약화시킬 수 있다는 사실을 맥아더를 비롯하여 이번 작전을 함께 준비한 부관들이 알고 있느냐의 여부는 중요하지 않았다.[27] 중공군은 결국 한국전쟁에 발을 들여놓았고 그들의 등장은 맥아더 장군을 아연실색하게 만들었다. 그 순간 맥아더가 그토록 믿고 있던 공군은 아무 도움이 되지 않았고 중국인들은 압록강에서 거의 피를 흘리지 않았다. 중공군은 미군이 미처 알아차리기 한참 전에 유유히 강을 건너왔다.

제20장
서울 진격과 원산상륙작전

인천에서는 운이 좋았다. 사실 김일성이 그다지 영리한 상대가 아니
었다는 점이 크게 기여했다. 이유가 뭐였든 김일성은 미군이 공동 상륙 작전
으로 뒤통수를 칠지도 모른다는 생각을 전혀 하지 않았다. 하지만 중공군은
인천상륙작전이 시작되기 몇 주 전부터 일본에 대규모 미군 부대가 모여들고
있다는 사실에 주목하고 있었다. 1940년대 후반부터 1950년대 초반까지 일
본은 첩자들이 자주 드나드는 곳이었다. 주요 항구의 보안은 허술하기 짝이
없었고 부두 잡역꾼 상당수는 열성적인 공산주의자였다. 덕분에 중공군은 공
동 상륙 작전에 쓰일 장비들이 일본에 속속 도착하고 있다는 사실을 파악할
수 있었다. 8월 초, 마오쩌둥은 인민군의 공격 상황에 대해 듣고 걱정스런 마
음을 감추지 못했다. 김일성은 단기간에 전쟁을 끝내겠다고 했지만 아무런 진
척이 없어 보였다. 마오쩌둥은 미군들이 8월 말부터 9월 초까지 부산방어선
에서 더 이상 물러나지 않고 끈질기게 저항하면서 제일 우수한 사단 2개 병력

을 일본에 준비해둔 것도 알고 있었다. 공동 상륙 작전 모의 연습도 진행 중이라 분명히 무슨 꿍꿍이가 있다는 생각이 들었다. 마오쩌둥은 뛰어난 전투력과 무기를 갖춘 국민당과 싸우며 평생을 보냈기 때문에 전쟁에 성공하려면 군사 정보 수집이 무엇보다 중요하다는 걸 잘 알았다. 그래서 적이 강할 때는 멀리 물러나 있다가 약해질 때 집중 공격을 퍼부었다. 그리고 일단 전투가 벌어지면 다음 전투에 대비해 언제라도 교신을 단절시킬 준비를 했다. 마오쩌둥은 이렇게 앞으로 무슨 일이 벌어질지 아주 예리하게 주시하고 있었다.

그래서 인천상륙작전이 실행되기 한참 전인 8월 초에 참모 중에서 가장 뛰어났던 저우언라이의 비서관 레이잉푸(雷英夫)를 파견해 미군의 계획과 다음 공격 장소를 알아보게 했다. 그야말로 순수하게 군사 정보를 수집하는 임무였다. 중공군 정보 요원들은 미군 부대가 공동 상륙 작전 훈련을 받고 있으며 일본의 모든 항구가 미군과 세계 각지에서 온 선박들로 붐빈다는 사실을 확인했다. 게다가 맥아더는 공동 상륙 작전을 반복하며 태평양 전쟁을 수행했던 전력이 있는 인물이었다. 레이잉푸는 모든 상황을 면밀히 조사하고 분석한 후에 미군이 인민군을 넘어뜨리려고 대규모 덫을 놓고 있다고 결론 내렸다. 인민군 진지에서 한참 떨어진 지역에 기습적으로 침투하여 부산방어선까지 밀려난 전세를 뒤집고 인민군 전체를 곤경에 빠뜨릴 심산이 분명했다. 레이잉푸는 지도를 보면서 미군 지휘관이 어떤 생각을 할지 추정해보았다. 공동 상륙 작전을 펼칠 만한 항구는 여섯 군데 정도였고 평소 공격성이 아주 강한 맥아더의 성격으로 볼 때 인천을 선택할 확률이 높았다. 인민군이 낙동강을 따라 마지막 공세를 펼치기 일주일 전인 8월 23일(공교롭게도 그날 맥아더 역시 다이이치에서 참모들을 앉혀놓고 인천상륙작전에 대한 열띤 토론을 벌였다) 레이잉푸는 저우언라이에게 조사 결과를 보고했다. 저우언라이는 그가 수집한 정보를 마오쩌둥에게 즉시 알렸다. 마오쩌둥에게 불려간 레이잉푸는 맥아더가 주로 활용하는 전술, 사고방식, 특성에 관해 기록한 세 페이지 분량의 메모를 전달함으로써 미군의 예상 움직임에 대한 브리핑을 마쳤다.[1] 마오쩌둥은 그 내용을 김일성에게도 그대로 알려주라고 지시했다. 소련 측 고문들도 비슷한 경고를 했지만 그 어느 것도 김일성을 설득하지 못했다. 놀랄 일은 아니었다. 본래 김일성이 권력을 잡은 건 전쟁에 대한 예리한 안목 덕분이 아니라 정치적으로 불안정하던 시대에 살아남아 새로운 이데올로기를 전적으로 포용한 덕분이었기 때문이다. 그의 권력은 대부분 적군(赤軍)이 물려준 유산이라 마오쩌둥이나 호치민처럼 최고 권력자의 자리에 앉기까지 험난한 과정을 겪을 필요도 없었다.

마오쩌둥은 앞으로 벌어질 일을 머릿속으로 그려보고 이번 전쟁에서 중국의 역할이 달라져야 한다고 확신했다. 8월 중순이 되자 인민군이 남한에서 거둘 수 있는 성공은 이미 최고조에 달했다고 생각했다. 8월 19일과 23일에 그는 소련 고위 고문 파벨 유딘(Pavel Yudin)을 만나 미국이 계속 병력을 지원한다면 인민군도 더 이상 버틸 수 없을 테니 중국이 직접 개입해야 한다고 말했다. 8월과 9월 초에는 중국에 와 있던 북한 대표 이상조를 만나 인민군의 군사적 실수를 거론하며 약간 거만을 떨었다. 그렇게라도 해서 전쟁 초반에 자기를 무시했던 북한에 앙갚음을 하고 싶었다. 결론은 자기 말을 잘 듣지 않아서 인민군이 아직도 승리를 거머쥐지 못하고 있다는 거였다. 그렇게 넓은 전선에서 공격하면서도 예비군을 충분히 준비하지 않았다. 적을 무너뜨리기보다 새로운 지역을 점령하는 데만 정신이 팔려 있는 것도 문제였다. 마오쩌둥은 김포 비행장처럼 취약한 지역을 지적하면서 일단 후퇴하여 이들 지역에 대한 방어를 강화하는 게 좋겠다고 말했다. 그리고 지도를 가리키며 미군의 입장에서는 인천이 가장 유력한 목표물이 될 수 있다고 설명했다.[2] 하지만 김일성은 인천항을 폭파하기는커녕 아무런 조치도 취하지 않음으로써 중국을 맥 빠지게 했다.

이렇게 중국은 앞으로 전개될 상황을 정확히 꿰뚫어보고 있었지만 인민군 지휘관들은 전혀 그렇지 못했다. 북한 같은 전체주의 체제의 문제점 중 하나는 좋지 않은 소식이 고위 관료들에게까지 정확하게 전달되기 어렵다는 점이다. 물론 민주주의 체제에서도 이런 문제점이 나타날 수 있지만 북한처럼 상하구조가 아주 확실한 곳에서는 더 심각하다. 나쁜 소식은 위로 한 단계씩 올라갈 때마다 살균기에 넣었다 뺀 것처럼 확연하게 변해버린다. 그래서 9월 4일에 마오쩌둥이 자이준워를 보내 전투가 부산 근처에서 정체 상태에 머물러 있다고 알려줬지만 김일성은 그 말을 믿지 않았다. 오히려 자이준워에게 인민군의 대대적인 공격은 이제 시작이라며 곧 부산방어선의 교착 상태를 깨뜨릴 거라고 말했다. 유엔군이 인민군 진지 후방을 칠지 모른다는 말에 김일성은 이렇게 응수했다. "현재로서는 미국이 반격을 가하는 게 불가능하오. 부대 지원도 충분히 확보하지 못한 상태인데 어떻게 우리 후방에 있는 항구에 상륙한다는 거요?" 자이준워는 김일성의 대답에 할 말을 잃었고 인천상륙작전이 벌어지기 닷새 전인 9월 10일에 베이징에 갔다가 다시 평양으로 돌아왔다. 저우언라이는 자이준워를 다시 보내 김일성에게 전략상 후퇴하는 것이 좋겠다고 강력히 권했지만 김일성은 "후퇴할 생각이 전혀 없다."라며 고집을 꺾지 않았다.[3] 그 소식을 전해들은 저우언라이는 기분이 몹시 상했다. 인천상륙작전이 실행에 옮겨진 날로부터 사흘 후인 9월 18일, 저우언라이는 소련 고위 대표를 만나 다시 한 번 인민군이 일단 후퇴하여 북쪽에서 부대를 재정비한 다음 중국이나 소련이 한국전쟁에 개입할지 모른다는 서방 국가들의 두려움을 이용하자고 제안했다.

맥아더에게 인천상륙작전은 단순한 군사 작전이 아니라 꿈을 실현할 기회였다. 약 13만 병력이 인천항으로 들어와 곧바로 서울을 향해 진격했다. 모

■ 인천의 관문 월미도에서 해병대원들이 수색 정찰을 벌이고 있다. 1950년. ⓒ Frank C. Kerr/ U.S. Department of Defense.

든 상황은 기대보다 훨씬 안정적이었고 초반의 저항도 비교적 가볍게 극복할 수 있었다. 도일의 계획이 아주 치밀하고 노련한 면도 있었고 전쟁의 신이 인민군에게 김일성이라는 부주의한 지휘관을 내려준 덕도 있었다. 인천 항구는 끝부분이 잘린 엄지손가락처럼 약간 돌출되어 있었다. 인천에서 동쪽으로 약 16킬로미터 떨어진 곳에 김포 비행장이 있었고, 어떤 길로 가느냐에 따라 약간 달라지겠지만 거기에서 동쪽으로 8~9킬로미터를 더 올라가면 바로 서울이었다. 해병대 제1사단과 제7보병사단이 인천을 점령하고 김포를 거쳐 한강 동쪽으로 건너가 서울을 수복할 계획이었다. 그쯤이면 워커가 이끄는 제8군도 낙동강에 억류된 상태를 벗어나 빠른 속도로 북쪽으로 밀고 올라올 예정이었다.

초반에는 해병대에 아무런 손실이나 인명 피해가 발생하지 않았다. 단 한 명의 사상자도 없이 월미도를 차지하여 인천항을 열 수 있었다. 첫날 전투에서 미군의 사망자는 겨우 20명이었지만 유엔군이 서울 방향으로 나아갈수록 인민군의 저항이 강해졌다. 이렇게 되자 제10군단장 알몬드와 제1해병사단 지휘관 올리버 스미스 사이에 팽팽한 신경전이 벌어졌다. 알몬드는 즉각적인 결과를 요구했지만 스미스는 알몬드의 요구가 비현실적이라고 생각했다. 갈수록 위험해지는 임무를 수행하려면 부대원들의 목숨을 쓸데없이 희생시킬 수 있었다. 스미스는 알몬드가 자기보다 지위가 높은 사람들의 말에만 귀를 기울이고 제대로 생각해보지도 않고 아랫사람에게 무리한 명령을 내린다고 생각했다. 부하들의 목숨도 아낄 줄 모르고 오로지 대외적인 이미지에만 신경을 쓰는 사람 같았다. (다른 해병 장교들의 생각도 마찬가지였다.) 불화의 씨앗은 이미 오래전에 싹이 텄다. 애초부터 해병대 고위 간부들은 알몬드가 한 번도 공동 상륙 작전에 참여한 적이 없기 때문에 작전의 어려움이나 위험을 전혀 이해하지 못할 뿐 아니라 해병대에서 자기보다 계급이 높은 사람들에게도 아주 불손한 태도를 보인다고 생각했다. 알몬드는 자의식이 강하고 건방진 편이었고, 해병대 지휘관들 중에서 가장 카리스마가 부족한 스미스는 자제심이 강하고 지적인 편이었다. 그래서 두 사람은 극명한 대조를 이뤘다. (아무도 면전에서 그렇게 부르지는 않았지만 실제로 스미스의 별명은 교수님이었다.) 두 사람 사이의 긴장감은 곧 육군과 해병대 지휘부 사이의 아주 다른 성질을 반영한 것이기도 했다. 육군은 규모가 커서 장교와 부대원들 사이에 개인적인 유대감을 형성하기 어려운 편이었으나 해병대는 그리 크지 않아서 서로 아주 가깝게 지냈고 끈끈한 동료애가 있었다. 게다가 스미스는 어느 해병대 장교보다 조심성이 많은 인물이었다. 펠렐리우 섬에 상륙하던 1944년 10월에 그는 제1해병사단 부사단장이었다. 당시 그 전투는 태평양 지역에서 벌어진 전쟁 중에서 가장 잔인

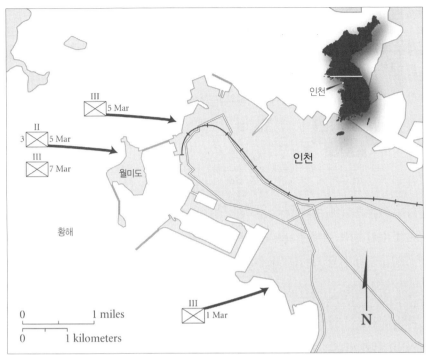

9. 1950년 9월 15일 인천상륙작전.

하고 값비싼 대가를 치른 전투로 기록되었다. 잘못된 정보 때문에 해병대는 상륙 후에야 아주 잘 만들어진 참호에 몸을 숨긴 일본군의 숫자가 9천 명이 넘는다는 사실을 알았다. 그 일은 스미스에게 평생 잊지 못할 교훈을 남겼다.

장교들 사이에 문제가 생기면 일단 전투가 시작된 후에 치명적인 결과로 이어질 가능성이 높았다. 해병대 역사가 에드윈 시먼스(Edwin Simmons)의 말처럼 단순한 불화가 결국에는 '엄청난 재앙'으로 이어졌다.[4] 젊은 시절에 해병대 장교로 인천상륙작전과 장진호 전투에 참전했던 시먼스는 제2차 세계대전에서 비롯된 적잖은 긴장감이 서로 다른 두 무대에서 전쟁의 불씨가 되었다고 생각했다. 유럽에서 독일군에 맞서 싸운 육군은 적군보다 훨씬 우월한 무기를 내세워 독일군 부대를 점령했으며, 이에 독일군 상당수가 항복하고 나머지는 황급히 후퇴했다. 그래서 연합군은 앞으로 돌진하여 큰 승리를 거둘 수 있었다. 하지만 태평양 지역에서는 육군과 해군이 함께 협력했어도 아주 힘겨운 전투가 이어졌다. 결국 일본군이 항복하긴 했지만 생각보다 훨씬 오랜 시간을 버티느라 연합군의 진을 빼놓았고, 항복한 숫자도 유럽에 비하면 극소수였다. 연합군의 진격 속도는 답답할 정도로 느리기만 했다.[5]

스미스는 알몬드에게 인천상륙작전이 쉽게 진행된다고 마음을 놓아서는 안 된다고 따끔하게 충고했다. 후방에 떨어져 있는 소규모 인민군을 제압하는 것과 서울을 손에 넣는 것은 엄연히 다른 문제였다. 정찰대의 사전 조사에 따르면 수천 명에 달하는 인민군 정예 부대가 서울을 완벽하게 둘러싸고 있다는 스미스의 말은 그대로 적중했다. 원래 맥아더의 정보참모는 인천-서울 지역에 있는 인민군 규모가 6천 명 내지 7천 명쯤 될 거라고 예상했다. 하지만 막상 유엔군이 인천에 상륙해보니 김일성이 사단 1개와 연대 3개 병력, 즉 약 2만여 명의 병력을 긴급히 투입하여 서울 지역을 장악하고 있었다. 결국 서울을 지키고 있던 인민군의 규모는 3만 5천 명에서 4만 명 수준이었다. 물론 전투 경험이 부족한 자들도 섞여 있었지만 전투 의지만큼은 아주 강했다. 후에 스미스는 서울 진격이 "신문으로 볼 때는 이해하기가 쉽지만 실제로 해보는 것은 영 딴판인 작전"이었다고 설명했다.[6] 수적으로는 도저히 이길 방법이 없을 것 같았고 믿을 거라고는 우수한 장비와 화력뿐이었다. 그에 비해 인민군은 방어 차원에서 대응하면 되었으니 훨씬 유리했다. 도심에서는 길거리에서 전투를 벌이는 게 유리하다. 일단 전투가 벌어지면 도심 전체가 영향을 받을 수밖에 없고, 미군의 최신 무기를 고려하면 도시 전체가 금세 쑥대밭이 될 게 분명했다. 하지만 공격이 더뎌질수록 서울 지역 하나하나가 소중하게 느껴져서 스미스는 마음이 무거웠다. 그런 와중에 맥아더의 독촉에 시달린 알몬드는 더 공격적으로 변해갔다. 스미스의 진군 속도를 답답하게 여기고는 작은 전용 정찰기를 타고 다니면서 사단을 거치지 않고 바로 스미스 휘하의 연대나 대대 및 중대장들에게 직접 명령을 내리는 등 실질적인 지휘관 노릇을 했다. 그 뒤에 이어진 몇 차례 전투에서도 알몬드는 지휘권을 장악했다. 자기만큼 똑똑한 전략 전술가는 없다고 자부했기에 직접 전쟁터를 날아다니며 눈에 보이는 부대에 무전으로 지시를 내리곤 했다. 한번은 스미스가 "제게 명령을 내리면 반드시 전달해서 그대로 시행하겠습니다."라고 말했지만 아무 소용이 없었다.[7] 알몬드는 피츠제럴드라는 코드명으로 계속해서 스미스의 부대원들을 마음대로 조종했다. 참다못한 스미스는 작전참모 알파 바우저 대령에게 사단의 확인이 없으면 피츠제럴드가 내리는 명령은 더 이상 따르지 않겠다고 말했다.[8]

그 압박이 잘못됐다는 스미스의 믿음이 두 남자 사이의 긴장을 악화했다. 스미스는 신속한 전장 승리가 필요한 것은, 인민군을 차단하기 위해서가 아니라 홍보에 집착하는 맥아더 본부를 지속적으로 만족시켜야 할 필요성 때문이라고 생각했다. 도쿄와 워싱턴 본부 사이에도 의견이 갈렸다. 스미스와 워커 그리고 멀리 워싱턴에서 상황을 지켜보던 합참은 서울을 우회하여 차단한 다음 즉시 동쪽으로 이동하여 아래에서 올라오는 워커의 부대와 만나는 게 가장 현명하다고 생각했다. 그렇게 하면 상륙 작전을 보기 좋게 성공시킬 수 있으며 인민군 대부분을 고립시킬 기회가 생길 거라고 기대했던 것이다. 이들이 보기에 맥아더와 알몬드가 서울에 집착하는 것은 상륙 작전의 목적 자체와도 맞지 않으며 인민군이 빠져나갈 길을 만들어주는 멍청한 짓이었다. 하지만 이들도 맥아더가 상징적인 날짜인 9월 25일 혹은 그 전까지 서울을 점령하길 원한다는 것을 알고 있었다. 그날은 인민군이 처음 38선을 넘은 지 석 달이 되는 시점이었다. 원래 맥아더는 9월 20일에 서울을 탈환하려 했으나 알몬드의 설득으로 마음을 바꿨다. 스미스가 보기에는 알몬드가 맥아더의 욕심대로 신문 기사 한두 줄 때문에 쓸데없이 해병대를 위험에 빠뜨리는 것 같았다. 스미스에게 신문 보도는 그저 겉치레에 불과했다.

한편 월튼 워커가 제8군을 이끌고 낙동강 지역을 빠져나오는 데 애를 먹고 있다는 소식이 전해지자 맥아더 사령부의 좌절감은 갈수록 커졌다. 하지만 이들의 좌절감도 현장에 있던 워커의 심정에 비하면 아무것도 아니었다. 9월 17일 브리핑에서 인천상륙작전을 보고받으면서 인민군의 인천 지역 방어 상태가 아주 부실했다는 걸 알게 된 워커는 몹시 화가 났다. 브리핑이 끝난 후에 그는 친구에게 한탄했다. "그들은 월미도와 인천에서 한 줌밖에 안 되는 인민군을 처치하는데 인민군의 90%를 물리치라고 내가 받은 탄약보다 더 많은 탄약을 소비했다."⁹ 워커의 부대원들은 낙동강 지역을 빠져나오느라 고군분투하고 있었다. 인민군의 진격에 맞설 때 아주 훌륭한 방어물이 되었고 인민군으로부터 미군을 보호해주었던 낙동강이 인민군의 뒤를 쫓을 때는 오히려 걸림돌이 되었던 것이다. 그러나 정작 워커를 분노하게 만든 것은 상관들이 가하는 압력과 각종 군 장비의 부족이었다. 특히 가교 설비가 부족했지만 관련 설비에 대한 우선권은 모든 다리가 격파된 한강을 건널 제10군단에 돌아갔다. 워커는 이런 사항이 알몬드 본부에서 결정되었다는 사실이 마음에 들지 않았고 주사위가 자기에게 불리한 방향으로 던져질 거라는 생각에 위협감을 느꼈다.

맥아더나 그 측근들은 이런 사정에는 전혀 관심을 보이지 않았다. 9월 19일 마운트 매킨리의 선상에서 열린 참모 회의에 해군 및 해병대 주요 장교들이 모두 모였다. (클레이 블레어는 "사실상 공식적인 모임"이었다고 설명했다.) 이 자리에서 맥아더는 사적인 감정을 숨기지 않고 워커에 대한 실망감을 공공연히 드러냈다. 그리고 더 나은 사람에게 지휘권을 넘겨야겠다고 말함으로써 워커에게 치명적인 불명예를 안겼다. 워커는 작전참모 도일 히키를 불러 부대 이동이 느린 이유를 설명하려 애썼다. "요즘 우린 거의 버려진 사람들이나 같네. 공병대 장비도 걱정이고 상태가 아주 좋지 않아." 그리고 이렇게 덧붙였다. "내가 게으름을 피우고 있다고 생각하지 않았으면 좋겠군. 곧 강을 건너야 하는데 교각은 두 개뿐이라네. 일을 크게 만들지 말아주게."¹⁰

맥아더가 워커에 대한 불평을 늘어놓는 그 순간, 해병대 역시 도쿄 사령부가 예상했던 것보다 훨씬 더 강한 인민군의 저항에 부딪히면서 진군 속도가 느려지고 있었다. 알몬드는 스미스로부터 해병대가 서울에 기한 내에 도달한다는 확약을 받고 싶었다. 스미스는 나중에 이렇게 설명했다. "난 아무것도 보장할 수 없다고 말했습니다. 상황은 인민군의 반응에 따라 얼마든지 달라질 수 있었으니까요. 아무튼 우리는 가능한 한 멀리 진군하려고 최선을 다해 노력했습니다." 하지만 그건 알몬드가 기대한 대답이 아니었다. 스미스가 육군 장교였다면 아마 그 자리에서 해임되었을 것이다. 알몬드는 일을 빨리 진척시키기 위해 새로운 작전을 구상했다. 하지만 그 또한 스미스가 보기에는 미군의 우수한 화력을 최대화하는 대신 병력을 너무 작게 나눠 위험하기 짝이 없었다. 계획대로라면 몇몇 부대가 반대 방향에서 서울을 치고 결국은 전투가 혼전으로 이어지면서 아군끼리 서로 총격을 주고받는 상황이 벌어질 것 같았다. 스미스는 알몬드의 계획이 완전히 아마추어적이라고 생각하고 그 자리에서 거부했다. 그러나 군단장의 계획을 사단장이 거부하는 건 아주 심각한 문제였고 이는 곧 명령 불복종과 같은 행동으로 간주되었다.

일부 해병대가 9월 25일 서울 외곽에 도착함으로써 알몬드는 수도를 장악했다는 공식 발표를 할 수 있었다. 하지만 실제로 그곳에서 전투 중이던 대원들은 그 말에 동의할 수 없었다. 다음 날 AP 기자 한 사람은 이렇게 말했다. "서울을 해방시켰다고 발표하긴 했지만 정작 그곳에 남아 있던 인민군들은 그 사실을 몰랐을 것이다." 사실상 9월 28일까지 승패를 가릴 수 없는 치열한

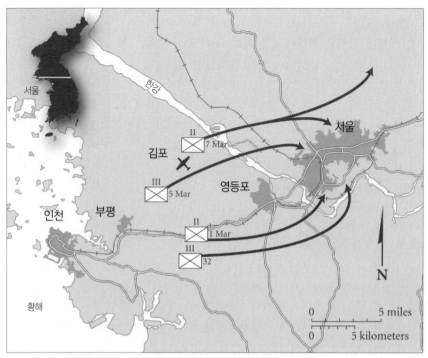

10. 1950년 9월 16일~28일 서울 진격.

전투가 이어졌다. 결국에는 미군이 우수한 화력에 힘입어 승리를 거두긴 했지만 도시 전체를 쑥대밭으로 만들어놓았다.

서울 탈환에 대하여 영국 기자 레지널드 톰슨(Reginald Thompson)은 이렇게 보도했다. "당시 상황은 무시무시한 지옥이나 다름없었다. 급강하 폭격기가 사방에서 쏟아질 때면 귀청이 떨어질 것 같았고 탱크가 포격을 퍼부을 때마다 잿빛 먼지가 흩날렸다. 목조 건물들이 화염에 휩싸였다가 우지직 소리를 내며 내려앉았고 고압 전신주가 쓰러지면서 전선이 엉망으로 뒤얽혔다. 그야말로 사방이 혼란 그 자체였다. …… 그런 끔찍한 상황을 해방이라고 생각할 사람은 거의 없을 것이다."11

무자비하고 끔찍한 전쟁은 알몬드와 해병대의 관계에 심각한 타격을 주었고 결국 불행한 결과를 낳았다. 알몬드는 예정대로 서울을 장악하여 맥아더의 손에 넘겼다. 클레이 블레어는 그가 제2차 세계대전에서 보였던 몇 가지 특성을 또다시 드러냈다고 설명했다. 그는 "요구사항이 많고 거만하며 참을성이 전혀 없는 사람"이었으며, 걸핏하면 부대를 여러 조각으로 갈라놓았다. 예비군이 충분치 않고 누가 측면을 엄호할지 정하지 않은 상태에서도 무작정 전방 부대를 내보내곤 했다. 후에 블레어는 알몬드에 대해 이렇게 썼다. "용감하다 못해 무모할 정도였고 다른 사람들도 자기처럼 화끈하게 행동하기를 기대했다. 하지만 대부분의 장교들은 그의 태도를 보고 부대원들의 희생이나 복지에는 아무 관심이 없는 비정한 사람이라고 생각했다."[12] 또한 "그가 단시간에 서울을 탈환하는 데 주력했던 건 북쪽으로 밀려나는 인민군의 퇴로를 차단하려는 것보다는 남들에게 잘 보이려는 심리적인 이유가 더 컸다."라고 설명했다. 인천상륙작전이 성공을 거둔 직후에 알몬드에 대해 여러 가지 비판이 쏟아졌지만 블레어의 말이 가장 정확했다. 인민군 대부분은 덫이라고 만들어놓은 것을 비웃기라도 하듯 손쉽게 빠져나갔다. 월튼 워커는 사석에서 제10군단을 가리켜 '언론 보도용 군단'이라고 불렀다.[13] 그러나 인천상륙작전이 기대만큼 완벽한 성공을 거두지는 못했을지라도 여러 가지 면에서 훌륭한 승리였음에는 틀림없었다. 맥아더가 두고두고 자랑스러워할 만한 생애 최고의 업적이었다. 이 일을 계기로 인민군의 사기가 꺾였고 유엔군에게는 남한 전체의 문이 활짝 열렸다.

인천상륙작전이 대성공을 거두면서 맥아더의 지휘 방식에 변화가 일어났다. 우선 관련된 사람들에게 합당한 보상이나 상을 주어야 했다. 인천상륙작전을 적극적으로 찬성한 사람은 보상을 받겠지만 반대했던 사람들 역시 그 대가를 치러야 했다. 마이크 린치는 서울이 해방되자마자 맥아더가 정찰기를 타고 김포 비행장에 내려 월튼 워커를 본 척도 하지 않고 지나치는 모습을 지켜보았다. 어쨌든 월튼 워커는 "승산이 아주 낮은 전투 중에서도 최악이라고 할 수 있는 낙동강방어선전투에서" 용맹스럽게 싸워 부산방어선을 지켜냈는데, 그런 그를 완전히 무시하고 알몬드에게만 애정이 듬뿍 담긴 목소리로 인사를 건넸다. "네드, 역시 자네뿐이네." 이는 워커가 너무 오랫동안 조 콜린스와 인천에 있던 다른 참모들의 편에 섰던 것에 대한 응징이 분명했다. 하지만 맥아더의 응징은 거기에서 끝나지 않고 유엔군 전체를 뒤흔들 만한 더 무거운 형벌로 이어졌다. 워커는 인천상륙작전이 끝나는 대로 제10군단을 돌려받고 제8군에 합류하게 될 거라 생각했지만 그의 예상은 여지없이 빗나갔다. 알몬드는 참모장직은 물론 제10군단 통솔권을 그대로 유지했다. 맥아더는 북쪽으로 진군할 때 지휘권을 둘로 나눌 계획이었던 것이다.

도쿄와 워싱턴에 있는 고위 장교들은 제10군단을 알몬드에게 맡기는 걸 좋아하지 않았지만 상황의 특수성을 고려해 받아들이는 분위기였다. 어쨌거나 워커는 부산방어선을 지켜내느라 사력을 다했고 맥아더 사령부에는 쓸 만한 인재가 아주 부족한 상황이었다. 그런데도 제10군단의 지휘권은 영구히 알몬드에게 넘어갔다. 이로써 워커는 제10군단 상황에 대해 전혀 보고를 받을 수 없었다. 게다가 38선 북동쪽에 위치한 원산에서 제2차 공동 상륙 작전이 계획되면서 두 부대는 불꽃 튀는 경쟁을 벌일 수밖에 없었다. 초반부터 화려한 성공을 거두면서 맥아더의 지휘권은 더 확대되고 강화되었다. 하지만 그와 동시에 상황이 나빠지기도 했다. 승리의 순간에 새로운 점령지로 군수품이 쏟아져 들어오는 대신 병력과 물자가 인천을 통해 빠져나갔다. 맥아더는 빨리 서울에서 동쪽으로 추격하여 후퇴하는 인민군의 발목을 잡을 거대한 덫을 만드는 대신 제10군단의 다음 상륙을 준비하느라 중요한 시간을 허비했다. 이번에는 부산에서 출발하여 원산으로 갈 계획이었으나 준비 과정은 느리고 엉성했다. 당시 워커가 이끄는 부대는 북으로 달아나는 인민군을 추격하고 있었다. 그런데 부산으로 내려와 해상 공격을 맡기로 되어 있는 제10군단 7사단에게 좁은 보급로를 양보하느라 절대로 시야에서 적군을 놓치지 말라는 아주 기본적인 원칙마저 지킬 수가 없었다.

사실 원산은 처음부터 합동 상륙 작전에 맞지 않는 곳이었다. 해군도 그런 곳에 상륙하려는 사령부의 계획에 잔뜩 겁을 집어먹었다. 당시 지휘를 맡았던 터너 조이(Turner Joy) 제독은 원산항에 기뢰가 잔뜩 깔려 있었기 때문에 근처에도 가고 싶지 않았다. 그래서 도쿄에 있는 맥아더를 만나서 상륙 작전을 수행할 수 없다고 말하려 했지만 결국 만날 수 없었다. 원산상륙작전은 모든 면에서 말도 안 되는 일이었다. 사실 워커의 병력 중 일부만 평소처럼 북쪽으로 진군시켜도 충분히 원산을 손에 넣을 수 있었다. 하지만 모든 일이 꼬이기 시작했다. 계획을 세우던 장교들이 시간 내에 일을 마무리하지 못하자 원산상륙작전은 계속 지연되기만 했다. 부끄럽게도 제3사단과 수도 사단에서 파견한 한국군 부대가 10월 10일에 인민군의 아무런 저항도 받지 않고 육로를 통해 원산에 먼저 도착했다. 그 다음 날 워커는 공군 전역사령관 얼 파트리지(Earl Partridge) 소장과 함께 정찰기를 타고 원산에 왔다. 비행장이 열린 것을 확인한 파트리지는 화물 여객기를 이용해 한국군에 필요한 물자를 보급하게 했다. 마침내 10월 19일 해병대를 실은 대형 군함이 원산항에 하나둘 모습을 드러내기 시작했다. 그러나 조이 제독의 예상대로 그곳에는 200여 개의 기뢰가 설치되어 있었다. 반면 해군이 가지고 있던 소해정은 열두 척에 불과했다. 따라서 해병대는 소해정이 항구 탐색을 마칠 때까지 군함에서 기다려야 했다. 시간이 길어지자 해병대원들이 하나둘씩 멀미로 쓰러졌고 금방 이질이 돌기 시작했다. 거대한 군함 안에 무려 750명의 해병대원이 이질로 자리에 드러누웠다. 한국군이 이미 원산을 점령한 것을 알고 있었기에 해병대는 이번 상륙 작전을 '요요 작전'이라고 불렀다. 그때 전쟁터를 돌며 위문 공연을 하던 밥 호프가 육지에 발을 디딜 순간만 기다리며 군함에서 하염없이 시간을 보내던 해병대를 위해 공연을 펼쳤다. 그러나 그 무대는 자존심 강하기로 유명한 해병대에 씻을 수 없는 모욕을 안겨주었다. 원산 격납고에 임시로 마련된 무대에서 밥 호프는 해병대가 이런 꼴을 당하는 모습은 생전 처음이라고 우스갯소리를 했다. "여러분을 만나다니 정말 놀랍네요. 어떻게 저라도 대신 상륙할까요?"[14] 관중석에는 함선 유지 보수 요원들과 한국군 그리고 무적함대 출신의 고위 장교들이 모여 있었다. 한국군이 원산에 도착하고 2주가 지난 10월 25일이 되어서야 해병대는 육지에 오를 수 있었다.

하지만 원산에서 상륙 작전을 펴는 것보다 더 위험한 결정은 지휘권을 둘로 나눈 것이었다. 이는 워싱턴과 도쿄에 있던 고위 간부들도 이미 예상하던 문제였다. 미 육군의 운영 방식에는 여러 가지 비공식적인 규칙이 있었지만 이번 일만큼은 누구도 함부로 개입할 수 없는 신성불가침의 영역으로 간주되었다. 그러나 사실 지휘권을 둘로 나누는 건 누구도 생각할 수 없는 일이었다. 일반적으로 미군들은 지휘권을 둘로 나눈다는 말을 들으면 금방 리틀 빅 혼 전투에서 조지 커스터의 부대가 완전히 무너진 사건을 연상했다. 앞으로는 커스터뿐 아니라 더글러스 맥아더와 에드워드 알몬드 그리고 청천강과 압록강 지역에서 벌어진 최후의 비극을 함께 기억할 게 분명했다. 맥아더는 위험하고 험준하며 이루 말로 다할 수 없을 정도로 복잡한 지형을 가진 곳으로 부대를 밀어 넣었다. (기온이 계속 떨어지면서 상황은 점점 더 어려워졌다.) 사실상 그는 이미 약해질 대로 약해진 각 부대의 약점이 더욱 부각되는 상황을 만들어냈고 그로 인해 더글러스 맥아더라는 사람의 비열한 인간성이 만천하에 드러났다. 하지만 이런 처사는 무엇보다 맥아더가 앞으로 대면할 만만치 않은 상대인 중국을 깔보았다는 걸 여실히 보여주는 행위였다. 중국은 이미 미군을 면밀히 연구하기 시작했는데 맥아더는 그럴 생각이 전혀 없었다. 결국 그의 부주의 때문에 군인들에게만 고생길이 훤히 열린 셈이다.

이는 그저 대수롭지 않게 넘길 수 있는 사소한 기술적인 문제가 아니었다. 맥아더가 처음 알몬드에게 참모장과 제10군단장이라는 두 가지 직무를 맡겼을 때 아무도 그의 결정을 이해하지 못했다. 당시 소위로 참전했다가 나중에 한국전쟁을 심도 있게 연구한 잭 머피의 표현에 따르면 그것은 "미 육군에서 가장 수위가 높은 이해관계의 충돌"이었다.[15]

미군이 북으로 진격하는 동안 고위 장교들 대부분은 이런 의혹 때문에 마음이 몹시 불편했다. 결국 대부분의 장교들은 본부 이곳저곳을 기웃거리다가 지도에 표시된 것을 보고 중공군이 압록강 건너편에 대기하고 있다는 사실을 알았다. 낙동강방어선전투가 한창 진행되던 중에 머피는 제8군 본부로 들어오라는 명령을 받았다. 본부 벽에 걸려 있던 커다란 지도에는 압록강 위쪽에 작은 빨간색 직사각형이 세 개 표시되어 있었다. 지도에서 눈을 떼지 못하자 누군가 다가와서 직사각형은 중공군 부대를 가리키는 거라고 알려주었다. 머피는 그곳에 중공군 사단이 하나씩 있는 게 틀림없다고 생각했다. 머피의 생각처럼 직사각형이 사단 하나를 뜻한다고 해도 엄청난 규모인데 사실은 사단이 아니라 군단 혹은 군을 가리키는 표시였다. (3개 사단이 모이면 군단이 되고, 군단 3개면 군, 군 3개면 집단군을 형성했다.) 그런데 중공군 집단군 하나는 줄잡아 사단 27개 규모와 맞먹는 것으로, 총 병력은 25만 명에서 30만 명 정도였다. 머피도 끔찍한 낙동강방어선전투를 경험하기도 했지만 그 지도를 보자 온몸이 부들부들 떨리기 시작했다.[16]

맥아더가 병력을 둘로 나눠 가장 주의를 요하는 지역으로 각자 진군하게 하자 다들 이해할 수 없다는 반응을 보였다. 나중에도 그는 어떤 설명으로도 당시 결정을 정당화하지 못했다. 그와 함께 일하던 사람들이나 그에 대해 동정적인 입장을 취하던 기자들도 마찬가지였다. 매슈 리지웨이는 맥아더의 결정이 군사적으로 전혀 말이 되지 않기 때문에 분명히 무슨 꿍꿍이가 숨겨져 있을 거라고 생각했다. 맥아더가 함부로 행동하는 사람이 아니고 항상 군사적·정치적 이해득실을 계산하고 움직이는 사람이란 걸 잘 알았기 때문이다. 40여 년이 흐른 뒤 리지웨이는 인천상륙작전이 성공하자 맥아더가 자신의 영향력이 훨씬 더 커졌다는 걸 그 결정을 통해 증명하려 했던 것 같다고 말했다. 그는 워싱턴 본부와 합참 그리고 월튼 워커도 어찌할 수 없는 영역까지 마음대로 조정하면서 급기야 병력을 둘로 나눴던 것이다. 맥아더는 상부에서 임명한 제8군 지휘관의 역할과 독립성을 줄이고 자기만 통제할 수 있는 독립된 시스템을 만들었다. 리지웨이가 보기에 참모들과 워싱턴의 영향력을 벗어나기 위해 알몬드를 도구(사실상은 볼모)로 사용한 것 같았다. 그제야 이들은 맥아더가 그렇게 능장을 부리며 천천히 움직인 이유를 이해할 수 있었다. 병력을 둘로 나누자 실제로 맥아더의 통제력은 한층 더 강화되었다. 알몬드는 굳이 시키지 않아도 맥아더가 원하는 방향으로 척척 움직였다. 어떤 일을 시키더라도 무조건적인 충성을 바치며 그대로 따랐다. 하지만 워커는 맥아더의 추종자가 아니었기 때문에 그런 식으로 행동하지 않았다. 인천상륙작전 이후 워커는 나름대로 자신의 입지를 넓힐 수 있는 방법을 모색하기 시작했다. 리지웨이의 말대로 병력을 둘로 나눈 것은 워커의 독립성을 줄여서 결국에는 한반도에 대한 워싱턴 본부의 통제력을 약화시키려는 의도가 있는 게 분명했다. 이로써 워커는 더 이상 맥아더 휘하의 유일한 육군 사령관이 아니었고 완전히 날개가 꺾이고 말았다. 그는 육군 사령관 두 사람 중 하나일 뿐이었다. 영예로운 군단장이긴 했으나 모든 문제를 군단장인 동시에 참모장인 알몬드와 의논해야 하는 처지였다. 게다가 알몬드와 경쟁하며 압록강을 향해 진군하는 상황이 닥치자 북진 명령에 강한 의혹을 품고 더 힘든 시간을 보내야 했다. 물론 북진을 재촉하는 상관에게 자기 부대가 알몬드의 부대만큼 빨리 움직이지 못하는 이유를 설명하기도 했을 것이다. 리지웨이는 정치적인 관점, 즉 자기 영역을 통제하고 도쿄에서 훨씬 더 많은 권력을 유지하는 측면에서 볼 때 맥아더가 워싱턴 정부를 상대로 신경전을 벌여 결정적인 승리를 거두었다고 생각했다. 비록 위험하고 오만한 행보이긴 했지만 말이다. 그가 보기에 합동참모 본부에서는 항상 너무 늦게야 맥아더의 진의를 파악했다.[17]

제 21 장
예고된 충돌

1950년 가을로 접어들자 중국 본토로 돌아가려는 장제스의 희망은 물거품이 되는 것 같았다. 특히나 미 의회에서는 공화당 민주당 할 것 없이, 열성적으로 장제스를 지지하던 사람들 중에도 미군 수백만 명을 중국에 보내는 일에 앞장서려는 사람이 아무도 없었다. 하지만 장제스의 본토 귀환 문제는 백악관을 향해 무차별 공격을 퍼부을 수 있게 해주어 정치적으로는 아직 꽤 쓸 만한 이슈였다. 워싱턴 주재 중국 국민당 대사관 연계 세력들은 여전히 파병을 부추겼고 대사관 고위 관료들은 미국의 난관을 말해주는 소식이나 정보가 들어와도 함부로 입을 열지 않았다.

중국이 본격적으로 개입하기 오래전에 이미 중국과 한국의 국경에는 중공군이 대거 몰려들기 시작했다. 대만과 워싱턴에 있던 국민당 고위 관료들은 신속한 정보망을 통해 그 사실을 이미 알고 있었으며 한국전쟁에 대한 공산당 정부의 이후 계획도 이미 파악한 상태였다. 미군과 한국군이 손을 잡고 북쪽으로 밀고 올라가고 있었으니 중국 정부가 어떻게 나올지 충분히 짐작하고도 남음이 있었다. 하지만 그러한 짐작은 대부분 본능적인 직감을 넘어 사실에 기반을 둔 정보에 따른 것이었다. 국공내전 중에 자신이 속한 사단이 통째로 항복하여 강제로 공산군에 편입된 이들은 정보를 캐내 이를 무선통신으로 전해주었다. 때문에 국민당 고위 관리들은 꽤 정확하고 믿을 만한 정보를 얻고 있었다.[1] 과거 국민당 관료였다가 지금은 중공군 부대에 끌려간 사람들, 그리고 국민당에 동정적인 태도를 보이는 철도청 근무 요원들과 과거 국민당 정부에서 일했던 사람들이 적극적으로 협조했다. 이들은 유엔군이 38선을 넘은 순간부터 모든 것이 무너지고 말 거라는 느낌을 강하게 받았다. 이후 들어온 정보가 그러한 직감을 확고하게 뒷받침해주었다. (워싱턴 주재 국민당 대사관에 있던 사람이 마음을 바꿔 먹고 통신 내역을 공개함으로써 미국인들도 이 사실을 알게 되었다.) 중국의 한국전쟁 개입은 필연적으로 장제스 정부가 그토록 원하던 갈등을 유발할 게 분명했다. 중국 본토로 돌아가는 일은 새로 권력을 잡은 공산당 정부와 한바탕 전쟁을 겪지 않고는 불가능한 일이었다. 그래서 이들은 동맹 관계에 있던 미국인들에게 앞으로 벌어질 일을 설명하여 미리 대처하게끔 서두를 이유가 없었다. 그러나 워싱턴에 있던 국민당 사람들은 대체로 대만에 있던 사람들보다 미국 문제에 더 예민했다. 때문에 대만 요원들에게 냉정을 유지하고 미국인에게는 어떤 정보도 누설하지 말라고 이야기하는 게 쉽지는 않았다.[2]

워싱턴에 있는 국민당 대사관의 중요성은 과소평가할 수 있는 것이 아니었다. 그곳에 근무하는 사람들 중에는 뛰어난 실력을 갖춘 사람들이 있었고, 무엇보다 미 정계에 국민당의 견해를 널리 보급하려는 의도를 가진 사람들이 있었기 때문이다. 1948년이 되자 중국 국민당 정부의 존재감은 중국보다 워싱턴에서 더 높아졌고 구성원도 중국인보다 미국 정보참모들과 저널리스트들이 더 많았다. 쑹쯔원이나 구웨이쥔 같은 핵심 인사들이 제 실력을 발휘한 곳도 워싱턴이었다. 1949년 5월, 제2차 세계대전 중에 중국 담당 기자였던 CBS의 에릭 세버라이드(Eric Sevareid)는 이렇게 보도했다. "국민당 정부가 완전히 붕괴되었다. 실제 본부가 남아 있다면 바로 이곳 워싱턴일 것이다. 여기에서는 로비스트들과 장제스를 지지하는 미국인들이 중국을 일으켜 세우고자 또 다른 대규모 원조 계획을 꾸미며 분주하게 움직이고 있다."[3]

미국과 중국의 충돌을 주도하는 세력은 두 나라 국민들이 생각하는 것보다 훨씬 강력했다. 대만은 그동안 미국에 거의 알려지지 않은 나라였지만 장제스가 권력을 잡자 무시할 수 없는 걸림돌로 인식되었다. 중국 본토에서는 마오쩌둥이 정권을 잡았지만 사실 미국은 예전부터 마오쩌둥이라는 인물을 미국이 감당할 수 있을지 확신하지 못했다. 영국을 포함하여 미국의 주요 동맹국들은 서서히 새로운 중국 정권을 인정하는 쪽으로 태도를 바꿨지만 미국은 여전히 어림없다는 식이었다. 그러다 보니 세계무대에서는 여러 가지 면에서 중국이 아니라 미국이 고립되는 분위기였고, 결국 중국을 스탈린의 품으로 더 강하게 밀어붙이는 결과를 낳았다. 게다가 장제스에게 계속 매달리는 것은 그를 방어하고 보호해준다는 의미이자 종국에는 그가 머무는 대만이라는 작은 섬나라를 지켜준다는 뜻이었다. 합참은 국민당 정부가 본토에서 패퇴하기 몇년 전부터 대만이 미국 안보에 전혀 중요하지 않다고 보고 있었다. 1949년 3월에는 맥아더 역시 "포르모사(대만)에 미군 기지를 마련해야 할 이유는 전혀 없다."라고 말했으며 그의 발언은 국무부를 거쳐 의도적으로 전 국민에게 알려졌다. (하지만 그 일은 딘 애치슨이 태평양 지역 총사령관의 호의를 얻는 데 아무 도움이 되지 않았다.) 물론 전략적인 방침은 언제라도 바뀔 수 있는 것이다. 이제 대만은 예전 어느 때보다 훨씬 더 가치 있는 전략적 요충지로 인정받았다. 하지만 원래 방침을 번복하고 장제스와 대만을 보호하기로 결정한다면 그에 따르는 결과는 굉장히 심각할 것이 분명했다. 아시아의 다양하고 복잡한 상황에 비하면 아주 소소한 조정이라고 보아 넘길 수도 있지만 마오쩌둥과 그의 추종자들은 그렇게 생각하지 않았다. 오히려 이번 일로 중국을 하나로 통합하는 작업에 큰 어려움을 겪게 되었다며 결코 무시할 수 없는 모욕적인 처사라고 결론지었다. 사실상 미국이 활용 가능한 모든 연락망을 차단하고 혁명을 완성하지 못하게 막아선 것과 같았다. 그 시점에서 양국은 아주 작은 행동이라도 취할 틈을 찾을 수 없었다. 워싱턴에서는 트루먼 정부가 본능적으로 반응하면서 정부 관료들의 생각은 사소한 지정학적 조정일 뿐이라고 생각하게 만들었다. 그러나 중국 본토에 있던 마오쩌둥이 보기에 워싱턴 정부가 하는 짓은 중국 전체의 해방을 아예 불가능하게 못질하는 것이나 다름없었다. 아무리 적국이라 해도 그런 행동은 절대로 용서할 수 없는 짓이었다.

장제스가 본토를 떠난 이후 국민당 대사관과 차이나로비 사람들은 미국 정부가 중국을 공산주의 국가로 인식하지 않게 하려고 백방으로 노력했다. 이들의 노력은 소기의 성과를 거두었다. 중국 문제는 오랫동안 미국을 떠들썩하게 만들었고 민주당 사람들은 20년 이상 이 문제를 거론하기조차 꺼려했다. 그러다 젊은 정치인으로서 민주당이 공산주의자들을 대할 때 미숙한 점이 많으며 자신은 비교적 적색분자로 몰릴 위험이 없다고 생각했던 리처드 닉슨이 대통령이 되었다. 그는 1972년 2월에 중국을 방문함으로써 중국과의 대화를 재개했다. 사실 당시 리처드 닉슨에 의해 적색분자로 몰릴 가능성이 없는 민주당 의원은 아무도 없었다. 그러는 동안 미국인들은 '도대체 어느 나라가 중국인가?' 하는 독특한 상념에 잠겼다. 5억에서 금방 6억, 또 7억으로 인구가 끝없이 불어나는 거대한 국가가 중국인가? 아니면 총인구 8백만 중에서 6백만 명은 대만 출신이고 나머지 2백만 명 정도는 본토에서 건너온 이들이 사는 섬나라가 중국인가? 오랫동안 미국인들은 이 질문에 대한 정확한 답을 얻지 못했다.

무엇보다도 정책 문제가 가장 심각한 과제로 남았다. 대만과 장제스가 정말 그렇게 중요했을까? 만약 그들을 계속 포용하는 행위 자체가 아시아에서 대부분 환영하지 않는 변모를 겪고 있는 매우 중요한 나라 중국과의 관계에서 더 위험한 장(章)을 개시하는 결과를 낳더라도 말이다. 이미 모국에서 배척당하고, 오랫동안 군사적·정치적·경제적 조언을 베푼 미국에 치욕을 안겨주고, 불구대천의 원수에게 오히려 무기를 공급해준 실패한 지도자를 또 도와줘야 할 이유가 도대체 뭔가? 갈수록 세력을 확장하며 장차 미국의 외교 활동에 적잖은 걸림돌이 될 중국 문제에 개입하여 얻을 수 있는 게 무엇인가? 무엇보다 중국은 언젠가 세계 대국으로 성장하여 공산주의의 온상이 될 것이 아닌가? 미국이 중국에 흑심을 품고 있는 새로운 제국주의 국가라고 믿는 마오쩌둥의 확신만 더 강화시켜주는 것은 아닐까? 굳이 나서서 마오쩌둥의 신경만 건드리고 적대감을 키워 미국에 부정적인 정책을 세우게 하지는 않을까? 당시에는 이런 질문들이 꼬리에 꼬리를 물고 튀어나왔으나 누구도 정확한 답변을 하지 못했다. 국가 안보상 중요한 질문들도 포함되어 있었지만 국내 정치 세력과 감정적인 문제에 가려졌다. 그리고 결국에는 이미 무너진 정권이긴 하지만 어쨌든 도와주고 보자는 식으로 결론이 나고 말았다.

존 멜비만큼 앞으로 벌어질 충돌을 정확하게 예상한 사람도 없었다. 차이나 핸즈인 그는 국민당의 몰락을 지켜보면서 여러 가지 상황을 정확히 이해했다. 1945년에 그는 모스크바 주재 미국 대사관에 있다가 중국으로 발령을 받았다. 당시 소련에서 미국 대사로 활약하던 에버렐 해리먼이 중국에서 러시아인들이 무슨 수작을 부리고 있는지 알아보라고 임무를 맡겼던 것이다. 멜비는 곧 대사관에서 가장 비관적이면서도 열정적인 장제스 반대 세력이 되었다. 그리고 중국에서 공산주의가 대중의 인기를 얻은 것은 러시아 세력과는 아무 관계가 없으며 공산주의자들이 서민들의 상처를 어루만지고 민족주의를 자극한 덕분임을 알게 되었다. 그는 미국과 마오쩌둥의 관계가 어떤 식으로도 잘 풀리지 않을 거라고 확신했지만 그래도 한번 시도해볼 만한 일이라 생각했다. 장제스 정부가 완전히 몰락하기 일 년 전인 1948년 6월에 그는 일기장에 예언 같은 글을 남겼다. "미국이 가진 힘은 모두 아시아에서 시작된다. 지금 우리가 가진 지혜를 잘 활용한다면 아시아의 움직임을 지금보다는 조금 더 우리에게 유리한 쪽으로 바꿔놓을 수 있다."⁴

인민군의 남침이 있은 직후 제7함대를 대만해협에 보낸 결정은 운명을 바꿀 만큼 결정적인 행동이었지만 미국 정부는 미처 그걸 깨닫지 못했다. 마오쩌둥은 해전이나 공중전으로는 미군을 앞설 수 없다는 사실을 잘 알고 있었기에 한국에서 미국과 맞붙는 게 좋겠다고 생각했다. 한국에서라면 대규모 육군을 최대한 활용할 수 있기 때문이었다. 대만해협을 헤엄쳐서 건널 수는 없기에 중공군은 압록강을 걸어서 건너는 쪽을 택했다. 미군이 대만해협에 경계선을 긋는다면 한국은 마오쩌둥이 경계선을 긋기에 훨씬 더 편리한 지역이었다.

제7부

─

38선을 넘어 북으로

The Coldest Winter

제22장
국무부에 불어온 변화의 바람

38

미군의 입장에서 38선을 넘어 북으로 진격하기로 결정한 것은 어찌 보면 자연스럽고도 피할 수 없는 일이었다. 고위 관료들은 언젠가 그런 상황이 닥치면 어떻게든 상황을 제어할 수 있을 거라는 막연한 생각을 품고 있었지만 오히려 상황에 끌려 다니는 입장에 처하고 말았다. 인민군이 남침을 감행했을 때 트루먼과 애치슨 그리고 그의 측근들은 전세가 역전되어 인민군의 실체가 드러나면 어떤 상황이 벌어질지 깊이 생각해보지 않았다. 실질적인 전시 내각은 오로지 살아남을 방도를 궁리하느라 처음 두 달을 보냈다. 북으로 올라가는 길이 열리면 어떻게 할 것인지는 너무도 추상적인 문제라 그것에 대해 생각해본 사람은 아무도 없었다. 그런데 인천상륙작전이 성공하자 이 문제가 부각되기 시작했고 다들 더 큰 성공을 손에 쥐겠다며 순식간에 야욕을 드러냈다. 6월 말에 블레어 하우스에 모여 모든 결정을 신중하게 검토하던 사람들마저 더 큰 승리가 눈앞에 있다는 생각에 주의가 흐트러졌다. 대(對)중국 정책과 다른 안건을 두고 정부 고위 관료들과 군 장교들 사이에 생긴 심각한 견해차는 인민군이 한반도 전체를 집어삼키려고 기세를 떨칠 때 잠시 사그라졌다가 다시 수면으로 떠올랐다. 인민군은 미국이 일종의 국경선으로 여기던 38선을 넘어왔고 이미 수많은 미군이 한국전쟁에서 목숨을 잃었다. 게다가 총사령관이 늘 북쪽으로 밀고 올라갈 궁리를 하고 있었으므로 이번 결정은 사실상 오래전부터 계획된 것이나 다름없었다. 미군이 남한에서 승승장구할수록 어느 지점까지 밀고 올라갈 것인지를 결정하기가 더 어려웠다.

북진에 한계선을 그으려 하는 사람은 누구나 유화론자로 낙인이 찍혔다. 차이나로비 소속으로 가장 큰 영향력을 행사하던 캘리포니아 주 상원의원 윌리엄 놀런드는 이미 유화론자라는 표현을 쓰고 있었다. 여러 해에 걸쳐 냉전이 심화되면서 세상을 흑백논리에 따라 양분하는 상투적인 표현들은 북쪽으로 진격하라는 명령에 더욱 힘을 실어주었다. 사실 당시는 여러 가지 정황상 흑백논리를 벗어난 사고가 절실히 필요한 때였다. 그러나 예전과 다를 바 없는 게 늘 불만스러운 상황에서는 부분적인 성공에 만족하기가 어려운 법이다. 특히 군사적인 성공은 더 그렇다. 38선에서 멈추는 것은 적군이 부대를 재정비하여 다시 공격할 준비를 갖추도록 시간을 주는 것과 같았기에 지지할 수 없는 행동이었다. 그보다는 38선을 넘어 일정 거리 이상 북진함으로써 미 공군의 위력을 확실하게 보여주고, 포병대가 방어에 적당한 지형을 찾아 참호를 만들어 더 이상 추가 공격을 할 수 없게 조치를 취해야 했다. 그리고 그다음에 휴전을 유도하는 것이 훨씬 더 논리적이었다. 합참도 그러는 편이 더 합리적이라고 인정했다. 하지만 그러려면 '제한 전쟁'에서 한정적인 승리를 받아들이고 한국전쟁에 대해 이야기하는 것조차 꺼리는 미국 시민들을 설득해야 했다. 북쪽으로 더 멀리 진격할 생각에 몰두해 있는 맥아더만 설득해서 될 일이 아니었다. 종종 맥아더와 이런저런 갈등을 빚던 다른 고위 지휘관들도 이번 문제만큼은 모두 한편이었다. 돌파구가 보이면 일단 밀어붙이고 보는 건 군인들 사이에서는 아주 자연스러운 일이었다.

북쪽으로 진격한다는 결정을 놓고 토론 같지도 않은 토론이 벌어졌다. 사실인즉 38선을 넘어 진격할 부대가 너무 강하다는 거였다. 당시 국무부는 조지 케넌의 영향력이 서서히 무너지면서 심각한 내부 변화를 겪고 있었다. 38선을 넘어 진격할 것인가를 두고 고민할 때 그는 더 이상 국무부 핵심 인사가 아니었다. 케넌은 만일 한국을 통일하려 할 때 소련이나 중국이 개입한다면 그로 인해 촉발되는 위험이 너무 크다고 생각했다. 케넌의 영향을 많이 받은 폴 니츠 역시 같은 생각이었다. 케넌은 미국이 중대한 위기를 향해 치닫고 있으며 워싱턴 정부가 맥아더를 전혀 통제하지 못한다고 확신했다. 그는 곧 뭔가 끔찍한 일이 벌어질 것 같다는 생각이 들었다. 별로 중요하지도 않고 지정학적으로도 별로 도움이 되지 않는 문제에 미국이 군사적으로 과도하게 개입하고 있으며 이로 인한 위험이 너무 크다고 느꼈다. 하지만 이제는 그저 지켜볼 수밖에 다른 도리가 없었다.

그렇게 밀려난 것은 케넌만이 아니었다. 애치슨은 국무부에 들어온 후 자신의 정치적 입지를 다지면서 극동지역에서 일어나는 비상사태에 대비해왔다. 이미 대부분의 차이나 핸즈는 거의 다 빠져나간 상태였지만 애치슨은 그 사실을 쉽게 인정하려 하지 않았다. 워낙 자존심이 강한 편이라 자신이 정치적인 이유로 어떤 문제를 단념했다는 사실을 인정하려 하지 않았다. 하지만 이 문제를 두고 반대 세력과 팽팽하게 대립하느라 지쳐 있었고 중국 공산주의와 소련 공산주의가 서로 다르다는 다소 추상적인 주장을 펼치느라 진땀을 뺐다. [당시 그는 영국 수상 클레멘트 애틀리(Clement Attlee)에게 속내를 털어놓으며 답답한 심정을 토로했다. 애틀리에게 소련과 중국의 서로 다른 의도를 설명하려다가 "다른 사람들보다 훨씬 큰 상처를 입었다."라고 말했다. 그는 두 공산주의 국가가 향후 갈라

선다는 예상에 따라 행동하는 건 더 이상 불가능하다고 생각했다.][1]

애치슨이 차이나 핸즈 인사들을 몰아내면서 보수적인 성향이 강한 사람들이 들어오기 시작했다. 국무부, 특히 아시아 담당 부서의 분위기는 급격히 변하고 있었다. 딘 러스크라는 과묵한 보수중도파가 행정부에서 아시아 담당 총책임자의 자리에 올랐다. 소련과 중국에 대한 풍부한 지식을 갖추고 있었지만 그보다 더 심각하게 돌아가는 국내 정세에는 둔감했던 케넌과는 정반대의 인물이었다. 러스크는 국내 정세에 아주 민감했고 소련이나 중국의 움직임에는 관심을 두지 않았다. 그는 한발 물러나야 할 순간에 애치슨이 원했던 카드였다. 러스크는 국무부 부차관보에서 극동 차관보로 강등되는 것을 기꺼이 받아들였다. "그 대가로 명예 전상장(戰傷章)과 의회 명예훈장을 주겠네."라고 애치슨이 제안했다.[2]

러스크는 누구보다도 중국에 보수적인 사람이었다. 나중에 베트남 전쟁이 벌어졌을 때는 아시아 지역 공산주의에 대해 지독한 강경 노선을 취하기도 했다. 하지만 1950년 여름에 이미 그는 국무부에서 강경파 색채를 강하게 드러내고 있었다. 당시에는 그런 견해가 정치적 갈등을 유발하지는 않았다. 그는 마오쩌둥의 등장이 "소련에 유리하고 미국에 불리한 방향으로 세력 균형이 바뀌는" 역사의 변화를 나타낸다고 믿었다.[3] 또한 케넌과는 달리 공산주의 세계를 한 덩어리로 뭉친 실체로 인식했다. 러스크는 앞장서서 존 포스터 덜레스를 국무부에 영입하자고 주장했고 덜레스가 합류하자 즉시 그와 손을 잡고 대만 옹호의 중요성을 강조했다. 1950년 5월 18일에 덜레스는 미국의 세력 범위를 정하기에 대만만큼 적당한 곳이 없다는 새로운 정책 초안을 마련했다. 12일 후에는 러스크도 같은 입장을 표명했다. 두 사람 다 대만이라는 섬나라에서는 소련이나 중국이 육군 병력을 제대로 활용할 수 없는 반면 미국은 공군력이나 해군력을 마음껏 펼칠 수 있다고 강조했다. 즉 대만이 미국의 보호를 받을 자격이 충분한 지역이라는 것이다.

덜레스가 국무부에 다시 들어온 것 자체만으로도 상당한 논란이 일었다. 그의 복귀는 트루먼과 애치슨이 갈수록 강해지는 공화당의 반대에 수세를 취하고 있다는 증거였다. 덜레스는 공화당의 재야 내각 국무장관이었으며 토머스 듀이의 수석 외교정책 자문관으로 동양 국제주의 세력과 긴밀하게 연계된 인물로 간주되었다. 1948년에 듀이가 당선에 실패하자 그는 쓰라린 실망감을 맛보았다. 그리고 더 이상 선거에 출마하지 않겠다고 선언하고 공석으로 있던 뉴욕 상원의원직에 지명을 받았다. 그러고도 다시 선거에 나섰지만 총 500만 표 중에서 거의 20만 표 차이로 인기 있는 전(前)주지사 허버트 리만(Herbert Lehman)에게 지고 말았다. 덜레스는 정계로 다시 돌아오고픈 마음이 강했다 (대중의 인지도를 높이고 싶은 욕구도 있었다). 그래서 앞으로 대통령 선거가 더 있을 것을 알고 국무부 자리를 두고 민주당원들을 상대로 예비교섭을 펼쳤다. 그는 행정부 관료들에게 "트루먼 대통령이 공산주의자들의 질주를 저지하기 위해 미리 몇 가지 단호한 행동을 취하도록 허락만 해준다면" 스타일즈 브리지스나 로버트 태프트를 비롯한 공화당 우파 세력을 제압하는 데 도움을 주겠다고 말했다.[4] 하지만 모든 관료가 그의 생각에 찬성하지는 않았다. 이미 덜레스는 과장이 심하고 자기 생각만 옳다고 주장하는 사람으로 정평이 나 있었다. 그런데 원래 그를 싫어하던 애치슨이 서서히 마음을 바꾸었고, 덜레스의 생각이 전략적으로 아주 참신한 변화를 가져올 수 있다고 결론지었다. 그러나 애치슨이 처음 그러한 계획을 트루먼에게 보고했을 때 트루먼은 몹시 언성을 높였다. 그도 그럴 것이 1948년 선거 운동 중에 덜레스는 트루먼의 국내 정책에 대해 지나칠 정도로 심한 비판을 늘어놓았다. 하지만 공화당 국제주의자의 주역이자 덜레스를 옹호하는 아서 반덴버그의 압력을 받던 애치슨은 때를 기다렸다가 다시 트루먼에게 덜레스의 계획을 전했다. 그리고 마침내 덜레스는 일본 평화조약 건을 맡아서 진행했다. 존 앨리슨 역시 같은 임무를 맡았다. 앨리슨은 젊은 시절 해외 근무 직원으로 일본에서 일한 적이 있었으며 진주만 사건 이후 일본에서 인턴 과정을 마치고 북아시아 담당자로 활동했다. 이는 그가 중국을 둘러싼 정계의 세력 다툼에 휘말린 적이 없다는 걸 의미했다.

덜레스가 고위 관료들의 회의에 참석하자 즉각 그 영향이 나타났다. 조지 케넌은 그가 일본 평화조약과 직접 관련이 있는 회의에만 참석해야 한다고 생각했다. 덜레스가 참석해 있다는 사실만으로 회의에 영향을 끼칠 수 있는 데다 정계에서 갈수록 거세지는 우파의 입김을 불어넣어 회의를 점차 어려운 방향으로 끌어갔기 때문이다. 7월 초에 케넌은 이미 상황이 행정부의 통제를 벗어났음을 직감했다. 7월 10일에 한국을 두고 평화조약을 제안한 인도에서 중국 역시 그 조약에 관심을 보이고 있다는 소식을 전해왔다. 한반도에 감돌던 적대감을 모두 버리고 양편 모두 38선을 중심으로 각자의 자리로 돌아가며 중국 공산주의 정부도 유엔에 가입한다는 조건이었다. 예상했던 대로 중국은 흔쾌히 응할 태세였고 소련은 불만스러운 기색이 역력했다. 케넌은 이미 소련이 유엔에 가입하여 거부권을 쥐고 있었기 때문에 중국이 정식으로 가입한다 해도 국가 안보에는 실질적인 의미가 없다고 판단했다. 게다가 잠재적으로 중국을 소련의 손아귀에서 벗어나게 할 수 있다는 이점도 있었다. 하지만 회의에서 케넌의 발언은 즉시 퇴짜를 맞았다. 가장 크게 반대한 사람이 덜레스였다. 그를 비롯한 반대파들은 이 제안이 침략에 대한 보상이 될 수 있다는 우려를 표명했다. 특히 덜레스는 대중의 눈에 "미국 정부가 아무것도 얻을 수 없는 계략에 말려든 것처럼 보일 수 있다."라고 말했다. 덜레스가 인도의 제안을 거절하는 정치적인 이유는 너무도 명백했다. 케넌은 7월 17일자 일기에 이렇게 썼다. "언젠가는 이번 사건이 무책임하고 고집 센 차이나로비와 그들을 지지하는 의원들이 우리 정부의 외교정책에 치명타를 남긴 사례로 역사에 기록되기를 바란다."[5]

  1950년 7월에 러스크와 덜레스, 앨리슨은 일종의 삼위일체 연합 전선을 구축하고 38선을 넘어 북진해야 한다는 주장을 강력하게 펼치기 시작했다. 당시 이들 외에는 아무도 그 문제에 관심을 갖지 않았다. 앨리슨은 자신의 책에서 해외 근무 경험을 회고하면서 38선을 넘어 북진해야 한다는 결정을 내릴 때 자신은 어떤 영향력도 행사한 바 없다고 주장했다. 하지만 이는 지나친 겸양이다. 그는 가장 중대한 시기에 덜레스나 러스크의 교섭 창구로서 아주 열정적이고 강력한 주장을 담은 주요 문서를 작성했으며 덜레스와 러스크는 사실 그걸 바탕으로 행동했다. 이들의 글에는 종종 국무부 정책기획실에서 나온 온건파의 제안을 뒤집으려는 의도가 담겨 있었다. 폴 니츠의 지휘를 받는 정책기획실에서는 대부분의 고위 인사들이 러시아와 중국의 숨은 의도를 파악하느라 구슬땀을 흘리고 있었다. 7월 1일에 앨리슨은 도쿄에서 돌아오자마자 러스크에게 미군이 결국에는 38선을 넘어야 할 뿐 아니라 "만주와 시베리아 지방의 경계선까지 밀고 올라가야 하며, 그렇게 한 후에는 유엔의 감독 아래 한반도 전체를 대상으로 선거를 실시해야 한다."라고 서면으로 보고했다. 물론 이는 한반도를 정복하는 것은 둘째치고 일단 한반도에서 밀려나지 않는 것이 급선무였던 시점에 나온 말이다. 앨리슨은 7월 13일에 또 한 번 열정적인 메모를 러스크에게 건넸다. 한 미군 장교가 지나가는 말로 기자들에게 미군이 결국에는 38선까지 진군할 테지만 거기서 멈출 거라고 이야기한 것에 대한 보고였다. 그 일로 앨리슨은 단단히 화가 나서 "내가 한국군 병사였다면 미군 대변인이 그런 발표를 하는 것을 듣자마자 무기를 내려놓고 논밭이나 매러 돌아가고 싶은 심정이었을 것"이라고 말했다. 다음 날 덜레스는 앨리슨에 이어 더 충격적인 소식을 니츠에게 가져왔다. 38선은 "절대로 정치적인 의도로 마련된 분단선이 아니며 그렇게 되어서는 안 된다."라고 강력하게 주장하면서, 지금 38선을 보존하는 것은 "침략자에게 망명지를 제공하는 것이며 남북 간 갈등을 해소하기는커녕 영구화시켜서 새로운 전쟁이 일어날 가능성을 고스란히 남겨두는 것"이라는 요지였다. 그리고 할 수만 있다면 38선은 영구적으로 제거하는 것이 가장 좋고, 그거야말로 "이 지역의 평화와 안전에 유익하다."라고 지적했다.

러스크는 그 당시 아주 중요한 인물이었다. 민주당 행정부에서 아시아 문제를 담당하는 당사자인 동시에 리트머스 시험지였고 국무부, 즉 애치슨이 사건을 바라보는 방식을 한쪽으로 기울여놓은 사람이기 때문이다. 올드 차이나 핸즈라면 중국의 개입을 유도할 만한 일이 벌어질까 잔뜩 긴장했을 테지만 이들은 이미 국무부에서 사라진 지 오래였다. 러스크는 북으로 진군하는 것을 조금도 두려워하지 않았다. 그는 고위 관료들에게 적을 공격하는 것은 "우리의 양심이 허락하느냐 하는 문제와는 상관없는 일입니다. 어차피 이 사태는 처음부터 치밀한 계획에 따라 일어났고 우리가 시작한 일도 아니기 때문이죠."라고 설명했다. 역사가 로즈메리 풋(Rosemary Foot)은 이를 두고 "그런 태도는 기가 막힌 합리화 과정이었다. 러스크는 당시 뭔가 위안이 필요했던 비관적인 정부 관료들을 위해 그런 생각을 짜냈을 것이다."라고 평가했다.[6]

되돌아보면 이 모든 일이 계획된 것이며 러스크처럼 더 강경한 사람들이 정책 결정 과정을 지배하려 했음을 알 수 있다. 그러나 케넌과 정책기획실 사람들은 북진이 분명 치명적인 결과를 가져올 거라고 확신했다. 사실 이성적으로 생각하면 병참 지원도 어렵고 명분도 빈약한 한국전쟁에 참전한 것 자체가 큰 실수였다. 하지만 다른 압박들, 그중에서도 특히 일본을 안정화시킨 것은 가치 있는 일이었으므로 필요한 실수이기도 했다. 하지만 케넌의 말대로 유엔군이 북으로 밀고 올라가는 동안 곳곳에 적군이 매복하고 있을 위험은 갈수록 커졌고 중공군과 소련군의 규모 역시 불어나기만 했다. "군사적인 관점에서 볼 때 북진은 말도 안 되는 계획이라는 게 시간이 갈수록 더 분명해졌다."[7] 버섯 모양으로 뻗어 있는 지형으로 인해 유엔군의 처지는 갈수록 위태로워졌지만 적은 군사력을 집결시키기에 더 유리한 상황이 되었기 때문이다. 북쪽으로 더 진군하여 한반도의 허리를 넘는 것은 생각만 해도 무시무시한 일이었다. 하지만 이런 마음을 아는지 모르는지 상황은 더욱 힘들게 전개되었다. 7월 15일 러스크에게 전달된 메모를 보면 앨리슨은 케넌의 정책기획실 측근이었던 허버트 페이스(Herbert Feis)의 보고서에 대해 "아주 단호한 어조로 반박 의견을 제시"했다. 페이스는 보고서에서 미국이 38선을 넘으면 소련이나 중국이 한국전쟁에 개입할 위험이 있다고 주장한 바 있다. 이에 대해 앨리슨은 우선 지금까지 38선이 남아 있는 이유는 소련이 비협조적인 태도로 일관했기 때문이라며, 38선은 임의로 설정된 경계선이라는 점을 강조했다. 앨리슨은 미국이 "적국의 태도에 맞게 입장을 바꿔야 하며 침략자들이 죄의 대가를 치르지 않고 그냥 넘어가는 일이 있어서는 안 된다. 미국이 용기를 내어 이 문제에 강경하게 대응한다면 한국뿐 아니라 전운이 감도는 다른 지역에도 긍정적인 효과를 미쳐 적국의 야욕에 일침을 가할 것이다. 그리하여 기껏해야 공격을 개시했던 전선에서 살짝 뒤로 물러나는 정도의 제한된 위험쯤은 기꺼이 감수하고 침략 행위를 강행하려는 생각을 버리게 만들 것이다."라고 주장했다. 앨리슨의 주장은 아주 강력한 파장을 남겼다. 일주일 후에 케넌의 또 다른 측근 조지 버틀러(George Butler)가 제출한 정책 초안에서 다시 한 번 소련과 중국의 참전 위험이 거론되었다. 버틀러는 공산주의자들이 소련이나 중국의 국경 근처에 서방세계를 옹호하는 국가가 들어서는 걸 그냥 두고 볼 리 없다고 주장했다. 앨리슨은 버틀러의 글을 읽고 격한 감정을 담은 메모를 작성하여 7월 24일에 니츠에게 건넸다. 우선 그는 미국이 38선에서 멈춘다면 굉장히 수치스러운 일이 될 거라고 지적했다. 전쟁 전과 마찬가지로 전쟁 후에도 한반도가 분단된 채로 남는다면 한국인들의 눈에 미국의 위상이 크게 떨어진다는 것이다. 또한 만약 상황이 그렇게 마무리된다면 "미국의 용기와 정보력 그리고 도덕성에 대한 한국인의 신뢰가 산산이 부서질 테지만 나로서는 그들을 탓할 수 없을 것 같다."라고 말했다.

이에 상황은 더욱 걷잡을 수 없이 치달았다. 앨리슨은 당시 가장 파장이 크고 감정적인 용어, 즉 제2차 세계대전 이후 모든 안보 문제에 등장했던 '유화정책'이라는 표현을 사용했다. 앨리슨은 정책기획실 내 케넌 세력을 흠집 낼 요량으로 이렇게 말했다. "버틀러의 보고서는 우리가 유화정책을 추구하면 시간을 더 벌 수 있다고 가정하고 있다. 사실 그가 궁극적으로 지향하는 바는 바로 유화정책이다. 하지만 이는 단지 소련을 자극하여 전쟁에 개입하는 일을 피하려고 만들어낸 소심하고 냉소적인 정책에 불과하다. 지금부터 우리가 무슨 결정을 내리든 소련과 중국의 공산 정권 사이에는 이미 심각한 수준의 갈등이 벌어지고 있다는 사실을 기억해야 한다. 이제 와서 누가 봐도 명백한 도덕적 원칙을 버리고 마땅히 해야 할 일을 회피한다고 해서 우리가 얻을 것이 무엇인지 모르겠다. 인류가 모두 공감하는 합리적인 태도나 생각을 거스르는 자는 누구나 그 결과를 감수해야 하며 칼을 든 자는 칼로 망한다는 것을 보여줘야 한다." 이렇게 강력한 주장을 펼치면 오히려 전쟁이 확대될 수 있다는 사실은 조금도 신경 쓰지 않는 것 같았다. "이 일이 세계 전쟁으로 이어질 수 있다는 걸 모르는 바는 아니다. 하지만 미국은 그런 사태가 왜 벌어지고 있는지, 그리고 그 사태가 의미하는 바가 무엇인지 알 권리가 있다. 도덕적으로 보나 법적으로 보나 우리가 정의의 편에 서 있는데 자꾸만 망설이는 이유가 도대체 뭔가?"[8] 결국 유혈 방안이 제기되었다. 앨리슨의 주장은 관료들 안에서 완벽하게 다듬어져 우파들이 내놓은 비판의 목소리와 어우러졌다. 이로 인해 국내 정세가 바뀌면서 정부 활동에 대한 일부 비판가들의 비평도 수그러들기 시작했다. 차차 국무부가 밀고 나가려는 방향이 명확히 드러나자 정책기획실 내에서도 반대의 목소리가 잦아들었다. 그리고 며칠 후에는 한 걸음 뒤로 물러서서 독립된 통일 한국을 건설하자는 아이디어가 제시되었다. 모두들 제자리를 찾아가는 것처럼 보였다.

고위 정책 결정자들의 손 안에서 이러한 변화는 계속 진전되었다. 이들이 전쟁이라는 본질적인 문제에 관심을 돌릴 때쯤에는 이미 손을 쓸 수 없을 정도로 심각한 상태였다. 인민군이 남침을 감행한 직후 애치슨은 그 사태를 모호한 용어를 써서 표현했다. 그저 미국은 남한의 기존 국경선을 되찾아주기만 하면 된다는 거였다. 하지만 7월에 접어들자 이제는 군대가 "38선까지만 진군하고 멈출 것으로" 기대하기 어렵다는 식으로 말이 바뀌었다.[9] 7~8월 내내 다들 미리 합의라도 한 듯 그 문제에 대해서는 일절 거론하지 않았다. 트루먼이나 애치슨이 "우리 군대가 38선에 도착하면 어떤 일이 벌어지는가?"라는 질문을 던질 때면 모두들 교묘히 피해나갔다. 하지만 일반 시민들의 여론을 비교적 잘 파악하고 이번 사건에 대한 직접적인 책임도 없는 의회는 더 호전적으로 접근하려 했다. 몇몇 의원들은 기회만 있으면 유화정책을 거론하면서 현 행정부의 정책 방향을 조롱했다. 일부 의원들 사이에서는 38선을 넘지 않기로 결정했을 거라는 추측도 나왔다. 펜실베이니아 주 상원의원 휴 스콧은 인천상륙작전으로부터 일주일이 지난 후에 "가슴에 얄타의 십자가를 달고 국무부에서 살아남은 앨저 히스의 잔당들은 대(對)공산주의 유화정책이라는 비극의 다음 막이 열리기 전에 의회가 모두 집으로 돌아가기만 기다리고 있다."라고 말했다.[10] 윌리엄 놀런드 역시 38선을 넘지 않는 것은 명백한 유화정책이라고 생각했다.

미국 시민들을 포함하여 모두가 더 큰 승리를 원하는 것처럼 보였다. 10월 중반에 실시한 여론 조사 결과 미국인 64퍼센트가 38선을 넘어서 인민군을 추격하는 데 동의한다고 말했다. 후에 베트남전의 결과가 보여주듯이 이런 문제에 대한 여론 조사는 결국 올가미가 되어 치명적인 영향을 끼치기 마련이다. 사람들은 모두 자기가 그 결과를 직접 책임져야 하는 입장이 아닐 때 훨씬 더 공격적인 태도를 보이는 경향이 있다. 또한 국민의 64퍼센트가 중국과 총격전을 벌이는 걸 원하느냐 하는 것은 엄연히 다른 문제였다. 북쪽으로 진격하는 것을 중지하거나 진군 속도를 늦추기라도 한다면 애치슨은 정부 고위 관료들을 상대로 더 힘든 싸움을 해야 했을 것이고, 원래 군부에 속한 문제인데도 한층 더 불리한 입장에서 싸워야 했을 것이다. 합참 역시 진군을 계속하는 것이 좋겠다고 입을 모았다. 이들은 적어도 맥아더의 군대가 중공군이나 소련군 사단과 맞닥뜨릴 때까지는 계속 북으로 밀고 올라가야 한다고 생각했다. 고위 군 지휘관들에게 38선을 넘는 문제는 도저히 뿌리칠 수 없는 충동 그 자체였다. 적어도 처음에는 다들 그렇게 느꼈다. 승리가 손에 잡힐 듯하다면 일단 계속 밀고 나가고, 최소한 규모가 더 크거나 위험한 새로운 적을 만나기 전까지는 멈추지 말아야 한다는 게 이들의 지론이었다. 그동안 적잖은 수모를 겪었으므로 이번이야말로 전세를 확실히 바꿔놓을 좋은 기회인 것 같았다. 이번 작전이 성공하기만 하면 이는 단순한 승리가 아니라 해방이라는 단어를 쓸 만한 수준이 될 게 분명했다. 정치가들이야 걱정스러운 경고를 하기 마련이고 군인은 전쟁터에서 용맹스럽게 싸우는 게 당연한 이치였다. 그러므로 진군하지 않을 이유는 하나도 없었다. 많은 시간이 흐른 후에 소련이나 중국의 참전 가능성을 경고한 조지 버틀러의 보고서를 다시 살펴본 오마 브래들리는 이렇게 말했다. "30년이 지나고 나서 이 글을 다시 보니 틀린 말이 하나도 없군." 하지만 브래들리는 민간 관료들을 쥐어박으며 문서 자체의 영향력을 축소시킨 이 보고서의 문제는 "딘 애치슨과 그의 극동 담당 고문 딘 러스크와 존 앨리슨이 38선을 넘는 데 강경한 입장을 채택했다는 것"이라고 지적했

다.[11]

  당시에는 이것이 전혀 다른 문제처럼 보였다. 승리가 바로 코앞에 보이는
데 이제 와서 진군 속도를 늦추고 아직 모습을 드러내지도 않은 적을 염려할
이유가 전혀 없었다. 어쩌면 일부 고위 군 장교들은 실제로 중국 국경에 한 걸
음씩 다가설 때에야 비로소 다른 측면을 보았는지 모른다. 대통령으로서는 정
치적인 선택을 하는 것이 쉽지 않았다. 그는 중공군이 이미 국경 지역에 대기
하고 있긴 하지만 인민군이 그저 패배하기만 한 것이 아니라 전쟁터에서 달
아나고 있다고 생각했다. 이미 아시아 문제에 너무 미온적인 태도를 보인다고
비판을 받는 와중에 인민군을 추격하지 않기로 결정한다면 또 한 번 큰 정치
적인 반발이 일어날 게 분명했다. 장제스를 해방시킬 것이 아니라 맥아더 장
군을 해방시켜 새로운 전쟁을 주도하게 하라는 목소리가 정계에서 끊임없이
메아리쳤다. 중간선거가 한 달밖에 남지 않은 시점이었다. 25년이 흐른 뒤 당
시 재무장관이었던 존 스나이더(John Snyder)는 국무차관으로서 영향력이 컸
던 제임스 웨브에게 이런 편지를 보냈다. "내가 기억하기로 38선을 넘어 계속
북으로 진격하라는 명령을 내렸을 때 사실 트루먼 대통령에게는 다른 선택의
여지가 전혀 없었습니다. 어떻게 보면 그의 결정은 이미 진행되고 있는 상황
을 승인해준 것에 지나지 않았습니다."[12]

  워싱턴에서 맥아더에게 내린 명령은 모호하기 짝이 없었다. 38선을 넘어가
되 미국이나 유엔이 소련이나 중국과 맞서서 더 큰 전쟁에 휘말리는 일이 없
게 하라는 것이었다. 소련군이나 중공군을 만나면 일단 연락을 끊어야 했고,
중국 국경에 가까이 접근할 때는 한국군 부대만 앞세워야 했다. 러시아나 중
국 국경과 맞닿은 지역에는 미군 부대를 끌고 들어갈 수 없었다. 물론 서류상
의 명령이긴 했지만 마음대로 무시할 수 있는 것도 아니었다. 당시 그 명령의
초안을 작성했던 정책기획자 찰스 버튼 마셜(Charles Burton Marshall)은 나중에

이렇게 설명했다. "아무렇지도 않은 듯 그런 명령을 짤막하게 써 보냈지만 사실 우리도 그게 말이 안 되는 일이라는 걸 알고 있었습니다."[13] 여러 해가 지난 후에 애치슨은 회고록에서 맥아더가 38선을 넘을 때 어떤 심정이었는지 알았더라면 훨씬 더 조심스럽게 행동해야 한다는 생각을 하지 않을 수 없었을 거라고 기록했다. 하지만 애치슨의 말은 현실과 많이 동떨어져 있었다. 그들은 이미 맥아더가 스스로 왕인 것처럼 마음대로 행동하는 인물이며, 애치슨의 표현을 빌리자면 모호한 명령이 주어질 때마다 오히려 기뻐한다는 것도 알고 있었다. 또한 이들은 한국에 대한 맥아더의 욕심이 워싱턴 정부를 능가하는 수준이라는 점도 눈치 채고 있었다. 하지만 이들은 인천상륙작전이 성공한 후 맥아더의 기세에 눌려 있었다. 또한 당시 국내 반대 세력이 크게 부상하면서 정계 분위기가 확 달라졌기 때문에 정신없이 몰아치는 사건 전개에 넋을 잃고 아무 말도 하지 못하는 실정이었다. 이제 맥아더는 단순히 군사적 반대 세력이 아니라 정치적으로도 경계해야 할 세력으로 성장한 듯했다. 인정하고 싶지 않았지만 맥아더를 경계하고 두려워할 수밖에 없었다는 점이야말로 한국전쟁에서 가장 큰 비밀이었을 것이다. 맥아더가 이번 전쟁에 실패하는 것도 두려운 일이었지만 그가 승리할지도 모른다는 사실이 더 무섭게 느껴졌다.

9월 27일에 마침내 북으로 진격하여 38선을 넘으라는 공식 명령이 떨어졌다. 애치슨의 젊은 보좌관 루셔스 배틀은 국방부에서 내려온 명령에 결재를 받기 위해 애치슨을 찾아갔다. 젊은 혈기에 의욕이 앞섰는지 배틀은 맥아더 같은 인물에게 전달하기에는 명령의 내용이 너무 모호한 것 같다는 의견을 제시했다. 그러자 애치슨은 무섭게 화를 냈다. 아마 그는 애치슨이 그렇게 노발대발하는 것을 한 번도 본 적이 없었을 것이다. "도대체 자네 몇 살인가?" 라는 질문에 배틀은 서른둘이라고 대답했다. "그래, 자네가 합참에게 이래라저래라 할 수 있다는 건가?"[14] 그렇게 소리를 지르고 결재란에 서명을 하는 애치슨을 보고 배틀은 아무것도 할 수 없는 상황에 답답한 심경을 드러낸 거라고 생각했다. 사실 애치슨은 좀처럼 자기 속내를 드러내는 사람이 아니었다. 여러 해가 지난 후에 에버렐 해리먼은 그 상황을 이렇게 요약했다. "싫다고 말하려면 아마 초인적인 노력이 필요했을 것이다. 심리적으로 북진을 하지 않고 일을 마무리하는 것은 거의 불가능했다."[15] 다른 이들과 마찬가지로 해리먼 역시 인천상륙작전이 맥아더에게는 두 가지 의미의 승리였다는 것을 알고 있었다. 하나는 인민군에 대한 승리였고 다른 하나는 워싱턴에 있는 반대 세력에 대한 승리였다. 인천상륙작전이 성공하자마자 애치슨은 해리먼에게 이렇게 말했다. "이렇게 되면 이제 맥아더를 저지할 사람이 아무도 없겠군요."[16] 젊은 나이에 「타임」지 종군기자로 활약했던 프랭크 기브니의 말을 빌리자면 "인천은 지금까지 미국이 맛본 승리 중에서 가장 값진 것이었다. 이로 인해 맥아더 장군은 완전히 신격화되었고 뒤이은 끔찍한 패배마저도 다 이해할 만한 것으로 받아들여졌다."[17] 후에 애치슨은 맥아더를 '인천의 마법사'라고 부르기까지 했다.

당시 맥아더 앞에는 아무것도 거칠 것이 없었다. 그래서 서울 한복판에서는 여전히 치열한 전투가 한창인데도 성급하게 서울을 탈환했다고 발표해버린 것인지도 모른다. 마침내 맥아더가 서울을 이승만에게 넘겨주자 그는 "장군님을 존경합니다. 우리 국민의 구세주이신 장군님을 사랑합니다."라고 말했다.[18] 이처럼 맥아더는 승리자이며 선지자였다. 그리고 맥아더에게는 '통일된 민주국가 한국'이라는 또 하나의 새로운 토템이 생겼다. 그는 이제 더 이상 자신의 군사력에 함부로 맞설 대적이 없으며 한반도만큼은 확실하게 자신의 손에 들어왔다고 믿었다. 강경파 칼럼니스트 조지프 올솝은 인천상륙작전이 성공한 후 계속 맥아더와 함께 있었다. 그는 맥아더의 기분이 너무 고양된 나머지 중공군이 전쟁에 개입할지 모른다는 추측에는 전혀 귀를 기울이지 않는다

■ 유엔군이 서울 도심에서 시가전을 벌이고 있다. 1950년. © Lt. Robert L. Strickland and Cpl. John Romanowski/ U.S. Department of Defense.

고 느꼈다. 맥아더는 이렇게 말했다. "이보게, 올숍. 사실 자네는 여기 있어봐야 귀한 시간만 낭비하게 될 거야."[19] 매슈 리지웨이가 묘사한 것처럼 당시로서는 "승리가 바로 눈앞에 보이는 듯했다. 맥아더는 자신의 경력을 화려하게 장식해줄 황금 사과를 곧 손에 넣을 거라고 굳게 믿었다. 일단 그러한 전망이 또렷해지자 맥아더는 절대 망설이거나 주변 사람들의 경고에 귀를 기울이려 하지 않았다. 오직 꽁무니를 빼는 인민군을 쫓아 북으로 진격하는 데만 열중했다. 재앙이 서서히 모습을 드러내는 것을 전혀 감지하지 못하고 매주 전략을 바꿔가며 진격 속도를 높이는 데 총력을 기울였다."[20] 리지웨이에 따르면 인천상륙작전이 성공한 후 맥아더는 물 위를 걸어서라도 대대를 원하는 위치에 배치해야 한다면 "분명 그 일을 수행할 준비가 된 사람이 있을" 거라고 말

했다.[21]

그렇다고 해서 모든 사람이 맥아더처럼 잔뜩 들떠 있었던 건 아니다. 맥아더가 본격적으로 북진을 지휘하면서 미군이 북쪽으로 움직이자 중공군이 당장이라도 전쟁에 개입할 듯 서서히 위협을 가했고, 실제로 중공군이 모습을 드러냈다는 소식이 전해지자 민간 관료들은 금세 불길한 예감으로 수군거리기 시작했다. 그러한 분위기는 곧 장교들 사이에도 퍼져나갔다. 워싱턴에 있는 사람들은 맥아더가 과연 체력적으로나 감정적으로 이런 전면전을 감당할 여력이 있는지 걱정하기 시작했다. 사실 그에게 전면전을 지휘할 만한 힘이 부족한 것 같다는 보고가 꼬리에 꼬리를 물고 이어졌다. 그제야 사람들은 총사령관이 전쟁터에 함께 있는 것은 아주 중요하고 필수적인데도 맥아더가 실제로 한국에 머문 시간이 거의 없다는 점을 인지하기 시작했다. 미 국방부 관료들은 당시 한국전쟁에 참전 중이던 동료들로부터 맥아더가 한반도에는 거의 모습을 드러내지 않는다는 소식을 확인했다. 맥아더의 머릿속에 어떤 계획이 들어 있는지 알 수 없어서 불안하기만 했다. 또한 한반도에 있는 미군을 둘로 나눈 것과 원산상륙작전을 엉망으로 만든 것을 두고 걱정하는 동시에 불만이 많았다.

한때는 모든 사람의 존경을 받기도 했지만 맥아더는 피곤에 지쳐 있거나 다른 데 정신을 팔고 있는 모습을 더 자주 보였다. 그래서 측근들은 그의 실제 컨디션을 감추고 활기찬 인상을 심어주기 위해 그를 단장하는 데 신경을 더 많이 써야 했다. 사진상으로는 거의 언제나 활력이 넘치고 실제 나이보다 젊어 보였다. 그렇지만 마음대로 분위기를 조절할 수 없을 때나 상황이 생각대로 돌아가지 않을 때면 여지없이 본모습이 드러났다. 영국 저널리스트 레지널드 톰슨은 서울 해방을 축하하는 행사에 참석한 맥아더가 관례상 어쩔 수 없이 모자를 잠깐 벗어야 했던 순간을 회상했다. 톰슨은 그때 비로소 맥아더가

"신기하게도 인간적으로 보였으며 모자를 벗겨놓으니 너무 늙어 불쌍해 보일 정도였다."라고 말했다.[22]

어쨌든 아직까지도 맥아더는 고집을 꺾지 않은 상태였다. 맥아더에게 호의적인 전기 작가 클레이턴 제임스(Clayton James)는 이렇게 썼다. "나폴레옹 보나파르트가 한국전쟁이 발발하기 전날까지 맥아더의 경력을 지켜봤더라면 그는 분명히 맥아더가 지휘관으로서 치러야 할 첫 시험이자 가장 중요한 시험인 '행운의 그와 함께하는가'라는 시험을 통과했다고 말했을 것이다. 그는 매우 운이 좋은 사람이다." 하지만 인천상륙작전을 마지막으로 맥아더의 행운도 바닥을 드러내고 말았다.

제23장
중국의 경고

38

중요한 신호가 계속 쏟아져 나왔지만 아무도 관심을 기울이지 않고 외면했다. 중공군의 개입을 암시하는 징후는 사람들이 듣고 싶어 하던 소식이 아니었고, 그런 징후를 제대로 이해할 만한 사람들은 모두 요직에서 밀려나버린 후였다. 게다가 한번은 중공군이 엉뚱한 경로로 경고를 하는 바람에 제대로 전달되지 못하고 불발로 끝나기도 했다. 중국이 서방세계에 소식을 전할 통로로 고른 사람은 바로 북경 주재 인도 대사 K. M. 파니카르(K. M. Panikkar)였다. 외교관으로 경험이 풍부하고 아주 똑똑한 사람이었지만 미국 정부가 평소에 접하던 외교관들과는 딴판이었다. 트루먼 정부는 그의 말이 현실과 동떨어진 데다 편견에 싸여 있고 지나치게 좌파 성향이 강하므로 상종하지 말아야 할 인물이라고 판단했다. (미국 정부는 자기들이 정해놓은 특정한 사고방식을 따르는 외교관을 선호했다.) 파니카르는 집필 활동도 활발히 하여 영국 역사가 리델 하트(B. H. Liddell Hart)가 극찬한 『아시아에서 서구의 지배(Asia and Western Dominance)』외 여러 권의 책을 썼다. 하지만 외교관으로서 그의 입지는 그리 확고하지 않았다. 그의 모국 인도가 오랜 식민 생활을 갓 청산한 아시아 지역의 신생 독립 국가에 불과했기 때문이었다. 다른 국가에서 온 외교관들은 굉장히 보수적이었으나 파니카르는 인도 근대사라는 프리즘을 통해 아시아의 발전을 설명하려 했다. 마오쩌둥이 장악한 중국 정권과 달리 인도 정부는 민주주의를 표방했지만 백인들을 배척했고 서방세계에서 또다시 국내 정치나 경제에 개입할까봐 아주 예민하게 반응했다. 그러나 파니카르는 유럽 국가 외교관들처럼 냉전에 대한 편견에 물들어 있지 않았다. 오히려 자신의 직감에 따라 냉전보다 더 큰 문제가 있다고 생각했다. 그것은 바로 식민 제국과 피식민 국가, 즉 제1세계와 제3세계 국가들의 갈등 관계였다. 보수적인 사고방식을 가진 서방세계 외교관들은 냉전이 모든 문제를 초월하는 역사적 이슈이며 식민지주의를 종식시키려는 아시아 및 아프리카 국가들의 움직임은 부차적인 문제라고 생각했다. 하지만 파니카르는 가장 역사적인 순간은 바로 식민지주의의 종식이며 냉전은 그다음 문제라고 생각했다. 그는 중국 본토에 마오쩌둥 정권이 들어선 것은 세계적인 반식민지주의 혁명이 성공을 거둔 사례에 불과하다고 보았다. 이처럼 파니카르는 미국 정부와는 전혀 다른 관점에서 중국의 상황을 해석했다.

그는 1948년 4월에 중국에 도착하여 장제스 정부의 마지막 모습을 지켜보았다. 그리고 부패한 그들의 모습에 경악을 금치 못했다. 물가는 하늘 높은 줄 모르고 치솟아서 여행 가방에 중국 돈을 가득 채워도 겨우 기본적인 물품을 살 수 있는 정도였다.[1] 파니카르는 중세 시대 사고방식을 가진 장제스를 참 딱한 사람이라 여겼다. 장제스를 가리켜 "시대를 잘못 타고난 불우한 위인"이라고 말한 데 비해 장제스의 부인에 대해서는 "여왕이라도 되는 양 자기 자신을 드러내는 데만 온통 신경을 쓰는 사람"이라고 말한 것을 보면 그녀를 별로 좋아하지 않았던 것 같다.[2] 파니카르는 국민당 고위 관료들이 전적으로 미국의 지원에 의존하면서도 "은혜를 베푸는 듯한 태도"로 미국인을 대하는 것을 보고 재미있게 생각하기도 했다. 국민당 대표들에게 "미국은 단지 중국이 절박하게 필요로 하는 자금과 장비를 대주는 부유한 오랑캐에 불과했다. 중국은 미국의 문화를 조금도 부러워하지 않았다."[3]

파니카르는 인도와 옥스퍼드에서 교육을 받은 전형적인 인도 지식인이었다. 원래 저널리스트였으나 곧 진지한 역사가로 변신했고 인도의 초대 수상인 자와할랄 네루(Jawaharlal Nehru)와 독립 운동 기간에 긴밀한 협력 관계를 유지하며 절친한 친구 사이가 되었다. 하지만 두 사람 모두 마오쩌둥의 과격한 혁명 방식을 별로 좋아하지 않았다. 마오쩌둥은 네루가 진정한 혁명가라고 하기에는 여러 가지 면에서 타협을 많이 했다고 비난했지만, 오히려 네루는 인명을 경시하는 마오쩌둥의 잔인하고 냉담한 태도를 혐오했다. 파니카르는 회고록에서 공산주의 자체에 동조할 수 없다고 말하면서 공산주의가 공동체에 속해 있는 개개인을 전혀 존중하지 않기 때문이라고 기록했다. 하지만 그는 중국 혁명을 이끌어가는 힘을 자신이 이해한다고 느꼈으며 중국혁명을 저지하려는 세력을 싫어했다. 1950년 7월 말에 파니카르는 저우언라이와 처음 만났다. 그때 저우언라이는 중국이 한국전쟁에 개입할 의사가 없다는 말로 파니카르를 안심시켰다. 하지만 8월 말, 그리고 인천상륙작전이 성공한 후 베이징의 분위기가 달라졌고 여러 중국 관료들이 파니카르에게 점점 더 불길한 경고를 보냈다. 인천상륙작전 이후 미국의 위협 수준이 달라지고 있으므로 전쟁 불참 의사를 계속 고수할지 불투명하다는 것이었다. 워싱턴은 파니카르를 적합한 메시지 전달자로 선택하지 않았지만, 어쨌든 세계정세가 변화함에 따라 전달자도 바뀔 필요가 있었다.

미국 정부는 끝까지 파니카르가 좌파 인물이라고 생각하여 그의 말을 믿지 않으려 했다. 인천상륙작전이 성공하고 일주일이 지난 9월 23일, 중공군 부참 모장 네옌룽(Nieh Yenrong)은 파니카르에게 중국이 가만히 앉아서 미군 부대가 중국 국경에 접근하는 모습을 지켜보지는 않을 거라고 말했다. 그 말이 의미하는 바를 아느냐고 되묻자 네옌룽은 "우리는 지금 상황을 예의주시하고 있습니다. 미국의 공격은 무슨 수를 써서라도 막아야 합니다. 폭탄을 터뜨려서 우리를 겁주거나 중국의 산업 기반 시설을 부술지도 모르죠. 하지만 지상 전에서 우리를 패배시킬 수는 없습니다."라고 대답했다. 미국의 군사력이라면 중국을 50년 전의 상태로 되돌려놓을 수도 있지 않겠냐고 파니카르가 말하자 돌아온 답변은 이랬다. "그 점도 이미 다 계산해보았습니다. 원자폭탄도 서슴지 않고 투하할지 모르죠. 그러면 결과야 뻔하겠죠. 수백만의 인명 피해가 발생할 겁니다. 하지만 국가의 독립을 지켜내려면 그만한 희생은 감수해야 합니다." 또한 그는 중국인 대부분이 시골에서 살고 있다는 점이 미국에게 적잖은 문제가 될 거라고 덧붙였다. "광활한 시골 지역에서 원자폭탄인들 무슨 소용이 있겠습니까?"⁴ 파니카르는 당시 마오쩌둥이 갖고 있을 법한 생각을 그의 입에서 듣고 깜짝 놀라지 않을 수 없었다. 그리고 비슷한 시기에 베이징에서 서방 대사관부 육군 무관들과 얘기를 나누다 군인을 가득 실은 기차 행렬이 북한 쪽으로 계속 이어지고 있다는 소식을 들었다. 서방세계에서는 믿으려 하지 않았던 파니카르의 보고가 모두 너무나 정확하게 입증되었다.

하지만 본격적인 경고 신호는 10월 2일 자정에 도착했다. 파니카르는 잠자리에 든 지 한 시간 반 만에 중국 외교부 아시아 담당관이 아래층에서 기다리고 있다는 전갈을 받고 벌떡 일어났다. 내려가 보니 저우언라이 총리와의 단독 회담에 즉시 참석하라는 전갈이 와 있었다. 그는 십 분 동안 준비할 시간을 달라고 요청했다. 그 순간 체포되어 본국으로 송환될지도 모른다는 생각이 뇌리를 스쳤다. 파니카르는 밤 12시 20분에 집을 나섰다. 중요한 모임에 간다고 말하기에는 굉장히 어색한 시각이었다. 저우언라이의 얼굴에서 뭔가 음침한 기운이 느껴졌다. 업무에 관한 이야기만 간략하고 무뚝뚝하게 오갔다. 저우언라이는 미군이 38선을 넘어오면 중국이 한국전쟁에 개입할 거라고 말했다. 이미 38선을 넘었다는 전갈이 오지 않았냐고 반문하자 정확한 시점은 아직 모르지만 소식은 들었다면서 38선을 넘은 부대가 한국군이라면 문제가 될 게 없다고 대답했다. 그야말로 중국의 관심사는 미군의 북진 여부였다. 그렇게 한밤중에 열린 긴급회의는 짧게 끝이 났다. 파니카르는 12시 30분에 집으로 돌아와 즉시 회의 내용을 정리하여 뉴델리에 있는 상관들에게 보고했다. 그렇게 하면 다른 외교관들을 통해 그 소식이 삽시간에 퍼질 것이 분명했다. 10월 8일에 그는 라디오 뉴스를 통해 유엔이 맥아더 장군의 북진을 승인했다는 소식을 들었다. 그날 밤 파니카르는 일기장에 이렇게 썼다. "이렇게 해서 미국은 일부러 전쟁을 크게 만들고 있다. 물론 그 뒤에는 영국의 지지가 있다. 이 결정으로 미국은 참으로 안타까운 결과를 떠안게 될 것이다. 또한 영국인들도 자신들이 한국 문제에 개입하면 필연적으로 중국의 저항을 받을 것이며 현재 압록강에 집결하고 있는 부대가 이번 전쟁에 본격적으로 투입된다는 것을 잘 알고 있다. 아마 적어도 일부 미국인들은 바로 이것을 기대했는지도 모르겠다. 어쨌든 맥아더의 꿈이 마침내 현실이 되었다. 그저 이 상황이 악몽으로 치닫지 않기만을 기도할 뿐이다."[5]

차이나 핸즈 일원이자 아주 보수적인 인물이었던 에드먼드 클럽(Edmund Clubb)이 국무부 중국 담당관 책임자로 임명되었다. 그는 영국 대사를 통해 저우언라이가 파니카르에게 한 말을 전해 듣고 그 말이 절대 허풍이 아니므로 심각하게 받아들여야 한다고 생각했다. 하지만 그의 상관들은 과거 행적으로 미루어볼 때 이번에도 에드먼드가 지나친 과민 반응을 보이는 것이라 치부하고 무시해버렸다. 그래서 결국 미 행정부는 단 한 번도 그 문제를 놓고 중국과 상의하지 않았다. 인도 주재 미국 대사 로이 헨더슨(Loy Henderson)과 그 곳 중국 대사 사이에 비공식적인 협력 관계를 맺으려는 시도가 있긴 했지만 중국 측은 그런 관계를 원치 않는다며 단번에 거절했다.

그리하여 파니카르 외에는 다른 통로를 찾을 수 없었다. 영국은 확실히 그의 경고를 진지하게 받아들인 것이 분명했다. 하지만 다른 서방 국가의 외교관들은 여전히 파니카르를 경계했다. 네덜란드 수도인 헤이그에 나가 있던 미국 대사는 파니카르에 대한 네덜란드 정부의 부정적인 견해를 그대로 미국에 통보했다. 식민지 확보에 열을 올렸던 네덜란드는 당시 자국의 식민지였던 인도네시아에서 물러나지 않으려는 태세였다. 네덜란드 측의 정보통에 따르면 파니카르는 인도 수상인 네루에게 인민군을 침략자로 내몰았던 유엔의 초기 결정에 반대해야 한다고 강력히 권했다. CIA는 파니카르가 영문도 모른 채 중국의 앞잡이 노릇을 하고 있긴 하지만 정작 중국은 참전을 그리 심각하게 고려하지 않을 거라고 추측했다. 애치슨은 파니카르에게 크게 신경을 쓰고 싶지 않았다. 애치슨은 파니카르를 베이징의 대변자일 뿐 그리 중요한 외교관이 아니라 여겼다. 그리고 그가 하는 경고도 "전전긍긍하는 파니카르의 헛소리" 정도로 치부했다.[6] 애치슨은 아무리 생각해도 중국이 미국과 유엔에 맞서 싸우려 할 리가 없다고 결론을 내렸다. 오랜 기간 소련과 대치하는 중이었고 유엔 안전보장이사회에 들어가고 싶어 하던 시기에 전쟁에 발을 디딘다는 것은 "완전히 정신이 나간 짓"이나 다름없었다.[7] 당시 딘 애치슨은 뛰어난 법률가로서, 누구보다 강력하고 논리적인 이성의 소유자였다. 그는 자기가 중국에게 유리한 것이 무엇인지 정확히 파악하고 있다고 자부했으며 역사적인 관점에서 볼 때 이런 시점에 중국이 전쟁에 개입하는 것은 절대 말이 안 된다고 확신했다. 그에게 다른 능력은 많았지만 중국 혁명가처럼 생각하는 능력은 없었던 셈이다.

9월 말이 되자 인민군은 겁에 질려 북으로 달아났고 중국은 참전 여부를 놓고 상황을 예의주시하고 있었다. 실제로 전쟁에 개입하여 수많은 사상자가 발생하는 것을 감수하며 미군과 유엔군의 진군을 가로막는다 해도 그것은 인민군을 도와주기 위함이 아니었다. 자기들 나름대로 꿍꿍이가 있는 것이 분명했다. 당시 중국은 북한이나 김일성에 대해 진지한 관심을 보이지 않았다. 이들은 김일성이 너무도 쉽게 나라를 차지했다고 생각했다. 중국의 현 정부가 수적으로나 기술적으로 훨씬 앞선 적을 상대로 수십 년에 걸쳐 전쟁을 벌인 끝에 정권을 손에 넣은 것과는 아주 대조적이었다. 게다가 마오쩌둥과 고위 간부들은 오만하기 짝이 없는 김일성의 태도를 상당히 불쾌해했다.

중국 고위 관료들은 인천상륙작전의 가능성에 대해 수차례 경고를 했는데도 들은 척도 하지 않은 김일성의 태도에 경악을 금치 못했다. 만약 중공군 장교가 그처럼 중요하고 심각한 정보를 무시했다면 즉시 군에서 쫓겨났을 것이 분명했다. 8월 초, 중공군 육군부대가 압록강 북쪽에 자리를 잡기 시작했고 군단장 덩화(鄧華)가 북한군 지휘관을 만나러 갔다. 그들은 압록강을 건너 안동이라는 마을에 도착해서야 더 이상 내려갈 수 없다는 사실을 깨달았다. 북한인들이 그를 막아서고는 전투지역 근처에는 얼씬도 못하게 했던 것이다.

마오쩌둥은 북한에 군대를 파병하는 것이 새로운 중국 정부에 유리하며 국내 상황이나 세계정세를 고려할 때 도움이 되리라 보고 파병을 결정했다. 그러나 한편으로는 참전했다 패배하면 서방 압제자들의 눈에 새 중국 정부가 덩치만 크고 힘없는 옛 중국과 다를 게 없어 보이지는 않을까 걱정하기도 했다. 그래서 북한의 패색이 짙어지자 중공군을 투입해 하루빨리 전쟁을 끝내버릴 작정을 했다. 7월 초에 잠시 동안 인민군이 연승을 거두던 때에도 마오쩌둥은 동북변방군(NEBDA)을 창설하여 한국 국경을 따라 배치했다. 중공군 최정예 부대인 제4야전군에서도 3군을 차출하여 36개 사단, 총 70여 만 명의 병력을 갖추었다. 나중에 여기에 7개 포병사단과 고사포부대가 합류했다.

마오쩌둥은 중국의 참전을 피할 수 없는 운명이라고 생각하고 중국이 치러야 할 실제적인 비용을 계산해보았다. 8월 31일에 저우언라이는 각 부대 선임 장교들과 회의를 열고 부대에 필요한 것들뿐 아니라 미군을 상대로 전쟁을 벌일 때 처음 일 년간 발생할 사상자 수를 조심스레 예측해보았다. 사망자는 6만 명, 부상자는 14만 명 정도가 될 거라는 전망이 나왔다.[8]

인천상륙작전이 성공한 후 중공군이 내린 결정은 사실상 마오쩌둥 한 사람의 의견이라 해도 과언이 아니었다. 그는 전형적인 혁명가로서 흔들리지 않는 굳은 신념을 가지고 있었다. 시작은 미미했지만 오랜 시간 내전을 벌이면서도 절대 밀리지 않았다. 수많은 사상자가 발생하고 여러 가지 어려움이 있었지만 전장에서 그의 판단은 한 번도 빗나가지 않았다. 그래서 마오쩌둥은 누구보다도 중국 인민들, 특히 소작농들을 잘 이해한다고 자부했다. 그는 중국이 다시 한 번 강국으로 우뚝 설 자격이 있으며 그 힘의 원동력은 바로 자기가 시작한 혁명이라고 생각했다. 또한 이번 혁명은 소작농의 민심을 얻고 역사적인 정치 문제를 군사력으로 승화시킨 덕분에 성공했다고 믿었다. 바로 이러한 신념 때문에 완벽하게 무장한 국민당 군대보다 마오쩌둥이 이끄는 군대가 훨씬 더 강한 힘을 발휘했던 것이다. 새로운 중국을 설계하는 일에 앞장선 그는 혁명의 원래 의도에 충실하리라 다짐했다. 역사의 한 줄기를 장식하겠다는 굳은 신념과 혁명가로서의 자신감, 즉 역사를 만들어가는 주역이라는 믿음은 상당히 큰 영향력을 가지고 있었다. 물론 이런 마오쩌둥의 태도는 장점인 동시에 단점이기도 했다.

일단 마오쩌둥은 중국 소작농의 현실과 그들이 안고 있는 고통 그리고 기존 통치 체제의 잔인함에 관해서는 정확하게 파악하고 있었다. 하지만 그 밖의 사항에 대해서는 전혀 알지 못했고 알아보려는 마음이 있다 해도 어떻게 해야 할지를 몰랐다. 그리고 이런 성공은 흔히 무엇이든 일단 과장하고 보는 아주 나쁜 버릇으로 이어지곤 했다. 한 편의 서사시를 방불케 하는 혁명에는 아주 실력이 뛰어나고 강한 자의식의 소유자, 또한 목표를 달성하기 위해서라면 주변 사람들의 희생도 개의치 않는 강력한 지도자가 필요했다. 마오쩌둥과 스탈린은 바로 그런 논리를 앞세워 대의명분을 위해 과도한 희생이나 고통을 강요하는 것을 합리화했다. 하지만 여기에는 한계나 제약이 없기 때문에 끝을 모르는 이들의 야욕은 결국 끔찍한 악몽으로 이어졌다. 중국을 삼키려던 외부 세력들이나 국내에 있던 반체제 인사들뿐 아니라 국공내전부터 한국전쟁에 이르기까지 마오쩌둥에게 오랜 시간 충성을 바쳤던 추종자들까지도 머지않아 끔찍하기 짝이 없는 악몽에 말려들 운명이었다. 하지만 이처럼 중요한 순간에 마오쩌둥의 행동을 이해하려면 그를 그저 혁명을 계획하고 이끌어가는 사람으로만 보아서는 안 되고 중국을 지키려는 사람으로 이해하는 것이 중요했다. 마오쩌둥은 국내외에 있는 수많은 적들이 항상 혁명을 방해하려 한다고 믿었기에 그들보다 먼저 손을 써야 한다고 생각했던 것이다.

인천상륙작전 일주일 전이었던 9월 7일 평양에 있던 중국 정치 고문 자이청원(Zhai Chengwen)은 외교부 저우언라이로부터 본국으로 들어오라는 명령을 받았다. 저우언라이는 중국이 북한을 지원하기 위해 파병한다면 이들이 어떤 어려움에 직면하게 될지 알고 싶었다. 그러자 자이청원은 중국 지원군이 부딪힐 문제는 전적으로 병참 및 보급에 달려 있다고 설명했다. 무엇보다 중국 각지에서 압록강으로 지원군을 이송한 다음 다시 전쟁터로 보내는 것이 큰 문제였다. 사실 베이징을 떠날 때부터 자이청원은 이미 중국 정부가 한국전쟁 참전을 결정했다는 느낌을 받았다. 그의 예상은 적중했다. 하지만 참전을 결정한 것은 중국 정부라기보다는 마오쩌둥 한 사람의 생각이었다. 부대를 만주 지방으로 보내고 군 지휘관들에게 참전에 대한 마오쩌둥의 생각을 전달하다 보니 9월 한 달이 지나가버렸다. 반대 의견을 제시하는 사람들이 있었다면 아마 주로 육군 장교들이었을 것이다. 하지만 설령 그렇다 해도 육군은 당의 정치적 필요에 따라 협조해왔기 때문에 항상 숨을 죽였다. 국내외 대부분의 사람들은 중국이 한국전쟁에 참전한다면 린뱌오(林彪)가 지휘를 맡을 거라고 예상했다. 실제로 전쟁이 벌어지는 오랜 기간 동안 미군 고위 장교들은 중공군 지휘관이 린뱌오라고 믿었다. 중국 공산당의 치밀한 보안 유지와 유엔 정보기관의 심각한 결함 때문이었다. 미군이 소지한 화력에 자기 부대원들이 그대로 노출될 거라는 생각에 매우 불안했던 린뱌오는 자이청원에게 인민군이 장기간의 게릴라전을 치를 능력과 의지가 있느냐고 물었다. 그 말은 중공군이 전방에 나서서 미군에 공격을 퍼붓는 일은 피하고 싶다는 뜻이었다. 린뱌오뿐 아니라 다른 군 장교들도 비슷한 생각을 하고 있었고 말로 표현하지는 않았지만 정치국 일부 위원들도 같은 생각이었다. 만약 소련이 약속했던 공군 지원을 해주지 않을 거라는 걸 미리 알았더라면 반대가 얼마나 심했을지는 상상하기 나름일 것이다. 이렇게 7월 초부터 9월 말까지 석 달 동안 마오쩌둥과 주변 사람들은 린뱌오에게 한국전쟁에 참전할 중공군의 지휘를 맡아달라고 거듭 부탁했다. 그러나 매번 그는 자신의 건강 문제를 내세웠고 많은 사람은 그가 이번 참전 계획에 동참할 생각이 전혀 없는 것으로 이해했다.

9월 초, 마오쩌둥은 아주 중요한 회의에서 자신의 참전 의사를 반영한 중요한 연설을 마쳤다. 그는 사람들의 예상과 달리 미군이 그리 강하지 않을 거라고 생각했다. 이번 전쟁은 엄연히 부당한 명분을 내세운 외부 침략자를 쫓아내기 위한 것이므로 침략자들의 사기나 전투 효율성이 높을 리 없다는 논리였다. 마오쩌둥은 미국의 국내 정세가 정치적으로나 경제적으로 매우 불안정한 상태인 데다 현재 국제적으로 철저히 고립되어 있어서 세계정세의 변화에 쉽게 적응할 수 없을 거라고 예상했다. 강철이나 무기를 많이 만들어내는 것은 사실이지만 그렇다고 해서 미국이 강대국이라고 단정할 필요는 없었다. 미군의 보급로는 베를린에서 한국까지 두 개의 대양에 걸쳐 지나치게 늘어져 있기에 한국전쟁에 전투부대를 파병하는 것은 쉽지 않은 일이었다. 이렇게 마오쩌둥은 자신의 정치적 편견을 토대로 미국의 국력을 가늠하려 했다. 그는 한국전쟁 초반에 미군 병사들의 활약이 미미했던 이유가 부대원들이 신념도 없이 자본주의자들의 목적을 위해 전투에 끌려온 탓이며, 중국 군인들에 비해 마음가짐이 순수하지 못하고 전투 의지가 박약한 탓이라고 생각했다. 절대로 미국이 원자폭탄 개발에만 힘쓰느라 부대 정비에 소홀했던 탓이 아니었다. 마오쩌둥은 전쟁 초반에 보여준 미군의 전투력은 "제2차 세계대전에서 독일이나 일본이 보여준 수준보다 훨씬 낮다."라고 힘주어 말했다. 또한 미군의 원자폭탄도 두려워할 필요가 없다면서 만약 미국이 원자폭탄을 사용한다면 "수류탄으로 대응하겠다."라고 말했다.⁹

중국이 한국전쟁에 참전한다는 결정은 절대로 쉽지 않은 결정이었다. 마오쩌둥은 거의 잠을 이루지 못하고 동이 틀 때까지 줄담배를 피웠다. 그러면서 뭔가 새로운 아이디어가 떠오르기를 기다리는 듯 중국과 한국 지도를 하염없이 쳐다보았다. 하지만 갈수록 중국이 참전해야 한다는 생각이 또렷해졌다. 여기에는 대만도 중요한 요소로 작용했다. 마오쩌둥을 비롯하여 고위 관료들은 모두 대만이 중국에 속해 있다고 생각했다. 그런데 맥아더가 대만을 가리켜 절대 가라앉지 않는 항공모함이라 부른 것이다. 엄연히 중국에 속한 지역을 적국인 미국이 중국을 겨냥하여 사용할 무기로 간주하고 있다는 뜻이었다. 그래서 마오쩌둥은 국공내전의 마지막 전투가 아직 남았다고 생각했지만 미국에서는 이런 마오쩌둥의 생각을 전혀 알아차리지 못했다. 어쨌든 대만은 우수한 전투력을 자랑하는 제7함대가 지키고 있었기 때문에 어쭙잖은 육군 병력만으로는 공동 상륙 작전을 성공시킬 확률이 희박한 장소였다. 이미 이전에 섬 지역에서 벌인 공동 상륙 작전이 부실한 해군과 공군 때문에 보기 좋게 실패한 적이 있었다. 국공내전이 거의 끝나갈 무렵에 실시했던 그 작전은 중공군이 입은 최대의 피해이자 실패로 기록되었다. 마오쩌둥은 항공기와 공군을 재정비할 병력을 가능한 한 빨리 지원해달라고 소련을 압박했지만 당장 대만을 칠 수는 없었다.

그 사건 때문에 마오쩌둥은 한국전쟁에 더 구미가 당겼는지 모른다. 당시 상황은 여러모로 보아 중국에 유리한 것 같았다. 미군 본부는 일본에 있었고 계속 북으로 진격하느라 물자를 지원받는 것도 힘들었다. 지형이나 날씨로 인한 어려움도 만만치 않았다. 뿐만 아니라 중공군에 비하면 수적으로도 단연 열세였다. 마오쩌둥은 미군의 네 배에 해당하는 병력을 동원할 수 있다고 자신했다. 또한 중공군이 꺾일 줄 모르는 기개와 용기를 갖추고 있다고 믿었다. 사실 그는 한국군은 아예 신경도 쓰지 않았다. 그저 미군과 정면충돌을 피하고 그들이 가장 약한 상태일 때를 틈타 공격하면 승산이 있다고 생각했다. 물론 정면충돌을 피할 수 없는 경우도 있겠지만 그런 때에도 자신이 골라둔 곳으로 미군을 유인한 다음 전투를 개시하리라 다짐했다. 마오쩌둥은 이번 전쟁의 승패가 가져올 정치적 여파를 꼼꼼히 계산했고 미군이 참패를 맛볼 거라고 확신했다. 그렇게만 된다면 장기간에 걸쳐 힘든 내전을 치르느라 쇠약해진 정치적 입지를 다시 강화할 수 있을 것 같았다. 그러나 중국 정치권에서는 국민당과의 대결이 아직 마무리되지도 않았고 나라의 재정과 국가 경제 전반이 파탄 직전에 이른 상태이므로 이번 참전이 시기적으로 적절하지 못하다는 의견이 대세를 이뤘다. 미국처럼 군사력과 경제력을 동시에 갖춘 적에 맞선다는 것은 국내 반대 세력을 도와주는 꼴이 될 게 분명하니 개인의 야욕을 앞세운 섣부른 행동은 삼가야 한다는 목소리가 높았다. CIA 고위 관부들을 비롯하여 서방 국가들의 정보 요원들도 중국 지도층이 분명히 그렇게 생각할 것이고 자기들이 중국의 입장이라면 당연히 그렇게 결론을 내릴 거라고 확신했다.

하지만 정치국 내에서 마오쩌둥의 영향력은 생각보다 훨씬 강했다. 마오쩌둥과 동일한 지위에 있는 것처럼 보이는 사람들이 많았지만 사실 실권은 마오쩌둥 혼자 독점하고 있었다. 마오쩌둥은 새로 들어선 중국 정부의 실체였으며 사람들은 모두 그에게 최종 결정권을 넘겨주었다. 전쟁이든 정치든 마오쩌둥이 아니면 안 된다는 생각이 팽배했다. 다들 그가 다른 사람보다 한발 앞서 앞을 내다보는 능력을 지니고 있다고 믿었다. 버지니아 대학의 젊은 역사가 천젠(陳兼)은 마오쩌둥을 두고 체스판에서 항상 두세 발 앞서 가서 상대편을 낙담시키는 사람이라고 묘사한 바 있다. 이번 결정을 통해 마오쩌둥은 그 어느 때보다 훌륭한 지도자로 확실하게 자리매김했다. 다들 나라 안팎의 정세를 훤히 꿰뚫고 있는 마오쩌둥이 가장 신임할 만하고 확실한 비전을 제시해줄 사람이라 믿었다.[10] 마오쩌둥은 한국전쟁을 두고 고심하던 중 이번 전쟁이 자신에게 좋은 기회가 될 수 있음을 차차 깨달았다. 잘만 되면 중국이 세계무대에서 혁명 세력으로 우뚝 섰다는 걸 국민들에게 확실히 보여줄 수 있었다. 그렇게 되면 국내에서 공산당의 세력을 더욱 확장할 수 있고 자신의 예상이 옳았다는 걸 또 한 번 증명할 수도 있었다. 이 때문에 재정적인 손실이나 인명 피해가 막심할 거라는 게 불 보듯 뻔한데도 참전하기로 결정했고, 이는 서방세계 정치 분석가들을 깜짝 놀라게 했다. 어쨌든 이번 결정을 통해 마오쩌둥은 늘 꿈꿔왔던 '위대한 비전을 가진 지도자'의 면모를 과시했다. 성공만 한다면 중국 인민들이 미국은 항상 중국의 적대국이며 이 문제에 있어서 회색지대는 없다는 사실을 확실히 깨달으리라 생각했다. 중국인들 중에서 미국이나 다른 외국과 긴밀한 관계를 맺고 있는 사람들은 모두 부유층 출신으로서 마오쩌둥의 적이었다. 따라서 이번 전쟁에서 가장 큰 명분은 바로 중국인을 모두 자기 영향권 안으로 끌어들이는 것이었다. 그렇게 하면 자신의 정치적 입지가 공고해질 게 분명했다. 나중에 마오는 참전에 1.5명만 찬성했다고 농담하곤 했다. 한 명은 마오 자신이고 0.5명은 저우언라이였다고 조롱한 것이다.[11]

물론 이밖에도 참전을 결정한 이유는 많았다. 이번 참전은 새로운 정권이 들어선 이후 중국이라는 나라가 더 이상 다른 나라의 지배를 받거나 그들의 손에 착취당하지 않을 거라는 걸 보여주는 계기가 되었다. 마오쩌둥은 중국 국민 대다수에게 그런 인상을 심어줄 수 있으리라 기대했다. 그는 과거 여러 차례 외세의 침략에 대한 국민들의 적잖은 반감을 자세히 알고 있었다. 그리고 사실상 이런 선전 활동은 이미 시작된 것이나 다름없었다. 미 국무부는 1949년 8월에 이미 「중국백서」를 발행했다. 이 보고서는 원래 중국 지원 문제에 대한 국내 압박을 줄이려는 목적을 가지고 있었다. 즉 트루먼 정부가 자멸적인 행동을 일삼던 국민당 정부를 구제하기 위해 최선을 다했으며, 그런데도 국민당 정부가 몰락한 것은 장제스의 탓이라는 걸 보여주려고 고안한 것이었다. 하지만 「중국백서」는 일반인이 읽기에는 너무 길고 복잡했으며 이미 넘어진 장제스를 또 한 번 걷어찼다는 비판까지 사고 말았다. 이 보고서가 발행되자마자 스타일즈 브리지스, 윌리엄 놀런드, 팻 매캐런, 케네스 훼리는 "아무것도 한 일이 없는 정책에 대한 1,054쪽짜리 겉발림"이라며 비난을 퍼부었다.[12] 마오쩌둥은 중국에서 「중국백서」의 직접적인 여파를 바로 감지할 수 있었다. 애치슨과 측근들이 미국은 그동안 열심히 장제스를 뒷바라지했다고 열변을 토한 것은 사실 마오쩌둥이 의도했던 일이었다. 마오쩌둥에게는 「중국백서」가 그동안 미국이 자기들의 잇속을 차리기 위해 장제스 정권을 장악하고 마음대로 휘둘렀다는 걸 보여주는 공식적인 증거였다. 때문에 그것은 마치 하늘이 내려준 선물처럼 느껴졌다. 그는 미국은 절대 친구가 될 수 없다며 보란 듯

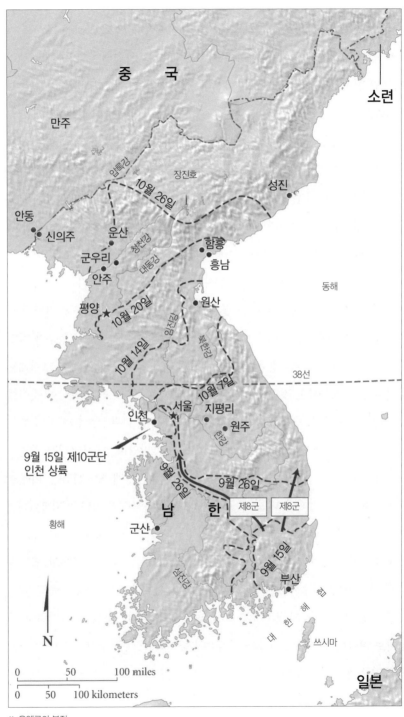

중국

소련

만주

압록강
장진호
성진

안동
신의주
운산
청천강
함흥
흥남
대동강
동해

군우리
안주
평양
10월 26일
10월 20일
원산
임진강
10월 14일
북한강
10월 7일
38선

서울
지평리
인천
원주
한강

9월 15일 제10군단
인천 상륙
9월 26일
9월 26일

황해
남 한
제8군
제8군
군산
9월 15일

섬진강
부산
한 해 협
쓰시마

N

0   50   100 miles
0   50   100 kilometers

일본

11. 유엔군의 북진.

이 전국적인 반미 운동을 전개했다. 상황이 이렇게 되자 미국 정부는 중국의 새로운 정권이 서방세계에서 가장 영향력이 큰 강대국과 우호적인 관계를 유지할 의사가 전혀 없다는 사실을 감지하고 놀라지 않을 수 없었다. 마오쩌둥은 직접 「중국백서」를 비판하는 다섯 편의 글을 쓴 다음 백서의 내용에 반기를 드는 전 국민적인 운동을 직접 조직하고 이끌었다. 이로써 그는 단박에 광고와 선전의 핵심 인물로 성장했다.

마오쩌둥은 제아무리 뛰어난 기술을 앞세운 미군이라도 중공군 앞에서는 잘난 척을 하지 못하리라 자신했다. 곧 지나친 기대에 불과했다는 것이 드러났지만, 어쨌든 마오쩌둥은 한 치의 의심이나 부끄러움 없이 중공군에 대한 믿음을 나타냈다. 단지 말로만 그런 것이 아니라 실제로 중국이 전쟁에서 승리하리라 철석같이 믿었다. 10월 중순쯤 되자 전쟁의 결과를 놓고 지도부 내에서 걱정과 의혹의 목소리가 높아졌지만 마오쩌둥의 신념은 조금도 흔들리지 않았다. 하지만 이미 스탈린이 공군을 보내 엄호해주겠다는 약속을 지키지 않을 게 확실해진 상태였다. 9월부터 중국은 소련이 얼마나 지원해줄지 확실히 모른 채 이판사판이라는 심정으로 버티고 있었다. 마오쩌둥도 북한의 남침에 미국이 발 빠르게 대처하는 걸 보고 많이 놀란 상태여서 어느 때보다 신중하게 대처하고 있었다. 중국과 마찬가지로 소련 역시 김일성에게 인천상륙작전의 가능성에 대해 경고한 바 있었다. 스탈린에게도 미국의 지원을 받는 군기지가 만주 국경 바로 옆에 생긴다는 건 적잖은 스트레스였다. 아무래도 이번 전쟁은 미군이 밀고 나가는 방향대로 끌려갈 것 같았다.

인민군이 맥없이 쓰러지자 김일성은 스탈린에게 인민군과 북한을 구해달라고 강력하게 요청했다. 애초부터 소련은 북한에 그 어떤 전투부대도 지원하지 않을 거라는 입장을 분명히 밝혔지만 막무가내였다. 그래서 스탈린은 어쩌면 중국이 지원할 의향이 있을지도 모르겠다고 대답했다.

인천상륙작전이 벌어지고 일주일이 지난 9월 21일에 스탈린은 마트베이 자하로프(Matvei Zakharov) 장군을 평양에 파견하여 중국의 지원을 요청하라는 권고를 되풀이했다. 북한 정권은 혹시 이를 계기로 중공군에 의존하게 될까봐 마음이 편치 않았다. 그러나 전장에서는 연일 나쁜 소식만 들려왔고 딱히 다른 대안을 찾을 수 없었기에 일주일 후 고위 간부들이 모여 긴급회의를 열었다. 이들은 서울이 무너지면 유엔군이 38선을 넘어오는 걸 막을 길이 없으니 도움을 청할 수밖에 없다고 의견을 모았다. 즉시 김일성은 소련 대사 테렌티 스티코프를 찾아가서 스탈린에게 소련군 파병 문제를 의논해달라고 부탁했지만 거절당했다. 그러자 김일성은 "당황한 기색이 역력해서 어찌할 바를 모르고는" 외무상 박헌영과 함께 스탈린에게 직접 편지를 보냈다. 10월 1일, 마침내 스탈린이 보낸 답신이 도착했지만 역시나 중국에 도움을 청하라는 말뿐이었다. 그날 밤 김일성은 중국 대사를 통해 정식으로 지원군을 요청했다.[13] 또한 최악의 상황이 발생할 경우 북한이 중국 동북 지역에 가서 임시 정부를 세우는 걸 허용해줄 수 있는지 알려달라고 했다.

이렇게 해서 세 공산주의 정부 사이에 미묘한 신경전이 벌어졌다. 한때는 중공군을 우습게 여겼던 인민군도 이제는 그들의 도움만을 절박하게 기다리는 처지가 되었다. 마오쩌둥의 정치적 계산 덕분에 참전을 결정하긴 했지만 정작 중공군은 손가락 하나 까딱하려 하지 않았다. 공중 엄호 문제를 두고 소련과 밀고 당기던 차였기에 그 상황을 이용해 최대한 유리한 고지를 선점하려는 심산이었다. 9월 말에 소련은 일단 중공군을 위해 공중 엄호를 지원하겠다고 약속했다.[14] 그래서 미국과 중국 사이에 끔찍한 충돌을 야기할 만한 부대가 본격적으로 가동하기 시작했다. 인천상륙작전이 있고 두 주가 지난 9월 30일에 한국군 제2사단(원문에는 2사단으로 되어 있으나 3사단이 맞다—옮긴이)이 마침내 38선을 넘었고 다시 한 주 뒤인 10월 7일에 미군 제1기병사단이 그 뒤를 이었다. 이들의 목적은 평양 탈환이었다. 그리고 마침내 11월 초 이들은 내키지 않았지만 중공군과 정면으로 맞붙었다.

제 24 장

마오쩌둥과 스탈린

38

다음에 벌어진 상황이 국무부 차이나 핸즈가 제출했던 (차이나로비를 노발대발하게 했던) 보고서에 담긴 의혹과 정확히 일치한 것은 아주 잔인한 아이러니였다. 차이나 핸즈는 장제스가 무너질 것임을 확신했을 뿐 아니라 마오쩌둥이 장기적으로 소련에 충성을 다할 것인지를 두고 의혹을 제기했다. 이점에 대해서는 이오시프 스탈린도 전적으로 동의했다. 장제스의 몰락부터 한국전쟁의 발발에 이르기까지 공산주의 진영에서 가장 핵심 인물이었던 스탈린은 중국과 소련이라는 공산주의 동맹국 각자의 필요와 약점을 교묘하게 활용할 뿐 실제로는 마오쩌둥을 전혀 믿지 않았다. 스탈린은 한반도가 남북으로 나뉘기보다 자신에게 전적으로 의존하고 고마워하는 단일 공산 국가로 통일되기를 바랐다. 또한 한국이 일본에 맞설 정도로 강력해지기를 원했다. 역사를 돌이켜볼 때 일본은 언제나 러시아인들이 두려워하던 나라였고 이제 미국이 일본을 재무장할 것이라고 확신했다. 마오쩌둥의 심기를 건드린 이상 중국과 미국의 갈등이 최대한 증폭되어 두 나라가 본격적으로 맞붙으면 결국 상황이 자신에게 유리해질 거라는 계산도 있었다.

1949년에 이오시프 스탈린은 공산주의 국가 전체를 통틀어서 가장 영향력 있는 인물이었다. 그는 사반세기 이상 러시아에서 집권했으며 러시아 혁명을 이끈 거물들 중에서도 가장 오래 버텨냈다. 물론 그보다 더 똑똑하고 카리스마 넘치며 언변이 화려하고 전략이 뛰어난 사람들도 많았지만 스탈린만큼 혁명의 본질을 꿰뚫어본 사람은 없었다. 권력의 강화에서 중요한 것은 아이디어가 아니라 경찰력이었다. 권력의 강화란 권력을 지속하고 자신이 적을 대한 방식으로 아무도 자기를 대하지 못하게 하는 것이었다. 스탈린의 세계에서는 먹히지 않으려면 상대방을 집어삼켜야 했다.

그가 살아남아서 성공한 비결은 쉽사리 망상(특히 근거 없는 과대망상)에 사로잡히지 않고, 혁명의 1단계가 끝나고 2단계가 시작되었다는 사실을 가장 잘 파악한 데 있었다. 혁명의 2단계란 권력의 통합이 필요한 시점을 말한다. 그는 집권 체제를 완전히 분석하여 가장 기본적인 진리를 이끌어냈다. 즉, 사방은 적으로 둘러싸여 있으며 그들이 치기 전에 먼저 공격할 것이 아니라 아예 그들이 자신을 적으로 인식하기도 전에 제거해버려야 한다는 것이다. 이 점을 다른 사람들보다 훨씬 빨리 파악한 것은 스탈린의 최대 장점인 동시에 그가 본질적으로 부정적인 면이 강한 인간성을 가지고 있음을 보여준다. 스탈린은 조금도 주저하지 않고 냉철한 태도로 그 진리를 따라 행했다.

제2차 세계대전이 끝나고 바로 세계 강국으로 자리 잡은 미국과 소련은 어쩔 수 없이 각자의 길을 걷기 시작했다. 본질적으로 고립주의 정책을 표방했던 양국은 생각지도 못한 큰 권력을 얻었지만 정치 및 경제 체제가 완전히 달랐다. 역사적인 배경에서 비롯한 문제점도 판이했으며 이제는 핵무기 시대라는 새로운 국면을 맞았다. 하지만 소련의 지도자가 스탈린이라는 점, 그로 인해 냉전 시대의 모든 현상이 끝없이 위험해지고 위협적으로 변했다는 점이 양국 간의 긴장감을 더욱 팽팽하게 만들었다. 스탈린은 눈을 씻고 찾아봐도 인간적인 면모를 발견할 수 없을 정도로 잔인한 사람이었다. 그런 사람이 지도자로 있는 소련 정부는 그야말로 공포 제조기라 해도 과언이 아니었다. 누군가 범죄를 저지르는 것은 문제시되지 않았다. 오히려 필요하다면 범죄를 용인하는 분위기였다. 공산주의 자체를 전적으로 신봉하든, 스탈린이라는 사람에게 매료되어 그를 숭배하든 그건 중요한 문제가 아니었다. 사람들의 대화는 대부분 도청 대상이었고 자신의 안전을 위해서라면 언제 배신할지 알 수 없었다. 그렇게 소련 정부를 지배하는 힘은 공포와 광기 그리고 그로 인한 두려움이었다. 1930년대 후반으로 접어들면서 슬라브 사람을 극도로 혐오하던 히틀러의 세력이 점차 강해지던 때에 스탈린은 군 원수 5명 중 3명, 군 군사령관 16명 중 15명, 군단장 67명 중 60명, 사단장 199명 중 136명을 제거했다. 적군(赤軍)의 장교급 인사들과 고위 관료들을 사실상 거의 몰아낸 것이다.[1] 그는 조국의 방어 체계를 스스로 무너뜨려 1941년 독일에 침공할 틈을 마련해 준 것이나 다름없었다. 이렇게 소련 동포들에게 그가 저지른 범죄는 너무 엄청난 것이라 어느 정도인지 가늠하기가 어렵다. 실제로 죽은 사람의 숫자도 제대로 파악할 수 없었다. 몇백만 명이라는 의견도 있고 천만 명, 심지어 4천만 명쯤 될 거라는 추측도 있었다. 유고슬라비아 공산주의 정부의 전직 부통령이자 티토의 후계자였던 밀로반 질라스(Milovan Djilas)는 스탈린을 가리켜 "보기 드물게 극악무도한 독단가(獨斷家)로 전 인류의 십 분의 일을 '행복하게 해주려고' 나머지 십 분의 구를 서슴지 않고 몰살시킬 수 있는 인물"이라고 평했다. 그는 공산주의를 거부한 대가로 복역한 후 스탈린의 초기 모습을 가장 가까이에서 지켜보면서 적나라한 글을 썼다. 사실 질라스는 스탈린이야말로 역사 전체를 통틀어 가장 사악한 범죄자라고 생각했다. "스탈린이 저지르지 않은 범죄는 하나도 없다. 우리가 머리를 맞대고 그의 범죄를 가늠할 표준을 정한다 해도 역사상 가장 큰 범죄자라는 악명을 제대로 평가할 수 없을 것이다. 그는 칼리굴라의 냉혈함과 보르자(家)의 세련미 그리고 폭군 이반의 난폭함을 고루 갖추고 있다."[2]

스탈린과 마오쩌둥의 관계는 중국 내전 초반으로 거슬러 올라간다. 이들은 처음부터 상대방을 절대적으로 불신했고 단 한 번도 의혹을 늦추지 않았다. 그리고 결국 두 사람은 유례를 찾아볼 수 없을 정도로 폭력으로 얼룩진 시대에 무자비한 통치 체제를 앞세워 수많은 인명을 희생시키는 데 앞장선 살인마로 자리매김했다. 이들이 서로 극도로 싫어하고 불신했다는 점은 그리 놀랄 일도 아니다. 스탈린은 그야말로 인간의 본성이 어디까지 악해질 수 있는지를 보여준 극단적인 사례였다. 1920년대에 나약한 정치 파벌을 이끌던 마오쩌둥의 지도력은 더 강력한 적들에게 산산이 부서질 운명처럼 보였다. 이를 다시 회복하여 권력을 잡은 것은 20세기에 가장 눈에 띄는 정치적 업적이었다. 하지만 오름세를 보이던 지도자로서의 노련미는 권력을 장악한 후 무자비하고 잔혹하며 갈수록 광기를 보이는 태도 때문에 금방 가려지고 말았다. 마오쩌둥은 "혁명이란 하룻밤 잔치를 벌이는 것과는 전혀 다른 일"이라는 말을 남기기도 했다.[3] 그는 곧 자기가 한 말에 대한 실제적인 증거를 보여주었을 뿐 아니라 절대 권력을 손에 넣은 인간이 타락하다 서서히 미쳐가는 모습도 보여주었다.

두 사람 다 자기가 공산주의자라고 생각했지만 동시에 강한 민족주의자 면모도 있었다. 둘이 만나면 공산주의 형제 국가로서 양국의 조화와 공산주의 체제로 전 인류의 통합을 추진하는 방법을 논하기도 했다. 하지만 실제로는 상대방이 언젠가 적국이 될 수 있다는 생각을 품고 있었다. 마오쩌둥이 보기에 소련은 늘 보수적인 태도로 고립주의를 표방했고 자국에 이득이 되는 일은 기꺼이 받아들이면서도 아직 힘이 없는 다른 공산주의 동맹 국가를 돕는 데는 별로 관심을 보이지 않았다. 장제스의 군대와 씨름하느라 고생하던 1920년대로 거슬러 올라가면 당시 마오쩌둥은 소련이 장제스를 지지하고 있다는 느낌을 받을 정도였다. 그 후 서서히 권력을 키우던 와중에도 마오쩌둥은 중국 정치국 일원으로 만주 지역을 다스리던 가오강(高崗)이 소련으로부터 특별한 지원을 받는 것을 탐탁지 않게 여겼다. 마오쩌둥은 국공내전이 진행되는 동안 공산주의자들이 끊임없이 군수품 지원을 요청했지만 소련은 '콧방귀'도 뀌지 않았다는 이야기를 자주 했다.⁴ 마오쩌둥의 입장에서는 소련이 공산주의 국가이긴 해도 '러시아인'이라는 인식이 더 컸을 것이다. 또한 그는 무력한 장제스를 꼭두각시로 만들어 힘없는 중국 전체를 장악하는 것이 스탈린의 속셈이라고 생각하기도 했다. 반대로 스탈린은 중국에는 프롤레타리아 계급이 거의 없다는 점에서 마오쩌둥이 프롤레타리아 계급과 연관성을 가진다고 볼 수 없다고 생각했다. 그러므로 마오쩌둥은 진정한 공산주의자라 할 수 없으며 그저 소작농의 기질만 강할 뿐이었다. 사실 스탈린은 중국 공산주의자 전체를 그다지 신뢰하지 않았다. 제2차 세계대전 중에 스탈린은 중국 공산주의자를 가리켜 겉은 붉은 빛이 돌지만 속은 하얀 무 같다고 말한 바 있다.

이렇게 두 사람은 서로 해묵은 악감정을 가지고 있었다. 어느 한쪽이 기대하는 바가 필연적으로 나머지 하나에게는 불편을 초래하는 것이라는 생각이 둘의 어색하고 적대적인 관계의 저변에 깔려 있었다. 하지만 언제나 더 절박한 입장에 서 있는 사람은 마오쩌둥이었다. 소련이 제2차 세계대전 중에 중국을 그다지 지원해주지 않았다는 사실은 미국 정부에 잘 알려진 사실이다. 딕시 작전(Dixie Mission) 책임자들과 서방세계에서 중국을 방문한 사람들, 외교관들, 저널리스트들은 옌안에 있던 공산당 관료들이 공공연히 소련의 지원 부족을 불평하는 걸 들을 수 있었다. 딕시 작전이란 OSS에서 미군 첩보 요원을 통해 중국 공산주의자들이 일본에 더 대항해 더 많은 것을 하도록 만들기 위한 첩보 작전이었다. (이 작전에 파견된 요원들은 공산주의자들의 군사력을 높이 평가하는 한편 국민당 군대는 얕잡아보는 편이었다.) 냉전이 끝나자 그동안 기밀로 유지되던 수많은 문서들[중소분쟁으로 긴장이 가장 고조되던 시기에 소련 공산당 서기장을 지낸 레오니트 브레주네프(Leonid Brezhnev)가 지시했던 조사 자료를 포함하여]이 공개되면서 마오쩌둥과 스탈린이 예상보다 훨씬 더 심각하게 오랫동안 긴장 관계를 유지했다는 사실이 밝혀졌다. 미국이 장제스 때문에 그토록 많은 시간과 물자를 낭비하지 않았다면 미국의 외교정책에 훨씬 더 유리한 기회들이 많았을지도 모를 일이다.

미국과 중국이라는 두 나라의 역사에서 그 시절에 평화를 위해 함께 노력하는 것이 전혀 불가능한 일이었을까? 트루먼 정부와 마오쩌둥 정권에 지정학적 운이 조금 따라주고 두 정부가 조금만 더 지혜로웠더라면 어땠을까? 어쩌면 양측의 긴장이 조금 누그러들 때까지 시간을 벌면서 불편하기는 해도 나름대로 조화로운 관계를 이뤘을지도 모를 일이다. 모든 상황을 종합해볼 때 가장 아이러니한 점은 미국의 외교정책에 대한 여론 조사에서 공산주의 세계는 단일 체제라는 결과가 나왔다는 것이다. 이는 양측이 상대방을 제대로 모르고 있었던 탓이다. 그 시대를 아우르는 묘비명을 만든다면 미국과 중국이 어느 정도 스탈린의 손아귀에서 놀아났다는 표현을 뺄 수 없을 것이다.

스탈린과 마오쩌둥 그리고 이들이 이끄는 공산주의 국가들 사이에 존재한 긴장감은 결코 무시할 수 없는 수준이었으며 마오쩌둥의 집권이 가까워질수록 긴장감은 더욱 고조되었다. 스탈린은 훨씬 인구가 많은 다른 공산주의 국가를 위해 자기 자본이나 이득, 소련의 귀중한 인명을 위험에 빠뜨릴 의향이 조금도 없었다. 오로지 자기가 군대를 이끌고 직접 정복한 것만 신뢰했으며 이미 적재적소에 배치해놓은 비밀경찰을 엄격히 통제했다. 바로 이웃에 거대한 공산주의 국가가 탄생했지만, 이미 오랫동안 소련과 친분이 없었던 데다 스탈린의 도움을 거의 받지 않고 탄생한 탓에 그에게 굽실거리지도 않았다. 때문에 중국이 공산주의 국가로 거듭난 것에 대해 별로 기뻐할 이유는 없었다. 이미 스탈린의 마음속에는 마오쩌둥이 동맹국 원수라기보다는 경쟁 상대로 자리 잡았을 가능성도 있다. 그래서인지 그는 마오쩌둥과 늘 일정 거리를 유지했다. 1947년 7월 스탈린이 마오쩌둥을 처음 모스크바로 초청했을 때 장제스의 군대는 여전히 공격태세를 늦추지 않았다. 게다가 적어도 외부인들의 눈에는 마오쩌둥이 전쟁에 패할 것이 거의 확실한 상태였다. 마오쩌둥은 즉시 그의 초청을 거절했다. 만약 자기가 순순히 모스크바로 가면 스탈린의 억지에 불평등한 조약이라도 맺을지 모른다는 두려움 때문이었을 것이다.

1947년 후반으로 접어들면서 전쟁이 공산주의자들에게 유리하게 돌아가자 스탈린은 공식적으로 마오쩌둥의 편이라고 말했지만 실제로 도움을 주지는 않았다. 1948년 1월에는 예전에 마오쩌둥에게 장제스와 화해하라고 말한 것이 실수였다고 밀로반 질라스에게 털어놓기도 했다. 또한 미국인들의 정신이 온통 유럽에 쏠려 있는 데다 한창 진행 중인 내전에서 그리스 공산주의자들이 이기게 내버려둘 리 없으므로 아시아는 미국인들에게 부차적인 곳일 뿐이라고 덧붙였다. 스틸린이 보기에 미국이 아시아 본토에 지원군을 보낼 가능성은 희박했다.[5] 1948년 5월이 되자 승리가 코앞에 있다고 확신한 마오쩌둥은 직접 모스크바로 가서 스탈린을 만나보고 싶다는 뜻을 전했다. 장제스 정권의 몰락이 확실한 순간에 소련 정부로부터 새로운 정권의 핵심 인물로 인정받고 싶었던 것이다. 하지만 스탈린은 "현재 중국의 혁명전쟁이 절정에 달해 있는 이때 총책임자인 마오쩌둥이 자기 자리를 지키는 게 더 바람직하다고 생각한다."라며 마오쩌둥이 "이번 모스크바 방문을 재고해보길 바란다."라고 덧붙였다.[6] 세르게이 곤차로프, 존 루이스, 쉐리타이가 기록한 것처럼 "스탈린의 답변은 한껏 예의를 갖춘 듯했지만 사실상 마오쩌둥을 꾸짖는 것이었다. 마오쩌둥은 공산당 군대의 지휘관으로서 모스크바를 방문할 적기를 누구보다 잘 알았을 테니 스탈린이 시기에 대해 조언을 할 입장은 아니었다."[7]

1948년 후반에 마오쩌둥은 여러 차례 모스크바 방문을 계획했지만 매번 스탈린의 저지를 받았다. 그 대신 스탈린은 1949년 1월에 가장 신임하던 보좌관 아나스타스 미코얀을 비밀리에 중국에 보냈다. 여전히 스탈린은 막판에 가서 미국이 맹렬한 공격을 퍼붓기라도 하면 상황이 불리해질지 모른다는 불안감을 안고 있었다. 마오쩌둥은 양쯔 강을 건너는 부대에 천천히 움직이라고 마지막까지 경고하는 스탈린을 보고 대범하지 못하다고 생각했다.

마오쩌둥 역시 당시 스탈린이 자기를 불신한다는 사실을 잘 알고 있었다. 사적인 자리에서 그는 스탈린의 신임을 받고 싶은 생각이 전혀 없다며 모스크바에서는 자기를 기회주의자 겸 우파 세력으로 간주하고 있다는 말을 농담처럼 하곤 했다. 그렇지만 마오쩌둥에게는 여전히 스탈린의 공식적인 인정이 필요했으며 어느 정도 환영을 받으며 소련의 수도를 방문하고 싶은 마음이 있었다. 1949년 4월, 마오쩌둥은 중국에 있던 스탈린의 대리인 미하일 코발료프(Mikhail Kovalev) 중장에게 모스크바를 방문하고 싶다는 의사를 전했다. 이번에도 스탈린은 거절했으나 예전에 비하면 한층 부드러운 어조의 답신을 보냈고 위대한 공산주의 혁명을 성공시켰다고 칭찬했다. 코발료프에 따르면 마오쩌둥은 훨씬 부드러워진 답신에 큰 위안을 받았는지 두 손을 번쩍 들고 "스탈린 동지 만세! 스탈린 동지, 만수무강하시길! 스탈린 동지, 만수무강하시길!" 하고 외쳤다.[8] 마침내 1949년 12월, 마오쩌둥은 그토록 고대하던 모스크바 방문길에 올랐다. 하지만 중국의 공산주의 혁명을 성공으로 이끈 영웅으로 인정받기 위해서가 아니라 여러 공산주의 국가 대표들 중 한 사람으로 스탈린의 고희연에 참석하여 장기 집권을 축하하기 위해서였다.

마오쩌둥이 소련 지도층이 원하는 스타일과 거리가 멀었다는 사실도 문제였다. 마오쩌둥은 자기가 이룬 업적이나 중국인이라는 사실에 대한 자부심이 아주 강했고 지나치게 독립적이었다. 이번 대혁명을 이끌면서 이미 자기가 혁명의 핵심 인물이라고 믿는 것 같았다. 따라서 이번 혁명의 승리는 곧 마오쩌둥의 독립을 의미했기에 모스크바에서는 긴장을 늦출 수 없었다. 마오쩌둥이 모스크바에 온다고 해서 과연 소련 정부가 기대하는 대로 소련에 감사하는 태도를 보일지도 알 수 없었다. 더욱이 그들의 기준에서는 마오쩌둥이 진정한 공산주의자인지도 확신할 수 없었다. 한번은 회의가 끝나자 외무장관 뱌체슬라프 몰로토프(Vyacheslav M. Molotov)가 스탈린을 찾아와 마오쩌둥은 똑똑하긴 하지만 소작농일 뿐이라고 말한 적이 있다. "물론 그는 절대 마르크스주의자가 아닙니다. 자본론도 읽어본 적이 없다고 털어놓았으니까요."9 마오쩌둥의 이론을 번역한 글을 읽고 놀란 스탈린은 이렇게 말하기도 했다. "세상에, 이게 무슨 마르크스주의라는 건가. 이건 완전히 봉건주의잖아."10 개인적으로 스탈린은 마오쩌둥이 '우파적 성향'을 품고 있으며 언젠가는 미국에 온건한 입장으로 돌변할 거라고 믿었다.

마오쩌둥이 중국의 지배권을 손에 쥘 순간이 가까워오자 두 나라 정상들 사이의 신경전은 더욱 치열해졌다. 소련은 마오쩌둥이 유고슬라비아 정치가 티토를 어떻게 생각하는지 알아보려고 바쁘게 움직였다. 티토는 반체제적 사고방식과 독립적인 성향 때문에 공산주의 공동체에서 퇴출된 인물이었다. 소련은 이미 자기들에게 등을 돌린 티토와 마오쩌둥 사이에 공통점이 있지 않을까 걱정했다. 또한 오래전부터 마오쩌둥이 티토와 같은 성향의 인물일 가능성이 높으며 언젠가는 티토를 능가할 거라는 의혹을 품고 있었다. 하지만 마오쩌둥이 스탈린을 속으로 어떻게 생각하든 중국으로서는 국제 사회에서 어느 정도 인지도를 확보하는 것이 급선무였으며 그들의 존재를 인정해줄 인물이 필요했다. 게다가 중국은 도움을 요청할 상대가 마땅치 않은 형편이었다. 개인적으로 스탈린은 두 나라의 동맹 관계를 적극적으로 지지하지는 않았지만 중화인민공화국이 출범한 1949년 10월 2일을 기점으로 중국이라는 새로운 공산주의 정권의 탄생을 처음으로 승인한 국가가 됐다.

이들의 동맹 관계를 갈라놓으려는 세력이 많기도 했지만 이미 양국의 관계는 여러 가지 문제를 안고 갈수록 어려워지기만 했다. 허풍이 심한 스탈린의 태도도 문제였지만 두 나라 모두 집권 세력에 맞서는 야당이 없는 데다 아첨은 거의 예술의 경지였다. 1949년에 스탈린은 이미 신처럼 떠받들어졌고 소위 말하는 무자비하고 독선적인 성격 덕을 톡톡히 보고 있었다.

그에 비하면 당시만 해도 마오쩌둥은 스탈린의 추종 세력과 같은 숭배자 집단을 만드는 데는 별로 소질이 없었다. 소련이 만들어낸 스탈린 숭배 집단은 이미 최소한 20년 이상 세력을 발휘하고 있었다. 역사가 월터 라커(Walter Laquer)에 따르면 이들의 활동은 스탈린의 쉰 번째 생일인 1929년 12월에 시작되었다.[11] 당시 유명했던 소련 작가 레오니트 레오노프(Leonid Leonov)는 스탈린을 이렇게 묘사했다. "언젠가는 스탈린이라는 위인을 모든 세계인이 우러러보는 날이 올 것이다. 역사는 예수가 아니라 스탈린을 새 시대를 연 인물로 인정해야 한다."[12]

하지만 마오쩌둥은 전체주의를 등에 업고 자신을 신격화하며 스탈린의 뒤를 바짝 좇기 시작했다. 처음에는 마오쩌둥도 자신이 스탈린처럼 성공할 수 있을지 확신하지 못했지만 곧 '자기 우상화'의 비결을 깨달았다. 수많은 독재자들처럼 지도자에게 좋은 것은 혁명을 위해서도 좋다는 것을 발견했다. 자신이 중국을 이끌 유일한 지도자라는 사실이 분명해지자 자기를 현대판 중국 황제로 간주하게 됐다. 그의 주치의였던 리즈수이(李志綏)는 역대 황제들 중에서 마오쩌둥이 특히 좋아한 사람이 주(紂) 황제였다고 기록했다. 주 황제는 지독하리만큼 잔인하여 대부분의 중국인이 아주 경멸했던 전설적인 폭군이다. 툭하면 경쟁 상대가 될 만한 사람들을 잡아다 사지를 절단한 후 시체를 공개하여 다른 도전자들의 기를 꺾어놓곤 했다.[13] 마오쩌둥은 자신이 중국의 역사에서 중요한 역할을 맡고 있으며 자신의 위대함을 만방에 알려야 한다는 생각에 사로잡혔고 수시로 그 사실을 거론하곤 했다. 리즈수이는 "마오쩌둥은 그 누구보다도 위대하고 훌륭한 지도자이자 황제였다. 그는 분열된 나라를 하나로 통일하고 새롭게 변화시켰다. 중국을 예전의 찬란한 모습으로 복구시켜 놓았다."라고 평가했다.[14]

어떤 면에서 보면 마오쩌둥은 스탈린과 비슷한 점이 아주 많았다. 자신이 주변 사람들에 대한 음모를 많이 꾸밀수록 그들 역시 이미 자신을 음해할 계획을 세우고 있다는 의혹이 더 강해졌다. 결국 그는 경쟁 상대가 될 만한 인물들을 하나둘 제거하기 시작했다. 아무리 마오쩌둥 자신이나 공산당 혹은 혁명에 충성을 바친다 해도 예외를 두지 않았다. 숭배자 집단이 확대되어 중국 농민들까지 마오쩌둥을 숭배하자 마오쩌둥의 생활 방식은 확연히 달라졌다. 어떤 자본주의 국가의 원수도 마오쩌둥처럼 많은 특권을 누리며 국가 자산을 마음대로 탕진하며 살지 못했을 것이다. 마오쩌둥은 한곳에 너무 오래 머무르면 적대자들의 표적이 되기 쉽다고 생각했기 때문에 늘 여러 지방을 돌아다니며 생활했다. 그래서 각 지역 지도자들은 앞을 다투어 마오쩌둥을 위한 특별 별장을 만들었다. 어떤 자유주의 국가 원수도 마오쩌둥처럼 성욕을 마음껏 채우며 살지 못했을 것이다. 소작농 집안의 젊은 여성들은 마오쩌둥을 섬기는 것이 곧 나라를 위하는 길이라 생각하고 그가 원하는 것은 무엇이든 허락했다. 리즈수이의 책 서문에서 콜럼비아 대학의 앤드루 네이선(Andrew Nathan)은 마오쩌둥이 "음식을 주문하듯 여자들을 마음대로 불러들였다."라고 기록했다.[15] 곧 마오쩌둥의 행적은 스탈린 못지않게 야만적인 수준에 이르렀다. 월터 라커는 마오쩌둥이 양쯔 강을 헤엄쳐 건넌 일이 역사의 전환점에 해당하는 사건으로 여겨졌다고 기록했다. "그는 당대 최고의 공산주의 사상가였을 뿐 아니라 지금까지 살았던 인물 중에서 가장 위대한 천재다. 그에게 실수란 존재하지 않는다. 그가 말하는 것은 모두 진실이며 그가 내뱉는 말 한 마디는 다른 사람의 일만 마디보다 가치가 있다." 한 중국 시에는 마오쩌둥에 대한 찬양의 글귀를 이렇게 요약해놓았다. "아버지도 친근한 분이요/ 어머니도 더없이 친근한 분이지만/ 마오쩌둥 주석만큼 우리에게 친근한 분은 아무도 없다."[16]

마오쩌둥은 애타게 소련의 도움을 구하던 시절 스탈린이 매몰차게 대했던 기억을 곱씹으며 스탈린에게 앙심을 품었다. 마오쩌둥이 자신을 얕잡아보는 태도를 가볍게 넘길 리 없었고 용서하거나 잊는다는 건 더더욱 기대하기 어려웠다. 하지만 그의 복수는 스탈린의 후계자 니키타 흐루쇼프에게 소련 정권이 넘어간 후에 완성되었다. 한번은 수영장에서 정상 회담을 열고는 수영할 줄 모르는 흐루쇼프에게 구명조끼를 입고 들어오라고 강요한 적도 있었다. 그리고 리즈수이에게 그것이 "상대방을 괴롭히는" 자신의 방식이라고 털어놓았다.[17]

1949년 12월, 마오쩌둥은 마침내 모스크바를 방문했다. 당시 모스크바 상황을 보도해 퓰리처상을 받았던 「뉴욕 타임스」의 해리슨 솔즈베리(Harrison Salisbury)는 마오쩌둥이 곧 승리할 거라는 소식을 듣자마자 모스크바 전역이 여러 달 동안 침묵에 휩싸였다고 회고했다. 정부의 통제를 받던 언론은 아예 그 문제를 거론조차 하지 않았다.

"「프라우다(Pravda)」 뒷부분을 훑어보거나 「이즈베스티야(Izvestia)」 기사를 뒤져봐도 '중국'이라는 단어는 아예 나오지 않았다." 마오쩌둥이 모스크바로 오는 길이라는 소식이 전해지자 냉랭한 소련에는 더욱 싸늘한 분위기가 감돌았다. 그러나 어떤 사건이 발생하든 누가 나타나든 간에 스탈린의 고희연이 공산주의 세계에서 가장 큰 축제라는 사실을 부인할 수 없었다. 12월 6일 마오쩌둥은 기차로 소련의 수도 모스크바로 향했다. 전쟁이 끝난 것이 아니었으므로 국민당 세력의 공격이 있을지 모른다는 생각에 긴장하고 있었다. 단단히 무장한 자동차로 이동했고 길가에는 몇백 미터 단위로 보초병들이 늘어서 있었다. 동북지방에서 가장 큰 도시인 선양에 내린 마오쩌둥은 주변에 자신에 대한 벽보가 붙어 있는지 살펴봤지만 온통 스탈린에 대한 벽보로 뒤덮여 있었다. 친소주의를 지향하는 통에 마오쩌둥 반대 세력으로 분류된 가오강의 작품이었다. 화가 단단히 난 마오쩌둥은 가오강이 스탈린에게 보내는 선물을 실은 열차 칸을 따로 분리해서 다시 가오강에게 돌려보내라고 말했다.

12월 16일, 마침내 마오쩌둥이 모스크바에 모습을 드러내자 긴장감은 극에 달했다. 그는 세계에서 가장 큰 나라 중 하나를 공산주의의 궤도에 진입시킨 훌륭한 혁명 지도자로 환영받은 것이 아니었다. 역사가 아담 울람(Adam Ulam)의 표현에 따르면 "불가리아 공산당 당수" 정도의 취급을 받았다.[18] 정치국 고위 간부였던 뱌체슬라프 몰로토프와 니콜라이 불가닌(Nikolai Bulganin)이 나와서 마오쩌둥을 맞이했다. 마오쩌둥은 화려한 점심 뷔페를 준비하고 두 사람에게 술을 권했지만 몰로토프는 근무 중이라는 이유로 거절했다. 두 사람은 모스크바에 있는 동안 머물 숙소까지 함께 가달라는 마오쩌둥의 청도 거절했다.[19] 마오쩌둥이 왔다고 해서 성대한 환영 잔치를 열거나 식사를 마련하는 일도 없었다. 이번 방문으로 마오쩌둥은 진정한 공산주의 세계인 스탈린의 나라에서 자신의 위치가 어디쯤인지 알게 되었다. 형제의 우애를 나눌 대상으로 인정받는다는 건 그보다 강한 일인자가 따로 있다는 걸 의미했다. 흐루쇼프는 보좌관으로부터 '맛사둔(Matsadoon)'이라는 사람이 입국했다는 소식을 듣고 얼굴을 찡그리며 "그게 누군데?"라고 물었다. 그러자 보좌관은 "중국에서 온 사람입니다."라고 대답했다.[20] 소련이 마오쩌둥을 대단한 손님으로 생각하지 않는다는 증거였다. 중국 대표의 방문을 환영하는 환영식 역시 크렘린이 아니라 낡은 메트로폴 호텔에서 열렸다. 아담 울람의 말을 빌리자면 그 호텔은 "영향력이 별로 없는 자본주의 국가의 고위 인사들이 방문할 때 환영식을 열던 평범한 곳"이었다.

그렇게 환영식을 마친 후에도 상황은 나아지지 않았다. 하루하루 흘러가는 동안 마오쩌둥은 아무 연락도 받지 못한 채 그저 스탈린이 불러주기만을 기다려야 했다. 스탈린을 만나기 전에는 다른 사람들을 만날 수도 없는 상황인데 스탈린은 마냥 시간만 흘려보내는 것 같았다. 마오쩌둥은 모스크바에 도착하면서 소련과 동맹 관계를 맺고 싶다며 중국을 소련과 동등한 국가로 대우해달라고 강조했다. 하지만 마오쩌둥은 하루하루 시간이 흐르면서 새로운 사실을 깨달았다. 아담 울람은 마오쩌둥이 "방문 인사였지만 사실상 포로" 같은 취급을 당했다고 말한다. 스탈린이 일부러 골탕을 먹이고 있다고 확신한 마오쩌둥은 방 안에 앉아 "내가 그저 먹고 싸기만 하려고 여기까지 온 줄 알아?" 하고 소리를 지르며 벽을 향해 분풀이를 했다.[21] 러시아 음식은 마오쩌둥의 입맛에 전혀 맞지 않았다. 하루는 연락책인 코발료프가 지나는 길에 들렀다며 마오쩌둥을 찾아왔다. 마오쩌둥은 창밖의 모스크바를 가리키며 고래고래 소리를 질렀다. "아주 나빠, 나쁘다고." 코발료프가 무슨 말이냐고 묻자 크렘린 사람들에게 화가 난다고 말했다. 그러자 코발료프는 함부로 이 나라의 '지배자'를 비난하면 안 된다면서 마오쩌둥의 발언을 상부에 보고할 책임이 있다는 말을 남겼다.

마침내 스탈린은 마오쩌둥을 만났고 두 사람은 상호 간에 확연한 견해차가 있음을 실감했다.[22] 스탈린은 상하이에 입성하기 전에 시간을 끌었던 점을 지적하면서 "왜 상하이를 점령하지 않았소?"라고 물었다. 마오쩌둥은 "왜 꼭 그 랬어야 한다고 생각하십니까? 그 도시를 점령했더라면 그곳에 있는 6백만 명을 먹여 살릴 책임도 져야 하지 않겠습니까?"라고 대답했다. 마오쩌둥이 일반 노동자들보다 소작농들을 더 아끼는 것 같아 걱정하던 스탈린은 그 대답을 듣고 기가 막혔다. 그야말로 도시에 사는 노동자 계급은 고생을 하든 말든 개의치 않는 마오쩌둥의 태도가 적나라하게 드러난 순간이었다.

이번 모스크바 방문은 어느 면으로 보나 끔찍한 일이었다. 마오쩌둥은 자신이 받은 푸대접을 두고두고 기억할 것이 분명했다. 첫 방문이었지만 마오쩌둥은 경제적으로나 군사적으로 얻어낸 것이 별로 없었다. 5년 동안 3억 달러 어치의 소련제 무기와 1년에 6천만 달러의 자금을 지원받는 게 고작이었다. 설상가상으로 지원을 받는 대가로 중국의 일부 지역을 소련에 양보해야 한다는 조건이 붙었다. 인색하기 짝이 없는 소련의 태도에 중국은 치를 떨었다. 여러 해가 지난 후 마오쩌둥은 이렇게 말했다. "차라리 호랑이 입에 들어가 있는 고깃덩어리를 도로 뺏는 게 쉽겠어."[23] 중국에서 압도적인 승리를 거두고 역사에 큰 획을 그은 것을 자랑스러워하던 마오쩌둥에게 소련의 인색하고 거만한 태도는 치욕 그 자체였다. 하지만 불평 한마디 못하고 그대로 따르는 것 외에 다른 도리가 없었다. 아담 울람은 자신의 책에서 "그 일이 있기 전까지는 소련에 대해 아무 반감이 없었으나 이제 그는 좀처럼 지울 수 없는 악감정을 마음속에 키우기 시작했다."라고 설명했다.[24]

1950년 9월 30일, 김일성은 평양 주재 중국 대사관에서 열린 중화인민공화국 탄생 일주년 기념식에 참석했다. 남한에서 벌어진 사태에 다소 기가 꺾인 데다 소련에 지원군을 요청하러 갔다가 호되게 꾸중을 들은 직후였다. 김일성은 대사관에서 만난 베이징 고위 관료들에게 중공군 제13군단을 북한에 보내달라고 부탁했다. 그리고 다음 날 남조선노동당 지도자 박헌영과 함께 마오쩌둥에게 군 지원을 요청하는 서한을 띄웠다. 박헌영은 일을 빨리 진척시키기 위해 서한을 가지고 직접 베이징으로 떠났다. 이는 미국이 개입하지만 않았더라면 북한이 이번 전쟁에서 승리했을 거라는 뜻이었다. 하지만 지금 상황이 북한에 더할 나위 없이 불리하다고 인정하고 "우리 힘만으로는 이번 위기를 헤쳐 나갈 수 없습니다."라는 말과 함께 한시라도 빨리 중공군을 지원해달라고 요청했다.[25]

10월 2일 마오쩌둥은 정치국에서 가장 엘리트에 해당하는 사람들로 구성된 상임위원회를 만나 하루라도 지체하면 전체 상황이 아주 나빠질 수 있다며 진지하게 경고했다. 또한 파병 여부를 결정하는 것이 아니라 파병 부대의 총지휘관으로 누구를 선택할 것인지가 문제의 핵심이라고 설명했다. 누가 봐도 한반도의 지형에 정통한 제4야전부대 지휘관 린뱌오 장군이 적임자라는 게 확실했지만 그는 이미 소련에 가서 치료를 받기로 되어 있었다. 사실 치료차 소련에 간다는 말은 더 이상 부대를 통솔하지 않겠다는 뜻을 우회적으로 표현한 것이었다. 그래서 마오쩌둥은 린뱌오 못지않게 연륜이 높고 주변 사람들에게 신임 받는 육군 장성으로서, 1928년부터 자신과 함께 일해온 펑더화이(彭德懷)를 지휘관으로 임명했다. 마오쩌둥은 일말의 망설임도 없이 펑더화이를 선택했다. 자신과 정치적인 견해가 정확히 일치하는 사람이었고, 부대원들에게 치명적인 위험이 닥칠 것으로 예상되거나 개인적인 의구심이 들어도 주어진 임무를 끝까지 수행할 사람이라는 확신이 있었던 것이다.[26]

주변 사람들의 눈에 비친 마오쩌둥은 전쟁에서 인명이 손실되는 것 때문에 감정적으로 동요하는 사람이 아니었다. 오히려 인명 손실은 전쟁에 반드시 따르는 당연한 대가라고 생각했다. 중국은 이미 수억 명에 달하는 인구를 가지고 있었으며 지금의 행보에 따라 세계 강국이 될 가능성도 있었다. 다른 나라에 비하면 엄청난 인명 손실을 감당할 저력이 충분했던 것이다. 그래서 마오쩌둥은 미국이 설령 원자폭탄을 사용한다 해도 두려울 게 없다고 생각했다. 한번은 네루 앞에서 원자폭탄은 '종이호랑이'에 불과하다고 말하기도 했다. "중국 인구가 얼만데, 원자폭탄으로 모조리 없앨 수 있다고 생각하면 큰 오산이죠. 누군가 원자폭탄을 떨어뜨리려 한다면 나도 똑같이 대응해줄 겁니다. 천만 명이나 2천만 명 정도의 인명 피해는 눈도 깜짝하지 않을 자신이 있으니까요."27 그가 이미 자신의 정치적 야망을 위해서라면 전쟁도 불사하겠다는 결단을 내린 시점에서 또 하나 결정해야 할 중대한 문제가 있었다. 언제 중국이 한국전쟁에 개입할 것인가 하는 문제였다. 이제 겨우 만주 국경에 모여들고 있는 군대가 언제 다 준비를 마친단 말인가? 10월 2일에 열린 회의가 마오쩌둥의 주재로 마무리되면서 최종 참전일은 2주 후인 10월 15일로 결정이 났다. 우연히도 그날은 트루먼과 맥아더가 웨이크 섬에서 만나 처음으로 회의를 하기로 정한 날이었다.

그날 회의가 끝나자 마오쩌둥은 스탈린에게 장문의 전보를 띄워 중국 정부의 결정을 알렸다. 그리고 북한에 파견하는 중공군을 '지원군'이라 불렀다. 이는 미국과의 전면전을 피해보려는 계산이었다. 그는 스탈린에게 중국이 우선 사단 12개 규모의 병력을 보낼 거라고 말했다. 참전 군인의 숫자를 4대 1의 비율로 압도할 수 있다면 미국의 우수한 화력을 무마하기에 충분할 거라고 생각했다. 또한 중포병 부대가 없는 대신 박격포가 1.5대 1이나 2대 1의 비율로 앞선다면 승산이 있다고 전망했다. 처음에는 방어 위주의 전략을 구사하면서 새로운 적과 어떻게 싸워야 할지 궁리할 시간을 벌어야 했다. 마오쩌둥은 스탈린에게 이번 전쟁을 그리 오래 끌지 않을 거라고 말하고 미국이 중국 본토까지 밀고 올라오는 배짱을 부리는 일도 없을 거라고 내다봤다. 또한 이미 약속한 대로 소련 공군 부대가 중공군의 공중 엄호를 맡아줘야 한다며 공식적으로 지원을 요청했다.

동시에 마오쩌둥은 자신의 계획을 정치국 사람들에게 일일이 설명하고 반대 의견에 귀를 기울이면서 그들을 서서히 참전 계획에 끌어들였다. 마침내 10월 4일에는 정치국 전체 회의가 열렸다. 참석자들에게 이번 참전 계획에 어떤 단점이 있는지 말해보라고 하자 대다수가 참전으로 인해 많은 문제가 발생할 거라며 부정적인 태도를 보였다. 이미 파탄 지경에 이른 국가 재정을 염려하며 또다시 전쟁에 참여할 여유가 없다는 주장이 대세였다. 또한 우수한 무기를 앞세운 미군에 비해 병력이 허약하기 짝이 없는 상태라는 점도 지적했다. 마오쩌둥은 이런 의견에 묵묵히 귀를 기울일 뿐 그들의 마음을 돌리려고 애쓰지 않았다. 회의를 마무리할 무렵 드디어 마오쩌둥이 입을 열었다. "지금까지 여러분이 말씀하신 것은 다 그만한 이유가 있습니다. 하지만 다른 사람들이 중대한 위기에 처해 있는데 그저 팔짱만 끼고 강 건너 불구경하듯 쳐다보고만 있을 수는 없지 않습니까? 저는 정말 마음이 무겁습니다."[28] 그래서 이들은 다음 날 다시 회의를 열기로 결정했다. 다음 날 회의를 위해 마오쩌둥은 만주 국경 지방에 나가 있던 펑더화이를 불러들였다. 10월 5일 아침 마오쩌둥은 펑더화이와 덩샤오핑(鄧小平)을 따로 만났다. 덩샤오핑 역시 오랜 친구 겸 믿을 만한 전우로서, '대장정'을 함께했으며 중앙위원회에 소속되어 있었다. 그는 국공내전 후반에 벌어진 주요 전투에서 지휘관으로 활약했으며 1949년 12월 1일 충칭을 점령하기도 했다. 마오쩌둥은 한국전쟁의 상황이 갈수록 심각해지고 있다며 승패를 판가름하는 데 시간이 가장 결정적인 요소라고 말했다. 미군은 빠른 속도로 진군해오고 있으며 사실상 이들을 저지할 방법은 전무한 상태였다. 따라서 미군이 압록강에 도착하기 전에 어떻게든 손을 써야만 했다. 물론 그렇게 하려면 얼마나 큰 위험을 무릅써야 하는지 자신도 잘 알고 있다는 말도 잊지 않았다. 사실 마오쩌둥은 펑더화이에게 초점을 맞추고 있었다. 펑더화이야말로 정치가가 아니라 군사 전문가였다. 그는 진정한 군인이라는 평가와 함께 모든 사람의 존경을 받았고 실전 경험도 풍부했다. 마오쩌둥의 명령에 따라 만주 국경을 떠나 베이징 최고급 호텔에 머무는 동안 펑더화이는 푹신한 침대에 좀처럼 적응하지 못해 애를 먹었다. 그 정도로 전쟁의 역경에 익숙한 인물이라 동료들이 그를 두고 오직 혁명과 결혼한 사람이라는 농담을 할 정도였다.

마오쩌둥의 충실한 부하였던 펑더화이 역시 소작농 출신으로 정치적인 문제는 언제나 마오쩌둥의 결정에 따랐다. 자기에게 마오쩌둥은 "나이 많은 형님이고 스승이며 또한 상관"이라고 여겼다.[29] 두 사람은 서로 '라오 펑', '라오 마오'라 부르며 친근감을 표시했다. 사실상 고위 장교들 중에서 마오쩌둥을 그렇게 부를 수 있는 사람은 펑더화이뿐이었다. 때로 군사적인 문제에 있어서 마오쩌둥이 약간 지나치다 싶을 정도로 이론적이 될 때면 펑더화이는 장난스럽게 "학교 선생님같이 꼬장꼬장하다."라고 놀리곤 했다. 그렇다고 해서 펑더화이가 마오쩌둥의 하인처럼 행동했던 것은 아니다. 그는 나중에 독자적인 길을 걸으려 하다가 크게 혼쭐이 나기도 했다. 한국전쟁이 끝나고 몇 년이 지난 후 펑더화이는 몇 가지 정치적인 문제에 대해 마오쩌둥과 반대 입장을 취하여 긴장감을 높였다. 그러다 결국 인민의 적으로 낙인찍혀 형무소에서 온갖 고초를 당하다 반복되는 태형에 끝내 목숨을 잃었다. 1950년대 중반만 해도 펑더화이는 당당하게 자신의 할 일을 하며 독자적인 인격체로 행동했다. 주치의 리즈수이에게 마오쩌둥의 치아에 문제가 있는 것 같다는 말도 서슴지 않았다. 알고 보니 마오쩌둥은 치과 치료를 정기적으로 받기는커녕 양치질도 제대로 하지 않으면서 치아색이 변할 정도로 차와 커피를 입에 달고 살았다. 펑더화이가 "마오쩌둥 주석의 이는 녹색 페인트를 칠한 것처럼 보인다."라고 할 정도였다.[30] 하지만 마오쩌둥의 치아에 신경을 써주어도 이미 상황을 반전시키기에는 때가 늦어버렸다.

소작농 출신의 펑더화이는 마오쩌둥보다 더 힘든 유년기를 보냈다. 새로 구성된 군대는 기존 부대에 비해 무기나 병력 등 부족한 점이 많았지만 펑더화이는 그 모든 걸 보완할 수 있을 만큼 날카롭고 실용적인 전술을 구사했다. 1934년에는 모스크바에서 파견한 깐깐한 프러시아인 군 지도자 오토 브라운(Otto Braun)이 제시한 파멸적인 전략을 정면으로 반대한 적도 있었다. 펑더화이가 보기에 브라운이 제시한 전술은 지나치게 구식인 데다 당시 공산당 군대의 미약한 상황에 비추어볼 때 가당치 않은 계획이었다. 전략을 수립하는 과정에서 브라운을 누른 것이 아마 대장정에서 그가 거둔 첫 번째 승리였을 것이다. 아무튼 대장정 덕분에 펑더화이와 마오쩌둥의 관계는 급속도로 가까워졌다. 그들은 1만 킬로미터가 넘는 거리를 이동하면서 시도 때도 없이 나타나는 장제스의 군대나 지방 군벌들과 계속 싸워야 했다. 한 번도 주린 배를 제대로 채워보지 못하고 힘든 지형과 지독하게 추운 날씨를 견디는 것 역시 쉽지 않았다. 중국의 남동쪽에서 총인원 8만 명으로 대장정에 올랐지만 오랜 이동 후에 척박하고 가난에 찌든 북쪽에 도착해보니 일 년 하고 사흘간의 대장정을 이겨낸 사람은 8천 명에 불과했다. 대장정 후반에는 산시성 우치(吳旗)에서 20일 이상 치열한 전투가 이어졌다. 국민당 군대는 연대 5개 규모의 기마부대, 즉 4천 내지 5천여 명의 병력을 갖추고 있었다. 마오쩌둥은 펑더화이에게 추격자들이 기지에 들어오지 못하게 막으라는 명령을 내렸다. 그리고 펑더화이가 충실히 명령을 수행하고 돌아오자 그를 위해 시를 지었다. "높은 산과 위험하기 짝이 없는 길, 깊고 깊은 계곡/ 적의 기병대는 마음만 먹으면 얼마든지 휩쓸어버릴 태세였지/ 위풍당당하게 말을 타고 총을 겨누는 저들을 누가 감히 저지할 수 있을까/ 우리의 유일한 희망, 펑더화이만이 할 수 있지"[31] [펑더화이는 마지막 줄을 "우리의 영웅, 홍군(紅軍)만이 할 수 있지"로 바꾼 다음 그 시를 다

시 마오쩌둥에게 바쳤다고 말했다.]

펑더화이라는 인물과 그가 그토록 훌륭하게 싸울 수 있었던 이유를 이해하면 대부분의 홍군 병사들의 처지, 즉 전투 의지를 불태우게 만든 그들 내면의 슬픔을 이해할 수 있고 공산당이 승리한 원동력을 파악할 수 있다. 부자들은 잔인하고 가난한 사람들은 단순히 궁핍한 것이 아니라 부자들의 착취와 횡포에 무방비로 노출되어 있다고 믿는 단순한 신념은 굴곡 많은 인생의 산물이었다. 중국 농민의 삶은 매순간이 고난의 연속이므로 그런 현실을 바꿀 수만 있다면 목숨을 바쳐도 아깝지 않다는 것이 그의 신조였다. 펑더화이는 1898년에 찢어지게 가난한 소작농 집안에서 태어났다. 어릴 적에 어머니가 돌아가셨고 아버지는 병마로 고생하느라 돈을 벌 수 없었다. 식구가 여덟 명이나 되었지만 언덕에 있던 휴간지 6마지기 남짓 외에는 생계를 의지할 곳이 없었다. 그래서 펑더화이는 가족의 생계를 돕기 위해 일찍 학교를 그만둘 수밖에 없었다. 4형제 중 막내 동생이 생후 6개월 만에 굶어 죽는 걸 지켜봐야 했던 그는 사회 곳곳에 만연한 부당함과 인생의 잔인함을 피부로 느꼈다. 어린 시절에는 할머니와 함께 음식을 구걸하러 나가기도 했지만 수치심을 이기지 못하고 두 번 다시는 구걸하러 가지 않겠다며 숲에 가서 나무를 해다 푼돈을 벌었다. 오랜 시간이 흐른 후 나이 일흔인 할머니가 구걸하러 나갈 채비를 하는 걸 보고 느꼈던 비통한 마음에 대해 말하곤 했다. 휘몰아치는 눈보라와 살을 에는 강풍에도 불구하고 할머니는 지팡이에 몸을 의지한 채 네 살도 안 된 두 손자를 데리고 구걸하러 나갔다. 펑더화이는 할머니가 밥을 얻어왔지만 자신은 먹기를 거부했다고 회상했다.

어린 시절 그는 푼돈을 벌기 위해 온갖 허드렛일을 했다. 나무도 베어다 팔았고 물고기를 잡기도 했으며 석탄을 나르는 일도 했다. 열 살인지 열두 살인지 정확히 기억할 순 없지만 그 무렵에는 부유한 농사꾼 밑에서 소를 돌보는 일을 했다. 열세 살이 되던 해에는 탄광에서 노동자로 일했다. 탄광 배수를 위해 커다란 바퀴를 돌리는 일이었다. 물론 석탄도 날랐지만 푼돈 벌이에 불과했다. 어린아이가 하기에는 체력적으로 너무 버거운 일이었다. 설상가상으로 탄광이 파산하여 일 년치 봉급을 받지 못하자 곤핍한 생활은 더 어려워졌다. 탄광에서 무리하게 일한 탓에 그는 평생 등이 약간 굽은 채 살아야 했다. 일을 끝내도 약속한 일당의 절반밖에 받지 못하고 집으로 돌아오는 발걸음은 무겁기만 했다. 짚신조차 살 돈이 없어서 맨발로 다녔기 때문에 발은 상처투성이였다. 그런 아들을 본 아버지는 "얘야, 얼굴빛도 창백하고 온몸이 검댕이투성이구나. 도저히 사람의 몰골이라고 할 수가 없다. 이 년이나 뼈가 빠지게 일했는데 돈도 제대로 못 받다니······." 하고 울먹였다.

십 대 시절은 훨씬 더 힘겨웠다. 그가 살던 지역에 가뭄이 들자 지주들과 상인들이 가격을 올리려고 곡식을 비축하기 시작했다. 펑더화이는 가격 인상을 반대하는 소작농들의 시위에 가담했다가 체포를 피해 타향으로 떠나는 신세가 되었다. 1916년 3월, 열여덟 살이 되는 생일을 얼마 앞두고 그는 후난 지방군에 들어갔다. 일병 월급으로 매달 6위안을 받아서 그중 3위안을 가족들에게 보냈다. 그 돈이면 넉넉하지는 않아도 굶주림은 면할 수 있었다. 그렇게 펑더화이는 군 생활을 시작했다. 수많은 군벌들과의 전투에서 살아남은 그는 곧 장제스가 이끄는 군대에서 근무하면서 정치에도 서서히 관심을 기울이기 시작했다. 특히 부하들이 제때 월급을 받지 못할 때면 신경이 곤두서곤 했다. 장제스의 군대에서는 월급이 밀리는 일이 비일비재했다. 처음에는 장제스야말로 진정한 혁명가이며 더 정의로운 새로운 중국을 만들어갈 인재라고 믿었다. 하지만 그 믿음이 깨지면서 서서히 공산주의자의 길을 걷기 시작했다. 나중에 그 시절을 회고하면서 그가 쓴 글을 보면 자기뿐 아니라 비슷한 생각을 품은 사람들 대부분이 "혁명을 위해 군에 입대했다고 털어놓았다. 그들의 목적은 군벌, 부패한 정치가, 지방 폭군, 사악한 상류층을 타도하고 터무니없이 비싼 토지세나 이자를 바로잡는 것이었다. 하지만 제도 개편은 고사하고 혁명이나 급여 지불도 제대로 이뤄지지 않은 채 '공산주의자들을 진압'하고 소작농들이 만든 단체를 모두 해체시키라는 명령만 받았다. 그렇다면 이런 명령을 내리는 사람은 과연 누구인가? 장제스가 바로 주범이었다. 군인 월급은 한 달에 6.5위안이었지만 식대로 3.3위안을 내고 나면 실제로 손에 쥐는 돈은 3.2위안뿐이었는데 그것조차 제대로 지급되지 않았다. 이게 무슨 꼴이란 말인가! 부모님과 식솔들을 먹여 살리는 것은 고사하고 짚신 한 짝이나 담배 한 개비 피울 여유도 없었다."[32] 군에서 진급하면서 그는 부대원들을 이끌고 가난한 사람들을 착취하는 못된 지주들을 혼내주는 일에 앞장서곤 했다. 그러다 다른 부대의 도움으로 가까스로 위기를 면하기도 했다.

이처럼 펑더화이의 인생은 한 편의 드라마를 방불케 하는 극적인 경험의 연속이었다. 1928년 2월 중순에 마침내 그는 공산당에 정식으로 가입했다. 정식 교육은 거의 받지 못한 그였지만 공산당 군대가 충분히 힘을 기를 때까지 어떤 식으로 전쟁을 이끌어야 할지 재빨리 파악했다. 1934년 무렵 그는 정확히 마오쩌둥과 비슷한 생각을 품고 게릴라전이라는 새로운 군사 작전을 함께 짜냈다. 국민당 군대와 정면으로 부딪히지 않고 재빠르게 움직이면서 상대방의 가장 큰 약점을 찾아내어 치명적인 공격을 감행하는 방식이었다.

마오쩌둥은 격식을 갖추어 펑더화이에게 한국전쟁에 참전할 중공군을 이끌 의향이 있는지 물었다. 그리고 오후에 정치국에 가서 이번 참전을 지지하는 발언을 해달라고 부탁했다. 이미 펑더화이는 한국전쟁에 대해 오랫동안 많은 생각을 하고 있었다. 과연 우수한 전투력을 갖춘 미군에 맞서 좋은 결과를 얻을 수 있을지 의문이었지만 어쨌든 정치국 회의에서는 중국이 총체적인 난국을 맞이했다고 설명했다. 미군이 압록강까지 올라오면 결국 그 강을 건너 중국까지 침략하고 말 것이므로 그 전에 미군의 진군을 저지하는 것은 인민을 위한 당연한 의무라고 주장했다. 그의 말이 끝나자 정치국 분위기는 참전을 적극적으로 지지하는 방향으로 바뀌기 시작했다. 이렇게 해서 펑더화이는 마오쩌둥에게 가장 절실히 필요했던 군 지휘관들의 동의를 이끌어냈다. 지금와서 돌이켜보면 마오쩌둥을 비롯하여 그들 모두는 한국전쟁을 개별적인 문제가 아니라 공산주의와 자본주의 진영 사이에 벌어진 더 큰 규모의 긴장 상태로 인식했던 것 같다. 즉, 이들은 이번 참전이 단지 북한을 돕기 위한 것이 아니라 아시아 지역에서 세계 혁명을 촉진하기 위한 것이라 믿었다. 특히 미국이 중국 국경 바로 옆에 대규모 군부대를 주둔시키는 것을 결코 허용할 수 없다고 생각했다. 이리하여 미군이 보유한 뛰어난 전투력이나 기술력에 아랑곳하지 않고 우수한 인력과 꺾일 줄 모르는 사기를 앞세워 승리를 이끌어내고야 말겠다고 다짐했던 것이다. 회의가 진행되는 내내 직접 거론하지는 않았지만 다들 대만을 의식하고 있었다. 사실 중국인들은 미국이 대만 사태에 개입하기로 한 이상 중국과 미국의 대결 구도는 이미 시작된 것이나 다름없다고 생각했다. 대만에서 공격을 감행하는 데 여러 가지 불리한 점이 있다면 북한에 있는 중공군에 성큼 다가선 미군과 맞붙는 게 차선책이었다.

10월 8일에 마오쩌둥은 김일성에게 인민군을 지원할 부대가 파병될 거라는 소식을 전했다. 그리고 실제로 같은 날 북한으로 중공군 부대를 출발시키라는 명령이 떨어졌다. "북한 인민을 전쟁에서 해방시키는 일을 돕고 미 제국주의자들과 그들의 추종 세력의 침략을 저지하며, 북한 및 중국 인민들과 모든 동양권 국가의 권익을 보호하기 위해 동북변방군을 중국인민지원군(CPV)으로 전환한다. 중국인민지원군은 즉시 북한 땅으로 이동하여 침략자들에 맞설 인민군을 지원해 영광스러운 승리를 쟁취할 것이다." 그러나 본격적인 공격 일자는 여전히 10월 15일이었다.

펑더화이는 서둘러 국경 지대에 있던 자기 본부로 돌아가 필요한 사항을 점검하기 시작했다. 정찰대가 가져온 소식에 따르면 한국에 와 있는 유엔군의 규모는 40만 명 정도였고 그중에서 전방에 있는 전투사단 10여 개의 규모는 약 13만 명이었다.[33] 그는 엄청난 숫자로 상대를 제압하여 승리를 거두려면 전투부대를 더 많이 확보해야 한다고 판단했다. 2개 군과 2개 포병사단으로 국경을 넘으려 했던 그는 4개 군과 3개 포병사단으로 시작하기로 마음을 바꿨다. 그렇게 하려면 적어도 트럭 700대와 운전병 600명이 더 필요했다.

이번 계획이 성공하려면 소련 공군의 지원이 꼭 필요했지만 소련의 지원 여부는 여전히 불투명한 상태라 작전 개시일이 다가올수록 초조함은 극에 달했다. 10월 9일 펑더화이는 수하에 있는 사단장들과 모임을 가졌다. 다들 소련의 공군 지원 여부에 대해 질문을 퍼부었지만 펑더화이나 정치국원 가오강은 속 시원한 답변을 내놓지 못했다. 회의가 한창 진행되던 중 두 사람은 마오쩌둥에게 전보를 쳐서 "우리 부대가 한국전쟁에 참전한 후 사령부에서 보내줄 수 있는 폭격기는 몇 대나 됩니까? 공군도 보내주실 겁니까? 그러면 그 부대 지휘는 누가 맡습니까?"라고 질문했다.[34] 앞의 두 가지 질문은 사단장이나 연대장들뿐 아니라 중공군에 속한 모든 중대장과 소대장들도 궁금해하던 부분이었다. 하지만 공산당 수뇌부 역시 그 질문에 대한 답을 고심하기는 마찬가지였다.

이제 중공군은 만반의 준비를 갖추고 국경을 넘으라는 명령이 내려오기만 기다리고 있었다. 하지만 소련은 공군 지원에 대해 한마디도 입을 열지 않고 있다가 결국에는 등을 돌리고 말았다. 펑더화이가 부하 지휘관들로부터 공군 지원 여부에 대해 추궁당하고 있을 때 정치국 수뇌부 역시 확답을 달라고 소련을 압박하고 있었다. 10월 8일, 저우언라이와 마오쩌둥의 통역관이었던 스저는 공군 지원을 논의하기 위해 모스크바로 날아갔다. 린뱌오 장군을 포함한 몇몇 동료들도 함께 갔으며 10월 10일에 모스크바에 도착했다. 이들은 즉시 비행기를 갈아타고 흑해 연안에 있던 스탈린의 저택으로 향했다. 그곳에서 소련의 고위 지도층 인사들인 스탈린, 게오르기 말렌코프(Georgi Malenkov), 라브렌티 베리야(Lavrenti Beria), 라자르 카가노비치(Lazar Kaganovich), 니콜라이 불가닌, 아나스타스 미코얀, 뱌체슬라프 몰로토프를 만나 지원군 문제를 의논할 수 있었다.

결국 여러 달 동안 진행되던 초대형 포커 게임에 걸린 판돈이 다시 올라갔다. 냉소적이고 거친 남자들 사이에 때 아닌 복잡 미묘한 연기 대결이 펼쳐졌다. 중국에서 온 이들은 자기들이 내전의 여파로 힘든 상황이라 사실 이번 참전이 내키지 않는다고 말했지만, 스탈린은 이미 중국이 김일성에게 지원군을 약속했으므로 이들이 속마음과 다른 이야기를 늘어놓고 있다는 걸 간파했다. 스탈린은 현재 북한의 입장이 얼마나 위태로운지 설명하면서 본격적인 회의를 시작했다. 중국 대표단에게 그 점에 대해 어떻게 생각하는지 말해보라고 하자 저우언라이는 중국으로서는 사실 이번 전쟁에 끼어들지 않는 편이 훨씬 낫다고 응수했다. 내전이 오랜 기간 치열하게 이어진 탓에 아직 완전히 회복된 상태가 아니라고 덧붙였다.

그러자 스탈린은 하루라도 빨리 지원을 받지 못하면 인민군이 일주일 안에 무너져버릴지도 모른다고 말했다. 북한이 미국의 손에 넘어갈 경우에 대비하여 중국은 자국의 안보를 어떻게 지켜낼 것인지 생각해봐야 한다는 게 스탈린의 주장이었다. (마치 중국이 이 문제에 대해서는 한 번도 생각해보지 않았을 거라는 식이었다.) 그리고 나서 그 자리에 참석한 사람들 앞에서 소련은 미군과의 직접적인 대결을 원치 않기 때문에 지원군을 보내지 않을 것이며 보낼 형편도 안 된다고 말했다. 하지만 중국은 지원군을 보낼 여력이 있으며 그렇게 해야 할 입장이라고 덧붙였다. 중국이 그렇게 한다면 소련 역시 제2차 세계대전에서 남은 군수 물자의 상당량을 지원할 것이며 압록강 북쪽에 있는 중공군 부대 전체를 포함하여 중국의 북동지역과 해안 지방에 대한 공군 엄호를 지원하겠다고 말했다. 하지만 그의 제안은 중국이 원하던 것과는 거리가 멀었다. 실제 전투는 주로 압록강 남쪽에서 벌어질 예정이었기 때문이었다. 압록강 남쪽으로 공군을 지원하는 문제에 대해 스탈린은 미군과 맞서 공중전을 펼치려면 자기들도 준비할 시간이 많이 필요하다고 둘러댔다. 저녁 7시에 시작한 회의는 다음 날 새벽 5시까지 이어졌지만 만족할 만한 결과를 얻지 못했다. 두 나라 간의 동맹 관계에 한계가 있다는 사실은 이미 회의 초반에 여실히 드러났고, 중국은 가장 중대한 시기에 소련이 등을 돌렸다는 사실에 오랫동안 서운한 감정을 떨칠 수 없었다.

이번 회의를 통해 중국과 소련의 속내가 적나라하게 드러난 셈이었다. 중국에는 스탈린을 대적할 만한 사람이 없었다. 그는 중국이 한국에 대한 동정심이 아니라 자국의 이익 때문에 이번 전쟁에 개입하려 한다는 사실을 알고 있었다. 대만을 침공하려면 소련이 보유한 공군 및 해군 기술력이 절대적으로 필요하다는 사실도 마찬가지였다.

소련이 발을 빼려 하자 마오쩌둥은 몹시 화가 났다. 그는 펑더화이에게 전보를 쳐서 지금까지 전달한 모든 명령의 시행을 잠시 멈추고 모든 부대는 각자 위치에서 대기하라고 말했다. 마오쩌둥은 다른 지도층 인사들을 불러 모아 놓고 이 상황을 다시 점검해보기로 결정했다. 소련의 공군 지원을 절대적으로 확신하고 있다가 물거품이 되어버리자 마오쩌둥이 보유한 지상군만으로 이번 전쟁을 승리로 이끄는 건 어려울 것 같았다. 사상 초유의 사상자가 발생할 것이 분명했다.

소련의 지원 거부로 자기 부대원들의 운명이 풍전등화의 위기에 놓이자 펑더화이도 분노를 억누를 수 없었다. 그는 수차례 지휘관 자리를 사임하겠다는 의사를 표명했지만 마오쩌둥은 들은 척도 하지 않았다. 어쩌면 마오쩌둥은 이미 소련의 시커먼 속내를 오래전부터 의심했고 결국 이들이 배신할 거라고 예상하고 있었는지도 모른다. 그래서 마오쩌둥은 중대한 결정을 내릴 때 소련이나 북한이 아니라 중국에 가장 좋은 것을 우선순위에 두었다. 결국 마오쩌둥은 한국전쟁 파병을 감행하기로 결정했다. 이제 와서 파병을 포기한다면 자기 손으로 세운 새 중국 정부가 국경 지역을 사수할 힘이 없다는 빈축을 살까봐 두려웠던 것이다. 마오쩌둥은 다시 동료들 앞에서 소련의 지원 여부에 관계없이 이번 전쟁 지원을 계획대로 밀고 나가겠다고 힘주어 말했다. 어쨌든 소련에서 군수 물자나 무기를 대량으로 지원받을 것이고, 중국 영토를 사수하는 문제는 소련의 도움을 받기로 되어 있었다. 마오쩌둥은 펑더화이에게 지휘관 자리에서 물러날 생각은 버리라고 당부했다. 소련 공군의 지원이 없더라도 자기들 힘으로 미군을 물리칠 수 있다고 확신했다. 하늘을 찌를 듯한 군의 사기만 유지할 수 있다면 불가능한 일은 아니었다. 이렇게 회의가 마무리되고 중공군의 참전이 또 한 번 확정되었다. 마오쩌둥은 저우언라이에게 전보를 보내어 중공군이 우선적으로 공격할 대상은 한국군이라고 알려주었다. "간단히 말해서 우리는 이번 전쟁에 참여할 의무가 있다고 여기며, 따라서 이번 참전은 운명과도 같다고 생각한다. 참전한다면 만족할 만한 대가를 얻겠지만 여기서 포기한다면 엄청난 손해를 입을지 모른다."³⁵ 또한 저우언라이에게 소련과의 협상을 계속하면서 최대한 많은 지원을 얻어내도록 노력하라고 지시했다. 중공군은 최북단에 있는 산악 지역에 방어 기지를 세우고 10월 19일에 압록강을 건너기로 결정했다.

10월 16일, 펑더화이는 최종 계획을 점검하고 사기를 북돋기 위해 사단장들을 한자리에 모았다. 그리고 한국 땅에서 미군과 맞붙지 않으면 중국 본토에서 대결해야 할 거라고 말했다. 하지만 소련의 공군 지원을 받지 못한 상태로 돌아왔기 때문에 부하 장교들에게 미안한 마음을 감출 수 없었다. 이미 전장에 있는 수많은 고위 장교들이 전보를 통해 공군 지원 없이는 전투를 벌이지 않겠다며 으름장을 놓고 있었다. 전보에는 "적군은 상당한 숫자의 비행기와 포병대 그리고 탱크를 모아 집중 공격을 퍼부을 준비가 되어 있단 말입니다."라고 쓰여 있었다. 게다가 "추운 날씨로 땅이 모두 얼어붙은 데다 지형적인 어려움 때문에 방어 진지를 세우는 것도 쉽지 않은 일"이었다. "만약 이 상태에서 적군이 전면 공격을 개시한다면 우리로서는 현재 위치를 사수하는 것조차 불가능할 것 같습니다." 지휘관들은 적어도 봄까지는 시간을 벌어야 한다며 전 부대원들의 의견이 그렇다고 덧붙였다.[36]

이렇게 반대 의견이 강해지자 펑더화이는 10월 18일에 베이징으로 돌아갔다. 마오쩌둥은 대다수 고위 장교들이 불만을 토로하고 있다는 보고를 받았지만 시간을 늦추거나 원래 계획을 포기할 생각이 전혀 없었다. 그의 결정은 이미 확정된 것이나 다름없었고 예정대로 19일 밤에 강을 건너야 했다. 땅거미가 내린 후에 강을 건너기 시작하되 매일 아침 동트기 직전까지만 움직인다는 게 그의 계획이었다. 우선 성공 여부를 가늠하기 위해 첫날 밤에는 사단 두세 개만 움직여 보기로 했다. 펑더화이는 안동으로 날아가서 부하 장교들에게 이번 결정을 따르는 데 어려움이 있다고 호소하면 모두 불복종으로 간주할 거라고 선포했다. 이렇게 해서 미국과 중국의 본격적인 충돌이 코앞으로 다가왔다. 10월 19일 밤이 되자 예정대로 중공군은 강을 건너기 시작했다. 부대원들이 기꺼이 작전을 수행하려는 태도를 보인 것은 아니었지만 별 무리 없이 진행되는 것 같았다. 한때 국민당 휘하에서 복무한 경험이 있던 일부 부대원들은 압록강을 건너기 위해 지나가는 다리를 가리켜 "지옥으로 들어가는 문"이라고 말했다.

또 다른 문제는 누가 총지휘를 맡느냐는 것이었다. 마오쩌둥은 펑더화이로 결정했다. 김일성은 중국이 자신을 중공군을 지휘하도록 할 것이라고 생각했다. 김일성은 분명 재교육이 필요했다. 중공군이 완전히 무시하는 북한인 지휘관이 중공군을 이끈다는 건 생각도 할 수 없는 일이었다. 펑더화이 역시 인민군이 남한과 맞서 싸우는 태도에 불만이 많았다. 한 보고서에서 펑더화이는 "다들 그냥 모험심으로 밀어붙이는 것 같다. 군 지휘 체계는 유치하기 짝이 없는 수준이다. 19일 평양에서는 죽을 각오로 방어에 힘쓰라는 명령이 떨어졌고 그 결과 3만 명의 군인이 (계속 북으로 밀고 올라오는 유엔군으로부터) 달아나지 못하게 되었다."라고 기술했다. 당분간 중국 정부는 김일성에게 그가 더 이상 이번 전쟁에 대한 지휘권이 없다는 사실을 알리지 않기로 했다. 현실적으로 본격적인 지휘권은 이미 중공군의 손에 넘어온 상태였다.

제25장
웨이크 섬 회담과 맥아더의 오만

10월 15일, 대통령직에 오른 지 5년 반이 지나서야 해리 트루먼 대통령은 비로소 더글러스 맥아더를 만났다. 그 당시 맥아더의 군대는 압록 강을 향해 진군하던 중이었고 중공군은 압록강을 건너서 나흘에 걸쳐 남쪽으로 내려오고 있었다. 사실 트루먼은 대통령직에 오른 순간부터 맥아더를 만나 봐야겠다고 생각했다. 하지만 맥아더는 사실상 워싱턴으로 돌아오라는 대통령의 명령을 두 차례나 거부했다. 이제 인천상륙작전이 성공을 거둔 뒤였기에 백악관에서는 맥아더를 구슬리기에 시기적으로 적절하다고 판단했다. 그 자리에는 다른 정계 인사들도 함께 참석했다. 중간선거가 11월 초에 열릴 예정이었고 인천상륙작전은 대성공을 거두었다. 이런 상황에서 트루먼 대통령과 측근들에게는 맥아더를 둘러싸고 있는 영예를 조금이라도 나눠 가지려는 것 외에 다른 욕심은 없었다.

트루먼은 지극히 상식적인 사람이었으며 둘러앉아 이야기를 나누면서 사람들을 다루는 데는 자신이 있었다. 일단 얼굴을 대면한 자리에서는 상대방의 마음을 능숙하게 꿰뚫어보았고 상대방 역시 자신이 특별한 속임수를 쓰거나 다른 꿍꿍이를 품고 있는 게 아니라는 점을 이해할 거라고 믿었다. 또한 그는 다른 사람의 시간을 함부로 허비하는 법이 없었다. 특히 중대한 문제를 논할 때는 자기가 한 말을 그대로 지키는 편이었다. 그때까지 트루먼은 아이젠하워나 브래들리 같은 고위 장교들과는 면식이 있었지만 맥아더를 만난 적은 한 번도 없었다. 그래서 맥아더에 대해 알고 있는 거라고는 유독 과장이 심하고 떠벌리기를 좋아한다는 것뿐이었다. 한편 맥아더는 회담 이틀 전 웨이크로 오던 중에 사촌 넬리 놀런드(Nellie Noland)에게 "내일 하느님의 오른팔과 이야기를 나눌" 거라고 말했다.[1]

마침내 백악관은 정치적인 목적으로 이번 회담을 추진했다. 회담을 생각해내고 처음 제안한 사람은 트루먼의 개인 비서로, 종종 연설 원고를 작성하기도 하는 조지 엘시(George Elsey)였다. 엘시는 서울을 탈환한 직후인 9월 말 포토맥 강에서 뱃놀이를 하던 중 이번 아이디어를 내놓았다. 사실 비슷한 사례가 이전에도 있긴 했다. 제2차 세계대전이 끝나갈 무렵 루스벨트 대통령은 체스터 니미츠(Chester Nimitz) 장군과 맥아더 사이에 벌어진 문제를 해결하기 위해 직접 호놀룰루를 방문한 적이 있다. 처음에는 엘시의 제안을 내키지 않아 하던 트루먼도 결국에는 받아들였다. 특별 고문 찰스 머피(Charles Murphy)에 따르면 측근들이 모두 트루먼에게 마음을 바꾸라고 강권한 탓이었다.[2] 아무도 정략적인 의미를 직접 거론하지는 않았지만 그것이 원동력이라는 걸 잘 알고 있었다. 물론 일부 사람들, 특히 대통령의 일정을 관리하는 맷 코널리(Matt Connelly) 사무관은 트루먼의 결정이 잘못된 것이라 여기고 가지 않는 편이 좋겠다고 충고했다. 이유가 뭐냐고 묻자 "국왕이 왕자를 만나러 가는 법이 어디 있습니까?"라고 응수했다.[3] 항상 맥아더를 눈에 거슬려 하던 딘 애치슨은 정략적인 이유가 정책 문제와 얽힌 상태에서 내린 결정이기에 이번 상황이 더 마음에 들지 않았다. 후에 그는 당시 "그 아이디어 자체가 너무 싫었으며" 전혀 끼어들 마음이 없었다고 털어놓았다. 트루먼 대통령이 함께 가자고 제안하자 그는 "맥아더 장군이 외국 원수에 비할 만한 특성을 두루 갖추고 있으며 실제로 다른 나라의 대통령을 만나는 것 못지않게 대하기 힘든 인물인 것은 사실입니다. 하지만 정말 그가 한 나라의 원수라도 되는 것처럼 대접해주는 것은 바람직하지 않다고 생각합니다."라고 반대 입장을 분명히 밝혔다.[4] 그래서 합참 중에서 오마 브래들리만 트루먼을 따라 나섰다. 당시 국방장관이었던 마셜 역시 가지 않기로 결심했다. 맥아더와 개인적으로 사이가 좋지 않은 탓도 있었지만, 그 또한 국가 안보 문제를 정략적으로 다루는 것은 옳지 않다고 생각했다.

처음에는 호놀룰루가 가장 적절한 회합 장소로 지목되었다. 하지만 맥아더가 본부를 오래 비우는 것이 좋지 않다고 우기는 바람에 워싱턴에서 약 7,500킬로미터, 도쿄에서 3,000킬로미터 정도 떨어진 웨이크 섬으로 장소를 바꿨다. (맥아더가 호놀룰루를 피하려 했던 진짜 이유 중 하나는 밤에 비행하는 것이 싫었기 때문이다.) 그런데도 맥아더는 코앞이나 다름없는 웨이크 섬까지 가는 것도 아주 귀찮아했다. 도쿄를 출발한 이후 내내 불쾌한 표정이었고 주한 미국 대사 존 무초에게 억지로 불려가는 자기 신세를 끊임없이 한탄했다. "아직 내가 지휘하는 전쟁이 끝나지 않은 것을 알면서" 오로지 정치적인 이유 때문에 이렇게 먼 거리를 오게 만드는 건 시간낭비일 뿐이라는 거였다.[5] 맥아더는 워싱턴에 있는 정계 거물들에게는 도통 관심이 없었다. 특히 자기와 반대되는 입장을 취하는 정당 사람들과는 대면하고 싶은 마음조차 없었다. 대통령을 만나기 위해 이렇게 먼 거리를 여행한다는 건 그가 생각하는 계급 서열을 어기는 행동이었다. 그는 언제나 사람들이 자기가 있는 곳으로 찾아오는 것이 마땅하다고 생각했다.

하지만 1950년 10월 15일까지 본격적인 회담이 연기되었고 맥아더는 거기에 대해 드러내놓고 골을 내고 다녔다. 그 때문에 온갖 후문이 생겨났다. 맥아더가 일부러 비행기를 연착시켜서 대통령이 먼저 도착하여 자기를 기다리게 만들었다는 소문은 사실이 아니다. 하지만 그가 미국 대통령을 보고도 경례하지 않았다는 소문은 사실이다. 맥아더가 보란 듯이 대통령에게 합당한 예의를 갖추지 않자 많은 사람들이 아연실색했다. 버넌 월터스(Vernon Walters)도 그 광경을 목격하고 놀란 가슴을 쓸어내려야 했다. 그는 당시 유능한 통역가로 활동했으며 나중에는 리처드 닉슨을 비롯하여 수많은 공화당 정치인들과 긴밀한 관계를 맺으면서 새로운 정계 인사로 성장했다. 월터스는 맥아더의 행동이 워싱턴에서 자기보다 계급이 높은 사람은 아무도 믿지 않는다는 것을 보여주는 두 번째 증거라고 생각했다. 첫 번째 증거는 육군장관 프랭크 페이스를 보고 인사를 하지 않은 거였다. 나중에 월터스는 "내 생각에 육군장관은 계급에 관계없이 미군 전체에서 가장 높은 사람"이라고 말했다.[6] 하지만 무엇보다 월터스의 눈에 가장 충격적인 것은 대통령에게 경례를 하지 않는 거였다. 그보다 더 심각한 의전 위반은 생각조차 할 수 없었다. 하지만 트루먼은 아무 상관없다는 듯 맥아더의 불손한 태도를 그냥 넘겨버렸다. 대통령이어서 좋은 점이 있다면 바로 그런 상황일 거라는 생각이 들었다. 보고 싶은 것이 있으면 이미 그런 일이 일어났다고 간주하면 되고, 이미 발생한 일도 대통령이 아니라고 하면 없었던 일이 되는 것이다.

서로 의심하는 분위기 속에 회담이 시작된 것도 그리 놀랄 일은 아니었다. 그런데도 표면상으로는 아주 매끄럽게 진행되었다(사실 회담 자체가 모두 형식적이었다). 전쟁이 시작되고 가장 상황이 좋은 시기에 열린 회담이었지만 다소 심각한 안건도 있었다. 특히 정부 측은 중국이 어떤 의도를 품고 있는지 몹시 궁금해했다. 파니카르를 시작으로 중국이 참전할 거라는 소문이 베이징에서 계속 흘러나오자 트루먼 정부는 당황한 기색을 감추지 못했다. 대통령과 주요 측근들은 도대체 이 소문을 어디까지 진지하게 받아들여야 하는지 의혹을 떨칠 수 없었다. 버넌 월터스가 증언한 바에 따르면 트루먼의 입에서 나온 첫 마디는 "여러 가지 정보통에 의하면 중국이 곧 개입할 가능성이 아주 높다고 합니다."였다.[7]

회담에 대한 보도 자료 통제권은 전적으로 백악관이 쥐고 있었다. 트루먼은 백악관 출입 기자들 중에서 엘리트층에 속하는 사람들을 대동하고 나타났다. 하지만 맥아더는 평소 그가 아끼던 도쿄 저널리스트들, 특히 AP, UP 통신, INS(International News Service) 소속 기자들을 데려올 수 없다는 통보를 받았다. 사실 도쿄에 있던 다른 저널리스트들은 그들을 가리켜 '근위대'라고 조롱했다.[8] 그도 그럴 것이 이들 이름으로 보도된 기사는 맥아더의 측근이나 맥아더가 직접 쓴 글이 많았다. 이들을 일본에 남겨둔 채 혼자 회담장으로 향하는 맥아더는 아주 불쾌한 기분이 들었다. 언론 기사를 통해 이미지를 관리할 수 있는 권한을 단번에 빼앗기자 힘이 쭉 빠졌던 것이다.

아마 이들 두 사람이 모인 자리만큼 어색한 분위기도 찾아보기 쉽지 않을 것이다. 하지만 이들은 누가 봐도 무난하다고 할 정도로 무리 없이 함께 시간을 보냈다. 엄밀히 말하자면 각자 행동에 극도로 신경을 쓰면서 열심히 노력하는 모습이 역력했다. 첫 회담에서 맥아더는 파이프 담배를 피워도 되겠냐고 물었다. 트루먼은 그가 이 세상에서 자기 얼굴에 담배 연기를 제일 많이 뿜은 사람이 될 거라며 좋을 대로 하라고 웃어 넘겼다.[9] 사실 웨이크에서 두 사람의 만남은 두 번에 걸쳐 이루어졌다. 한 번은 트루먼과 맥아더가 사적으로 만나 중국의 의도에 대한 의견을 나눴다. 그다음에 관련 인사들이 모두 참석한 가운데 본격적인 회담을 열고 꽤 오랫동안 중국의 행동 방향과 의도가 무엇인지, 이 전쟁이 얼마나 빨리 끝날 수 있을지 논의했다.

정식 회담에 대한 기록은 나무랄 데 없이 깔끔하고 훌륭하게 작성되었다. 국무부 관료 필립 제섭(Phillip Jessup) 밑에서 일하던 노련한 서기관 버니스 앤더슨(Vernice Anderson)은 회담이 진행되는 방 문 앞에 자리를 잡고 열린 문을 통해 들려오는 말소리를 열심히 기록했다. 그 결과 회담장에서 오간 대화는 마치 녹음이라도 한 것처럼 하나도 빠짐없이 완벽하게 기록으로 남았다. 몇 달 후 전세가 악화되었는데도 맥아더가 중국의 개입 여부에 대한 자신의 오판을 책임지지 않으려 할 때 이 기록은 아주 유용하게 사용되었다.

맥아더는 트루먼에게 "한국전쟁이 우리의 승리로 끝날 것이 확실하다."라고 힘주어 말했다. 전쟁이 끝나고 통일된 한반도의 미래에 대한 간단한 토의가 있은 후 트루먼이 한 가지 중요한 질문을 던졌다. "중국이나 소련이 개입할 확률이 어느 정도입니까?" 맥아더는 "그럴 가능성은 거의 희박합니다."라고 대답했다. "전쟁이 벌어진 지 한두 달 만에 개입했다면 전세에 큰 영향을 줬겠지만 지금은 그들의 개입 여부를 크게 의식할 필요가 없습니다. 더 이상 굽실거릴 이유도 없고요. 현재 만주 지역에 와 있는 중공군의 숫자는 30만 명입니다." 그중에서 압록강 연안에 있는 숫자는 약 10만 내지 12만 5천 명 정도이며 실제로 강 건너편까지 이동한 병력은 5만 내지 6만 명이라고 설명했다. "하지만 이들은 공군 지원이 전혀 없는 상태입니다. 반면 현재 아군은 한반도 내에 공군 기지 설치를 완료했습니다. 그러므로 중공군이 평양으로 밀고 내려온다면 인류 역사상 최대의 유혈 사태가 벌어질 겁니다."

딘 러스크는 베이징에서 들려오는 위협적인 소식에 대해 맥아더가 전혀 개의치 않았다고 진술했다. 맥아더가 "중공군이 그토록 멀리까지 이동한 이유를 제대로 이해하지 못했으며 중공군이 몹시 당황할 일만 남았다고 생각했다."라고 덧붙였다.

맥아더는 원산에 제10군단이 곧 도착할 거라며 일주일 안에 평양을 탈환할 것이라고 장담했다. 결국 인민군의 저항도 추수감사절을 넘기지 못할 거라는 말이었다. 그는 크리스마스까지는 제8군을 철수할 수 있으면 좋겠다고 생각했다. 그러자 오마 브래들리가 한국에 와 있는 사단 하나를 유럽으로 배치해도 무방하냐고 물었다. 맥아더는 전혀 문제될 것이 없다며 제2보병사단을 추천했다. 제2보병사단은 부산방어선 인근에서 굉장히 치열한 전투를 겪었기 때문에 그 소식을 들었더라면 아주 기뻐했을 것이다. 그의 말이 떨어지자마자 제2보병사단의 재배치를 위한 서류 작업이 시작되었다.

트루먼 대통령이나 측근들 중 누구도 맥아더의 발언에 대한 세부 사항을 따져보려 하지 않았다. 하지만 국경 지역에 대해 처음에 맥아더에게 전달했던 지시사항과 중국이나 소련 군대가 나타날 경우의 대처 방법 등 회담 안건 중에서 가장 민감한 사항에 대해서도 제대로 따져보지 않은 것은 나중에 큰 후회를 몰고 왔다. 당시에는 다들 보고 내용에 흡족한 듯 캐물으려 하지 않았다. 마치 자기들이 발설하지 않거나 모르고 지나가는 일은 큰 문제가 될 리 없다고 믿는 것 같았다. 만약 중국이 정말 전쟁에 개입하여 공군 부대의 포위망을 피해가기라도 한다면 그다음 상황은 어떻게 대처해야 할지 아무도 거론하지 않았다. 다들 회담장의 분위기와 정치적인 입장을 평계로 까다로운 내용은 피해가려고만 했다. 맥아더는 마음만 먹으면 주변 사람들의 환심을 얻는 재주가 있었다. 도쿄에서 웨이크로 오는 길 내내 정치적인 이유로 자신이 이용당하는 거라며 투덜거렸지만, 막상 회담장에서는 최선을 다해 호소하는 태도로 일관했고 역사상 그 어떤 지휘관도 자기처럼 대통령의 전폭적인 지지를 받은 이가 없을 거라며 아첨을 늘어놓았다.[10]

트루먼 역시 중공군의 개입 가능성 같은 위험하고 민감한 안건을 애써 피하려 했다. 아무도 맥아더에게 만주 지역 근처로 유엔군을 파견하는 것이 금지되어 있다는 사실을 상기시키지 않았다. 어느새 회담의 진행 속도가 지나치게 빨라지자 딘 러스크는 회담이 필요 이상으로 간결해지면 기자들이 의혹을 품고 결국 홍보용 회담이었다는 비난이 쏟아질까봐 진행 속도를 늦춰야겠다고 생각했다. 그는 조금 천천히 진행하면 좋겠다는 메모를 써서 대통령에게 건넸다. 하지만 트루먼은 "아니야. 골치 아픈 문제에 휘말리기 전에 얼른 이 자리를 뜨고 싶네."라는 메모를 건넸다.[11] 회담이 모두 끝나고 자리를 떠나기 전에 대통령은 맥아더의 옷깃에 공로훈장을 달아주면서(맥아더가 받은 다섯 번째 훈장이었다) 그의 "용맹함과 두려움 없이 임무에 최선을 다하는 모습 그리고 탁월한 외교술"을 크게 칭찬했다. 공항으로 향하는 길에 맥아더가 재선에 도전할 생각이 있는지 물었다. 그러자 트루먼은 맥아더 역시 정계 진출을 꿈꾸는 것 아니냐고 반문했다. 그러자 맥아더는 전혀 생각이 없다면서 "각하를 반대하는 입장에 서는 장군이 있다면 그 사람의 이름은 맥아더가 아니라 아이젠하워일 겁니다."라고 말했다. 하지만 트루먼은 아이젠하워는 정치를 전혀 모르는 인물이며 그가 행정부를 맡는다면 "그랜트 대통령의 모습이 될" 거라고 응수했다.

결국 회담은 진실을 외면한 채 끝이 났다. 유엔군에 대한 잠재적인 큰 위협도 줄어들었고 그에 따라 위협적인 사태가 실제로 발생할 때 어떻게 대처할지도 전혀 논의되지 않았다. 이번 회의의 본질에 대해서만큼은 맥아더가 투덜거리며 내뱉은 말이 모두 옳은 것으로 드러났다. 중간선거가 임박한 상황이라 다들 인천상륙작전의 성공에서 비롯한 영광을 조금이라도 나눠 가지는 데만 관심이 쏠려 있었다. 양측이 웨이크 섬을 떠날 시간이 되자 다들 긍정적인 말로 이번 회담에 대한 소회를 밝혔다. 그날 오후 트루먼은 기자들이 모인 자리에서 "제가 대통령이 된 이래 이번처럼 흡족한 회담은 없었던 것 같습니다."라고 말했다. 그 자리에 있던 한 기자의 말을 빌리자면 "두 사람은 자기들이 각자 다른 나라를 대표하는 대통령이라도 된 것처럼" 함께 공동 서안을 작성하고 서명했다.[12] 존 건서는 맥아더가 잠시도 느긋한 모습을 보이지 못하고 한 시라도 빨리 돌아가려 했다고 전했다. 주머니에서 시계를 꺼내 들여다본 다음 한 번 쓱 문지르고는 다시 집어넣기를 수차례 반복했다. 그리고 기자들의 질문에 아무 대꾸도 하지 않으려 하면서 "결국에는 대통령 홍보원이 하는 말만 보도될" 거라고 비꼬았다. 대통령 대변인들을 홍보원이라고 폄하한 것은 그의 불편한 심기를 그대로 드러낸 것이었다. 후에 애치슨은 이렇게 기록했다. "각자 합의가 이뤄졌다고 생각했지만 그것이 무엇인지에 대해서는 서로 생각이 달랐다."[13]

중국의 참전이 좋은 일인지 아닌지에 대해 양측이 서로 다른 의견을 가지고 있었던 것이 문제였다. 몇 주가 지나자 상황이 어려워졌고 매슈 리지웨이는 이런 상황을 지켜보면서 정부가 갈수록 비관론을 키워가고 있음을 감지했다. 1950년 8월 초에 리지웨이는 해리먼과 함께 맥아더를 찾아간 적이 있었다. 그 자리에서 대만 이야기가 나오자 맥아더는 갑자기 굉장히 열정적인 태도를 보였다.

맥아더는 어리석게도 중공군이 대만을 공격한다면 자기가 직접 대만으로 달려가 전투를 지휘할 것이라고 말했다. "역사에 기록될 결정적인 전투를 치러 중공군을 산산조각 내버리겠소. 그렇게 되면 그 여파가 아시아 전체를 들었다 놓는 것 같을 테고 공산주의 자체가 아예 꼬리를 감추게 될지도 모릅니다." 하지만 중공군이 그 정도로 멍청하지는 않을 거라고 전망했다. 그러면서도 "사실 나는 밤마다 무릎을 꿇고 중공군이 그렇게 좀 했으면 하고 빕니다."라고 덧붙였다. 그 말을 듣고 리지웨이는 인구 6억이 넘는 아시아 대국과의 전쟁을 위해 기도하는 미군이 도대체 몇이나 될까 하는 생각을 했다. 처음에는 그저 맥아더 특유의 허풍이겠거니 생각했다. 노년기에 접어든 한 미군 장교가 역사에 남을 만한 큰 사건을 만들어보고 싶은 야욕이라 생각하고 넘기려 했다. 하지만 맥아더가 굳이 북쪽으로 진격하는 것을 고집한 이유에 대해 곰곰이 생각해본 후 그는 이렇게 기술했다. "무모하게 만주 국경까지 밀고 올라간 동기가 중국이라는 큰 용을 단칼에 베어버리길 소망했던 무사로서의 그의 꿈 때문이었는지는 아무도 알 수 없다. 하지만 내가 보기에 그의 야욕이 승리에 대한 부푼 꿈을 더 부풀려놓은 것만은 확실하다."[14]

미군과 중공군이 전쟁터에서 맞붙을 시간은 얼마 남지 않았지만, 앞으로 상황이 어떻게 전개될 것인지 알고 있는 것은 중공군뿐이었다. 미국은 정계 인사들이나 군 관료들이나 하나같이 아무것도 모르는 상태였다. 어찌 보면 앞으로 이어질 끔찍한 상황을 내다보지 못해서 안절부절못하는 일이 없었으므로 축복이었는지도 모른다. 아무튼 그 후 한국전쟁의 상황은 단 한 번도 긍정적인 방향으로 돌아서지 않았다. 그와 함께 트루먼은 맥아더의 태도가 이전과 달리 거칠고 의구심이 많은 쪽으로 변했음을 알게 되었다. 그런가 하면 맥아더는 웨이크 섬에서 열린 회담을 통해 미국 정부에서 일어나고 있는 "신기하고 불길한 변화", 즉 공산주의에 맞서 싸우려는 행정부의 의지가 줄어들었다는 확신을 얻었다고 기록했다. 1954년 스크립스 하워드의 짐 루커스(Jim Lucas) 기자와 인터뷰하던 자리에서 맥아더는 트루먼 대통령에 대해 "덩치 작은 그 녀석은 자기가 애국자라고 생각하겠지."라고 말했다.[15]

처음부터 미국은 한국전쟁의 목표를 분명하게 정해두지 않았으며 워싱턴 정부와 도쿄 사령부 사이에는 상당한 의견 차이가 있었다. 7월 13일에 조 콜린스와 호이트 반덴버그가 도쿄에서 맥아더를 만났을 때 그는 이미 자신의 첫 번째 임무는 인민군을 쓰러뜨리는 것이며 그러고 나서 "한반도를 하나로 통일시킬" 거라는 말을 공공연히 늘어놓았다. 또한 "신중하게 생각을 더 해봐야 할 일이지만 아무래도 한반도 전체를 우리가 점령할 필요가 있을 것 같습니다."라고 덧붙였다. 맥아더는 그때 말한 목표를 여전히 가슴에 품고 있었다. 워싱턴에서 온 사람들이 인천에서 거둔 승리의 영광을 조금이라도 맛보려 한다는 걸 알게 된 맥아더는 자기의 영향력이 최고조에 달했다는 확신을 얻었다. 결국 정부가 그를 통제하는 것은 갈수록 어려워지기만 했다.

미군이 20세기에 범한 최대의 실수 중 하나는 맥아더가 군대를 압록강까지 몰아붙인 거였다. (베트남전은 민간 정부가 나서서 계획한 일이므로 '정치적인' 실수에 가까웠다.) 중공군의 붉은 깃발이 사방에서 펄럭이고 있었지만 맥아더는 전혀 개의치 않았다. 둘로 나뉜 그의 부대는 종종 위험할 정도로 연락망이 허술해지는데도 갈수록 열악해지는 날씨를 견디며 북쪽으로 계속 올라가고 있었다. 그동안 중공군은 높은 언덕 지대를 점령하여 미군이 후퇴하거나 달아날 수 있는 좁은 길을 모두 봉쇄할 준비를 마치고 미군이 올라오는 모습을 조용히 지켜보고 있었다. 인민군의 물자 보급로가 약해져 있다는 이유로 인천 상륙작전을 개시하자고 주장했던 그가 이번에는 자기 부대를 몰아붙였고, 통제권을 벗어난 지역에서 갈수록 높아만 가는 위험에 직면하게 만들었다. 혹독하기 짝이 없는 한국의 겨울 날씨를 견디며 전투를 벌이는 일이 없도록 전쟁을 빨리 끝내야 한다며 인천이 공동 상륙 작전의 적임지라고 말했던 그가 이번에는 만주의 겨울이 시작된 때에 군대를 더 북쪽으로 보낸 것이다. 40여 년이 흐른 후에 매슈 리지웨이는 "우리가 어떤 환경에서 싸워야 했는지 도쿄 사령부가 전혀 알지 못했다는 점이 나로서는 납득하기 힘들었으며 도저히 그런 상황을 만들어낸 총사령관을 용서할 수도 없었다."라고 말했다.[16]

맥아더는 오만과 자기과신, 허영 등 당시 여러 가지 잘못된 태도를 보였다. 그중에서도 가장 심각한 문제는 바로 적군을 지나치게 얕잡아본 거였다. 그는 자기가 중국을 잘 알고 있다고 생각했지만 실제로 그의 머릿속에 있던 중국은 19세기의 모습에 머물러 있었다. 사실 아시아에서 꽤 오랜 기간을 보내긴 했지만 맥아더는 단 한 번도 중국에 가보지 않았다. 한국전쟁을 연구한 역사가 브루스 커밍스가 전하는 바에 따르면 맥아더가 생각하는 아시아인은 "순종적이고 자기 할 일에 충실하며 어린아이같이 순수하여 확실한 리더십이 제시되면 재빨리 순응하는 사람들"로 각인되어 있었다.[17] 1940년대 후반의 일본인들은 실제로 그런 특성을 가지고 있었다. 전쟁에서 완패한 터라 승자들을 관찰하여 배울 점을 찾아내려고 혈안이 되어 있었기 때문이다. 하지만 일본을 제외한 이 지역의 나머지는 대부분 혁명 초기 단계였다. 중국 내전 또한 혁명적인 변화를 반영했지만 맥아더가 그걸 알 리 만무했다. 여기에는 그의 성격과 신비주의를 표방했던 작전의 영향이 컸던 것 같다. 맥아더는 절대 질문하는 법이 없었다. 그 사실 자체만으로도 맥아더가 분명 모르고 있는 게 있다는 사실을 부인할 수 없었다. 그는 자신이 신의 계시라도 받은 듯 일장연설을 하면 주변 사람들이 그 말을 들으러 모여들어야 한다고 생각했다. 데이비드 바 소장은 군사 고문의 임무를 띠고 중국에 와 있는 동안 마오쩌둥의 등장과 중국 공산당 세력의 전술에 대해 많은 걸 파악했다. 그리고 중국이 참전을 결정했을 당시 한국에서 사단장으로 복무 중이었다. 따라서 다른 미군 장교들보다 공산당이 중국을 손아귀에 넣은 비결을 훨씬 더 잘 이해하고 있었다. 하지만 맥아더는 그가 다른 연대장이나 사단장들에게 그 지식을 나눠줄 기회를 주지 않았다.

맥아더가 생각하는 중국이라는 나라는 혁명의 물결이 전혀 지나가지 않은 상태로 남아 있었다. 그는 마오쩌둥이 어떤 방법으로 권력을 장악했는지 알아보려 하지 않았다. 마오쩌둥이 이끈 혁명으로 주도권을 장악한 세력에 대해서도 거의 관심을 기울이지 않았다. 자기가 맞닥뜨릴 적이 누구인지, 과거에 어떤 전적을 쌓았는지에 대해서도 전혀 궁금해하지 않았다. 중공군의 공격이 시작되기 전에도 이미 정보가 많이 있었으며 포로로 잡아온 죄수들을 심문하면 더 많은 사실을 알아낼 수 있었다. 그런데도 찰스 윌러비가 이끄는 정찰부대는 적의 총사령부에 대해 아무것도 모르는 상태였다. 결국 12월 말 중공군의 본격적인 공격을 한 달 정도 앞둔 시점에도 맥아더는 중공군 총지휘관이 펑더화이가 아니라 린뱌오라고 생각했다.[18] 중공군이 내전에서 큰 승리를 거둔 것도 대단치 않게 여기는 것 같았다. 1949년 9월 마오쩌둥이 집권하기 한 달 전쯤에 맥아더는 의회에서 보낸 대표단에게 중국 공산당 군대는 "지나치게 과대평가되고 있다."라고 말했다. 당시 맥아더는 중공군을 물리치는 방법은 "그들의 최대 약점, 즉 공군력과 해군력을 이용해 공격하는 것"이라며 "셔놀트 장군처럼 말을 타고 다니며 전투기 500대만 풀어놓으면 된다."라고 떠벌렸다.[19] 태평양에서 일본군과 싸울 때 공군을 대동하여 장거리 포병으로 활용한 경험이 있었기에 이번에도 비슷하게 대처하면 승리할 거라고 믿었던 것이다. 하지만 그는 미 공군력을 지나치게 과대평가하고 있었다. 맥아더 자신은 인정하지 않았을지 모르지만 부대원들은 모두 맥아더의 과신이 큰 재앙을 낳았다고 인정했다. 그는 중공군이 어디 한번 공군 폭격으로 자기들을 전멸시켜보라는 듯 백주 대낮에 전형적인 전투 대형을 갖추어 미군 진지까지 밀고 내려올 거라고만 생각했다. 조 콜린스는 맥아더가 제2차 세계대전에서 공군을 앞세워 거둔 승리 때문에 자만심에 눈이 멀어 현실을 제대로 보지 못했다고 평가했다. 그때는 기동성 없이 한곳에 발목이 묶인 일본군에 맞서 거둔 승리였지만 이번에 맞붙을 중공군은 상황이 전혀 달랐다.[20] 콜린스의 증언에 따르면 안타깝게도 맥아더 사령부는 중공군의 특성에 대해 도무지 아는 게 하나도 없었다.

맥아더에게는 부대 지휘에 관한 자기만의 철학이 있었다. 소위 동양의 심리학이라 일컬었던 자신의 지식에 대해 자부심이 대단했으며 종종 "동양인들의 심리란 말이지"라며 이야기를 꺼내곤 했다. 그는 아시아인이 강력하고 흔들리지 않는 비전을 제시하는 세력가를 존중한다고 생각했다. 마이크 린치는 중공군에 대한 무지가 맥아더의 가장 큰 실수였다고 설명했다. "맥아더는 자신이 동양인의 심리를 꿰뚫고 있다고 자만했다. 마닐라에 있는 경제계 거물이나 장제스의 부대에 있는 소심하고 타락한 장교들, 그리고 도쿄 사령부에 있는 거들먹거리기 좋아하는 일본인들에 대해서는 누구나 다 알 것이다. 하지만 우리는 전쟁에 닳고 닳은 북한 사람들이나 장제스를 몰아내는 것도 주저하지 않았던 중국인들의 무서운 기질에 대해서는 전혀 아는 것이 없다. 군 사령관이라면 적을 파악하는 것이 기본인데 이를 무시한 것은 스스로 파멸을 자초한 것이나 다름없다."[21] 마이크 린치는 월튼 워커가 물러난 후에 매슈 리지웨이의 비행기 조종사가 되어 당시 주요 장교들을 가까이에서 지켜볼 기회가 많았다.

사실 맥아더는 아시아 전체에 대해 그리 많이 알지 못했다. 1905년 이후로는 아시아의 주요 지역에 머무른 기간이 얼마 되지 않았으며 자기가 좋아하지 않는 사건에는 아예 귀를 기울이지도 않았다.[22] 그나마 잘 안다고 말할 수 있는 국가는 필리핀이었다. 그 나라는 뉴욕과 텍사스가 서로 다른 것만큼이나 주변 아시아 국가들과 다른 점이 많았다. 그곳에서 사실 맥아더는 국민 영웅 같은 존재였으며 상류층 인사들과 긴밀한 관계를 맺고 여러 가지 혜택과 보상을 받곤 했다. 1942년 초, 맥아더와 주요 측근들은 필리핀 대통령이었던 마누엘 케손(Manuel Quezon)에게 거액의 사례금을 받고 앞으로도 마닐라의 영향력 있는 후원자가 되기로 약속했다. 심지어 그가 필리핀을 떠나 호주에 갈 때도 케손은 미화 64만 달러를 맥아더를 위시한 몇몇 장교들 앞으로 송금해주었다. 전쟁에 대한 재정 후원치고는 이해하기 힘든 일이었다. 그런 거래에 대해 설명하면서 캐럴 모리스 페틸로(Carol Morris Petillo)는 "미군 장교들이 그토록 깍듯한 대접을 받은 것은 아주 드문 일이었다."라고 냉담한 어조로 덧붙였다. 아무튼 그중에서 50만 달러는 맥아더의 몫으로 돌아갔다. (요즘 시세로 환산하면 천만 달러쯤 될 것이다.) 그리고 그가 가장 경멸하던 참모장 리처드 서덜랜드는 7만 5천 달러, 서덜랜드의 부관 리처드 마셜은 4만 5천 달러, 맥아더의 또 다른 부관 시드 허프(Sid Huff)는 2만 달러를 받았다. 육군부는 이런 뒷거래를 이미 알고 있었다. 조지 마셜은 물론이고 루스벨트 또한 필리핀과 맥아더 사이의 자금 거래를 알고 있었지만 아무도 이를 저지하려 하지 않았다. 케손이 당시 워싱턴에서 매우 영향력 있는 인물이었던 아이젠하워에게 1935년부터 1939년까지 섬 지역에서 근무한 것을 치하한다는 명목으로 위 금액에 상당하는 돈을 제시한 지 얼마 되지 않은 때였다. 지혜롭게도 아이젠하워는 공손하게 그 제안을 거절한 다음 그 사건에 대한 기록을 업무 파일에 넣어두었다.[23]

맥아더는 다른 선임 장군들과 마찬가지로 상대가 달라져도 전쟁은 다 비슷하다는 생각을 품고 있었다. 둘 다 아시아 국가이긴 했지만 전쟁의 성격이나 적군의 특성이 전혀 다른데도 전혀 신경을 쓰지 않았다. 일본은 재래식 육군을 재래식 전쟁에 내보냈다. 그들의 취약점은 군인 각자의 능력의 한계에 있었던 것이 아니라 국가 산업 기반의 한계에 있었다. 군사력 측면에서 그들은 재래식 군사력, 특히 공군의 공격에 치명적으로 약했다. 그와는 대조적으로 중국은 아시아 국가들 중에서 산업화가 가장 더딘 편이었지만 자기 약점을 잘 알고 그에 맞게 전략을 수정했다. 사실 중공군이 그렇게 거대한 부대를 상대방이 전혀 눈치 채지 못하게 이동시키는 것을 보고 맥아더를 비롯한 미군 지휘관들은 혀를 내두르지 않을 수 없었다. 중공군은 담뱃불 한 번 비치지 않고 24킬로미터를 밤에 이동했고 낮에는 참호를 파는 데 집중했다.

미군이 압록강으로 진군할 동안 중공군은 현대 전쟁의 역사에서 가장 큰 규모의 매복 작전을 꼼꼼하게 준비했다. 이들은 맥아더 군대가 최대한 북쪽으로 가까이 접근하여 군수품 보급로에 문제가 생기기만을 기다렸다. 지난 8월 말 레이잉푸 장군이 브리핑 중에 맥아더가 인천으로 치고 들어올 가능성이 있다고 말하자 마오쩌둥은 맥아더가 지금까지 사용했던 전술뿐 아니라 그의 성격과 여타 특징에 대해 질문을 퍼부었다. "오만하고 고집이 세기로 유명한" 사람이라고 대답하자 마오쩌둥은 아주 흡족해했다. "좋아! 좋아! 맥아더가 고집과 오만을 부릴수록 우리에겐 유리하지. 오만한 적은 쉽게 무너지기 마련이니까."[24]

실제로 중요한 역할을 담당한 것은 맥아더의 오만함을 뒷받침해주던 참모들이었다. 그들은 맥아더가 원하는 일이라면 뭐든 저지르고 말았으며 그의 예상에 의문을 제기하는 요소들은 최소화했다. 통신사 기자였던 클라크 리(Clark Lee)와 제2차 세계대전 내내 맥아더를 따라다니며 취재했던 전쟁 사진가 리처드 헨셀(Richard Henschel)에 따르면 맥아더의 참모들은 맥아더보다 더 나쁜 사람들이었다. 그들은 맥아더의 성격 중에서 최악의 요소들만 자극하여 극대화시킨 장본인들이었다. "일부 측근들은 마치 자기들이 그 당시 워싱턴 최고 실세였던 마셜, 킹 제독, 해리 홉킨슨의 손에 의해 십자가형을 당한 맥아더를 데려다 살려낸 것처럼 행동했다. 이들은 더 이상 아무도 맥아더를 해치지 못하게 하겠다는 의지로 불타올랐다."[25] 수년 전에도 맥아더가 마셜 장군과 이야기를 나누던 중 비슷한 일이 있었다. 맥아더가 "제 참모가"라고 말을 꺼내자 마셜은 그의 말을 끊으면서 "참모가 아니라 신하겠지."라고 비꼬았다.[26] 칼럼니스트 조지프 올솝은 도쿄에 있는 맥아더 참모들의 행동 방식은 루이 14세의 궁정 기록을 연상시킨다며 다이이치 빌딩이야말로 "전쟁 중인 군의 기본 규칙을 보여주는 증거였다."라고 전했다. 즉, "전방에서 더 멀리 나가려 하는 사람일수록 더 느리고 어리석은 아첨꾼을 만나기 마련"이었다. 맥아더보다 더 많은 아첨꾼과 추종자를 얻은 사람도 없었다. 그들은 "언제나 억지 웃음을 웃으며 경외심 가득 찬 눈빛으로 맥아더를 대했다. 이 때문에 그는 결국 자기 꾀에 걸려 넘어진 꼴이 되었다."[27]

1950년 가을이 되자 그들의 우주는 작고 변덕이 심한 세계가 되었다. 맥아더가 웃으면 따라 웃고 얼굴을 찌푸리면 영문도 모른 채 어두운 표정을 지었다. 일이 잘 풀리면 맥아더가 위대한 덕분이라고 말했고 반대의 경우에는 워싱턴에 있는 죽일 놈의 반대 세력들 때문이라고 말했다. 역사가 윌리엄 스툭(William Stueck)은 "맥아더는 스스로 선택한 자기 숭배라는 꿈의 세계에 살고 있었으며 주변 사람들은 아무도 그의 꿈을 방해하려 하지 않았다."라고 적절하게 기술했다.[28] 한국에서만큼 참모들의 약점이 그를 따라다녔던 적도 없었고, 정보참모 찰스 윌러비만큼 한 사람을 중심으로 실패가 반복되는 일도 좀처럼 없을 것이다. 맥아더 사령부에서 일이 요구하는 능력과 재직자의 허풍 사이의 급경사가 윌러비만큼 현저한 경우도 없었다. 그는 찰스 님, 윌러비 경혹은 윌러비 남작이라 불리기도 했고 바탄 갱에 소속되지 않은 장교들은 그를 '보니 프린스 찰스'라고 불렀다. 윌러비의 말은 모두 허풍이라고 생각했던 딕시 작전 책임자 데이브 배럿은 사적인 자리에서 그를 맥주 거품에 비유하여 '필센의 왕자'라고 비꼬기도 했다. OSS 출신 정보장교 칼턴 웨스트(Carleton West)는 그가 권위적이고 오만한 프러시아인이었다며 윌러비의 이름을 V로 시작하는 '빌러비'처럼 발음해야 했다고 말했다.[29] 한번은 고위 참모 로저 에이즈버그(Roger Egeberg) 박사에게 "로저, 제 프러시아 억양이 너무 강한가요?"라고 물었다.[30] 로저 박사는 그렇게 말하는 윌러비의 말투에 자기 억양을 자랑스러워하는 느낌이 물씬 풍겼다고 전했다. 맥아더는 종종 그를 '내 사랑스러운 파시스트'라고 불렀다.

윌러비는 한낱 맥아더의 개인 정보 요원이 아니었다. 한국전쟁에 관한 한 윌러비는 유일하게 중요한 정보 요원이었다. 대부분의 군 지휘관들은 믿을 만한 정보원을 최대한 많이 확보하려 했지만 맥아더는 최대한 정보원을 줄이고 자기 마음대로 통제하는 데 주력했다. 자기 생각에 이의를 제기하거나 대안을 제시하려는 목소리는 아예 없는 편이 낫다고 생각했다. 그래서 정보 요원의 보고가 자신이 원래 의도했던 바와 빈틈없이 완벽하게 어우러지는 것을 가장 중요시했다. 이는 윌러비가 맥아더에게 제출한 정보는 모두 의도적으로 미리 손을 본 자료라는 뜻이었다. 고도의 전문성을 갖춘 정보 요원이라면 당연히 중공군의 개입이 확실하다는 증거를 확보하고 압록강으로 최종 진격한다는 맥아더의 결정을 막으려 했을 것이다. 하지만 CIA는 윌러비가 중공군의 위치와 의도를 파악하는 데 처참하게 실패한 후에야 비로소 한반도에 투입되었다.

프러시아 출신이었던 윌러비는 극우파 인물이었는데 CIA 작전국 책임자였던 프랭크 위스너(Frank Wisner)에 따르면 "이데올로기만 가득할 뿐 사실은 거의 찾아볼 수 없는" 존재였다.³¹ 그는 언제나 자기가 모든 상황의 당사자인 것처럼 행동했다. 제2차 세계대전 중에 「타임」 본사에서 근무하던 로버트 셰로드(Robert Sherrod)에게 미국은 다른 적과 싸워야 한다고 말하기도 했다. "정부의 이번 방침은 도대체 말이 안 돼. 영국은 이제 독일인의 손에 넘겨줘야지. 아시아에서 우리가 치를 전쟁은 이제 끝났어."³² 그는 맥아더 외에도 스페인 독재자 프란시스코 프랑코(Francisco Franco)라는 지독한 파시즘 신봉자를 아주 존경했다. 프랑코는 나치의 세력을 등에 업고 1930년대에 권력을 장악했으며 제2차 세계대전에서 독일과 손을 잡은 인물이다. 윌러비는 맥아더의 정보참모로 근무하던 와중에도 프랑코의 전기를 쓰느라 바삐 움직이고 있었다. 제2차 세계대전이 한창이던 어느 날 저녁식사 자리에서 윌러비는 갑자기 잔을 들고 "전 세계에서 두 번째로 위대한 군 지휘관 프란시스코 프랑코"를 위해 건배하자고 말하여 존 건서를 깜짝 놀라게 했다. 평소 유럽과 워싱턴 정부의 군사 및 정치 활동을 신랄하게 비판하던 그가 미국의 적국에 가까운 나라의 원수를 치켜세운 것은 이해하기 힘든 일이었다.[33] 「타임」지 기자로 윌러비를 취재하던 프랭크 기브니에 따르면 그는 "언제나 두 명의 위대한 장군에 대한 이야기를 늘어놓곤 했다. 또한 맥아더와 프랑코 중 어느 장군에 대해 말하는 건지 잘 구분해야 한다고 주의를 주었다. 예를 들어 장군이 아주 귀한 와인을 보냈다고 말하면 다이이치보다는 스페인에서 와인을 다룰 일이 더 많을 테니까 프랑코 장군이 보냈을 거라고 추측하면 된다고 설명하기까지 했다."[34]

맥아더 사령부만큼 윌러비가 중요한 위치에 오를 수 있는 미군 본부도 없었을 것이다. 그는 지위가 올라갈수록 프러시아인의 성향을 더욱 강하게 드러냈다. 어떤 때는 외알 안경을 쓰고 나타나기도 했다. 하지만 영화감독 에리히 폰 슈트로하임(Erich von Stroheim)보다는 제2차 세계대전 당시 독일군 장교였던 게르트 폰 룬트슈테트(Gerd von Rundstedt)와 더 비슷해 보였다. 기브니는 윌러비의 태도에 감상적인 면이 있다고 느꼈는데 실제 모습보다 더 귀족적으로 보이려고 의식적인 행동을 하는 것 같았다. "아주 무더운 날 그가 테니스를 치러 도쿄 클럽을 찾을 때면 으레 박수부대가 동원된다. 주변을 둘러보다가 당신을 보면 '기브니, 오늘 여기서 운동하는 자네를 만나니 나도 기분이 좋군. 태양이 한창 뜨거운 정오에 나와서 운동하는 건 미친개가 아니면 영국인일 거라고들 하지만, 나도 이런 시간에 뛰어다니며 땀 흘리는 걸 좋아한다네.'라고 말을 건넬 것이다. 무서운 건 박수부대가 엄청 우스운 이야기라도 들은 것처럼 자지러지게 웃는다는 것이다. 그러고 나면 당신은 갑자기 도쿄 사령부에서 나온 정보 요원이 두려워 워싱턴으로 향하게 될 것이다."[35]

그의 출신에 관해서는 여러 가지 의견이 분분했다. 본인은 아버지가 독일계 귀족이며 어머니는 미국인이라고 말했지만 다들 그가 귀족을 자처하는 것일 뿐이라며 믿지 않았다. 윌러비 역시 자신의 과거에 대한 여러 가지 의혹을 정리하려고 애쓰지 않았다. 『후즈 후 인 아메리카(Who's Who in America)』나 미 육군에 그가 제출한 약력에는 1892년 3월 8일 독일 하이델베르크에서 태어났고 아버지는 프라이허 폰 체페 바이덴바흐(Freiherr T. von Tscheppe-Weidenbach) 공작이며 어머니는 엠마 폰 체페 바이덴바흐(Emma von Tscheppe-Weidenbach)라고 진술했다. 하지만 하이델베르크의 등기에는 그 날짜에 태어난 사람이 로프 만드는 일을 하던 어거스트 바이덴바흐(August Weidenbach)와 독일인 엠마 랑하우저(Emma Langhauser) 사이에서 태어난 에이돌프 어거스트 바이덴바흐(Adolf August Weidenbach)밖에 없었다. 「더 리포터(The Reporter)」의 프랭크 클룩크혼(Frank Kluckhohn)이 조사한 바에 따르면 독일 자료 어디에도 우파 세력가 중에 윌러비처럼 '폰'이라는 단어가 들어가는 이름을 가진 사람은 없었다. 어린 시절 윌러비의 친구가 증언한 바로는 그의 부모님은 모두 독일인이었으며 윌러비라는 이름은 독일어로 '갈대가 우거진 시냇가'라는 뜻의 바이덴바흐라는 말을 대충 음역한 것이었다. 클룩크혼이 이 점에 대해 따지자 윌러비는 사실은 고아라서 자기 아버지가 누군지 모르기 때문에 『후즈 후 인 아메리카』에서 찾은 이름을 대충 둘러댄 거라고 털어놓았다. 1910년, 그는 열여덟 살의 나이로 미국으로 건너와 에이돌프 찰스 바이덴바흐라는 이름으로 육군에 입대한 것으로 추정된다. 3년이 흘러 병장으로 제대하고 게티즈버그 대학에 진학했으며 캔자스 대학으로 옮겨 석사 공부를 했다. 그 후 중서부 지방에 있는 여학교에서 외국어 교사로 일했다. 1916년에 육군에 재입대하여 멕시코 국경 지대에서 근무하다 프랑스로 배치되었으나 직접 전쟁을 목격하지는 못했다. 전쟁이 끝난 후에는 베네수엘라, 콜럼비아, 에콰도르 등지에서 대사관부 육군 무관으로 일하기도 했다. 빌 맥카프리에 따르면 그곳에서 에드워드 알몬드를 처음 만났으나 곧 눈 밖에 나고 말왔다. 결국 윌러비는 자칭 전쟁사가 겸 정보장교라고 주장하기 시작했다. 그러다 1930년대 중반에 캔자스 주 포트 레번워스에서 교편을 잡고 있던 맥아더를 우연히 알게 되었다. 포트 레번워스는 촉망받는 중년 육군 장교들이 훈련을 받는 장소였다. 1940년에 윌러비는 마침내 맥아더를 따라 필리핀에 갔고 그곳에서 본격적으로 정보 전문가로 인정받기 시작했다. 그때부터 윌러비의 주된 임무 중 하나는 맥아더의 신화를 더 부풀려서 퍼뜨리는 것이었다. 그는 제2차 세계대전 내내 그 임무를 수행했으며 도쿄 사령부로 옮겨와 한국전쟁이 진행되는 중에도 맥아더의 군 경력에 대한 기념비적인 연구를 계속했다. 출간된 책은 보통 두께에 불과했지만 초고는 3천 쪽 분량이었다.

맥아더의 참모들은 외부 압력에 대처할 때는 어김없이 하나로 뭉쳤지만 내부적으로는 맥아더의 총애를 받고자 불꽃 튀는 경쟁을 벌이곤 했다. 맥아더가 아끼던 코트니 휘트니 역시 오랫동안 법적인 문제를 처리하는 참모로서 윌러비의 주된 경쟁 상대가 되었다. 필리핀에 있는 동안 휘트니는 마닐라 상류층과의 돈독한 인맥을 활용하여 맥아더에게 여러모로 유용한 도움을 제공했다. 한편 윌러비는 맥아더가 원하는 소식을 알아오려고 언제나 귀를 쫑긋 세우고 다녔으며 역사상 가장 높은 위치에 그를 치켜세우곤 했다. 1947년, 그는 맥아더에게 이런 글을 썼다. "당신만큼 위대한 인물은 우리 시대에 두 번 다시 없을 겁니다. …… 결국 사람들은 위대한 지도자를 알아보고 그를 사랑합니다. 사상이 아니라 사람이 중요한 거죠. 말보로와 나폴레옹, 로버트 리 장군도 그런 경우입니다. 그들 역시 왕가와 긴밀한 관계를 맺고 있었습니다. …… 신사라면 그런 분들을 당연히 받들어 모실 줄 알아야 해요. 저는 제 생각이 옳다고 확신합니다. …… 제가 보기에 존경받아 마땅한 사람들은 모두 편한 자기 자리를 버리고 나와서 낮은 사람들, 즉 러시아가 휘두른 채찍에 맞서려는 수많은 군중을 지키고자 힘든 싸움에 뛰어드는 것 같습니다."[36]

워싱턴 고위 관료들은 그런 윌러비가 쫓겨나지 않은 것을 맥아더가 자기 마음대로 군대를 운영했다는 증거로 보았다. 이들이 보기에 윌러비라는 인물은 제1차 세계대전의 잔재와도 같았다. 맥아더의 자서전을 쓴 클레이턴 제임스의 말을 빌리자면 윌러비는 "프러시아인의 색채가 너무 강해서 그에게 필요한 것은 뾰족한 투구 뿐이었다." 윌러비는 이데올로기적인 편견이 아주 강해서 맥아더의 다른 참모들마저 불안하게 만들었다. 일본 민주주의의 미래를 두고 각료 내부의 갈등이 심해질 무렵 윌러비는 뉴딜 정책을 표방하는 자유주의자들이 공산주의자들과 다름없거나 그들에게 동조하는 사람이라고 간주하여 이들을 몰아내는 일에 유독 열을 올렸다. 또한 아무도 시키지 않았는데도 저널리스트들의 검열관 역할을 자청하여 맥아더의 권위에 도전하는 기사나 불리한 기사를 막기 위해 잠시도 경계를 늦추지 않았다. 「U.S. 뉴스 & 월드 리포트(U.S. News & World Report)」의 조지프 프롬(Joseph Fromm) 기자는 "당시 각료 내에서 벌어지던 신경전을 보도하려던 기자들이 몇 명 있었다. 이 문제는 새로 일어선 일본을 어떤 방향으로 이끌어 갈 것인지 결정하는 문제였기 때문에 굉장히 중요하고 흥미로운 기사거리였다. 맥아더 사령부에 있던 두 세력, 즉 개혁주의자들과 보수주의자들은 한 치도 양보하지 않을 태세였다."라고 전했다. "나는 윌러비나 맥아더가 좋아하지 않는다는 걸 알면서도 있는 사실을 그대로 보도했기 때문에 윌러비는 내가 공산주의자라고 굳게 믿었다. 하루는 조용히 이야기하고 싶다고 해서 만났는데 말도 안 되는 이야기만 늘어놓았다. 윌러비는 계속해서 레닌과 마르크스에 대해 이야기하려 했다. 어차피 자기는 반공산주의자이자 법을 준수하는 사람이고 나는 자기가 보기에 공산주의자, 즉 무법자니까 그런 주제로 논쟁을 벌일 만하다고 생각한 모양이다. 그는 공산주의에 대한 자기 견해에 내가 넘어올 거라고 확신했다."[37] 수년 후 프롬은 '정보 자유법'을 통해 자신에 관한 보안 자료를 받아 보고 경악을 금치 못했다. 정보참모였던 윌러비와 측근들이 모아놓은 자료 수백 쪽에는 온 갖 거짓 고발이 가득했다. "누군가 이 자료를 곧이곧대로 믿었다면 한 사람의 인생을 완전히 파멸시키기에 충분할 정도였다. 결국 자료를 모은 사람은 시간 만 낭비한 셈이 되었다. 또한 이는 그런 사람에게 자료 수집을 맡긴 본부 역시 얼마나 무능하고 현실에 어두웠는지를 보여주는 증거였다."[38]

당시 양극단에 치우쳐 있던 이데올로기 신봉자들과 마찬가지로 윌러비 역 시 온갖 계략을 꾸미는 데 능숙했다. 중국 본토에서 벌어진 일은 오랫동안 억 압당해온 역사의 힘이 현대 정치의 표현 수단을 찾아낸 획기적인 사건이라기 보다는 음모를 꾸민 자들의 작품이라고 봐야 했다. 1950년 5월 전쟁이 시작 되기 한 달 전에 반미활동조사위원회에 보낸 서한에서 윌러비는 "미국에 있 는 공산주의자들의 수뇌부가 중국을 공산화시킬 계획을 갖고 있으며 이들은 서방세계 정복을 위해 범슬라브주의 공산주의자 '지하드' 운동을 추진하는 광 신적인 공산주의 지지자들"이라고 주장했다.[39] 이렇게 윌러비는 미국에서 '민 주주의 전복' 문제에 열성적이었던 극단적인 일부 세력과 긴밀한 관계를 맺고 있었다. 1947년에는 일본에서 근무하던 미국인들에 대한 세부 조사를 시작했 다. 브루스 커밍스에 따르면 윌러비의 뒷조사는 3년 후 매카시가 주도한 것과 는 성격이 전혀 달랐다. 윌러비는 FBI뿐 아니라 반미활동조사위원회, 그리고 차이나로비의 중심인물이었던 알프레드 콜버그(Alfred Kohlberg)와 지속적으 로 연락을 주고받으며 자기가 보기에 위험한 좌파 세력이라고 생각되는 사람 들에 대한 정보를 전달했다. 그중에는 장제스의 회생 가능성에 대해 부정적으 로 평가했던 국무부 관료들도 몇 명 포함되어 있었다. 윌러비가 제출한 일부 자료는 결국 전쟁 중에 차이나 핸즈의 활동을 추적하던 매카시에게 참고 자 료로 넘겨졌다.[40] 나중에 맥아더가 물러난 다음 윌러비는 미국에서 활동하던 극우파와 긴밀한 관계를 맺었으며, 그 후 증오심에 불타는 인종차별주의자가 되어 유대인들을 반대하는 기사를 계속 발표했다. 1952년, 아이젠하워가 공화당 대표로 정해지기 직전에 윌러비는 맥아더를 만나서 "이번 지명이야말로 공화당원들이 루스벨트-트루먼으로 이어지는 뱀파이어식 고리를 영구화하려고 아주 교묘한 음모를 꾸민다는 증거"라고 말했다.

윌러비는 도쿄를 통과하는 모든 정보가 반드시 거쳐야 할 일종의 상징적인 프리즘이었다. 윌러비가 중요한 이유는 그가 스스로 증명한 자질 부족 문제 때문이 아니다. 그가 모시고 있던 뛰어난 상관이 심리적으로 유약해 항상 자기 말에 맞장구를 쳐주고 끊임없이 달콤한 말로 안심시켜줄 누군가를 필요로 했다는 사실 때문이다. 그래서 사령부에 있던 대부분의 고위 장교들은 윌러비를 극도로 경멸했다. 빌 맥카프리는 이렇게 털어놓았다. "나는 늘 언젠가 그가 살해된 채로 발견될지 모른다는 걱정을 안고 있었습니다. 만약 그런 일이 벌어지면 사람들은 분명히 나를 지목했을 거예요. 그를 싫어한다는 걸 워낙 드러내고 다녀서 그 사실을 모르는 사람이 없었으니까요."[41] 알몬드가 가장 신임하는 부관이자 제10군단의 작전참모였던 존 칠리스 중령도 이렇게 말했다. "중공군이 한국전쟁에 참전하는 것을 맥아더 장군이 반가워할 리 없었죠. 윌러비는 장군이 원하는 것이라면 무엇이든 관련 정보를 찾아냈습니다. 하지만 이번 참전 건에 대해서는 윌러비가 일부러 정보를 조작한 것 같습니다. 그러니 윌러비는 당연히 감옥에 가야 합니다."[42]

10월 말이 되자 한반도 최북단에 중공군이 속속 모습을 드러내고 있다는 보고가 이어졌다. 이에 따라 윌러비의 역할도 갈수록 커졌다. 그는 중공군이 아니라고 아예 부정하거나 소규모 지원군뿐이라는 사실을 증명하고자 행동을 개시했다. 10월 말부터 11월 초에 운산 근처에서 한국군과 제8기병연대를 무너뜨린 것이 중공군이라는 결정적인 증거가 있었지만, 윌러비는 어떻게든 그 증거가 별것 아닌 것처럼 보이게 하려고 애썼다. 실제로 그곳에 있었던 군인들 대부분은 초기에 잡아들인 일부 중공군 포로들이 증거를 제시했는데도 월러비가 민첩하게 대응하지 않았다고 보았다. 그가 정찰 결과를 브리핑할 때도 진지한 경고를 발할 생각조차 하지 않았기 때문에 운산에서 기병연대가 참패를 당했고 제8군 역시 큰 피해를 입었다고 생각한 것이다. 다들 수많은 동료들의 전사를 안타까워하며 월러비에게 책임을 물어야 한다는 입장이었다. 게다가 일부 군인들은 중국에서 옥살이를 하다가 한국으로 이송되는 등 오랜 시간 감옥에서 고생한 것에 대해서도 월러비에게 앙심을 품고 있었다. 그들이 보기에 월러비가 하는 짓은 사악하기 짝이 없었다. 그는 공산주의자와 중공군의 위험성에 대해 떠들어 댔지만 유엔군을 매복에 걸리게 함으로써 공산주의와 중공군을 도왔다. 결국에는 매복하고 있는 중공군의 상대로 유엔군을 배치함으로써 일을 마무리 지었다. 빌 트레인(Bill Train)은 월러비가 똑똑하고 패기 넘치는 정보참모이긴 했지만 그렇게 중대한 시기에 자기 말에 대한 신뢰를 스스로 허무는 짓을 했다고 생각했다. 그가 보기에 월러비는 "허풍이 너무 심했다. 뭔가 잘 알고 행동하는 척했지만 알고 보면 근거 없는 뜬소문과 다를 바 없었다. 사실 월러비의 주장은 단 한 번도 현실과 맞아떨어지지 않았다. 그가 하는 말은 한마디 한마디가 모두 거짓말 같았다. 당시 그는 현실과 역행하는 방향으로 계속 나아가면서 진실이 서서히 드러나는 것을 애써 덮어 보려 했지만 아무 소용이 없었다."[43]

전시에 독립적으로 활동하는 믿을 만한 정보 요원의 가치와 중요성은 아무리 강조해도 지나치지 않는다. 유능한 정보장교는 드러나지 않은 측면을 열심히 파헤쳐야 하며 힘든 상황을 꿋꿋이 헤쳐 나가며 최선의 노력을 기울여 앞으로 상황이 어떻게 전개될지 예측해내야 한다. 편견이나 본능과도 같은 문화적 선입견이 종종 현실과 충돌하는 민감한 상황도 피하지 않으며, 주변에 도와주는 사람이 아무도 없더라도 홀로 당당히 진실을 옹호할 줄 알아야 한다.

때로는 상관들이 달갑지 않게 여기는 비관적인 소식을 전하는 우울한 일도 수행해야 한다. 이들은 감춰진 사실을 부분적으로나마 세상에 알리는 데 주력한다. 유능한 정보장교라면 적의 입장에 서서 생각도 해보고 자기와 의견이 다른 사람의 말도 주의 깊게 듣는다. 때로는 상대방의 특징이나 욕구가 무엇인지 알아내기 위해 자신의 가치관을 잠시 접어둘 줄도 알아야 한다.

아무리 살펴봐도 찰스 윌러비는 위의 요소와 어느 것 하나 맞는 게 없었다. 오히려 이와는 정반대 성향을 가진 사람이었다. 악의가 없는 사람이라고 말할 수도 없었다. 그저 이류 클럽에서 신세대들이 자신의 신참 시절에 비해 용감하지 않으며 현실도 나아진 게 없다고 투덜대면서 다른 늙은이들을 성가시게 하는 고리타분한 퇴역 군인 스타일도 아니었다. 서른한 살의 정보장교였던 칼턴 스위프트(Carleton Swift)는 윌러비의 행동이 끼친 영향이 그토록 심각하지만 않았다면 그저 익살이 심한 사람이라는 평을 받았을지도 모른다고 생각했다.[44] OSS 출신 CIA 요원이었던 스위프트는 서울 주재 미국 대사관에서 영사로 위장 근무하며 국무부 활동을 계속했기 때문에 윌러비의 손아귀에서 벗어나 있었다. "불확실한 것에 대해 조심스런 태도를 보여야 좋은 정보전문가이지만 그는 아주 오만한 사람이었다. 예전이나 지금이나 자기 말은 절대 틀린 적이 없다는 식으로 행동했다. 입만 벌렸다 하면 자기주장에는 셀 수 없이 많은 증거가 있다고 장담했다. 그가 하는 말을 받아 적으면 매 문장마다 느낌표를 찍어야 할 것 같았다. 그가 어떤 일이 일어나지 않을 거라고 말하면 실제로도 그렇되지 않을 것이라고 확신했다. 그는 항상 '그들이 이런 일을 할 것이며, 저런 일을 하지 않을 것임을 이미 알고 있다.'라는 식으로 말했다. 설상가상으로 윌러비는 자기 말을 막거나 이의를 제기하는 것을 절대 용납하지 않았다. 자기가 하는 말은 항상 맥아더 장군을 위한 것이므로 자기에게 대드는 사람은 곧 맥아더 장군에게 대드는 것이라고 못 박았다. 물론 그 누구도 맥아더에게 도전장을 내밀 정도로 배짱이 두둑하지 못했다. 그래서 윌러비가 이미 한계를 정해놓았거나 그의 독자적인 생각이 분명한 문제에 대해서는 실제 현장에서 가져온 정보를 본부 고위 장교들에게 전달하기가 훨씬 더 어려웠다."[45] 스위프트는 제2차 세계대전 중에 베트남에서 호치민과 접촉하는 젊은 OSS 장교 중 한 명이었다. 당시 미국은 호치민과 우호적인 관계를 유지하고 있었다. 그 후 스위프트는 내전이 한창 벌어지던 시기에 중국 쿤밍(昆明)에 있으면서 공산주의자들의 훌륭한 전투력을 눈으로 직접 확인했다. 그는 여전히 중국에 믿을 만한 정보원을 확보하고 있었으므로 대규모 중공군이 만주 국경 지대로 이동하고 있다는 정보를 입수했다. 그 시절에 정보를 다룰 때 제일 중요한 것은 직감과 신뢰라고 생각했다. 스위프트는 중공군이 압록강 근처에 대규모로 집결하고 있으며 한국전쟁에 참전하라는 명령을 받았다는 사실도 알고 있었다. 소식통들은 하나같이 중공군 부대가 본격적인 참전을 준비하고 있다고 경고했기 때문에 이를 아주 심각하게 받아들여야 한다고 결론 내렸다.

그 후 10월 중순부터 그달 말까지 스위프트는 중공군이 압록강을 건너 한반도로 들어왔다는 소식을 연이어 전해 들었다. 소식을 전해준 사람들은 모두 중국 현지인들로, 당시 인종차별주의자들이 쓰던 용어로는 '슬로피들'이었다. 각 소식통마다 정보의 질은 약간씩 달랐지만 정보장교로서 충분히 관심을 기울일 가치가 있었다. 다른 정보장교들 역시 그 사실을 잘 알고 있었다. 스위프트는 중공군 포로들을 운산 지역에 있던 미군 본부에 데려다가 백선엽 장군이 심문하여 정보를 알아냈을 거라고 추론했다. 하지만 스위프트 혼자만 알고 있는 사실도 있었다. "누가 뭐라 해도 윌러비는 전혀 개의치 않을 것이 분명했다. 그는 중공군이 개입할 리 없다고 입버릇처럼 말했다. 자기 생각이 틀릴지도 모른다는 생각은 추호도 하지 않았다."

사실 윌러비의 만행은 전투 중에 정보기관이 한국 수뇌부에 중대한 정보를 전달하지 못하게 막는 데서 그치지 않았다. 다른 통로에서 나오는 정보도 중간에 가로막았으며 1950년에 도쿄에서 진행되던 CIA의 보잘것없는 소규모 작전도 계속 주시했다. 해군과 미리 협의한 대로 CIA는 제7함대 속에 조그마한 작전 본부를 마련하고 기지를 일본 요코스카(横須賀)로 정했다. 총지휘관은 예전에 유럽에서 근무한 경험이 있으며 오랫동안 OSS에서 작전장교로 일했던 윌리엄 더건(William Duggan)이었다.

더건은 9월 말부터 10월까지 대만에 있던 동료들로부터 중공군의 꿍꿍이에 대해 이례적이라 할 만큼 중요한 자료를 건네받았다. 과거 국민당 군대였다가 인민해방군에 편입된 이들이 밤에 몰래 빠져나가 예전에 쓰던 무전기로 대만과 무선 연결을 시도한 다음 자신의 위치와 주어진 임무를 알려준 것이다. 매번 연결이 될 때마다 한 가지 사실이 반복되었다. 자기들이 모두 만주 국경을 향해 북쪽으로 가고 있다는 거였다. 전장에 나가 있던 장교들은 이미 압록강을 건너기로 확정되었다고 믿었다.

그러다가 10월 말에 갑자기 무선 연락이 두절되었다. 북한에 들어가서 무선 연락을 자유롭게 할 수 없게 된 것이 분명했다. 하지만 그 전까지 전해진 무선 내용이 실질적인 경고와 다름없다는 점은 확실했다. 대만에 있던 CIA 요원 밥 마이어스(Bob Myers)는 예전에 함께 일한 적이 있는 국민당원들로부터 비슷한 소식을 계속 전달받고 상관들에게도 보고했으며 일본에 있는 더건에게까지 전달했다. 하지만 마이어스는 윌러비가 그 사실을 눈치 채고 더건을 찾아가 가지고 있는 정보를 더 이상 상부에 보고했다가는 CIA 기지의 문을 닫고 일본에서 몰아내겠다며 으름장을 놓은 것은 모르고 있었다.[46]

그러는 동안 제8군에서는 입수된 정보를 놓고 관료들 간에 치열한 논쟁이 벌어졌다. 제8군의 정보참모였던 클린트 타켄턴(Clint Tarkenton)은 자기보다 계급이 높은 윌러비의 강한 반대 의견과 북한 현지에서 입수한 정보에서 제기된 의혹에 부딪혀 어찌할 바를 모르고 쩔쩔 매기만 했다. 제1기병사단 작전 참모였던 빌 트레인은 "타켄턴은 월튼 워커의 사람이 아니라 윌러비의 사람이었습니다. 이 사실의 중요성을 간과해서는 안 됩니다. 당시 전체 사령부에서 윌러비의 권력이 얼마나 대단했는지를 기억해야 합니다."라고 말했다.[47] 빌 트레인은 중공군이 대규모 군대를 이끌고 북한으로 들어온 게 확실하며 머지않아 끔찍한 유혈 사태가 벌어질 거라고 예상했다. "미 육군 사령부라기보다는 맥아더 장군 개인 사령부라고 말하는 게 더 정확할 겁니다. 만약 누군가가 윌러비의 말을 거역하기라도 하면 그 자리에서 무시당하는 수준에서 끝나지 않고 군 경력을 끝내야 할 수도 있었을 겁니다." 그래서 타켄턴은 도쿄 사령부의 노선을 따르기로 결정한 것 같다. 운산 지역에서 처음으로 중공군 포로를 붙잡고 사흘이 지난 10월 28일, 윌러비는 보고서에 이렇게 기록했다. "중공군이 개입하지 않을 거라고 마음 편히 지내던 시절은 모두 끝나버렸다. 설령 중국이 참전을 계획하고 있었다 하더라도 하필 인민군 잔당들이 가장 힘이 약해진 순간에 개입하기로 결정했다는 건 정말 믿기 힘들다."[48]

하지만 트레인 역시 운산에서 벌어진 일을 듣고 깜짝 놀랐다. 그는 당시 정보참모가 부족해 임시로 정찰 업무를 수행하고 있었다. 시간이 지날수록 중공군이 엄청난 규모의 군대를 이끌고 이번 전쟁에 가담했다는 사실을 부인할 수 없는 수많은 증거가 쏟아졌다. 윌러비처럼 그냥 코웃음 치면서 대수롭지 않게 넘길 문제가 아니었다. 알면 알수록 트레인은 온몸에 소름이 돋았다. 실제 상황에 대해 조금이라도 더 알아보고 싶은 마음이 간절해졌다. 정찰 업무는 전공 분야가 아니었지만 자기 적이 누구인지 그리고 그들이 어디 있는지 모르고서야 어떻게 작전참모가 작전 계획을 세울 수 있겠는가 하는 생각이 들었다. 중공군이 운산을 덮치기 전에 새로운 퍼즐 조각이 더해지면서 전체 그림이 훨씬 또렷하게 보이기 시작했다. 그야말로 북쪽으로 진군하는 미군들은 유령들이 출몰하는 지역에 발을 들여놓는 것 같았을 것이다. 그런데 이제는 그 유령들이 서서히 실체를 드러내고 있었다. 트레인은 자기보다 지위가 높은 정보 요원들이 의도적으로 중요한 사실을 은폐하거나 공공연하게 이를 축소해서 보고하는 태도를 보고 어안이 벙벙했다. 정보참모로서 누구보다 열심히 정확한 정보를 얻고자 노력해야 할 사람들이 오히려 적군의 숫자를 축소해서 보고했던 것이다. 누가 봐도 이들은 더 정확한 정보를 얻으려는 의지가 없는 게 분명했다. 트레인과 그의 상사 존 대브니(John Dabney)는 중공군의 실체가 절대 뜬소문이 아니라는 결정적인 증거를 여러 차례 발견했지만 월러비의 측근들은 그 점을 은폐하거나 축소하는 데만 온 힘을 기울였다.[49]

클린트 타켄턴마저 월러비의 편에 서자 트레인은 더욱 불리한 상황에 놓였다. 그렇다고 해서 타켄턴이 완전히 트레인을 배척하거나 맞선 것은 아니었다. 그저 독단적이고 권위적인 상관과 원하지 않은 현실 사이에서 갈팡질팡하고 있었다. 여러 해가 지난 후에 트레인은 "내가 타켄턴이라 해도 별다른 수가 없었을 겁니다."라고 말했다. "월러비는 그의 상관이었습니다. 불량배 같은 사람이라서 손에 쥔 권력을 마음대로 휘둘렀죠. 도쿄에 있던 기지뿐 아니라 제8군의 정찰대마저 마음대로 조종하면서 원하는 대로 정보를 조작했어요. 타켄턴이 속으로 어떤 생각을 품었든 간에 월러비의 그늘을 벗어날 수는 없었습니다."[50] 대브니 역시 월러비가 타켄턴을 마음대로 좌지우지했다고 증언했다.[51] 중공군의 개입에 대한 이야기가 나올 때면 월러비는 항상 자기주장을 끝까지 고집했다. 한국군이 전투에서 36명의 중공군을 사살했으며 현장에 아직 시체가 있다는 보고가 들어왔지만 월러비는 동양 사람들은 원래 그런 식으로 체면을 차리려 한다고 응수했다. 그의 주장인즉, 한국군이 워낙 형편없이 패배한 것이 부끄러워 자존심을 세워볼 요량으로 중공군을 사살했다는 허위 보고를 했다는 거였다. 트레인이 특정 지역에 중공군 사단 5~6개가 있는 것 같다고 보고하자 윌러비는 또다시 중공군 사단에서 떨어져 나온 크고 작은 부대들이 인민군 부대를 따라다니는 거라며 무시해버렸다.

이처럼 군 일부는 도쿄에 안전하게 자리 잡고 앉아서 동료들이 처절하기 짝이 없는 환경에서 무시무시한 적과 싸우도록 방치하고 있었다. 유례를 찾아볼 수 없을 정도로 위험하기 짝이 없는 상황이었다. 운산에 대한 첫 공격이 지나간 후인 10월 30일에 서울 대사관에 있던 에버렛 드럼라이트는 정보참모의 위치를 정확히 지적했다. 그리고 중공군 연대 2개, 즉 3천여 명의 적군이 북한 지역에서 전투를 벌이는 것 같다고 국무부에 보고했다. 이는 지금 가장 심각한 상황이 무엇이냐는 상관들의 질문에 대한 그의 솔직한 답변이었다. 다음 날 그는 다시 전보를 보내 중공군의 예상 규모는 어제보다 줄어든 2천여 명으로 보인다고 말했다. 11월 1일 무렵 하급 심문 담당자들이 와서 중국이 파견한 여러 육군부대가 참전했다는 소식을 전했으나 윌러비의 편에 서 있던 타켄턴은 중공군 부대 전체가 나타난 것이 아니라 거기에서 떨어져 나온 소규모 병력이 잠시 나타난 거라고 설명했다.[52]

하지만 11월 3일 운산 사태의 심각성이 드러나자 윌러비는 중공군의 규모에 대한 예상 수치를 조금씩 높이기 시작했다. 중공군이 한반도에 들어온 사실과 그들의 규모가 최소 16,500명에서 최대 34,000명에 이른다는 점은 더 이상 부인할 수가 없었다. 11월 6일, 타켄턴은 제8군과 제10군단에 맞선 중공군의 규모가 약 27,000명이라고 확정지었다. 하지만 실제로 한반도에 들어온 중공군의 규모는 이미 250,000명에 가까웠다. 11월 17일, 맥아더는 주한 미국 대사 무초에게 현재 한반도에 있는 중공군의 숫자는 30,000명을 넘지 않는다고 말했으나 바로 다음 날 타켄턴은 48,000명에 달한다고 보고했다. 11월 24일, 유엔군은 중공군의 실제 규모와 그들이 얼마나 튼튼한 방어 기지를 마련했는지 미처 파악하지 못하고 압록강 근교에서 본격적인 공격을 시작했다. 그날 윌러비가 제시한 중공군의 예상 규모는 최소 40,000명에서 최대 71,000명 사이였다. 하지만 압록강 근교에서 유엔군이 자기들이 만들어놓은 덫에 조금 더 깊숙이 들어오기를 기다리고 있던 중공군은 무려 300,000명이나 되었다.[53]

이제 정보참모부 내에서도 크게 두 가지 의견이 충돌했다. 일선에 나가 있는 정보장교들뿐 아니라 로버트 퍼거슨(Robert Fergusson) 중령 역시 윌러비의 말이 하나도 맞지 않는다며 분통을 터뜨렸다. 퍼거슨 중령은 타켄턴의 상관으로 원래 정보참모부 소속이었다. 그는 타켄턴이 업무를 인계받은 후에 한국에 도착했으며 타켄턴의 생각을 바꾸려고 부단히 노력했지만 전혀 소용이 없었다. 하지만 타켄턴이라는 한 사람의 마음을 돌리는 것이 문제가 아니었다. 사령부 체제를 아예 바꿀 필요가 있었지만 퍼거슨의 힘으로는 어찌할 수가 없었다. 트레인은 이에 대해 이렇게 말했다. "아직 한창 나이인 동료들이 끔찍하기 짝이 없는 적군의 덫 속으로 걸어 들어가는 것이 눈에 보이는데도 아무것도 할 수 없었습니다. 앞으로 어떤 일이 벌어질지 뻔히 보이는데도 그저 두 손을 놓고 멍하니 있어야 하는 현실이 너무도 서글프고 괴로웠습니다."

월튼 워커 역시 상황이 잘못 돌아가고 있다고 생각했지만 상부의 권력을 함부로 거스를 수 없었다. 처음에는 워커도 중공군이 한반도에 들어왔을 가능성이 있다는 소식통들의 보고를 전혀 믿으려 하지 않았다. 한국군이 처음 포로를 붙잡았을 때 한국에 와 있던 기자들 중에서 가장 유능한 사람으로 알려진 AP 기자 톰 램버트(Tom Lambert)와 「타임」의 휴 모펫(Hugh Moffett)은 그중한 명 이상이 중공군이라는 소문을 들었다. 두 사람은 30킬로미터가 넘는 거리를 달려서 한국군 연대 본부를 찾아갔다. 그곳에서 중국어와 영어를 모두할 줄 아는 한국인 장교가 여기저기 덧댄 자국이 많은 윗옷과 지금까지 한 번도 본 적이 없는 군복을 입은 포로를 심문하는 모습을 볼 수 있었다. 그 포로는 정말 중국 사람이었으며 본인도 그 점을 깨끗이 인정했다. 자기들이 '자원군'이라고 말해야 한다고 교육받긴 했지만 실제로 자원해서 군에 들어온 것은 아니라고 했다. 다음 날 두 기자는 지프를 타고 워커의 본부로 향했다. 제8군 사령관은 아직 중공군의 개입을 인정하기에 이른 감이 있다고 생각하는 것 같았다. 워커는 이렇게 말했다. "글쎄, 뭐 중국인일 수도 있겠죠. 하지만 로스앤젤레스에 멕시코 사람들이 얼마나 많이 사는지 한번 생각해보세요. 그렇다고 해서 LA가 멕시코 도시가 되는 건 아니잖아요."[54] 하지만 워커는 중공군 포로가 발생한 순간부터 내내 불안감에 시달리고 있었다. 11월 6일, 제8기병연대가 입은 손실의 규모가 파악된 후에 월러비는 회의에 참석하러 평양에 갔다가 그 자리에서 워커에게 이런 말을 들었다. "찰스, 중공군이 이미 한반도에 들어와 있다는 걸 이미 다들 알고 있네. 이제 자네는 그들이 무슨 목적으로 이 전쟁에 개입했는지 말해줘야 하네." 워커의 전기를 쓴 윌슨 히프너(Wilson Heefner)는 월러비가 제대로 대답하지 못했다고 전했다.

당시 워커는 안절부절못하면서 불안한 마음을 그대로 드러냈다. 서울 해방을 기념하는 자리에서 부관 조 타이너와 전용기 조종사 마이크 린치에게는 오늘이 앞날에 대한 계획을 알 굉장히 중요한 날이라고 귀띔해주었다. 하지만 잠시 후 워커는 완전히 실망한 얼굴로 돌아왔다. 앞으로 사태가 어떻게 전개될지 아무도 말해주지 않았던 것이다. 일단 38선을 넘으면 북쪽으로 160킬로미터를 더 가서 한반도의 허리 부분, 즉 평양과 원산을 잇는 선을 따라 방어선을 구축하는 것이 유리하다고 생각했다. 어차피 한반도의 3분의 2는 대부분 사람이 살지 않는 광야나 산악 지역이었으므로 신경 쓸 필요가 없었다. 이 정도 뚫고 올라가면 유리한 지역을 확보해서 수월하게 방어와 보급을 할 수 있을 뿐만 아니라 중공군과 북한군의 공격 시도가 UN군의 공군력에 노출되어 이를 쉽게 무력화할 수 있을 것이라고 생각했다. 하지만 원래 계획과는 달리 압록강까지 480킬로미터를 남겨둔 지점에 머물러 있었다. 사실 워커는 더 이상 8군 총지휘관이 아니었고 8군의 절반 정도만 통솔할 수 있었다. 이제 워커는 알몬드가 이끄는 제10군단보다 먼저 압록강에 도착하기 위해 경쟁해야 한다는 사실을 깨달았다.

매슈 리지웨이는 이것이 전혀 우연이 아니라고 생각했다. 워싱턴은 수세를 취하는 듯했지만 "대규모 중공군이 참전"했다는 말이 도쿄 사령부에서 나오면 상황이 바뀔 거라는 걸 맥아더 역시 알고 있었다. 새로운 적이 본격적으로 전쟁에 발을 디뎠다는 증거가 있다면 정치인들은 물론이고 마셜과 참모총장들을 포함한 군 관료들이 현재의 수동성을 버리고 일어나 그에게 주었던 자유 재량권에 제한을 가하려 할 게 틀림없었다. 그러므로 운산 전투 직후 북진의 두 번째 전투는 정보참모들을 넘어 정치인들과의 싸움이었다.

제26장

최종 진군

후방에서는 미국 정계라는 또 하나의 세력이 여전히 활동 중이었다. 트루먼은 웨이크 섬 회담을 통해 인천상륙작전의 성공이 맥아더에게 가져다준 영광을 조금이나마 얻어보려 했지만 실패하고 말았다. 중공군이 운산을 점령하면서 제1기병사단 지휘관들마저도 이번 사태의 심각성을 깨닫기 시작했다. 그로부터 3일 정도 지난 11월 7일에 미국에서는 중간선거가 실시되었다. 민주당은 이미 국민들의 지지를 잃은 지 오래였던 차에 이번 전쟁의 여파로 선거에서 부진했고 결국 상원의원 5석과 하원의원 28석을 빼앗겼다.

이번 선거는 전쟁 이후 처음 실시한 선거였으며 위스콘신 주 신인 상원의원 조지프 매카시에게 화려한 성공가도를 열어주었다. 그는 1950년 2월에 공산주의자들의 전복 활동에 대한 첫 번째 연설을 성공리에 마쳤다. 사람들은 이번 전쟁 자체가 그의 주장이 옳다는 걸 증명해준다고 생각했지만, 민주당에 대한 실망을 극대화해주는 사건에 불과하다고 믿는 사람도 많았다. 어쨌든 매카시는 이번 선거를 통해 즉각적인 보상을 받았다. 선거 후 약 3년간 그는 정치적인 광란을 이끌었다. 대중은 그에게 열렬한 반응을 보였고 그 덕분에 매카시는 잔향 효과를 톡톡히 누렸다. 언론 매체 역시 제대로 확인하지도 않고 그가 한 말을 (너무 성급하다 싶을 정도로) 앞 다투어 보도했다. "국무부가 공산주의 세력에 끌려 다니고 있다고 매카시가 주장하다. 상원의원이 공산 세력을 옹호하는 무리를 고발하다."와 같은 보도가 이어졌다. 상원의원이 한 말이라는 것만으로도 그의 발언은 엄청난 뉴스거리가 되었고 사실 확인 여부는 뒷전으로 밀려났다. 물론 미국 내에서 공산주의 세력들이 실제로 어떤 일을 꾸미고 있는지 진지하게 연구하려는 시도도 없었다. 매카시는 전후 미국 내 소련 조직에 대한 연구에 심각한 피해를 주었다. 또한 소련이 승승장구할 수 있었던 이유가 오랜 공황기를 겪으면서 민주주의에 대한 신뢰를 상실하여 공산주의 체제로 발걸음을 돌린 소수 덕분인지, 소련을 위해 목숨을 내걸고 스파이 활동에 몰두한 사람들 덕분인지 밝혀내는 데도 해를 끼쳤다. 공산주의나 스파이 활동에 진지한 관심을 보이는 것은 매카시의 주특기와 거리가 멀었다. 당시 매카시 취재를 주로 맡았던 조지 리디(George Reedy)는 "매카시는 모스크바의 붉은 광장에 데려다놔도 공산주의자를 한 사람도 찾지 못할 겁니다. 그는 칼 마르크스와 그루초 막스를 구분도 못 할 겁니다."라고 말했다.[1]

매카시는 그 시대를 대표할 정도로 정계에서 잘 알려진 골칫덩어리였다. 그는 원자폭탄 시대라는 말이 주는 낯설고 불확실한 느낌을 이용해 대중을 지배했다. 또한 자기 멋대로 자신이 미국주의를 가장 잘 구체화한 사람이라고 주장하며 주변 사람들의 동조를 이끌어내곤 했다. 한번은 즉석 기자회견장에서 만난 기자 두 사람에게 "자네들이 혹시 나를 거스르고 싶다면 공산주의자가 되든지 여자 역할을 하는 호모가 되어야 할 거야."라고 서슴지 않고 말했다.[2] 그는 우파들의 구미에 딱 맞게 거친 성향을 갖추고 있었다. 머리 켐턴은 점잖은 공화당원들에게 매카시는 특히 귀중한 존재였다면서 "그야말로 지뢰밭에 풀어놓기 좋은 돼지 한 마리"였다고 묘사했다.[3] "우리가 이기는 방법은 오로지 상대방에게 '흙탕물을 튀기는 것'뿐이다. 그렇게 하려면 야비하게 행동할 수 있는 사람이 필요하다."라는 것이 그들의 지론이었다.[4] 존경받는 상원의원이었던 로버트 태프트는 매카시에게 그의 주장이 잘 먹힐지 여부는 크게 걱정하지 말라고 다독였다. "자기주장을 마음껏 펼치되 어떤 것이 생각대로 풀리지 않으면 다른 것을 밀어붙이면 된다."라는 식이었다.[5]

1950년 선거에서 매카시는 두 가지 특별한 성공을 거머쥘 수 있었다. 그해에 매카시의 주 표적은 보수적이며 꽤 거만한 편이었던 메릴랜드 주 민주당 상원의원 밀러드 타이딩스(Millard Tydings)였다. 사실 루스벨트 대통령도 타이딩스가 너무 보수적이라고 생각하고 정계에서 밀어내려 한 적이 있었다. 타이딩스는 무모하고 편파적인 매카시의 주장에 깜짝 놀랐는지 1950년 여름에 소위원회를 소집하여 매카시의 주장을 하나하나 분석한 다음 매카시를 공격할 방안을 모색하기 시작했다. 그들은 결국 매카시의 행동을 강하게 비판했고 매카시가 주장한 것이 모두 사실무근임을 밝혀냈다. 위원회는 매카시의 주장이 "공화당 역사상 가장 사악한 거짓과 중요한 사실을 일부러 빼놓은 말들로 이루어져 있었다."라고 보도했다.[6]

우연히 타이딩스는 1950년 재선거에 출마했고 곧 매카시가 그를 바짝 추격하기 시작했다. 매카시는 워싱턴에서 근처에 있던 메릴랜드를 수차례 오가며 사진을 조작해서 타이딩스가 미국 공산당 대표 얼 브로더(Earl Browder)와 모종의 관계를 맺고 있는 것처럼 보이게 하려 했다. 타이딩스는 놀랍게도 4천 표라는 엄청난 차이로 떨어졌고 최종 당선자는 주된 경쟁자였던 존 마셜 버틀러(John Marshall Butler)가 아니라 바로 매카시였다. 매카시의 또 다른 표적은 민주당 총재였던 일리노이 주의 스콧 루카스(Scott Lucas)였다. 매카시의 타이밍은 기가 막히게 적절했다. 여러 가지 이유로 민주당은 시카고에서 주 전체의 승리에 지장을 줄지도 모르는 치명타를 입었고 결국 루카스는 자신이 생각했던 것보다 훨씬 더 불리한 입장에 놓였다. 매카시는 상원의원 선거 유세 기간에 일리노이 주를 여덟 번이나 방문하여 중서부 지역에서 좋지 않은 평판을 얻고 있던 딘 애치슨과 루카스가 서로 연관이 있다는 주장을 펼쳐 치명타를 날렸다. 일리노이 주와 위스콘신 주의 농촌 지역 사람들 역시 딘 애치슨이라는 이름만 들어도 얼굴을 찌푸릴 정도여서 매카시는 가는 곳마다 열렬히 환영하는 대중을 만날 수 있었다. 매카시는 군중을 모아놓고 루카스의 적수였던 에버렛 매킨리 덕슨(Everett McKinley Dirksen)이야말로 "미국이 찾던 인물"이라고 말했다. 타이딩스에 이어 루카스 역시 선거에서 떨어지자 순식간에 매카시가 전국적인 인기를 누렸다. 일이 이렇게 되자 트루먼 정부와 의회 내 측근들은 큰 타격을 입었고 매카시는 하룻밤 사이에 나라 전체를 호령하는 새로운 거물로 등극했다.

아칸소 주 상원의원 윌리엄 풀브라이트(William Fulbright)는 "매카시가 워싱턴으로 돌아왔을 때 그의 위치는 누구도 생각지 못할 정도로 크게 달라져 있었죠."라고 설명했다. "공화당원들은 매카시를 새로운 메시아로 드높였습니다. 반대로 민주당원들은 겁에 질려 벌벌 떨었죠. 이전이나 그때나 밉살스럽기는 마찬가지였지만 주변 상황은 완전히 바뀌어 있었습니다."[7]

바뀐 상황은 정치적으로 아주 중요한 뉴스가 되었고 한국과 도쿄에도 적지 않은 영향을 끼쳤다. 한국전쟁이 아주 결정적인 상황에 직면한 시점에서 미국 정계의 변화로 대통령의 세력이 크게 약화되었다는 사실은 다이이치에 있는 장교들에게 공공연한 사실로 알려졌다. 이번 전쟁은 시작부터 대통령의 세력에 악영향을 주는 요소였는데 상황이 더 악화된 것이다.

중간선거 다음 날인 11월 8일, 합참은 중국이 참전한다는 소문 때문에 날이 갈수록 두려움이 커지고 있다는 걸 보여주기 위해 맥아더 장군에게 다시 전보를 보냈다. 운산 사태를 고려하여 전체적인 계획을 재검토하는 게 바람직하다는 말을 전한 것이다. 하지만 11월 9일 워싱턴에 어렵게 돌아온 그는 전보를 보고도 전혀 요동하지 않았다. 맥아더는 한반도의 좁은 목 부분을 끊어놓는 것에 만족하고 싶지 않았다. 물론 영국군(과 프랑스군)이 그렇게 하기를 원했고 워커를 위시하여 실제로 중공군에 맞서 싸우고 있는 고위 장교들 대부분도 같은 생각이라는 걸 모르는 바는 아니었다. 맥아더는 그런 식으로 행동하는 건 겁쟁이들이나 하는 짓이라며 "그렇게 하는 것의 역사적 선례는 1938년 뮌헨협정이다."라고 힘주어 말했다. 아마 공군력을 동원하면 인해전술로 밀어붙이는 중공군을 쉽게 저지할 수 있다고 생각했던 것 같다. (하지만 그는 적군의 대부분이 이미 한반도에 넘어왔으며 그들이 밀고 내려오는 길을 막기 위해 공군력을 동원하기에는 너무 늦었다는 걸 미처 깨닫지 못했다.) 그래서 맥아더는 이렇게 말을 맺었다. "중국 공산주의자들의 침략에 북한의 영토를 손바닥만큼이라도 내준다는 건 현대 자유주의 국가들이 맛본 중에서 가장 굴욕적인 수치가 될 것이다. 저들처럼 몰상식하고 비도덕적인 자들에게 밀려난다는 것은 세계무대에서 조국의 위상을 깎아먹는 짓이다. 아시아에서의 위상에도 큰 타격을 입을 것이고 정치적으로나 군사적으로나 참기 힘든 수치로 남을 것이다. 영국은 (공산주의 국가가 된 중국을 인정하는) 유화정책을 택했다가 다른 아시아 국가들의 존경을 잃었고 게다가 중국의 존경도 얻지 못했다. 우리는 그들이 선택한 길과 그 결과를 한시도 잊어서는 안 된다."[8]

그 순간은 참으로 운명을 좌우하는 중대한 시점이었다. 운산 사태와 제8기병연대가 습격을 받은 일은 분명 모든 계획을 재검토해야 할 충분한 사유가 되었다. 도쿄 사령부는 직접 통솔하는 부대원들이 큰 위기에 봉착했기 때문에 워싱턴보다 더 긴장한 상태였다. 그때야말로 중공군이 전면 공격을 펼치기 전에 마지막으로 전쟁 상황 전반을 재검토할 유일한 기회였다. 군사적인 용어를 빌려 쓰자면 맥아더의 부대는 이제 한계선을 넘어선 상태였다. 운산 사태와 제8기병연대가 습격당한 것은 이번 전쟁을 통틀어볼 때 가장 중대한 위기가 닥쳤음을 예고했으며 워싱턴 정부에는 이번 전쟁이 대참패로 끝날지도 모른다는 암시를 주었다. 딘 애치슨과 오마 브래들리는 당시 대통령 고문들이 얼마나 어리석게 행동했는지 기록해두었다. 그들도 사태가 예상과 다르게 돌아가고 있다는 걸 감지했지만 맥아더의 위협 때문에 솔직한 의견을 내놓지 못하고 있었다. 그래서 이들은 맥아더가 원하는 대로 계속 북진해도 좋다고 말하면서도 중공군과 맞서 싸우는 것은 가급적 피하라고 전했다. 그렇게 해서 맥아더가 계획한 최종 공격 작전은 계획대로 그냥 진행되었다.

운산에서 공격을 받기 직전까지만 해도 10월 말에 최종 진군을 계획하던 다이이치 수뇌부는 그야말로 행복감에 젖어 있었다. 적군은 사실상 전쟁터를 버리고 물러선 것처럼 보였다. 10월 23일자 「타임」지는 에드워드 알몬드를 극도로 추켜세우는 기사를 전면에 실었다. 인민군이 달아나고 있으며 유엔군이 맹추격하는 중임을 보여주기라도 하듯 기사의 제목은 "공격하라, 네드!"로 정했다. 커버스토리는 일반 병사들까지도 꼼꼼하게 챙기는 인간미를 갖추고 있는(그는 "자네는 이름이 뭔가?", "고향은 어딘가?", "군 복무한 지는 얼마나 되었나?"라며 친근하게 말을 건네곤 했다) 동시에 보기 드문 업적을 세운 위대한 영웅으로 알몬드를 추앙한 데서 그치지 않았다. 나아가 그에게 맥아더 장군을 입에 침이 마르도록 칭찬할 기회도 제공해주었다. 빌 맥카프리가 기억하기로는 알몬드가 좋게 말하는 사람은 조지 마셜과 로버트 리뿐이었지만, 맥아더를 만난 후에는 누가 시키기라도 한 것처럼 그를 칭송하기 시작했다. 그 밖의 모든 장교는 다 험담의 대상이었지만 맥아더만큼은 20세기가 낳은 최고의 군사 영웅이자 천재라며 칭찬을 아끼지 않았다. 「타임」과의 인터뷰에서 그는 "현재 시점을 나폴레옹이나 카이사르 혹은 한니발이 살던 시기와 비교하기 어려우므로" 맥아더에게 역사적인 군사 영웅들에 필적할 만한 직위를 줄 수 없어서 안타까울 뿐이라고 말했다. 가장 최악의 계절인 겨울 혹한을 무릅쓰고 전 세계에서 가장 많은 인구를 보유하고 있는 나라에 맞섰다는 건 어찌 보면 나폴레옹이 경험했던 전투와 비슷하다고 할 수도 있을 것이다.

맥카프리가 보기에 그 당시 알몬드를 다루는 것은 사랑에 눈이 먼 장님을 인도하는 것만큼이나 쉽지 않은 일이었다. 아마 맥카프리야말로 알몬드와 개인적으로 가장 친분이 두터운 사람이었을 것이다. 그는 제2차 세계대전 중에 알몬드의 수석 부관으로 일했으며 마치 아버지의 사랑을 독차지하는 아들처럼 그와 언쟁을 벌일 수 있는 유일한 측근이었다. 맥카프리는 북쪽으로 진군하는 것은 좋지 않은 생각이라고 강하게 만류했다. 그러나 눈앞에 위험한 상황이 뻔히 보이는데도 알몬드는 주변에서 만류하는 소리에는 전혀 귀를 기울이지 않았다. 사실 주요 본부마다 걸려 있는 커다란 지도에는 작고 빨간 깃발 표시가 있어서 중공군 사단의 위치를 알려주었다. 지도상에 표시된 것으로 볼 때 압록강 근처에 주둔하고 있는 중공군의 규모는 수십만 명에 육박했다. 맥카프리는 인천상륙작전이 벌어지기 일주일 전에 알몬드의 부관 자격으로 도쿄 사령부에 도착했다. 본부에 걸려 있는 지도를 볼 때마다 구불구불한 압록강을 따라 표시된 빨간 깃발이 도드라져 보였다. 그 깃발 표시로도 30개가 훨씬 넘는 중공군 사단의 모습이 눈앞에 훤히 보이는 듯했다. 사실 그는 지도를 보자마자 사태가 생각보다 훨씬 심각하다는 걸 단박에 알아차렸다. 중공군 부대는 산악 지역을 장악하고 유엔군이 올라오기만을 기다리고 있었다. 아군이 거기까지 간다면 후방 본부와 이어지는 보급로가 막히거나 차단될 위험에 빠질 것은 불을 보듯 뻔했다. 군단 소속 정보참모 밥 글래스(Bob

Glass)에게 "만약 중공군이 한반도로 넘어오면 어떻게 되는 거지?"라고 묻자 글래스는 "에드워드 알몬드 소장이 그 점은 걱정도 할 필요가 없다고 하셨습니다. 맥아더 장군이 미리 살펴본 바에 따르면 한반도에 들어오는 것이 중공군에게 전혀 유리하지 않거든요. 따라서 그들은 넘어올 생각도 하지 않을 겁니다."라고 대답했다.

하지만 맥카프리가 보기에는 무시무시할 정도로 위험한 순간이 바로 코앞에 닥쳐 있었다. 북으로 올라가면 갈수록 전차나 탱크가 지나갈 수 있는 도로는 사라지고 산세가 험한 황무지가 끝없이 펼쳐졌다. 해발 고도가 7천 내지 8천 피트가 넘는 산도 있었다. 후에 3성 장군이 된 맥카프리는 "북으로 한 걸음 다가가면 갈수록 전방에 펼쳐진 황무지는 더 험악한 산세를 드러냈다. 가면 갈수록 기온은 떨어지고 도로 사정은 열악해졌다. 첨단 기술 장비를 앞세운 미군에게 기초 체력이 바닥난다는 건 아주 위험한 일이다. 그러니 하루하루 지날수록 우리가 불리해질 수밖에 없었다."라고 설명했다. 이렇게 불길한 징조가 여기저기서 나타나자 바탄 갱 바로 아래 계급 장교들은 불안감을 감추지 못하고 초조해했다. 하지만 아무도 알몬드의 고집을 꺾지 못했다. 맥카프리가 몇 차례 시도해봤지만 신념이 부족하다고 꾸짖으며 말도 못 꺼내게 했다. "자네는 인천상륙작전이 성공할 거라고도 믿지 않았잖아. 자꾸 그렇게 불안해하는 건 맥아더 장군을 얕보는 것밖에 안 돼."라고 핀잔을 주었다.

중공군의 공격이 지나가고 12월 초로 접어들었다. 조 콜린스의 부관이자 오랜 친구였던 스위드 라슨(Swede Larsen)이 맥카프리를 찾아왔다. 맥카프리가 "속 시원히 말해보게. 워싱턴에서는 다들 뭘 하고 있는 건가? 아군이 북한 지역 전체에 거의 무방비 상태로 퍼져 있는 걸 정말 아무도 모르고 있나? 어떻게 그럴 수가 있지?"라고 다그치자 라슨은 "인천상륙작전 이후 누군가 맥아더에게 장군의 계획이 말도 안 된다고 얘기하는 게 가능하다고 생각하나? 일어날 수 없는 일일세."라고 응수했다.

　물론 맥아더는 자기 생애에서 가장 좋은 시절을 보내고 있었다. 제1군단 소속 존 오스틴(John Austin) 대령은 당시 본부를 방문한 맥아더가 "너무도 위풍당당하고 자신감이 넘쳤다."라고 회상했다. 후에 그는 마치 "걸어 다니는 역사의 한 장면"을 보는 것 같았다고 말했다. 아마 어느 군 지휘관도 맥아더만큼 거드름을 피워보지 못했을 것이다. 그는 한자리에 모인 장교들에게 이렇게 말했다. "제군들, 전쟁은 이제 끝났다. 중공군은 절대 개입할 리 없다고 확신한다. 아마 2주 내로 제8군은 가장 먼저 압록강에 도착할 것이다. 제3사단은 아마 포트 베닝에 돌아가서 크리스마스 저녁을 즐길 수 있을 거야." 오스틴 대령은 로버트 스미스(Robert Smith)와의 인터뷰에서 당시 맥아더의 말을 의심하는 사람은 아무도 없었다고 증언했다. "그의 말에 의혹을 품는 것은 신의 말에 이의를 제기하는 것만큼이나 어리석은 짓입니다."

　원래 첫 공격 일자는 11월 15일로 예정되었지만 월튼 워커는 여러 가지 사정으로 미루어 조금 늦추는 것이 낫다고 판단했다. 군수품이 절대적으로 부족하다는 것을 증명한 후에야 공격 일자를 늦추라는 명령을 겨우 얻을 수 있었다. 제1군단 지휘관 프랭크 밀번에게는 하루치 탄환, 연료 1.5일분, 3~4일분 식량밖에 없었다. 바로 그때 워커는 주변에 있는 적군이 최소한 사단 3개 규모임을 알았고, 따라서 평양을 출발한 후 한 걸음씩 발을 뗄 때마다 불안한 마음이 커지고 있었다. 나중에 그는 한 신문 기자에게 일부러 최대한 천천히 진군했다고 털어놓았다. 청천강을 건널 무렵에는 진군 속도가 워낙 느려서 상관에게 경고를 받을 정도였다. 그는 또한 중공군이 공격하거나 남쪽으로 밀려 내려갈 경우를 대비해 유리한 곳에 기지를 마련해두려고 갖은 애를 썼다. 그리고 그렇게 조금씩이나마 준비해둔 것이 나중에 부대원들의 목숨을 건지는 데 크게 이바지했다고 확신했다. 또한 그가 믿던 저널리스트 친구에게 말한 것을 보면 일부러 진군 속도를 늦추고 상관의 명령에 불복종한 것 때문에 도쿄 사령부가 지휘권을 박탈할 거라는 사실도 이미 직감하고 있었다.[9]

최초 공격 일자는 11월 20일로 늦춰졌다가 다시 11월 24일로 조정되었다. 그날 아침 워커는 맥아더를 따라 제8군 소속 부대의 각 본부를 모두 둘러보았다. 맥아더는 기자들을 대동하고 다니면서 크리스마스 전까지는 고국으로 돌아갈 수 있다고 말하는 등 이번 전쟁의 승리를 확신하고 있었지만 워커는 상황을 전혀 낙관하지 않았다. 제9군단 사령부에서 만난 존 콜터(John Coulter) 군단장이 워커의 부대는 사실상 거의 아무런 저항도 받지 않는 것 아니냐고 했던 말이 가장 충격적이어서 오래 기억에 남았다. 그러자 맥아더는 "콜터 소장, 부대원들에게 압록강까지만 가면 다들 고향으로 돌아갈 수 있다고 말해주세요. 식구들과 크리스마스를 함께 보내게 해주겠다는 약속을 지키고 싶습니다."라고 응수했다.[10] 그러고 나서 맥아더는 전용 정찰기를 타고 만주 국경 지역을 살펴보러 떠났다.

그가 떠난 뒤에도 워커는 활주로에 멍하니 서 있었다. 그는 제8군 총지휘관으로서 마음이 편치 않았다. 바로 그 순간에도 부대원들이 북쪽으로 발걸음을 옮기고 있다고 생각하니 더 우울했다. 동쪽에 있는 제10군단과는 이미 연락이 두절된 상태였고 각 사단은 저마다 너무 멀리 떨어져 있었다. 북으로 가면 갈수록 서로 돕고 의지할 수 있는 가능성은 희박해졌다. 동쪽 측면을 엄호해줄 부대는 한국군 군단 하나밖에 없었다. 그러니 워커의 마음이 조급해진 것도 이해할 만했다. 맥아더를 태운 비행기가 활주로를 떠나자 그는 "허튼 소리"라고 중얼거렸다.[11] 평소에 맥아더의 말이라면 고분고분했고 단 한 번도 불손한 말을 하지 않던 사람임을 잘 알기에 워커 옆에 있던 타이너와 린치는 깜짝 놀랐다. 이들은 평양으로 돌아가려다 기수를 틀어 근처에 있던 제24사단 본부로 향했다. 그곳에 도착하자 워커는 사단장 존 처치를 따로 불러 북으로 진군하는 미군을 선두에서 이끌던 제21보병연대 딕 스티븐(Dick Stephen) 대령에게 "중공군의 낌새가 보이면 즉시 후퇴해야 한다."라는 말을 전해달라고 부탁했다.[12]

하지만 도쿄 사령부는 여전히 행복감에 빠져 있었다. 11월 21일에 제7사단 17연대 중 일부 부대원들이 압록강에 도착했다는 소식이 전해지자 모두들 축제 분위기였다. 그토록 순진하게 기쁨에 들뜬 모습을 쉽게 이해하기 어려울 정도였다. 알몬드와 제7사단장, 그리고 오랜 기간 중국 고문으로 일했던 데이비드 바를 포함해 모든 고위 장교가 압록강을 향해 시원하게 오줌을 갈겼다. 승리가 바로 코앞에 있다고 확신한 맥아더는 알몬드에게 전보를 보냈다. "네드, 진심으로 축하하네. 데이비드 바에게도 제7사단이 드디어 대박을 터뜨렸다고 전해주게."[13] 하지만 제17연대 부대원들로서는 영하 30도를 밑도는 강추위 속에서 압록강을 바라보며 첫날 밤을 보낼 일이 악몽 같았다. 압록강으로 무작정 밀고 올라간 일을 두고 육군 참모총장 조 콜린스는 나중에 이렇게 말했다. "맥아더는 피할 수 없는 잔혹한 운명을 향해 돌진하는 그리스의 영웅처럼 진군을 감행했다." 매슈 리지웨이 역시 미군 장교로서 표현할 수 있는 최악의 비유를 들어 그 상황을 이렇게 정리했다. "리틀 빅 혼 전투의 커스터 장군처럼 그는 자기 목적을 이루는 데 방해가 되는 정보는 쳐다보지도 않고 들은 척도 하지 않았다. 그의 머릿속에는 오로지 북한 인민군을 쓰러뜨려서 한반도 전체를 통일하는 것밖에 없었다."[14] 맥아더의 전기를 쓴 제프리 페렛은 인천상륙작전은 그의 천재성이 가장 빛을 발한 순간이었지만 나머지 전략이나 계획은 처참한 비극만을 초래했다며 이렇게 묘사했다. "맥아더의 인생을 가장 적절하게 끝내는 방법은 그의 영광이 최고조에 달한 인천에서 장렬하게 전사하여 수장되는 것이었다. 그러면 그에 대한 전설이 조금도 다치지 않고 화려한 이미지 그대로 후세에 전해졌을 것이다. 인천상륙작전의 영광이 지나간 후에는 아래로 곤두박질치는 것 외에 기대할 것이 아무것도 없었다."**15**

다이이치 본부에서는 원래 계획대로 압록강으로 진군해도 좋을지 결정하려고 여러 가지 정보를 검토하기 시작했다. 사실 그 작업은 후손들에게 가장 위험한 선례를 만들어주는 것과 같았다. 입수된 정보를 가지고 장난을 친 것은 바로 장교들, 엄밀히 말하자면 고의로 정보를 조작한 다음 고위 군 관료들과 워싱턴 정부 관료들에게 넘겨준 사악한 몇몇 사람들이었다. 그 과정은 향후 몇 년에 걸쳐 두 차례나 반복되었고 매번 군 관료들이 민간 관료들의 조작에 넘어가는 일로 이어졌다. 자기 방어를 제대로 하지 못한 고위 군 관료들은 결국 자기 부하들만 위험한 싸움으로 내몰고 말았다. [당시 젊은 장교 중에서 남다른 통찰력을 보였던 H. R. 맥마스터(H. R. McMaster)는 고위 장교들이 베트남전에서 민간 관료들에게 속아 넘어간 과정을 연구하여 『직무유기(Dereliction of Duty)』라는 책을 집필했다.] 이 모든 사태는 조지 케넌이 경고한 대로 국내 정치 상황이 국가 안보를 가늠하는 데 갈수록 큰 영향을 끼치고 있음을 증명했다. 또한 미국 정부가 중차대한 결정을 내릴 때 정치적인 이유로 사실 여부를 제대로 확인하지도 않고 잘못된 정보를 그대로 받아들이는 어리석은 짓을 하고 있다는 걸 보여주었다. 1965년에 린든 존슨 대통령이 이끄는 새 정부는 베트남 파병 구실을 만들려고 이론적인 해석을 마음대로 조작했다. 베트남전에 개입하는 것이 심각한 결과를 초래하고 말 거라는 경고(북쪽의 베트콩들이 미국이 보낸 원정 부대를 격퇴할 만반의 준비를 갖추고 있다는 정보)를 무시하고 하노이 상황이 미국에 상당히 위협적이라는 거짓 주장을 펼친 것이다. 이로써 미국은 또다시 식민지시대가 지나간 뒤 베트남에 휘몰아친 가망 없는 전쟁에 끌려들어갔다. 2003년에 조지 W. 부시(George W. Bush) 정부 역시 의회와 언론 매체, 대중을 속이고 이라크 각 도시 중심부로 군대를 파견하여 재앙을 자초했다. 무엇보다 행정부가 스스로 제 눈을 가리고 불 속으로 뛰어든 것은 위험하기 짝이 없는 행동으로, 그 어떤 말로도 정당화할 수 없었다. 당시 미국 정부는 러시아 제국의 종말이 중동 지방에 끼치는 영향을 마음대로 해석하고 미국의 개입에 대한 현지인들의 반응을 완전히 잘못 예상했다. 또한 당시 국가 안보 팀에서 가장 실력을 인정받던 브렌트 스코크로프트(Brent Scowcroft)의 경고를 무시한 채 사담 후세인의 정권을 무너뜨릴 구실을 찾는 데만 급급했다.

제8부

—

중공군의 공격

The Coldest Winter

제27장
그림자 없는 유령

탱크 22대로 구성된 제2사단 38탱크중대 중대장 짐 힌턴(Jim Hinton) 대위는 처음부터 초긴장 상태였다.[1] 제2사단이 북쪽으로 이동하면서 눈으로 직접 확인한 현실은 도쿄 사령부에서 생각했던 모습과 판이하게 달랐다. 다이이치 본부에서는 한국이란 나라가 좀 멀리 떨어져 있고 어느 정도 질서가 잡혀 있는 데다 군사 작전을 펴기 쉬운 지역이라 생각했다. 지도상 거리는 그리 멀어 보이지 않았고 사단간의 거리는 고작 0.5인치 내지 1인치에 불과했다. 하지만 청천강을 따라 제2사단을 이끌고 실제로 와 보니 한국은 어떤 부대도 함부로 다가설 수 없는 지옥 같았다. 언덕이라고 하기에는 경사가 너무 심하고 험했으며 바람도 갈수록 강하게 불어 매시간 기온이 뚝뚝 떨어졌다. 하루하루가 견딜 수 없이 추웠는데 다음 날이면 더 추워져서 차라리 어제가 나았다는 말이 절로 나왔다. 혹한 속에서 탱크가 얼지 않고 계속 작동하도록 손을 보는 것도 큰일이었다. 짐 힌턴 중대장은 추위 때문에 기계가 말을 듣지 않거나 가장 절박한 순간에 엔진에 시동이 걸리지 않을까봐 노심초사했다. 탱크 배터리를 충전하려고 '리틀 조'라고 부르는 발전기를 가지고 다녔지만 한 번 작동할 때마다 귀청이 떨어질 지경이라 웬만하면 사용하지 않았다. 대신 한 시간에 한 번씩 엔진에 시동을 걸어 배터리를 충전했다. 하지만 매서운 추위 속에서는 그조차 쉽지 않았다. 설사 엔진에 시동이 걸린다 해도 바퀴가 땅에 얼어붙어서 꼼짝도 하지 않았기 때문이다. 그럴 때면 다른 탱크를 몰고 와서 얼어붙은 탱크를 살짝 밀어줘야 했다. 본부는 이들을 보내놓고도 한국의 지형과 기후가 이렇게 험할 거라고는 꿈에도 상상하지 못할 것이다. 다이이치에선 손끝으로 냉난방 장치를 누르기만 하면 시원한 여름과 따뜻한 겨울을 날 수 있으니 말이다. 맥아더 역시 한국에 있는 동안 전쟁터에서 밤을 새운 적이 없으니 전방의 사정이 어떤지 알 턱이 없었다. 결국 짐 힌턴은 본부 인사들이란 지도나 들여다보면서 현실과 동떨어진 세상에서 전쟁을 준비하는 사람들이라고 생각했다. 원래 지도라는 게 실제 상황과 다른 점이 많긴 해도 본부에 있는 지도는 지나치게 허술했다. 그 지도 때문에 본부 요원들은 자신들이 내린 결정이 아주 이성적이며, 따라서 그 명령을 수행하는 데 별다른 어려움이 없을 거라고 생각했다. 현장에 와본 사람은 지도 위에 연필로 진격 방향을 죽 긋는 것과 달리 실제로는 일이 그렇게 척척 진행되지 않는다는 걸 알 것이다. 기술적인 면에서 가장 앞선 국가의 군대인 만큼 본부에서 전방 부대까지 연결하는 연락망은 전혀 문제가 없어 보였다. 하지만 실제 부대에 있는 장비는 원시적인 수준이었다. 게다가 부대가 작게 나눠져서 거리상으로 한참 떨어져 있었기 때문에 도저히 믿을 만한 연락망이라고 볼 수 없었다.

힌턴은 진군하는 동안 주변이 너무 조용하다고 생각했다. 몇 차례 총격전이 벌어지다가 금세 조용해지곤 했다. 그 적막이 두려움을 더욱 가중시켰다. 주위에 아무도 없다는 사실은 견디기 힘든 일이었다. 힌턴은 탱크 전문가로서 소형 L-19 정찰기를 타고 며칠 동안 적의 흔적을 찾아다녔지만 아무것도 발견하지 못했다. 조금씩 적막감과 공허함이 그를 괴롭히기 시작했다. 아마 운산의 제8기병연대가 폭격되기 직전에 그곳에 있던 노련한 부대장들도 그런 기분에 시달렸을 것이다. 그는 지난 11월 중공군이 습격하기 전날 밤으로 기억을 되돌렸다. 언제 공격할지 모르는 중공군 때문에 잠자리에 들 때도 방어 태세를 늦출 수 없었다. 생사를 왔다 갔다 하는 문제였다. 힌턴은 다시금 긴장을 늦추지 말아야겠다고 마음을 다잡았다. "하루하루 후방 부대와 멀어졌고 모든 면에서 완전히 고립된 상태였다. 매일 진군할수록 더 멀리 뻗어나갔기 때문에 다른 부대와 물리적 간격이 더 벌어졌다. 다른 사단과 멀어질 뿐 아니라 같은 사단에 속한 사람들과도 멀어졌으며 각 연대 사이에도 상당한 거리가 생겼다. 각 연대 안에서도 중대 및 보병대 사이의 거리가 자꾸 멀어졌다. 다들 각자의 운명이 적의 손에 달렸다는 사실을 알고 있었다. 중공군이 내려오지 않기를 바랄 수밖에 없었다. 험준한 산세는 그들을 모두 삼켜버리기라도 할 것 같았다. 사단 하나가 통째로 거대한 산맥 속으로 사라질지 모른다는 생각도 들었다."[2] 힌턴을 비롯한 부대장들은 적군이 나타날 때 한데 모여서 탄탄한 방어체제를 구축하는 게 사실상 불가능하다는 걸 직감했다. 나중에 힌턴은 이게 바로 중공군의 전략이 아닌가 하는 생각이 들었다.

폴 오다우드(Paul O'Dowd) 중위는 제15야전포병대에 근무하는 전방 관측장교였지만 각 부대를 도는 데 대부분의 시간을 보냈다.[3] 원래는 제2보병사단 9연대 소속이었다. 오다우드 외에 운산에서 중공군이 자신만만하던 미군 연대를 완전히 무너뜨렸다는 사실을 아는 장교는 몇 되지 않았다. 평양을 향해 북쪽으로 계속 진군하는 가운데 그는 정기적으로 작은 정찰기를 타고 운산 공격 이후로 묘연해진 적의 행방을 찾기 위해 노력했다. 하루는 중공군이 홀연히 나타나 미군을 완전히 격파한 다음 금세 자취를 감췄다. 사실 그때까지만 해도 오다우드는 자기 시력에 자부심이 강했다. 관측장교의 첫 번째 조건은 당연히 시력이었다. 발데즈 대위 역시 정찰기를 타고 다녔는데 오다우드보다 시력이 더 좋았다. 매처럼 날카로운 시력을 가진 데다 비범한 재능이 많았지만 그만큼 독특한 사람이었다. 지상에서 쏜 총알에 정찰기가 한두 군데 맞으면 기지로 돌아가서 뚫린 곳을 찾아낸 다음 보라색 하트 모양으로 표시하곤 했다. 나중에 발데즈는 오다우드의 눈에는 아무것도 보이지 않는 굉장히 먼 곳에서도 중공군의 위치를 찾아냈다. 운산 사건이 벌어진 후 두 사람은 매일 주변을 정찰했지만 아무 흔적도 찾지 못했다. 그들이 타고 다니던 작은 정찰기에는 아무 장비가 없어서 앞을 잘 보려면 문을 열어야 했다. 살을 에는 차가운 바람을 견디면서 주변을 돌아봤지만 아무것도 없었다. 그렇게 큰 부대가 이렇게 꽁꽁 숨을 수 있다니 정말 대단하다는 생각이 들었다. 가끔씩 발데즈는 눈밭에서 발자국 비슷한 흔적을 찾아냈다. 가까이 가보면 발자국은 주변에 있는 작은 오두막으로 이어졌는데 지붕이 내려앉을 정도로 포격을 가해봤지만 안에는 아무도 없었다. 나중에 정보참모부 사람들의 이야기를 들어보니 중공군은 흰색 외투를 입고 다니며 아주 드물긴 하지만 미군 정찰기에 발각되면 땅에 엎드려 전혀 움직이지 않았다고 했다. 때문에 아무리 시력이 좋은 관측장교라도 알아볼 수 없었다. 제9연대장 찰스 슬론(Charles Sloane) 대령은 공중 정찰 업무가 얼마나 위험한지 잘 알고 있었다. 그래서 관측장교들이 서너 시간 정찰을 마치고 오면 핫초코를 대접하며 뭔가 알아낸 게 있는지 귀를 기울이곤 했다. 그 추위에 오랫동안 고생을 하고도 오다우드는 중공군을 한 명도 찾아내지 못했다. 그렇지만 어딘가에 숨어 있는 것만은 분명했다. 그 외에는 다른 가능성이 없었다. 슬론 대령을 긴장시키는 것도 바로 점이었다. 사단에서 가장 뛰어난 부대를 완전히 격파해버린 적이 홀연히 사라졌다는 사실에 불길한 예감을 떨칠 수 없었다.

　사단 본부에 있는 사람들도 이 때문에 잔뜩 신경이 곤두 서 있었다. 존 칼리(John Carley)는 젊은 작전장교로 웨스트포인트를 졸업한 지 이제 겨우 5년이 되었다.⁴ 제2차 세계대전에 참전하기엔 너무 늦었지만 그보다 훨씬 규모가 작은 한국전쟁에 투입되어 세계 어느 전쟁 못지않은 긴장감을 느끼고 있었다. 제2사단은 중공군과 그리 큰 격전을 벌이지 않았지만 중공군과 맞붙은 다른 부대들 이야기가 정보장교들을 통해 끊임없이 들려왔다. 존 칼리를 비롯해 수많은 정보장교들은 몇 가지 의문을 품을 수밖에 없었다. 중공군은 도대체 어디로 간 것일까? 그렇게 많은 사람이 순식간에 나타났다면 다시 그러지 않으리라는 법이 없지 않은가? 이들은 호랑이의 나라라 불리는 한국 안으로 깊숙이 들어가고 있었다. 아마 실제로 호랑이가 살기 때문에 그런 이름이 붙었을 거란 생각이 들었다. 주변의 산세는 굉장히 험준했다. 11월 말이 되자 존 칼리가 타고 다니던 정찰기의 앞 유리가 추위를 견디지 못하고 갈라져버렸다. 설상가상으로 11월 20일쯤 되자 거의 매일 안개가 잔뜩 끼어서 시야를 완전히 가리고는 좀처럼 걷힐 줄 몰랐다. 날씨 전문가는 아니었지만 어린 시절 미시시피 주 리치턴에서 비슷한 안개를 본 적이 있었다. 당시 칼리는 이른 아침에 울리는 차임 소리를 듣고 나가서 차가운 이슬을 맞으며 친구들과 함께 사냥을 하러 들을 쏘다니다가 불을 피워 몸을 녹이곤 했다. 나중에 그는 미군 정찰기를 무용지물로 만들려고 중공군이 엄청나게 큰 불을 피워 모든 시야를 가리는 건 아닐까 하는 생각을 했다. 칼리뿐 아니라 정보참모부와 작전참모부에 있는 다른 장교들도 후방에서 오는 보급 라인이 얼마나 취약한지 잘 알고 있었다. 또한 제2사단이 나아가는 북쪽 길이 굉장히 좁고 험한 데다 굴곡이 심하기 때문에 적이 매복하기 좋은 지형이라는 사실도 알고 있었다. 몇 년 후에 당시 상황을 회상하면서 칼리는 이렇게 말했다. "당시 우리 상황이 얼마나 열악했는지 상상도 못하실 겁니다. 우리는 주변 부대에서 한참 떨어져 있었고 날을 거듭할수록 간격은 점점 더 벌어졌습니다. 결국 부대에서 어떤 지원을 기대하기 힘든 상황이었죠."

제2사단 정보참모부 랠프 포스터(Ralph Foster) 중령 역시 당시 상황을 증언해주었다. 그는 상부의 압력에 크게 휘둘리지 않고 일처리가 꼼꼼한 편이었는데 존 칼리처럼 시간이 갈수록 주변 상황에 대한 걱정이 늘어갔다. 11월 초부터 불안해지기 시작했는데 11월 중순으로 접어들자 사단 내 모든 사람이 눈치 챌 정도로 걱정이 많은 사람이 되어버렸다. 지도에는 압록강 북쪽으로 중공군의 위치를 나타내는 붉은 깃발이 곰보 얼굴의 얽은 자국처럼 표시되어 있었다. 실제로 운산에서 미군은 중공군의 공격에 쓰라린 패배를 맛보았다. 하지만 사단장 로런스 카이저는 별로 두려워하지 않았다. 포스터와 함께 정보참모부에서 근무했던 맬컴 맥도널드(Malcolm MacDonald) 대위는 자기 상관이 카이저를 만나지 못해 계속 실망하고 있다는 걸 알게 되었다. 정보참모부 대원들은 본부에서 계속 진군 명령이 떨어지고 있기 때문에 그가 얼마나 큰 압력을 받고 있는지 잘 알고 있었다. 하지만 포스터의 생각에는 누군가 밖에서 자기 부대를 가만히 지켜보면서 제대로 공격할 순간을 노리고 있는 것 같았다. "본부 내 긴장감이 얼마나 높았는지 모릅니다. 뭔가 끔찍한 일이 곧 벌어질 거라는 느낌이 들었지만 아무도 이렇다 할 대책을 내놓지 못했습니다."[5]

샘 메이스(Sam Mace) 소위는 짐 힌턴이 이끄는 제2사단 38탱크중대 4소대 소대장이었다. 11월 초에 메이스는 소대원들과 함께 탱크를 끌고 길고 긴 정찰을 떠났다. 당시 그들은 평양 북쪽에 머물고 있었다. 메이스는 그날을 결전의 날로 기억했다. 여느 날과 크게 다를 바 없이 시작된 하루였다. 몇몇 인민군과 작은 총격전이 있었지만 탱크의 압도적인 화력 덕분에 금방 진압할 수 있었다. 8명 정도의 인민군을 생포했으나 한 명을 제외하고는 모두 심각한 부상을 입은 상태였다. 메이스의 부대원들은 부상당한 포로들의 상처를 싸매준 다음 모두 결박하여 작은 오두막에 가두고 본부에서 받은 정찰 임무를 완료하기 위해 계속 북쪽으로 올라갔다. 그때까지만 해도 평소와 다를 게 없었다. 하지만 곧 두 가지 엄청난 사건이 일어나 메이스 소위를 경악하게 만들었다. 평소에 조심성이 많은 사람이라도 그런 일을 겪으면 방어태세를 더 강화했을 것이다. 워낙 조심성이 많은 메이스조차 자신이 왜 아직까지 살아 있는지 궁금할 정도였다. 짐 힌턴 중대장은 메이스가 정말 훌륭한 군인이며 지금까지 함께 일해본 사람 중에서 가장 뛰어나다고 생각했다. 메이스는 어떤 일이라도 가리지 않았고 무엇이든 잘 고쳐냈으며 주변 상황에 금방 적응했다. 신체적으로도 매우 건장해서 지칠 줄 모르는 체력으로 소문나 있었다. 사실 전장에서는 자신의 컨디션에 따라 활동을 조절할 수 없기 때문에 군인의 체력은 아주 중요한 요소였다. 메이스는 체력 못지않게 머리도 명석했다. 직업 군인이었던 그를 장교로 만들기 위해 짐 힌턴 중대장이 수년간 애를 썼지만 초등학교 4학년을 중퇴한 학력에 의기소침해서 대학 졸업자들과 경쟁하는 걸 꺼려했다. 메이스는 낙동강방어선전투에서 심각한 부상을 입고 병원으로 후송된 적이 있었다. 당시 그의 등에는 유산탄 파편이 무려 78개나 박혀 있어서 얼마나 오래 버틸 수 있을지 간호사들이 내기를 할 정도였다. 그렇게 심각한 상황에 직면하긴 했지만 메이스는 오히려 그 부상이 자신에게 행운이었다고 생각했다. 병원에 누워 있는 동안 짐 힌턴은 그를 장교로 추천하는 서류 작업을 일사천리로 진행했으며 퇴원 후 곧바로 소위로 복귀했다. 이번에는 그도 아무 저항 없이 승진 제의를 받아들였다. 이미 메이스는 전쟁의 실상에 대해서는 전혀 모르면서 아랫사람을 무시하는 주변 장교들과 밀고 당기는 데 지칠 대로 지쳐 있었다. 또한 소위가 되면 일반 사병들이 꿈꾸는 여러 가지 혜택을 누릴 수 있었다. 하지만 메이스가 장교로 일한 지 불과 36시간밖에 지나지 않은 11월 25일, 중공군이 그가 이끄는 부대를 공격했다.

메이스는 그런 상황이 전혀 낯설지 않았다. 어린 시절에 대공황을 경험한 그는 웨스트버지니아 주의 가난한 농가에서 생활했다. 당시에는 모두 다 심각한 생활고를 겪었다. 아버지는 교육을 전혀 받지 못한 전형적인 시골 사람이었다. 당시 시골 사람들이 유일하게 일할 수 있는 기회는 광산에 취직하는 거였지만 아버지는 밀실 공포증이 있어서 그런 기회조자 얻지 못했다. 그래서 가족들을 이끌고 여러 도시를 전전하면서 일자리를 찾아다녔다. 아무리 허접하고 열악한 기회라도 잡으려고 무진장 애를 썼고, 닥치는 대로 일을 하지 않을 수 없었다. 바로 그 때문에 메이스는 초등학교 4학년을 끝으로 학교 교육을 포기해야 했다. 1939년 육군에 입대할 기회가 생기자 메이스는 열다섯 살이라는 어린 나이에 주저 없이 군에 자원했다. 당시에는 나이 제한 없이 누구나 군에 들어갈 수 있었다.

당시 군은 말에서 탱크로 전환하는 과도기라 메이스는 탱크 운전병으로 복무를 시작했다. 처음부터 훌륭한 군인의 자질을 마음껏 발휘했지만 거친 행동을 자제하지 못해 근무 외 시간의 행실에 따라 하사와 상병 계급을 되풀이했다. 세 차례 매복 공격을 훌륭히 막아낸 경험을 바탕으로 미국에서 자기가 매복의 일인자라고 자처하기도 했다. 그중에서 군우리에서 중공군이 구사했던 매복이 단연 으뜸이었다. 제2차 세계대전 당시 벌지 전투가 매복 공격에 상당히 가까웠다면 1951년 2월 중순에 벌어진 전투는 그야말로 매복 공격의 정수였다. 미군들은 이 전투를 두고 '대학살의 골짜기'라고 불렀다. 물론 메이스는 아직도 벌지 전투를 생생하게 기억하고 있었다. 1944년 12월 당시 그의 부대는 바스토뉴라는 도시로부터 32킬로미터 떨어진 곳에서 아무 걱정 없이 편안하게 대기하고 있었다. 당시 거의 모든 사람이 이제 전쟁은 끝났다고 생각했는데 바로 그때 독일군이 공격해왔다. 유독 안개가 짙은 날이었다. 당시 상병이었던 메이스는 하사관에서 강등된 지 얼마 되지 않은 상태였고 독일군 장갑차가 지나는 길목을 막고 서 있었다.

전투를 시작할 때는 부대에 총 17대의 탱크가 있었는데 끝날 무렵에는 두 대밖에 남지 않았다. 메이스가 타고 있던 탱크도 공격을 받았지만 가까스로 몸을 피할 수 있었다. 그 후 여러 날 동안 그는 보병으로 전투를 계속했다. 두 번 다시 떠올리고 싶지 않을 정도로 지옥 같은 순간이 이어졌다. 포병들이 쉴 새 없이 쏘아대는 대포 소리에 귀청이 떨어질 듯했고 엄청난 공포감이 밀려왔다. 매서운 추위 역시 참기 어려웠다. 한국에 오기 전까지는 독일에서 맛본 혹한이 이 세상에서 가장 끔찍하다고 생각했다. 하지만 한국에 온 후로는 아르덴에서 당한 추위는 아무것도 아니라는 생각이 들었다. 한국의 추위는 훨씬 더 오래 이어지면서 온몸을 파고들었다. 아르덴에서는 아무리 매서운 추위라도 하루나 이틀이 지나면 잠깐씩 풀리곤 했는데 한국에서는 날씨가 풀릴 기미가 보이지 않았다. 1950년 11월 초 제2사단을 이끌고 북으로 진격하면서 메이스는 아르덴에서의 기억을 다시 한 번 떠올릴 수밖에 없었다. 그는 사실 뭔가를 보장하겠다는 사람들의 호언장담을 절대로 믿지 않았다. 특히 정신 상태가 흐트러진 고위 장교들을 가장 불신했다. 그들은 북쪽으로 진군하는 게 뭐가 어렵겠냐고 생각할지 모르지만 막상 직접 겪어보면 전쟁이 한창일 때 적군 진지 깊숙이 들어와 있는 상황에서는 진군 자체도 만만치가 않았다.

인민군 포로들을 간단히 치료해준 다음 메이스의 대원들은 몇 개의 작은 언덕을 넘어 마침내 물이 다 말라버린 개울가에 있는 작은 다리에 도착했다. 그러나 그 지점에서 다시 돌아서야 했다. 적당한 간격을 두고 소총수를 배치했지만 어디에 적군이 있는지 모르는 상황이라 오히려 그들이 적의 목표물이 되지는 않을까 걱정스러웠다. 한 걸음씩 앞으로 나갈수록 불안감이 커졌다. 다리에 올라서자 아주 깊고 커다란 계곡이 눈에 들어왔다. 향나무처럼 보이는 나무들이 마치 적을 꼭꼭 숨겨주려는 듯 무성하게 자라 있었다. 그때 갑자기 음악 소리가 들렸다. 이제껏 들어본 음악 중에서 가장 이상한 멜로디라는 생각이 들었다. 소리를 자세히 들어보려고 탱크 운전병들에게 일제히 엔진을 끄라고 명령했다. 들으면 들을수록 알 수 없는 소리였는데 마치 메이스와 부대원들을 겨냥하는 것 같았다. 알 수 없는 곳에 숨어 있는 적들이 그의 부대를 내려다보며 조롱하는 것 같은 느낌이 들었다. 어찌 들으면 계곡에서 들려오는 세레나데 같기도 하고 바람에 나무가 움직이는 소리 같기도 했다. 머리카락이 한 올 한 올 곤두서는 느낌이었다. 중공군이 제8군을 공격한 후로는 다들 그 음악 소리가 진격 명령을 전하는 소리라는 걸 알고 있었다. 그래서 메이스는 지금 언덕 너머 어딘가에 숨어 있는 중공군 지휘관이 부대원들에게 명령을 전달하는 중일 거라고 판단했다. 메이스가 끌고 온 탱크부대는 완전히 포위된 상태였지만 지금은 이들을 공격하기에 적절한 시간이 아니라고 말하는 것 같았다.[6]

메이스는 부대를 이끌고 부상당한 인민군을 묶어두었던 오두막으로 돌아왔다. 그런데 갑자기 부상을 입지 않은 포로가 총을 쏘며 탈출을 시도했다. 메이스와 부대원들은 그의 돌발 행동에 어안이 벙벙했다. 응급처치를 하고 잘 돌봐줬는데 그런 식으로 반응할 거라고는 상상도 하지 못했다. 메이스는 탈출을 시도하다 사살된 인민군의 시신을 수색해봤지만 특별한 건 나오지 않았다. 인민군은 흔히 여러 장의 서류를 몸에 지니고 다니기 마련인데 아무것도 가지고 있지 않는 게 이해가 되지 않았다. 겉옷을 벗겨보니 놀랍게도 중공군이었다. 누가 봐도 중공군 군복이었다. 사실 수색을 시작하기 전에 메이스의 부대에 속해 있던 한국군들이 포로가 중국인이 분명하다고 여러 차례 얘기했다.

그런데 이상한 음악을 듣고 인민군을 가장한 중공군의 시신을 보자 더 심란해졌다. 그날 메이스는 정보참모부 사람들에게 중공군 한 사람을 사살했다고 보고했지만 아무도 관심을 보이지 않았다.

그때부터 메이스는 북쪽으로 진격하는 동안 경계태세를 한층 강화했다. 당시 제2사단은 제8군 중에서도 우측으로 한참 치우친 곳에 머물고 있었다. 제8군은 태백산맥을 끼고 있었고 산맥 너머 동쪽에 제10군단이 자리를 잡았다. 원래는 위기에 처한 부대를 도와주게 되어 있었지만 지형적인 조건상 제10군단의 지원을 기대하는 건 사실상 불가능했다. (태백산맥 다른 편에 있는 사단도 입장은 매 한가지였다. 제10군단에 소속되어 있었지만 제1해병사단 지휘관 올리버 스미스 역시 왼편이 뻥 뚫려 있어서 굉장히 불안해했다.)

11월 말, 메이스가 지휘하는 탱크 다섯 대는 제2사단 우측에 있는 38연대 3대대를 지원했다. 3대대가 있던 곳은 소민동이라는 작은 마을로 가구 수가 15가구에 불과했다. 메이스는 3개 중대를 최대한 지원할 수 있는 위치에 탱크를 대기시켰다. 하지만 대대 본부가 소총 중대에 너무 가까이 이동한 것이 영 마음에 들지 않았다. 자칫하면 본부가 쉽게 공격받을 수도 있는데 당사자들은 그런 위험을 전혀 고려하지 않았다.[7]

사실 중공군은 유엔군의 움직임을 하나도 빠짐없이 주시하고 있었다. 각미군 부대가 포진하고 있는 위치는 물론 한국군이 어느 방향에서 이들을 지원하고 있는지 잠시도 경계를 늦추지 않고 살폈다. 30만 명의 중공군이 한 달만에 유엔군에게 들키지 않고 북한으로 이동했으며 대략 18만 명 정도가 월튼 워커의 지휘를 받는 제1군단과 9군단의 위치에서 서부 전선에 매복하고 있었다. 또 다른 12만 명은 동쪽에서 에드워드 알몬드가 이끄는 10군단을 기다리고 있었다. 유엔군은 엄청난 양의 무기를 운반하느라 금방 적의 눈에 띌 수밖에 없었다. 하지만 중공군은 30여 개 사단이라는 어마어마한 규모에도 불구하고 전혀 모습을 드러내지 않고 은밀하게 이들을 기다리고 있었다. 전쟁사가 새뮤얼 마셜의 표현을 빌리자면 중공군은 그림자가 없는 유령 같았다.[8]

더글러스 맥아더가 지휘하지 않는 부대들은 뭔가 심각한 상황이 벌어질 거라는 걸 미리 알아챈 것 같았다. 하지만 맥아더가 이끄는 부대는 계속 전진했다. 추수감사절에 알프레드 그루엔터(Alfred Gruenther) 장군은 유럽에 있을 때 상관으로 모셨던 드와이트 아이젠하워를 찾아갔다. 아이젠하워는 당시 콜럼비아 대학에 재직 중이었다. 알프레드의 장남 딕 그루엔터(Dick Gruenther)는 1946년에 웨스트포인트를 졸업하고 제7사단 소속 중대에서 근무하고 있었다. 이 중대 소속 일부 장병들은 북한에서도 최북단인 압록강 근처까지 진격한 상태였다. 11월 17일, 딕의 선임 장교들이 압록강에 이르기 불과 나흘 전에 딕 그루엔터는 중공군의 본격적인 공습에 앞서 발생한 몇 차례 소규모 총격전에서 복부에 부상을 입었다. 유럽에서 아이젠하워의 참모장으로 근무했던 알프레드 그루엔터는 100명으로 구성된 합동참모본부 책임자로서 방금 현장 시찰을 마친 상태라 맥아더가 무시하고 있던 중요한 경고 신호들을 모두 확인한 상태였다.

그루엔터가 추수감사절 인사나 하려고 찾아올 리 없었기에 드와이트의 아들 존 아이젠하워는 뭔가 이상하다고 느꼈다. 추수감사절은 가족끼리 보내는 게 상례였기 때문이다. 나중에 그는 뭔가 일이 심각하게 잘못되어 그루엔터가 아버지에게 조언을 구하러 왔다는 걸 알게 되었다. 존 아이젠하워는 두 사람이 나누는 이야기를 온전히 이해하지는 못했지만 추수감사절치고는 그날 식탁 분위기가 아주 암울했다고 회상했다. 그루엔터는 당시 미군이 적에게 적나라하게 노출되어 매우 위험한 상황이라고 말했다. 그가 떠난 후 아이젠하워는 아들에게 이렇게 말했다. "내 평생 이번 전쟁 때문에 이렇게 마음이 아프기는 처음인 것 같구나." 당시 존 아이젠하워는 웨스트포인트에서 교편을 잡고 있었다. 학교로 돌아가는 길에 자동차 라디오를 켜자 맥아더가 크리스마스 무렵에는 한국전쟁이 끝날 거라는 전망을 내놓았다는 보도가 흘러나왔다. 하지만 바로 다음 날 유엔군은 중공군의 공격에 큰 타격을 입었다.[9]

11월 25일 밤 중공군은 대대적인 공격을 감행했다. 그렇게 큰 규모의 부대가 갑자기 상대방을 놀라게 한다는 건 상상조차 하기 힘든 일이었다. 이들은 미군의 모든 상황을 꿰뚫고 있었다. 서해안에 있던 미군은 자신들이 중공군이 쳐놓은 덫 안에 제 발로 걸어 들어왔다는 사실을 미처 파악하지 못했다. 반면 동해안에 포진한 군부대는 이들보다 눈치가 빨라서 부대 이동을 조심스럽게 진행했다. 중공군의 공격을 받고 보니 맥아더의 전략이 완전히 틀렸다는 게 입증되었다. 맥아더는 그때까지도 중공군이 오지 않을 거라고 확신했으며 한국군이 나름대로 전투력을 갖추고 있으므로 중공군에 맞설 힘이 있다고 주장했다. 그러나 사실 한국군은 중공군에 대한 두려움이 너무 커서 중공군이 공격을 시작하려 하자 이미 해체 수준에 이르렀다. (새뮤얼 마셜에 따르면 어떤 연대에서는 500여 명의 군인이 무기를 든 채 도망쳐버렸다. 그러나 가까스로 서울로 복귀한 일부 장교들도 있었다. 이들은 이승만에게 바치려고 압록강 물을 병에 담아 갔다.) 전장에 있던 미군 장교들은 한국군이 중공군의 공격에 대처할 준비가 안 되어 있다는 걸 알고 있었지만, 아무것도 모르는 본부에서는 미군 부대를 잘게 나눠 분산시킨 상태에서 한국군을 투입하면 도움이 될 거라고 생각했다. 하지만 한국군이 미군과 유엔군의 측면 중에서도 주요 거점을 모두 이탈해 달아나자 중공군은 사실상 아무런 방해를 받지 않고 유엔군의 핵심 진지에 손을 뻗을 수 있었다.

도쿄에 있는 미군 사령부 역시 중공군의 공격에 대처할 생각을 전혀 하지 않았다. 뿐만 아니라 중공군이 절대 정면 공격을 하지 않는다는 점, 밤에 도보로 이동하며 유엔군의 측면에 숨어서 약점을 찾거나 후방에 포진하여 퇴각할 수 있는 길을 아예 봉쇄하는 전술을 구사한다는 것도 전혀 알지 못했다. 사실 그 누구도 중공군이 소리 없이 잽싸게 이동하는 비법이 뭔지 파악하지 못했다. 어두운 밤이나 길이 없는 험준한 지형도 그들에게는 전혀 문제가 되지 않는 것 같았다. 또한 미군에 비해 무거운 장비나 탄환, 식량 등의 거추장스러운 짐이 없었다. 짐을 가볍게 하는 건 이동할 때 큰 장점이 되었다. 하지만 동시에 약점이기도 했다. 그러나 중공군은 자기들의 약점을 누구보다도 잘 알고 공격 시도를 최대한 자제하는 한편 자기들이 잘할 수 있는 것은 실수 없이 해냈다. 그리고 미군이 대처할 방법을 찾기 전에 중공군은 이미 미군의 장점(도로나 계곡에서 이동할 때 덩치가 큰 무기에 의존하는 점)을 약점으로 만들어버렸다. 다이이치 본부는 그때까지도 중공군이 결국 미군의 손쉬운 먹잇감이 되고 말거라는 안일한 기대에만 매달려 있었다. 만일 제2차 세계대전 직후 중국에서 무슨 일이 벌어지고 있는지 예의주시했더라면 중공군의 공격 방식을 충분히 파악할 수 있었을 것이다.

제28장
폭풍 전야

제23연대 폴 프리먼 대령은 순천에서 진군한 후 계속 중공군과 맞닥뜨렸다. 중공군이 마지막 공격을 퍼부을 무렵 프리먼은 중공군이 적어도 2주 이상 자기 부대를 따라왔다는 사실을 깨달았다. 그동안은 예의주시할 뿐 별다른 반응을 보이지 않았던 것이다. 정찰대는 중공군이 갑자기 나타나서 죽은 척을 하더니 사라져버렸다는 믿기지 않는 결과만 보고했다. 중공군의 공격이 있기 10일 전 중대에서 가장 노련한 장교였던 셔먼 프랫(Sherman Pratt) 대위는 중대 크기의 정찰대를 이끌고 북쪽으로 나가 강계에 이르렀다. 북쪽으로 8킬로미터 정도 가다가 멀리 하늘과 맞닿은 윤곽선을 따라 뭔가 움직이는 것이 보였다. 너무 멀어서 확인할 방법은 없었지만 군복으로 미루어보아 중공군일 거라고 생각했다. 프랫은 정찰대를 정지시키고 사격하지 말라고 주의를 준 다음 신속히 빠져나갈 수 있게 차량의 방향을 뒤로 돌려놓고 더 이상 북쪽으로 이동하지 않았다. 본부로 돌아온 프랫은 대대장 클레어 허친과 연대장 폴 프리먼에게 중공군의 상황을 보고했다. 다음 날 프리먼은 다른 정찰대를 보내 중공군이 정해놓은 경계선을 넘어 북쪽으로 밀고 들어갔다. 중공군은 즉시 사격으로 응수했다. 몇몇 정찰대원이 부상을 입었고 정찰대는 부상병들을 남겨둔 채 퇴각할 수밖에 없었다. 다음 날 프리먼은 부상병들을 찾으라고 다른 정찰대를 보냈고 응급조치를 받고 담요를 두른 채 길가에 누워 있는 이들을 발견했다.[1]

추수감사절이 다가오고 있었다. 정찰대 사건 외에도 중공군이 가까이 있다는 증거가 속속 드러났다. 폴 프리먼뿐 아니라 정보참모들도 온 사방에 중공군이 숨어 있다고 확신했다. 하지만 프리먼의 증언에 따르면 "극동지역에 있는 본부에서는 아무도 믿으려 하지 않았다." 프리먼은 전쟁이 벌어지는 동안 중국에서 몇 년간 근무한 덕분에 중국어를 배웠을 뿐 아니라 마오쩌둥이 이끄는 군대가 어떤 전략을 구사하는지 알고 있었다. 따라서 한국전쟁에 개입하겠다는 중국을 보고 코웃음을 칠 때가 아니라는 생각을 했다. 프리먼은 몹시 암울한 기분에 사로잡혔다. 38선을 넘은 것부터가 엄청난 실수였다. 그 자체가 8군의 생사를 위험하게 만드는 결정이었다. 이 전쟁에서 미군의 지휘 전략은 결국 러시아인들의 손아귀에서 벗어나지 못하고 실패로 끝날 것만 같았다. 소련은 아무 힘도 들이지 않고 미국이 아시아에서 벌어진 전쟁에 발을 디뎠다가 고배를 마시는 모습을 지켜볼 가능성이 높았다. 아이러니하게도 그가 느낀 불길한 예감은 조지 케넌의 예상과 정확하게 일치했다. 하루하루 북쪽으로 진군할수록 프리먼의 불길한 예감은 더욱 커졌다. 그는 이런 심정을 아내에게 보내는 편지에 자세히 적어두었다. 매일 밤 최악의 상황에 대비하라고 대대장들에게 거듭 주의를 줄 때도 불편한 심기는 여지없이 드러났다.

프리먼은 이처럼 급박한 상황에서 상관들의 무지와 잘못된 결정 때문에 부대 전체가 아주 심각한 위험에 처한 것에 대해 책임 있는 군 지휘관으로서 비통할 뿐이라고 편지에 썼다. 하지만 상부의 결정에 저항하거나 거부할 수 있는 입장이 아니었다. 9월 25일, 거의 모든 사람이 낙동강방어선 탈환에 희희낙락했지만 프리먼은 어느 때보다 신경이 곤두서 있었다. 그날 편지에는 "아직도 걱정을 떨칠 수 없구려. 아무래도 중공군이 북쪽에서 치고 내려올 것 같아."라고 쓰여 있다. 유엔군이 미처 38선을 넘기도 전에 프리먼은 제23연대가 북쪽으로 진격하는 건 아군에게 전혀 득이 되지 않는다고 생각했다. 중국이 이 전쟁에 개입하겠다고 으름장을 놓은 일이 자꾸 생각났고 전세가 중공군이 원하는 대로 흘러가는 것 같았다.

프리먼이 오랫동안 혼자 고민했던 일들이 운산 사태를 통해 현실로 나타났다. 운산 사건이 있은 후 그가 염려와 두려움으로 가득 차서 온갖 비관적인 생각에 시달리고 있었다는 게 편지에 그대로 나타났다. 11월 7일에 아내에게 보낸 편지에서는 한국의 추위가 매섭긴 해도 견딜 만하고 건강도 괜찮은 편이라고 전했다. 하지만 감정적으로는 이미 녹초가 된 상태였다. "지금 우리 부대가 처한 상황은 말할 수 없이 처참하오. 그런데도 나는 아무 해결책도 내놓을 수가 없구려. 분명 누군가가 나서서 이 상황을 해결해야 하는데 말이오. 기적이 일어나서 비참하기 짝이 없는 지금 상황에서 구출되기를 바랄 뿐이오. 본부는 어쩌면 이리도 전황을 모를 수 있는 건지. 중공군이 개입할 리 없다는 가정하에 이런저런 계획을 세우는 본부를 도저히 이해할 수가 없소. 하지만 여기에서는 그 어떤 해결책도 보이지 않는구려."[2]

11월 11일, 제23연대는 집결 지점까지 간 다음 거기에서 다시 압록강까지 진군하기로 되어 있었다. 현실을 고려하지 않은 본부의 무모한 결정 때문에 완전히 버림받은 것이나 다름없었다. "내가 보기엔 아군에게 최악의 상황이 벌어진 것 같소. 우리는 소련의 손 안에 들어와 있고 여기 아시아의 작은 나라에서 결국 무릎을 꿇게 될 것 같구려. 정말이지 생각하기도 싫은 굴욕이오."라고 프리먼은 기록했다. 11월 13일에 보낸 편지가 가장 비관적이었다. 이

날은 미군이 본격적인 공격을 개시하기 11일 전이었고 중공군이 모습을 드러내기 13일 전이었다. 부대의 규모나 전투력 및 기타 위험 요소를 고려할 때 38선 인근에서 대기하지 않고 북으로 진격한 것이 가장 큰 실수라는 생각이 들었다. "낙동강방어선전투에서 사투를 벌일 때도 지금처럼 절망적이지는 않았소. 그때만 해도 항상 한 줄기 희망이 있다고 생각했지. 38선을 넘을 때는 아무 보장도 없이 이런 위험을 감수하는 이유를 도무지 이해할 수 없었소. 나는 지금 모스크바와 바탄으로 진격하는 나폴레옹처럼 제2차 십자군원정을 떠나는 기분이오. 이 전쟁은 도무지 끝날 것 같지 않구려. 어쩌면 제3차 세계대전으로 이어질지도 모르겠소. 하필 이런 곳에서 우리 부대를 희생시켜야 하다니…… 압록강 이남을 차지하려고 엄청난 희생을 치른다 해도 미얀마 전쟁에서처럼 지원군이 올 때까지 버텨내지 못할 것 같소. 누가 봐도 살아남기 불가능한 상황이오. 인정하고 싶지 않은 현실이지만 어찌할 도리가 없구려."

유엔군이 대대적인 공격을 감행하기 전날 밤 폴 프리먼과 클레어 허친은 사단장 로런스 카이저와 저녁식사를 함께했다. 카이저는 프리먼과 오랜 친구 사이였다. 두 사람은 주변 상황이 어떻게 돌아가고 있는지 전혀 알 수 없다며 카이저에게 답답함을 토로했다. 그들이 아는 거라고는 주변에 중공군이 잔뜩 깔려 있으며 언제 공격해올지 모른다는 거였다. 유엔군의 입장에서는 공격을 시도하는 것 외에 다른 대안이 없었다. 맥아더가 "아주 비밀스런 정보에 따르면 중공군은 저항할 의사가 전혀 없으며 미군과 유엔군에 밀려 압록강 북쪽으로 퇴각할 것"이라고 했던 말이 중공군의 위협을 무릅쓰고 공격을 시도하는 유일한 이유였다. 맥아더는 중공군이 북한에 와 있는 건 사실이지만 전쟁에 개입할 의사가 전혀 없으며 미군이 북쪽으로 밀고 올라오는 것을 핑계 삼아 다시 압록강을 넘어 중국으로 돌아가고 싶어 한다는 말을 퍼뜨렸다. 하지만 곧 맥아더의 추측이 "사실과 전혀 다르다는 게 여실히 입증되었다."

프리먼은 연대에 잠시도 경계를 늦추지 말고 전투태세를 유지하라고 명령했다. 또한 밤에도 방어태세를 갖추고 대기하라고 대대장들에게 지시했다. 덕분에 제23연대는 중공군의 기습이 있던 첫날을 잘 견뎌냈다. 각자의 위치에서 흔들림 없이 적의 공격에 맞서 싸웠으며 엄청난 중공군 사상자를 내고 100여 명을 포로로 사로잡았다. 그렇게 많은 포로를 잡아보기도 처음이었다. 프리먼은 중국어 실력을 발휘해 포로들을 직접 심문했다. 대부분이 북쪽 사투리를 썼다. 심문이 끝난 후에는 연대를 돌면서 허술한 곳이 없는지 꼼꼼하게 살폈다. 그날 밤 중공군이 공격을 재개하면서 제23연대 본부 지휘소를 점령했지만 다음 날 다시 찾을 수 있었다. 중공군이 기습했을 때 참호를 잘 파고 준비하고 있었더라면 훨씬 더 효과적으로 방어할 수 있었을 텐데 미군의 방어태세는 너무 형편없었다. 이 때문에 프리먼은 불안한 마음이 들었지만 중공군 포로들을 심문하다 이들 대부분이 실제로 전쟁에 참여할 의사가 없다는 걸 알고 비로소 두려움을 떨쳤다.

제29장

무너지는 전선

앨런 존스(Alan Jones) 대위는 제9연대 정보참모였다. 중공군이
기습했을 때 9연대는 제2사단을 기준으로 동쪽으로 멀리 떨어진 전방에 자리
잡고 있었다. 그다지 큰 충돌은 아니었지만 11월 25일까지 중공군으로 보이
는 적의 공격으로 몇 차례 접전이 벌어졌다. 존스는 "당시 가지고 있던 지도가
온통 빨간색으로 뒤덮여 있었다."라고 말했다. 정보참모들이 느끼는 긴장감이
상당할 거라는 생각이 들었다. 제8군 전체에 긴장감이 감돌았다.

앨런 존스는 웨스트포인트 43기 졸업생으로 살을 에는 추위 속에 엄청난
규모의 적과 맞서는 게 처음은 아니었다. 샘 메이스처럼 제106사단 장교로 벌
지 전투에 참전했는데 당시 독일군은 승승장구하던 연합군에게 마지막 일격
을 가해서 큰 성과를 거두었다. 그의 아버지 앨런 존스 소장은 제106사단장
이었다. 아버지는 아들이 같은 사단에 소속되어 있는 걸 불편해했지만 앨런은
실제 전투에 투입될 가능성이 없는 후방보다는 전방에서 근무하고 싶어 했다.

결국 그곳에서 원하던 것 이상의 경험을 했다. 아버지는 전투가 벌어지기 전 날 밤 사단이 넓게 포진해 있는 걸 두고 걱정이 많았다. 예상대로 독일 기갑부 대는 106사단 양쪽을 스쳐 지나갔다. 상부에서는 후퇴하라는 명령을 내렸지 만 무선에 혼선이 생기면서 명령을 하달하는 데 큰 차질이 생겼다. 결국 앨런 이 속해 있던 제423연대는 기습 공격을 받고 탄약이 다 떨어질 때까지 최선 을 다해 싸웠다. 앨런은 한 달 반 정도 독일군의 포로로 지내야 했다. 그 후 앨 런은 다시는 전쟁 포로가 되지 않겠다고 굳게 다짐했다. 한국에 와서 인민군 이 미군과 한국군 포로들에게 행한 잔혹 행위를 듣고는 다시 한 번 그 다짐을 되새겼다.

앨런 존스는 제9연대 찰스 슬론 대령이 당시 제한된 군사력을 아주 잘 배 치했다고 생각했다. 연대에 소속된 3개 대대는 모두 멀리 퍼지지 않고 유리 한 고지를 선점한 상태여서 유사시에 서로 지원할 준비가 되어 있었다. 하지 만 그날 밤은 그런 지원을 기대할 수 없었다. 동쪽에 배치된 한국군 부대가 공 격을 받자마자 무너졌고 그 후로도 계속해서 밀려드는 중공군에 짓밟혔다. 제 1대대에 대한 공격을 시작으로 아예 새로운 전쟁이 벌어진 것 같았다. 하지 만 앨런 존스는 1대대에 대한 중공군의 공격이 단순한 정찰에 불과했다는 걸 깨달았다. 본격적인 공격은 자정쯤에 시작되었다. 그때 앨런 존스는 연대 본 부에 있었기 때문에 3개 대대에서 들려오는 소식을 모두 접할 수 있었다. 최 악의 상황은 아니었지만 한 마디 한 마디에 긴장과 불안이 잔뜩 배어 있었다. "드디어 중공군이 모습을 드러냈다. 세상에, 우리는 사방으로 중공군에 둘러 싸여 있다. 잘 버티고 있긴 하지만 중공군의 숫자가 너무 많다. 숨을 헉헉거리 고 전투를 끝내고 나면 새로운 부대가 나타나서 위협한다. 더 이상은 버틸 여 력이 없다. 수적으로 도저히 대적할 수 없을 것 같다. 아마 이 보고가 마지막 이 될지 모른다." 모든 무선 통신병들이 같은 소식을 전해왔다. 규모를 가늠할

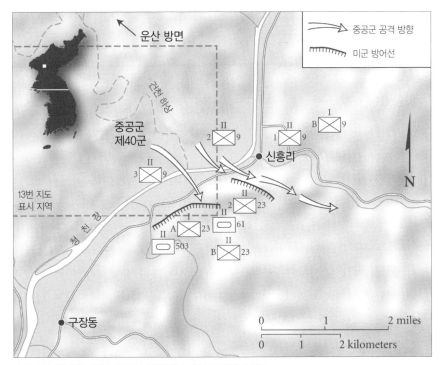

운산 방면

중공군 공격 방향
미군 방어선

건천 하산

중공군
제40군

신흥리

13번 지도
표시 지역

청천강

N

구장동

0   1   2 miles
0   1   2 kilometers

12. 1950년 11월 25일~26일 중공군이 청천강에서 미군 제2사단을 습격함.

수 없을 정도로 어마어마한 중공군이 미군 연대를 완전히 부숴버렸다는 소식
이 들려왔다. 고립된 지역에 있던 연대 본부로서는 자세한 상황을 파악할 방
법이 없었다. 전황이 생각보다 아주 심각하다는 것 외에는 아무것도 알 수 없
었다.[1] 앨런 존스가 보기에 슬론 대령은 처음 몇 시간 동안은 평정심을 잃지
않고 노련하게 대처하는 것 같았다. 절대로 당황하는 기색이 전혀 없었으며
연대의 나머지 장병들이 사단이 있는 진지로 돌아오게 하려고 최선의 노력을
다했다. 군우리라는 곳이 좀 더 안전한 곳이기만 바랐다.

전쟁을 하다 보면 아주 끔찍한 대참사를 겪을 때가 있지만 곧 지나가기 마
련이다. 부대 배치가 잘못되거나 지휘관의 통솔력이 부족해 무시무시한 일을
겪고 심각한 타격을 입기도 하지만 대개 주변에 있는 아군의 지원이 이어지

기 때문이다. 하지만 이번에는 그런 지원을 기대할 수 없었다. 시간이 지날수록 상황은 더 암울해지는데 아무도 구하러 오지 않았다. 몇 시간 만에 제38연대와 제9보병연대 소속 중대 대부분이 산산조각이 났다. 상황이 이쯤 되자 주변에 있던 대대나 연대도 어렵기는 마찬가지였다. 자칫하면 제2사단 전체에 위기가 닥칠 수도 있었다. 얼마 안 가서 도미노처럼 차례로 무너져 내릴 것만 같은 분위기였다.

제9연대는 2사단을 대표하여 최전방에 나가 있었다. 그중에서도 3대대 러브중대가 가장자리에 자리를 잡았고 제일 앞자리에 오하이오 주 클리블랜드 출신의 진 타카하시(Gene Takahashi) 중위가 이끄는 2소대가 대기하고 있었다. 소대원들은 일본계 미국인이었던 그를 '타크'라고 불렀다. 타카하시는 제2차 세계대전 중에 캘리포니아에 있는 포로수용소에서 유년기를 보냈다. 그리고 당시 유럽에서 화려한 면모를 자랑하며 명성을 누리던 제442연합전투연대의 모습에 깊은 인상을 받았다. 사실 연합전투연대 부대원 상당수가 포로수용소 출신이었다. 타카하시는 그들처럼 국가에 충성하고픈 마음에 열일곱 살이었던 1945년에 미 육군에 지원했다. 군 지원 문제를 상의할 때 부모님은 집안의 명예를 더럽히지 말라는 한 가지 조건을 내걸었다.[2] 그는 특별한 부대에서 일하는 남다른 장교가 되었다. 일본계 미국인이 흑인들로만 구성된 소대를 이끄는 건 전무후무한 일이었다. 엄밀하게는 군대 안에서 인종차별이 금지되었지만 한국전쟁 초반에 몇몇 부대는 여전히 흑인으로만 구성되어 있었다. 그리고 그런 부대는 육군 내에서 일어나는 변화의 흐름이나 지휘관의 인종 및 태도에 따라 아주 다른 대우를 받았다. 타카하시는 부대원들이 아주 유능하고 심성이 고운 사람들이라고 생각했다. 몇몇 병사들이 명령에 저항할 때도 있었는데 항상 말투가 문제였다. 타카하시는 대화를 통해 상대방의 마음을 이해하고 때에 따라 왜 그런 명령을 하는지 설명하기도 했다. 그는 이런 경험을 통해 더 훌륭한 장교로 발전할 수 있다고 믿었다.

타카하시는 포로수용소의 기억뿐 아니라 예전에 한국에 다녀간 경험을 통해 군에 내재한 여러 가지 편견을 알고 있었다. 특히 1947년 제6사단에서 장교로 근무하면서 겪었던 일은 평생 잊히지 않았다. 그의 상관은 웨스트포인트를 졸업하고 한국에서 근무하게 된 자신의 처지나 한국인, 아니 사실은 아시아인 모두를 아주 싫어했다. 타카하시에게 온갖 자질구레한 일을 시키면서 아시아인에게 품고 있던 편견과 불만을 거리낌 없이 드러냈다. 시간이 많이 걸리고 온갖 어려운 문젯거리가 난무하고 아무리 일을 잘해도 보상이나 칭찬을 기대할 수 없는 중대가 있으면 어김없이 타카하시에게 맡겼다. 마치 타카하시를 군에서 쫓아내고 싶어 안달난 사람처럼 괴롭혔다. 그의 눈에는 일본계 미국인도 똑같은 일본인이었다.

이상한 말이지만 타카하시는 그때의 경험이 자신을 더 발전시켰다고 생각했다. 우선 시간 배분을 효율적으로 하는 법을 배웠다. 물론 더 열심히 노력해서 맡은 일을 잘해낼수록 상관은 더 기분 나빠했고 일도 더 많이 시켰다. 그러나 맡겨진 일을 처리하면서 자신감을 키웠고 그 자신감은 어지간한 일에는 상처를 입거나 무너져 내리지 않았다. 육군에서 자기가 하지 못할 일은 아무것도 없다는 생각이 들었다. 결국 쓰라린 경험을 통해 타카하시는 역경에 잘 대처하는 것이 얼마나 중요한지 새삼 깨달았다.

타카하시는 러브중대가 낙동강 지역에서 힘든 전투를 치르면서 전투력이 강한 부대로 거듭났다고 생각했다. 원래 러브중대는 정상적인 전투 상황, 즉 각자의 위치에서 적의 공격을 충분히 예상할 수 있을 때는 잘 싸웠지만 기습 공격을 받거나 전투태세가 갖춰지지 않은 상황에서는 그렇지 못했다. 또한 일반 백인 병사들보다 불신이 깊고 근원을 알 수 없는 불안에 시달리기도 했다.

이는 사실 당시 시대를 반영한 것으로 육군 안에 여전히 인종차별이 남아 있는 탓이었다. 부대원들 상당수는 국가에 뭔가를 증명해 보이기 위해 육군에 자원했다. 하지만 인종에 대한 편견이 부당하며 이런 편견이 군 지휘 체계에 아직도 뿌리를 내리고 있다는 걸 증명하는 일은 절대 쉽지 않았다.

정도의 차이는 있지만 중대는 통솔하는 지휘관의 성격을 반영하기 마련이다. 타카하시가 속한 러브중대 지휘관 맥스웰 베일스(Maxwell Vails) 대위는 아주 점잖은 사람이었다. 체격이 좋고 잘생긴 데다 부대원의 기분을 잘 파악했기 때문에 사랑과 존경을 한 몸에 받았다. 이는 부대를 지휘하는 데 꽤 중요한 부분이었다. 하지만 어려운 상황이 펼쳐질 때 전투에 대한 직감을 가지고 있느냐 하는 건 전적으로 다른 문제였다. 이것 역시 중요한 자질로서, 훌륭한 장교, 평범한 장교, 꽤 괜찮은 장교를 구분하는 기준이 되었다. 상관들로부터 인민군이 특정 언덕에 참호를 파고 숨어 있는지 살펴보고 오라는 식의 말도 안 되는 임무를 받을 때면 부대원들 상당수는 러브중대에서 하는 정찰 업무를 지원하는 게 더 낫겠다는 생각을 했다.

11월 중순이 되자 러브중대 소속 부대원 대부분은 전투가 자취를 감췄다고 생각했다. 중공군의 대대적인 공격이 있던 날 부대원들은 사실 굉장히 들떠 있었다. 이들은 침낭과 여분의 탄약, 수류탄 등을 남겨둔 채 구장동 근처에 도착한 첫날 청천강을 건넜다. 지형 때문에 트럭과 지프는 더 이상 나아갈 수 없었지만 나중에 천천히 따라오면 된다고 생각했다. 타카하시는 부대원들에게 가능한 수류탄을 많이 휴대하고 다니라고 말하지 않은 걸 몹시 후회했다. 모든 부대원이 수류탄을 하나씩만 가지고 있었더라면 중공군이 기습했을 때 전세를 역전시킬 수 있었을지도 모를 일이다. 사실 타카하시의 부대원들은 외투도 안 입고 있었다. 그곳에 오래 머물 거라고 생각하지 않았기 때문에 겉옷조차 지휘 본부에 두고 왔던 것이다. 청천강의 수심은 허리 깊이 정도였지만 물이 굉장히 차가웠다. 부대원들은 강을 건널 때도 바지를 그대로 입고 있었다. 이와 대조적으로 중공군은 장기간의 행군 경험을 통해 강을 건널 때는 바지를 벗어야 나중에 추위나 축축한 느낌 때문에 고생하지 않는다는 걸 알고 있었다. 러브중대 부대원들은 그날 혹독한 추위를 견디며 강물에 뛰어들었고 강에서 2.4킬로미터 떨어진 높은 산을 올랐다. 그 와중에 타카하시는 참호처럼 보이는 구덩이를 연달아 발견했다. 깊이는 거의 1미터였고 전문가가 만들기라도 한 듯 거의 사각형에 가까운 똑같은 모양의 구덩이였다. 이런 일에 능숙한 사람이 손으로 직접 만든 것 같았다. 미군은 소지하고 있는 무기의 화력에 의존하는 경향이 높았기 때문에 그렇게 정교하게 참호를 파지는 못했다. 인민군이 만든 참호도 그렇게 정교하지는 않았다. 따라서 이는 새로운 적이 나타났다는 신호였다. 11월 24일 오후에 러브중대는 마침내 청천강 동편에 방어선을 구축했다.

구장동에서 북쪽으로 4.8킬로미터 정도 떨어진 비교적 높은 고지였다. 그러나 구장동이 지도상에 나와 있긴 했지만 그 고지가 구장동인지는 확신할 수 없었다. 그것도 중공군의 공격으로 전우들이 쓰러진 정확한 위치를 탐색하던 끝에 잠정적으로 거기쯤이라고 결론지은 장소일 뿐이었다. 이 문제 때문에 타카하시와 베일스 사이에 잠시 의견 충돌이 있었다. 타카하시는 베일스가 배치한 부대원들의 위치가 마음에 들지 않았다. 다들 너무 직선으로 방어선을 세우는 바람에 타카하시가 예상한 적의 접근 경로에 적절히 대응할 수 없을 것 같았다. 러브중대를 지원하기 위해 온 제37야전포병대대의 관측장교 딕 레이볼드(Dick Raybould) 중위도 같은 생각이었다. 그가 보기에도 베일스는 허술하기 짝이 없는 방식으로 부대원들을 배치했다. 러브중대에서 근무한 지 얼마 되지 않았던 레이볼드 중위는 베일스가 언덕 뒤편에 본부를 세운 걸 보고 깜짝 놀랐다. 몸을 숨기는 데 급급한 것 같았다. 설상가상으로 베일스는

3개 소대를 각기 다른 위치에 분산시킨 다음 각자 알아서 포진하게 했다. 그 결과 각 소대는 언덕의 형세를 전혀 고려하지 않고 방어선을 구축했다. 서로 연동할 수 있는 사계(射界)가 좋지 않았기 때문에 측면 이동이 취약한 상태였다. 지형을 고려하여 방어선을 더 둥글게 세우면 방어력을 한층 높일 수 있는데도 베일스는 도무지 말을 들으려 하지 않았다.

부대원들이 여기저기 피워놓은 불도 레이볼드의 신경을 건드렸다. 적에게 자신들의 위치를 고스란히 알려주는 봉화를 세운 것 같았다. 초저녁부터 여기저기에서 불을 피우는 걸 본 레이볼드는 이를 말리려고 본부에 찾아갔으나 제일 큰 불길이 중대장의 추위를 달래기 위해 피운 화톳불이라는 걸 알고 아연실색했다. 그렇지만 새로 부대에 합류한 중위가 부대 지휘관에게 이의를 제기하는 건 있을 수 없는 일이었다. 레이볼드는 그 불꽃 때문에 아군의 입장이 한층 불리해졌음을 직감했다. 타카하시도 불을 피운 게 그리 큰 실수라고 생각하지 않는 것 같았다. 어둠이 깔렸지만 부대원들의 옷은 여전히 젖어 있었기에 한 번에 두 명씩 불 곁에서 옷을 말리게 했다.[3]

이들은 동쪽으로 상당히 치우쳐 있었다. 킹중대를 제외하면 제8군에서 가장 동쪽에 배치되었을 것이다. 킹중대는 이들보다 2.4킬로미터 정도 동쪽으로 더 나가 있었다. 중공군이 공격할 당시 러브중대에는 170여 명의 부대원이 있었고 타카하시가 이끄는 소대원은 약 45명이었다. 킹중대도 이와 비슷한 규모였다. 제8군의 동쪽 측면을 사수하는 부대는 한국군 군단이었다. 최종 회의가 몇 차례 진행되던 중에 타카하시를 비롯한 몇몇 젊은 장교들은 한국군이 오른쪽 측면을 엄호한다는 소식을 듣고 답답한 마음에 하늘만 쳐다보았다. 한국군은 이미 전방에서 석 달을 보내느라 체력이 바닥난 상태였다. 그들은 금방이라도 무너질 것 같았고 여차하면 소속 부대로 돌아가버릴 확률이 높았다. 실제 전투 현장에서 온 장교들이 이 문제를 놓고 목소리를 높이면서 다이이치에서도 의견이 분분했다.

그날 밤 여러 가지 문제로 타카하시는 잠을 이루지 못했다. 킹중대와 교신이 끊긴 것이 가장 큰 문제였다. 암흑으로 뒤덮인 허허벌판 어딘가에 있을 텐데 연락이 되지 않았고 정찰대도 이들을 찾지 못했다. 이는 어디에 있는지 모르는 킹중대와 타카하시가 이끄는 소대 사이에 언제라도 적이 침입할 여지가 있다는 뜻이므로 심각한 문제였다. 나중에 레이볼드는 중공군의 공격이 시작된 지점이 바로 킹중대가 보초를 세워둔 곳이라는 소문을 들었다. 보초를 서던 세 사람은 엄청난 숫자의 중공군을 보고 그 자리에서 죽을까 두려워 사격할 엄두조차 내지 못했다. 그래서 킹중대와 타카하시의 소대는 적이 다가오고 있음을 알리는 총소리를 들을 수 없었다.

저녁 8시경 동양인으로 보이는 군인 두 사람이 손을 번쩍 들고 타카하시의 소대가 있는 구역으로 뛰어 들어왔다. 공포에 질린 채 서툰 영어로 엄청난 규모의 중공군이 이쪽으로 오고 있으며 어떤 이들은 말을 타고 있다고 말했다. 새뮤얼 마셜은 나중에 이들이 한국군이었다고 기록했지만 타카하시의 생각은 달랐다. 둘 다 여러 가지 천으로 누빈 군복을 입고 있었는데 처음 보는 것이었다. 또한 한국군이라면 일본어를 곧잘 해서 타카하시와 의사소통에 무리가 없을 텐데 두 사람은 일본어를 한 마디도 못했다. 둘은 서로 수화로 이야기를 나눴다. 아무튼 이들은 죽지 않으려면 빨리 도망가야 한다고 말하여 부대를 술렁이게 만들었다. 그러나 타카하시는 소대의 사기를 떨어뜨리려고 중공군이 보낸 첩자일 거라는 생각을 떨칠 수 없었다.

중공군의 공격이 곧 시작될 거라는 사실은 부인할 수 없었다. 공격이 부대 좌측에서 시작될 거라 생각하고 그쪽에 기관총을 배치했다. 밤 11시에 본격적인 공격이 시작되었다. 첫 사격 후에는 킹중대가 맞느냐고 묻는 소리가 들렸다. 타카하시는 중공군이 영어를 구사하는 것임을 단박에 알아차렸다. 중공

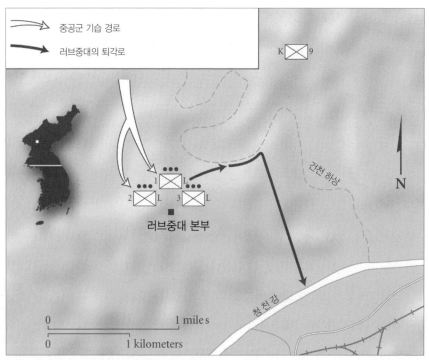

13. 1950년 11월 25일~26일 중공군이 러브중대를 습격함.

군의 기습으로 중대 두 개가 큰 혼란에 빠졌다. 타카하시는 처음부터 소대 병력이 적에 비해 턱없이 적다는 사실을 알고 있었다. 적어도 대대 혹은 연대 하나에 해당하는 적군 병력이 타카하시의 제2소대가 자리를 잡은 진지를 덮친 것 같았다. 중공군은 삽시간에 그곳을 완전히 장악했다. 엄청난 수의 적군이 공격을 가하고 있다는 사실뿐 아니라 그보다 더 많은 숫자가 이미 그곳을 지나 후방에서 퇴각로를 차단했다는 사실 때문에 공포감은 극에 달했다. 타카하시의 왼편에는 듬직한 블라이 하사가 기관총을 들고 서 있었다. 블라이는 "적의 숫자가 너무 많습니다."라고 애타게 소리쳤다. 그 말을 듣는 순간 타카하시는 더 이상 희망이 없다는 생각이 들었다.

전투가 시작된 후로 타카하시는 러브중대의 다른 장교들과 한 마디도 주고받지 않았다. 혼자서 모든 상황을 다 감당해야 했다. 이대로 무너진다면 자기 혼자가 아니라 부대 전체가 무너지는 것임을 잘 알고 있었다. 타카하시를 알게 된 지 하루밖에 되지 않았지만 레이볼드는 타카하시가 꿋꿋하게 대처하는 모습에 큰 감명을 받았다. 절망적인 상황에서도 불안해하거나 좌절하지 않고 부대원들의 사기를 북돋아주려고 최선을 다했다. 당시 두 사람은 베일스 대위가 이미 적의 손에 목숨을 잃었다는 사실을 알지 못했다. 레이볼드의 눈에는 수적인 열세에도 불구하고 물러서지 않고 끝까지 싸우라고 부대원들을 격려하는 왜소한 체구를 가진 장교 한 사람밖에 보이지 않았다. 타카하시는 계속 "다들 나만 믿게. 나를 믿고 함께 싸워보자고."라고 힘주어 말했다. "다들 힘을 내! 나를 한번 믿어보게나." 레이볼드는 타고난 지휘관만이 최악의 상황에서도 그렇게 할 수 있을 거라고 생각했다. 타카하시의 소대는 완전히 패했지만 기적적으로 몇몇 부대원이 그곳을 빠져나와 다른 소대 생존자들과 함께 타카하시를 따라 높은 산으로 달아났다.⁴ 타카하시는 그렇게 살아남은 부대원들도 언제 어디에서 쓰러질지 모른다는 사실을 알고 있었다. 그러나 적어도 살아남은 사람이 있다는 사실만으로 큰 위안이 되었다. 이들은 한 시간 정도 산 위에 숨어 있다가 다른 고지대로 이동했다. 그렇게 해서 타카하시의 제2소대와 제1소대 몇 사람만 간신히 목숨을 건졌다.

이들은 전쟁에 투입된 게 아니라 운명과 한판 승부를 벌이는 것 같았다. 중공군이 가까이 오지 못하게 하려면 수류탄과 조명탄, 탄약이 훨씬 더 많이 필요했다. 제2소대에서 가장 실력이 뛰어났던 아서 리(Arthur Lee) 중사가 타카하시 바로 왼편에서 기관총을 맡고 있었다. 그래서 타카하시는 중공군과 싸우다 죽어도 든든한 아서 리 옆이라면 나쁠 것 없겠다는 생각을 했다. 두 사람은 상대방을 보고 고개를 끄덕였다. 이곳에서 최후를 맞게 될 거라는 사실을 인정하고 끝까지 군인답게 싸우자고 서로 격려하는 몸짓이었다. 그러나 두 사람이 중공군의 정확한 위치가 어딘지 얘기하려는 순간 아서 리의 움직임이 이상했다. 목에 총을 맞고 자기 피를 그대로 들이마시고 있었던 것이다. 하지만 그런 상황에서도 다른 사람들은 계속 전투에 집중해야 했다. 중공군은 지속적으로 공격을 가하면서 이들이 있던 작은 언덕으로 포위망을 좁혀오더니 결국 미군 전체를 그곳에서 몰아내버렸다. 거의 모든 부대원이 전사했다. 몇 시간 동안 굴하지 않고 맞서 싸웠지만 용맹스럽고 훌륭한 전투력을 자랑하던 러브중대는 마침내 산산이 부서지고 말았다. 타카하시는 몇 안 되는 생존자들에게 죽을힘을 다해 달아나라고 소리쳤다. 옆에 있는 아서 리를 일으켜 세웠지만 이미 죽은 후였다. 나중에 타카하시와 레이볼드는 러브중대와 킹중대가 사단이나 군단만 사수한 게 아니라 제8군 전체를 대신해 희생된 거라는 걸 알게 되었다. 그들이 몇 시간이나마 중공군과 맞서 싸운 건 거의 기적에 가까운 일이었다. 또한 그런 상황에서 살아남은 것도 대단한 기적이었다. 하지만 살아남은 걸 감사하는 마음이 생기기까지는 아주 오랜 시간이 걸렸다.

전투가 벌어진 산꼭대기에서 레이볼드가 마지막으로 본 것은 중공군이 몇 명 남은 미군을 공격하는 모습이었다. 레이볼드는 살아남은 부대원을 앞장서서 이끌려고 했지만 대부분 제멋대로 산에서 내려가기 수월한 길을 택했다. 하지만 레이볼드는 그곳에 중공군이 기다리고 있을 거라 생각하고 훨씬 더 경사가 가파른 길로 향했다. 살아남으려면 겁먹지 말고 천천히 움직여서 적의 눈에 띄지 않아야 한다고 중얼거렸다. 결국 레이볼드는 킹중대에서 떨어져 나온 부대원 몇 명과 간신히 그곳을 빠져나와 청천강으로 돌아올 수 있었다.

타카하시는 언덕을 내려오는 길에 네댓 명의 중공군에게 발각되어 포로로 끌려갔다. 중공군은 먼저 손목시계와 담배를 빼앗아갔다. 어머니가 졸업선물로 준 시계라며 돌려달라고 했지만 중공군이 머리에 총을 겨누는 바람에 더 이상 아무 말도 할 수 없었다. 중공군은 손짓으로 다른 포로들에게 들어오라는 명령을 내리라고 했지만 타카하시는 아무도 들어오지 말라고 일본말로 소리쳤다. 그는 다시 대대 본부로 끌려갔다. 다들 동양인처럼 생긴 사람이 미군처럼 차려입은 모습이 신기한 듯 쳐다봤다. 타카하시의 외모만 보고 일본이 이 전쟁에 개입할지 모른다고 생각하여 긴장하기도 했다. 타카하시와 함께 클레미 심스(Clemmie Simms) 상사도 포로로 붙잡혔다. 굉장히 강인한 전문 직업 군인으로 부대 핵심 요원이었는데 안타깝게도 제대를 불과 석 달 남겨둔 시점에 중공군의 포로가 되었다.

나중에 타카하시는 세계에서 가장 큰 나라에 두 번이나 포로가 된 것도 아주 드문 일이라는 생각을 했다. 한 번은 미국, 또 한 번은 중국의 포로가 되었는데 다행히 두 번째는 금방 풀려났다. 중공군은 심스와 타카하시를 북쪽으로 데려갔다. 언덕을 다 내려가면 총살당할까봐 두려웠던 포로들은 호시탐탐 탈출할 기회를 노렸다. 타카하시는 신병들이 부르는 군가를 불렀는데 언제 어떻게 적의 손에서 도망쳐야 할지를 알리는 일종의 비밀 신호였다. 심스는 신호에 딱 맞춰 자기를 호송하던 군인을 밀치고 달아났고 타카하시도 같은 방식으로 간신히 벗어났다. 그러나 곧 심스가 있던 곳에서 총성이 울렸고 그 후 타카하시는 심스를 보지 못했다. 전쟁이 끝나고 오랜 시간이 흘렀지만 그 어디에서도 심스의 이름을 확인할 수 없었다. 1951년 3월에 중공군 포로수용소에서 죽은 사람의 명단이 발표되었을 때도 그의 이름은 없었다.

타카하시는 중공군 주둔 지역에 있었기 때문에 겁도 나고 혼란스러웠다. 부대원 대부분이 죽고 포로가 된 것도 수치스러웠다. 밤에만 조심스럽게 이동한 끝에 이틀 만에 군우리 근처 미군 진지에 도착했다. 제2소대 부대원 몇 명이 있긴 했지만 사실상 2소대는 사라진 거나 마찬가지였다.

브루스 리터(Bruce Ritter)는 중공군의 공격이 있은 뒤 엄습했던 끔찍한 공포를 생생히 기억했다. 사실 이들은 자기 마음속에 그런 공포가 도사리고 있다는 사실을 미처 알지 못했다. 부대원들의 마음을 몰래 훔쳐보는 순간이 온 것 같았다. 용맹과 기개는 간 데 없고 다들 지금까지 숨기고 있던 본색을 그대로 드러냈다. 물론 힘든 순간에도 기개와 위엄을 잃지 않고 기꺼이 목숨을 바쳐 싸우려는 사람들도 있었다. 그동안 전혀 빈틈을 보이지 않던 소대장이 잔뜩 겁을 먹고 한발 물러선 순간에도 이들은 얼굴도 모르는 부상병들을 기꺼이 안전한 곳으로 옮겨주었다.[5]

리터는 제2사단 38연대 1대대 에이블중대 소속 통신병이었다. 그의 임무는 아주 어려운 데다 위험 부담이 컸다. 인민군 저격수들이 통신병만 골라서 저격했기 때문이다. 에이블중대에서만 세 명의 통신병이 삽시간에 쓰러졌다. 무전기에는 안테나가 길게 달려 있어서 적에게 정확히 어느 지점을 사격해야 할지 알려주는 표지로 이용되었다. 이 때문에 동료들은 항상 리터와 일정 거리를 유지하려 했다. 리터 역시 통신병 임무가 마음에 들지는 않았다. 키 177센티미터, 몸무게 54킬로그램의 왜소한 체격에 들고 다니기에는 무전기가 너무 무거웠다. 아침에는 17킬로그램이었던 무전기가 날이 저물 때쯤이면 30킬로그램 정도 나가는 것 같았다. 스물세 살의 리터는 몇 주 전 낙동강방어선전투 중에 생일을 맞았다. 그런데도 여전히 일병이었다. 체격이 작고 너무 말라서 군인답게 보이지 않기 때문에 승진이 늦어지는 건 아닐까 걱정이 되기도 했다. 이미 이 나라를 한 바퀴 둘러보았고 현지 언어도 조금 배웠으니 아주 초보적인 수준이긴 하지만 통역을 맡아도 좋겠다는 생각도 들었다. 하지만 어렵게 중대장이 실력을 인정해줄 때쯤 되면 전사하거나 승진해서 다른 곳으로 발령받아 가곤 했다.

중공군이 공격한 첫날 제2사단 대부분의 부대는 군우리에 있었다. 리터는 에이블중대에 230여 명의 부대원이 있으며 북쪽으로 40킬로미터 떨어진 위치에 있다고 생각했다. 에이블중대의 기점은 운봉동이라는 마을이었다. 그들은 1229 고지를 향해 앞으로 이틀간 9킬로미터를 더 가야 했다. 그런데도 첫날 대낮부터 불을 피우고 앉아서 시간을 지체하고 있었다. 소총수가 부족했기 때문에 리터는 통신병 대신 소총수 임무를 맡았다. 생존 확률이 상당히 높아진 셈이었다. 목적지까지 3분의 2 정도 지점에 이르자 적의 폭격이 너무 심해 300 고지 뒤편에 자리를 잡고 잠시 쉬기로 했다. 땅이 꽁꽁 얼어 있어서 근처에 있는 참호는 그리 깊지도 정교하지도 않았다. 차례로 망을 보면서 한 시간 정도 눈을 붙이기로 했다. 운이 좋으면 보초를 서는 중에도 한 시간 더 졸 수 있었다. 에이블중대는 제2사단에서 가장 멀리 떨어져 나와 있는 부대로 제1대대 방어 거점은 4킬로미터 뒤에 있었다.

자정 무렵 중공군이 공격을 시작했다. 귀청이 떨어지는 나팔 소리와 호루라기 소리에 이어 엄청난 숫자의 적군이 한꺼번에 나타나자 중대는 엄청난 혼란에 빠졌다. 본격적으로 후퇴하기 전까지 45분 동안 버틴 게 신기할 정도였다. 하지만 후퇴도 그리 쉽지만은 않았다. 밤이라 길이 잘 보이지 않았고 부축해야 할 부상병도 너무 많았다. 리터의 기억에 따르면 누군가 다른 고지로 뛰어가서 방어선을 다시 세우려고 시도했다. 하지만 거기에도 이미 중공군이 점령하고 있어서 그대로 물러나야 했다. 그렇게 또다시 45분 정도 흐르면서 미군 사상자는 계속 늘어났다.

대대가 기다리고 있을 거라 생각했던 곳으로 겨우 돌아왔다. 당시 리터는 여러 중대에서 차출된 장병들이 모여 있는 임시 부대에 속해 있었다. 개인적으로 아는 사람은 한 명도 없었고 총책임자도 정해져 있지 않은 것 같았다. 사실 그날 밤 제8군에서는 이와 비슷한 상황이 여기저기에서 벌어졌다. 어둠 속에서 비틀거리며 후퇴하는데 중공군의 포격 소리는 점점 더 가까이서 들려왔다. 주위를 둘러보니 부대원의 숫자가 현격히 줄어 있었다. 미군 네 명과 카투사 두 명이 이불을 들것 삼아 부상병 하나를 옮기고 있었다. 손잡이로 쓸 만한 게 없는 데다 날씨가 추워 만만치 않았다.

그날 밤 리터는 무시무시한 장면을 수도 없이 목격했다. 그중에서도 한 장교의 한심하기 짝이 없는 비겁한 행동이 뇌리에 깊이 박혔다. 들것에 실린 부상병은 테네시 주 앤더슨에서 온 윌러드 스미스(Willard Smith)였다. 가벼운 부상은 아니었지만 그곳에서 빠져나가기만 하면 살 수 있을 것 같았다. 스미스를 데려가느라 후퇴 속도가 한층 느려지긴 했지만 그렇다고 전장에서 부상병을 버리고 갈 수는 없었다. 하루 종일 한 시간밖에 자지 못하고 아무것도 먹지 못한 상태라 다들 지칠 대로 지쳐 있었다. 한시라도 빨리 여기서 빠져나가야 한다는 생각에 무서워할 겨를도 없었다. 멀리서 중공군의 소리가 들렸고 포격 소리는 매순간 더 가까워졌다.

동이 틀 무렵 마침내 이들은 청천강 하류 용평천에 도착했다. 그때 젊은 중위가 이렇게 말했다. "부상병을 여기 두고 갑시다. 내일 헬리콥터를 보내서 데려오는 게 좋겠어요." 앞장서서 부대를 이끌어야 할 장교라는 사람이 다른 부대원들 앞에서 속내를 드러내고 만 것이다. 정신이 아득해졌다. 부상병을 들고 있던 네 사람이 그를 물끄러미 쳐다보았다. 장교의 말이 거짓말이라는 걸 잘 알고 있었다. 헬리콥터는 아예 기대할 수 없을 뿐 아니라 정확한 위치를 찾을 수도 없는 이런 곳에 버려진 시체를 찾으러 헬리콥터를 보낼 리 만무했다. 다들 우물쭈물하면서 부상병이 혼자 죽도록 버려두고 떠날 기세였다. 너무 지쳐서 제대로 생각할 여유도 없었지만 그래도 자기 살자고 다른 사람의 목숨을 내던지는 건 너무도 잔인하다는 생각쯤은 할 수 있었다. 리터가 "이 사람이 혼자 죽게 내버려두자는 말씀이군요. 그렇죠?"라고 묻자 장교는 아무 말도 하지 않았다. 사실 그의 입장에서는 굳이 변명할 이유가 없었다. 그는 그 나름대로 나머지 부대원들에게 각자의 목숨을 구할 기회를 준 것뿐이라고 생각했을 것이다.

리터는 전투 극한 상황에서 인간 본질의 가장 밑바닥까지 볼 수 있다고 생각했다. 거칠고 강인해 보이는 사람들, 아니 그렇다는 말을 듣는 사람들이 막상 전투에 참가하면 딴 사람이 됐다. 그들 중 일부는 전혀 강인하지 않았다. 깡마르고 부드러운 사람이 전투에서 정말 훌륭한 군인임이 드러났다. 겉으로 강한 것이 아니라 안으로 강한 사람인 것이다. 전투가 벌어지기 전에 누가 진정 용감한 사람인지 어떻게 알 수 있을까? 보이는 모습과 실제 보여주는 모습이 너무 달라 리터는 그 답을 알 수 없었다.

부상병 때문에 후퇴 속도는 갈수록 느려졌다. 피로와 허기가 한꺼번에 몰려왔다. 한 길목에 다다르자 리터는 근처 작은 마을로 들어가 먹을 게 있는지 찾아보았다. 작은 초가집에서 나오는 한국인 여자아이에게 밥을 좀 달라고 했더니 밥 대신 뜨거운 옥수수죽을 내밀었다. 그 죽으로 부대원들의 허기를 조금이나마 달랠 수 있을 것 같았다. 이들은 가는 곳마다 소규모 중공군 정찰대의 공격을 받았다. 아마 전방 부대인 것 같았다. 어느 고지 아래에서 마주친 중공군 부대는 잠시도 머뭇거리지 않고 리터와 일행을 향해 총을 쏘아댔다. 이때 부상병을 들고 가던 네 사람 중 조지 화이트(George White)가 발에 총상을 입었고 이로 인해 후퇴 속도는 더욱 느려졌다. 카투사들이 부상병 운반을 돕고 리터는 후방을 사수하는 임무를 맡았다. 가진 거라고는 화력이 좋은 브라우닝 자동 소총이 전부였다. 한 번도 써본 적이 없는 총 한 자루로 그 많은 중공군을 상대해야 한다고 생각하니 상황이 얼마나 심각한지 실감이 났다.

리터는 다른 부대원들도 이렇게 느린 속도로 이동하고 있는지 궁금해졌다. 마침내 길고 긴 계곡을 지나다 위생병을 만나서 스미스와 조지를 넘겨주었다.[6] 오랜 시간이 흐른 지금도 리터는 조지 화이트로부터 고맙다는 편지를 종종 받는다. 늘 편지 맺음말에 "그때 날 부축해줘서 정말 고맙네."라는 인사를 잊지 않았다. 윌러드 스미스와 연락을 취해보려고 두 번이나 편지를 보냈지만 답신이 없었다. 그들을 버리고 혼자 유유히 사라진 장교는 이틀 후에 중공군의 손에 붙잡혀 포로수용소에서 죽고 말았다.

리터는 다른 부대 장병들을 만나 함께 후퇴하면서 이틀간 중공군과 교전을 벌이기도 했다. 그러다 완전히 패배해버린 어느 대대의 생존자들과 합류했다. 역시 리터가 아는 사람은 하나도 없었다. 후퇴하던 길에 중공군의 박격포가 휩쓸고 간 마을 한가운데에 탱크 몇 대가 서 있는 것을 보았다. 모두들 마을을 떠날 참이었다. 보병들은 모두 탱크에 올라서라는 말이 들렸다. 시동이 걸려서 따뜻해진 탱크에 올라서니 온기가 느껴져 기분이 좋았다. 중공군의 박격포 소리가 점점 가까이서 들려왔다. 이들의 조준 실력이 얼마나 좋은지 보려고 주위를 둘러보다 가까운 곳에서 터진 박격포 파편이 이마에 박혀 피가 흐르기 시작했다. 처음에는 흐르는 피 때문에 앞이 보이지 않았다. 나중에 생각해보니 순간 뇌진탕이 왔던 것이었다. 리터는 공포에 휩싸여 이대로 죽는 게 아닌가 하는 생각을 했다. 바로 그때 셀던 모너핸(Seldon Monaghan)이라는 상병이 리터의 몸을 낮추며 "이럴 땐 머리를 숙이는 게 기본이라는 것도 모르나?"라고 핀잔을 주었다. 리터는 그 말에 비로소 마음이 놓였다. 모너핸이 머리에 붕대를 감아주자 시야가 서서히 열리는 것 같았다. 부축을 받아 다시 탱크에 오른 후 이들은 이동병원으로 향했다. 리터는 평양으로 갈 예정이었지만 비행기가 착륙할 수 없어서 일본으로 이송되었다. 그 바람에 군우리에서 동료들이 비참하게 후퇴하는 모습을 보지 못했다. 돌이켜보면 그 짧은 시간 여러 차례 생사의 갈림길에 섰고 그때마다 극적으로 목숨을 부지했다. 그리고 부상병을 부축해서 돌아온 공을 인정받아 은성훈장도 받았다.

중공군이 공격한 날 경험 많은 탱크 부대원 샘 메이스는 군화를 벗고 있었다. (험준한 지역에서 군화를 신고 벗는 건 매우 중요한 결정이었다.) 윗옷을 벗어서 권총에 묻은 습기를 닦고 직접 만든 침낭 속으로 들어갔다. 실은 군용 이불을 돌돌 말아놓은 것이라서 보온 효과나 푹신한 느낌을 기대할 수는 없었다. 바로 그 순간 백린탄이 터지면서 중공군의 첫 기습이 시작되었다. 시계를 보니 11월 26일 새벽 12시 10분이었다. 4.2인치 박격포가 터진 것 같았다. 처음에는 왜 이 순간에 4.2인치 박격포를 발사하는지 이해할 수가 없었다. 순간 적이 공격을 개시했을 거라는 생각이 뇌리를 스쳤다. 메이스는 군화를 손에 들고 탱크 안으로 뛰어들었다. 사방이 깜깜했지만 이리저리 뛰어다니는 사람들의 움직임 정도는 파악할 수 있었다. 그리고 대대의 다른 차량들을 따라서 그의 두 대의 탱크도 시동을 걸고 남쪽으로 움직이기 시작했다.

한 시간 정도 지나자 주변이 잠잠해졌다. 메이스는 포탑 안에서 망원경으로 전방에 있는 고지를 유심히 살폈다. 특히 존 바비(John Barbey) 중위가 지휘하는 러브중대 제1소대가 있던 곳을 예의주시했다. 옆자리에 있던 포수가 무릎을 툭툭 치기에 밖을 내다보니 50여 명의 사람들이 언덕을 내려오고 있었다. 마치 염소 떼처럼 서로 손을 맞잡고 좁고 험한 산길을 내려오는데 그야말로 인간 체인이었다. 3분의 2 정도가 산길을 내려왔을 때 메이스는 "미군 소속이라면 지금 당장 응답하라." 하고 소리쳤다. 아무 반응이 없었다. 사람들이 모두 산길을 내려올 때까지 기다리다 76mm 대포와 50구경 기관총을 발사했다. 포격을 끝내고 보니 고지 아래에는 적군의 시신이 즐비했다.[7]

메이스는 사수에게 그쪽 방향으로 계속 조준하고 있으라고 명령했다. 30분이 지나자 사수가 다시 메이스의 다리를 치며 "저것 좀 보세요. 그들이 또 오고 있어요."라고 말했다. 메이스는 또 적군이 산길을 다 내려올 때까지 기다렸다가 발포했다. 그때까지만 해도 메이스와 사수는 이들이 중공군이라는 사실을 알지 못했다. 또 한 차례 사람들이 나타났고 세 번째 발포가 이어졌다. 그러던 중 메이스는 군인으로 보이는 사람이 폭약을 들고 몰래 탱크 쪽으로 기어오는 것을 발견하고 기관총으로 쏘아 죽였다. 다음 날 메이스는 존 바비가 이끄는 제1소대 쪽에서 총소리가 전혀 들리지 않는 게 아무래도 이상하다는 생각이 들었다. 나중에 알고 보니 제1소대가 잠든 사이에 중공군이 몰래 침입하여 총검으로 부대원 대다수를 살해했던 것이었다.

날이 밝자 메이스는 적군의 시신을 살펴보았다. 평균 키가 180센티미터 정도로 인민군보다 훨씬 크고 얼굴이 까무잡잡했다. 누군가가 아마 만주족일 거라고 말했다. 들고 있던 무기는 모두 미제로, 아주 깔끔하게 손질되어 있었다. 등에 매고 있던 짐도 정리가 잘 되어 있었고 볏짚으로 만든 밧줄로 묶여 있었다. 메이스는 이들이 언덕길을 질서정연하게 내려오던 모습을 떠올려보았다. 굉장히 많은 연습을 하지 않으면 그렇게 움직이지 못할 거라는 생각이 들었다. 중공군 때문에 탱크 세 대 중 한 대가 파괴되었다. 메이스는 탱크 안에 있다가 부상병들을 지프에 태워 서쪽으로 보냈다. 그 후 이틀 동안 메이스의 부대는 중공군과 계속 접전을 벌였다.

둘째 날이 끝나갈 무렵 메이스는 구장동 근처까지 어떻게든 남은 탱크 두 대를 끌고 왔는데 거기서 제38연대의 다른 부대들과 합류하라는 명령을 받았다. 도중에 그는 탱크 두 대를 더 확보했다. 구장동 근처에서 망연자실한 표정을 짓고 있는 65명의 보병을 만났다. 대부분 제38연대 소속이었지만 소속 대대나 중대는 제각각이었다. 다들 거의 정신이 나간 상태로 각자 살 길을 찾는 데만 급급해 보였다. 목숨을 건질 수 있을지조차 불확실한 전장에서는 탱크 안에 있는 것만이 살 길인지라 그들 장교중 한 사람(그도 전차부대원이었다)이 제발 탱크 안에 들어가게 해달라고 애원했다. 메이스는 썩 내키지 않았지만 그의 부탁을 들어주었다.

이들은 시속 3킬로미터의 속도로 아주 느리게 구장동을 향했다. 각 탱크에는 15명씩 타고 있었다. 구장동은 미군이 확보하고 있는 것으로 예상되었다. 평소라면 (특히 밤에는) 보병을 탱크 위에 태우지 않았다. 그렇게 하면 메이스의 시야뿐 아니라 포탑의 시야를 가리기 때문이었다. 하지만 이 상황에서는 그런 게 아무 의미가 없었다. 마을은 적막에 싸여 있었고 이는 또 하나의 경고 신호였다. 갑자기 사방에서 공격이 쏟아졌다. 매복해 있던 적에게 제대로 걸려들었던 것이다. 집집마다 자동화기들이 메이스의 대열을 정조준하고 불을 뿜어대는 것 같았다. 굉장히 다급한 순간이었다. 탱크 운전병에게 제일 중요한 것은 탱크를 사수하는 것이기 때문에 메이스는 계속 앞으로 밀고 나가라고 지시했다. 윗부분에 대원들이 타고 있는 걸 알지만 어쩔 수 없이 포탑을 움직였다. 탱크에 타고 있는 병사들이 죽게 될 거라는 걸 알고 있었다. 그들의 탱크는 시속 20킬로미터라는 엄청난 속도로 전진하고 있었고 그들 주변에는 죽음이 가득했다. 포탑을 통해 메이스는 보병들이 총에 맞거나 탱크에서 떨어지거나 뒤따라오던 탱크에 치여 지르는 비명 소리를 들었다. 아침이 되어 탱크 윗부분을 살펴보니 누군가 붉은색 페인트를 칠해놓은 것 같았다. 죽은 사람들의 살과 뇌가 섞여서 얼어붙어 있었던 것이다. 매복해 있던 적군의 공격은 2~3분 만에 끝났지만 메이스에게는 그 순간이 영원처럼 길게 느껴졌다. 50여 년이 지난 지금도 그는 당시에 들었던 비명과 탱크 위에 흘러내리던 핏자국을 잊지 못한다.

그 후 이틀 동안 메이스의 부대는 계속해서 중공군의 공격을 받았고 29일 밤에 군우리로 돌아와서 사단과 합류하라는 명령을 받았다. 그제야 안도의 한숨을 내쉴 수 있었다. 동료들이 있는 곳으로 돌아가면 제2사단 소속 부대들이 모두 한자리에 모여 있어 안전한 천국에 온 기분이 들 줄 알았다. 하지만 현실은 전혀 딴판이었다. 군우리는 혼란 그 자체였다. 눈을 씻고 찾아봐도 앞에 나서서 지휘하는 사람이 없었다. 메이스는 잠시도 쉬지 못하고 탱크에 연료를 채우고 소총을 점검한 다음 군우리를 떠나야 했다. 예상했던 최악의 시나리오였다. 몇 주 동안 잠을 자지 못해 너무 힘든 상황에서 제38연대 조지 페플로(George Peploe) 대령이 사단 본부에서 잠들어 있는 걸 보고 메이스는 기가 막혔다. 연대장이 사단 본부에서 잠들다니 당시 부대의 전반적인 군기가 얼마나 허술했는지를 단적으로 보여주는 사례라고 생각했다. 메이스는 계속 참기 힘든 추위와 허기를 견뎌야 했다. 다른 부대원들도 마찬가지였다. 영하 20도를 넘나드는 강추위가 이어졌지만 풍속 냉각 지수가 어느 정도인지 측정해볼 여유가 없었다. 지난 닷새는 그에게 지옥 같은 나날이었다. 메이스는 자기처럼 직접 전장에 투입된 사람이 본부에서 지시를 내리는 사람보다 실전에 대해 더 많이 알 거라고 생각했다. 사단은 당시 부대원들에게 아무 희망도 도움도 주지 못했다. 중공군이 공격했을 당시 너무 느리게 대응하는 모습은 오히려 부대원의 사기를 떨어뜨리기만 했다.

중공군에게 엄청난 타격을 입은 소부대들은 전쟁이 길어질수록 자기들 덕분에 대대나 연대, 그리고 사단 전체가 시간을 벌게 된다고 생각했다. 하지만 사단이나 군단 사람들은 소부대에 관심을 기울이지 않았다. 연대 본부중대 찰리 히스(Charley Heath) 중위는 중공군의 대대적인 공격이 있기 이틀 전에 페플로 대령이 본부 사람과 이야기하며 몹시 화를 내던 모습을 잊을 수 없었다. "빌어먹을! 중공군이 공격한 거라니까. 중국인과 한국인도 구별하지 못할까 봐 그래? 정 못 미더우면 포로 몇 명 잡아놓았으니까 통역병 하나 데리고 본부에 가보면 될 것 아냐. 가면 중국인이 맞는지 확실해질 테니까. 통역병이 없어도 널려 있는 시체를 보면 바로 확인할 수 있을 테고." 히스는 그렇게 심하게 화를 내는 사람을 처음 보았다. 페플로는 수화기를 내려놓으면서 이렇게 말했다. "제기랄, 사단 본부 인간들은 내가 중공군도 구별하지 못한다고 생각하나보지."[8]

사단에서 모든 부대의 안전을 공평하게 고려할 거라는 메이스의 기대는 완전히 헛된 것이었다. 사단 본부는 상황이 얼마나 심각한지 전혀 이해하지 못했다.[9] 메이스는 전쟁에서 제일 힘든 것은 바로 두려움이라고 생각했다. 두려움은 용감한 군인이나 소심한 군인을 가리지 않고 모두를 압도하기 때문이다. 뿐만 아니라 주변 사람들에게 쉽게 전염되어 전투를 치르기도 전에 부대원들의 사기를 꺾어버리기도 한다. 바로 이 때문에 지휘관들은 부대 분위기가 두려움에 휩싸이지 않도록 애를 쓸 수밖에 없다. 훌륭한 지휘관은 어차피 두려움이 완전히 사라지지는 않는다는 걸 인정하고 최대한 두려움을 극복하고 부대의 사기를 높이는 데 힘을 쓴다. 반면 나약한 지휘관은 두려움이 부대원들의 마음속을 파고들어 곪을 때까지 아무 대책을 세우지 않는다. 그래서 어떤 지휘관 밑에서는 용감하게 싸우던 병사들도 겁이 많은 지휘관을 만나면 이리저리 달아나기 바쁜 겁쟁이가 된다. 훌륭한 지휘관은 그저 전략을 잘 짜는 재능만으로 만들어지지 않는다. 이들은 주변 사람들에게 자신감을 불어넣고 앞장서서 전투를 이끌어가는 자신의 의무와 특권을 매일 충실히 이행한다. 이렇게 할 때 그 부대에 필요한 모든 요소가 하나도 빠짐없이 갖춰지는 법이다. 지휘관이 부하들에게 힘을 불어넣으면 순차적으로 부대 전체가 강해진다.

군우리에서는 아무도 지휘관 노릇을 하지 않았다. 지휘관 자리에 있어야 할 사람들이 모두 정신을 차리지 못하고 혼란스러운 마음을 그대로 드러냈다. 메이스의 상관이자 사단장이었던 로런스 카이저는 중공군의 공격에 충격을 받고 온몸이 마비된 것 같았다. 사실 그 전에도 허수아비처럼 부사단장 슬래든 브래들리 준장에게 모든 실무를 맡기곤 했다. 카이저가 브래들리에게 업무를 위임하는 정도가 너무 심했기 때문에 어떤 장교들은 아마도 카이저가 이제 너무 늙은 자신은 이 추위 속에 부대를 지휘할 힘과 역량이 없다고 인정하는 거라고 생각했다. 사단이 와해되어도 카이저에게는 어떻게 사단을 일으켜 세워야 할지 아무 대책이 없었다.

카이저 같은 사람이야말로 큰 부대의 지휘관으로서는 최악의 인물이었다. 밀려드는 중공군 앞에서 그는 사단 전체를 잃을 위험에 처해 있었다. 사단 안에는 카이저가 몇몇 장교들과 함께 중공군의 규모를 파악하는 데만 사흘을 허비했다는 소문이 돌았다. 카이저와 그의 상관은 이번 중공군 부대가 거의 20여 개의 사단으로 구성된 초대형 규모로 서부 지역에서 활동하고 있다는 사실을 한참 후에야 파악했다. 11월 29일쯤 되자 군우리에 있는 장병들 중에 중공군이 매시간마다 포위망을 좁혀오고 있다는 사실을 모르는 사람은 아무도 없었다. 올가미 하나에 한꺼번에 목이 걸린 채 올가미가 죄어올 마지막 순간만을 기다리는 사람들 같았다. 중공군은 압도적인 병력을 자랑하는 데다 이미 아군이 후퇴할 퇴로도 차단해놓았을 게 분명했다. 시간이 흐를수록 모든 것이 중공군에게 유리하게만 보였다.

이 순간 카이저가 내리는 결정이 많은 사람들의 생사를 결정할 것은 분명했다. 이는 또한 그의 군 경력에서 가장 중대한 결정이 될 것이었다. 이미 여러 부대가 4~5일 가량 중공군과 접전을 벌였지만 적에 대해 아는 게 전혀 없어서 막막하기만 했다. 적군이 어디에서 오는지, 현재 규모가 어느 정도인지 아는 사람이 아무도 없었다. 심지어 그들이 내려오고 있는 주요 경로도 파악하지 못한 상태였다.

짐 힌턴과 메이스는 본부에서 느끼는 혼란 상황이 일종의 바이러스처럼 사단 전체로 퍼져나가고 있다는 사실에 공감했다. 사단에는 수십 대의 소형 정찰기가 있었지만 이 중 한 대도 사용하지 않고 있었다. 메이스는 사단 전체가 큰 위험에 처해 있으며 각 부대는 각자 힘으로 살아남아야 한다는 사실을 깨닫고 큰 충격을 받았다. 지원군을 기대할 수도 없었다. 영국 지원군이 오고 있다는 소문이 있었지만 확실한 건 아니었다. 벌지 전투에서 가장 힘들었던 시절이 생각났다. 그때도 추위에 시달리고 독일군의 무차별 공격이 이어졌지만 지원군이 온다는 소식에 희망을 잃지 않았었다. 너무 긴박한 상황이었으나 적시에 지원군이 투입되어 메이스의 부대는 기사회생할 수 있었다. 하지만 이번에는 그런 기대마저 할 수 없었다. 카이저라는 무능한 지휘관만으로도 상황은 충분히 암울했다. 하지만 메이스는 본부의 안일한 태도가 더 근본적인 문제라고 생각했다. 본부가 마비된 탓에 사단 전체가 이런 지경에 이른 것이었다. 그때부터 메이스는 앞으로 더글러스 맥아더라는 이름을 자기 입에 올리지 않겠다고 결심했다. 편지를 쓰거나 참전 용사들을 위한 글을 쓰거나 대화를 나누며 맥아더라는 인물을 입에 올려야 할 때는 '빅 에고(Big Ego)'라고 불렀다.[10]

당시 한국에 있던 군 세력을 둘로 나눈다면 전장에서 무조건 밀고 나가라는 잔인한 명령을 받은 장병들과 자신의 실수로 쓰라린 패배를 맛보았다는 사실을 인정하려 하지 않는 도쿄 사령부 사람들로 구분할 수 있었다. 전장에서는 사단 장교들과 군단 사이에 갈등이 벌어졌다. 사단 장교들은 말도 안 되는 명령을 내리는 사령부와 애꿎은 부대원들 사이에서 고심했지만, 군단은 그래도 도쿄 사령부의 명령을 따르려 했다. 로런스 카이저는 정말 형편없는 사단장이었지만 군단의 상황은 그보다 더 심각했다.

제 30 장

덫

29일 오후 4시 반, 서서히 어둠이 깔리기 시작했다. 로런스 카이저는 무전으로 군우리의 상황이 아주 위험하다고 군단에 알렸다. 중공군은 시간이 갈수록 대담해져서 이제는 대낮에도 공격을 감행했다. 하지만 제9군단장 존 콜터는 카이저보다 결단력이나 판단력이 더 형편없었다. 지난 이틀간 이들이 단호한 태도로 사단을 지휘했다면 피해 상황이 그렇게 심각하지는 않았을 것이다. 존 콜터는 그 자리에 얼어붙어서 아무것도 하지 않고 눈앞에서 벌어지는 처참한 광경을 지켜보기만 했다. 그가 한 일이라고는 군단 본부를 남쪽으로 이동한 것뿐이었다. 이제 군단 본부는 평양에 자리를 잡았다. 사단 하나가 완전히 사라질 위기에 처해 있었지만 나약한 지휘관 콜터는 아무 대책도 세우지 못했다. 그는 도쿄 사령부에서도 명목상의 지휘관에 불과했다. 정보통은 허술했으며 시시각각으로 변하는 전장 상황도 제대로 파악하지 못했다. 게다가 도쿄 사령부에서는 전황에 맞지 않는 명령만 하달하여 콜터를 더 질리게 만들었다. 사실 콜터가 가장 두려워했던 건 바로 본부의 명령이었다. 군단은 현명한 결정을 내려 전장에 나와 있는 부대에 분명한 행동 지침을 내리고 필요하면 지원군을 보내는 역할을 해야 하는데 결정적인 순간마다 도움은커녕 방해만 되었다.

존 콜터 소장은 '겁쟁이 존'이라고 불릴 정도로 3개 군단의 지휘관들 중에서 가장 마음이 약한 사람이었다. 군단의 지휘관이 될 만한 재목이 아니라는 건 누가 봐도 확실한 사실이었다. 한 달 후 매슈 리지웨이가 제8군 사령관으로 임명되면서 콜터는 제9군단장 자리에서 물러났다. 언뜻 보면 승진한 것처럼 보였기 때문에 사실상 해임된 거라는 사실을 아무도 눈치 채지 못했다. 군에서는 일반적으로 지휘관을 보호하는 차원에서 그런 배려를 베풀었고 3성 장군의 경우에는 물러날 때 공로훈장을 받기도 했다. 콜터는 한국군 및 이승만 대통령과 리지웨이의 연락 장교로 일하라는 임무를 받았다.

언제나 충성스럽게 맥아더를 지지했던 그는 1911년에 샌안토니오에 있는 웨스트텍사스 사관학교를 졸업했다. 제1차 세계대전이 발발하기 전에 존 퍼싱과 함께 멕시코에서 근무했으며 제1차 세계대전 중에는 생 미이엘(St. Mihiel)에서 맥아더의 휘하에 있던 제42사단 대대장으로 근무했다. 제2차 세계대전 중에는 이탈리아에서 제85사단을 지휘하며 에드워드 알몬드가 이끄는 제92사단과 함께 싸웠다. 1948년에 맥아더는 콜터를 제7사단장으로 임명하고 극동지역으로 배치했다. 그래서 일본에 있는 제1군단장과 한국에 파견된 미군 부사령관으로 일하게 되었다. 잠깐 미국에 가기도 했지만 인민군의 남침 소식을 듣고 다시 한국으로 돌아와 제1군단을 맡았다. 공식적으로는 워커의 지휘를 받았지만 사실은 워커의 상관인 맥아더와 알몬드의 측근으로 보는 게 더 정확했다.

워커는 낙동강방어선전투 당시 콜터가 제1군단을 지휘하는 모습을 보고 탐탁지 않아 했다. 마음에 들지 않는 부하가 하필 자기 상관이 아끼는 사람이라면 누구에게나 껄끄러울 것이다. 워커는 인천상륙작전이 실행될 즈음 제1군단을 프랭크 밀번에게 넘김으로써 그 문제를 간단하게 해결했다. 이렇게 해서 콜터는 북진 당시 사실상 예비대로 밀려났다. 그가 맡은 제9군단은 그동안 전투에 참가하지 않다가 9월 16일이 되어서야 소탕 작전에 투입되었다.

군에서는 위험에 처한 부대에 우선적인 관심을 보이는 게 지휘관의 마땅한 의무다. 11월 30일까지 한반도 서쪽에서 적군과 대치하던 제8군의 여러 부대들 중 가장 위험한 상황에 처해 있던 부대가 제2사단이었다. 따라서 콜터는 월튼 워커에게 병력 증강을 요구했어야 했다.

중공군의 공격이 시작되자 군단에서는 적군의 공격이 만만치 않지만 아주 심각한 수준은 아니라는 태도로 일관했다. 미군이 위험에 빠진 것처럼 보이는 건 한국군이 무너지면서 나타난 일시적인 현상일 뿐이라고 해석했다. 콜터는 이를 두고 "지역적인 문제"라고 말했다. 이틀이 더 지나 11월 27일이 되자 사단의 지휘관들은 후퇴라고는 표현할 수 없을 정도로 조금만 물러서라는 군단의 명령에 크게 좌절했다. 그 말은 연대나 대대들이 중공군과의 대치 상태에서 벗어나 조직을 재정비한 다음 더 유리한 곳에서 재집결할 수 없다는 뜻이었기 때문이다. 사실상 이들은 이미 충분히 위험한 곳에서 그보다 더 나을 곳이 없는 곳으로 계속 떠돌고 있었다. 30일 아침, 카이저는 군단 본부와 이 문제를 놓고 장시간 토의했으나 사흘이 넘도록 아무 해결책도 얻지 못했다. 카이저는 기껏해야 6~8킬로미터 후퇴하는 건 별 의미가 없으니 사단 전체를 일단 후퇴시켜 총체적으로 재정비하게 해달라고 요청했다. 무엇보다 군우리에서 불과 2킬로미터 떨어진 원리라는 곳으로 퇴각하라는 명령에 강하게 반발했다. 사단에 실제적으로 아무 도움이 안 되는데 그렇게 위험한 길을 따라 이동하는 건 스스로 제 무덤을 파는 행위였다. 무사히 원리로 이동한다 해도 상

황이 불리한 건 지금과 다를 게 없었다.[1]

　그 명령만 봐도 전장의 상황과 도쿄 사령부의 탁상공론 사이에 얼마나 큰 괴리가 있었는지 알 수 있었다. 처음 며칠 동안 맥아더는 상황의 심각성을 감추기에 급급했다. 사단 전체가 후퇴한다는 건 자신의 기대를 크게 저버리는 행위였다. 수년이 지나 사단의 향방을 놓고 왈가왈부하느라 혼란을 겪던 순간들을 회상하면서 딕 레이볼드는 이렇게 말했다. "상부의 태도가 그런 식이니 적에게 무릎을 꿇을 수밖에 없는 상황이었습니다."[2] 당시 상황이 얼마나 심각했는지는 전장에 나가 있던 지휘관들뿐 아니라 저널리스트들도 다 알고 있었다. 한국전쟁에 대한 기사로 퓰리처상을 받은 「뉴욕 해럴드 트리뷴」의 호머 비가트는 11월 28일자 기사에 이렇게 썼다. "지금 유엔군은 한반도 북쪽의 좁은 길목에서 공격을 감행한 무모한 결정의 대가를 톡톡히 치르고 있다. 그곳으로 진군한 부대는 중국 및 러시아와 맞닿아 있는 길고 긴 국경선을 사수하기에는 병력이 턱없이 부족했다. 중공군이 가세하지 않았다 해도 유엔군은 압록강 여기저기에 흩어져 있던 적의 방어부대를 뚫기도 어려웠을 것이다." 비가트는 또한 미군 사단들이 재빨리 남쪽으로 이동했더라면 한반도의 허리를 사수할 수 있었을 테지만 "전반적인 상황을 종합해볼 때 더 이상 그런 기대도 하기 어려울 것 같다."라고 보도했다.

　나중에 로런스 카이저는 중공군의 대대적인 기습이 있던 날 사단이 허수아비처럼 무너진 것 때문에 신랄한 비난을 받았다. 하지만 실제로 비난을 받아야 할 사람은 군단 본부였다. 어쨌거나 카이저는 사단장으로서 부대의 움직임을 직접 총괄하며 누가 봐도 위험한 짓인데도 무조건 북쪽으로 밀고 나가기로 결정했다. 처음부터 자기 부대가 직면한 상황이 얼마나 심각한지 제대로 파악하지도 못했으면서 주위의 경고도 귀담아듣지 않았다. 운산을 지날 무렵 그는 한 인터뷰에서 아직 중공군이 "최고의 실력과 애국심으로 무장한 사람들을 전쟁터에 보내지는 않은 것 같다."라고 말했다. 그가 보기에 중공군은 "싸울 의지가 없는데 억지로 끌려나온 처지라 인민군만큼 기질이 사납지 않았다." 카이저는 중공군에 비하면 자기 부하들은 "날카로운 총검"이라고 자랑스러워했다. 하지만 얼마 지나지 않아 그 말을 크게 후회했다.

에드워드 알몬드가 이끄는 제10군단 제1해병대 지휘관 올리버 스미스 소장이 처리한 업무를 살펴보면 사단장으로서 카이저가 무슨 일을 했어야 했는지 이해할 수 있다. 제1해병대는 동부 전선을 맡고 있었는데 장진호 근처 만주 국경까지 진군한 다음 서쪽으로 가서 제8군 병력의 나머지 대원들과 합류하기로 되어 있었다. 스미스는 가능한 빨리 장진호와 압록강이 있는 곳으로 이동하라는 명령을 받았다. 앞뒤 살피지 않고 무조건 밀어붙이고 보는 알몬드의 독단적인 사고에서 나온 지시였다. 해병대가 장진호를 빠져나오느라 고생했던 일을 기록하면서 로이 애플먼은 "한국에서 지휘관으로 일할 때 알몬드는 맥아더의 결정이라면 무조건 맹신하는 오류를 범했다."라고 썼다.[3] 이 정도면 아주 부드럽게 표현한 것이다. 대담함을 두고 알몬드를 탓할 사람은 없었다. 제2사단 작전참모였던 모리 홀든(Maury Holden)은 이렇게 말했다. "대담하게 밀어붙일 필요가 있을 때 네드는 언제나 화끈하게 행동했죠. 문제는 신중함이 필요한 순간에도 무조건 밀어붙이기만 했다는 겁니다."[4] 알몬드는 마치 자기가 가는 길에 걸림돌은 있을 수 없다는 확신에 차 있는 것 같았다.

이렇게 해서 도쿄 사령부의 대리인 역할을 하던 알몬드와 전장의 현실을 대표하는 부하 지휘관들 사이에 팽팽한 의견 대립이 벌어졌다. 장진호와 압록강이 만나는 지역에 해병대를 어떻게 투입할 것인지를 두고 싸우기 전부터 스미스는 알몬드를 싫어했으며 그의 말을 불신했다. 이렇게 사이가 나빠진 데는 그럴 만한 이유가 있었다. 합동 상륙 작전 전문가인 스미스에게 알몬드는 한 번도 해본 적도 없으면서 육해군 합동 상륙이 아주 쉽다고 말한 적이 있다. 인천상륙작전이 실행되는 날 저녁 알몬드는 맥아더가 타고 있던 마운트 매킨리 호 갑판에 서 있었다. 해병대 선임 장교 빅터 크루락(Victor Krulak)이 그의 곁에서 병력과 군 장비를 육지로 옮기는 데 꼭 필요한 수륙양용장갑차 LVT가 하나둘 밖으로 나오는 모습을 지켜보고 있었다. 크루락이 지나가는 말로 LVT가 정말 우수한 첨단 장비라고 말하자 알몬드는 이렇게 되물었다. "그럼 LVT는 물에 뜰 수도 있는 건가?" 크루락은 그날 일을 이렇게 회상했다. "나는 즉시 그 말을 열 명도 넘는 사람에게 퍼뜨렸다. 세상에, 인천상륙작전을 지휘하는 총책임자라는 사람이 LVT를 보고 저런 것도 물에 뜰 수 있냐고 묻다니! 정말 어처구니없는 일이다."[5]

한국전쟁에 참전한 후 자신의 경험을 토대로 두 권의 책을 집필한 바 있는 마틴 러스(Martin Russ)에 따르면 북쪽으로 최종 진격을 시작하기 전에도 알몬드는 이미 "해병대에서 블랙리스트에 오른 사람들 중 기피 대상 1호였다."[6] 해병대에서는 장교들도 대원들과 생사고락을 함께하며 상관이라고 해서 더 편하게 지내거나 더 나은 음식을 먹지 않는 걸 일종의 명예로 여겼다. 따라서 이들에게 알몬드는 전혀 예상치 못한 인물로서, 낡아빠진 구식 군대 문화를 상징하는 존재였다. 알몬드는 개인 트레일러에 온갖 편의 시설을 갖추었고 다른 사람들은 모두 살인적인 추위를 견디는 와중에도 훈훈한 방 안에서 여유를 즐겼다. 자신의 안락을 무엇보다 중요하게 여겼으며 사람들의 입이 딱 벌어질 정도로 호화로운 삶을 추구했다. 트레일러에는 욕조까지 갖추어져 있으며 항상 뜨거운 물이 쏟아져 나왔다. (스미스는 몇 가지 편의 시설이 갖춰진 트레일러를 주겠다는 제안을 받고도 완강히 거절했다.) 거기다 별도의 텐트를 마련해서 난방이 되는 화장실까지 꾸며놓았다. 항상 최상의 식단을 즐겼고 도쿄에서 정기적으로 공급되는 최고급 스테이크에 신선한 야채와 최상급 와인이 아니면

먹지 않았다. 부대원들은 이런 것들 때문에 알몬드를 몹시 경멸했다. 상관이 그렇게 호화로운 생활을 즐긴다는 소문은 지옥 같은 환경에서 하루하루 견디고 있는 장병들 사이에 삽시간에 퍼져나갔다. 제1차 세계대전에 활동했던 마지막 장군을 보는 것 같았다. 10월 9일, 알몬드는 스미스와 연대 지휘관 세 사람을 초대해 기억에 남을 만한 저녁식사를 함께했다. 초대에 응한 네 사람은 저녁식사를 마련한 장소에 들어서자마자 경악을 금치 못했다. 흰 제복을 입은 사람들이 시중을 들었고 아마포가 씌워진 식탁에는 고급 그릇과 은수저가 놓여 있었다. 군단 내에서 전설적인 인물이었던 연대장 루이스 풀러(Lewis Puller)는 "전투가 벌어지는 곳에서 도저히 납득할 수 없는 낭비였다."라고 회상했다. 초대받은 사람들은 하나같이 식은 비상식량을 먹고 트럭을 몰고 탄약을 운반하는 게 그 자리에 앉아 있는 것보다 훨씬 속이 편하겠다는 생각을 했다. 군단 본부에는 3천여 명이 근무하고 있었다. 그 정도 인원이면 연대 하나를 만들어도 될 것 같았다.[7] 상식이 있는 사람이라면 그런 식사를 대접하기보다는 부하들의 존경을 받을 만한 행동을 하려고 더 노력했을 것이다.

맥아더의 마지막 공격 명령에 담겨 있던 광기(이 표현이 가장 적절한 것 같다)는 어찌 보면 서쪽보다는 동부 전선에서 더 명확하게 드러났다. 서쪽에 있던 장군들은 스미스만큼 훌륭하지 않았다. 워커도 그 사실을 알고 있었다. 스미스는 부대원들을 너무 심하게 몰아세우려 하지 않았으며 휘하 장교들에게 진격을 명령할 때도 항상 몸조심하라는 말을 잊지 않았다. 이와 대조적으로 알몬드는 맥아더의 충실한 지지자인 동시에 워낙 고집이 세고 거만한 사람이라 자신의 우상인 맥아더가 기대하는 바대로 전쟁터의 현실을 짜 맞추기로 결심했다. 이 때문에 알몬드와 스미스의 갈등은 심각했고, 사실 이는 맥아더와 스미스의 대립이라고 봐야 했다. 참을성이라고는 조금도 없고 자기 자신만 중요한 알몬드는 자신의 명령에 모든 사람이 무조건 복종하게 만들었다. 이 때문에 스미스는 알몬드 대신 전장의 실상을 있는 그대로 도쿄 사령부에 전달하고 부대원들의 생명을 지키는 역할을 맡았다. 스미스는 가능한 빨리 압록강 쪽으로 진격하라는 명령을 받고도 그 명령을 철회시키려고 체계적인 노력을 기울였다. 제1해병사단이 중공군과 맞서 싸우기로 예정된 지역은 산세도 험하고 지독하게 추운 곳이었다. 그곳에 엄청난 수의 중공군이 숨어 있을 거라는 강한 확신이 들었다. 스미스는 알몬드가 지시한 대로 사단을 작게 나누고 싶지 않았다. 중공군의 공격은 이미 기정사실이나 다름없는데 연대를 아무렇게나 분산시켜서 아군의 응집력을 떨어뜨릴 이유가 없었다. 그는 제1해병사단의 저력은 연대 전체를 함께 움직일 때 그 진가가 드러난다는 점을 강조하면서 알몬드를 설득했다. 하지만 곧 알몬드가 남의 말을 듣는 능력은 전혀 없는 사람이라는 걸 알게 되었다. 결국 스미스는 자신의 재량권 안에서 최대한 시간을 끌면서 알몬드의 명령을 거부했다. 상황이 허락할 때마다 진군 속도를 늦추면서 성격이 불같기로 소문난 상관의 명령에 철저하게 불복종하는 위험한 순간에 이르렀다. 스미스가 해병대 소속이 아니라 육군 소속이었다면 알몬드는 틀림없이 그를 해임했을 것이다. 신중하면서도 집요했던 스미스는 결국 제1해병사단이 완전히 와해되는 것을 막았을 뿐 아니라 알몬드의 명령도 수행했다.

사실 올리버 스미스 소장은 한국전쟁에서 묵묵히 위대한 업적을 세운 영웅에 속한다. 그의 뛰어난 지도력을 본 해병대원들은 다들 그가 의회 명예훈장을 받는 게 마땅하다고 생각했다.[8] 하지만 루이스 풀러와 달리 그의 영웅적인 행동에는 드라마틱한 요소가 조금 부족했다. 사실 해병대원들 외에는 그의 이름을 아는 사람이 거의 없었다. 그는 프로 정신이 강했으며 쉽게 오만해지지 않았고 카리스마적인 모습을 보이지 않으려고 노력했다. 무엇보다 그는 적의 능력을 인정했다. 마틴 러스는 그를 가리켜 "어느 아마추어 극단에서 작은 마을의 약사 역할을 맡은 사람, 살만 조금 찌면 중년 여자들에게 아주 인기가 좋을 사람"이라고 묘사했다.⁹ 스미스는 아주 이례적인 경력을 쌓았으며 그렇게 되기까지 오랜 시간을 인내해야 했다. (대위로만 무려 17년을 근무했다.) 1944년 9월 태평양 전쟁 때는 펠렐리우 전투에서 제1해병사단 부사단장으로 활동했다. 펠렐리우라는 작은 섬은 전략적 가치가 그리 큰 곳이 아니었는데도 아주 많은 사상자를 냈다. 그곳은 세로 6.3킬로미터, 가로 3.2킬로미터 크기에 대부분 산호로 이루어진 섬이었다. 여기서는 사실 제대로 된 참호를 파기도 힘들었다. 해병대 장교들은 이곳이 태평양 전쟁의 가장 큰 재앙 중 하나가 되었다고 생각했다. 제1해병사단 지휘관 윌리엄 루퍼터스(William Rupertus) 소장 밑에서 근무했던 해럴드 디킨(Harold Deakin) 대령은 "이오지마 전투나 다른 전투와는 비교도 안 될 역사상 최악의 전투"였다고 회상했다. 당시 일본군은 연합군이 공격을 퍼부을 때는 방어만 하며 숨어 있다가 공습이 끝나면 모습을 드러내고 엄청난 기세로 공격하곤 했다. 루퍼터스는 우월 의식이 강하고 참을성이 없으며 적군을 만만하게 생각했다는 점에서 에드워드 알몬드와 비슷한 점이 많았다. 그는 본격적인 공습에 앞서 사상자가 발생하긴 하겠지만 "잠깐이면 모든 게 끝난다. 사흘이면 이곳을 장악할 것이다. 어쩌면 이틀로도 충분할지 모른다."라고 큰소리쳤다.¹⁰ 하지만 실제 전쟁은 지상과 땅굴을 오가며 한 달 내내 이어졌다. 해병대가 내놓은 자료에 따르면 약 만 명의 일본군을 상대하면서 그중 한 사람을 사살하는 데만 거의 1,600발의 탄환을 사용했다.¹¹ 그래서 알몬드를 대할 때마다 스미스는 마치 예전에도 한 번 부딪힌 적이 있는 것 같은 느낌이 들었다.

스미스는 실제 전황과는 전혀 맞지 않는 명령에 복종하여 제1해병사단을 중공군 앞에 무릎 꿇게 만드는 장본인이 되고 싶지 않았다. 장진호에서 해병사단이 후퇴한 것은 군단 역사상 가장 중요한 순간이라 해도 과언이 아닐 것이다. 물론 그 작전이 성공한 데는 스미스의 공이 컸다. 스미스가 대단한 일을 했다기보다는 명령에 따르지 않기로 결정한 것이 주효했다. 부대를 진격시키면서 스미스는 길가 여기저기에 군수 물자를 상당량 남겨두었다. 나중에 알파 바우저는 이렇게 설명했다. "그 덕분에 부대원들 수천 명을 살릴 수 있었습니다. 해병사단 전체를 구한 거나 마찬가지죠."[12]

11월 27일, 해병사단은 북쪽으로 본격적인 기동을 시작했다. 거의 3주간 스미스는 북쪽으로 올라가는 계획을 무산시키려고 갖은 애를 썼다. 제8군에서 10군단을 떼어놓은 도쿄 사령부가 이제는 연대를 하나하나 분리해서 힘을 잃게 하고 결국 중공군의 손에 놀아나게 만들 게 분명했다. 스미스는 그런 멍청한 계획을 내놓은 의도를 도무지 이해할 수 없었다. 해병대의 입장에서는 알몬드가 대규모 부대를 작은 부대로 나누기 좋아하는 사람이라는 해석밖에 나오지 않았다. 바우저가 보기에 알몬드는 제한적인 수준이긴 하지만 지도에 각 부대의 움직임을 이리저리 표시하는 데 꽤 재미를 들이는 눈치였다. 마치 연합군이 유럽에서 그랬던 것처럼 대단한 작전이라도 세우고 있다는 착각에 빠져 있었는지도 몰랐다.[13] 본부는 중공군이 그토록 험한 산세를 뚫고 서쪽으로 이동하지 못했을 거라고 스미스를 안심시켰다. 하지만 스미스는 자기 부대가 그곳에서 처음 활동을 개시하는 게 유리하다고 생각하지 않았다. 전쟁이 끝난 후에 스미스는 "장진호는 군사 작전에 유리한 곳이 절대 아니었습니다. 칭기즈칸도 아마 엄두를 내지 못했을 거예요."라고 회상했다.[14] 하지만 스미스는 계속 진격하라는 명령을 따를 수밖에 없었고 그곳에 어떤 위험이 도사리고 있을지 부하 장교들에게 솔직히 말했다. 겁을 주려 했던 게 아니라 각 부대의 방어태세를 강화하고 중공군이 공격하기 쉬운 밤에도 정신을 바짝 차리게 하기 위해서였다. 만일 그들이 하는 일에 의구심이 들었다면 스미스도 맥아더의 비법에 일종의 경외감을 가졌을 것이다. 맥아더가 압록강까지 무조건 밀고 올라가라는 명령을 내렸을 때 스미스는 동료에게 이런 말을 했다. "뭐, 인천에서 성공했으니 여기서도 그럴 수 있겠지."[15] 그러나 나중에 스미스는 이번에는 그러지 못했다고 덧붙였다.

스미스가 위험에서 벗어나도록 도울 수 있는 사람은 아무도 없었다. 11월 초가 되자 그는 중공군이 미군을 넘어뜨리려고 거대한 덫을 놓고 있다는 생각이 들었다. 10월 29일, 운산이 공격당할 즈음 스미스가 이끌던 부대 소속 한국군이 중공군 16명을 생포했다. 이들은 탄약 수송 임무를 담당하는 소대원들로 다른 중공군들보다 키가 크고 피부가 검은 편이었으며 여기저기 기운 자국이 많은 군복을 입고 있었다. 포로들은 자기 부대에 대해 조금도 숨길 게 없다는 식이었다. 그들은 제9집단군 42군 124사단 370연대 소속으로 10월 16일에 한국에 들어왔으며, 근처에는 42군 소속 중공군 사단이 적어도 3개 이상(124, 125, 126사단) 포진하고 있다고 말했다. 알몬드는 직접 이들을 만나서 몇 가지 제식 훈련을 시켜보더니 그리 신통치 않다는 표정을 지었다. 다들 며칠씩 아무것도 먹지 못한 데다 지저분하고 피곤해 보였다. 해병대 역사가 존 호프먼(John Hoffman)에 따르면 알몬드는 이들을 곧잘 "중국인 세탁업자"라고 부르곤 했다.[16] 또한 생포된 중공군이 그리 똑똑하지 않은 것 같다는 말도 남겼다. 호프먼의 기록을 보면 해병대에서는 별로 확신을 갖지 못했다. 결국 찰스 윌러비가 와서 포로들을 살펴보고는 거대한 규모의 중공군 정예 부대가 아니라 만 명 정도로 구성된 소규모 지원군에 불과하다는 결론을 내렸다.[17]

스미스의 지휘를 받던 3개 연대 중 하나인 호머 리첸버그(Homer Litzenberg) 대령의 제7해병연대가 중공군을 생포한 한국군을 대체했다. 제7해병연대는 그 후 얼마 지나지 않아 수동에서 사단 하나 규모의 중공군과 맞붙었다. 수동 전투는 동부 전선에서 해병대와 중공군이 벌인 최초의 본격적인 전투로서 11월 2일부터 4일까지 이어졌다. 제임스 로런스(James Lawrence) 소령은 "잠깐이지만 우리가 리틀 빅 혼 전투에 참가한 커스터 장군이 된 것 같았습니다. 그만큼 전세가 불리했죠. 정말 힘든 전투였습니다."라고 회상했다. 그는 수동 전투에서 대대 장교로 활약했으며 훌륭한 지휘력을 보인 덕분에 해군 수훈장을 받았다.[18] 그의 말처럼 수동 전투는 정말 힘겹게 진행되었다. 가까스로 중공군을 격퇴하긴 했지만 그 과정에서 사망 44명, 부상 162명, 실종 1명이 발생하는 등 적잖은 타격을 입었다.

그 전투의 처참함을 보고도 도쿄 사령부나 알몬드가 예전의 기세로 부대를 몰아붙였더라면 스미스는 예전보다 신경이 더 곤두섰을 것이다. 그는 자신의 임무가 가능한 한 적의 덫에 가까이 접근하는 시간을 늦추는 것, 즉 "이러지도 저러지도 못하는 상황에 처하지 않도록 최대한 노력하는 것"이라고 생각했다. 이 때문에 알몬드와 팽팽한 신경전을 이어가야 했다. 스미스의 작전참모였던 바우저 대령에 따르면 "해병사단은 제10군단의 선봉대였다. 알몬드는 이 선봉대가 자기 명령과 달리 거의 움직이지 않는다는 걸 눈치 챘다. 해병대는 사실 일부러 제자리걸음만 반복했다. 온갖 꾀를 부려서라도 본부의 명령대로 부대를 작게 나누는 걸 미루면서 부대가 스스로 약해지기 전에 적이 모습을 드러내기를 학수고대했다. 그리고 길목마다 장소를 정해놓고 일정한 보급품을 따로 쌓아두었다."[19]

11월 5일, 해병들은 한 오두막에서 혼자 자고 있는 중공군을 발견했다. 심문에 응하는 태도는 진지했고 뭔가를 숨기고 있다는 느낌도 없었다. 그는 제126사단 소속으로 중공군의 전략을 완벽하게 알고 있었다. 신평등주의에 입각하여 정치 위원들이 일반 사병에게도 교육을 실시하고 전투 계획을 세세히 알려주는 게 중공군의 특징이었다. 생포된 중공군은 압록강을 건넌 중공군의 규모가 사단 24개에 달한다고 증언했다. 11월 7일에 알몬드는 이 사실을 보고받았다. 스미스는 잠시나마 이 정보와 운산 사태를 듣고 알몬드가 제 정신이 들기를 바랐다. 난생처음으로 해병 1사단을 모아 한 곳으로 집중하자는 스미스의 의견에 알몬드가 순순히 따르는 것 같았다. 하지만 본부에서는 또다시 북쪽으로 진격을 재촉하라는 명령이 떨어졌고 알몬드는 예전처럼 스미스의 목을 죄어왔다.

그러는 동안 중공군 지휘관 펑더화이는 서부 전선과 동부 전선에 대규모 중공군을 보내 각각 미군과 유엔군에 맞서게 할 계획을 짜고 있었다. 서부 전선에 있는 워커의 부대가 13만 명 정도이므로 중공군 25만 명을 배치해 적군 대 아군의 비율을 1대 1.92명으로 맞추고, 동부 전선에 있는 유엔군이 약 10만 명이므로 중공군을 15만 명 정도 보내 1대 1.67명의 비율로 맞출 생각이었다. 이미 중공군은 압록강 남쪽으로 넘어와서 동굴에 몸을 숨기고 있었다. 이전에 미군과 유엔군을 기습했다가 홀연히 사라진 것은 잠시 그들을 놀래준 것에 불과했다. 중공군 제9집단군 사령관으로 동부 전선에 있던 중공군을 이끈 쑹스룬(宋時輪)은 "대어를 잡으려면 미끼 맛을 좀 보여줘야지."라고 말했다.[20] 한 중공군 고위 장교의 말에 따르면 11월 중순에 유엔군은 "중공군이 미리 정해놓은 죽음의 장소에서 한참 떨어져 있었다."[21]

11월 15일, 스미스는 다시 알몬드와 만났고 알몬드는 다시 진군 속도를 높이라고 강력히 촉구했다. 이들은 장진호 남쪽 끝에 있는 하갈우리에 도착해 있었고, 다른 해병연대가 동쪽으로 진격할 동안 22킬로미터 떨어진 유담리로 이동할 생각이었다. 한편 제3연대는 남쪽으로 80킬로미터 떨어진 곳에 있었다. 이처럼 전체 사단은 지나치게 분산되어 있었다. 알몬드는 "차량을 전속력으로 몰아야 한다."라고 말했다. 그 말이 떨어지기가 무섭게 스미스는 "절대로 안 된다."라고 응수했다. 그러나 에드 크레이그 준장에 따르면 알몬드는 스미스의 말을 들은 척도 하지 않고 정찰기를 타고 가버렸다. 그래도 스미스는 부대원들에게 단호하게 말했다. "우리 사단이 다시 모이고 비행장이 제대로 갖쥐질 때까지는 아무 데도 가지 않는다."[22] (그는 중공군이 공격을 개시할 경우에 대비하여 장진호에서 해변까지 부상병들을 비행기로 수송할 수 있는 중간 통로를 마련해야 한다고 생각했다.) 스미스는 코앞에 닥친 위험한 상황을 나 몰라라 하고 무조건 사단을 여기저기 분산시키려는 알몬드의 태도에 하루 종일 마음이 불편했다. 하는 수없이 스미스는 해병대 사령관 클리프턴 케이츠(Clifton Cates)에게 편지를 썼다. 그는 편지에서 현재 부대가 직면한 위험을 하나씩 열거하면서 자칫하면 사단 전체가 붕괴될 우려가 있다며 알몬드가 내린 명령의 위험성을 알렸다. 이는 아주 이례적인 행동이었다.

스미스는 리첸버그의 제7해병연대를 공격했던 중공군이 북쪽으로 물러났지만 알몬드는 이들을 추격하라는 명령을 내리지 않았다고 케이츠에게 보고했다. 해병사단의 왼쪽 측면이 "넓게 뚫려" 있다고도 말했다. 당시 제8군에서 해병사단과 가장 가까운 곳에 있는 아군은 무려 193킬로미터나 떨어져 있었다. 해병들도 서로 지원을 기대할 형편이 아니었다. "해병대 사단 하나를 함흥에서 만주 국경까지 산길을 따라 한 줄로 세워두는 건 좋은 생각이 아닙니다." 스미스는 얼토당토않은 상부의 명령 때문에 신경이 매우 날카로웠다. "제10군단의 전략적인 판단과 계획은 전혀 현실성이 없습니다. 부대를 계속 작게 나누면서 위험하기 짝이 없는 임무를 수행하라는 명령만 이어지고 있습니다. 이미 수차례에 걸쳐 군단장에게 귀하께서는 해병이라는 막강한 도구를 갖고 계시지만 이런 식으로 부대를 작게 나누면 전력이 크게 약해진다는 점을 말씀드렸습니다." 스미스는 또한 추운 날씨와 험한 산악 지형 때문에 적잖은 어려움을 겪고 있다고 적었다. "한국의 산악 지형이나 혹독한 추위를 고려할 때 현 상황은 미 육군이나 해병 모두에게 무리가 됩니다. 겨울에 이런 지역에 있는 부대를 제대로 지원하는 게 가능할지 의심스러우며, 부상병이나 환자가 발생할 때 이들을 후방으로 옮길 방법이 없습니다."[23] 11월 중순이 되자 스미

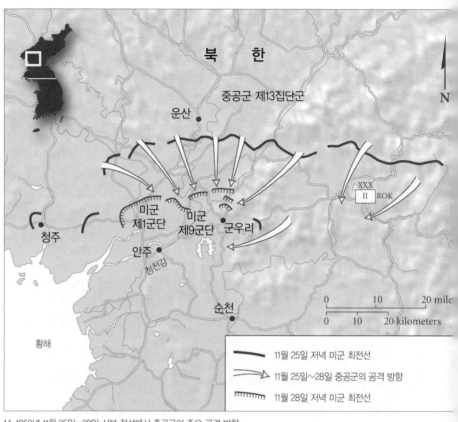

14. 1950년 11월 25일~28일 서부 전선에서 중공군의 주요 공격 방향.

스는 여러 가지 요구 중 겨우 하나를 이룰 수 있었다. 하갈우리에 작은 활주로
가 만들어진 것이다. 그것도 쉽게 얻어낸 것은 아니었다. 스미스는 해병대 항
공 작전 책임자 필드 해리스(Field Harris) 소장과 힘을 합친 끝에 활주로에 대
한 허가를 얻어냈다. 어느 날 알몬드가 해리스 소장에게 필요한 게 있는지 묻
자 해리스는 군수품을 보급받거나 사상자들을 후송할 작은 활주로를 만들어
야 한다고 대답했다. "사상자라니 무슨 말인가?"라고 알몬드는 되물었다. 공
교롭게도 해리스가 그 질문을 받은 지 얼마 되지 않아서 해리스의 아들이 장
진호 근처에서 목숨을 잃었다. 나중에 해리스는 해병대 역사가 베미스 프랭크

(Bemis Frank)에게 이렇게 말했다. "바로 그런 점 때문에 알몬드에 대한 반감이 생긴 겁니다. 그는 전쟁 중인데도 사상자가 발생하는 현실을 인정하지 않았어요. 사실 거기에서 후방으로 수송된 사상자만 해도 무려 4,500명이나 되는데 말입니다."[24]

스미스는 중공군이 엄청난 덫을 놓고 있다고 확신했다. 이를 입증할 만한 경험적 증거도 확실했다. 미군에 밀려 북으로 쫓겨 가면서도 중공군이 황초령에 있던 다리를 폭파하지 않았던 것이다. 해병대가 마지막으로 떠나온 항구인 흥남에서 중공군이 본격적인 공습을 벌였던 유담리까지의 거리는 125.5킬로미터였다. 흥남에서 북쪽으로 가는 길은 처음에는 비교적 평지로 이어졌으며 11월 2일에 해병대가 중공군의 첫 번째 기습을 받았던 수동에서 흥남까지의 거리는 59.5킬로미터였다. 그리고 수동 북쪽에서 고토리 남쪽을 지나는 길은 급경사 때문에 갈수록 어려움이 가중되었다. 거리는 12킬로미터에 불과했지만 해발고도는 762미터였으며 곧바로 황초령으로 이어졌다. 매슈 리지웨이는 이곳을 가리켜 "굉장히 좁은 데다 한쪽은 낭떠러지, 다른 한쪽은 절대 뚫고 지나갈 수 없는 절벽이라서 지나가기가 정말 무서웠다."라고 설명했다.[25] 이곳 중앙에서 남쪽으로 이동하는 방법은 장진호에서 발전소로 물을 퍼 올리는 네 개의 거대한 파이프를 덮고 있는 콘크리트 다리를 건너는 것뿐이었다. 산세는 험하고 길이 아주 좁았기 때문에 이 다리를 폭파하면 차량으로 장비를 옮겨야 하는 미군은 꼼짝없이 발이 묶일 수밖에 없었다. 그런데도 중공군은 북쪽으로 물러가는 길에 이 다리를 없애지 않았다. 스미스는 화가 난 개가 짖지 않고 가만히 있는 것만큼이나 이해할 수 없는 일이라고 생각했다. 그토록 치밀한 전략과 가공할 만한 병력을 자랑하던 부대가 다리를 그대로 둔 것은 미군에게 그 다리를 건너오라고 손짓하는 것이나 다름없었다. 그러나 알몬드는 이 상황을 꿰뚫어보지 못했다. "스미스는 중공군이 미군을 유인하는

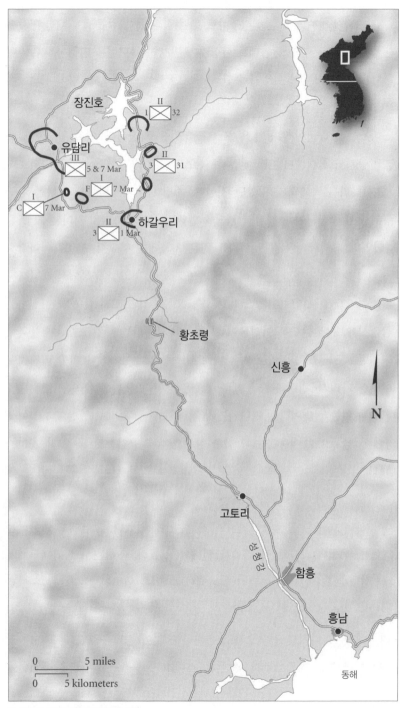

15. 1950년 11월 27일 해병대 방위 구역.

거라고 생각했습니다. 아마도 미군이 다리를 건넌 후에 폭파시켜서 옴짝달싹 못하게 만들 속셈이었을 겁니다."라고 작전참모 제임스 로런스가 말했다. "스미스 소장이 명민했기 때문에 중공군의 계략을 간파한 거였죠. 다른 장교라면 스미스처럼 적의 계획을 그 정도로 세세히 꿰뚫어보지 못했을 겁니다. 알몬드는 중공군을 너무 얕보고 있어서 이에 대해 전혀 신경쓰지 않는 듯이 보였습니다."[26]

11월 26일까지 스미스는 만족할 만한 수준으로 사단을 다시 통합하는 데 성공했다. 그 전에는 알몬드의 강요로 장진호 서쪽 유담리 전역에 2개 연대를 배치했는데 두 연대 사이에 장진호가 버티고 있어서 실제 거리는 가까웠지만 멀리 떨어진 것이나 다름없었다. 그 전보다 한층 가까워지긴 했지만 여전히 각 부대의 위치가 너무 떨어져 있다고 크레이그가 지적하자 스미스는 "어쩔 수 없지. 육군에서 그걸 원하니."라고 말했다.

제7해병연대는 유담리 동쪽에 있었다. 장진호는 하갈우리 남쪽을 가리키듯 아주 긴 고드름 모양을 하고 있었다. 유담리는 하갈우리에서 서쪽으로 22킬로미터 정도 떨어져 있었고, 제5해병연대는 고드름 모양의 장진호 건너편에 있었다. 스미스는 하갈우리에 풀러가 지휘하는 제1해병연대 소속 대대 하나를 배치했다. 또 다른 대대 하나는 주요 보급로를 끼고 있는 하갈우리에서 남쪽으로 17킬로미터 떨어진 고토리에 자리를 잡았고, 그곳에서 다시 남쪽으로 16킬로미터 내려간 진흥리에도 대대 하나가 대기하고 있었다. 풀러의 지휘를 받던 대대들을 이렇게 배치한 이유는 주요 보급로를 확보하기 위해서였다. 정찰대의 보고처럼 적어도 중공군 6개 사단이 그곳에 있는 걸 감안하면 기습 공격이 있을 때 사단 단위로 대응할 수 있기 때문에 이상적인 배치라고 볼 수 있었다. 바우저 대령은 이렇게 말했다. "그렇다 해도 눈으로 뒤덮인 곳에서 엄청난 추위와 싸워야 했다. 어디에서 재느냐에 따라 달라질 수 있겠지만 우리는 거의 100킬로미터 내지 120킬로미터에 걸쳐 흩어져 있었다."[27] 카이저를 포함한 대부분의 지휘관들과 달리 스미스는 중공군이 모습을 드러낼 때 어떤 상황이 벌어질지 오랫동안 심각하게 고민했다.

제10군단이 동쪽에서 공격을 감행하는 시기가 아주 중요했다. 중공군이 제8군에 압도적인 승리를 거두고 이틀이 지난 11월 27일 제10군단의 공격이 시작되었다. 해병대는 당시 제8군을 덮친 중공군에 대한 소문을 어느 정도 듣긴 했지만 당시 상황이 얼마나 심각했는지는 모르고 있었다. 이들의 공격 계획은 허술한 점이 많았다. 빌 맥카프리는 그 계획을 보고 제정신이 아닌 상태에서 세운 것 같았다고 회상했다. 제10군단 소속 해병들은 서쪽으로 64킬로미터 내지 80킬로미터쯤 떨어진 무평리로 가야 했지만, 거기로 연결되는 길이 있는지도 확실치 않은 데다 1킬로미터도 마음 놓고 행군할 수 없는 상황이었다. 무평리는 청천강 고지대에 있는 작은 마을로 제8군이 장악하고 있었다. 따라서 그곳에 가기만 하면 워커가 이끄는 부대와 합류할 수도 있었다. 이 계획대로라면 빠져나갈 틈을 주지 않고 그 지역에 있는 중공군을 완전히 포위할 수 있었다. 다이이치 본부에서는 아마도 중공군의 군수품 보급선을 차단하는 효과까지 노렸을 것이다. 하지만 당시 아군의 부족한 병력, 2천 미터가 넘는 높은 산과 험한 지형, 영하 20도를 밑도는 혹한을 고려할 때 성공할 가능성이 없었다. 그 계획을 감행했다가는 도리어 유엔군이 독 안에 든 쥐 신세가 될 확률이 높았는데 본부에서는 그 사실을 간과했다. 한반도에서 가장 지형이 험하고 외딴 지역이라 여기저기 빙판이 깔려 동물들도 제대로 지나갈 수 없는 길이었다. 해병대 차량 전체를 동원해도 그곳을 뚫고 무평리까지 가는 것은 불가능했다. 가는 도중에 중공군의 표적이 될 것은 불을 보듯 뻔했다. 하지만 맥아더는 이렇게 해서 제10군단과 제8군을 연결하는 것이 승리의 시작이라고 굳게 믿었다. 이 작전이 성공하면 자신의 지휘 경력에도 큰 도움이 될 것이고

■ 하갈우리 근처에서 미 해병대가 공군의 근접 지원 후 언덕에 있는 적군의 보루를 향해 이동하고 있다. 공격 목표 지점에서는 연기가 피어오르고 있다. 1950년. © Cpl. McDonald/ U.S. Department of Defense.

한국전쟁에서 통쾌한 승리를 거둔 결정적인 증거를 얻게 될 거라고 생각했다. 사실 구사일생으로 무평리까지 간다 해도 해병대가 그 지역에 대한 통제권을 얻는 것은 아니었기에 군사적으로는 아무 의미가 없는 작전이었지만 맥아더는 전혀 개의치 않았다. 누가 무슨 말을 해도 마음을 바꾸지 않을 기세였다. 여러 해가 지난 후에 맥카프리는 이렇게 말했다. "그 계획은 한반도 정세와 전혀 맞지 않았습니다. 누가 봐도 그런 작전을 지시하는 본부가 제정신이 아니라고 말했을 겁니다. 압록강 쪽으로 진군을 시작하는 순간부터 우리는 정신병자와 함께 정신병원에 감금된 것 같았습니다. 중공군은 만반의 태세를 갖추고 우리를 노리고 있는데 그런 적의 진지에 제 발로 걸어 들어가는 기분은 직접 겪어보지 않으면 모를 겁니다. 가는 곳마다 끝도 없이 밀려오는 중공군의 인해전술에 지칠 대로 지쳤습니다. 도쿄 사령부에서 오는 명령은 하나같이 말도 안 되는 것들이었어요. 우리를 죽이려고 혈안이 된 사람들이 아닌가 하는 생각이 들 정도였으니까요. 이러다가는 우리 중에서 한 사람도 살아남지 못할 거라는 생각이 머릿속을 채웠지만 본부에서는 계속 전진하라는 명령만 내렸습니다." 인천상륙작전이 성공하자 맥아더는 정말 "제대로 미친 사람처럼 굴었습니다."

레이 머리(Ray Murray)가 이끄는 제5해병연대가 앞장서야 했지만 이 부대는 이미 뒤따르던 부대와 한참 멀어진 상태였다. 서쪽 공격 계획에 대해 레이 머리는 이렇게 회고했다. "한마디로 말도 안 되는 상황이었죠. 생각하면 할수록 이건 정말 미친 짓이라는 생각이 들었습니다. 어쩌자고 그런 명령을 내린 건지 이해할 수 없었어요. 우리 부대가 그런 명령에 따라 움직였다고 생각하니 한숨만 나오네요."[28] 알몬드의 참모장 닉 러프너(Nick Ruffner) 역시 "말도 안 되는 계획"이라고 말했다.[29] 클레이 블레어의 말을 빌리자면 그 작전은 "한국전쟁에서 가장 무모하고 어리석은 계획"으로 평가되고 있다.[30]

여전히 도쿄 사령부는 한반도 양쪽 해안에 있는 중공군의 규모와 주둔 지역을 제대로 파악하지 못하고 있었는데, 초반의 실수를 인정하지 않은 탓이었다. 그렇게 시간만 흘러갔다. 월튼 워커는 부대 간의 충돌과 감정싸움에 무뎌져서 상황에 민첩하게 대응하지 못했다. 전반적인 상황이 얼마나 심각한지 알고 있었지만 자기가 어떻게 해볼 수 있는 상황이 아니라고 생각했다. 며칠 동안은 부대를 남쪽으로 후퇴시켜서 한반도의 목 부분인 평양쯤에 방어선을 만들 시간이 있다는 생각도 하긴 했다. 하지만 동해안에 있던 알몬드는 북쪽으로 밀고 올라가 공격하는 데만 열심이었다.

에드워드 알몬드는 엄청난 공격태세로 본인이 간절히 원하던 최종 명령을 내렸다. 그러나 얼마 안 있어 서서히 승산이 없다는 걸 인정하고 받아들여야 했다. 작전이 실패했다는 사실을 상부에 보고하는 건 쉽지 않았다. 중공군의 대대적인 공격을 받고 사흘 반이 지나 11월 28일이 되었지만 알몬드는 여전히 아군의 참패를 인정하지 않고 제10군단에게 계속 진격하라고 명령했다. 그날 정오에 알몬드는 헬리콥터를 타고 하갈우리에 있는 스미스의 본부에 와서 자신의 주특기인 잡담을 늘어놓았다. 하지만 스미스는 전혀 귀를 기울이지 않았다. 해병사단이 적이 쳐놓은 덫에 빠질지도 모르는 위험한 처지여서 스미스는 사단을 강화하는 데 전력을 기울였다. 잘만 하면 포위망을 뚫고 남쪽으로 달아날 길을 열 수도 있을 것 같았다. 해병대원들에게는 알몬드가 군을 위대한 승리로 이끌기라도 한 것처럼 그에게 열광하는 분위기가 있었는데, 실상은 알몬드의 고집 때문에 부대 전체가 파멸될 위기에 처해 있었다. 인종차별적인 발상 때문에 알몬드는 적군이 가공할 만한 전투력을 갖추고 있다는 사실을 간과했다. 제임스 로런스는 이렇게 말했다. "알몬드는 중공군을 깔보고 있었다. 미군을 유인하려고 후퇴했다는 생각은 전혀 하지 않고 중공군 따위는 미군 앞에서 도망가는 게 당연하다고 생각했다. 하지만 우리는 11월 초부터 중공군과 전투를 치렀기 때문에 그들이 얼마나 대단한지 알고 있었다. 그런데도 알몬드는 중공군을 두고 '세탁업자'라고 조롱했다. 그게 바로 인종차별이 아니고 무엇이겠는가. 제10군단 안에서 중공군이 얼마나 무시무시한 존재이고 당시 아군의 상황이 얼마나 위태로웠는지 모르는 사람은 군단장인 알몬드 한 사람뿐이었을 것이다."[31]

알몬드는 거기에서 다시 제7사단 소속 앨런 맥린(Allan Maclean) 대령의 제31보병연대 본부로 날아갔다. 이 부대 역시 중공군과 대치하던 제10군단에서 중요한 역할을 맡고 있었다. 이전에 알몬드는 제7사단을 소부대로 무모하게 나눠서 제7사단 소속 부대와 해병대 사이에 돌이키기 힘든 틈을 만들어놓았다. 클레이 블레어에 따르면 그 명령 때문에 상황이 굉장히 불리하게 돌아갔다.[32] 알몬드가 앨런 맥린을 찾아갈 무렵 제31보병연대는 장진호 동쪽 지역에서 엄청난 숫자의 중공군에게 참패를 당했다. 잠시 퇴각하여 남쪽에 있던 해병대와 다시 연합 전선을 형성할 기회는 그때뿐이었다. 그러나 알몬드는 맥린에게 계속 부대를 이끌고 북쪽으로 진군하라고 명령했다. 당시 맥린은 본부에 있지 않고 기동부대와 함께 전장에 있었다. 기동부대 역시 중공군에 참패하여 아주 힘든 상황이었다. 안타깝게도 맥린은 바로 다음 날 제31보병연대를 이끌다 그곳에서 전사하고 말았다. 제32연대장이었던 돈 카를로스 페이스(Don Carlos Faith) 중령도 그 자리에 있었다. 그 또한 사흘 후에 이미 중공군에 패한 기동부대를 지휘하다가 전사했으며 훌륭한 지휘력을 인정받아 의회가 수여하는 명예훈장을 받았다. 알몬드는 자기가 내린 명령 때문에 부대가 참패를 당했다는 사실을 이해하지 못하는 것 같았다. 당시 페이스 중령은 알몬드에게 현재 상황이 얼마나 절박하고 위험한지 알려주려고 노력했다. 그러나 중공군 2개 사단이 사정없이 공격을 퍼붓고 있다는 말을 듣고도 알몬드는 이렇게 말했다. "그럴 리가 있나. 북한 지역 전체를 통틀어도 중공군은 사단 두 개가 안 돼." 그는 여전히 지금 공격을 퍼붓는 적군이 북쪽으로 달아나는 중공군 부대에서 낙오된 병사 몇 명에 불과하다고 확신했다. "우리는 지금 공격을 위해 압록강 쪽으로 올라가는 거야. 어쭙잖은 중공군 몇 사람 때문에 진격을 멈추는 일이 없도록 하게." 그러고는 전날 중공군에게 당한 만큼 복수하여 다시 전투를 장악하라고 명령했다.

즉석에서 훈장을 수여하는 걸 아주 좋아했던 알몬드는 세 사람에게 은성훈장을 내리겠다고 발표했다. 하나는 페이스 중령의 몫이었고 나머지 두 개는 페이스가 지목하는 사람이 받게 되었다. 페이스 중령은 아이가 없었지만 부상을 입은 중위 한 사람을 지목하고 앞으로 나와서 훈장을 받으라고 말했다. 본부중대 소속 조지 스탠리(George Stanley)가 걸어 나왔다. 본부중대 몇 사람이 지켜보는 가운데 훈장 수여식을 즉흥적으로 진행한 후 알몬드는 헬리콥터를 타고 돌아갔다. 작전장교 웨슬리 커티스(Wesley Curtis) 소령이 페이스에게 다가와서 "뭐라고 하시던가요?"라고 물었다.[33] 머리끝까지 화가 난 페이스는 "자네도 들었지 않은가? 북쪽으로 도망가는 중공군 부대에서 낙오된 놈들이 공격하는 거라고."라고 말하며 메달을 벗어서 눈밭에 던져버렸다. "그따위 말도 안 되는 소리나 하려면 아예 오지를 말든가."[34]

군단 본부로 돌아온 알몬드는 월튼 워커와 함께 도쿄 사령부로 들어오라는 명령을 받았다. 이들은 암울한 표정으로 도쿄에서 맥아더와 맞닥뜨렸다. 맥아더도 그제야 상황의 심각성을 조금씩 파악하는 것 같았다. 클레이 블레어의 표현을 빌리자면 "승리의 잔에 담긴 와인은 시큼한 식초로 변해가고 있었다." 기세등등하던 맥아더는 공군의 지원 사격이나 탱크, 대포, 최신식 무전기나 병참 지원 하나 없이 '숫자만 많은 볼품없는 중공군'에게 제대로 뒤통수를 맞고 기가 죽어 있었다. 그는 인천상륙작전 이후 오만해져서 전세를 제대로 파악하지 못한 나머지 아군을 파멸로 몰아넣었다.[35] 28일 오후가 되자 맥아더는 유엔군 지휘관들에게 "전면적으로 새롭게 전쟁을 시작한다."라고 통보했다. 그리고 "할 수 있는 모든 방법을 동원하겠지만 이미 아군의 통제력이나 전투력을 넘어서는 위험한 상황에 직면해 있다."라고 말했다. 워싱턴에 보관된 맥아더가 후손에게 전하는 글이 바로 이 문장으로 시작하는데 패배의 책임을 면하려는 의도로 이런 말을 했던 것으로 보인다. 맥아더는 처음에는 운명을 탓하다가 나중에는 워싱턴 민간 관료들에게 책임을 돌렸다.

에드워드 알몬드는 무평리까지 밀고 올라가려는 의지를 거의 마지막 순간까지 꺾지 않았다. 빌 맥카프리가 보기에 알몬드는 본부에서 온 명령을 죽어도 실행하겠다는 의지뿐 아니라 맥아더 장군의 신화에 대한 집착도 버리지 못했다. 그 때문에 빌 맥카프리는 거의 죽음의 문턱까지 갔다 와야 했다. 중공군의 기습이 있기 직전, 그는 부대원 몇 명과 함께 장진호에 있던 해병대 본부에서 몇백 미터 정도 떨어진 곳에 '특별 본부'라는 작은 임시 본부를 세우라는 명령을 받았다. 해병대 본부와 별도로 운영하되 군단 본부의 명령을 해병대에 전달하여 이들이 스미스 대신 서쪽으로 공격하게 하려는 의도였다. 스미스는 서쪽으로 공격하라는 명령이 자살행위라 생각하고 따르지 않았다. 이렇게 해서 맥카프리가 군단을 대표하여 해병대를 구슬리는 중재 역할을 했다. 그는 자신의 임무가 미친 사람이 내리는 명령을 부대원들에게 전달하는 거라고 생각했다. 다행히 부대원들도 그 명령을 내리는 상관이 제정신이 아니며 그대로 실행했다가는 바로 황천길로 간다는 사실을 이미 알고 있었다.

임시 본부를 세우자마자 흥남으로 돌아오라는 명령이 떨어졌다. 지프를 몰고 출발할 무렵 해병대원 한 사람이 나와서 손을 흔들며 소리쳤다. "아무쪼록 몸조심하십시오. 사방에 중공군이 깔려 있습니다." 너무 지쳐 있던 그는 흥남으로 돌아가 간단하게 요기를 한 후 바로 잠들어버렸다. 그런데 한밤중에 새로 만든 본부에 남아 있던 중령에게서 연락이 왔다. 목소리가 잔뜩 겁에 질려 있었다. "중공군이 엄청난 규모로 공격을 시작했습니다. 본부는 금방 무너질 것 같습니다. 어떻게 해야 합니까?" 맥카프리는 중령에게 근처에 있는 해병대 본부로 피신하라고 말했지만 말이 채 끝나기도 전에 전화가 끊겨버렸다. 새로 만든 작은 본부에 남아 있던 부대원들은 그 후 다시는 만날 수 없었다. 맥카프리는 자신이 유일한 생존자일지도 모른다고 생각했다.

중공군이 공격을 시작하고 사흘이 지난 11월 28일 밤에 도쿄에서는 주요 간부 회의가 열렸다. 10시 직전에 시작한 회의는 무려 네 시간 가까이 이어졌다. 맥아더가 대화를 장악하고 있었다. 그는 기껏해야 중공군은 십만 명에 불과하다며 여전히 적의 규모를 과소평가했다. 맥아더는 제10군단과 대치하던 적군이 6개 사단 규모라고 생각했지만 실제 적군은 12만 명으로 이루어진 12개 사단이었으며, 거기 더하여 20만 명으로 구성된 18개 내지 20개 사단 병력이 서쪽에 포진해 있었다. 그 점에 대해서는 알몬드나 맥아더보다 워커의 판단이 옳았다. 워커는 아군이 하루빨리 남쪽으로 퇴각해야 하며 운이 따른다면 북한의 수도인 한반도의 목 부분에서 다시 공격할 기회를 잡을 수도 있다고 판단했다. 하지만 알몬드는 처음 자기 생각이 무조건 옳다고 우기면서 계속 북으로 밀고 올라가야 한다고 주장했다. 그러나 아군은 더 이상 공격할 힘이 남아 있지 않았다. 이제부터는 아군의 생존자를 최대한 늘리는 데 주력해야 했다. 11월 29일 최종 후퇴를 결정하기까지 오랜 시간이 걸렸다. 그렇게 본부에서 시간을 끄는 동안 중공군은 아군의 목을 더 강하게 조여왔다. 특히 제2보병사단이 큰 타격을 입었다.

이번 회의는 다이이치 본부가 전쟁이 한창 벌어지고 있던 한반도의 실제 상황을 전혀 파악하지 못했다는 사실을 적나라하게 보여주었다. 맥아더의 작전참모였던 핑키 라이트(Pinky Wright)는 당시 전황과 위급한 상황을 전혀 이해하지 못하고 알몬드 휘하의 예비 병력이었던 제3사단을 태백산맥 너머 워커가 이끄는 부대에 합류시키자고 제안했다. 고등학생이라도 그보다는 나은 대안을 내놓았을 것이다. 서쪽으로 가는 길 자체가 없었기 때문에 그의 제안은 실현이 불가능했다. 설령 길이 있다 해도 무작정 나섰다가는 중공군의 손에 금세 무너질 게 분명했다.[36]

제31장
시련의 길

한반도 서쪽에 있던 제2사단은 유엔군의 후퇴 결정이 그리 달갑지 않았다. 사단장 로런스 카이저는 다른 미군 부대들이 퇴각하는 길을 엄호하면서 정작 제2사단은 날이 갈수록 위험한 상황 속에 밀어 넣었다. 11월 30일이 그의 부대가 참패한 실패의 날이라면, 11월 29일은 반복되는 요청에도 불구하고 군단에 있는 상관에게 제2사단의 위치가 아주 불안하며 중공군의 공격이 시작되었음을 알리지 않은 안타까운 날이었다. 적어도 다른 대안이 없는지 정도는 고려해봤어야 했다. 29일 아침에 군단은 마침내 군우리에서 남쪽으로 16킬로미터 정도 떨어진 순천으로 가는 길을 통해 퇴각해도 좋다고 허가했다. 또한 터키 여단이 그 길로 올라오면서 엄호를 해줄 거라고 카이저를 안심시켰다.

존 콜터는 터키군의 전투력이 어느 정도인지 전혀 몰랐지만 그들이 온다는 말만 듣고도 힘이 났다. 터키 사람들은 콧수염 때문에 꽤 강한 인상을 풍겼고 아주 든든해 보였다. 그래서 콜터는 제대로 확인해보지도 않고 터키군을 군단 예비대로 삼았다가 아주 중대한 시기에 투입하기로 결정했다. 그런데 알고 보니 터키군은 전투 경험이 전혀 없는 신병들인 데다 장교들의 훈련 상태도 형편없었다. 또 언어 문제 때문에 미군이나 한국군과 함께 일하는 데도 어려움이 많았다. 터키군이 중공군과 처음 맞붙어서 200여 명을 생포했다는 소식은 부대원들의 사기를 북돋아줬는데 알고 보니 생포한 사람들은 모두 전장에서 도망치던 한국군이었다. 터키군에 붙잡힌 군인들은 아군에 항복했다는 사실에 몹시 부끄러워했다. 터키군은 어려움에 처해 있는 제2사단의 남동쪽을 엄호하기 위해 파견되긴 했지만 카이저에게 절실히 필요했던 구원병이 되지는 못했다. 제23연대장 폴 프리먼에 따르면 터키군이 온다는 걸 미리 알고 길목을 지키던 중공군이 그들 일부를 완전히 무너뜨렸고 살아남은 일부는 부리나케 달아났다. "처음에는 의욕에 불탔습니다. 하지만 금방 겁에 질려서 사방으로 흩어져 버리더군요."[1]

이런 상황은 카이저가 사단을 지휘하는 데 어려움만 가중시켰다. 카이저는 29일 하루 종일 남쪽 퇴각로에 대한 분분한 의견을 보고받으며 어찌할 바를 몰랐다. 결국 29일 오후 4시 30분쯤 어둠이 내려앉자 카이저는 군단에 무전을 쳤다. 동쪽을 엄호해야 할 터키 여단은 패주했으며 이미 적군의 손에 처참히 무너진 제38연대는 동쪽에 그대로 남아 있지만 더 이상 버티기 어려울 것 같다는 보고였다. 카이저는 부대원들이 순천으로 향하는 남쪽 도로를 뚫고 나가지 못할 거라는 두려움을 떨칠 수 없었다. 터키 지원군을 이미 무너뜨린 것으로 보아 그곳에 중공군이 벌써 와 있다는 생각이 들었다.[2] 이 때문에 카이저는 주요 도로가 아니라 다른 길로 우회하게 해달라고 요청했으나 본부에서는 주어진 명령에 충실하라는 말만 반복했다.

30일 아침이 밝았다. 지난 나흘 동안 콜터는 제2사단이 어쩌다 이런 상황에 이르렀는지 명확하게 이해하게 되었다. 중공군은 한층 기세가 등등해져서 제2사단의 퇴각로를 막기 위해 이미 남쪽에 진을 치고 있었다. 상황이 그렇게 치달을 때까지 정작 콜터는 아무 대책도 세우지 못했다. 더구나 29일에 콜터가 군단 본부를 더 안전한 곳으로 이동하는 바람에 카이저는 본부와 연락하는 데 어려움이 많았다. 덕분에 사실상 아무 힘이 없는 본부 장교들만 도움을 요청하는 카이저에게 계속 시달려야 했다. (폴 프리먼은 나중에 아주 불만스러운 말투로 당시 콜터의 행동은 "전장을 버리고 간 것과 다름없었다."라고 말했다.) 영국 미들섹스대대가 미군을 지원하려고 북쪽으로 오고 있다는 연락이 왔지만 다들 크게 기대하지 않는 분위기였다. 군우리에서 남쪽으로 8.8킬로미터 떨어진 곳에 위치한 '죽음의 고개'라는 곳은 주요 도로의 분기점으로 소통이 원활하지 못했다. 미들섹스대대는 바로 이곳에서 발목이 묶였다. 결국 제한된 병력의 구조대는 언제나 그랬듯이 부족한 병력과 시간 지연 때문에 부대원들의 사기를 더욱 떨어뜨렸다. 이제 유일한 퇴각로는 이미 6개 사단으로 이뤄진 적에게 둘러싸여 점점 포위망이 좁혀지고 있었고, 실력이 검증되지 않은 터키군이 긴급 투입된 상태에서 콜터는 다시 영국군을 파견했던 것이다.

29일 밤이 되자 카이저는 거부할 수 없는 운명의 순간이 코앞까지 닥쳤음을 절감했다. 그가 지휘하는 3개 연대 중 2개, 즉 9연대와 38연대는 더 이상 전투태세를 갖추고 있다고 말할 수 없는 상태였다. 그가 선택할 수 있는 길은 세 가지였다. 첫 번째 선택은 탁월한 선견지명이 있어야만 가능한 것이다. 즉 사단을 결집하여 둥글게 원형으로 방어선을 구축하고 항공기를 통해 병력을 충원 받으면서, 적들이 녹초가 될 때까지 미군의 압도적인 화력을 퍼붓는 것이었다. 그렇게 하려면 제2사단은 무제한 보급 지원이 된다는 전제하에 한동안 공수부대처럼 적진 안에서 고립되어 있어야했다. 이는 포병대대 대대장 존 헥터(John Hector) 중령이 부관 랠프 호클리 중위에게 그때 이 방법을 택했어

■ 미군이 작은 교량을 폭파하기 위해 폭약을 매설하고 있다. 1950년. © U.S. Department of Defense.

야 했다고 말했다. 군우리에서 얻은 교훈을 되새겨볼 때 당시 상황은 미군 전략 수립에 아주 중요한 의미가 있었다. 결국 두 달 반 후에 매슈 리지웨이와 폴 프리먼이 이 전략을 적용해 지평리에서 큰 승리를 거뒀다. 하지만 중공군이 공격을 시작하기 전까지는 아무도 그런 생각을 하지 못했다. 11월 29일까지 전개된 상황에서는 이 방법이 전혀 실용성이 없어 보였던 것이다.

또 하나의 방법은 군단 본부의 명령대로 순천까지 남쪽으로 이동하거나 유일하게 뚫려 있는 퇴각로인 서쪽 길로 달아나서 안주로 가는 것이었다. 사실

서쪽 퇴각로도 확실하게 뚫려 있다고 장담할 수 없었다. 아이러니하게도 안주로 가는 길은 미군이 만든 것으로 제1기병사단 사단장 호바트 게이가 남긴 흔적이었다. 중공군이 등장하자 호바트 게이는 제1기병사단이 운산을 지나 북으로 진격하는 동안 긴장하지 않을 수 없었다. 그래서 사단 본부가 군우리에 자리를 잡자 공병들을 동원해 안주로 연결되는 길을 만들었다. 이 일을 위해 잭 머피 소위를 부대원으로 차출하는 과정에서 게이는 이 퇴각로가 "중공군이 다시 쳐들어올 때" 미군 부대의 원활한 후퇴를 위해 만드는 거라고 말했다. 그런데 제2사단의 정보력은 황당할 정도로 부실했다. 29일 아침 카이저는 지프를 타고 사단 본부에서 서쪽으로 얼마 떨어지지 않은 군단 본부에 갔다. 돌아오는 길에는 길이 막혀서 정찰기를 탔다. 군단 본부에 직접 가봤지만 콜터가 자리를 비운 터라 아무 소득도 없었다. 정찰기를 타고 아래를 내려다보니 길마다 피난민들로 꽉 막혀 있었다. 처음에는 다 피난민이라 여겼는데 문득 그 속에 중공군도 섞여 있을지 모른다는 생각이 스쳤다.[3] 군우리로 돌아와 보니 중공군이 포위망을 점점 좁혀오면서 부대의 긴장감이 한층 고조되어 있었고, 어느 길로 퇴각하는 게 더 안전할지를 두고 의견이 분분했다.

30일이 되었지만 서쪽으로 가게 해달라는 사단의 요청에 군단 본부는 전날과 마찬가지로 묵묵부답으로 일관했다. 그동안 카이저는 남쪽 길을 막고 있는 중공군에 대한 온갖 소문에 시달렸다. '노팅엄'이라는 코드명으로 활동하는 영국군 구조대가 북쪽으로 올라오고 있다는 보고가 있었지만 이들의 병력에 대해서도 의견이 분분했다. 도로는 터키군의 차량 파편과 시신으로 엉망이되어 원래 좁았던 길이 더 통과하기 힘들어졌다. 그러나 이 사실에 대해서는 아무도 카이저에게 보고하지 않았다. 군단은 중공군이 북쪽으로 9킬로미터 떨어진 곳에 있을 거라고 짐작했다. 사단에서도 같은 생각을 했으며 다행히도 이들의 예상은 적중했다. 하지만 영국에서 온다는 구조대는 사단의 기대와 달리 아무런 진전이 없었다. 진전이 없는 것은 제2사단도 마찬가지였다. 30일 아침 사단 본부는 중공군의 방어벽이 조금 허술해져서 아주 강력하게 대응하면 뚫고 나갈 수 있을 거라고 판단했다. 제9연대 정보장교 앨런 존스 대위는 이렇게 설명했다. "중공군이 길에서 한참 떨어진 작은 마을에 있을 거라고 생각했다. 그래서 우리가 그곳으로 진격해서 중공군을 제압하면 퇴각로가 다시 열릴 거라는 기대가 생겼다."⁴ 군단과 사단 본부는 서쪽 안주로 가는 길이 확실히 뚫려 있는지 확인할 길이 없었다. 사단 헌병 사령관 헨리 베커(Henry Becker)가 서쪽 길이 막혔다고 보고했지만 사실은 열려 있었다. 하지만 그 사실을 제대로 알았다 해도 카이저는 서쪽으로 이동하라는 명령을 쉽사리 내리지 못했을 것이다.

29일 밤에 사단 본부가 처음으로 중공군의 공격을 받은 후에야 비로소 제2사단의 병력이 형편없다는 사실이 적나라하게 드러났다. 그제야 사단은 시간이 매우 촉박하다는 사실을 절실히 깨달았다. 공격 직전에 사령관은 본부로 사용하던 학교 건물 주위에 모인 부대들을 돌면서 그날 밤에 적이 공격할지도 모른다는 경고를 남겼다. 젊은 정보참모 맬컴 맥도널드 대위는 전화기와 몇몇 물품을 근처 건물 지하로 옮겼다. 저녁 8시쯤 되자 박격포와 기관총의 포격이 시작되었다. 맥도널드는 깜짝 놀라서 그 상황을 지켜보았다. 불과 270미터 떨어진 곳에서 중공군이 발포한 불꽃이 보였다. 박격포 하나가 근처 텐트에 떨어져 불이 붙자 그 덕분에 중공군은 방어선 안의 미군 상황을 한눈에 볼 수 있었다. 중공군 중대 하나가 정찰을 위해 가까이 접근한 것 같았다. 중공군은 한 시간 만에 돌아갔지만 이번 사태로 제2사단이 매우 큰 위기에 봉착해 있으며 적군과의 거리가 굉장히 가깝고 시간이 지날수록 경계가 허물어지고 있다는 게 여실히 드러났다. 맥도널드는 도저히 마음이 진정되지 않았다. 연대 본부 정도면 적군이 정찰할 만한 배짱을 보이는 것도 이해할 만하지만 사단 본부를 정찰하고 돌아갔다는 건 여태껏 들어본 적도 없는 일이었다.[5]

29일 오후에 제1군단 지휘관이자 개인적으로 카이저와 친분이 두텁던 밀번 소장이 도와달라는 요청을 받고 제2사단을 방문했다. 제2사단 서쪽에 위치한 부대를 맡고 있던 그는 순천으로 가는 길이 이미 차단되었다는 소식을 전해주었다. 도대체 상황이 어느 정도로 심각한 거냐고 묻자 카이저는 본부까지 다 노출된 것 같다고 답했다. 이에 밀번은 자기 부대가 있는 곳으로 오는 건 어떠냐면서 안주로 통하는 길로 부대를 이동할 것을 제안했다.[6]

카이저에게는 귀가 솔깃한 이야기였다. 하지만 그렇게 하려면 제9군단 본부에 이르기까지 상부의 허락을 일일이 얻어야 했다. 사실 조금 전에 군단의 허가를 얻어 주요 장비를 이미 서쪽으로 옮기기 시작했고 남쪽으로 가던 제1군단 부대원들과 연계하여 호송부대를 조직해 함께 보냈다. 하지만 사단 전체를 움직이는 건 완전히 다른 문제였다. 그러는 와중에도 남쪽과 서쪽 퇴각로의 차단 여부를 두고 온갖 소문이 나돌았다. 사단 본부는 실제 도로 상황을 전혀 파악하지 못하고 시간만 흘려보냈다. 밤이 깊어 중공군 정찰대의 첫 기습이 있은 후에 카이저는 또 한 번 군단에 연락하여 안주로 가게 해달라고 요청했지만 거절당했다. 30일 새벽 1시, 카이저는 각 부대 책임자들을 모아놓고 순천으로 향하는 길을 뚫고 내려가라는 콜터의 명령을 전달했다. 그날 오후에 콜터는 순천으로 가는 길을 직접 살펴본 후 중공군의 기세가 생각만큼 강하지 않다고 판단했던 것이다. 그래서 제2사단은 중공군을 돌파할 수 있으리라 확신한다고 덧붙였다. 이로써 사단의 행보가 정해졌다. 남쪽으로 가는 길은 매우 좁고 양쪽에 높은 언덕이 많아서 적이 매복하기에 아주 좋은 지형이었다. 군 이동 차량이 들어서면 길은 더 막힐 것이고 여러 가지 문제나 어려운 상황에 봉착할 게 불 보듯 뻔했다. 그러나 본부의 명령을 거부할 수는 없었다.

30일 아침이 밝았다. 제2사단 공병들은 남쪽으로 향할 수송대에서 각자의 위치를 배정받기 위해 기다리고 있었다. 수송대의 이동 속도는 혀를 찰 정도로 느렸다. 대대장들은 하나같이 남쪽으로 내려가라는 군단 본부의 명령을 탐탁지 않아 했다. 도로 상황이 열악하다는 건 일개 부대원들도 다 아는 사실이었고 갈수록 상황은 더 나빠지고 있었다. 들려오는 소문은 이들의 불안감을 더욱 가중시켰다. 특히 공병들은 자신들이 수송해야 할 무거운 장비들이 적의 주요 목표가 될 거라는 사실을 잘 알고 있었다. 래리 파넘(Larry Farnum) 대위는 대대의 S-2와 S-3의 역할을 동시에 맡고 있었는데 상관이 이름뿐인 S-3를 신뢰하지 않은 탓이었다. (S-2와 S-3는 각각 정보장교와 작전장교를 가리키는 말로 사단에서는 G-2, G-3로 일컫지만 대대나 연대에서는 S-2, S-3라고 칭한다.) 공병들은 다들 중장비에 매달려 있었기 때문에 파넘은 혼자서 정찰대를 운영하면서 가장 안전한 길을 찾아내야 했다. 그는 안주로 가는 길이 아직 적의 손에 넘어가지 않았지만 남쪽으로 가는 길은 사실상 막혀 있다고 생각했다. 아무것도 제대로 처리할 줄 모르는 사단을 그리로 보냈다가는 끔찍한 일을 당할 게 분명했다. 길 주변에 매복하고 있는 중공군을 내쫓으려고 수차례 시도해보았지만 모두 수포로 돌아갔다. 길을 다시 뚫는다는 건 사실상 불가능해 보였다.

파넘은 30일 오후 일찍 혼자서 사단 본부를 찾아가 서쪽 길로 내려가는 것을 허락해달라고 간절히 부탁했다. 최소한 주요 중장비라도 서쪽으로 옮기게 해달라는 말도 잊지 않았다. 하지만 사단 작전참모 모리 홀든 대령은 이미 상부에서 내려온 명령이 있으므로 그대로 따르지 않으면 안 된다는 말만 되풀이했다. 홀든은 사단에서 가장 능력 있는 장교로 인정받았지만 파넘이 아무리 애원해도 명령은 명령이라는 말밖에 하지 않았다.

홀든은 사실 문제의 시작이 사령부에 있다고 말했다. 군단은 사령부의 말이라면 죽는 시늉이라도 하려 했기 때문에 군단에 건의하는 것은 곧 도쿄 사령부에 건의하는 것과 같았다. "그땐 내가 아무것도 모르고 겁이 없어서 그렇게 끈질기게 매달릴 수 있었던 거죠."라고 파념은 회상했다. 당시 파념은 홀든에게 제발 한 번만 도와달라고 매달렸다. 결국 홀든은 할 수 없다는 듯 어깨를 으쓱해 보이더니 무전기 앞으로 발걸음을 옮기면서도 "저쪽에서 어떤 식으로 나올지는 자네나 나나 충분히 예상하는 바니 너무 기대하지 말게."라고 말했다. 그는 간단히 군단 사령부와 통화를 마치고 어쩔 수 없다는 표정을 지어 보였다. 그러고는 사령부 근무 시간이 끝났다면서 이미 떠날 채비를 마치고 대기하고 있던 지프에 올라탔다. 그렇게 해서 홀든은 다른 고위급 장교들과 함께 무기를 잔뜩 싣고 남쪽으로 향했다. 뒤를 따라 사령부 전체가 철수하면서 안 그래도 좋지 않았던 제2사단 소속 부대 간의 통신 상황은 더 나빠졌다.[7]

그렇게 제2사단은 하나둘 군우리에서 퇴각하기 시작했다. 이미 중공군과 싸우느라 많이 지쳐 있었고 대부분의 부대가 참패의 상처를 안고 있었다. 3개 연대 중에서 지난 닷새 동안의 전투에서 완전히 해체되지 않은 유일한 부대는 폴 프리먼이 지휘하던 제23연대뿐이었다. 23연대는 군우리 북쪽에 모여들던 거대한 규모의 중공군이 더 이상 내려오지 못하게 견제하라는 명령을 받았다.

카이저는 허약해진 제9연대 소속 대대들을 보내 남쪽 길을 열어보려 했다. 하지만 그때 이미 중공군은 본부에서 불과 1.6킬로미터 떨어진 곳까지 포위망을 좁히고 9킬로미터에서 11킬로미터에 이르는 길 전체에 언제라도 사격할 준비를 갖추어 놓았다. 중공군이 이미 주요 거점을 모두 차지하고 있는 상태라 전투력이 뛰어난 군대를 파견한다 해도 이들을 밀어내기는 쉽지 않은 상황이었다. 적은 최신 무기도 없이 대포와 기관총으로 무장하고 있는 정도였지만 대포를 능숙하게 다룰 뿐 아니라 가까운 거리에서 놀라운 적중률을 보였다. 이들의 사격 솜씨를 직접 목격한 미군들은 한국전쟁에 참전한 이후 이들처럼 뛰어난 보병부대를 본 적이 없다고 입을 모았다. M-1 소총이나 카빈소총만큼 정확하진 않았지만 단시간에 엄청난 파괴력을 내뿜었다. 이번 전쟁에서는 자동 소총이 위력을 발휘했다. 핼 무어 대위(나중에 3성 장군으로 승진했다)에 따르면 자동 소총 소리는 "깡통 속에 굴러다니는 구슬 같았지만 전자동소총의 경우 총알을 끝도 없이 날리면서 근거리에 있는 적을 삽시간에 모두쓰러뜨렸다. 그야말로 누가 총을 빨리 쏘느냐에 따라 전쟁의 승패가 결정되었다. 상황이 이렇다 보니 최신식 무기를 가지고 있어도 아무 소용이 없었다. 지근거리에서 총격전을 벌이면 삽시간에 수많은 아군이 쓰러졌다. 자동 소총 앞에서 우리는 거의 다 패배했다."[8]

카이저는 아침 일찍 제9연대 소속 대대 2개를 동원하여 길 양쪽을 수색하고 확보하라고 지시했다. 하지만 제9연대는 이미 참혹한 패배를 당하여 전력이 크게 약해진 상태라 제대로 힘을 쓸 수 있는 부대원이 거의 없었다. 앨런존스의 말에 따르면 최소한 800명 내지 850명으로 구성되는 대대에 남아 있는 병력이 기껏해야 300여 명이었기 때문에 대대 병력은 평소 수준의 절반에도 미치지 못했다. 물론 정확한 부대 규모는 아무도 몰랐지만 그날 아침 이들이 출발했을 때 그곳에 와 있던 중공군의 규모는 1개 사단 규모였으며 시간이지날수록 계속 늘어났다.

세시디오 바버리스 소령이 지휘하는 제9보병연대 2대대는 25일부터 계속중공군의 공격을 받았다. 아마 사단 내 다른 어떤 보병대대보다 훨씬 더 심한타격을 입었을 것이다. 제2대대의 조지중대는 원래 200여 명의 부대원이 있었지만 중공군이 공격을 개시한 첫날 하루해가 저물 무렵 73명의 사상자가발생했다. E중대는 거의 다 죽거나 부상을 당해서 남아 있는 부대원이 몇 명

되지 않았다. 제2대대는 전력이 완전히 바닥난 상태였다. 전투가 시작되고 사흘 동안 이들은 청천강을 무려 네 번이나 건너야 했다. 중공군이 공격하기 전에는 위스키를 꽤 많이 배급받았는데 부대원들이 청천강을 건널 때마다 양말을 갈아 신고 나서 위스키를 한 잔씩 마시게 했다. 그리고 두 번째로 건넜을 때는 아예 부대원 개인 물통에 위스키를 나눠 주었다. 바버리스의 부대가 가까스로 군우리에 도착했을 때는 부대를 지휘하던 바버리스도 심각한 부상을 입은 상태였다. 원래 970명(청천강을 처음 건널 때 바버리스가 파악한 병력)이던 부대원들 중에서 전투에 투입이 가능한 병력은 150여 명으로 줄어들었다. 이렇게 형편없이 약해질 대로 약해진 부대가 이제는 대규모의 중공군이 잘 구축된 엄폐호에서 방어하는 능선을 점령하라는 명령을 받은 것이다.

아무리 애써도 불가능한 일이었다. 집결지에서 한참 떨어진 곳에서도 이미 주요 지점마다 누군가가 움직이는 모습이 보였다. 바버리스는 무전 연락을 취하여 능선에 누가 있는지 알아보았다. 한국군이 와 있을 거라는 응답이 돌아왔다. 그는 망원경을 꺼내 그곳을 주시하다가 기관총 두 정이 "자신을 겨냥하고 있는 걸" 보고 깜짝 놀랐다. 바버리스 부대를 이쪽으로 보낸 연대장 찰스 슬론 대령은 이미 그곳에 중공군 2개 중대가 와 있는 것 같다는 보고를 받았다. 사실 정보참모 맬컴 맥도널드에 따르면 중대 2개가 아니라 최소한 연대 2개였으며 6천여 명의 병력으로 구성되어 있었다. 바버리스는 찰스 슬론에게 전화를 걸어 다급하게 외쳤다. "현재 집결지에서 3.6킬로미터 떨어진 지점에 있습니다. 여기에서도 적의 움직임이 보입니다. 이미 발포 준비를 끝낸 것 같습니다." 바로 그때 중공군이 본격적으로 기관총을 쏘아대기 시작했다. "지옥 같은 순간이었다는 말밖에 달리 표현할 방법이 없었다."라고 바버리스는 회상했다. 길 건너편에 있던 중공군도 동시에 발 빠르게 공격을 개시하여 부대원들은 정신을 차릴 수가 없었다. 슬론은 바버리스에게 상황을 보고받고 돌아와 대책을 의논하라고 지시했다. 바로 그때 중공군의 박격포탄이 터지면서 바버리스는 두 번째 부상을 입었다. 남쪽으로의 퇴각은 거의 시작도 못했는데 퇴각로에는 벌써 시신과 부서진 차량 파편들만 여기저기 널려 있었다.[9]

로런스 카이저는 제38탱크중대 중대장 짐 힌턴 대위에게 남쪽으로 내려가는 길을 이끌라고 지시했다. 힌턴이 탱크를 앞세우고 막 출발하려는 순간 카이저가 다가와 이렇게 물었다. "사실은 그곳 사정이 그리 좋지 않네. 200미터 내지 400미터 정도 막혀 있다고 할 수 있지. 자네가 다시 길을 뚫을 수 있겠나?" 그 순간 힌턴은 서른다섯 살밖에 되지 않으면서 거만하고 건방지게 구는 모습이 꼴불견이라는 생각을 하며 이렇게 답했다. "글쎄요, 장군님. 지난 닷새 동안 꽉 막힌 길을 뚫고 다녔는데 하나 더 뚫는 게 뭐 어렵겠습니까?"[10] 개인적으로 힌턴은 남쪽 길로 가라는 명령이 굉장히 불길하게 느껴졌다. 직접 안주로 가는 서쪽 길을 3~4킬로미터 정도 정찰해보기도 했다. 장교들 대부분은 그 길로 가는 게 더 낫다고 생각했으며 힌턴이 보기에도 그 길은 아직 중공군의 손아귀에 넘어가지 않은 상태였다. 한국에서 다녀본 길 중에서 폭도 넓고 상태가 양호한 편이었다. 모든 게 불확실한 상황이었지만 힌턴은 그날 남쪽으로 내려가라는 명령을 내린 사령부 사람들이 실제 전황을 전혀 모르고 있는 게 분명하다고 생각했다. 카이저는 힌턴에게 막힌 부분이 200~400미터 정도라고 말했지만 실제로는 몇 킬로미터가 넘는 거리가 완전히 차단된 상태였다.

힌턴은 부대원들 중 가장 뛰어났던 샘 메이스를 필두로 정찰대를 구성해 탱크 다섯 대를 내주며 순천으로 이어지는 남쪽 길을 뚫으라고 지시했다. 메이스가 선두에 서서 출발했고 힌턴이 탄 지프 뒤로 두세 대의 차량과 남은 탱크와 트럭 여러 대가 따라왔다. 몇백 미터를 행군하자 길 양쪽에서 중공군이 모습을 드러냈고 곧바로 힌턴은 손목에 총상을 입었다. 한 부대원의 말에 따르면 중공군은 이미 그곳에 매복하고 있었다. 중공군이 이들을 맞히는 건 식은 죽 먹기였지만 그래도 힌턴은 대원들에게 동요하지 말라고 당부했다. 다들 입에서 저절로 욕이 튀어나올 만한 상황이었다. 길어봤자 어려운 구간은 400미터도 안 될 거라고 하더니 이게 무슨 청천벽력인가 하는 생각이 들었다. 도저히 빠져나갈 구멍이 보이지 않았다. 미 육군 역사상 가장 많은 적군이 매복하고 있는 곳에 제 발로 걸어 들어온 꼴이었다.

메이스도 똑같은 생각을 하고 있었다. 남쪽으로 가라는 명령을 들었을 때 그는 적을 무찌르고 북쪽으로 올라오던 영국군 부대와 중간에 만날 수 있을 거라고 기대했다. 길이 조금 막힌 것쯤이야 대수롭지 않게 여겼다. 하지만 직접 와서 보니 아주 좁고 험한 길이었다. 탱크나 큰 트럭이 하나만 넘어져도 길 전체가 막힐 수밖에 없었다. 동쪽 옆으로 큰 둔덕이 보였다. 메이스는 중공군이 장시간 매복하려고 일부러 쌓아올린 둔덕일지도 모른다는 생각을 했다. 메이스가 이끄는 탱크 다섯 대는 트럭과 보병들이 올라타고 있던 다른 탱크들 사이로 정찰대를 이끌고 나가서 길을 통제하거나 필요에 따라 주요 거점을 차지하고 포격을 퍼붓는 중공군을 제압하는 역할을 맡았다. 언덕길을 내려오는 처음부터 무차별 포격을 가했다. 느리긴 했지만 굉장히 위험하게 가다 서다를 반복하면서 보병들을 내려주고 중공군에게 반격을 가하게 했다. 하지만 메이스는 왠지 모르게 자신을 포함한 정찰대원들이 적이 미리 짜놓은 계획에 그대로 말려들어 꼭두각시 노릇을 하고 있다는 불길한 예감을 떨칠 수 없었다.

메이스를 따라간 보병 중에는 제38연대 소속 찰리 히스 중위도 있었다. 400미터 정도 행군했을 무렵 메이스는 M-39 한 대가 길 한복판에 버려져 있는 것을 발견했다. 그 전에도 길을 가로막은 차량들이 많았지만 탱크로 가볍게 밀어낼 수 있었다. 하지만 이번에 발견한 M-39는 부피도 크고 트랙은 굳게 잠겨 있었다. 하지만 메이스는 어떻게 대처해야 할지 잘 알고 있었다. 누가 와서 트랙을 열라고 소리치자 찰리 히스가 주저 없이 나섰다. 중공군이 고지대에서 자신들을 겨냥하고 있다는 걸 알면서도 선뜻 나선 그의 자세가 마음에 들었다. 메이스는 큰 소리로 레버를 움직여 트랙을 여는 요령을 설명했다. 바로 그 순간부터 두 사람은 일생 고락을 함께한 둘도 없는 친구가 되었다. 사실 그런 특별한 우정이 시작된 곳이라고 말하기에는 당시 상황이 너무도 열악했다. 적군이 길 양옆에서 공격을 했고 주변에는 총에 맞아 쓰러진 사람들의 시신이 즐비했다. 겨우 레버를 내리고 바퀴를 풀어서 탱크로 M-39를 길 밖으로 밀어낼 때까지 히스는 자기가 중공군의 미끼 역할을 하고 있는 건지도 모른다는 생각이 들었다. 다시 탱크에 올라타려는 순간 아군 하나가 신호탄을 너무 가깝게 떨어뜨리는 바람에 히스는 정신을 잃고 쓰러졌다. 폭발의 여파로 눈에서 출혈이 시작되어 앞을 볼 수 없었지만 그는 무사히 제자리로 돌아왔다. 그때까지만 해도 히스는 자기가 운이 좋은 사람이라고 생각했다.[11]

잠시 후 탱크를 몰아 아주 가파른 커브를 도는 순간 거의 심장이 얼어붙는 것 같았다. 약 4킬로미터 떨어진 곳에 '죽음의 고개'라 부르는 길이 모습을 드러냈다. 약 450미터 되는 거리가 커다란 언덕 하나에 완전히 막혀 있었다. 막힌 부분의 양쪽 언덕은 너무 가파르고 험해서 그 사이로 지나가는 건 거의 불가능할 것 같았다. 가까이 가서 보니 양쪽 편에서 적군이 손을 뻗으면 지나가는 미군 차량을 건드릴 수 있을 정도로 좁았다. 중공군이 죽음의 고개에서 한두 명만 쓰러뜨린다 해도 이미 움직임이 둔해진 미군은 그대로 발목이 묶일 형편이었다. 죽음의 고개로 차를 몰면서 메이스는 이 순간이 인생의 마지막이 될 거라 생각했지만 놀랍게도 아무 일도 일어나지 않았다.

그곳은 이미 부서진 차량의 잔해들로 어지럽혀 있었다. 전날 터키군이 그곳에서 기습을 당했는지 지프, 무기 운반기, 2.5톤 트럭을 비롯해 더 이상 미군은 쓸 수 없지만 중공군의 손에서는 유용한 무기로 둔갑할 수 있는 고철 덩어리들이 널려 있었다. 메이스는 분노가 치밀기도 하고 겁이 나기도 했다. 이곳에서 이런 처참한 상황이 벌어진 지 꽤 많은 시간이 지났을 텐데 아무도 본부에 보고하지 않았기 때문이었다. 도대체 공군 정찰기들은 뭘 하고 다니는 건지 의구심이 들었다. 군단에는 정찰기가 굉장히 많이 운용되고 있었다. 사단은 왜 몰랐던 것일까? 우선 메이스는 최선을 다해 길을 치웠다. 위험하고 힘든 일이었지만 아직 목숨을 부지하고 있으니 운이 좋은 편이라는 생각이 들었다. 그러나 금세 마음이 바뀌어서 정말 운이 좋았다면 아예 한국에 오지 않았을 거라는 생각도 했다. 중공군이 길 양쪽을 완전히 장악하지 않은 상태에서 퍼부은 포격이 이 정도라면 제대로 자리를 잡고 공격을 할 때는 얼마나 무시무시한 결과가 나올지 짐작할 수 있었다. 메이스는 다른 탱크 운전병과 함께 눈에 보이는 것은 모두 길 밖으로 치웠다. 차량 30~40대 정도를 처리한 것 같았다. 그렇게 하지 않았더라면 곧이어 중공군이 공격을 가했을 때 더 끔찍한 결과로 이어졌을 것이다. 그곳을 다 치울 무렵 문득 왜 카이저가 자기 부하들을 함께 보내지 않고 메이스의 탱크부대를 정찰대로 파견했는지 궁금해졌다. 적어도 공군 정찰기 한 대 정도는 같이 보냈어야 하지 않았을까? 결국 그렇게 꽉 막힌 길을 복구한 후에야 메이스와 부대원들은 남쪽으로 가는 길이 얼마나 위험한지 알게 되었다. 최소한 40여 개 이상의 기관총을 가진 엄청난 숫자의 중공군이 모여 있었으며 대포의 숫자는 다 헤아릴 수 없을 정도였다. 제2사단에서 이 사실을 알고 있는 사람은 메이스와 정찰대뿐이었다. 하지만 메이스의 탱크에 딸린 무전기는 카이저의 무전기와 연결되어 있지 않았기 때문에 현장 상황을 보고할 방법이 전혀 없었다. 통신 두절이야말로 코앞에 닥친 재앙에 대한 확실한 전조였다.

메이스는 죽음의 고개 바로 남쪽에 미군과 영국군 진지가 있다는 사실을 알게 되었다. 몇몇 미군은 영국군이 살 길을 찾기 위해 최선을 다하지 않는다는 시선으로 바라보았고, 영국군은 미군이 자기들에게 기적이라도 일으키길 바라는 것 같다고 느꼈다. 그때 한 미군 대령이 달려와서 메이스에게 탱크를 돌려 다시 본부로 돌아가라고 말했다. 메이스는 길에 탱크가 지나갈 공간이 없어서 안 된다고 답했다. 메이스는 길을 뚫기 위해 최선을 다했다. 그때 호송대가 아주 느린 속도로 길을 뚫고 오는 모습이 보였다. 죽음의 고개를 가득 메운 중공군이 한층 강화된 무기로 공격을 시작하면서 격렬한 전투 소음은 갈수록 커졌다. 간신히 살아서 그곳을 빠져나온 몇몇 미군들마저 이미 큰 충격을 받고 제정신이 아니었다. 메이스의 눈에는 죽은 사람이 저벅저벅 걸어오는 것처럼 보였다. 잠깐 동안 작은 지옥이었던 곳이 삽시간에 걷잡을 수 없는 불길을 내뿜는 커다란 지옥이 되고 말았다.

제9연대 정보장교 앨런 존스 대위는 그날의 악몽 같은 순간을 하나도 놓치지 않고 모두 기억했다. 정찰대의 보고는 아무 도움이 되지 않았다. 각 부대와 지휘관들 사이의 연락망은 시간이 갈수록 나빠졌다. 특히 고위급 장교들이 본부를 떠나 남쪽으로 가버린 후에는 상황이 더 안 좋았다. 어려움이 가중된 특정 구간을 죽음의 고개라고 이름 지었듯, 군우리에서 순천으로 이어지는 10킬로미터 거리의 끔찍한 구간을 '시련의 길'이라 불렀다. 시련의 길을 지나면서 앨런 존스가 가장 처음 느낀 것은 그곳에서는 명령이나 위계질서가 완전히 무너져버린다는 점이었다. 군대에서는 위계질서가 생명이었지만 그날은 예외였다. 이미 무너진 위계질서를 다시 바로잡는 것은 거의 불가능했다. 수많은 부대가 한꺼번에 무너져 내리다 보니 명령 하달이나 복종 같은 것은 상

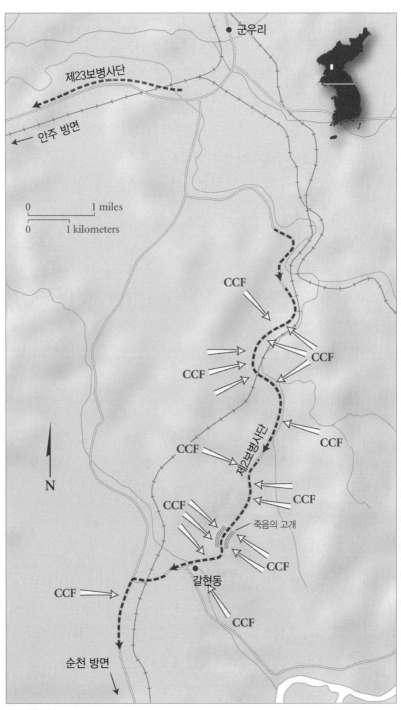

16. 1950년 11월 30일 시련의 길.

상도 할 수 없었다.

　미군 사단 하나가 모래성처럼 무너지는 것을 직접 목격한 앨런 존스는 그 충격이 너무 커서 좀처럼 머릿속에서 지울 수 없었다. 차량 한 대가 폭격을 당하면 그대로 길을 막는 걸림돌이 되었고, 몇몇 용감한 군인들이 나서서 차량을 길 밖으로 밀어내려고 하면 기회를 놓치지 않고 중공군이 전면 공격을 가했다. 길 중간에는 부상당하거나 죽은 사람들이 여기저기 널브러져 있었지만 뒤에 따라오는 트럭이나 지프는 길이 좁아서 그들을 그대로 짓밟고 가야 했다. 트럭이나 지프 운전병이 조금이라도 망설이면 곧바로 적의 표적이 되어 그 자리에서 무너지면서 뒤에 따라오던 호송대의 이동 속도를 늦추는 방해물이 되었다. 생사를 오가는 순간에 직면하자 다들 다른 사람의 안위에 대해서는 무감각해져서 전우들의 시체를 아무렇지 않게 넘어 다녔다. 앨런은 주변에 널브러진 사람들이 죽은 건지 부상을 입은 건지 아니면 단지 공포에 질려 얼어붙은 건지 구분할 수가 없었다. 몸은 움직이고 있지만 다들 충격으로 제정신이 아니었다.

　정확하지는 않지만 앨런 존스는 오후 2시쯤 그곳에 진입했다고 생각했다. 그는 아주 단순한 명령을 받았다. 슬론 대령은 그에게 순천까지 내려가서 연대의 나머지 대원들이 모일 집결지를 마련하라고 지시했다. 지프 운전병이 일찌감치 총상을 입는 바람에 존스는 그를 다른 차량으로 옮겨야 했다. 그러고 나서 돌아와 보니 지프는 엔진 부분에 총격을 입어 아예 시동조차 걸리지 않았다. 할 수 없이 차를 길옆으로 밀어버리고 걷기 시작했다. 가는 도중에 여러 부대에서 떨어져 나온 군인들을 만날 수 있었다. 이들은 앨런 존스를 중심으로 작은 부대를 형성하여 함께 진군하다가 적의 공격을 받고 금세 와해되었다. 그러나 다시 길을 가다 보면 새로운 사람들을 만나 또 다른 부대를 형성하는 일이 반복되었다. 모두 신체적으로나 감정적으로 큰 타격을 입은 데다 지휘관이 없어서 적에게 제대로 맞서지 못했다. 몇몇 군인들은 알아서 반격을 가하기도 했지만 명령 체계가 사라지자 적에 대항하려는 전투 의지도 거의 사라지고 말았다.

앨런 존스가 선택할 수 있는 것은 둘 중 하나뿐이었다. 그곳을 걸어서 빠져나간 다음 적에게 설욕할 기회를 찾거나 빠져나가려고 안간힘을 쓰다가 결국은 거기에서 최후를 맞는 것 말이다.[12] 그는 6.4킬로미터쯤 걷다가 자신을 향해 정면으로 기관총을 겨눈 중공군과 마주쳤다. 자기를 죽이려는 사람의 얼굴을 제대로 보는 것도 드문 일이라는 생각이 들었다. 보아하니 틀림없는 중공군인데 이상하게도 미군이 쓰는 30구경 기관총을 가지고 있었다. 그는 몇백 미터 떨어진 작은 언덕의 비탈길에 서 있었다. 몸을 피하려고 길옆으로 뛰어내린 순간 총구에서 불이 뿜어져 나오는 게 보였다. 그로 인해 존스는 발에 총상을 입었다. 다른 상황에서는 그리 심각한 부상이 아니었을 텐데 총알이 발을 두 동강 내어 출혈이 심했다. 지혈대로 발을 누르다가 존스는 그만 정신을 잃고 말았다.

외발 신세가 된 존스는 자기가 죽을 거라고 확신했다. 바로 그때 지프 한 대가 다가왔다. 루시언 트러스콧 3세(Lucian Truscott III) 대위, 존 칼리 대위 그리고 장교 한 사람이 타고 있었다. 이들은 부상을 입고 얼굴이 흙빛으로 변한 앨런 존스를 발견하고 차를 세웠다. 트러스콧이 존스를 차로 옮겼고 옆에 있던 장교가 발에 붕대를 감아주었다. 이들은 결국 순천까지 내려가는 데 성공했지만 존스는 당시 상황을 전혀 기억하지 못했다. 그는 바로 일본에 있는 병원으로 후송되었다. 50년도 훨씬 더 지난 지금 앨런 존스는 포트 벨보어 인근에 있는 육군 퇴역 장교를 위한 특별 주택에 살고 있다. 어느 날 새 입주자가 찾아와 점심식사를 함께하자고 청했는데 알고 보니 그 역시 한국전쟁 참전용사로 제2사단 출신이었다. 역시 둘 다 '시련의 길'에서 난관에 봉착한 경험이 있었다. 빌 우드(Bill Wood)는 혹시나 하는 마음으로 이렇게 물었다. "잠깐. 그날 순천으로 가는 길에 차 안에서 내가 발에 붕대를 감아준 부상병이 설마 자네였나?"[13]

제 32 장
절망과 기적

29일 밤, 중공군의 습격으로 사단 사령부가 초토화되고 엄청난 화염에 싸였다. 정보참모 맬컴 맥도널드는 사령부가 있던 곳을 정찰하는 임무로 30일 아침을 시작했다. 친구였던 윌리엄 피츠패트릭(William Fitzpatrick) 중위가 전날 밤 머리에 총을 맞고 싸늘한 시신이 되어 누워 있었다. 며칠 동안 죽는 사람을 수도 없이 봤지만 막상 자기가 아끼던 사람의 시신을 보자 머릿속이 아득해졌다. 조금 뒤 본부 밖에서 사진가 겸 통역병으로 활동하던 존 매키치(John McKitch) 일병과 함께 있는데 중공군의 사격이 다시 시작되었다. 매키치는 팔뚝에 총상을 입었다. 바람을 가르는 소리가 날 때마다 총알이 온몸을 꿰뚫고 지나가는 것 같았다. 저격수들이 자신을 겨냥하고 있다는 걸 깨닫고 두 사람은 즉시 달아나기 시작했다. 그때 본부에서 멀찌감치 떨어진 곳으로 각자 흩어지라는 명령이 떨어졌다. 부대원들은 무기와 탄약, 응급처치기구 및 물통을 겨우 챙겼을 뿐 갈아입을 옷이나 추운 겨울밤을 날 침낭은 미처 챙기지 못했다. 사실 제대로 된 침낭을 가진 사람도 몇 명 되지 않았다. 맥도널드는 랠프 포스터 중령의 지프가 있는 곳으로 달려갔다. 적군의 총알이 비 오듯 쏟아지는 통에 차는 제대로 속력을 내지 못했다.

수년이 지난 후에도 그날만 생각하면 맥도널드의 눈에는 눈물이 하염없이 흘러내렸다. 그날 울었던 부대원들도 많았고 울지 않으려고 안간힘을 쓰는 부대원들도 적지 않았을 것이다. 관문을 통과할 무렵 호송대가 꿈쩍도 하지 않았다. 맥도널드는 길이 막힌 이유를 알아보려고 앞쪽으로 가다가 제9연대 2대대장 세시디오 바버리스 소령이 서 있는 모습을 보았다. 사방에서 총알이 날아드는데도 중공군이 전혀 두렵지 않다는 듯 꼿꼿하게 서 있었다. 전혀 미동도 하지 않았다. 사실 두 사람은 나이도 비슷했고 전쟁이 일어나기 전 포트루이스에서 함께 근무하면서 친분을 쌓기도 했다. 맥도널드는 항상 자기가 아는 사람 중에 세시디오가 가장 겁이 없고 용감한 남자라고 생각했다. 그곳에 서 있는 모습도 마치 적의 총알을 비웃는 것 같았다. 하지만 알고 보니 그 친구는 혼자 서서 눈물을 흘리고 있었다. "이보게, 맥도널드. 어떻게 하면 좋지? 내가 이끌던 대대가 완전히 무너지고 한 사람도 남지 않았어."[1]

이제 힘든 고비는 넘겼다고 생각할 무렵 평생 기억에 남아 지워지지 않을 정도로 무시무시한 일이 일어나는 경우가 종종 있다. 죽음의 고개에 가까이 이르자 호송대는 속력을 내기 시작했다. 사단 소속의 작은 분대를 이끌던 맥도널드는 여기저기 죽음이 도사리고 있으므로 최대한 속력을 내는 것이 안전하다고 생각했다. 널찍한 커브를 기분 좋게 돌아가려는 순간 2.5톤 트럭 하나가 길가에 넘어져 있는 게 보였다. 여러 명의 미군 병사가 깃발을 흔들며 호송대에게 도움을 요청했다. 그 모든 장면이 슬로우 모션으로 펼쳐지는 것 같았다. 지금 도와주지 않으면 적의 손에 죽을 게 뻔했다. 하지만 맥도널드는 지금 이 순간 그들을 꼭 도와줄 의무가 있는 건 아니라고 생각했다.

그는 자기 인생에서 그날이 제일 운이 없는 날이었고 그 순간 마음이 너무 괴로웠다고 털어놓았다. 도와주려고 멈췄다가는 호송대 전체가 중공군에게 당할 위험이 있었고 만약 그렇게 되면 퇴각로가 아예 막혀버리기 십상이었다. 그의 임무는 가능한 한 빨리 차를 몰아서 부상병들을 안전한 곳으로 옮기고 다른 차량이 나갈 길을 확보하는 것이었다. 그는 마음을 독하게 먹고 차를 세우지 않았다. 수년이 지난 후 맥도널드는 "길가에서 나를 바라보던 불쌍한 사람들을 위해 기도했습니다. 그리고 그들이 나를 용서해주기를 바랍니다."라고 말했다. 죽음의 고개 끝부분에 있는 작은 여울에 도착해보니 중공군은 이미 최신형 기관총으로 아군들을 정확하게 조준하고 있었다. 맥도널드는 여기에서 모든 것이 끝났다고 생각했다. 하지만 바로 그 순간 B-26 전투기가 네이팜 탄을 투하하여 기관총으로 무장한 중공군을 제압했다. 맥도널드는 자기가 살았다는 사실을 좀처럼 실감할 수 없었다. 그곳에 있던 사람들 인생에 그만큼 극적인 순간은 두 번 다시 찾아오지 않을 것 같았다.

로런스 카이저는 오후 일찍 사령부를 나섰다. 이미 제2보병사단이 무시무시한 덫에 걸려든 상태라는 걸 알고 있었다. 카이저뿐 아니라 다른 고위 장교들도 부상병을 후송하는 데 쓰라고 자기 자동차를 내주었다. 카이저는 며칠 동안 감기에 걸려서 외투를 입고도 부들부들 떨고 있었다. 일반 사병이나 장교나 전장에서 고생하는 건 마찬가지였다. 작전참모 모리 홀든은 지프 뒷자리에서 정보참모 빌 해링턴(Bill Harrington) 소령 옆에 앉아 중공군과 총격전을 벌이다가 가슴에 총상을 입고 그 자리에서 숨졌다.

총격이 잠시도 멈추지 않았지만 카이저와 호송대는 큰 어려움 없이 죽음의 고개에 가까이 갔다. 하지만 그 근처에서 호송대는 난관에 부딪혔다. 차에 타고 있던 모든 사람이 밖으로 나와 수많은 부대원이 몸으로 느끼던 참혹한 현장을 직접 목격했다. 난생처음으로 카이저는 전쟁의 잔혹한 모습을 적나라하게 보았다. 비극의 참사는 상상 이상이었다. 카이저는 적에 맞서 총을 쏘는 아군이 몇 명 되지 않는다는 사실에 또 한 번 충격을 받았다. "지휘관은 어디 있나? 아무것도 안 하고 그냥 있으면 어쩌자는 건가?"라고 소리도 쳐보았다.[2] 그는 직접 죽음의 고개를 정찰하려고 걸어가다 길가에 누워 있던 사람을 밟았다. 몸이 피곤해서 발걸음을 아무렇게나 옮기다가 실수로 밟은 거였다. 밟힌 사람이 목청을 높여 "이런 나쁜 자식!"이라며 욕설을 퍼부었다. 깜짝 놀란 카이저는 자기도 모르게 "미안하네."라고 말했다. 그 일은 그곳의 모습을 적나라하게 보여주는 단편에 불과했다.[3] 사방에 총에 맞은 시신들이 널려 있었고 이들에게 군단이 아무 도움을 주지 못했다는 사실이 가슴에 깊이 박혔다. 이 모든 비극이 자기 때문이라는 생각을 떨칠 수 없었다. 자기 때문에 사단이 완전히 무너졌다는 죄책감이 엄습했다. 카이저의 경호를 맡던 제이크 소프(Jake Thorpe) 상병도 그날 오후에 총을 맞고 숨을 거뒀다. 처음에는 소프의 시신을 지프 뒤에 실었다가 부상자 한 사람이라도 더 태우기 위해 시신을 길가에 내려놓았다. 이미 길가에는 군인들의 시신이 즐비했다. 평생을 바쳐 자기를 보호해준 사람의 시신을 그렇게 버리고 떠나기는 정말 쉽지 않았다.

진 타카하시는 군우리에서 겨우 빠져나오자마자 중대와 대대, 연대의 처참한 모습을 보고 아연실색했다. 상황이 나쁘다는 건 알고 있었지만 눈앞에 펼쳐진 모습은 그야말로 최악이었다. 러브중대에 남은 대원은 열 명 남짓에 불과했고 그를 제외한 다른 장교들은 모두 죽거나 실종되거나 심한 부상을 입은 상태였다. 며칠 후 서울 근교 집결지에는 러브중대의 총인원 170명 중 10명만 모습을 드러냈다. 대대 소속 600여 명 중 살아남은 사람은 125명 내지 150명에 불과했다. 전투부대였던 러브중대와 킹중대는 적의 공격이 시작되었을 때만 해도 미군 사단의 핵심이었는데 이제 완전히 해체되고 말았다. 제3대대의 상황도 마찬가지였다. 그나마 제9연대는 부대원 절반 정도가 살아남았다.

제2사단 소속 부대들은 순천으로 가는 길에 모두 무너졌지만 폴 프리먼은 끝까지 포기하지 않고 자신의 연대를 살리려고 애썼다. 중공군이 첫 공격을 개시한 후 그의 판단이 정확했지만 상관들이 이를 무시했다는 사실에 대한 좌절감이 여기저기서 표출되었다. 그는 런던 「데일리 텔레그래프」지의 레지널드 톰슨에게 열악한 장비에도 불구하고 중공군이 아주 성공적으로 공격을 계속하고 있다고 증언하기도 했다. "이렇게 오싹한 지역에서 공군과 포병이 없이도 중공군은 미군을 완전히 바보로 만드는 데 성공했습니다."4 30일 아침이 밝자 제23연대는 제2사단의 나머지 부대와 북쪽에서 좁혀 들어오는 거대한 중공군 사이에 놓인 마지막 방벽이 되었다. 제23연대가 할 일은 군우리에서 방어선이 뒤로 밀리지 않도록 최대한 오랫동안 버티면서 순천으로 이어지는 길을 따라 제9연대와 38연대를 따라가는 것이었다. 하지만 프리먼은 남쪽으로 퇴각하는 건 불가능할 거라고 직감했다.

제15야전포병대대 관측장교 폴 오다우드는 프리먼이 포병 장교들과 많은 시간을 함께한다는 걸 알고 무슨 대화를 나누는지 궁금했다. 다른 통신 수단이 모두 두절된 상황에서 포병부대가 그나마 제일 좋은 통신기를 보유하고 있었기 때문이다. 자칫하면 아군을 공격할 우려가 있기 때문에 포병부대에게 우수한 통신수단은 필수품이었다. 포병부대는 자체 정찰기를 보유하고 있었으며 당시 사용되던 여러 가지 정보통 중에서 가장 믿을 만한 정보를 확보할 수 있었다. 그들은 처음부터 남쪽 퇴각로가 장병들의 시체와 부상을 입고 죽어가는 사람들로 꽉 막혀 있다는 걸 알고 있었다. 프리먼을 계속 관찰하던 오다우드는 그가 뭘 하려고 하는지 파악했고, 그가 정말 똑똑한 사람이라고 생각했다. 일반적으로 사단 장교들이 부대를 나누어 포병부대를 분류하는 건 부대원들의 이야기를 듣기 위해서가 아니라 명령을 내리기 위해서다. 하지만 프리먼은 사람들의 말에 귀를 기울인 뒤 아침 일찍 안주로 연결되는 길을 살펴보기로 결정했다. 일전에 프랭크 밀번이 카이저에게 제안했던 바로 그 경로였다.

30일 정오가 되자 프리먼은 안절부절못했다. 시간이 너무 촉박해서 아무것도 할 수 없을 것만 같았다. 이미 엄청난 숫자의 중공군이 청천강을 건넜고 사단 본부도 프리먼의 부대가 위급한 상황에 처해 있다는 보고를 받았다. 게다가 사단과 의사소통이 원활히 이루어지지 않아 이동 중인 카이저에게 곧바로 보고할 수 없자 프리먼은 더 낙담했다. 찰스 슬론의 지프에 있던 무전기가 사단 본부와 연락을 주고받는 유일한 방법이었다. 슬론은 자매연대인 제9연대 지휘관으로서 중간에서 카이저에게 소식을 전달하는 데 최선을 다하라는 명령을 받았다. 하지만 곧 그 방법도 쓸 수 없었다. 계속해서 서쪽으로 이동해도 좋다는 허락을 받기 위해 갖은 애를 쓰던 프리먼은 간신히 사단 참모장 제리 에플리(Gerry Epley) 대령을 만났지만 명령을 바꿀 수 없다는 말만 들었다. 그 후 본부와의 의사소통은 더 힘들어졌다.

얼마 후 프리먼은 슬론을 찾아가서 부사단장 슬래든 브래들리와 통화할 수 있는지 다시 물어보았다. 그만큼 긴급한 사항이었다. 오후 2시 30분경 브래들리가 전화를 했고 프리먼은 서쪽으로 진군하게 해달라고 요청했다. 당장 출발하지 않으면 밤이 되기 전에 목적지에 도착할 수 없기 때문에 한시가 급했다. 중공군이 접근하지 못하는 이유는 미군이 보유한 우수한 대포 때문이었다. 하지만 어둠이 깔리면 적은 자기 마음대로 움직일 수 있으므로 프리먼의 부대는 더 이상 유리한 입장에서 전투를 치를 수 없었다. 그는 해가 지기 두 시간 전에 안주를 향해 출발하고 싶었다. 오후 4시가 되도록 카이저와 연락이 닿지 않자 브래들리는 프리먼에게 연대를 위해 최상의 선택이라고 생각하는 바를 행동에 옮겨도 좋다고 말했다. 프리먼은 군우리 지역에 남아 있던 다른 부대의 지휘관에게 그와 함께 떠나겠냐고 물어보았다. 일부는 그와 함께 출발하겠다고 했고 일부는 남겠다고 했다.

서서히 해가 저물기 시작했다. 당시 상황이 얼마나 절박하고 위험한지 모르는 사람은 아무도 없었다. 폴 오다우드는 마지막 이동을 위해 만반의 준비를 하고 있었다. 남쪽 길은 매우 위험했다. 이미 정찰기 두 대가 남쪽으로 내려가는 길을 둘러보고 상황이 좋지 않다고 보고했다. 오다우드는 길목마다 대량 학살이 벌어진 것 같다는 얘기를 들었다. 당장 이 대포들을 여기서 철수시키는 것이 그의 최우선 과제였다. 제15야전포병대대 존 키스(John Keith) 중령은 대포를 차에 연결하라고 명령해서, 막 그렇게 하고 있었다. 바로 그 순간 관측장교 패트릭 맥멀런(Patrick McMullan) 중위가 어디선가 나타나 "발사 준비! 중공군이다! 발사 준비! 사방에 중공군이 나타났다. 발사 준비!"라고 다급하게 외쳤다. 오다우드는 맥멀런이 그렇게 난리 법석을 피우는 모습을 본 적이 없었다. 어떤 부대에서는 그날 술을 마신 사람들이 있다던데 맥멀런도 같이 술을 마신 건가 하는 생각도 했다. "발사 준비! 중공군이 계속 몰려오고 있다!"[5]

오다우드는 맥멀런에게 "진지 폐쇄 및 이동명령이 내려졌다."라고 말했다. 말 그대로 진지를 폐쇄하고 빠져나갈 준비를 하라는 뜻이었다. 수천 명의 중공군이 미군을 전멸시키려 대낮에 공격해 들어오고 있었던 것이다. 바로 그때 프리먼 대령이 지나가다가 오다우드에게 무슨 일이냐고 물었다. 맥멀런이 본 내용을 그대로 전하자 프리먼은 즉시 "포병들은 모두 발사 준비를 갖추라." 하고 지시했다.

맥멀런의 말처럼 4.5킬로미터 정도 떨어진 곳에서 중공군이 새까맣게 몰려오고 있었다. 프리먼은 부대원들에게 무슨 일이 있어도 중공군을 막아내라

■ 미군이 105mm 곡사포를 발사하고 있다. 1950년. © U.S. Department of Defense.

고 명령했다. 중공군에 맞서 버티느라 제시간에 빠져나오지 못한다 해도 혹은 아예 빠져나오지 못한다 해도 중공군의 진격을 막아내는 게 이들의 임무였다. 포병들은 대포와 포탄을 내려놓고 전투 준비를 했다. 여기가 마지막 투혼을 불사르고 죽음을 맞이할 장소라는 생각이 들었다. 포병들은 트럭에서 커다란 105mm 곡사포를 분리하여 중공군이 몰려오는 쪽을 향해 조준했다. 남아있는 곡사포는 모두 18개였다. 포병들 사이에서는 군우리를 '러시아 전선(제2차 세계대전의 접전지로 인류 역사상 가장 처절하고 치열했던 전장-옮긴이)'이라고 불렀다. 두 번의 참전 경험이 있었고 악명 높은 낙동강방어선전투에서도 살아남은 폴 오다우드도 이런 상황은 처음이었다. 부대 소속 대원들은 취사병, 행정병 할 것 없이 모두 나와서 트럭에 실려 있는 무기를 날랐다. 20분 만에 그들이 갖고 있는 모든 것을 발사했다. 다른 포병대에서 남기고 간 포탄 덕분에 탄약은 충분해 보였다. 그들은 너무나 빠른 속도로 발사해서 포신이 과열되었고 페인트칠이 벗겨져서 덩어리째 떨어져 나갔다. 이대로라면 포의 반동 장치가 망가질 것 같았지만 그런 걱정을 할 여유도 없었다. 그래도 대포의 약실(藥室)이 너무 열을 받은 나머지 대포가 폭발할까 조금 겁이 나긴 했다.

그야말로 종말론적인 순간이었다. 곡사포 18개에서 끊임없이 포탄이 터지는 소리에 귀청이 찢어졌다. 그 짧은 순간에 수천 발의 포탄을 쏘았던 것 같다. 그러던 어느 순간 갑자기 사방이 조용해졌다. 마지막 탄약까지 모두 써버린 것이다. 온갖 굉음이 이어지다가 돌연 적막이 흐르자 공포감은 극에 달했다. 중공군이 사용하지 못하게 테르밋(소이탄의 원료로 쓰이며, 알루미늄 가루와 산화철을 같은 분량으로 섞어 만든 혼합물이다-옮긴이)으로 남은 무기를 모두 파괴했다. 어쨌든 중공군의 공격을 막아내긴 했다. 적은 이제 방어태세를 취하는 것 같았다. 보통 이런 식의 연발 사격이 있은 뒤에는 보병들의 공격이 이어지기 때문이다. 프리먼은 마지막으로 "즉시 이곳을 빠져나가라. 잠시도 머뭇거려서는 안 된다."라고 명령했다. 안주로 가는 길은 완전히 열려 있었고 덕분에 제23연대는 중공군의 방해를 거의 받지 않고 퇴각했다.

제33장
끔찍한 현실

제2사단이 남쪽으로 퇴각하는 제8군의 끄트머리에 있었고 그중에서도 제2공병대대는 행렬 맨 끝에서 마지막으로 빠져나왔다. 지노 피아자는 아주 험난했던 낙동강방어선전투에서도 제2공병대대 도그중대와 함께 훌륭하게 싸웠지만, 11월 30일이 생애에서 가장 끔찍한 날이라고 생각했다. 그날 난생처음으로 꼼짝없이 죽게 생겼다는 생각을 했다. 게다가 수많은 고위 장교들이 부하들을 보호하기는커녕 끊임없이 괴롭혔다. 피아자가 특히 좋아했던 존 설리번(John Sullivan) 소위는 장교로서 당연히 부대원들과 끝까지 함께할 생각이었지만 상부 명령을 받고 눈물을 머금고 피아자에게 작별을 고했다. 피아자가 보기에 제2공병대대 부대원들을 이용해 호송대를 구성하던 장교들은 하나같이 이기적이고 고지식하여 부대원을 아끼는 마음이 조금도 없었다. "그때야말로 진실이 드러나는 순간이었습니다. 그 어느 때보다 부대원들에게 지휘관이 필요한 순간이었어요. 하지만 지휘관들은 다들 부대에서 빠져나와 자기들끼리 움직이려 했어요. 결국 후퇴 작전은 일부 장교들의 신변을 보호하는 조직으로 변질되고 말았습니다."[1]

공병들은 여러 가지 장비 때문에 신속하게 움직일 수 없었지만 보병부대 지휘관들은 그걸 전혀 모르는 것처럼 행동했다. 중공군이 처음 공격을 퍼붓기 일주일 전 앨러리치 재컬리(Alarich Zacherle) 대령은 중장비를 어떻게 할 건지 결정하라고 사단을 압박했다. 불도저나 다리를 만드는 각종 설비를 나르는 트럭 등은 공병들의 작업에 핵심이 되는 도구였다. 재컬리 대령은 그런 장비 때문에 부대 전체의 이동 속도가 느려지는 걸 용납하지 않을 거라고 누누이 강조했다. 속도가 느려지면 적의 목표물이 될 게 뻔했기 때문이다. 그는 중공군의 공격이 있기 4~5일 전에 주요 장비들을 미리 돌려보내려고 애를 썼다. 이렇게 북쪽 머나먼 곳에서 공병들이 뭔가를 만들어야 하는 상황이 발생할 리가 없다고 생각했던 것이다. 압록강을 따라 임시 항공로를 만들 이유도 없을 것 같았다. 거의 매일 피아자가 중장비를 어떻게 처리할지 결정하셨냐고 물었지만 재컬리 대령은 고개만 저었다. 피아자는 그걸 보고 재컬리 대령이 임무를 제대로 이해하지 못하고 있다고 생각했다. 그의 예상대로 중장비는 후퇴 속도에 큰 걸림돌이 되었다.[2]

최종 후퇴를 시작하기 전날 밤 재컬리 대령은 상황이 어떤지 알아보려고 제리 에플리를 찾아갔다. 에플리는 재컬리에게 사단 참모 몇 사람과 먼저 떠나라고 권했다. 그러나 재컬리 대령은 깜짝 놀라며 그 제안을 거절했다. 어떤 상황에서든 부대원들과 함께 움직이는 게 도리라고 생각한 것이다. 사실 재컬리는 이미 자기 부대가 입은 타격에 상당히 충격을 받은 상태였다. 부대원들의 눈에도 불안해 보였다. 중공군의 공격이 있은 지 72시간 만에 제2공병대대는 900명 중에서 무려 200여 명의 인명 피해를 입었다. 재컬리 대령은 그동안 모든 명령을 진지하게 받아들였으며 부대원들의 이름을 다 알고 있다는 사실을 매우 자랑스러워했다. 그리고 대부분의 경우 그의 자부심은 대대의 사기를 진작시키는 데 큰 도움이 되었다. 하지만 이제 대대원에 대한 그의 애정과 헌신적인 태도가 그를 힘들게 했다.[3]

결국 재컬리 대령의 부대는 각종 중장비를 모두 짊어진 채 제일 마지막에 출발했다. 호송대는 거추장스러울 정도로 규모가 컸고 제2공병대대는 맨 끝부분에 배치된 탓에 다른 부대가 모두 출발할 때까지 기다려야 했다. 도그중대가 선두에 서고 본부중대가 뒤따랐으며 에이블중대, 베이커중대, 찰리중대가 차례로 뒤를 이었다. 하지만 오후가 되고 시간이 흐를수록 점점 가망이 없어 보였다. 앞서 출발한 호송대가 2~3킬로미터도 못 가서 적에게 처참하게 당했다는 소식만 계속 들려왔다. 피아자는 출발 차례가 오기만을 간절히 기다리는 부대들도 퇴각로에 진입해봤자 갈수록 심각해지는 사태의 또 다른 희생양이 될 뿐이라는 생각이 들었다. 그는 부대 맨 앞에서 지프로 이동할 계획이었다. 마침내 제2공병대대는 오후 4시경에 이동 대열에 합류하라는 명령이 떨어졌다. 하지만 전체 호송대의 속도가 느려지면서 출발 시간은 계속 지연되었고, 해가 뉘엿뉘엿 질 때까지 발걸음을 떼지 못하고 있다가 어둠이 깔린 후에야 간신히 출발할 수 있었다. 제503야전포병대대가 중포를 들고 지나가는 모습이 보였다. 피아자의 부대는 바로 이 포병대대 뒤에 서게 되어 있었다. 하지만 바로 그때 다른 포병대대 소속 트럭 다섯 대가 중간에 끼어들었다. 평소였다면 그런 상황을 용납하지 않았겠지만 이번만은 관대하게 봐주기로 마음먹었다. 덩치 큰 트럭에게 그 정도 양보하는 것도 나쁘지 않다고 생각했다.

제2공병대대는 피아자의 지프를 선두로 호송대에 합류했다. 다들 죽음이 코앞에 닥쳤다고 생각하고 잔뜩 겁을 먹고 있었다. 호송대에 합류한 지 30분 정도 흘러 바로 앞에 가던 포병대대 트럭이 언덕 사이 길에 이르자 갑자기 지옥을 방불케 하는 장면이 눈앞에 펼쳐졌다. 중공군이 커다란 트럭에 기관총을 잔뜩 싣고 느릿느릿 움직이는 포병대대를 마중이라도 나온 듯 기다리고 있었다. 이들은 무기 수송 차량을 정확히 명중시켜 대포부터 못 쓰게 만들었다. 거기서 나온 화염은 가히 폭발적이었다. 그야말로 포병대대는 적군의 덫 안에 들어와서 또 다른 덫을 스스로 만든 셈이었다. 대포와 기관총이 실려 있던 트럭이 하나씩 폭발하기 시작했다. 그렇게 트럭 다섯 대가 고스란히 타버렸다. 여러 해 동안 피아자와 술자리를 함께하던 전우들도 그 순간 다 목숨을 잃었다. 동고동락하던 전우들에 대해 시나리오를 쓴다면 그보다 더 불행한 이야기도 없을 것 같았다. 피아자는 이 모든 상황이 그저 깨어나는 순간 끝나버리는 악몽이었으면 좋겠다고 생각했다. 하지만 그 악몽은 빠져나올 수 없는 현실이었다. 앞으로 나아갈 용기도 뒤로 도망갈 힘도 생기지 않았다. 한 시간 전만해도 제대로 줄도 못 맞추고 행군한다고 부대원들을 구박했는데 한순간에 수백 명이 넘는 이들이 쓰러져 죽는 모습을 목격했던 것이다.

지노 피아자는 호송대가 완전히 덫에 걸렸다고 생각했다. 그때 새로운 명령이 떨어졌다. "차량을 버리고 모두 길옆에 집합하라! 차량을 버리고 모두 길옆에 집합하라." 어디에서 누가 그런 명령을 내리는 건지 알 수 없었다. 제2공병대대 부대원들은 차량 밖으로 나와서 오른쪽에 있는 고지 위에 모였다. 피아자는 트럭에 실린 통신 장비들이 중공군의 손에 넘어갈까봐 트럭을 모두 폭파시키고 싶었지만 누군가가 내일 공군이 와서 남은 트럭을 모두 처리해줄 거라고 말해주었다. 피아자는 한국전쟁에 참전한 후 그렇게 절망적인 느낌에 사로잡힌 적이 없었다고 회고했다. 낙동강방어선전투에서는 삶에 대한 강한 의지 덕분에 목숨을 부지할 수 있었다. 하지만 이제 그런 의지마저 사라져버린 것 같았다. 종교에 대해서는 한 번도 생각해본 적이 없는데 자기도 모르게 기도가 흘러나왔다. 그는 아주 구체적으로 기도했다. 우선 지옥 불에서 고초를 당하고 있는 영혼들을 위로해달라고 기도하고는 브루클린에서 보낸 어린 시절을 돌아보았다. 뭔가 나쁜 일이 생길 때마다 어머니는 기도를 하곤 했다. 어머니의 논리는 아주 단순했다. 착한 일을 하면 천국에 가지만 피아자는 워낙 잘못을 많이 하고 실수투성이이니 지옥에 간다는 거였다. 그러나 지옥에서 고초를 당하는 영혼들을 위해 기도를 많이 하면 그들의 고통이 줄어드는 만큼 피아자가 지옥에서 받는 고통도 줄어들 거라고 하셨다.

이상하게도 기도를 하고 나니 마음이 한결 편해졌다. 적어도 그 순간만큼은 기도가 큰 힘이 되었다. 이런 혼란 속에서는 그 누구에게도 도움을 기대할 수 없고 오직 자기 힘으로 살아남아야 한다는 생각이 들었다. 중공군이 목숨을 노리고 있긴 하지만 호락호락 무릎을 꿇지는 않으리라 결심했다. 건너편에 보이는 언덕에 모여 있는 중공군의 숫자는 수백 명 혹은 수천 명이 될지도 모른다는 생각이 들었다. 누구도 앞에 나서서 이들을 지휘하려 하지 않았기에 피아자는 부대원들 몇 명과 함께 선두에 섰다. 피아자 외에는 따라갈 만한 지휘관이 없어서였는지 따르는 사람들의 숫자가 금세 불어났다. 그러나 중공군이 이들의 움직임을 포착하고 기관총을 마구 쏘아서 모여 있던 자리를 초토화시켰다. 몇 사람은 겁을 먹고 언덕 아래로 뛰어 내려갔다. 피아자가 이끌던 작은 부대는 적의 완벽한 목표물이었다. 피아자의 뒤를 따르던 하사관 몇 명이 엄호 사격을 시작했지만 이미 늦은 뒤였다. 중공군의 기관총 사격이 본격적으로 시작되자 이들은 여지없이 무너져 내렸다. 피아자의 기억에 따르면 하사관들은 총을 제대로 쏴볼 기회도 없었다.

앨러리치 재컬리는 부대원들 대부분이 중공군의 손에 생포될 당시 본부나 다른 부대와의 교신 상태가 최악이었다고 증언했다. 도대체 연락이 닿는 곳이 한 군데도 없었다. 통신병의 잘못이 아니었다. 그들은 생명의 위험을 무릅쓰고 자기 위치를 지켰다. 원인은 낙후된 장비와 지휘관들의 무책임한 태도에 있었다. 재컬리가 호송대의 끝 부분에 이르면 제23연대가 그 뒤를 바짝 따르기로 되어 있었다. 하지만 부대마다 다른 부대의 끝에 붙어 따라가야 할 시점에 제대로 움직이지 못하는 경우가 많았다. 재컬리는 포로수용소에서 2년 반을 보내고 풀려난 후 한참이 지난 뒤에 폴 프리먼과 재회했다. 그제야 프리먼은 당시 원래 계획은 그의 연대가 서쪽 길로 나가고 공병대도 함께 가는 거였지만 그 계획이 제대로 전달되지 않았다는 걸 알려주려고 수차례 시도했다고 말했다. 프리먼의 부대는 비교적 큰 타격을 입지 않고 빠져나간 반면 재컬리의 부대원들은 거의 다 죽거나 포로가 되었다. 재컬리는 "그랬었군. 자네 부대와 함께 갔으면 좋았을걸."이라며 프리먼에게 어떤 원망이나 반감도 없다고 말해주었다.[4] 재컬리은 그날 일은 전쟁 중에 발생하는 어쩔 수 없는 상황이었다고 생각하기로 했다.

공병대원들이 기다리는 원 위치로 돌아온 그는 이제 모든 게 끝났다는 생각이 들었다. 길이 뚫리길 기대하는 건 무리였다. 적어도 중장비를 옮길 희망이 없는 것만은 확실했다. 아직 상황이 다 끝난 것도 아니었지만 그는 트럭이나 불도저처럼 부피가 큰 장비를 폭파시키라는 명령을 내렸다. 부대원들은 연막탄을 이용해 장비를 불태웠다. 오후 늦게 중공군이 포위망을 좁혀오자 이번에는 부대 깃발을 모두 태웠다. 재컬리뿐 아니라 다른 장교들도 중공군이 부대를 제압하고 부대 깃발을 마음대로 휘날리는 치욕을 당하고 싶지 않았다. 재컬리는 깃발이 들어 있는 나무 상자에 기름을 붓고 불을 붙이라고 지시했다. 깃발을 태운다는 건 모든 희망을 포기하고 달아나야 하는 현실을 대변해주었다. 사실 공병대는 다른 일반 부대들보다 여러모로 허약했다. 비록 전투공병대라는 이름하에 비상시에는 보병연대로 전환하게 되어 있었지만 자동소총이나 박격포조차 갖추고 있지 않았다. 중공군과 맞닥뜨리기라도 하면 그야말로 속수무책으로 당할 게 뻔했다.

제2공병대대 부관 밥 네얼링(Bob Nehrling) 역시 더 이상 손을 쓸 수 없는 상황에 처했다는 사실을 깨달았다. 그날 아침 그의 부대는 사단 본부를 엄호하는 병력으로 차출되었다. 본부를 사수하기 위해 일종의 희생 제물로 선택된 셈이었다. 당시 대대 소속 참모 35명과 함께 있던 재컬리는 장교들에게 오늘 전투에 사력을 다하라고 독려했다. 이때까지 이들은 한 번도 죽을힘을 다해 싸워본 적이 없는 것 같았다. 실제로 갑자기 중공군이 사방에서 나타나 에워싸기 시작하자 그 자리에서 꼼짝도 하지 못하고 중공군의 손에 붙잡혀 남쪽으로 끌려갔다. 그러던 와중에 제9연대와 38연대에서 떨어져 나온 아군들이 속속 생포되면서 포로의 숫자는 갈수록 늘어났다. 금세 공병들뿐 아니라 보병장교 20여 명이 중공군의 포로가 되었다. 그러나 그것은 끔찍한 비극의 시작에 불과했다. 포로가 된 사람들 중에서 살아서 돌아온 사람은 거의 없었다.[5]

지노 피아자는 자신의 직감밖에 의지할 것이 없었다. 날은 어두워졌지만 나침반을 갖고 있는 사람은 아무도 없었다. 피아자는 우선 남동쪽으로 방향을 잡아야겠다고 생각했다. 예전에 지뢰를 찾느라 정찰기를 타고 이곳을 돌아본 적이 있기 때문에 다른 사람들보다 지형에 밝은 편이었다. 하늘에 떠 있는 별을 기준으로 대충 방향을 잡았다. 얼마 지나지 않아 남동쪽으로 이어지는 낡은 철로를 발견하고 철로를 따라 걷기 시작했다. 피아자가 이끄는 부대는 최고 500명에서 최소 200명 정도였으며 쉬지 않고 엄호 사격을 했다. 피아자는 카빈소총 하나와 수백 발의 탄환을 가지고 있었는데 목표물이 보일 때만 사용했다. 그런데도 나중에 보니 탄환이 거의 남아 있지 않았다. 그제야 피아자는 자기가 밤새 거의 쉬지 않고 쏘아댔다는 사실을 깨달았다.

그와 함께 가던 부대원들 중 장교 몇 명은 어떤 힘에 이끌리기라도 한 듯 자꾸 오른쪽으로 방향을 꺾으려 했다. 그렇게 하면 원래 출발한 지점으로 돌아갈 것이 뻔했다. 차츰 시간이 흐르면서 자연스럽게 피아자는 녹초가 된 그들까지도 이끄는 지휘관 노릇을 하게 되었다. 지휘관의 필수적인 요소인 확신과 자신감을 잃지 않은 사람은 피아자뿐이었다. 마침내 한 벌판에 이르러 같은 방향으로 내려가던 아군들과 만날 수 있었다. 그 부대의 지휘관은 거기서 밤을 보내기 위해 참호를 파자고 말했지만 피아자는 강하게 반대했다. 적이 코앞까지 들이닥쳤는데 무기도 충분치 않았고 중공군이 어딘가에서 지켜보고 있는지도 모를 일이었다. 결국 다들 피아자의 말에 따라 계속 행군하기로 결정했다. 고지대에서 아래를 내려다보니 길옆으로 큰 터널이 있었다. 몇몇 부대원들이 몸을 숨기기에는 터널이 안성맞춤이라며 그곳으로 내려가자고 말했다. 피아자는 중공군이 그런 곳을 가장 먼저 수색할 거라며 극구 말렸지만 몇몇 사람은 고집을 꺾지 않고 터널로 가버렸다. 안전해 보이는 곳이라고 해서 쉽게 마음을 놓아서는 안 되는 상황이었다. 오히려 어렵고 힘들어 보이는 곳이 더 안전할 수도 있었다. 물론 당시 상황에서는 어디에서도 마음을 놓을 수 없었다.

마침내 이들은 군우리와 순천을 잇는 큰길을 찾아냈다. 그 길이 제일 쉬워 보여서 몇몇 사람들은 그 길을 따라가겠다고 했다. 미군에게 낯설지 않은 길이라 쉽게 마음을 놓은 것이었다. 피아자도 그 길로 성큼 내려서고 싶었지만 꾹 참고 다른 부대원들이 그 길로 뛰어들려는 것을 막아야 했다. 몇몇 사람이 무리를 이탈해 자기 마음대로 내려갔다가 금세 중공군의 밥이 되고 말았다. 피아자는 자기가 적의 손에 쓰러지거나 생포될 상황에 대비하여 부대 통솔권을 하사관 몇 명에게 위임하려 했다. 그중에는 고사포부대인 제82AAA부대 소속 윌버 웹스터(Wilbur Webster) 중위도 있었다. 피아자가 지휘권을 넘겨주려 하자 웹스터는 "아니네. 피아자 하사. 지금 잘하고 있네."라며 정중히 거절했다. 이들은 쉬운 길로 가고 싶은 유혹을 뿌리치고 험한 고지대를 따라 천천히 행군한 끝에 마침내 목적지에 도착했다. 이렇게 해서 피아자는 300여 명을 끝까지 이끄는 데 성공했다. 지옥 불에서 고통받는 영혼들을 위해 기도한 것이 효과가 있었다는 생각이 들었다.

제2사단 중에서 가장 큰 타격을 입은 부대는 제2공병대대였을 것이다. 퇴각이 끝나고 서울에서 집결해보니 각 소대나 분대 생존자가 한 명밖에 안 되는 것 같았다. 지노 피아자의 기억으로는 처음 북쪽으로 밀고 올라갈 때만 해도 대대 소속 장병은 약 900명이었다. 하지만 다시 서울에 모였을 때는 266명밖에 되지 않았다. 단 하루 만에 귀신에 홀린 것처럼 자그마치 500명이 넘는 사람들이 사라졌던 것이다. 사다리꼴 배치에서 뒤쪽에 있던 사람들은 중공군의 공격을 받지 않았으니 정확한 숫자는 아닐 거란 생각도 들었다. 어쨌든 그날 하루 많은 부대원이 목숨을 잃은 것만은 사실이었다. 특히 다른 누군가의 어리석음과 오만 때문에 제2공병대대가 너무 큰 손실을 입었다고 생각하니 피아자는 분통이 터졌다.

그날 오후 늦게 폴 프리먼은 연대를 이끌고 안주를 향해 서쪽으로 출발했다. 이동이 끝나자 (그의 귀에는 들어가지 않았지만) 불만의 목소리가 새어 나왔다. 계획과 다른 경로로 이동했을 뿐 아니라 호송대의 후방을 전혀 보호해주지 않았기 때문이었다. 하지만 그날 벌어진 일을 아는 사람들은 대부분 프리먼의 결정이 옳았다고 생각했다. 계획대로 갔더라면 다른 부대들과 마찬가지로 프리먼이 이끈 연대도 끔찍한 결말을 맞았을 것이다. 중공군의 공격이 후방에서 시작된 것도 아니었고 이미 사단의 모습이 시야에 들어올 때부터 만반의 공격태세를 갖추고 있었기 때문에 위치는 그리 중요하지 않았다. 그 상황을 알면 누구나 프리먼의 결정이 옳았으며 급변하는 전장의 상황에 훌륭하게 대처하여 자칫 부대 전체가 파멸될 위기를 모면하는 데 큰 공을 세웠다고 인정할 것이다.

이렇게 제23연대가 군우리를 벗어나 서쪽으로 퇴각하는 동안 어둠은 더욱더 짙게 깔렸다. 당시 그들은 언제 중공군이 공격해올지 혹은 안주로 가는 길을 차단할지 알 수 없었다. 만약 그런 상황이 발생하면 그 길 외에는 도망갈 방도가 없었던 연대는 꼼짝없이 압도적인 병력을 자랑하는 중공군 앞에서 독 안에 든 쥐 신세가 될 것이 자명했다. 다행히도 안주로 향하는 길의 주요 다리는 아직 미군이 차지하고 있는 것 같았다. 제1군단 5연대 연합전투대대가 거기에서 군단의 퇴각로를 확보하고 있었다. 당시 중대 지휘관이었던 행크 에머슨(Hank Emerson)은 비교적 젊은 대위로 나중에 베트남전쟁에 참전해 용맹스런 지휘관으로 사격의 명수라는 별명을 얻을 정도로 대단한 명성을 누렸다.

에머슨 대위는 오후 늦게까지 그 다리를 계속 엄호하라는 명령을 내렸다. 엄청난 숫자의 중공군이 남쪽으로 몰려오는 현실을 감안할 때 그 명령을 받아들이기는 쉽지 않았을 것이다. 다리를 엄호할 수 있는 병력은 중대 하나뿐이었다. 반대로 중공군은 몇 개 사단 규모로 이들의 코앞까지 진격해왔고 혹한의 추위는 견디기 힘든 고통이었다. (50여 년이 지난 후에도 그는 당시 기온이 영하 23도였다는 사실을 정확히 기억했다.) 아군이 오기를 기다리면서 에머슨은 사단 전체의 생존을 위해 보병들을 기꺼이 희생시키는 결정을 내린다면 기분이 어떨까 하고 생각해보았다. 이는 군인으로서 평생 고민해야 할 점이었다. 보병들은 그저 전쟁의 신에게 바치는 불쌍한 운명의 제물에 불과한 것일까? 어둠이 내리고 추위가 온몸을 파고들자 에머슨은 긴장감이 한층 더 고조되는 것을 느꼈다. 속히 이곳을 떠나고 싶다는 생각이 간절해진 순간 인근 상공을 날던 미군 정찰기 한 대가 중공군에게 격추당했다. 적이 바로 코앞까지 다가

와 있다는 걸 보여주는 달갑지 않은 경고였다.[6]

에머슨은 부하 대원들을 데리고 가서 격추된 정찰기의 생존자들을 도우라는 명령을 받았다. 바로 그때 동쪽에서 그가 지키고 있던 다리를 향해 미군이 무리를 지어 오는 게 보였다. 아군 부대가 오고 있다는 소식을 들은 기억은 없었다. 아마도 통신 상황이 열악해서 제1군단 사람들 중에 이 부대가 오는 걸 아는 사람이 없는 것 같았다. 거대한 규모의 정찰대가 길을 잃고 헤매다가 돌아온 것처럼 보였다. 모두 지칠 대로 지쳐서 몰골이 말이 아니었지만 나름대로 미군의 자존심과 결연한 의지를 잃지 않은 표정이었다. 걸을 힘이 있는 사람들도 있었지만 대부분 트럭이나 탱크 위에서 이리저리 포개진 상태로 엎어져 있었다. 행렬은 도무지 끝이 보이지 않았다. 에머슨은 옆을 지나가던 사람을 통해 이들이 제23보병연대라는 것을 알게 되었다.

그날에 대한 기억 중 가장 또렷한 것은 바로 제23연대 지휘관이 가장 마지막에 도착한 차량을 타고 있었는데 그 차가 기관총이 달린 지프였다는 점이었다. 물론 에머슨은 무선을 통해 상관으로부터 제23연대에 트럭을 모두 넘겨주라는 명령을 받은 것도 기억하고 있었다. 그 말은 에머슨의 부대원들은 모두 탱크 밖에 매달려서 본부로 돌아와야 한다는 뜻이었다. 지휘관이 가장 마지막에 도착했다는 건 중공군의 추격을 받을 경우 자신의 목숨을 기꺼이 내놓겠다는 뜻이었다. 부대원을 뒤에서 지켜주는 지휘관이라니 정말 멋진 사람이라는 생각도 들었고 진정한 지휘관이라면 당연한 일이라는 생각도 했다. 폴 프리먼이라는 그 지휘관은 잠깐 멈춰 서서 그에게 말을 걸었다. 3~4개 사단에 해당하는 적군 병력을 피해 연대 하나를 이끌고 후퇴하는 일을 밥 먹듯이 해본 사람 같다는 느낌이 들 정도로 아주 침착했고 조금도 흐트러짐이 없었다.

폴 프리먼은 "이보게. 이 다리를 지키고 있는 아군은 정확히 어느 부대 소

■ 고토리에서 부상당한 군목이 흰 눈에 덮인 죽은 병사들을 위해 기도문을 읽고
있다. 1950년. © Cpl. W. T. Wolfe/ U.S. Department of Defense.

속인가?"라고 물었다.

에머슨은 이쪽 사람들이 제23연대의 등장을 전혀 예상치 못한 것처럼 폴
프리먼 역시 이들의 정체를 모르는 게 당연하다고 생각했다.

"네. 여기는 제5연대 연합전투대대 A중대입니다."

"그렇군. 신의 가호가 함께하기를 빌겠네. 제군의 노력과 희생에 고맙다는
말을 하고 싶군."

폴 프리먼은 그 말을 남기고 다리를 건넜고 남아 있던 A중대도 즉시 그 뒤를 따라갔다. 한반도 서쪽에서 중공군의 공격을 받은 마지막 부대가 이제 더 안전한 곳을 찾아 남쪽으로 향하고 있었다. 달리 말하면 중공군에게 설욕할 준비를 하는 과정이었다.

그날은 미 육군 역사에서 가장 끔찍한 사건 중 하나이자 제2보병사단에게 최악의 날이었다. 사실 그 주 전체가 제2사단에게는 악몽 같은 시간이었다. 한 주 만에 사상자 수는 상상을 초월할 정도로 늘어났다. 11월 말 불과 며칠 안에 제9연대 1,474명, 제38연대 1,178명, 제23연대 545명의 사상자가 발생했다. (추위 때문에 부상을 입거나 사망한 것으로 분류된 사람을 모두 포함한 숫자다.) 제2공병대대의 경우 전투에서 사망한 사람만 561명에 달했다. 보병 연대 하나는 보통 3,800명으로 구성되는데 적의 공격을 받은 후 계수해보니 제9연대의 생존자는 1,400명, 제38연대는 1,700명, 제23연대는 2,200명밖에 되지 않았다.

찰리 히스 중위는 자기가 살아남을 거라고는 꿈에도 기대하지 않았다. 하지만 처음에 출발한 탱크부대를 따라간 덕분에 살아남아 다른 사단 부대원들과 함께 생존자들이 하나둘 순천으로 돌아오는 모습을 지켜보았다. 중공군이 한 발짝 더 가까이 접근하면서 시시각각으로 변하는 상황에 대한 목격담을 들을 때마다 그보다 더 나쁜 경우는 없을 거라는 생각만 들었다. 그날 유명을 달리한 친구들의 소식도 계속 이어졌다. 그중에서도 가장 마음이 아팠던 것은 연대장 조지 페플로가 선 채로 펑펑 울던 모습이었다. 부대원들에게 언제나 거만하고 무례한 사람으로만 보이던 페플로도 그 순간만큼은 완전히 다른 사람처럼 보였다. 가슴 깊이 상처를 입은 듯 슬픔을 가누지 못하고 목 놓아 울었다. 다른 대대를 이끌던 짐 스켈던(Jim Skeldon) 중령이 다가와서 달래보았지만 그의 울음소리는 쉽게 잦아들지 않았다. 결국 스켈턴은 전투모를 벗어서 페플로의 우는 얼굴을 가려주었다. 잔인하기 짝이 없었던 그날의 기억과는 대조를 이루는 아름다운 모습이었다. 수많은 부대원이 죽어갈 때 가까스로 목숨을 부지하긴 했지만 마음에는 죽음 못지않은 깊은 상처를 입은 것이 분명했다.[7]

제34장
침묵하는 영웅들

제2사단장은 지휘관으로서의 자질이 턱없이 부족했다. 그와는 대조적으로 중공군의 계획을 제대로 파악했던 올리버 스미스 덕분에 해병대는 훨씬 더 조직적으로 상황에 대처했다. 하지만 스미스는 각 연대가 제각기 멀리 떨어져 있어 연락이 원활하지 않은 데다 흥남항에 있는 본부와도 거리가 멀다는 게 불만이었다. 유담리 근처에 있는 전초부대도 여전히 적에게 그대로 노출된 상태로, 스미스가 생각한 것 이상의 위험을 감수하고 있었다. 하지만 스미스가 알몬드에게 맞선 덕분에 연락 상태는 양호한 편이었다. 그래도 스미스는 이 부대의 안전 때문에 잠시도 마음을 놓을 수 없었다. 원래 명령과는 달리 제8군을 따라 무작정 서쪽으로 가지 않아도 된다는 게 조금 위로가 되긴 했다. 곧이어 흥남을 향해 행군을 시작했지만 그 길 역시 순탄하지 않았다. 대부분 부대원 개개인의 용기와 소규모 부대 지휘자의 리더십에만 의존해야 했고 굳이 운을 따지자면 다음 두 가지 정도는 행운이었다. 우선 중공군이 공격을

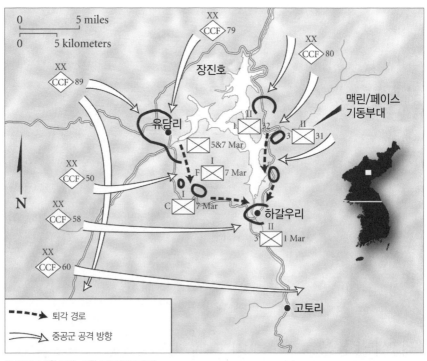

17. 1950년 11월 27일~12월 9일 장진호 후퇴.

감행한 시점에 레이 머리가 이끄는 제5해병연대가 리첸버그의 제7해병연대나 사단 소속의 타 부대들과 상당한 거리를 두고 서쪽으로 한참 떨어진 곳에 있었던 중공군이 공격을 시작하지 않은 게 불행 중 다행이었다. 또 하나 다행이었던 건 중공군의 연락망이 좋지 않아서 급변하는 전황에 재빠르게 대처하지 못했다는 점이었다. 알파 바우저 대령의 말에 따르면 중공군이 조금만 더 현대화된 연락망을 갖추고 있었다면 제1해병사단은 절대 장진호에서 돌아오지 못했을 것이다.[1]

장진호에서 성공적으로 퇴각한 것은 장교들의 훌륭한 지도력과 모든 대원의 단순하고 용맹스럽고 굽힐 줄 모르는 용기가 어우러진 결과로, 해병대 최고의 순간 중 하나였다. 영하 40도를 오르내리는 혹한과 험한 산악 지대에서 입이 딱 벌어질 정도로 엄청난 숫자의 적을 맞닥뜨렸지만 이들은 절대로 좌절하지 않았다. 한국전쟁에서 벌어진 수많은 전투 중에서 이번 전투야말로 자축할 만한 일이었고, 나중에 역사가들 사이에서도 가장 자주 거론되었다. 제1해병사단이 다른 부대와 연락이 두절된 상태에서 엄청난 숫자의 중공군에게 에워싸였다는 소식이 워싱턴을 통해 미국 전역에 알려졌다. 그러자 많은 사람들은 이들이 결국 중공군의 손에 완전히 무너져버릴지도 모른다는 두려움에 떨었다. 오마 브래들리 역시 이들의 운명에 대한 불길한 예감을 떨치지 못했다. 제1해병사단이 후퇴할 무렵 이들을 에워싼 중공군은 6개 사단 규모로 대략 6만여 명에 달했다. 스미스는 해병대가 흥남으로 돌아오기까지 약 2주간 적군 7개 사단 및 3개 사단의 일부 병력과 전투를 벌인 것으로 기억했다. 중공군 사망자는 4천여 명, 부상자는 2만여 명 정도였다. 11월 27일부터 12월 11일까지 이어진 중공군과의 대접전에서 해병대 전사자는 561명, 실종자는 182명, 전투로 인한 부상자는 2,894명이었다. 그 밖에도 전투 외 3,600명의 부상자가 추가로 발생했다. 대부분 극심한 추위에 심각한 동상을 입은 사람들이었다.[2]

작전 수행 중에 실종된 사람의 숫자가 사상자나 부상자에 비해 적다는 건 장교들과 사병들 모두 정신을 바짝 차리고 있다는 증거였다. 태평양에서 각 섬을 돌면서 용맹스럽게 싸우던 전력은 한국전쟁이 발발하기 전부터 사람들의 칭송을 받았다. 낙동강방어선전투에서 인민군이 잠시라도 방어선을 뚫을라치면 목숨을 바쳐 사수했고 인천에서 서울로 이어진 전투에서도 잘 싸웠다. 하지만 이번에는 상황이 훨씬 어려워 어떤 미군 사단이라도 촘촘한 포위망을 빠져나가지 못할 것 같았다. 정보장교 마이클 카프라로(Michael Capraro) 대위는 중공군 부대가 "전 세계에서 가장 위험한 부대로, 주인의 적을 날카로운 송곳니

■ USS 미주리 함이 흥남에 자리 잡은 적진을 향해 16인치 포탄을 발사하고 있다. 1950년. © U.S. Department of Defense.

로 물어뜯을 준비가 되어 있는 사나운 경찰견 도베르만 같았다."라고 말했다.[3]

사단 지휘관들도 북쪽으로 밀고 올라가는 길에 중공군을 만나지는 않을까 걱정했지만 대부분은 로런스 카이저처럼 아무렇지 않은 듯이 행동했다. 하지만 스미스는 달랐다. 무엇보다 장교들에게 중공군이 공격해올 때 어떻게 대처해야 하는지 분명히 알려주었다. 전투가 진행되는 동안에는 반드시 고지대에 머물고 필요하다면 이동 경로를 찾아보되 절대로 중공군의 의도대로 길가에 포진해서는 안 된다고 누누이 일렀다. 그들이 쓸 수 있는 최상의 무기는 대포였다. 낮에는 이동에 주력하고 밤에는 방어태세를 강화하는 쪽에 초점을 맞추었다. 다른 부대들과 달리 밤이든 낮이든 전투태세를 조금도 늦추지 않았다.

사실 중공군보다는 추위가 부대원들을 더 힘들게 했다. 추위는 갈수록 심해졌고 조금도 풀릴 기미가 보이지 않았다. 마치 그 지역에서는 그런 추위가 당연하다는 듯이 이들은 만주 벌판에서도 유독 바람이 심하게 부는 곳에 머무르고 있었다. 그곳의 강풍은 굶주린 야생동물에게 물어뜯기는 느낌이 들 정도로 견디기 힘들었다. 다들 아주 오랜 옛날에 북극 가까이 갔던 해병들처럼 면도를 하지 못해 덥수룩한 수염 위로 얼음 조각이 덕지덕지 붙어 있었다. 추위 때문에 다 포기하고 싶은 마음이 들 때가 한두 번이 아니었다. 하루하루 추위를 견디면서 전쟁을 계속한다는 게 너무 가혹하게 느껴졌다. 여러 해가 지난 후 워싱턴 시 근교에 살던 루이스 풀러는 자신을 찾아온 하사관에게 "어서 오게나. 이제는 몸이 좀 녹은 것 같은가?"라며 농담을 건네기도 했다.

그들은 어쩔 수없이 후퇴하는 것이 아니라 북쪽에서 내려오는 적을 만나 잠시 남쪽으로 내려가는 것뿐이라고 생각했다. 전투 중에 해병대가 장진호에서 물러난 것에 대해 어떻게 생각하느냐는 저널리스트의 질문에 스미스는 이렇게 대답했다. "후퇴라니요. 말도 안 됩니다. 우리는 그저 다른 방향으로 공격하려고 시도한 겁니다."[4] 스미스의 예상대로 해병대가 북쪽으로 올라오며 황초령을 지나자마자 중공군이 다리를 폭파했다. 그 때문에 해병대는 오도 가도 못하고 죽을 날만 기다리는 처지가 되어버렸다. 하지만 공군이 기적적으로 가교(假橋)를 만드는 데 필요한 장비를 적소에 잘 떨어뜨려주었다. 조립해서 새로운 다리를 만들기에 충분한 양이었다. 덕분에 해병대는 다시 남쪽으로 돌아올 수 있었다. 기술력과 공군의 기지가 당시 전투 중이던 부대원들의 용기와 어우러져서 만들어낸 기적이었다. 이렇게 제1해병사단은 완전히 포위당해서 도무지 빠져나올 길이 없어 보였지만 오직 군인 정신 하나로 돌파구를 마련했고 중공군 4개 사단이 기울인 노력을 물거품으로 만들었다.

전쟁 중에 처절하고 괴로운 순간이 어디 한두 번이었겠는가. 하지만 그렇다고 이들이 겪은 고난이 단지 그런 많은 순간들 중 하나였다고 말할 수는 없다. 그로부터 51년이 지난 2002년, 참전 용사였던 에드윈 시먼스는 장진호 후퇴에 대해 글을 썼다. 시먼스는 140년이라는 해병대 역사에서 의회 명예훈장을 294번 받았는데 그중 42개는 한국전쟁으로 받은 것이라고 기록했다. 특히 14개는 장진호 전투에 참전한 사람들에게 수여한 것으로 일곱 명은 사망한 후에 훈장을 받았다. 하지만 전쟁의 전개 양상을 정확히 꿰뚫어보고 탁월한 판단력으로 부대원들을 이끌었던 스미스는 아무 상도 받지 못했다. 스미스의 공로를 드러낼수록 자신의 잘못이 여과 없이 드러나기 때문에 알몬드가 의도적으로 그를 배제했던 탓이다. 나중에 알몬드는 이렇게 말했다. "스미스 장군은 인천상륙작전과 그 후 작전에서 명령이 떨어질 때마다 지나치게 조심스러운 태도를 보였다."[5]

하지만 훌륭한 영웅들의 노력에도 불구하고 결국에는 후퇴할 수밖에 없었다. 무모하게 북쪽으로 깊숙이 진격했다가 중공군의 거센 공격을 받고 할 수 없이 뒤로 물러섰던 것이다. 스미스도 해병대원들도 이 사실을 잘 알고 있었다. 하지만 맥아더만은 북쪽으로 밀고 올라간 것이 돌이킬 수 없는 치명적인 실수였다는 걸 끝내 인정하지 않았다. 해병대가 당시 상황을 정리하여 맥아더에게 보고할 때 그는 '후퇴'라는 표현을 사용한 데 강한 거부감을 드러냈다. 스미스에 따르면 맥아더는 "내 인생에서 이번 작전만큼 마음에 쏙 드는 것은 없었다. 이번 작전에 대해 더할 나위 없이 만족한다."라고 말했다.[6]

이와 대조적으로 서쪽에 있던 제2사단에 대한 중공군의 기습은 가공할 만한 공포감을 자아냈다. 부대원들의 용감한 기개는 생각지도 못한 혼란 속에 온데간데없이 사라졌고 상부에서도 어찌할 바를 모르고 갈팡질팡했다. 딘 애치슨(당시 그는 맥아더에 대한 불만이 가득했으므로 완전한 제삼자의 입장에서 한 말이라고 볼 수는 없을 것이다)의 말을 빌리자면 당시 중공군이 서쪽에 있는 8군과 10군단 소속 부대들을 공격한 일은 남북전쟁 당시 불런 전투에서 겪은 대참패 이후 최대의 굴욕이었다. 참전 경험이 있는 사람들은 그날 살아남은 제2사단 대원들은 여느 참전 용사들과는 분명히 다른 면모가 있을 거라고 생각했다. 한국전쟁에 참전했던 사람들이 본국으로 돌아갈 때 전혀 다른 사람이 되었듯이, 중공군의 공격을 받고 한 주간 '시련의 길'을 통해 퇴각했던 사람들은 다른 한국전쟁 참전 용사들과는 분명한 차이점을 가졌다. 그들은 좀처럼 입을 열려고 하지 않았다. 같이 한국전쟁에 참전했던 사람들에게도 마찬가지였다. 누가 그들을 전쟁 영웅으로 치켜세우거나 칭찬이라도 건네면 손사래를 치며 뒤로 물러섰다. 장진호 전투에서 간신히 목숨을 부지한 것 외에는 아무 할 말이 없다고 생각했다. 소속 부대가 그곳에서 완전히 참패하면서 이들도 여러 가지 면에서 상처를 입은 것 같았다. 그전에는 수많은 동료들과 함께 당당한 군인으로서 전쟁을 좋아하지는 않았지만 참전하기만 하면 언제나 승리를 거두었고, 그런 일을 겪으면서 자신의 인생에서 힘겨운 시절은 거의 다 끝났다고 믿었다. 하지만 일주일간 수많은 동료들이 비참한 최후를 맞는 모습을 두 눈으로 똑똑히 지켜본 이들은 살아남은 자로서의 죄책감을 느꼈다. 또한 그렇게 아끼던 전우들이 죽은 마당에 자신이 목숨을 부지할 이유가 무엇인지 이해하지 못했다. 하지만 이런 마음은 아무에게도 토로할 수 없었다. 6~7일에 걸쳐 동료들 대부분이 죽거나 생포되는 동안 자신이 조금만 더 용감하게 나섰더라면 그들 중 일부라도 구할 수 있었을 거라는 생각 때문이었다. 하루하루 지나면서 살아 있다는 사실에 안도의 한숨을 내쉬긴 했다. 그러나 죽은 동료를 생각하거나 그들이 참혹하게 죽어간 모습을 떠올릴 때면 이런 고민들이 되살아나서 잠시도 마음이 편치 않았다.

그렇게 그날의 순간이 마무리될 무렵 로런스 카이저는 이번 상황을 책임질 사람이 필요하며 자기가 그 희생양이 될 확률이 높다고 생각했다. 나흘 후 그는 해임 통보를 받았다. 도쿄 사령부에서는 그가 많이 아프다고 발표했다. 며칠 후 그는 전쟁사가 새뮤얼 마셜을 찾아가 당시 상황을 자세히 이야기했다. 새뮤얼 마셜은 『장진호와 시련의 길(The River and the Gauntlet)』이라는 책을 쓰기 위해 한국에서 참전 용사들을 인터뷰하고 있었다. 제8군 본부에서 카이저가 "폐렴에 걸렸으며 도쿄에 있는 병원에 와서 치료를 받아야 한다."라고 연락이 왔다. 그 즉시 카이저는 본부가 이번 패배에 대한 책임을 자신에게 전가하려 한다는 걸 알았다. 그는 마셜에게 맥아더 장군의 실수를 자기가 책임져야 하는 현실에 매우 화가 난다고 말했다. 곧바로 카이저는 서울에 있던 제8군 참모장 레브 앨런(Lev Allen)을 찾아갔다.

앨런은 다짜고짜 "자네, 폐렴으로 아프다는 사람이 지금 여기서 뭘 하는 건가?"라고 소리를 질렀다.

"보시다시피 전 폐렴에 걸리지 않았습니다. 그러니 괜한 말씀 마십시오."

"명령을 따르지 않을 셈인가?"

"물론 따를 겁니다. 명령은 명령이니까요. 하지만 이런 식으로 저를 바보 취급하지 마십시오."

카이저는 곧바로 뒤돌아 나가려 했다.

그때 앨런이 의미심장한 말을 던졌다. "그건 그렇고, 워커 장군이 자네가 본부 근처에서 일할 수 있게 힘써보겠다고 하더군."

카이저는 "본인 일이나 잘 처리하시라고 전해주십시오."라고 응수했다.[7]

이런 신경전은 시작에 불과했다. 로런스 카이저는 누가 봐도 쉬운 상대였고 전체 사령부의 신용은 바닥에 떨어진 상태였다. 월튼 워커는 애당초 북쪽으로 밀고 올라가자는 제안을 탐탁지 않게 여겼을지 모르지만 어쨌든 이렇게 참패를 당한 상황에서는 상관을 제대로 설득하지 못한 무능함이 부각되었다. 워커 역시 해임될지도 모른다는 두려움에 사로잡혀 있었다. 본부에서 워커를 변호해줄 사람은 아무도 없었다. 하지만 에드워드 알몬드는 본부에 이미 자기 편을 심어놓았고 스미스가 명령에 불복종하는 바람에 부대가 완패를 당하지 않은 행운도 거머쥐고 있었다. 연대를 흥남으로 이동시킨 후 「타임」지 기자가 찾아와 이번 전투에서 어떤 교훈을 얻었느냐고 묻자 풀러는 주저하지 않고 이렇게 대답했다. "다시는 제10군단과 함께 일하지 않겠다고 결심했습니다."[8] 몇 주 후에 매슈 리지웨이가 새로운 지휘관으로 부임하여 스미스를 만났다. 그 자리에서 스미스는 앞으로 해병대가 에드워드 알몬드의 지휘를 받는 일이 없게 해달라고 요청했으며 리지웨이는 그 요청을 기꺼이 받아들였다.

군우리에서 안주로 후퇴하고 몇 주가 지난 후에 폴 프리먼은 「시카고 데일리 뉴스」의 키즈 비치를 우연히 만났다. 키즈 비치는 프리먼이 중국에서 근무하던 시절 미군의 안줏거리였던 중공군을 가까이서 봤다는 사실에 관심을 보였다. 옆에서 지켜보던 중공군과 적대 관계가 되어 전장에서 만나는 느낌은 어땠는지 묻자 프리먼은 "그때 내가 알던 중공군과는 전혀 다른 사람들 같았다."라고 답했다.

제35장
대혼란

군우리에서 **퇴각한 이후** 가장 중요한 질문은 상황이 그렇게 나빴는가 하는 것과 앞으로 더 나빠질 것인가 하는 문제였다. 과연 남쪽 어디까지 퇴각할 것인가? 월튼 워커는 11월 28일 밤늦게 맥아더를 만나러 갔다. 그는 평양까지 퇴각한 다음 지형상 가장 폭이 좁은 평양-양덕-원산을 동서로 잇는 부채꼴을 만들면 중공군의 남하를 저지할 수 있다고 자신했다. 나중에 트루먼도 같은 작전을 언급하면서 처음부터 그렇게 했더라면 이런 실패를 겪지 않았을 거라고 힘주어 말했다. 그곳에 만들 부채꼴 모양은 북쪽의 넓은 지역에 비하면 아주 작아 보였지만 적어도 허리 부분의 길이는 209킬로미터로 이미 여러 사단이 주둔하고 있었다. 각 사단이 차지하고 있던 지역의 폭은 약 32킬로미터였다. 하지만 여전히 북쪽으로 상당히 치우친 곳인 데다 도로 상태가 좋지 않아 각 부대에 군수품을 보급하는 일은 극도로 어려웠다. 언제라도 중공군이 나타나서 훼방을 놓을 가능성이 컸다. 지난 6주 동안 전혀 걱정하지 않았던 문제가 이제는 큰 걱정거리가 되었다.[1] 중공군이 첫 번째 공격에서 대성공을 거두면서 전투의 신화는 중공군에게 유리한 쪽으로 흘러가기 시작했다. 수적으로 우세하기도 했지만 거의 광신도들처럼 적에 대한 두려움이 전혀 없었다. 밤에도 거침없이 싸웠으며 첫 발포를 하기 전에 유엔군의 진지에 파고드는 대담함을 보였다. 전쟁이 시작하기 전에는 그들도 유엔군과 이들의 최신 무기를 두려워했지만 이제는 도리어 유엔군이 두려움에 사로잡혔다. 전장에서 적에 대한 두려움은 그 어떤 바이러스보다 더 치명적이다. 제8군은 바로 이 바이러스에 감염되고 말았다. 그 전까지는 중공군의 전투력을 지나치게 얕보다가 이제는 중공군의 기세에 완전히 눌려버린 것이다. 처음에 북쪽으로 밀고 올라갈 때는 세상 그 무엇도 두렵지 않다는 기세였는데 이제는 후퇴를 위해 대형을 이룰 자신도 없었다. 한편 서쪽에서는 지휘관들의 부주의함 때문에 군의 퇴각 경로 자체가 비틀거렸다.

아무도 선뜻 나서려 하지 않았다. 도쿄 사령부 역시 반드시 승리한다는 확신이 무너진 후 잔뜩 긴장한 상태였다. 맥아더도 심적으로 많이 혼란스러웠을 것이다. 항상 주변 사람들이 자신을 전능한 존재로 인정해주길 바랐는데 아시아인, 그것도 농민으로 구성된 적에게 참패를 당하자 자기가 이끄는 부대뿐 아니라 자기 자신에 대한 믿음이 송두리째 흔들렸다. 이전까지만 해도 맥아더는 압록강이 중공군의 피로 물들게 하겠다고 장담했다. 하지만 이제는 (핵폭탄을 사용해서라도) 이 전쟁을 확대시키겠다고 큰소리칠 입장이 아니었다. 한반도를 아예 포기하겠다는 말도 차마 꺼낼 수 없었다. 여전히 그는 실수를 인정하고 흩어진 군대를 재정비할 생각이 없었다. 적군이 참혹한 패배를 당하고 수치를 당하는 모습을 머릿속에 그려왔는데 이제 자기가 그 입장이 되어버렸다. 한반도를 주시하고 있는 전 세계인 앞에서 체면을 구긴 것은 말할 것도 없고 자기 부대원들 앞에서 권위가 깎인 동시에 자존심에 심한 상처를 입었다.

오마 브래들리와 매슈 리지웨이에 따르면 이 기간에 맥아더는 그 어느 때와 비교할 수 없을 정도로 감정 기복이 심해서 애꿎은 주변 사람들을 괴롭혔다.

이번 작전의 실패에 대해 맥아더는 전혀 책임을 지지 않았지만 그 사실에 놀라는 사람은 아무도 없었다. 누가 무슨 말이라도 꺼낼라치면 자기야말로 정부 정책의 희생자라는 식으로 둘러댔다. 그보다 더 심각한 것은 지휘관으로서 부하들을 돌보거나 참패를 당한 장소에 직접 가보지도 않았다는 점이다. 그곳에 가면 자기가 얼마나 큰 실수를 저질렀는지 아는 사람들을 만날까봐 두려웠는지도 모른다. 중공군의 공격이 있고 두 주가 흘렀지만 맥아더는 한국에 오지 않고 안전한 도쿄 사령부에 머물렀다. 그렇게 해서 12월 11일이 되었다. 당시 맥아더가 워싱턴으로 보낸 전보 내용을 보면 현실과 동떨어진 상상에 사로잡혀 있었다는 걸 알 수 있다. 그는 워싱턴 본부가 생각하는 것과는 달리 중공군이 내려왔을 때 동쪽 해안에서 큰 위험에 처한 제10군단이 사실 부대의 존속을 놓고 사투를 벌인 것이 아니라고 주장했다. 오히려 여전히 공격권을 쥐고 6~8개 중공군 사단의 발을 묶어 제8군을 공격하지 못하게 막았다는 것이다. 후에 리지웨이는 "그런 소식이 들어오자 방에 있던 모든 사람이 격분했다."라고 말했다.[2]

맥아더의 전기를 집필한 윌리엄 맨체스터는 이렇게 썼다. "복수의 여신이 그의 오만을 징계하기 전까지 그는 한반도를 주름잡는 거인이었다." 맥아더는 중공군에게 타격을 입은 후에도 "실패를 인정하고 책임을 지고 지휘권을 내려놓을 생각은 꿈에도 하지 않았다."[3] 갑자기 맥아더는 아무 희망 없이 세상과 단절된 채 살아가는 노인처럼 자신에게 호감을 가지고 있는 사람들까지 경계하기 시작했다. 당시 도쿄에 있는 맥아더를 보러 왔던 영국군 장교 레슬리 맨서그(Leslie Mansergh)는 "맥아더는 실제 나이보다 훨씬 더 늙어 보였다. 스트레스를 많이 받아서 잔뜩 긴장한 모습이 역력했다."라고 회상했다. 그가 보기에 맥아더는 전장의 현실과는 완전히 동떨어져 있었다. "맥아더는 전방에 나가 있는 부대가 모두 힘을 합쳐 노력하면 된다고 외쳤지만 내가 보기에는 맥아더가 당시 전방의 상황을 제대로 이해하지 못하는 것 같았다. 당시 상황을 제대로 아는 사람이라면 도저히 그런 말을 하지 못했을 것이다. 나중에 알고 보니 당시 아군의 상태는 부실하기 짝이 없었다. 그런데도 도쿄 사령부에서는 유쾌하지 않은 사실을 감추는 데 급급했다."[4]

감성적인 글로 유명한 전기 작가 클레이턴 제임스에 따르면 맥아더는 "총사령부에서 늘 우울한 표정을 짓고 있었으며 감정의 기복이 심했다. 밤에도 잠들지 못하고 집 안을 배회했다. 1950년 크리스마스가 되기 전에 전쟁을 끝낼 수 있다는 과도한 자신감을 보이다가도 금세 즉각적인 지원이 없으면 아군이 일본까지 후퇴할 거라며 울상을 짓는 등 극과 극을 오가는 증상을 보였다." 제임스에 따르면 당시 아무도 맥아더에게 말을 붙일 엄두를 내지 못했다. 때문에 부대를 둘로 나누기로 결정한 것이나 에드워드 알몬드를 군단 지휘관으로 임명한 것에 대해 이의를 제기하지도 못했다. 언론에서는 적대적인 보도를 늘어놓았다. "크리스마스 전까지 모두 집으로 돌려보내겠다는 야심 찬 계획을 세우고 전면 공격을 펼친 것이 오히려 중공군의 반격을 유발하면서 '단순한 정찰 행위'로 전락해버렸다." 이런 식의 보도를 대할 때면 맥아더의 심기는 더 불편해졌다.[5]

심한 감정 기복은 항상 문제를 일으켰고 본부 사람들 모두가 염려할 지경에 이르렀다. 오마 브래들리에 따르면 "맥아더는 기지가 번뜩이긴 했지만 쉽게 상처를 받는 스타일이라 정부 수뇌부가 중국에 대한 전면전을 선포하여 실추된 명예를 회복할 기회를 주지 않으려 한다는 걸 알고 적잖이 실망했다."[6] 매슈 리지웨이는 한 작가에게 맥아더에 대해 이야기했다. 그의 증언에 따르면 맥아더는 굉장히 명석하고 흔들림 없는 판단력을 보이다가도 금세 뭔가에 홀린 사람처럼 아무도 다가설 수 없는 자기만의 세계로 빠져들었다. 맥아더는 때때로 아군은 실제로 패한 것이 아니며 적의 승리도 진정한 승리가 아니라고 우기기도 했다.[7] 중공군이 전쟁에 개입한 후 몇 주 동안 맥아더는 계속해서 이상한 행동을 했다. 딘 애치슨은 그리스의 비극 시인 에우리피데스(Euripides)의 표현을 인용하여 맥아더가 "신들의 손에 의해 처음으로 정신 이상자가 되어 파멸당한 인물" 같았다고 말했다.[8]

중공군의 공격과 아군의 손실이 확연히 드러나면서 사령부를 오가던 기자들은 한국에서 벌어지는 현실과 도쿄 사령부가 알고 있는 내용에 큰 괴리가 있다는 걸 간파했다. 찰스 윌러비의 블랙리스트에 올라 있던 「U.S. 뉴스 & 월드 리포트」지의 조지프 프롬은 당시 상황을 떠올릴 때면 특히 기억에 남는 순간이 있었다. 군우리에서 크게 패하고 일주일 후에 도쿄에서는 윌러비가 간단한 기자회견을 했다. 정보참모 윌러비는 연단에 서서 아군의 패배에도 끄떡없다는 인상을 주려는 듯 어느 때보다 확신에 찬 목소리로 말을 이었다. 정보참모부는 중공군에 관한 모든 정보를 파악했으며 중국 남쪽에서 발걸음을 돌릴 때부터 이런 상황을 예상했고 앞으로 어떻게 대처해야 할지도 알고 있다는 것이었다. 뿐만 아니라 맥아더가 크리스마스 전까지 전쟁을 끝내겠다고 호언장담하던 순간에도 30개 사단에 육박하는 대규모 중공군이 압록강을 건너와 미군을 공격하기 위해 가까운 위치에 포진하고 있는 것을 알고 있었다고 힘주어 말했다. 이에 한 기자가 그 말이 사실이라면 적의 숫자가 우리보다 세 배나 많다는 걸 알면서도 공격을 감행한 이유가 뭐냐고 물었다. 이에 윌러비는 "그렇다고 가만히 앉아서 시간만 보낼 수는 없는 노릇이죠. 공격을 해서 적의 상태를 더 잘 알아내야 한다고 판단했습니다."라고 응수했다. 쉽게 말해서 사령부는 이 모든 상황을 이미 예견했기에 새삼스럽게 놀랄 이유가 없다는 거였다. 몇 년 후에 프롬은 이렇게 회상했다. "사무실로 돌아와서 곰곰이 생각해봤습니다. 정보참모부에서 처음부터 모든 상황을 다 알고 있었다면, 그래서 어떤 상황이 발생해도 사령부에서는 전혀 놀라지 않았다면 그게 뭐죠? 전방에 나가 있던 군인들이 어떤 일을 당했는지 다 알면서도 그대로 내버려뒀다는 거잖아요. 그곳에 있던 부대원들은 맥아더나 윌러비보다 적에 대한 정보가 부족했다는 말인데, 그런데도 그들이 중공군의 손에 무참히 당하도록 내버려두다니. 미치지 않고서야 어떻게 그럴 수 있습니까? 정말 말도 안 되는 거죠. 완전히 미친 짓이에요."[9]

도쿄에서는 서서히 새로운 입장이 형성되기 시작했다. 일이 잘못되기 시작한 것은 워싱턴에서 압록강 건너편에 있는 중공군을 공격하겠다는 맥아더의 청을 들어주지 않았기 때문이라는 것이다. 하지만 맥아더는 즉시 친분이 있던 언론인들을 통해 자기 입장을 변호하는 기사를 내놓기 시작했다. 맥아더가 전장을 직접 둘러보기 열흘 전인 12월 1일에 「U.S. 뉴스 & 월드 리포트」지는 장황한 기사를 실었다. 중공군의 만주 기지를 폭파하여 적군을 "바짝 뒤쫓으려" 했으나 워싱턴의 저지로 실행에 옮기지 못한 데 대해 맥아더가 강한 반발심을 품고 있다는 내용이었다. 이 때문에 맥아더는 "역사상 유례없는 엄청난 핸디캡"을 안았다. 워싱턴에서는 이 기사 역시 후대에 길이 남을 글이라고 생각했다. 트루먼이 노발대발한 것은 당연했다. 12월 6일에 트루먼은 대(對)한국 정책에 대해 언급할 때는 반드시 정부의 검열을 받게 하라며 함구령을 내렸다. 당시 새로 정립된 여러 가지 법령이 있었지만 맥아더는 신경도 쓰지 않았다.

나중에 브래들리는 이 일 때문에 합참이 또 한 번 대통령을 크게 실망시켰다고 회고했다. 워싱턴 정부는 전장에서 들려오는 나쁜 소식을 들으면서도 전세를 역전시킬 힘을 발휘하지 못했다. 브래들리가 보기에는 "맥아더가 싸워볼 생각도 안 하고 항복 깃발부터 드는 것 같았다." 워커의 부대가 평양 남쪽으로 내려온 뒤 중공군도 더 이상은 뒤쫓지 않는다는 사실은 워싱턴에서도 잘 알고 있었다. 그러자 브래들리에게는 한 가지 풀리지 않는 의문이 생겼다. "그렇다면 왜 제8군은 그토록 온 힘을 다해 뒤를 쫓으려 하는 걸까? 맥아더는 직접 한국에 가서 화려한 언변으로 워커를 진정시키고 군의 사기를 높일 생각을 왜 안 하는 걸까? 정말 총사령관답지 못한 짓이야."[10] 어쨌든 워커의 부대는 패배의 증거였다. 그는 즉시 해임되어야 마땅했고 그 후로도 한참동안 복귀하지 못할 게 분명했다. 따라서 그를 대신해서 지휘권을 맡을 새로운 인물이 필요했다. 매슈 리지웨이 외에도 그리스에서 공산주의 반대 세력을 착실하게 이끈 공로를 인정받던 짐 밴 플리트(Jim Van Fleet)가 물망에 올랐다. 그 밖에도 맥아더는 제8군과 제10군단을 통합하라는 명령을 내렸어야 했다. 하지만 당시 군 전체에 퍼져 있던 비관적인 분위기를 몰아내기 위해 몇 가지 큰 변화를 시도해야 한다고 주장하는 사람은 딘 러스크뿐이었다. (러스크는 "아군의 최대 전력을 보여주기 위해 모든 힘을 합쳐야 할 때는 바로 지금이 아닌가? 영국군은 제2차 세계대전에서 그러한 저력을 뽐내 좋은 결과를 얻었다. 우리라고 지금 그렇게 하지 못할 이유가 뭔가?"라고 주장했다.)[11]

트루먼 대통령과 정부 각료들에게 그 순간은 가장 힘겹고 어려운 시기였다. 이 전쟁이 이미 오래전에 끝났어야 한다고 생각했지만 갈수록 전쟁의 규모는 커졌다. 총사령관이라는 사람은 정치적으로나 군사적으로나 워싱턴에 대항하면서 패배의 원인이 본부의 지원 부족이라고 맹렬히 비난했다. 기자회견에서는 주로 대통령이 통제권을 장악하기 마련이지만 중공군의 공격이 시작된 후에 열린 11월 30일 회견에서 트루먼은 몇 가지 실수를 저질렀다. 미국 정부는 한국 사태에 대해 어떤 계획을 가지고 있냐는 질문을 받은 트루먼은 쉽지 않은 상황인 만큼 총력을 기울이겠다고 대답했다. 또 다른 기자가 "이번 전쟁에서 원자폭탄이 등장할까요?"라고 물었다. 평소라면 대답을 회피했겠지

■ 해리 트루먼 대통령이 백악관 집무실에서 국가비상사태를 선언하는 성명서에 사인하고 있다. 1950년. ⓒ Acme/ U.S. Department of Defense.

만 트루먼은 "사용 가능한 무기는 모두 동원할 생각입니다."라고 답했다. 그러자 "원자폭탄의 사용 여부를 적극적으로 고려하고 있다는 뜻입니까?"라는 질문이 이어졌다. "원래부터 그 점에 대해서는 신중히 검토하고 있었습니다." 그점은 군 본부에서 결정할 문제이며 전장에 나가 있는 군 관료들은 "모든 종류의 무기를 사용할 권한이 있다."라고 말함으로써 분위기는 더욱 심각해졌다.

트루먼의 발언이 맥아더의 손에 원자폭탄의 사용 여부가 달려 있다는 뜻으로 해석되면서 미국 시민뿐 아니라 모든 동맹국이 공포에 떨었다. 미국 정부는 대통령의 실언에 대해 발뺌을 하려고 노력했지만 모두 허사였다. 특히 합동참모본부는 여러 달 동안 아무 힘을 발휘하지 못했다. 평소에 용맹스럽고 독립적인 사람들도 일단 합동참모본부에 들어가면 완전히 다른 사람이 되어 버렸다. 전쟁터에서는 그토록 용맹하던 사람들도 고속 승진할 기회가 열리면 한없이 구차하게 몸을 사리는 겁쟁이가 되는 게 군대 문화였다. 이는 한국에서도 마찬가지였고 베트남에서도 다를 바 없었다. 군인들이 말하는 용기는 두 가지 의미로 해석된다. 전쟁터에서의 용기와 군 체제에 맞서는 독립적인 태도는 전혀 별개의 것으로 두 가지를 고루 갖춘 인물은 거의 찾아볼 수 없었다.

합동참모본부는 맥아더가 남은 병력을 통합하기를 원했다. 제10군단이 제8군과 손을 잡고 새로운 체제를 구축한 다음 주요 병력의 양 측면을 엄호하는 역할을 했으면 했다. 중공군이 병참술이 취약하다는 점을 감안하여 유엔군이 60~80킬로미터 정도 물러나서 재정비를 한다. 즉 미군의 우수한 기동성을 잘 활용하는 것이다. 그런 다음에는 공군과 포병대의 지원을 받아 더 강력한 방어선을 구축하면 중공군의 남하를 어느 정도 저지할 수 있을지 몰랐다. 1차 공격 후로는 중공군이 줄곧 잠잠했기 때문에 장진호 근처에서 발이 묶인 해병대를 구하는 것 말고는 상황이 그리 어렵지 않다고 판단했다. 11월 29일에 이러한 계획이 맥아더에게 전달되었다. 긴박하게 돌아가는 전장의 상황을 감안해서인지 본부에서는 명령이 아니라 제안이라고 강조했다. 하지만 맥아더는 12월 3일에 그 제안을 거부하겠다는 답신을 보내면서 "그 제안은 전혀 실용성이 없을뿐더러 제8군과 10군단을 통합한다고 해서 이로울 게 없다."라고 강조했다.[12] 합동참모본부는 어안이 벙벙해졌다. 부대를 둘로 양분한다는 맥아더의 원래 결정을 워싱턴에서 비난하는 것으로 받아들인 것 같다고 짐작할 수밖에 없었다. 세상 모든 사람이 잘못된 결정을 해도 맥아더 자신은 실수하는 법이 없다고 우기는 것과 같았다.

맥아더의 답신에는 온갖 비관적인 예측으로 가득했다. 대대적인 후방 지원이 없으면 미군 부대는 출발점으로 돌아올 수밖에 없다고 했다. 합동참모본부는 전보에 실린 비관적인 말투(사실상 공황 상태)에 낙담했다. 브래들리는 나중에 맥아더의 답신을 직접 확인한 다음 화가 나서 여백에 자기 의견을 간단히 기입하면서 이렇게 덧붙였다. 맥아더는 "우리를 어린애 취급했다."

중공군이 개입하고 북한에서 유엔군이 참혹한 패배를 당했는데도 미국은 별로 개의치 않는 것 같았다. 오히려 기존의 정치적 분열이 더 첨예하게 대립하는 양상을 보였다. 중국 우선주의자들의 호전적인 기세도 하늘을 찌를 듯 높아졌으며 맥아더를 신봉하는 사람들 사이에도 아무런 동요가 일어나지 않았다. 트루먼 행정부만 예전보다 더 커진 외부 압력에 시달렸고 트루먼의 지지도는 나날이 하향 곡선을 그렸다. 차이나로비의 눈에는 이런 현상이 미국의 대(對)아시아 정책이 실패했다는 완벽한 증거로 보였다. 애치슨이 틀렸다는 건 헨리 루스가 자기주장이 옳다고 우길 충분한 근거가 되었다. 그래서 루스는 행정부가 아시아에 대해 훨씬 더 강경한 태도를 보이기를 기대했다. 루스의 전기를 쓴 로버트 허즈스타인(Robert Herzstein)에 따르면 루스는 언제나 한국을 "위험한 장소나 곤경에 빠진 곳으로 보지 않고 중국을 자유화하는 데 꼭 필요한 전투지"라고 생각했다.[13] 루스의 선임 편집장 존 쇼 빌링스는 평소에 루스의 생각이나 감정을 하나도 빠뜨리지 않고 기록했는데, 군우리에서의 참패가 채 마무리되기 전인 12월 5일자 기록에 이런 표현을 썼다. "루스는 지금 당장은 아니더라도 언젠가 훨씬 더 큰 전쟁이 일어나기를 기대하고 있다."[14] 루스는 아시아 지역에서 대대적인 충돌이 벌어질 것이며 미국 정부가 중간에서 막지 않으면 언젠가 공산주의가 다시 고개를 들 거라고 그 어느 때보다 강하게 확신했다. 루스를 위시한 측근들은 서방 국가들과 공산주의의 최종 대립이 불가피할 거라는 확신이 강해지자 공산주의자들이 원자폭탄을 투하할지도 모른다고 생각했다. 그래서 본사 위치가 좋지 않다는 염려까지 했다. 「타임」지와 「라이프」지 사무실은 원자폭탄의 진원지인 맨해튼 유니언스퀘어에서 약 3킬로미터 거리에 있었다. 일부는 본사를 맨해튼의 어퍼웨스트사이드로 옮기자는 의견을 진지하게 내놓았다. 아예 시카고로 옮기자는 의견도 있었다.[15] 상원 합동위원회 앞에서 맥아더가 보인 나약한 모습은 루스의 마음을 사로잡지 못했다. 그래서 맥아더를 1951년 「타임」지가 선정한 올해의 인물에 넣으려는 시도는 편집자들의 반대로 무산되고 말았다.

미국 정부에서 주요 결정권을 가진 사람들 대다수는 중공군의 개입 이후 몇 주 동안 분위기가 아주 심각했으며 거의 모든 업무가 마비되다시피 했던 것을 생생하게 기억했다. 이들은 끊임없이 비판을 받았다. 군을 재정비하고 재기시키는 데 도움을 주어야 할 당사자들은 앞장서서 비판 세력이 되었다. 언론에서도 비난조의 기사를 연이어 보도했다. 아무도 이 상황을 나서서 해결하려 하지 않은 채 지휘관 자리는 오랫동안 공석으로 남아 있었다.

무엇보다 당혹스러운 것은 전쟁이 발발했을 때 미국이 한국에 보낸 부대가 미군 중에서 결함이 많은 부대가 아니라는 사실이었다. 사실 이들은 미국에서도 가장 뛰어난 부대였는데 너무나 큰 타격을 받았다. 이제 미군은 무기도 신통치 않지만 천하무적으로 보이는 전 세계에서 인구가 가장 많은 나라의 군대와 싸우고 있었다. 그야말로 사면초가였다. 전쟁의 규모는 갈수록 커지고 적은 날로 강해지는데 미국 정계의 원조나 관심은 날마다 줄어들었다. 사실 당시 트루먼 행정부의 각료들은 당대 최고의 실력가들이라는 찬사를 받고 있었다. 당시 행정 각료들을 일컫던 '와이즈 맨(The Wise Men)'이라는 말을 제목으로 쓴 책이 베스트셀러 반열에 오르기도 했다. 하지만 이들은 10월과 11월에 조만간 심각한 상황이 벌어질 거라는 예측을 하고도 침묵으로 일관했고, 맥아더가 한국전쟁에 참전한 부대에 억지스런 명령을 내릴 때도 얼어붙은 듯 아무 말도 하지 않았다. 웨이크 섬에 트루먼과 동행했던 이들도 정치권의 흐름이 자신들의 의견과 반대 방향으로 흘러가는 것을 의식한 나머지 맥아더에게 정작 중요한 질문을 제기하지 못했다. 이들은 맥아더의 결정을 하나도 신뢰하지 않으면서도 맥아더가 예언자라도 된 것처럼 미군 부대뿐 아니라 중공군에 대해 이러쿵저러쿵 이야기할 때 아무런 이의를 제기하지 않았다. 중공군에게 참패한 후에 도쿄에서 자기변명을 늘어놓을 때에도 맥아더나 그의 결정에 대해 일침을 가하는 사람은 하나도 없었다.

당시 맥아더를 저지하지 못한 것은 합동참모본부와 딘 애치슨처럼 정치적으로 중요한 위치에 있던 사람들만의 문제가 아니었다. 당시 모든 국민의 존경을 한 몸에 받고 있던 조지 마셜 역시 맥아더에게 맞서지 못한 사람 중 하나였다. 그는 국무장관을 거쳐 잠시 휴식을 취한 뒤 바로 국방장관에 임명된 대단한 경력의 소유자였다. 고위 관료들 중에서도 학식과 경험이 가장 풍부한 인물로 트루먼 정부에서 일하는 모든 사람에게 동료라기 보다는 아버지 같은 존재로 추앙받고 있었다. 과묵하면서 겸손한 성품을 지니고 있어 존경할 만한 사람이었다. 절대로 언성을 높이거나 홧김에 지시를 내리는 일이 없었으며 주변 사람들을 위협적인 태도로 대하거나 괴롭히지도 않았다. 목적의식과 책임감이 누구보다 뚜렷했기 때문에 항상 긍정적인 태도를 유지할 수 있었다. 자신의 내적 자아를 통제하는 힘도 남달랐고 중요한 것과 그렇지 않은 것을 정확히 구분하는 안목을 가지고 있었다. 놀라운 자기절제와 금욕적인 성품 때문에 마셜의 진가를 과소평가하기 쉬웠다. 그는 종종 경영과 행정 분야의 최고 실력자라는 평을 들었으며 지적인 탁월함도 갖추고 있었지만 의도적으로 이를 숨겼다. 때문에 사람들은 그가 실제로 얼마나 똑똑한 사람인지 온전히 알지 못했다. 조지 케넌은 관료제도 안에서 일하는 사람 중에 타고난 지적 능력으로 주목받은 전형적인 인물이었고, 애치슨은 뛰어난 위트와 거침없는 입담으로 공식 석상에서 이뤄지는 토론을 장악했다. 반면 마셜은 남다른 지적 능력과 더불어 여러 가지 행동이 어떤 결과로 이어질지를 꿰뚫어보는 놀라운 통찰력을 가지고 있었지만 떠들썩하게 자기 능력을 과시하지 않았다. 그의 통찰력은 어찌 보면 오랜 기간 갖가지 어려움을 겪으면서 터득한 지혜가 축적된 결과라 할 수 있었다. 주변 상황이 어이없고 실망스럽게 돌아가더라도 그는 꿋꿋이 자기 임무에 충실했다. 그렇게 해서 세상 그 누구도 쉽게 얻어내지 못하는 깊이 있는 지혜를 얻었다. 그의 지혜는 순간적인 재치가 아니었고 아주 실용적이었다. 또한 그는 지혜나 지식보다는 의무감이 더 중요하다는 신념을 갖고 있었다. 맥아더의 능력을 이야기하는 사람들은 많지만 마셜의 슬기로움을 알아보고 칭찬하는 사람은 극소수에 불과했다. 하지만 마셜은 소리 없이 당대의 군사력을 더 지혜로운 방향으로 이끌어갈 만한 재목으로, 맥아더와는 감히 비교도 할 수 없는 수준의 거물이었다. 그러한 마셜의 쇠퇴는 트루먼 정부로서는 참 아쉬운 일이었다.

운산 사태가 벌어진 후 긴장감은 계속 이어졌다. 하지만 마셜은 믿기 어려울 정도로 소극적인 태도로 일관했다. 오랫동안 남다른 업적을 자랑하던 군 경력에 비추어볼 때 가장 유약한 모습을 보인 시기였다. 몇몇 사람들은 마셜의 이러한 태도를 이해할 수 없었다. 마셜을 추앙하는 일부 사람들은 그가 제1차 세계대전 이후 아주 오랫동안 맥아더와 개인적으로 좋지 않은 관계를 이어왔기 때문에 이런 반응을 보이는 게 아닌가 하고 추측하기도 했다. 그들은 마셜이 맥아더의 입에 오르내리기 싫어서 한계를 명확히 구분하는 걸 싫어한다고 생각했다. 그러나 정말 마셜의 생각처럼 국방장관의 직무가 총사령관이나 합동참모본부를 지원하되 이들에게 자기 생각을 절대 강요해서는 안 되는 것이었을까? 사실 그가 군복을 입고 있을 때보다는 트루먼 정부의 핵심 요원이 된 지금이 맥아더에게 더 효과적으로 맞설 수 있는 때가 아니었을까? 그렇다면 그는 그저 합동참모본부의 권력을 좌지우지하는 것이 별로 달갑지 않았던 것은 아닐까? 그동안 높이 평가받던 그의 지혜와 겸손함, 관료제에 대한 합리적인 생각이 이제 와서 그를 나약한 사람으로 만들어버린 것일까? 물론 그런 면도 없잖아 있을 것이다. 하지만 무엇보다 중요한 것은 제2차 세계대전에 임하던 조지 마셜과 1950년대의 조지 마셜이 확연히 달랐다는 사실이다. 두 차례 전쟁을 겪으면서 피가 말리는 시간을 보내고 전쟁이 끝난 후에도 적잖은 스트레스를 받으면서 그는 많이 약해져 있었다. 실제 건강도 예전보다 많이 나빠졌다. 정신적으로나 육체적으로 예전만큼 강건한 모습은 찾아볼 수 없었다. 설상가상으로 그의 입지도 예전만큼 확고하지 않았다. 과거에는 사람들이 본능적으로 그에게 모든 결정을 맡기고 그의 지시를 따랐지만 이제는 영향력이 많이 사라진 상태였다.

　정부 각료들 중 몇몇 사람들은 맥아더가 적의 규모를 예측하는 자료들 때문에 심한 감정 기복을 보이는 거라고 생각했다. 거의 매일같이 맥아더는 적을 엄청나게 과소평가하다가 금세 마음을 바꿔서 감당할 수 없을 정도의 대군일 거라고 말하곤 했다. 맥아더와 윌러비는 중공군의 공격을 받기 전만 해도 적의 규모를 상당히 과소평가해서 기껏해야 6천 명을 넘지 않을 거라고 말한 바 있다. 하지만 조 콜린스가 찾아왔을 때는 전장에서 맞닥뜨리게 될 중공군이 50만 명 정도 되는 것 같은데 만주의 천혜의 요새 때문에 공군력도 무용지물이라며 푸념을 늘어놓았다.

　정부의 무능한 처사에 가장 분개한 사람은 매슈 리지웨이였다. 그는 맥아더가 부대 전체를 북쪽으로 밀어 올릴 때부터 그 전략이 너무 무모하여 많은 부대원의 목숨을 위태롭게 한다고 생각했다. 아무리 봐도 상부에서는 그 전략이 실패할 때 얼마나 참혹한 결과가 나올지 조금도 생각하지 않는 것 같았다. 이제 전방 부대는 완전히 무너졌고 전체 부대가 아직도 위기에 봉착해 있으며 이 상황을 해결할 방법은 전무했다. 이런 상태인데도 변명이나 사과도 없이 묵묵부답으로 일관하는 맥아더의 태도에 리지웨이는 매우 화가 났다. 총지휘관의 자리가 공석으로 남아 있는데도 대책을 내놓지 않는 정부의 태도 역시 그의 화를 돋우었다.

워싱턴에 있던 군 고위관료들 중에서 맥아더의 발언을 가장 강하게 반박했던 인물이 리지웨이였다. 시간이 갈수록 전장에서는 나쁜 소식만 연달아 들려오는데 워싱턴에 있는 사람들은 대책을 내놓지 않았다. 합동참모본부는 임시방편에 불과한 제안을 맥아더에게 종용했지만 맥아더는 그러한 제안에 코웃음을 치며 군대를 증강해달라는 요구만 반복했다. 맥아더는 사단 4개를 더 보내달라고 말했지만 본부에는 그런 예비 병력이 없었다. 오히려 몇 주 전까지만 해도 인천상륙작전이 성공하자 1개 사단 병력을 빼내어 유럽으로 보낼 계획을 세우고 있었다. 미군 부대가 세계 전역에 분산되어 있는 상황에서 한국전쟁에만 계속 병력을 보충하는 것은 사실상 불가능한 일이었다. 한번은 회의 중에 조지 마셜이 이렇게 말했다. "한국전쟁에 미군 병력이 전부 묶이는 일은 없어야 합니다." 그렇지만 곧 그는 의미심장한 질문을 던졌다. "하지만 이 전쟁에서 조국의 명예를 더럽히지 않으려면 어떻게 해야 할까요?"

리지웨이가 보기에 매일 회의를 해도 정작 결정되는 것은 아무것도 없었다. 회의에 참석한 사람들은 모두 누군가 나서서 좋은 의견을 제시해주길 기다리고만 있는 것 같았다. 후에 리지웨이는 다른 장군들이 여전히 "모든 사람의 예측이 다 빗나갈 때에도 실제보다 과장된 면이 많은 군 장교의 말이 제법 맞아떨어지자 신기하다는 듯이 바라보기만 했다."라고 말했다.[16] 12월 3일 일요일에 국가 안보 관리들과 합동참모본부 요원들, 애치슨, 마셜 등이 모두 한 자리에 모여 또다시 긴 회의를 시작했다. 하지만 리지웨이는 이번 회의에서도 아무 소득이 없을 거라고 생각했다. 그의 표현을 빌리자면 상황은 "이미 나빠질 대로 나빠져 있어서 더 이상 손을 쓸 수 없었다." 마침내 리지웨이는 발언권을 얻어 속마음을 토로했다. 다들 소득 없는 토론에 시간 낭비 그만 하고 어떤 행동을 취할지 결단을 내려야 한다고 강조했다. (나중에 그는 자기가 너무 강한 어조로 이야기한 것은 아닌지 조금 걱정이 되었다.) 그 자리에 모인 사람들은 모두 행동 방침은 전장에 나가 있는 사람들이 정하는 거라고 주장했다. 하지만 리지웨이는 "우리는 하나님 앞에서 참전 용사들의 생명에 대해 답변할 의무가 있습니다. 그러니 쓸데없는 토론으로 더 이상 시간을 허비하지 말고 어떻게 행동해야 할지 정해야 합니다."라고 응수했다. 아무도 그의 말을 반박하지 못했다. 알프레드 그루엔터를 대신해 회의에 참석한 아서 데이비스(Arthur Davis) 제독이 "자네 같은 사람이 아직 군에 남아 있다는 걸 알게 되어 마음이 놓이네."라는 쪽지를 건네주었다. 리지웨이의 발언을 마지막으로 회의는 끝이 났고 리지웨이는 공군 참모총장 호이트 반덴버그와 이야기를 나눴다. 리지웨이가 웨스트포인트에서 강의를 할 때 반덴버그는 사관생도였고 이후 두 사람은 오랫동안 친분을 쌓아왔다.

"도대체 참모총장들이 맥아더에게 아무 지시도 내리지 않는 이유가 뭐야?"라고 리지웨이는 오랜 친구인 반덴버그에게 물었다.

그는 고개를 흔들며 말했다. "그래봤자 무슨 소용이 있겠어? 맥아더는 어떤 명령을 내려도 듣지 않을 텐데. 그러니 우리가 뭘 할 수 있겠어?"

바로 그 순간 리지웨이는 화가 머리끝까지 치밀었다. "명령에 불복종하는 사람이라면 당장 해임시키면 되잖아. 그렇지 않은가?" 그 순간 반덴버그의 표정이 일그러졌다. 리지웨이는 그의 표정을 오랫동안 잊을 수 없었다. "반덴버그는 입을 딱 벌리더니 도저히 이해할 수 없다는 표정으로 나를 한참 쳐다보

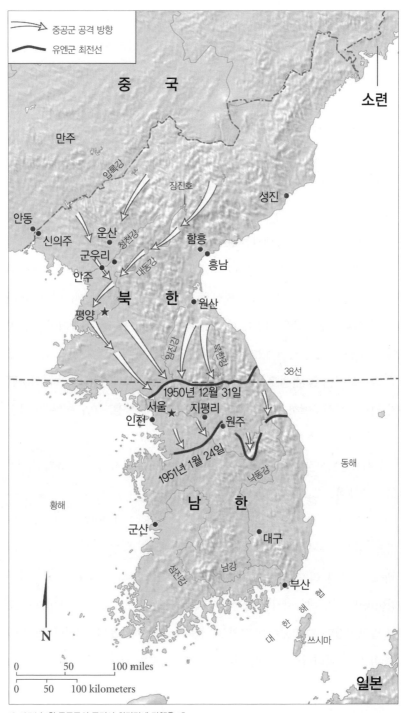

18. 1951년 1월 중공군의 공격이 최절정에 달했을 때.

다가 아무 말 없이 그냥 가버렸다. 그 후 나는 반덴버그와 이야기를 나눈 적이 한 번도 없다."[17]

그동안 맥아더는 모든 부대에 퇴각하라는 명령을 내렸다. 부대원들은 이일을 두고 '대규모 전선 이탈'이라고 불렀다. 아군은 열흘 만에 190킬로미터를 이동했다. 그러나 중공군은 적어도 그때만큼은 이 상황을 유리하게 이용할 만한 대책을 찾지 못했다. 그렇게 남쪽으로 정신없이 달아나면서 부대의 전투력은 완전히 바닥에 떨어졌다. 이를 두고 맥스 헤이스팅스는 "1940년 프랑스군의 패배와 1942년 싱가포르에서 영국군이 패배한 일을 연상시키는 순간"이라고 표현했다.[18] 그들의 도주 상황을 두고 영국의 어느 필자는 "중공군이 어떻게 나올지 알 수 없어 일단 후퇴했지만 나중에 알고 보니 중공군은 무장도 제대로 하지 않은 채 걸어서 혹은 말을 타고 내려왔다."라고 기술했다.[19] 제2사단에서 살아남은 부대원들은 남쪽으로 후퇴하는 도중 수 킬로미터 떨어진 곳에서도 보일 정도로 큰 불길을 목격했다. 대규모 공격을 계획하고 전방으로 가져왔던 각종 군수품과 무기를 산더미같이 쌓아놓고 중공군이 가져다 쓰지 못하게 불태우는 것 같았다. 일부 부대원들은 아직도 하절기 군복을 입고 있었다. 본국에서 보낸 동절기 군복이 무기와 함께 불태워지고 있다는 소식을 듣고 가까운 무기 저장고를 들러봤지만 헌병들이 총부리를 들이대며 몰아내는 통에 아무것도 얻지 못하고 돌아서야 했다.

12월 초에 제2사단의 남은 대원들은 평양에 집결했다. 부대 단위로 질서 있게 후퇴하는 것은 고사하고 북한의 수도 평양에서 동쪽으로 이어지는 부채꼴을 만들어서 강력한 방어선을 구축하려던 계획마저 온데간데없었다. 평양 철도역은 그야말로 난장판이었다. 미군은 모두 혼란에 빠져 절망적인 심정으로 가능한 한 빨리 기차를 타고 남쪽으로 내려가고 싶었다. 이틀 동안 일반 승객용 차량 안에서 기관차가 오기를 기다렸지만 가망이 없어 보였다. 그런 와중에 겁에 질리거나 분노에 휩싸인 피난민들이 남쪽으로 내려가려고 속속 모여들었다. 화가 난 군중은 눈에 보이는 것은 무엇이든 약탈하기 시작했다. 기관차를 찾으려는 노력은 허사로 돌아갔다. 몇몇 본부 요원들이 사단 관련 기록을 잃어버리지 않으려고 애썼지만 그곳에서 건질 수 있는 건 자기 목숨뿐이라는 사실을 깨닫고 관련 문서와 기록들을 모두 불태워버렸다. 기차를 기다리는 부대원들은 말로 다할 수 없는 안타까움과 수치심에 사로잡혔다. 12월 4일 오후가 되어서야 겨우 기관차 한 대를 마련했고 네 시간 후에 출발할 수 있었다.

12월 7일, 서울 근처 영등포에서 군 야영지를 발견했다. 모든 면에서 상황은 열악하기 짝이 없었다. 샘 메이스는 이렇게 회상했다. "이미 우리는 지옥 같은 나날을 보낸 후였습니다. 중공군의 공격으로 인한 공포, 죽음의 고개를 지날 때 겪었던 무시무시한 위협은 당해보지 않은 사람은 결코 상상조차 할 수 없는 고통입니다. 그런 혼란 속에서 본부와 통신이 두절된 채 남쪽으로 내려왔습니다. 하지만 부대가 산산이 흩어진 것보다 나를 더 부끄럽게 만든 것이 있었습니다. 바로 이런 지경까지 우리를 내몰았던 본부의 허술한 전략과 안일한 태도였습니다. 나는 정말 이해할 수도 용서할 수도 없었습니다. 그래도 우리는 계속 싸웠습니다. 본부에서 지휘만 제대로 한다면 아직도 싸울 수 있다는 걸 알고 있었습니다. 하지만 어쨌든 그때 상황은 미 육군에게 큰 수치이자 굴욕이었습니다."[20]

제36장

새로운 국면

월튼 워커는 항상 운전을 험하게 했다. 한국의 도로는 거칠고 좁은 데다 여기저기 빙판이 있는데도 지프의 속력을 한없이 높이곤 했다. 하지만 자기에게 맞지 않는 임무 때문에 과도한 스트레스를 받던 워커에게 거친 운전 습관 정도는 그리 큰 흠이 아니었다. 1950년 12월 23일, 워커는 운전병과 부관, 경호원과 함께 지프를 타고 북쪽으로 올라가고 있었다. 길은 남쪽으로 내려가는 피난민 행렬로 꽉 막혀 있었는데 갑자기 한국군 무기 운반 차량 한 대가 중앙선을 넘어 워커의 지프 앞으로 뛰어들었다. 워커가 탄 차는 충돌을 피하려다 결국 전복되었고 네 사람 모두 도랑으로 곤두박질쳤다. 워커는 즉사했고 나머지 세 명은 목숨을 건졌다. 당시 제8군이 적의 손에 완전히 무너진 상태라 워커는 자기가 곧 해임될 거라고 생각하고 있었다. 그런 불명예제대만은 어떻게든 피하고 싶었지만 뾰족한 방도가 없어서 크게 낙담해 있었다. 부산방어선에서 버텨낸 업적은 온데간데없고 압록강 근처에서 적에게 패한 책임만 남아 있는 것 같았다. 마침내 4성 장군으로 승진하고 맥아더로부터 높은 평가를 받았지만 이 모든 영예는 그가 죽은 후에 수여되었다.

워커를 대신할 사람은 아이젠하워, 브래들리, 패튼보다 조금 더 젊은 사람이었다. 제2차 세계대전 이후 매슈 리지웨이는 상승세를 타고 있었다. 그간의 공로를 인정받아 전쟁이 끝날 무렵에는 일본군과 맞설 공수부대의 지휘권을 넘겨받았다. 그는 이미 「타임」지 표지를 장식하는 유명 인사였으며 당대를 주름잡는 영향력 있는 인물로 알려지기 시작했다. 워낙 일처리가 빈틈없어서 도쿄와 워싱턴 모두 워커의 (유일한) 후임으로 리지웨이를 지목했다. 이렇게 전폭적인 지지를 받는 것도 매우 드문 일이었다. 맥아더는 워커의 부고를 듣자마자 리지웨이를 보내달라고 요청했다. 그의 입지는 워싱턴에서 훨씬 더 대단했다. 전쟁 초반에 트루먼 정부가 직접 지휘관을 고를 기회가 있었더라면 도쿄 총사령관 자리는 틀림없이 리지웨이에게 돌아갔을 것이다. 그는 당시 미육군에서 최고의 인재로 평가받고 있었다. 한국전쟁의 지휘를 맡기 전에도 이미 다른 장교들을 평가하는 잣대로 사용되었다. "이 사람은 리지웨이만큼 잘하고 있나?" 혹은 "리틀 리지웨이라고 부를 만한 인재인가?" 하는 말이 돌 정도였다. 리지웨이는 거침없고 목적의식이 뚜렷하며 용맹스러웠기 때문에 전세가 갑자기 어려워진 전장에 투입되어 무너져가는 육군의 기강을 추스르는 일을 맡기에 적임자였다. 그는 윗사람에게 잘 보이려고 아첨을 일삼거나 다른 사람의 호의를 얻으려고 친한 척하는 법이 없었다. 상관이나 하급 장교들 그리고 부하 대원들을 대하는 그의 태도에는 항상 현 상황이 아주 심각하니 한시도 시간을 낭비해서는 안 된다는 메시지가 담겨 있었다.

웨스트포인트를 졸업하고 낙동강방어선전투에서 훌륭하게 싸운 공로로 청동 수훈십자장을 탔으며 나중에 전쟁사 연구자가 된 잭 머피는 이렇게 썼다. "처음부터 리지웨이가 제8군 사령관이었다면 도쿄에서 8군을 쥐락펴락하지 않았을 것이며 군우리에서 패배를 겪거나 중공군의 공격으로 군이 와해되는 일이 없었을 것이다. 물론 중공군의 인해전술에도 충격을 받지 않았을지 모른다. 리지웨이라면 그곳 지형과 그에 따른 어려움이 무엇인지 충분히 파악하고 대처했을 것이며, 국경 너머까지 부대를 멀리 끌고 가는 일도 없었을 것이다. 그 결과 전쟁의 양상이 확연히 달라졌을 것이고 중공군의 손에 꼭두각시 노릇을 하지도 않았을 것이다. 또한 최고 실력을 갖춘 정찰 부대를 앞세웠을 것이며 지금보다 훨씬 일찍 실력 있는 군단장, 사단장 그리고 연대장들을 확보했을 것이다."[1] 미군들은 개인적으로 그를 좋아하지 않았을지 모르지만 실력만은 깊이 존중했다. 그들은 리지웨이가 상황을 진지하게 바라보고 있고, 자기들의 안위와 난국을 진심으로 염려하고 있으며, 슬퍼할 만한 일이 생기면 기꺼이 함께 슬퍼할 사람이라고 생각했다. 무엇보다 처음부터 그가 사령탑을 맡았다면 하절기 군복을 입고 북쪽으로 진군하는 일은 없었을 거라는 사실에 다들 동의했다. (아니 북쪽으로 진군하는 일 자체가 없었을 것이다.) 바로 그 리지웨이가 제8군을 맡은 것이다. 리지웨이가 그 소식을 접한 것은 12월 22일 저녁이었다. 하지만 그는 다음 날까지 아내 페니에게 그 사실을 알리지 않았고 몇 가지 짐을 간단하게 꾸려서 도쿄로 출발했다.

미 육군 역사의 특정 시점에 가장 완벽하게 들어맞는 인물을 찾으라면 단연 매슈 리지웨이를 꼽아야 할 것이다. 그는 제 기능을 발휘하지 못하고 삐걱거리며 초토화된 제8군을 재정비하는 임무를 맡았다. 유머감각은커녕 찔러도 피 한 방울 안 나올 정도로 냉정하고 굉장히 공격적이었으며, 자신이 몸을 사리지 않고 애쓰는 만큼 부대원들에게도 강력한 헌신을 요구했다. 전쟁 중이 아니라 해도 리지웨이에게서는 엄격한 군인의 모습밖에 상상되지 않았다. 맥아더처럼 으스대지 않았지만 나름대로 신비한 모습과 독특한 기질이 있었고 역사의 큰 부분을 이뤄가는 자신의 역할에 대한 자긍심도 큰 편이었다. 그는 자신과 자기 부대원들이야말로 벨리 포지까지 거슬러 올라가서 열심히 싸웠던 전우들의 뒤를 잇는 계승자들이므로 그들의 명예를 지켜줄 막중한 임무를 지고 있다고 생각했다. 아마 리지웨이는 벨리 포지에서 싸웠던 조지 워싱턴 장군과 그의 휘하에 있던 군인들이 자신들을 뒤에서 지켜보고 있다고 생각했던 것 같다. 가끔 그는 엄숙한 태도로 독립전쟁이나 남북전쟁 참전 용사들 이야기를 하면서 그들이 고생한 만큼 높이 기려야 한다고 말했다.

물론 공산주의를 완고하게 반대하는 입장이었지만 맥아더처럼 이데올로기를 앞세운 십자군 전쟁으로 몰고 갈 기세는 아니었다. 적은 어디까지나 적이므로 그들의 강점과 약점을 파악하여 대처 방안을 강구해야 한다는 것이 그의 지론이었다. 중공군이나 인민군의 사기가 이데올로기에서 비롯한 것이라면 그 점에도 관심을 기울여야 했다. 인민군이 38선을 넘었다는 소식을 처음 들었을 때 그의 머릿속에는 즉시 "제3차 세계대전이나 아마겟돈, 즉 동양과 서양의 최후 대격돌"이 벌어지는 건 아닌가 하는 생각이 스쳤다.[2] 그래서 리지웨이는 부관에게 전 세계 여러 지역에 주둔하고 있는 소련군 부대에 조금이라도 이상한 움직임이 있는지 살펴보라고 지시했다. 동시에 자신의 상관이었던 브래들리와 콜린스에게 최소한의 인력이라도 징집을 실시해달라고 강력히 요청했다. "만약 이렇게 했다가 전쟁이 벌어지지 않으면 어느 정도 금전적 손실을 피할 수 없겠지요. 하지만 징집을 하지 않았는데 전쟁이 벌어지면 그 난국은 어떻게 감당하실 겁니까?"[3]

리지웨이는 나름대로 진지하고 매서운 사람이었다. 하지만 맥아더와 달리 이번 전쟁에 여러 가지 한계가 있으며, 이번 전쟁을 몰아온 정치인들은 전장에 나가 있는 군인들이 이해하지도 못하는 압력을 가하고 있다고 생각했다. 또 전쟁이 벌어질 장소는 한반도에서 수천 킬로미터 떨어진 중앙 유럽이 될지도 모른다고 믿었다. 그곳이라면 이미 엄청난 규모의 소련군이 주둔하고 있을 게 분명했다. 1950년 8월 월튼 워커를 해임하라는 목소리가 높아지자 조 콜린스는 리지웨이에게 어떻게 하는 게 좋겠냐고 물었다. 그는 즉시 이번 전쟁이 제3차 세계대전으로 이어진다면 유럽에서 싸우는 게 나을 것 같다고 대답했다. 하지만 8월이 되어 한국전쟁이 제한 전쟁으로 끝날 것이 분명해지자 리지웨이도 생각을 달리했다. 워커를 해임했다가는 미군의 자신감이 더 약해질 거라는 판단 때문에 해임 건은 차일피일 미뤄졌다.

리지웨이는 당당하다 못해 다소 위협적이기까지 했으며 군살 하나 없이 날렵해 보였다. 키는 그리 큰 편이 아니었지만 강한 성격 탓인지 실제보다 더 커 보였다. 누가 뭐라 해도 전형적인 스파르타식 군인이었다. 리지웨이는 조국이 갈수록 물질주의에 빠져들어 서서히 몰락하고 있다고 생각했다. 사람들은 걸어 다니는 것을 귀찮아했고 군인들의 훈련은 해를 거듭할수록 해이해지고 있었다. 아이러니하게도 리지웨이의 생각은 미군을 혼쭐내는 데 성공한 중공군 장교들과 크게 다를 바 없었다. 즉 내적인 힘이 많이 약해졌기 때문에 한국전쟁에 파견된 젊은 군인들이 초반에 실망스러운 결과를 거둔 것이다. 군인으로서 첨단 기계나 기술에만 의존하는 것은 바람직하지 않았다. 그래서 리지웨이는 사령관이 되자마자 부대원들을 따뜻한 지프나 트럭에서 내리게 했다. 병사들은 직접 발로 언덕을 오르내리며 정찰 임무를 수행해야 했다. 적군과 동일한 조건을 갖출 수 없으면 그들처럼 감기라도 걸려봐야 한다는 주장이었다.

그는 개인적인 목표를 위해서라도 또 한 번 힘을 내야 했다. 부대를 통솔하고 대원들에게 전투 사기를 북돋워주는 데는 타고난 소질이 있었다. 물론 부대 통솔과 사기 증진에 방해가 되는 것이 무엇인지도 잘 알았다. 경력을 살펴보면 리지웨이는 적어도 세 번 이상 지능이나 인품 면에서 동료들보다 월등히 낫다는 평가를 받았다. 그중 첫 번째는 1944년 6월 노르망디 상륙작전 때 프랑스에서 공수부대를 이끌고 공격을 감행한 것이었다. 두 번째는 1954년 프랑스의 정예 부대가 디엔비엔푸(奠邊府)에서 베트민 군에 포위되어 도움의 손길을 절실히 필요로 하던 순간이었다. 당시 육군 참모총장이었던 리지웨이는 프랑스령 인도네시아에서 벌어진 전쟁에 미군을 투입할 경우 엄청난 비용 손실을 감안해야 한다고 강력히 주장했다. 그의 말을 들은 아이젠하워 대통령은 즉시 미군 파병을 취소했다. 세 번째는 바로 1950년 12월 말 적의 손에 완전히 초토화된 제8군의 지휘권을 맡은 것이었다. 그는 불과 두 달 만에 부대를 완벽하게 부활시켜 미국이 정말 원자폭탄이라도 써야 하나 고민하게 만들었던 중공군을 단숨에 무력화시켰다.

하지만 군사학자 켄 햄버거(Ken Hamburger)는 그보다 훨씬 전에 리지웨이의 장점이 아주 절묘하게 빛을 발하며 훌륭한 교훈을 남긴 순간이 있었다고 말한다. 1944년 6월, 리지웨이는 이미 위대한 장군이라 불리며 사람들에게 인정받고 있었다. 하지만 1943년 9월에는 공수부대를 동원하여 로마를 공격했다가는 끔찍한 결과를 거둘 거라며 상관들을 말리느라 진땀을 빼기도 했다. 당시 리지웨이는 육군 고위 장교들 사이에서 비교적 영향력이 약한 편이었다. 당시는 연합군이 이탈리아 점령 작전을 한창 수행중이었으며, 공식적으로는 독일 및 일본과 손을 잡고 있던 이탈리아 정부는 연합국과 단독강화를 선언할 참이었다. 이탈리아군 총사령관 피에트로 바돌리오(Pietro Badoglio) 장군은 미국이 공수부대를 로마에 투입하여 이탈리아 육군과 손을 잡게 한다면 자기들도 독일에 맞서 싸우겠다고 약속했다. 리지웨이가 이끌던 부대가 로마 잠입을 시도하기로 되어 있었지만 정작 리지웨이는 그 작전이 수상하기 짝이 없다고 생각했다. 우선 바돌리오 장군의 약속을 보증할 수 있는 것이 아무것도 없었다. 설령 바돌리오 장군이 약속을 지킨다 해도 당시 로마에 주둔하고 있던 어마어마한 전투력을 갖춘 독일군을 어떻게 감당할 수 있을지 상상이 안 되었다. 리지웨이는 자기 부대가 감당해야 할 위험이 너무 크다고 생각했고,

바돌리오 장군의 말을 액면 그대로 믿으려 했던 상부에 자기주장을 관철시킬 방도를 찾기 시작했다.

상관들이 모두 동의한 가운데 작전 수행일이 가까워오고 있었지만, 바돌리오 장군이 과연 약속대로 동맹국 독일에 대한 태도를 바꿀 수 있을지 확신할 수 없었다. 리지웨이가 처음 그 문제를 지적하자 상관들은 전혀 반응을 보이지 않았다. 막판에 리지웨이는 부관 맥스웰 테일러에게 독일군 진지를 정찰하고 오라는 다소 위험한 지시를 내렸다. 바돌리오 장군의 말보다는 테일러가 직접 눈으로 확인한 것이 더 믿을 만하다고 생각했던 것이다. 정찰을 마치고 돌아온 테일러는 리지웨이가 처음부터 우려했던 점이 모두 사실이라고 보고했다. 이탈리아군은 바돌리오 장군의 약속과 달리 독일군에 맞설 준비를 전혀 하지 않았다. 이대로 공수부대를 보냈다가는 그 자리에서 격파될 게 분명했다. 결국 모든 부대원이 비행기에 올라 엔진에 시동까지 걸고 있는 순간에 작전이 취소되었다. 그날 밤 리지웨이는 친한 친구와 위스키를 나눠 마셨다. 하마터면 큰 봉변을 당할 뻔했다며 리지웨이는 눈물을 참지 못했다. 햄버거는 군인으로서 자신의 자리를 걸고 상관의 명령에 이의를 제기하는 것은 아무나 할 수 없는 행동이라고 생각했다. 전쟁터에서 목숨을 걸고 싸우는 것만큼이나 큰 용기가 필요한 행동인 것이다.[4]

그의 명예를 높여준 사건들은 이후에도 계속 이어졌다. 그는 일본과의 마지막 전투에서 제18공수군단을 지휘하라는 명령을 받았으나 전쟁은 예상보다 빨리 끝나버렸다. 맥아더는 미주리 함에서 일본의 항복을 받아내는 조인식에 리지웨이를 초대했지만 실제로 태평양 전쟁에 참전한 사람들이 가야 한다며 거절했다. 그렇다고 거짓으로 겸손한 척하는 사람은 아니었다. 물론 자기가 실력이 뛰어난 장교라는 사실도 잘 알고 있었다. 일본 주재 미국 대사 윌리엄 시볼드는 리지웨이가 1951년 도쿄 사령부에 도착하자마자 하기로 되어 있던 연설문 초안을 작성했다. 그 자리에서 리지웨이는 맥아더의 뒤를 이어 극동지역 총사령관이 됨과 동시에 사실상의 일본 총독이 되었다. 그는 연설문 초안에서 시볼드가 '겸허한 태도로'라는 문구를 사용한 걸 보았다. 그러자 리지웨이는 "이보게, 나는 하나님 앞에서만 겸손하지 일본인이나 다른 사람들 앞에서는 겸손할 필요가 없다고 생각하네."라며 그 표현을 삭제했다.[5] 부하 장교들은 항상 그의 기대에 미치지 못할까봐 전전긍긍했다. 리지웨이는 기본적인 것을 매우 중시하는 사람이었다. 보병은 직접 발로 뛰면서 정찰 임무를 수행하고 사계를 잘 계산해야 하며 적군보다 영리하고 용감해야 했다. 또한 그는 보병의 임무가 전장에서 적과 맞서 싸울 준비를 갖추는 거라고 굳게 믿었다. 부관들이 마음에 들지 않으면 그 자리에서 바로 해임시키는 편이지 쫓아내겠다고 으름장을 놓는 스타일이 아니었다.

리지웨이는 전쟁에 대한 허영심에 사로잡히지 않았고 절대로 전쟁의 실체를 좋게 꾸미려고 애쓰지 않았다. 그가 첫 번째 공격 작전을 '킬러'라고 이름 붙이자 조 콜린스는 리지웨이에게 그런 명칭은 군 홍보 담당자들이 사용하는 데 어려움이 있다는 짧은 편지를 보냈다. 그러나 리지웨이는 이번 건은 물론이고 어떤 사안에 대해서도 홍보 담당자들의 이의에 동요하지 않았다. 리지웨이가 붙인 명칭은 너무 피에 굶주린 듯한 인상을 주었고 매력이 없었다. 나중에 그는 이렇게 기록했다. "전쟁이 적을 죽이는 거라는 사실을 인정하는 걸 왜 못마땅해하는지 이해할 수가 없다. 나는 사람들에게 전쟁을 약간의 피가 요구되는 다소 불쾌한 사업 정도로 '팔려는' 그 어떤 시도에도 반대한다."[6]

리지웨이는 자신의 손에 가장 중요한 국가의 자산, 즉 부모들의 눈에 더없이 소중한 존재인 젊은이들의 목숨이 달려 있다는 사실을 한시도 잊지 않았다. "전쟁터에서는 어느 하나 귀하지 않은 사람이 없습니다." "하나님이 보실 때는 장군이 전사한 것이나 소총수 하나가 쓰러진 것이나 똑같이 귀한 목숨입니다. 각 개인의 존엄성이야말로 서구 문명의 기초라는 사실을 부대장들은 모두 명심해야 합니다." 그렇다고 해서 리지웨이가 적을 사정없이 죽이려 하지 않는다거나 사방에 적군의 시신이 깔린 것을 보고 승리의 기쁨에 도취되지 않는다는 뜻은 아니다. 그런 상황이 벌어지지 않으면 바로 자기 부대원들의 시체가 널브러지는 사태가 벌어지기 때문이었다. 지평리에서 중공군이 마지막으로 공격했을 때 미군은 공군과 포병을 모두 동원하여 도망가는 적군까지 포함하여 수천 명을 사살했다. 그 장면을 본 한 중대장은 사방이 온통 "프리카세(닭고기, 송아지, 양고기 등을 잘게 썰어 버터에 살짝 구운 다음 야채와 같이 끓인 프랑스 요리-옮긴이)처럼 난자당한 중공군의 시체"로 즐비하다고 표현했다. 리지웨이는 그 말이 마음에 들었는지 다른 중대장들 앞에서 종종 사용하곤 했다.

리지웨이와 맥아더의 지휘 방식은 하늘과 땅 차이였다. 두 사람의 성격 차이도 컸지만 처한 상황도 달랐고 추구하는 목표도 달랐기 때문이다. 두 사람의 차이에 대해 많은 것이 알려지지 않았다. 맥아더는 지휘관을 영웅으로 만드는데 많은 에너지를 쏟았다. 자기처럼 위대한 총사령관 밑에서 싸우는 것만으로도 다들 충분히 위대하다는 식이었다. 하지만 평등주의를 강조하는 현대 사회에는 리지웨이가 생각하는 지휘관의 모습이 훨씬 더 잘 어울렸다. 그는 자기주장을 아랫사람에게 무조건 강요하지 않았다. 부하 대원들이 각자 자신의 모습을 돌아보고 자신감을 가질 만한 특성을 찾아내게끔 도왔고, 특히 목적의식을 가지고 전투에 참여하도록 독려했다. 그는 직접 전투에 참여하는 대원들이 지휘관만 바라보는 것이 아니라 자기 자신에 대한 자신감을 가져야 잘 싸울 수 있다고 믿었다. 따라서 부대원들이 그런 마음을 가지도록 유도하는 것이 자신의 임무라고 생각했다. 하지만 맥아더와 마찬가지로 리지웨이 역시 신화의 중요성을 인정했고, 자기만의 신화를 만들어 퍼뜨리기도 했다. 가슴에 수류탄 두 개를 달고 다닌다 하여 그는 "가슴에 낡은 철 덩어리를 달고 다니는 사람"이라는 별명을 얻었다. (하나는 수류탄이고 나머지 하나는 구급상자였다.) 어쨌거나 그 별명은 리지웨이가 항시 전투태세를 늦추지 않았다는 메시지를 분명히 전달했다.

사실 리지웨이는 한국전쟁이 발발한 순간부터 한국에 관여하게 되었다. 사실 그는 전쟁 관련된 합참의 핵심 인물이었다. 전쟁 초반에 바주카포를 사용하는 미군이 러시아산 T-34 탱크에 상처 하나 내지 못했을 때 리지웨이가 직접 나서기도 했다. 그는 새로운 3.5인치 바주카포 제작 과정과 분배 업무를 진행했으며, 부대원들을 동원하여 조금이라도 상황이 지연되거나 문제가 생기면 즉시 보고하도록 했다. 페덱스 배송 시스템의 전형이라 할 정도로 놀라운 보급 체계를 만든 것도 리지웨이였다. 그 덕분에 탱크를 갖고 있다는 인민군의 강점을 무력화시키고 부산방어선까지 밀고 내려오던 적을 저지할 수 있었다. 그는 육군 소속의 평범한 장교가 아니라 마셜이 특별히 아끼는 인재였다. 리지웨이는 마셜이 워싱턴 장군 이후 미국을 대표하는 가장 훌륭한 군인이라며 그에게 한국전쟁에 관한 자신의 책을 헌정하기도 했다.[7]

리지웨이가 한국에 도착한 날짜는 1950년 12월 26일이었다. 제일 처음 그의 관심을 사로잡은 것은 살을 에는 추위였다. 찬바람이 "뼛속까지 파고들었다."[8] 그전에 도쿄에서 맥아더를 만났으며 그 자리에서 맥아더는 "이제 제8군은 자네 것이네. 매슈, 자네 생각에 가장 최선의 방법을 사용해보게."라고 말했다.[9] 그 말 자체가 한국전쟁에서 한 단계가 끝났다는 암시였다. 과거에는 모든 지휘권이 전쟁터 밖인 도쿄에 있었지만 이제는 사령관 리지웨이가 한반도에 함께 머물렀다. 그의 당면 과제는 미군이 한반도에서 밀려나지 않게 하는 거였다. 한국전쟁은 워낙 처참하고 어려운 데다 한 번도 만족할 만한 결과를 내놓지 못했다. 때문에 지금까지 영웅 대접을 받은 지휘관은 손에 꼽을 정도였다. 막다른 골목까지 온 것처럼 보이는 암울한 전쟁에서 다른 군인들이 영웅이라 할 만한 사람이 나올 수는 있지만 일반 대중에게도 그렇게 인정받을 가능성은 희박했다. CIA의 최고 실력자 중 한 사람으로 정기적으로 리지웨이에게 브리핑을 했던 조지 앨런(George Allen)이 보기에 리지웨이는 "전후 세대로 불리는 미 육군 고위 장교들[마크 클라크(Mark Clark), 조 콜린스, 오마 브래들리, 맥스웰 테일러, 아서 래드포드(Arthur Radford), 알리 버크(Arleigh Burke) 등]만큼이나 실력을 제대로 평가받지 못한 불운한 사람이었다."[10] 세계대전 후 대중의 관심사가 전쟁에서 멀어지면서 리지웨이는 향후 오랫동안 일반인들에게 존경의 대상이 되지 못했다. 하지만 함께 참전했던 사람들은 그의 공적을 기억하고 잊지 않았다. 그는 정말로 군인다운 군인이었다. 중서부 출신답게 웬만하면 최고라는 표현을 쓰지 않는 오마 브래들리마저도 여러 해가 지난 후에 한국전쟁에 대한 리지웨이의 업적을 이렇게 평가했다. "전쟁 중에 장교 한 사람이 결정적인 변화를 이끌어내는 건 쉬운 일이 아니다. 하지만 한국전쟁에서 리지웨이는 그런 변화를 일으켰다. 그는 영리하고 역동적이며 타협할 줄 모르는 자세로 전쟁을 이끌었으며 육군 역사상 어떤 장군도 해내지 못한 결과를 일궈냈다."[11]

리지웨이는 도착하자마자 전방 상황을 살펴보러 다녔고 눈앞에 펼쳐진 상황에 경악을 금치 못했다. 아군 장교들은 이미 패배를 인정하는 태도로 일관했고 사기는 바닥에 떨어져 있었으며 적에 대한 쓸 만한 정보는 눈을 씻고 찾아봐도 없었다. 그가 만난 한 군단장은 바로 옆에 있는 강 이름조차 몰랐다. 그런 기본적인 사항조차 관심이 없다니 "세상에 이럴 수가!"라는 말이 절로 나왔다. 앞 다투어 남쪽으로 달아나느라 적의 움직임은 전혀 알지 못하는 상태인데 어떻게 쓸 만한 정보를 기대할 수 있겠는가. 나중에 그는 이렇게 기록했다. "당시 전장에 있던 장교들에게 만약 무덤에 누워 있던 선임 보병들이 그 광경을 보았다면 아마 무덤을 박차고 뛰어나왔을 거라는 말을 해주고 싶었다. 아군은 완전히 덫에 걸린 쥐와 같았다. 길가에 있는 고지대를 먼저 확보하는 일은 자주 잊어버렸고 전방과 연락을 주고받는 시늉도 하지 않았다. 지형을 파악하기는커녕 지형적 특성을 어떻게 이용할 것인지 고민하는 것 같지도 않았다."[12] 운산 전투에 참전했던 해럴드 존슨이 말했던 것처럼 리지웨이 역시 "후퇴가 아니라 도망가기 급급한" 아군의 졸렬한 모습에 진절머리가 났다.[13] 리지웨이는 군단장들의 나약한 자세에 큰 충격을 받았다. 또한 사단장과 연대장들 역시 노쇠하여 이번 전쟁을 이끌기에는 여러 가지로 부족한 점이 많고 준비 상태도 엉망이라고 결론 내렸다. 사실 지휘권을 넘겨받기 전에 이미 조 콜린스를 찾아가서 전장에 나가 있는 고위 장교들을 좀 더 엄하게 다스려야 한다고 말한 바 있었다. "장교들을 대할 때는 단호해야 합니다. 부대원들의 생사는 물론이고 모든 상황의 결과가 그들의 태도에 달려 있지 않습니까. 엄격하고 냉정해지셔야 합니다."[14]

무엇보다 그는 자기가 들른 본부마다 걸려 있는 지도를 보고 가장 크게 분노했다. 지도마다 모든 미군 부대가 붉은 깃발에 완전히 에워싸여 있었다. 깃발 하나는 중공군 사단 하나를 뜻했다. 그런데도 정찰대를 제대로 파견하지 않아서 근처에 와 있는 중공군의 규모가 어느 정도인지 전혀 모르고 있었다. 그는 지휘관으로서 적의 위치와 전투력을 파악하지 않는 것만큼 심각한 죄는 있을 수 없다고 생각했다. 리지웨이는 단번에 모든 상황을 바꿔놓았다. 며칠 동안 동분서주하며 사단 본부와 연대 본부만 찾아다닌 것이 아니라 마이크 린치가 조종하는 전용기를 타고 대대와 중대 본부까지 찾아다녔다. 심지어 사령관이 할 일이 없어 보이는 곳, 활주로가 없는 곳도 개의치 않고 나타났다. 그는 모든 부대가 주변을 정찰하여 적의 위치를 파악하길 원했다. 정찰의 중요성은 아무리 강조해도 지나치지 않다는 게 그의 지론이었다. "다들 이렇게 주저앉아 있는 건 그저 몸이나 편해보자는 심산 아닌가? 빨리 나가서 적이 어디 있는지 찾아야지. 어떻게든 찾아내. 그자들의 위치를 정확히 알아내란 말이야. 그래야 싸워서 몰살시킬 거 아닌가?"**15**

눈 깜짝할 사이에 리지웨이는 자기만의 방식으로 지도를 만드는 새로운 규칙을 만들어냈다. 붉은 깃발 한두 개가 그려진 지역을 가리키면서 그곳에 있던 부대가 마지막으로 중공군을 목격한 것이 언제쯤인지 물었다. 다들 중공군으로부터 가능한 한 멀리 떨어지려 했기 때문에 4~5일 전에 본 것 같다는 대답이 많았다. 그럴 때면 리지웨이는 어이가 없다는 표정을 지으며 지도에 표시된 붉은 깃발을 모두 지워버렸다. 그는 48시간 안에 중공군을 보았을 때만 붉은 깃발을 표시한다는 규칙을 공표했다. 그 규칙에 담긴 뜻은 간단했다. 제8군에 새로 부임한 사령관은 무섭기로 유명하며 그가 다시 돌아왔을 때에도 붉은 깃발 표시가 그대로라면 그 표시만 없어지는 게 아니라 부대 전체가 사라질지도 모른다는 뜻이었다.

리지웨이는 도쿄 사령부에 영향력을 행사했다. 월튼 워커에게는 꿈같은 일이었다. 워싱턴에 머물러 있던 사람들과 달리 리지웨이는 맥아더와 최후의 담판을 지어야 한다는 사실에도 두려워하지 않았다. 예전에 맥아더를 두려워하던 워싱턴의 장군들은 이제 리지웨이의 눈치를 보았다. 도쿄 사령부에 있는 맥아더는 이제 세력이 한풀 꺾인 구관에 불과했다. 예의상 리지웨이가 맥아더에게 몇 가지 단서를 흘리긴 했지만 사령관이 누구냐는 물음에는 조금도 여운을 남기지 않았다. 이렇게 되자 워싱턴에 있던 군 장교들과 일반 고위 관료들은 한시름 덜었다는 반응을 보였다. 리지웨이도 더 많은 포병부대를 보내달라는 요구를 하긴 했지만 그는 워싱턴 정부가 봉착한 문제들을 이해했으며 자신에게 주어진 지휘권은 보다 큰 지정학적 수수께끼의 한 조각에 불과하다는 것을 알았다. 그리하여 한국전쟁이 발발한 이래 처음으로 워싱턴 정부와 제8군 사령부는 동일한 목표를 갖게 되었다. 이렇게 해서 전쟁은 훨씬 축소된 새로운 양상을 띠었으며 지휘에 일관성을 더하게 되었다.

제37장
매슈 리지웨이와 전쟁의 전환점

리지웨이가 등장하자 청천강과 압록강 근처에서 큰 패배를 맛본 맥아더는 전쟁의 쓰라린 패배와 더불어 지휘관 자리마저 빼앗기는 아픔을 맛보았다. 갑자기 설 자리를 빼앗긴 것에 대해 워싱턴 정부에 크게 항의할 수도 있었다. 자기 부대가 앞서 대규모 정찰 임무를 수행한 것이나 다름없기에 최종 승리가 가능한 거라고 우길 수도 있었다. 하지만 11월 말에서 12월 초까지 이어진 상황을 모두 아는 장교라면 그 상황이 얼마나 심각했는지 속속들이 알고 있었다. 이제 맥아더는 최소한 사단 4개 병력과 공군력을 총동원해서 중국 본토를 습격해야만 중국의 산업 기지를 파괴할 수 있다고 비판적인 어투로 말했다. 그의 말을 잘 들어보면 전쟁을 더 크게 만들려는 의도가 다분했다. 그러나 미국 정부와 유럽 동맹국들, 그리고 미국 국민들이 원하는 것은 어떻게든 전쟁을 최소화하는 것이었다. 우선 미국 정부는 앞선 기술력과 무기로 중공군의 인해전술에 맞서 전쟁을 당분간 소강상태로 이끌어가려 했다. 시급한 질문은 유엔군이 잘 버텨줄 것인가 아니면 한국이 덩케르크를 잇는 패배의 장소로 전락하고 말 것인가 하는 거였다.

전쟁 초반부터 대통령과 맥아더 사이의 신경전은 잠시도 느슨해지지 않았다. 이번에는 두 사람의 의견 충돌이 본격적으로 일어날 것 같았다. 맥아더는 전쟁을 크게 만들려 했고 대통령은 또 다른 곳으로 전쟁의 불똥이 튈 것을 염려하여 한반도에서 마무리 짓는 것이 낫다는 입장을 고수했다. 맥아더는 대통령과 상관들의 뜻을 따르는 군인인 척했지만 결국에는 정부와 의견을 달리하는 정치가로서의 면모를 드러냈다. 그는 오랜 기간 군에 몸담으면서 자신의 지위와 의회에 심어놓은 배후 세력 그리고 언론을 상대로 영향력과 권세를 충분히 키워놓은 상태였다. 어쩌면 그동안 맥아더는 이 순간만 기다려왔는지도 몰랐다. 중공군이 한국전쟁에 개입하고 몇 주 만에 상황은 급격히 달라졌다. 리지웨이가 한국에 오면서 총사령관의 자리를 내주는 듯했지만 사실 맥아더는 본격적으로 자기 방식대로 밀고 나아가기 시작했다. 그러나 전장에 나와 있는 장교가 워싱턴 정부와 영국 및 기타 동맹국 고위 관료들의 의견을 대놓고 무시하고 정부 정책에 공공연히 맞선 것은 피할 수 없는 잔혹한 결과를 불러오고 말았다.

리지웨이는 한국에 첫발을 내딛는 순간부터 맥아더가 정부의 의도와는 전혀 다른 방향으로 가려 한다는 걸 알아차렸다. 1950년 12월 26일, 두 사람은 마주 앉아서 한 시간 반 정도 이야기를 나눴다. 사실 맥아더 혼자서 일장 연설을 늘어놓느라 시간이 다 지나갔다고 해도 과언이 아니었다. 맥아더가 무슨 꿍꿍이를 품고 있는지 확실하게 파악한 리지웨이는 나중에 이렇게 말했다. "맥아더가 원한 것은 중국 공산당 정부를 상대로 전면전을 벌이는 거였다. 그 어떤 반대 의견에도 귀를 기울일 의향이 없었다. …… 마지못해 정부 방침을 따르는 척했지만 사실은 전혀 다르게 행동했다. 그의 머릿속에는 오로지 중국과 전쟁을 벌일 생각밖에 없는 것 같았다."[1] 몇 주 정도 시간이 흐르자 리지웨이의 예상이 정확했다는 것이 밝혀졌다. 처음부터 그는 중국 본토를 공격할 때 장제스의 군대를 이용할 생각이었다. 그래서 리지웨이에게 마오쩌둥의 부대 중 상당수가 한반도로 넘어왔기 때문에 본토로 가는 길이 열려 있다며 "중국 남부 지방이 활짝 열려 있다는 걸 알고 있나?"라고 말했다. 눈치가 빠른 편이었던 리지웨이는 당시 중국 남부 지역을 침공하는 게 아주 쉽다는 말을 믿을 수 없었지만 일단 맥아더의 말에 동의하는 척했다. 중공군은 규모가 엄청나게 커져서 한국전쟁에 50만 명의 병력을 투입하고도 여전히 엄청난 숫자의 예비군을 장제스가 노릴 것으로 예상하는 지역에 남겨둔 상태였다. 정말로 본토로 가는 길이 열려 있다 하더라도 한 번 참패를 맛본 장제스의 군대가 쉽게 움직여줄지도 의문이었다. 과거에 맥아더는 미국 정부가 장제스라는 사람을 인간적으로 존중해주지 않는 것 같다고 생각했다. 하지만 그 역시 장제스의 군대를 그리 인정하지 않았다.

리지웨이는 행정부의 다른 관료들보다 더 강경했다. 또한 공산주의에 대해 그와 함께 일하던 대부분의 반공주의자들보다 훨씬 더 어둡고 비관적인 견해를 품고 있었다. 하지만 행정부의 한계도 충분히 이해하고 있었다. 사실 미국 정부는 한국에 충분한 자원을 투입하지 않고 중공군과 협상을 벌이려는 욕심을 보였다. (당시 애치슨은 브래들리에게 "우리는 지금 엉뚱한 나라를 상대로 싸우고 있는 겁니다. 진짜 적수는 소련인데 얼토당토않게 중국과 대치하고 있잖아요."라고 말했다.)[2] 리지웨이는 자기가 할 일이 중국을 무릎 꿇게 만드는 거라고 생각했다. 하지만 그렇게 하려면 분명 피비린내 나는 전투를 감내해야 했다. 이미 승리가 저만치 멀어진 것처럼 보이는 현 상황에서는 쉽지 않은 일이었다. 하지만 리지웨이는 주어진 임무를 반드시 해내고 말겠다며 굳게 다짐했다. 앞에서 잘 이끌어주기만 하면 군우리에서보다는 훨씬 더 잘 싸울 수 있는 기량이 있다고 확신했다. 도쿄 사령부와 워싱턴 정부는 중공군이 미군을 한반도에서 몰아낼까봐 전전긍긍했지만 리지웨이는 호락호락 물러날 생각이 없었다. 그로부터 몇 주에 걸쳐 리지웨이가 이뤄낸 성공에 대해 클레이 블레어는 이렇게 기술했다. "아이러니하게도 리지웨이는 맥아더의 입지에 큰 타격을 입혔을 뿐아니라 세계를 장악하려던 공산주의 국가들의 위협에 대처하는 방법에 대해 자신이 오랫동안 품고 있던 생각마저 뒤집어버렸다. 그는 사실상 많은 사람들이 '유화정책'이라고 불렀던 방법의 실질적인 도구가 되었다."3

그에게 할당된 사단의 숫자에 보이지 않는 제한이 있었다면 그는 대포를 중심으로 화력을 훨씬 더 높여서 그 점을 보완했다. 포병부대를 더 보내달라고 요청했던 이유도 그 때문이었다. 대포만 사용해도 훨씬 더 유리한 입장에 설 수 있었다. 중공군이나 인민군의 전투 방식에 여러 가지 한계가 있다는 점을 감안할 때 미군이 대형 무기를 보유하고 있는 장점을 좀 더 일찍 사용하지 않은 이유를 좀처럼 이해하기 힘들었다. 그는 방위부대 10여 개 및 예비 포병 대대를 추가로 보내달라고 요구했다. 대포를 주요 무기로 사용하려는 의도가 분명했다. 미국은 무기나 탄약 면에서는 부족한 점이 없었지만 병력 파견에는 인색한 편이었다. 반면 중공군은 대형 무기를 들여오는 데 한계가 있었고 미 공군에게 그대로 노출되어 있었다. 리지웨이는 원시적이면서도 잔인한 장거리 포탄으로 중공군의 인해전술에 대응하기로 하고 가능한 한 빠른 시일 안에 새로운 포병사단을 보내달라고 요청했다. 새로 온 포병 부대원들은 그들보다 앞서 파견된 부대와 마찬가지로 일본에 가서 기본 훈련을 받을 예정이었으나 전쟁의 긴박함 때문에 곧바로 한국으로 배치되었다.

처음부터 리지웨이는 이번 전쟁이 궤멸 작전을 방불케 할 거라고 예상했다. 한국에 온 지 2주가 되는 1월 11일에 그는 친구였던 육군 참모차장 햄 헤이슬립(Ham Haislip)에게 편지를 썼다. "전투력은 충분한 것 같네. 적을 쓰러뜨

릴 힘과 무기는 충분해. 소련이 끼어들지만 않는다면 말이야. 내가 걱정하는
건 여기 있는 우리 부대가 가지고 있는 잠재력을 어떻게 깨우느냐 하는 것일
세. 여러 가지 염려가 있지만 이 문제가 제일 어렵게 느껴져. 신의 가호가 함
께한다면 사실 아군이 예상하는 것보다 훨씬 더 큰 승리를 거둘 수도 있을 텐
데. 사람 목숨을 파리보다 못하게 여기는 잔인한 중국마저도 기겁할 정도로
중공군 진지를 피바다로 만들어버릴 수 있단 말일세."

1월 중순, 조 콜린스는 맥아더와 리지웨이를 만나러 아시아에 왔다. 그리
고 에드워드 알몬드에게 곧 3성 장군이 될 거라고 말해주었다. 알몬드의 마지
막 승진이었고 맥아더에 대한 최소한의 예의 표시였다. 공군 참모총장 호이트
반덴버그와 함께 온 콜린스는 1월 15일에 맥아더를 제일 먼저 만났다. 몇 주
전 맥아더가 보낸 끔찍한 내용의 전보를 받고 놀란 가슴이 아직 진정되지 않
았을 시점이었다. 하지만 이제 맥아더는 더 이상 두려움의 대상이 아니었으며
어떤 말이나 추측을 내놓아도 사람들의 신뢰를 얻을 수 없는 존재가 되어버
린 후였다.

콜린스와 반덴버그는 도쿄 사령부를 떠나 한국에 와서 리지웨이를 만났다.
두 사람은 예상 밖에 리지웨이가 상당히 긍정적인 기대감에 들떠 있다는 걸
알게 되었다. 헤이슬립에게 보낸 편지에 암시된 것처럼 리지웨이는 이번 전쟁
에 충분히 승산이 있으며 반드시 이기고 말겠다는 굳은 의지를 보였다. 그의
자신감은 주변 사람들에게도 큰 영향을 끼쳤고 리지웨이와 다른 생각을 고집
한 사람들은 결국 새로운 임무에 배치되었다. 그는 빠른 시간 안에 개혁을 단
행하여 제8군을 전혀 다른 모습으로 바꿔놓았다. 리지웨이는 당시 다른 사람
들이 미처 깨닫지 못한 점까지도 모두 이해했다. 제2사단, 25사단, 7사단에 유
독 사상자가 많았으나 8군 전체를 볼 때는 인명 피해가 그리 심각한 수준이
아니었다. 사실 인명 피해보다는 심리적인 충격이나 감정적인 피해가 훨씬 더

큰 문제였다. 무기 손실도 많았지만 그건 얼마든지 복구할 수 있었다. 생각지도 못한 시점에 중공군이 만들어놓은 커다란 덫에 걸려 험한 지형 속에서 낯선 적과 싸우느라 너무 놀란 나머지 큰 피해를 입었다고 착각한 거였다. 전투에서 패배한 부대원들의 사기는 바닥에 떨어졌다. 그런 정신적인 충격을 딛고 일어서서 다시 전의를 가다듬는 것이야말로 꼭 필요한 단계였다.

그날 밤 콜린스는 브래들리에게 전보를 보내 이번 방문에서 긍정적인 측면을 발견했다고 전했다. 한국전쟁 참전 용사로 나중에 한국전쟁을 연구한 J. D. 콜먼은 그 전보는 국방부가 두 달 만에 처음 듣는 긍정적인 소식이었다고 설명했다. 후에 브래들리는 그 전보를 가리켜 이렇게 말했다. "그것은 일종의 전환점이 되었다. 처음으로 우리는 중공군이 아군을 한반도에서 밀어내지 못할 거라고 기대했다. 여러 가지 제약과 난관이 있었지만 희망의 빛줄기가 보였다."[4] 워싱턴으로 돌아온 콜린스는 리지웨이가 아주 훌륭하게 아군을 이끌고 있으며 전반적으로 아군의 사기가 크게 좋아졌다고 보고했다. 콜린스와 반덴버그가 보기에 맥아더는 워싱턴 정부가 생각하는 것과는 전혀 다른 전쟁을 꿈꾸고 있었으며 그저 불평이 많은 노인에 불과했다. 하지만 리지웨이는 초반에 승승장구하던 중공군의 기세와 엄청난 규모에도 조금도 기가 죽지 않았다. 아군의 장단점을 손바닥 들여다보듯 훤히 꿰고 있었으며 아군의 저력에 대해 굳은 신념을 가지고 있었다. 제2차 세계대전 당시에도 리지웨이는 그런 태도로 전방 부대를 이끌었으며 상황 변화나 도움이 필요한 부대를 재빨리 파악했다. 그는 절대 후방 본부에 편하게 늘어져 있는 지휘관이 아니었다. 제2차 세계대전에서 함께했으며 유명한 공수부대 지휘관이었던 짐 가빈의 증언에 따르면 리지웨이는 언제나 전투가 가장 치열한 전방에 나가 있었다. "리지웨이는 한시도 그곳을 떠나려 하지 않았다. 그는 바위처럼 단단하고 열정적이었으며 적군을 물어뜯을 기세로 이를 갈았다. 내가 보기에 그는 전투가 채 끝나기도 전에 심장 마비로 넘어갈 것 같았다. 때로는 리지웨이와 제2차 세계대전 당시 독일군의 대치를 보는 듯한 착각이 들었다. 그는 길 한복판에 서서 보란 듯이 소변을 보기도 했다. 내가 '아니, 지금 뭐하는 건가. 총에 맞아 죽으려고 환장했군. 당장 비켜서.'라고 말해도 단호하게 물리쳤다. 그 정도로 기가 세고 물러설 줄 모르는 사람이었다."[5]

리지웨이가 전반적인 지휘 체계를 재정비하면서 몇몇 사단장들과 군단장들을 해임하자 고위 장교들은 에드워드 알몬드를 어떻게 할지 몹시 궁금해했다. 제8군 소속의 장교(물론 해병대 장교들도 포함해서) 대부분은 북쪽으로 아군을 몰아붙인 것에 에드워드 알몬드도 공동 책임이 있다고 생각했으며 그가 하루빨리 해임되기를 바랐다. 하지만 알몬드는 쫓겨나지 않았다. 리지웨이는 그의 공격적인 면모를 높이 평가했다. 당시 부대 지휘관으로 그런 면모를 지닌 사람이 가장 절실했기 때문이었다. 하지만 리지웨이는 알몬드가 이제까지 그랬던 것처럼 자기 마음대로 굴게 내버려둘 생각은 없었다. 쓸데없이 고집을 피우거나 교묘하게 빠져나가는 것은 절대 용납할 수 없었다. 에드워드 알몬드는 군단 하나를 맡았지만 참모장 자격을 박탈당했다. 다른 군단장들이 터무니없이 나약한 모습을 보이자 리지웨이는 진절머리가 날 지경이었다. 리지웨이나 조 콜린스는 최고 사령탑에 피의 숙청이 발생하는 것을 원하지 않았다. (물론 두 사람 다 이유는 조금씩 달랐다.) 또한 불필요하게 맥아더와 대립하는 상황이 벌어지는 것도 바람직하지 않다고 생각했다. 어쨌거나 알몬드는 여전히 맥아더의 오른팔 같은 존재였다. 맥아더와 정면 대결을 벌여야 한다면 이보다 더 중요한 사안을 두고 부딪치는 것이 낫다고 판단했을 것이다. 그렇게 해서 알몬드는 모든 사람이 주목하는 가운데 그대로 지휘권을 유지했다. 맥아더가 열심히 로비를 벌인 덕분에 알몬드는 3성 장군이 되었지만 결국 그는 부분적으로나마 날개가 잘린 꼴이었다.[6] 빌 맥카프리는 알몬드가 처음으로 리지웨이를 만나는 자리에 같이 따라갔다. 알몬드는 리지웨이와 단 둘이 안으로 들어갔고 맥카프리는 밖에서 기다렸다. 두 사람의 회담은 오랜 시간 이어졌지만 좋은 분위기는 아니었다. 회담을 마치고 나온 알몬드의 기분이 엉망이라는 건 한눈에 알 수 있었다. 군단장의 지위를 빼앗기지 않았는데도 완전히 풀이 죽어 있었다. 리지웨이는 새로 부임한 사령관으로서 자신이 어떤 규칙을 세웠는지 분명히 알려주었고 앞으로는 알몬드가 제멋대로 행동하는 것을 용납하지 않겠다고 엄포를 놓았다.[7]

전투부대의 개혁은 각 부대 지휘관들로부터 시작되었다. 제9군단장이었던 존 콜터 소장은 청천강 근교에서 벌어진 전투에서 처참하게 무너진 탓에 3성 계급장을 받고 도쿄 사령부의 사무직으로 물러났다. 마치 승진하는 것처럼 보이긴 했지만 고위 장교가 전투에서 실패한 경우 그의 평판을 보호하고 불명예를 최소화하는 육군의 방식이었다. 그렇게 해야만 육군에게 실패란 없다는 주장을 정당화할 수 있었다. 리지웨이는 제1군단장이자 친구였던 프랭크 밀번도 즉시 해임하지 않았다. 그러나 사람들은 밀번이 운산에서 참패한 것에 대해 일정 부분 책임을 져야 한다고 생각했다. 그래서 리지웨이는 자기 본부를 밀번 본부 근처로 옮긴 다음 그가 더 공격적으로 적을 대하도록 채찍질을 가했다.

리지웨이가 나타나면서 부대 분위기는 크게 달라졌다. 본부 장교들 사이에서 그는 "저녁식사를 하러 나타나는 사람" 혹은 "감히 상상도 할 수 없는 명예를 가진 사람"으로 통했다. 맥아더는 단 하룻밤도 한국에서 보내지 않았으며 탁상공론만 늘어놓았다. 이와는 대조적으로 리지웨이는 한시도 전장을 떠나지 않았다. 부하 대원들에게 자기도 그들과 동고동락하고 있음을 보여주었으며 하급 장교들이 함부로 거짓말을 해서는 안 된다는 인식을 심어주었다. 그가 한시도 전장을 떠나지 않았기 때문에 모든 부대원과 장교들은 늘 최선을 다하는 모습을 보여야 했다. 나중에 한 군단 참모는 그 시절을 회고하면서 이렇게 말했다. "리지웨이는 아침 브리핑에 한 번도 빠지지 않고 참석했습니다. 하루 종일 부대원들 옆에 있다가도 밤에 막사로 돌아오면 그날 벌어진 모든 일을 일일이 보고해야 했습니다. 부대의 배수 현황처럼 아주 시시콜콜한 것까지도 빠뜨릴 수 없었습니다." 리지웨이는 밀번을 제외하고 자기 명령을 전달하는 역할을 하던 대리인들을 모두 해산시켰다. 또한 작전참모 존 제터(John Jeter) 대령과 함께 브리핑에 참석했는데, 이 자리에서 당시 군단 활동에 대한 불만을 서슴없이 표명했다. 리지웨이가 군단이 어떤 공격 계획을 가지고 있는지 묻자 제터는 아무 계획도 없다고 대답했다. 예상대로 제터는 즉시 해임되었고 그 소문이 제8군 전체에 퍼졌다.[8] 밀번이 아니라 제터를 해임시킨 것은 부당한 일이었는지도 모른다. 하지만 한국전쟁 당시에 공정한 처사를 기대하는 것은 애당초 말도 안 되었다. 곧이어 또 다른 사단장 세 사람이 귀향길에 올랐다. 물론 그동안의 업적을 치하하는 훈장을 받고 그러한 위신에 어울리는 새로운 임지를 받긴 했다. 어쨌든 제8군은 더 이상 후퇴할 수 없었다. 리지웨이는 부대원들이 어떻게 생각하든 관계없이 무조건 밀고 나가기로 결심했다. 그 후 사람들은 그를 "제멋대로 밀어붙이는 리지웨이"라고 부르며 불만을 표시했다.

또 한 가지 이들이 해야 할 일은 적을 이해하는 것이었다. 인종차별적인 사고방식으로 황인종의 군대라고 무조건 깔보고 멸시하던 시절은 이제 옛이야기가 되었다. 당대 대부분의 고위 장교들과는 달리 리지웨이는 정찰 활동을 매우 중시했다. 당시 미군은 정찰 업무를 대수롭지 않게 여기는 경향이 있었다. 그래서 정찰 업무는 그동안 실적이 뛰어나지 않은 사람들, 상을 받을 만큼 지휘력이 돋보이지 않은 사람들에게 할당되었다. 때로는 정찰 부대의 하위 계급에 영리한 인재들이 몰리기도 했으나 상관들이 그들보다 못한 경우가 많았다. 당시 미 육군은 막강한 군사력과 군수품만 있으면 어떤 적이라도 단번에 제압할 수 있다고 믿고 정찰 업무를 부수적인 것으로 여겼던 것이다.

리지웨이가 정찰 업무에 집착한 데는 몇 가지 이유가 있었다. 우선 본인이 정보 수집 및 분석에 탁월한 재능이 있었다. 사실 리지웨이는 잘 알려진 실력과 지휘관들보다 훨씬 머리가 좋은 사람이었다. 게다가 천성적으로 보수적인 편이라 정보가 많을수록 아군이 희생될 가능성이 줄어든다고 생각했다. 공수부대에서 근무할 때 언제나 제한된 무기를 가지고 위험을 무릅쓰며 적군 기지를 공격했고 대규모 적군에 항상 수적으로 열세를 겪었던 탓도 있었다. 로마 점령 시 바돌리오 장군과 연합하는 데 우려를 표한 것은 바로 정보 때문이었다. 조지 앨런은 베트남에서 CIA 영관(領官)으로 근무하며 수 주간 매일 리지웨이에게 상황을 보고하는 일을 맡았다. 1954년 당시 인도차이나반도에서 전쟁은 절정으로 치닫고 있었다. 그는 평생 리지웨이처럼 예리하고 까다로운 상관을 만나보지 못했다며 혀를 내둘렀다. 유럽에서 드와이트 아이젠하워의 오른팔 같은 존재였으며 후에 CIA 국장이 된 월터 베델 스미스(Walter Bedell Smith)조차 리지웨이에 비할 수준은 아니었다. 리지웨이는 아주 작은 것에도 정확성을 기했기 때문에 상황 전체를 꿰뚫어보는 능력이 탁월했다.[9] 인도차이나에서 벌어지는 전쟁에 개입하는 것이 어떤 의미인지를 설명한 보고서에서 그 점이 확연히 드러났다. 그가 50만 내지 100만 명의 군인과 40여 개의 공병 대대를 비롯해 대대적인 징병 인력 확대를 예상한 덕분에 미국은 한동안이나마 그 전쟁을 거리를 두고 바라볼 수 있었다.

한 관계자는 찰스 윌러비가 리지웨이의 등살을 한 시간도 버티지 못했을 거라고 말했다. 맥아더와 윌러비 때문에 한국전쟁에서 밀려나 있던 CIA는 곧 제자리를 찾았다. 제8군 사령부를 위시하여 지휘관들 사이에 적에 대한 경계심이 새롭게 생겼다. 전장에서 나타나는 중공군의 특징은 쉽게 파악할 수 있는 것들이었다. 우선 중공군은 용감무쌍하고 전투에 강한 군인들이었다. 그중에서 몇몇 부대와 사단장들은 특출한 전투력을 과시했다. 따라서 이들의 위치를 파악하는 것이 시급했다. 리지웨이는 두각을 드러낸 부대와 사단장들에 대해 본격적인 연구에 돌입했다. 동양인의 심리 운운하며 과거의 선입견에 의존하는 태도는 더 이상 찾아볼 수 없었다. 발등에 떨어진 문젯거리는 한두 가지가 아니었다. 하룻밤에 몇 킬로미터나 진군할 수 있는가? 일단 전투가 시작되면 명령을 얼마나 충실히 수행해낼 것인가? 각 전투마다 투입할 수 있는 식량과 탄약의 양, 즉 최대한 버틸 수 있는 기간은 어느 정도인가? 리지웨이는 공산주의의 특징에 대해서는 이론과 실제 전장의 상황을 분리할 생각이었다. 가장 중요한 문제는 바로 전황을 아군에게 유리한 방향으로 유도할 수 있는가하는 거였다.

리지웨이는 이제 적에 맞서 전쟁을 벌일 장소를 신중하게 선정할 생각이었다. 우선 아침에 눈을 뜨자마자 린치가 조종하는 정찰기를 타고 최대한 낮게비행하면서 적의 동태를 살폈다. 적의 숫자가 그렇게 많다면 그들이 움직이는신호, 즉 그들의 존재를 알리는 증거가 있기 마련일 텐데 아무리 둘러봐도 눈에 들어오는 것이 없었다. 하지만 운산 전투 이후 11월에도 그랬던 것처럼 중공군의 흔적이 거의 없다는 사실 때문에 그들을 무시할 수는 없었다. 오히려그렇게 흔적 하나 남기지 않고 유령처럼 제멋대로 여기저기 돌아다니는 능력을 높게 평가해야 했다. 서서히 리지웨이는 중공군이 어떤 군대이며 어떤 방식으로 싸우는지 조금씩 깨닫기 시작했고 이를 토대로 그들에게 어떻게 대응할 것인지를 궁리했다. 중공군의 실력에 대해서는 아무도 이의를 제기하거나우습게 생각하지 않았다. 하지만 그들도 사람이었고, 경제적으로 매우 열악했기 때문에 군수 물자를 풍부하게 보급받지도 못하는 상황이었다. 기술적인 면에서도 한참 뒤떨어졌고 병참술이나 통신에는 취약점이 많았다. 중공군의 기습을 알리며 한밤중에 울려 퍼지는 나팔과 피리 소리는 등골을 오싹하게 만들었지만 전황이 급격히 변할 때 대처하는 능력은 현저히 떨어지는 게 분명했다. 돌파구가 보여도 즉시 그것을 자기들에게 유리한 쪽으로 활용하는 순발력이 부족하다는 건 치명적인 단점이었다. 그 점을 잘 활용하면 중공군 상당수를 쓰러뜨릴 수 있을 것 같았다. 또한 탄약이나 식량 보급이 제한적이라는 점 역시 주목했다. 그들에 비해 미군은 언제라도 군수품과 식량을 보급받을 수 있기 때문에 아무리 전쟁이 오래 지속되어도 버틸 힘이 있었다.

리지웨이는 한국에 오자마자 몇 주 동안 모든 부대원에게 중공군이 사용하는 전투 물자에 대해 모든 정보를 알아내라고 압력을 가했다. 1월 중순쯤 되자 적에 대해 거의 파악했다는 느낌을 받았다. 이번 전쟁은 누가 어디까지 상대방을 밀어붙이느냐에 따라 승패가 결정되는 것이 아니라 가장 유리한 고지를 선점하여 진지를 구축하고 상대편에게 최대한 많은 사상자가 발생하도록 유도하는 쪽이 이긴다는 생각이 들었다. 주요 작전 코드는 바로 '치명타'를 날리는 거였다. 그때부터 리지웨이는 매 전투마다 중공군에게 결정적인 손실을 입히는 데 초점을 맞추었다. 특정 시점이 되면 제아무리 많은 인구를 보유한 중국이라도 자국 군대의 적잖은 인명 손실에 어려움을 겪을 거라는 계산이었다. 그는 그런 순간이 한시라도 빨리 오도록 상대의 목을 조일 생각이었다. 이제 중공군도 손쉬운 승리에 자만하거나 대규모 기습 공격으로 승패를 가르려는 시도가 더 이상 효과가 없다는 사실을 깨달아야 할 시점이었다. 이번 전쟁이 갈수록 더 힘들어진다면 한 가지 심각한 질문을 고려해봐야 했다. 바로 이런 식으로 상대방의 목을 조이는 것을 어느 편이 더 효과적으로 해낼 것인가 하는 문제였다.

리지웨이는 중공군이 공격할 때 후퇴하는 것이 더 큰 화를 부른다는 것을 깨달았다. 중공군의 공격 작전에서 가장 핵심적인 요소는 적에게 기습 공격을 가하여 혼란에 빠뜨린 다음 후방에 미리 마련해둔 유리한 고지에서 달아나는 적군을 최대한 많이 쓰러뜨리는 것이었다. 어느 군대라도 후퇴할 때는 나약해지기 마련이지만 특히 미군의 경우에는 좁고 구불거리는 한국의 도로 사정상 여러 가지 중장비를 모두 챙겨서 달아나는 것이 정말 쉽지 않았다. 리지웨이는 군우리에서 맛본 처참한 패배가 그토록 크게 기록된 이유는 중공군이 워낙 대단한 실력을 갖추었거나 수적으로 비교가 안 될 정도로 우세했기 때문이 아니라고 생각했다. 아군은 북쪽으로 치우쳐 있었고 그 밖에도 여러모로 불리한 상황에 처해 있었다. 하지만 밤에도 경계태세를 늦추지 않고 각 부대가 측면 부대와 더불어 긴밀한 방어태세를 구축했더라면(그리고 한국군이 자기들을 보호해줄 거라고 무작정 기대지 않았더라면) 당시 전투 결과는 달라졌을지도 몰랐다. 군우리에서도 아군은 공군력을 동원하여 중공군이 지칠 때까지 버틸 군수품을 보급받을 수 있었다. 이번에 리지웨이가 세운 전략에는 공수부대에서 오랫동안 훈련받은 것이 가장 중요한 요소로 작용했다. 그는 불굴의 의지를 가지고 탄탄한 전투력으로 모든 부대원의 사기를 고무시킨 후에 적의 공격에 대응할 생각이었다. 전쟁 초반에 존 마이클리스 대령이 이끌던 제27울프하운드연대가 다른 연대에 비해 성공적인 기록을 남긴 원인이 바로 거기에 있다고 생각했다. 마이클리스는 공수부대 출신이었으며 부대의 연합을 유지할 수 있으면 부대가 고립되는 것쯤은 대수롭지 않게 여겼다. 그는 언제라도 공군으로부터 물자와 인력을 다시 공급받을 수 있다는 것을 알았다.

리지웨이가 원한 것은 제8군을 다시 북쪽으로 진군시키는 것이었다. 물론 부대의 사기 진작 외에도 그렇게 해야 할 이유는 많았다. 1월 중순이 되자 리지웨이는 마이클리스의 부대를 수원으로 보내 본격적인 준비에 착수했다. 그는 참전 부대원들의 명예를 위해 이번 첫 공격 작전을 울프하운드 작전이라고 명명했다. 마이클리스와 리지웨이는 한국전쟁 발발 전부터 알고 지냈지만 그리 가까운 사이는 아니었다. 마이클리스는 리지웨이가 사납고 튀어나온 눈

으로 자기를 쳐다볼 때면 그 눈빛이 몸을 뚫고 지나가는 것 같았다고 고백할
정도로 주눅이 들어 있었다. 리지웨이는 한국에 온 지 며칠 지나지 않아 그를
불러들였다.

"마이클리스, 자네는 탱크가 왜 있다고 생각하나?"라는 질문이 날아왔다.

"적군을 죽이기 위해섭니다."

그러자 리지웨이는 "자네 탱크를 끌고 수원으로 가게."라고 말했다.

"알겠습니다. 그리로 가는 것은 어렵지 않습니다. 하지만 중공군이 언제나
우리 뒤에 나타나 퇴각로를 차단하기 때문에 다시 돌아오는 건 생각보다 훨
씬 어려울 것 같습니다."

"누가 다시 돌아오는 걸 걱정하라고 했나? 그곳에 가서 24시간을 버틸
수 있으면 그때 자네가 속한 사단 전체를 그리로 보낼 거야. 그 사단이 다시
24시간을 버텨내면 군단을 보내겠네." 그 순간 마이클리스는 이번 전쟁이 새
로운 국면으로 접어들었다는 생각이 들었다.[10] 실제로 중공군이 전혀 눈치 채
지 못하는 사이에 지금까지와는 전혀 다른 성격의 유엔군이 한국에 들어오고
있었다.

제9부

—

중공군과 싸우는 요령

The Coldest Winter

제 38 장

이름뿐인 서울 재탈환

1951년 2월 중순에 쌍굴 터널과 지평리, 원주에서 벌어진 세 차례
의 전투에서 중공군은 상대편의 지휘 체계가 확연히 달라졌다는 걸 알았다.
이전과는 비교할 수 없을 정도로 많은 변화가 생긴 것 같았다. 하지만 두 나라
의 군대가 그곳에서 충돌하기 전에 이미 중공군의 지휘 체계에는 심각한 균
열이 발생한 상태였다. 첫 번째 균열은 1950년 9월과 10월에 중국의 군사 지
도자들과 정치 지도자들 간의 토론에서 비롯했다. 이때 마오쩌둥은 전쟁 개입
문제를 심각하게 고려하던 중이었다. 당시 린뱌오 장군은 전 세계적으로 잘
알려진 미군의 우수한 전투 장비에 감히 대항할 수 없다며 전쟁 개입을 강력
하게 반대했다. 그는 미군 1개 사단의 전투력이면 중국 1개 사단의 열 배 내
지 스무 배를 능가하고도 남을 거라고 주장했다. 다른 군 지휘관들도 린뱌오
의 주장에 전적으로 동의했다. 미국의 웅장한 산업 기반만 생각해봐도 미국과
중국 사이에는 쉽게 뛰어넘을 수 없는 근본적인 기술적·물질적 격차가 엄청

나고, 당시 중국의 재정 상태로는 군수품을 계속 보급하는 것만으로도 심각한 위기가 발생할 거라는 게 이들의 주장이었다.[1]

린뱌오 장군이 건강을 핑계로 지휘관 자리를 고사하기 전에 그런 주장을 펼쳤다는 사실은 당시 국내에서 가장 높은 위치에 있던 정치인들은 물론이고 군대의 주요 사령관들 모두 비슷한 두려움을 안고 있다는 증거였다. 물론 근본적으로는 그들 모두 정치가라고 할 수 있었다. 다들 항상 정치적인 현실을 우선시해야 하며 군사적인 문제는 부차적으로 다룬다는 걸 기본 원칙으로 삼았다. 이것이 길고 힘겨운 내전을 이겨낼 수 있었던 비결이었다. 장제스의 군대로부터 여분의 무기를 빼앗아 쓸 수 있었기 때문에 부족한 무기를 채울 능력이 부족했던 것은 별 문제가 안 되었다. 전쟁도 확고한 정치 원리에 기반을 두는 것이 이들의 원칙이었다. 하지만 국공내전은 농민들이 충성을 다하는 중국 땅에서 일어났던 일이었다. 동일한 원칙이 외국에서도 그대로 적용될지 어떨지는 아무도 예측할 수 없었다. 물론 한국도 비교적 가난한 농사꾼이 많은 아시아 국가였으며 적어도 북한에게 중국은 공산주의라는 같은 이념을 표방하는 형제 국가였다. 정치인들이 다른 사람들보다 현실을 더 정확히 파악하는 특성이 있다면 펑더화이 같은 군사 전문가들은 전쟁터의 생리를 누구보다 잘 알았다. 그러나 중국 내전 동안에는 이러한 정치적·군사적 이념이 서로 잘 어우러졌지만 한국전쟁에서는 그렇지 못했다. 대부분의 한국인의 눈에 중공군은 그저 외국에서 온 침략자로서, 외모에서부터 식민지를 탐하는 분위기가 물씬 풍겼다.

청천강 근처에서 몇 차례 전투를 벌인 후에 마오쩌둥은 자신감이 충만했다. 반면에 펑더화이는 미국이 바보같이 제 발로 덫 안으로 걸어 들어온 덕분이라는 사실을 알고 있었다. 그는 자기 부대가 남쪽으로 내려갈수록 마음이 불안해졌다. 공군의 엄호도 없고 애초부터 군수품 보급이 어렵다는 걸 알았기 때문이다. 하지만 마오쩌둥은 자기 예상대로 미군이 움직인다는 생각에 기세가 등등했다. 그가 보기에 자본주의의 졸개들은 마지못해 원하지 않은 전쟁에 끌려와 있었다.

중공군이 남쪽으로 내려가면서 마오쩌둥이 더 공격적인 전략을 밀어붙일 때면 펑더화이는 머리를 가로저었다. 그러면서 한리친(Han Liquin) 소장에게 마오쩌둥이 성공에 너무 도취된 것 같다며 불만을 토로했다.[2] 마오쩌둥보다 훨씬 더 보수적이었던 펑더화이가 보기에는 앞에 어려움이 많다는 신호가 곳곳에 널려 있었다. 거대한 부대에 식량을 보급하는 것만도 엄청난 문제였다. 사실 12월 내내 중공군은 미군이 후퇴하며 버리고 간 배급 식량에 의존하며 버티는 실정이었고 이제 중공군 절반이 배를 굶기 시작했다. 이 상태에서 남쪽으로 더 내려간다면 식량과 군수품 보급이 더 어려워질 것은 불을 보듯 뻔했다.

청천강에서 미군이 제대로 준비되지 않았을 때 기습 공격을 감행하기도 했고 미군 부대를 완전히 포위한 적도 있었지만 그때마다 미 공군의 지원 때문에 그들을 완전히 고립시키지는 못했다. [이 때문에 미군 고사포대원들 사이에는 실없는 농담이 유행하기도 했다. 전투기나 폭격기가 머리 위에 나타나면 그들은 'B-2'가 나타났다고 말했다. 당시 공군이 실제로 B-2 폭탄을 보유한 것은 아니었지만 눈치 없는 일부 군인들은 깜짝 놀란 표정을 지으며 "B-2가 뭔데요?"라고 물었다. 그럴 때면 어김없이 "만약 저들이 우리 편이 아니었더라면 큰일 날 뻔했다('would be too bad'에서 'be too'가 B-2와 발음이 같은 것을 이용한 말장난-옮긴이)는 뜻이지."라는 대답이 돌아왔다.][3] 이미 알려진 대로 미 공군의 파괴력은 대단했다. 이러한 공군력과 육군의 기동성 덕분에 중공군이 일부 부대를 고립시켜도 어김없이 구조의 손길이 내려오곤 했다.

심지어 군우리에서도 중공군의 완벽한 기습 작전과 미 육군 지휘관들의 무능력 덕분에 상황이 어려워졌으나 중공군의 예상과 달리 미군의 구조 작전은 발 빠르게 전개되었다. 하지만 중공군의 표현대로 제4차 공세, 즉 제4단계가 시작되자 중공군의 취약점은 명확하게 드러났다. 전장에 나와서 지휘를 하는 장교들과 후방에서 주요 결정을 내리는 정치인들 간의 갈등은 최고조에 달했다. 제1차 공세는 10월 24일부터 11월 5일까지 이어졌으며, 북쪽으로 진격하는 미군 부대를 앞에서 이끄는 한국군을 무너뜨린 다음 운산에 있는 기병연대를 공격하는 데 초점을 맞췄다. 제2차 공세는 11월 말부터 12월 초까지 이어졌으며 청천강에서 시작하여 장진호에 대기 중이던 해병대를 공격하는 데 주력했다. 제3차 공세는 공세 시작을 늦추려 했던 펑더화이와 이에 반대하는 마오쩌둥이 팽팽한 대립을 벌인 후 1월 초에 시작되었다. 펑더화이는 정치적인 야욕 때문에 중공군이 너무 숨 가쁘게 움직이다가 지칠까봐 걱정스러운 마음이 앞섰다. 어쨌든 3차 공세에서 중공군은 남쪽으로 후퇴하는 미군의 뒤를 바짝 쫓았으며 6개월 만에 남한의 수도 서울을 다시 손에 넣었다. 3차 공세는 끝날 무렵 중공군의 전방 부대는 북위 37도선까지 내려와 있었다. 제4차 공세는 1월 중에 시작될 예정이었으며 마오쩌둥은 이번에 총력을 기울여 부산까지 밀고 내려가려 했다.

하지만 남북으로 길게 뻗은 한반도의 지형을 따라 후퇴하는 미군을 뒤쫓는 동안 중공군은 그동안 미군을 고생시킨 문제들을 고스란히 떠안았다. 무엇보다 도로 상황이나 철도 여건이 열악했기 때문에 후방에서 군수 물자를 제대로 보급받는 것이 상당히 어려웠다. 달리 공군이나 해군의 지원을 받을 수 없는 상황이라 아주 심각한 상태였다. 미군이 북으로 밀고 올라갈 때는 공군의 공습을 두려워할 필요 없이 트럭이나 기차를 마음대로 사용할 수 있었다. 그리고 절박한 상황에는 공군이나 해군을 동원하여 탄약과 식량을 조달하는 것도 가능했다. 하지만 중공군의 경우 어마어마한 병력을 지원하려면 수송 차량이 턱없이 부족했고 기차나 트럭은 쉽게 미 공군의 공격 대상이 되곤 했다. 이제 마오쩌둥도 전쟁터에서 너무 멀리 떨어져 있어 그동안 미군이 얼마나 답답한 심정이었는지 이해할 수 있었다. 마오쩌둥은 초반에 북쪽으로 밀고 올라온 미군을 상대로 손쉽게 승리를 거둔 것을 잘못 해석했다. 하지만 일부 중공군 장교들은 또다시 그런 승리를 거두는 것이 쉽지 않을 거라는 걸 이미 알고 있었다. 위빈(于濱)이라는 역사가의 말에 따르면 마오쩌둥은 "초반 승리에 고무되어 중공군의 능력을 훨씬 넘어서는 목표를 이루려는 야욕을 품었다." 당연히 현실의 벽에 부딪히는 부담은 고스란히 펑더화이의 몫이었다.

어떤 면에서 보면 리지웨이에게 맞서기에 펑더화이만 한 적임자가 없었다. 전쟁에 대한 투지나 부대원을 대하는 태도나 방법 등 서로 약속이나 한 듯 비슷한 면이 많았다. 만약 두 사람의 운명이 바뀌어서 펑더화이가 유엔군을 이끌고 리지웨이가 중공군의 총사령관이었다 해도 상황은 비슷했을 것이다. 펑더화이는 부대원들의 필요에 큰 관심을 기울였기 때문에 유달리 부하들 사이에 덕망이 높았으며 군인다운 군인으로 인정받았다. 전투에서 승승장구할수록 그의 가치는 높아졌다. 종종 전 부대가 도보로 먼 거리를 이동할 때면 미군들이 '쿨리(coolie)'라고 불렀던 소작농들이 막대기를 엮어 만든 지게를 지고 짐을 날라주었다. 그럴 때 펑더화이는 직접 짐꾼들과 함께 지게를 지곤 했다. 그런 모습을 본 부대원들은 큰 감명을 받았고, 펑더화이는 물론이고 모든 부대원이 같은 인간이라는 사실과 서로 도우며 살아야 하는 이유를 절실히 깨달았다. 그는 조금도 가식이나 허세를 부리지 않아서 모든 부대원에게 존경을 받았다. 대장정 기간에 펑더화이가 두 번 정도 고열에 시달린 적이 있는데 이때 군인들은 그를 들것에 실어 나르면서도 이를 큰 영광으로 여겼다. 쓰촨(四川)에서도 펑더화이가 몸이 많이 아팠는데 부대원들은 그를 남겨두고 떠나려 하지 않았다. 그동안 자기들을 인간적으로 대해준 보답으로 군인들은 그를 극

진히 간호하고 어디든 함께 가려 했다.[4]

펑더화이는 매우 직선적이고 리지웨이 못지않게 무뚝뚝했다. 초반에 소작농의 티를 벗지 못했던 동료들이 국민당의 군대를 제패한 후 의기양양해하는 모습을 보면서는 흐뭇해했다. 뜨거운 물을 쓸 수 있는데도 찬물로 목욕하는 것을 좋아했는데, 원래도 찬물로 목욕을 했었고 소작농들은 다 이렇게 씻는다는 식이었다. 그의 생활 방식은 거의 수도승에 가까울 정도로 소박했으며 편의시설을 못 견뎌했다. 또 의사들이 처방한 최신 의약품보다는 약초를 사용해서 치료하는 것을 더 좋아했다. 식사도 굉장히 천천히 하는 편이었는데 늘 배고픔에 시달렸던 옛날을 추억하려고 일부러 느리게 먹었다. 이제는 주변에 먹을 것이 널려 있는데도 그는 여전히 옛 시절을 돌아보았다.[5]

펑더화이는 정치국 사람들이 알고 있는 것보다 훨씬 더 영리했다. 청천강 전투에서 승리를 거뒀다고 쉽게 자만하지도 않았다. 사실 그 전쟁이 벌어지기 전에도 한반도의 특이한 지형 때문에 미군이 한반도 북단에서 군수품을 보급받는 데 상당한 어려움을 겪을 거라고 예상하고 있었다. 전쟁 전에 그는 부대원에게 "군수품 조달에서 누가 이기느냐에 따라 이번 전쟁의 최종 승자가 결정될 것"이라고 말하기도 했다.[6] 이 때문에 처음 미군에게 전면 공격을 받았을 때 마오쩌둥을 설득해 최대한 북쪽으로 치우친 곳에 진지를 마련하고 미군에 맞서야 한다고 주장했다.

펑더화이는 11월에 어떤 좋은 일이 있었는지, 그리고 12월에 어떤 악재가 있을지 알고 있었다. 11월 말에 있었던 두 번째 공세가 성공한 후 그는 꽤 신중한 태도로 미군에게 남아 있는 전투력과 장진호 근처에서 벌어진 전투에서 자기 부대가 입은 손실을 정확히 가늠해보려고 노력했다. 해병대의 거센 반격은 자본주의자들의 군대를 얕잡아보던 마오쩌둥의 생각이 틀렸다는 걸 증명해주었다. 펑더화이는 고위 장교들 앞에서 종종 마오쩌둥에 대한 불만을 여과

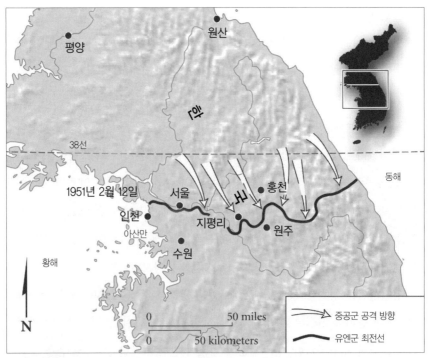

평양

원산

태백

38선

동해

1951년 2월 12일

서울

홍천

인천

지평리

원주

아산만

수원

황해

N

| 0 | 50 miles |
| 0 | 50 kilometers |

⇒ 중공군 공격 방향

━ 유엔군 최전선

19. 한반도 심장부에서 벌어진 전투.

없이 드러내곤 했다. 마오쩌둥을 가리켜 "전쟁의 기술에 대해 아는 척하기 바쁜 인물", "자칭 군사 전문가", "독단적인 시각에서 전쟁을 판단하는 사람"이라고 비판했다.[7] 12월에 소련과 북한은 펑더화이의 군대가 더 맹렬하게 미군을 추격해야 한다고 강력히 주장했으며 이 때문에 펑더화이는 굉장히 화가 났다. 소련은 지원군을 보내주지도 않으면서 그런 말을 서슴없이 내뱉었고, 인민군은 실수가 잦고 지휘관들의 실력이 형편없어서 실제 전투에서는 거치적거리기만 했다. 소련은 또한 펑더화이에게 직접 압력을 가하는 게 아니라 마오쩌둥을 닦달해서 미군을 더 강력하게 밀어붙여야 한다고 주장했다. 그런 태도에는 소련이 동일한 상황에 놓여 있다면 훨씬 더 공산주의자다운 면모를 전 세계에 보여줬을 것이며 더 용맹스럽게 싸웠을 거라는 의미가 담겨 있었다.

펑더화이는 각 부대 지휘관들의 귀에 못이 박히도록 군수품 보급의 중요성을 강조했다. 처음에는 약 30만 명으로 이루어진 부대의 지휘를 맡았으나 전투를 준비하는 동안 부대의 규모는 고무줄처럼 늘어났다. 그의 예상대로 군수품 조달은 형편없는 수준이었다. 12월에 부대원들에게 조달할 군수품을 나를 트럭은 기껏해야 300대 정도였다. 이 트럭들이 밤에 헤드라이트를 켜지 않고 달리면 고작 하룻밤에 30~40킬로미터밖에 갈 수 없었다. 따라서 탄약과 식량을 계속 공급받는 것이 가장 큰 문제였다. 중공군의 경우 대부분의 군수품 조달은 트럭이 아니라 인편에 의존했다. 배달원들은 엄청난 거리를 직접 걸어와서 남쪽으로 내려와 있던 부대원들에게 식량이나 군수품을 전달했고 돌아가는 길에는 부상병들을 데리고 갔다. 상황이 이렇다 보니 38선을 넘은 후 중공군은 굶어죽지 않을 정도로만 끼니를 때워야 했다. 주변에서 음식을 구하는 것도 쉽지 않았다. 중공군과 미군이 한반도에서 밀고 당기기를 하는 동안 양쪽 모두 농지와 농작물에 큰 피해를 입혔고, 결과적으로 후방에서 식량 조달이 가능했던 미군보다 중공군이 입은 타격이 더 컸다. 춥고 매서운 겨울이 되자 중공군은 더 이상 근처 마을에서 식량을 조달할 수 없었다. 마오쩌둥의 군사들을 바로 얼마 전까지만 해도 중국의 소작농들이라는 바다에서 마음껏 헤엄치던 물고기에 비유한다면, 이제 그들이 와 있는 곳은 예전 어느 때보다 상황이 열악하고 비참했다. 한국의 농촌 사람들은 미군이나 한국군을 볼 때처럼 중공군을 발견해도 그리 즐거운 기색이 아니었다. 전쟁이 발발한 후 자기들에게 유익하거나 도움이 된 것이 아무것도 없었기 때문이다. 그 결과 중공군은 심각한 영양실조에 시달렸다. 당시 쓰던 표현을 빌리자면 중공군은 "바짝 마른 밀가루 한 줌에 하얀 눈 한 움큼으로" 배고픔을 견뎌야 했다.[8] 옆에서 동료가 쓰러지면 앞 다투어 달려가서 남은 총알과 먹을 것을 가져가곤 했다.

1951년 1월 1일 날이 밝기 전에 중공군은 제3차 공세를 시작했다. 그러나 중국에서 온 식량은 필요한 최소 분량의 4분의 1밖에 되지 않았다.[9] 미군이 폭탄을 비 오듯 퍼부은 탓에 전투부대보다는 트럭 운전병들 중에 부상을 입은 사람이 훨씬 많았다. 부대원들의 굶주림은 여전히 심각했다. 2월이 될 때까지 이들은 여전히 열악한 조건에서 전투를 계속해야 했다. 고향을 떠난 지도 거의 두 달이 넘었지만 유엔군의 공습으로 잠시도 쉴 수 없었다. 전방에서 멀리 떨어진 안전지대에서도 사정은 마찬가지였다. 추위에 고생하며 시린 발을 움켜쥔 것은 미군도 마찬가지였다. 미군 장교들은 부대원들에게 양말과 발 관리를 잘하라는 잔소리를 입에 달고 살았다. 하지만 중공군의 경우에는 문제가 더 심각했다. 이들은 목이 긴 운동화를 신고 있었던 탓에 다들 심각한 동상에 걸려 있었다. 얼마 지나지 않아 꽁꽁 얼어버린 발이 부어오르면서 신발이 맞지 않자 수많은 중공군은 헝겊으로 발을 동여맨 채 전투에 나서야 했다.

이렇게 해서 제3차 공세가 시작되기 전에 마오쩌둥이 이끌던 엄청난 규모의 중공군은 여전히 서울 북부 지역에 머물러 있었다. 마오쩌둥은 한시라도 빨리 서울을 다시 탈환하여 선전하고 싶었지만 펑더화이는 군인들에게 휴식을 취할 시간을 주고 부대를 전체적으로 재정비할 시간을 벌기 위해 공격 속도를 늦출 방법을 찾고 있었다. 1950년 12월 8일 그는 마오쩌둥에게 전보를 보내 봄이 올 때까지 공격을 보류하는 게 좋겠다고 말했다. 또한 서울 북부 지역에서 전투를 벌이는 것이 유리하다고 생각했다. 그가 보기에는 미군이나 유엔군이 북쪽에서 벌어진 전투에서 그리 큰 손해를 입지 않았고 갈수록 참호를 파는 기술이 나아지고 있는 것 같았다. 그래서 무작정 서울 남부 지역을 철통같이 지키고 있는 적에게 덤비는 것은 무모한 짓이라는 결론을 내렸다. 펑더화이가 보기에 서울 탈환이라는 작은 정치적 승리를 위해 중공군 전체를 위험에 빠뜨리는 것은 군사적인 관점에서 볼 때 말이 안 되는 행동이었다. 하지만 마오쩌둥의 생각은 전혀 달랐다. 소련이나 김일성도 마찬가지였다. 원래 마오쩌둥이 이번 전쟁에 개입한 이유가 전 세계(특히 오랜 기간 소련의 주도권 아래 있던 공산주의 세계)의 유익을 도모하기 위해서였다면, 이제는 서서히 새로운 중국 정부의 자만심과 허영심이 모습을 드러내기 시작했다.

이렇게 해서 전쟁 초반에 거둔 예외적인 승리가 서서히 펑더화이의 목을 조여오기 시작했다. 첫 승리에서 중공군이 보여준 성과 때문에 승리에 대한 기대감만 높아졌다. 소련은 북한에 파견한 대사를 통해 펑더화이에게 계속 밀고 내려가라는 압력을 가했다. 소련이 공군 지원을 약속하고 지키지 않는 것을 생각할 때 펑더화이는 소련의 종용에 더 큰 실망감을 느꼈다. 소련은 자기들이 그랬던 것처럼 전쟁터에서 용맹을 떨쳐 보이라고 요구했다. 중공군의 목숨이 희생되는 것은 아무 상관이 없다는 식이었다. 마오쩌둥이 원하는 것도 소련과 거의 다를 바 없었다. 전 세계의 이목이 집중되어 있다는 이유로 마오쩌둥은 서울을 탈환하여 상징적으로나마 정치적 승리를 거두는 게 아주 중요하다고 생각했다. 게다가 마오쩌둥은 미군을 아주 우습게 여겼다. 초반 승리에 기세가 등등해진 그는 미군이 국공내전에서 맞섰던 국민당 군대보다 보잘것없다고 생각했다.[10] 그 무렵 미국의 동맹국들과 트루먼 정부의 고위 관료들은 38선에서 휴전을 하기 위해 협상하는 문제를 논의 중이었다. 하지만 마오쩌둥은 탐탁지 않았다. 적이 협상을 원한다는 건 그들이 밀리고 있다는 반증이었다. 따라서 적이 완전히 무릎을 꿇기 전에 방도를 찾으려는 심산이라는 생각이 들었다. 이렇게 무모하게 휴전을 강행하려는 것은 속임수라는 생각도 들었다. 12월 13일에 마오쩌둥은 펑더화이에게 전보를 보내 적을 계속 추격하지 않으면 정치적으로 여러 가지 위험이 발생한다고 강조했다. 지금 공격을 늦춘다면 전 세계인들이 중국이 허약한 나라라고 생각하게 될 거라며 펑더화이를 위협했다.

12월 19일이 되자 펑더화이의 답신이 도착했다. 그는 "다른 이들이 신속한 승리를 바라는 비현실적인 낙관론"을 제기하고 있으나 이를 경계해야 한다고 주장했다. 다른 이들이란 소련과 김일성 그리고 마오쩌둥을 암시하는 표현이었을 것이다. 그 대신 펑더화이는 다음번 본격적인 공격을 감행하기 전에 일정 기간 휴식을 갖겠다고 제안했다. 하지만 마오쩌둥은 펑더화이가 제시한 일정보다 6주나 앞당겨서 1월 초에 진군을 감행하려 했다. 물론 펑더화이가 제안한 대로 조정한 사항들도 몇 가지 있었지만, 위빈이 기록한 것처럼 최종 협상은 마오쩌둥이 원하는 방향에 맞춰졌다. 그 때문에 "마오쩌둥이 세운 정치적인 목표는 중국인민지원군의 능력을 훨씬 넘어섰다."[11]

마오쩌둥은 원하던 바를 손에 넣었다. 12월 31일에 펑더화이의 부대는 공격을 감행했고 결국 38선에 도달했다. 그렇지만 이번에 미군의 퇴각은 굉장히 용의주도했으며 사상자도 거의 발생하지 않았다. 중공군의 이번 공격은 리지웨이가 한국에 들어온 지 며칠 지나지 않아 시작되었고, 그는 한국군의 대응을 보고 화가 머리끝까지 치밀었다. 한국전쟁에 대한 기록에서 리지웨이는 이렇게 기술했다. "정말이지 실망스럽기 짝이 없는 광경이 펼쳐졌다. 한국군 병사들은 너도나도 트럭에 올라타고 정신없이 달아났다. 지휘관도 무기도 상부 명령도 없는 아수라장이었다. 무작정 걷는 이가 있는가 하면 모든 차량을 제멋대로 가져다 썼다. 가능한 한 중공군에게서 멀리 달아나야 한다는 생각에만 정신이 팔려 있었다. 소총과 권총은 오래전에 던져버렸고 각종 무기와 박격포, 기관총 등도 다 내버린 상태였다."[12] 딱 한 가지 마음에 드는 게 있다면 군우리 전투에서 퇴각할 때와 달리 미군 부대의 무기 손실이 거의 발생하지 않았다는 점이었다.

한 가지 중요한 질문이 제기되었다. 이들은 서울까지 밀려 내려오고 말 것인가? 리지웨이는 한강에 공병들이 임시로 만들어놓은 교량에 적잖은 무리가 갈 거라는 점을 무시해서는 안 된다고 생각했다. 교량이 언제고 무너질 수 있는 상황에서 일부 부대원들을 한강 북쪽에 고립시키는 것은 지나치게 위험한 발상이었다. 그 어느 때보다 공격을 퍼붓고 싶은 생각이 간절했으며 부대원의 사기가 한껏 올라간 상황이라 쉽게 결정을 내릴 수 없었다. 하지만 서울을 포기하고 일단 남쪽으로 내려가는 것 외에는 도리가 없었다. 1월 3일, 리지웨이는 존 무초 대사를 통해 이승만 대통령에게 남한 정부를 다시 한 번 남쪽으로 피신시킬 계획이라고 통보했다. 또한 그날 오후까지 부대 이동을 위한 교량 외에는 한강에 만들어놓은 교량을 모두 부술 예정이므로 신속하게 움직여야 한다는 말도 잊지 않았다. 1월 4일에 서울은 또 한 번 화염에 휩싸였고 한강에 놓였던 교량들은 모두 폭파되었다.

제3차 공세는 대성공을 거둔 것처럼 보였다. 분명 이번 일로 펑더화이는 앞으로 더 많은 승리를 거둬야 한다는 압박감을 느꼈을 것이다. 어쩌면 베이징 정부에 있던 일부 사람들은 펑더화이가 지나치게 조심했던 것은 아닌가 하고 의심했을지도 모른다. 마오쩌둥은 소련이 중국인을 멍청하고 소심하다고 생각할까봐 안절부절못했다. 그 후 10년간 소련과 중국의 관계는 큰 변화를 겪었다. [소련 공산당 제1서기 니키타 흐루쇼프는 탈(脫)스탈린 정책을 추진했고 중국은 소련의 수정주의를 강하게 비난했다.] 하지만 당시만 해도 중국은 여전히 입증되지 않은 하급 동맹국에 불과했으며 중국을 판단할 권리는 소련에 있었다. 따라서 소련이 마오쩌둥을 자극하는 일은 식은 죽 먹기였다. 베이징에 와 있던 소련 측 대표들은 계속 미군을 추격하라고 마오쩌둥에게 압력을 가했다. 김일성도 마찬가지였다. 그는 자기 본부로 펑더화이를 불러들여서 미군을 좀 더 용맹스럽게 추격해달라고 부탁했다.

펑더화이는 순간 치밀어 오르는 감정을 겨우 누르고 미군이 완전히 패한 것이 아니라고 말했다. 김일성이 생각하는 것보다 미군의 세력은 아직 건재했다. 어쩌면 중공군을 좀 더 남쪽으로 유인한 다음 또 다른 곳에서 육해군 합동 상륙 작전을 펼쳐서 독 안에 든 쥐처럼 만들려는 계획을 짜고 있는지도 몰랐다. (과거의 실수를 돌이켜보면 이런 가능성도 완전히 배제할 수 없었다.) 그런데도 서울 재탈환이 대대적으로 보도되면서 중국 전역에는 이번 탈환을 자축하는 물결이 이어졌다. 1월 말이 되자 마오쩌둥은 다음 작전을 전달하며 펑더화이의 군대라면 적군 2~3만 명을 해치우는 것쯤은 문제없을 거라는 기대를 내비쳤다. 전쟁의 승리에 흠뻑 취할 생각에 지난 몇 주간 펑더화이가 보고한 내용은 조금도 신경을 쓰지 않는 게 분명했다.

제 3 9 장
원주에 감도는 전운

2월 초순에 중공군과 미군은 한반도의 심장부에서 결정적인 대결을 벌이기 일보 직전이었다. 리지웨이는 이번 결전을 학수고대했으나 펑더화이는 불안한 마음을 감출 수 없었다. 물론 펑더화이도 접전이 벌어진다면 산세가 험한 그 지역이 가장 적합하다고 생각했다. 만약 중공군이 이긴다면 유엔군으로서는 상황을 역전시킬 방도가 전혀 없을 거라고 예상했다. 그는 밤을 틈타 부대를 도보로 다시 한 번 산악 지역으로 이동시키려고 했다. 그러면 미군은 계곡 깊숙한 지역의 도로에 세워둔 차 안에서 추위를 피할 수밖에 없을 것이다. 바로 그때 원주-지평리 지역을 목표로 제4차 공세를 감행하는 것이 중공군의 계획이었다.

리지웨이의 정찰 업무는 나날이 좋아졌지만 여전히 부분적인 정보를 수집하는 수준에 불과했다. 중공군의 주요 공격이 곧 시작될 거라는 느낌이 들었다. 이번에는 아무래도 심장부 지역이 될 것 같았다. 하지만 정확한 공격 지점이 어디일지 어느 정도의 규모일지 가늠할 수 없었기 때문에 더 정확한 정보가 필요했다. 사실은 그보다 더 많은 정보가 필요했다. 리지웨이는 이미 제2사단을 전투 외 지역으로 옮겨놓은 상태였다. 그래서 2사단은 에드워드 알몬드가 지휘하는 제10군단 소속으로 넘어갔다. 사실은 제1해병사단장이 다시는 알몬드의 지휘를 따르지 않겠다고 선언하는 바람에 대신 투입된 거였다. 리지웨이는 제10군단의 서쪽 지역으로 기본 공격을 감행할 계획이었으며 제2사단이 자기 부대의 측면을 엄호하면 좋겠다고 생각했다. 그래서 폴 프리먼이 이끄는 제23연대는 전체 부대 위치에서 훨씬 오른쪽으로 치우친 곳에 자리했으며 앞으로 닥칠 전투에서 아주 중요한 역할을 담당하게 되었다.

리지웨이는 한국에 오자마자 몇 가지 업무를 곧바로 처리했다. 그중에는 제2사단을 재정비하는 일도 포함되었다. 로런스 카이저는 월튼 워커에 의해 해임되었고 그 자리에는 밥 매클루어(Bob McClure) 소장이 임명되었다. 하지만 에드워드 알몬드가 매클루어를 별로 좋아하지 않았기 때문에 사단장 자리에 37일밖에 있지 못했다. 짧은 재임 기간이었지만 그는 모든 부대원에게 턱수염을 기르라고 강력히 권했다. 사단 작전참모 존 칼리는 "매클루어는 일부 터키 병사들이 턱수염을 기른 것을 보고 그 모습이 전사처럼 아주 터프해 보인다고 생각했다. 그래서 미군들도 턱수염을 길러야 한다면서, 그렇게 하면 적이 미군을 더 혐오하게 된다고 말했다."라고 증언했다.[1] 하지만 알몬드는 군복과 얼굴 모두 깔끔하게 유지하는 것을 좋아했다. 그래서 매클루어가 해임되자마자 턱수염을 기른 이들의 모습도 더 이상 볼 수 없었다.

영등포에 대기하고 있던 부대는 12월 중순부터 서서히 뒤로 물러나기 시작했다. 그때 미국에서 새로운 부대와 최신 장비들이 속속 도착했다. 프랑스군으로 구성된 대대 하나가 12월 11일에 제23연대에 배정되어 부대 전체의 전투력을 크게 보강해주었다. 제1유격중대도 합류했다. 패배의 상처에서 아직 벗어나지 못하고 있던 제38연대는 네덜란드군으로 구성된 대대로 보강되었다. 군우리에서 쓰디쓴 패배를 당하고 2주가 지난 12월 15일에 제2사단이 다시 전투에 투입되어도 좋다는 허가가 떨어졌다. 12월 말에 제2사단은 횡성-원주 지역에 자리를 잡았다. 당시 고위 정보장교들은 중공군이 이번에 노리는 지역이 원주라는 소식을 계속해서 들었다.

원주는 삼각형 모양으로 자리 잡은 끔찍한 전쟁의 진원지 중 최남단에 자리했다. 이곳을 중심으로 횡성과 지평리는 제2, 제3의 주요 전략지로 평가되었다. 그중에서도 원주는 철도 및 도로의 중심지로 가장 중요한 거점이었다. 지평리 전투에 참여했던 안실 워커(Ansil Walker)는 중공군이 이 지역을 차지한다면 그곳에서 남쪽으로 160킬로미터 떨어져 있으며 낙동강방어선전투를 통해 이미 큰 피해를 입은 대구를 침공하기에 아주 유리한 거점을 얻게 될 거라 생각했다. 그렇게 되면 부산을 향해 곧바로 칼을 겨누는 것과 같았다. 펑더화이 역시 같은 생각을 품고 있었다. 그는 12월 27일에 열린 마지막 참모 회의에서 군인들의 사기를 돋우기 위해 최선을 다해야 한다고 강조했다. 사실 미군의 전투태세가 향상되었기 때문에 중공군 일부 병사들은 미군과 맞서는 것을 두려워했다. 펑더화이는 이번에 공격을 감행할 때에는 미군들이 "양떼처럼 힘없이 흩어질 것"이라고 장담했다. "우리의 문제는 서울이 아니라 부산이다. 부산이 아직 우리 손에 들어오지 않았다. 그곳을 향해 계속 진격해야 한다." 한리친 소장의 증언에 따르면 그 말이 떨어지자마자 회의실의 분위기는 크게 달라졌다. 펑더화이는 곧 지도 쪽으로 걸어가서 말을 이었다. "여기 원주에서 결정적인 전투가 벌어질 것이다. 원주에서 돌파구를 찾는다면 대구까지 가는 데는 아무 문제가 없다." 그의 말에는 이전에는 찾아볼 수 없었던 강한 확신과 굳은 투지가 담겨 있었다.[2]

1월 중순이 되자 리지웨이의 사령부에는 적군이 그 지역으로 쏟아져 들어오고 있다는 보고가 이어졌다. 에드워드 알몬드의 군단이 있던 곳에서 대부분의 전투가 발생했으나 그는 리지웨이만큼 정보에 깊은 관심을 보이지 않았다. 처음에 알몬드는 쏟아져 들어오는 적이 인민군일 거라고 생각했지만 알고 보니 엄청난 규모의 중공군이었다. 중공군은 (예전에 그랬던 것처럼) 밤에 도보로 이동했으며 정상적인 길로 다니지 않았다. 그래서 한동안 이들이 어느 정도 규모인지 파악할 수 없었다.

1월 25일은 리지웨이가 한국에 도착한 지 한 달가량 지난 시점이었다. 그는 드디어 선더볼트 작전이라는 이름으로 첫 번째 공격을 시작했다. 1군단과 9군단이 어깨를 나란히 하고 조심스럽게 진군했다. 중공군이 이들을 뚫고 지나가거나 후방이나 측면에서 공격하지 못하게 하려는 의도였다. 리지웨이는 방어선이 중간에 끊어지게 하거나 주요 지점에 한국군을 배치할 생각이 전혀 없었다. 선더볼트 작전의 목표는 아주 제한적이었다. 리지웨이는 북쪽으로 30킬로미터 정도 가서 한강의 남쪽 강둑에 도착하되 아주 조심스럽게 그리고 서서히 부대 규모를 늘리려 했다. 후방에서 부대를 더 보내려면 처음에 출발한 부대에 아무 문제가 없어야 했다. 리지웨이는 무조건 북쪽으로 밀고 갔다가 중공군의 규모를 과소평가했다는 것을 뒤늦게 알고 공격이 아닌 방어에 급급해하는 상황이 벌어지는 걸 원치 않았다.

알몬드가 제10군단을 데리고 진행하는 라운드업 작전은 2월 5일에 시작할 계획이었다. 하지만 이 작전을 시작하기도 전에 리지웨이는 심장부에 몰려드는 중공군의 규모가 날로 커지는 것 때문에 신경이 곤두섰다. 그 지역은 선더볼트 작전이 계획된 장소 바로 동쪽 편에 있었다. 리지웨이는 거기 나가 있던 아군이 수적으로 열세라는 걸 알고 있었지만 원주와 지평리가 중공군의 손에 넘어가는 것을 용납할 생각은 조금도 없었다. 결국 그는 1월 28일에 제23연대 소속 부대를 하나둘 지평리로 보내기 시작했다. 이들이 정찰을 시작한 지점은 쌍굴 터널이라는 곳이었다.

1월이 끝나갈 무렵 두 가지 서사적인 전투를 위한 무대가 준비되었다. 첫 번째 전투에서는 지평리에서 제23연대가 수적인 열세 속에서 공산군에 맞서 싸웠다. 두 번째 전투는 원주에서 몇 킬로미터 떨어진 곳에서 벌어졌는데 여기에는 제2사단 38연대와 9연대 그리고 187연대 전투부대 요원들이 투입되어 사단 4개 규모를 자랑하던 중공군과 맞붙었다. 둘 다 끔찍하기 짝이 없는 치열한 전투였으며 마지막 순간까지 어느 편이 이길지 예측하기가 어려웠다. 원주에서 벌어진 전투는 유독 격렬했는데 제38연대는 초반에 무지막지한 공격을 받아서 그들이 있던 곳은 '대학살의 골짜기'로 알려졌다. 두 전투는 서로 연관성이 있었지만 개별적으로 진행되었다. 지평리 전투는 한국에 와 있던 동맹국 지휘관들 사이에서 오랫동안 회자되었으며, 지금까지 볼 수 없었던 전술을 앞세운 가공할 만한 힘을 가진 적에게 맞서 싸우는 모범적인 방법으로 인정받았다. 반면에 원주에서 벌어진 전투는 승리로 끝나긴 했지만 알몬드 같은 몇몇 고위 장교들이 여전히 적을 과소평가하고 있다는 안타까운 사실을 보여 주었다.

1월 초에 리지웨이는 제23연대에게 원주를 방어하는 임무를 맡겼으며, 이로 인해 폴 프리먼과 제23연대는 처음으로 알몬드의 지휘를 받았다. 마음이 편할 리 없었다. 프리먼의 연대는 이미 원주 근처에서 몇 차례 전초전을 치르고 있었다. 프리먼과 알몬드는 1월 9일에 처음 대면했다. 원주의 남쪽에 있던 커다란 둔덕에는 대규모 적군이 몰려와 이미 참호를 만들어놓은 상태였다. 이번 전투에 배정된 대대는 2개였으며 그중 하나는 제38연대 소속으로 짐 스켈던이 지휘를 맡고 있었다. 그의 대대는 주요 도로의 왼쪽 편에 자리를 잡은 후 언덕 방향으로 진로를 탐색하고 있었으며 제23연대는 도로 오른편을 맡았다. 프리먼과 알몬드가 처음 만났을 때 전황은 그리 좋지 않았다. 원주를 방어하기에는 미군 병력이 턱없이 부족했기 때문이었다. 알몬드는 자기 측근을 확실하게 구분하길 좋아하는 사람이었다. 자기 말을 잘 따르는 장교들에게는 더 많은 선택권을 부여함으로써 능력만이 아니라 자신에 대한 충성심이 중요하다는 것을 거듭 강조했다. 그래서 알몬드는 실력이 출중해도 자기 말을 듣지 않는 장교들은 눈에 띄게 구박했다. 프리먼은 알몬드의 비위를 맞추는 스타일이 아니었기에 금방 눈 밖에 나고 말았다. 밥 매클루어가 여전히 명목상의 사단장이었더라면 군단장인 알몬드가 사단 지휘관 역할까지 도맡아 한다는 걸 프리먼이 좀 더 빨리 깨달았을 것이다. 프리먼은 알몬드를 만나기 전에 전투지역 가까이 가서 그곳 상황을 직접 확인했다. 그 후 프리먼은 알몬드, 매클루어, 군단 작전참모였다가 매클루어의 후임이 된 닉 러프너, 알몬드의 측근 알렉산더 헤이그(Alexander Haig)와 함께 스켈던의 부대가 전투를 벌이는 모습이 내려다보이는 언덕 위에 모였다. 알몬드는 프리먼에게 "여기 지휘관이 누군가?"라고 물었다.

"스켈던 중령입니다."라고 프리먼이 대답하자 그가 어디 있냐고 다시 물었다. 프리먼은 옆에 있는 둔덕에 있다고 대답했다.

"자네는 이곳 지휘관이 아닌가?"라고 알몬드가 다그치자 프리먼은 그곳에서 조금 떨어진 곳에 있는 다른 부대를 맡고 있다고 대답했다. 그러자 알몬드는 "그럼 자네는 여기서 뭘 하는 건가?"라고 쏘아붙였다. "제가 도움이 될까 해서 내려왔습니다." "흠, 원주로 돌아가는 길을 다시 뚫으려면 이곳 부대를 더 강화해야 하는 것 아닌가?" 프리먼은 2개 대대 병력만 활용하라는 명령을 받았다고 설명했다. 그 말은 곧 매클루어에게 책임을 전가하는 것과 같았다. 바로 그 순간 적의 박격포 공격이 시작되면서 다들 제자리에 바짝 엎드렸다.

프리먼은 그 덕분에 대화가 중단된 게 다행이라는 생각이 들었다.³

마침내 알몬드는 부하들을 이끌고 돌아가기로 했다. 언덕을 내려오는 길에 그들은 프리먼 부대 소속 병장을 만났다. 프리먼의 기억에 따르면 알몬드는 그에게 날씨가 꽤 춥다며 간단한 인사를 건넸다. "어찌나 추운지 오늘 아침에는 트레일러 안에 있던 물마저 꽝꽝 얼었더군." 그러자 그 병장은 "트레일러에 대야를 가득 채울 물까지 있으시니 참 좋으시겠습니다." 하고 응수했다.⁴ 알몬드로서는 추운 날씨에 고생하는 전우를 위로하려는 의도였겠지만 별로 기운을 북돋워주지 못한 것 같았다. 언덕을 내려가는 길은 빙판이라 한 걸음 한 걸음 옮기기가 쉽지 않았다. 결국 알몬드는 미끄러져서 엉덩방아를 찧었다. 프리먼이 손을 내밀자 "도움이 필요하면 내가 먼저 이야기하겠네."라며 거절했다. 프리먼은 첫 만남에서 알몬드와 가까워지기는 어렵겠다는 느낌을 받았다.

언덕을 다 내려오자 상황은 더 나빠졌다. 병사 하나가 장작을 패고 있었는데 자세가 영 어색했다. 알몬드는 즉시 일하는 자세가 어색하다며 제대로 하지 않으면 자기 발을 찍을지 모른다고 경고했다. 그러자 그 병사는 "차라리 그렇게 되면 좋겠네요. 그러면 이 지옥 같은 곳에서 빠져나갈 수 있을 테니까요."라고 대꾸했다. 프리먼은 알몬드에게 자기 점수가 더 깎였다는 것을 직감했다. 나무 뒤에 있는 참호에도 병사 하나가 숨어 있었다. 알몬드는 그에게 밖으로 나오라고 말한 다음 자기가 들어가서 그 병사의 소총을 가지고 나와서는 참호 안에 있으면 정확히 조준할 수가 없다고 말했다. 그는 프리먼에게 굉장히 못마땅한 눈초리를 보냈다. 그때 이후로 알몬드는 프리먼이 너무 약하고 소심해서 자기 부대를 강하게 휘어잡지 못한다고 단정 지었다. 그래서 프리먼은 알몬드가 마음만 먹으면 언제라도 해임시킬 수 있는 장교 1순위에 올랐다.

제23연대 부대원들이 자기 지휘관을 바라보는 관점과는 현격한 차이가 있었지만 이는 전혀 중요하지 않았다. 그때부터 프리먼은 군단 본부에서 요주의 인물이 되었다. 한편 알몬드 밑에 있던 대부분의 지휘관들처럼 프리먼 역시 군단장이 매번 자기가 세운 전술에 대해 위험할 정도로 자신감이 넘친다고 생각했다. 알몬드는 중대장으로서든 대대장으로서든 연대장으로서든 자기가 부하들에 비해 훨씬 나은 인재라고 굳게 믿었다. 알몬드에 대한 프리먼의 생각은 해병사단장 올리버 스미스의 생각과 거의 일치했다. 프리먼이 만나본 다른 고위 장교들과 달리 알몬드는 남의 말에 좀처럼 귀를 기울이지 않았다. 또한 어떤 명령이 떨어져도 무조건 한 가지 방식으로 대응하려 했다. 결과가 어떻게 되든 어떤 약점이 있든 상관없이 무조건 더 빠른 속도로 앞으로 밀고 나가는 것이 최상이라고 생각했다. 이 모든 상황 때문에 프리먼은 곤경에 빠졌다. 그의 연대는 사실상 공격을 준비하고 있는 중공군의 집중 포화를 받았다. 리지웨이는 중공군과 정면으로 맞붙을 필요가 있다고 생각했다. 2월 중순에 본격적인 충돌이 벌어지자 프리먼은 다행히 적군이 생각보다 그리 무시무시한 상대는 아니라는 생각이 들었다.

제40장
1차 쌍굴 전투

어떻게 보면 지평리에서는 두 가지 전투가 벌어진 셈이었다. 첫 번째 전투는 쌍굴 터널에서 벌어졌으며 중공군이 유엔군을 거의 압도하다시피 했다. 이 전투는 곧 지평리 전투로 이어졌다. 두 전투 모두 심장부를 가로질러 남쪽으로 이어지는 핵심 도로의 통제권을 얻으려는 더 큰 대결의 일부였다. 지평리는 서울에서 동쪽으로 약 80킬로미터, 38선에서는 남쪽으로 약 64킬로미터 떨어져 있었으며 원주에서는 북서쪽으로 15킬로미터 거리였다. 이 두 전투에 대해 놀라울 정도로 정확한 기록을 남긴 역사가 켄 햄버거에 따르면 쌍굴 터널은 "지평리에서 남동쪽으로 약 4킬로미터 떨어져 있었다." "철로가 갑자기 남쪽에서 동쪽으로 구부러지고 다시 남쪽과 동쪽으로 굽어지기 직전에 두 개의 융기선 아래 터널을 지난다. 터널 지역의 지형을 보면 대체로 두 개의 융기선이 있는데 둘 다 북쪽에서 남쪽으로 이어지며 계곡 바닥에서 약 100미터 정도 솟아올라 있다. 두 융기선은 북쪽으로 올라가면서 말발굽 모양으로 만나 하나의 도로로 합쳐지며 결국 지평리로 이어진다. 이 도로를 따라가면 계곡을 벗어나고 두 터널 사이에서 서쪽과 동쪽을 잇는 철도와 교차한다." 계곡은 동쪽에서 서쪽으로 약 500미터 정도 길이로 펼쳐지며 남쪽에서 북쪽까지의 길이는 약 1,000미터 정도였다. 높이가 약 500미터 정도 되는 높은 언덕 몇 개가 그 주변을 감싸고 있었다.[1]

미군 사령부는 지평리 인근 지역을 아주 중요하게 여기고 예의주시했다. 원주로 이어지는 길을 통제하는 데 도움이 될 거라고 생각했기 때문이다. 평더화이와 마찬가지로 미군 역시 통신망의 중심지인 원주에서 운명적인 전투가 벌어질 거라고 예상했다. 1월 말, 서쪽 지역에 있던 리지웨이의 부대가 처음으로 본격적인 정찰을 시작했고 제2사단은 동쪽에서 리지웨이의 부대 측면을 엄호하는 역할과 지평리 지역으로 이동하여 중공군 제42군의 위치를 파악하는 임무를 동시에 맡았다. 리지웨이가 보낸 정찰 요원들은 그 부대가 심장부 지역 어딘가에 숨어 있다고 확신했지만 정확한 위치를 파악하지 못한 상태였다. 전쟁 첫해에는 그런 점들이 가장 현격한 대조를 이뤘다. 미군은 중공군과 전투를 벌이기 바로 전날까지, 아니 사단 9개 규모의 적군이 바로 코앞에 몰려들 때까지도 그들의 위치를 파악하지 못했다. 그러나 반대로 한반도에서 미군 사단을 숨기는 것은 애완동물 가게에 하마를 숨기는 것만큼이나 쓸모없는 짓이었다.

쌍굴 전투는 세 단계로 이루어졌다. 정찰대가 먼저 나가고 뒤에 두 차례 전투가 이어졌는데 마지막 전투가 제일 치열했다. 리지웨이는 전쟁 초반부터 확실히 기선을 잡아야 한다는 생각에 선더볼트 작전을 1월 26일에 실시했다. 다음 날 모리스 펜더슨(Maurice Fenderson) 중위가 이끄는 첫 번째 정찰대가 쌍굴 터널로 진입했다. 펜더슨은 군우리 전투가 끝나자마자 제23연대로 전입하였으며 그 점에 대해 평생 고맙게 생각했다. 셔먼 프랫 대위가 이끄는 베이커중대에 부임한 그는 즉시 첫 소대를 배정받았고 환영식에 갈음하여 철로와 두 개의 터널이 있는 동쪽 지역을 정찰하고 오라는 임무를 받았다. 중공군 부대가 일부 남아 있다는 소식이 간간이 들려오던 지역인데 어쨌든 가서 돌아보고 오기만 하면 된다는 말만 들었다.

아무리 생각해도 이해가 안 되는 임무였다. 그가 정찰하려는 지역은 미군 방어선에서 북쪽으로 한참 올라간 지역으로 이미 적군이 장악하고 있었다. 매 순간 그는 어디선가 매복하고 있던 중공군이 와락 덮치지는 않을까 하는 두려움에 떨었다. 펜더슨은 고등학교를 졸업하자마자 열일곱 살에 제2차 세계대전에 뛰어들었다. 제70연대 소속이었던 그가 한 일이라고는 조지 패튼의 탱크가 프랑스 전역을 누비고 다닐 때 뒤를 따라다닌 것이 전부였다. 몸만 좀 힘들었던 그때의 기억과 달리 이번 정찰 임무는 긴장감이 극에 달했다. 아군 부대에서 멀리 떨어져 나온 것은 물론이요 전쟁이 이렇게 외롭고 처절한 것인지 미처 몰랐던 그에게 이번 정찰 임무는 힘들게만 느껴졌다. 아무리 불행한 일이 발생해도 주변에는 도와줄 사람이 아무도 없었다. 드디어 그의 정찰 부대는 터널에서 남쪽으로 조금 떨어진 곳에 도착해 아주 조심스럽게 정찰을 시작했다. 중공군이 거의 확실해 보이는 적과 마주쳤고 작은 총격전이 벌어졌다. 그는 즉시 진지로 돌아가기로 결정했다. 임무를 수행했다는 안도감에 더해 비교적 운이 좋았다는 생각이 들었다.[2]

다음 날 알몬드의 명령에 따라 프리먼이 더 큰 규모의 부대를 이끌고 그 지역을 다시 정찰하러 나갔다. 이는 쌍굴 전투의 두 번째 단계로 접어드는 행동이었다. 이번 작전 팀의 부대원들은 자신들보다 규모가 더 큰 적군과는 가능하면 교전을 피하라는 명령을 받았다. 두 중대 소속 부대원들이 파견되었다. 제임스 미첼(James Mitchell)이 지휘하는 제23연대 소속으로 최근에 재편성된 찰리중대 대원들, 그리고 바로 근처에 대기하고 있던 해럴드 뮬러(Harold

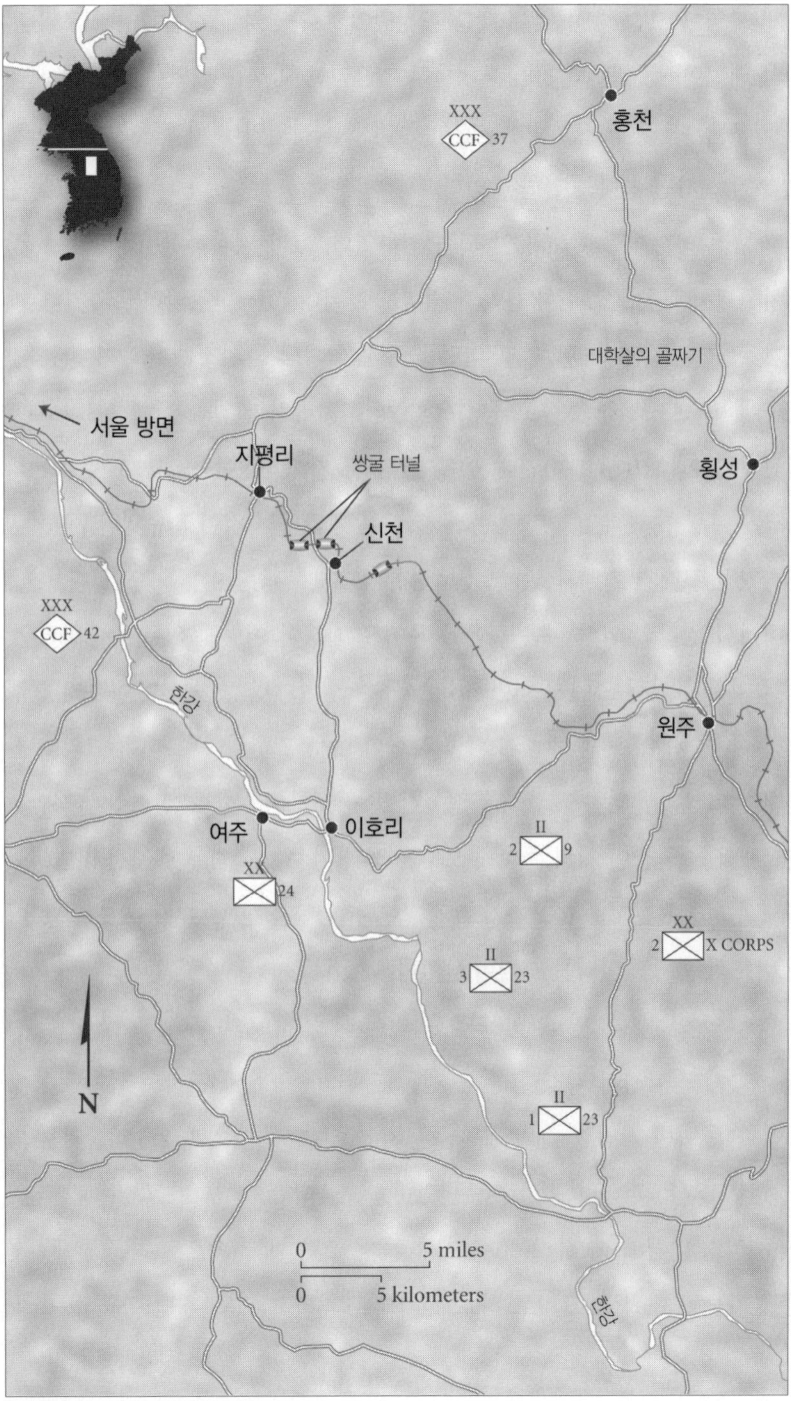

홍천
XXX
CCF 37
대학살의 골짜기
서울 방면
지평리
쌍굴 터널
신천
횡성
XXX
CCF 42
한강
원주
여주
이호리
II
2 9
XX
24
XX
2 X CORPS
II
3 23
N
II
1 23
0 5 miles
0 5 kilometers
한강

20. 1951년 1월~2월 쌍굴 터널-지평리 지역.

Mueller) 중위가 지휘하는 제24사단 21연대 중대원들이었다. 사실 찰리중대원들은 절반 정도가 신참이라 최근 몇 개월간 발생한 사상자 대부분이 이 중대 소속이라는 사실도 그리 놀랄 일이 아니었다. 이들은 예비 부대로서, 한반도에 도착하자마자 제대로 훈련을 받지도 못한 상태에서 전투보병으로 차출되었다. 두 부대 장병들은 이호리라는 마을에서 만나 24킬로미터 정도 떨어진 쌍굴 터널로 함께 가기로 결정했다.

두 부대를 합쳤다 해도 규모는 그리 크지 않았다. 장교 4명과 사병 56명이 전부였다. 하지만 그에 비해 브라우닝 자동 소총 8정, 대형 기관총 2정과 소형 기관총 4정, 로켓 발사기, 60mm 박격포 1문, 57 무반동총 1정과 75 무반동총을 비롯해 이들이 감당해야 할 중장비는 굉장히 크고 무거웠다. 전투가 벌어지면 부대원의 절반은 이런 무기들을 직접 발사하거나 그 옆에서 무기 제어를 도와야 할 판이었다. 게다가 4분의 3톤 트럭 2대와 지프 9대를 끌고 가야 했다. 이들의 머리 위에는 통신용 비행기 한 대가 날고 있었다. 이는 지상에 있는 대원들이 미처 발견하지 못한 중공군이 공격할 경우를 대비한 것이었다. 정찰기를 사용하면 진지와의 무선 통신이 훨씬 더 원활했으나 정작 정찰기와 땅에 있는 부대원들 간의 통신 상태는 안정적이지 못했다. 대대 작전장교 멜 스타이(Mel Stai) 대위 역시 이들과 함께 진군했다. 원래는 정찰대가 이호리를 떠날 때 대대로 돌아가기로 되어 있었지만 마음을 바꾸어 쌍굴 터널까지 함께 가기로 했다. 정찰기와 연락을 주고받을 무선 장치는 스타이가 탄 지프에만 있었다. 눈이 많이 내려 도로는 빙판으로 변했고 안개가 자욱한 전형적인 한국의 겨울 날씨여서 이들의 진군 속도는 느릴 수밖에 없었다. 오전 내내 탄착 관측기는 별 도움을 주지 못했다.[3]

예정보다 한참 늦은 시각인 정오가 다 되어서야 쌍굴 터널에 겨우 도착했다. 미첼은 터널로 연결되는 계곡의 남쪽 끝부분에 서서 뮬러가 자신을 발견할 때까지 기다렸다. 그때까지만 해도 모든 일이 순조롭게 진행되는 것 같았다. 미첼은 정찰대에서 45미터 떨어진 곳에 지프를 모두 세웠고 주요 무기를 실은 트럭들은 훨씬 더 멀리 세웠다. 지프가 적군의 공격을 받을 경우 트럭에 있는 부대원들이 도움을 줄 수 있게 하려는 의도였다. 켄 햄버거의 기록에 따르면 바로 이 순간에 머피의 법칙이 시작되었다. 이들이 멈춘 곳은 주요 도로가 북쪽으로 뻗어나가서 터널로 이어지는 지점이었으나 근처 신천이라는 마을에서 얼마 떨어지지 않은 거리였다. 정찰대가 늦어졌기 때문에 스타이 대위는 부대 전체의 이동 상황에 지장을 주지 않기 위해 직접 신천에 가서 상황을 둘러보겠다고 자청했다. 마을 근처까지 지프를 몰고 갔다가 길옆에 차를 세운 다음 탄착 관측기와 연결할 수 있는 유일한 무전기를 가지고 마을로 들어갔다. 이것이 크나큰 실수였다. 지프는 바로 폭격을 맞아서 운전병은 그 자리에서 사망했고 스타이 대위도 영영 돌아오지 못했다.

이렇게 해서 육로로 이동하는 부대와 하늘에 떠 있는 탄착 관측기 간의 통신은 완전히 두절되고 말았다. 비행기에 타고 있던 대대 작전장교 밀러드 엥언(Millard Engen) 소령은 적군이 453 고지 비탈길에서 미군 부대를 향해 빠르게 이동하는 것을 발견했다. 즉시 미첼 중위에게 연락하여 가능한 한 빨리 계곡을 빠져나오라고 말하려 했지만 통신을 재개하지 못했다. 눈 깜짝할 사이에 중공군이 몰려드는 바람에 더 이상 손을 쓸 여력이 없는 상황이었다. 탄착 관측기는 어쩔 수 없이 연료를 채우러 본부로 돌아가야 했지만 엥언은 연대 본부에 연락하여 정찰대가 전멸할 위기에 놓였다고 보고를 한 뒤에야 철수했다.

사실 정찰대가 광활한 계곡에 발을 들여놓은 순간부터 이들은 어마어마한 규모의 적군이 숨어 있던 덫에 제 발로 들어간 꼴이었다. 정찰대의 다른 부대원들과 함께 생포된 리처드 포클러(Richard Fockler) 일병에 따르면 점심을 먹으려는 찰나에 적군이 발사한 첫 번째 박격포가 터졌다. 바로 이어 총탄이 비

오듯이 쏟아졌다. 운전병들은 즉시 진행 방향을 돌려서 달아나라는 명령을 받았지만 도로가 너무 좁아서 트럭은 고사하고 지프조차 빠져나가기 힘든 상황이었다. 차량이 겨우 제대로 방향을 잡고 이동할 무렵 선두에 가던 지프가 포격에 맞아 망가졌다. 너무 놀란 운전병은 그대로 차를 멈춰버렸고 뒤에 오던 차들마저 꼼짝하지 못하는 상황이 벌어졌다. 바로 그때 중공군의 기관총이 지프에 무차별 총알 세례를 퍼부었다. 금세 고막을 찢는 굉음이 이어졌다. 라디에이터에서 냉각제가 콸콸 쏟아져 나오는 소리였다. 중공군이 사격을 시작했을 때 미첼과 뮬러 사이에 의견 충돌이 있었다. 뮬러는 정찰대가 전멸하는 걸 막을 유일한 방법은 높은 고지(마침 동쪽에 적당한 크기의 언덕이 보였다)에 올라가서 참호를 파는 거라고 생각했다. 하지만 미첼은 잠깐이나마 적군에 맞서 싸우면 돌파구를 찾을 가능성이 있다고 생각했다. 뮬러는 미첼에게 이렇게 소리쳤다. "저기 보이는 언덕으로 빨리 올라가야 합니다. 중공군이 반대편에서 새까맣게 몰려오고 있다고요. 그 길밖에는 방법이 없어요."[4] 하지만 중공군은 뮬러의 의도마저도 금세 파악하고 양쪽에서 몰려들어 정찰대를 포위했다. 언덕으로 내달리려면, 또한 시간을 지체하지 않으려면, 무기를 모두 버리고 최대한 몸을 가볍게 해서 도망쳐야 했다. 결국 이들은 로켓 발사기와 소형 기관총, 브라우닝 자동 소총 몇 정만 들고 달아났다.

그렇게 정찰대가 중공군에게 큰 봉변을 당한 날은 공교롭게도 래런 윌슨(Laron Wilson)이라는 젊은이의 스물한 번째 생일이었다. 그는 제23보병연대 3대대 본부중대 운전병이었으나 찰리중대에서 파견 근무 중이었다. 전날 나갔던 정찰대가 적군을 거의 보지 못했다고 말했기 때문에 이번 정찰 임무 역시 아주 쉬울 거라고 철석같이 믿고 있었다. 모든 임무에는 약간의 불확실성과 위험이 따르기 마련인 데다 부대에 아는 사람이 아무도 없다는 게 조금 불안했던 정도였다. 함께 차를 타고 갈 제24사단 소속 사람들은 모두 네 명으로 그와는 전혀 안면이 없었다. 소형 기관총을 들고 있는 그들의 모습을 보자 혼자라는 생각이 더 강하게 들었다. 제23연대 소속 다른 지프 운전병들 중에도 아는 사람이 하나도 없다는 사실을 상기하자 외로움이 더 커졌다. 사실 전쟁에 나가면 결국에는 자기 자신뿐 아니라 옆에 있는 전우들을 엄호해야 하므로 그들과 어느 정도 친분을 쌓기 마련이었다. 어쨌든 지금 상황은 결코 느긋하게 대처할 수 없는 상황이었다. 어디에서 작전을 수행하든 간에 중공군에게 포위될 가능성이 있었다. 게다가 중공군에게 포위되었다는 사실을 깨달을 때쯤이면 맞서 싸우거나 달아나기에는 너무 늦을 때가 많다는 것도 잘 알고 있었다. 제24사단 출신 부대원들은 모두 방금 한국에 도착한 양면 외투를 입고 있었다. 윌슨은 그들을 부러운 눈으로 바라보았다. 그 외투를 입은 사람들은 훨씬 따뜻해 보였고 한 면이 흰색이었기 때문에 눈이 덮인 지역에서 몸을 숨기기에도 훨씬 용이할 것 같았다.

윌슨은 솔트레이크시티 출신으로 1948년에 고등학교를 졸업하자마자 육군에 입대했다. 오래전부터 군인이 되고 싶었다. 윌슨이 아직 어렸던 제2차 세계대전 중에 미군 부대가 그가 살던 고향으로 행군할 때면 한 번도 놓치지 않고 거리로 달려가서 그 모습을 지켜보곤 했다. 근처에 육군 기지가 있어서 행군하는 모습을 자주 볼 수 있었다. 고교시절에 이미 군인이 되기로 마음을 먹은 윌슨은 ROTC에 지원했다. 그는 일 년 이상 제23연대에서 근무했다. 7월 말에 그의 부대가 미국을 떠나기 전날 밤은 공교롭게도 첫 번째 결혼기념일이었다. 그래서 윌슨은 부대의 허가를 받고 아내와 함께 인근 호텔에서 밤을 보냈다. 하지만 미혼이었던 직속상관이 그 사실을 알고 굉장히 불쾌해하면서 제대로 된 군인이라면 아내든 뭐든 부대에서 내준 것이 아니면 욕심을 내서는 안 된다고 말했다. 쌍굴 터널로 가는 길에도 그의 머릿속에는 이제 한 아이의 아버지가 되었다는 생각밖에 없었다. 불과 3주 전에 첫 아이 수잔이 태어났다. 그런데도 이역만리 타향에 와 있는 자신의 현실을 받아들이기는 힘들었다. 하지만 그는 이제 살아야 할 이유가 훨씬 더 많아졌다며 마음을 가다듬었다.[5]

월슨은 낙동강방어선전투에 참전했으며 군우리 전투에서도 살아남았다. 프리먼 대령을 존경했고 본부중대장 존 메츠(John Metts) 대위를 특히 좋아했다. 존 메츠는 그가 본 사람 중에서 가장 침착하고 온화한 사람이었다. 군우리 전투가 막바지로 치달을 무렵 모든 것이 다 무너져 내릴 것 같은 상황에서 월슨은 조리 기구를 분해하고 있었다. 중공군이 코앞까지 밀어닥치면서 긴장이 최고조에 달할 무렵 메츠가 나타났다. 메츠는 월슨에게 온몸이 얼어붙는 추위를 이길 수 있게 먹을 것과 커피를 내주고 자신도 커피 한 잔을 들고 옆에 앉았다. 바로 그때 갑자기 중공군의 총격이 시작되었다. 월슨 바로 옆에 있던 스토브 파이프에 두 개의 총알이 날아와 박혔고 월슨은 재빨리 땅에 엎드리느라 커피를 몸에다 쏟아버렸다. 하지만 메츠는 눈썹 하나 꿈쩍하지 않고 "두 발 더 날아온들 걱정할 거 뭐 있겠나?"라고 말했다. 두 사람은 겨우 그곳을 빠져나와 서쪽에 위치한 안주로 이어지는 길을 찾아냈다. 하지만 그들이 타고 있던 지프가 길 한복판에 주저앉아서 결국은 체인을 이용해 탱크에 연결해야 했다. 보기에 엉성해 보였지만 그래도 두 사람의 목숨을 구하는 데는 아무 문제가 없었다.

그날 이호리에서 쌍굴 터널로 가는 길은 계곡에 들어서기 전만 해도 비교적 평탄해 보였다. 하지만 곧 월슨의 귀에 혐오스럽기 짝이 없는 중공군의 나팔 소리와 피리 소리가 들려왔다. 오랜 세월이 흐른 뒤에도 월슨은 당시 상황의 전개 순서를 정확히 기억했다. 적군의 모습은 보이지 않았지만 나팔 소리와 피리 소리가 먼저 들리기 시작했다. 물론 아무 소리도 듣지 못했다는 사람들도 있었다. 그러다 갑자기 두 번 다시 생각하고 싶지 않을 정도로 끔찍한 혼란이 벌어졌다. 적군은 이들을 발견했지만 이들은 여전히 적의 모습을 전혀 보지 못한 채 전투가 시작되었던 것이다. 그야말로 최악의 상황이었다. 어느 장교가 목청이 찢어질 듯한 소리로 빨리 지프를 몰고 그곳을 빠져나가라고 소리쳤다. 정찰대 맨 앞에 있던 윌리엄 펜로드(William Penrod) 중위의 목소리일 거라고 생각했다. 그때 소리를 질렀던 장교는 정찰대가 진입한 계곡 입구 부분을 중공군이 잽싸게 차단했다는 것을 알아차렸던 것 같다. 그는 지프를 돌리라는 말을 다 맺기도 전에 말을 바꿔 옆에 보이는 높은 언덕으로 빨리 이동하라고 소리쳤다. 그때 윌슨은 뮬러 역시 같은 명령을 내리는 것을 들었다. 그제야 정찰대 장교들은 적군에 비해 자기들이 수적으로 너무 불리하다는 사실을 깨달았다. 적군의 규모가 어느 정도인지는 두고 볼 수밖에 없었다.

다들 북쪽 언덕으로 올라가려 했지만 눈이 워낙 많이 쌓여서 길이 미끄러웠다. 그때 중공군은 남쪽 비탈길을 올라오고 있었다. 펜로드는 윌슨에게 탄환 두 상자를 가지고 가라고 명령했다. 상자 하나에 9킬로그램은 족히 나가는 것 같았다. 너무 지치고 힘들어서 포기하고 싶은 생각이 수십 번 들었지만(중공군에게 포로가 되거나 그들의 손에 죽임을 당하는 것을 포함하여) 그럴 때마다 펜로드는 훌륭한 장교로서 끝까지 격려를 아끼지 않았다. 언덕 아래에 부대원 여덟 명 정도가 모여 있는 게 보였다. 나중에 알고 보니 다들 포클러의 일행이었는데 연대에 배치된 지 얼마 안 된 신참들로 정찰 업무를 수행한 것은 이번이 처음이었다. 펜로드는 그들에게 "뭐하는 거야? 죽고 싶어? 빨리 올라와."라고 소리쳤다. 하지만 모여 있으면 안전할 거라는 본능적인 생각에 압도되었는지 꿈쩍도 하지 않았고 그 모습을 본 윌슨은 소스라치게 놀랐다.

언덕 아래에 뒤처진 부대원들은 처음 겪어보는 최악의 사태에 맞닥뜨렸다. 당시 상황은 그들이 처음 겪어보는 전투였다. 포클러를 포함하여 이들 아홉 명은 부대와 완전히 분리된 채 어디로 가야 할지 모르고 두려움에 떨었으나 이끌어줄 사람이 아무도 없었다. 오두막이 모여 있는 곳을 보고 보호막이 되어줄지 모른다는 생각에 그쪽으로 향하기 시작했다. 나중에 들은 말에 따르면 그들 중 일부는 너무 겁에 질린 나머지 언덕으로 올라가지 않겠다고 고집을 피웠다고 한다. 가장 큰 비난을 받았던 포클러의 변명이었는데 그 말도 곧이 곧대로 믿을 수 없었다. 어쩌면 이들은 언덕으로 올라가라는 명령 자체를 미처 듣지 못했는지도 모른다. 그는 "어쨌든 우린 지옥에 떨어진 심정으로 끝까지 싸웠습니다."라고 말했다. 당시 상황이 워낙 긴박하고 처절했기 때문에 수많은 사상자가 발생했다. 같이 정찰을 떠나긴 했지만 만난 지 얼마 되지 않아서 서로 전혀 모르는 사이나 마찬가지였다. 기록에는 같은 연대 소속으로 되어 있지만 서로 전혀 안면이 없었다. 사우스캐롤라이나에서 왔다는 한 젊은이에 대해 포클러가 기억하는 것은 결혼한 지 얼마 되지 않았으며 아직 결혼반지 할부금도 다 내지 못했다는 것뿐이었다. 매사추세츠에서 온 앨런 앤더슨(Allan Anderson)이라는 사람은 실수로 무기를 떨어뜨려 전투가 시작된 후 무기를 주우러 가다가 총에 맞아 즉사했다. 그날 열일곱 번째 생일을 맞은 리처드 노먼(Richard Norman)은 충격 수류탄에 맞았으며 시카고 출신 루돌프 스카테니(Rudolph Scateni)가 상처를 싸매주었다. 하지만 그날 오후 두 사람 다 전사하고 말았다. 뉴욕 북부 출신 로버트 월시(Robert Walsh)는 잠깐 동안 포클러와 함께 방어 임무를 수행했으나 역시 그날 전사했다. 캘리포니아 출신 토머스 밀러(Thomas Miller)도 브라우닝 자동 소총을 가지고 적군을 15명 넘게 죽였다고 자랑할 정도로 열심히 싸웠으나 결국 전사하고 말았다. 50년도 더 지난 후 포클러는 인생 최악의 날이었던 그 순간을 회상하며 "다 죽었죠. 한 사람, 두 사람, 스물아홉, 쉰하나……. 그렇게 다 죽었어요."라는 말만 반복했다. 약간의 부상을 입긴 했지만 포클러와 함께 살아남은 기예르모 운탈란(Guillermo Untalan)은 괌 출신이라 동양인과 외모가 비슷했다. 그는 "중공군이 자기편이라 생각했는지 그를 겨냥하지 않은" 덕분에 살아남았다.

마침내 포클러는 부대 전체가 몰살되었다는 사실을 알게 되었다. 그는 클레먼트 피에트라시비츠(Clement Pietrasiewicz) 일병과 함께 작은 마을 하나를 지나서 언덕으로 돌아가려 했지만 포클러가 오른쪽 다리에 총상을 입고 쓰러지는 바람에 중공군에게 생포되었다. 그는 "연대 하나가 몰려와서 우리 둘을 에워싸는 줄 알았습니다. 정신을 차리고 보니 다행히 분대 하나 규모더군요." 라고 말했다. 포클러는 몸을 일으켜서 항복 의사를 표시하려 했고 그걸 보고 피에트라시비츠 일병 역시 항복하고 말았다. 그는 "포클러가 어떻게 하는지 보려고 기다렸다."라고 털어놓았다. 부상 때문에 포클러가 혼자 힘으로 걸을 수 없었기 때문에 피에트라시비츠가 부축해주었다. 마을 근처에 이르자 중공군 무리가 보였다. 그때 포클러는 "이봐, 저기 들것 옮기는 사람들이 있군." 하고 말했다.

피에트라시비츠 일병은 "포클러, 이건 아니오."라고 말했다. 그것이 두 사람의 마지막 대화였다. 거기에서 헤어진 후 포클러는 피에트라시비츠 일병을 두 번 다시 만나지 못했다. 그는 피에트라시비츠가 포로수용소에 끌려갔을 거라고 생각했다. 그래서 전쟁이 끝난 후 본국으로 후송된 병사들 명단에서 그의 이름을 찾으려고 유심히 살펴보았다. 사단에도 알아봤지만 그날 이후 아무 연락이 없었다는 말을 들었다.

포로가 된 포클러는 땅바닥에 엎드렸다. 중공군들은 그에게 손목시계가 있는지 보려고 서성였지만 지갑에 관심을 보이는 사람은 아무도 없었다. 시계는 쓸모가 있어도 지갑은 아무 소용없다고 생각하는 것 같았다. 그때 미군이 버리고 간 차량에 불을 지르는 모습이 눈에 들어왔다. 중공군들은 근처에 있던 오두막의 지붕을 떼어 와서 지프와 트럭 위에 놓은 다음 연료를 뿌리고 불을 질러서 불태우고 그곳을 떠났다. 아무도 포클러에게는 관심을 기울이지 않았다. 그는 주변에 있던 오두막으로 기어들어가서 짚더미 아래에 몸을 숨겼다. 중공군에게 발견되면 사살될 것이고 운 좋게 아군이 발견하면 목숨을 건질 거라는 생각이 들었다.

다음 날 그는 수 킬로미터를 기어서 마침내 길을 찾아냈다. 52년이 지난 뒤 한국에 여행을 온 그는 그날 자신이 이동한 실제 거리가 2.4킬로미터밖에 안 되었다는 걸 알았다. 구조의 손길을 바라며 간신히 몸을 끌고 가던 그를 발견한 한 미군 병사가 마구잡이로 총을 쏘아대는 바람에 포클러는 근처에 있던 도랑에 몸을 던진 후 거기서 하루를 더 보내야 했다. 다음 날 그는 다시 기어가기 시작했고 다행히도 한 미군 대위가 그를 발견하여 지프에 태워주었다.[6]

그렇게 뒤처진 대원들이 처참한 고통을 당하는 동안 다른 기동부대원들은 언덕에 모여 있었다. 하지만 그들 역시 옆 언덕에 자리를 잡은 중공군으로부터 쉴 새 없이 기관총 세례를 받았다. 래런 윌슨은 언덕을 다 올라오기도 전에 기력이 다한 상태여서 쉬고 싶은 마음이 간절했지만 적의 공격은 갈수록 맹렬해졌다. 언덕을 3분의 2 정도 올라왔을 때 더는 한 발짝도 움직일 수 없을 것 같은 기분이 들었다. 바로 그때 펜로드 중위가 내려와서 언덕까지만 가보자고 종용했다. 우리 둘이 함께 가야 한다는 그의 말에 갑자기 힘이 솟아 끝까지 가야겠다는 생각이 들었다. 어쩌면 이미 죽은 목숨이라는 생각으로 행동했던 것인지도 모른다. 임시로 정해놓은 방어선에 도착하자마자 윌슨은 지쳐서 쓰러졌다. 그렇게 추운 날씨에도 불구하고 온몸이 땀에 흠뻑 젖은 상태였다. 중공군의 손에서 살아남았지만 언덕에 부는 매서운 겨울바람 때문에 얼어 죽을 게 분명하다는 생각이 들었다. 어쨌거나 언덕까지 기어 올라오는 데 성공한 것은 대단한 일이었다. 적의 손에 죽을지 모른다는 두려움에 사로잡혀 정상적인 신체의 한계를 뛰어넘었던 것이다. 다행히도 끝까지 탄약 상자를 사수했다. 물론 언덕을 올라오는 동안 내버리고 싶었던 순간이 여러 차례 있었다. 그날 밤 탄약이 절박하게 모자랐기 때문에 윌슨은 중간에 탄약 상자를 던져버리지 않길 참 잘했다고 생각했다. 아마 그가 여분의 탄약 두 상자를 가지고 올라오지 않았더라면 언덕에 올라간 부대원들 역시 몰살되고 말았을 것이다.

그곳에 모인 부대원들은 모두 40여 명이었다. 가지고 있는 무기는 소구경 기관총 1정, 브라우닝 자동 소총 8정, 바주카포 1문이었다. 반자동식이라 부사수가 꼭 필요했던 브라우닝 자동 소총은 보병들이 제일 아끼는 물건으로, 특히 한국전쟁에서는 단발로 상대방을 명중시키거나 자동 사격 또는 연발 사격이 가능했기 때문에 인기가 있었다. 한 사람이 발사하면 다른 사람은 20발의 탄환을 연결해주는 역할을 맡아야 했는데 주로 윌슨이 후자의 작업을 맡곤 했다. 그와 함께 브라우닝 자동 소총을 사격하던 사람은 다른 부대 소속이었는데 윌슨은 그의 이름을 끝내 기억하지 못했다. [그는 윌리엄 스트래턴 (William Stratton) 일병이었다.][7] 여러 해가 지난 후에야 윌슨은 그렇게 오랫동안 서로 몸을 맞대고 힘을 합쳐야 했던 사실을 그 당시에 바로 깨달았더라면 어땠을까 하고 생각했다. 말 그대로 몸을 부딪혀가며 열심히 싸웠는데 어떻게 통성명조차 하지 않았던 것일까? 제삿날이 될 뻔했던 그날이 사실 자기 생일이었다는 사실도 옆 사람에게 말해주지 않은 것 같았다. 윌슨이 탐내던 흰색 외투를 입고 있었던 것으로 볼 때 그는 제21연대 소속이었다. 그 외에 윌슨이 유일하게 기억하는 것은 둘 다 죽음의 공포에 시달렸다는 점이었다. 중공군은 방어선을 넘어오려고 무차별 공격을 퍼부었으며 스트래턴은 거기 주저앉아서 밀려드는 중공군을 향해 끊임없이 총을 쏘아야 했다. 남아 있는 탄창은 8묶음, 즉 160발뿐이었다. 그게 다 떨어지면 두 사람의 운명도 끝나는 거였다. 어쨌든 스트래턴은 단 한 발도 낭비하지 않았고 윌슨은 그 점에 대해 고맙게 생각했다.

중공군은 두 사람을 향해 잠시도 쉬지 않고 사격을 가했고 결국은 스트래턴의 오른손을 명중시켜 손가락 두 개가 떨어져나갔다. 그래도 두 사람은 반격을 멈추지 않았다. 윌슨은 그의 손에 붕대를 감는 것을 도와주었고 스트래턴은 쉬지 않고 총을 쏘았다. 그렇게 처참하고 처절한 전투가 벌어지는 와중에도 스트래턴은 자신의 부상이 백만 달러의 가치가 있다고 으스댔다. 전쟁이 끝나면 이번 전투를 함께한 사람들의 이름과 전화번호를 적어두었다가 고국으로 돌아가면 가족들에게 안부전화를 해주겠다는 농담도 했다. 특히 전우들의 여자 친구들에게는 빠지지 않고 전화를 하겠다고 말했다. 후에 중공군의 공격이 더욱 맹렬해지자 그는 계속 다른 부대원들을 찾아 돌아다니며 끝까지 버틸 수 있다며 격려했다. 이미 다들 크고 작은 총상을 입고 신음하고 있었지만 끝까지 포기하지 말고 정신 바짝 차리라고 다독였다.

아무도 스트래턴을 말리려 하지 않았다. 스트래턴은 더 이상 오른손을 쓸 수 없자 왼손으로 총을 쏘았다. 중공군이 또 한 차례 밀고 들어오자 그는 벌떡 일어서서 적군의 머리 위로 브라우닝 소총을 무차별 난사했다. 바로 그때 스트래턴은 가슴에 두 번째 총상을 입었다. 부대원 한 사람이 기어가서 그를 끌고 방어선 중앙으로 데려갔다. 바로 그때 중공군이 던진 수류탄이 그의 다리 사이에 떨어졌고 스트래턴은 고통을 이기지 못해 비명을 질렀다.

그러자 미첼 중위가 "제발 입 좀 다물어." 하고 소리를 질렀다.

스트래턴은 "방금 다리에 맞았다고요."라고 신경질을 부렸다.

그래도 미첼은 "누가 몰라? 입 다물고 있어."라고 말했다. 그로부터 얼마 지나지 않아 스트래턴은 네 번째 총상을 입고 결국 숨을 거뒀다.[8]

그날 밤 총격전에 참여한 부대원들은 거의 모두가 총상을 입었다. 펜로드와 뮬러는 부상자들을 찾아다니면서 아군이 무력한 모습을 보이면 중공군이 더 기세등등해질 것이니 부상을 입더라도 비명을 지르거나 상처 때문에 울지 말라고 당부했다. 해가 질 무렵 아군 관측기가 중공군의 진지를 발견하여 전투기에 연락해주었고 곧 로켓과 네이팜, 기관총 세례가 쏟아졌다. 그 후 관측기는 다시 본부로 돌아가서 탄약과 구급약을 가지고 와서 떨어뜨렸다. 대부분은 방어선 근처에 제대로 떨어지지 않았지만 유일하게 탄약 상자 하나를 건질 수 있었다. 관측기 조종사는 여러 차례 그 지역을 오가면서 탄약 상자를 전해주려 했는데 어찌나 낮게 날았는지 조종사의 얼굴을 알아볼 정도였다. 윌슨은 자신의 영웅 명단에 그 조종사도 넣어주었다. 한 번도 만난 적 없는 전우들을 위해 목숨을 걸고 수차례 전투지역을 오간 용기야말로 깊이 존경받아 마땅하다는 생각이 들었다.

마침내 그 조종사는 전투기 고도를 아주 낮게 낮춘 다음 노란색 깃발을 떨어뜨렸다. "지원 부대가 남쪽에서 올라오고 있는 중이며 곧 여러분과 합류할 것이다."라고 쓰여 있었다.[9] 곧 합류한다는 말은 정확히 얼마나 더 기다려야 한다는 말인지 알 수 없었다. 자칫 지연되면 지원 부대가 올 때쯤엔 생존자가 아무도 없을지도 몰랐다. 어둠이 깔리면 중공군이 또다시 공격해 올 것이고 이번에는 숫자가 더 많을 거라는 생각이 들었다. 예상대로 저녁이 되자 중공군은 기관총과 수류탄, 자동 소총을 들고 나타났다. 미첼은 결국 부대원들을 언덕 고지에서 후퇴시켰다. 탄약이 부족했기 때문에 적군이 움직이는 소리만 듣고 마구 대응할 수도 없는 노릇이었다. 따라서 실제로 중공군의 모습이 시야에 들어올 때만 사격하는 게 현명하다고 판단했던 것이다.

제23연대 본부에 있던 프리먼 대령은 정찰대가 중공군의 기습을 받았다는 보고를 받고 즉시 공격을 명령했다. 정찰대는 적군의 규모는 최소한 대대 2개 이상으로 어쩌면 1개 연대 규모일지도 모른다고 보고했다. 그렇다면 60여 명의 정찰대원들이 2,000~3,000명의 적군을 상대하는 상황이 벌어지고 있다는 생각이 스쳤다. 당시 짐 에드워드(Jim Edward) 중령이 지휘하던 제2대대는 쌍굴 터널에서 16킬로미터 정도 떨어진 곳에 있었으므로 다른 부대들보다 비교적 가까운 편이었다. 그래서 프리먼은 즉시 에드워드에게 임시 지원 부대를 편성하라고 명령했다. 에드워드는 제2대대 소속 젊은 장교들 중에서 가장 뛰어났던 팍스중대장 스탠리 타이렐(Stanley Tyrrell) 대위를 지목했다. 부대원들과 필수 장비를 동원하는 데 꼬박 두 시간이 걸렸다. 81mm 박격포와 대형 기관총은 반드시 챙겨야 할 무기였다. 에드워드는 타이렐에게 주저하지 말고 밀어붙이되 영리하게 행동하라고 당부했다. 그날 밤을 넘기지 않고 정찰부대원들을 구조해야 했지만 부대원들이 방어 기지를 튼튼하게 구축하는 것이 우선이라고 확인시켰다. 상황이 여의치 않다면 그날 밤에는 만반의 준비를 갖추고 있다가 날이 밝으면 공격하는 것이 더 나을 수도 있다는 판단이었을 것이다. 타이렐은 160여 명의 장병들을 이끌고 쌍굴 터널로 출발했다.

타이렐은 아주 완벽하게 적을 물리쳤다. 폴 프리먼은 "이번 한국전쟁에서 타이렐이 이끄는 팍스중대는 가장 용맹하고 똑똑한 부대였다."라며 칭찬을 아끼지 않았다.[10] 이들은 오후 5시 30분에 전장에 도착했다. 이들이 도착하자마자 적군은 계곡 건너편 453 고지에서 기관총을 발사하기 시작했다. 타이렐의 운전병은 옆에 있던 도랑으로 몸을 던지면서 "중대장님도 빨리 여기로 들어오세요. 자칫하면 적군의 총탄에 맞을지도 모릅니다."라고 소리를 질렀다. 하지만 타이렐은 "저놈들이나 지옥에 가라고 해."라고 대꾸할 뿐 미동도 하지 않았다.

그는 무엇보다 그 지역에서 가장 높은 453 고지부터 탈환하기로 결정했다. 그렇게 하지 않으면 결국에는 부대원들이 중공군의 총격에 하나둘 쓰러지고 말 것이 분명했다. 그는 2개 소대로 언덕의 양쪽 측면에서 공격하게 하고, 세 번째 소대로 하여금 공격 부대 바로 앞에서 위력적인 박격포 포격과 기관총 사격으로 적을 무력화시키게 했다. 이렇게 하면 언덕으로 올라가는 길에 적군의 시체가 산을 이루게 될 거라 생각했다. 소규모 부대가 감당하기에는 미군의 공격이 너무 치명적이었기에 중공군은 결국 언덕을 포기하고 떠났다. 한국 전쟁 중에 벌어진 여러 차례의 전투에서 중공군은 언제나 마지막 한 사람이 죽을 때까지 버텼지만 453 고지에서는 그런 모습을 볼 수 없었다.

양쪽 측면 공격을 맡은 두 소대는 밤 10시 30분쯤에 모여서 언덕에 강력한 방어선을 구축했다. 근처 언덕에 있는 생존자들을 구하러 갈 때 엄호 사격이 용이한 곳이었다. 원래 타이렐은 밤에 453 고지를 탈환하고 아침이 밝으면 본격적으로 적군을 공격할 생각이었다. 그런데 한 의무병이 중공군의 포위를 뚫고 타이렐이 있던 곳까지 찾아왔다. 그는 포위된 아군들이 탄약이 완전히 바닥나서 아주 절박한 상황에 놓여 있으며 4분의 3 이상이 죽거나 심각한 부상을 입었다고 전해주었다. 그 말을 들은 타이렐은 아침까지 기다릴 것이 아니라 밤새 공격을 퍼붓기로 마음을 먹었다.

그날 오후 늦게 언덕에 있던 몇몇 대원들은 길에 먼지가 날리는 것을 보고 미군의 지프나 트럭이 오고 있다고 직감했다. 하지만 윌슨은 그들이 과연 제시간에 도착할지 의구심이 들었다. 중공군이 불과 몇십 미터 앞까지 밀고 온 상태인 데다 수적으로 너무 밀리는 상황이라 적의 공격이 이어질수록 아군의 방어력은 눈에 띄게 약해지고 있었다. 부대원 대부분이 전투를 계속할 수 없을 정도로 심각한 부상을 입거나 전사하는 상황이 이어졌다. 조금 전까지만 해도 부상으로 신음하던 사람들은 어느새 싸늘한 시신이 되었고 멀쩡하게 잘 싸우던 부대원들도 눈 깜짝할 사이에 부상을 입고 더 이상 총을 쏠 수 없는 상태가 되었다. 살아 있는 대원들은 전사한 대원들이 갖고 있던 탄약이라도 수거하느라 정신이 없었다. 윌슨은 자신의 생일날 그토록 처참한 광경을 목격해야 하는 현실을 받아들이기가 힘들었다. 법적으로 성년이 되는 날이라 마음대로 술을 살 수 있었는데 여기서 죽어야 하다니! 하지만 제일 억울한 것은 딸의 얼굴을 한 번도 보지 못했다는 점이었다.

한번은 중공군이 언덕 꼭대기까지 밀고 올라올 때 월슨은 마지막 남은 수류탄의 안전핀을 뽑았다. 하지만 중공군이 공격을 중단하고 철수하자 탄약이 너무 귀했기 때문에 수류탄을 아끼려고 온몸으로 눌렀다. 이러다 졸음이 밀려오면 그대로 잠이 들지 모른다는 생각이 들었다. 타이렐이 지원 부대를 이끌고 오기 전, 그날 밤의 마지막 부분은 확실하게 기억나지 않았다. 절반 정도는 분명하게 기억났지만 나머지 절반은 흐릿한 기억뿐이었다. 중공군 몇 명이 아군 진지로 넘어와서 그중 하나가 월슨의 갈비뼈를 세게 걷어찬 기억도 났다. 중공군이 언덕 꼭대기까지 밀고 올라왔기 때문에 펜로드는 부대원들에게 죽은 척하라고 지시했고 중공군은 이내 돌아갔다. 하지만 월슨은 자기가 기억하는 내용 중에 어디까지가 현실인지 정확하게 구분할 수가 없었다. 그 후 며칠간 옆구리가 굉장히 아픈 걸로 봐서 누군가에게 걷어차인 것만은 확실한 것 같았다.

타이렐의 중대가 도착하여 언덕을 오르기 시작하자 귀청이 찢어지는 총성이 들리다가 갑자기 사방이 조용해졌다. 무서울 만큼 아무 소리도 들리지 않았기 때문에 월슨은 지원 부대마저 중공군에게 산산조각이 난 것이 아닐까 하는 생각이 들었다. 그날 밤 11시쯤 되자 어둠 속에서 누군가가 영어로 말하는 소리가 들렸다. 자기들은 미군이라며 총을 쏘지 말라고 했다. 그때 언덕 꼭대기에 있던 부대원 중 하나가 이렇게 소리쳐 물었다. "로즈볼 경기에서 누가 이겼는지 말해봐." 하지만 다들 머나먼 타국에 와 있는 상황이라 우승팀은 고사하고 이번에 어느 팀이 출전했는지도 알 리가 없었다.

부대원들이 모두 언덕 아래로 내려오는 데 거의 네 시간이 걸렸다. 생존자는 물론이고 부상자와 전사한 대원들의 시체까지 모두 옮겼다. 월슨은 여전히 안전핀을 뽑은 수류탄을 들고 다녔다. 그러다 미끄러져 넘어지는 바람에 수류탄을 놓쳤지만 재빨리 다시 주워들고 가능한 한 멀리 던져서 아무도 다치지 않았다. 처음 출발할 때 총 60명이었는데 13명이 죽고 5명이 실종되었으며(이들도 결국은 죽었을 것이다) 30명이 부상을 입었는데 대부분 중상이었다. 아무 부상을 입지 않고 무사히 돌아온 사람은 12명에 불과했다. 래런 윌슨도 그들 중 하나였는데 이렇게 해서 윌슨은 스물한 번째 생일을 무사히 넘길 수 있었다. 그때 이후로 윌슨은 지프로 부대를 이동시킬 때면 반드시 적어도 한 사람은 브라우닝 자동 소총을 갖고 다니게 했다. 구조를 받은 생존자들은 고마운 마음에 "위험에 처하면 타이렐을 찾아라."라고 쓴 현수막을 만들었다.

제41장
2차 쌍굴 전투

다음 날 에드워드 알몬드는 제23연대에게 즉시 전장으로 복귀하라고 명령했다. 지체 없이 부대를 움직여 한시라도 빨리 중공군을 몰아내고 포로들을 확보할 생각뿐이었다. 하지만 이미 연대 본부에서는 아무도 알몬드를 환영하지 않는 분위기였다. 사단장도 아닌데 여전히 공식 사단장 닉 러프너를 공공연히 무시하는 행동을 일삼았다. 제2사단 고위 장교들이 알몬드를 대하는 태도는 예전 제1해병사단의 모습을 연상시켰다. 원주에서 알몬드가 지휘하던 부대에 소속되어 전투에 참가했으며 나중에 이를 생생한 기록으로 남긴 J. D. 콜먼에 따르면 알몬드는 "정상적인 명령 체계를 어기고 간섭하며 끊임없이 이의를 제기"하는 스타일이었다. "자존심이 아주 센 편이었고 장교든 사병이든 가리지 않고 잘난 척을 해야 직성이 풀렸다."[1] 이전 군단에서 알몬드의 작전참모였던 러프너는 쌍굴 전투가 벌어질 무렵 제2사단장으로 승진했고 조지 스튜어트(George Stewart)가 부사단장이 되었다. 스튜어트는 알몬드

가 총애하던 사람도 아니었고 다른 상관들의 신임을 얻은 편도 아니었기 때문에 이례적인 임명이었다.[2]

장진호에서 중공군을 무시한 태도는 알몬드의 속도를 늦추지 않았고 놀랍게도 적에 대한 그의 존경심을 크게 높이지도 못했다. 리지웨이를 존경하던 부대원들은 그가 알몬드를 해임하지 않은 이유 몇 가지를 알고 있었지만, 그런데도 알몬드를 군단장으로 남겨둔 것은 리지웨이가 저지른 심각한 실수라는 생각이 팽배했다. 켄 햄버거가 지적했듯이 제2사단 안에서 알몬드는 "부하 대원들을 위협하거나 겁을 주어 자기 말을 듣게 하는 엄격한 상관이라는 좋지 못한 평판"을 얻었다.[3]

쌍굴 터널로 돌아가라는 알몬드의 명령이 떨어지자 제23연대는 쌍굴 터널에서 몇 킬로미터 떨어진 곳에 집결했다. 폴 프리먼은 알몬드의 명령이 도무지 마음에 들지 않았다. 아무리 생각해봐도 알몬드가 너무 성급했다는 느낌을 떨칠 수 없었다. 서쪽 건너편에서는 리지웨이가 이끄는 부대가 이동하고 있었다. 그들은 비교적 긴밀한 이동 태세를 유지하면서 어떤 부대도 적에게 노출시키지 않았으며 측면 공격에도 항시 주의를 기울였다. 프리먼은 23연대가 유엔 진지에서 너무 먼 곳에 파견되었다는 생각이 들었다. 지원 사단의 포병 부대가 도와줄 수 있는 범위를 한참 벗어난 지역이었다. 공군 지원을 받기에는 날씨가 좋지 않았다. 때로는 전장의 경험을 통해 겸손의 중요성을 깨닫지만 10군단에서는 겸손이 항상 좋은 특성은 아니었다. 살아남으려면 용맹하고 대담할 필요가 있었다. 그러나 프리먼이 볼 때 알몬드의 겁 없는 태도는 오히려 중공군에게 도움을 주는 것 같았다. 이 때문에 위험에 빠진 것은 바로 프리먼의 23연대였다.

프리먼이 생각하기에 알몬드의 명령은 다시 계곡으로 돌아가라는 것과 같았다. 그러나 프리먼은 중공군에 맞서려면 적군을 정탐하고 위치를 파악한 다음 포병 사격 거리 안에 그들이 들어오는지 확인해야 한다고 생각했다. 그런 다음 고지대에서 유리한 지점을 찾아 참호를 판 다음 가능하면 적이 먼저 다가올 때까지 기다리는 것이 최선책인 것이다. 역시 겁이 없긴 했지만 조심스러운 편이었던 리지웨이는 이미 그에 상응하는 전략을 세우기 시작했다. 프랑스군은 이를 두고 '유인과 섬멸' 전략이라 불렀다.

제23연대를 포병부대의 유효 사거리를 훨씬 벗어나는 쌍굴 터널로 다시 보내자 프리먼의 불만은 극에 달했다. 부사단장 조지 스튜어트 준장은 늘 그 자리에서 밀려날 것을 두려워했는데 쌍굴 터널로 돌아가라는 명령이 떨어졌을 때 우연히 23연대와 함께 있다가 화가 머리끝까지 치솟은 프리먼이 이렇게 말하는 것을 들었다. "우리 연대를 아예 죽이겠다는 심산이로군."⁴ 스튜어트는 프리먼에게 어쨌든 명령은 명령이니 달리 방도가 없다고 말은 했지만 왠지 불안한 느낌이 들었고, 직접 제23연대를 따라 쌍굴 터널까지 가보기로 결정했다. 그 또한 알몬드가 너무 성급했으며 늘 그랬듯이 이번에도 심사숙고하지 않고 명령을 내렸다고 생각했다. 그러나 한편으로는 프리먼이 남달리 똑똑하고 유능한 사람이긴 하지만 부대원들이 위험에 처한다고 생각하면 여지없이 상관에게 반기를 드는 경향이 있다고 결론지었다.

프리먼은 쌍굴 터널에서 벌어질 두 번째 전투를 위해 대대 두 개를 보냈다. 하나는 새로 합류한 프랑스 부대였고 다른 하나는 그가 지휘하던 3대대였다. 여기에 프리먼은 연대 본부중대와 박격포중대, 전차중대, 그리고 의무중대를 딸려 보냈다. 그리고 인민군과 중공군 모두에게 치명적인 무기를 보유한 제37야전포병대대와 고사포부대로 전투력을 강화했다. 프리먼은 포병대대를 쌍굴 터널에서 약 5킬로미터 떨어진 곳에 배치한 다음 대부분의 차량을 거기에 세웠다. 그다음 운전병들을 보병으로 전환시켜 무기를 들고 대기하게 함으로써 방어막을 형성했다. 이렇게 하여 전 부대원이 빠짐없이 방어선을 구축했으나 정작 무기를 지킬 추가 보병 인력은 확보하지 못했다.

프리먼은 계곡으로 들어가기 전에 그 지역에서 제일 높은 453 고지를 확보하는 것이 가장 중요하다는 사실을 알고 있었다. 그의 부대는 천천히 비탈길을 따라 오르기 시작했다. 길이 눈과 얼음으로 뒤덮여 무거운 장비와 무기를 들고 올라가기가 여간 어려운 일이 아니었다. 그러나 전쟁 초반이었다면 다들 불평이 자자했겠지만 이번에는 투덜거리는 사람이 아무도 없었다. 이미 다들 제일 힘든 방법이 제일 좋은 방법이라는 사실을 깨달은 것 같았다. 편하게 그냥 길가에 남아 있다가는 매복해 있던 적의 손에 희생될 확률이 아주 높았다. 또한 배급 식량을 적게 가져가는 한이 있더라도 반드시 여분의 탄약을 가지고 다녀야 한다는 점도 알고 있었다. 땅이 아무리 꽝꽝 얼어 있어도 가능한 한 참호는 깊게 파는 것이 안전했다. 정상적인 상황에서도 그런 원칙을 지켜야 하지만 다른 아군 부대들과 멀리 떨어져 있으며 바로 어제 적군의 매복으로 끔찍한 참사를 당한 이곳에서는 더욱 그 원칙을 준수해야 했다. 이제 다들 적군이 길을 따라 편하게 이동하는 것을 좋아하는 게으른 미군을 넘어뜨리려고 곳곳에 덫을 놓고 있다는 사실을 잊지 않았다. 이렇게 해서 제2사단과 23연대는 자신들도 미처 깨닫지 못하는 사이에 당시 한국전쟁에 참전한 모든 부대 중에서 가장 노련하고 전투력이 우수한 부대로 거듭나고 있었다. 이미 예전부터 그런 변화가 일어나고 있었지만 군우리에서 참혹한 패배를 입은 것 때문에 확연히 드러나지 않았던 것뿐이었다. 제2사단은 한국에 도착했을 당시만 해도 체력이 형편없었고 전투에 익숙하지 않은 상태였지만 낙동강 방어선전투에서 쉬지 않고 언덕을 오르내리며 싸우는 동안 모습이 많이 바뀌었다. 부대원들 대부분은 그간의 경험을 통해 체력이 몰라보게 향상되었다. 이들은 벌지 전투나 이오지마 전투 참전 용사들 못지않게 전투로 다져진 몸을 갖게 되었다.

겁 많은 애송이에 불과했던 이들이 터프한 용사가 되어 (아직 마음속에 두려움이 남아 있긴 했지만) 언제라도 전투에 뛰어들 태세를 갖춘 노련한 군인으로 바뀌어가는 과정은 전쟁에서 볼 수 있는 크나큰 미스터리 중 하나였다. 하지만 극소수 사람들은 여전히 예전 모습을 버리지 못했다. 그들은 끝까지 신참 티를 벗지 못했고 자신을 변화시키려는 의지 또한 부족해 전우들에게 커다란 짐이 되었다. 하지만 대부분의 대원들은 본인이 원하든 원하지 않든 간에 놀라우리만큼 용감한 전사로 탈바꿈했다. 물론 전장을 떠나 집으로 돌아가면 자신의 변화된 모습이 더 이상 마음에 들지 않을지도 모를 일이다. 인생에서 두 번 다시 겪고 싶지 않은 순간들을 통해 다져진 모습이었지만 어쨌든 그들은 맹렬한 전투 의지를 불태우는 용사들이 되었다. 그들에게는 전쟁터가 전부였다. 그곳은 좁고 잔인하기 그지없는 데다 그들이 자라면서 배웠던 것들과는 아무 연관이 없는 세계였다. 가장 두드러진 특징은 전쟁터에서는 아무도 선택권을 주장할 수 없다는 점이었다. 평범하고 평화를 사랑하며 법을 잘 지키던 시민들이 어느 날 갑자기 싸움에 노련한 전사로 둔갑하는 과정은 그 누구도 명확히 설명하기 어려울 것이다. 게다가 그렇게 빠른 시간 안에 변할 수 있다는 것도 미스터리였다. 어느 날, 훈련 받은 내용에 대해 완전히 무지하고 태만했던 한 무리의 병사들이 전장에 던져졌다. 기초 훈련 받을 때에는 머리 위를 스쳐지나가는 기관총 총알들이 병사들을 맞추지 않도록 조절됐다. 하지만 치명적인 실수가 자신과 동료들의 생명을 앗을 수 있는 낙동강 전장같은 무서운 상황에 던져지면, 이들은 곧 생존의 기본 법칙을 아는 경험 많은 베테랑 군인으로 변했다. 갑자기 그들은 거의 본능적으로 싸울 수 있게 됐다. 벤 저드 (Ben Judd)라는 어린 보충병은 제23연대에 배정되자마자 나이가 많고 전투 경험이 풍부한 선배에게 한 가지 질문을 던졌다. 지평리 전투가 벌어지기 전이었다. "인민군이나 중공군을 어떻게 알아보나요? 그놈들은 어떻게 생겼습니까?" 그러자 선배는 이렇게 대답했다. "일단 보면 알 수 있어." 시간이 흐르고 경험이 쌓여야 한다는 뜻이었다.[5]

처음 몇 달 동안은 그저 풋내기였는데 쌍굴 전투와 지평리 전투에서 훌륭하게 싸운 많은 부대들에 관해 해럴드 마틴은 「새터데이 이브닝 포스트」지에 이렇게 기술했다. "그들이 가진 지혜는 대부분 전투 노하우로서, 부대원들 하나하나가 전투를 거듭하면서 살아남기 위해 차례로 터득한 것이라 할 수 있다. 사실 책을 보면 그런 기술들이 많이 나온다. 그러나 누구라도 직접 총상을 입지 않고서는 책의 내용을 어떻게 적용해야 할지 깨닫지 못한다. 이들은 실제 경험을 통해 능선 근처에는 얼씬도 하지 말고, 공격을 받으면 메추라기 떼처럼 한데 모일 것이 아니라 최대한 널리 퍼져야 하며, 참호는 최대한 깊게 파고, 통신 장비는 애인을 대하듯 최대한 부드럽게 다루고, 양말이 젖지 않게 주의하고, 무기는 항상 청결하게 유지하며, 적군이 충분히 가까이 접근하기 전에는 함부로 발포하지 않아야 한다는 걸 터득했다."[6]

그 점에 있어서는 프리먼도 예외가 아니었다. 처음에는 그 역시 내면에서 솟구치는 의구심과 부정적인 생각, 다른 장교들에 대한 불안감을 떨치기 위해 노력해야 했다. 겉으로는 항상 큰소리를 쳤지만 정작 자신은 초조하기만 했다. '나는 후방에 있는 본부에서 한 발짝도 나오지 않는 무력한 지휘관인가, 진짜 용사다운 지휘관인가? 탁상공론만 늘어놓는 이론가인가, 직접 전투에 참여하는 군인인가?' 이런 질문들에 확실한 대답을 내놓기까지는 오랜 시간이 걸렸다. 그는 낙동강방어선전투에서 대원들을 훌륭하게 이끌었으며, 부산으로 향하는 길을 뚫으려 했던 인민군의 계획을 무산시켰다. 그 후 군우리 전투에서도 많은 부대원의 생명을 지켜냈다. 사실 본부에서는 말도 안 되는 명령을 내렸지만 그에 따르지 않았다. 만약 그대로 했더라면 이들은 '시련의 길'까지 내려갔을 것이고 결국 수많은 사상자가 발생했을 것이다. 부대 책임자로서 그걸 뻔히 알면서도 명령을 따를 수는 없었다. 결국 이런 과정을 통해 그는 부대원들의 신임을 한 몸에 받았다. 처음에는 부대원들 중에 그를 잘 아는 사람이 아무도 없었지만 이제는 다들 그를 존경하면서 전투에 대한 자신감을 얻었다. 다들 지휘관이 사사로운 이익만을 추구하는 게 아니라 부대원들의 안위에 신경을 많이 쓴다고 믿었기에 신뢰 관계가 구축되었다. 이는 지휘관과 부대원들 사이에 아주 중요한 요소였다. 사람들은 흔히 지휘관이란 부대원들의 생명보다는 자신의 출세에 도움이 되는 요소를 더 중시한다는 선입견을 가지고 있었다. 지휘관이 조금이라도 오만하거나 야욕을 품고 있으면 아무리 나이가 어리고 순진한 일병이라도 눈치를 채게 마련이었다.

쌍굴 터널에 진입할 때 이들은 수차례 전투를 치르며 터득한 경계태세를 갖추고 있었다. 그곳은 사실상 적군 진지의 후미에 해당했다. 제23연대 부대원들은 아마도 앞으로 며칠 동안은 자기들만의 힘으로 살아남아야 한다는 생각을 했을지도 모른다. 그들의 직감은 적중했다. 적에게 완전히 발각되었을 때도 이들이 의지할 수 있는 지원 부대는 어디에도 없었다. 에드워드 알몬드는 1월 31일 오후 늦게야 본부에 모습을 드러냈다. 그는 프리먼이 아직 중공군을 발견하지 못했다는 사실과 자기가 시킨 대로 곧장 계곡을 통과하여 지평리까지 밀고 가지 않았다는 사실을 굉장히 못마땅하게 여겼다. 프리먼이 부대 지휘관으로서는 너무 소심하다는 생각이 갈수록 굳어졌다. 그러나 스튜어트 준장을 포함하여 다른 사람들은 비교적 중공군을 잘 알고 있었다. 그들은 아군의 머리 바로 위에 엄청난 사단 병력을 매복시키면서도 절대 들키지 않을 정도로 용의주도했다. 따라서 알몬드처럼 겁 없이 행동하기보다는 조심스럽게 행동해야 한다고 생각했다. 지평리로 성급하게 진군하는 것보다는 해가 저물 때까지 453 고지 위에서 기다리는 게 더 나았다. 사실 쌍굴 터널은 방어하기에 어려움이 많은 장소였다. 그 지역에서 가장 중요한 고지대 두 곳이 서로 떨어져 있었고 상호 간에 지원을 기대할 수 있는 여건이 아니었다. 그래서 중공군처럼 인해전술을 앞세우는 적군은 언제든 둘 중 하나를 손쉽게 포위해서 고립시킬 수 있었다.

조지 스튜어트는 프리먼을 이해할 수 있을 것 같았다. 전략적으로 프리먼이 몸을 사리는 것은 타당했다. 하지만 스튜어트에게는 아무 힘이 없었다. 그를 이곳에 데려온 밥 매클루어는 이미 한국을 떠났고 전임 사단장으로서 사람들의 비난을 받는 존재였다. 알몬드가 워낙 고집이 세고 타협할 줄 모르는 성미였기 때문에 그의 통제를 받지 않는 인물이 절실히 필요했지만, 스튜어트는 자신이 알몬드의 눈총을 받고 있기 때문에 항상 조심해야 하고 자칫하면 그의 눈 밖에 나서 쫓겨날 위험이 있다는 것도 알고 있었다. 사실 아무런 잘못을 하지 않아도 언제 쫓겨날지 모르는 상황이었다.

하지만 그는 마음을 단단히 고쳐먹고 알몬드에게 찾아갔다. 이런 상황에서는 프리먼의 말대로 경계를 늦추지 않는 것이 옳으며, 전날 맞닥뜨린 적의 규모가 워낙 크니 지금은 조심스럽게 움직일 수밖에 없다고 이야기한 것이다. 근처에 와 있는 적군의 규모가 생각보다 훨씬 클 거라는 경고도 잊지 않았다. 또한 그날 오후 늦게 453 고지 위에 진지를 마련했으며 밤에는 공격에 대비하여 고지대에 머무는 것이 안전하기 때문에 그대로 있는 것이 좋겠다고 설명했다. 하지만 알몬드는 화를 삭이지 못하고 스튜어트에게 즉시 지평리를 불태워버리라고 명령했다. 아마도 자기가 떠나기 전에 뭔가 한 일이 있다는 걸 보여주려는 의도였는지도 모른다. 스튜어트는 그의 명령을 따르고 싶은 마음이 전혀 없었지만 달리 방도가 없었다. 더 이상 프리먼을 변호해줄 방도도 없었다. 말도 안 되는 명령이었지만 스튜어트는 울며 겨자 먹기로 탱크를 몰고 지평리로 갔다. 적군이 피워놓은 불은 하나도 보이지 않았다. 그는 아무 이유 없이 한국인의 집이나 학교 건물에 총을 쏘지 않도록 주의하며 마을에 있던

몇몇 건물에 불을 지르고 프리먼의 본부로 돌아왔다.[7]

그때쯤 프리먼은 알몬드에게 참을 수 없을 정도로 화가 났다. 스튜어트에 대해서도 마찬가지였다. 스튜어트가 총을 발포한 것은 중공군에게 자신들이 쌍굴 터널로 다시 돌아왔으며 지평리로 가고 있다는 걸 고스란히 알려준 것과 같았다. 이는 어서 와서 우리를 쓰러뜨려달라고 적군을 초청하는 행동이었다. 스튜어트 역시 비공식적인 자리에서 자신의 실수를 인정했다. 지평리에서 발포한 것은 아군의 안전에 조금도 도움이 되지 않았고 아군을 큰 위기에 빠뜨린 원인이 되었다. 프리먼처럼 스튜어트 역시 만약 자신이 지평리까지 내려가지 않았더라면, 그래서 쓸데없이 허공에 대고 발포하지 않았더라면 쌍굴 터널에서 벌어진 전투가 전혀 다른 결과를 낳지 않았을까 하는 생각에 시달려야 했다.[8] 그날 오후 중대장 셔먼 프랫 대위는 프리먼이 머리끝까지 화가 나서 대대장 짐 에드워드 중령에게 이렇게 말하는 것을 들었다. "군단장이 여기 와서 어슬렁거리든 말든 난 신경 쓰지 않을 참이네. 내게 뭐라고 하든 그건 아무 의미가 없어. 또 사단장에게 뭐라고 참견하려 들겠지. 하지만 그건 두 사람이 알아서 처리할 문제야. 내가 짜증이 나는 건 이번 전략에 그가 참견하는 거야. 군단장이 주장하는 건 이번 임무와 우리 부대에 위험만 가중시킬 뿐이야." 제2차 세계대전의 참전 용사였던 프랫은 자기 상관이 총지휘관에 대해 그렇게 화를 내는 모습을 한 번도 본 적이 없었다. 프리먼은 또 이렇게 말했다. "연대장이 하고 싶으면 대령으로 내려와서 한번 해보라고 해." 그는 여전히 화를 삭이지 못한 채 지프를 몰고 가버렸다.[9]

프리먼이 즉시 고지대로 가서 부대원들에게 방어태세를 더욱 강화하라고 명령한 것은 아주 다행스러운 일이었다. 연대 절반 수준에 불과했던 부대원들은 예비 병력도 부족한 상황에서 사단 규모의 중공군과 맞섰다. 켄 햄버거는 "그들이 그날 밤 지평리에서 이전에 쌍굴 터널에서 당한 맹공격에 버금가는 상황을 2개 대대에 불과한 병력으로 버텨낼 수 있을지는 아무도 장담할 수 없었다."라고 기술했다.[10] 쌍굴 터널에서 벌어진 1차 전투는 타이렐이 생존자들을 구해낼 수 있을 정도로 비교적 규모가 작은 편이었지만, 이번 2차 전투는 중간 규모의 유엔군과 도무지 물러날 기색이 없는 엄청난 규모의 중공군이 격돌을 벌인 대규모 전투였다.

제23연대 소속 2개 대대는 전투력이 80퍼센트 이상으로, 비교적 양호한 편이었다. 이는 프리먼이 전투에 투입할 수 있는 인력이 1,500명 정도 된다는 뜻이었다. 하지만 이들이 맞서야 할 적의 규모는 8,000명에서 10,000명이었다. 이제 막 프랑스에서 파견된 부대는 한국전쟁에 적응할 시간이 없긴 했지만 전투 경험이 풍부한 노련한 군인들로 구성되어 있었으며, 대부분 외국에서 전투 경력을 쌓은 베테랑들이었다. 거의 다 인도차이나 지역에서 근무한 경력이 있었으며 실제 참전 경험도 풍부했다. 이들의 지휘관은 한국전쟁 참전 용사들 사이에서 가장 카리스마가 뛰어난 인물로 알려진 랠프 몽클라르(Ralph Monclar) 장군이었다. 몽클라르는 가명이었고 원래 이름은 마그랭 베르느레(Magrin Vernerey)였다. 아버지는 헝가리 출신의 귀족이었고 어머니는 프랑스인이었다. 몽클라르는 (나이를 속이고) 열여섯 살에 프랑스 외인부대에 입대했다. 프랑스 육군사관학교에 들어갈 때는 이미 병장이었다. 1914년에 졸업을 할 때 마침 제1차 세계대전이 발발했으며 이 전쟁에서 몽클라르는 훌륭한 업적을 세웠다. 그는 뒤이은 제2차 세계대전에서도 눈부신 활약을 펼쳤다. (독일군이 프랑스를 점령하자 영국으로 몸을 피했다가 북아프리카 지역에 있던 프랑스 외인부대를 이끌었다.) 오랜 참전 탓에 적어도 열세 차례 이상 부상을 입었으며 눈에 띌 정도로 절뚝거리며 걷거나 지팡이를 짚고 다녔지만 걷는 속도는 전혀 느리지 않았다.

1950년에 이미 3성 장군이 된 몽클라르는 프랑스가 유엔군으로 한국전쟁에 1개 대대를 파견하기로 결정하자 그 부대를 지휘하겠다고 자원했다. 그렇게 하려면 군대 내 지휘 체계를 지키기 위해 자신의 지위를 중령으로 낮춰야 했다. 파리에 있던 상관들은 한국전쟁에 투입하기에는 너무 나이가 많다고 생각했으나 몽클라르는 너무 늙어서 지휘관이 될 수 없다는 건 말이 안 된다는 신념을 앞세워 자기주장을 관철시켰다. 그는 언제나 열정적이고 에너지가 넘쳤다. 또한 인도차이나 지역에서 벌어진 식민지 전쟁에 5년이 넘는 시간을 보낸 프랑스군이 한국이라는 먼 나라까지 가야 하는 번거로움이 있지만, 공산주의자들에 맞서 싸우는 것은 아주 큰 행운이라고 여겼다. 더 이상 측면 공격의 위험을 걱정하지 않아도 된다고 생각한 미군들은 프랑스 부대를 열렬히 환호했다. 한 가지 문제가 있다면 프랑스 부대가 지나치게 자신감이 넘치고 잘난 척을 한다는 거였다. 이들은 총검으로 직접 적을 찔러 죽이는 것을 좋아했고 사살 후에는 꼭 주변 사람들에게 자랑을 해야 직성이 풀리는 것 같았다.

다행히도 유엔군에게는 적군이 나타날 것으로 예상되는 거리에 맞춰 박격포를 조정할 시간이 있었다. 그러나 몇몇 프랑스 장교들은 고지대로 기어 올라가 발포 준비를 하기에는 부대원들이 너무 지쳐 있다는 생각에 걱정스러운 표정을 지었다. 물론 말로 다할 수 없을 정도로 추운 날씨도 문제였다. 프리먼과 몽클라르는 평소 아무 문제없이 잘 지내다가 프랑스 병사들이 몸을 녹이려고 불을 피우자 언성을 높이며 충돌했다. 불을 피운 것을 보자마자 프리먼은 기겁을 하고 몽클라르를 찾아가 불을 당장 끄게 하라고 얘기했다. 몽클라르는 아침이 밝으면 그렇게 하겠다고 말했지만 프리먼은 "지금 당장 꺼야 합니다."라며 물러서지 않았다.

"프리먼 대령, 이까짓 작은 불씨 가지고 너무하는 것 아닙니까?"라고 몽클라르가 맞서자 프리먼도 언성을 높였다. "큰 불이든 작은 불씨든 당장 끄세요. 지금 당장! 160킬로미터 안에 있는 적이라면 이미 아군의 진지를 확인했을 겁니다."

몽클라르는 불을 끌 수 없다며 한 치도 양보하지 않았다. "대령 말대로 그럴 수도 있겠지. 우리가 여기 있다는 걸 알면 이리로 쳐들어오지 않겠소? 그러면 우리가 그들을 쓰러뜨리면 되지 않소?" 프리먼은 그 말에 아무 대꾸도 하지 않았지만 어쨌든 프랑스 대원들은 즉시 불을 껐다.[11]

밤새도록 여기저기에서 총성이 간간이 들려왔다. 아마도 중공군이 정찰을 다니는 것 같았다. 그러다 새벽 4시 30분경에 중공군의 나팔과 피리 소리가 들리더니 대대적인 기습 공격이 벌어졌다. 처음에는 유엔군에게 유리한 조건이 하나도 없었다. 이른 아침의 짙은 안개를 방패 삼아 쳐들어온 중공군은 유엔군의 진지 코앞까지 다가왔지만 아군은 여전히 그들을 볼 수 없었다. 시간이 흘러 안개가 모두 걷힌 후에도 구름이 잔뜩 끼어서 공군 지원도 불가능해 보였다. 중공군이 쳐들어오는 소리를 듣자마자 프리먼은 지평리에서 발포한 것이 이런 결과를 낳은 거라고 생각하고 스튜어트를 쳐다보며 으르렁거렸다. "그것 보십시오. 내가 이렇게 되고 말 거라고 했잖습니까? 이제 어떻게 하면 좋겠습니까?" 스튜어트는 별다른 방도가 없다고 대답했다. 체념하고 운명을 받아들일 수밖에 없을 것 같았다. "할 수 있는 한 적군을 많이 죽이는 수밖에."[12]

중공군의 공격은 큰 혼란을 불러왔다. 밤새도록 아무 기척이 없다가 늦은 아침부터 들이닥치더니 오후 내내 치열한 전투가 이어졌다. 나중에 프리먼은 중공군이 갑자기 규모가 커진 미군을 보고 놀란 나머지 지평리로 가는 길을 막기 위해 서둘러 집결해 공격을 재개한 거라고 결론지었다. 여러 가지 정황으로 미루어볼 때 중공군은 제대로 공격태세를 갖추지 않은 상태에서 들이닥친 것이 분명했다. 예상보다 공격 시작 시간이 늦어진 것이나 무기에 탄약을 충분히 채워놓지 않은 것으로 볼 때 생각지도 못한 미군의 이동 상황을 알아

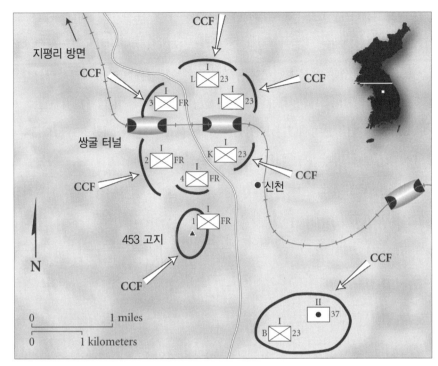

21. 1951년 1월 31일~2월 1일 쌍굴 전투.

차리고 어쩔 수 없이 막판에 공격을 결정한 것 같았다.

이번 전투는 제23연대가 이제껏 겪은 전투 중에서 최악이었다. 프리먼이 걱정했던 대로 다른 사단과 연락이 완전히 두절되는 상황이 벌어지고 말았다. 명목상의 사단장이었던 러프너는 스튜어트에게 연락해서 들리는 소식처럼 전황이 정말로 심각한지 따로 알려달라고 말했다. 스튜어트가 보기에는 그런 요청을 한다는 것 자체가 프리먼이나 자기를 무시하는 태도였다. 또한 사단이나 군단 소속 부대를 이끌고 중공군의 공격을 받는 자기 부대를 지원하러 와줄 의사가 없음을 암시하는 것 같았다. 러프너와 간신히 무선 연락이 이뤄지자 스튜어트는 방금 통신병이 총에 맞아 쓰러졌기 때문에 자기가 직접 연락하는 거라며 고막이 터질 듯한 전쟁터의 소음을 고스란히 들려주었다. 그러자 러프너는 즉시 지원 부대를 보내겠다고 약속했고 스튜어트는 그 말을 간절히 기다렸다고 응수했다. 하지만 기분은 조금도 나아지지 않았다. 마치 그동안은 스튜어트의 보고를 사실로 받아들이지 않았다는 느낌을 받았기 때문이었다.

여러 차례 고비를 넘겼지만 중공군은 여전히 유엔군을 전멸시키지 않고는 물러서지 않겠다는 기세였다. 프리먼은 계속해서 부대의 위치를 바꾸었다. 하지만 최전방에 나가 있는 대원들을 교체해줄 병력은 애당초 없었다. 행정병, 운전병, 취사병, 의무병 등 이미 모든 인력이 동원된 상태였고 이제는 탄약이 부족한 현실을 걱정해야 했다. 원주 인근에서 처음 몇 차례 전투를 벌인 이래 군수품을 보급받지도 못한 형편이었다. 프리먼과 몽클라르는 수시로 양쪽 부대 상황을 체크했다. 오후 2시쯤 프랑스 부대의 진지 하나가 완전히 무너질 지경에 처했다. 중대장 모리스 바르텔레미(Maurice Barthelemy) 소령은 무전을 통해 더 이상 버틸 수 없으므로 남은 대원들과 함께 후퇴하겠다고 보고했다. 몽클라르는 즉시 프리먼을 찾아갔고 두 사람은 남아 있는 화력을 총동원하여 위기에 처한 프랑스 부대를 지원하기로 결정했다. 탱크 2대와 남아 있는 박격포 전부, 40mm 대포 2문이 동원되었다. 프리먼의 표현을 빌리자면 "산등성이마다 포진하고 있던 적군을 일소하기에 더할 나위 없이 좋은 무기"였다. 그동안 프랑스군 대대장은 제3중대에게 중공군이 아무리 밀물처럼 들이닥쳐도 마지막 한 사람이 쓰러질 때까지 진지를 사수하라고 명령했다. 그다음 그는 최후의 일격을 위해 전략을 짰다. 10분 동안 미군은 모든 무기를 동원하여 중공군이 있던 산등성이를 초토화시켰다. 그런 다음 바르텔레미가 지휘하던 부대원들이 총검을 들고 중공군 진지로 뛰어들었다. 갑자기 거세진 공격에 놀란 중공군은 결국 공격을 포기하고 달아나기 시작했다. 본부에서 이 모습을 지켜보던 스튜어트는 큰 감명을 받고 "우와, 정말 대단한걸."이라고 소리쳤다. 스튜어트 옆에 서 있던 몽클라르는 그가 느긋하게 파이프 담배를 피우는 모습에 또 한 번 놀랐다. 나중에 스튜어트는 "아마 몽클라르는 내가 원래 매일 긴 파이프를 세 대씩 피우는 사람이라는 걸 몰랐을 겁니다."라고 말했다.[13]

그러나 그것은 아주 잠깐의 휴식에 불과했다. 낮이긴 했지만 구름이 많아서 저녁이나 다름없었다. 그날 수많은 인명 피해를 입은 중공군은 포기하지 않고 전투를 이어갔다. 오후 중반쯤 또다시 적이 모습을 드러냈고 동쪽 터널에 자리 잡은 진지에서 유엔군을 밀어내려고 총력을 기울였다. 아이템중대가 있던 곳으로 이미 엄청난 사상자가 발생한 데다 다들 지치고 탄약까지 부족한 상태라 유엔군은 다시 들이닥친 중공군에 효과적으로 맞설 수 없었다. 그렇게 해서 최악의 순간이 다가왔다. 그동안 용맹스럽게 싸웠지만 결국 패하고 말 것 같았다. 스튜어트 근처에 있던 공군 연락 장교는 앞으로 상황이 어떻게 될 것 같으냐고 물었다. 스튜어트는 아마 20분 안에 몰살되고 말 거라고 예상하면서 공군 지원 상황이 어떤지 확인했다. 비행 중대가 대기하고 있지만 구름이 워낙 짙어서 어떻게 해볼 수 있는 상황이 아니었다. 바로 그때 하늘을 올려다보자 파란 하늘이 조금씩 보이기 시작했다. 이 정도면 어떻게 해볼 수 있지 않겠냐고 스튜어트가 반문하자 연락 장교는 즉시 무선 연락을 취했다. "현재 적군의 공습을 받고 있다. 즉시 지원 바란다."

무선 연락이 가자마자 공군의 공습이 시작되었다. 죽음이 코앞에 닥쳤다고 생각했던 유엔군으로서는 마치 기적이 일어난 것 같았다. 프리먼은 "할리우드 영화에서나 볼 수 있는 전투였다."라고 회고했다.[14] 1943년 2월 제2차 세계대전 중에 과달카날에서 처음으로 사용했던 프로펠러기인 해병대의 콜세어기가 날아와서 50구경 기관총 6정과 로켓 8개, 500파운드짜리 폭탄으로 공격을 퍼부었다. 이런 기적 같은 일이 가능했던 이유는 현대화된 제트 전투기에 비해 당시 전투기들이 목표물 위에 더 오랫동안 머무를 수 있었기 때문이다. 해병대 조종사들은 아이템중대와 중공군 사이의 정확한 경계를 확인하기 위해 몇 차례나 돌아본 다음 최종 공격을 실시했다. 프리먼이 나중에 묘사한 것처럼 "공군의 지원은 한 폭의 그림처럼 아름다운 모습으로 비쳤다." 최종 공격이 될 거라고 확신하고 한데 뭉쳐 있던 중공군 위에 500파운드짜리 살상용 폭탄이 떨어졌다. 곧이어 당시 미군들이 동양인용 미사일이라는 뜻으로 '구크구저(gook gooser)'라고 속되게 일컫던 로켓이 투하되고 50구경 기관총 사격이 이어졌다. 프리먼이 세어본 바에 따르면 총 스물네 차례 공격이 이어졌고 마침내 중공군이 달아나면서 전투는 마무리되었다. 프리먼의 부대에서 집계한 사상자와 실종자는 총 225명이었다. 근처에서 발견된 중공군의 시체는 총 1,300구였다. 대략적이긴 하지만 사살되거나 부상을 입은 중공군의 숫자는 3,600명 정도로 추산되었다. 나중에 유일하게 체포된 포로의 증언에 따르면 이는 제125사단의 절반에 해당하는 숫자였다. (전투가 워낙 치열했기 때문에 더 이상의 포로를 생포하기는 어려웠다. 그 포로 역시 치명적인 부상을 입은 상태였다.) 그 사단은 중공군 제42군 소속으로 사실 오래전부터 매슈 리지웨이가 찾고 있는 부대였는데 폴 프리먼이 마침내 발견한 셈이었다.

해가 저물어갈 무렵 공군 지원기가 와서 탄약과 군수품을 떨어뜨리고 갔다. 그리고 제23연대 소속 제1대대가 드디어 지원 부대로 도착했다. 그날 밤 프리먼과 몽클라르는 중공군이 다시 쳐들어올까봐 잠을 이루지 못했다. 그러나 당분간 중공군은 모습을 드러내지 않았다. 연대는 그곳 진지를 완전히 복구하는 데 하루를 보낸 다음 2월 3일에 새로운 임무를 수행하러 출발했다. 6킬로미터 정도 떨어져 있는 전략상 아주 중요한 거점인 지평리를 사수하라는 임무였다.

제42장

달라진 준비태세

매슈 리지웨이가 한국에 첫발을 내디디면서 꿈꾸던 전투가 마침내 지평리에서 벌어졌다. 이번 전투에서 비로소 미군이 중공군을 다루는 방법을 알았기 때문에 지평리 전투는 아주 결정적인 전투로 평가되었다. 당시 폴 프리먼이 중공군에 대처한 방법은 포트 레번워스에 있는 지휘참모학교에서 수적으로 우세한 적에 맞서는 적절한 예시로 교과서에 소개되었으며 오랫동안 연구 대상이 되었다. 이번 전투는 그만큼 큰 전환점이었다. 그러나 한국에서 벌어진 다른 전투와 마찬가지로, 그곳에서 실제로 싸운 사람들에 관해서는 전쟁사를 연구한 군사학자와 역사가들에게 제대로 알려지지 않았다. 지평리라는 작은 마을에서 콧대 높은 중공군의 사기는 바닥에 떨어졌고 아무도 쓰러뜨릴 수 없을 것 같았던 무적의 부대가 무릎을 꿇고 말았다. 당시 부대원들 사이에는 중공군의 인해전술을 두고 신랄한 농담이 유행했다. "소대 하나에 도대체 몇 무리나 몰려 있던가?"라고 물으면 "어제 두 패거리가 몰려왔는데 모두 우리 손에 몰살되었지."라고 말하는 식이었다. 지평리 전투가 끝나자 지휘관들뿐 아니라 일반 사병들 사이에도 새로운 개념이 정립되었다. 위치를 제대로 잡고 사계를 정확히 계산한 다음 제대로 된 지휘관이 앞장서기만 하면 무장 상태가 열악한 중공군에 맞서는 게 전혀 불가능한 일이 아니라는 사실이었다. 지평리 전투가 끝난 후에는 중공군도 그 사실을 인정하게 되었다는 게 더 중요했다.

지평리는 한국에서 흔히 볼 수 있는 작은 농촌 마을로 전쟁이 할퀸 자국 때문에 더 이상 평화로운 분위기를 기대할 수 없었다. 아주 전형적인 시골 마을로 방앗간과 교사(校舍), 절이 있었고 작은 시냇가를 따라 마을 사람들이 주로 다니는 길이 뻗어 있었다. 서양 사람들의 표준에서 볼 때는 보잘것없는 마을이었다. 제23연대가 도착했을 때는 이미 모든 건물이 무너지거나 폭파되고 마을 사람들도 오래전에 피난을 떠난 상태였다. 당시 한국의 모습을 적나라하게 대변해주는 광경이었다. 전쟁이 발발한 후 중공군과 미군이 밥 먹듯이 드나들었고 이들이 왔다 갈 때마다 마을은 조금씩 무너져 내렸다. 이곳은 동서로 철로가 있고 남북으로는 도로가 지나는 교통 중심지라서 양측 모두에게 전략적으로 중요한 지역이었다. 그야말로 한반도의 중앙을 관통하는 곳으로, 이만한 길을 또 찾기란 거의 불가능에 가까웠다.

프리먼과 부대원들은 아무 방해를 받지 않고 지평리에 진입할 수 있다는 사실에 깜짝 놀랐다. 무슨 이유에서인지 그 지역에서 대규모로 이동 중이던 중공군은 미군이 와서 지평리를 점령하는 동안 전혀 끼어들지 않았다. 프리먼이 소수의 군대를 이끌고 중공군의 공격을 막아낸 것은 사관학교 교과서에 실릴 정도로 대단한 일이었다. 그러나 처음에는 그 역시 자기가 처한 상황에 만족할 수 없었다. 셔먼 프랫에게 털어놓은 것처럼 원래는 마지막에 자기 부대가 자리 잡은 언덕보다 훨씬 더 높은 마을 근처 둔덕에 진지를 구축하고 싶었다. 하지만 데려온 부대원이 몇 명 되지 않았기 때문에 그곳까지 가면 부대원들이 너무 넓게 배치되어 위험에 빠질 우려가 있었다. 보병 전략 전문가들이 보기에 그의 첫 번째 결정은 굉장히 특이했지만 결과적으로 볼 때는 아주 기발하고 지혜로운 작전이었다. 보병 지휘관으로서 반드시 지켜야 할 기본 규칙은 우선 고지대를 점령하는 것이었다. 특히 규모가 큰 적을 방어해야 할 때는 고지대 점령이 필수였다. 높은 언덕이나 산악 지역은 그 자체로 누구도 뚫을 수 없는 완벽한 방어벽과 같았다. 하지만 그곳에 군인들을 배치하려면 약 20킬로미터에 달하는 융기선을 따라 방어체제를 구축해야 했고, 지름 6킬로미터의 둘레를 감싸려면 연대가 아니라 사단 규모의 병력이 필요했다. 그 정도 둘레라면 중공군이 주요 지점을 뚫고 들어와 방어선 전체를 완전히 무너뜨리기도 훨씬 쉬웠다.[1]

그래서 프리먼은 현명하게 판단하여 조금 낮지만 서로 가까운 거리에 모여 있는 언덕을 연결하여 방어선을 구축하기로 결정했다. 그렇게 하자 직사각형 모양의 방어선이 만들어졌다. 한 쪽 면은 불과 1.6킬로미터 정도였으며 다른 한 쪽은 3킬로미터를 약간 넘는 정도였다. 그리고 모든 방향에서 적의 공격을 저지할 수 있는 높은 지대를 확보했다. 어떻게 생각해보면 바로 이런 형태야말로 대부분의 미군 장교들이 청천강 근처에서 중공군의 침입을 받던 순간부터 꿈꿔오던 방어체제였다. 프리먼은 또한 중화기들이 방해받지 않고 상호 지원할 수 있도록 조치했다. 예비 부대는 특정 지점의 아군이 곤경에 빠지면 최대한 빨리 지원할 수 있는 위치에 배치되었다.

프리먼은 또한 주요 보병 무기가 부족한 중공군의 약점을 최대한 공략할 생각이었다. 중공군은 멀리 떨어진 지역 어딘가에서 고지대를 차지하고 있을 게 분명했다. 하지만 미군에게는 장거리 포격이 가능한 대포가 있었다. 기관총이라면 중공군도 충분히 가지고 있긴 했지만 너무 먼 지역에 있었기 때문에 거의 쓸모가 없는 수준이었다. 그는 중공군이 박격포를 보유하고 있으므로 이를 활용하려 들 거라고 예상했다. 하지만 유엔군이 보유한 공군력이라면 날씨가 악화되지 않는 한 중공군의 박격포를 얼마든지 무력화시킬 수 있었다. 또 한 가지 결정적인 이점은 바로 시간이었다. 프리먼은 이런 새로운 전쟁에 투입된 이래 충분한 시간적 여유를 가졌던 첫 번째 미군 장교였으며 그 시간을 어떻게 사용할 것인지에 대해서도 나름대로 생각이 있었다. 그의 부대는 2월 3일에 지평리에 도착했지만 중공군은 2월 13일이 되어서야 공격을 개시했다. 그래서 프리먼은 무려 10일이나 진지를 정비하고 전투를 준비할 시간을 가질 수 있었다. 제23연대 소속 부대원들은 모두 자기 부대가 여러 가지로 미흡한 점이 많으며 자기들의 목숨이 참호를 얼마나 잘 파느냐에 달려 있다는 걸 잘 알고 있었다. (하지만 전쟁사가 로이 애플먼은 1951년 8월에 이들이 파놓은 참호를 방문하고 생각만큼 깊지 않다는 사실에 깜짝 놀랐다.) 박격포나 대포의 사계를 측정하여 사정거리도 정확히 표시해두었다. 철조망은 있는 대로 모두 설치했고 지뢰 역시 마지막 하나까지 다 묻어놓았다. 상황이 허락하면 필요한 물자를 보급받고 부상병을 본부로 이송할 수 있도록 비행기가 착륙할 만한 작은 공간도 따로 확보했다.

탄약이 너무 많다는 느낌이 든 것도 이번이 처음이었다. 하지만 얼마 지나지 않아서 프리먼은 자기 판단이 성급했다는 것을 알았다. 정찰기들은 하루도 빠지지 않고 근처 언덕에 중공군의 움직임이 있는지 확인하러 다녔다. 프리먼도 매일 정찰대를 보내 중공군이 무슨 계략을 꾸미고 있는지 알아보려고 노력했다. 그렇게 하루하루 지나면서 중공군이 정해놓은 작전 개시일이 다가왔지만 한 가지 허술한 점은 그대로 남아 있었다. 지평리 전투와 원주 전투는 별도로 이뤄지긴 했지만 상호 연관성이 깊은 전투였다. 인근 원주에서 북쪽으로 공격하던 한국군이 모두 무너졌고 한국군과 함께 싸우던 미군 부대와 네덜란드군 역시 적에게 전멸할 위기에 처해 있었다. 원주 북쪽 지역으로 이어진 유엔군의 진군은 2월 5일에 시작되어 2월 14일 무렵에는 난항을 겪고 있었다. 조지 스튜어트를 포함하여 사단 고위 장교들 대다수는 원주에서 더 큰 전투를 일으켰던 한국군의 진격이 사실 알몬드의 성급한 생각에서 비롯된 말도 안 되는 계획의 일부라고 생각했다. 한국군을 제일 앞에 내세운 것은 아무도 예상치 못한 행동이었다. 아무런 준비가 되어 있지 않았던 한국군은 중공군을 만나서 예상대로 완패했다(원주 지역에서 활동하고 있던 중공군은 사단 4개 규모로 추정되었다). 뒤이어 적군이 미군과 네덜란드군을 공격할 길이 그대로 열려버렸다. 이로 인해 원주 지역은 물론이고 지평리까지 심각한 위기에 처했다. 지평리 전투가 본격적으로 시작되기도 전에 이미 원주에서 방어를 맡은 부대는 아슬아슬한 상황에 놓여 있었다. 원주에서는 우선적으로 공군 지원을 요청할 수 있는 권한을 가지고 있었고, 이제는 원주 상황을 빨리 수습하지 않으면 금세 중공군이 사단 4개를 능가하는 부대를 끌고 프리먼의 숨통을 죄어올지도 모른다는 두려움마저 생겨났다.

2월 10일이 되자 프리먼이 보낸 소규모 정찰대들은 그 지역에 중공군이 셀 수 없을 정도로 많으며 거의 매시간 단위로 병력이 몰려들고 있다고 보고했다. 그가 한국전쟁에서 가장 우수한 연대 지휘관 중 한 사람으로 인정받은 것과 그의 명성이 지평리에서 보여준 화려한 업적에 기반을 둔다는 것은 상당한 아이러니가 아닐 수 없다. 전투가 벌어지기 직전 며칠 동안 프리먼은 이미 아군 진지를 둘러싼 중공군의 어마어마한 규모에 질려서 후퇴하고 싶은 마음이 간절했다. 2월 12일이 되자 이미 아군을 둘러싼 적의 규모가 상상을 초월할 정도라는 게 확실해졌다. 그것만으로도 충분히 불안하고 절망적인데 설상가상으로 제38연대 소속 2개 대대가 원주 바로 위 북쪽 지역에서 포위당해버렸다. 그러자 제10군단의 나머지 부대들이 자기 힘으로 진지를 사수하는 게 불가능해 보였다. 프리먼의 부대를 지원하기 위해 이미 지원 부대 2개가 출발한 상태였다. 그중 하나였던 영국 여단은 적의 강한 공격을 뚫지 못하고 주저앉고 말았다. 프리먼은 혼자서 한국전쟁에 참전한 중공군 전부를 상대하는 것 같은 느낌이 들었고 결국 너무 두드러져 보여서 좋을 것이 없다고 판단했다.

　프리먼은 후퇴를 허락해달라고 요청했다. 하지만 리지웨이는 그대로 있는 것이 좋겠다는 답변을 보냈다. 중공군의 공격이 거세질수록 제23연대 소속 고위 장교들은 자기들보다 훨씬 지위가 높은 상관들 사이에서 모종의 의견 충돌이 빚어지고 있다는 걸 알아차렸다. 그곳에 있던 다른 유엔군 부대들은 모두 후퇴하기 시작했는데 유독 제23연대만 그대로 남아 있었다. 연대 작전장교의 기록이 증언하듯이 2월 12일에 그들에게 하달된 명령은 그 자리에 머무르라는 것이었다. "스카치의 명령에 따라 우리는 이곳에 그대로 머문다."[2] (스카치는 리지웨이를 뜻하는 암호였다.) 바로 그날 연대 작전장교 존 더메인(John Dumaine) 소령은 프랫 대위에게 프리먼이 돌아가고 싶어 한다는 말을 전했다. 하지만 프랫은 당시 포위하고 있는 중공군의 숫자가 워낙 많아서 그 순간에 부대를 움직이는 게 과연 가능할지 의심스러웠다. "지금은 후퇴하고 싶어도 꼼짝할 수 없을 것 같습니다. 해럴드 슈메이커(Harold Shoemaker) 소령의 마지막 보고에 따르면 우리가 탈출할 수 있는 유일한 통로인 남쪽 길은 이미 중공군으로 북적대고 있어서 차단되었답니다. 후퇴 허가 명령이 떨어진다 해도 이곳을 벗어나려면 또 다른 길을 뚫기 위해 피나는 전투를 벌여야 할 겁니다. 결국 여기 머물러서 싸우는 수밖에 없습니다."[3] 다른 방법은 찾아봐도 없을 것 같았다. 이미 포위망은 두꺼워 보였고 공군 비행기를 통해 군수품 지원이 시작되었다. 지평리에 있던 이들은 이제 자신의 운명을 결정해야 할 중대한 순간에 직면했다. 그 누구의 도움이나 지원 없이 자신의 힘만으로 살아남아야 했다.

하지만 프리먼과 러프너는 여전히 명령이 바뀌기를 기대했다. 알몬드도 결국은 두 사람의 생각에 동의했다. 자기가 지휘하던 다른 부대들이 하나둘 중공군의 공격에 무릎을 꿇는 것을 보고 생각이 바뀌었을 가능성이 컸다. 알몬드는 2월 13일 오후에 정찰기를 타고 프리먼을 만나러 왔다. 원주 근처에서 벌어진 전황이 불리하게 전개되고 있어서 지평리마저 위태로워졌다는 걸 이미 알고 있었다. 프리먼은 알몬드 앞에서 불안한 기색을 감추지 못했고 이번 전투에서 어쩌면 자기 연대가 송두리째 무너질지도 모른다고 말했다. 프리먼은 남쪽으로 24킬로미터 정도 떨어진 여주로 후퇴하기를 원했다. 물론 그곳으로 연결되는 도로는 이미 중공군이 차단했을 가능성이 높았다. 사단장 러프너는 이미 후퇴를 허가한 상태였고 알몬드도 더 이상 반대할 입장이 아니었다.

곧 후퇴할 거라는 소문이 제23연대에 삽시간에 퍼졌다. 사실 연대전투단 소속 대공(對空)포대 부대장은 언젠가는 후퇴할 거라고 짐작했고, 후퇴할 때 가져갈 탄약이 너무 많다고 판단해서 일부 탄약을 멀리 보이는 언덕을 향해 발포하게 해달라고 요청했다. 하지만 연대 작전과장 프랭크 메자르(Frank Meszar) 중령은 상황이 확실해질 때까지 하루 더 기다려보라고 말했다. 알몬드가 군단 본부에 도착할 무렵 프리먼은 마음을 바꿨다. 하루 더 기다렸다가 13일에 후퇴하는 건 무모해 보였다. 알몬드와 이야기를 나누고 돌아서자마자 그는 사단 본부에 긴급 메시지를 보냈다. "약 한 시간 반 전에 알몬드가 이곳에 와서 여주로 후퇴하게 해달라는 내 요청을 수락했다. 아침에 후퇴하겠다고 말했지만 계획을 수정하여 오늘 저녁에 후퇴할 생각이다. 이 요청을 제10군단에 전달하여 가능한 한 빨리 답변을 받을 수 있도록 조치해주길 바란다."[4] 이제 최종 결정은 오래전부터 이 전투를 고대해왔던 한 사람의 손에 달려 있었다. 리지웨이는 지평리에서 들려오는 다른 요청에는 전혀 귀를 기울이지 않왔다. 그가 약속했던 것은 프리먼이 그곳에 남아서 계속 싸우기만 하면 어떻게 해서라도 지원군을 투입해주겠다는 것이었다. 필요하다면 제8군 전부라도 보내주겠다고 말했다.

리지웨이는 프리먼의 부대가 참호를 깊게 파두고 화력만 계속 유지한다면 공군의 도움으로 탄약과 기타 군수품을 계속 보급받을 수 있다고 생각했다. 오랫동안 공수부대에서 근무한 경험을 토대로 한 예측이었다. 기대에 못 미치는 점이 한두 가지가 아니었지만 애초부터 완벽한 전투를 기대하는 건 불가능했다. 이번 전투는 중공군이 고른 지역에서 리지웨이의 바람대로 월등한 미군의 화력을 사용해 월등하게 많은 수의 중공군을 무찌를 수 있을지 알아보는 리트머스 시험이었다.

13일 오후 늦게 셔먼 프랫은 프리먼을 만나러 갔다. 프리먼은 거의 체념한 듯 보였다. 그는 프랫에게 현재 아군이 약 4개 사단 병력의 중공군에게 포위되어 있다고 지도를 보며 설명했다. "저들은 마음만 막으면 언제든지 들이닥쳐서 우리를 제압할 걸세. 하지만 우리도 충분히 준비가 되어 있다고 생각하네. 지금 여기서도 얼마든지 잘해낼 수 있을 거야."[5] 13일 저녁에 프리먼은 지휘관들을 모두 불러 모았다. 다들 후퇴해야 한다고 말했지만 프리먼은 그럴 계획이 없다고 단도직입적으로 말했다. "우리는 여기 그대로 남아 저들과 맞서 싸울 것이다." 그는 지휘관들에게 직접 모든 참호를 확인하고 마지막으로 다시 한 번 사계를 점검하라고 명령했다. 프리먼은 그날 밤에 적군의 공격이 시작될 거라고 예상했다.

그는 북서쪽에 제1대대를 배치하고 제3대대에 북동쪽과 동쪽을 맡겼으며, 프랑스 대대에는 서쪽을, 제2대대에는 남쪽을 맡겼다. 프리먼의 지휘를 받는 병력은 약 5,400명에 육박했다. 연대 급으로는 상당히 큰 규모의 연대전투단이 편성된 것이다. 그는 중공군이 5개 사단 병력으로 약 30,000~40,000명 정도일 거라고 예측했다. 지평리는 이미 완전히 포위된 상태였다. 프리먼의 부대가 탄약과 식량을 보급받을 유일한 방법은 공군의 낙하산뿐이었다.

제43장

원주 전투

지평리에서 한참 참호를 파는 동안 원주 전투는 절정을 향해 치달았다. 원주 전투에서 활용된 라운드업 작전은 순전히 에드워드 알몬드의 머리에서 나온 것으로, 한국전쟁의 전반적인 추세에 비춰볼 때 선뜻 이해하기 어려웠다. 알몬드의 공격은 리지웨이가 계획한 대규모 공격 작전인 선더볼트 작전의 우측면 일부일 뿐이었다. 이번에 배치받은 지역은 산세가 더 험해서 중공군이 매복해 있을 위험도 더 컸지만 상관이 계획한 작전보다 대범한 면이 있었다. 고위 정보장교들은 중공군 사령부가 유독 그 지역에 병력을 모으고 있는 것으로 보아 뭔가 큰일을 벌이려는 것 같다고 경고했다. 하지만 알몬드는 귀를 기울이지 않았다. 그런 태도 때문에 장진호에서 참패를 당했다고 생각하는 사람들이 많았지만 에드워드 알몬드는 여전히 제멋대로 행동하고 사리 분별이 분명하지 못했다. 이제 10주 정도 지나서 중공군과 또다시 맞붙었으나 그는 여전히 공격에만 치중했고 여기저기서 들려오는 정찰대의 보고를 무시한 채 함부로 부대를 파견했다가 금세 중공군에게 포위되어 참패를 겪게 만드는 상황을 반복했다. 아직도 적의 장점이나 전략을 우습게 생각하고 있었던 것이다. 클레이 블레어는 이 모든 상황이 "한반도 북동쪽에서 알몬드가 저지른 만행을 되새기게 만들었다."라고 기록했다.[1] 군우리 전투에서 무사히 살아남았지만 곧 원주 전투에서 큰 부상을 입은 짐 힌턴은 "알몬드가 저지른 어리석은 행동의 최절정판"이라는 표현을 썼다. 힌턴은 당시 제38연대에 새로 온 지휘관 로버트 코글린(Robert Coughlin) 대령이 화가 나서 어쩔 줄 몰라 하던 모습을 생생하게 기억했다. 코글린은 힌턴에게 알몬드가 연대를 소규모 부대로 나눠 배치하고 대대를 따로 떼어놓음으로써 전투력을 약화시키고 있다며 사실상 연대 지휘권이 그의 손에 넘어갔다고 말했다. 이는 서부 전선에서 북쪽으로 이동하는 군대와 큰 대조를 이루는 모습이었다. 그곳에서는 모든 부대가 크기나 계급을 막론하고 서로 긴밀한 유대 관계를 구축하고 있었다. 알몬드가 이렇게 각 부대를 약화시키는 바람에 중공군이 공격을 시작했을 때는 제대로 방어할 힘이 없었다. 적어도 코글린이 보기에는 중공군과의 첫 번째 접전에서 배운 교훈을 적용하기는커녕 전혀 엉뚱한 방향으로 가고 있는 것 같았다.

현존하는 민주주의 국가 중에서 가장 큰 영향력을 발휘하고 있는 군대, 특히 육군에 대해 깊은 존경심을 품고 있던 미국인들은 알몬드가 이번 전쟁에서 손을 떼고 50년이 넘도록 그의 역할을 아주 못마땅하게 여겼다. 알몬드는 케케묵은 옛날 방식을 고집했으며 도무지 전쟁에 도움이 되는 것 같지 않았다. 철저한 민주주의 방식에 따라 전쟁터에서 이룬 공적이나 기꺼이 목숨을 내놓으려는 태도를 기준으로 모든 장교를 평가해야 하지만 알몬드는 그런 규칙을 깡그리 무시하고 처음부터 끝까지 선입관에 따라 평가했다. 그는 전쟁이 끝날 때까지 초반에 보였던 인종차별적인 태도를 버리지 않았다. 1971년에 그는 이미 퇴직한 지 오래된 장교였는데도 여전히 부대를 통합하면 전투부대의 힘이 약화된다고 강력히 주장했다.

알몬드의 인종차별적인 태도는 언제나 큰 문제를 일으켰다. 이 때문에 당시 육군 안에서 알몬드가 다른 고위 장교들로부터 고립되었던 것은 아니었지만, 그의 태도 때문에 불리한 대우를 받았던 흑인 병사들과 장교들은 말할 것도 없고 주변에 있던 하급 장교들마저도 알몬드의 고집스러운 차별(열정에 가까운 강한 주장)에 곤혹감을 감추지 못했다. 이번 전쟁에서 흑인 병사들이 몇 차례 승리를 거두는 데 크게 이바지했지만 그의 머릿속에는 여전히 흑인들은 원래부터 열등한 존재라는 생각이 자리하고 있었다. 그리고 이들에게는 언제나 '자질구레한 일'이나 시키면 된다고 생각했다. 트루먼 대통령과 리지웨이는 어떻게든 육군 안에서 인종차별을 뿌리 뽑으려고 안간힘을 썼지만 알몬드는 자기 방식대로 인종차별주의를 밀어붙였고 어떻게든 흑인 병사들을 따로 모아 별도의 부대를 만들려고 했다.[2]

1951년 1월 중순 원주 지역에서 전초전이 벌어지는 동안 흑인 대위 포레스트 워커(Forest Walker)는 보병 중대를 성공적으로 지휘하여 참호에 숨어 있던 중공군에게 보기 좋게 수류탄을 날렸다. 그가 속한 대대장 세시디오 바버리스는 부대원들에게 신임이 높았으며 다들 그의 말이라면 철석같이 믿었다. 이튿날 바버리스는 리지웨이에게 워커의 공적을 보고했고 깊은 감동을 받은 리지웨이는 그에게 은성훈장을 내렸다. 하지만 그 사실을 알게 된 알몬드는 훈장 수여를 강력히 반대하면서 워커에게서 중대 지휘권을 박탈했다.[3] 한편 제2차 세계대전 때부터 알몬드가 아끼던 빌 맥카프리는 그와의 인맥을 발판 삼아 한국전쟁에서 연대 지휘를 맡았다. 그런데 알몬드는 맥카프리가 부대원들을 피부색에 관계없이 모두 섞어놓은 것을 보고 노발대발했다. 각 소대마다 흑인 병사가 세 명씩 배치된 걸 보고 알몬드는 "설마 자네가 이렇게 한 건 아니겠지?"라고 추궁했다.

맥카프리는 "맞습니다. 제가 그렇게 배치하라고 지시했습니다."라고 실토했다.

"다들 이렇게 뭘 모르니. 예전보다 좀 나아진 게 있어야 할 거 아닌가."라며 알몬드가 쏘아붙였다. 제92연대에서 함께 근무하던 시절을 말하는 것 같았다.

"이렇게 해도 아무 문제 없습니다."라며 맥카프리도 쉽게 물러나지 않았다.

알몬드는 기가 막힌다는 듯 고개를 내저었다. 그에게는 가족에게 배신을 당한 것에 못지않은 충격이었다.[4]

편견에 사로잡힌 알몬드의 태도는 주변 사람들에게 불쾌하기 짝이 없었다. 특히 알몬드 수하에 있는 흑인 장병들에게는 이루 말로 다할 수 없는 고통이었다. 함께 전투에 참여하면서 알몬드를 자세히 관찰한 사람들은 그의 인종차별적인 태도가 단지 흑인 사병들에게만 국한된 게 아니라는 걸 알았다. J. D. 콜먼이 지적했듯이 알몬드는 중공군 역시 몹시 열등한 존재로 취급했다. 장진호에서 벌어진 전투에서 알몬드가 그토록 무모하게 밀어붙인 이유 중 하나는 중공군을 적군이라고 인정하지도 않았기 때문이었다. 그는 중공군이 전쟁터에 나타나도 자기들과는 비교할 수 없을 정도로 우월한 인종인 미군을 보면 그 자리에서 혼비백산하여 달아날 거라고 생각했다. 중공군을 가리켜 세탁업자라고 비아냥거린 것도 인종차별적인 발언이었다. 중공군은 여러 가지 면에서 아주 우수한 군대였으나 알몬드는 이 사실을 전혀 깨닫지 못했고 인정하지도 않았다. 그의 머릿속에는 그저 중국인은 미국에서 백인들을 위해 세탁일이나 하는 민족이라는 생각밖에 없었다.

알몬드가 지휘하던 제187연대전투단 소속이었던 콜먼은 알몬드가 중공군의 전투 방식에 관심을 보이지 않고 지금까지 벌어진 전투에서 전혀 깨달음을 얻지 못한 것이 모두 "애초부터 가지고 있던 인종차별적인 발상" 때문이었다고 보았다. 북쪽으로 밀고 올라가서 벌인 전투는 하나같이 결과가 좋지 않았고 그로부터 시간이 꽤 흘렀다. 하지만 알몬드는 각 부대 지휘관들을 모아 놓고 지금까지 중공군과 접전을 벌이며 새로 깨달은 점에 대해 토론하는 자리를 한 번도 마련하지 않았다. 여러 해가 지난 후에 콜먼은 이렇게 회상했다. "우리는 한국전쟁이 다 끝난 후에야 중공군의 전술을 심도 있게 연구했다. 하지만 전쟁 중에는 아무도 적군의 작전이나 전술을 연구하지 않는 것 같았다. 처음 몇 주 동안 중공군을 처음 대하면서 그들의 행동 양식이나 전술, 장단점 및 한계, 그리고 아군을 깜짝 놀라게 만든 다음 남쪽에서 매복하는 작전 등 여러 가지 사실이 밝혀졌으나 그런 것들을 정리해보려는 시도조차 없었던 것 같다. 중공군에 대해 파악해야 할 점이 굉장히 많았지만 아무런 진전이 없었다. 아군 사령부는 중공군을 연구할 가치조차 없는 대상이라며 무시했고 적에 대해 알려고 하지 않았다. 그 때문에 홍천, 횡성, 원주(모두 원주에서 벌어진 대접전의 일부로 간주된 전투들이었다)에서 참패를 당했다. 내가 보기에 참패의 주된 원인은 군단장의 마음속에 무의식적으로 깔려 있던 미국 우월주의와 인종차별적인 발상이다. 알몬드는 첫 번째 전투에서 적에게 패했을 때 뭔가 느끼고 반성했어야 했다. 하지만 그는 편견에 사로잡혀 현실을 직시하지 못했다." 2월 중순이 되어서야 알몬드는 좀 더 강력하게 중공군에게 맞설 필요가 있다고 생각한 듯했다. 콜먼은 "전쟁터에서 알몬드가 내린 모든 명령에는 인종차별적인 발상이 여실히 담겨 있었다."라고 덧붙였다.[5]

라운드업 작전은 알몬드가 원주 지역에서 실행할 작전에 직접 붙인 명칭이었다. 그 작전은 완벽한 포트 레번워스 계획처럼 보였다. 규모도 크고 부대 간 협력 작전도 들어 있어서 꽤 멋져 보였다. 만약 이 작전을 레번워스에서 실행에 옮긴다면, 즉 이론상으로 존재하는 어느 나라에서(물론 한반도처럼 지형이 험하고 혹독한 추위가 없는) 가상의 적군(주요 도로를 통해 이동하기 때문에 공군 정찰대가 금방 찾아낼 수 있는 적군)에 맞서 전투를 벌인다면, 더할 나위 없이 완벽한 승리를 거둘 게 분명했다. 적군의 주요 진지마다 화살을 비 오듯 쏟고 홍천 마을 전체에 이중 포위망을 형성해 전투를 성공적으로 마무리할 것으로 기대되었다. 홍천은 원주에서 북쪽으로 약 38킬로미터 떨어진 곳에 있었는데 그때쯤이면 미군이 그곳에 도착할 예정이었다. 물론 이번 공격의 성공 여부는 참여 부대 사이에 완벽한 협력이 이뤄지고 중공군에게 큰 방해를 받지 않은 채 작전을 그대로 실시하느냐에 달려 있었다. 중공군이 또다시 사단 4~5개 병력을 몰래 투입해서 공격을 무력화시키지 않기만을 바랄 수밖에 없었다.

한국전쟁의 실상을 아는 사람이라면 누구나 알몬드의 계획에 치명적인 허점이 많다는 것을 알아차릴 수 있었다. 원주는 아주 크고 위험한 지역이라서 알몬드가 보유한 유엔군 전체를 삼키고도 남을 만한 곳이었다. 특히 날씨가 변덕이 심해 하루에도 몇 차례씩 먹구름이 드리웠다가 걷히기를 반복했기 때문에 미군의 우월한 공군력을 활용하기가 쉽지 않았다. 결국 알몬드의 부대는 또다시 한국군 부대의 전투수행능력에 온전히 의지하게 되었다. 이번 전투에서 알몬드는 다른 장교들이 도무지 이해할 수 없는 행동을 취했는데 바로 몇몇 미군 부대를 한국군 장교의 지휘 아래 둔 것이었다. 만약 상황이 여의치 않으면 미군은 자기 부대에 대한 통제권을 완전히 휘두를 수 없는 처지가 될 수밖에 없었으며, 그럴 확률이 매우 높았다. 이번 전쟁에서 에드워드 알몬드의 행동은 하나같이 억지스러웠지만 그중에서도 이번이 가장 이상하고 의아했다. 장교들은 알몬드가 대부분의 미군 장병들을 믿지 못하듯 한국군의 전투력도 전혀 신뢰하지 않지만, 이번 조치를 통해 한국군에게 조금이나마 자신감을 불어넣어주려는 것 같다고 생각했다. 조지 스튜어트가 말한 대로라면 알몬드는 본심을 숨기고 자기가 미군보다 한국군을 더 신뢰한다는 느낌을 주어 한국군이 좀 더 분발하게 하려는 의도에서 그렇게 행동했는지도 모른다. 하지만 한국군은 이번 처사에 전혀 만족하지 않았으며 이 또한 인종차별적인 처사일 거라고 수군거렸다. 한국군 지휘관 중에서 가장 실력이 뛰어나다고 인정받았던 백선엽 장군은 전쟁 회고록을 통해 알몬드가 한국군 병사들을 중공군의 초반 공격에 대한 희생양으로 삼으려 했던 것 같다고 설명했다.[6]

어쨌든 이렇게 해서 라운드업 작전은 한국군 제5사단과 8사단을 앞세워 시작되었다. 여기에는 제2사단 38연대와 9연대, 그리고 공수부대인 제187연대전투단도 포함되어 있었다. 적군은 사단 4개 병력, 즉 10만 내지 14만 명을 이끌고 원주 바로 위에 있는 중앙로 지역에서 만반의 준비를 갖추고 기다리는 중이었다. 물론 이들 외에도 예비 부대는 충분했다. 처음에는 전세가 유엔군에게 유리하게 풀리는 것 같았다. 하지만 바로 그것이 중공군의 의도였다. 첫 공격이 잘 풀릴수록 나중에 중공군의 반격이 시작될 때 미군과 한국군 부대를 고립시키는 작전이 성공할 가능성이 높았던 것이다. 그래서 중공군과 인민군은 뒷걸음을 치면서 미군과 한국군을 멀리 떨어진 지역으로 계속 유인했다. J. D. 콜먼은 "마치 펑더화이가 제10군단 군단장인 것처럼 중공군은 한국군과 미군 부대를 자유자재로 유인하여 이동시켰다."라고 기술했다.[7] 그의 표현을 빌리자면 2월 10일쯤 유엔군과 미군의 위치는 "적군의 진지까지 넘어갈 정도로 크게 부풀은 풍선 같아서 도저히 방어할 길이 보이지 않았다." 2월 11일 밤 10시에 중공군 3개 사단이 갑작스레 한국군 제8사단을 기습하여 삽시간에 무너뜨렸다. 그 자리에서 7,500여 명의 장병들이 연기처럼 사라진 것 같았으나 나중에 3,000여 명이 다시 유엔군 본부로 돌아왔다.

리지웨이의 사령부에서는 갑작스런 중공군의 기습에도 그리 놀라는 기색이 없었다. 이미 광활한 원주 지역을 중심으로 엄청난 규모의 적군이 집결하고 있다는 정찰대 보고가 이어지면서 긴장이 고조된 상태였다. 사실 리지웨이의 정보참모부에서 나오는 정보는 소스라칠 정도로 정확했다. 제8군 정보참모부 로버트 퍼거슨 중령은 이미 11월부터 제8군에 대한 중공군의 위협을 상관들보다 훨씬 더 예리하게 파악하고 있었다. 그의 예상은 빗나가는 법이 거의 없었다. 그 때문인지 퍼거슨은 중공군의 공격이 예상되는 날에만 비번이었다. 리지웨이는 정보참모부의 보고를 심각하게 받아들였다. 전투 바로 전날 그는 이미 방어태세에 돌입하여 더 이상 북쪽으로 올라가지 말라고 지시했다. 반대로 알몬드는 정보참모 제임스 포크(James Polk) 중령의 경고를 정면으로 무시한 채 계속 북진했다. 나중에 포크 중령이 증언한 바에 따르면 중국 국민당 의사 출신의 아주 중요한 포로가 공격태세를 갖춘 중공군의 정확한 규모를 예견하고 몇 차례 엄중한 경고를 했는데도 알몬드는 여전히 귀를 기울이지 않았다. 한낱 대위였던 의사가 그렇게 많은 정보를 알고 있을 리 만무하다며 믿지 않았던 것이다.[8] 2월 11일에 리지웨이는 알몬드가 이끄는 군단 사령부에 연락하여 진군을 멈추고 그 자리에 머물라고 명령했다. 그러나 군단 사령부는 몇 시간이 지나도록 소속 부대들에게 진군 중지 명령을 전달하지 않았다. 나중에 중지 명령이 전달되긴 했지만 이미 중공군의 공격이 시작된 지 두 시간이나 지난 후였다.

그야말로 끔찍한 재난의 서곡이 울려 퍼지고 있었다. 안타깝게도 지난 11월 말에 중공군의 대규모 공격이 벌어졌던 때와 동일한 상황이 재연될 것 같았다. 한국군 부대가 눈 녹듯 무너지자 제10군단 소속 많은 부대들, 특히 제38연대 1대대와 3대대는 즉시 연락이 두절되고 말았다. 알몬드가 만들어놓은 이상한 명령 전달 체계와 휘하 장교들이 상관을 두려워해서 좀처럼 직접 결단을 내리지 않는 현실 때문에 상황은 극으로 치달았다. 제15야전포병대대 대대장 존 키스 중령은 한국군 부대를 지원하라는 명령을 받고 출동했다가 후방과 단절되어 고립될 위기에 처하고 말았다. 2월 12일 새벽 1시 30분쯤에 그는 다급하게 본부로 연락을 취했다. 이미 상황은 돌이킬 수 없을 정도로 절박했다. 그는 사단 포병 지휘관 로열 헤인즈(Loyal Haynes) 준장에게 후퇴를 허락해달라고 요청했다. 하지만 헤인즈 준장은 소심하게 꾸물거리면서 러프너나 군단 본부로부터 확답을 받아야 한다고 말했다. 무려 한 시간 반이 지나서야 알몬드에게서 후퇴 허락이 떨어졌지만 이미 너무 늦어버린 후였다. 키스의 부대는 중공군에게 완전히 포위되었으며 주요 무기와 대형 트럭마저 빼앗긴 상태였다. 키스가 지원하려던 한국군 부대가 산산조각 난 것은 말할 필요도 없었다. (사실 그런 상황에서는 한국군 부대 역시 키스의 부대를 지원하기로 되어 있었다.) 키스의 부대가 빠져나올 수 있는 유일한 길은 폭이 좁고 산세가 험한 데다 이미 중공군이 장악하고 있었다. 그는 재빨리 제38연대 소속 대대와 합류했지만 역시 거센 중공군의 공격 앞에서 완전히 고립되고 말았다. 힘을 합쳐 빠져나올 길을 찾으려고 노력했지만 클레이 블레어의 설명을 빌리자면 중공군이 "남겨놓은 길은 군우리 아래에서 제38보병연대가 지나야 했던 '시련의 길'만큼이나 위험하고 가망이 없어 보였다."[9] 결국 횡성으로 이어지는 남쪽 길을 지나면서 제15야전포병대대는 일반 곡사포 5문과 155mm 곡사포 5문, 105mm 곡사포 1문을 포기해야 했다.

2월 12일 아침이 밝기 직전에 처참하게 무너진 제1대대와 키스 포병대대 생존자들은 횡성 북쪽에 있던 제38연대 3대대와 다시 합류했다. 하지만 그곳 역시 중공군의 포위망이 빠른 속도로 좁혀들면서 미군의 방어선은 급격히 무너지고 있었다. 그곳에서 남쪽으로 이어지는 길 역시 벌써 중공군 때문에 차단된 상태였다. 군단 소속 부대원들은 리지웨이가 가장 강조했던 명령이 무엇인지 정확히 기억하고 있었다. 더 이상 포병부대의 물자나 무기를 적의 손에 빼앗겨서는 안 된다는 것이었다. 만약 키스의 부대가 무너지면서 주요 장

■ 제1해병사단 소속 대원이 횡성에서 벌어진 전투 도중 중공군을 사로잡았다. 1951년. ⓒ Pfc. C. T. Wehner/ U.S. Department of Defense.

비를 빼앗기면 군단 소속 다른 부대들이 큰 위험에 빠질 상황이었다. 키스는 횡성을 향해 계속 남쪽으로 가기로 결정했다. 횡성에 가면 어떻게든 다른 부대와 힘을 합쳐서 안전한 진지를 다시 구축할 수 있을 거라는 한 가닥 희망이 있었다. 포병대원들은 제1대대 소속 생존자들과 함께 길을 떠났으나 남쪽으로 1킬로미터도 채 못 가서 중공군의 집중 공격을 받아 몇 시간 동안 그 자리에서 꼼짝도 하지 못했다. 결국 군단 사령부에서는 제3대대에게 방어선을 떠나 앞서 출발한 두 부대를 지원하여 이들이 중공군의 방해 작전을 뚫고 나갈 수 있도록 도와주라는 명령을 내렸다. 동시에 제187연대전투단 예하 기갑보병구조대는 북쪽으로 뚫고 올라가서 이들과 합류하라는 명령을 받았다. 중공군과의 치열한 접전이 이어졌지만 다행히 계획대로 북쪽으로 가는 길을 뚫을 수 있었다. 이미 어둠이 짙게 깔렸고 모든 길은 중공군의 통제를 받고 있었다. 이제 187연대전투단을 앞세워 큰 무리를 형성했으니 중공군을 뚫고 남쪽으로 내려가는 길을 열 수 있을 거라는 희망이 생겼다. 그러던 와중에 105mm 곡사포를 호송하던 트럭 한 대가 뒤집어지면서 길을 가로막고 말았다. 그곳을 빠져나가려고 안간힘을 쓰던 대원들에게 최악의 상황이 발생했던 것이다.

중공군은 군우리에서 그랬던 것처럼 미군의 규모가 아무리 커도 차량만 주저앉히면 도로를 장악하는 것은 식은 죽 먹기라고 생각했으므로 대형 트럭의 바퀴에 집중 포격을 가했다. 105mm 곡사포 14문과 155mm 곡사포 5문 외에도 부상병들이 타고 있던 트럭을 포함한 총 120여 대의 트럭을 포기할 수밖에 없었다. 그야말로 아수라장이었다. 키스 중령은 작전 중 실종자 명단에 이름을 올렸으며 결국 포로수용소에서 숨을 거둔 것으로 알려졌다. 다행히도 횡성에서 치열한 전투를 벌였던 네덜란드군 대대가 끝까지 버텨냈고 제38연대 소속의 몇몇 부대를 포함하여 일부 포병대원들은 횡성을 가로질러 후퇴한 후 결국 원주로 돌아왔다. 이번 전투로 인한 손실은 엄청난 수준이었다. 네덜란드군 대대를 포함하여 2개 대대에서 2,000명 이상의 사상자가 발생했다. 한국군 사상자만 해도 만 명을 훌쩍 넘어섰다. 이 소식을 들은 리지웨이는 노발대발하면서 제10군단 사령부를 찾아가 알몬드에게 엄청난 비난을 퍼부었다. 알몬드의 부관 존 칠리스 중령은 평생 그런 욕은 처음 들어봤다고 증언했다. 리지웨이는 전투로 인한 총 사상자 수도 아직 파악하지 못한 상태였지만 포병의 무기 상당수가 적의 손에 넘어간 것만으로도 분노를 참지 못했다. 핵심 무기를 적에게 빼앗기는 것은 용서할 수 없는 범죄와도 같았다. 리지웨이는 생각 없이 포병대대를 함부로 이동시켰다며 알몬드를 꾸짖고 "두 번 다시 이런 일이 없어야" 한다며 강조했다. 그런데도 맥아더의 심기를 건드리는 것이 무서웠는지, 다른 군단장들의 무능함을 생각하면 굳이 알몬드를 쫓아낼 이유가

■ 제10군단 헌병중대의 기관총반이 중공군의 화력에 묶인 호송대를 구조하기 위해 작전에 돌입하고 있다. 1951년. ©
U.S. Department of Defense.

없다고 생각했는지, 결국 그를 해임하지는 않았다.

대대 하나에 해당하는 병력이 완전히 소실되었다는 사실만으로도 충분히 끔찍했다. 한 달 후 미군이 주도한 공격을 수행하는 중에 해병대가 그 계곡을 지나다가 예전에 전투가 벌어졌던 장소에 미군의 시체가 셀 수 없이 널브러져 있는 것을 발견했다. 원주로 돌아가려다가 사살된 제38연대 소속 부대원들이었다. 구조대가 즉시 투입되었으며 250구 이상의 미군 시신과 엄청난 숫자의 네덜란드군 시신을 찾아냈다. 그중에는 마리누스 덴 오우덴(Marinus den Ouden) 대대장의 시신도 있었다. 대부분의 사체에 여러 발의 총상이 있는 것으로 보아 마지막 순간까지 포기하지 않고 싸우다가 결국 적의 손에 전멸한 것 같았다. 전투 후에 다시 사체 수를 정확히 세어보니 사흘 동안의 전투에서 발생한 연대 내 전사자는 468명으로 집계되었다. 그중 255명은 전장에서 즉사했으며 213명은 포로로 끌려가서 사살되었다. 키스가 지휘하던 제15야전포병대대에서는 그날 밤 83명의 사망자가 발생했으며 128명은 포로수용소로 끌려갔다. 해병대 대원들은 그 자리를 '대학살 골짜기'라고 불렀다. 어느 해병대 대원이 꽂아놓은 깃발에는 타의로 전쟁에 징발된 사람들의 비애가 이렇게 표현되어 있었다. "대학살의 골짜기/ 해리 트루먼의 경찰 활동/ 해리는 과연 만족할 것인가?"¹⁰

이처럼 한반도 허리 부분에서 중공군은 연달아 승리를 쟁취했다. 미군의 공격으로 시작된 이번 전투는 불과 사흘 만에 중공군에게 그들이 처음부터 노렸던 원주와 지평리를 손에 쥘 수 있는 길목을 열어주었다. 원주가 중공군의 손에 넘어가는 것이 거의 확실해지자 지평리에 대한 불안감은 더욱 가중되었다. 지금까지 미군이 원주에서 펼친 작전은 모두 무용지물이 되었으며 중공군은 청천강에서 벌어진 전투 이래 승승장구하고 있었다. 결국 원주와 지평리가 동시에 큰 위기에 빠지자 미군은 대대적인 반격을 가해 기울어가는 전세를 뒤집고자 총력을 기울였다.

2월 14일 아침에 섬강 위로 탄착 관측기가 날고 있었다. 원주의 북서쪽 산악 지역을 지나 정찰 중이었다. 제15야전포병대대 리 하텔(Lee Hartell) 중위는 관측기에서 밖을 내다보다가 특이한 광경을 목격했다. 모래사장으로 이루어진 강변에 눈에 띌 정도로 빽빽하게 나무가 서 있는 모습이었다. 처음에는 평소 이 지역에서 좀처럼 볼 수 없었던 숲이 갑자기 생긴 것 같다고 느꼈다. 좀 더 자세히 내려다보니 그 나무들은 질서정연하게 움직이고 있었다. 그제야 하텔은 그것이 빽빽하게 들어선 나무가 아니라 거대한 중공군 부대라는 것을 알아차렸다. 워낙 위장이 뛰어나서 언뜻 보기에 숲처럼 보였던 것이다. 예전과 달리 백주대낮에 대규모로 이동하면서 관측기가 날아다니는데도 전혀 개의치 않는 것 같았다. 승리가 바로 목전에 있으며 시간이 촉박하다고 생각했는지 이들은 적을 전혀 의식하지 않았다. 관측기가 날아다니는 것도 이들의 진군에 아무 영향을 끼치지 못했다. 관측기 조종사 역시 어안이 벙벙했다. 조종사와 하텔은 적군의 규모가 2개 사단 병력으로 약 14,000명쯤 된다고 판단했다. 이들은 원주에서 벌어질 최종 전투를 위해 이동 중인 게 확실했다. 하텔은 즉시 무전으로 포병 사격을 요청했다. 이렇게 시작된 전투는 미군들에게 '원주 포격'이라는 이름으로 오랫동안 회자되었다.

백린탄이 투하되면서 첫 접전이 시작되었다. 뒤이어 미군 포병부대가 사정없이 포격을 퍼부었다. 이들은 130여 문의 초대형 대포, 155mm 곡사포 30문, 그리고 105mm 곡사포 100문을 보유하고 있었다. 조지 스튜어트 준장은 포병 장교는 아니었지만 이와 같은 집중 포격을 어떻게 이용해야 하는지 잘 알고 있었다. 원주, 홍천, 횡성 등지에서 벌어진 대규모 접전에서 군단의 선두에 서서 노련하게 지휘한 사람은 스튜어트뿐이었다. 그는 제2사단 소속 부대원 전체를 통틀어서 가장 이성적이며 노련하고 생각이 깊었으며, 무엇보다 독립적으로 상황을 헤쳐 나가려는 의지가 강한 장교라는 평가를 받았다.

그가 부사단장이 된 것은 순전히 우연이었다. 1923년에 웨스트포인트를 졸업한 그는 보병 장교가 될 수 있을 거라는 희망을 품었지만 이루지 못했다. 제2차 세계대전이 시작될 무렵 규모가 작은 부대를 이끌기에는 나이가 너무 많았고 그보다 더 높은 자리를 맡기에는 경력이 부족했다. 결국 그에게는 다른 사람들이 기피하는 임무지만 실수 없이 처리해야 하는 몇 가지 중요한 일이 맡겨졌다. 스튜어트는 연합군 수송 책임자로 임명되어 북아프리카 지역에서 근무하다가 이탈리아로 옮겼으며 다시 태평양 남서 지역에서 근무했다. 전쟁이 끝날 무렵에는 일본의 침공을 대비한 부대 및 각종 군수 물자 이송 업무를 담당했다. 스튜어트는 여러 가지 임무가 맡겨질 때마다 충실히 이행했으며 그를 대신할 만한 인물이 없다는 훌륭한 평가를 받았다. 하지만 그런 업무수행 능력은 오히려 그가 꿈꾸던 군 경력을 쌓는 데 방해가 되었다. 마음속으로는 늘 보병부대 지휘관이 되기를 희망했지만 그가 현재 맡고 있는 일을 넘겨줄 적임자를 찾을 수 없었다. 그는 전쟁이 끝날 무렵 겨우 준장이 되었다가다시 대령으로 강등되었고 1947년 1월이 되어서야 비로소 다시 준장의 자리에 올랐다. 켄 햄버거는 스튜어트가 군인이었을 뿐 아니라 역사가 겸 교사로서 활동했다고 말한다. 그는 스튜어트를 가리켜 이렇게 말했다. "미 육군이 낳은 특별한 인재로서, 재능이 많고 용감하며 사려 깊고 모든 면에서 뛰어난 장교였다. 하지만 그에게는 위대한 장군감이라고 할 만한 배짱이 부족했다. 리지웨이처럼 이름을 날리는 장군은 주어진 임무를 완수하기 위해 부대원 전체의 목숨을 내걸어야 할 중대한 순간을 정확히 포착할 줄 아는 사람이다."[11] 1950년대에 스튜어트는 여전히 병참 관련 업무에 매여서 인천상륙작전 관련업무를 진행했다. 그가 애타게 바라던 보병부대 지휘관의 자리는 여전히 꿈에불과했다.

중공군이 남쪽으로 밀고 내려오던 12월 초, 스튜어트는 중공군에게 무참히짓밟히기 전에 남쪽에 있는 부산으로 이동하라는 명령을 받았다. 하지만 그는뒤로 후퇴하고 싶은 마음이 조금도 없었다. 당시 그의 아들 조지 스튜어트 주니어는 1945년에 웨스트포인트를 졸업하고 제187연대전투단 중위로 근무하고 있었다. 아들이 최전방에서 위험에 노출되어 있는데 자신만 안전한 곳으로몸을 피한다는 것은 아버지로서 도저히 용납할 수 없었다. 그래서 스튜어트는참모장 레브 앨런을 찾아가서 다른 임무를 달라고 요청했다. 하지만 앨런은원래 지시대로 부산으로 이동하라는 말만 되풀이했다. 앨런의 사무실에서 나오는 길에 스튜어트는 우연히 밥 매클루어를 만났다. 당시 매클루어는 제2사단장으로 갓 부임한 상태였다. 스튜어트는 밑져야 본전이라는 심정으로 매클루어에게 실력이 뛰어난 부사단장이 필요하지 않느냐고 물었다. 당시 부사단장이었던 슬래든 브래들리가 병상에 누워 있었기 때문에 스튜어트는 임시로 그 자리에서 근무해도 좋다는 허락을 받았으며 결국 정식 부사단장이 되었다. 하지만 유일한 후원자였던 매클루어가 얼마 지나지 않아 해임되면서 그의 자리는 바람 앞의 촛불처럼 위태로웠다. 사실 그는 단독으로 부대를 지휘할 수 없었다. 그의 영향력은 실제 부사단장이라기보다는 고문에 가까운 수준이었다. 하는 일마다 매클루어를 쫓아낸 러프너의 허가를 받아야 했다. 이는 곧 모든 업무에 알몬드가 참견한다는 뜻이었으며 알몬드는 스튜어트를 밀어내고 싶은 생각이 아주 강했을 것이다.

중공군이 원주를 둘러싸려던 바로 그 무렵 미군은 적군의 규모를 어렴풋이 파악한 것 외에는 아무런 조처를 취하지 않고 있었다. 알몬드는 원주 방어 임무를 스튜어트에게 맡겼다. 이는 지극히 알몬드다운 일처리 방식을 보여주었다. 그는 2월 13일 저녁 무렵에 스튜어트에게 원주로 가라고 명령했다. 이는 하텔이 관측기를 타고 돌아다니다가 적군 사단 2개를 발견하기 하루 전이었다. 알몬드는 스튜어트에게 어떤 방식으로 전투를 이끌어야 하는지 꽤 자세한 지시 사항을 하달했다. 알몬드 휘하 작전참모부 요원은 다음과 같은 명령을 전달한 채 적군의 위협이 엄습한 원주를 황급히 빠져나갔다. "알몬드 장군은 스튜어트에게 원주 인근에 있는 모든 부대에 대한 통솔권을 위임한다. 적군의 공격은 우측에서 시작될 것으로 예상되지만 앞으로 모든 결정은 스튜어트가 단독으로 내려야 한다. 알몬드 장군은 제38연대 대대 하나는 진지에 그대로 두어야 한다고 생각한다. 그러나 어쨌든 모든 결정은 이제 스튜어트가 단독으로 내려야 한다."[12]

스튜어트는 알몬드의 명령이 사실상 전혀 도움이 되지 않는다고 생각했다. 그는 지형을 정확히 파악한 다음 정찰대의 보고에 여러 가지 제약이 많긴 했지만 적군의 공격이 좌측에서 시작될 거라고 결론지었다. 따라서 제38연대 소속 대대 중에서 전투력이 강한 대대 하나를 그곳에 배치했다. 그의 예상은 다행히 빗나가지 않았다. 포병부대 소속이 아니라 보병 장교에 불과했지만 스튜어트는 1930년대에 받은 부대 간 교환 훈련을 통해 포병 운용법을 완벽하게 숙지하고 있었다. 사단 4개 규모의 적군이 다가오는데 그의 수중에 있는 방어부대의 규모는 너무도 작고 허술했다. 그래서 스튜어트는 동원할 수 있는 대형 포병대대를 최대한 활용하기로 결정했다. 또한 사단 포병 지휘관 로열 헤인즈가 나약하기 짝이 없는 장교라 생각하여 그의 도움을 받는 것은 아예 기대하지 않기로 했다. 스튜어트는 원주에 도착하자마자, 아직 전투가 시작되기 전이었지만, 적의 접근가능 지역을 즉시 타격할 수 있도록 자료를 준비하라고 하인즈에게 지시했다. 여러 개의 공격 목표를 설정하고 각각 번호를 매겨놓도록 했다. 그래서 공격 명령이 떨어지면 별도의 계산을 하지 않아도 즉시 대규모 포격을 가할 수 있도록 했다. 낭비할 시간이 없었다.

그래서 하텔이 중공군을 처음 발견했을 때 스튜어트는 만반의 준비를 갖춘 상태였다. 적군은 대규모 부대를 이끌고 정면으로 진군하고 있었으며 스튜어트의 수중에는 엄청난 숫자의 대포가 준비되어 있었다. 따라서 그는 이 상황을 최대한 활용하기로 결정했다. 그날 헤인즈는 몇 번이고 스튜어트에게 공격 속도를 조절하자고 건의했지만 아무 소용이 없었다. 하텔 중위가 관측기를 타고 상공에서 적군의 상황을 주시하며 탄착 지점을 수정해주었으며 포병대원들은 중공군에게 체계적으로 집중 포격을 퍼부었다. 하지만 중공군의 행렬은 파도처럼 끊이지 않고 이어졌다. 무자비한 포격이 아니라 그 무슨 방법을 동원해도 그들을 멈추는 게 불가능할 것 같았다. 이처럼 전투가 일단 시작되고 나면 상황에 따라 작전을 수정할 능력이 없다는 점은 그 당시 중공군의 가장 큰 취약점 중 하나였다. 대포 사격은 무려 세 시간 이상 지속되었다. 결국 헤인즈는 탄약이 거의 떨어져가고 있으니 포격을 중지해야 한다고 스튜어트를 종용했다. 하지만 그는 이런 기회가 두 번 다시 찾아오지 않을 거라는 생각에 손사래를 치며 "마지막 한 발을 쏠 때까지 포격을 계속해야 한다."라고 말했다. 그리고 나서 스튜어트는 즉시 일본에 연락하여 탄약을 더 보급해달라고 긴급히 요청했다. J. D. 콜먼이 지적한 것처럼 미군에게는 이런 식으로 후방에서 지원을 받을 수 있다는 훌륭한 장점이 있었다. 중공군이라면 전투지까지 추가 탄약을 이송하는데 여러 날이 걸리겠지만 미군은 원주까지 추가 탄약을 보급하는 데 몇 시간도 채 걸리지 않았다. 잠시 후에 헤인즈는 대포들이 지나치게 과열되어 위험하다고 판단하고 또다시 스튜어트에게 포격을 중단해야 한다고 말했다. 하지만 스튜어트는 전혀 동요하지 않았다. 오히려 "총이나 대포가 다 녹아내리는 마지막 순간까지 계속 발포하라." 하고 명령했다.[13]

그 순간은 이번 전투의 전환점이 되었다. 약 5,000명의 중공군이 사망하고 수천 명의 부상자가 발생한 것으로 집계되었다. 아직 수차례의 접전이 남아 있긴 했지만 일단 원주를 방어하는 데는 성공했다. 적군이 입은 피해는 말로 다할 수 없을 정도였다. 적어도 2만여 명이 사망하거나 부상을 입은 것이 분명했다. 누가 봐도 이번 전투의 영웅은 스튜어트였지만 알몬드는 그 사실을 인정하려 하지 않았다. 폭우처럼 쏟아지던 포격이 끝난 오후 늦게 제187전투단의 단장으로서 윌리엄 보언(William Bowen) 준장이 원주 본부에 도착했다. 스튜어트는 사단 사령부로 돌아오라는 명령을 받았다. (그는 "사단 사령부가 더 이상 내가 필요 없다고 판단한 것 같았다."라고 아쉬운 듯 말했다.) 알몬드는 보언에게 이번 승리의 대가로 은성훈장을 수여하고 스튜어트에게는 아무런 보상도 하지 않았다. 스튜어트를 칭찬하는 것은 곧 그가 자신의 지시 사항을 거스름으로써 승리했다는 걸 인정한 꼴이 되기 때문이었다. 그렇다면 이제는 그의 판단을 존중하고 앞으로도 사단에서 위치를 높여줘야 하는 결과를 불러올 것이 뻔했다.

이렇게 원주에서 중공군의 기세는 한풀 꺾였다. 그래도 지평리는 여전히 위협을 받고 있었다.

제44장
지평리 전투와 지휘권 다툼

노스캐롤라이나 벨몬트 출신 폴 맥기(Paul McGee) 중위가 전투에 본격적으로 투입된 것은 제23보병연대 2대대 조지중대가 쌍굴 터널의 산등성이에서 프랑스 중대를 구해냈을 때였다. 그는 조지중대 소속 3소대를 이끌었다. 1941년 12월 8일에 열일곱 살의 나이로 해병대에 들어가려 했으나 색맹이라는 이유 때문에 거절당한 때로부터 꽤 긴 시간이 흐른 후였다. 그는 제2차 세계대전에도 참전했지만 만족할 만한 경험을 얻지 못했다. 소대원들을 이끌고 쌍굴 터널이 있는 둔덕에 올라선 후에야 그는 전쟁의 참혹함을 피부로 느낄 수 있었고 그곳에서 싸우는 사람들이 얼마나 매정해 보이는지 이해했다. 조지중대가 그곳에 도착했을 때는 이미 전투가 끝났다. 그러나 치열한 전투 끝에 얼마나 무자비한 대학살이 벌어졌는지 가늠하기에는 결코 늦지 않았다. 여기저기 널브러져 있는 수백 구의 중공군 시체를 쳐다보는 것만으로도 전투 상황을 생생하게 상상할 수 있었다. 초반 공격에 나섰던 사람들이었는지 시신은 마지막 숨을 거두기 직전의 모습 그대로 꽁꽁 얼어붙어 있었다. 마치 거대한 중공군 공동묘지를 발견한 것 같은 착각이 들 정도였다. 맥기는 소대 원들을 이끌고 더 높은 고지로 올라갔다. 그곳 상황은 더 처참했다. 프랑스 군 인들이 전우의 시신을 들고 내려오는 중이었는데 길이 워낙 좁아서 아주 원 시적인 방법으로 포대에 시신을 싸서 두 사람이 함께 들고 오는 수밖에 없었 다. 들고 온다기보다는 사실 땅에 질질 끌고 온다는 표현이 더 정확했다.

살아남은 사람들이 주변에 즐비한 시신들 앞에서 너무 태연하게 행동하는 것을 보고 맥기는 큰 충격을 받았다. 프랑스 군인들은 마치 아무 일도 없었다 는 듯 낄낄대고 웃으면서 잡담을 했다. 자기가 들고 내려가는 시신이 바로 어 제까지만 해도 동고동락하던 전우들이라는 사실에 전혀 개의치 않는 것 같았 다. 그는 프랑스 사람들이 유독 별난 것인지 아니면 그저 살아남았다는 안도 감만 생각해서 그런 건지 판단하기 어려웠다. 지옥 같은 전투를 치른 대원들 이 숨을 거둔 전우에 대해 너무 깊이 생각하면 아무것도 할 수 없기 때문인지 도 몰랐다. 맥기는 프랑스 부대가 자리 잡았던 산꼭대기에 한참 동안 멍하니 서 있었다. 프랑스 군인들은 미군들보다 훨씬 더 참호를 깊게 판다는 이야기 를 들은 적이 있는데 바위투성이인 데다 땅이 꽁꽁 언 탓인지 그들이 파놓은 참호도 그리 대단해 보이지 않았다. 어떤 참호는 깊이가 몇십 센티미터밖에 되지 않았고 사방은 온통 피로 물들어 있었다. 사람의 두개골이 굴러다니는 것도 보였다. 난생처음으로 맥기는 자신이 도대체 왜 여기 와 있는 것일까 하 는 의문이 생겼다.

사실 누구도 탓할 수 없었다. 한국전쟁에 가겠다고 본인이 자원했고 어떤 경우에도 나서지 말아야 한다는 육군의 기본 원칙을 어기면서까지 전방 부대 에 가려고 안간힘을 썼던 것도 본인이었다. 좀 더 정확히 말하자면 그는 단순 히 자원한 것이 아니라 교묘하게 손을 써서 육군 본부가 자신에게 소총소대를 맡기도록 조종했다. 맥기는 원래 조지아 주 포트 베닝에서 한국전쟁에 파병될 나이 어린 부대원들을 훈련시키는 조교였다. 본부는 그가 조교로 남아 있기를 원했지만 억지를 부리면서까지 한국에 가게 해달라고 요청했다. 쌍굴터널에서 무자비한 대학살의 참혹한 현장을 직접 목격한 지 열흘이 지난 후 그는 지평리에 와 있었다. 남쪽 방어선 근처에 파놓은 참호에서 조용히 적군을 기다리고 있었다. 나중에 그가 있던 곳은 프리먼의 연대가 구축한 방어선에서 가장 취약한 부분으로 드러났다.[1]

맥기의 고향은 노스캐롤라이나에서도 시골에 속했다. 오래전부터 조국을 위해 목숨을 바쳐야겠다고 생각했던 그는 해병대 입대 시험에 떨어지자 육군에 입대했고 영국에서 해협을 건너 본격적인 전투에 투입될 순간만을 숨죽여 기다렸다. 하지만 그는 작전 개시일에 참전하지 못했고 그 후로도 여러 주 동안 주요 전투에 투입되지 않았다. 그는 전투에 참전한 사람들이 굉장히 운이 좋은 사람들이라고 생각하고 그들을 몹시 시기했다. 제66흑표범사단 예비대 소속이었는데 벌지 전투 중에 제3군을 따라가 바스토뉴 근처에서 싸우는 아군 부대를 지원하라는 명령을 받자 뛸 듯이 기뻐했다. 하지만 해협을 건너던 중 독일 잠수함 U보트가 제66흑표범사단 소속 연대가 타고 있던 수송선을 침몰시켜 802명이 사망했다. 이 사건 때문에 맥기가 소속된 부대는 급히 다른 곳으로 배치되어 세인트 나자르 인근으로 이동했다. 새로운 임무는 소규모 진지를 지키던 독일 부대를 에워싸는 것이었다. 이는 전투보다는 일종의 정찰 업무에 가까웠다. 그렇게 전쟁이 끝난 후에 맥기는 또다시 자기에게 참전 기회가 올지 궁금했다. 너무 어려서 세계 전역에서 의욕에 넘치는 사람들을 환영하는 전쟁이 끝없이 벌어진다는 사실을 미처 깨닫지 못했던 것이다.

맥기는 고향으로 돌아와서 일 년 반 정도 지난 후에 다시 예비군에 들어갔다. 형 톰 맥기(Tom McGee)와 사이가 좋았는데 두 사람은 작은 식료품 가게를 운영하면서 벨몬트 지역에 있는 육군 모병 담당 상사와 가깝게 지내다 예비군에 지원했다. 가게 운영은 그다지 순조롭지 않았다. 사람들은 하나둘 시골을 떠나 도시나 도시 근교로 이사했고 어느덧 가게 적자는 상당히 부담스러운 수준에 이르렀다. 때마침 그 상사가 수시로 이들을 방문하여 평화로운 시기에 육군에 들어오면 맛볼 수 있는 새로운 경험을 이야기하면서 마음을 흔들었다. 낯선 나라를 위해 목숨을 내걸고 싸울 필요 없이 더 넓은 세상을 구경할 수 있다는 말은 거절하기 힘든 유혹이었다. 마침내 두 사람은 자기들이 원하는 나라와 부대를 선택할 수 있고 둘이 함께 복무할 수 있다면 다시 육군으로 돌아가겠다고 말했다. 상사는 전혀 문제없다고 대답했다. 두 사람은 유럽에는 예전에 가보았기 때문에 이번에는 극동 지방에 가기로 결정했다. 아시아는 왠지 이국적일 것 같았다. 두 사람은 일본에 있는 제7보병사단에 배정되었다. 폴은 에이블중대로, 톰은 제17연대 베이커중대로 발령받았다. 폴 맥기는 사실 예전에 유럽에서 벌어진 전투에 참전했을 때 독일인을 별로 좋아하지 않았고 일본인도 혐오했다. 하지만 이번에는 일본 사람들의 매력에 푹 빠지고 말았다. 특히 당시에 유독 외국인들에게 친절하던 일본 여자들을 보고 깜짝 놀랐다.

일본에서의 복무 기간은 순조롭게 흘러갔다. 딱 한 가지 마음에 들지 않은 것은 형편없는 육군의 상태였다. 한번은 비가 내리는 어느 추운 날 전투 전초(前哨)를 세우는 훈련을 하고 있는데 월턴 워커 장군이 지나가다가 그의 수업을 보고 크게 칭찬했다. 워커는 그곳에 모여 있던 미군들에게 앞에서 강의하는 사람은 전쟁을 제대로 알고 있는 것 같으니 주의 깊게 잘 들으라고 격려하면서 머지않아 전장에 투입될 거라고 말했다. 그러고 나서 맥기에게 혹시 장교가 되고 싶은 생각이 있냐고 물었다. 사실 맥기는 육군 예비역으로서는 이미 장교였지만 현역에 투입된 이후로는 하사관에 머물러 있었다. 그는 선뜻 정식 육군 장교가 되고 싶다는 말이 나오지 않았다. 대부분의 장교들은 웨스트포인트 졸업생이거나 적어도 대학 졸업장이 있는 사람들이었다. 때문에 기본 교육을 겨우 마친 촌뜨기가 그들과 어깨를 나란히 하는 것은 불가능하다고 생각했다. 그런 마음을 읽었는지 워커는 맥기에게 사관후보생학교를 추천했다. 맥기는 형과 함께 갈 수만 있다면 기꺼이 응하겠다고 대답했다. 워커는 그래도 좋다고 말했고 즉시 두 사람은 서류를 작성하여 제출했다. 하지만 아쉽게도 사관후보생학교에 들어가려면 하사관 이상의 계급이 되어야 하는데 톰은 이제 겨우 상병이었다. 할 수 없이 폴만 학교에 들어갔다.

한국전쟁이 발발할 당시 미국에 있었던 폴 맥기는 한국에 가고 싶어서 안달이 났다. 즉시 지원서를 제출했으나 육군은 허락하지 않고 그대로 포트 베닝에 머물게 했다. 톰이 있던 제7사단은 11월 말에 장진호 근처에서 연락이 두절된 상태였다. 형을 찾아내야 한다는 생각 때문에 폴은 한국에 가려고 혈안이 되었다. 다행히도 톰은 장진호 전투에서 살아남은 몇 안 되는 생존자에 포함되었다. 마침내 육군은 폴 맥기의 한국전쟁 지원을 받아들였다. 폴은 당시 어엿한 장교였고 당시 한국에는 소대장을 맡을 인력이 몹시 부족했다. 처음에는 제2사단에 배정되었으나 묘략을 써서 제23연대로 옮겼다. 형이 몸담고 있던 제7사단 17연대가 제10군단 소속이었기 때문이었다. 그는 1월에 제23연대에 합류했으며 즉시 2대대에서 활동했다. 대대 사람들은 그를 두 팔 벌려 환영하면서 박격포와 기관총 등으로 편제된 중화기 소대(한국군은 화기소대)를 맡겼다. 하지만 그는 형이 속해 있는 연대와 가장 가까운 부대였던 조지 중대에서 소총소대를 이끌게 해달라고 요청했다.

제2대대 본부 사람들은 그가 유별나다고 생각했다. 어떤 장교는 "이봐, 맥기. 자네 같은 미치광이는 난생처음 보네. 소총 중대 소속 소대장들은 거의 매일 죽어나간다고. 하지만 중화기소대라면 이야기가 다르지. 우리 대대에서 최고 부대가 아닌가? 자넨 사방으로 무기에 둘러싸이게 될 거야. 게다가 다른 부대들이 있는 전방에서 약 100미터 거리 뒤로 물러나지." 하지만 맥기는 그런 점을 모르는 바 아니지만 별로 개의치 않는다고 대답했다. 그가 원하는 바는 최대한 전방에 나서서 기꺼이 자신의 지휘에 따라 열심히 싸우려는 부대원들을 이끌고 가능한 한 제17연대 가까이 머무는 것이었다. 바로 그날 밤 폴은 형에게 연락을 취했고 톰은 즉시 지프를 몰고 그를 만나러 와서 "아니, 너 대체 여기서 뭐하는 거냐?" 하고 소리쳤다. 그는 "형을 이 끔찍한 곳에서 구해주려고 왔지."라고 대답했다. "너, 후회하게 될 거야. 여기는 매일 수많은 사람이 죽어나가는 곳이야. 조용히 고국에 머물러 있었으면 좋았을걸……."² 어쨌든 폴 맥기는 조지중대 3소대를 이끌었다. 지평리에서 조지중대가 책임져야 하는 공간은 축구장 5개를 합쳐놓은 길이와 비슷했다.

전방에서 기다리는 동안 폴은 중공군의 공격 개시일이 다가왔다는 걸 직감했다. 여러 차례 정찰을 나가본 결과 적군의 활동이 하루가 다르게 급격히 증가했으며 그로 인해 정찰대가 움직이는 거리는 갈수록 줄어들고 있었다. 이미 부대에는 지평리에서 후퇴하는 길은 모두 차단된 것이나 마찬가지라는 소문이 돌았다. 끝까지 그곳에 남아서 싸우는 것밖에는 다른 방도가 전혀 없다는 뜻이었다. 폴은 어차피 이렇게 된 이상 죽을힘을 다해 적을 막아내야겠다고 다짐했다. 2월 13일이 되자 그날 밤 중공군의 공격이 시작될 거라는 말이 나돌기 시작했다.

조지중대가 있던 곳은 여러모로 불리하기 짝이 없었다. 다른 방어부대와 배치 간격이 너무 멀었고 유엔군의 다른 방어 거점에 비해 고도가 낮은 편이었다. 건너편에 보이는 397 고지에는 적군이 자리 잡은 게 분명했다. 조지중대가 있던 곳에서 건너편 397 고지까지는 손만 뻗어도 닿을 정도라서 사실상 연결되었다고 봐도 무방할 정도였다. 그러니 적군이 맥기의 소대를 겨냥한 것도 이상할 게 없었다. 본격적인 전투가 시작되기를 기다리는 동안 그는 이번 전투에서 자기 부대의 위치가 가장 치열한 접전을 벌일 장소가 되리라고는 전혀 생각지 못했다. 그가 소속된 대대장이었던 짐 에드워드 중령은 전쟁이 끝나고 본부에 제출한 보고서에서 바로 그곳을 '맥기 언덕'이라고 이름 붙였다.

그의 지휘를 받는 소대원은 총 46명이었다. 다들 좋은 사람들처럼 보였지만 이전에 한 번도 같이 참전한 경험이 없었기에 실제로 어떤지는 알 수 없었다. 맥기는 무엇보다 각 소대원의 참호가 최소한 1.2미터 이상의 깊이가 되어야 한다고 누누이 강조했다. 그의 참호는 가로 1.2미터, 세로 1.8미터에 깊이 역시 1.8미터 정도였으며 발판이 있어서 상황에 따라 몸을 숨기거나 필요할 때 반격을 가할 수 있어서 양호한 편이었다. 하지만 그는 자기 소대가 자리 잡은 언덕이 이상하게도 나무나 바위가 전혀 없는 민둥산이라는 게 아쉬웠다. 나무는 고사하고 참호 주변을 자연스럽게 가려줄 게 아무것도 없었다. 따라서 상대방이 참호 속에 수류탄을 던져 넣기가 훨씬 쉬웠다. 제23연대의 진지는 전체적으로 철조망이 감싸고 있었지만 하필 조지중대까지 오기 전에 철조망이 동이 나고 말았다. 조지중대 제1소대 앞에는 이중 경계선을 표시할 정도로 철조망이 충분했지만 맥기가 이끌던 소대 앞에는 아무것도 없었다. 당시 사단과 군단에서 동원 가능한 군수 물자를 모조리 원주로 보낸 탓이었다.

중대한 시기에 철조망이 동이 난 건 마음에 들지 않았지만 맥기는 아무 말 없이 현실에 수긍했다. 군인이라면 당연히 그렇게 해야 한다고 믿었던 것이다. 완벽한 준비를 갖춘 이상적인 전투라면 철조망뿐 아니라 참호를 보호할 통나무나 지뢰도 충분해야 하고 본부와의 통신 상태도 훨씬 원활해야 했다. 하지만 현실은 너무 처참했다. 대부분의 전투가 그렇듯이 이번 전투도 신에게 버림받은 장소에서 벌어진 참혹한 유혈 사태가 될 게 분명했다. 연대 소속 공

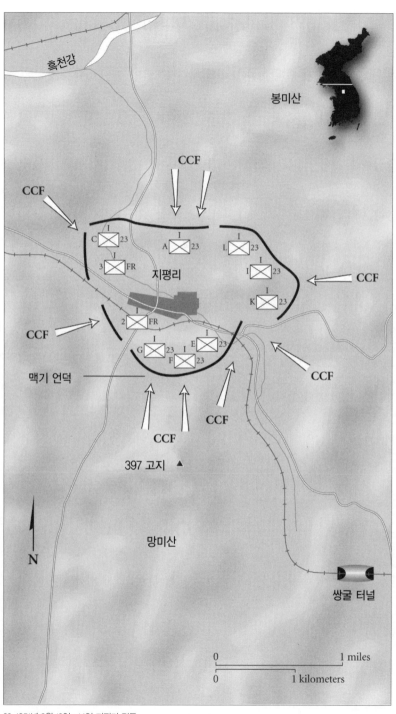

흑천강

봉미산

CCF

CCF

I
C 23

I
A 23

I
L 23

I
3 FR

지평리

I
23

I
K 23

CCF

CCF

I
2 FR

I
G 23

I
E 23

I
F 23

맥기 언덕

CCF

CCF

CCF

397 고지 ▲

망미산

N

쌍굴 터널

0   1 miles

0   1 kilometers

22. 1951년 2월 13일~14일 지평리 전투.

병들이 와서 휴가스 폭탄(석유 같은 액체성 인화물질을 드럼통 등에 담아놓았다가 적을 향해 터뜨리는 폭발물) 두 개를 만들게 도와주었다. 55갤런을 담을 수 있는 통에 믿을 만한 발화 장치를 설치하고 네이팜탄과 기름을 가득 넣어 섞었더니 치명적인 폭발력을 가진 수제 폭탄이 완성되었다. 이 폭탄의 위력은 감히 그 누구도 함부로 예측할 수 없었다. 하나만 터져도 엄청난 숫자의 적군을 쓰러뜨릴 것이 분명했다. 하지만 한 번 쓰면 없어질 무기였기에 철조망을 대체할 수는 없었다. 게다가 휴가스 폭탄은 두 개 다 터지지는 않았다. 맥기는 공병들이 점화 장치를 제대로 만들지 않은 탓이라고 생각했다. 이들은 또한 다른 형식의 수제 폭탄도 만들었다. 수류탄 몇 개를 가져다가 안전핀을 제거하고 짬밥 통에 점화 장치를 꽉 눌러놓고 도화선을 연결하여 도화선을 잡아당기면 수류탄이 터지는 방식이었다.

예상대로 중공군의 첫 공격은 13일 밤에 시작되었다. 맥기는 밤 10시쯤 중공군의 나팔 소리를 어렴풋이 들을 수 있었다. 그 소리를 시작으로 중공군은 밀물처럼 밀려왔다. 어떤 사람들은 그야말로 인간 파도가 밀려들었다고 말했지만 그저 잔잔한 파도를 생각하면 큰 오산이다. 매번 중공군의 규모는 조금씩 늘어났다. 처음에는 작은 분대였지만 곧 소대 크기로 늘어났고 금방 중대가 되었다. 이들은 미군 진지를 찾아서 표시해둘 목적으로 접근한 것이 분명했다. 어떤 이유인지는 모르지만 단지 그 목적으로 왔다고 하기에는 도중에 발생한 인명 피해가 너무 컸다. 어쨌든 맥기는 첫날 밤을 무사히 넘겼다고 생각했다. 그는 부대원들에게 소리만 듣고 섣불리 발포하지 말고 실제로 적군을 눈으로 확인한 후에만 발포하여 탄약 소비를 최대한 줄이라고 지시했다. 동이 튼 후에 살펴보니 주변에는 중공군 시체가 즐비했다. 하지만 미군 진지를 뚫고 들어온 적군은 한 사람도 없었으며 아군 중에 부상을 입은 사람도 없었다.

하지만 중공군은 맥기의 진지 중앙에서 큰 허점을 발견했다. 약 1.2미터 깊이의 하천이었는데 물이 말라서 커다란 배수구처럼 보였다. 397 고지에서 시작되어 조지중대가 자리 잡은 진지 중앙에서 끝나는 것 같았다. 조지중대의 진지로 자연스럽게 이어지는 수로였기에 중공군은 맥기가 있던 작은 언덕 바로 아래까지 들키지 않고 접근할 수 있었다. 몇 달 전이었다면 여기에서 전투가 벌어질 걸 안 중공군이 수로를 직접 파서 더할 나위 없이 완벽한 이동 경로를 만들었을 것이다. 맥기는 자기가 있는 곳이 굉장히 위험하다는 걸 알고 있었지만 딱히 어쩔 도리가 없었다. 14일 새벽에 어슴푸레 날이 밝자 맥기는 수로 입구에서 중공군 몇 명을 발견하고 빌 클러츠(Bill Kluttz) 중사에게 즉시 로켓탄 발사기를 사용하라고 말했다. 하지만 클러츠가 나무를 맞추는 바람에 로켓탄이 공중에서 폭발하고 말았다. 로켓탄이 폭발하던 순간 불빛을 통해 약 40명의 중공군이 모여 있는 것을 확인했다. 그들은 나무 사이에 몸을 숨기고 있다가 로켓탄이 터지는 소리를 듣고는 미군 진지 바로 앞 평지를 가로질러 달아나기 시작했다. 그제야 중공군이 들키지 않으려고 수로나 강바닥을 이용해왔다는 걸 확실히 깨달았다.

폴 프리먼 대령도 첫날 밤 전투가 무난히 지나갔다고 생각했다. 모든 진지가 그대로 유지되었으며 사상자의 수는 놀랄 만큼 미미했다. 그는 자기가 앞으로 벌어질 전투를 마음대로 이끌어갈 수 없다는 걸 잘 알고 있었다. 중공군이 인해전술을 어느 정도까지 구사할 것인지에 따라 달라질 문제였다. 탄약을 제대로 보급받을 수 있을까 하는 걱정이 들었다. 적군의 수가 워낙 많다 보니 지금 아무리 탄약이 많아 보여도 결국에는 부족할 게 분명했다. 공군이 정찰기를 동원해서 탄약을 보충해주었지만 대부분 기지 밖에 떨어져 수거가 쉽지 않았다. 하지만 아군의 사기만큼은 그 어느 때보다 높은 편이었고 이는 포위 공격에서 가장 중요한 요소였다. 다들 지평리 전투에 참전하게 된 것을 기

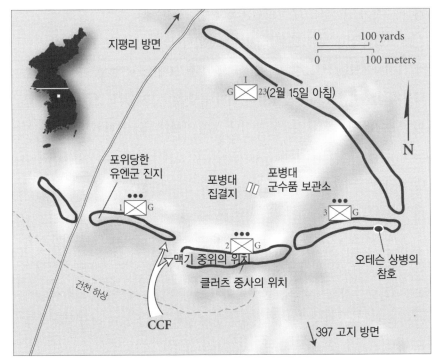

23. 1951년 2월 13일~15일 맥기 언덕.

쁘게 받아들였으며 군우리 전투의 패배를 설욕하고픈 마음이 간절했다.

　프리먼은 밤새도록 진지를 둘러보고 부하 장교들을 만나느라 바쁘게 움직였다. 아무래도 남쪽과 남서쪽이 불안해 보였다. 그곳에 있던 조지중대와 프랑스 부대는 적군에게 손쉬운 목표물이 될 가능성이 아주 높았다. 하지만 그는 이미 조지중대를 지휘하는 제2대대 대대장 짐 에드워드에게 그곳 기지를 보강할 예비대를 보내라고 지시해놓은 상태였다. 14일 아침이 밝아올 무렵 프리먼의 텐트 바로 옆에 중공군의 120mm 박격포가 떨어졌다. 연대 정보참모 해럴드 슈메이커 소령이 심각한 부상을 입고 몇 시간 후 결국 숨을 거두었다. 프리먼을 포함하여 다른 장교들 몇 명 역시 가벼운 부상을 입었다. 프리먼의 왼쪽 종아리에 유산탄 파편이 몇 개 박혔지만 그리 심각한 부상은 아니었다. 박격포가 날아왔을 때 프리먼은 텐트 안에 누워 있다가 자세를 바꿔 누웠는데 머리가 있던 곳에 발을 둔 것이 천만다행이었다. 그는 오랜 친구이자 연대 작전장교였던 프랭크 메자르 중령과 종종 그때 일을 얘기했는데, 자세를 바꾸지 않았더라면 어떻게 됐을까 하며 농담을 주고받았다. 전투 중에 행운이 따른다면 바로 그런 경우일 것이다. 상처 자체는 그리 크지 않았지만 더 치료가 필요한 부상으로 악화될 가능성도 있었다. 대대 군의관 로버트 홀(Robert Hall) 대위는 재빨리 상처를 싸매고 프리먼에게 아스피린 두 알을 주면서 문제가 생기면 즉시 연락하라고 말했다.

프리먼은 절뚝거리면서 혼자서 전방을 계속 순찰하고 다녔다. 하지만 에드워드 알몬드는 프리먼이 부상을 입기만을 손꼽아 기다렸다. 전투가 진행되는 와중에라도 부상을 빌미로 프리먼을 즉시 해임한 다음 제23연대 지휘권을 자기 마음대로 조종할 수 있는 인물에게 맡길 심산이었다. 이미 며칠 전에 시도를 하기도 했다. 참호족염이나 동상을 방지하려면 부대원들이 잘 말린 양말을 신도록 억지로라도 시켜야 하는데 프리먼이 그 부분에 소홀한 것 같아 짜증이 났다. 그래서 작전장교 존 칠리스 중령을 러프너에게 보내 프리먼을 해임하라는 말을 전했다. 하지만 곧 치열한 전투가 벌어질지 모르는 순간이었기 때문에 러프너는 프리먼을 해임할 생각이 추호도 없었다. 그는 칠리스를 쳐다보면서 이렇게 말했다. "한 가지 말해줄까? 방금 내 무전기가 고장이 나버렸어. 프리먼과 연락할 방도가 없네." 하지만 러프너의 변명은 프리먼의 해임을 아주 조금 늦추는 효과밖에 없었다.

제23연대 고위 장교들은 미미한 부상을 빌미로 전투가 진행되는 와중에 지휘관을 해임하겠다고 나선 알몬드에게 몹시 화가 났다. 당시 전투는 별 무리 없이 진행되고 있었지만 금방 치열해질 게 분명했다. 널리 존경을 받던 지휘관이 전혀 안면도 없는 데다, 자신들이 쿠데타 세력으로 간주하던 사람으로 대체되는 걸 도무지 받아들일 수 없었다. 프리먼이 부상을 입었다는 보고가 본부에 들어가자마자 제리 에플리 대령은 군의관 홀에게 즉시 연락하여 "부상이 어느 정도로 심각한가?"라고 물었다.

"별로 심한 것은 아닙니다. 일반적인 상황이라면 후방으로 보내서 치료를 받게 해야겠지만 지금은 그럴 상황이 아니지 않습니까?"

"무슨 말인지 잘 모르겠군."

"아시다시피 지금 상황이 아주 위급하잖아요. 이렇게 전투가 치열한데 사실 연대 전체를 통합하고 지휘하는 사람이 프리먼이지 않습니까? 대원들은 탄약이 서서히 바닥을 드러내고 있는 와중에도 프리먼에 대한 믿음 하나로 버티고 있습니다. 다들 이 전투를 승리로 이끌 사람은 프리먼뿐이라고 생각한단 말입니다. 제23연대가 그토록 확고한 태도를 보이는 이유는 예전에도 프리먼이 지휘를 하였기 때문입니다. 그가 없다면 제23연대는 지금 같은 모습을 보일 수 없다고 생각합니다. 그러니 그깟 부상을 이유로 프리먼을 내보낸다는 건 생각조차 할 수 없는 일이자 그 누구도 원하지 않는 일입니다."

그 말을 들은 에플리의 목소리가 달라지자 홀은 자기가 너무 솔직하게 이야기했다는 생각이 들었다. 에플리는 한낱 군의관이 군사 상황을 논하는 게 주제넘은 짓이라는 듯 이렇게 소리를 질렀다. "감히 누구 앞에서 전략 문제를 논하는 건가? 부상이 어느 정도인지만 말하면 될 것을. 내가 듣고 싶은 건 그게 다야!"

하지만 홀은 또다시 같은 질문을 받아도 그렇게 대답하기로 마음을 먹었다. 어린아이가 아닌 이상 사단 본부나 군단 본부 내의 미묘한 신경전에 맞출 시간이 없다는 걸 잘 알고 있었다. 그는 제2차 세계대전 중에 연합 전투부대 군의관으로 복무했으며 벌지 전투에도 참전했다가 한동안 민간인을 상대로 의료 활동을 계속했다. 한국전쟁이 벌어지자 다시 군의관으로 복귀하라는 권유를 받았고, 군우리 전투에서 몇몇 절친한 친구를 잃고 안타까워하다 결국 제2사단에 복무하겠다고 자원했다. 그는 자신의 충성심 때문에라도 솔직하게 말하지 않을 수 없다고 느꼈다. 부대원들이 다른 장교들에게 섣불리 털어놓지 않는 사실이나 심정을 군의관에게 말하는 경우가 많기 때문에 자기만큼 연대 분위기를 잘 아는 사람도 없다고 자부했다. 그는 에플리의 험악한 태도에도 굴하지 않고 제23연대가 프리먼에게 크게 의존하고 있으며 그가 함께한다는 사실이 부대원들의 사기를 북돋우는 원동력이라고 힘주어 말했다. 또한 프리먼이 빠진다면 부대 전체의 사기가 급격히 떨어져 돌이킬 수 없는 위험한 상황이 발생할 거라고 경고했다. 에플리는 화를 삭이지 못한 채 통신 연결을 끊었다. 홀은 그들이 자기 말에 개의치 않고 무조건 프리먼을 해임할 거라는 직감을 받았다.[3]

프리먼도 그 소식을 듣고 화가 머리끝까지 치밀었다. 이번 전투도 제23연대도 그에게는 떼려야 뗄 수 없는 소중한 기회이자 존재였다. 그는 떠날 마음이 조금도 없었다. 또한 전투 중간에 해임되는 것만큼 육군 장교에게 불명예스러운 일은 없었다. 그는 사령부에 전화를 걸어서 "제가 이 부대원들을 여기 끌어들였으니 마무리도 제 손으로 직접 하겠습니다."라고 말했다. 러프너의 힘을 빌려보려 했으나 알몬드와 프리먼 간의 갈등에 러프너는 조금도 힘이 되지 못했다. 결국 프리먼은 이 문제를 사단에서 유일하게 자신이 신임하는 조지 스튜어트에게 털어놓았다. 스튜어트에게 지휘관 자리를 포기하지 않을 것이며 이렇게 밀려나고 싶지 않다고 말했다. 그런 식으로 해임되는 것은 지휘관에게 최고의 불명예였으며 사실상 장교 경력에 종지부를 찍는 것과 같았다. 스튜어트는 프리먼의 말에 일리가 있다고 생각했기 때문에 끝까지 잘 들어주었고 아무도 프리먼의 실력이나 공적에 의문을 제기할 수 없을 거라고 안심시켰다. 그러나 경력을 걱정할 필요는 없겠지만 명령에 불복종한다면 그 결과가 매우 치명적일 수 있다는 점도 인식시켜주었다. 결국 프리먼은 자기에게 다른 방도가 없다는 현실을 인정했다. 누가 뭐라 해도 군대에서는 명령에 이의를 제기하거나 불복종하는 것은 엄연한 불법 행위였다.

그날 오후 칠리스가 비행기를 타고 본부에 왔으나 프리먼은 그와 같은 비행기를 타지 않으려고 활주로에 나타나지 않았다. 그 비행기는 부상병을 실어갈 목적으로 운행되는 것이지 외부로 나가는 연대장을 태우는 비행기는 아니었다. 임시 비행장에는 중공군의 박격포 공격이 끊이지 않았으므로 오래 머무를 수도 없었다. 이렇게 해서 얼마 동안 제23연대는 두 명의 지휘관을 두었다. 여러 해가 지난 후에 프리먼은 "칠리스에게 적당한 거처를 찾은 다음 내가 떠날 때까지 내 눈앞에 나타나지 말라고 했다."라고 회상했다.[4] 칠리스는 눈치가 빠른 편이라 프리먼의 말대로 모습을 드러내지 않고 프리먼이 14일 오후부터 15일 오전까지 계속 지휘하게 해주었다. 15일 낮에 칠리스는 정식으로 연대 지휘권을 넘겨받았으나 연대 소속 장교들의 역할과 능력을 소상히 알고 있는 연대 작전장교 프랭크 메자르에게 당분간 프리먼의 빈자리를 메우게 했다.

크롬베즈기동부대

매슈 리지웨이는 폴 프리먼에게 중공군이 전면 공격을 감행할 경우 지원군을 보내겠다고 약속했다. 빈말이 아니라 영국 여단과 마르셀 크롬베즈 (Marcel Crombez) 대령이 지휘하는 제1기병사단 5기병연대를 보내려고 준비하고 있었다. 하지만 지원군은 제시간에 도착하지 못했다. 영국 여단은 지평리로 곧장 이어지는 더 나은 길을 이용하려 했으나 엄청난 규모의 중공군이 길을 가로막고 있었다. 결국 곤경에 빠진 아군을 구해주기는커녕 영국 여단까지 중공군에게 발목을 잡히고 만 것이다. 그러자 근처에 있던 제9군단 군단장 브라이언트 무어(Bryant Moore) 소장은 크롬베즈에게 빨리 지평리로 이동하라고 명령했다. 이런 경우에는 부대의 상하 소속을 구분하는 것이 굉장히 복잡했다. 제1기병사단은 기병사단이 아니라 정식 보병부대였다. 하지만 제1기병사단 소속 5기병연대는 기갑부대로서, 제9군단의 명령을 받고 여주 인근 진

■ 여주 지역의 전투가 잠시 소강상태일 때 제19보병연대 소속 병사가 살을 에는 바람과 추위로부터 몸을 보호하기 위해 판초를 두르고 있다. 1951년. ⓒ Cpl. E. Watson/ U.S. Department of Defense.

지에서 예비대로 대기하고 있었다. 지평리에 있는 아군을 구하기 위해 출동할 무렵 크롬베즈의 부대는 탱크 23대, 보병대대 3개, 야전포병대대 2개, 전투공병중대 1개를 갖추고 있었다. 그야말로 만만치 않은 규모와 전투력을 자랑하는 부대였다. 크롬베즈는 이러한 화력뿐 아니라 공군의 보호를 받을 수 있는 조치도 취해놓았다.

크롬베즈가 지평리로 파견될 거라는 소식을 접한 것은 2월 14일 아침이었다. 무어는 크롬베즈가 프리먼의 부대 구조 작업에 투입될 것 같다는 말로 입을 열었다. 오후 4시가 되자 무어는 그를 다시 불러 그날 밤 출발하여 프리먼의 연대를 구하러 가야 한다고 말했다. "자네라면 기꺼이 가줄 거라고 믿네."라는 말도 잊지 않았다.[1] 한 시간 후에 갓 2성 장군으로 진급하여 제1기병사단장이 된 찰스 파머(Charles Palmer)가 크롬베즈의 본부에 와서 최종 진군 명령을 전달했다. 사실 크롬베즈는 논란을 몰고 다니는 인물이었다. (서부 미개척 시대에 인디언들과 결투를 벌이던 총잡이처럼) 기병대의 노란 스카프를 매고 지나치다는 느낌을 줄 정도로 커다란 독수리가 그려진 모자를 썼다. 게다가 리지웨이처럼 제복 위에 수류탄 하나를 달고 다니는 모습은 위풍당당 그 자체였다. 또한 늘 파란색 포커 칩을 만지작거리며 부대원들에게 사람은 항상 자기의 블루칩을 다룰 줄 알아야 한다는 말을 입버릇처럼 반복했다. 위대한 전투 장교는 전투에 대한 육감이 있어야 하며 언제 공격을 해야 할지 정확히 파악해야 한다는 뜻이었다. 하지만 부대원들 중 몇몇 사람들은 크롬베즈의 말과 행동이 일치하지 않는다고 생각했다. 그때까지 크롬베즈는 스스로 만들어낸 일종의 신비주의 전략으로 자신을 포장하고 있었을 뿐 실제 전투를 통해 자기주장을 증명해 보인 적이 없었다. 휘하에 있던 부대원들은 크롬베즈가 명예욕이 지나치게 많으며 하루빨리 훈장을 달고 싶어서 안달이 나 있을 뿐 부대원을 돌보는 데는 별로 관심이 없다고 생각했다. 클레이 블레어에 따르면 그와 함께 웨스트포인트에서 공부한 한 동료는 "용기 하나는 끝내주지만 군 지휘관으로서의 자질은 의심스러웠다."라고 말했다.

14일이 다 저물어갈 무렵 그의 부대가 기동할 준비를 거의 마쳤다. 이미 날은 어두워져서 중공군이 매복하고 있을지 모르는 길에 발을 내딛기에는 그리 적절한 시각은 아니었다. 바로 그날 밤 크롬베즈는 지평리에서 남쪽으로 16킬로미터 떨어진 여주로 밀고 나갔다. 한강에 놓인 다리가 폭파되고 없었기 때문에 공병들이 우회로를 만드는 동안 기다려야 했다. 14일 저녁에 마침내 한강이 안전하다는 것을 겨우 확인한 후에 그의 탱크는 천천히 곡수리 근처 냇가에 놓인 부서진 다리 근처에 멈췄다. 지평리에서 8킬로미터 정도 떨어진 곳이었다. 이들은 15일 아침이 밝을 때까지 더 이상 기동하지 않기로 했다. 크롬베즈 부대의 이동 상황을 무전으로 보고받은 폴 프리먼은 14일에 더 이상 구조대가 뚫고 나갈 확률이 없다고 결론지었다. 한편 지평리에서는 14일 밤부터 15일 아침까지 어디에다 비교할 수 없을 정도로 치열한 전투가 이어졌다. 프리먼은 구조대 도착이 생각보다 훨씬 더 늦어지고 있다는 걸 파악하고 공군의 지원 사격을 요청했지만 아무 소식이 없었다. 사실 그 시각 공군은 원주 전투에 손발이 모두 묶인 상태였다. 지평리에는 아주 작은 탄착 관측기 한 대가 와서 조명탄을 떨어뜨려준 것이 전부였다. 부대원들은 이 관측기를 반딧불이라고 불렀다. 후에 프리먼은 그 관측기 덕분에 "밤이 대낮처럼 환해졌다."라고 회상했다. 구조대가 도착할 때까지는 다시 하루를 버텨야 했다.

한국전쟁에 관한 역사 기록에서 가장 큰 논란을 낳는 부분은 지평리에 구조대를 투입하기 위해 마르셀 크롬베즈가 마지막으로 진입 시도를 하는 대목이다. 크롬베즈는 지평리까지 뚫고 갔으며 예상 시간을 넘기지 않은 것은 사실이었다. 즉 그는 매슈 리지웨이가 명령한 대로 움직였다. 하지만 그렇게 하는 동안 불필요하게 무모한 행동을 감행했기 때문에 그의 지휘를 받던 보병 대원들 중 상당수가 아까운 목숨을 잃고 말았다. 당시 상황을 목격한 생존자들은 거만한 지휘관이 부대원들의 목숨은 조금도 소중히 여기지 않았다고 증언했다. 생존자들은 크롬베즈가 대원들에 대한 합당한 배려와 관심보다 명령을 수행하는 데만 지나치게 몰입했다며 분노했다. 그들이 보기에 상부의 명령은 그렇게 많은 사상자를 내지 않고도 충분히 수행할 수 있는 수준이었다. 또한 이들은 지평리 전투가 끝난 후에도 구조대 지휘관이 보인 과도한 자신감을 이해할 수 없다는 표정이었다. 그의 행동은 전쟁 중 지휘관의 자격과 태도에 대한 가장 중대한 질문을 이끌어냈다. 아주 중요한 전투에서 우선 승리를 거두는 것이 다른 실수나 잘못을 모두 감싸 안을 수 있는가, 그리고 일단 승자가 되면 다른 문제에 대해서는 책임을 지지 않고 넘어갈 수 있는가 하는 질문이었다.

15일 아침, 크롬베즈는 곡수리 남쪽에서 중공군의 강력한 저항에 부딪혔다. 길 양쪽에 보병들을 배치했지만 부대 진군 속도는 나아지지 않았다. 당시로서는 아군 탱크가 장애물을 뚫고 제시간에 지평리에 도착할 수 있을지 알 수 없었다. 정오쯤 제23연대 본부(당시 연대장은 칠리스였다)에서 "무슨 일이 있어도 가능한 빨리 와주십시오. 서둘러주십시오."라는 연락이 왔다.[2]

이번 임무가 얼마나 중요한지는 상관들에게 이미 수차례 들었다. 제10군단장 무어 장군, 그의 사단장 찰스 파머 장군, 당시 포위당한 부대의 제2사단장 닉 러프너가 크롬베즈를 찾아와 저녁까지는 반드시 지평리에 도착해야 한다고 당부했다. 세 사람 다 최대한 서둘러야 한다고 강조했고 크롬베즈는 "사력을 다하겠습니다."라고 약속했다. 파머 준장은 전용 헬리콥터를 타고 와서 크롬베즈에게 상황을 보고받고 지평리 도착 예정 시간을 확인했다. 그의 방문은 이번 임무가 얼마나 중요하고 다급한지를 다시금 되새겨주는 일이었다. 크롬베즈 역시 그 사실을 충분히 느끼고 있었다. 크롬베즈는 파머 준장에게 "무슨 일이 있어도 지평리까지 뚫고 가겠습니다. 날이 저물기 전에 도착하겠습니다."라고 대답하며 그를 안심시켰다. 그러자 파머는 크롬베즈에게 헬리콥터를 빌려주겠다고 했고 크롬베즈는 그 헬리콥터를 타고 주변 지역을 둘러보았다. 다행히 길은 막히지 않았지만 언덕마다 중공군이 넘쳐났다. 지평리를 사수한다는 전략은 리지웨이가 내린 결정으로, 더 큰 작전을 성공시키려면 꼭 필요한 과정이었다. 그래서 이번 임무를 수행하는 크롬베즈는 여기저기서 강한 압력을 받았다. 매번 상관들이 찾아오거나 연락할 때면 리지웨이가 이번 임무에 얼마나 신경을 쓰고 있는지 간접적으로 느낄 수 있었다. 크롬베즈의 상관들이 리지웨이에게 받는 압력과 눈총은 고스란히 크롬베즈에게 전달되었다.

이번 전투가 시작된 순간부터 리지웨이는 한국전쟁의 운명이 이번 전투의 결과에 달려 있다고 생각하는 것 같았다. 미군과 유엔군이 중공군의 인해전술에 맞설 수 있다는 걸 하루빨리 입증해야 다른 전투에서도 승리를 이어갈 수 있다고 전망했던 것이다. 중요한 것은 지평리라는 작은 마을의 지형이 아니라 부대원들의 사기였다. 프리먼과 그의 뒤를 이은 칠리스가 이곳을 사수해내기만 하면 이번 전쟁에 참전한 모든 장병들은 이제 전쟁이 새로운 국면에 접어들었다는 사실에 힘을 얻을 터였다. 사실 군우리 전투에서 패배한 후 아군은 심리적으로 많이 위축된 상태였다. 앞으로 몇 달간 리지웨이는 식량, 군복, 무기, 지휘관의 자질 등을 향상시키는 데 주력하기로 마음먹었다. 또한 대포와 공군 폭격을 앞세워 중공군의 목숨을 풍전등화로 만들기로 결심했다. 하지만 그 무엇보다 시급한 것은 바로 아군 한 사람 한 사람의 마음 상태를 새롭게 정비하는 것이었다.

크롬베즈는 칠리스에게 연락을 취하여 현재 보병과 보급 물자를 실은 트럭과 구급차를 모두 끌고 지평리까지 가는 건 어려울 것 같다고 말했다. 칠리스는 "다 오든 못 오든 제발 와주시오!"라고 응수했다.[3] 어쨌든 크롬베즈는 이후 평생 자신의 평판에 꼬리표처럼 따라다닐지 모르는 중대한 결정을 내려야 했다. 결국 그는 지평리로 가는 보병 기갑 혼성부대의 구조대 형태를 기갑 부대 중심의 공격 대형으로 바꾸기로 했다. 우선 대형 내에서 기갑 부대 이외의 파트를 없애 3개 대대 구조대를 탱크와 공병 중심의 더 작고 기동성이 높은 형태로 바꿨다. 공병은 포기할 수 없었다. 중공군이 땅에 묻은 지뢰를 제거하려면 공병은 꼭 필요했다. 여기에다 크롬베즈는 보병중대 하나를 개인 군장을

■ 제2공병대대 소속 부대원들이 대전차지뢰를 탐지하는 임무를 수행하고 있다. 1951년. ⓒ U.S. Department of Defense.

줄인 후 탱크 위에 태워서 진군했다. 보병들을 탱크 위에 탑승시킨 것은 당시 작전에 참여한 부대원들과 당시 상황을 기록한 후대 역사가들에게 가장 큰 충격으로 남았다.

　그는 러브 중대를 탱크에 태웠다. 이 중대 소속 부대원은 총 160명이었으며 중대장은 존 배럿(John Barrett) 대위였다. 보병대대 대대장으로 이번 구조 임무에 합류했던 에드거 트레이시(Edgar Treacy) 중령은 육군의 기본 원칙을 정면으로 위반하는 광경을 보고 아연실색했다. 중공군이 급습하면 탱크 위에 탑승한 보병들은 적의 기관총과 박격포 공격에 그대로 당할 수밖에 없었다. 트레이시와 배럿은 이렇게 하면 사상자 수가 걷잡을 수 없이 늘어날 거라며 크롬베즈의 결정에 결사적으로 반대했다. 보병들이 중공군의 사격에 손쉬운 목표물이 되는 것도 문제였지만 패튼 탱크의 특성상 과열이 되면 탑승자 옷에 불이 붙을 위험도 컸다. 게다가 탱크가 집중 포격을 시작하면 거기 타고 있던 부대원들은 진동을 이기지 못하고 탱크에서 떨어질 게 분명했다. 나중에 이 상황에 대해 논의하면서 군사학자들이나 부대원 대부분은 탱크 윗부분을 완전히 봉쇄하고 보병이나 공병 몇 사람을 안에 태우고 탱크 뒤에 따라오는 차량을 보호하면서 전속력으로 지평리를 향해 내달리는 게 최선이었다고 생각했다.[4] 보병들이 뒤처진다 해도 그렇게 하면 탱크 책임자와 부대 지휘관 사이에 최소한의 통신망을 확보할 수 있다는 장점도 있었다.

사실 크롬베즈와 트레이시는 이 문제를 놓고 대립하기 훨씬 전부터 서로 악감정을 품고 있었다. 이 때문에 이번 상황을 놓고 두 사람의 갈등은 더욱 첨예해졌고 지나치게 흥분한 상태에서 문제들을 논했다. 두 사람 모두 웨스트포인트 졸업생이었지만 재학 중에도 전혀 친분이 없었으며 졸업 후 서로 완전히 다른 길을 걸었다. 벨기에 출신인 크롬베즈는 1919년에 육군에 입대한 후 웨스트포인트에 들어갔으며 1925년에 졸업했다. 말투에는 항상 억센 느낌이 실려 있었고 동기들은 크롬베즈가 사관학교 학풍에 비해 지나치게 야심이 많았고 노력형이었지만 거친 면이 많다고 느꼈다. 그들은 크롬베즈가 욕심은 많지만 그에 비해 자질이나 실력은 부족하다고 수군거렸다. 그가 사관학교를 졸업하고 16년이 흘렀을 때 제2차 세계대전이 발발했는데, 하급 부대 지휘관을 맡기에는 나이가 너무 많고 상급 부대를 맡기에는 능력이 부족하다는 평가를 받았다. 전쟁 기간 내내 국내에서 훈련 업무만 담당하다가 전쟁이 끝나갈 무렵 비로소 대령이 되었다. 전쟁이 끝난 후에 대부분의 군인이 그랬던 것처럼 군대의 규모가 축소됨에 따라 크롬베즈의 계급도 중령으로 내려갔다.

그러던 그에게도 마침내 군 지휘관으로 일할 기회가 찾아왔다. 한국에서 제7보병사단 소속 연대 2개를 맡은 것이다. 육군에서 그는 융통성 없기로 소문이 나 있었다. 어찌나 꼬장꼬장한지 아주 작은 일 하나하나를 걸고넘어지거나 지나치게 중요한 일인 양 확대해석하기 일쑤였다. 한국전쟁이 발발하기 전에는 개성 인근에 있는 부대에 매춘부들이 드나들지 못하게 하는 데 지나치게 열성을 보이기도 했다. 하지만 군인들은 어떻게 해서라도 여자들을 만날 방법을 찾아내기 마련이었다. 심지어 어떤 군인들은 여자들을 한국군 병사로 위장시켜 부대 안으로 데려왔다. 한번은 기본 필수품을 구매하는 간이매점에서 할인 판매 중인 사탕이 종류별로 정리되어 있지 않다는 이유로 버럭 화를 내기도 했다.[5] 그래도 그런대로 군에서 쫓겨나지 않고 버티다가 1949년에 다시 대령으로 승진했다. 전쟁이 시작되자 제5기병연대 연대장이 되었으나 리지웨이가 연대장들을 젊은 사람으로 교체하는 방침을 강경하게 밀어붙이는 바람에 몹시 위태로운 처지였다. 크롬베즈는 지휘관들 중에서 나이가 가장 많았다. 원래부터 성질이 포악한 편이었던 크롬베즈는 그런 상황이 닥치자 더욱 거칠게 변했다.

이와 대조적으로 에드거 트레이시 중령은 모든 면에서 크롬베즈와 정반대였다. 크롬베즈보다 10년 늦게 웨스트포인트를 졸업했으나 크롬베즈와 같은 계급이었으며 훨씬 더 재능이 탁월하다고 인정을 받았다. 그는 육군 고위 장교들과 풍부한 인맥을 쌓고 있었고 수하에 있던 부대원들 사이에서도 신망이 높았다. 트레이시가 어린 나이에 아무 고생도 하지 않고 특별한 재능과 상관들의 막강한 후원을 등에 업고 순조로운 출발을 했기 때문에 크롬베즈가 그를 못마땅하게 여긴 것인지는 확실치 않다. 제2차 세계대전이 끝날 무렵 크롬베즈를 중령으로 강등시키기로 결정한 위원회에 트레이시도 멤버로 참여했기 때문이란 소리도 있었다. 하지만 두 사람 사이의 신경전은 트레이시가 크롬베즈의 지휘 아래 대대장으로 근무했던 낙동강방어선전투 때부터 눈에 띌 정도로 심각하게 표출되었다.

9월 중순에 벌어진 격렬한 전투 중에도 두 사람의 신경전은 이어졌다. 둘 다 174 고지를 놓고 인민군과 밀고 당기기를 여러 차례 반복하던 대구 인근 전투지역에 있었다. 당시 크롬베즈는 트레이시가 맡고 있던 러브중대에게 언덕 위로 밀고 나가라고 세 번이나 명령했다. 세 번째 명령이 떨어지자 트레이시는 결국 그 명령은 자살을 강요하는 것이나 다름없다고 정면으로 거부했다. 당시 참호를 거의 완벽하게 파놓은 인민군은 또다시 밀고 내려와서 아군에게 엄청난 피해를 입혔다. 이렇게 되자 크롬베즈는 트레이시의 또 다른 부대인 아이템중대에게 174 고지 위로 올라가라고 명령했다. 이번에도 트레이시는 강하게 반대했다. "적군은 이미 우리가 다가오는 것을 알아채고 가까이 다가오면 덮치려고 완벽하게 준비하고 있습니다. 아이템중대는 우리 연대에서, 아니 제8군 전체에서 가장 전투력이 좋을 정도로 아까운 부대입니다. 이 부대마저 적의 손에 전멸한다면 우리에게는 더 이상 믿을 만한 부대가 없습니다."[6] 하지만 크롬베즈도 쉽게 뜻을 굽히려 하지 않았다. 결국 이들은 언덕 위로 밀고 올라가서 엄청난 사상자를 발생시키며 그곳을 손에 넣었지만 얼마 버티지 못하고 거센 인민군의 반격에 다시 언덕을 내려오고 말았다. 이때 크롬베즈는 또다시 아이템중대를 언덕 위로 보내라고 명령했다. 이번에는 중대장 노먼 앨런(Norman Allen) 대위가 반기를 들었다. 그러자 크롬베즈는 앨런의 직속상관 트레이시에게 이렇게 소리쳤다. "이봐. 내가 이런 말을 할 줄은 꿈에도 몰랐지만 어쩔 수 없군. 자네는 연대 본부에 아이템중대의 앨런 대위가 명령에 불복종했다고 보고하게." 그러자 트레이시는 지친 표정으로 앨런을 바라보더니 이렇게 응수했다. "뭐, 괜찮습니다. 저는 이해가 되는 걸요. 저도 그 명령은 따를 수 없습니다."[7]

그러자 앨런은 트레이시에게 전날 174 고지에서 뭘 하고 있었는지 말해달라고 했다. 극도로 위험한 공격을 이끄는 중에 대대장이 제일 앞에 나서는 것은 있을 수 없는 일이었다. 트레이시는 나흘 전만 해도 대대 부대원이 거의 900명에 육박했으나 이제 남은 숫자는 292명에 불과하다고 지적하면서 앨런에게 이렇게 말했다. "또다시 174 고지를 점령하라는 명령이 떨어지면 거부할 참이었네. 하지만 개인적으로 겁이 나서 거부하는 게 아니라는 건 확실히 해두고 싶었네." 트레이시는 앨런에게 말했던 대로 언덕을 올라가라는 크롬베즈의 명령을 거부했다. 앨런은 나중에 크롬베즈가 다른 대대장들 앞에서 트레이시를 겁쟁이라 부르며 모욕을 주었다는 사실을 알았다. 하지만 정작 트레이시의 가슴을 찢어놓은 것은 바로 그 무모한 명령 때문에 쓸데없이 수많은 부대원들이 희생되었다는 사실이었다. 밤이 되자 몇몇 장교들은 트레이시가 잠자리에 들기 전에 혼자 중얼거리는 소리를 들었다. 기도하는 거라고 생각하고 누군가가 혹시 성모 마리아에게 기도를 드리는 거냐고 묻자 트레이시는 그게 아니라 이번 전투에서 유명을 달리한 군인들의 이름을 하나씩 부르며 하나님께 그들의 죽음에 대한 자신의 책임을 인정하고 용서를 구하는 중이라고 말했다.

이제 지평리로 향하는 길에 오르면서 트레이시는 상황이 극도로 불리하다는 걸 실감했다. 상부로부터 끊임없이 압력을 받는 데다 자기에게 해묵은 반감을 품고 있는 상관에게 자기 보병대원들을 탱크 위에 배치하지 말아달라고 부탁하는 것은 절대 쉬운 일이 아니었다. 트레이시의 부탁에 크롬베즈는 눈썹 하나 까딱하지 않았지만 딱 한 가지는 양보했다. 만약 중공군이 거세게 공격해오면 보병들이 탱크에서 내려오는 동안 탱크 진군을 멈추고 미군의 자랑인 위압적인 화력을 아낌없이 사용하겠다는 거였다. 그러고 나서 신호가 떨어지면 보병들은 다시 탱크 위에 올라가야 했다. 크롬베즈가 이렇게 제안하자 트레이시는 부대원들과 함께 갈 수 있게 해달라고 요구했다. 자기가 내키지 않는 일은 부대원들에게도 시키지 말아야 한다는 게 트레이시의 신념이었다. 하지만 크롬베즈는 그 요구를 거절했고 그에게 구조대의 나머지 요원들을 이끌고 지평리로 가는 길이 뚫리면 그때 움직이라고 명령했다. 그렇게 해서 러브중대 소속 보병 160명은 탱크에 올라가야 했다.

러브중대장 배럿과 탱크중대장 조니 하이어스(Johnny Hiers) 대위는 신호를 보내는 역할을 맡았다. 탱크가 다시 움직이기 전에 하이어스가 배럿에게 무선 연락을 취해서 보병들이 다시 탱크에 올라탈 시간을 주기로 했다. 하지만 허술한 무선 통신 장치와 고막을 찢는 탱크의 소음, 그리고 아수라장이 된 전쟁터의 소음 때문에 이 방법이 잘 통할지는 의문이었다. 트레이시는 뭔가 끔찍한 일이 곧 벌어질 거라고 직감했고, 이번 임무가 끝나고 러브중대를 재편성할 경우에 대비하고자 배럿에게 각 분대에서 한 사람씩을 뒤에 남겨두라고 지시했다. 또한 모든 부대원들에게 고향에 있는 가족들에게 보내는 편지를 쓰되 본인이 작성했다는 증거를 반드시 남기라고 당부했다.

이렇게 해서 구조대가 출발했다. 각 탱크 사이의 간격은 약 45미터였다. 최신형 패튼 탱크가 선두에 섰고 그보다 기동성이 떨어지는 대형 포를 장착한 셔먼 탱크가 뒤를 이었다. J. D. 콜먼의 보고에 따르면 아이러니하게도 크롬베즈는 다섯 번째 탱크에 몸을 싣고 탱크 덮개를 닫고 있었다. 전투공병들은 선두에 선 탱크 4대의 꼭대기에 나누어 탔고 러브중대 부대원들은 나머지 탱크 위에 타고 있었다. 각 탱크 위에 올라탄 보병의 숫자는 열 명이었으나 제일 끝에 따라간 탱크는 네 명이 적었다. 배럿 대위는 여섯 번째 탱크에 타고 있었다. 트레이시가 거의 우기다시피하여 혹시 발생할지 모르는 부상병들을 태우기 위해 준비한 2.5톤 트럭이 제일 마지막에 따라갔다. 그러나 구조대가 출발하자마자 트레이시는 여섯 번째 탱크에 뛰어올라서 배럿의 옆자리를 차지했다.

탱크 행렬이 멈추고 보병들이 모두 뛰어내리면서 첫 번째 전투가 시작되

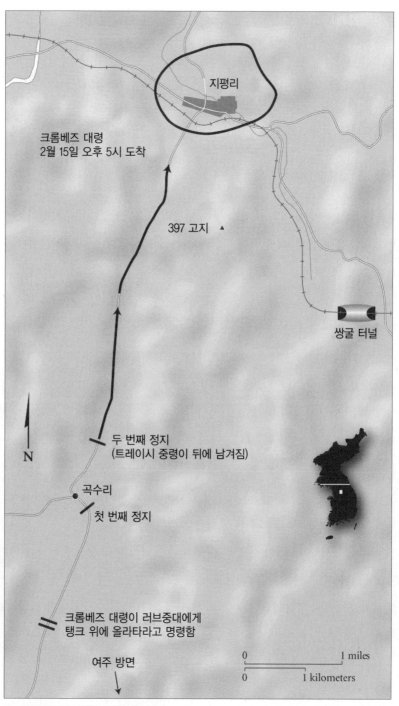

지평리

크롬베즈 대령
2월 15일 오후 5시 도착

397 고지 ▲

쌍굴 터널

N

두 번째 정지
(트레이시 중령이 뒤에 남겨짐)

곡수리
첫 번째 정지

크롬베즈 대령이 러브중대에게
탱크 위에 올라타라고 명령함

여주 방면

0   1 miles
0   1 kilometers

24. 1951년 2월 14일~15일 크롬베즈기동부대.

었을 때에는 모든 상황이 순조롭게 진행되는 것 같았다. 비교적 무난한 전투였다. 크롬베즈는 탱크와 보병이 합심하여 중공군을 격파하는 모습을 보고 아주 흡족한 표정을 지었다. 그는 내부 통화 장치에 대고 격앙된 목소리로 "우리가 적군 수백 명을 무찔렀다."라고 소리쳤다. 하지만 전투가 미처 끝나기도 전에 크롬베즈의 명령에 따라 움직이던 아군 탱크들이 보병들에게는 아무 신호도 주지 않은 채 갑자기 귀청이 터지는 소리를 내며 출발해버렸다. 결국 부상자들을 포함해 약 30명의 보병들이 뒤에 버려졌다. 탱크가 하나둘 떠나가자 배럿 대위는 그중 한 대에 간신히 몸을 싣고 남겨진 보병들을 향해 "곧 돌아와서 태워줄 테니 길가에서 기다리고 있어."라고 소리쳤다. 이렇게 해서 트레이시가 우려하던 상황이 결국 발생하고 말았다. 중공군의 저항이 별로 크지 않았던 탓도 컸다. 배럿이 클레이 블레어에게 증언한 바에 따르면 그들이 간신히 탱크에 다시 올라타자 트레이시는 전투가 끝나면 크롬베즈를 정식으로 고발하겠다며 분통을 터뜨렸다.[8] 하지만 상황은 갈수록 더 엉망이 되었다. 군사학자 마틴 블루멘슨(Martin Blumenson)의 기록에는 곡수리에서 약 1.6킬로미터를 이동한 후에 이들은 더 격렬한 전투에 말려들었다. 중공군은 이미 길 양쪽 고지대마다 유리한 지점을 모두 차지한 채 아군을 향해 무차별 포격을 퍼부었다. 할 수 없이 보병들은 탱크에서 내려 길 양쪽으로 45미터 정도 흩어졌다. 또다시 아무런 경고나 신호도 없이 아군의 탱크는 출발해버렸다. 부상을 입고 길가에 버려진 아군 중에는 트레이시 중령과 캐럴 에버리스트(Carroll Everist) 상병도 끼어 있었다. 트레이시는 입가에 작은 상처를 입은 것이 전부였으나 에버리스트는 무릎에 심각한 부상을 입었다. 트레이시는 에버리스트의 상처를 싸매주고 가지고 다니던 구급상자를 넘겨주었다. 에버리스트는 트레이시가 자기 상처보다는 길가에 버려진 다른 부대원들의 상태를 더 염려하는 것 같았다고 회고했다.[9] 곧 중공군이 나타나 그들 중 몇몇을 포로로 끌고 갔다. 전투 규모는 작았지만 적군의 손에 무방비 상태로 넘겨진 보병들에게는 그야말로 재앙 그 자체였다. 이번에는 탱크부대에게 버림받은 보병의 숫자가 훨씬 더 많았다. 켄 햄버거가 지적한 것처럼 지평리로 가는 길목에서 희생된 보병의 숫자에 대해서는 아직도 논란이 가시지 않은 상태다. 최소한 70명은 넘을 것이며 어쩌면 100명 정도 될 거라는 추측도 있다.

처음 생포되었을 때 에버리스트는 부상이 심해서 걸을 수 없었기 때문에 트레이시가 그를 업고 수 킬로미터를 걸었다. 하지만 중공군은 에버리스트 때문에 전체 포로들의 이동 속도가 느려진다고 생각하여 그를 버리고 가기로 결정했다. 결국 전투가 끝난 후에 그는 수차례 넘어지기를 반복하면서 거의 기어서 미군 진지로 돌아왔다. 한편 트레이시는 인민군 포로수용소로 이송되었다. 부상은 곧 나았지만 전반적인 건강 상태가 급격히 나빠졌다. 배럿 대위는 자기 대대장에게 어떤 일이 벌어졌는지 알아보려고 백방으로 노력했다. 1953년에 귀국한 수많은 전쟁 포로들을 찾아다니며 수소문한 끝에 생포된 지 석 달 만에 숨을 거뒀다는 소식을 들었다. 트레이시는 혼자 먹기에도 턱없이 부족한 음식을 다른 포로들에게 나눠 주었고 아마 그 때문에 건강이 더 나빠졌을 거라는 추측도 있었다. 배럿은 클레이 블레어에게 이렇게 말했다. "나는 트레이시 중령이 의회훈장을 받아야 마땅하다고 생각합니다. 하지만 그의 희생은 전적으로 크롬베즈 때문입니다." 하지만 크롬베즈는 트레이시에 대해 보고하면서 그가 명령을 수차례 어겼다고 기록했다. 이는 군 장교에 대한 직접적인 도전이자 모욕이었다. 특히 그가 이미 유명을 달리하여 변명조차 할 수 없는 처지라는 것을 감안할 때 크롬베즈의 행동은 너무도 잔인하고 비인간적이었다.

제46장
맥기 언덕

지평리 남쪽 방어선에서도 전투가 한창이었다. 폴 맥기가 이끄는 소대는 둘째 날 밤에 큰 고비를 맞았다. 중공군은 넓은 도로는 아니지만 미군 기지로 곧장 연결되는 길을 찾아냈다. 둘로 나뉜 듯한 지형에서 한쪽은 중공군이, 나머지 한쪽은 미군이 차지하고 있었으나 결국 두 지형은 하나로 합쳐졌다. 전투 둘째 날이 되자 맥기는 부대원이 더 많았으면 하고 바랐지만 예비대를 제외한 나머지 부대원들은 모두 전투에 투입된 상태였다. 어쩔 수 없이 그는 현재의 부대원들로 버텨내야 했다.

중공군은 시시각각 미군 방어선에 가까이 다가왔다. 적군과 가장 가까운 곳에 노출된 부대는 조지중대였다. 중공군은 조금도 망설이지 않고 조지중대에 일격을 가했다. 둘째 날 밤이 되자 적군의 숫자는 전날과는 비교도 안 될만큼 몇 배로 늘어났고 해가 지기도 전에 공격을 개시하는 등 여러모로 아군을 긴장시켰다. 본격적인 공격을 시작하기 직전에 적군의 나팔수 하나가 미군의 영결 나팔을 불고 연대 규모의 적군이 그보다 훨씬 규모가 작고 보잘것없는 맥기의 소대를 덮쳤다. 적군은 맥기의 오른쪽에 있던 제1소대 참호 두 개를 단숨에 무너뜨렸다. 이 때문에 부대원들은 무시무시한 기관총 사격을 고스란히 맞아야 했다. 맥기가 있던 자리도 적에게 그대로 노출되어 아주 위험했다. 그는 소속 중대 중대장 토머스 히스(Thomas Heath) 중위에게 상황을 보고했고 히스 중위는 제1소대장에게 연락하여 소대가 아직 자리를 지키고 있으며 완전히 적의 손에 넘어간 참호는 아직 없다는 보고를 받았다. 하지만 맥기와 히스는 그 소대를 지휘하던 상사가 언덕 뒤편에 있는 작은 오두막에 본부를 만들어 몸을 숨긴 채 전방 상황이 어떤지 둘러보지도 않았다는 걸 전혀 몰랐다.

상관을 통해 제1소대가 방어선을 지키고 있다는 확답을 받았지만 맥기는 여전히 불길한 느낌을 떨칠 수 없었다. 오른쪽에 기관총 사격이 더 심해지는 것을 보면서 불안감은 더욱 가중되었다. 맥기는 또다시 히스에게 연락해서 더 상세하게 보고했다. "오른쪽 제1소대 지역에 기관총이 있는데 이것이 아군에게 큰 피해를 주고 있습니다. 확실한 것은 우리 기관총만큼 화력이 좋은 것이 아니라는 겁니다." 그래서 히스는 다시 제1소대장에게 연락을 해봤지만 같은 대답이 돌아왔다. "맥기, 아직 아군이 제1소대 위치에 그대로 있다고 하는군." 나중에 맥기는 소대 상병 중 한 사람이 가까운 위치에서 무차별 측면 공격을 당하고 있다고 보고하면서 이를 확증해줄 믿을 만한 사람이 필요하다는 생각을 했다. 어쨌든 그렇게 오른쪽이 뚫리자 맥기의 부대에도 큰 파장이 전해졌다. 사실상 부대원 대부분이 무방비 상태로 노출되어 정면 공격보다 측면 공격에 희생된 숫자가 더 많아졌다. 다른 소대장의 부주의한 태도 탓에 수많은 부대원을 잃자 맥기는 분통이 터졌다.

미군 방어선에서 취약점을 찾았다고 생각한 중공군은 아주 원시적인 폭발물을 사용하는 등 적극적으로 밀고 들어왔다. 맥기는 겁 없이 달려들어 아군을 죽이려 하는 적군의 용기만은 감탄할 만한 수준이라고 생각했다. 적군 하나가 끝에 다이너마이트가 달린 막대기를 들고 전방을 향해 기어오기도 했다. 그러다 그 군인이 총에 맞으면 다른 군인이 막대기를 넘겨받았다. 이런 식으로 중공군은 결국 미군의 참호까지 접근해서 다이너마이트를 터뜨렸다. 이번 전투에서 발생한 사상자 수는 다 헤아릴 수 없을 정도였다. 아군도 쉴 새 없이 사격을 가했지만 탄약을 낭비하지 않으려고 최대한 조심했다. 막대기를 들고 오는 적군만 집중적으로 쏘았으나 놀랍게도 끊임없이 누군가가 계속 나타나서 막대기를 이어받았다.

맥기 부대 소속으로 분대를 이끌던 제임스 모것(James Mougeot) 상병이 참호에 떨어진 수류탄에 부상을 입었다. 그는 참호 밖으로 기어 나오면서 "맥기 중위님, 수류탄에 맞았습니다. 수류탄에 맞았어요!"라고 다급하게 소리쳤다. 그가 간신히 자기 참호에 도착하자 맥기는 최대한 그를 안정시키려고 노력했다. 정신을 차린 후에 모것은 "부상이 그리 심하진 않네요."라고 말하며 자기 참호로 돌아갈 채비를 했다. 바로 그때 맥기는 소대 전방에서 약 20미터 떨어진 지점에 있는 중공군 두 사람을 발견했다. 그들 중 한 사람이 계속해서 맥기의 이름을 부르고 있었다. 아마도 모것이 부르는 소리를 듣고 맥기의 이름을 알게 된 것 같았다. 그는 옆에 있던 브라우닝 자동 소총을 맡은 대원에게 "저건 누군가?" 하고 물었다. "중공군인 것 같습니다." 그래서 맥기는 그쪽을 향해 수류탄 하나를 굴려 보냈다. 수류탄이 터지면서 부상을 입은 중공군은 언덕 비탈길을 굴러서라도 자기 부대가 있는 곳으로 가려고 했지만 맥기가 브라우닝 자동 소총을 뺏어들고 그를 쏘았다.

그러나 전투는 서서히 중공군에게 유리한 방향으로 전개되었다. 맥기의 위치는 시간이 지날수록 적의 손에 당할 위험이 높았지만 부대의 중앙에 자리 잡은 기관총 덕분에 그나마 버틸 수 있었다. 유진 오테슨(Eugene Ottesen) 상병과 부대원 몇 명이 기관총을 운용하고 있었다. 기관총 사거리가 워낙 길었기 때문에 오테슨은 아군 방어선으로 접근하려면 반드시 넘어야 하는 언덕에 있는 중공군까지도 겨눌 수 있었다. 그래서 중공군은 전투 초반부터 이 기관총을 무력화시키려고 혈안이 되었다. 밤에 벌어진 전투 중에 결국 기관총 담당 대원 하나가 중공군의 총에 맞아 쓰러지자 오테슨이 직접 기관총을 맡았다. 오테슨이 기관총을 맡는 동안에는 그나마 마음을 조금 놓을 수 있었다. 하지만 끝날 줄 모르고 계속 밀려드는 중공군을 감당하기에는 모든 것이 역부족이었다. 오테슨은 적군의 사격이 자신에게 집중되어 있다는 걸 알면서도 조금도 당황하는 기색이 없었다. 결국 그 자리에서 죽을 것을 알면서도 맥기 못지 않은 배짱을 부리며 계속 기관총을 발사했다. 그렇게 끔찍한 순간에도 용기를 잃지 않는 그의 모습에 맥기마저 감탄할 정도였다. 아무도 몰라주는 상황에서 그런 행동을 할 수 있는 것이야말로 진정한 용기라 칭할 만했다.

새벽 2시쯤 되자 중공군은 오테슨의 참호에 수류탄을 집어넣는 데 성공했다. 마치 느린 속도로 공을 던지는 것 같았다. 갑자기 아군의 기관총이 조용해졌다. 맥기는 클러츠 중사에게 기관총이 어떻게 되었는지 빨리 확인하라고 소리쳤다. 클러츠는 기관총이 망가졌다고 외쳤다. 오테슨은 죽었지만 시체는 발견되지 않았다. (결국 그는 전투 중 실종자 명단에 올랐다.) 이렇게 해서 맥기가 이끌던 부대의 왼쪽마저 뚫리자 중공군이 밀물처럼 밀고 들어왔다. 맥기는 레이먼드 베넷(Raymond Bennett) 상병에게 오테슨이 있던 자리를 맡아서 사수하라고 명령했다. 베넷은 분대 하나를 이끌고 있었는데 비교적 큰 타격을 입지 않은 상태였다. 하지만 얼마 못 가서 베넷이 큰 부상을 입었다. 수류탄에 손이 반쯤 날아갔고 어깨에 총상을 입었으며 유산탄 파편에 머리를 다쳤다. 하지만 다행히도 그의 부대원들이 참호에 들어가서 오테슨의 기관총이 있던 곳을 봉쇄하는 데 성공했다.

맥기의 부대는 전체적으로 크나큰 위기에 봉착했다. 여기저기 뚫린 곳이 많아서 더 이상 중공군을 저지하는 것은 불가능해 보였다. 이미 부상병 숫자가 많았기 때문에 맥기는 중대에 연락하여 후송팀을 보내달라고 했지만 그쪽도 사정이 어렵기는 마찬가지였다. 탄약이 서서히 떨어지고 있는 것도 큰 문제였다. 다음 날 아침이면 탄약이 떨어질 것 같아서 지금까지 하던 대로 적군에게 마음껏 사격을 가할 수도 없었다. 하지만 적군은 공격을 멈추지 않았고 도무지 끝날 것 같지도 않았다. 공군이 와서 낙하산을 이용해 탄약을 보충해 주려고 시도했지만 아군 진지가 워낙 좁은 탓에 비행 고도를 한껏 낮추어야 했다. 또 낙하산을 사용하면 적군에게 탄환을 떨어뜨릴 위험도 컸다. 결국 비행기에서 곧장 내던진 탄약 상자는 바위투성이의 꽁꽁 얼어붙은 땅에 떨어지면서 대부분 파손되고 말았다. 상자 파편이 섞인 탄환을 쓰다 보니 브라우닝 자동 소총도 망가질 수밖에 없었다. 맥기는 평소에 지니고 다니던 작은 포켓용 칼을 이용해 파편을 제거해봤지만 그래도 자동 소총은 계속 작동을 멈췄다. 설상가상으로 실수로 칼을 떨어뜨렸다가 다시는 찾지 못했다.

맥기의 전령으로 함께 참호에 있었던 클레티스 인먼(Cletis Inmon) 일병이 자기 칼을 건넸지만 총포 약실(藥室)에 쓰기에는 너무 컸다. 하는 수 없이 맥기는 브라우닝 자동 소총을 포기하고 카빈소총을 꺼내 들었다. 사실 전장에서 카빈소총은 인기가 없었지만 맥기는 이런 전투에서는 오히려 카빈소총이 더 나을지도 모른다고 생각했다. M-1 소총보다는 유효 사거리가 짧았지만 당시 전투에서는 바로 20~30미터 거리에서 적을 쏠 수 있었기 때문에 카빈소총도 나쁘지 않았다. 하지만 곧 그것마저 말을 듣지 않았다. 날씨가 너무 추워서 윤활유에 문제가 생긴 게 분명했다. 아무리 힘을 줘도 총이 마음대로 장전되지 않았다. 이렇게 카빈소총이 속을 썩일 무렵 중공군 하나가 그의 눈앞에 나타났다. 맥기는 최대한 세게 총의 노리쇠를 때려서 작동하게 만든 다음 재빨리 적을 쏴 죽였다.

이제 중공군은 맥기의 소대 오른편에 본격적으로 자리를 잡았다. 제1소대는 이미 오래전에 무너지고 없었다. 왼편에 자리 잡고 있던 제2소대는 그날 아침 일언반구도 없이 퇴각해버렸다. 결국 맥기가 이끌던 제3소대만 앞으로 툭 튀어나온 꼴이 되어 적군에게 완전히 포위되고 말았다. 그날 아침 맥기는 부대원 몇 명이 아직 살아 있으며, 제23연대 전체가 살아남는 방법은 적군을 향해 사격을 퍼붓는 것뿐이라고 생각했다. 이성적인 판단이라기보다는 본능에 가까운 결론이었다. 그는 또한 자기 부대가 오래 버틸수록 연대 전체가 살아남을 확률도 높아진다고 생각했다. 만약 적군이 뚫고 들어와서 이곳을 차지하면 다른 연대의 측면이 열리는 꼴이 되므로 결국에는 아군 전체가 중공군에 휩쓸릴 확률이 높았다. 또한 맥기는 연대 전체의 방어태세를 볼 때 조지중대가 위치한 곳이 가장 위태롭다고 느꼈다. 그의 예상은 단순히 전투가 치열하게 전개된다거나 비교적 안정적인 다른 기지에서 들려오는 부분적인 보고 내용으로 미루어 짐작한 것이 아니었다. 순전히 본능적인 판단이었고 나중에 상관들도 그의 예상이 옳았다고 모두 인정해주었다. 그러나 예외 없이 그가 쓰던 총이나 무기가 다 망가져버렸다. 방금 바로 앞에 놓여 있던 브라우닝 자동 소총도 고장 나고 말았다. 맥기는 이번 전투가 아군에게 위태롭게 전개되고 있음을 직감했다. 그가 서 있는 곳이 적의 손에 넘어가면 중공군은 연대 전체의 심장을 향해 화살을 겨눌 수 있었다. 새벽 2시쯤 되자 아직 해가 뜨려면 몇 시간 더 있어야 하지만 이제 더 이상 버틸 여력이 없음을 인정해야 했다.

소규모 부대들로 전개되는 이런 전투에서는 어느 것 하나 안정적인 게 없었다. 특히 '맥기 언덕'이라고 불리게 된 지역에서 벌어진 전투는 그 나름대로의 리듬이 있었다. 아군의 참호를 하나씩 빼앗기자 언덕 위로 올라오는 중공군의 숫자가 늘어났고 그에 따라 많은 아군 참호가 공격 위험에 노출되었다. 맥기의 전령 노릇을 했던 클레티스 인먼이 그렇게 많은 중공군을 직접 본 것은 난생처음이었다. 어두운 밤이었지만 적군이 워낙 가까이 와 있어서 육안으로 볼 수 있었다. 수천 킬로미터 떨어져 있는 중국 본토 어디에선가 시작된 행렬이 바로 자기 눈앞에 있는 작은 개천 바닥까지 이어지고 있다는 생각이 들 정도로 끝없이 밀려들었다. 이런 상황이 벌어지기 전만 해도 인먼은 자기가 미 육군에서 꽤 운이 좋은 사람이라고 생각했다. 인먼은 켄터키 주 개릿 출신의 촌뜨기로, 열여섯 살짜리 병사가 한국전쟁에서 전사했다는 소식을 듣고 왠지 자기가 그 소년을 위해 복수해야 한다는 느낌이 들어서 지원했다. 포트 녹스에서 기본 훈련을 받고 한국에 도착하자마자 추수감사절 만찬을 배부르게 먹었다. 그 후 트럭을 타고 한반도 북쪽으로 이동하여 청천강 인근에 있던 제23연대 및 조지중대와 합류했다. 미국에 있을 때는 청천강에 대해 전혀 알지 못했다. 순조롭게 북진을 하는가 싶었지만 곧 한 미군 중위가 길을 막고 서서 제23연대가 무너졌기 때문에 아무도 통과할 수 없다고 말했다. 며칠만 일찍 왔더라면 중공군이 처음 공격해왔을 때 그 자리에 자신도 있었을 테고 결국 전사했을 거라는 생각이 들었다. 신앙심이 강한 편이라 술을 마시거나 욕설을 하지 않았던 인먼은 하나님이 자기를 보호해주었다고 믿었다.

또 한 가지 하나님에게 감사할 일은 맥기나 클러츠처럼 전술에 능통하고 신병을 잘 다루는 지휘관이 있는 부대에 배치된 것이었다. 50여 년이 지난 후에 다시 생각해봐도 참 신기한 일이었다. 지평리 전투가 벌어지기 전에 클러츠는 인먼에게 중공군을 대하는 요령을 알려주면서 그들이 아주 뛰어난 군인들이라고 겁을 주었다. 빈틈이라고는 찾아볼 수 없을 뿐 아니라 아군의 참호 코앞까지 몰래 접근해서 땅에 바짝 엎드린 채 참호 안에 있는 아군이 30구경 M-1 소총을 만지작거리는 소리까지 다 엿듣는다는 것이었다. 적은 아군이 소총 클립을 갈아 끼우는 순간을 기다렸다가 기습 공격을 퍼붓는다고 했다. 그 말은 클립을 갈아 끼울 때 신속하게 행동해야 한다는 뜻이었다. 맥기는 인먼이 자기를 실망시키지 않을 거라고 확신했기 때문에 그를 전령으로 선택했다고 말해주었다. 대개 전령은 위험한 임무를 수행한다고 생각하지만 인먼은 종일 무전기를 들고 다니다가 적군에게 집중 사격을 받을 염려가 없으므로 오히려 전령이 낫다고 생각했다. 두 번째 날 밤에 그는 맥기 바로 옆에 있는 참호 안에 동료 세 사람과 함께 있었다. 필리핀 사람도 있었고 그날 처음 전투에 투입된 신병도 있었다. 나머지 한 사람은 아무리 기억을 더듬어도 생각나는 게 없었다. 어쨌든 그날 밤 그들 세 사람은 모두 전사하고 말았다. 인먼은 그날 처음 전쟁에 투입되었던 동료가 새 군복을 차려입었다는 것만 떠오를 뿐 그의 이름도 생각나지 않았다. 주름 하나 없고 먼지나 때가 조금도 타지 않은 새 군복이었지만 그 다음 날 온통 피범벅이 되고 말았다.

인먼은 그날 밤 브라우닝 자동 소총을 맡고 있었다. 전투가 생각보다 길어지자 결국 그는 맥기가 있던 참호로 이동했다. 새벽 1시쯤 인먼에게도 불운한 순간이 찾아오고 말았다. 어디선가 휘파람소리가 들리는가 싶더니 그가 얼굴을 감싸며 쓰러졌다. 유산탄 파편이 튀어서 피가 철철 흘렀다. 당시 인먼은 몹시 당황하여 "아! 부상을 입었어요. 제가 맞았다고요. 맥기! 저를 언덕 아래로 데려다주세요!" 하고 고래고래 소리를 질렀다. 나중에 생각해도 얼굴이 화끈거릴 정도로 민망한 행동이었다.

맥기는 "인먼, 진정하게."라고 말하며 그를 달랬다. "입 좀 다물어. 소리 지르지 마란 말이야. 적군에게 그 목소리가 다 들릴 거라는 생각은 안 드나? 일단 누워봐." 그러고 나서 맥기는 건너편 참호에 있는 클러츠에게 구급약을 보내라고 크게 소리쳤다. 유산탄 파편이 왼쪽 눈 바로 위를 찌르는 바람에 오른쪽 눈으로만 볼 수 있었다. 하지만 상처를 싸매면서 왼쪽 눈의 신경이 안정되는 게 느껴졌다. 맥기가 30구경 M-1 소총을 조준할 수 있겠냐고 묻자 인먼은 하지 못하겠다고 말했다. "그러면 내 카빈소총에 탄창을 넣는 건 할 수 있겠나?" 인먼은 그 정도는 할 수 있을 것 같다며 맥기가 계속 사격을 할 수 있게 도왔다. 잠시 후 전투가 일시적으로 멈추는 듯하자 맥기는 의무병에게 인먼을 데리고 나갈 수 있겠느냐고 물었다. 의무병은 가능하다고 대답하고 그를 업는 둥 마는 둥 질질 끌고 언덕 아래에 있는 전방 응급 치료소로 데려갔다. 인먼은 자기가 여전히 맥기에게 필요한 존재이며 탄창을 장전하는 임무를 감당할 정도는 된다는 사실에 놀라워했다. 응급 치료소에서 마취제를 맞고 정신을 잃기 직전에 그는 맥기가 언덕 위에서 죽음을 각오하고 싸우고 있으며 자기 목숨을 구하려고 노력했다는 사실을 다시 한 번 떠올렸다.[1]

맥기는 존 마틴(John Martin)이라는 다른 사병을 전령으로 보내어 아군의 상황이 아주 불리하므로 즉시 지원해달라고, 특히 병력과 탄약이 급하게 필요하다고 히스 중위에게 알렸다. 가능하다면 부상병들을 들것에 싣고 나를 인력도 보내주면 좋겠다는 말도 잊지 않았다. 히스는 포병대대에 연락하여 부대원들을 몇 명 쓸 수 있게 해달라고 요청했고, 아서 로치노우스키(Arthur Rochnowski) 중위가 15명을 모아주었다. 마틴은 이들을 이끌고 다시 언덕으로 올라갔다. 하지만 꼭대기에 도착하는 순간 중공군의 박격포 공격이 시작되면서 그 자리에서 한 명이 죽고 또 한 명이 부상을 입었다. 그 바람에 다들 공포에 질린 채 언덕을 내려와야 했다. 히스는 그들 중 몇 명을 다독여서 다시 언덕으로 끌고 갔지만 조금 전에 중공군이 있던 자리에 도착하자 다들 달아나 버렸다. 히스는 흩어지는 그들을 향해 이렇게 소리쳤다. "바보 같은 놈들. 당장 이리로 올라오지 못해! 거기 내려가 있어도 결국 죽는 건 마찬가지야. 어차피 그럴 거라면 여기 언덕에 올라와서 장렬하게 죽으란 말이야." 마틴은 겨우 몇 사람을 다시 모아 탄약을 집어 들고 다시 언덕으로 올라갔다.

그곳에 있던 맥기는 이제 모든 상황이 끝났다는 걸 직감했다. 자기가 죽을 곳이 여기라는 생각이 강해졌다. 바로 옆에 있던 클러츠를 비롯한 아군들의 운명도 마찬가지였다. 맥기는 이상하게도 그 상황을 숙명처럼 받아들였다. 자기 연민의 감정은 조금도 들지 않았다. 자원해서 이번 전쟁에 참가했고 바로 이 자리까지 왔으니 억울할 것도 아쉬울 것도 없다는 식이었다. 다만 자기 때문에 괴로워하던 부모님이 마음에 걸렸다. 당시 그는 클러츠와 같은 참호에 있었다. 맥기는 참호 두 개 정도 떨어져 있던 곳에 있던 누군가가 건네준 브라우닝 자동 소총을 쓰고 있었고 클러츠는 기관총을 담당하던 대원이 부상을 입는 바람에 직접 기관총을 맡고 있었다. 클러츠는 그런 와중에도 끝까지 살아남을 정도로 억세게 운이 좋았다. 맥기는 그에게 이렇게 소리쳤다. "이봐, 클러츠. 아무래도 적군이 우리를 삼킬 것 같아."

그러자 클러츠는 "그럼 뭐, 우리 둘이 할 수 있는 한 적군을 많이 죽이도록 해보죠."라고 대꾸했다. 두 사람은 동시에 총을 쏘기 시작했다.

하지만 클러츠의 기관총은 금방 망가지고 말았다. 이제 모든 것이 끝난 것 같았다. 맥기는 "이봐, 여기서 한번 빠져나가 보세."라고 소리친 다음 마지막 남은 수류탄을 던졌다. 2월 15일 새벽 3시쯤 드디어 탄약이 완전히 동이 났다. 맥기와 클러츠는 부대원 두 명과 함께 가까스로 그곳을 빠져나왔다. 이렇게 해서 총 46명 중에서 겨우 4명이 살아남았다. 다른 소대원들은 전사했거나 큰 부상을 입었고 전투 중에 실종된 사람도 많았다. 폴 맥기와 클러츠는 용맹스럽게 전투에 임했고 소대를 훌륭하게 지휘한 공을 인정받아 은성훈장을 받았다.

15일 아침이 밝자 폴 프리먼은 지휘관으로서 마지막으로 몇 가지 명령을 내렸다. 그중 하나는 조지중대의 진지를 강화하기 위해서 레인저중대를 비롯하여 예비대 약간을 파견하는 것이었다. 중공군을 그 언덕에서 완전히 몰아내지는 못하더라도 최소한 그들을 무력화시키는 것이 시급했다. 날이 밝아오면서 밤을 틈타 제멋대로 공격을 퍼붓던 중공군도 서서히 힘을 잃었다. 조지 스튜어트를 비롯하여 연대 본부에 있던 프리먼의 동료들은 그에게 알몬드가 명령한 대로 지금 물러나지 않으면 더 험한 꼴을 당할 거라고 조심스럽게 입을 열었다. 지금까지 프리먼이 한 행동에는 전혀 문제가 없었지만 군 지휘 체계라는 것이 있으므로 현실에 순응할 줄도 알아야 한다는 얘기였다. 또한 그들은 그곳 전투가 사실상 끝난 것이나 다름없다고 주장했다. 크롬베즈는 사실상 중공군이 쳐놓은 마지막 덫까지도 뚫은 것처럼 보였으며 그날 해가 저물기 전에 도착할 게 분명했다. 제2대대는 그때까지도 여전히 맥기 언덕 근처에서 치열한 전투를 벌이고 있었다. 제2대대 대대장 짐 에드워드 중령은 프리먼에게 중공군이 모두 물러났다고 말했다. 나중에 에드워드는 프리먼을 위해서 거짓말을 할 수밖에 없었다고 실토했다. 그렇게 하지 않았더라면 프리먼은 그곳에서 한 발짝도 움직이지 않았을 것이고 결국 알몬드의 손에 의해 군법정에 회부되었을 것이다. 짐 에드워드의 말을 들은 프리먼은 비행기를 타고 충주에 있는 육군 이동병원에 갔다가 리지웨이를 만났다. 리지웨이는 프리먼에게 축하의 말을 건네면서 지금까지 아주 훌륭하게 싸웠다고 칭찬했고 청동 수훈십자장을 하사했다. 프리먼은 리지웨이와 담소를 나누며 고국에서 짧게 요양을 한 뒤 다시 한국에 돌아올 수 있을 거라는 희망을 품었다. 지금까지 자그마치 8개월 동안 잠시도 쉬지 않고 전투에 임했기 때문에 조금 휴식이 필요하다는 생각이 들었다. 그는 늘 존 마이클리스를 기준으로 자신을 채찍질해왔고 이제 그가 받은 훈장을 받게 될 거라고 자신했다. 하지만 폴 프리먼은 두 번 다시 한국으로 돌아오지 못했다. 그 대신 수려한 외모와 언변 탓이었는지 시민 단체를 돌면서 전쟁에 대해 설명하는 임무를 맡았고, 그는 좀처럼 분을 삭일 수 없었다. 그를 한국전쟁에 돌아오지 못하게 한 장본인이 알몬드인지는 확인할 길이 없었다. 어쨌든 그는 계속 군인으로 남았고 결국 4성 장군이 되었다.

중공군은 마침내 맥기 언덕을 차지했지만 그 때문에 엄청난 희생을 감내해야 했다. 나중에 맥기는 전투가 끝난 후에 그가 머물던 곳 바로 앞에서 발견된 적군의 시신만 800구가 넘었다는 소식을 들었다. 한 가지 놀라운 사실은 중공군이 어둠을 틈타 엄청난 인명 피해를 감수하면서 덤빈 결과 마침내 그 언덕을 차지했지만 우물쭈물하는 바람에 더 큰 승리를 거둘 수 있는 기회를 놓쳤다는 거였다. 용기가 부족해서 그런 실수를 범한 것은 절대 아니었다. 그들은 엄청난 화력을 앞세운 미군에 맞서면서도 눈썹 하나 까딱하지 않을 기세였다. 미군이 포격을 퍼부으면 목표물은 완전히 산산조각이 났고 거기에 공군이 가세하면 그야말로 중공군을 젤리처럼 으스러뜨리는 것은 시간문제였다. 공군에게는 부대 전체를 완전히 불바다로 만들어 개미 한 마리도 살려두지 않을 네이팜탄이라는 무시무시한 무기도 있었다.

중공군은 마침내 언덕 꼭대기를 장악했지만 빠져나갈 길을 마련해둘 생각을 미처 하지 못했다. 그들은 전혀 물러날 생각이 없다는 듯 미군의 공격에도 끝까지 저항했다. 준비만 잘 되었다면 그날 아침 중공군은 엄청난 승리를 거둘 수 있었다. 위치상 유리했기 때문에 언덕 아래에 있는 미군에게 집중 사격을 가하면 승산은 충분했다. 그처럼 운명적인 기회가 찾아왔는데도 그들은 멀뚱멀뚱 언덕 위에 앉아 있었다. 부대 규모도 충분했고 서쪽이나 동쪽에서 더 많은 부대를 이끌고 올 기회도 있었다. 하지만 중공군은 전혀 그럴 의사가 없는 것 같았다. 그날 오후 늦게 잠깐 빠져나갈 기회도 있었지만 미처 그 기회에 맞춰 움직일 준비가 되어 있지 않았다. 물론 자기들끼리 무선 연락이 제대로 되지 않은 탓도 있었겠지만 그렇게 공격하거나 이동할 생각조차 해보지 않은 게 분명했다.

포로들을 심문한 결과 미군은 당시 중공군의 군 지휘 체계가 믿을 수 없을 정도로 보수적이고 융통성이 없다는 걸 알게 되었다. 언제나 위에서 아래로 명령을 하달할 뿐 조금의 변동도 허용하지 않았다. 그래서 지위가 낮은 개개인에게는 어떠한 여유도 허용되지 않았다. 중간급 장교들의 지휘를 따르는 보병들은 용감하긴 했지만 잠시도 쉬지 못해서 잔뜩 지쳐 있었고 지나치다 싶을 정도로 자기 임무에 충실했다. 사실 전황에 변화가 생겨도 중간급 장교들은 중대한 결정을 내릴 자격이 없었으며 그런 결정을 내리는 데 필요한 사항을 알릴 방법도 없었다. 이렇게 경직된 지휘 체계 때문에 중공군은 원주에서 큰코다치기도 했다. 이와 반대로 미군은 의욕에 넘치는 하급 장교들이 적극적으로 나서는 것을 장려했으며 이 때문에 전투가 전개되는 양상에 따라 적절하게 대처 방안을 강구할 수 있는 장점이 있었다.

중공군은 맹렬하고 여러모로 낯선 적이었지만 차차 그들의 한계가 하나씩 드러나기 시작했다. 잡아먹을 듯이 덤비는 기세는 이틀 정도 지속되면 그만이었다. 길어봤자 사흘을 넘기지 않았다. 탄약이나 식량, 의약품 부족, 육체적 피로 누적이라는 고질적인 문제뿐 아니라 대대적인 미 공군의 공격 때문에 유리한 조건이나 돌파구가 주어져도 그런 상황을 최대한 활용하지 못했다. 전투가 벌어져도 사흘째가 되면 모든 자원이 바닥나서 후방의 지원을 받아야 했다. 지평리와 원주 전투가 이런 단점을 드러낸 대표적인 경우였다. 중공군은 수시로 조금 전과는 전혀 다른 태도를 보이며 갈팡질팡했다.

매슈 리지웨이는 원하던 대로 지평리 전투를 승리로 이끌었다. 승리로 끝났다는 사실만큼이나 중요한 것은 그 전투를 통해 적군을 속속들이 알게 되었다는 점이었다. 그전까지 리지웨이는 중공군이 가진 장점을 꽤 많이 파악해 두었는데 이제 그들의 약점을 하나둘씩 발견하게 되었다.

탱크 여러 대가 일렬로 지나가면 견디기 힘들 정도로 큰 굉음이 난다. 지평리에서 포위당한 아군들은 그 소리를 듣고 지원 부대가 도착하기 한참 전부터 누군가 자기들을 구하기 위해 오고 있다는 걸 알고 매우 기뻐했다. 중공군은 이 탱크부대의 진격을 저지하려고 필사적으로 노력했다. 지평리에서 남쪽으로 약 1.6킬로미터 떨어진 곳에는 잠시 언덕이 사라지고 양쪽에 높은 지대를 끼고 있는 좁은 도로가 나타났다. 매복하기에 안성맞춤인 지역이었다. 약 130미터 정도 길이였는데 중공군은 길에서 약 15미터 떨어진 곳에 참호를 파고 탱크부대를 공격하기 위해 박격포와 바주카포를 준비해두었다. 제일 앞에서 가던 탱크가 바주카포에 맞았지만 무사히 그 지역을 빠져나왔고 두 번째, 세 번째 탱크도 무사히 통과했다. 하지만 네 번째 탱크가 바주카포에 관통당하면서 안에 있던 탄약에 큰 불이 붙었다. 존 하이어스(John Hiers) 대위를 위시하여 탱크에 타고 있던 대원들이 즉사하고 말았다. 탱크 운전병은 큰 화상을 입고도 끝까지 탱크를 몰고 그 지역을 빠져나와 다른 탱크가 지나갈 수 있게 길을 터주었다.

크롬베즈가 이끄는 탱크부대는 오후 5시가 조금 지나서 지평리에 도착했다. 그의 행렬이 도착할 무렵 지평리에 있던 아군 탱크 세 대가 큰 위험을 무릅쓰고 나와서 중공군의 사격으로부터 이들을 엄호했다. 두 탱크부대가 서로 마주보고 대치하자 묘한 긴장감이 흘렀다. 구조를 기다리던 사람들과 구조하러 온 사람들의 만남이었지만 사실 이들은 서로 전혀 모르는 사이었다. 어쨌든 구조를 기다리던 아군은 구조대의 도착과 함께 적군의 포위가 해제되었다는 사실을 알고 안도의 한숨을 쉬었다. 그와 거의 동시에 공군이 근처 언덕마다 네이팜탄을 투하했다. 중공군은 정신을 차리지 못하고 각자 위치에서 이탈하여 도망가기 시작했다. 아주 잠깐 동안 무차별 포격 지대가 형성되었다. 어디에도 몸을 숨기지 못하고 달아나던 적군 수천 명이 생포되었고 아군 지휘관들은 포병대대와 탱크 및 네이팜탄을 총동원하여 중공군을 진압했다. 한 아군 병사의 표현을 빌리자면 마을을 둘러싸고 있던 언덕에서 내려다보니 마치 "개미집을 걷어찬" 것 같은 광경이었다. 아무도 없을 거라고 생각했던 곳에서 갑자기 개미떼 대신 수천수만 명의 적군이 쏟아져 나왔다. 이들은 그제야 비로소 자신들을 에워싸고 있던 적군의 규모가 어느 정도였는지 파악할 수 있었다.

크롬베즈가 맡은 임무야말로 당시 복잡했던 전황에 비해 양 군대의 사기가 높지 않았다는 사실을 여실히 드러냈다. 지평리에 갇힌 아군은 지칠 대로 지친 데다 탄약이 부족해서 어찌할 바를 몰랐고 또 하룻밤을 어떻게 버텨낼 것인지 두려움에 떨었다. 그들에게 크롬베즈의 부대는 아슬아슬한 순간에 나타나 아군을 구해주는 영화 속 구세주와 같은 존재였다. 하지만 트레이시가 이끄는 부대원들에게는 그렇게 좋은 상황이 아니었다. 배럿 대위는 화가 머리끝까지 나 있었다. 지평리로 오는 중에 러브중대는 이미 적군의 공격에 격멸되었고 아무리 생각해도 수많은 부대원들의 죽음이 너무 아까웠다.

당시 제23연대 부대원들의 눈에 비친 배럿 대위는 전쟁 영웅이나 구세주가 아니라 자기도 주체할 수 없을 정도로 화를 터뜨리는 사람에 불과했다. 총을 꺼내들고 왔다 갔다 하면서 크롬베즈와 그가 늘 이야기하던 블루칩에 대해 욕을 퍼부었고 그 때문에 자기 부하들이 아깝게 죽었다며 원통해했다. 그는 자기 손으로 크롬베즈를 죽이고 말겠다고 여러 차례 다짐했다. 감정이 격할 대로 격해진 그는 정말로 크롬베즈를 죽이고도 남을 기세였기에 결국 제23연대 의무병이 그에게 진정제를 주사해야 했다.[2] 프랑스군이었던 세르주 베레르(Serge Bererd) 상병은 당시 러브중대원들이 너무 지친 데다 적군의 공격으로 충격에 빠져 말 한 마디 건네기도 어려운 상태였다고 회상했다. "아마다들 너무 지쳐서 크롬베즈를 죽일 힘도 없었을걸요." 베레르를 비롯해 포위 상태를 견디고 크롬베즈의 구조대 덕분에 살았다고 생각하는 사람들도 곧 크롬베즈가 이끌고 온 보병중대의 거친 행동을 의아하게 생각했다. 그들은 극도의 위험을 무릅쓰고 임무를 완수했다는 사실에 기뻐하는 게 아니라 마음속으로는 패배를 당했다고 슬퍼하고 있었다.

그렇게 전투가 끝난 다음 날 제5기병연대를 따라 그곳에 온 에드 헨드릭스(Ed Hendricks) 병장은 아주 끔찍한 광경을 목격했다. 2.5톤 탱크 20~30대가 미군 시신을 거둬가려고 줄지어 서 있었다. 하지만 전사자들의 시신을 들어 올리던 사람들은 시신을 바르게 눕힐 수가 없었다. 숨을 거둔 후 모두 얼어버려서 팔다리가 사방으로 뻗어 있는 탓이었다. 어떤 시신은 총을 겨누는 자세 그대로 얼어 있었다. 그래서 어정쩡한 형태로 쌓아올려야 했고 인부들은 최대한 빈 공간을 활용하려고 애썼다. 헨드릭스의 눈에는 아주 커다란 퍼즐을 맞추는 것처럼 보였다.[3] 그의 인생에서 가장 징그럽고 끔찍한 광경이었다.

바로 그날 아침 크롬베즈는 러브중대 대원들에게 탱크부대와 함께 진지로 돌아가고 싶은 사람이 있냐고 물었지만 아무도 나서지 않았다. 크롬베즈가 떠난 후에 러브중대 보병들 중 상당수는 나름대로 돌아갈 길을 찾아냈다. 러브중대 부대원들 중 전사자는 총 13명이었고 전투 중에 실종된 사람들은 19명이었으나 대부분 생포되었을 가능성이 높았다. 그 밖에 사망한 것으로 추정되는 사람이 32명, 부상자는 50명을 훌쩍 넘었다. 크롬베즈는 교전 후 보고서에서 본인의 부대원들 중에서 전투 도중 사망한 사람은 고작 10명이라고 기술했다. 그는 또한 트레이시 중령이 명령을 어기고 전투부대에 가담했다고 언급했다. 이를 두고 켄 햄버거는 전투 중에 실종되었으나 사망했을 가능성이 높은 사람을 두고 그렇게 공개적으로 몰아붙이는 행동을 이해할 수 없다고 설명했다. 트레이시에게 명예훈장을 수여해야 한다고 서명을 한 사람들 중에는 배럿 대위와 노먼 앨런도 있었지만 이 추천서는 결국 제5기병연대 밖으로 나가지 못했다. 크롬베즈가 서류를 받자마자 땅바닥에 팽개친 다음 군홧발로 짓이겨버렸기 때문이다. "명예훈장이라고? 웃기고 있네. 그놈이 다시 군으로 돌아온다면 내 손으로 군 법정에 끌고 가겠어."⁴ 그리고 나서 크롬베즈는 전혀 주저하지 않고 자신을 수훈십자 훈장 후보로 추천했다. 그의 추천서는 여러 상관들의 손을 무사히 거치는 듯했으나 제8군 참모 헨리 호즈(Henry Hodes) 준장에게 퇴짜를 맞았다. "내가 탱크부대로 참전해봐서 알지. 자기 부대원들은 탱크 속에 꼭꼭 숨겨놓은 치사한 놈에게 훈장이 웬 말이야. 어림없는 소리지." 그러나 크롬베즈가 리지웨이에게 개인적으로 청을 넣었는지 리지웨이는 호즈에게 의심스러운 부분이 있긴 하지만 그냥 훈장을 주자고 얘기했다. 리지웨이는 프리먼에게 승리할 확률이 극히 낮은데도 그의 부대가 지평리 전투에서 버텨낸다면 필요에 따라 제8군 전체를 그곳에 투입하여 프리먼의 부대를 구해주겠다고 약속했으며, 실제로 그 약속을 크롬베즈가 이뤄준 셈이었다. 이렇게 해서 크롬베즈는 수훈십자훈장을 받고 별을 달았으며 5년 후에 준장으로 퇴역했다. 그러나 리지웨이는 한국전쟁에 관한 책을 쓰면서 한 번도 크롬베즈의 이름을 거론하지 않았고, 리지웨이를 잘 아는 사람들은 이것이 그날의 사건에 대한 리지웨이의 양면적 감정과 불쾌함을 드러낸 것이라고 보았다.

제47장
지평리와 원주 전투 이후

방어 체제가 완벽하지는 않았지만 중공군이 선택한 지역에서 벌어진 전투치고는 대단한 승리였다. 리지웨이는 결국 자기가 목표한 것을 손에 넣고 말았다. 다른 전투에서는 지형을 파악하고 이를 활용하는 것이 가장 중요하다고 생각했으나 이번 전투에서는 그렇지 않았다. 승리의 열쇠는 적에게 감당하기 힘든 손실을 가하여 그들이 승리할 수 없을 것 같다는 느낌을 갖게 하는 것이라는 사실이 명백해졌다. 예전에 더글러스 맥아더가 편견에 사로잡혀 일을 그르쳤듯이 이번에는 마오쩌둥이 자기 생각에 스스로 걸려 넘어질 차례였다. 맥아더는 중국이라는 나라에 대해 아무것도 몰랐으므로 정치적인 혁명이 어떤 결과를 가져올지 정확히 예견하지 못했다. 마찬가지로 마오쩌둥은 미군의 기술력이 상상하는 수준 이상이며 훌륭한 지휘관만 있으면 전투력이 급격히 상승된다는 사실을 미처 깨닫지 못했다. 마오쩌둥은 서방세계 사람들이 거만하고 자기들이 제일 잘났다고 착각하기 때문에 금방 무너뜨릴 수 있다고 자신했다. 예전에 그가 맥아더를 가리켜 오만하다고 비판했던 것과 마찬가지 발상이었다.

하지만 펑더화이는 미군과의 전면전을 앞두고 마오쩌둥보다 훨씬 더 조심스러운 태도를 보였다. 그는 1월에 벌어질 미군과의 접전에 대해 훨씬 더 현실적인 시각을 가지고 있었다. 그러나 지평리와 원주에서 벌어진 전투로 미루어볼 때 마오쩌둥이 자기 생각을 어느 정도까지 인정해줄지가 의문이었다. 지평리 전투가 벌어지기 오래전부터 두 사람 사이에는 팽팽한 신경전이 벌어졌으며, 예상 밖으로 전투가 패배로 끝나고 수많은 사상자가 발생하자 두 사람은 어안이 벙벙해졌다. 중국 역사가 천젠은 이렇게 썼다. "지평리 전투로 인해 모든 것이 달라졌다. 그때까지만 해도 중공군은 모든 상황이 자기들에게 유리하다고 굳게 믿었으며 미군을 물리칠 방법을 이미 터득했다고 자부했다. 이제 남아 있는 것은 최종 승리이며 삽시간에 전쟁의 최종 승패가 가려질 거라고 생각했다. 사실 청천강 전투 후 이런 들뜬 기분이 계속되었다."[1] 펑더화이는 지평리와 원주에서 패배를 인정한 후 큰 충격에 빠졌다. 사단에서 가장 우수한 부대를 최전방에 배치했지만 엄청난 사상자가 발생했고 일부 대원들은 가까스로 도망쳐 목숨을 부지했다. 중공군은 끝까지 정확한 사상자 수를 밝히지 않았지만 미군은 지평리에서 희생된 중공군의 숫자만 5천여 명에 달할 거라고 추측했다. 펑더화이는 전혀 새로운 적이 나타나서 위협을 가한다는 느낌을 받았다. 공군은 단시간에 아주 먼 거리를 오갈 수 있었기 때문에 공군이 투입된 후 전세는 크게 달라졌다.

펑더화이는 원래 비행기로 이동하는 것을 극도로 싫어했다. 걸어서 가기 힘든 거리를 이동할 때에는 거의 기차를 이용했다. 하지만 그는 2월 20일에 마오쩌둥을 만나기 위해 베이징으로 가는 비행기에 올랐다. 펑더화이가 자발적으로 간 것인지 마오쩌둥의 부름을 받고 간 것인지는 역사가들 사이에 의견이 분분하다. 어쨌든 펑더화이는 직접 마오쩌둥을 찾아가서 중공군이 당면한 전투 상황과 특징을 자세히 설명할 필요성을 느꼈을 것이다. 펑더화이는 정오가 되기 전에 마오쩌둥의 집에 도착했으나 야행성인 마오쩌둥은 아직 기상 전이었다.

"들어가시면 안 됩니다. 아직 주무시는 중입니다."라며 마오쩌둥의 경호원이 그를 막아섰다.

하지만 펑더화이는 물러설 기미를 보이지 않았다. "비켜서게. 지금 내 부대원들이 전쟁터에서 죽어가고 있네. 마오쩌둥이 알아서 일어날 때까지 기다려줄 시간이 없단 말일세."[2] 펑더화이는 그대로 밀고 들어가서 마오쩌둥을 깨웠고 전세가 전혀 예상치 못한 방향으로 흘러가고 있다고 말했다. 이번 전쟁은 장기전으로 이어질 게 분명하며 전투의 특성상 부대원들이 지쳐 있기 때문에 일부 부대를 교대시킬 필요가 있다고 보고했다. 그날 아침 두 사람은 몇몇 부대를 교대시키는 데 합의했다. 그렇지만 펑더화이를 비롯하여 전쟁에 참가한 다른 지휘관들과 달리 마오쩌둥은 여전히 한반도 전체가 자신의 손에 넘어올 거라는 확신에 차 있었다.

지평리와 원주에서 벌어진 전투가 유엔군의 승리로 끝나면서 한국전쟁은 새로운 전환점을 맞이했다. 리지웨이는 두 전투가 벌어진 지역을 중공군이 선택했다는 데 더 큰 위안을 받았다. 그들은 분명 한반도 양쪽으로 치우친 해변보다는 자기들에게 훨씬 유리한 내륙 지방을 골랐던 게 분명했다. 물론 유엔군도 몇 가지 실수를 저질렀고 그 결과 일부 부대가 큰 타격을 입긴 했다. 그러나 주요 방어선에서 준비가 채 끝나지 않은 상황일 때 적의 공격에 어떻게 대처해야 하는지에 대해서는 훌륭한 모범을 세웠다. 이는 중공군 작전 본부에게 향후 전투 방향을 좀 더 신중히 고려해야 한다는 경고가 되었다. 미군 부대도 잠시나마 완전히 고립되는 위험천만한 순간을 겪어야 했지만 리지웨이는 늦지 않게 구조대를 보내 그들을 구하는 데 성공했다. 그는 아군의 정찰대가 앞으로 더 발전할 것이며 공군의 도움을 받는다면 중공군이 특정 지역에 집결하거나 공격을 개시할 때 적잖은 타격을 안겨줄 수 있다고 확신했다. 또한 적군의 군수품 및 식량 보급을 방해하는 데에도 공군은 아주 요긴한 역할을 했다. 예전에 유엔군에 맞섰다가 큰코다친 국가들처럼 중공군이 스스로 큰 벽에 부딪혔다는 것을 깨닫기까지는 그리 오랜 시간이 걸리지 않을 것 같았다.

제10부

—

장군과 대통령

The Coldest Winter

제48장
불붙는 갈등

워싱턴 정부에는 오랜만에 깊은 안도감이 찾아왔다. 최근 맥아더가 전보로 보고한 내용이 사실이라면 제2차 세계대전 당시에 됭케르크에서 부랴부랴 철수했던 것처럼 한반도에서 밀려나는 끔찍한 수모를 당할까봐 더 이상 염려하지 않아도 될 것 같았다. 하지만 전황이 나아졌다고 해서 도쿄 사령부와 워싱턴 정부 간의 긴장감이 해소된 것은 아니었다. 극동지방 총사령관과 워싱턴 정부의 관계는 예전 어느 때보다 최악이었다. 맥아더는 이번 전쟁에 대한 트루먼의 계획을 공공연히 비판했고 리지웨이가 거둔 성공을 마음대로 폄하했다. 또한 자기가 대통령보다 권위나 지위 면에서 훨씬 낮은 군 지휘관이 아니라 의회 내 공화당 지도부의 군사 자문이나 되는 것처럼 행동했다. 그는 중공군의 규모로 볼 때 미국이 추가로 병력을 증강하거나 핵무기를 사용하지 않는 한 한반도에 남아 있을 힘이 없다는 비관적인 주장을 늘어놓으며 트루먼과 육군 참모들의 의견을 정면으로 반박해놓고 이제는 또 전혀 다른 입장을 보이고 있었다. 이제 맥아더는 자신에게 호의적인 언론과 우파 정치가들에게 아군이 한국전쟁에서 승리하려는 의지를 상실했기 때문에 자신은 매우 상심한 상태라고 말했다. 하지만 그에게 승리는 아시아 대륙에서 중국과 전면전을 벌이는 것을 의미했다.

첫 전투에서 중공군에게 참패를 당하고 후퇴한 이래 맥아더의 명성은 크게 실추되었다. 워싱턴 본부에 있던 군 장교들도 더 이상 맥아더의 말에 관심을 보이지 않았으며 리지웨이는 그가 분명히 안 될 거라고 장담했던 방법으로 중공군이 맥을 못 추게 하는 데 성공했다. 맥아더는 워싱턴 정부와 싸움을 고집하는 것 같았다. 이 싸움은 군사적인 싸움이라기보다는 정치적인 싸움이었다. 전쟁의 규모는 계속 확대되어 전면전까지 불사할 정도였고 이 전쟁에서 주된 적은 지금까지 부수적인 적으로만 여겼던 (군 자문위원을 포함하여) 고위 민간 관료들이었다. 일본 침략자들이 승리를 확신하는 순간에도 셀 수 없이 많은 일본군을 모두 빨아들이는 저력을 보인 것은 소련이 아니라 중국이었다.

하지만 정치적인 관점에서 볼 때 리지웨이가 승승장구한 것은 민주당 정권에 아무 이득을 가져오지 못했다. 정부는 계속 궁지에 몰린 상태였고 원래 인기 없던 전쟁은 여전히 사람들의 관심을 끌지 못했다. 전쟁이 길어질수록 그에 따른 정치적인 희생만 더 커질 뿐이었다. 공화당이 제기한 '민주주의의 전복'이라는 국내적 이슈는 한국에서 중국 공산주의자들과 맞서 싸우고 있다는 사실로 합리화할 수 있을 것 같았다. 대통령을 위시한 합참과 맥아더의 관계에서 맥아더가 수세적인 입장이었지만, 국내에는 맥아더의 어젠다와 지정학적 비전을 지지하는 사람들이 힘을 키워가고 있다고 믿을 만한 근거는 충분했다. 이제는 맥아더가 자신의 가장 거친 모습을 보여줘야 할 상황이었다. 설 자리를 잃고 정부로부터 외면당한 그는 다시 전투를 벌일 욕심에 자신을 망치고 있었다.

어쩌면 대통령으로서는 너무 힘든 시기에 너무 오랫동안 집권한 것이 문제였는지 모른다. 이미 국내외에는 대통령의 힘으로 감당할 수 없는 세력들이 너무 많았다. 대중이 민주당에 완전히 질렸다는 사실을 감안할 때 이전 정권인 루스벨트 행정부와 확연히 구분을 지을 방법도 없었다. 소련이 원자폭탄을 보유하고 있으며 장제스 정부가 무너지고 앨저 히스 사건이 신문 헤드라인을 장식함과 동시에 한국전쟁이 발발하면서 트루먼 행정부의 입지는 아주 위태로워졌다. 중공군이 끼어들면서 한국전쟁의 분위기는 더욱 암울해졌다. 트루먼과 측근들이 특히 견디기 힘들었던 것은 맥아더의 오판 때문에 전황이 더악화되었다는 사실이었다. 맥아더는 정치적으로 대통령과 반대되는 방향을 선택했고 전황 악화에 대해 책임질 의사는 전혀 없었다.

이 모든 사항들이 겹치면서 트루먼과 맥아더는 최종적인 충돌을 피할 수 없는 운명이 되어버렸다. 당시 맥아더에게는 거칠 것이 없었다. 1951년 1월 말이 되자 맥아더가 전쟁을 확대하기 위해 안간힘을 쓰고 있다는 사실이 분명해졌다. 그는 1월 28일에 수원에 갔다. 리지웨이가 그를 맞이하러 나왔고 수많은 기자가 모여들었다. 맥아더는 비행기에서 내리자마자 이렇게 말했다. "이곳이 바로 이번 십자군 원정을 시작하기 위해 7개월 전에 내가 왔던 장소지. 하지만 이제 우리가 싸우는 명분은 한국이라는 작은 나라가 아니라 자유로운 아시아 전체로 확대된 거야."[1] 영국 기자들은 '십자군 원정'이라는 말과 '자유로운 아시아'라는 표현을 즉시 기사에 인용했다. 이를 본 영국 정부는 도쿄 사령부가 이번 전쟁을 확전해서 중국과 전면전을 벌이려 한다는 걸 정확히 파악하고 무척 분개했다.

맥아더는 다른 군 고위층, 특히 합참과는 달리 한국에서 일어나는 상황을 하나도 이해하지 못했다. 자신이 지휘하고 있는 병력 말고는 관심이 없었다. 소련이 유럽에 가할 수 있는 위협에도 전혀 관심이 없었다. 미국이 한국전쟁을 크게 확대시키기만 하면 소련은 언제라도 대응할 준비가 되어 있다는 점은 익히 알고 있었다. 그중에서도 트루먼은 베를린, 인도차이나반도, 유고슬라비아, 특히 이란에서 분쟁이 심화되는 것에 신경이 쓰였다. 트루먼은 작은 사건이라도 생기면 소련이 그것을 빌미로 이들 국가에 침입할 거라고 입버릇처럼 말했다.[2] 중국 도시들을 폭격하자는 맥아더의 제안에 대해 트루먼 정부는 맥아더가 폭탄을 투하한 후의 상황은 전혀 고려하지 않았을 거라고 생각했다. 소련의 모든 군사 물자는 철도로 수송된다는 사실에 착안하여 유엔군을 투입해 소련의 블라디보스토크 항구와 시베리아 횡단 철도를 폭파하자는 주장도 제기되었다.[3] 하지만 트루먼은 그렇게 했다가는 전쟁이 더욱 커져서 결국에는 소련의 반격에 일본에 있는 도시들마저 위험에 빠질 거라는 생각을 떨칠 수 없었다.

조 콜린스는 다른 육군 참모들과 함께 맥아더를 설득해보려 했지만 고집을 꺾으려 하지 않았다. 영국 출신의 군사학자 맥스 헤이스팅스는 이렇게 기술했다. "맥아더의 상처받은 개인적 자만심이 중국에 대한 그의 태도에 얼마만큼 영향을 미쳤는지, 또 한국과 관련한 그의 모든 희망과 영광을 허물어버린 사람들에 대한 원초적인 복수심에 얼마나 사로잡혔는지 영원히 정확히 알 수 없을 것이다. 하지만 맥아더는 장제스가 이끄는 국민당 정부를 다시 베이징에 부활시키는 것은 자기 권한 밖의 일이 아니라고 생각했을 가능성이 있다."[4] 헤이스팅스는 맥아더가 뭘 믿고 도쿄 사령부에서 보낸 마지막 몇 달 동안 그런 행동을 할 수 있었는지 알 수 없었지만 오마 브래들리는 맥아더를 꿰뚫어보고 있었다. 후에 브래들리가 한 말을 들어보면 군 장성이 다른 장성에게 한 말치고는 굉장히 험악하다는 느낌이 들 정도였다. "군인으로서 자존심이 크게 상했기 때문에 그렇게 행동했다고 확신한다. 다시 말해 무적 불패의 '전쟁 천재'가 중공군 앞에서 바보가 되자 참을 수 없었던 것이다. 그제야 맥아더는 인천에서 인민군을 뒤쫓으려고 제10군단을 파견한 것과 부대를 둘로 나눠서 10군단을 원산으로 보낸 것이 얼마나 큰 오판이었는지 깨달았을 것이다. …… 뿐만 아니라 중공군은 맥아더의 판단을 보란 듯이 비웃었다. 북한 쪽 부분의 압록강 다리들을 폭파하는 것을 포함하여 공군을 앞세운 전면 공격이면 한반도 북서쪽이 초토화될 거라는 그의 예상은 보기 좋게 빗나갔다. 압록강까지만 밀고 올라가면 아군 병사들이 '고향에서 크리스마스를 보낼 수 있을 거라는' 그의 주장도 마찬가지였다. 그가 잃어버린 자존심과 군인으로서의 평판을 회복할 수 있는 유일한 길은 자기를 조롱했던 적군이 두 번 다시 일어서지 못하게 만드는 것뿐이었다. 그렇게 하기 위해 맥아더는 워싱턴 정부를 자극해서 중국과 전면전을 벌이고, 어쩌면 소련까지 건드려서 제3차 세계대전, 즉 핵전쟁도 불사할 뜻이 있었다.[5]

리지웨이가 맥아더와 거의 같은 수준의 병력을 이끌고 지평리를 포함한 몇몇 지역에서 단시간에 승리를 거두자 맥아더의 입장은 더욱 난처해졌다. 사실 맥아더는 리지웨이가 그런 결과를 거둘 거라고는 꿈에도 생각하지 못했다. 다른 사람들의 눈에 리지웨이가 거둔 승리는 아주 보잘것없는 것이었지만 맥아더의 자존심에는 깊은 상처를 남겼다. 또한 연이은 승리와 무뚝뚝하면서도 솔직한 스타일을 앞세운 리지웨이가 언론의 관심을 다 빼앗아갔다는 사실도 맥아더에게는 큰 스트레스였다. 평생 갈구하던 스포트라이트를 인생 황혼기가 되어서야 겨우 얻었는데 얼마 안 있어 부하에게 빼앗기고 만 것이다. 이는 맥아더의 자존심이 절대로 허락하지 않는 일이었다. 기자들은 리지웨이가 노련한 지휘관이며, 솔직하고 주어진 임무에 최선을 다한다는 말로 추켜세웠다. 리지웨이는 무뚝뚝하지만 솔직하게 기자들을 대하는 태도에서도 조지프 스틸웰과 많이 닮아 있었다. 리지웨이는 전쟁 자체에 집중했을 뿐 언론에 어떻게 비치는지는 크게 신경 쓰지 않았다. 또한 부하 장교들의 공을 인정하는 데에도 인색하지 않았다. 결국 속이 좁고 아무런 희망을 걸 수 없는 맥아더가 물러가고 선한 리지웨이가 그 자리를 대신하고 있다는 식의 보도가 쏟아져서 맥아더의 마음을 더욱 불편하게 했다.

얼마 안 있어 새로운 흐름이 생겨났다. 리지웨이가 세운 주요 공격 작전이 막 시작될 무렵이면 갑자기 맥아더가 몇몇 측근을 이끌고 도쿄 사령부에서 한반도로 날아와 관련 본부를 돌면서 긴급 기자회견을 열고 새로운 계획에 대한 언론의 찬사를 빼앗아갔다.[6] 리지웨이 쪽으로 기울어지는 언론의 관심을 돌리려는 의도가 분명했다. 리지웨이가 세운 킬러 작전이 막 시작될 무렵에도 맥아더가 수원에 와서 이번 공격을 지시한 사람이 자기라고 공식적으로 발표했다. 리지웨이는 한참 시간이 지난 뒤에야 그 작전에 맥아더나 그의 측근들은 전혀 개입하지 않았다고 말하며 분개했다. "생각지도 못한 발언 때문에 나의 자긍심에도 큰 상처를 받았을 뿐 아니라 원래 알고 있었지만 거의 잊을 뻔했던 맥아더에 대한 좋지 않은 기억을 되살렸다."[7] 그는 정말이지 "자신의 공식적인 이미지를 항상 최고로 유지하는 데에만 급급한 속물이었다."

월터 밀리스(Walter Millis)가 기술한 것처럼 한층 나아진 군사적 상황에 대처할 준비가 되지 않은 사람은 바로 맥아더였다. "맥아더는 '승리'를 제외하고는 다른 온갖 사건 사고를 저지를 준비가 되어 있었다."[8] 곧 맥아더는 저널리스트들과 정치인들 앞에서 트루먼 정부에 대한 거침없는 비판을 쏟아내고 정부와 직접 연락을 취할 때에도 같은 태도를 보이며 대통령에 대한 본격적인 공격을 시작했다. 12월 초 트루먼은 한국과 관련된 모든 발언은 반드시 국무부를 거쳐야 한다고 직접 명령한 바 있지만 맥아더는 보란 듯이 그 명령을 거슬렀다. 그가 정부에 대해 늘어놓은 불평은 그야말로 가관이었다. 그는 자신의 지휘권이 전쟁 역사상 최악의 압력과 제한을 받고 있으며 전쟁을 승리로 이끌기에 충분한 군대를 지원해주지 않는 것도 도저히 이해할 수 없다고 주장했다. 적에게 특정 지역을 침범하지 않겠다고 약속하면서 미군은 도쿄와 요코하마의 산업 기지와 항구 시설 같은 성역에 대해 전혀 언급하지 않는 것도 불만이었다. 맥아더의 말에서 가장 핵심은 정치적인 부분이었다. 그는 전투에서 실패한 이유를 정부가 승리를 거두려는 의욕이 부족했던 탓이라고 말하며 책임을 전가하려 했다. 그 시대에 의지가 부족하다는 표현은 곧 유화정책이라는 말과 아주 유사하게 들렸다. 그의 주장은 간단했다. 한국전쟁이 교착 상태에 빠진 것은 한마디로 패배를 의미하며 과거 미국이 압도적인 승리를 거둔 여러 전쟁에서 그랬던 것처럼 이번에도 중국으로 가서 훨씬 큰 규모의 전쟁을 일으키는 게 진정한 승리를 거두는 방법이라는 것이었다.

한편 공화당은 중국 국민당 정부를 잃고 공산주의자들에 대해 유화정책을 편다는 이유로 집권 여당에게 맹공격을 퍼부었다. 한국이라는 먼 나라까지 군대를 파견하여 중국과 맞붙는 상황이었는데 미국에서 가장 유명한 장군이 나서서 정부가 적에게 유화정책을 쓴다고 일침을 놓은 것은 아주 좋은 공격거리였다. 맥아더가 새로 들고 나온 주장은 그에게 정치적인 후원을 제공했으며 훨씬 더 강경한 반공산주의를 주장했던 우파의 입맛에 맞게 각색되었다. 이들이 원한 것은 중국 땅에서 단 한 명의 미군도 희생하지 않고 중국을 도로 찾는 것이었다. 미군이 한국전쟁에 발이 묶인 상태였기 때문에 이런 주장에는 분명히 정치적인 의도가 담겨 있었다. 일부 유권자들은 답답함과 분노를 토로했다. 그들은 현재 상황을 정확히 알지는 못했지만 분명히 지금과 다른 결과가 나오기를 기대하고 있었다. 미군 사상자 수를 기준으로 볼 때 이들은 더 이상의 희생을 원치 않았다.

맥아더는 절친한 정치인과 언론인에게 편지를 보내 미국이 아시아에서 공산주의 국가들을 패배시키지 못한다면 그 여파가 유럽으로 이어져 결국 미국에 엄청난 타격을 줄 거라고 주장했다. 유럽에 공산주의가 퍼지는 것을 막는 유일한 방법은 우선 아시아에서 공산주의가 발붙이지 못하게 해야 한다는 말이었다. 맥아더는 이를 막기 위해서라면 어떤 일도 할 수 있다는 자세였고 바로 그 목적을 위해 미군이 나서야 한다고 강조했다. 장제스의 군대 역시 같은 목적을 위해 목숨을 바칠 준비가 되어 있다는 말도 잊지 않았다. 그는 중국과 공산주의에 강한 일격을 가하고 싶은 마음이 굴뚝같지만 워싱턴 정부가 자기 손을 묶어놓아서 안타까울 따름이라고 한탄했다. 하지만 맥아더가 바로 소련(즉, 공산주의자들)을 끌어들인 당사자라는 점에서 그의 말은 모순 그 자체였다. 6년 전 다른 국가를 상대로 벌인 전투에서 그는 일본 본토를 공격하려던 연합군의 지휘관이었다. 물론 당시 맥아더만 태평양 전쟁에 소련이 끼어들기를 바랐던 것은 아니었다. 고위 군 장교들 내부분이 그런 생각을 품고 있었다. 맨해튼 프로젝트에 대해 알고 있던 극소수의 사람들조차 맨해튼 프로젝트가 과연 성공할지 그리고 핵무기가 결정적인 무기가 될 것인지에 대해 전혀 확신이 없었다. 소련이 전쟁에 개입하여 연합군의 짐을 조금이라도 덜어주기를 바랐던 것은 맥아더가 아니라 다른 장군이었어도 마찬가지였을 것이다. 하지만 한때 소련의 도움을 바라던 제2차 세계대전 당시의 맥아더는 온데간데없고 냉전 시대를 맞이하여 새로운 사람이 맥아더의 모습으로 나타난 것 같았다.

냉전이 갈수록 깊어지자 그는 자기가 원래부터 소련의 참전을 반대했던 것처럼 행동했다. 하지만 불행하게도 그가 이전에 어떻게 행동했는지 잘 알고 있는 사람들이 너무 많았다. 그중 한 사람이 바로 폴 프리먼 대령이었다. 그는 1944년 후반에 필리핀에서 잠깐 동안 전투부대 지휘를 맡았다가 예전처럼 조지 마셜 아래에서 일할 자리를 얻어 워싱턴으로 돌아오려던 참이었다. 그런데 필리핀을 떠나기 직전에 맥아더로부터 특별한 모임에 참석하라는 호출을 받았다. 모임은 무려 두 시간 가까이 정신없이 진행되었다. 프리먼은 자기가 맥아더의 대변인으로서 워싱턴 정부에 맥아더의 생각을 전하는 도구로 쓰일 거라고 예감했다. 그 모임은 맥아더 특유의 정부 비판으로 시작되었다. 프리먼은 가만히 듣고 있다가 결국에는 참지 못하고 맥아더의 의견을 반박했다. 그는 마셜 장군이 맥아더에게 최대한으로 병력과 군수품을 지원했으며 해군 최고 사령부에서 필리핀을 지나쳐 곧장 대만으로 가려 했을 때에도 맥아더가 원하는 대로 필리핀을 해방시키자는 주장에 손을 들어주었다는 점을 지적했다. 그러나 맥아더는 프리먼의 말에 귀를 기울일 의사가 전혀 없었다.

하지만 모임의 후반부는 비교적 흥미진진하게 전개되었다. 맥아더는 침공 계획이 본격적인 단계에 처해 있음을 알고 있었고 내정된 지휘관으로서 자기 생각을 밝히고 싶어 했다. "만주 지역에 있는 일본군이 소련군에 의해 견제되지 않는 한 나는 일본 섬 지역 어디에도 가지 않을 것이다."[9] 이는 소련이 전쟁에 참전하지 않는 한 일본에 가지 않겠다는 말로서, 당시 워싱턴 정부에는 아주 충격적인 발언이라는 것을 프리먼은 알고 있었다. 맥아더의 부관 보니 펠러스는 모임이 끝나자마자 맥아더의 입장을 문서로 깔끔하게 작성하여 워싱턴 정부에 전달하라며 프리먼에게 건넸다.

맥아더의 주장은 예전과 크게 달라진 점이 없었다. 태평양의 여러 섬에서 전투를 치른 경험이 있는 고위 군 장교들은 본토 전투가 가장 치열할 거라고 예상했다. 집집마다 동굴마다 양쪽의 사상자로 가득찰 것으로 예상됐다. 1944년 당시 국내 우파 세력과 가장 긴밀한 관계를 맺고 있던 맥아더마저도 소련이 참전하기를 기대했다는 것은 중대한 사실이었다. 하지만 12년이 흘러 1956년에 맥아더가 우파 세력의 핵심이 되었을 때 이런 견해가 적잖은 문젯거리가 되었다는 사실이 더 의미심장했다. 결국 맥아더는 어느 순간에 자신이 정의한 진리가 곧 진리라고 항상 믿어온 사람이었다. 1950년대 초반에 그는 인터뷰를 통해 제2차 세계대전 후반에 자기에게 중요한 의사 결정을 내릴 기회가 있었다면 절대로 소련을 전쟁에 끌어들이지 않았을 거라고 주장했다.

국방부 사람들도 지금 당장의 필요에 따라 역사 다시 쓰기를 감행하는 맥아더를 이미 여러 차례 겪은 터라 새삼스레 놀랄 것도 없었다. 드와이트 아이젠하워가 대통령이 되자 공화당 정부는 맥아더를 제압하려는 움직임을 보였다. 이즈음 폴 프리먼은 정부에서 근무하던 가까운 친구들로부터 예전에 프리먼이 태평양에서 가져온 문서 원본이 곧 공개될 예정이라는 말을 들었다. 며칠 동안 그 여파가 이어질 것이므로 당분간 납작 엎드려 있는 것이 좋겠다는 이야기였다. 여기에서 맥아더의 두 가지 면모가 내적 갈등을 일으키고 있다는 것이 드러났다. 그 하나는 쉽지 않은 공격을 시작하기 전에 최대한의 지원을 받기 위해 백방으로 노력하는 실용적인 사고를 가진 군인의 면모였다. 다른 하나는 정치적 야욕을 품고 새로운 정치 현실에 부응하고자 지난 일을 서슴지 않고 왜곡하는 장군이었다. 이들 내면의 자아는 서로 부딪히고 있었다.

하지만 1951년 초 몇 달 동안 그 어느 때보다도 크게 좌절한 맥아더는 미국 대통령을 상대로 최후의 결전에 들어갔다. 그는 우선 가볍게 한두 번 미국 정부를 향해 비난의 화살을 당겼다. 하지만 정부 관료들이 대응하지 않기로 했다는 사실이 분명해지자 그의 공격은 훨씬 직설적이고 강도 높게 진행되었다. 어떻게 보면 정부는 이미 거의 10여 년 가까이 이런 사태에 대비하고 있었는지도 몰랐다. 그들의 머릿속에서 맥아더를 대면한다는 것은 곧 악마와 거래하는 것이나 다름없었다. 이미 맥아더에 대한 환상은 깨진 지 오래였고 위기의 순간이 닥치면 맥아더가 언제라도 고무신을 거꾸로 신을 인물이라는 걸 알고 있었다. 미국 정부는 보통 자신이 원하는 것을 원하는 때에 얻었다. 제2차 세계대전 초기에는 꼭 필요했던 인재뿐만 아니라 그 인재에 대한 신화까지도 얻어냈다. 하지만 막대한 비용에 대한 두려움 때문에 정부가 맥아더와 대면하는 것을 피하려 하면 할수록 그에 대한 신화가 갈수록 커지면서 비용은 산더미처럼 불어났다. 신화가 커지는 데에는 미국 정부도 어느 정도 일조한 책임이 있었으나 가장 큰 주역은 바로 맥아더 자신이었다.

그렇게 해서 10년이 넘는 세월 동안 두 명의 대통령과 그들의 고위 고문단은 맥아더가 스스로 명사 대우를 하도록 내버려둔 꼴이 되었다. 제2차 세계대전이 끝나고 몇 년 동안 맥아더라는 인물이 정부에 절실히 필요했던 것은 아니었지만 그에 대한 두려움과 거북함 때문에 정부는 맥아더와의 정면대결을 어떻게든 피하려 했다. 맥아더가 이미 너무 힘을 많이 키운 것이 결정적인 요인이었다. (트루먼은 종종 루스벨트가 군 장교들을 지나치게 높여준 것이 불만스럽다면서 바탄 전투에서 맥아더가 그냥 일본군에 잡혀가도록 내버려뒀으면 좋았을 뻔했다고 말했다. 하지만 정작 트루먼도 그를 제대로 다루지 못하고 제멋대로 굴게 내버려둘 수밖에 없었다.) 해를 거듭할수록 비용이 치솟았으나 맥아더와 손을 잡은 정치 세력들이 커졌기에 행동을 개시할 적절한 타이밍을 찾는 것이 어려웠다. 이제 더 이상 손을 쓸 수 있는 상태가 아니었기 때문에 울며 겨자 먹기로 터무니없이 높은 비용을 치르는 것 외에는 다른 도리가 없었다. 아주 오랜 시간에 걸쳐 자기 신격화라는 복잡한 과정이 진행되었으며 이는 거의 정부가 대주는 비용에 기댄 것이었다. 이제는 그 값을 치러야 했다.

하지만 리지웨이의 연이은 성공으로 일부 합참을 끌어들이려던 맥아더의 노력은 물거품이 되었다. 적군의 기세로 보아 한반도에서 밀려날지 모르는 위기가 닥쳤다는 말이 돌 때 참모총장들 중에서 가장 입김이 셌던 해군 참모총장 포레스트 셔먼이 잠시나마 맥아더의 편이 되어주는 듯했으나 이제 그는 서서히 세력을 잃어가고 있었다. 이렇게 되자 맥아더는 대통령과 정부 관료들을 더 집중적으로 공격하기 시작했다. 윌리엄 맨체스터의 표현을 빌리자면 바로 그들이야말로 맥아더의 뜻을 거스르며 그가 거둔 최종 승리의 영광을 뺏어가려 했던, 즉 "그의 마지막 십자군을 좌절시키려 했던 자들"이었다.

그러나 이 모든 일은 그를 해임하도록 대통령을 부추기는 것이나 다름없는 행동이었다. 만약 그가 한국에서 마음대로 할 수 없다면 모든 수단을 동원해 자신의 앞길을 가로막는 자들을 무너뜨릴 작정이었다. 우선 맥아더는 12월 6일에 트루먼이 내린 지시를 고의적으로 어기면서 순차적으로 자기 계획을 실행에 옮겼다. 그는 대통령이 내린 함구령은 말도 안 되는 것이라고 코웃음을 쳤다. 한번은 식사에 초대한 손님에게 자기는 이제 "나이가 일흔하나인 늙은이"라며 대통령의 명령을 무시해도 겁날 것이 없다고 큰소리쳤다.[10] 자기를 해임할 테면 어디 한번 해보라는 식이었다. 한국전쟁에서 이 국면에 대해 다른 역사가들보다 훨씬 더 꼼꼼한 기록을 남긴 클레이 블레어는 맥아더가 어긴 함구령이 총 여섯 개였다고 지적했다. 중요한 것도 있고 소소한 내용도 있었다. 그의 기록에 따르면 "맥아더를 지켜보는 사람들은 한 가지 패턴이 반복되는 것을 눈치 챘을 것이다. 그는 한국으로 가서 전방 상황을 지켜본 다음 미국 정부의 정책을 비판하는 공식 성명을 발표하곤 했다. 아무리 그래도 정부에서는 그의 말을 반박하거나 저지하려는 움직임을 보이지 않았다. 그야말로 공식적으로 맥아더를 무시하는 처사였다." 무엇보다 맥아더는 이번 전쟁을 "이론상 군의 교착 상태"라고 표현함으로써 트루먼 대통령을 모욕했다. 기자들은 그의 말을 좀 더 현실적인 표현으로 바꾸어 "비기기 위해 죽는" 상황이라고 보도했다. 쉽게 말해 한국전쟁이 교착 상태를 이어가는데도 사람들이 죽어야 했다는 뜻이었다.

이제 중공군을 충분히 제압할 수 있다고 판단한 정부는 전역사령관을 앞세워 전쟁을 더 벌일 생각이 추호도 없었다. 3월 7일에 맥아더는 자기가 대통령 때문에 아주 심각하고 지극히 비정상적인 제재를 받고 있다면서 트루먼의 심기를 건드리려 했다. 추가 병력 지원이 턱없이 부족한 데다 정부가 계속해서 여러 가지 제약을 가한다는 식이었다. 또한 미국 정부가 중국 정부를 평화 협상 테이블로 이끌 구상을 하고 있을 때 맥아더는 중국인들이 지금까지 맛본 실패와 한계를 지적하면서 공개적으로 그들을 모욕했다. 바로 얼마 전에 자신에게 큰 패배를 안겨주고 의기양양해하는 적군을 대놓고 무시하는 발언이었다. 이로 인해 중국과의 협상이 난항을 겪자 트루먼도 몹시 화가 났다.

맥아더는 군사적인 면에서도 리지웨이의 작전에 대해 계속해서 큰 의문을 제기했다. 그는 공식 석상에서 아주 경멸적인 어조로 리지웨이가 지금까지 이룩한 것은 결국 '아코디언 전쟁'에 불과하다고 말하고 다녔다. 유엔군이 40~50킬로미터 밀고 올라가도 중공군이 대대적인 반격을 가하면 고스란히 뒷걸음질 치는 일을 반복할 뿐이라는 얘기였다. 워싱턴에서는 아무도 이런 전쟁이 이상적이라고 생각하지 않았지만, 중국군 대 미군의 사상자 비율이 10대 1 또는 15대 1에 이를 정도로 전쟁이 중국을 훨씬 더 혹독하게 처벌하고 있다고 확신했다. 또한 다른 대안은 훨씬 더 나쁜 것이라고 생각했다. 자기 수하에 있는 군인들이 대단한 승리라고 여기는 일을 두고 최고 사령관이라는 사람이 공개적으로 폄하하는 말을 하고 다니니 기가 막힐 노릇이었다. 무슨 일이 있어도 부대원들의 편에 서서 다독여줘야 할 사람이 한 말이라서 리지웨이를 비롯한 수많은 장병들의 사기는 완전히 꺾여버렸다. 맥아더가 기자회견을 열고 닷새가 지나자 리지웨이 역시 단독 기자회견을 자청하여 유엔군이 38선에 도달한 것은 '엄청난 승리'라고 힘주어 말했다. 그는 또한 얼마 전에 맥아더가 한 말을 정면으로 반박하면서 이렇게 덧붙였다. "우리는 처음부터 중국 본토를 정복할 생각이 없었습니다. 우리의 목적은 공산주의 세력이 확대되는 걸 저지하는 것입니다. 이미 수차례 전투를 통해 아군의 우수성을 만천하에 알렸습니다. 중공군은 결국 우리를 한반도에서 밀어내지 못했습니다. 인해전술을 앞세워 무작정 밀어붙이던 그들에게 이것은 철저한 패배를 뜻합니다. 아군을 한반도에서 밀어내지 못한 것은 앞으로도 영원히 큰 패배로 역사에 기록될 것입니다." 수년 후에 맥아더는 리지웨이의 말을 반박할 기회를 찾았다. 워커의 후임으로 리지웨이를 지목한 사람이 자신이었지만 짐 루커스와의 인터뷰 중에 자기 수하에 있는 전투 장교들 중에서 리지웨이에게 "가장 낮은 점수를" 주었던 것이다.

그의 복수는 거기에서 끝나지 않았다. 맥아더는 가깝게 지내던 UPI(United Press International) 편집장 휴 베일리(Hugh Baillie)에게 접근했다. 그리고 미국 정부가 전쟁을 축소하려고 38선 대치 상태를 유지하려 하지만 그 정도의 부대만 있으면 자기는 중공군을 압록강까지 밀어낼 수 있다고 큰소리쳤다. 당연히 리지웨이는 그의 주장에 동의하지 않았다. 이것은 트루먼이 내린 함구령을 네 번째로 어긴 사건이었다. 그 후로도 맥아더는 미국 정부의 처사에 대해 두 번이나 더 적나라한 비판을 가했다. 3월 20일에 트루먼 정부는 지금은 중대 평화 구상에 적절한 시기라는 내용의 전보를 맥아더에게 비밀리에 전달했다. 현재 리지웨이의 지휘 아래 전투가 아군에게 유리하게 진행되고 있으므로 협상의 기회가 생길 것이라는 내용이었다. 38선에서 휴전한다면 이미 충분히 처참하며 계속해봐야 양측에게 아무 득이 없는 이 전쟁을 중단시킬 수 있다고도 적혀 있었다. 물론 그러한 예측은 어디까지나 미국 정부의 기대에 불과했다. 마오쩌둥이 어떤 행동의 변화를 보일지 아직은 알 수 없다는 견해도 있었다. 하지만 어쨌든 협상의 물꼬를 틀 가능성이 보였다.

어쨌든 중요한 것은 미국 정부는 평화 협상에 기꺼이 응할 마음이 있다는 것이었다. 트루먼 대통령은 이번 전쟁이 시작된 곳에서 휴전하기 위한 협상을 제안하는 내용으로 조만간 공식 연설을 할 생각이었다. 하지만 맥아더는 그런 식으로 휴전하는 것은 패배를 인정하는 것이나 다름없다고 여겼다. 정부의 계획을 알게 된 맥아더는 본격적으로 그 계획에 반기를 들었다. 3월 24일에 그는 또 한 번 한국을 방문했으며 또다시 중국 수뇌부를 모욕하는 내용을 담은 공식 성명을 발표했다.

　공식 성명을 통해 그는 이렇게 조롱했다. "아군의 우수한 전략을 토대로 거둔 승리보다 더 의미심장한 것은 우리의 새로운 적인 중국이라는 공산주의 국가가 현대전을 감당하는 데 꼭 필요한 기본 군수품을 충분히 생산할 산업 기반조차 갖추지 못했다는 사실을 안 것이다. 그들은 마치 대단한 군사력을 갖추기라도 한 것처럼 허세를 부렸지만 결국 사실을 들키고 말았다." 그런 다음 그는 자신이 생각하는 중국의 약점을 하나하나 열거했다. 중국은 "산업 기반이 부실할 뿐 아니라 각종 물품을 만들어낼 원료조차 제대로 갖추고 있지 않다. 기본적인 공군력이나 해군력을 유지하고 가동할 힘도 없다. 게다가 지상전에서 승리하는 데 필수적인 탱크나 각종 중화기 및 부대 이동을 원활히 하는 데 필요한 근대 과학의 발명품도 거의 갖추지 못한 상태다."라고 꼬집었다. 그러고 나서 맥아더는 중국이 자신의 영해와 영공을 통제할 능력이 없다고 언급했다. 그러한 단점에 더하여 "지상전을 위한 화력도 열세이기에 광적인 용맹함이나 인명 손실에 대한 극단적인 무관심으로도 군사력의 격차를 극복할 수 없다."라는 말로 일침을 가했다.[11]

　누구나 화들짝 놀랄 정도로 지나치게 모욕적인 언사였으며 중국 정부뿐 아니라 워싱턴 정부도 큰 충격에 휩싸였다. 이 공식 성명이 나오면서 그동안 평화 협상을 향해 미국 정부가 기울인 첫 번째 노력은 모두 물거품이 되었다. 블레어의 표현을 인용하자면 이번 공식 성명은 트루먼 대통령의 함구령을 "가장 확실하게 보란 듯이" 무시한 처사였다. 그의 공식 성명 내용이 워싱턴 정부에 입수된 시각은 3월 23일 밤 10시경이었다. 애치슨의 집에 함께 있던 딘 애치슨, 밥 러벳(Bob Lovett), 딘 러스크는 그 내용을 보고 얼굴이 잿빛으로 변했다. 애치슨은 "아주 대놓고 방해를 하기로 작정한 것"이라고 말했다. 트루먼은 어떻게 대처할지 직접적인 언급을 하지 않았지만 당시 트루먼의 마음을 가장 잘 알고 있던 애치슨이 나중에 기록한 내용에 따르면 트루먼의 마음속에는 "배신과 분노가 가득했으나 꾹 참고 드러내지 않았다."¹² 딸 마거릿에 따르면 트루먼은 이렇게 토로했다고 한다. "그 후로는 단 한 차례도 중국에 연락을 취할 수 없었어. 한순간에 맥아더가 휴전 제의를 무색하게 만든 거야. 당장이라도 달려가서 맥아더를 한반도 옆 바다에 밀어 넣고 싶었지."¹³

이로 인해 대통령과 맥아더 사이의 갈등은 새로운 국면으로 접어들었다. 그야말로 이번 전쟁의 총지휘관이 누군지를 구분 짓는 문제였다. 다음 날 트루먼은 정부 관료들을 한자리에 불러놓고 평화 협상이 결렬되었다고 밝혔다. 그때부터 맥아더를 해임하는 것은 당연하게 받아들여졌고 그 시기를 언제로 할 것인지가 핵심 사안이 되었다. 러벳은 원래 속내를 잘 드러내지 않는 편이었지만 맥아더 문제를 당장 처리하는 것이 좋겠다고 말했다. 마셜은 이 때문에 맥아더의 심기가 더 불편해져서 안 좋은 여파가 미칠까봐 그리고 국방 예산에 불똥이 튈까봐 전전긍긍했다. 애치슨은 정계에 미칠 파장을 우려했으며 합참이 반대 의견 없이 따라줄지 확신이 서지 않았다. 군 고위 장교들에게 상관을 배척하라고 요구하는 것은 매우 민감한 사안이었다. 참모 중에서 한 사람이라도 반기를 들면 오히려 맥아더의 입장이 유리해질 수도 있었다. 하지만 트루먼이 이미 맥아더를 해임하기로 마음먹었으며 적당한 시기만을 찾고 있다는 사실은 변하지 않았다.

적당한 시기를 찾는 데는 그리 오랜 시간이 걸리지 않았다. 사실 거의 같은 시각에 맥아더는 공화당 원내대표 조지프 마틴(Joseph Martin)으로부터 편지를 한 통 받았다. 조지프 마틴은 차이나로비의 일원으로 장제스 정부를 열렬하게 지지하는 사람이었다. 그는 맥아더에게 아시아에 대한 견해를 알려달라면서 특히 중공군과 두 번째 전쟁을 벌인다면 그때 장제스의 군대도 투입하는 것이 어떠냐고 제의했다. 마틴은 장제스의 군대를 끌어들이고 싶어서 안달이 나 있었다. "당신을 추종하는 사람이 수없이 많으며 훌륭한 지휘관에게 무한한 존경을 표합니다." 그는 맥아더에게 그의 의견을 비밀리에 혹은 공개적으로 밝힐 수 있다고 덧붙였다. 군에 몸담은 사람의 눈에 이런 편지는 순진해서 세상 물정을 모르는 장군을 넘어뜨리기 위해 교활한 정치인이 놓은 덫으로 보이겠지만 맥아더는 황금알 같은 기회를 얻은 듯 기뻐했다.

그는 3월 20일에 답장을 보내 마틴에게 자기가 한 말을 어떻게 인용하든 상관하지 않겠다고 밝혔다. 맥아더는 "반대 세력에 최대한 강경하게 맞설 것이며 지금까지 그랬던 것처럼 실패하는 일은 결코 없을 것입니다. 포모사에 있는 장제스의 군대를 활용하자는 생각은 지금까지 제가 추구하던 방향이나 전략상 전혀 무리가 없습니다."라고 확증했다. 그는 늘 그랬듯이 장황한 설명과 불평으로 글을 맺었다. "외교관들은 말로 싸웠고 우리는 무기를 들고 유럽에서 싸웠습니다. 아시아에서 공산주의 국가들에 맞서지 못하고 주저앉는다면 유럽의 함락도 불가피합니다. 이 전쟁에서 이기면 유럽이 전쟁을 피하고 자유를 수호할 수 있습니다. 의원님이 이미 지적하신 것처럼 승리를 대체할 만한 것은 아무것도 없습니다."

제49장

위태로운 해임 결정

맥아더가 원하던 대로 조지프 마틴은 미끼를 덥석 물었다. 그는 4월 5일 백악관에서 맥아더의 편지를 낭독했다. 적에게 포위당한 정부에게 그보다 더 정치적이면서 치명적인 공격을 가하기도 어려울 것이다.

당시 공식 기록에는 없지만 트루먼 대통령과 측근들이 충격에 휩싸인 일은 이 밖에도 또 있었다. 이 역시 맥아더가 불한당과 다름없는 장군이라는 사실을 보여주는 일이었다. 조지프 굴든이 한국전쟁을 다룬 책에서 지적한 것처럼 국가안보국에서는 도쿄 인근 아쓰기(厚木) 공군 기지의 무전 내용을 도청하고 있었다. 국가안보국은 세계 어디에서든 비밀리에 교신을 주고받는 대상을 발견하면 그 통신 내용을 도청하는 고도의 기술을 자랑하는 비밀 기관이었다. 주로 중공군의 교신 내역을 엿들었지만 때로는 우호 관계를 맺고 있는 이웃 국가들도 도청했다. 1950년에서 1951년으로 이어지는 겨울이 끝나갈 무렵 그곳 사람들은 도쿄 주재 스페인 대사관과 포르투갈 대사관에서 이뤄진 통신 내역을 도청했다. 찰스 윌러비가 프란시스코 프랑코와 안토니우 살라자르(Antonio Salazar)와 가깝게 지냈기 때문에 맥아더에게는 워싱턴 정부보다 더 가까운 지지자들이었다. 도청 내용에 따르면 스페인과 포르투갈 외교관들은 맥아더가 한국전쟁을 중국과의 전면전으로 확대하고 말겠다고 확언했다고 본국 정부에 보고했다. 정책기획실의 폴 니츠와 찰스 버튼 마셜에게도 그 소식이 전해졌다. 결국에는 대통령의 귀에까지 들어갔다. 굴든에 따르면 트루먼은 보고를 받고 손바닥으로 책상을 탕탕 두드리며 화를 터뜨렸으며 "이런 매국노가 있나!"라며 혀를 찼다.[1]

마틴을 통해 맥아더의 편지가 공개된 다음 날 트루먼은 일기에 이런 글을 남겼다. "맥아더는 공화당 원내대표 조지프 마틴을 통해 또다시 정치적인 폭탄을 터뜨렸다. 아무래도 이번이 마지막 일격이 될 것 같다. 이는 누가 봐도 확실한 불복종에 해당한다." 그러고 나서 트루먼은 자기가 세운 기준에 따라 맥아더가 지금까지 저지른 만행에 순위를 매겼다. 일기 마지막 부분에는 "아무래도 극동지역에 있는 고집불통 장군을 본국으로 불러들여야 할 것 같다는 결론이 나온다."라고 쓰여 있었다. 그러나 트루먼은 고위 관료들과의 회의에서도 속내를 선뜻 보여주지 않았다. 어떤 식으로 행동하든 트루먼과 그 측근들이 손해를 본다는 걸 잘 알았기 때문이었다. 아무리 발버둥을 치고 판을 뒤집어도 달라질 것은 아무것도 없었다. 다들 못마땅한 눈으로 지켜보고 있는 전쟁이 한창 진행 중인데 명성과 영예를 거머쥐고 있는 총사령관을 해임한다면 그 타격이 대통령에게 고스란히 돌아올 게 분명했다. 하지만 역사는 별개의 문제였다. 트루먼은 자기 임기가 끝난 후에는 역사가들이 자신에게 구원의 손길을 내밀어줄 거라고 확신했다. 물론 그렇게 되기까지 온갖 추측과 해석을 제멋대로 내놓을 거라는 사실도 잘 알고 있었다. 그는 명민하고 눈치 빠른 정치가였기 때문에 현 정권의 가치를 대가로 지불해야 한다고 결론지었다. 하지만 조금도 양보할 마음이 없었다. 그가 보기에 맥아더의 행동은 정부의 군 통제권은 물론이고 민주주의 사회의 중심부까지 흔들어놓을 위험이 컸다. 트루먼은 나중에 이번 전쟁에 대한 맥아더의 포부를 논하면서 또 한 번 역사를 인용했다. 맥아더가 꿈꾸는 것은 나폴레옹이 모스크바까지 머나먼 길을 진군한 후에 한 말을 상기시켜주었다. 사실 나폴레옹이 러시아를 침공하기로 결정한 것은 인생 최대의 불운이었다. 그는 이렇게 말했다. "지금까지 전투에서 한 번도 져본 적이 없지만 그렇다고 해서 이룬 것도 없는 것 같다."[2]

그런 모든 점을 고려하여 트루먼은 크게 고민하지 않고 최종 결정을 내릴 수 있었다. 그는 또한 이번 사태와 신기할 정도로 비슷한 역사적 선례가 있다고 생각했다. 맥아더가 자신을 워싱턴과 링컨의 뒤를 잇는 인물로 자처했지만 트루먼은 그가 조지 매클렐런(George McClellan)의 환생이라고 생각했다. 트루먼이 보기에 매클렐런은 전쟁터에 나가서도 링컨 대통령을 잘 보필하지 못했을 뿐 아니라 회의를 하기로 하고도 고의로 오랜 시간 기다리게 하는 등 대놓고 링컨을 무시하고 경멸했다. 뿐만 아니라 공공연하게 링컨을 '원조 고릴라'라고 불렀다.[3]

매클렐런은 자기 실력보다 배짱이 훨씬 더 두둑한 편이었다. 자신이야말로 조국을 지켜낼 영웅이라고 확신했다. 만약 "사람들이 내게 나라를 구해달라고 부탁한다면 나는 반드시 그렇게 할 것이고 내가 가는 길에 방해가 되는 것은 그 무엇도 용서하지 않겠다."라고 말했다. 또한 국민들이 편지를 써서 대통령직에 출마하거나 미국의 독재자가 되어달라고 간곡히 부탁한다는 주장을 곧잘 늘어놓았다. 그는 대통령보다는 독재자가 되는 편을 더 좋아했으며 그럴 수만 있다면 어떤 희생도 기꺼이 감수할 수 있다는 식이었다. 그는 호시탐탐 링컨에게 반기를 들 기회를 노렸으며 1864년에 실제로 링컨에게 맞섰지만 무참히 패하고 말았다. 링컨은 212표를 얻은 반면 그는 겨우 21표를 얻었다. 후에 트루먼은 매클렐런에 대해 이렇게 말했다. "그야말로 대단히 자의식이 강한 사람이지. 그는 자기 영광을 추구하는 데 정신이 팔린 나폴레옹 같은 사람이야. 사진을 찍을 때도 꼭 나폴레옹처럼 외투에 손을 찔러 넣고 있었거든."

1950년과 1951년 겨울에 트루먼은 서른여섯 살의 백악관 직원 켄 헤클러(Ken Hechler)에게 국회도서관 자료를 뒤져서 링컨과 매클렐런의 관계를 정리하게 했다. 매클렐런은 맥아더와 달리 굉장히 조심성이 많고 경계를 늦추지 않았다는 차이점이 있긴 했지만 그와 링컨의 관계는 맥아더와 트루먼의 관계와 비슷한 점이 너무 많았다. 헤클러는 이렇게 기술했다. "매클렐런은 워낙 자기 의견이 강하고 자존심이 세서 주어진 명령에 따르지 않는 편이었다. 정치에도 곧잘 끼어들었고 자기 상관인 링컨이 어눌하고 무식하며 여러 가지로 세련되지 못하다고 생각하며 무시했다. 노예 해방을 반대하는 의견 표현도 서슴지 않았고 이를 공식 석상에서도 공공연하게 밝히는 사람이었다."

매클렐런은 또한 시키지도 않았는데 정치에 간섭하고 잠시도 쉬지 않고 정계에 대한 의견을 늘어놓으며 링컨을 괴롭혔다. 이 점도 맥아더가 하는 행동과 거의 비슷했다. 헤클러는 대통령과 군 장교의 관계를 아주 자세히 정리했다. 그중에서 가장 눈길을 끄는 것은 링컨을 무시하고 그에게 반기를 드는 발언이 이어지고 일 년이 지난 1862년 11월에 링컨의 지시로 포토맥 육군 지휘관 자리에서 해임된 일이었다. 그는 조사 자료를 모두 정리해서 트루먼에게 제출했으나 트루먼이 이미 그런 내용을 대부분 알고 있으며 심지어 거기에서 위안을 얻기도 한다는 사실에 깜짝 놀랐다. 결국 그로부터 무려 90여 년이 흐른 후에야 링컨은 훌륭한 대통령으로 추앙받았으며 매클렐런은 가장 낮은 평가를 받는 군인으로 간주되었다. 그는 이와 같은 역사적인 선례가 자신에게 큰 힘이 될 것이며 군 장교와 이토록 심각한 갈등을 겪은 대통령이 자기가 처음이 아니라는 사실을 알고 있었다.

그렇지만 트루먼은 잠시도 경계를 늦추지 않았다. 마틴이 입을 연 것은 지난 목요일이었다. 4월 6일 금요일에 트루먼은 마셜, 애치슨, 브래들리, 해리먼과 모인 자리에서 속내를 드러내지 않은 채 이제 어떻게 대응하면 좋을지 말해보라고 얘기했다. 마셜은 여전히 눈치를 살폈다. 애치슨은 당장이라도 맥아더를 해임하고 싶었지만 "아마 이 일은 각하의 임기 중에 가장 힘든 싸움이 될 겁니다."라는 경고의 말도 잊지 않았다. 해리먼은 트루먼이 맥아더와 대립하기 시작한 게 벌써 지난 1950년 8월부터라는 사실을 상기시켰다. 트루먼은 시간을 좀 더 갖고 나중에 다시 이야기하자고 제안했다. 그리고 마셜에게 정부와 맥아더 사이에 오간 연락 내용을 모두 조사하여 맥아더가 명령에 직접적으로 불복종한 사례가 있는지 찾아보라고 지시했다. 브래들리는 곧 벌어질 정치적 대립에 대한 합참의 반응을 살피라는 지시를 받았다. 얼마 후 다시 모인 자리에서 마셜은 맥아더를 해임하기보다는 본국으로 불러들여 조사하는 것이 더 낫겠다는 의견을 내놓았다. 하지만 애치슨과 해리먼은 그로 인해 정계에 어떤 서커스가 벌어질지 생각해보라며 강력하게 반발했다. 그러나 조 콜린스와 연락이 닿지 않아서 브래들리가 그와 이야기를 나눌 때까지 일단 기다려보기로 했다. 이들은 토요일에 다시 회동을 가졌다. 별다른 이야기가 오가지 않았지만 여전히 맥아더를 그냥 두어서는 안 된다는 의견이 강했다.

회동이 끝난 후 마셜과 브래들리는 함께 마셜의 사무실로 향했다. 두 사람 다 퇴직을 눈앞에 두고 있었다. 마셜은 이미 우파 세력들에게 당할 대로 당한 처지였으나 브래들리는 불꽃 튀는 중국 문제에 끼어들지 않았기 때문에 여전히 제2차 세계대전의 영웅으로 대접받을 뿐 아무런 상처를 입지 않았다. 브래들리는 맥아더를 해임시키면 한창 불붙은 정치적 갈등의 불똥이 튀어 지금까지 화려하게 지켜온 경력에 흠집이 날 거라는 사실을 잘 알고 있었다. 또한 두 사람은 맥아더 해임 건으로 합참이 너도나도 정치적인 계산을 하게 될까 봐 걱정스러웠다. 이들은 맥아더에게 제발 더 이상 망발을 하지 말라는 내용의 서한을 작성했지만 상황으로 보아 이미 늦은 감이 있었다. 중도 타협의 여지가 없었다. 맥아더는 그들의 한계를 넘겼다.

이튿날인 일요일에 브래들리는 합참과 모임을 가졌다. 참모들은 여전히 맥아더를 해임하는 문제를 지지해야 하는 상황을 모면하려고 기를 쓰고 있었다. 고위 군사 지도자가 최고위 군사 지도자를 다루는 문제였기에 맥아더 해임 건은 생각만 해도 버겁고 두려운 일이었다. 맥아더가 한국전쟁에 참견하지 못하게 하고 일본 방어에만 주력하게 하자는 의견도 있었지만 맥아더 본인이 절대로 그런 제안을 수락할 리 없다는 사실은 이들이 제일 잘 알고 있었다. 결국 합참은 만장일치로 맥아더의 해임에 동의를 표했다. 그 후 참모들은 마셜과 한자리에 모였는데 그야말로 으스스한 분위기 속에 침묵이 흘렀다. 마셜은 참모들 한 사람 한 사람을 지목하여 정말로 트루먼 대통령이 맥아더를 해임한다면 그 결정에 동의할 것인지 확인했다. 모두들 그렇게 하겠다고 고개를 끄덕였고 발언권이 있는 참모가 아닌 브래들리조차도 그들과 한편에 섰다.

4월 9일 월요일에 트루먼은 다시 고위 관료들과 모임을 갖고 처음으로 맥아더를 해임해야 한다는 자신의 생각을 털어놓았다. 맥아더의 후임으로는 리지웨이를 지목했고 그리스 내란에서 혁혁한 공을 세우면서 주목받기 시작한 짐 밴 플리트에게 제8군 지휘를 맡기자고 제안했다. 트루먼은 그 자리에 모인 사람들에게 자신의 발언은 정치적인 의도와 무관하며 기본적인 헌법에 따른 절차라고 해명했다. 자기 결정을 밝히기 직전에 성명서를 작성하고 있던 서기 한 사람을 가볍게 꾸짖은 것만큼 대통령이 어떤 태도를 명백히 드러낸 것은 없었다. 이번 발표를 두고 백악관 고위 인사 찰스 머피와 해리먼의 측근인 평직원 테드 태넌월드(Ted Tannenwald) 사이에 한 차례 충돌이 벌어졌다. 태넌월드는 이번 결정에 합참이 만장일치로 동의했으며 마셜을 비롯한 일반 각료들도 찬성했다는 사실을 성명서에 밝히려 했다. 아직도 수많은 시민들 사이에서 마셜이라는 이름은 실제적으로 권위를 느끼게 하는 힘이 있었다.

마지막 회의에서 대통령은 방안을 오가며 초조함을 드러냈다. 사실을 털어놓을지 영원히 함구할지를 결정해야 할 순간이었다. 태년월드는 또다시 대통령에게 이번 해임 결정에 합참과 행정부 고위 관료들이 만장일치로 동의했다는 걸 밝히자고 제안했다. 하지만 트루먼이 그의 말을 잘랐다. 대통령으로서 꼭 필요한 것을 파악하고 그걸 얻기 위해 기꺼이 나설 힘이 있다는 걸 보여줄 좋은 기회였다. 트루먼은 "오늘밤은 아니야."라고 말했다. "그런 효과를 노리는 거라면 시간은 얼마든지 있어. 하지만 오늘밤 나는 이 결정을 미국 대통령으로서 혼자 책임지고 싶네. 이 짐을 누구와 나누어 지려 한다는 인상을 주고 싶지 않아. 진실은 이삼일이면 밝혀지기 마련이지. 하지만 오늘밤만은 이것이 내가 내린 결정, 즉 나 혼자 결정한 사항임을 강조해야 하네."[4]

그리하여 성명서 전문이 완성되었고 트루먼은 대국민 연설을 시작할 준비를 했다. 마지막 순간에야 에버렐 해리먼은 리지웨이가 맥아더의 후임자라는 내용이 빠져 있다는 걸 알고 서둘러 그 부분을 손으로 적어 넣었다. 이렇게 해서 보다 현대적인 시대로 가는 길이 열렸다. (리지웨이는 맥아더의 자리를 이어받은 후 제일 먼저 사무실에 전화기를 들여놓음으로써 외부 세계와 연결되는 통로를 마련했다.) 대통령은 이번 결정을 내린 원인으로 정책상 해결할 수 없는 갈등이 이어졌기 때문이라고 설명했다. "맥아더 장군이 역사 속에 가장 위대한 지휘관으로서 확고히 자리 잡은 것은 이미 기정사실입니다. 우리는 그가 조국에 대한 투철한 사명감을 가지고 뛰어난 업적을 쌓았으며 남다른 봉사 정신으로 섬겨온 데 대해 깊은 감사를 표합니다. 바로 그 때문에 이번에 이런 결정을 내릴 수밖에 없는 것을 참으로 유감스럽게 생각합니다." 그는 기자들에게 맥아더 역시 이런 식의 대립을 원했다는 점을 확실히 주지시켰다. "원하신다면 그 더러운 녀석이 우리를 배신한 방법을 정확히 보여드릴 수 있습니다. 나는 그가 스스로 해임당하기를 원했다는 사실을 자신 있게 말씀드릴 수 있습니다. 그는 매클렐런보다 더 나쁜 배신자로 기억될 겁니다." 다들 "내가 이렇게 할 수 있는 용기가 없을 거라고 생각하더군요. 그런 사람들이 어떻게 생각하든 조금도 개의치 않고 오늘 이 자리에서 대통령으로서 나의 입장을 밝힙니다."[5] 후에 트루먼은 사적인 자리에서 맥아더에 대한 적의를 적나라하게 드러냈다. "문제는 그가 식민지 총독, 즉 극동지역의 황제가 되고 싶어 했다는 거야. 자기가 일개 육군 장성이라는 것, 그리고 자신의 상관은 바로 미국 대통령이라는 사실을 망각한 게 잘못이지."[6]

맥아더는 자신의 해임이 다가오고 있음을 알아차렸다. 에드워드 알몬드를 만나기 전날이었다. 그는 "이보게, 네드. 아무래도 더 이상 자네를 볼 일이 없을 것 같군."이라고 말했다. 알몬드는 이해할 수 없다는 표정을 지으며 무슨 뜻으로 하는 말이냐고 되물었다. 그러자 맥아더는 "내가 정치에 끼어들어서 대통령이 나를 해임시킬지도 모른다네."라고 말했다. 알몬드는 말도 안 되는 일이라며 맥아더의 생각을 부인하려 했지만 아무 소용이 없었다.[7]

트루먼은 꽤 부드러운 말만 골라서 사용했지만 어쨌든 맥아더의 해임은 여러 가지 힘든 상황을 연출했다. 육군장관 프랭크 페이스는 맥아더를 직접 만나 해임 소식을 전해야 했다. 워싱턴에서는 늘 대통령에게 적대적인 태도를 보이던 「시카고 트리뷴」지가 그 사건에 초점을 맞추었다. 백악관 측에서는 맥아더가 해임되기 전에 먼저 사의를 표명하며 대통령에게 정면으로 맞서면 어떻게 대처해야 할지 전전긍긍했다. 해임 결정은 워싱턴 시각으로 4월 11일 새벽 1시경에 아주 간단하게 공식화되었고 맥아더가 프랭크 페이스에게 직접 그 사실을 듣기 전에 무선 통신으로 도쿄 사령부에 전해졌다. 이로 인해 백악관은 더 잔인해 보였고 맥아더가 불쌍한 희생자라는 이미지가 더 강해졌다. 맥아더의 측근들은 해임되는 순간까지도 맥아더를 위대한 장군으로 추켜세웠다. 맥아더 본인은 당장 기자들 앞에 나서지 않았지만 최측근에 속하는 코트니 휘트니 소장이 기자들 앞에 섰다. "방금 맥아더 장군을 뵙고 나오는 길입니다. 대통령이 내린 해임 결정을 의연하게 받아들이셨습니다. 눈썹 하나 까딱하지 않으셨어요. 그분의 군인다운 면모가 이처럼 확실히 드러난 적도 없을 겁니다. 이번에야말로 가장 멋진 모습을 보여주신 겁니다."[8]

제50장
청문회로 옮겨간 전투

트루먼 대통령은 즉시 질타의 대상이 되었다. 「타임」지는 "인기가 많은 사람이 그보다 훨씬 인기가 없는 사람의 손에 해임되는 것은 극히 드문 일이다."라고 보도했다. 분명 「타임」지 발행인은 맥아더처럼 중국과 더 크게 맞붙는 것이 나쁘지 않다고 생각했던 것 같다. 이 잡지는 또한 맥아더가 "진정한 지도자가 되기를 갈망하며 많은 사람의 사랑을 받는 대표적인 거물이다. 트루먼은 전형적인 소인배라 할 수 있다."라고 덧붙였다.[1] 이와 함께 미국 전역은 거센 폭풍우가 휘몰아친 듯 술렁이기 시작했다. 리처드 닉슨은 즉시 맥아더를 복귀시켜야 한다고 주장했다. 그는 장제스 정권의 몰락과 한국전쟁의 발발, 새로 들어선 중국 정부와 미국의 긴장 관계로부터 정치적으로 상당히 덕을 보았던 사람이다. 인디애나 주 상원의원 윌리엄 제너는 예전에 조지 마셜을 대역죄로 고발한 적이 있었다. 제너는 "현재 미국은 소련의 앞잡이들이 조종하는 국내 비밀 단체의 손아귀에 잡혀 있다고 생각한다. 이제 우리가 할 수 있는 일은 트루먼 대통령을 탄핵하는 것뿐이다."라고 주장했다. 맥아더는 국가적 영웅이자 가련한 순교자로 널리 알려졌다. (사실 이는 그가 원래 의도하던 바와 거의 일치했다.) 반면 군 체제를 통제하려고 손을 뻗친 대통령은 그야말로 둘도 없는 불한당이 되었다. 오랫동안 군에 몸담고 있으면서 몇 차례 사람들의 이목을 끌었던 맥아더는 결국 자기 아버지와 거의 비슷한 결말을 맞고 말았다. 맥스 헤이스팅스가 요약한 바에 따르면 그는 "대중과 너무 멀리 떨어져 있었고 나이도 많은 데다 융통성이라고는 조금도 보이지 않았다. 그의 세계관은 한국전쟁 같은 전쟁에 어울리는 지휘관이 되기에는 너무도 시대착오적이었다."[2]

심각한 반격을 각오했던 트루먼과 고위 고문들도 예상보다 훨씬 큰 충격을 받고 정신을 차리지 못했다. 맥아더의 해임을 반대하는 거대한 무리가 세계 곳곳에서 머리를 치켜들었다. 그가 도쿄를 떠날 때 약 25만 명의 일본 시민들이 길가에 서서 크고 작은 일본 국기와 미국 국기를 흔들며 눈물을 흘렸다. 자정이 훨씬 넘어 하와이에 도착했으나 그곳에도 이미 셀 수 없이 많은 사람이 공항에서 기다리고 있었다. 샌프란시스코 역시 자정을 넘긴 한밤중까지 하와이에 모인 숫자보다 더 많은 인파가 그를 맞이했다. 이들은 너무 흥분한 상태라 경호원들도 감당할 수 없을 정도였다. 마지막으로 맥아더가 뉴욕에서 퍼레이드를 벌였을 때는 약 700만 인파가 거리로 쏟아져 나왔다. 제2차 세계대전에서 승리를 거두고 고국에 돌아온 드와이트 아이젠하워를 환영하러 나온 인파의 두 배에 가까운 숫자였다. 사람들은 모두 슬픔을 감추지 못했다. 아서 슐레진저와 리처드 로베어는 이렇게 기술했다. "대통령이 군 장성을 해임한 것을 두고 이렇게 즉각적인 정치적 격정을 표출한 적이 과거에도 있었는지 의심스러울 정도였다. 남북전쟁 이후 이런 움직임은 처음이었다."[3]

이번 일은 정치적으로나 지정학적으로 유례가 없을 만큼 심각한 대결로서 미국 전역에 헌정(憲政) 위기를 불러왔다. 당시에 UP 통신의 젊은 기자였고 더 나중에 텍사스 주 출신의 젊고 진취적인 상원의원 린든 존슨의 공보관이 된 조지 리디는 자신의 일생을 돌아볼 때 미국 정부가 말 그대로 극한의 위기에 처한 것은 그때뿐이었다고 회상했다. 리디는 워싱턴으로 금의환향한 맥아더가 펜실베이니아 대로를 지나가는 모습을 봤는데 만약 맥아더가 "어서 나와 함께 갑시다."라고 한마디만 하면 그를 우러러보던 군중이 곧바로 쏟아져 나와 따라갈 기세였다고 회고했다.[4] 전쟁 후 새로운 모습을 기대했으나 만족스러운 변화가 없자 크게 실망한 국민들이 오랫동안 참아온 분노를 한꺼번에 터뜨리는 것 같았다. 그런 분위기는 곧 전국 방방곡곡으로 퍼져나갔다. 술집에서는 얼굴도 모르는 사람들끼리 싸움이 붙었고 통근 열차 안에서도 오랜 친구끼리 몸싸움을 벌이곤 했다. 한번은 딘 애치슨이 워싱턴에서 택시를 탔는데 운전사가 그의 얼굴을 보자마자 "혹시 딘 애치슨이 아니오?"라고 물었다. 그는 "맞습니다. 그냥 내리란 말씀인가요?"라고 되물었다.[5]

　어찌 보면 그런 현상은 대규모 반전 시위라 할 수도 있었지만 왜 그런 식으로 표출되는지 제대로 이해하는 사람은 아무도 없었다. 단지 한국전쟁만 반대하는 것이 아니라 냉전에 대한 반감도 담겨 있는 게 분명했다. 시간이 지날수록 불만스러운 일들만 늘어났고 해결될 기미는 보이지 않는 데다 승전 소식은 없고 완벽에 가까운 최신 무기도 무용지물인 것 같았다. 전 국민은 깊은 좌절감에 빠지거나 가슴을 치며 답답해했다. 무기에 대한 순수한 공포심 때문에 완벽한 승리라는 게 불가능한 시대에서 너무도 사실적이고 막강한 힘을 갖춘 적국과 어깨를 나란히 하며 살아가는 것 역시 큰 부담이자 불만이었다. 어찌 보면 두 시대를 연결하는 과도기적 현상이라 할 수도 있었다. 즉 제2차 세계대전이 낳은 위대한 영웅에게 마지막으로 만세를 불러주는 동시에 갓 초강대국으로 자리매김한 것에 비해 이렇다 할 성과를 내지 못한 정부를 강하게 질책하는 행동이었다. 영웅에 대한 아낌없는 사랑과 무능력한 정부에 대한 분노가 동시에 표출되어 강렬할 수밖에 없었던 것이다.

정치적인 측면도 굉장히 강했다. 수백만 명의 미국인이 맥아더가 제시한 실제보다 더 간단하게 보이는 이상에 보내는 환호가 아니라 공화당 우파의 도전이 정치적이었다. 허버트 후버는 불운했던 자신의 임기를 마친 후 민주당 정부가 선택한 정책 노선을 아주 못마땅하게 여겼으며 임기가 끝난 후에도 그가 받은 정치적 상처는 조금도 아물지 않았다. 그리하여 오랫동안 내리막길을 걷던 후버는 상승세를 타고 있다고 생각한 맥아더 지지 세력과 연계했다. 후버는 맥아더가 도쿄에서 워싱턴으로 돌아오자마자 그를 만났고 나중에 "성 베드로가 다시 살아나서 육군 장성이 되어 극동지방에서 활동했었군."이라고 말했다.[6]

처음에는 모든 일이 맥아더가 원하는 대로 진행되는 것 같았다. 맥아더는 이 모든 드라마를 마음대로 통제했고 자신의 각본에 따라 사람들이 그대로 움직이게 했다. 맥아더의 종횡무진은 상·하 양원 합동 회의 직전에 한 연설에서 최절정에 달했다. 연설은 아주 힘이 넘쳤지만 어찌 보면 과하다 싶을 정도로 감정에 호소하는 측면이 강했다. 어쨌든 맥아더는 자신의 뜻을 유감없이 펼쳤으며 긍정적인 반응을 얻는 듯했다. 맥아더와 뜻을 같이하는 수많은 사람들에게 보낸 편지에서 말했듯이 "승리를 대체할 만한 것은 아무것도 없었다." 맥아더는 이 문제에 있어서만은 합참이나 자기가 아는 거의 모든 군 지도자가 모두 자기와 같은 생각이라고 말했다. 자기와 뜻을 달리하거나 한국전쟁에 미군의 총력을 기울이는 데 반대하는 사람들은 모두 유화정책을 옹호한다는 이유로 응징의 대상이 되었다. 실명을 거론하지는 않았지만 누구를 겨냥한 말인지 추측하는 것은 그리 어렵지 않았다. "공산주의 국가인 중국"과 평화를 논의하려는 사람들은 "역사가 명백히 가르쳐준 교훈조차 모르는 무식한 사람들"로 폄하했다. "유화정책은 오로지 또 다른 전쟁, 더 많은 피를 흘리게 만드는 전쟁으로 이어질 뿐이라는 사실을 역사는 수차례 강조했다." 미국에게 유럽과 아시아 지역 공산주의자들을 억누를 힘이 충분치 않다는 의견은 전혀 근거가 없다고도 주장했다. 특히 마지막 견해에 대해 맥아더는 "그런 생각이야말로 가장 딱한 패배주의적인 사고방식"이라고 강력하게 비판했다. 자신의 의견을 뒷받침해줄 정책을 원했지만 정부에서 아무 반응을 보이지 않았고, 대만에 있던 60만여 명의 국민당 군대를 쓰려고 했지만 정부의 반대에 부딪혀 포기해야 했다고 설명했다. 그는 "내 밑에서 싸우던 병사들이 전장에서 적에게 더 유리한 조건을 모두 내주어야 하는 이유가 뭐냐고 따졌지만 아무런 대답도 할 수 없었다."라고 말함으로써 마치 자신이 참호에 몸을 숨긴 채 적군과 대치하던 수많은 참전 용사들과 항상 대화를 주고받았다는 인상을 주려 했다. 그날 맥아더가 연설을 채 끝마치기 전부터 국회의사당이 떠나갈 정도로 우레와 같은 박수가 터져 나왔다. 이미 수세에 처한 민주당 의원들은 아무 말 없이 자리에 앉아 있었다.

바로 그때 맥아더는 온갖 미사여구를 동원해 과거의 화려함을 강조하며 장황하게 이어진 연설의 결론을 내렸다. "이제 나는 52년간의 군 생활을 접으려 합니다. 20세기가 시작되기 전에 육군에 입대하여 어린 시절 내내 꿈꾸던 바를 이루었습니다. 웨스트포인트에서 엄숙한 서약을 한 후 세월이 흐르며 여러 가지 사건이 발생했고 내 꿈과 포부도 서서히 희미해졌습니다. 하지만 지금도 당시 막사에서 자주 부르던 노래의 후렴을 그대로 기억합니다. '노병은 죽지 않는다. 다만 사라질 뿐이다.'라는 가사였습니다. 그 노래에 나오는 노병처럼 나는 이제 군 생활을 마무리하고 조용히 사라질까 합니다. 주어진 의무를 완수하고자 최선을 다했습니다. 신께서는 내게 주어진 의무를 확실히 볼 수 있도록 밝은 빛을 비춰주셨습니다." 미국을 통틀어 겸손과는 가장 거리가 먼 사람이 한 말치고는 굉장히 겸손한 표현이었으나 사실 그는 전혀 사라질 의향이 없었다. 그의 말을 들은 수많은 사람들은 즉각적으로 반응을 보였다. 미주리 주 하원의원 듀이 쇼트(Dewey Short)는 "그는 인간의 몸을 입은 신의 형상을 보여준 사람이다. 우리는 방금 신의 목소리를 들은 것이다."라고 말했다. 하지만 트루먼의 반응은 예상대로 무뚝뚝했다. "말도 안 되는 헛소리만 잔뜩 늘어놓고 있군."[7] 애치슨은 어쨌든 맥아더가 자신의 자리에서 물러난다는 점을 명확히 했기 때문에 일단 마음이 놓였다. 육군 기지 바로 옆에 살던 한 아버지의 이야기가 떠올랐다. 그 아버지에게는 아주 예쁜 딸이 하나 있었는데 딸이 몸을 망치지는 않을까 염려하여 한시도 마음을 놓을 수 없었다. 결국 어느 날 딸이 배가 부른 상태로 나타나자 아버지는 "아이쿠, 하나님 감사합니다. 이제야 제가 속 편히 살겠네요."라고 말했다고 한다.[8]

그렇게 많은 미국인이 국가 정책이 잘못되었다고 생각하는 것도 거의 처음이었다. 또한 한 사람(훈장을 받고 명성을 누리는 장군)이 아까운 젊은이들의 피를 훨씬 덜 뿌리고 빠른 시일 안에 전쟁을 마무리할 방법이 있다고 큰소리치는 것도 보기 드문 일이었다. 이 모든 것이 민주 국가의 서사적인 순간을 마련했다. 하지만 당시에는 그렇게 생각하는 사람이 그리 많지 않았다. 그들에게 서사적인 순간이란 혈기가 넘치는 맥아더의 연설을 듣는 거였다. 연설에 이어 상원 청문회에서 토론한 가능한 선택의 분석과 선택의 결과는 매력은 덜 했으나 훨씬 더 중요했다. 물론 그러한 대안들은 이미 상원에서 충분히 다뤄진 것들이었다. 맥아더의 입담을 통해 들을 때처럼 대단해 보이는 효과는 덜했지만 훨씬 더 중대한 사안으로 진지하게 취급한 것만은 분명했다. 처음에는 전혀 공정한 대결이 이루어지지 않는 것 같았다. 한쪽에서만 열을 올리는 것 같았고 상대편은 아무도 관심을 보이지 않는 전쟁을 지지하는 입장에 서야 했다. 처음에는 국지적인 전쟁을 최소화하는 데 초점이 맞춰지는 듯했으나 곧 사람들을 한 명이라도 더 살리는 데 의의를 두었다.

그 뒤에 이어진 상황을 계속 주시한 사람이라면 맥아더가 다시 워싱턴에 모습을 드러낼 때에는 이토록 열광적인 환영을 받거나 영웅 대접을 받지 못할 거라는 결정적인 신호를 알아차렸을 것이다. 6개월 전 트루먼과 맥아더가 웨이크 섬에서 회담을 했을 때 버니스 앤더슨은 문이 열린 회의실 밖에서 대화 내용을 모두 속기로 기록했다. 그 기록에는 맥아더가 중세 기사처럼 행동하면서 중국이 한국전쟁에 개입할 리 없다고 잘라 말했다고 분명히 나와 있다. 사실 당시 대화 내용이 속기로 기록되었다는 사실 자체는 큰 기밀이 아니었다. 트루먼 일행은 워싱턴으로 돌아와서 속기 내용을 다시 정리하여 맥아더를 비롯한 여러 관계자들에게 사본을 보내 내용을 확인하게 했다. 1950년 11월 13일에 스튜어트 올솝(Stewart Alsop)은 「뉴욕 해럴드 트리뷴」에 중공군이 개입하지 않을 거라는 부분에 대해 맥아더의 확인이 끝났다고 기술했다. 그때는 운산과 수동에서 중공군과 몇 차례 접전이 벌어지긴 했지만 중공군의 본격적인 공격이 시작되기 전이었다.

하지만 이 사실은 아무 반향을 일으키지 못했다. 중공군이 본격적으로 개입한 후 한 보수적 성향의 잡지사에서 맥아더에게 중공군이 개입하지 않을 거라는 발언을 한 적이 있는지 묻자 "전혀 근거 없는 소문"이라며 한마디로 일축했다. 이 사실을 알고 불쾌해진 정부에서 몇 가지 자료를 유출시키자 이를 근거로 몇몇 잡지사에서는 맥아더가 중공군이 개입하지 않을 거라고 단언한 적이 있다는 기사를 보도했다. 맥아더가 해임되고 트루먼 대통령에 대한 공격이 갈수록 거세지자 백악관은 당시 녹취 자료를 외부에 흘린 이유를 밝히지 않을 수 없었다. 웨이크 섬 회담에 관한 소문을 들은 「뉴욕 타임스」 백악관 출입 기자 토니 레비에로(Tony Leviero)가 그 사실을 백악관 고위 관계자 조지 엘시에게 전했고 엘시는 즉시 트루먼에게 달려갔다. 백악관에서는 레비에로 기자를 솔직하고 비교적 트루먼 정부에 우호적인 인물로 여기고 있었다.

엘시는 정말로 백악관이 관련 자료를 유출시킬 계획이라면 제대로 된 기자에게 맡겨서 원하는 보도가 나올 수 있게 해야 한다고 주장했다. 트루먼은 "좋아. 그럼 그 자료를 레비에로에게 넘기기로 하지."라고 말했다. 그렇게 해서 웨이크 섬 회담에 관한 기록은 「뉴욕 타임스」에 넘어갔다. 관련 기사는 4월 21일에 보도되었으며 이듬해에 레비에로는 퓰리처상을 수상했다. 당연히 맥아더 측 사람들은 노발대발했다. 코트니 휘트니 장군은 치사한 거래가 이뤄진 게 분명하다고 목소리를 높였다. 비록 이번 보도가 갈수록 거세지는 백악관에 대한 공격을 완전히 꺾어놓지는 못했지만 정부가 이런 일을 어떻게 대처하는지 잘 아는 사람들은 이제 곧 세간의 이목이 집중될 상원 청문회에서 맥아더가 어떻게 대처할지 궁금해했다.

최후의 대결은 상원 청문회에서 벌어졌다. 공화당은 결정적인 장면이 연출될 거라고 확신했다. 공화당 지도부는 맥아더가 여느 때처럼 카리스마를 내뿜으며 좌중을 압도하고 모든 질문에 척척 대답하는 것은 물론이요(맥아더의 대답은 곧 공화당의 대답이었다), 시민들의 가려운 곳을 정확히 긁어줄 거라고 기대했다. 샌프란시스코 시청 앞에 모인 50만 명의 군중 앞에서 맥아더가 뭐라고 말했던가? "저더러 정계에 발을 들여놓을 생각이 있냐고 묻더군요. 없다고 대답했습니다. 저는 정치적 야심이 전혀 없습니다. 감투를 쓰기 위해 출마할 생각도 없고요. 제 마음속에 있는 유일한 정치적 야심은 여러분도 이미 잘 알고 있는 표현에 담겨 있습니다. 바로 '조국에 신의 가호가 함께하기를'이라는 말이지요." 조지프 굴든은 맥아더가 이런 식으로 말을 돌림으로써 마지막으로 선거에 출마할 의사가 있음을 내비쳤다고 해석했다.[9]

맥아더가 이렇게 군중의 심리를 마음대로 조종하기 시작했지만 민주당 지도부에서는 청문회 내용에 귀를 기울이거나 거침없이 밀어붙이는 공화당의 움직임을 저지하려는 노력을 전혀 하지 않았다. 그래서 조지아 주 상원의원으로 상원 군사위원회에 속해 있던 리처드 러셀(Richard Russell)이 회의를 맡아 진행했다. 러셀은 구식 의미에서 진정한 보수주의자였다. 상원 동료들에게 절대적인 신임을 얻고 있었으며 남부 단일당 기질 때문에 변화무쌍하던 정치적 압력에 면역이 되어 있었다. 상원에서 단연 돋보이는 존재였으며 개인적으로나 이념적으로나 자유주의적인 민주당 의원들보다는 보수적인 공화당 의원들과 더 가까이 지내는 편이었다. 그러나 철저한 인종차별주의자인 탓에 한 번도 전국구 선거에서 승리를 거두지 못했다. 로버트 카로(Robert Caro)가 『상원 의장(Master of the Senate)』에서 지적한 것처럼, 보통 때 그렇게 중대한 시기에 의장을 맡으면 즉시 전국적인 유명 인사가 되어 이름을 널리 떨치기 마련이었다. 그러나 이번에는 의장을 맡는 것 자체가 영예스러운 일인지조차 의구심이 드는 상황이었다.[10] 러셀 본인도 의장직에 욕심을 낸 적이 없었지만 아무리 하기 싫어도 이번에는 어쩔 수 없이 받아들여야 한다고 생각했다. 맥아더 위원회는 군사위원회 및 외교위원회와 공동으로 개최되었다. 기술적으로는 레버렛 솔턴스톨(Leverett Saltonstall)과 헨리 캐벗 로지(Henry Cabot Lodge) 같은 몇몇 공화당원들이 동부 국제주의자였기 때문에 여당인 민주당이 유리해 보였다. 하지만 그 당시에는 모든 상원의원이 한마음이 되어 맥아더를 옹호했다.

공화당은 맥아더 장군을 전 국민이 볼 수 있는 연단에 세우고 싶어 했다. 맥아더는 이제 겁쟁이 정치인들에게 모함을 받고 배신당한 위대한 애국자가 될 참이었다. 그래서 바로 지금 전 국민의 눈과 귀가 모인 이 자리에 서서 한껏 목소리를 높여 자기 적(더 나아가 공화당 전체의 적)의 정체를 폭로하고 세계 정세에 대한 안목을 드러내어 관중을 감동시켜야 했다. 그렇게 되면 트루먼,

애치슨, 마셜만 무너지는 것이 아니라 과거 십여 년간 이어진 이들의 정책까지 완전히 무산시킬 수 있었다. 공화당으로서는 그렇게만 된다면 더 바랄 게 없었다. 그래서 이들은 이번 상원 청문회를 계기로 1952년 대통령 선거 운동이 시작되기를 기대했다. 그러나 맥아더에게는 한 가지 심각한 문제가 있었다. 사람들이 그의 귀환을 열성적으로 환영한다고 해서 그의 정책을 승인한다는 뜻은 아니었다. 특히 아시아에서 더 큰 규모의 전쟁을 벌이겠다는 맥아더의 야심을 지지할 의사는 전혀 없었다. 사실 맥아더를 열렬히 환호하고 그의 정책을 지지해줄 것처럼 움직이던 여론은 서로 다른 두 가지 의미를 함축하고 있었다. 맥아더의 정책은 갈수록 엄격해지는 조사 대상으로 부각되었고 그 결과 그의 정책이 낳을 결과도 아주 명확하게 드러났다.

민주주의 사회에서 특정 순간에 대중의 심리가 현실보다 앞서 나갈 때는 어떻게 대처해야 하는 것일까? 리처드 러셀은 이 문제를 두고 오랫동안 고심했고, 결국 현실에 초점을 맞추기 위해 일의 처리 속도를 조금씩 늦추면 들뜬 분위기를 가라앉힐 수 있을 거라고 결론을 내렸다. 할 수 있는 한 신문의 헤드라인을 장식할 만한 요소들을 억누를 필요가 있다고 느꼈다. 그가 해야 할 가장 중요한 임무는 청문회의 분위기를 이성적으로 누그러뜨리는 것이었다. 청문회장은 빈자리 하나 없이 사람들로 빽빽이 들어찰 게 분명했다. 러셀이 어떻게 하느냐에 따라서 그곳에 참석한 사람들이 생각을 깊이 하고 사리 분별을 제대로 할 수도 있었다. 그들의 기분을 무작정 억누르기보다는 약간은 인정해주되 크게 표출하지 못하게 만들 방편을 찾아야 했다. 이를 위해 러셀은 청문회장 안에 기자들과 카메라맨이 들어오지 못하게 했다. 당시 텔레비전 시청자 수는 갈수록 불어나 매일 3천만 명에 달하는 미국인이 텔레비전 앞에 앉곤 했다. 러셀은 청문회 내용을 기록으로 만든 다음 내용 확인을 마치자마자 기자들에게 전달해주는 식으로 보도 자료를 제공했다. 한국전쟁이 아직 끝나지 않은 상태였으므로 국가 안보 문제는 물론 미국 외교정책에서 극비에 해당하는 부분까지도 청문회 안건에 포함시켰고 기록된 자료는 즉시 국방부과 국무부에서 나온 검열관들의 손을 거쳐 수정되었다.

청문회 개방 여부를 공화당이 제기해 네 차례 투표에 부쳐졌으나 러셀은 네 번 다 가까스로 이겼다. 마침내 1951년 5월 3일에 청문회의 막이 올랐으며 맥아더를 둘러싼 온갖 비화와 신화, 소문을 하나도 빠짐없이 적나라하게 파헤쳤다. 도쿄 다이이치 본부에 있을 때는 맥아더가 모든 상황을 마음대로 조정할 수 있었지만 이번 청문회에서는 아무 힘도 쓸 수 없었다. 물론 그가 미리 잘 준비하여 여러 차례 연습하고 온 연설을 하는 동안에는 누구도 그의 말을 가로막지 않았다. 다이이치 본부는 정치적인 줄다리기와 거리가 먼 곳이었지만 청문회는 정반대였다. 청문회 도중에 맥아더는 한 번도 "역사가 가르쳐준 교훈에 따르면"이라든가 "역사가 보여주었듯이"라는 표현을 통해 기나긴 역사에서 배울 유일한 교훈이 있다는 식의 주장을 펼 수 없었다. 자기가 역사를 대변하는 사람이라도 되는 것처럼 거들먹거릴 수도 없었다. 난생처음 맥아더는 위대한 영웅으로 대접받던 시절을 뒤로한 채 자기 못지않게 당파적인 성향이 강하고 자아중심적인 사람들로부터 까다로운 질문 공세를 받았다. 그는 민주주의의 절차 앞에 고개를 숙여야 했다.

당사자로서 맥아더는 사흘 내내 쏟아지는 질문에 답변해야 했다. 아무도 그를 위대한 공을 세운 장군으로 대접해주지 않았다. 원치 않았던 아주 복잡한 기록상의 증거들에 대해서도 변명해야만 했다. 다들 맥아더가 가진 생각이나 주장은 얼마든지 깨뜨릴 수 있다는 식이었다. 그가 내놓은 대답은 공화당 사람들조차 만족하지 못할 때가 많았다. 날이 갈수록 맥아더의 주장은 힘을 잃었고 입지는 좁아졌다. 반면 그동안 맥아더가 샌드백처럼 서슴없이 두들겼던 애치슨이나 마셜은 관련 문제에 대해 예리하고 의연하게 대처했다.

사실 여러 해 동안 맥아더를 상대한 사람들을 괴롭힌 큰 문제중 하나는 그가 항상 진실을 말하는 것은 아니라는 점이었다. 그는 자기 입장이나 대의명분에 도움이 될 때에만 진실을 인정했고 자기가 추구하는 목표에 방해가 될 때에는 가차 없이 저버렸다. 하지만 이번에는 바로 그 점이 맥아더의 발목을 잡는 덫이었다. 그는 언제나 자기가 하는 말과 행동이 옳다는 식이었지만 막상 진실과 견주기 시작하자 진퇴양난에 빠지고 말았다. 그동안 누리던 영광과 위대함은 온데간데없었다. 그 또한 사람이었으며 자주 잘못을 저질렀는데 어떤 때는 심각한 잘못을 저질렀다. 그동안은 추종자들의 숫자가 워낙 많은 데다 아무도 감히 그의 말에 이의를 제기하려 하지 않았기 때문에 그가 제멋대로 왜곡한 현실이 결국 진실로 승화되곤 했다. 누구라도 맥아더에게 도전장을 내밀면 즉시 불구대천의 원수들이 만들어낸 중상모략으로 간주되었다. 맥아더가 미국으로 돌아오자마자 의회 앞에서 쏟아낸 이야기들은 다 뻔뻔한 거짓말일 뿐이었다. 합참이 자신을 절대적으로 지지했다고 말했지만 사실이 아니었다. 물론 적어도 맥아더 자신은 그런 느낌을 받았을지도 모른다. 중공군이 개입하고 리지웨이가 한국에 도착하기 직전에 몇몇 합참이 맥아더가 내놓은 제안 중 한두 가지를 긍정적으로 고려하기도 했으니까 말이다. 하지만 리지웨이가 전세를 역전시키자 맥아더의 생각에 동의하려던 합참마저 모두 등을 돌렸다. 평소에 합참을 함부로 대하고 깔보며 희열을 느꼈던 맥아더는 그때 잠시나마 합참이 진심으로 자기 의견에 동의했던 거라고 착각했을 가능성도 있다. 어쩌면 그는 군 지휘관들과 민간 관료들 사이에 의견 충돌이 발생하면 모든 군 장교는 충성을 다해 극동지역 총사령관인 자신을 밀어줘야 한다고 믿었는지도 모른다. 자신은 그리 충성스럽게 행동한 적이 없지만 어쨌든 계급이나 명성에서 자기보다 뒤처지는 합참이 무조건 자기편을 드는 게 옳다고 생각했다.

하지만 그의 예상은 보란 듯이 빗나갔다. 맥아더는 처음부터 합참을 아주 우습게 생각하고 함부로 대했다. 교묘하게 그들과 대면하는 것을 피하기 일쑤였고 당연하다는 듯 그들의 의견을 무시하고 사적인 자리에서는 경멸하는 말을 내뱉곤 했다. 사실 이 세상에 육군만큼 뒷담화가 많은 조직도 없을 것이다. 그래서 어떤 경로를 통해서든 맥아더가 한 말은 합참의 귀에 들어갈 수밖에 없었다. 맥아더가 합참을 기막히게 만든 것은 한두 번이 아니었다. 특히 알몬드에게 제10군단 지휘를 맡긴 일은 대놓고 이들을 무시하는 처사였다. 따라서 그런 순간에 자기가 합참의 전적인 지지를 받고 있다고 주장한 것은 돌이킬 수 없는 정치적 실수였다.

하지만 맥아더의 착각은 합참에게서 끝나지 않았다. 젊은 시절 맥아더가 꽤 훌륭한 군인이었음을 생생하게 기억하는 국방부 일부 고위 관료들도 그를 지지해주지 않았다. 러셀 위원회 앞에서 증언할 기회가 오자 조지 마셜은 매끄러운 언변으로 당시 맥아더의 명성과 권력이 너무 엄청났기 때문에 그의 말에 이의를 제기하는 것은 생각조차 할 수 없었다고 증언했다. 젊은 장교들역시 맥아더가 상부의 명령을 심각하게 여기지 않았으며 중공군이 개입했을 때에도 자기 책임이 무엇인지 인식하지 못했고 군에 대한 정부의 권위에도 정면으로 반기를 들었다고 밝혔다. 그들은 또 군우리나 장진호 등지에서 전사하거나 부상을 입은 동료들의 이야기를 아주 세세하게 들려주었다. 그리고 그 전까지 맥아더가 아무리 훌륭한 장군이었다 해도 당시의 슬픔과 억울함, 분노를 상쇄할 정도는 아니었다고 증언했다. 이렇게 해서 맥아더는 결국 자기가 저지른 죄에 대한 응당한 대가를 피할 수 없게 되었다. 사실 전쟁 중에 대부분의 하급 장교들은 맥아더를 별로 존경하지 않았으며 대놓고 증오하는 사람들도 있었다. 국방부의 젊은 장교들은 상원 소속 직원들보다 관련 기록을 훨씬더 잘 알고 있었으므로 아주 신이 난 얼굴로 기록상에 나타난 맥아더의 크고 작은 실수와 잘못을 상원의원들 및 직원들에게 낱낱이 공개했다.

날이 갈수록 맥아더는 초췌해졌다. 코네티컷 주 민주당 상원의원 브라이언 맥마흔 등은 맥아더에게 소련과의 관계를 포함하여 지휘관으로서의 책임에 대해 물었다. 맥아더는 즉시 발뺌하기 시작했다. 이번에는 유럽을 구하기 위해 아시아 공산주의자들을 저지해야 할 필요가 있다고 목청 높여 주장하지도 않았다. (감사하는 마음이 부족한 유럽인들이 중공군과 본격적인 전쟁을 벌여 유럽을 보호해주는 것이 얼마나 중요한지 깨닫지 못한다는 말도 하지 않았다). 유럽에 있는 소련 세력에 대해 묻자 맥아더는 자신은 극동지역 사령관에 불과하므로 그 일은 자기 소관이 아니라고만 대답했다. 맥마흔을 비롯한 의원들은 바로 그 점이 이 청문회의 핵심이 아니냐고 반문했다. 트루먼 행정부 각료들은 전 세계적인 문제에 책임을 져야 할 사람들의 입장에서 이야기를 전개했다. 이들은 한국보다 훨씬 먼 지역의 잠재적 도전과 중국보다 훨씬 위험한 적들을 인지해야만 했던 사람들이었다. 맥마흔은 미국 정부가 중국을 상대로 더 큰 규모의 전쟁을 벌인대도 소련이 이 전쟁에 개입하지 않을 거라고 맥아더가 아주 분명하게 예기했다는 사실을 지적했다. 그 말에 대해서만큼은 분명히 책임져야 할 의무가 있다는 게 드러났지만 예측이 빗나간다면 어떻게 할 거냐는 질문에 맥아더는 아무 대답도 하지 않았다. 맥마흔은 계속해서 한국전쟁에 중국이 개입하지 않을 거라던 예상도 완전히 빗나갔다는 사실을 지적하며 맥아더에게 이 점을 어떻게 생각하느냐고 물었다. 이에 맥아더는 "(과연 중국이 개입할지) 의심스러웠습니다."라고 대답했다. 그 말과 함께 미국이 중공군을 상대로 본격적인 전쟁을 벌일 때 소련이 보일 반응을 예측하며 전문가를 자처했던 맥아더의 평판은 단번에 땅에 떨어지고 말았다.

맥마흔은 계속해서 미군과 유엔군이 유럽 서부에서 소련군의 공격에 맞설 힘이 있다고 생각하느냐고 물었다. 맥아더는 "제 관할 지역을 벗어난 질문은 하지 말아달라고 몇 번이나 얘기하지 않았습니까? 세계 방위 문제에 대해 답변을 드리려고 이 자리에 선 것은 아니라고 생각합니다. 그런 문제에 대해 제가 언급할 자격이 있다고 생각하지 않습니다."라고 응수했다. 그때부터 맥아더는 계속해서 수세적인 태도로 일관할 수밖에 없었다. 중공군을 북한에서 몰아내려 했던 부분에 대해서도 마찬가지였다. 그 점에 대해 린든 존슨이 맹렬하게 쏘아붙이자 리지웨이의 작전을 '아코디언 전쟁'에 비유하며 비웃던 맥아더는 압록강까지 밀려간 중공군이 다시 반격을 가할지 여부에 대해 확실한 예측을 내놓을 자신이 없었다. 중공군이 혹시 그곳에서 잠시 시간을 벌면서 규모가 훨씬 크고 훨씬 더 위험한 영구적인 '아코디언 전쟁'을 계획할 가능성은 없느냐는 질문도 제기되었다. 맥아더는 그들이 또다시 한반도에 발을 들여놓을 가능성은 아주 희박하다고 증언했다. 하지만 그 대답에 만족하는 사람은 아무도 없었다. 이렇게 해서 세 번째 날의 증언은 모두 끝났다. 시종일관 러셀은 존중하는 태도로 아주 예의바르게 맥아더를 대했지만 조지프 굴든의 기록에 따르면 맥아더는 "관심사나 지식 면에서 아주 편협한 사람으로 판명되었다. 다이이치 본부에서는 그의 생각이나 견해가 다른 외교관이나 군 전문가들과 비교도 할 수 없을 정도로 우월한 대접을 받았지만 더 이상은 전 세계적으로 유명한 작전 전문가로 인정받을 수 없었다."[11]

맥아더의 증언이 끝나자 조지 마셜, 합참, 애치슨이 증언대에 올라 노련한 솜씨로 정부의 입장을 대변했다. 특히 마셜의 주장은 아주 설득력이 있었다. 그는 중공군을 상대로 전면전을 벌인다 해도 소련이 개입하지 않을 거라는 맥아더의 주장에 조금도 동의하지 않았다. 미국에게 반격을 가할 장소는 얼마든지 있었으며 여러 가지 정황상 소련보다는 미국이 불리한 점이 더 많다는 것이 그의 생각이었다. 또한 그는 맥아더가 원하는 것을 실행하면 현재 미국이 누리는 주요 동맹 국가들과의 관계를 완전히 차단시킬 것이라고 주장했다.

그렇게 되면 현재 국가 안보의 토대가 되는 동맹 관계가 산산조각 나는 것은 불 보듯 뻔한 일이었다. 마셜은 현재 문제가 되고 있는 맥아더와 행정부 사이의 갈등은 많은 사람들의 기대와 달리 깊은 이념적 갈등이 아니라 사사로운 욕심에서 비롯된 거라고 지적했다. 전역사령관이 자신의 권한이 한층 줄어든 데 불만을 품고 상부에서 내린 명령을 거부한 결과라는 말이었다.

마셜은 이런 식의 불화가 생기는 것이 그리 이례적인 것은 아니라고 덧붙였다. 전역사령관이라면 누구나 한 번쯤 그런 불만을 갖기 마련이고 주어진 권한보다 더 많은 일에 참견하고 싶어 하는 것이 일반적이라는 것이었다. 맥아더의 경우는 자신의 불만이나 대통령의 정책에 대한 거부 의사를 공공연하게 표출했기 때문에 유독 관심을 끈 것이었다. 합참도 한결같이 맥아더의 과도한 권력 행사에 불편한 심기를 드러냈으며 다들 이번 일에 맥아더의 편을 들 생각이 없다는 걸 분명히 밝혔다. 그들은 미국 우파 세력들과 맥아더가 비판했던 전쟁의 불문율(양측 모두가 피난처 사용을 묵인한 것)이 실제로는 중공군보다 유엔군에게 훨씬 유리하게 작용했다고 말했다. 일본은 공격에 취약한 상태였고 소련이 일본을 미국의 성역으로 보고 공격하지 않았다는 이유였다. 브래들리가 맥아더의 작전에 따른다면 미국이 "좋지 못한 시기에 엉뚱한 장소에서 엉뚱한 전쟁에 연루되어 생각지도 못한 적과 맞서 싸워야 할" 거라고 말했을 때 청문회는 절정에 달했다.[12]

공화당은 청문회 자료를 검열하는 것에 대해 반대했지만 오히려 검열 작업이 공화당에 유익하기도 했다. 한국전쟁에 장제스의 군대를 끌어들이려는 공화당의 포부에 대한 결정적인 비판이 삭제되었기 때문이다. 정부를 비판하는 사람들은 더 큰 전쟁이 일어나기를 바랐지만 미군을 더 투입하는 위험까지 감수할 생각은 없었다. 그로 인해 장제스의 군대를 끌어들일 것인지 여부가 중요한 논점으로 떠올랐다. 맥아더는 청문회에서 장제스의 군대가 "약 50만 명의 정예 부대"이며 전투력 면에서 "중국 공산군과 거의 맞먹는 수준"이라고 주장했으나 아무도 수긍하지 않았다. 정말 장제스의 군대가 그 정도 수준이라면 애초에 중공군에게 밀리지도 않았을 것이기 때문이었다. 맥아더는 1950년 8월에 잠시 대만을 방문했던 것을 근거로 장제스의 군대를 그렇게 높이 평가했지만 국방부조차 그의 의견에 전혀 동의하지 않았다. 사실상 장제스의 군대는 잠시 다른 곳으로 몸을 피신한 채 또 다른 패배를 기다리는 무력한 자들로 평가되었다. 마셜은 맥아더가 대만을 방문했던 즈음에 국방부에서 37명을 파견하여 상당 기간 머물며 관찰한 결과 "훈련 및 각종 장비 상태가 아주 불량했으며" 중국 본토를 침공하는 것은 고사하고 "대만을 방어할 능력이 있는지도 의심스러울 정도"였다고 보고했다. 파견된 미군은 국민당 군대가 본토를 다시 공략하지 못하게 막는 것이 아니라 대만 내 불만 세력들에게 짓밟히지 않게 이들을 보호해야 할 형편이었다.

이들에게 군수 물자를 더 지원하자는 의견도 있었다. 그러나 합참은 이미 내전 중에 적에게 엄청난 양의 군수 물자를 빼앗긴 기록 때문에 더 이상 지원할 수 없다는 강경한 태도를 보였다. 특히 브래들리는 한 걸음도 양보하지 않고 국민당 군대가 중공군을 처음에 제대로 제압했어야 했다고 말했다. 또한 중공군 군대가 포모사에 상륙했더라면 국민당의 치명적 결함 때문에 대만마저 차지하고 남았을 정도였다는 말도 잊지 않았다. 그러자 조 콜린스는 "우리가 한국군보다 장제스의 군대로부터 더 많은 것을 얻어낼 수 있을지 무척 의심스럽습니다. 이들은 중국 본토에서 밀려난 장본인이기 때문입니다."라고 덧붙였다.[13] 이는 대부분의 군 장교들이 사석에서 나눈 대화를 그대로 반영하는 것이었다. 하지만 검열을 거쳤기 때문에 장제스의 군대에 대한 신화, 즉 이들이 50만 명이 넘는 아주 우수한 부대라는 소문은 그대로 유지되었다.

이번 청문회는 미국 시민들에게 그들이 살고 있는 세상이 얼마나 복잡한지를 보여주는 훌륭한 교육의 장이었다. 정부가 공산주의 세계에 대한 더욱 큰 그림을 그리지 못한다고 생각했던 사람들은 그제야 정부 정책의 의중을 파악했다. 이런 고통스러운 학습 과정은 반대 세력을 확실히 넘어뜨릴 기회라 확신하고 청문회를 적극적으로 지원했던 공화당이 기대했던 것과는 정반대의 결과였다. 오마 브래들리가 증언하고 엿새가 지났다. 그러자 아이오와 주 출신의 보수적인 공화당 의원 버크 히컨루퍼는 러셀에게 이번 청문회가 너무 시간을 오래 끌고 있다며 남아 있는 세 사람의 증언은 굳이 들어보지 않아도 되지 않겠냐고 말했다. 그의 제안은 공화당의 거대한 희망, 즉 이번 기회를 통해 트루먼 정부와 하나로 똘똘 뭉쳐 있을 거라 여겼던 군 조직 사이에 큰 의견 차이가 있다는 걸 드러내려 했던 원래 계획이 무산되었음을 의미했다. 그러나 히컨루퍼의 발의는 11대 4로 부결되어 청문회는 예정대로 계속 진행되었으며 하루하루 지날수록 맥아더는 정계에서 밀려날 수밖에 없었다.

트루먼 정부에게는 이번 청문회가 크나큰 승리의 순간으로 기록되었다. 정계 주도권을 회복하지는 못했지만 왜곡된 역사 기록은 완전히 바로잡을 수 있었다. 다소 늦은 감이 있었지만 드디어 오랜 숙적의 발톱을 뽑아버린 셈이었다. 중국 정권의 몰락과 한국전쟁에 대한 중공군의 개입 및 맥아더 해임 사건으로 이미 정치적으로 큰 타격을 입긴 했지만 장기적인 관점에서 볼 때 트루먼은 승자였다. 트루먼은 헌법에 기댈 권한이 있었으며 그렇게 한다면 언젠가는 역사가들이 그의 편을 들어줄 것이었다. 그러나 공화당에게는 국가적인 문제에 대해 영향력을 행사할 권한이 있었고 이것은 정치적인 평형 상태에서 훨씬 더 중요했다.

일부 정부 정책이 잘못된 것으로 드러났다면 트루먼 정권 자체는 이 모든 과정에서 심각한, 어쩌면 영구적인 타격을 입고 끝났을지도 모를 일이었다.

특히 중공군이 전쟁에 개입하면서 발생한 파장은 의외로 심각했다. 딘 애치슨은 5년 후에 해리 트루먼에게 보내는 편지에서 압록강에서 맛본 패배는 "트루먼 행정부를 거의 와해시킬 뻔했다."라고 기술했다.[14] 청문회가 끝났지만 트루먼 정부로서는 딱히 기뻐할 만한 이유가 없었다. 전쟁이나 장제스 정권의 몰락, 맥아더 장군의 직접적인 불복종 외에도 트루먼 행정부를 힘들게 한 요인은 많았지만 이런 것들이 가장 현저한 타격을 입힌 것도 사실이었다. 이제는 민주당이 물러나야 할 시기였다. 자그마치 20년이나 집권당으로 있으면서 적대 세력이 너무 많아진 데다 그 오랜 세월 동안 내부적으로도 불가피하게 많은 변화가 있었던 탓이었다. 이제는 1932년의 힘들고 괴로웠던 시절로 돌아가야 할 상황이었다.

제51장

쓸쓸한 퇴장

때로는 아주 눈치 빠른 사람도 극적인 순간이 끝났으니 이제 무대에서 내려와야 할 시점이라는 걸 미처 깨닫지 못할 때가 있다. 자기 생각에만 푹 빠져 있는 사람이라면 그런 실수를 할 가능성은 훨씬 더 높다. 더글러스 맥아더의 경우가 바로 그랬다. 당시 도쿄 사령부에서 중간급 관리자에 속했던 빌 맥카프리는 "만약 인천상륙작전이 성공하자마자 맥아더 장군이 바로 물러났더라면 미국 전역에 새로 생기는 학교는 모두 그의 이름을 따서 명명했을 것이다. 하지만 그때 물러나지 않는 바람에 그 후엔 어떤 말을 해도 계속해서 자기 얼굴에 침을 뱉는 꼴이 되었다."라고 기술했다.[1] 어쨌거나 맥아더는 정계를 제대로 이해하지 못했다. 우선 처음 고국으로 돌아왔을 때 사람들이 열렬히 환호했던 의미를 잘못 이해했다. 자신이 더 큰 사건의 미끼일 거라는 걸 눈치 채지 못하고 그저 모든 사람이 열렬히 자신에게 환호를 보내는 거라고만 굳게 믿었다. 그래서 한동안 맥아더는 앞으로 펼쳐 보일 자신의 포부에만 몰두하여 전국 곳곳에서 일장 연설을 펼쳤다. 갈수록 연설을 들으러 오는 군중의 숫자는 줄어들었지만 그럴수록 맥아더는 목소리를 더욱 높이려 애썼다. 하지만 곧 그를 따르던 대부분의 군중은 다른 대상을 찾아 떠나버렸다. 보수적인 우파가 세워놓은 계획의 중심에는 맥아더가 없었다. 그에게 맡겨진 임무는 반대 세력을 약화시키는 것뿐이었다. 때로는 맥아더를 치켜세워주는 듯했지만 공화당이 부각시키려던 인물은 언제나 로버트 태프트였다. 그의 아버지는 50여 년 전에 필리핀에서 맥아더의 아버지를 물러나게 만든 장본인이었으므로 태프트와 맥아더 역시 정치적으로 편한 동맹 관계를 맺을 수 없었다.

1951년이 거의 다 저물고 있었지만 이런 상황에는 아무 변화가 없었다. 태프트는 언제나 맥아더보다 고립주의적인 성향이 강했고 보수파 공화당원의 지지를 받는 유일한 후보였다. 그해 공화당 전당대회에서 맥아더가 기조연설을 하긴 했지만 일 년 전 의회에서 자신만만한 태도로 연설하던 잘생기고 카리스마 넘치던 노장의 모습은 찾아볼 수 없었다. 그 자리에 서 있는 건 정치적 야심을 품은 데다 당파적 성향이 강한 민간인, 아니 정치인일 뿐이었다. 몇 년 새 상당히 늙어버린 그는 자신의 생애에서 가장 어울리지 않는 역할을 맡고 있었는데 바로 다른 사람의 대변인 노릇이었다. 그의 연설을 들을수록 자연스럽게 말을 이어가지 못한다는 사실이 두드러졌다. 청중석에 이내 술렁임이 일더니 대표단들은 하나둘 자리를 뜨기 시작했다. 그렇게 청중석이 텅 비어가는 모습이 TV 중계를 통해 수백만의 미국인들에게 전달되었다. 그는 자기 연설이 완전히 실패했다는 것을 깨닫고 다음 날 걸려오는 전화를 한 통도 받지 않았다.

맥아더의 인생 막바지에 발생한 또 하나의 심각한 아이러니가 있다면 그것은 바로 그의 행동이 두 반대 세력에게 끼친 영향이었다. 첫 번째는 트루먼 대통령이었다. 그는 일시적으로 맥아더 때문에 타격을 입긴 했지만 역사는 결국 진실을 밝혀준다는 사실을 굳게 믿었고, 종국에는 더 큰 싸움에서 승리했으며 자기가 옳았다는 것을 만천하에 알릴 수 있었다. 트루먼이 대통령직에서 물러날 시점에서 실시된 여론 조사에서 그의 지지도는 최하로 떨어졌다. 그러나 해를 거듭하면서 그의 평판은 다시 회복되었다. 사람들은 그를 미국 역사상 가장 존경할 만한 대통령 중 한 사람이었으나 재직 당시에는 과할 정도로 그 실력과 가치를 인정받지 못한 불운한 존재라고 인정했다. 주저하지 않고 맥아더에게 맞서려 했다는 사실이 분명 트루먼의 평판을 회복시키는 데 큰 역할을 했다. 이상하게 들리지만 맥아더가 트루먼을 무시한 덕분에 트루먼은 용감하고 기개 있는 사람으로 인정받는 등 더 좋은 평판을 얻었다.

트루먼은 그토록 뼈아픈 대립을 겪었지만 헌법과 군 조직에 대한 최종 통수권은 대통령에게 있다는 아주 기본적인 진실을 굳게 믿었고, 그래서 생각보다 쉽게 이겨낼 수 있었다고 회고했다. 여러 해가 지난 후 버넌 월터스는 미주리 주 인디펜던스에 있던 트루먼을 방문했다. 그는 웨이크 섬에서 맥아더가 트루먼에게 경례를 하지 않은 상황을 목격했으며 그 후 여러 명의 대통령을 모시며 통역가로 활동했던 인물이다. 월터스는 당시 상황을 회고하며 트루먼에게 몇 가지 질문을 던졌다. 하지만 그가 채 말을 끝내기도 전에 트루먼이 이렇게 반문했다. "맥아더가 미국 대통령인 내게 경례를 하지 않은 것을 알고 있었느냐고? 당연한 말이지. 그걸 왜 몰랐겠나."라고 말했다. 그때 월터스는 트루먼의 목소리가 약간 높아지는 것을 느꼈다. "그 행동을 보고 내가 맥아더 장군과 필연적으로 부딪히리라 직감했지. 그래서 마음이 불편했네. 결국 그를 해임했는데 실은 훨씬 전에 그렇게 해야 했어. 어쨌든 그는 미국이라는 나라가 어떻게 돌아가는지 제대로 이해하질 못했어."[2]

맥아더의 잘못된 행동으로 덕을 본 다른 한 사람은 바로 드와이트 아이젠하워였다. 1952년에 군 장성으로 정계 요직에 오른 사람은 맥아더가 아니라 아이젠하워였다. 그가 정계에서 승승장구하는 모습은 지난 40여 년간 벌어진 정치적·사회적 변화 때문에 맥아더가 어느 정도로 손해를 보았는지 적나라하게 보여주는 것 같았다. 20세기는 아이젠하워에게 행운의 시대였다. 맥아더는 항상 19세기 인물처럼 보였다. 아이젠하워가 "보랏빛 찬란함 속에서"라고 표현한 맥아더의 말과 글은 아직도 도덕적 절대 개념이 존재했던 시대에 속하는 것이었다.[3] 아이젠하워는 확실히 평등주의자였으며 주변 사람들의 말에 귀를 잘 기울일 뿐 아니라 협상 기술도 뛰어났다. 그 역시 장교였지만 맥아더와 달리 다른 사람들을 무조건 자기 마음대로 부리려 하지 않았다. 군복을 입고 있을 때나 그렇지 않을 때나 언제나 여유롭고 편안해 보였다. 그래서 미국인들은 가장 불협화음이 적은 아이젠하워야말로 모든 것이 불투명하고 불확실하여 승자도 패자도 없는 핵전쟁 시대에 나라를 제대로 이끌 인물이라고 생각했다. 그는 강하고 사려 깊은 동시에 지나치게 강압적이지 않았으며 매사에 공정하고 실용적인 방법을 선택했다. 아이젠하워라면 소련을 대할 때 채찍과 당근을 적절히 섞어서 사용하리라는 기대가 팽배했다. 그 순간 아이젠하워 역시 절대적으로 고립주의를 표방하는 세력이 행정부에 신랄한 공격을 가할까 봐 걱정하던 차였다. 그래서 태프트가 대통령이 되면 미국이 국제적인 책임을 외면할지 모른다는 생각에 대통령 후보로 나섰다.

제52장

승자 없는 전쟁

지평리 전투는 전쟁이 새로운 단계로 접어들었음을 알리는 신호였다. 한국전쟁은 어느 측도 전세가 바뀌어 승리할 기미를 보이지 않은 채 그 후 2년 넘게 이어졌다. 정치인들은 여전히 이런저런 환상을 품었지만 양측 장교들은 조금도 허망한 꿈을 꾸지 않았다. 지평리 전투 후 전쟁은 아주 치열하고 힘들게 바뀌었다. 리지웨이는 당시 해병대 장교들이 모인 자리에서 "중공군의 깃발을 못 알아볼 정도로" 피로 물들게 하라고 말했다. 그의 말대로 상대편에게 최대한 큰 피해를 입히는 것을 우선시하는 전략에 따라 잔인하고 끔찍한 전투가 계속되었다. 결국에는 양측 누구도 승리했다고 자부할 수 없었고 서로 만족할 수 없는 타협을 하는 수밖에 다른 방도가 없었다.

양측 모두 적의 군대를 무력화시키는 데 성공한 듯 보였다. 하지만 둘 다 전쟁을 끝낼 힘은 없었다. 중공군은 1951년 봄에 대대적인 공격을 감행했으나 확실한 승리를 거두지 못하고 큰 손실만 입었다. 그때 투입된 병력만 해도

30만 명이 넘었다. 몇 번의 치열한 전투가 이어지면서 중공군 사상자 수는 크게 늘어났지만 실제로 얻은 이득은 거의 없었다. 그러나 그러한 작전은 중공군이 실제로 대단한 전력을 갖추고 있으며 전술도 뛰어난 편이라는 인상을 주어 38선을 넘어 압록강까지 치고 올라가려는 미군의 사기를 꺾는 효과가 있었다. 전투장교들 사이에는 항상 의견 충돌이 있었다. 제8군 사령관 짐 밴 플리트는 한동안 여러 가지 제약 때문에 안절부절못했고 일단 1951년 봄에 중공군의 공격을 저지하기만 하면 북쪽으로 밀고 올라갈 기회가 생길 거라고 생각했다. 하지만 이전에 이미 비슷한 경험을 해보았으며 좋지 않은 결과를 맛보았던 워싱턴 정부는 두 번 다시 추가 병력을 보내 사상자를 더 만들 생각이 없었다.

아무도 이번 전쟁을 어떻게 마무리해야 할지 모르는 것 같았다. 승자나 패자를 가리지 못한 채 잔혹한 전쟁은 계속되었고 속절없이 시간만 흘렀다. 결국 더 이상 승리라는 말을 꺼내기 어려울 정도로 양쪽 군인들만 죽어나가는 지경에 이르고 말았다. 양측 모두 이제 그만두고 싶다는 생각이 굴뚝같았지만 정치적인 요령이 부족해서 어떻게 말을 꺼내야 할지 몰랐다. 더욱이 스탈린은 어차피 자기에게 적국이 될 거라 예상했던 두 나라가 무의미한 전쟁에 힘을 빼는 것을 보며 속으로 쾌재를 부르고 있었기 때문에 이번 전쟁이 쉽게 끝나지 못하게 방해할 참이었다. 중국과 미국 모두 서로에 대해 비승인 정책을 표방했기 때문에 전쟁을 종식시키기가 더 어려웠다. 총구를 겨누는 전쟁터만이 두 나라가 서로의 존재를 인정하는 유일한 장소였다. 그런데도 38선 바로 밑에 있는 개성에서 1951년 7월 드디어 평화협상, 적어도 휴전 협상이라고 할 만한 회담이 열렸다. 하지만 회담은 아무 진전 없이 느릿느릿 진행되었다. 38선에 있던 판문점으로 자리를 옮긴 다음에는 이념적 대립과 불신 때문에 회담 속도가 더 느려졌고 남한과 북한이 서로의 존재를 인정하려 하지 않앉기 때문에 결론이 나지 않았다. 무엇보다 가장 큰 걸림돌은 포로 송환 문제였다. 대부분의 중공군 포로들은 다시 중국 본토로 돌아가고 싶어 하지 않았다. 당시 포로수용소에 있던 중공군의 숫자는 약 2만 명이었으나 본국 송환을 희망하는 사람들은 6천 명에 불과했다. 이 때문에 안 그래도 어렵게 진행되던 회담이 더욱 난항을 겪었다.

한반도에 평화를 정착시키기 전에 미국의 정치적 절차에 따라 제한 전쟁의 교착 상태부터 해결해야 했다. 이번 전쟁의 주창자로 지목되어 불만에 가득 차 있던 민주당은 궁지에 몰린 전쟁을 해결할 능력이 없었다. 민주당은 한국전쟁의 불완전한 해결을 국민에게 납득시킬 처지가 아니었다. 하지만 중도파 공화당원으로 대통령직에 오른 새 대통령이라면 그럴 수 있는 여지가 어쩌면 있었다. 이리하여 1952년의 거대한 정치적 대결은 본 선거가 아니라 시카고에서 열린 공화당 전당대회에서 온건주의자들과 보수주의자들 사이에서 일어났다. 공화당원들은 불만과 분노를 노골적으로 표출했다. 오랜 시간 꾹 참아온 외교정책에 대한 불만과 그에 필적하는 우파 세력의 무력감에 대한 불만을 한꺼번에 터뜨리는 것 같았다. 그 자리에 모인 사람들은 모두 이번 전쟁 덕분에 20년 이상 기다려온 선거에서 승리할 기회가 열렸으며 이는 1948년보다 더 좋은 기회라고 확신했다. 우파 고립주의자들의 계산에는 드와이트 아이젠하워가 들어 있었다. 아이젠하워는 이전까지 공화당원이라고 밝힌 적이 없지만 이미 그곳에서 '후보'로 지명될 기회를 노리고 있었다. 루스벨트와 트루먼을 위해 그토록 충성을 다했던 아이젠하워가 실제로 공화당원이라는 사실을 그 누가 인정한단 말인가? 아이젠하워의 측근들은 "저는 개인적으로 아이젠하워를 좋아합니다."라고 말했다. 그러자 태프트의 측근들은 "그런데 아이젠하워 본인이 지지하는 사람은 누굽니까?"라고 반문했다. 회합 장소뿐 아

■ 부산의 유엔군 전쟁포로수용소에서 북한군과 중공군 포로들이 모여 있다. 1951년. ⓒ U.S. Department of Defense.

니라 시카고 전체가 극도의 긴장감에 휩싸였다. 당시 서른네 살이었던 배우 존 웨인(John Wayne)은 제2차 세계대전에 참전하기에 적절한 나이였지만(그보다 한 살 많은 지미 스튜어트는 이미 전쟁에 나가서 훌륭한 업적을 세웠다) 배우를 시작한 지 얼마 되지 않았다는 이유로 영화를 찍는 것으로 애국하기로 마음을 바꿨다. 많은 전쟁 영화에 출연하여 스타덤에 오른 존 웨인은 태프트를 절대적으로 지지했는데 한번은 택시를 타고 가다가 갑자기 뛰어내려서는 아이젠하워의 선거인단을 태우고 가던 트럭 운전사에게 "아예 빨간색 중공군 깃발도 달고 다니지 그러시오?"라고 소리를 지르기도 했다.[1]

태프트는 한국전쟁과 맥아더 사건을 핵심 사안으로 이용하면 득이 될 거라고 생각했다. 회합이 시작되기 직전에 그는 자기가 당선되면 맥아더를 '미군 부사령관'으로 임명하겠다고 선언했다. 그것이 내포하는 의미나 여파에는 전혀 관심이 없다는 태도였다. 태프트의 지지자로 중서부 핵심 세력이었던 에버렛 매킨리 덕슨 상원의원은 마지막 순간까지 아이젠하워 세력을 밀어낼 각오를 다지고 있었다. 아이젠하워 지지 세력의 중심에는 이미 두 차례 고배를 마신 토머스 듀이가 있었다. 한번은 덕슨이 연단에 서서 적대 세력의 핵심이자 아이젠하워 지지 세력의 선두 주자인 듀이를 가리키며 이렇게 말했다. "행동하기 전에 자기 마음부터 찬찬히 살펴보는 게 어떨까요? 우리가 당신을 따랐을 때 얼마나 처참한 패배를 맛보았는지 벌써 잊은 건 아니겠죠?" 그의 손가락은 마치 총을 겨누듯 듀이를 정확히 가리키고 있었다. 그는 또 이렇게 덧붙였다. "다시는 우리를 그런 구렁텅이로 끌고 갈 생각을 하지 마시오."[2] 그날 그의 행동은 공화당 전당대회에서 가장 극적인 순간으로 평가되었다.

하지만 전당대회에 참석한 대부분의 사람들은 대통령 선거에서 승리하고 싶은 바람이 너무 컸기 때문에 태프트가 보여준 이념적인 순수함보다는 아이젠하워의 매력과 그의 공약에 완전히 매료되었다. 다들 이번 대통령 선거는 아이젠하워가 나서야 한다고 입을 모았다. 아이젠하워 지지자들은 저마다 'K1C2'가 새겨진 핀을 달고 다녔는데 한국전쟁, 정부의 부패, 정부 내 공산주의자들을 뜻하는 이니셜이었다. 아이젠하워는 선거 유세 중 내뱉은 한 문장으로 당선을 확실하게 만들었다. 바로 "내가 직접 한국으로 가겠다."라는 말이었는데 대규모 군중 앞에서 그런 말을 했다는 것은 정치적인 관점에서는 "내가 이번 전쟁에 종지부를 찍겠다."라는 뜻으로 해석되었다. 그는 660만 표 차이로 아주 쉽게 대통령직에 올랐고 즉시 마크 클라크와 짐 밴 플리트를 대동하고 한국에 갔다. 클라크는 맥아더의 업무를 밴 플리트는 월튼 워커의 일을 이어받아 처리했다. 두 사람 다 아이젠하워보다 훨씬 호전적이었으며 새로 맡은 일에 불만이 많았다. 이들은 위험한 공격을 감행하기보다는 사상자를 최소한으로 줄이는 데 주력하라는 명령을 받았다. 머릿속에는 중공군에게 압력을 가할 작전이 가득했지만 아이젠하워는 이를 절대 용납하지 않았다. 아이젠하워는 하루빨리 전쟁에서 발을 빼고 싶어 했다.

당시 미국은 아주 고통스럽고 힘든 과정을 겪으면서 세계 강국으로 거듭나고 있었기 때문에 아이젠하워는 그러한 시대적 요구에 가장 잘 어울리는 완벽한 중도파 후보로 인정받았던 것 같다. 사려 깊고 조심성이 많으며 실전 경험도 풍부했으나 군인들 중에서 맹목적 애국주의 성향이 가장 약했다. 한마디로 국민들이 원하던 모습을 온전히 갖추고 있었다. 굉장히 민감하고 위험한 시기에도 자신의 감정과 욕구를 잘 제어할 줄 알았으며 상대방도 적절히 통제할 수 있는 능력이 있었다. 국제주의에 대한 그의 생각은 눈물겨운 경험을 통해 얻은 것으로서, 절대 타협할 수 없는 원칙이었다. 그는 개인적으로 볼 때 모든 면에서 맥아더와 대조를 이뤘다. 아랫사람에게 너그러웠고 칭찬과 훈장을 아끼지 않았으며 자존심이나 자기 생각을 억누를 줄도 알았다. 지나치게 자기주장을 내세우는 사람을 적절히 다룰 줄도 알았다.

아이젠하워가 당선되면서 그동안 기승을 부리던 매카시즘과 매카시 상원의원은 자취를 감추는 듯했다. 매카시는 자기가 어떤 범위와 한계 안에서 행동해야 하는지 한 번도 정확하게 이해하지 못했다. 그래서 매카시는 공화당 출신의 대통령이 아니라 민주당 출신의 대통령을 공격하는 데에만 유용한 인물이었다. 일단 아이젠하워가 대통령이 된 이상 자신의 용도가 달라졌다는 것도 제대로 이해하지 못하는 것 같았다. 그래서 여느 때와 마찬가지로 무모하게 행동했고 결국 1954년에 공화당 중도파가 그를 제압하려고 움직였고 상원은 그에 대한 비난 건의안을 의결했다. 그러나 매카시가 1954년에 쫓겨났다고 해서 매카시즘마저 완전히 사라진 것은 아니었다. 정치인들은 여전히 정치적 반대 세력을 공격할 때마다 공산주의자들을 도와주고 부추긴 죄과가 있다며 충성심을 문제 삼았다. 결국 트루먼과 애치슨을 고생시킨 문제의 일부가 여전히 남아 또다시 고개를 들 기회를 노리고 있었던 것이다. 정계의 권모술수에 익숙하지 못했던 아이젠하워는 특정 안건에 대해 공화당보다 민주당이 더 많은 지지와 동정심을 보인다는 사실을 깨닫고 놀랄 수밖에 없었다. 대통령직에 오르고 몇 주가 지나 아이젠하워는 일기에 이렇게 기록했다. "지금 공화당 상원의원들은 자기 머리를 들이밀려고 고군분투하고 있다. 이들은 백악관을 반대한다기보다는 백악관마저 아우르는 새로운 세력을 형성하고 있다."³

아이젠하워의 당선은 한국 상황을 진정시키는 데에도 큰 도움이 되었다. 1953년 3월, 미국과 중국은 휴전에 동의했다. 그동안 남모르게 중공군이 더 고집스런 태도를 고수하도록 부추겼던 스탈린이 세상을 등지고 나니 새로운 해결책을 모색할 길이 열렸다. 이제 양측은 불과 몇 달 전보다 협상 타결이 더 자유로울 수 있었다. 아이젠하워 정부는 트루먼 정부 때라면 비난 받았을지도 모르는 실망스러운 타협을 수용할 수 있었고, 중국의 마오쩌둥은 더 이상 스탈린의 감시를 받지 않았다.

유엔군 사령관 마크 클라크는 중공군에게 공식 서한을 보내 병들거나 부상당한 포로들을 맞교환하자고 제안하면서 긍정적이고 조속한 답변을 기대한다고 말했다. 1953년 4월 말, 리틀 스위치 작전으로 알려진 포로 교환이 이루어졌다. 이렇게 해서 두 나라 사이에 더 나은 협상을 시도할 기회의 문이 열렸으나 아직 어려움이 많이 남아 있었다. 한반도 분단에 대한 불완전한 해결 방안에 분노한 이승만은, 김일성과 마찬가지로 막대한 유혈과 희생 끝에 나라의 절반만을 다시 다스리게 된다는 사실에 협상을 저지하려고 했다. 5월에 이승만은 이번 협상에 상관하지 않을 것이며 남한 혼자서라도 계속 전투에 임할 거라고 확고히 밝혔다. 이는 분명 미국을 당황시키는 발표였으나 미국이 선택한 행로를 바꿀 힘은 없었다. 그 대신 이승만은 미국으로부터 상호방위조약을 제의받았다. 6월 중순이 되자 미국과 중국은 한층 더 많은 부분에서 타협점을 찾은 것 같았다. 이승만 대통령은 또다시 그런 분위기를 저지하려고 시도했다. 남한에 있던 포로수용소 감시원들을 철수시켜 강제로 소환 조치될 가능성이 있었던 27,000여 명의 인민군 포로들이 남한 사회에 몸을 숨기게 만든 것이다. 이로 인해 평양은 발칵 뒤집어졌다. 하지만 그런 시도조차도 미국과 중국의 화해 모드를 바꾸지는 못했다. 두 나라는 이미 전쟁에서 발을 빼기로 마음먹은 상태였다.

평화 회담이 진행되는 와중에도 졸렬하고 끔찍한 전쟁은 계속되었다. 양측 군대는 그 누구도 확실한 승자가 될 수 없는데도 전쟁터에 영원히 머물러야 할 운명이라는 것을 보여주기라도 할 기세로 더욱 잔인한 방법들을 동원했다. 1952년 중반쯤 되자 제1차 세계대전에서 볼 수 있었던 온갖 잔인한 방법들이 모두 재현되는 것 같았다. 모든 군인이 참호에 몸을 숨겼고 잠시도 멈추지 않는 총성에 시달리느라 밤에도 낮에도 제대로 쉴 수 없었다. 이들은 잘못된 시기에 잘못된 장소에 발목이 붙들린 채 전투와 죽음 외에는 아무것도 생각할 수 없었다. 그 시기에 양측은 겉으로 보기에 도저히 무너뜨릴 수 없을 것 같은 대규모 방어선을 구축했다. 전쟁 초반 몇 달 동안 인해전술을 앞세워 승승장구하던 중공군은 지난 2년 동안 자기 군대를 전혀 다른 모습의 육군으로 바꿔놓았다. 유엔의 공군력과 포병대의 위력에 서서히 자신들의 전투 스타일을 적응시켜 새로운 종류의 전투에 노련한 군인들로 거듭났던 것이다. 그들은 땅굴을 만드는 데 남다른 재주를 보였으며 원시적인 방법으로 공병들이 해야 할 업무를 처리해냈다. (북베트남인이 이를 전수받아 더 발전시켰다. 이들은 1954년 디엔비엔푸에서 공격할 때 처음 이 방식을 시도했으며 나중에 미군을 상대로 전투를 벌일 때에도 유용하게 사용했다.) 이런 땅굴들은 공격 지점에서 비교적 먼 거리에 있던 중공군의 진지에서 시작하여 공격 지점 바로 앞까지 연결되었다. 그래서 중공군은 공격 마지막 순간까지 유엔군의 공격으로부터 비교적 안전하게 지낼 수 있었다. 또한 중공군의 무기는 주로 중국 내전 당시 국민당 군대로부터 빼앗은 것이었는데 이들은 모든 무기를 공군 부대마저 찾지 못할 정도로 철저히 숨겨두었다. 중공군은 종종 산의 뒷부분에 진을 쳤는데 한껏 공을 들여 산을 깎아내고 동굴을 만들어 그 안에 보관하는 경우가 많았다. 이들은 숨겨놓은 대포를 꺼내다가 미군 진지를 정확하게 조준하여 20여 발 정도 발포한 다음 다시 동굴 속에 숨겨놓기를 반복했다. 당시 소총 중대를 지휘했던 헬 무어는 "아군이 반격을 가할 준비를 모두 갖출 때쯤이면 중공군은 이미 안전한 곳으로 무기를 옮겨놓고 동굴 속에 몸을 숨긴 채 주린 배를 채우는 여유를 보이곤 했다."라고 회상했다. 그는 중공군의 방어선이 아주 이례적이라 "뚫고 들어가는 것이 여간 힘들지 않았다. 중공군은 워낙 강경했고 주어진 임무는 무슨 일이 있어도 완수했으며 땅을 파는 데는 이골이 나 있었다."라고 설명했다. "중공군의 방어선은 최전선 뒤쪽으로 19~24킬로미터에 달하는 큰 지하 공간으로 깊은 동굴과 땅굴을 에워싸고 있었다. 이 때문에 포병과 폭탄병, 공군 지원이 거의 혹은 전혀 효과가 없었다."⁴

　미군 지휘관들은 불굴의 정신을 보이는 질서 정연한 중공군 부대에 탄복했다. 모두가 나서기 싫어하는 전쟁이니만큼 미군은 전방에 나가 있는 사람들을 빨리빨리 교체해줘야 했지만 중공군은 늘 같은 부대 같은 군인들을 특정 지점에 훨씬 더 오랜 기간 배치했다. 미군 지휘관들은 또한 전혀 들키지 않고 어둠을 틈타 재빠르게 이동하는 중공군의 기술에 놀라움을 금치 못했다. 이제 전쟁은 두 가지 양상을 보이고 있었다. 하나는 판문점에서 진행되는 평화 회담이었다. 하지만 판문점 회담은 거의 진전을 보이지 않았고 양측 모두 합의점을 찾기 어려워했다. 다른 하나는 실제 총성이 들리는 전투였다. 그러나 이제 양측 모두 군사적인 체면을 잃지 않을 정도로만 전투를 이어갈 뿐 더 이상의 노력을 기울이지는 않았다.

1953년 봄에 폭 찹 힐(Pork Chop Hill: 산 모양이 돼지주둥이 같다 하여 붙여진 이름)에서 벌어진 전투가 전형적인 예였다. 폭 찹 힐, 즉 255 고지는 전쟁이 막바지로 접어들면서 그동안 엄청난 병력과 군수 물자를 쏟아 부은 데 반해 양측 모두 얻어갈 것이 거의 없으며 남은 것도 전혀 없다는 걸 보여준 곳이었다. 이곳에서 몇 차례 잔인하고 피비린내 나는 접전이 벌어졌다. 당시 얼마 안되던 미군 보병 부대는 유엔군 방어선에서 한참 떨어진 곳에 진지를 마련하고 유엔군의 방어선에서 가장 먼 곳에 있는 전초 기지 중 하나를 얻어내려고 안간힘을 쓰고 있었다. 그곳은 전략적으로 볼 때는 크게 득이 될 것이 없었지만 그렇다고 가치가 없는 곳도 아니었다. 또한 미군이 차지하지 않으면 적군의 차지가 되기 때문에 목표로 삼은 것이었다. 엄밀히 말하자면 몇 차례에 걸쳐 전투가 반복되었으며 일 년 넘게 총성이 끊이지 않았다. 폭 찹 힐은 결국 1953년 7월 한국전쟁의 막바지에 벌어진 전투의 절정을 기록했다. 판문점 회담에서 마주한 사람들이 모종의 해결책에 가까워질수록 폭 찹 힐의 가치는 높아졌고 그 결과 전투는 더욱 치열해졌다. 1953년 3월 말, 중공군이 이곳을 공격했다가 미군에게 밀려났으나 그 과정에서 근처 높은 지대에 있던 불모(Old Baldy) 고지를 차지했다. 그로 인해 폭 찹 힐은 중공군들에게 훨씬 더 심각하게 노출된 상태였다. 제7사단을 이끌던 아트 트루도(Art Trudeau) 소장은 불모 고지를 되찾아야겠다고 결심했으나 제8군의 새로운 사령관 맥스웰 테일러 중장은 또다시 엄청난 사상자가 발생할 것을 우려하여 반대했다. 워싱턴에 있던 상관들은 테일러에게 대대 2개를 넘는 대규모 공격은 허가를 받고 진행하라는 명령을 내렸다. 그 말은 미국 정부가 현 시점에서 전쟁을 더 확대할 의사가 전혀 없다는 증거였다.

1953년 4월 중순에는 판문점 회담과 리틀 스위치 작전에 관한 이야기가 한창 오가고 있었다. 바로 그때 중공군이 또다시 2,300여 명을 이끌고 폭 찹

■ 유엔군 측 제임스 머리 대령과 인민군 측 장춘산 대령이 비무장지대의 남북한 관할 지역 분할 표시안 지도를 펴놓고 논의하고 있다. 1951년. ⓒ F. Kazukaitis/ U.S. Department of Defense.

힐에 주둔하고 있던 방어부대를 덮쳤다. 즉시 치열한 포격전이 시작되었다. 폭 참과 군우리에서 벌어진 전투에 대해 많은 기록을 남겼던 새뮤얼 마셜은 제2사단과 제7사단 소속 9개 포병대대가 전투 첫날에만 37,655발의 대포를 발사했고 두 번째 날에는 77,349발을 발사했다고 기록했다. "베르됭에서도 이 정도로 무지막지하게 포격을 퍼부은 적은 없었다. 제2차 세계대전 중에 가장 치열한 전투가 벌어졌던 콰절레인도 시간당 포격 비용이나 면적 대비 사용된 금속 무게 및 무기 출고량 면에서 이번 전투를 따라오지 못했다. 이런 면에서 이번 전투는 역사에 꼭 기록되어야 한다고 생각한다.[5] 포병대대를 한시도 쉬지 않고 최대한 가동한 기록으로 단연 으뜸이다."

미군 부대는 그럭저럭 버텨냈다. 1953년 7월, 중공군은 다시 공격을 감행했고 전투는 이틀간 격렬하게 이어졌으나 양측 모두 고지 꼭대기에서 이러지도 저러지도 못하는 입장이었다. 조 클레먼스(Joe Clemons) 중위가 이끌던 킹중대가 가장 큰 타격을 입었다. 처음에 그가 이끌고 나간 부대원의 숫자는 135명이었으나 전투가 끝나고 남은 사람은 14명뿐이었다.[6] 전투는 7월 6일부터 11일까지 엎치락뒤치락하면서 이어졌다. 7월 11일 아침 맥스웰 테일러는 트루도의 본부로 올라가서 이제 폭 찹 힐은 더 이상 아군을 희생시킬 가치가 없으며 사실상 전투는 종결된 것이나 다름없다고 말했다. 남아 있던 미군 부대는 중공군 모르게 하나둘 후퇴하기 시작했다. 누군가 영국군 사단장 마이크 웨스트(Mike West) 소장에게 어떻게 폭 찹 힐을 되찾을 생각이냐고 묻자 그는 "그럴 필요 없습니다. 그건 그냥 전초 기지일 뿐입니다."라고 응수했다. 16일 후인 7월 27일 결국 휴전 협정이 체결되어 휴전이 시작되었다.

힘겹고 잔인하기 짝이 없던 전쟁은 그 누구도 웃을 수 없는 상태로 막을 내렸다.

제53장
그 후의 변화

모든 전쟁은 어떤 식이든 일종의 계산 착오에서 시작되는 것 같다. 하지만 한국전쟁은 양측 군대가 내린 모든 결정이 하나같이 잘못된 계산에 근거한 것이라는 점에서 독특했다. 우선 미국은 극동방어선에서 한국을 제외시킴으로써 다양한 공산주의 세력이 행동을 개시하도록 자극했다. 결국 소련은 미국이 개입하지 않을 거라고 확신하고 김일성에게 남한을 침략해도 좋다고 허락했다. 그런가 하면 미국은 이번 전쟁에 발을 디디면서 인민군의 저력을 무척 과소평가했으며 각지에서 미군의 승전 나팔소리가 연이어 들릴 거라는 부푼 기대를 안고 있었다. 그 후에는 중공군의 경고 신호에도 전혀 아랑곳하지 않고 무조건 38선 이북으로 밀고 올라가는 무모함을 보이기도 했다.

미국이 한국전쟁에서 저지른 가장 큰 실수는 중공군이 참전하지 않을 거라고 큰소리치면서 압록강까지 적군을 추격한 일이었다. 그로 인해 맥아더의 부대는 압록강 근처에서 아무런 지원 없이 처절하게 싸우다 패배하고 말았다.

■ 미 제8군 제6수송중대의 헬리콥터가 판문점 근처에서 제25보병사단 제35연대에 전투식량을 전달하고 있다. 1953년. © U.S. Department of Defense.

그 결과 마오쩌둥은 자기 부대원들의 정치적 대의명분과 혁명 정신이 미군의 우수한 무기를 능가할 수 있다고 자신했다. 그러나 북쪽에서 거둔 승리의 기세를 몰아 다시 남쪽 끝까지 밀고 내려왔다가 큰코를 다치고 말았다. 한동안 원하는 것을 얻은 사람은 스탈린뿐인 것 같았다. 마오쩌둥의 티토주의를 걱정하며 중국이 미국과 손을 잡을까봐 염려하던 스탈린으로서는 중국이 미국과 싸우는 상황이 행복하지 않다고 할 수 없었다. 하지만 그처럼 냉혹하고 계산에 밝았던 스탈린조차 몇 차례 계산 착오를 했다. 우선 애초에 미국이 이번 전쟁에 개입할 리 없다고 생각했지만 그 예상은 빗나가고 말았다. 처음에는 소련과 가까운 지역에서 두 나라가 전쟁을 벌이는 것이 달갑지 않았는데 생각보다 전쟁이 길어지면서 소련의 입장도 조금 복잡해졌다. 중국은 전쟁 초반에 몇 차례 심각한 고비를 맞았는데도 소련이 도와주지 않았다는 이유로 오랫동안 앙금을 풀지 않았고, 그 결과 몇 년 후에 벌어진 중소분쟁에도 적잖은 영향을 끼쳤다. 하지만 가장 중요한 것은 중공군의 개입이 미국의 국가 안보 정책에 심오하고도 장기적인 영향을 끼쳤다는 사실이다. NSC 68은 국방부의 영향력을 크게 증대시키고 미국을 과거보다 훨씬 더 국가 안보를 중시하는 국가로 전환하는 데 기여했다. 이러한 추세가 10년간 강화되자 급기야 드와이트 아이젠하워 대통령이 퇴임 연설에서 '군산복합체'를 경고할 정도가 됐다. 또한 오랫동안 미국인들이 공산주의 세계를 단일체로 잘못 정의하는 데 기여하여 조지 케넌과 같은 인물들의 정치적 영향력을 약화시켰다. 케넌은 민족주의와 역사적 구조가 각 나라에 요구하는 것들에 더 큰 비중을 두었다. NSC 68은 미국 정치에 독배가 되어, 지정학적 이유보다는 국내 정치적인 이유로 공산주의자들에 한 나라를 빼앗기는 것이 큰 두려움이 되게 만들었다. 이 때문에 미국의 아시아 정책에는 심각한 결함이 생겼고, 이는 당시 미국인들의 시야에 거의 포착되지 않았던 한 나라를 향한 미국의 정책에 심각한 영향을 미쳤다. 그 나라는 베트남이었다.

확실히 김일성도 계산 착오를 한 사람들 중 하나였다. 그는 미국이 남한을 방어하려고 군대를 보낼 리 없다고 잘못 판단했다. 또 혁명가로서 자신의 인기만으로도 인민군이 남한에 입성하면 약 20만 명의 남한 농민들이 봉기할 거라고 착각했다. 한반도를 통일하는 데 실패했을 뿐 아니라 군사적인 면에서도 한반도를 외부 세력으로부터 지켜내지 못했고 전쟁이 끝난 후에는 북한을 더 살 만한 사회로 성장시킬 재정적인 능력 또한 갖추지 못했다. 전쟁이 끝나고 50여 년이 흘렀는데 여전히 한반도 곳곳에는 미군이 주둔하고 있다. 남한은 개발도상국들 사이에서 귀감이 될 만큼 눈부신 경제 성장을 이룩했으며 1980년대 후반에는 경제가 소련보다 무한하게 활력이 넘쳤다. 하지만 북한은 여전히 경제적 빈곤 속에 전체주의와 외국인 배척주의를 고집하며 엄격하고 침체된 나라로 남아 있다.

한국전쟁에 직접 참전한 용사들을 제외하면 대부분의 미국인에게 한국은 역사적으로 블랙홀 같은 존재가 되었다. 휴전 이후 한국전쟁에 대한 미국인의 관심은 크게 줄어들었다. 그러나 중국에서는 오히려 반대 현상이 일어났다. 중국인에게 한국전쟁은 아주 자랑스럽고 성공적인 전투였으며 오랜 역사를 가진 중국이 현대 국가로 탈바꿈하면서 이뤄낸 쾌거 중 하나였다. 그들은 한국전쟁을 단순한 승리로만 여긴 것이 아니라 오랜 세월 서구 세력들에게 종속되어 있던 옛날의 중국을 해방시켜 새로운 중국을 탄생시킨 계기가 되었다고 믿었다. 갓 태어난 중국이었지만 세계 최대 강국인 미국을 보기 좋게 이겼을 뿐 아니라 유엔 전체를 무색케 했다. 또한 그들이 중요시하는 이념적인 관점에서 점수를 매길 때에도 한국전쟁은 전 세계 곳곳에 있는 제국주의 국가들과 그들의 심복 및 추종 세력들에게 따끔한 일침을 가했다. 그런 면에서 한국전쟁은 중국인들에게 다른 무엇과 비교할 수 없는 진정한 승리의 기록이었다. 그들의 마음속에 이번 전쟁은 영원히 축하해야 할 사건으로 자리 잡았다. 군수 물자 일부를 지원하긴 했지만 언제라도 밀어줄 것처럼 큰소리치고 결정적인 순간에는 병력도 지원하지 않고 불구경만 했던 소련과는 이번 공적을 나눌 필요가 없었다. 자신의 전투력을 과신하던 인민군이 주요 전투에서 크게 패하고 신음할 때 구원의 손길을 베푼 것도 중공군이었다. 역사를 돌이켜볼 때 북한이 전쟁사를 기술하며 중국에 신세를 진 사실을 인정하지 않는 것은 그다지 놀랄 일이 아니다. 사실 그들은 누군가의 도움을 받는 것 자체에 익숙하지 않았다. 당시 중공군에게 미국을 대만에서 쫓아낼 군사적 준비가 부족했다면 그들은 아마 인해전술과 부대원들의 충성심과 용기만을 믿고 대만에 와

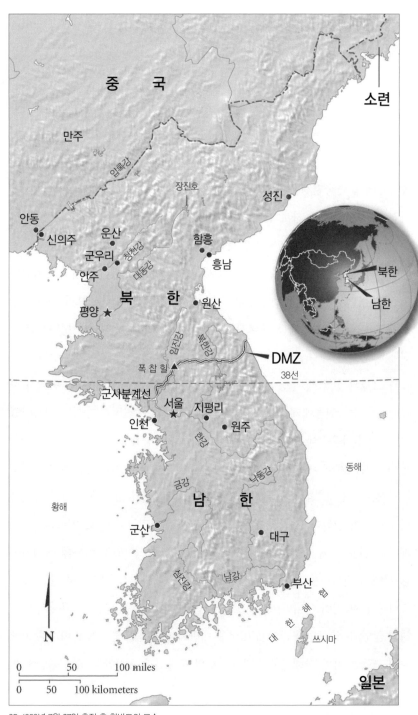

중국

소련

만주

압록강

장진호

성진

안동

신의주

운산

청천강

함흥

군우리

대동강

흥남

안주

북   한

원산

평양 ★

임진강

북한강

DMZ

폭찹힐 ▲

38선

군사분계선

서울 ★

지평리

인천

원주

한강

동해

금강

낙동강

남   한

황해

군산

대구

섬진강

남강

부산

대

한

해

협

쓰시마

N

0   50   100 miles

0   50   100 kilometers

일본

북한

남한

25. 1953년 7월 27일 휴전 후 한반도의 모습.

있던 외부 세력을 무력화시키려는 시도를 감행했을 것이다. 한국전쟁 후 전세계 국가들은 중국이 떠오르는 세계 강국이라는 점을 인정하지 않을 수 없었다.

누구보다도 마오쩌둥은 이번 전쟁을 자신의 개인적인 업적으로 여겼다. 다른 사람들이 모두 다 새 정권이 이미 내전 때문에 경제력으로나 군사력으로 바닥을 쳤으므로 승산이 없다며 말릴 때도 그는 과감하게 참전을 결정했다. 한국전쟁에 참전하는 것이 국내적으로나 국제적으로 자신에게 득이 될 게 많다고 판단했던 것이다. 전쟁 자체는 그가 예상했던 것보다 훨씬 더 많은 피를 흘리면서 끝났고, 우수한 무기를 앞세운 미군은 그의 기대보다 훨씬 더 화려한 전투력을 선보이면서 중공군에게 큰 타격을 입혔다는 사실은 마오쩌둥도 쉽게 부인할 수 없었다. 하지만 그는 그러한 손실이 혁명을 이루어낸 대가라고 생각했다. 마오쩌둥은 비록 물질적으로는 부유하지 못해도 국가의 명예를 위해서라면 기꺼이 목숨을 내놓을 수 있는 충성심 있는 국민들로 이루어진 나라를 세우길 원했다. 측근들은 여러 가지 제약 때문에 망설였지만 마오쩌둥은 한 번도 자신의 포부에 대해 의구심을 품지 않았다. 그리고 그 꿈을 위해서라면 그 어떤 지도자보다 더 많은 피를 흘리는 희생도 각오하고 있었다.

전쟁 중에 얼마나 많은 인력을 희생할 각오가 되어 있는가 하는 문제는 한국전쟁에서 가장 큰 과제였으며 그 뒤로도 아시아 지역에서 벌어진 여러 전쟁에서 미결 과제로 남았다. 아시아 국가의 군대들은 서양의 기술적 우위에 맞서기 위해 인력 희생을 아무렇지도 않게 여겼다. 한국전쟁과 곧이어 벌어진 베트남 전쟁에 참전한 여러 미군 장교들과 군사 전문가들은 모두 입을 모아 아시아 국가들은 서방세계와 달리 인명을 희생시키는 걸 대수롭지 않게 여긴다고 말했다. 이 때문에 미군이 월등한 군사 기술을 앞세워 특정 고지를 선점하려 하다가도 결국 적의 인해전술에 주춤하게 된다는 것이었다. 인해전술에 맞서기에는 미군이 감당해야 할 거리적 부담감이 너무 컸다.

이처럼 중국은 한국전쟁을 긍정적으로 평가했기 때문에 마오쩌둥은 중국 정계에서 더더욱 영향력을 넓혔다. 그는 조국이 미국과 전쟁을 벌이고 있는 상황을 발판 삼아 정계에서 유리한 위치를 차지했다. 그의 예상대로 핵심은 옛 모습을 버리고 현대 국가로 탈바꿈하는 것이었다. 그 과정에서 과거 체제를 고수하는 사람들(한때 서방 세력과 내통하던 일부 인사들)과 의견 충돌이 생기면서 결국 그들은 새 정부의 반대 세력으로 자리 잡았다. 그들 중 대부분은 뒤이은 전쟁 중에 경제적으로 파산하거나 암살되는 방식으로 거의 다 제거되었다. 그때부터 마오쩌둥에 대적할 만한 정치인은 나타나지 않았다. 전쟁 전에도 이미 절대 권력을 손에 쥐고 있었지만 이제는 중앙위원회 동지들마저도 더 이상 그를 동지라 부를 수 없었고 다들 그를 우러러보았다. 사실 전쟁이 시작되기 전에도 마오쩌둥은 중앙위원회에서 독보적인 존재로 자리매김한 상태였으나 이제 그는 새로운 중국의 지도자이자 인민의 황제로 등극했다. 모든 면에서 부족한 것이 없었다. 많은 특권을 누렸고 수많은 젊은 여자들이 기꺼이 몸을 바치려 했으며 방방곡곡에 있던 거처마다 그가 독살되는 것을 예방하기 위해 상에 오르는 음식을 맛보는 일을 하겠다고 수많은 사람이 몰렸다. 한때는 자신도 몹시 부끄러워하던 그의 이상한 성격은 오히려 그를 더 독보적인 존재로 만들었고 소련의 스탈린에 버금가는 인물로 승격시키는 원동력이 되었다.

이 모든 시나리오에는 단순히 정치적인 계산 착오만 들어 있었던 것은 아니었다. 인생 초반에 너무 큰 해를 당해 광기를 부릴 가능성이 다분했던 한 사람에게 모든 권력이 집중되면서 어둠의 그림자가 드리워졌다. 그의 마음속 상처는 집권 후 벌어진 상황을 이해하는 데 결정적인 요소였다. 마오쩌둥은 젊은 시절부터 수많은 적의 표적이 되었고 잔인한 공격을 많이 받았다. 그때 생거난 편집증은 워낙 심각한 수준이라 그의 감정 구조와 정치 세계에서 가장 자연스러운 부분이 되고 말았다. 동시에 그는 유례없는 정치·경제·사회 체제를 직접 만들어냈다. 그가 존재하고 꿈꾸는 국가에는 그에게 도전장을 내밀거나 칼을 겨누는 사람이 하나도 없었지만 동시에 언제라도 모든 국민이 자신의 적으로 돌변할 가능성이 있었다. 그의 권력만큼이나 그의 편집증은 끝을 알 수 없었다. 오랫동안 처절한 아웃사이더로 살았던 그에게 어느 날 갑자기 황제의 호화로운 인생이 시작되었다. 그는 더 이상 다른 사람의 말에 귀를 기울일 필요성을 느끼지 못했다. 자신과 다른 견해를 내놓는 사람은 무조건 자기만큼 중국의 미래를 진심으로 걱정하지 않기 때문이며 자신이나 중국의 적이 될 가능성이 높은 인물이라고 생각했다. 자신의 적은 곧 조국의 적이었다.

마오쩌둥은 모든 문제에 대해 자기 생각이 조금도 틀리지 않다고 굳게 믿었다. 그가 말하는 모든 내용은 말이 떨어지기가 무섭게 곧 법으로 성문화되었다. 그는 조국을 '나의' 중국이라고 부르며 현대화된 나라로 다시 태어나게 만들겠다고 굳게 결심했다. 대약진(大躍進)이라는 고도성장 정책으로 가난한 농경 사회를 하룻밤 사이에 현대 산업 국가로 바꾸려 했다. 한때는 소작농들의 아픔과 결핍에 유달리 관심을 보이며 어떤 정치인보다 그들을 아꼈지만 이제는 자신의 더 큰 포부를 위해 그들의 어깨에 국가 현대화라는 무거운 짐을 올려놓고 그들의 신음소리에는 조금도 귀를 기울이지 않았다. 필요하다면 그들의 허리가 휘는 한이 있어도 자기가 꿈꾸는 새로운 중국을 건설하고 말겠다는 식이었다. 소작농들은 마오쩌둥의 꿈을 현실로 만들어야 할 무거운 책임을 짊어졌다. 불가능해 보였지만 그의 명령이었기 때문이었다. 어쩌면 대약진 운동은 마오쩌둥이 서서히 미쳐가고 있다는 첫 번째 증거였는지도 모른다. 시간이 흐르면서 더 많은 농작물을 생산해야 한다는 부담감에 더해 집집마다 기초적인 산업 기반을 마련해야 한다는 압력이 가중되자 국민들의 불만은 하늘을 찔렀다. 대약진 운동은 현실과 동떨어진 꿈일 뿐이었다. 대약진 운동이 성공적으로 이행되고 있는 것처럼 보이게 하려고 농산물 생산량에 관한 통계 치는 모두 조작되었다. 정부 관계자들은 다들 이번 운동이 대실패로 끝났다는 걸 잘 알고 있었다. 예일대 역사학 교수 조너선 스펜스(Jonathan Spence)는 '파 멸적인 결핍'이라고 표현할 정도였으나 아무도 마오쩌둥에게 이의를 제기하 지 못했다. 중앙위원회 소속 인사들이 진정한 의미에서 마오쩌둥을 벗어나는 것은 사실상 불가능해 보였다. 그런 와중에도 마오쩌둥의 권력과 영향력은 상 승세를 탔다. 그의 생각과 뜻은 곧 나라 전체가 받들어야 할 뜻이 되었고 그가 진리라고 명명하는 것은 아무도 거부할 수 없는 진리가 되었다. 마오쩌둥이 하는 말에 대해서는 시시비비를 따질 수 없었다. 그가 밤을 가리켜 낮이라 하 면 무조건 그렇게 생각해야 했다.

이처럼 마오쩌둥은 중국 정치를 확실히 장악했고 모든 결정 사항에 개입 하려는 의지가 강했다. 그 때문에 혹시라도 그의 의견을 반박하거나 비평할 가능성이 있는 사람은 아무리 충성을 바쳐 일한다 해도 매정하게 위험한 자 리로 내몰렸다. 마오쩌둥에게 반항하는 사람은 단지 잘못된 선택을 한 것으 로 치부되는 것이 아니라 전체 인민의 적으로 취급되었다. 마오쩌둥의 친구 이자 동료, 혹은 옛 전우라고 생각하던 사람들은 얼마 안 있어 자신이 큰 착 각을 하고 있었다는 걸 알았다. 그의 의견에 전적으로 동의할 때에만 친구이 자 동료로 인정받을 뿐이었다. 그중에서도 펑더화이는 마오쩌둥에게 가장 큰 배신을 당했다. 펑더화이는 자기 한계와 직위를 잘 아는 진정한 공산주 의자였으므로 정치적인 문제는 언제나 마오쩌둥에게 맡겼다. 하지만 소작농들 의 처지에 관해서는 그 누구보다 잘 안다고 자부한 탓에 자기도 모르게 마오 쩌둥의 의견을 반박하는 입장에 서고 말았다. 어쩌면 마오쩌둥이 일부러 펑 더화이를 넘어뜨리려 작정하고 그를 인민의 적으로 내몰았는지도 모른다.

1959년쯤 되자 대약진 운동이 실패한 결과가 서서히 나타나면서 중국은 유례없는 기근에 시달렸다. 그런 와중에도 농작물 생산량은 여전히 많은 것처럼 보고되었다. 정부 고위 관계자들은 모두 마오쩌둥에 대한 두려움 때문에 거짓 자료와 허위 통계가 올라오고 있다는 걸 알았지만 마오쩌둥에게 그 사실을 밝히려 하지 않았다.

마침내 펑더화이가 자청해서 총대를 메기로 했다. 당시 국방부장이었던 그는 중소분쟁이 한참 심각한 상황이어서 더 이상 시간을 끌면 안 된다고 판단했던 것 같다. 어쩌면 그 판단 자체가 재앙의 시작이었는지도 모른다. 펑더화이는 아주 단순한 사람으로 원래 정치적인 감각이 부족한 데다 고집스럽게 옛 군인들이 옳다고 생각하는 방식에 따라 행동했다. 때문에 본인의 의도와 달리 마오쩌둥에게 반기를 드는 꼴이 되었다. 1959년에 그는 유년 시절을 보냈던 후난으로 돌아갔다. 그곳 농민들은 펑더화이에게 자기들의 고충을 있는 그대로 털어놓았다. 그는 중국 곳곳에서 거대한 포템킨 빌리지(Potemkin Village: 초라하거나 부끄러운 모습을 숨기려고 꾸며낸 눈가림을 일컫는 말-옮긴이)가 형성되고 있다는 걸 깨달았다. 정부 고위 관료들이 꿈꾸던 마을의 모습, 그들에게 올라오는 보고서에 묘사된 마을의 모습과 실제로 소작농들이 직면한 현실은 전혀 딴판이었다. 전쟁이 끝나고 6년이 지난 1959년 여름 뤼산(廬山)에서 열린 당 지도부 회의에 참석한 펑더화이는 자신이 느낀 몇 가지 문제점에 대해 주의를 주는 편지를 써서 마오쩌둥에게 전달했다. 그는 자기가 당에서 아무 문제가 없는 사람이라고 생각했으며 누가 봐도 자신의 생각이 옳다고 할 만한 근거가 있었기 때문에 다른 사람들 역시 자신과 뜻을 함께할 거라고 확신했다. 하지만 그는 이번 행동이 어떤 결과를 낳을지 전혀 예상하지 못했다. 편지에는 정부가 이뤄낸 여러 가지 업적에 대한 의무적인 찬사도 들어 있었지만 주의를 환기시키는 경고가 훨씬 더 많았다. 마오쩌둥은 즉시 그 편지를 복사하여 회의 참석자 전원에게 돌렸다. 이렇게 해서 그의 편지는 완전히 다른 뜻을 내포한 것으로 비쳤고 펑더화이는 국가의 적으로 간주되었다. 그 즉시 펑더화이는 마오쩌둥의 예상대로 더 큰 실수를 저질렀다. 편지를 돌려달라고 했던 것이다. 물론 마오쩌둥은 편지를 돌려주지 않았고 그 편지가 정부에 대한 정면 도전을 뜻한다고 말했다. 당시 회의장에 있던 모든 사람이 펑더화이와 같은 생각을 품었고 편지에 묘사된 내용이 현실의 일부에 불과하다는 것도 알고 있지만 아무도 펑더화이를 도와주거나 지지하지 않았다. 조너선 스펜서는 다음과 같이 기록했다. "펑더화이는 좋은 의도를 가지고 확신에 차서 의견을 제시했으나 마오쩌둥은 그의 발언이 대역죄에 해당한다고 생각했다. 마오쩌둥은 펑더화이가 보낸 편지의 사본을 공산당 고위 인사들에게 보냈으며, 그들은 펑더화이의 분석이 옳다는 걸 알면서도 그의 편에 서지 않았다. 그야말로 정계 부패의 최후를 보여주는 사건이었다. 당시 마오쩌둥의 변덕에 휘둘리던 중앙위원회는 그가 말도 안 되는 억지를 부리거나 국가의 현실에 맞지 않는 제안을 해도 침묵으로 일관했다. 역사가들은 그 시기를 정당의 핵심부터 서서히 무너져 내리는 전환점으로 여기고 있다." 이어지는 7년 동안 "기근으로 죽은 사람의 숫자는 2천만 명을 넘어섰다." 마오쩌둥의 광기는 단지 법적인 제재를 피해간 것에 그치지 않고 하나의 제도로 버젓이 자리를 잡았다.

바로 그때 마오쩌둥은 펑더화이의 오랜 숙적이었던 린뱌오를 불러서 회의에 참석하여 펑더화이에게 반격을 가하라고 사주했다. 펑더화이는 더 이상 국방부장도 아니었고 곧 가택에서 체포될 위기에 처했다. 1966년에 마침내 문화혁명이 일어나자 그는 더 자주 비판의 대상으로 도마에 올랐으며 끝없는 언어적·신체적 학대를 당했다. 또한 그는 거대한 국립극장에 끌려가서 죄를 고백하라는 압력을 받고 공공연히 군중 앞에서 수치를 당했다. 그는 결국 몰매를 맞다가 숨을 거뒀다. 오랜 기간 용맹스럽게 전투에 임하고 나라에 충성했던 것에 비하면 너무도 어이없는 결말이었다. 홍위병들이 펑더화이에게 씌운 누명 중 한 가지는 "그가 평생 마오쩌둥의 반대 세력으로 활동했다."라는 것이었다. 홍위병들은 그에게 달려들어 갈비뼈가 부러지고 폐가 터질 정도로 구타했다. 펑더화이는 그 와중에 몇 번이나 의식을 잃으면서도 끝내 무릎을 꿇지 않았다. 취조관들에게 "두려울 것이 없다."라고 목청을 높이기도 했다. "어디 총으로 쏠 테면 쏘아보시지. 당신도 언제까지나 그렇게 편안하게 살 수 있을 것 같아? 심문하면 할수록 나는 더 강경하게 대응할 거야." 갖은 구타를 이기지 못하고 결국 숨을 거두기까지 펑더화이는 무려 130차례나 심문을 받았다. 마오쩌둥은 펑더화이의 목숨을 앗아감과 동시에 중국 혁명에서 가장 바람직하고 이상적인 부분마저 제 손으로 무너뜨리고 말았다. 그의 정부는 자신의 편집증 외에는 아무것도 용납되지 않는 체제로 변해 있었다.

21세기 초반이 되자 북한과 남한만큼 서로 다른 사회는 없어 보였다. 초반에 북한에서 더 많은 일이 급격히 이루어졌다. 완전한 전체주의 사회로 시작하여 상부의 지시가 떨어지면 무조건 따라야 했기 때문이다. 특히 모스크바를 모방한 극도로 잔인한 보안 체계 덕분에 모든 일이 믿기 어려울 정도로 빠른 속도로 진행되었다. 이는 당시 소련의 주특기였다. 농업이나 주택 보급, 산업 발전은 잘 돌보지 못하면서도 국가 안보만은 기가 막히게 최고 수준을 유지했다. 그들은 전체주의 사회를 건설하는 데 천부적인 귀재들이었다. 그래서 제2차 세계대전이 끝난 후 미국과 남한 정부가 몇 년을 우왕좌왕하는 사이 소련은 한 치의 흔들림도 없이 북한 사회를 정비했다. 소련이 한 일 중에서 유일하게 칭찬할 만한 업적이었다. 미국은 전쟁이 끝나면 한국에서 뭘 해야 할지 제대로 생각해보지 않았기 때문에 남한에 들어선 정부는 부패하고 무능력했다. 대조적으로, 북한은 깊은 정통성이나 대중의 지지가 부족했음에도 불구하고 처음부터 소름끼칠 정도로 효율적인 목적 의식과 국민 통제 능력을 보여 주었다. 소련이 시작한 사회 정비 사업은 곧 김일성의 손에 넘겨졌다. 조롱하고 얕보는 사람들도 있었지만 김일성은 전혀 아랑곳하지 않았다. 얼마 지나지 않아 김일성은 현대적인 전체주의 체제를 완벽하게 연구했으며 주변 사람들, 그들의 생각 그리고 사상을 억압하는 전문가가 되어 자신을 조롱하던 무리를 아연실색하게 만들었다.

그는 또한 한국 특유의 일종의 편집증, 즉 과거, 전쟁, 그리고 그의 나라의 식민지 지위가 그의 세대와 나라에 미친 영향, 소련 체제의 도입으로 더욱 악화된 것을 거의 완벽하게 반영하는 인물이기도 했다. 마치 그의 인민들의 정치적, 경제적, 사회적 모든 가능성이 그것에 의해 동결된 것과 같았다. 이러한 편집증은 그 어떤 이념보다 그가 국가를 지배하는 데 중요한 역할을 했을 것이다. 그가 공산주의의 진정한 신봉자들 중에서 몇 안 되는 진정한 생존자 중 하나가 되었지만 말이다. 능숙하게 살아남아서 공산주의 세계를 마음대로 휘젓고 다니는 그의 모습에 많은 국가가 경악했다. 1950년대 후반부터 1960년대 초반까지 소련과 중국 사이의 긴장이 최고조에 달할 때도 김일성은 두 나라와 번갈아 동맹 관계를 재확인하는 등 자신에 대한 그들의 영향력을 일정 수준으로 유지했다(김일성은 두 나라 중 어디에도 자신의 독립성을 빼앗기지 않았다). 동시에 그는 두 나라가 승부가 나지 않는 결투를 계속하게 유도했다.

하지만 초반에 그렇게 몇 차례 승리를 거둔 것 외에는 별다른 진전이 없었다. 게다가 그것마저 위에서 떨어진 명령에 따라 이루어진 것이었다. 북한은 토론이나 토의가 없었으므로 선택이라는 개념도 찾아볼 수 없었다. 그곳에서는 그저 경례하는 방법과 복종하는 방법만 가르칠 뿐이었다. 북한 사회 어디에도 변화를 위한 메커니즘은 존재하지 않았다. 북한 사회를 생물체에 비한다면 살아 있긴 하지만 숨을 제대로 쉬지 못해 늘 산소 호흡기를 달고 살아야 하는 처지였다. 호흡에 문제가 있으니 제대로 성장할 리 만무했다. 사회가 성장하려면 좋은 방향으로든 나쁜 방향으로든 발전하는 과정이 필수적이다. 어차피 누구나 시행착오를 겪고 성공뿐 아니라 실패를 통해서도 교훈을 얻기 마련이다. 하지만 북한은 비판도 실수도 허용하지 않았다. 모든 단계는 김일성의 지도를 받으므로 무조건 옳다는 식이었다. 결국 북한은 새로운 종류의 전체주의 국가로 분류되었다. 지도자 개인의 영향력이 아주 강하며 공기가 아예 없는 것 같은 아시아 특유의 전체주의 체제였다. 북한의 체제는 마오쩌둥의 공산주의 정부보다 더 지독했다. 마오쩌둥의 경우에는 중국 땅이 워낙 광활해서 김일성만큼 집요하게 통제하는 것이 사실상 불가능했다. 곧 북한은 전 세계에서 가장 외국인 혐오증이 강한 나라로 알려졌다. 남한은 시행착오를 겪느라 비틀대면서도 전체주의를 벗어버리고 조금씩 민주주의 체제를 갖춰나갔지만 북한은 한 번도 흔들리는 모습을 보이지 않았다. 바로 그것이 북한이 범한 최대의 실수였다. 김일성이라는 독재자 한 사람의 생각만 허용하는 지독한 편집증 때문에 북한은 꽝꽝 얼어붙은 얼음덩어리 같았다.

김일성은 정치적 라이벌을 절대로 허용하지 않았다. 숙적을 몰아낼 때는 스탈린 못지않은 집념을 과시했다. 김일성이라는 이름 외에는 아무것도 용납되지 않았고 그의 생각 외에는 그 어떤 정치적·경제적 대안도 다 옳지 못한 것으로 치부되었다. 1980년대와 1990년대를 거치면서 러시아와 중국은 각자 다른 방법을 통해 현대화 과정을 겪었으나 평양은 모든 변화와 조정을 거부하면서 갈수록 그들과 멀어졌다. 미세한 변화라도 김일성의 권력에 흠집을 낼 수 있다고 믿었기 때문이다. 한때 북한과 아주 친근한 관계를 유지하던 다른 공산주의 국가들은 서서히 변화를 거치면서 새로운 모습을 선보였으나 유독 북한만은 그 어느 때보다 일인 체제를 앞세워 변화를 끝까지 거부하는 고집을 부렸다. 결국 다른 공산주의 국가들이 조금씩 변화할수록 북한은 더 볼

썽사납게 자신을 고립시키는 존재가 되었고, 김일성은 더더욱 자기 자신 외에는 아무도 믿을 사람이 없다는 생각을 굳혔다.

그는 마치 모든 전투마다 혼자 사투를 벌여 북한의 독립을 얻어낸 것처럼 거드름을 피웠다. 중국인들은 평양에 있는 한국전쟁 기념박물관을 방문했다가 자신들이 북한을 돕기 위해 기울였던 노력이 너무 과소평가된 것을 보고 분개하지 않을 수 없었다. 한국전쟁에서 중공군이 희생한 이야기는 거의 언급조차 하지 않았다. 그보다는 김일성의 방식이야말로 진정 옳은 길임을 북한 주민들에게 증명했다. 동시에 비록 기아에 시달리고 끊임없이 당의 감시를 받으며 극도로 열악한 생활을 하고 있긴 하지만 나름대로 큰 복을 받는 사람들이라는 생각을 심어주기 위해 마오쩌둥이나 스탈린을 훨씬 능가하는 인물로 김일성을 미화했다. 혁명 박물관에는 총 92개의 전시관이 있는데 한가운데에는 약 20미터 높이의 김일성 동상이 서 있었다. 도심 한복판에 있는 개선문 역시 파리에 있는 것보다 훨씬 더 웅장했다. 김일성의 항일투쟁을 기념하는 건축물이었다. 평양뿐 아니라 북한 전체 어디를 가더라도 김일성의 사진이나 동상이 보이지 않는 곳이 없다.

그는 항상 위대한 지도자로 일컬어졌다. 김일성이 혼자 쓰는 궁만 다섯 개가 넘었으며 다른 사람들이 살거나 사용하도록 개방하는 일은 절대 없었다. 평양의 주요 도로에 김일성이 나타나면 모든 교통이 통제되었다. 김일성의 사진은 곳곳마다 게시되었고 권력 계승 문제가 불거지는 것을 미연에 방지하고자 아들 김정일의 사진도 함께 실었다. 일반인들은 재킷이나 얇은 겉옷 주머니에 항상 김일성의 사진을 가지고 다녀야 했다.『두 개의 한국(Two Koreas)』의 저자 돈 오버도퍼(Don Oberdorfer)에 따르면 1980년대 후반 북한에는 최소 34,000개가 넘는 김일성 동상이 세워졌다. 김일성이 아주 잠깐 앉았던 공원 벤치까지도 유리로 덮인 채 신성한 장소로 보존되었다. 소련 고위 관료가 그를 추대하는 분위기에 대해 묻자 김일성은 자기 나라 역사의 한 부분이라고 간결하게 대답했다. "남의 나라를 속속들이 알기는 힘들죠. 우리나라는 원래 나이가 많은 사람들을 공손히 대접하는 데 익숙합니다. 중국이나 일본도 마찬가지고요. 다 공자의 가르침에서 영향을 받은 것이죠."

국민들은 배고픔에 시달리고 공장 운영 상황도 딱하기 이를 데 없었다. 하지만 그는 처음부터 국제법을 지킬 생각이 없는 사람이었다. 서울에서 숙적을 몰래 암살하거나 북한에 도움이 될 만한 사람들을 납치하기도 했다. 나이가 들면서 그는 두 가지 목표를 설정한 듯했다. 하나는 북한만의 핵무기를 개발하는 것이고 또 하나는 아들 김정일에게 통치권을 넘겨주는 것이었다. 밤에 위성으로 남한과 북한을 찍은 사진을 대조해보면 시간이 갈수록 두 나라 간의 격차가 더욱 벌어지고 있다는 걸 실감할 수 있다. 38선 이남은 온갖 형태의 상업 거래가 활발히 이루어져 네온사인이 화려하게 빛나지만 북한은 스스로 자멸을 초래한 황무지처럼 칠흑 같은 어둠에 싸여 있다.

결국 김일성은 자신이 바라던 나라를 세웠다. 이미 있었던 일본 전체주의에 김일성의 솜씨와 공포정치가 더해진 결과 생기나 희망이라고는 찾아볼 수 없는 나라가 탄생했다. 북한은 시간이 갈수록 주변 국가들과 멀어졌다. 예전에 동맹 관계를 누리던 중국과 소련도 예외는 아니었다. 그런 와중에도 언젠가는 전 세계를 호령할 국가가 되겠다는 일념으로 핵무기 개발에 전력투구하고 있다.

제2차 세계대전과 냉전 이후 미국이 이루어낸 성공담 중 남한에서 이룬 업적이야말로 가장 인상적이고 극적인 변화일 것이다. 이는 마셜 플랜의 성공을 능가했다. 마셜 플랜이란 한때 고도로 발달한 강력한 유럽 국가들이 전쟁으로 인해 처참하게 무너지자 그들에게 재정적 도움과 물질적·기술적 지원을 제공한 일을 말한다. 이와 대조적으로 남한은 민주주의의 배경도 거의 없었고 중산층이나 산업 기반이 아예 없던 곳이었다. 그러나 전쟁이 끝난 후 이곳에서는 정치적·경제적·사회적으로 입을 딱 벌리게 만들 정도로 대단한 변화가 일어났다. 힘을 앞세운 이웃 국가들은 앞 다투어 한반도를 침공하여 식민지로 삼으려 했기에 그들의 저력은 오랫동안 동면 상태에 있었다. 하지만 그때에도 주로 선교사였던 방문객들은 한국에 와서 이들에게 숨겨진 거대한 잠재력을 발견했으며 더 나은 삶을 향한 갈망과 놀라울 정도로 철저한 직업의식을 이해하게 되었다. 특히 부지런히 일하는 자세만큼은 일본인과 견주어도 손색이 없을 정도였다. 유교 사상의 영향으로 교육열이 높았으며 제한된 기회를 최대한 활용하려는 의지 또한 매우 강했다. 하지만 반도라는 지형적 특성때문에 이들의 역사는 단 하루도 조용할 날이 없었다. 늘 한국보다 더 힘이 센국가들이 호시탐탐 한반도를 삼킬 기회를 노렸다. 제2차 세계대전이 끝나자마자 남한은 또다시 그런 처지로 되돌아갔다. 이번에는 미국이 고개를 들이밀었다. 하지만 미국은 식민지 정책을 펼칠 준비를 제대로 하지 못했으며 한국현대사를 전혀 모르는 상황에서 주먹구구식으로 밀어붙이다가 크고 작은 실수를 연발했다. 특히 미국은 한국이 가진 저력을 너무 과소평가했다. 예전에 한국을 짓밟았던 나라들과 비교해도 미국은 특별히 나은 점이 없었다. 미국은지금까지 한국을 장악했던 여러 식민 국가들에 비해 한국과 지리적으로 아주먼 곳에 있었기에 한국의 역사에 대해 거의 무지한 상태였다. 이는 오히려 미국에게 유리한 점으로 해석되었다. 우선 그들은 남한에서 이승만이라는 진정한 애국자가 정권을 잡을 수 있게 도와주었다. 하지만 그가 생각하는 민주주의 사회란 자신과 일부 측근들만 본인들이 원하는 대로 행동하고 나머지 국민들은 모두 감시하는 체제를 의미했다.

그러나 무엇보다도, 미국은 광범위한 의미의 반공주의 때문에 한국 땅에서 미국의 아들들이 죽는 것을 감수했다. 하지만 미국은 정복국가나 고전적인 의미의 제국주의 국가가 아니었다. 냉전이 약화되자 미국은 한국 사회에서 발생하는 민주적인 충동에 맞추려고 노력했다. 이는 미국으로 유학을 떠난 한국인들이 미국에서 발견한 자유주의에 매료되어 한국에도 그러한 분위기를 심으려고 노력한 결과였다. 기술을 배우려고 미국 땅을 밟았던 수많은 한국인이 선진 기술과 함께 민주주의를 배운 다음 다시 남한으로 돌아왔다.

이리하여 남한은 치열한 두 차례 세계대전에 이어 나타난 냉전 중에도 미국의 보호를 받으며 현대화 작업에 착수했다. 제일 먼저 현대화 과정을 거친 것은 군대였으며 차차 기술 및 산업 분야에서도 현대화의 바람이 일었다. 하지만 정계는 변화의 속도가 아주 느렸다. 아예 처음부터 정치 체제는 고칠 의지가 없었던 것처럼 보일 정도였다. 하지만 세월이 흐른 지금 되돌아보면 한국 사회는 엄청나게 빠른 속도로 민주주의를 수용했던 것 같다. 이는 다른 부분에서 재빠르게 현대화를 추구한 덕분에 부수적으로 얻은 결과라고도 할 수 있다. 한국에서 일어난 일은 매우 빠른 속도로 진행된 혁명과 진화의 기묘한 혼합이었다. 변화의 출발점은 한국전쟁으로 절실히 드러난 더 우수한 대한민국 육군의 양성이었다. 우선 더 우수하고 전문적인 한국 장교들이 필요했다. 전쟁 초기의 기존 군인들 중에서 너무 많은 수가 충성심 때문에, 혹은 대규모의 국가적인 부패 속에서 자신도 한몫보려고 자리를 차지하고 있었다. 1952년 미국의 압력으로 웨스트포인트를 표방한 새로운 사관학교가 설립되었다. 초기 교수진 중에서 많은 수가 미군 장교들이었으며 지나칠 정도로 공학에 치우친 교육 과정 역시 웨스트포인트를 연상시켰다. 당시 국내에서 뛰어난 학업 성적을 기록한 학생들은 모두 이 학교로 진학했다. 그리하여 이 학교는 즉시 수재를 키워내는 곳으로 이름을 날렸다. 교육에 대한 열망이 강했으나 자신의 능력을 펼칠 곳을 찾지 못했던 젊은이들과 과거의 사회적 제약을 과감하게 극복한 사람들은 이곳으로 모여들었다.

이렇게 해서 더 현대적인 모습을 갖춘 민주주의 사회 초기 형태가 갖추어졌다. 아마도 이는 한국에 신흥 계급을 만들어내는 첫걸음이 되었을 것이다. 이들은 새로운 현대적 개념을 조국에 소개하고 싶은 마음이 가득했으며 목적의식을 가지고 높은 수준의 교육을 받으려 노력하는 젊은 사람들이었다. 이렇게 군사학교가 설립되자 설립자들의 기대 이상으로 한국 사회 전체에 대단한 반향이 일었다. 우선 육군(더 나아가 나라 전체)이 기술적으로나 경제적으로 더 세련된 모습을 갖출수록 옛날 방식은 원시적이고 잘못된 점이 많다는 인상을 주었다. 또한 이승만 대통령과 그의 뒤를 이은 사람들은 나라 전역에 대한 영향력이 줄어들었다. 그리고 어떤 면에서 육사생도들과 미국인 선생들의 만남은 운명적이었다. 미국 장교들은 새로운 것을 대표했다. 그들의 몸짓과 언어는 상당히 모순되는 두 가지 것을 반영했다. 즉, 군 계급 제도에 대한 존경과 동시에 높은 수준의 개인적 자유였다.

이 학교를 시작으로 교육 및 사회 분야의 현대화가 시작되었다. 이는 곧이어 경제로 이어졌으며 최종적으로 정치 조직에도 현대화 바람이 일었다. 군 개편이 시작되자 다른 대학이나 학교들도 즉시 현대화 노력에 동참했다. 이렇게 남한은 점차 지위와 능력, 자신감을 키워나갔고 마침내 세계무대에서 본격적인 경제 교역국으로 자리매김하기를 원했다. 또한 그들의 기술력을 다른 국가들에게 선보여 인정받고 싶은 욕구도 강하게 일어났다. 다시 말해 국가의 주도와 지원 아래 자본주의가 날개를 달았다. 어찌 보면 일본의 축소판이라고도 할 수 있었다. 하지만 일본의 경우는 경제 성장을 거듭하기 전에 성공의 선례가 있었지만 한국은 전혀 그런 선례 없이 급속도의 경제 성장을 이루어냈으므로 일본보다 더 위대한 발전을 이룬 것이라고 봐야 할 것이다.

남한이 1960년대와 1970년대에 걸쳐 역경을 딛고 일어선 업적은 그야말

■ 한국군 두 명이 38선 이북의 북한군 활동을 감시하고 있다. 한국전쟁 휴전 협정이 체결된 직후이다. ⓒ U.S. Department of Defense.

로 인간 승리이자 국가적 승리였으며 많은 나라들에 귀감이 되었다. 이승만 대통령과 측근들은 약 12여 년 동안 독재적이고 편협한 방식으로 정치를 장악했다. 그런 와중에 여러 차례 학생 운동이 강제적으로 억압되는 일이 있긴 했지만 더 나은 삶을 외치는 목소리는 더욱 강해졌다. 경제 성장이 이뤄지자 서서히 긍정적인 사고와 자신감이 싹트기 시작했고 곧이어 대중 사이에서 걷잡을 수 없이 강한 변화의 움직임이 일어났다. 이러한 움직임은 주로 학생들 사이에서 시작되었다. 이승만 정권은 평소와 다름없이 사회가 돌아가고 있으며 사회 내 모든 권력은 정부에 집중되어 있다고 굳게 믿었으나 사실 변화의 물결은 각 가정마다 몰아치고 있었다. 권력자들이 신흥 세력을 전혀 이해하지 못하는 가운데 국가의 포부와 희망을 새로 건설하려는 독특한 움직임이었다.

물론 이런 움직임은 남한이 최초도 아니고 마지막도 아니었다. 이승만 대통령은 마침내 1960년 4월을 기점으로 대통령직에서 물러났다. 그때 육군 참모 한 사람은 "나는 개인적으로 이승만 박사를 참 존경한다. 하지만 역사는 그에게 등을 돌렸고 조롱했으며 그에 대한 신임을 잃었다. 지금까지 전개된 모든 사건의 목격자로서 나 또한 속이 메스껍다."라고 말했다.

이 모든 현상의 배후에는 미국이 불어넣은 입김이 있었다. 초반에 미국 정부 고위 관료들은 여전히 냉전에 깊이 연루되어 있었으며 한국 정부가 독재적인 방향으로 기울어지기를 계속 바랐을 것이다. 하지만 미국에는 다른 영향력도 있었다. 미국에서 유학한 젊은 한국인들 중 상당수는 자신들도 나라에 충성하는 시민인 동시에 자유를 만끽하는 사람이 될 수 있다고 생각했다. 그들은 국가에 대한 충성이란 원래 복잡한 것이어서 국가를 사랑하면서도 정부의 특정 행동에 반대하는 행동이 가능하다고 배웠다. 그리하여 남한에서는 1970년대 후반에 들어와서 본격적인 민주화 운동이 진행되기 시작했다. 당시에는 이러한 움직임을 제대로 이해하는 사람이 거의 없었다. 어떻게 보면 아무도 기대하지 않았고 준비하지 않은 가운데 우연히 넘어졌다 일어나보니 예전보다 더 많은 자유를 허락해주는 사회로 탈바꿈한 것 같았다는 말이 나올 정도였다. 수많은 젊은이가 자신의 능력을 굳게 믿었고 더 큰 규모의 번영을 누리기 위해서는 더 많은 자유를 얻어내야 한다고 확신했다. 초대 선교사들이 한 세기 전에 눈 여겨 본 한국인의 재능과 야망, 곧 꾸준한 노력, 엄격한 자제력, 더 높은 교육 열기는 이제 국가적인 규모로 나타나고 있었고, 이는 독특한 역동성을 만들어냈다. 한국 사람들이 더 나은 삶의 가능성을 느끼자 그들을 멈추게 할 수 없었다.

처음에는 정부가 이러한 신흥 세력의 움직임을 저지하려고 시도하기도 했지만 그들이 이룩한 성공을 보고 곧 그러한 시도를 중단했다. 경제가 살아날

수록 더 많은 서민들이 자신감을 얻었고 경제적으로나 정치적으로 그들이 거둔 성공의 열매를 함께 공유하려는 욕구도 강해졌다. 정부로서는 좀처럼 이해할 수 없는 상황이 곧이어 발생했다. 갈수록 높아지는 기대치 때문에 전국적인 규모의 시위가 벌어졌다. 처음에는 대학 및 학생들을 위주로 정치적 자유화를 요구하는 압력이 강했으나 곧 노동조합들과 일반 중산층 시민들도 여기에 합류했다. 1980년대 후반 아시아·태평양 담당 국무차관보 게스턴 시거 (Gaston Sigur)는 "1987년까지 한국은 돌이킬 수 없는 변화를 겪었다."라고 설명했다. "중산층에게 사회 변혁을 이끌어가는 실권이 넘어갔다. 더 이상 아무도 이들을 얕잡아볼 수 없었다. 정부가 감당해야 할 대상은 소수의 좌파 학생들이 아니었다. 이들이 시위대의 앞자리를 차지하고 있긴 했지만 이들의 뒤를 봐주는 것은 다름 아닌 중산계층이었다." 결국 믿을 수 없을 정도로 짧은 시간에 남한은 역동적이며 아주 생산성이 높고 더할 나위 없이 성공적인 민주주의 체제로 전환하는 데 성공했다. 진정한 민주주의 방식에 의거하여 대통령에 당선된 노태우와 같은 당 소속이었던 한 정치가는 프랭크 기브니에게 이렇게 말했다. "적어도 근대 역사에서 전체주의 체제를 자력으로 단숨에 민주주의 체제로 바꿔놓은 나라는 한국 외에는 찾을 수 없을 거라고 생각합니다." 남한이 이런 성공을 거두는 것이 가능했던 이유는 정치적으로 최고 권력을 쥐고 있던 세력이 사회 중산층과 최하층의 필요와 욕구에 마지못해서라도 관심을 기울일 수밖에 없었기 때문이다.

한국에서 싸운 미국인과 다른 나라 사람들은 대부분 자국에서 인정받지 못했다. 또 그들은 한국에 있을 때 특별히 한국을 좋아하지 않았지만, 한국의 국가적 성공은 그들과 돌아오지 못한 전우들의 희생에 늦게나마 가치를 인정했다. 한국이 성공 전까지는 느끼지 못했던 정당성과 명예를 그들에게 부여했다.

사실 그들은 이런 감정을 오랫동안 혼자만 간직하고 있었다. 그들이 한국전쟁에서 본국으로 돌아왔을 때에는 아무도 그곳에서 벌어진 전투에 대해 묻지 않았다. 그들은 가족은 물론이고 절친한 친구들에게도 한국전쟁에 대해 별로 이야기를 꺼내지 않았다. 설령 그런 이야기를 꺼내려 해도 아무도 이해하지 못했고 더 심한 경우에는 이해하려는 노력조차 하지 않았다. 아이들은 그저 자기 아버지가 전쟁에 참전한 사실이 있다는 것 외에는 아무것도 모른 채 성장했다. 어느 부대 소속이었으며 실제로 어느 전투에 참전했는지는 베일 속에 가려 있었다. 아이들은 그저 아버지가 좀처럼 전쟁 얘기를 해주지 않는다며 투덜거릴 뿐이었다.

이처럼 한국전쟁의 진실은 오랫동안 감추어져 있었다. 하지만 이들은 자기들이 수행한 임무와 그 중요성을 잊지 않았다. 그들은 한국전쟁에 참전했다는 사실과 그처럼 열악한 조건 속에서도 승리를 거둔 것에 대해 아주 자랑스러워했다. 그곳에서 유명을 달리한 전우들은 여전히 기억 속에 살아 있었지만 참전 용사들이 모인 자리에서나 추모하는 정도였다. 그로부터 50년이 넘는 세월이 흘렀지만 한국전쟁 참전은 그들의 인생에서 가장 잊을 수 없는 경험으로 자리 잡았다. 사실 참전 용사들 중 상당수는 아마추어 역사가라고 해도 손색이 없을 정도로 변모했다. 인생의 황혼기를 맞은 그들은 자식들이나 손자들의 성화에 못 이기는 척하며 당시의 추억을 담은 책을 집필하여 개인적으로 발간하거나 간단히 복사하여 철해놓기도 했다. 놀랍게도 그런 기록을 남긴 사람들 모두 저마다 할 말이 어찌나 많은지 한국전쟁에 관한 작은 도서관을 하나 채우고도 남을 정도였으며 벽에 걸린 커다란 한국 지도에는 전투지역이 정확히 표시되어 있었다. 하지만 그런 공간들은 그들의 기억이나 경험과 마찬가지로 외부인들에게는 철저히 봉쇄되고 단절되어 있었다. 함께 전장에 나갔던 사람들 외에는 아무도 그들이 왜 그곳에서 싸웠는지 그리고 왜 그 당시에는 그 전투가 중요했는지 합당한 존중심을 가지고 이해하려 하지 않았다. 경험에서 가장 중요한 부분 중 하나인 타인의 눈에 비친 타당성이 마치 누군가에게 도둑맞은 기분이었다.

그러나 참전 용사들은 서로 같은 화젯거리를 가지고 있으며 그들끼리는 언제나 말이 통한다는 이유로 남다른 끈끈한 우정을 오랫동안 간직했다. 처음에는 전화나 편지를 주고받았으며 인터넷이 등장하자 세월이 흐르면서 연락이 끊긴 전우들을 다시 찾아내어 손을 내밀기도 했다. 이들은 동기회 모임을 매우 소중히 여겼으며 사단 및 연대에서 나오는 뉴스레터와 연례 모임에도 진지하게 참여했다. 기존에 가까이 지내던 사람들 사이의 우정이 지속된 것은 물론이고 비슷한 지역에서 싸웠지만 당시에는 서로 몰랐던 사람들끼리 뒤늦게 친구가 되기도 했다. 연례 모임에서는 다들 소규모 그룹으로 모여 앉았다. 주로 특정 전투에 함께 참전했던 사람들끼리 모여서 반세기라는 세월에 묻혀 희미해져가는 기억을 더듬곤 했다. 제2사단 9연대 전방 관측장교였던 딕 레이볼드는 우스갯소리로 이런 말을 했다. "그 모임에 가면 지난 50년 동안 애써 잊으려 했던 기억을 굳이 되살리느라 안간힘을 써야 해요."

시간이 흐르자 몇몇 참전 용사들은 다시 한국을 방문하기도 했다. 처음에는 몇 명 되지 않았지만 차차 한국을 다녀온 사람들의 숫자가 늘어났고 결국에는 서로 시간을 맞춰 단체 여행을 떠나기도 했다. 이들은 낙동강방어선전투에서 자기들이 싸웠던 특정 지역이나 지평리 같은 특별한 전쟁터를 찾았다. 하지만 군우리 근처나 '시련의 길'처럼 끔찍한 패배를 겪었던 지역은 이제 38선이 가로막고 있어서 가볼 수 없었다. 참전 당시에는 끔찍하게도 한국을 싫어했던 이들 대다수는 다시 한국을 찾은 후로는 새삼 이 나라에 대한 애정이 샘솟는 것을 느꼈다. 우선 그들은 남한이 몰라보게 큰 발전을 거듭하면서 현대적인 면모를 갖춘 것에 큰 감명을 받았다. 또한 사람들이 보여준 감사의 태도 역시 그들의 마음속 응어리를 풀어주었다. 그들이 보여준 태도는 고국에서도 경험하지 못한 따스한 환영이었다. 엄밀히 따지면 휴전으로 끝났기 때문에 한국전쟁에서 승리했다고 말할 수는 없었다. 그러나 냉전 중에 기존의 국경선을 넘었고 그 후 다시는 그런 일이 없었다는 점에서 이들은 자부심을 느끼기도 했다.

여러 해 동안 민주당은 정치적으로 엄청난 타격을 입었고 그 여파로 인해 한동안 민주당은 물론 미국 전체가 혹독한 값을 치러야 했다. 돌아보면 트루먼 정권에 반대했던 세력이 아주 많았는데 한국전쟁이나 장제스 정권의 몰락 때문만은 아니었다. 나라 안팎으로 신경 써야 할 사건들이 너무 많아서 서서히 지쳐갔고 도무지 어찌할 수 없는 무력감이 민주당에게 드리워졌다. 1952년을 기준으로 그동안 민주당은 경제적으로나 정치적으로 큰 성공을 거둔 것도 사실이지만 세계대전이 끝난 후 7년간 하루도 마음이 편할 날이 없었다. 미국 정부, 아니 미국 전체가 영원한 적수로 우뚝 선 공산주의자들과의 전쟁에 휘말리면서 세계대전에서 승리한 기쁨보다는 근심에 짓눌려 살았다. 따라서 미국인들이 1952년을 기점으로 뭔가 새로운 변화를 기대한 것도 당연했다. 그러나 민주당은 그 시절을 거치면서 배운 교훈이 계속 머릿속에 남아 혈액을 타고 흘러 다니는 양 자꾸만 방어적인 태도를 보이며 현상을 타파하지 못했다. 그 틈에 공화당은 흐루쇼프나 그의 후계자들에게 당당히 맞설 수 있는 정당은 자기들뿐이라고 큰소리쳤다. 이런 분위기 속에 국가 안보 체제에도 변화가 일어났다. 진짜 공산주의자들의 위협이 있었지만 국내 정치와 너무 깊이 뒤엉키는 바람에 공산주의자들의 위협이 어느 정도인지 정확히 가늠하기가 어려웠다. 민주당은 중국 문제로 너무 큰 타격을 받은 나머지 이후 10년간 정계의 가혹한 시련을 뚫고 나올 기력도, 지금까지 왜 이렇게 상황이 복잡해졌는지 해명할 기력도 없는 것 같았다. 민주당에게 중국은 치명적인 아킬레스건이 되었다. 하지만 한국전쟁이 잊히자마자 곧 더 큰 문제에 봉착하고 말았다. 바로 한국전쟁 이후 떠오른 더 광범위한 질문을 간과했던 것이다. 미국은 중대하고 순수한 국가 안보 문제를 갈수록 힘을 더해가는 극단적으로 단순화한 반공산주의에 대한 웅변술로부터 분리할 수 있을 것인가? 미국이 진정으로 국가 안보를 위협하는 것이 무엇인지 분별할 수 있을 만큼 현명한가? 민주당의 아킬레스건 때문에 미국은 결국 베트남 전쟁이라는 난국으로 끌려 들어갔고 중국 문제에서 실패한 탓에 제2차 세계대전 후 유럽을 안정시킨 민주당의 공로는 대부분 무시됐다.

1952년 선거에서 냉전은 여전히 중대한 정치적 이슈였다. 실제 세력 대결의 관점에서 볼 때 대략적인 윤곽은 이미 드러난 상태라 더 이상 유럽을 놓고 소련과 줄다리기를 할 필요도 없었다. 당시 유럽에서 미국이 기독교와 민주 자본주의를 갈망하는 민족주의의 인상을 풍길 때 소련은 잔인한 경찰국가들로 불행한 위성 국가들을 괴롭히며 원하는 바를 무력으로 실행에 옮기는 등 제국으로서 권력을 행사했다. 이제 전장은 제3차 세계대전으로 번질 조짐을 보였다. 토착 세력들은 서방 식민 체제 혹은 신(新)식민지주의 체제에 맞서고자 봉기했고 이를 위해 종종 공산주의자들에게 도움을 청하거나 무기 지원을 받았다. 그러나 이런 일들이 벌어지는 국가들은 순수한 지정학적 입장에서 볼 때 그리 중요한 위치도 아니었고 세력 균형을 바꿀 수 있는 위치도 아니었다. 조지 케넌은 이런 국가들이 미국의 실익이라는 관점에서 볼 때 그리 중요하지 않으며 소련과 지역 공산주의 정부 사이에 필연적인 충돌이 발생할 거라고 확신했다. 영국이나 프랑스는 새로운 시대에는 식민지를 유지하려고 애써봤자 이득이 없다는 걸 깨닫고 서서히 식민지에서 철수하기 시작했으며, 반공산주의라는 기치 아래 미국이 끼어들자 놀라는 눈치였다.

민주당도 변화를 거듭하는 역동적인 정치 상황에 서서히 적응하기 시작했다. 1960년이 되자 그동안 있었던 수많은 문제와 이해할 수 없었던 상황들이 존 F. 케네디의 모습에 완벽하게 투영되었다. 그는 민주당에서 가장 주목받는 인물로 똑똑하고 매사에 신중했으며 근래에 보기 드문 현대 정치가의 면모를 고루 갖추고 있었다. 그의 정치 열정은 차가운 지성과 결합되어 있었기 때문에 새로운 시대에 잘 어울리는 인물로 평가되었다. 핵무기를 중심으로 형성된 새 시대에는 열정이 넘치는 지도자보다는 차가운 지성을 겸비한 지도자가 필요했다. 모든 문제를 이성적으로 해결하려 했던 케네디는 이런 시대에 딱 맞아 보였다. 그는 뉴딜 시대에서 냉전 시대로 넘어오면서 민주당 안에 존재했던 여러 가지 충돌을 반영하기도 했다. 이전 후보였던 아들라이 스티븐슨(Adlai Stevenson)보다 훨씬 강경한 입장을 고수하여 민주당 후보가 공산주의에 온건한 입장을 보인다는 비난도 면할 수 있었다. 호전적인 성향이 강한 저널리스트 조지프 올솝은 1960년 선거 운동 중에 케네디를 가리켜 "정말 멋지군요! 총을 든 스티븐슨이네요."라고 말하기도 했다.[1] 1960년 선거에서 케네디를 앞세운 민주당은 경쟁자인 리처드 닉슨보다 피델 카스트로(Fidel Castro)에게 훨씬 강경한 입장을 보였다. 피델 카스트로는 아이젠하워의 재임 기간에 쿠바를 제압한 정치가였다. 당시 쿠바는 폭력적이고 단순무식한 대통령이 과연 성공할 수 있는가를 보여주는 일종의 시험대였다. (1960년 선거 운동 당시 민주당 부통령 후보였던 린든 존슨은 미국 남부를 돌며 카스트로를 어떻게 다뤄야 하는지 안다고 떠벌렸다. "피델 카스트로요? 우선 데려다 깨끗하게 씻기고 면도를 해줄 겁니다. 그러고 나서 흠씬 때려주면 분명 제정신이 돌아올 거예요.") 바로 그 시점에 케네디는 공화당 때문에 소련과 미국 간에 '미사일 갭'이 생겼다고 비난했다. 공산주의에 미온적인 태도를 보이며 나라 전체를 핵전쟁에 대한 공포로 몰아넣는 책임은 민주당이 아니라 공화당에게 있다는 생각을 심어주려는 의도였다. 실제로 미국과 소련 간에는 '미사일 갭'이 있었다. 하지만 그 격차는 미국이 2천 개의 미사일을 가지고 있는 데 반해 소련은 67개에 불과하여 미국이 한참 앞서 있었다. 그러나 공화당은 여기에 적절한 대응을 하지 못했고 실제 군사력보다 훨씬 높은 평가를 받고 기분이 좋아진 흐루쇼프는 케네디의 잘못된 정보를 바로잡으려 하지 않았다.[2]

사실 케네디는 대만을 진짜 중국으로 보는 민주당의 대(對)중국 정책이 말이 안 된다고 생각했고 가까운 측근들에게 자기 생각을 털어놓기도 했지만 그걸 고치기 위해 굳이 정치적인 위험을 감수할 생각은 없었다. 적어도 자신의 첫 임기 동안은 그런 시도를 하지 않을 작정이었다. 하지만 사적인 자리에서는 듣는 사람이 놀랄 정도로 솔직한 입장을 밝혔다. 솔직함이야말로 케네디의 가장 큰 매력이었고 그 때문에 현실적인 정치가라는 좋은 평판을 쌓기도 했다. 하지만 공식적인 자리에서는 절대로 경솔하게 행동하지 않았다. 그래서 케네디를 사적으로 알게 된 사람들은 그를 더욱 좋아했고 소심한 사람이라고 생각하는 대신 굉장히 현실적인 사람이라고 평가했다. 케네디는 선거가 끝나자 당분간은 중국에 대해 어떤 말도 하지 않겠다고 선언했다. 대(對)중국 정책을 다시 짜겠다고 약속했던 자유주의 정책 고문들에게도 예외는 아니었다. 두번째 임기를 맞이하면 생각해보겠다는 얘기였다. 이 외에도 두 번째 임기가 시작될 때까지 미뤄진 사안은 너무 많았다.

케네디 정부는 출범하는 순간부터 전투태세, 엄밀히 말하자면 방어태세를 갖춰야 했다. 닉슨을 누르고 당선되긴 했지만 표 차이는 10만 표 정도밖에 되지 않았기 때문에 마음을 놓을 수 없었다. 대통령직에 오른 케네디는 CIA와 손을 잡고 쿠바 침공을 위해 공산주의에 반대하는 쿠바 망명자들을 조직하여 무장시키고 훈련시켰다. 이 병력을 쿠바 해안에 상륙시켜 카스트로를 무너뜨릴 생각이었다. 그러나 군대가 아니라 CIA가 실시한 피그스 만 침공은 예상대로 크게 실패하고 말았다. 이 사건으로 케네디는 정치적으로 아주 곤혹스런 입장에 빠졌고 한층 더 방어적이 될 수밖에 없었다. 두 달 후 케네디는 비엔나에서 흐루쇼프와 정상 회담을 가졌는데 피그스 만 침공이 케네디의 결정적인 약점을 드러낸 것이라 판단한 흐루쇼프는 케네디를 제대로 곯려주기로 마음을 먹었다. 베트남은 서구와 공산주의 진영이 실제 총탄으로 맞붙은 유일한 곳이었고, 케네디 대통령은 흐루시초프에게 강인한 모습을 보여주기 위해 베트남 전쟁을 확대하기로 결정했다.

그러나 베트남과 관련해 큰 미해결 문제가 하나 있었다. 중국 문제를 제대로 다루지 못한 민주당은 중국을 잃었다는 비난을 받아왔다. 그런 민주당이 베트남에서 같은 함정에 빠지지 않을까? 행정부에서는 아무도 중국에 대해 논의조차 하지 않았다. 중국처럼 베트남을 또 공산주의자들에게 잃어버리면 책임을 묻게 될지도 모른다는 것은 그들에게 시급한 질문이었다. 그래서 그들은 선을 긋기로 했다. 중국에 대한 그들의 정책은 기본적으로 침묵이었다. 그러나 중국과 베트남은 같은 동전의 양면이었다. 두 나라 중에서 중국은 이미 끝난 일, 사망한 정책이었고, 베트남은 진행 중이거나 더 정확히는 자라고 있는 비극이었다. 두 나라는 같은 정치적인 힘에 의해 서로 연결되어 있었다. 베트남에서 공산주의-민족주의 세력이라는 진정한 도전 과제를 다룰 수 없었던 이유는 중국에서 같은 세력이 승리한 이유를 다룰 수 없었기 때문이었다. 자신들의 것이었던 적이 없는 또 다른 아시아 국가 베트남을 잃고 싶지 않은 사람들은 대부분 미국의 중국 정책을 이 마비시켰던 사람들과 동일했다. 새 행정부 사람들은 시대에 뒤떨어진 덜레스 정책을 바꾸는 문제에 대해 자신감으로 가득 찼다. 그들은 가장 뒤떨어진 인물들을 해고하고 공산 중국의 유엔 가입을 저지하는 싸움을 계속하기로 결정했다. 중국 문제에 관한 한, 케네디는 그 정부에서 일했던 저명한 중국 전문가 앨런 파이팅이 말했듯이 "신중함의 모범"이었다.[3]

1961년 어느 여름날 케네디는 하이애니스포트 자택에서 유엔 대사 아들라이 스티븐슨, 국제기구 담당 국무차관보 할런 클리블런드(Harlan Cleveland), 역사가 아서 슐레진저를 만났다. 중국의 유엔 가입 문제가 화두로 떠오르자 케네디는 이들과 함께 전의를 확실히 다지는 것이 좋겠다고 생각하고 아내에게 칵테일을 부탁했다.[4] 스티븐슨이 의아하다는 표정을 짓자 케네디는 적어도 중국과 맞서기 전에 일 년 이상의 시간을 벌어야 한다고 이야기했다. 적어도 그해에 행동을 개시해서는 안 된다는 의미였다.

몇 주 후에 케네디는 다시 회의를 열었다. 이번에도 스티븐슨, 슐레진저, 국가 안보 보좌관 맥조지 번디(McGeorge Bundy), 국내 정치 수석 고문이자 연설문 작성자 테드 소렌슨(Ted Sorenson)이 함께 모였다. 이번에도 중국 문제가 거론되었고 케네디는 중국을 유엔으로부터 밀어내는 실제적인 책임을 맡고 있는 스티븐슨이 아주 어려운 상황에 처했다고 말했다. "자네는 이 세상에서 가장 어려운 임무를 맡고 있네. 대만이 중국을 대표한다는 건 말이 안 되지만 우리가 이번 싸움에 밀려서 공산주의자들이 세운 중국이 유엔을 점령한다면 자네나 나는 이번 임기를 끝까지 채울 수 없을 걸세. 올해는 무슨 수를 써서라도 중국을 확실하게 눌러야 해. 내년에는 선거가 있으니 다른 시도를 해볼 수 있겠지. 하지만 선거가 끝날 때까지는 중국이 유엔에 가입하지 못하게 무조건 막아야 하네. 그러니 올해까지는 무슨 수를 쓰더라도 자네가 그 일을 맡도록 하게. 자네 권한으로 가능한 한 모든 수단과 방법을 동원하게." 스티븐슨은 그렇게 중국을 막는 것이 딱 일 년뿐인지 아니면 영구적인지 되물었다. 케네디는 최소한 일 년이라고 대답했다. 케네디는 장제스에게 중국이 유엔에 가입하는 문제로 미국 정계를 떠들썩하게 만들고 싶지 않다고 직접 말할 참이었다. 그러고 나서 자기가 중국 우선주의자들(헨리 루스, 월터 저드, 로이 하워드)을 어떻게 설득할 것인지 설명한 자료를 제시했다. 당시 그의 말을 듣던 사람들은 평소에 침착하고 현실적이던 케네디가 잠깐 정신이 나간 건 아닌가 하는 생각이 들었다. 중국 우선주의자들은 장제스 문제만 나오면 귀를 쫑긋 세웠지만 대통령에 당선된 케네디는 이들의 존재를 제대로 파악하지 못하고 있었다. 대통령이 다정한 말투로 전화를 건다고 해서 이들이 태도를 바꾼다는 건 도저히 상상도 할 수 없는 일이었다.

1961년 가을이 저물어갈 무렵 케네디는 베트남 전쟁에 뛰어들기로 결정했다. 이미 전쟁이 시작되긴 했지만 게릴라전 위주라서 별로 이목을 끌지 못했다. 베트남 남부에는 미군 군사 고문이 600명밖에 없었다. 처음에는 군사 고문이나 제한된 병력을 보내주는 수준이었다. 1963년 초반까지 파견된 병력은 모두 합쳐서 17,000여 명 정도였다. 하지만 지리적으로는 상당히 위험 부담이 큰 지역이었다. 처음에는 비교적 제한적인 도움을 주는 듯했으나 케네디가 갈수록 지원군을 늘리는 바람에 미국 깃발이 베트남 전역에 세워졌다. 당시 뿌리 깊은 반미 감정 때문에 미국은 직접 나서서 전세를 조정하지 않았다. 거대한 능력을 갖춘 미국이 모든 걸 쥐락펴락할 수 있으리라 생각했지만 시간이 흐를수록 미국의 영향력은 사그라졌다. 예전 프랑스의 선례를 따르는 분위기였다. 저널리스트 겸 역사가로 베트남에서 죽음을 맞은 버나드 폴(Bernard Fall)은 "미국은 지금 예전 프랑스와 똑같은 행보를 보이고 있다. 그러나 지향하는

바는 전혀 다르다."라고 말했다.[5]

　케네디가 베트남 전쟁 참전을 결정한 것은 사실상 국내 정치 상황에 떠밀린 결과였다. 중국을 잃었는데 또 다른 나라를 공산주의 세력에 잃을 수는 없었다. 특히나 실제로 전쟁이 한창 진행 중인 나라이니 더더욱 발뺌할 구실이 없었다. 미국은 차차 지원군을 늘려가면서 베트남 남부를 공산주의 세력으로부터 보호하는 것이 이번 참전의 주된 목적이라고 거듭 강조했다. 하지만 사실 이는 명목상의 이유에 불과했고 실제로는 국내 정치에서 더 이상 밀려나지 않으려는 발버둥이었다. 냉전이 몰고 온 국내 정치의 변화를 가장 잘 보여주는 것이 베트남 전쟁 참전이었다. 그 어떤 식민지주의 국가도 용납하지 않겠다던 미국의 예전 모습은 온데간데없었고 새로운 형태의 반공산주의가 버젓이 자리 잡았다. 민주당 외교정책 고문으로 전통주의자에 유럽 우선주의자였던 딘 애치슨은 중국 국민당의 몰락으로 타격을 입고 새로운 시대에 강경파들을 이끄는 선봉에 섰다. 트루먼 정부 때부터 함께했던 동료들은 애치슨의 호전적인 태도에 놀라지 않을 수 없었다. 트루먼 정부에서 일했던 조지 엘시는 나중에 이렇게 말했다. "딘 애치슨을 용서할 수 없는 건 베트남에 대한 입장을 갑자기 바꿨다는 겁니다. 그래서는 안 된다는 걸 잘 아는 사람이 오랜 세월 자기를 비판했던 우파들과 똑같이 굴지 뭡니까."[6] 애치슨은 케네디 정부에서 온건파로 알려진 스티븐슨이나 체스터 바울즈(Chester Bowles), 조지 케넌 같은 사람들에게 아주 적대적인 태도를 보였다. 마치 자신의 오랜 동료였던 케넌을 골탕 먹이는 데 재미를 들인 것 같았다. 결국 두 사람은 갈수록 사이가 멀어졌다. 케네디가 케넌을 유고슬라비아 대사로 임명하자 애치슨은 친구들에게 "이제 티토는 운동회를 열어서 물러빠진 조지 케넌의 마음을 달래느라 땀 좀 흘리겠군."이라고 말했다.[7]

　케네디 정부는 베트남 전쟁에 더 깊이 관여하면서 극도로 위험한 실수를 저지르고 말았다. 단기적인 이득에 눈이 먼 나머지 정치적 필요에 따라 진실을 왜곡했던 것이다. 1964년 선거가 시작될 때까지 어떻게든 시간을 벌려는 심산이었다. 당시 미국은 베트남 땅에 미국 국기를 더 깊숙이 찔러 넣었으므로 더 나은 성과를 얻어내야 한다는 강박관념에 시달렸다. 모든 것은 눈에 보이는 현상에 따라 평가된다는 식이었다. 케네디 정부는 하루빨리 가시적인 결과를 얻는 데만 열중했다. 하지만 그들의 작전이 딱 맞아떨어지지 않았기 때문에 아무런 결과도 나오지 않았다. 단 하나도 건질 것이 없었다. 그러자 케네디 정부는 이번 실패를 보상하기 위해 더 큰 일을 벌이기에 이르렀다. 아주 커다란 거짓말 기계를 만들어 하나는 워싱턴에 두고 또 하나는 사이공에 갖다 놓았다. 이 기계는 전장에서 들어온 보고 중에서 비관적인 것은 자동적으로 거부하고 진실을 말하려는 사람들을 강력히 처벌하는 반면, 스스로 있지도 않은 승리와 성공에 대한 망상을 만들어냈다. 그야말로 본격적으로 자신을 기만하는 연습을 하는 꼴이었다. 이 때문에 베트남 전쟁의 실제 전황은 무려 3년이나 지연된 끝에 워싱턴 정부에 전달되었다. 정부에 대한 신뢰도가 차차 무너지기 시작한 것은 당연한 결과였다. 그렇게 3년을 허비하면서 미국은 베트남에 대한 투자가 원하는 결과를 낳고 있는지 판단하고 합리적인 결정을 내릴 능력을 상실하고 말았다. 결국 1963년 11월 존 케네디 대통령은 암살되었다.

다음 임기에서는 지금까지 그어둔 한계선을 넘어 전투부대를 파견하려 했지만 무용지물이 되고 말았다. 케네디의 선임자들은 중국이라는 무거운 짐을 케네디에게 넘겨주었고 이제 그는 차기 대통령에게 베트남 전쟁이라는 무시무시한 덫을 전수하기에 이르렀다. 케네디는 항상 약간 냉소적인 유머를 구사했다. 어느 날 국가안보회의에서 이전 정권이 넘겨준 몇 가지 골칫거리에 대해 논의하고 나오는 길에 그는 이렇게 말했다. "이왕 이렇게 된 거, 우리도 다음 정권에 숙제를 잔뜩 넘겨주면 억울할 것도 없겠네."[8]

그의 말대로 억울한 처지에 놓인 차기 대통령직은 린든 존슨에게 돌아갔다. 하지만 아무도 그를 동정하거나 불쌍히 여기지 않았다. 특히 과거에 린든 존슨에게 호되게 당했거나 선거 직전에 아부와 아첨의 대상이 되었으나 결국 찬성할 의사가 전혀 없는 문제를 지지하도록 강요받은 사람들은 더더욱 존슨을 차갑게 대했다. 그는 케네디 정부로부터 베트남 전쟁이라는 숙제를 물려받았다. 1963년 가을에 이미 베트콩은 전쟁의 승리를 확정한 것이나 다름없었다. 미국은 베트남이 지정학적으로 굉장히 중요한 곳처럼 보이게 하려고 이미 3년이라는 긴 세월을 보낸 상태였다. 하지만 정부 고위 관료들은 그런 노력이 모두 허사라는 것을 알고 있었다. 존슨이 대통령이 될 무렵 이미 미국이 베트남 전쟁에 발을 들여놓았고 이제 와서 잔인하게 등을 돌린다면 미국의 위신이 떨어지기 때문에 지원을 계속해야 한다는 주장이 제기되었다. 일부 미군 장교들이 지난 3년간 미국이 베트남에서 어떤 성과를 올렸으며 베트남이 지정학적으로 어떤 의미가 있는지 약간 냉소적인 어투로 설명했다. 그들의 말한 마디 한 마디가 모여서 결국 아직 승산이 있는 베트남 전쟁에 미국이 더 많이 지원해야 할 이유가 충분하다는 결론을 도출했다.

린든 존슨은 케네디와 다른 점이 많았다. 케네디는 (사적인 자리에서) 유럽의 강경한 공산주의와 제3세계의 민족주의에 기반을 둔 공산주의를 구분했지만 존슨은 그러지 않았다. 그는 케네디와 달리 미국을 제외한 나머지 국가들은 모두 자신과 아주 멀리 떨어져 있는 존재로 여겼다. 1964년 선거에서 존슨은 압도적인 지지를 받으며 당선되었다. 그는 자신에게 집중된 권력을 가능한 한 빨리 국내 문제를 처리하는 데 사용하려고 노력했다. 아마 케네디였다면 외교정책에 더 신경을 썼을 것이다. 존슨은 국내 정책에 직접적으로 영향을 끼치지 않는 한 외교 문제에 큰 관심을 보이지 않았다. 외교정책 분석가로 유명했던 필립 제이일린(Philip Geyelin)은 존슨이 곧 무너질 거라고 예상하면서 1965년에 의미심장한 말을 남겼다. "중요한 것은 린든 존슨이 정말 꼭 필요한 경우가 아니고서는 도무지 세계정세에 눈을 돌리지 않는다는 사실이다."[9]

그는 베트남이 작지만 무서운 나라로 미묘한 힘을 가지고 있다는 사실을 전혀 이해하지 못했다. 베트남은 과거에 거대한 중국을 밀어냈고 최근에는 프랑스 세력도 몰아내는 쾌거를 이뤘다. 하지만 존슨에게 베트남은 여전히 가난한 저개발국에 불과했다. 베트남에서 역사는 곧 운명이었다. 이번에 반대편에 선 양측은 프랑스 침략자들을 함께 몰아낸 혁명의 영웅들이었다. 하지만 미국은 이 사건을 혁명으로 인정하지 않았다. 사실 남베트남군으로 서방 세력과 손을 잡고 싸우던 지도층도 과거 혁명전쟁 중에는 모두 베트남 국민들과 합심하여 프랑스군에 함께 맞섰던 인물들이었다. 북베트남군 지휘관들은 노련하고 용감하며 자신만의 정치·군사 전략을 가지고 있다는 점에서 마오쩌둥과 그 측근들을 연상시켰다. 일단 이들과 맞붙어보면 절대로 이들의 전투력이나 인내심을 과소평가할 수 없었다. 초반에는 워싱턴에 머무는 정부 고위 관료들이 남베트남군을 지휘했다. 이들과 맞서 하노이를 사수하려 했던 베트민은 항상 미국보다 한발 앞서 행동하며 별다른 손실 없이 전투를 계속했다. 결국에는 미국 측이 큰 손실을 입고 스스로 포기하면서 전쟁은 끝이 났다.

1964년에 존슨은 베트남 전쟁에 대한 최종 결정을 내려야 했다. 당시 존슨은 크게 세 가지 요인 때문에 호전적으로 변해갔는데 첫 번째는 존슨 자신의 이미지 때문이었다. 그는 도전을 받아도 물러서지 않는 강한 이미지를 만들어야 할 필요성을 느꼈다. 주위의 크고 작은 위협을 모두 자기 자신에 대한 개인적인 위협으로 받아들인 그는 남자답게 대처하는 모습을 보여줘야 한다고 생각했다. 존슨은 대통령이 되자마자 케네디의 언론 담당관이었던 피에르 샐린저(Pierre Salinger)에게 그가 할 일은 바로 자신이 텍사스 출신답게 당당하고 강한 이미지를 갖게 도와주는 거라고 말했다. 그는 반란을 일으켜 도미니카 공화국의 정권을 잡은 세력에 대해 맥조지 번디에게 이런 말을 남겼다. "그 못된 놈에게 이렇게 말해주라고. 이전의 젊은 미국 대통령과 달리 나는 그런 꼴을 절대 그냥 두고 보지 않을 거라고 말이야."

두 번째 요인은 존슨 자신도 의식하지 못하는 사이 깊이 뿌리박힌 미국 우월주의였다. 사실 수많은 미군 장교들도 한국전쟁 초반에 이런 사고방식에 걸려 넘어졌다. 아시아인은 덩치가 작은 데다 산업 발전이나 기술 발전이 뒤처지고 세계 여러 지역 중에서도 특히나 별 볼일 없는 지역 출신이므로 감히 미국의 기술이나 미국 군대에 맞설 상대가 못 된다는 식이었다. 확실히 한국전쟁에서는 그런 우월주의 때문에 미국이 큰 손해를 입었다. 특히 전쟁 초반에는 인민군의 저력을 깔보다가 허를 찔렸고 나중에는 맥아더가 중공군을 얕잡아보았다가 아주 호되게 당했다. 국가안보회의에서 존슨은 베트남을 가리켜 "구질구질하고 미개하며 가장 볼품없는 곳"이라고 말했다.[10] 종종 그는 에드워드 알몬드처럼 아시아인을 '세탁업자'라 칭하며 비아냥거렸다.

베트남 파병에 대한 최종 결정을 내려야 할 때가 다가오자 베트남인들에 대해 이야기할 때마다 존슨의 마음속에 있던 인종차별주의가 그대로 묻어나왔다. 그는 베트남인들이 멕시코인들처럼 별 볼일 없는 민족이라서 무력으로 제압하면 시키는 대로 고분고분 행동할 거라고 생각했다. 자기가 이미 멕시코인들을 상대해봤기 때문에 그런 종류의 사람들을 꽤 잘 안다고 자부했고 감히 그들이 자신의 뒤통수를 치는 일은 있을 수 없다고 말했다. 그가 생각하기에 멕시코인들은 일단 누구 말을 들어야 할지를 알려주면 고분고분한 편이었다. "하지만 감시하는 사람이 없으면 언제든 주인의 물건을 함부로 뒤지고 심지어 주인에게 반기를 드는 일도 서슴지 않는 놈들이야. 그러고는 다음 날이면 또다시 맨발로 남의 집 현관 앞에서 어슬렁거리지. 집주인이 잠시만 기다리라고 하면 좀 기다렸다가 주는 음식을 받아 가고 그걸로 끝이야. 또 나타나서 말썽을 부리는 법은 없어."[11]

가장 중요한 마지막 요인은 린든 존슨이 언제나 정치적인 관점에서 결론을 내렸기 때문이었다. 그 점이 사실 가장 중대한 사안이긴 했지만 존슨은 이번에 심각한 판단 착오를 범했다. 그는 앞날을 내다보지 못하고 과거에 쓰던 정책을 그대로 고집했다. 대통령 선거에서 베리 골드워터(Barry Goldwater)라는 만만치 않은 적수를 상대로 압도적인 승리를 거둔 존슨은 승리의 의의를 확대 해석하고 말았다. (존슨이 당선된 것은 동양인들이 직접 알아서 처리해야 할 문제 때문에 조국의 귀한 젊은이들을 먼 타국에 보내 희생시키는 일은 없을 거라는 공약 덕분이었다.) 정치가로서 베트남 전쟁을 고민하면서 그는 장제스 정권의 몰락이 불러온 정치적 파동을 떠올렸다. 특히 두 지역에서 강렬한 반응이 일었는데 먼저 워싱턴에서는 조지프 매카시를 반대하던 상원의원들이 낙엽처럼 쓸려나갔다. 한편 텍사스에서 매카시즘은 유독 위세를 떨쳤고 이 지역은 정유업으로 많은 이윤을 얻었다. 존슨은 바로 텍사스에서 뉴딜 정책을 옹호하는 하원의원에서 상원의원으로 변모하면서 서서히 우파 세력들과 가까워졌고 결국 그들에게 크게 의존하게 되었다. 우파 세력이란 사실 매카시를 지원하던 정유업자들이었다.

베트남 전쟁에 대한 최종 결정을 내릴 때 중국이라는 나라가 존슨의 가슴을 무겁게 짓눌렀다. 그는 중국이라는 짐에서 잠시도 헤어 나오지 못했다. 존슨은 사석에서 종종 1950년대 초반에 중국이 어떻게 민주당에게 쓰라린 고통을 안겼는지 이야기하며 베트남이 가라앉는다면 미국 사회가 다시 한 번 매카시즘에 휩쓸릴 가능성이 있다고 말하곤 했다. 그는 트루먼과 애치슨이 결국 중국을 확실히 거머쥐지 못한 탓에 심각한 결과를 초래했다고 생각했다. 중국을 놓치자 꼬투리를 잡은 공화당의 입김 때문에 여당은 결국 의회마저 장악하지 못했다. 빌 모이어스(Bill Moyers)나 조지 리디 같은 절친한 사람들과 만나면 자신의 궁극적인 목표인 '위대한 사회'를 이루지 못할까봐 두렵다고 말하기도 했다. '위대한 사회'야말로 존슨이 대통령으로서 이룩해야 할 업적이기 때문에 베트남 전쟁에서 지나치게 힘을 뺄 이유가 없었다.

존슨은 이전에 일이 꼬일 때에도 모든 상황을 지켜봤다고 말했다. 트루먼과 애치슨이 유화정책 때문에 비난을 받는 모습은 지옥에 떨어진 것만큼이나 고통스러워 보였다. 그는 모이어스를 비롯해 비교적 나이가 어린 측근들에게 이렇게 말했다. "어디 상상이나 할 수 있겠어? 자네들은 아직 어려서 잘 모르겠지. 사실 의회가 아시아와 긴밀한 관계를 맺고 있다는 것도 파악하기 힘들 거야. 호치민이 사이공 거리를 활보한다면 나는 위대한 사회나 민권법 같은 목표를 절대 이룰 수 없을 거야." 하지만 의회는 그런 종류의 입법에는 도무지 관심이 없는 것 같았다. "그들은 항상 베트남 문제만 들이밀고 있어. 입만 벌렸다 하면 그 이야기지. 정말 불쾌하고 어이가 없네."[12] 모이어스가 보기에 존슨은 케네디보다 훨씬 더 시류에 민감한 것 같았다. 케네디는 사실 주변 여건이 계속 변한다는 사실에 주목하지 않았다. 숨을 거두기 몇 주 전에야 비로소 평화가 중요한 문제일지 모른다는 생각을 하기도 했다. 따라서 존슨이 미국인들은 전쟁을 원하는 게 아니라고 굳게 믿었던 것도 이해할 만했다. 하지만 존슨은 정계를 어떻게 설득해야 할지 막막하기만 했다. 냉전의 긴장감을 누그러뜨리기만 해도 기대 이상의 정치적 효과를 얻을 가능성이 있었고 세대가 바뀌어서 냉전의 긴장감에서 벗어난 사람들이 신진 세력으로 등장할 가능성도 있었지만 거기까지는 미처 생각하지 못했다.

결국 그는 1965년 북베트남군과의 전투가 시작되기 바로 전날 밤에 미국의 정치적·군사적 저력이 서서히 실체를 드러냈으나 막상 전쟁이 시작되면 밝혀질 미국의 약점은 꽁꽁 숨겨져 있다는 사실을 깨닫지 못했다. 아마 존슨이 원래 약자를 괴롭히기 좋아하는 성격을 가지고 있었기 때문이었는지도 모른다. 미국의 숨겨진 약점은 명백했다. 우선 미국은 군사적인 이유보다는 정치적인 이유로 머나먼 나라에서 일어난 전쟁에 바로 적응할 능력이 없었다. 게다가 미군은 원래 인내심이 부족했고 정책 결정자들은 미군이 베트남인과 동화되는 능력이 기대에 훨씬 못 미치는 수준이라는 사실을 미처 모르고 있었다. 한편 베트남군의 약점은 만천하에 공개된 상태였으며 누가 봐도 심각한 수준이었다. 우선 그들은 현대식 군 장비를 전혀 갖추지 못했다. 그러나 눈에 보이지는 않지만 가공할 만한 수준의 전투력을 갖추고 있었다. 어쨌든 조국을 위한 전쟁이었기 때문에 미군 병사들보다는 최대한 자신의 장점을 발휘하여 싸울 게 분명했다.

폴 맥기는 1952년 7월에 육군에서 제대했다. 지평리 남쪽에 있는 '맥기 언덕'에서 중공군과 접전을 벌인 때로부터 일 년이 더 지난 시점이었다. 그는 육군을 좋아했고 자기가 꽤 괜찮은 병사, 실력 있는 군인이라고 생각하여 군에 계속 남고 싶었다. 하지만 노스캐롤라이나에 살고 있던 가족을 돕기 위해 의가사제대를 선택해야 했다. 아버지는 조그마한 철물점을 운영했고 맥기도 면직 공장에서 쓰는 기계 부속을 고치면서 아버지를 도와드린 적이 있었다. 그런데 갑자기 아버지의 건강이 악화되어 당장 집으로 돌아가야 했던 것이다. 맥기는 한국전쟁에 참전한 것은 누가 뭐라 해도 옳은 일이었다고 확신했다. 본인 스스로 내린 결정이었고 지평리 전투처럼 최악의 상황까지 겪긴 했지만 한 번도 참전 자체를 후회한 적은 없었다. 그 후 50년이라는 긴 세월이 흘렀지만 그의 생각에는 조금도 변함이 없었다. 하지만 많은 사람의 이목을 끄는 전쟁은 아니었기에 이제 한국전쟁을 기억하는 나라는 거의 없을 거라는 생각이 들었다. 그래도 참전 용사인 자신과 전우들에게는 절대로 잊을 수 없는 사건이었다. 다들 그곳에서 모진 고생을 하고 수많은 사람이 목숨을 잃었지만 그럴 만한 가치가 있었다고 생각했다. 인민군이 두 번 다시 남한을 넘보지 않았다는 사실만 보더라도 미국이 한국전쟁에 참전한 것은 정당한 결정이었다고 생각했다. 벨몬트로 돌아온 후 맥기는 계속 육군 생활을 그리워했다. 이따금 육군에서도 맥기가 그리운지 징병관들이 가끔 찾아와 혹시 육군으로 다시 돌아올 생각은 없느냐고 물었다. 1950년대 후반에 육군은 포트 브래그에 특수부대를 만들 계획이었다. 그런데 맥기의 기록을 본 누군가가 이 사람이라면 이상적인 대(對)게릴라 특전 부대 '그린베레'를 탄생시키리라 확신하고 맥기에게 여러 차례 손을 내밀었던 것이다. 맥기도 특수부대야말로 자신에게 딱 맞는 일이라는 생각이 들었지만 가족에 대한 책임 때문에 과감히 포기하기로 마음을 돌렸다. 후에 그는 그때 군 생활을 다시 시작했더라면 베트남 전쟁에 참전했을 텐데 과연 살아 돌아올 수 있었을까 하는 생각을 했다.

　그가 아는 한국전쟁 참전 용사 중에서 베트남 전쟁은 조금 다를 거라고 생각하는 사람은 아무도 없었다. 종종 맥기는 살아서 돌아오지 못했던 전우들을 생각하며 슬픔에 잠겼다. 전투 중에 알게 된 빌 클러츠 중사는 최근에 세상을 떠났으나 마지막 순간까지도 아주 가깝게 지냈다. 맥기는 참전 용사모임에는 그리 자주 나가지 않았다. 다들 나이가 많아서 하나둘 세상을 떠났다는 소식이 심심찮게 들려왔다. 그래서 참석자들이 눈에 띄게 줄었고 그렇게 쇠퇴해 가는 모임을 보는 것은 맥기를 우울하게 했다. 그는 맥기 언덕에서 자신의 전령으로 일했던 클레티스 인먼과도 한 달에 한 번 정도 연락을 주고받았다. 굳이 말을 하지 않아도 수화기를 잡고 있으면 상대방의 생각을 알 수 있었다. 한국전쟁에서도 그랬다. 도처에 위험이 도사리고 있었기 때문에 대화를 많이 나누면서 가까워진 것은 아니었다. 다만 그때의 기억 때문에 평생 상대방을 아주 특별한 존재로 여겼다. 말이 없어도 끈끈한 전우애를 유지할 수 있었다. 그들에게 중요한 것은 말이 아니라 행동이었다. 맥기는 한국전쟁에 참전한 것이 꽤 잘한 일이라는 결론을 내렸다. 어차피 누군가가 나서서 해야 할 일이었다. 지금 와서 다시 생각해봐도 참전하는 것 말고는 달리 뾰족한 수가 없었던 것 같았다.

이 책은 1963년에 프레드 래드 중령과 나눴던 긴 대화에서 시작되었다. 그는 남베트남 공군 제9사단 고위 고문관이자 내가 개인적으로 아끼는 장교 중 하나였다. 제9사단의 진지는 메콩 삼각지 중간에 위치한 박리에우(薄寮)에 있었다. 그가 1987년 예순일곱의 나이에 세상을 떠날 때까지 우리는 아주 좋은 친구로 지냈다. 래드는 군인 가문에서 태어나 웨스트포인트를 졸업했으며 생각이 깊고 용감하여 주변 사람들로부터 존경받는 인물이었다. 한번은 함께 근무하던 베트남 사단장이 자기 사단이 미군 고위 장교들을 잘 대접하고 있다는 이야기를 들었다. 그러자 그는 폴 하킨스(Paul Harkins) 장군을 따로 불러 그 베트남 사단장에게 상황이 그리 좋지만은 않다고 알려주라고 지시하기도 했다. 어찌 보면 베트남 전쟁은 그의 군 경력에 큰 장애물이었지만 패배로 끝난 전투에 대해 거짓으로 낙관적인 보고를 할 생각은 절대 하지 않았다.

물론 베트남은 강박 관념을 일으키는 주제였지만 상대방을 차차 알게 되면서 많은 얘기를 나눴고, 그러던 와중에 그가 한국전쟁에 참전했다는 걸 알았다. 그 사실 때문에 내게는 프레드에 대한 호감이 더 생겼다. 중공군이 전쟁에 개입한 지 13년이 지난 시점이었다. 프레드는 한국전쟁이 아주 치명적이었고 고통스러웠다는 말을 자주했다. 한국전쟁은 미군이 압록강을 건넜다가 중공군에게 기습 공격을 당하면서 갑자기 규모가 확대되었고 예상보다 더 힘들어졌다. 당시에 그는 에드워드 알몬드를 옆에서 보좌했는데 아이러니하게도 에드워드 알몬드는 이 책에서 중심인물로 등장한다. 프레드는 알몬드에 대해 이야기할 때 아주 조심스러워했다. 개인적으로 가까이 지내던 상관에 대한 예의와 객관적인 사실을 밝혀야 한다는 부담감 사이에서 적당한 타협점을 찾느라 그랬을 것이다. 프레드와 나눈 대화 중에 가장 확실하게 기억나는 것이 있다. 바로 당시 참전 부대가 큰 곤경에 빠졌으며 당시 나보다 한두 살 어린 병사들도 있었고(한국전쟁이 발발했을 무렵 나는 열여섯 살이었다) 적군의 대규모 공격과 참기 힘든 추위 때문에 이중으로 고생했다는 것이었다. 사실 중공군은 미 육군 역사에서 유례를 찾아볼 수 없는 대규모 매복 공격을 감행했다. 박리에우에 머물 때만 아니라 프레드가 사이공에 있는 우리 집을 방문했을 때에도 그 시절에 대한 이야기를 여러 차례 나누곤 했다. 그때는 미처 몰랐지만 그는 베트남 전쟁뿐 아니라 한국전쟁에 대해서도 내게 훌륭한 선생이 되어주었다.

중공군이 쳐들어온 순간의 이미지는 좀처럼 잊히지 않았다. 베트남에서 돌아온 후 그곳에서 벌어진 일들과 그 이유를 분석한 『최고의 인재(The Best and the Brightest)』를 집필했을 때와 마찬가지로 나는 1950년 11월과 12월에 벌어진 일을 듣고 머릿속에 떠오른 이미지를 좀처럼 떨쳐버리지 못했다. 그래서 나는 그 내용을 책으로 엮어내기로 결심했다. 그리고 프레드 래드가 처음 내게 한국전쟁 이야기를 들려준 날로부터 무려 44년이 지나서야 이렇게 책을 완성했다.

이런 책은 누구나 생각할 수 있는 단순하고 평탄한 인생을 다루지는 않는다. 저자는 우선 다루는 주제가 아주 중요하다는 사실을 확신해야 한다. 책은 일종의 궤도를 그리듯 전개된다. 다시 말해서 이 책만의 독특한 여정이 있기 때문에 독자들은 그대로 따라오기만 하면 된다. 이 책은 그저 중공군이 한국전쟁에 개입하면서 발생한 위급한 순간에 어떤 일이 벌어졌는지를 설명하는 것으로 끝나지 않는다. 양 국가의 당시 상황과 더불어 정치적 배경도 상당히 심도 있게 다룬다. 그 밖에도 관심 있게 지켜볼 만한 전투들이 많이 있다. 수많은 사람들이 낙동강방어선전투 초반에 아주 끔찍한 전투가 벌어졌다고 알려주었다. 그래서 낙동강방어선전투 역시 그냥 지나칠 수 없었다. 또 지평리 전투에 대해 알려준 사람도 있었다. 그 전투에서 미군 장교들은 처음으로 중공군에 맞서는 요령을 터득했다.

나는 1969년에 『최고의 인재』를 집필하기 시작했다. 그 책은 비교적 수월한 편이었다. 당시 내 인생에서 7년이라는 소중한 시간이 베트남에 초점을 맞추고 있었기 때문이다. 그래서 꽤 심도 있게 그 나라의 전체 지형과 주요 인물, 그리고 필수적인 역사적 특징 등을 터득했다. 하지만 한국의 경우는 그런 지식을 미처 파악하지 못했다. 그래서 처음 2년 동안은 시중에 나와 있는 관련 서적을 읽거나 사람들을 만나서 인터뷰하는 등 한국에서 벌어진 사건에 대한 감을 잡으려고 상당히 애를 썼다. 다행히 한국전쟁에서 살아남은 보병들을 만난 것이 큰 도움이 되었다. 그동안 수많은 참전 용사들을 집집마다 찾아다녔으며 다들 깍듯이 예의를 차리고 아주 친절하게 도와주었다. 그런 모든 과정이 내가 한국전쟁을 이해하는 데 큰 도움이 되었지만 이 책에 미처 실리지 못한 이야기도 있다. 그런 분들에게는 미리 심심한 사과의 말씀을 드리고 싶다. 한국전쟁 참전 용사회에 소속된 고위 장교들, 특히 제2보병사단 소속 장교들에게 깊은 감사를 드린다. 그분들 덕분에 내가 남다른 관심을 갖고 있던 전투, 혹은 내가 꼭 알아야 했던 전투에 대한 귀중한 정보를 얻을 수 있었다.

책을 집필하면서 맛볼 수 있는 한 가지 즐거운 경험은 사람들과 인터뷰를 하다가 예상 밖의 반응이나 결과가 나오는 것을 보는 것이다. 일단 이야기보따리를 풀기 시작하면 내가 묻지 않은 것까지도 다 쏟아져 나와서 그들의 이야기에 내가 더 깊이 공감하곤 했다. 지난 52년 동안 그런 경험이 반복되면서 나는 일반 대중이 얼마나 고귀한 이야깃거리를 가슴속에 숨겨두고 있는지 알았고 그들을 깊이 존경하게 되었다.

이제 한 가지 일화를 소개하며 이 글을 마칠까 한다. 내가 이 책을 준비하고 있을 때 많은 사람들이 폴 맥기라는 사람을 꼭 만나보라고 추천했다. 그래서 노스캐롤라이나의 샬럿 변두리에 사는 그를 직접 찾아갔다. 첫 만남에서는 인터뷰가 성공할 것 같지 않았다. 나를 보고 별로 반가워하지 않는 눈치였다. 우리는 토요일에 다시 만나기로 했고 한 주 내내 이곳저곳 돌아다니느라 피곤했던 내게 토요일의 만남은 큰 위안이 되었다. 사실 닷새 동안 잠시도 쉬지 않고 노스캐롤라이나 주 여러 도시를 돌아다니느라 나는 너무도 피곤했다. 맥기와 만나기로 한 날 아침에는 폭설이 내렸다. 그래서 3시에 뉴욕으로 돌아가는 비행기가 취소되었다. 공항 근처 모텔에 묵고 있던 나는 맥기와의 약속을 취소하고 다른 비행기를 타고 집으로 돌아가고 싶은 마음이 굴뚝같았다. 하지만 군이 그를 만나지 않을 이유가 뭔가 하는 생각이 들었다. 그의 집까지 찾아가는 4시간 동안 엄청나게 많은 눈이 내려 절대 쉽지 않은 여정이었다. 그가 젊은 시절 소대 하나를 이끌고 지평리에서 사흘을 버텨야 했을 때도 그날처럼 눈이 많이 내렸다고 한다. 맥기는 지난 55년 동안 내가 찾아오기만을 손꼽아 기다린 사람 같았다. 마치 어제 겪은 일을 떠올리듯 아주 생생하게 모든 것을 기억하고 있었다. 겸허하고 생각이 깊으며 기억력이 뛰어난 편이었다. 그래서 자기 소대가 그토록 긴 시간을 버틴 과정을 아주 세세하게 묘사해주었다.

그가 알려준 대로 당시 함께했던 동료들에게 전화를 걸어보고 나는 그가 한 말에 오류나 과장이 전혀 없다는 걸 알았다. 그날 아침 나는 온몸에 전율이 흐르는 것을 느꼈다. 저자로서 내가 할 일에 충실했고 그에 대한 보상을 충분히 받았다는 생각이 들었다.

감사의 말 |

50여 년 전에 일어난 사건을 다룬다는 점에서 이번 책을 준비하며 진행한 인터뷰는 다른 책을 집필할 때와는 여러 가지로 다른 점이 많았다. 어느 전투가 중요한지 고르는 데에도 적잖은 시간을 보냈으나 막상 생존해 있는 사람들은 제각기 다른 전투에 참전한 경우가 많았다. 그래서 인터뷰 대상을 선정하느라 더 많은 시간을 보내야 했다. 필요한 내용이 생각날 때마다 같은 사람을 몇 번이고 다시 찾아가 도움을 구할 수밖에 없었다. 아래 목록은 인터뷰에 응해주신 고마운 분들이다. (계급은 상황에 따라 달라지기 때문에 여기에서는 생략한다.)

조지 앨런, 잭 베어드(Jack Baird), 루셔스 배틀, 리 비얼러, 위빈, 마틴 블루멘슨, 벤 보이드, 앨런 브링클리, 조사이어 번팅 3세(Josiah Bunting III), 존 칼리, 허셜 채프먼(Herschel Chapman), 천젠, 조 크리스토퍼(Joe Christopher), 조 클레먼스, J. D. 콜먼, 존 쿡(John Cook), 브루스 커밍스, 밥 커티스(Bob Curtis), 러스티 데이비드슨, 제임스 디튼(James Ditton), 어윈 엘러, 존 아이젠하워, 조지 엘시, 행크 에머슨, 래리 파넘, 모리스 펜더슨, 레너드 페럴(Leonard Ferrell), 앨 펀(Al Fern), 토머스 퍼거슨(Thomas Fergusson), 빌 피들러(Bill Fiedler), 리처드 포클러, 바버라 톰슨 폴츠(Barbara Thompson Foltz), 도로시 바털디 프랭크(Dorothy Bartholdi Frank), 린 프리먼(Lynn Freeman), 조지프 프롬, 레스 겔브(Les Gelb), 앨릭스 기브니(Alex Gibney), 프랭크 기브니, 앤디 굿페스터(Andy Goodpaster), 조지프 굴든, 스티브 그레이(Steve Gray), 루 그레그(Lu Gregg), 딕 그루엔터, 데이비드 해크워스(David Hackworth), 알렉산더 헤이그, 로버트 홀 박사, 켄 햄버거, 찰스 해멀, 존 하트(John Hart), 제시 해스킨스, 찰스 헤이워드(Charles Hayward), 찰리 히스, 버지니아 히스(Virginia Heath), 켄 헤클러, 윌슨 히프너, 짐 힌턴, 캐럴린 호클리(Carolyn Hockley), 랠프 호클리, 클레티스 인먼, 레이먼드 제닝스(Raymond Jennings), 조지 존슨(George Johnson), 앨런 존스, 아더 주노트(Arthur Junot), 로버트 키스, 월터 킬럴리(Walter Killilae), 밥 킹스턴(Bob Kingston), 빌 래덤(Bill Latham), 제임스 로런스, 존 루이스, 제임스 릴리(James Lilley), 맬컴 맥도널드, 샘 메이스, 찰리 마인(Charley Main), 앨 매키(Al Makkay), 조 마레즈(Joe Marez), 브래드 마틴(Brad Martin), 존 마틴, 필모어 맥애비, 빌 맥카프리, 데이비드 맥컬러프, 테리 맥대니얼, 폴 맥기, 글렌 맥가이어(Glenn McGuyer), 앤슈얼 프리먼 매클라우드(Anne Sewell Freeman McLeod), 로이 매클라우드(Roy McLeod), 탐 멜런(Tom Mellen), 허버트 밀러, 앨런 밀레트(Allan Millett), 잭 머피, 밥 마이어스, 밥 네흘링, 클레먼스 넬슨(Clemmons Nelson), 폴 오다우드, 필 피터슨, 지노 피아자, 셔먼 프랫, 휴렛 라니어, 딕 레이볼드, 앤드루 레이나(Andrew Reyna), 베리 로든, 빌 리처드슨, 브루스 리터, 아든 롤리, 에드워드 라우니, 조지 러셀, 월터 러셀(Walter Russell), 페리 세이거(Perry Sager), 아서 슐레진저 주니어, 밥 셰이퍼(Bob Shaffer), 에드윈 시먼스, 존 싱글러브, 빌 스타인버

그(Bill Steinberg), 조 스트라이커, 칼턴 스위프트, 진 타카하시, 빌리 팅클(Billie Tinkle), 빌 트레인, 조 타이너, 레스터 어번, 샘 워커(Sam Walker), 캐스린 웨더스비(Kathryn Weathersby), 빌 웨스트(Bill West), 본 웨스트, 앨런 파이팅, 래런 윌슨, 프랭크 위스너, 해리스 워포드(Harris Wofford), 빌 우드, 존 예이츠(John Yates), 앨러리치 재컬리.

그 밖에도 다른 책을 준비하면서 만났던 사람들이 들려준 이야기가 이 책에도 활용되었다. 물론 앞서 언급한 것처럼 프레드 래드와 긴 시간 함께 나눈 이야기도 큰 도움이 되었다. 「해럴드 트리뷴」과 「뉴욕 타임스」의 전설적인 기자이자 절친한 친구이며 베트남 전쟁 선배인 호머 비가트와 월턴 버터워스, 에버렐 해리먼, 타운센드 후프스(Townsend Hoopes), 절친한 친구 머리 켐턴, 빌 모이어스, 조지 리디, 제임스 레스턴, 아서 슐레진저, 존 카터 빈센트, 시어도어 화이트도 기꺼이 인터뷰에 응해주었다. 『최고의 인재』를 저술하면서 나는 매슈 리지웨이와 친분을 쌓았고 그 후 종종 연락을 주고받았다. 1988년경에 몇 차례 전화 통화를 하면서 리지웨이가 한국전쟁에 관한 책을 써보는 것이 어떻겠냐는 제안을 했다. 자신의 이전 책이 별로 마음에 들지 않았기 때문이기도 했고 딘 애치슨이 부추긴 탓도 있었다. 통화를 끝내고 내용을 정리하다 보니 리지웨이가 한국전쟁에 대한 책을 출간할 생각이 있는 것 같아 몇 주 뒤에 다시 전화를 걸어 출간 이야기를 꺼냈더니 나이 아흔에 일을 벌이고 싶지 않다며 극구 사양했다. 어쨌든 그의 생각은 이 책에 고스란히 담겨 있다.

이 책을 쓰는 데 도움을 주신 많은 분들께 감사의 인사를 전하고 싶다. 우선 제2보병사단 소속 대원들, 특히 한국전쟁 참전 용사회 장교들과 척 헤이워드(Chuck Hayward), 찰리 히스, 랠프 호클리에게 감사한다. 제1기병대의 경우에는 조 크리스토퍼가 발 벗고 나서주어서 운산 전투에 참가했던 생존자들을 만나볼 수 있었다. 에드윈 시먼스가 아니었다면 제1해병대에 대해 자세히 알 수 없었을 것이며 올리버 스미스에 대해 많이 알고 있던 제임스 로런스 같은 인물도 찾아내지 못했을 것이다.

그 밖에도 감사드릴 분이 참 많은 것 같다. 이렇게 복잡한 책을 수정하는 방대한 작업을 기꺼이 맡아준 탐 엥걸하트(Tom Engelhardt), 그리고 38선을 넘어 북으로 진격하기로 결정한 부분의 추가 조사를 맡아준 벤 스키너(Ben Skinner)에게도 인사를 전한다. 그들은 어린 나이에도 뛰어난 작가로서의 면모를 유감없이 보여주었다. 이웃에 사는 린다 드로긴(Linda Drogin)은 지난번 저서와 마찬가지로 이번에도 자진해서 교정 업무를 맡아주었다. 이미 한국전쟁을 소재로 뛰어난 저서를 출간한 내 오랜 벗 조지프 굴든에게도 신세를 졌다. 그는 이번 집필 과정에 도움과 격려를 아끼지 않았다. 워싱턴에 있는 우드로 윌슨 센터의 냉전 국제사 담당 연구진에게도 감사의 말을 전한다. 특히 캐스린 웨더스비에게 감사의 말을 전하고 싶다. 이 연구소에 가면 서방 세계 사람들이 잘 모르는 지역에 대한 새로운 정보를 마음껏 찾아볼 수 있다.

그동안 드나들었던 수많은 도서관에서도 많은 도움을 받았다. 펜실베이니아 주 칼라일에 있는 미 육군 역사 연구소에 계신 리처드 서머스(Richard Sommers) 박사와 미하엘 모나한(Michael Monahan), 리처드 베이커(Richard Baker), 랜디 해컨버그(Randy Hackenburg), 파멜라 체니(Pamela Cheney)에게 고마운 마음을 전하고 싶다. 또한 미 해병대 대학교 역사학과 프레드 앨리슨(Fred Allison) 박사, 대니 크로포드(Danny Crawford), 리처드 캠프(Richard Camp)와 더글러스 맥아더 자료실의 제임스 조벨(James Zobel)에게서 많은 도움을 받았다. 해리 트루먼 도서관의 마이클 디바인(Michael Devine) 관장과 리즈 새플리(Liz Safly), 에이미 윌리엄스(Amy Williams), 랜디 소얼(Randy Sowell)에게도 감사의 말을 전한다. 린든 존슨 도서관의 베트 수 플라워스(Betty Sue Flowers), 프랭클린 루스벨트 도서관의 얼리샤 비보나(Alycia Vivona), 로버트 클라크(Robert Clark), 캐런 앤슨(Karen Anson), 맷 핸슨(Matt Hanson), 버지니아 러윅(Virginia Lewick), 마크 레노비치(Mark Renovitch), 뉴욕 공공 도서관의 웨인 퍼먼(Wayne Furman), 데이비드 스미스(David Smith), 그리고 친구 진 스트라우스(Jean Strouse)에게도 고마움을 전하고 싶다. 국제관계협의회의 리 거스츠(Lee Gusts) 역시 많은 도움을 주었다. 마지막으로 나를 비롯해 뉴욕에 거주하는 모든 저자들에게 오아시스와 같은 존재인 뉴욕 시립 도서관 직원들에게도 감사의 인사를 전하고 싶다.

한국전쟁에 관하여 먼저 연구하고 책을 쓴 많은 이들에게도 신세를 졌다. 클레이 블레어의 유명한 저서 『잊혀진 전쟁』은 한국전쟁에 관해 책을 쓰는 저자라면 꼭 읽어보아야 할 필독서다. 윌리엄 맨체스터의 『아메리칸 시저(American Caesar)』, 로이 애플먼의 저서들, 새뮤얼 마셜의 『장진호와 시련의 길』, 조지프 굴든의 『한국(Koreas)』, 맥스 헤이스팅스의 『한국전쟁(The Korean War)』, 마틴 러스의 『돌파(Breakout)』도 빼놓을 수 없다. 뿐만 아니라 세르게이 곤차로프, 존 루이스, 쉐리타이가 공동으로 저술한 『불안한 동맹자』는 스탈린, 마오쩌둥, 김일성의 관계를 파악하는 데 아주 유용했다.

베트남 전쟁에 관한 책을 함께 쓴 핼 무어와 조 갤러웨이(Joe Galloway) 역시 아낌없는 지원을 베풀어주었고 가이드 역할도 마다하지 않았다. 스콧 모이어스(Scott Moyers)는 10년이 넘게 함께 일하면서 내가 힘들 때마다 도와준 고마운 친구다. 데이비드 더글러스 덩컨(David Douglas Duncan)은 제1해병대 소속 장진호 전투 생존자로 많은 사람에게 존경을 받았는데 사진작가로서도 훌륭한 실력을 자랑한다. 그의 놀라운 사진을 보노라면 직접 그 현장에 가 있는 느낌이 든다. 이 책 표지에 그가 소장한 사진을 담을 수 있게 허락해주어 고맙다는 말을 다시 한 번 전하고 싶다. 이 사진은 그에게 명예훈장과도 바꿀 수 없는 소중한 자료일 것이다.

데이비드 핼버스탬은 2007년 봄 이 원고의 마지막 퇴고 작업을 마무리했다. 그로부터 닷새 후 그는 캘리포니아 주에서 교통사고로 세상을 떠났다. 사실 원고를 탈고한 건 수개월 전이었지만 여러 차례 손을 보느라 많은 시간을 보냈다. 수백 페이지가 넘는 육필 원고와 인쇄 자료를 붙들고 수정, 검토와 재검토, 교정, 추가 작업을 모두 직접 끝마친 다음 4월의 어느 수요일에 출판사를 찾아가 원고를 넘겼다. 이 책은 그가 원하던 모습 그대로 출간되었으며 분명 그의 마음에 쏙 드는 책일 거라고 확신한다.

저자는 십 년 동안 이 책의 집필에 매달렸다. '한국에 대한 책'을 써보라는 공식 제안을 받은 건 1997년이었지만 이미 1962년에 베트남에서 한국전쟁에 참전했던 미군과 이야기를 나누면서 이 책을 쓸 결심을 했다. 어떻게 생각하면 이 책은 베트남 전쟁에서 실패한 미국의 이야기를 담은 그의 저서의 자매편이라 할 수 있다. 한국전쟁이 휴전으로 마무리될 당시 저자는 고등학생이었다. 그는 20대에 이미 「뉴욕 타임스」에 베트남에 관한 기사를 기고하기도 했다. 당시에는 참전 용사들 외에는 한국전쟁에 관심을 갖는 사람이 별로 없었다. 핼버스탬은 사람들의 뇌리에서 서서히 잊힌 한국전쟁이 제2차 세계대전 이후 미국의 정치사에 전환점이 되었다는 사실을 깨달았다. 어떻게 휴전으로 끝난 한국전쟁이나 베트남 전쟁의 아픈 기억을 잊을 수 있단 말인가? 그는 미국인들이 잊고 지내는 1950년 초 정계의 소용돌이와 아픔을 이해하고 대중에게 알리기 위해 소매를 걷어붙였다.

그리고 4월의 어느 수요일, 마침내 그는 이 기념비적인 집필 작업을 마무리했다. 오랜 기간 집필에 매달렸던 것을 감안하면 며칠이라도 휴식을 취하는 게 당연하겠지만 미식축구에 관한 다음 책 집필을 위해 월요일에 캘리포니아로 떠났다. 50여 년 동안 핼버스탬은 21권의 저서를 남겼다. 첫 책 『고상한 로마인(The Noblest Roman)』은 디프사우스에 있는 부패한 소도시를 배경으로 한 소설로 1961년에 출간되었다. 이 책 외에도 『어느 더운 여름 날(One Very Hot Day)』이라는 소설을 한 권 더 출판했는데 베트남을 배경으로 한 도덕적 유린에 관해 쓴 이야기다. 베트남에서 기자로 활동하는 동안 그는 아무리 뛰어난 소설가의 상상력도 현실 세계에서 벌어지는 엉뚱하고 기발하고 어처구니없는 사건만큼 독자를 사로잡을 수는 없다고 확신했다. 그래서 핼버스탬은 최고의 저널리스트가 되는 데 자신의 인생을 온전히 투자했다.

그는 저널리즘이야말로 숭고하고 고결한 소명이라고 생각했으며 이 일을 우습게 생각하거나 배신한 사람들을 지독하게 싫어했다. 그의 초기 작품인 『수렁 만들기(The Making of a Quagmire)』는 베트남 전쟁에 대한 책으로, Quagmire라는 고어를 사람들이 다시 일상 언어로 사용하게 만들면서 베트남이라는 나라와 베트남 전쟁에 참전한 미국이 실패할 가능성이 농후했다는 사실을 보여주었다.

여섯 번째 저서 『최고의 인재』를 시작으로 그는 다시 베트남이라는 소재로 돌아섰으며 '뉴저널리즘' 분야에서 독보적인 존재로 자리매김했다. 독자들이 복잡한 소재에 흥미를 느끼게 도와주는 몇 가지 작법도 활용했는데 이게 없었다면 아마 많은 독자들이 지루함 때문에 책을 끝까지 다 읽지 못했을 것이다. 그는 스토리텔러가 이야기를 들려주는 것 같은 편안한 느낌을 주고 싶어 했다. 저자에게는 사실에 충실해야 할 의무가 있지만 동시에 관련 사실의 출처를 밝히느라 이야기의 흐름을 방해해서는 안 된다. 『최고의 인재』는 전형성을 벗어난 글쓰기로 보수적인 독자들의 반발을 사기도 했다. 하지만 탄탄한 스토리 전개 덕분에 현재는 베트남 전쟁을 대표하는 작품으로 인정받고 있다. 그 후 핼버스탬의 저서는 봇물 터지듯 쏟아져 나왔다.

이 책을 마무리하자마자 핼버스탬이 캘리포니아로 간 것은 미식축구에 관한 다음 책을 준비하기 위해서였다. 그 책을 준비하려면 굉장히 많은 사람을 만나 인터뷰를 해야 했다. 핼버스탬에게 인터뷰는 아주 당연하고 자연스러운 일과였다. 사실 그의 모든 저서는 인터뷰 자료에서 시작되었다. 그래서 그의 책을 펼치면 여러 사람의 목소리를 생생하게 들을 수 있다. 그 내용을 사실적으로 전달하려면 수차례 인터뷰를 반복해야 하고 참을성 있게 잘 들어줘야 한다. 예를 들어 이 책 초반에는 인민군에 맞서 승리했다고 생각했던 참전 용사들의 들뜬 목소리가 담겨 있다.

『팀 동료들(The Teammates)』이라는 책 서두에는 도미니크 디마지오(Dominic DiMaggio)가 죽음을 눈앞에 둔 테드 윌리엄스(Ted Williams)를 만나러 가겠다고 하자 부인 에밀리가 만류하는 말이 나온다. "당신 혼자 플로리다까지 차를 몰고 가게 하고 싶지 않아요." 이 말은 그 책 첫 페이지 세 번째 문장에 나온다. 호치민의 특징을 연구한 『호치민(Ho)』의 첫 페이지를 열면 베트남에 있는 한 술집에서 프랑스 육군 장교가 디엔비엔푸에서 패배한 전투에 대해 이야기한다. "다 부질없는 짓이었어. …… 부하들이 부질없이 죽어가게 내버려두다니."

핼버스탬은 하버드를 졸업하고 일부러 남부 지역의 작은 신문사를 찾아다니며 일자리를 구했다. 보통 사람들과 편하게 대화하는 기술을 터득하고 싶어서였다. 아이비리그에서는 그런 기술을 별로 중요하게 생각하지 않았지만 작가로 성공하려면 꼭 필요한 요소라고 생각했다. 개인을 중요시했던 그는 자기만의 독특한 방식으로 역사를 기술하려면 평범한 사람들이 이야기를 쏟아내게 해야 한다고 생각했던 것이다.

핼버스탬은 사람과 사건 사이에 숨겨진 연결 고리를 찾아내 이해할 필요가 있다고 생각했다. 그래서 종종 우수한 인재를 지도자로 세우고 높은 야망을 가진 나라가 왜 종국에는 수렁에 빠지고 마는지 이해하려고 노력했다. 그리고 역사의 발전에는 항상 인간이 중개 역할을 한다는 사실을 깨달았다. 사람의 역할이 중요하다는 걸 알았기 때문에 당연히 인물 연구에 초점을 맞췄다. 그의 저서에 등장하는 사람들은 놀라울 정도로 다양한 면모를 보인다. 케네디가(家)의 사람들, 더글러스 맥아더, 호치민, 린든 존슨처럼 유명한 정치가들도 있었고 마이클 조던, 테드 윌리엄스처럼 유명한 운동선수도 있었다. 로버트 맥나마라(Robert McNamara), 브렌트 스코크로프트(Brent Scowcroft), 매들린 올브라이트(Madeleine Albright) 같은 정책 연구가들도 예외는 아니었다. 아무도 신경 쓰지 않는 올림픽 출전 팀을 만들려고 일인용 스컬 보트의 노를 잡은 젊은이도 있었고, 앉아서 아이스크림을 먹을 수 있는 권리와 투표권을 따내려고 목숨을 건 흑인 아이들, 세계 무역 센터로 향한 열세 명의 소방관도 있었다.

이들의 목소리를 기록하면서 핼버스탬은 그들의 목소리가 영원히 보존되기를 기원했다. 바로 그 때문에 핼버스탬은 전국 방방곡곡에 인터뷰를 하러 다닌 것이다. 교통사고가 난 그날도 그는 스물두 번째 책을 위해 유명한 미식축구 선수 Y. A. 티틀(Y. A. Tittle)을 만나러 가는 길이었다.

러셀 베이커, 퓰리처상 수상 작가

주 |

□ 미주 출처에 대한 더 자세한 정보는 참고문헌을 참고하라.

프롤로그

1 Max Hastings, *The Korean War*, p.329.

2 Joseph Goulden, *Korea*, p.3.

3 Ibid., p.xv.

4 Glenn, *The Korean Decision*, p.243.

5 조지 러셀 인터뷰.

6 Max Hastings, *The Korean War*, p.329.

제1장

1 필 피터슨 인터뷰.

2 빌 리처드슨 인터뷰.

3 벤 보이드 인터뷰.

4 William Breuer, Shadow Warriors, p.106.

5 바버라 톰슨 폴츠, 존 아이젠하워 인터뷰.

6 Paik Sun Yup, *From Pusan to Panmunjom*, p.85.

7 Ibid., pp.87~88.

8 Russell Spurr, *Enter the Dragon*, p.161.

9 랠프 호클리 인터뷰.

10 허버트 밀러 인터뷰.

11 레스터 어번 인터뷰.

12 Clay Blair, *The Forgotten War*, p.381; 해럴드 존슨의 구술 기록, U.S. Army War College Library.

13 휼렛 라이너 인터뷰.

14 빌 리처드슨 인터뷰.

15 필모어 맥애비 인터뷰.

16 윌리엄 웨스트 인터뷰.

17 Ibid.

18 Roy Appleman, *South to the Naktong, North to the Yalu*, p.690.

19 Ibid., p.691.

20 벤 보이드 인터뷰.

21 빌 리처드슨 인터뷰.

22 로버트 키스 인터뷰.

23 빌 리처드슨 인터뷰.

24 필 피터슨 인터뷰.

25 레이 데이비스 인터뷰.

26 빌 리처드슨 인터뷰.

27 로버트 키스 인터뷰.

28 Richard Rovere and Arthur M. Schlesinger Jr., *The General and the President*, p.136.

29 Clay Blair, *The Forgotten War*, p.391.

30 Matthew B. Ridgway, *The Korean War*, p.59.

31 Ibid., p.60.

32 Dean Acheson, *Present at the Creation*, p.466.

제2장

1 Sergei Goncharov, John Lewis, and Xue Litai, *Uncertain Partners*, p.138.

2 Ibid., p.135.

3 에버렐 해리먼 인터뷰.

4 Sergei Goncharov, John Lewis, and Xue Litai, *Uncertain Partners*, pp.136~137.

5 Ibid., p.140.

6 Kathryn Weathersby, Cold War International History Project, Numbers 6~7, Winter 1995~1996.

7 Goncharov et al., *Uncertain Partners*, p.144.

8 Shen Zhihua, Cold War International History Project, Winter 2003, Spring 2004.

9 Sergei Goncharov, John Lewis, and Xue Litai, *Uncertain Partners*, pp.144~145.

10 Jian Chen, *China's Road to the Korean War*, p.112.

11 Shen Zhihua, Cold War International History Project.

12 존 싱글러브 인터뷰.

13 George F. Kennan, *Memoirs 1925~1950*, p.484.

14 Joseph Goulden, *Korea*, p.44.

15 Glenn D. Paige, *The Korean Decision*, p.88.

16 Robert Myers, *Korea in the Cross Currents*, p.83.

17 John Allison, *Ambassador from the Plains*, p.130.

18 Glenn D. Paige, *The Korean Decision*, p.74.

19 John Allison, *Ambassador from the Plains*, p.129.

20 Ibid., p.131.

21 Ibid., p.135.

22 Ibid., pp.136~137.

23 Max Hastings, *The Korean War*, p.65.

제3장

1 알렉스 기브니 인터뷰.

2 William Leary ed., *MacArthur and the American Century*, p.255.

3 Bruce Cumings, *The Origins of the Korean War*, Vol. II, p.233.

4 Barbara Tuchman, *Stilwell and the American Experience in China*, p.522.

5 Robert Myers, *Korea in the Cross Currents*, p.8

6 Clay Blair, *The Forgotten War*, p.38.

7 Robert T. Oliver, *Syngman Rhee: The Man Behind the Myth*, p.9.

8 Robert Myers, *Korea in the Cross Currents*, p.28

9 Warren Zimmerman, *First Great Triumph*, p.465.

10 Ibid., p.465.

11 Robert Myers, *Korea in the Cross Currents*, p.27.

12 Joseph Goulden, *Korea*, p.7.

13 Robert T. Oliver, *Syngman Rhee: The Man Behind the Myth*, p.111.

14 Robert T. Myers, *Korea in the Cross Currents*, pp.36~37.

15 Ibid., p.37.

16 Townsend Hoopes, *The Devil and John Foster Dulles*, p.78.

17 Max Hastings, *The Korean War*, p.33.

18 Clay Blair, *The Forgotten War*, p.44.

제4장

1 Russell Spurr, *Enter the Dragon*, p.132.

2 Robert Scalapino, and Chong-sik Lee, *Communism in Korea*, p.314.

3 Bradley K. Martin, *Under the Loving Care of the Fatherly Leader*, p.49.

4 Charles Armstrong, *The North Korean Revolution*, p.228.

5 Ibid., p.228.

제5장

1 Clay Blair, *The Forgotten War*, p.51.

2 Joseph Goulden, *Korea*, p.34.

3 Clay Blair, *The Forgotten War*, p.57.

제6장

1 John Allison, *Ambassador from the Plains*, p.131.

2 트루먼의 기록, 해리 트루먼 도서관 소장.

3 Bruce Cumings, *The Origins of the Korean War*, Vol. II, pp.48, 780.

4 David McCullough, *Truman*, p.451.

5 Robert Ferrell, ed., *Off the Record*, p.349.

6 Ibid., p.452.

7 Ibid., p.452.

8 1950년 6월 26일 조지 엘시의 기록, 해리 트루먼 도서관 소장.

9 Robert Donovan, *The Tumultuous Years*, p.197.

10 Ibid., p.199.

11 Glenn D. Paige, *The Korean Decision*, p.141.

12 해리 트루먼이 1950년 6월 26일에 베스 트루먼에게 보낸 편지, 해리 트루먼 도서관 소장.

13 Walter Isaacson and Evan Thomas, *The Wise Men*, p.512.

14 Wellington Koo oral history, Columbia University Library.

15 Keith D. McFarland and David L. Roll, *Louis Johnson and the Arming of America*, pp.260, 279~280.

16 Walter Isaacson and Evan Thomas, *The Wise Men*, p.494.

17 1950년 6월 30일 조지 엘시의 회고록, 해리 트루먼 도서관 소장.

18 프랭크 페이스의 구술 기록, 해리 트루먼 도서관 소장.

19 Eric Goldman, *The Crucial Decade*, p.157.

20 D. 클레이턴 제임스, 존 칠리스 인터뷰, 맥아더 기념 도서관 소장.

제7장

1 Jonathan Soffer, *General Matthew B. Ridgway*, p.114; Clay Blair, *The Forgotten War*, p.79.

2 Dwight D. Eisenhower, *At Ease*, p.213.

3 Max Hastings, *The Korean War*, p.65.

4 W. A. Swanberg, *Luce and His Empire*, p.311.

5 존 하트 인터뷰.

6 George F. Kennan, *Memoirs 1925~1950*, p.382.

7 William Manchester, *American Caesar*, p.15.

8 John Dower, *War without Mercy*, p.152.

9 Stanley Karnow, *In Our Image*, p.96.

10 John Dower, *War without Mercy*, p.151.

11 Stanley Karnow, *In Our Image*, pp.127~128.

12 Ibid., p.140.

13 John Dower, *War without Mercy*, p.152.

14 Stanley Karnow, *In Our Image*, p.106.

15 Warren Zimmerman, *First Great Triumph*, p.390.

16 Ibid., p.391.

17 D. Clayton James, *The Years of MacArthur*, Vol. I, p.39.

18 William Manchester, *American Caesar*, p.41.

19 D. Clayton James, *The Years of MacArthur*, Vol. I, p.347.

제8장

1 *Infantry magazine*, Spring 2002.

2 William Manchester, *American Caesar*, p.26.

3 D. Clayton James, *The Years of MacArthur*, Vol. III, p.183.

4 William Manchester, *American Caesar*, p.93.

5 D. Clayton James, *The Years of MacArthur*, Vol. I, pp.169~171.

6 William Manchester, *American Caesar*, p.134.

제9장

1 William Manchester, *American Caesar*, pp.170~171.

2 Ibid., p.186.

3 Ibid., p.281.

4 Ibid., p.337.

5 John Gunther, *The Riddle of MacArthur*, pp.41~42.

6 William Manchester, *American Caesar*, p.322.

7 Ibid., pp.149~150.

8 Geoffrey Perret, *Old Soldiers Never Die*, p.157.

9 Carlo D'Este, *Eisenhower*, p.222.

10 Dwight D. Eisenhower, *At Ease*, pp.216~217.

11 William Manchester, *American Caesar*, p.152.

12 D. Clayton James, *The Years of MacArthur*, Vol. I, p.411.

13 Douglas MacArthur, *Reminiscences*, p.96.

14 William Manchester, *American Caesar*, p.240.

15 Richard Rovere and Arthur M. Schlesinger Jr., *The General and the President*, p.22.

16 Clark Lee and Richard Henschel, *Douglas MacArthur*, p.87.

17 John Gunther, *The Riddle of MacArthur*, p.23.

18 Ibid., p.42.

19 Robert Ferrell ed., *The Eisenhower Diaries*, p.22.

20 Richard Rovere and Arthur M. Schlesinger Jr., *The General and the President*, pp.23~24; William Manchester, *American Caesar*, pp.362~363.

21 D. Clayton James, *The Years of MacArthur*, Vol. III, p.195.

22 Ibid., p.200.

23 William Manchester, *American Caesar*, p.357.

24 John Gunther, *The Riddle of MacArthur*, p.61.

25 William Manchester, *American Caesar*, p.524.

26 Robert Ferrell ed., *Off the Record*, p.47.

27 Ibid., p.60.

28 빌 맥카프리 인터뷰.

29 Eben Ayers, *Truman in the White House*, edited by Robert H. Ferrell, p.81.

30 D. Clayton James, *The Years of MacArthur*, Vol. III, p.19.

31 Ibid., pp.22~23.

32 Ibid., p.22.

33 Ibid., p.19.

34 Eben A. Ayers, *Truman in the White House*, edited by Robert H. Ferrell, p.360.

35 D. Clayton James, *The Years of MacArthur*, Vol. III, p.60; Richard Rovere and Arthur M. Schlesinger Jr., *The General and the President*, p.92.

36 D. Clayton James, *The Years of MacArthur*, Vol. III, p.109.

37 William Leary ed., *MacArthur and the American Century*, p.243.

38 Omar Bradley, *A General's Life*, p.526.

제10장

1 짐 힌턴 대령 인터뷰.

2 샘 메이스 인터뷰.

3 존 톨랜드와 키즈 비치의 인터뷰, 프랭클린 루스벨트 도서관 소장.

4 Donald Knox, *The Korean War*, Vol. I, p.10.

5 Clay Blair, *The Forgotten War*, p.93.

6 T. R. Fehrenbach, *This Kind of War*, p.102.

7 Clay Blair, *The Forgotten War*, p.88.

8 D. Clayton James, *The Years of MacArthur*, Vol. III, p.84.

9 Keyes Beech, *Tokyo and Points East*, pp.145~146.

10 Max Hastings, *The Korean War*, pp.95~96.

11 Ha Jin, *War Trash*.

12 Donald Knox, *The Korean War*, Vol. I, p.6.

13 Ibid., p.17.

14 T. R. Fehrenbach, *This Kind of War*, p.73.

15 조나선 래드 인터뷰.

16 Donald Knox, *The Korean War*, Vol. I, pp.19~21.

17 Denis Warner, *The Opening Round of The Korean War*, *Military History* magazine, June, 2000.

18 Ibid.

19 Donald Knox, *The Korean War*, Vol. I, p.33.

20 윌리엄 웨스트 인터뷰.

21 T. R. Fehrenbach, *This Kind of War*, p.122.

22 Roy Appleman, *South to the Naktong, North to the Yalu*, pp.214~215.

23 Clay Blair, *The Forgotten War*, pp.186~187.

24 Ibid., p.187.

25 Ibid., p.189. 리지웨이의 구술 기록, 미 육군 대학 도서관 소장.

26 Roy Appleman, *Ridgway Duels for Korea*, p.4.

제11장

1 마이크 린치가 윌슨 히프너에게 보낸 편지, 히프너 소장.

2 Vernon A. Walters, *Silent Missions*, p.195.

3 Wilson Heefner, *Patton's Bulldog*, pp.159~160.

4 샘 윌슨 워커 인터뷰.

5 Wilson Heefner, *Patton's Bulldog*, pp.5~13.

6 샘 윌슨 워커 인터뷰.

7 Reginald Thompson, *Cry Korea*, p.235.

8 프랭크 기브니 인터뷰.

9 샘 워커 인터뷰.

10 Clay Blair, *The Forgotten War*, p.35.

11 Ibid., p.35.

12 빌 맥카프리 인터뷰.

13 Roy Appleman, *Escaping the Trap*, p.45.

14 William Leary ed., *MacArthur and the American Century*, p.241.

15 J. D. Coleman, *Wonju*, p.93.

16 빌 맥카프리 인터뷰.

17 클레이 블레어와 존 칠리스의 인터뷰, 미 육군 대학 도서관 소장.

18 빌 맥카프리 인터뷰.

19 존 마이클리스 구술 기록, 미 육군 대학 도서관 소장; 레이턴 타이너 인터뷰.

20 레이턴 타이너 인터뷰.

21 Wilson Heefner, Patton's Bulldog, p.185; 레이턴 타이너 인터뷰; Max Hastings, *The Korean War*, p.84.

22 Joseph Goulden, *Korea*, p.201. 렘 셰퍼드 구술 기록, 해병대 역사 보관실 및 콜럼비아 대학 소장.

23 Shen Zhihua, Cold War International History Project, Winter 2003, Spring 2004.

제12장

1 Richard Norton Smith, *Thomas Dewey and His Times*, p.35.

2 David Oshinsky, *A Conspiracy So Immense*, pp.49~50.

3 Ibid., p.53.

4 Ibid., p.53.

5 Merle Miller, *Plain Speaking*, p.164.

6 Robert Ferrell ed., *Off the Record*, p.133.

7 Lawton Collins, *War in Peacetime*, p.39.

8 Thomas Christensen, *Useful Adversaries*, p.39.

9 Robert Heinl, *Victory at High Tide*, p.4.

10 Ibid., p.4.

11 Omar Bradley and Clay Blair, *A General's Life*, p.474.

12 David McCullough, *Truman*, p.738.

13 Robert Myers, *Korea in the Cross Currents*, p.79.

14 Walter Isaacson and Evan Thomas, *The Wise Men*, p.338.

15 Richard Rovere and Arthur M. Schlesinger Jr., *The General and the President*, p.120.

16 Dean Acheson, *Present at the Creation*, pp.126~127.

17 Bruce Cumings, *The Origins of The Korean War*, Vol. II, p.45.

18 Walter Isaacson and Evan Thomas, *The Wise Men*, p.465.

19 David Chute, *The Great Fear*, pp.42~43.

20 Walter Isaacson and Evan Thomas, *The Wise Men*, p.547.

21 David Halberstam, *The Best and the Brightest*, p.332; 존 카터 빈센트 인터뷰.

22 Walter Isaacson and Evan Thomas, *The Wise Men*, p.464.

23 David S. McLellan, *Dean Acheson: The State Department Years*, p.383.

24 Walter Isaacson and Evan Thomas, *The Wise Men*, p.475.

25 Nuell Pharr Davis, *Lawrence and Oppenheimer*, p.294.

26 Alistair Cooke, *A Generation on Trial*, pp.107~108.

27 David Halberstam, *The Fifties*, p.13; 머리 켐턴 인터뷰.

28 호머 비가트 「뉴욕 타임스」 인터뷰.

29 Allen Weinstein, *Perjury*, p.37.

30 Walter Isaacson and Evan Thomas, *The Wise Men*, p.491.

31 루키우스 배틀 인터뷰.

32 제임스 레스턴 인터뷰.

33 Eric Goldman, *The Crucial Decade*, pp.134~135.

34 Robert Donovan, *Tumultuous Years*, p.133.

35 Eric Goldman, *The Crucial Decade*, pp.134~135.

36 Ibid., p.134.

제13장

1 Barton Gellman, *Contending with Kennan*, p.14.

2 Rosemary Foot, *The Wrong War*, p.60.

3 Walter Isaacson and Evan Thomas, *The Wise Men*, p.150.

4 George Kennan, *Memoirs 1925~1950*, pp.294~295.

5 Walter Isaacson and Evan Thomas, *The Wise Men*, p.477.

6 Rosemary Foot, *The Wrong War*, p.39.

7 Omar Bradley and Clay Blair, *A General's Life*, p.519.

8 Walter Isaacson and Evan Thomas, *The Wise Men*, p.499.

9 Dean Acheson, *Present at the Creation*, p.373.

10 Walter Isaacson and Evan Thomas, *The Wise Men*, p.504.

제14장

1 David McCullough, *Truman*, p.493.

2 Ibid., p.320.

3 Jules Abels, *Out of the Jaws of Victory*, p.182.

4 Omar Bradley and Clay Blair, *A General's Life*, p.444.

5 David McCullough, *Truman*, pp.324~325.

6 Cabell Phillips, *The Truman Presidency*, p.47.

7 David McCullough, *Truman*, p.525.

8 Jules Abels, *Out of the Jaws of Victory*, p.95.

9 Eric Goldman, *The Crucial Decade*, p.83.

10 Ibid., p.19.

11 William Manchester, *The Glory and the Dream*, p.465.

12 Jules Abels, *Out of the Jaws of Victory*, p.150.

13 Ibid., pp.12~13.

14 Keith D. McFarland and David L. Roll, *Louis Johnson and the Arming of America*, p.133.

15 Ibid., pp.137~139.

16 Robert Donovan, *Tumultuous Years*, p.16.

17 David McCullough, *Truman*, p.675.

18 Jules Abels, *Out of the Jaws of Victory*, p.141.

19 허버트 브라우넬 인터뷰.

20 Richard Norton Smith, *Thomas Dewey and His Times*, p.26.

21 Ibid., p.507.

22 Jules Abels, *Out of the Jaws of Victory*, p.180.

23 Cabell Phillips, *The Truman Presidency*, pp.243~244.

24 David McCullough, *Truman*, p.712.

제15장

1 *Life* magazine, December 20, 1948.

2 Omar Bradley and Clay Blair, *A General's Life*, p.549.

3 Joseph Goulden, *Korea*, p.155; Robert Donovan, *Tumultuous Years*, pp.260~262.

4 Clay Blair, *The Forgotten War*, pp.184~185.

5 Robert Donovan, *Tumultuous Years*, p.261.

6 에드 로니 인터뷰; 톨랜드와 로니의 인터뷰, 프랭클린 루스벨트 도서관 소장.

7 Matthew B. Ridgway, *The Korean War*, p.36.

8 Clay, Blair, *The Forgotten War*, pp.188~189.

9 Joseph, Goulden, *Korea*, pp.161~162.

10 David, McCullough, *Truman*, p.741.

11 Robert, Heinl, *Victory at High Tide*, pp.6~7.

12 Omar Bradley and Clay Blair, *A General's Life*, p.503.

13 Robert Ferrell ed., *Off the Record*, p.189.

14 Ed Cray, *General of the Army George C. Marshall*, p.234; David Oshinsky, *A Conspiracy So Immense*, p.36.

15 John Melby, *The Mandate of Heaven*, p.135.

16 Richard Rovere and Arthur M. Schlesinger, Jr., *The General and the President*, p.195.

17 E. J. Kahn, *The China Hands*, p.82.

18 Barbara Tuchman, *Stilwell and the American Experience in China*, p.303.

19 Ibid., p.316.

20 E. J. Kahn, *The China Hands*, p.184.

21 John Melby, *The Mandate of Heaven*, p.55.

22 Ed Cray, *General of the Army George C. Marshall*, p.574.

23 월턴 버터워스 인터뷰.

24 John Melby, *The Mandate of Heaven*, p.97.

25 Zi Zhongyun, *No Exit?*, p.25.

26 Ibid., p.27.

27 Ed Cray, *General of the Army George C. Marshall*, p.574.

제16장

1 John Fairbank and Albert Feuerwerker, *The Cambridge History of China*, Vol. 13, p.758.

2 Ed Cray, *General of the Army George C. Marshall*, p.758.

3 John Melby, *The Mandate of Heaven*, p.44.

4 John Fairbank and Albert Feuerwerker, *The Cambridge History of China*, Vol. 13, p.764.

5 Robert Payne, *Mao*, p.227.

6 Harrison Salisbury, *The New Emperors*, p.6.

7 W. A. Swanberg, *Luce and His Empire*, p.282.

8 Ed Cray, *General of the Army George C. Marshall*, p.634.

9 Harrison Salisbury, *The New Emperors*, p.8.

10 Richard Rovere and Arthur M. Schlesinger Jr., *The General and the President*, pp.214~215.

11 John Melby, *The Mandate of Heaven*, p.289.

12 Ed Cray, *General of the Army George C. Marshall*, p.634.

13 Richard Rovere and Arthur M. Schlesinger, Jr., *The General and the President*, p.214.

14 Zi Zhongyun, *No Exit?*, pp.101~102.

15 Ross Y. Koen, *The China Lobby in American Politics*, p.90.

16 Ed Cray, *General of the Army George C. Marshall*, p.673.

제17장

1 Thomas Christensen, *Useful Adversaries*, p.70.

2 Robert Herzstein, *Henry Luce and the American Crusade in Asia*, p.5.

3 David Halberstam, *The Powers That Be*, pp.57~58.

4 W. A. Swanberg, *Luce and His Empire*, p.186.

5 앨런 브링클리 교수 인터뷰.

6 Ibid.

7 Theodore H. White, *In Search of History*, pp.176~178.

8 Ibid., pp.205~206.

9 E. J. Kahn, *The China Hands*, p.10.

10 W. A. Swanberg, *Luce and His Empire*, p.266.

11 구웨이쥔 구술 기록, 콜럼비아 대학 소장.

12 Ed Cray, *General of the Army George C. Marshall*, p.686.

13 Richard Rovere and Arthur M. Schlesinger Jr., *The General and the President*, p.230.

14 Ibid., p.213.

15 Zi Zhongyun, *No Exit?*, p.260.

16 Cabell Phillips, *The Truman Presidency*, p.286.

17 David Halberstam, *The Fifties*, p.56.

18 매슈 코널리 구술 기록, 해리 트루먼 도서관 소장.

19 David E. Lilienthal, *The Journals of David E. Lilienthal*: Vol. II, p.525.

20 구웨이쥔 구술 기록, 콜럼비아 대학 소장.

21 Ibid.

22 E. J. Kahn, *The China Hands*, p.247.

제18장

1 Roy Appleman, *South to the Naktong, North to the Yalu*, p.289.

2 찰스 해멀 인터뷰.

3 T. R. Fehrenbach, *This Kind of War*, p.138.

4 Sergei Goncharov, et al., *Uncertain Partners*, p.155.

5 톨랜드 보고서에 실린 마이크 린치 인터뷰, 프랭클린 루스벨트 도서관 소장.

6 마이크 린치와 클레이 블레어 인터뷰, 미 육군 대학 도서관 소장.

7 Roy Appleman, *South to the Naktong, North to the Yalu*, p.335; 레이턴 바이너 인터뷰.

8 조지 러셀 인터뷰.

9 조 스트라이커 인터뷰; 1951년 6월 29일 해럴드 그레이엄이 베리 로든에게 보낸 편지.

10 어윈 엘러 인터뷰.

11 Ibid.

12 테리 맥대니얼 인터뷰.

13 러스티 데이비드슨 인터뷰.

14 조지 러셀 인터뷰.

15 베리 로든 인터뷰.

16 해럴드 그레이엄이 베리 로든에게 보낸 편지.

17 Ibid.

18 Donald Knox, *The Korean War*, Vol. II, pp.62~63; 조 스트라이커 인터뷰.

19 톨랜드 보고서에 실린 마이크 린치 인터뷰, 프랭클린 루스벨트 도서관 소장.

20 Ibid.; Wilson Heefner, *Patton's Bulldog*, p. 220; 레이턴 타이너 인터뷰.

21 Roy Appleman, *South to the Naktong, North to the Yalu*, pp.462~463; Clay Blair,

The Forgotten War, pp.250~251.

22 리 비얼러 인터뷰.

23 리 비얼러, 지노 피아자 인터뷰.

24 찰스 해멀 인터뷰.

25 Ibid.

26 제시 해스킨스 인터뷰.

27 본 웨스트 인터뷰.

28 Ibid.

29 리 비얼러 인터뷰.

30 조지 러셀 인터뷰.

31 핼 무어 중장 인터뷰.

32 폴 프리먼 구술 기록, 미 육군 대학 도서관 소장.

33 Ibid.

34 Ibid.

35 폴 프리먼의 편지들, 앤 시웰 프리먼 맥로드 소장.

36 베리 로든 인터뷰.

37 잭 머피 인터뷰.

38 Ibid.

제19장

1 Geoffrey Perret, *Old Soldiers Never Die*, p.548.

2 Bruce Cumings, *The Origins of The Korean War*, Vol. II, p.692.

3 Robert Heinl, *Victory at High Tide*, p.30.

4 Ibid., p.24.

5 Ibid., p.26.

6 Ibid., p.27.

7 Ibid., p.10.

8 Ibid., p.40.

9 William Allen White, *The Autobiography of William Allen White*, pp.572~573.

10 Clark Lee and Richard Henschel, *Douglas MacArthur*, p.99.

11 Dwight D. Eisenhower, *At Ease*, p.214.

12 John Allison, *Ambassador from the Plains*, p.168.

13 Robert Heinl, *Victory at High Tide*, p.40.

14 Douglas MacArthur, *Reminiscences*, p.349.

15 빌 맥카프리 인터뷰.

16 Robert Heinl, *Victory at High Tide*, p.40.

17 1963년 프레드 래드와의 대화.

18 Robert Heinl, *Victory at High Tide*, pp.40~42; William Manchester, *American Caesar*, pp.576~577; Clay Blair, *The Forgotten War*, pp.231~232.

19 Robert Smith, *MacArthur in Korea*, p.78.

20 Clay Blair, *The Forgotten War*, p.236.

21 Joseph Goulden, *Korea*, pp.209~210.

22 Clay Blair, *The Forgotten War*, p.229.

23 매슈 리지웨이 인터뷰.

24 올리버 스미스 구술 자료, 콜럼비아 대학 및 미 해병대 역사 보관실 소장.

25 올리버 스미스 개인 기록, 미 해병대 역사 보관실 소장.

26 Martin Russ, *Breakout*, p.17.

27 Ibid., p.208.

제20장

1 천젠 인터뷰.

2 Sergei Goncharov, et al., *Uncertain Partners*, p.149.

3 Shen Zhihua, Cold War International History Project, Winter 2003, Spring 2004.

4 Edwin H. Simmons, *Over the Seawall*, p.23; 에드윈 시먼스 인터뷰.

5 에드윈 시먼스 인터뷰.

6 올리버 스미스 구술 기록, 콜럼비아 대학 소장.

7 Joseph Alexander, *The Battle of the Barricades*, p.19.

8 에드윈 시몬스 인터뷰.

9 John Toland, *In Mortal Combat*, p.205.

10 Ibid., p.210.

11 Robert Heinl, *Victory at High Tide*, p.242.

12 Ibid., p.294.

13 Joseph Goulden, *Korea*, p.241.

14 Sidney Weintraub, *MacArthur's War*, p.204.

15 잭 머피 인터뷰.

16 잭 머피 인터뷰.

17 매슈 리지웨이 인터뷰; Matthew B. Ridgway, *The Korean War*, pp.46~62.

제21장

1 로버트 마이어스 인터뷰.

2 Ross Y. Koen, *The China Lobby in American Politics*, p.83.

3 Zi Zhongyun, *No Exit?*, pp.243~244.

4 Ibid., pp.278~279.

제22장

1 Rosemary Foot, *The Wrong War*, p.103.

2 David Halberstam, *The Best and the Brightest*, p.324.

3 Rosemary Foot, *The Wrong War*, p.52.

4 Ibid., p.43.

5 George F. Kennan, *Memoirs 1925~1950*, pp.490~493.

6 Ibid., pp.102~103.

7 Ibid., p.488.

8 Ibid., p.73.

9 Dean Acheson, *Present at the Creation*, p.445.

10 Rosemary Foot, *The Wrong War*, pp.69~70.

11 Omar Bradley and Clay Blair, *A General's Life*, p.558.

12 제임스 웨브 보고서, 해리 트루먼 도서관 소장.

13 Walter Isaacson and Evan Thomas, *The Wise Men*, p.532.

14 루셔스 배틀 인터뷰.

15 Walter Isaacson and Evan Thomas, *The Wise Men*, p.540.

16 Stanley Weintraub, *MacArthur's War*, p.163.

17 프랭크 기브니 인터뷰.

18 Russell Spurr, *Enter the Dragon*, p.428.

19 Stanley Weintraub, *MacArthur's War*, p.162.

20 Matthew B. Ridgway, *The Korean War*, p.45.

21 Ibid., p.44.

22 Reginald Thompson, *Cry Korea*, p.87.

제23장

1 K. M. Panikkar, *In Two Chinas*, p.23.

2 Ibid., p.25.

3 Ibid., p.27.

4 Ibid., p.108.

5 Ibid., pp.109~112.

6 Walter Isaacson and Evan Thomas, *The Wise Men*, p.533.

7 Rosemary Foot, *The Wrong War*, p.81.

8 Chen Jian, China's Road to *The Korean War*, pp.153~154.

9 Ibid., pp.153~154.

10 천젠 인터뷰.

11 Ibid.

12 Rosemary Foot, *The Wrong War*, p.44.

13 Shen Zhihua, Cold War International History Project, Winter 2003, Spring 2004.

14 Chen Jian, China's Road to *The Korean War*, p.161.

제24장

1 Walter Laquer, *Stalin: The Glasnost Revelations*, p.91.

2 Milovan Djilas, *Conversations with Stalin*, p.190.

3 Dellis Bloodworth, *The Messiah and the Mandarins*, p.62.

4 Dr. Li Zhisui, *The Private Life of Chairman Mao*, p.117.

5 Milovan Djilas, *Conversations with Stalin*, p.182.

6 Sergei Goncharov et al., *Uncertain Partners*, p.29.

7 Ibid., pp.29~30.

8 Ibid., p.62.

9 Ibid., p.88.

10 Ibid., p.105.

11 Walter Laquer, *Stalin: The Glasnost Revelations*, p.179.

12 Ibid., p.183.

13 Dr. Li Zhisui, *The Private Life of Chairman Mao*, p.122.

14 Ibid., p.124.

15 Ibid., p.ix.

16 Walter Laquer, *Stalin: The Glasnost Revelations*, p.189.

17 Dr. Li Zhisui, *The Private Life of Chairman Mao*, p.261.

18 Adam B. Ulam, *Stalin: The Man and His Era*, p.695.

19 Sergei Goncharov, et al., *Uncertain Partners*, p.85.

20 Strobe Talbott ed., *Khrushchev Remembers*, pp.239~240.

21 천젠 인터뷰.

22 Strobe Talbott ed., *Khrushchev Remembers*, p.239.

23 Dennis Bloodworth, *The Messiah and the Mandarins*, p.101.

24 Adam B. Ulam, Stalin: The Man and His Era, p.695.

25 Chen Jian, China's Road to *The Korean War*, p.172.

26 Ibid., pp.173~175.

27 Dr. Li Zhisui, *The Private Life of Chairman Mao*, p.125.

28 Chen Jian, China's Road to *The Korean War*, p.182.

29 Dehuai Peng, *Memoirs of a Chinese Marshal*, p.7.

30 Dr. Li Zhisui, *The Private Life of Chairman Mao*, p.99.

31 Ibid., p.383.

32 Dehuai Peng, *Memoirs of a Chinese Marshal*, p.161.

33 Chen Jian, China's Road to *The Korean War*, pp.195~196.

34 Ibid., p.201.

35 Ibid., p.202.

36 Ibid., p.207.

제25장

1 넬리 놀랜드 인터뷰, 해리 트루먼 도서관 소장.

2 찰스 머피 인터뷰, 해리 트루먼 도서관 소장.

3 매슈 코널리 인터뷰, 해리 트루먼 도서관 소장.

4 Dean Acheson, *Present at the Creation*, p.456.

5 존 무초 인터뷰, 해리 트루먼 도서관 소장.

6 Vernon A. Walters, *Silent Missions*, p.204.

7 WGBH 〈미국의 거장들〉의 버넌 월터스 인터뷰.

8 프랭크 기브니 인터뷰.

9 John Toland, *In Mortal Combat*, p.241.

10 Ibid., pp.241~242; Clay Blair, *The Forgotten War*, pp.346~349; Russell Spurr, *Enter the Dragon*, p.159.

11 딘 러스크 인터뷰, 해리 트루먼 도서관 소장.

12 John Gunther, *The Riddle of MacArthur*, p.200.

13 Dean Acheson, *Present at the Creation*, p.455.

14 Matthew B. Ridgway, *The Korean War*, pp.37~38; Russell Spurr, *Enter the Dragon*, p.158; Clay Blair, *The Forgotten War*, p.188.

15 New York World-Telegram, April 8, 1964.

16 매슈 리지웨이 인터뷰.

17 Bruce Cumings, *The Origins of The Korean War*, Vol. II, p.97.

18 Stanley Weintraub, *MacArthur's War*, p.291.

19 Bruce Cumings, *The Origins of The Korean War*, Vol. II, p.103.

20 J. Lawton Collins, *War in Peacetime*, p.215.

21 톨랜드 보고서에 실린 마이크 린치 인터뷰, 프랭클린 루스벨트 도서관 소장.

22 Geoffrey Perret, *Old Soldiers Never Die*, p.551.

23 Carol Petillo Morris, *Douglas MacArthur: The Philippine Years*, pp.204~213.

24 Chen Jian, *China's Road to The Korean War*, p.148.

25 Clark Lee and Richard Henschel, *Douglas MacArthur*, p.166.

26 Dean Acheson, *Present at the Creation*, p.424.

27 Stanley Weintraub, *MacArthur's War*, p.161.

28 William Stueck, *Rethinking The Korean War*, p.113.

29 칼턴 웨스트 인터뷰.

30 D. 클레이턴 제임스와 로저 에게버르그 인터뷰, 맥아더 기념 도서관 소장.

31 프랭크 위스너 주니어 인터뷰.

32 Naval Historical Center Colloquium on Contemporary History, June 20, 1990.

33 Frank Kluckhohn, *the Reporter*, August 19, 1952.

34 프랭크 기브니 인터뷰.

35 Ibid.

36 Bruce Cumings, *The Origins of The Korean War*, Vol. II, p.106.

37 조지프 프롬 인터뷰.

38 Ibid.

39 Bruce Cumings, *The Origins of The Korean War*, Vol. II, p.112.

40 Ibid.

41 빌 맥카프리 인터뷰.

42 Clay Blair, *The Forgotten War*, p.377.

43 빌 트레인 인터뷰.

44 칼턴 스위프트 인터뷰.

45 Ibid.

46 로버트 마이어스 인터뷰.

47 빌 트레인 인터뷰.

48 Wilson Heefner, *Patton's Bulldog*, p.264.

49 Ibid., p.272.

50 빌 트레인 인터뷰.

51 Clay Blair, *The Forgotten War*, p.379.

52 Wilson Heefner, *Patton's Bulldog*, p.272.

53 빌 트레인 인터뷰.

54 톨랜드 보고서에 실린 톰 램버트 인터뷰, 프랭클린 루스벨트 도서관 소장.

제26장

1 Edwin Bayley, *Joe McCarthy and the Press*, p.68.

2 Ibid., p.73.

3 머리 켐턴 인터뷰.

4 David Oshinsky, *A Conspiracy So Immense*, p.174.

5 James Patterson, *Mr. Republican*, p.455.

6 David Oshinsky, *A Conspiracy So Immense*, pp.168~169.

7 Ibid., p.178.

8 Clay Blair, *The Forgotten War*, p.400.

9 Matthew B. Ridgway, *The Korean War*, p.65.

10 John Toland, *In Mortal Combat*, p.281.

11 Ibid., p.282.

12 Ibid.; Heefner Wilson, *Patton's Bulldog*, pp.281~282; 레이턴 타이너 인터뷰; 톨랜드 보고서에 실린 타이너 인터뷰, 프랭클린 루스벨트 도서관 소장.

13 Stanley Weintraub, *MacArthur's War*, p.221.

14 Matthew B. Ridgway, *The Korean War*, p.63.

15 Geoffrey Perret, *Old Soldiers Never Die*, p.548.

제27장

1 짐 힌턴 인터뷰.

2 Ibid.

3 폴 오다우드 인터뷰.

4 존 칼리 인터뷰.

5 맬컴 맥도널드 인터뷰.

6 샘 메이스 인터뷰.

7 존 아이젠하워와 딕 그루엔터 인터뷰.

8 S. L. A. Marshall, *The River and the Gauntlet*, p.1.

9 존 아이젠하워 인터뷰.

제28장

1 셔먼 프랫 인터뷰; Sherman Pratt, *Decisive Battles of The Korean War*, pp.15~20.
2 폴 프리먼의 편지들, 앤 시웰 프리맨 맥로드와 로이 맥로드 소장.

제29장

1 앨런 존스 인터뷰.
2 진 타카하시 인터뷰.
3 Ibid.
4 딕 레이볼드 인터뷰.
5 브루스 리터 인터뷰.
6 존 리터, 빌리 팅클, 존 예이츠 인터뷰.
7 샘 메이스 인터뷰.
8 칼리 히스 인터뷰.
9 샘 메이스 인터뷰.
10 Ibid.; Russell Spurr, *Enter the Dragon*, p.193.

제30장

1 폴 프리먼 구술 자료, 미 육군 대학 도서관 소장.
2 딕 레이볼드 인터뷰.
3 Roy Appleman, *Escaping the Trap*, p.47.
4 Clay Blair, *The Forgotten War*, p.32.
5 빅터 크루락 구술 기록, 미 해병대 역사 보관실 소장.
6 Martin Russ, *Breakout*, p.17.
7 Jon T. Hoffman, *Chesty*, pp.370~371.
8 제임스 로런스 인터뷰.
9 Martin Russ, *Breakout*, p.186.
10 Bill Sloan, *Brotherhood of Heroes*, p.58.
11 Ibid., p.310.
12 알파 바우저 구술 기록, 미 해병대 역사 보관실 소장.
13 Ibid.

14 Martin Russ, *Breakout*, p.64.

15 올리버 스미스, D. 클레이튼 제임스 인터뷰, 맥아더 기념 도서관 소장.

16 Jon T. Hoffman, *Chesty*, p.378.

17 빌 맥카프리 인터뷰.

18 제임스 로런스 인터뷰.

19 Martin Russ, *Breakout*, p.52.

20 제임스 로런스가 미 육군 심포지엄을 위해 준비한 장진호 전투 보고서; 제임스 로런스 인터뷰.

21 Edwin Simmons, *Frozen Chosin*, U.S. Marine Corps Korean War Commemorative Series, 2002, p.34.

22 Martin Russ, *Breakout*, p.71.

23 Ibid., p.72.

24 Benis Frank, The Epic of Chosin, U.S. Marine Corps History Division.

25 Matthew B. Ridgway, *The Korean War*, p.65.

26 제임스 로런스 인터뷰; Martin Russ, *Breakout*, p.82.

27 Martin Russ, *Breakout*, p.82.

28 Edwin Simmons, *Frozen Chosin*, p.49.

29 Clay Blair, *The Forgotten War*, p.456.

30 Ibid.

31 제임스 로런스 인터뷰.

32 Clay Blair, *The Forgotten War*, p.418.

33 Russell Gugeler, *Combat Operations in Korea*, p.62.

34 Martin Russ, *Breakout*, pp.196~197; Clay Blair, *The Forgotten War*, pp.462~464.

35 Clay Blair, *The Forgotten War*, p.464.

36 Wilson Heefner, *Patton's Bulldog*, p.295.

제31장

1 폴 프리먼 구술 기록, 미 육군 대학 도서관 소장.

2 Ibid.; Clay Blair, *The Forgotten War*, p.478.

3 S. L. A. Marshall, *The River and the Gauntlet*, p.264.

4 앨런 존스 인터뷰.

5 맬컴 맥도널드 인터뷰; 맥도널드 가족 회고록.

6 Clay Blair, *The Forgotten War*, p.477.

7 래리 파넘 인터뷰.

8 해럴드 무어 인터뷰.

9 Clay Blair, *The Forgotten War*, pp.478~481.

10 짐 힌턴 인터뷰.

11 샘 메이스, 칼리 히스 인터뷰.

12 앨런 존스 인터뷰.

13 Ibid.; 빌 우드 인터뷰.

제32장

1 맬컴 맥도널드 인터뷰.

2 S. L. A. Marshall, *The River and the Gauntlet*, p.319.

3 Ibid., p.320.

4 Russell Spurr, *Enter the Dragon*, p.193.

5 폴 오다우드 인터뷰.

제33장

1 지노 피아자 인터뷰.

2 Ibid.

3 Ibid.; 래리 파넘, 알라리히 자첼르 인터뷰.

4 앨러리치 재컬리 인터뷰.

5 밥 네흘링 인터뷰.

6 행크 에머슨 인터뷰.

7 찰리 히스 인터뷰.

제34장

1 알파 바우저 구술 기록, 미 해병대 역사 보관소 소장.

2 Jon T. Hoffman, *Chesty*, p.410.

3 Martin Russ, *Breakout*, p.6.

4 알파 바우저 구술 기록, 미 해병대 역사 보관소 소장.

5 Edwin H. Simmons, *Frozen Chosin*, p.35.

6 D. 클레이턴 제임스, 올리버 스미스 인터뷰, 맥아더 기념 도서관 소장.

7 S. L. A. Marshall, *Bringing Up the Rear*, pp.181~183.

8 Jon T. Hoffman, *Chesty*, p.417.

제35장

1 Clay Blair, *The Forgotten War*, p.468.

2 매슈 리지웨이 인터뷰.

3 William Manchester, *American Caesar*, p.617.

4 Max Hastings, *The Korean War*, p.178.

5 D. Clayton James, *Refighting the Last War*, p.45.

6 Omar Bradley and Clay Blair, *A General's Life*, p.626.

7 매슈 리지웨이 인터뷰.

8 Dean Acheson, *Present at the Creation*, p.518.

9 조지프 프롬 인터뷰.

10 Omar Bradley and Clay Blair, *A General's Life*, p.603.

11 Ibid.

12 Ibid.

13 Robert Herzstein, *Henry Luce and the American Crusade in Asia*, p.139.

14 Ibid., p.147.

15 Ibid., p.136.

16 Matthew B. Ridgway, *The Korean War*, p.61.

17 Ibid.; 매슈 리지웨이 인터뷰.

18 Max Hastings, *The Korean War*, p.170.

19 Ibid., p.167.

20 샘 메이스 인터뷰.

제36장

1 잭 머피 인터뷰.

2 Clay Blair, *The Forgotten War*, p.69.

3 Ibid.

4 켄 햄버거 인터뷰; Clay Blair, *Ridgway's Paratroopers*, pp.138~141.

5 톨랜드 보고서에 실린 매슈 리지웨이 인터뷰, 프랭클린 루스벨트 도서관 소장.

6 Matthew B. Ridgway, *The Korean War*, p.110.

7 Ibid., dedication.

8 Clay Blair, *The Forgotten War*, p.569.

9 Matthew B. Ridgway, *The Korean War*, p.83.

10 George Allen, *None So Blind*, p.96.

11 Omar Bradley and Clay Blair, *A General's Life*, p.608.

12 Matthew B. Ridgway, *The Korean War*, pp.88~89.

13 해럴드 존슨 구술 기록, 미 육군 대학 도서관 소장.

14 John Toland, *In Mortal Combat*, p.378.

15 Ibid.

제37장

1 Clay Blair, *The Forgotten War*, pp.566~567.

2 Max Hastings, *The Korean War*, p.186.

3 Ibid., p.569.

4 Omar Bradley and Clay Blair, *A General's Life*, p.646.

5 Clay Blair, *Ridgway's Paratroopers*, p.111.

6 J. D. Coleman, *Wonju*, p.59.

7 빌 맥카프리 인터뷰.

8 Clay Blair, *The Forgotten War*, p.574.

9 조지 앨런 인터뷰.

10 클레이 블레어 보고서에 실린 존 마이클리스 인터뷰, 미 육군 대학 도서관 소장.

제38장

1 Xiaobing Li, et al., *Mao's Generals Remember Korea*, p.11.

2 Russell Spurr, *Enter the Dragon*, p.252.

3 월터 킬릴리 인터뷰, 킬릴리 회고록.

4 Russell Spurr, *Enter the Dragon*, pp.41~42.

5 Ibid., p.167.

6 Ibid., pp.80~81.

7 Ibid.

8 Xiaobing Li et al., *Mao's Generals Remember Korea*, p.54.

9 Ibid., p.18.

10 Ibid.

11 Ibid.

12 Matthew B. Ridgway, *The Korean War*, pp.93~94.

제39장

1 존 칼리 인터뷰.

2 Russell Spurr, *Enter the Dragon*, p.285.

3 폴 프리먼 구술 기록, 미 육군 대학 도서관 소장; Kenneth Hamburger, *Leadership in the Crucible*, pp.92~93.

4 폴 프리먼 구술 기록, 미 육군 대학 도서관 소장.

제40장

1 Kenneth Hamburger, *Leadership in the Crucible*, p.98.

2 모리스 펜더슨 인터뷰.

3 Kenneth Hamburger, *Leadership in the Crucible*, pp.99~100.

4 Ibid., p.100; Roy Appleman, *Ridgway Duels for Korea*, pp.202~203; Russell Gugeler, *Combat Operations in Korea*, pp.85~87; 래런 윌슨, 리처드 포클러 등 생존자 인터뷰.

5 래런 윌슨 인터뷰.

6 리처든 포클러 인터뷰.

7 Russell Gugeler, *Combat Operations in Korea*, pp.87~90.

8 래런 윌슨 인터뷰; Russell Gugeler, *Combat Operations in Korea*, pp.80~90.

9 Kenneth Hamburger, *Leadership in the Crucible*, p.103.

10 Paul Freeman, *Wonju to Chipyongni*, U.S. Army War College Library.

제41장

1 J. D. Coleman, *Wonju*, p.91.

2 Ibid., p.58.

3 Kenneth Hamburger, *Leadership in the Crucible*, pp.89~90.

4 조지 스튜어트 개인 회고록.

5 Donald Knox, *The Korean War*, Vol. II, p.25.

6 Harold Martin, *Saturday Evening Post*, May 19, 1951.

7 조지 스튜어트 개인 회고록.

8 조지 스튜어트를 인터뷰했던 케네스 햄버거 인터뷰.

9 셔먼 프랫 인터뷰; Sherman Pratt, *Decisive Battles of The Korean War*, p.154.

10 Kenneth Hamburger, *Leadership in the Crucible*, p.111.

11 폴 프리먼 구술 기록, 미 육군 병원 도서관 소장.

12 조지 스튜어트 개인 회고록.

13 bid.

14 Paul Freeman, *Wonju to Chipyongni*, U.S. Army War College Library.

제42장

1 셔먼 프랫 인터뷰.

2 Kenneth Hamburger, *Leadership in the Crucible*, p.154.

3 Ibid., p.176.

4 Roy Appleman, *Ridgway Duels for Korea*, p.258.

5 셔먼 프랫 인터뷰.

제43장

1 Clay Blair, *The Forgotten War*, p.685.

2 J. D. Coleman, *Wonju*, pp.93~94.

3 Ibid., p.94.

4 빌 맥카프리 인터뷰.

5 J. D. 콜먼 인터뷰.

6 Paik Sun Yup, *From Pusan to Panmunjon*, pp.125~126.

7 J. D. Coleman, *Wonju*, p.95.

8 Ibid., pp.103~104.

9 Clay Blair, *The Forgotten War*, p.689.

10 Ibid., p.740.

11 케네스 햄버거 인터뷰.

12 조지 스튜어트 개인 회고록.

13 Ibid.

제44장

1 폴 맥기 인터뷰.

2 Ibid.

3 로버트 홀 박사 인터뷰.

4 폴 프리먼 구술 기록, 미 육군 대학 도서관 소장.

제45장

1 Martin Blumenson, *Army* Magazine, August 2002; 마틴 블루멘슨 인터뷰.
2 Kenneth Hamburger, *Leadership in the Crucible*, p.205.
3 Clay Blair, *The Forgotten War*, p.700.
4 마틴 블루멘슨 인터뷰.
5 톰 멜런 인터뷰.
6 Kenneth Hamburger, *Leadership in the Crucible*, p.200.
7 Ibid., pp.200~201.
8 Clay Blair, *The Forgotten War*, p.707.
9 Kenneth Hamburger, *Leadership in the Crucible*, pp.206~207, 213~214.

제46장

1 클레티스 인먼, 폴 맥기 인터뷰.
2 로버트 홀 박사 인터뷰.
3 Donald Knox, *The Korean War*, Vol. II, p.73.
4 Kenneth Hamburger, *Leadership in the Crucible*, p.215.

제47장

1 천젠 인터뷰.
2 Ibid.

제48장

1 Clay Blair, *The Forgotten War*, p.659.
2 Harry S. Truman, *Memoirs*, Vol. II, p.420.
3 Ibid., p.416.
4 Max Hastings, *The Korean War*, pp.192~193.
5 Omar Bradley and Clay Blair, *A General's Life*, p.616.
6 Sidney Weintraub, *MacArthur's War*, p.305.
7 Ibid., p.616.
8 William Manchester, *American Caesar*, p.625.
9 폴 프리먼 구술 기록, 미 육군 대학 도서관 소장.
10 Sidney Weintraub, *MacArthur's War*, p.307.

11 Clay Blair, *The Forgotten War*, pp.767~768.

12 Dean Acheson, *Present at the Creation*, p.519.

13 Margaret Truman, *Harry S. Truman*, p.513.

제49장

1 Joseph Goulden, *Korea*, pp.477~478.

2 Harry S. Truman, *Memoirs*, Vol. II, pp.446~447.

3 Doris Kearns Goodwin, *Team of Rivals*, p.383.

4 조지 엘시 인터뷰, 해리 트루먼 도서관 소장.

5 Robert Donovan, *Tumultuous Years*, p.355.

6 트루먼 인터뷰, 해리 트루먼 도서관 소장.

7 Clay Blair, *The Forgotten War*, p.788.

8 Eric Goldman, *The Crucial Decade*, pp.201~202.

제50장

1 W. A. Swanberg, *Luce and His Empire*, p.312.

2 Max Hastings, *The Korean War*, p.207.

3 Richard Rovere and Arthur M. Schlesinger Jr., *The General and the President*, p.5.

4 Robert Caro, *Master of the Senate*, pp.369~370.

5 David Halberstam, *The Fifties*, p.114.

6 Joseph Goulden, *Korea*, p.507.

7 David Halberstam, *The Fifties*, p.115.

8 Dean Acheson, *Present at the Creation*, p.524.

9 Joseph Goulden, *Korea*, p.498.

10 Robert Caro, *Master of the Senate*, p.372.

11 Joseph Goulden, *Korea*, p.527.

12 Omar Bradley and Clay Blair, *A General's Life*, p.640.

13 Joseph Goulden, *Korea*, pp.534~535.

14 Dean Acheson, *Among Friends*, p.103.

제51장

1 빌 맥카프리 인터뷰.

2 Vernon A. Walters, *Silent Missions*, pp.209~210.

3 Dwight D. Eisenhower, *At Ease*, p.227.

제52장

1 Richard Norton Smith, *Thomas Dewey and His Times*, p.591.

2 William Manchester, *The Glory and the Dream*, p.617.

3 Robert Caro, *Master of the Senate*, p.525.

4 해럴드 무어 인터뷰.

5 S. L. A. Marshall, *Pork Chop Hill*, p.146.

6 조 클레먼스, 월터 러셀, 해럴드 무어 인터뷰.

에필로그

1 David Halberstam, *The Best and the Brightest*, p.24.

2 레슬리 겔브 인터뷰.

3 앨런 화이트닝 인터뷰.

4 Arthur M. Schlesinger, Jr., *A Thousand Days*, pp.479~480.

5 버나드 폴 인터뷰.

6 조지 엘시 인터뷰.

7 Douglas Brinkley, *Dean Acheson*, p.91.

8 Theodore Sorensen, *Kennedy*, p.294.

9 Philip Geyelin, *Lyndon Johnson and the World*, p.17.

10 David Halberstam, *The Best and the Brightest*, p.512.

11 Ibid., p.531.

12 빌 모이어스, 조지 리디 인터뷰.

참고문헌 |

Abels, Jules, *Out of the Jaws of Victory*, Henry Holt & Co., 1959.

Abramson, Rudy, *Spanning the Century: The Life of W. Averell Harriman 1891~1986*, William Morrow, 1992.

Acheson, Dean, *Among Friends*, Dodd, Mead, 1980.

_____, *Present at the Creation*, W. W. Norton & Company, 1969.

Alexander, Bevin, *Korea*, Hippocrene, 1956.

Alexander, Joseph, *The Battle of the Barricades*, Korean War Commemorative Series, Marine Historical Center, 2000.

Allen, George, *None So Blind*, Ivan R. Dee, 2001.

Allison, John, *Ambassador from the Plains*, Houghton Mifflin, 1973.

Appleman, Roy, *Disaster in Korea*, Texas A&M University Press, 1989.

_____, *Escaping the Trap*, Texas A&M University Press, 1990.

_____, *Ridgway Duels for Korea*, Texas A&M University Press, 1990.

_____, *South to the Naktong, North to the Yalu*, U.S. Army Center of Military History, 1961.

Armstrong, Charles, *The North Korean Revolution*, Columbia University Press, 2003.

Ayers, Eben A., *Truman in the White House*, edited by Robert H. Ferrell, University of Missouri Press, 1991.

Bain, David, *Sitting in Darkness*, Houghton Mifflin, 1984.

Bardos, Phil, *Cold War Warriors*, Xlibris, 2000.

Bayley, Edwin, *Joe McCarthy and the Press*, University of Wisconsin Press, 1981.

Beech, Keyes, *Tokyo and Points East*, Doubleday, 1954.

Blair, Clay, *The Forgotten War*, Anchor, 1987.

_____, Ridgway's Paratroopers, Dial, 1985.

Bloodworth, Dennis, *The Messiah and the Mandarins*, Atheneum, 1982.

Bradley, Omar with Blair, Clay, *A General's Life*, Simon & Schuster, 1983.

Brady, James, *The Coldest War*, St. Martin's Press, 1990.

Breuer, William, *Shadow Warriors*, John Wiley & Sons, 1996.

Brinkley, Douglas, *Dean Acheson*, Yale University Press, 1992.

Caro, Robert, *Means of Ascent*, Alfred A. Knopf, 1990.

_____, *Master of the Senate*, Alfred A. Knopf, 2003.

Caute, David, *The Great Fear*, Simon & Schuster, 1978.

Chase, James, *Acheson*. Simon & Schuster, 1998.

Chen Jian, *China's Road to The Korean War*, Columbia University Press, 1994.

Christensen, Thomas, *Useful Adversaries*, Princeton University Press, 1996.

Clark, Eugene, *The Secrets of Inchon*, Putnam, 2002.

Coleman, J. D., *Wonju*. Brassey's, 2000.

Collins, J. Lawton, *Lightning Joe*, Louisiana State University Press, 1979.

_____, *War in Peacetime*, Houghton Mifflin, 1969.

Cooke, Alistair, *A Generation on Trial*, Alfred A. Knopf, 1982.

Cray, Ed, *General of the Army: George C. Marshall*, Touchstone, 1990.

Cumings, Bruce, *The Origins of The Korean War, Volumes I and II*, Princeton University Press, 1981 (Vol. I) and 1990 (Vol. II).

Dae-Sook, Suh, *Kim Il Sung*, Columbia University Press, 1988.

Davis, Nuell Pharr, *Lawrence and Oppenheimer*, DeCapo Press, 1986.

Dawidoff, Nicholas, *The Fly Swatter*, Pantheon, 2002.

Dean, William, *General Dean's Story*, Viking, 1954.

D'Este, Carlo, *Eisenhower: A Soldier's Life*, Henry Holt and Co., 2002.

Djilas, Milovan, *Conversations with Stalin*, Harcourt Brace & Company, 1962.

Donovan, Robert, *Tumultuous Years*, W. W. Norton, 1982.

Dower, John, *War without Mercy*, Pantheon, 1987.

Eisenhower, Dwight D., *At Ease: Stories I Tell to Friends*, Doubleday, 1967.

Fairbank, John, and Feuerwerker, Albert, *The Cambridge History of China*, Volume 13, Cambridge University Press, 1980.

Fehrenbach, T. R., *This Kind of War*, Brassey's, 1994.

Ferrell, Robert (editor), *The Eisenhower Diaries*, W. W. Norton & Company, 1981.

_____, *Off the Record: The Private Papers* of Harry S. Truman, Harper & Row, 1980.

_____, ed., *Truman in the White House: The Diary of Eben A. Ayers*, University of Missouri Press, 1991.

Foot, Rosemary, *The Wrong War*, Cornell University Press, 1985.

Fromkin, David, *In the Time of the Americans*, Vintage, 1995.

Gaddis, John Lewis, *We Now Know*, Oxford University Press, 1998.

Gellman, Barton, *Contending with Kennan*, Praeger, 1984.

Geyelin, Philip, *Lyndon Johnson and the World*, Praeger, 1966.

Gibney, Frank, *Korea: A Quiet Revolution*, Walker, 1992.

Goldman, Eric, *The Crucial Decade*, Alfred A. Knopf, 1956.

Goncharov, Sergei, Lewis, John, and Xue Litai, *Uncertain Partners*, Stanford University Press, 1993.

Goodwin, Doris Kearns, *Team of Rivals*, Simon & Schuster, 2005.

Goulden, Joseph, *Korea*, McGraw-Hill, 1982.

Gugeler, Russell, *Combat Operations in Korea*, Office of the Chief of Military History, 1970.

Gunther, John, *The Riddle of MacArthur*, Harper & Row, 1951.

Ha Jin, *War Trash*, Pantheon, 2004.

Haas, Michael, *The Devil's Shadow*, Naval Institute Press, 2002.

Halberstam, David, *The Best and the Brightest*, Random House, 1972.

_____, *The Fifties*, Villard, 1993.

_____, *The Powers That Be*, Alfred A. Knopf, 1979.

Hamburger, Kenneth, *Leadership in the Crucible*, Texas A&M University Press, 2003.

Hammel, Eric. *Chosin*. Presidio Press, 1981.

Hart, John. *The Making of an Army Old China Hand*, Institute of East Asian Affairs, Berkeley, 1985.

Harvey, Robert, *American Shogun*, Murray, 2006.

Hastings, Max, *The Korean War*, Simon & Schuster, 1987.

Hechler, Ken, *Working with Truman*, University of Missouri Press, 1996.

Heefner, Wilson. *Patton's Bulldog*, White Mane Books, 2001.

Heinl, Robert, *Victory at High Tide*, Lippincott, 1968.

Herzstein, Robert, *Henry Luce and the American Crusade in Asia*, Cambridge University Press, 2005.

Hickey, Michael, *The Korean War*, Overlook, 2000.

Higgins, Trumbull, *Korea and the Fall of MacArthur: A Precis in Limited War*, Oxford University Press, 1960.

Hockley, Ralph M., *Freedom Is Not Free*, Brockton, 2000.

Hoffman, Jon T., *Chesty*, Random House, 2001.

Hoopes, Townsend, *The Devil and John Foster Dulles*, Little Brown, 1973.

Hughes, Emmet John, *The Ordeal of Power: A Political Memoir of the Eisenhower Years*, Atheneum, 1963.

Isaacson, Walter, and Thomas, Evan, *The Wise Men: Six Friends and the World They Made*, Touchstone, 1986.

Isenberg, George, *Korea: Tales from the Front Line*, Worldpro Press, 2001.

James, D. Clayton, *The Years of MacArthur, Volumes I-III*. Houghton Mifflin, 1970.

_____, *Refighting the Last War*, Free Press, 1993.

Jones, Alex S. and Tifft, Susan E., *The Trust: The Private and Powerful Family Behind The New York Times*, Little Brown, 1999.

Jung, Chang and Halliday, Jon, *Mao: The Unknown Story*, Alfred A. Knopf, 2005.

Kahn, E. J., *The China Hands*, Viking, 1975.

Karnow, Stanley, *In Our Image: America's Empire in the Philippines*, Random House, 1989.

Kennan, George F., *Memoirs 1925~1950*, Atlantic Monthly Press, 1967.

_____, *Memoirs 1950~1963*, Pantheon, 1971.

Kenney, George, *The MacArthur I Know*, Duell, Sloan, 1951.

Klingon, Greta, *The Soldier and General Herbert Powell*, Privately printed.

Knox, Donald, *The Korean War, Volume I*, Harcourt Brace & Company, 1985.

_____, *The Korean War, Volume II*, Harvest, 1988.

Koen, Ross Y., *The China Lobby in American Politics*, Harper & Row, 1974.

Laquer, Walter, *Stalin: The Glasnost Revelations*, Scribner, 1990.

Leary, William (editor), *MacArthur and the American Century*, University of Nebraska Press, 2001.

Leckie, Robert, *Conflict: The History of the Korean War, 1950~53*, G. P. Putnam, 1962.

Lee, Clark, and Henschel, Richard, *Douglas MacArthur*, Henry Holt and Co., 1952.

Li Zhisui, Dr., *The Private Life of Chairman Mao*, Random House, 1994.

Lilienthal, David E., *The Journals of David E. Lilienthal: Volume II: The Atomic Energy Years, 1945~1950*, Harper & Row, 1964.

Linn, Brian, *The Philippine War*, University of Kansas Press, 2002.

MacArthur, Douglas, *Reminiscences*, McGraw-Hill, 1964.

Maher, William, *A Shepherd in Combat Boots*, Burd Street Press, 1997.

Mahoney, Kevin, *Formidable Enemies*, Presidio Press, 2001.

Maihafer, Harry, *From the Hudson to the Yalu*, Texas A&M University Press, 1993.

Manchester, William, *American Caesar*, Little Brown, 1978.

_____, *The Glory and the Dream: A Narrative History of America, 1932~1972*, Little Brown, 1974.

Marshall, S. L. A. *Pork Chop Hill*, William Morrow, 1956; Berkley Press, 2000.

_____, *Bringing Up the Rear*, Presidio Press, 1979.

_____, *The River and the Gauntlet*, Battery Press, 1987.

Martin, Bradley K., *Under the Loving Care of the Fatherly Leader: North Korea and the Kim Dynasty*, St. Martin's Press, 2004.

McCullough, David, *Truman*, Simon & Schuster, 1992.

McFarland, Keith D. and Roll, David L., *Louis Johnson and the Arming of America: The*

Roosevelt and Truman Years, Indiana University Press, 2005.

McLellan, David S., *Dean Acheson: The State Department Years*, Dodd, Mead, 1976.

Melby, John, *The Mandate of Heaven*, University of Toronto Press, 1968.

Miller, Merle, *Plain Speaking*, Berkley Press, 1973.

Millett, Allan, *Their War in Korea*, Brassey's, 2002.

Moore, Lt. General Harold G. and Galloway, Joseph L., *We Were Soldiers Once...and Young*, Random House, 1992.

Morris, Carol Petillo, *Douglas MacArthur: The Philippine Years*, Indiana University Press, 1981.

Mossman, Billy, Ebb and Flow, *November 1950~July 1951: United States Army in the Korean War*, University Press of the Pacific, 2005.

Myers, Robert, *Korea in the Cross Currents*, Palgrave Macmillan, 2001.

Novak, Robert, and Evans, Rowland, *Lyndon Johnson: The Exercises of Power*, New American Library, 1966.

Oberdorfer, Don, *The Two Koreas: A Contemporary History*, Addison-Wesley, 1997.

Offner, Arnold A., *Another Such Victory: President Truman and the Cold War, 1945~1953*, Stanford University Press, 2002.

Oliver, Robert T., *Syngman Rhee: The Man Behind the Myth*, Dodd, Mead, 1954.

Oshinsky, David, *A Conspiracy So Immense: The World of Joe McCarthy*, Free Press, 1983.

Paige, Glenn D., *The Korean Decision, June 24~30, 1950*, Free Press, 1968.

Paik, Sun Yup, *From Pusan to Panmunjom*, Brassey's, 1992.

Panikkar, K. M., *In Two Chinas*, George Allen, 1953.

Paschal, Rod, *Witness to War*, Perigree, 1995.

Patterson, James, *Mr. Republican: A Biography of Robert A. Taft*, Houghton Mifflin, 1972.

Payne, Robert, *Mao*, Talley and Weybright, 1969.

Peng, Dehuai, *Memoirs of a Chinese Marshal*, University Press of the Pacific, 2005.

Perret, Geoffrey, *Old Soldiers Never Die: The Life and Legend of Douglas MacArthur*, Random House, 1996.

Peters, Richard, and Xiaobing, Li, *Voices from the Korean War: Personal Stories of American, Korean, and Chinese Soldiers*, University of Kentucky Press, 2004.

Phillips, Cabell, *The Truman Presidency*, Macmillan, 1966.

Pratt, Sherman, *Decisive Battles of the Korean War*, Vantage, 1992.

Quick, Rory, *Wars and Peace*, Presidio Press, 1999.

Ridgway, Matthew B., *The Korean War*, Doubleday, 1967.

_____, and Martin, Harold H., *Soldier: The Memoirs of Matthew B. Ridgway*, Harper & Brothers, 1956.

Rovere, Richard, and Schlesinger, Arthur M., Jr., *The General and the President and the Future of American Foreign Policy*, Farrar, Straus and Giroux, 1951.

Russ, Martin, *Breakout: The Chosin Reservoir Campaign*, Korea 1950, Fromm, 1999.

_____, *The Last Parallel: A Marine's War Journal*, Rinehart and Co., 1957.

Salisbury, Harrison, *The Long March*, McGraw-Hill, 1985.

_____, *The New Emperors*, HarperCollins, 1993.

Sandler, Stanley (editor), *The Korean War: An Encyclopedia*, Garland Publishing, 1995.

Scalapino, Robert, and Chong-Sik Lee, *Communism in Korea*, University of California Press, 1972.

Schlesinger, Arthur M., Jr., *A Thousand Days*, Houghton Mifflin, 1965.

Schnabel, James, *Policy and Direction*, U.S. Army Center of Military History, 1972.

Sebald, William, *With MacArthur in Japan*, Cresset, 1965.

Shen Zhihua, Cold War International History Project, Winter 2003, Spring 2004.

Shu, Guang Zhang, *Mao's Military Romanticism*, University Press of Kansas, 1995.

Simmons, Edwin H., *Over the Seawall: U.S. Marines at Inchon*, Marine Corps Historical Center.

_____, *Frozen Chosin*, Marine Korean War Series, 2002.

Singlaub, John, *Hazardous Duty*, Summit, 1991.

Sloan, Bill, *Brotherhood of Heroes: The Marines at Peleliu, 1944—the Bloodiest Battle of the Pacific War*, Simon & Schuster, 2005.

Smith, Richard Norton, *Thomas Dewey and His Times*, Simon & Schuster, 1982.

Smith, Robert, *MacArthur in Korea*, Simon & Schuster, 1982.

Soffer, Jonathan, *General Matthew B. Ridgway*, Praeger, 1998.

Sorensen, Theodore, *Kennedy*, Harper & Row, 1965.

Sorley, Lewis, *Honorable Warrior, General Harold Johnson*, University Press of Kansas, 1998.

Spanier, John, *The Truman-MacArthur Controversy and the Korean War*, Harvard University Press, 1959,

Spurr, Russell, *Enter the Dragon*, Newmarket, 1998.

Stanton, Shelby, *America's Tenth Legion*, Presidio Press, 1989.

Stokesbury, James, *A Short History of the Korean War*, Quill, 1988.

Stone, I. F., *The Hidden History of the Korean War*, Monthly Review Press, 1952.

Stueck, William, *Rethinking the Korean War: A New Diplomatic and Strategic History*, Princeton University Press, 2002.

Swanberg, W. A., *Luce and His Empire*, Scribner's, 1972.

Talbott, Strobe (translator and editor), *Khrushchev Remembers: The Last Testament*, Little

Brown, 1974.

Taubman, William, *Khrushchev*, W. W. Norton & Company, 2003.

Terry, Addison, *The Battle for Pusan*, Presidio Press, 2000.

Thomas, Evan, *The Very Best Men*, Simon & Schuster, 1995.

Thompson, Reginald, *Cry Korea*, MacDonald, 1952.

Thornton, Richard, *Odd Man Out*, Brassey's, 2000.

Toland, John, *In Mortal Combat*, Quill, 1991.

Truman, Harry S., *Memoirs, Volume II*, Doubleday, 1956.

Truman, Margaret, *Harry S. Truman*, William Morrow, 1973.

Tuchman, Barbara, *Stilwell and the American Experience in China*, Macmillan, 1971.

Ulam, Adam B., *Stalin: The Man and His Era*, Beacon, 1973.

Walters, Vernon A., *Silent Missions*, Doubleday, 1975.

Warner, Denis, *The Opening Round* of the *Korean War, Military History* magazine, June
    2000, Republished on www.historynet.com.

Weathersby, Kathryn, Cold War International History Project, Winter 1995~1996.

Weinstein, Allen, *Perjury*, Alfred A. Knopf, 1978.

Weintraub, Stanley, *MacArthur's War: Korea and the Undoing of an American Hero*, Free
    Press, 2000.

Whalen, Richard, *Drawing the Line*, Little Brown, 1990.

White, Theodore H., *In Search of History*, Harper & Row, 1978.

_____, (editor), *The Stilwell Papers*, MacFadden, 1948.

_____, and Jacoby, Analee, *Thunder Out of China*, William Sloane Associates, 1946.

White, William Allen, *The Autobiography of William Allen White*, Macmillan, 1946.

Whitney, Courtney, *MacArthur: His Rendezvous with History*, Alfred A. Knopf, 1956.

Willoughby, Charles, *MacArthur*, 1941~51, McGraw-Hill, 1954.

Wofford, Harris, Of Kennedys and Kings, Farrar, Straus and Giroux, 1980.

Xiaobing Li, Millett, Allan Reed, Bin Yu (translators and editors), *Mao's Generals
    Remember Korea*, University of Kansas Press, 2006.

Zi Zhongyun, *No Exit?*, EastBridge, 2003.

Zimmerman, Warren, *First Great Triumph*, Farrar, Straus and Giroux, 2002.

2007년 4월 데이비드 핼버스탬이 자동차 사고로 세상을 떠나자 언론은 미국이 "가장 훌륭하고 명석한 사람"을 하나 잃었다고 보도했다. 언론인이자 저술가로 이름을 남긴 저자는 그동안 정치, 역사, 문화, 언론, 경제, 스포츠 등 실로 다방면에 걸쳐 20여 권의 책을 썼다. 어떤 때에는 직접 현장에 달려가 보고 듣고 경험한 사실을 기록했고, 또 어떤 때에는 소용돌이치는 격랑의 시대를 온몸으로 부딪치며 살았던 수많은 사람들의 목소리를 담아내기도 했다. 이 때문에 데이비드 핼버스탬의 책을 읽다 보면 날것을 가공하지 않고 그대로 카메라에 담은 다큐멘터리 영화를 보는 것 같은 착각에 빠진다.

상업적으로도 성공을 거둔 저자의 책이 그동안 한 권도 번역되지 않았던 것은 아마도 특정 주제를 지나치게 세부적으로 탐사한 까닭에 미국인 이외의 독자들에게는 매력이 덜했던 탓이리라. 그런데 저자가 마지막으로 남긴 이 책은 다른 누구보다 한국 독자들의 눈길을 끄는 주제를 다루고 있다. 바로 한국전쟁이라는 한국 현대사의 비극을 정면으로 응시하고 있는 것이다.

사실 이 책은 한국전쟁 자체보다는 한국전쟁을 둘러싼 미국의 국내외 정치 상황과 한국 땅에 와서 고군분투했던 미군들의 생생한 이야기를 통해 역사의 현장을 복원해낸 책이라 할 수 있다. 이 때문에 이 책은 한국전쟁의 기승전결을 다룬 여타의 책들과 뚜렷하게 구별된다. 그리고 이러한 접근법 덕분에 독자들은 뜻밖에 자신의 시야가 탁 트이는 경험을 하게 될 것이다. 한국전쟁은 남북한 간에 벌어진 단순한 내전이 아니라 미국, 소련, 중국, 일본이라는 지정학적 관계와 냉전이라는 당시 국제정세 속에서 발발한 세계전쟁의 성격을 띠기 때문이다.

한국전쟁의 기원을 바라보는 저자의 시선 역시 주목할 만하다. 저자는 딘 애치슨 미 국무장관이 1950년 1월 12일 내셔널 프레스 클럽에서 한 연설에서 한국전쟁이라는 비극이 시작되었다고 지적한다. 이날 "애치슨은 미국의 아시아 방어선에서 한반도를 제외한다는 발언을 했고, 모스크바에서는 이를 한반도에서 어떠한 무력 도발이 있더라도 미국은 가만히 있을 거라는 뜻으로 받아들였다." 결국 엄청난 대가를 지불하고도 수치스러운 결과밖에 얻지 못했던 이유는 교만에 눈이 멀어 매 순간 그릇된 판단을 내린 사람들 탓이었다. 저자와 함께 피비린내 나는 언덕과 산등성이를 돌아 내려오는 동안 우리는 이런 인물들을 끊임없이 만나게 된다. 그들은 모두 한국전쟁의 주역들이다.

지칠 줄 모르고 이어지는 상세한 설명과 꾸밈이 없는 보도로 유명한 저자는 수많은 사람을 직접 만나서 이야기를 나누고 수집한 자료를 토대로 한국전쟁을 가장 드라마틱한 이야기로 풀어냈다. 특히 생생한 전투 장면과 생사를 넘나드는 병사들의 이야기는 이 탁월한 작품의 백미로 꼽힌다.

미국 역사에서 '잊혀진 전쟁' 혹은 '불쾌한 전쟁'으로 남아 있던 한국전쟁을 새롭게 조명해 "사람들이 한국전쟁을 완전히 새롭게 이해하게 만들었다."

라는 평가를 받은 이 책이 이제 한국 독자들을 찾아간다. 모쪼록 독자들에게 독서의 보람을 느끼게 해주는 특별한 책이 되길 바란다.

2009년 5월

정윤미·이은진

ㄴ

ㄱ

ㄷ

ㅊ

콜디스트 윈터

펴낸날	초 판 1쇄 2009년 5월 20일
	초 판 6쇄 2015년 11월 2일
	개정판 1쇄 2024년 5월 13일

지은이	데이비드 핼버스탬
옮긴이	정윤미·이은진
펴낸이	심만수
펴낸곳	(주)살림출판사
출판등록	1989년 11월 1일 제9-210호

주소	경기도 파주시 광인사길 30
전화	031-955-1350 팩스 031-624-1356
홈페이지	http://www.sallimbooks.com
이메일	book@sallimbooks.com

ISBN	978-89-522-4917-3 03900

교정·교열 **김환영**